Peter Hebblethwaite

Johannes XXIII.

Peter Hebblethwaite

JOHANNES XXIII.

Das Leben des Angelo Roncalli

Aus dem Englischen übersetzt
von Wolfdietrich Müller

BENZIGER

Die englische Originalausgabe erschien 1984 unter dem Titel
JOHN XXIII Pope of the Council
im Verlag Geoffrey Chapman, London.

CIP-Kurztitelaufnahme der Deutschen Bibliothek

Hebblethwaite, Peter: [Johannes der Dreiundzwanzigste]
Johannes XXIII.: d. Leben d. Angelo Roncalli./Peter Hebblethwaite.
Aus d. Engl. übers. von Wolfdietrich Müller. –
Zürich; Einsiedeln; Köln: Benziger 1986.
Einheitssacht.: John the twenty-third,
pope of the council ‹dt.›
ISBN 3-545-25060-1

ISBN 3 545 25060 1

Inhalt

Autor und Verleger möchten besonders Msgr. Loris Capovilla für seine Hilfe und Unterstützung, ohne die dieses Buch nicht hätte geschrieben werden können, Dank sagen. Wir sind ihm für die Erlaubnis dankbar, aus den vielen im bibliographischen Anhang aufgeführten Dokumenten und Publikationen zitieren zu dürfen. Wir möchten auch den italienischen Verlegern seiner Bücher danken, besonders Storia e Letteratura, Rom, Messaggero, Padua, Grafica e Arte, Bergamo, und dem Istituto Paolo VI, Brescia. Dank schulden wir auch allen, die in den Quellenangaben genannt sind, für Auszüge, die wir zitiert haben, besonders Libreria Editrice Vaticana (Actes et documents), Queriniana, Brescia (Alberigo), Vatican Polyglott Press (DMC), Cittadella Editrice, Assisi (Utopia).

Vorwort

Warum noch ein Buch über Papst Johannes XXIII.? Weil nach den Worten Msgr. Giambattista Busettis, der im Jahr 1982 über hundert Briefe erstmals herausgab, «die reiche Persönlichkeit von Papst Johannes noch nicht entdeckt worden ist» (*Pastore,* S. 30). Außer mehr als zehntausend gedruckten Seiten gibt es Tagebücher, Briefe, Predigten, Memoranden, diplomatische Berichte, Telegramme, *pensées*. Die Fülle des Materials ist kaum durchgesehen, geschweige denn geordnet und übersetzt worden. Wir dachten, Papst Johannes ziemlich gut zu kennen, aber das stimmte nicht. Es war höchste Zeit für eine Biographie.

Die Gefahr einer Biographie drückte John Henry Newman in einem Brief an seine Schwester Jemina sehr gut aus: «Biographien beschönigen, sie schreiben Motive zu, sie erraten Gefühle, sie interpretieren Lord Burleighs Nicken, sie bemänteln oder verteidigen» (Martin Brian, S. 152). Abgesehen vom Prolog habe ich versucht, nicht «Papst Johannes' Nicken» zu interpretieren. Es wäre jedoch eine blutleere Biographie, wenn sie keine Interpretation anböte. Die schlimmsten Auswirkungen von Subjektivität können abgeschwächt werden, indem man Papst Johannes für sich selbst sprechen läßt. Daher die zahlreichen Zitate aus seinen Briefen, Tagebüchern und überlieferten Gesprächen.

Um lästige Fußnoten zu vermeiden, sind die Verweise soweit wie möglich vereinfacht. Bei einem Zitat wird gewöhnlich der Name des Autors als Quelle angegeben. Da die zahlreichen Werke, die Papst Johannes' literarischer Nachlaßverwalter, Msgr. Loris F. Capovilla, herausgab, nicht zweckmäßig unter seinem Namen aufgeführt werden konnten, wurden sie mit abgekürzten Titeln genannt. Capovillas Version der Texte von Predigten und Reden ist zugrunde gelegt worden, wo sie verfügbar war; in AAS und DMC wurde Papst Johannes eifrig überarbeitet.

In nicht sehr ferner Zukunft wird Papst Johannes als der «Selige Papst Johannes» bekannt sein. Wir können das Ereignis nicht vorwegnehmen. Auf jeden Fall ist er in den Herzen so vieler Gläubigen und Ungläubigen schon heiliggesprochen worden. Die Heilige Kongregation für die Heiligsprechungen hat dasselbe biographische Material durchgekämmt, aber mit einem unterschiedlichen Fragenkatalog und mit anderen Kriterien. Der Historiker kann Heiligkeit nur an ihren Auswirkungen beurteilen. Papst Johannes besteht diese Prüfung. In Kardinal Suenens' Worten: «Er ließ das Übernatürliche natürlich wirken» (Novak, S. 20).

Papst Johannes entwickelte sich ständig in seinen ganzen zweiundachtzig Jahren. Sein Name ändert sich mit ihm. Er ist nacheinander Angelino, Angelo, Don Angelo, Kanonikus Roncalli, Msgr. Roncalli, Erzbischof Roncalli, Seine Exzellenz, Seine Eminenz, Patriarch Roncalli, Papst Johannes. Ich habe es nicht für respektlos gehalten, ihn manchmal einfach Roncalli zu nennen oder einfach Johannes, als er Papst wird. Er machte nie viel Gebrauch von Titeln. Andere Würdenträger werden auf die gleiche rücksichtslos demokratische Art behandelt.

Obwohl viele Menschen außerordentlich hilfreich gewesen sind, kann die übliche Litanei des Dankes auf einen Namen verkürzt werden. Dieses Buch hätte ohne die nie nachlassende Hilfe von Msgr. Capovilla, der Papst Johannes' Sekretär in Venedig und im Vatikan war und jetzt Kustos des Heiligtums von Loreto ist, nicht geschrieben werden können. Er hat meine Fragen geduldig ertragen und einige unverzichtbare Dokumente ausgegraben. Er ist jedoch für nichts, was ich geschrieben habe, verantwortlich und wird vielleicht manches davon nicht gern lesen.

Ich habe die meisten Texte selbst ins Englische übersetzt und manche vorhandenen Übersetzungen überarbeitet, damit Johannes weniger hölzern klingt.

In der Beziehung zwischen dem Leben und der Geschichte gibt es ein Gesetz der Verdichtung. Papst Johannes lebte fast zweiundachtzig Jahre. Ich habe an seinem Leben sieben Jahre lang gearbeitet. Je nach Ihren Gewohnheiten oder Motiven brauchen Sie vielleicht eine Woche oder einen Monat, um es zu lesen. Jetzt, da es vorbei ist, bin ich ziemlich traurig: Da wird eine Lücke sein. Lesen Sie nun weiter.

Oxford, Pfingstsonntag, 10. Juni 1984.

Prolog

Angelo Roncalli wird vorgestellt

Ich sehe Sie, Papst Johannes, vor mir in Ihrem geräumigen Schlafzimmer, im obersten Stockwerk des Apostolischen Palastes, am 25. November 1961, kurz vor Ihrem achtzigsten Geburtstag. Fragen Sie nicht, wie ich hier hineingekommen bin. Sagen wir einfach, Ihr Sekretär, Don Loris Capovilla, hat es arrangiert (*Letture,* S. 138 – 140, wo Johannes' Zimmer beschrieben wird). Von ihm weiß ich auch, daß Ihre Augen «herbstbraun» sind.

Sie stehen an Ihrem Fenster, das auf den Petersplatz geht. Msgr. Loris behauptet, Sie hätten jene Bemerkung über «das Öffnen der Fenster des Vatikans», die zu wiederholen jeder Journalist in der ganzen Welt sich bemüßigt fühlte, nie gemacht. Sie hatten etwas gegen Durchzug. Dennoch: dem Geist nach war es richtig, und deshalb werden sie es auch weiterhin sagen.

Da meldet sich die Uhr, die die Stunden mit der Hymne von Lourdes schlägt – *Ave, ave, Maria;* sie gehört zu den Einrichtungsstücken, die Pius XII. hinterließ. Um vier Uhr morgens geht Ihr Licht an, manchmal um drei. Sie sagten zu Kardinal Antonio Bacci: «Ich stehe immer um vier Uhr morgens auf, das ist meine Zeit.» «Das ist zu früh», wandte er schüchtern ein, «auch Eure Heiligkeit braucht den Schlaf.» Und Sie antworteten: «Ja, ja, der Schlaf. Aber ich muß auch arbeiten ... Auf jeden Fall betet es sich so gut beim ersten Licht, wenn alles still ist» (Bacci, S. 93). In Ihrem achtzigsten Jahr brauchen Sie nicht mehr soviel Schlaf. Aber Sie halten gern ein Mittagsschläfchen, immer auf einem Sessel, nie im Bett.

Sie verwahren Ihre Tagebücher und persönlichen Notizen sorgfältig katalogisiert in dieser Kommode dort drüben. Sie begannen 1895, Tagebuch zu führen, um empfangene Gnaden festzuhalten und um zu kontrollieren, ob Sie gefaßte Beschlüsse auch einhielten. Leo XIII. war damals Papst, und er war viel älter, als Sie jetzt sind. Er war noch Papst, als Sie, ein unerfahrener Provinzler aus Bergamo, 1901 in Rom eintrafen.

Erst kürzlich gruben Sie die Aufzeichnungen von Ihren Exerzitien aus dem Jahr 1902 aus und unterstrichen den Abschnitt, in dem stand, daß Jesus Sie nach Rom geführt hat. «Damit ich meinen Geist zu größerem Glauben und größerer Liebe erhebe, führte er mich in sein gelobtes Land, in den Schatten seines Stellvertreters, an die Quelle der katholischen Wahrheit, an die Gräber seiner Apostel, wo die Erde noch mit dem Blut seiner Märtyrer getränkt und die Luft vom Wohlgeruch der Heiligkeit seiner Bekenner erfüllt ist» (*Tagebuch,* S. 115). Sie brauchten damals also Ihre Vermittler aus der Gemeinschaft der Heiligen.

Heute ist nicht mehr viel vom «Wohlgeruch der Heiligkeit» in Rom vorhanden, wo die Autos dort draußen kreuz und quer fahren ... nach Italien. Pater Pio, der berühmte stigmatisierte Franziskaner, soll den «Duft von Rosen» verströmt haben. Sie lernten ihn nie kennen. Sie haben nichts gegen ihn. Aber Sie bevorzugen gewöhnlichere und alltäglichere Tugenden.

Msgr. Loris sagte mir, daß Sie ihm erlaubt haben, Ihre Tagebücher nach Ihrem Tod zu veröffentlichen, weil Sie glauben, sie könnten den Menschen helfen. Sie werden helfen, zweifellos, aber es ist ein ungeheures Wagnis, bei dem Sie sich dem Spott der Intellektuellen aussetzen, wenn Sie Ihre Verletzlichkeit, Ihre Naivität offenbaren. Manche werden nicht begreifen, daß es ein Bericht des Wachsens ist, wo das Ende den Anfang krönt und erklärt. Sie möchten, daß es nach dem Vorbild der *Geschichte einer Seele* der heiligen Theresa von Lisieux als *Tagebuch der Seele (Giornale dell'anima;* deutsch unter dem Titel *Geistliches Tagebuch)* bekannt wird. Ich hoffe, die Menschen werden merken, daß es die *Reise* einer Seele ist und nur eine ganz kleine Auswahl dessen, was Sie «sechzig mit der Feder in der Hand verbrachte Jahre» nannten.

Sie werfen nie etwas weg, nicht wahr? Sie haben noch Ihre Meßintentionen für jeden Tag Ihres Lebens und die vielen Pässe und Visa, mit Eselsohren geziert, die Sie von Anfang an sammelten. Ist dies der Bauer in Ihnen, der wie ein Eichhörnchen an allem hängt, «für den Fall, daß es irgendwann einmal nützlich sein könnte»? Oder ist es eher Ihr Historikerinstinkt für das *Dokument,* sei es scheinbar noch so unbedeutend? Offensichtlich ist es das letztere. Sie sagten, jede Diözese sollte ihr Archiv fachmännisch führen.

Dann sind die vielen Statuen, die Ihr Zimmer wie einen Laden für fromme Nippes aussehen lassen, wenn Sie mir verzeihen. Aber sie haben alle eine Bedeutung für Sie. Gegenüber dem Kreuz steht der heilige Markus, Patron von Venedig und *interpres Petri* (manche übersetzen das als Petrus' Sekretär oder Amanuensis). Neben Markus stehen die beiden Johannes, der Täufer und der Evangelist. Um sie und Ihren Vater zu ehren, entschieden Sie sich für Johannes, als Sie sich zum erstenmal in Ihrem Leben selbst einen Namen geben konnten. Wenigstens haben Sie das gesagt. Ich vermute, es gab noch andere Gründe.

Madonnen noch und noch, in der Türkei und in Griechenland gesammelte Ikonen, mittelalterliche Gemälde aus Frankreich. Da ist Ihre geliebte Madonna von Covadonga. «Durch Maria zu Jesus»: Wie viele Male haben Sie über dieses Thema gepredigt? Sie hatten es als Inschrift über der Tür Ihrer Kapelle in Istanbul.

Wir sind noch nicht am Ende mit den Statuen. Die Heiligen Petrus und Paulus: ganz klar, warum sie hier sind, der Seelsorger und der Missionar. Der heilige Josef: Das ist Ihr zweiter Vorname (Giuseppe), und in Kürze werden Sie das Konzil damit überraschen, daß Sie seinen Namen in den Kanon der Messe aufnehmen. Der heilige Karl Borromäus: Ihr ganzes Leben waren Sie eng mit ihm verbunden – er war Erzbischof von Mailand, er besuchte Ihre Diözese Bergamo, Sie erhielten in seiner Kirche hier am Corso in Rom, wo sein Herz noch aufbewahrt wird, die Bischofsweihe, und Ihre fünfbändige Ausgabe über seine bischöflichen Visitationen, drüben auf dem Regal stolz ausgestellt, war die wichtigste literarische Arbeit Ihres Lebens. Natürlich nur, wenn Sie nicht noch etwas anderes im Schilde führen, zum Beispiel einen Brief über den Frieden für die ganze Welt.

Hier ist der heilige Franz von Sales, dessen Charakterzug der liebenswürdigen Selbstbejahung und ungezwungenen Natürlichkeit Sie stets mochten. Leigh Hunt, ein englischer Schriftsteller, den Sie vermutlich nicht gelesen haben, nannte ihn den «Gentleman unter den Heiligen». Eines Ihrer Probleme in Frankreich war, daß Sie sich vorstellten, alle Franzosen wären wie Franz von Sales. Der heilige Gregorio Barbarigo nun hat etwas von einem Schauspieler. Sie wußten alles über ihn, aber ich mußte ihn nachschlagen. Er begann seine Laufbahn als venezianischer Diplomat, wurde dann Bischof von Bergamo und eiferte Karl Borromäus bei der Durchführung des Konzils von Trient nach. Er wurde 1761 seliggesprochen, aber er mußte dann bis 1960, bis letztes Jahr, warten, daß Sie ihn heiligsprachen. Schon wieder ein italienischer Heiliger, klagten die ausländischen Leitartikler, aber für Sie war er ein alter, vertrauter Freund.

Dann natürlich die obligatorischen Büsten Ihrer unmittelbaren Vorgänger. Pius X. und Pius XI. starben beide in diesem Zimmer. Benedikt XV. starb nebenan. Pius XII. starb in Castelgandolfo. Soviel zu den Statuen.

Die Fotografien sind weniger einschüchternd und dafür intimer. Ihre Eltern: Giovanni Battista Roncalli und Marianna Mazzola; die drei verstorbenen Schwestern Teresa, Ancilla und Maria, denen Sie so nahestanden; Ihre drei noch lebenden Brüder Zaverio, Alfredo und Giuseppe, die zu Ihrer Krönung nach Rom kamen und nervös die Sonntagshüte in den Händen drehten, gediegene Bauern, erstaunt, sich als Brüder eines Papstes wiederzufinden. Da ist Giovanni, der am 18. September 1956 starb.

Nun einige Geistliche, zu denen Sie dem Uneingeweihten etwas sagen müssen. Don Francesco Rebuzzini war der Gemeindepfarrer von Sotto il Monte. Er taufte Sie am Tag Ihrer Geburt, unterrichtete Sie besser als die meisten Ihrer Lehrer und hinterließ Ihnen sein Exemplar der *Nachfolge Christi*. Um es genauer zu sagen: Sie nahmen es einfach als Erinnerungsstück mit. Domherr Giovanni Morlani, der Ihr Studium finanziell unterstützte. Msgr. Vincenzo Bugarini, Rektor des Römischen Seminars, der 1922 in Ihrer Wohnung starb. Pater Francesco Pitocchi C.SS.R., Invalide und Spiritual des Seminars. Dann ein Gruppenfoto Ihrer Klasse, auf dem alle ernst und weich aussehen. Der Laie mit dem wallenden Bart ist Graf Giovanni Grosoli, Fürsprecher der «Katholischen Soziallehre» und zu Beginn des Jahrhunderts Besitzer einer Zeitungskette.

Aber den Ehrenplatz nimmt Giacomo Radini Tedeschi ein, *Ihr* Bischof, dessen Sekretär und Biograph Sie waren. Sie bezeichnen ihn immer noch, mit Großbuchstaben, als *«il Mio Vescovo»*.

Diese Gruppe von Fotografien hier zeigt Menschen, denen Sie im Osten begegneten, angefangen bei dem tragischen König Boris und seiner italienischen Königin Giovanna. Diese hier sind alle Bischöfe, die Sie in Istanbul weihten, mit ihrer erstaunlichen Vielfalt von Kopfbedeckungen. Hier sind Bilder von den französischen Bischöfen bei Ihrer Ankunft als Nuntius 1945 und bei Ihrer Abreise 1953: Das dürfte Sie daran erinnern, wie viele de Gaulles «Säuberung» überlebt hatten. Schließlich zwei Gemälde: der Friedhof von Sotto il Monte, wo die meisten aus Ihrer Familie beerdigt sind (Sie aber werden nicht darunter sein), und Kardinal Andrea Carlo Ferrari, Erzbischof von Mailand, der 1921 starb. Eine Dissertation hat ihn gerade rehabilitiert. Er war Ihr geistlicher Führer und Freund.

Soviel war von Papst Johannes in dessen «Galerie», wie Capovilla dazu sagte, versammelt. Seine Liebe zu den Heiligen des Evangeliums und den Heiligen der Gegenreformation. Seine Anhänglichkeit an seine bescheidene Familie. Seine Treue zur Vergangenheit und zu Bergamo. Die pure Länge seines Lebens und Vielfalt seiner Erfahrung – er hatte über lange Jahre in fünf verschiedenen Ländern gelebt. Die Vernachlässigung der eigenen Leistungen – keine der Fotografien zeigte ihn selbst – und seine Aufmerksamkeit gegenüber anderen. Sein Bedürfnis nach «Vorbildern» im priesterlichen und bischöflichen Dienst. Sein Sinn für Kontinuität in dem Amt, das er jetzt innehatte.

Aber diese Sammlung befand sich im Zimmer des Mannes, der zufällig Papst war. Überall sonst wäre man vielleicht versucht gewesen, es als den verstaubten Schutt eines Menschenlebens oder das Sichgehenlassen eines sehr alten Mannes zu betrachten, der sich von der Vergangenheit nicht trennen kann. Aber er hatte schon ein Ökumenisches Konzil einberufen, das die Kirche in ein hoffnungsvolles Abenteuer schicken würde. Weit davon entfernt, sich im Vergangenen zu vergraben, hatte der alte Mann ein scharfes Auge für die gegenwärtige Welt. Er blickte immer in die Zukunft, bis hin zum Ende. Er war offen für den Heiligen Geist, den er am Werk sah, auch wenn er sich in der modernen Welt verbarg. Das war der Grund, warum er die Menschen überraschen konnte.

Seine «Galerie» war wie der Ikonostas einer orthodoxen Kirche: das Band zwischen Erde und Himmel in der Gemeinschaft der Heiligen. Menschen waren ihm immer wichtiger als Ideen – oder vielmehr, er sah Ideen in Menschen verkörpert: Er war weniger an den Ideen des Konzils von Trient interessiert als an Karl Borromäus, der sie als Reformbischof lebte. So war er also hier in dem Zimmer, wo er sterben sollte, umgeben von Heiligen, Verwandten, Freunden und geistlichen Vorbildern, die alle in die ständig weitergehende Geschichte des Heils einbezogen waren.

Daten, Jahrestage, Geburtstage waren ihm wichtig. Johannes trat 1881 in die Heilsgeschichte ein. Ebenfalls in diesem Jahr wurden vier Knaben geboren, deren Lebenswege sich mit seinem eigenen überschneiden sollten: Pierre Teilhard de Chardin, der Jesuit, Paläontologe, Mystiker; Ernesto Buonaiuti, sein Mitseminarist, der als «Modernist» von der Kirche verstoßen wurde; Alcide De Gasperi, der den Zweiten Weltkrieg in der Vatikanischen Bibliothek verbrachte und als Führer der Christdemokraten hervortrat; Augustinus Bea, ein weiterer Jesuit, der Gründungspräsident des «Sekretariats zur Förderung der Einheit der Christen» wurde. Angelo Giuseppe Roncalli kam in diesem Jahrgang als letzter zur Welt. Er wurde geboren am 25. November.

1. Kapitel

Eine Kindheit auf dem Dorf

Große Dinge tun sich, wenn Männer und Berge zusammenkommen.
(William Blake, Aphorismen)

Angelo Giuseppe Roncalli wurde am Freitag, dem 25. November 1881, um 10.15 Uhr geboren, im elterlichen Bett im Haus Via Brusicco 42, im Dorf Sotto il Monte, fünfzehn Kilometer von Bergamo entfernt, unweit der Landstraße von Bergamo nach Lecco. Die 1200 Einwohner arbeiteten auf den Feldern und wohnten verstreut in geräumigen, aber äußerst einfachen Häusern, die alle eigene Namen trugen. Das Haus der Roncallis war als *Palazzo* bekannt. Aber sehr vornehm war es nicht. Sie teilten das Erdgeschoß mit ihren sechs Kühen.

Giovanni Battista Roncalli und Marianna (geborene Mazzola) waren gleichaltrig, beide 1854 geboren. Sie waren zusammen in Sotto il Monte aufgewachsen und heirateten am 23. Januar 1877, als sie dreiundzwanzig Jahre alt waren. Man mag dies für eine zum Heiraten ungewöhnliche Jahreszeit halten, aber in diesem durch und durch katholischen Milieu war es natürlich, am Fest der Vermählung Mariä zu heiraten. Es war auch eine Zeit, wo es auf einem Bauernhof nicht viel zu tun gab. Ihr Vorbild war die Heilige Familie von Nazareth, deren richtiges Haus, wie man glaubte, irgendwann im zwölften Jahrhundert von Engeln nach Loreto an der Adriaküste gebracht worden war. Ihr Flitterwochenvergnügen war eine Wanderung nach Bergamo und zurück.

Zehn Monate nach der Hochzeit bekam Marianne ihr erstes Kind Caterina (1877–83), dem bald Teresa (1879–1954) und Ancilla (1880–1953) folgten. Über dem Ehebett hing ein großes Bild der Schmerzensmutter. Auf den frühesten erhaltenen Fotografien sieht Marianna vorzeitig gealtert aus, sie brachte noch acht weitere Kinder nach Angelo zur Welt; aber sie überlebte ihren Mann um fast vier Jahre. Er starb am 28. Juli 1935, und sie folgte ihm am 20. Februar 1939.

Angelo wurde im Schlafzimmer im ersten Stock geboren. Das einzige

Fenster läßt nicht viel Licht herein. Die Wände sind weit über einen Meter stark, und außen läuft eine Galerie, deren drei Bögen sich auf einen Innenhof öffnen. Nebenan, im rechten Winkel dazu, war das «Mädchenzimmer». Es war etwas größer und prunkte mit einer verkleinerten Version eines steilen, hohen «Renaissance»-Kamins. Eine große Küche und Vorratsräume nahmen die anderen Seiten des Vierecks ein. Das Haus war besser an die Sommermonate angepaßt, wo das Leben sich im Freien abspielte.

An Angelos Geburtstag blies ein schneidender Wind von den Alpen her, und Regen und Hagel machten die Straßen matschig und unpassierbar. Sein Vater Giovanni freute sich, daß er nach drei Mädchen nun einen Sohn und Erben hatte, einen, der ihm bei der Plackerei auf den Feldern helfen könnte.

Ebenso erfreut war «Onkel» Zaverio, der Bruder von Angelos Großvater. In dieser patriarchalischen Gesellschaft war er der älteste männliche Vertreter, der *reggitore*, der verantwortliche Mann. Unverheiratet, gebildet und fromm, war seine erste Sorge, Angelino – die Verkleinerungsform wurde während seiner ganzen Kindheit gebraucht – möglichst schnell taufen zu lassen. Natürlich würde Zaverio der Pate sein. Er machte sich auf die Suche nach dem Gemeindepfarrer, aber der war in Bergamo. Zaverio beschloß, in der kalten, leeren Kirche auf ihn zu warten. Er hatte alle fünfzehn Gesätze des Rosenkranzes und die Muttergottes-Litanei aufgesagt, bis Pater Francesco Rebuzzini endlich zurückkam. Als es dann dunkel wurde, packte man Angelo in Tücher, trug ihn die Holztreppe hinunter und brachte ihn die achtzig Meter zur Kirche Santa Maria in Brusicco. Sie gehörte der Pfarrgemeinde, war aber strenggenommen nicht die Pfarrkirche (Cugini, S. 23). So wurde Angelino, noch keinen Tag alt, im Namen des Vaters, des Sohnes und des Heiligen Geistes getauft. Man machte nicht viel Aufhebens, es gab keine besondere Zeremonie oder Feier. Onkel Zaverio trank mit den Männern ein Glas Wein. «Heute abend sind wir zweiunddreißig», verkündete er. Er meinte damit, daß es bereits einunddreißig Mitglieder in dieser deutlich «erweiterten Familie» gäbe.

Diese überstürzte Taufe hatte ihren Grund nicht in einer Angst über seinen Gesundheitszustand. Angelo Roncalli wurde am Tag seiner Geburt getauft, nicht weil er schwächlich gewesen wäre, sondern weil das in der Diözese Bergamo der Brauch war. «So machte man das eben.» Von den Roncalli-Kindern wurden zehn am Tag ihrer Geburt getauft, die übrigen drei wurden am nächsten Tag getauft, da sie in der Nacht geboren waren (*Secolo*, S. 23). Es war das erste Beispiel eines Musters im künftigen Leben Angelo Roncallis. «Natur» und

«Gnade» standen nicht gegeneinander oder bekämpften sich; sie bildeten vielmehr ein untrennbares Gewebe. Er wurde in eine Menschenfamilie geboren, und genau am selben Tag wurde er «in die Gnade geboren», willkommen geheißen in der Familie der Kirche. Seine bürgerliche Existenz begann vier Tage später, als seine Geburt amtlich registriert wurde. Der Schreiber des Bürgermeisters verstand aus Zerstreutheit die Reihenfolge der Namen falsch und nannte ihn Giuseppe Angelo. Dies stärkte seine Bande mit dem heiligen Josef.

Durch Angelo Roncallis ganzes Leben blieb die unauffällige Kirche Santa Maria di Brusicco seine persönliche Kirche in einem besonderen Sinn. Hier hatten seine Eltern geheiratet. Hier wurde er getauft und würde er zur Erstkommunion gehen. Und hier zelebrierte er seine feierliche Primizmesse am 15. August, am Fest Mariä Himmelfahrt, nach seiner Priesterweihe in Rom. Um 1450 gebaut, ist sie, wie Roncalli später sagte, «nichts Besonderes zum Anschauen, aber was für ein Reichtum drinnen» (*Letture*, S. 47). Die Mauern tragen Spuren früher Fresken, die noch nicht ganz verschwunden sind. Heute erinnert eine Tafel an Sotto il Montes berühmtesten Sohn.

Die Roncallis hatten seit dem 15. Jahrhundert im selben Dorf gelebt, wenn auch nicht im selben Haus. Angelos historische Forschungen zeigten später, daß die Familie im Jahr 1429 aus dem nordwestlich gelegenen Valle Imagna nach Sotto il Monte gekommen war. Ein gewisser Martino Roncalli hatte ein massiv aussehendes Haus gebaut, das noch heute steht. Es war als *Camaitino* bekannt, die Dialektform von *Casa Martino*, Martinos Haus. Angelos Sinn für Geschichte veranlaßte ihn, dieses Haus zu mieten und zwischen 1925 und 1958 – außer der Zeit, als der Krieg ihn daran hinderte – als Sommersitz zu benutzen.

Der Name Roncalli leitet sich angeblich von dem italienischen Wort *ronchi* ab, eine an einem Berghang angelegte Terrasse für Reben. Es war ein passender Name, denn von der Rückseite von Camaitino aus konnte Angelo das ansteigende Gelände sehen, mit Weinbergen am Fuß und Wäldern darüber, das Sotto il Monte den Namen gab: unter dem Berg. Auf der Spitze des Berges standen Turm und Kirche San Giovanni, die ehemalige Pfarrkirche. Von dem Zimmer aus, das sein Arbeitszimmer in Camaitino wurde, konnte Roncalli die neue Pfarrkirche sehen und dann die Ebene dahinter, die als «die Insel» (*l'Isola*) bekannt ist, weil sie zwischen den Flüssen Adda und Brembo liegt. Die Adda war früher die Grenze zwischen dem von Spaniern regierten Herzogtum Mailand und der Republik Venedig gewesen, zu der Bergamo bis zur Französischen Revolution gehörte. Sie blieb, in

Opernhandlungen und manchmal in der Wirklichkeit, die Grenze zwischen Tyrannei und Freiheit.
Wie die meisten Einwohner von Sotto il Monte waren die Roncallis Halbpächter. Ihre Grundherren waren Graf Ottavio Guido Maria und Don Giovanni Morlani aus Bergamo. Don Giovanni Morlani war Prior von Santa Maria Maggiore in Bergamo. Später wurde er Angelos Gönner und finanzierte seine Ausbildung auf dem Seminar. Er beschloß seine Tage als Domherr der Peterskirche in Rom.
Das Pachtsystem bedeutete, daß die Roncallis ein unsicheres Dasein hatten. Die Hälfte ihrer Produkte ging an die Grundherren, und sie mußten vom Rest leben. Sie erwirtschafteten soviel Gewinn aus ihren fünf Hektar, wie nur irgend möglich war. Ihre Kühe gaben Milch und Fleisch. Ihre Reben lieferten einen herben Wein, der für den Export ungeeignet war. Als Viehfutter bauten sie Kohl an. Ihr wichtigster, wenn auch Schwankungen unterworfener Aktivposten waren die Seidenraupen; Maulbeerbüsche lieferten die Blätter, von denen sie sich nährten. Die Aufgaben der Männer und Frauen waren klar getrennt. Die Frauen sorgten für die Seidenraupen, den Küchengarten, den Schweinestall und den Hühnerverschlag (*Secolo*, S. 28), außerdem für das Kochen. Die Männer kümmerten sich um die Felder. Das klingt fast wie eine Formel für Selbstversorgung, über die Jahrhunderte hin herausgebildet.
Aber es gab so viele Münder zu stopfen. Die Zahl derer, die sich zur Polenta – einem Gericht aus Maisgrieß – hinsetzten, war selten kleiner als dreißig. Außer Giovanni Battista und seinem Nachwuchs gab es seinen Vetter Luigi, der zehn Kinder hatte. Dazu kamen dann die Angehörigen der vorigen Generation, die wie Zaverio noch am Leben waren. Ihre gesamte Haushaltung war den Zufälligkeiten des Wetters ausgeliefert, Preisschwankungen und internationalen Handelsfaktoren, die sich ihrer Kontrolle völlig entzogen. Sie waren arm, weil sie abhängig waren.
Die hauptsächliche Folge ihrer Armut war, daß sie zu viele auf einem kleinen Raum waren. Sie traten sich gegenseitig auf die Füße, und gelegentlich gab es Grenzstreitigkeiten. Ohne ein gewisses Vertrauen auf die Vorsehung hätten sie es kaum ertragen können. Noch ein Kind bedeutete noch einen Mund, der gefüttert sein wollte. Doch Angelo erinnerte sich gern an das alte lombardische Sprichwort: «Gott segnet die großen Töpfe mehr als die kleinen.» Und er ermunterte sie in einem seiner frühesten Briefe nach Hause, die Hand Gottes über ihrer Armut zu sehen. «Wir sollen niemals über die schlechten Verhältnisse, in denen wir uns befinden, traurig sein, sondern Geduld haben, nach oben schauen und an den Himmel denken ...

Denkt daran, was Jesus in seiner Güte für uns getan und gelitten hat: daß er unseretwillen ganz arm wurde, vom Morgen bis zum Abend arbeitete» (*Familiari*, I, S. 23). Die Roncallis arbeiteten «vom Morgen bis zum Abend», nachdem sie morgens von der Angelusglocke der Dorfkirche oder des Franziskanerklosters in Baccanello auf dem Berg geweckt worden waren. «Onkel» Zaverio war der Oberwecker: «Zeit aufzustehen, Angelo, ‹Der Engel des Herrn brachte Maria die Botschaft›» (*Secolo*, S. 27). Der gab die rituelle Antwort: «Und sie empfing vom Heiligen Geist. Gegrüßet seist du, Maria, voll der Gnade . . .»

Als Papst blickte Roncalli mit Rührung, aber ohne romantische Verklärung auf seine Kindheit zurück:

> Wir waren arm, aber zufrieden mit unserer Lage und voll Vertrauen auf die Hilfe der Vorsehung. Auf unserem Tisch gab es nie Brot, nur Polenta; keinen Wein für Kinder und Jugendliche; selten Fleisch, höchstens zu Weihnachten und Ostern ein Stücklein hausgemachten Kuchen. Die Kleidung und das Schuhwerk für den Kirchgang mußten für viele Jahre herhalten . . . und doch gab es, wenn ein Bettler sich an der Tür unserer Küche zeigte, wo die Kinder, an die zwanzig, ungeduldig auf ihren Teller Suppe warteten, immer noch einen Platz, und meine Mutter beeilte sich, jenen Unbekannten neben uns zum Sitzen einzuladen (*Familiari*, I, S. 597).

Die Roncallis kannten ihre Bibel: «Vergeßt die Gastfreundschaft nicht; denn durch sie haben einige, ohne es zu ahnen, Engel beherbergt» (Hebr. 13,2). Sie behandelten den Fremden als christlichen Bruder.

Es war eine traditionelle patriarchalische Gesellschaft, die sich während der Lebenszeit Angelos stärker verändern sollte als in den vierhundert Jahren zuvor. Das Leben war gleichförmig und mühselig. Aber es folgte dem Rhythmus der wechselnden Jahreszeiten und wurde vom liturgischen Jahr lebendig gestaltet. Sie feierten die großen Festtage des christlichen Kalenders und gingen jährlich mit dem Eselskarren zur Madonna del Bosco (Unsere Liebe Frau vom Walde) jenseits der Adda (*Secolo*, S. 27). Aber neben den Festen Weihnachten, Ostern und Pfingsten hatte fast jeder Monat seine besondere «Weihe». Der Januar gehörte dem Jesuskind, der März dem heiligen Josef, der Juni dem Heiligsten Herzen Jesu, der Juli dem Kostbaren Blut, der Oktober dem Rosenkranz, der November den im Glauben Verstorbenen.

Sie waren eine eng zusammenhaltende Familie, die Roncallis, die größte im Dorf, aber sie waren zurückhaltend. «Unsere Alten waren ein wenig rauh (*burberi*)», schrieb Angelo später an seinen Bruder Giuseppe, «aber ernste und wirklich gute Menschen» (*Familiari*, I, S. 507). Am selben Tag schrieb er an seine Schwestern: «Wir in der Familie sind schließlich keine Menschen mit allzuviel zärtlichen Umgangsformen. Und das ist auch ein Vorteil» (*Familiari*, I, S. 509). Sie waren wie die norditalienischen Bauern, die in Alessandro Manzonis in dieser Region angesiedeltem Roman *I Promessi Sposi* beschrieben werden. Sie liebten einander, aber romantische Liebe war ihnen fremd. Als Renzo schließlich seine Braut Lucia nach haarsträubenden Abenteuern in sein Dorf mitbringt, lauten die Kommentare der Nachbarn: «Nach so langer Zeit und so vielen Reden hätten wir etwas Besseres als das erwartet . . . Sie ist bloß ein Bauernmädchen wie so viele andere» (*I Promessi Sposi*, S. 538). Die Männer von Sotto il Monte hatten eine praktische, nüchterne Einstellung zu Ehe und Kindern. Sie erwarteten von ihren Frauen, daß sie fleißig und zuverlässig waren. Gefühle waren der täglichen Pflichterfüllung untergeordnet.

Der erste wichtige Einschnitt in Angelinos Leben geschah, als er achtzehn Monate alt war. Sein Bruder Zaverio wurde am 12. Mai 1883 geboren. Jedes Baby der Roncallis schlief im Ehebett, wurde hier gestillt und zog erst aus, wenn das nächste Kind sich einstellte. «Als das Kind (er selbst) seine Mutter nicht mehr brauchte», so drückte Roncalli es aus, «war es der Großonkel Zaverio, der sich um es kümmerte und die anziehende Kraft seiner frommen Seele durch Wort und Beispiel mit ihm teilte» (*Secolo*, S. 25).

Von nun an nahm Zaverio ihn in seine Obhut. Zaverio war schon neunundfünfzig (er wurde achtundachtzig), hatte nie eine eigene Familie und, sagt Angelo, «widmete sich seinem Patensohn, ohne einen Priester aus ihm machen zu wollen» (*Secolo*, S. 25). Zaverio, gewöhnlich mehr als «Barba» bekannt, war ein belesener Mann, vertraut mit den Meditationen des Paters Luis da Ponte SJ und Abonnent des *l'Eco di Bergamo*, einer katholischen Zeitung, die 1880 gegründet worden war, um «säkularistischer» Propaganda zu begegnen. Durch Barba blieb die ganze Familie mit einer größeren religiösen Welt in Berührung. Er war an den Anfängen der Katholischen Aktion in Bergamo beteiligt. Er las den *Bolletino Salesiano*, den der später heiliggesprochene Don Giovanni Bosco in Mailand herausgab, und war ein «Mitarbeiter» der Salesianer, ein Mitglied ihrer «erweiterten Familie» (*Secolo*, S. 25). Das bedeutete, daß er sich für neue Methoden im Apostolat und der Missionarstätigkeit (oder «äußeren Mission», wie es damals hieß) interessierte. Zaverio schnitt aus dem *Bolletino Salesiano* ein Bild der Maria Auxiliatrix aus und hängte es über Angelos Bett (*Secolo*, S. 34).

Aber Angelos Mutter Marianna spielte immer noch eine wesentliche

Rolle in seinem Leben. Seine früheste Erinnerung gilt ihr. Sie kann sehr genau datiert werden: Es war der 21. November 1885, das Fest Mariä Opferung. Sie machten sich auf den Weg zum Schrein der Madonna delle Caneve (Weinkelter). Er war nur etwa einen Kilometer weit entfernt, aber der Pfad dorthin wand sich bergauf, und sie mußte Teresa (6), Ancilla (5) und Angelo (4) durch gutes Zureden antreiben, während sie Zaverio (2) auf dem einen Arm und Maria Elisa (1) auf dem anderen trug. Sie war auch wieder schwanger. Bis sie bei dem Heiligtum ankamen, hatte die Messe schon begonnen, und die winzige Kapelle war überfüllt. Da sie nicht mehr hineinkamen, hob sie ihre Kinder nacheinander hoch und ließ sie durch das Fenstergitter blicken, damit sie die Madonna sehen konnten (*Secolo*, S. 47). Sechsundsiebzig Jahre später war die ganze Episode Papst Johannes noch frisch in Erinnerung. Er erzählte sie einer Pilgergruppe:

> Der Reliquienschrein der Madonna in meinem Heimatdorf liegt am Ende eines holprigen Pfades, unter Bäumen, an einer Stelle, wo es nicht mehr weitergeht. Es ist auch heute noch ein Wallfahrtsort, besonders für junge Menschen, die zum Militärdienst fortgehen, oder für Auswanderer, die sich zur Arbeitssuche aufmachen. Und auch alte Menschen gehen dorthin, damit sie sich der Güte Mariens erinnern und neue Hoffnung schöpfen können . . . Meine Mutter hob mich hoch und sagte: «Sieh, Angelo, sieh, wie schön die Madonna ist. Ihr habe ich dich ganz geweiht.» Das ist die erste klare Erinnerung, die ich an meine Kindheit habe (*Rosario*, S. 15f.).

Marianna war damals achtundzwanzig. Er liebte sie auf eine einfache, natürliche Art bis zu ihrem Tod und darüber hinaus: «Was für eine Mutter! Was für ein schlichtes und klares Gewissen, das sie bis ins hohe Alter bewahrte, geliebt und verehrt von ihren zehn Kindern und der ganzen Gemeinde» (*Secolo*, S. 25).

Im Alter von fünf (oder sechs) lernte Angelino sein erstes Gedicht auswendig:

Quanto è soave al cuore	Wie ist im Herzen mild
il nome tuo, Maria.	Dein Name, Maria.
Ogni dolcezza mia	All meine Freude
da quel tuo nome vien.	aus deinem Namen kommt.
Che bella idea di amore	Erkenntnis hoher Liebe
da quel tuo nome appresi	spricht mir dein Name zu,
che dei desiri accesi	und heiliges Verlangen
mi vien destando in sen.	macht mir die Seele weit.

Er konnte es noch in seinem letzten Lebensjahr auswendig. Einen Monat vor der Eröffnung des Konzils schrieb er es in sein Tagebuch und erklärte:

> Diese Strophe ist der Anfang des ersten Gedichts, das ich als Kind lernte; es stand im zweiten Buch, das wir damals an der Volksschule benutzten. Mein erstes Schuljahr verbrachte ich in der damaligen Casa di Camaitino, dem ersten Haus an der rechten Ecke der sogenannten «Piazza», auf die man traf, wenn man von der Guardina kam. Auf der gegenüberliegenden Seite war der Laden der Rosa Bonanomi und ihrer siechen Schwester Marianna. Das muß im Jahr 1886 oder 1887 gewesen sein. Im folgenden Jahr wurde mit dem neuen Rathaus in Bercio die neue Schule eröffnet, und zwei Jahre lang war ich einer der ersten, der sie besuchte (*Tagebuch*, S. 348).

Die «neue» Schule war das Ergebnis der *Lex Casati* zum staatlichen Erziehungswesen. Die Volksschule wurde im Prinzip allgemeingültig und obligatorisch, wenn auch nur für drei Jahre, und staatliche Schulen ersetzten die mehr zufällige Erfassung durch die kirchlichen Schulen.

So stand Angelino 1888, als er auf die Sieben zuging, auf einmal unwissentlich in einem ideologischen Kreuzfeuer. Die neuen staatlichen Schulen waren dazu bestimmt, ein neues nationales Bewußtsein zu formen. Durch die Anhebung der allgemeinen Bildung wollten sie auch den «Regionalismus» überwinden, der in Italien blühte, und es in einen wirklich modernen Staat verwandeln. Die physikalische Einheit der Halbinsel war mit dem endgültigen Zusammenbruch des Kirchenstaates 1870 erreicht worden; die psychologische Einheit blieb noch zu schaffen. Teils durch die Unnachgiebigkeit Pius' IX., der sich selbst zum «Gefangenen im Vatikan» erklärte und Katholiken mit einem bekannten Ausspruch verbot, «Wähler oder Gewählte» zu sein, war das neue «Establishment» liberal und antiklerikal. Garibaldi, ein allbekannter Freimaurer, hatte sein Pferd *Mastai* genannt – das war der Familienname von Pius IX. Schullehrer standen an vorderster Front im Kampf für ein neues Italien, befreit von Unwissenheit und Aberglauben.

Der Mann, der mit dieser missionarischen Aufgabe in Sotto il Monte betraut war, war ein gewisser Signor Orbè, ein Herr mit Monokel und Backenbart. Es war eine mühsame Arbeit. Orbè mußte die ersten drei Jahrgänge gemeinsam unterrichten. Er fand die Bauernkinder störrisch und schwer von Begriff. Sein aufgewecktester Schüler, Angelo Roncalli, stand schon im Bann des Gemeindepriesters und ging lieber in die Kirche als zur Schule. Ein Vorfall wurde festgehalten. Ein wesentlicher Bestandteil des Casatischen Schulgesetzes waren die regelmäßigen Inspektionen der Schulen. Der Inspektor traf in Sotto il Monte ein und fragte die Klasse: «Was ist schwerer, ein Quintal Stroh oder ein Quintal Eisen?» «Ein Quintal Eisen», rief die Klasse

im Chor, bis auf Angelo, der sagte, sie wögen das gleiche: ein Quintal sei ein Quintal (Cugini, S. 37). Das war zwar kein Beweis besonderer Frühreife. Aber er war anders.
Signor Orbè kämpfte einen aussichtslosen Kampf. Angelo war bereits Ministrant bei der täglichen Frühmesse. Wann immer eine Taufe war, war er zur Stelle, um das Salz und die Kerze zu halten. «Onkel» Zaverio reiste 1888 als einziges Mitglied der Gemeinde zum 50. Jahrestag der Priesterweihe Papst Leos XIII. nach Rom. Angelo bettelte, ihn begleiten zu dürfen, aber man hielt ihn für zu jung (Cugini, S. 31). Zaverio hatte Leo als *il Papa-ré* (der Papst-König) zugejubelt. Dies war eine der ersten Massenwallfahrten, ermöglicht erst durch die Ausdehnung des Eisenbahnnetzes, und sie überzeugte Leo davon, daß die Arbeiter von ihm eine Äußerung zur «sozialen Frage» wünschten; drei Jahre später veröffentlichte er die Enzyklika *Rerum Novarum,* die «Arbeitercharta». Zaverios Wallfahrt nach Rom bekräftigte die Einschätzung der Roncallis, daß der Papst vom neuen italienischen Staat äußerst gemein und ungerecht behandelt würde. Sein Porträt war eine ständige Mahnung an diese Ungerechtigkeit.
1889 war ein sehr wichtiges Jahr für Angelo. Am 13. Februar wurde er von Msgr. Camillo Guindani, dem Bischof von Bergamo, in der Nachbargemeinde Carvico gefirmt. Zwei Wochen später, am 3. März, am Sonntag Laetare, war seine Erstkommunion. Das war ein außerordentliches Privileg, denn erst später, während des Pontifikats Pius' X., wurden Kinder bestärkt, so jung zur Erstkommunion zu gehen. Er erinnerte sich gut an den Tag:

> Ich erhielt die Erlaubnis, mit acht Jahren zur Erstkommunion zu gehen, ohne besondere Feier, an einem kalten Morgen der Fastenzeit in der Kirche Santa Maria di Brusicco. Nur die Kinder, der Gemeindepfarrer Rebuzzini und sein Kurat, Don Bortolo Locatelli, waren anwesend. Ich erinnere mich gern an eine Kleinigkeit, die mir im Herzen geblieben ist. Nach der Zeremonie gingen die Erstkommunikanten in das Pfarrhaus, um einer nach dem andern in die Vereinigung des Gebetsapostolats aufgenommen zu werden; und von Pater Rebuzzini erhielt ich die Ehre, die Namensliste meiner Gefährten aufzuschreiben. Dies war die erste Schreibübung, an die ich mich erinnern kann, die erste Seite von so vielen, die während eines halben Jahrhunderts des Lebens mit der Feder in der Hand dazukamen (*Secolo,* S. 26).

Die Vereinigung des Gebetsapostolats war im Jahr 1861 von dem französischen Jesuiten Henri Ramière gegründet worden. Ihre Mitglieder gelobten, das «Morgengebet» jeden Tag «in Eintracht mit dem Heiligsten Herzen Jesu» zu verrichten. Sie widmeten alle «Gebete, Werke und Leiden» des bevorstehenden Tages einem bestimmten

Anliegen (z.B. der «äußeren Mission»), das vom Papst gutgeheißen wurde. Das war ein weiteres Band mit dem «einsamen Gefangenen im Vatikan». Es war auch eine Möglichkeit, die Dinge des Alltags zu heiligen.

Zu Angelos Spielgefährten gehörten eine Kusine, möglicherweise Camilla, die Tochter von Luigi. Eines Tages schlichen sie aus Abenteuerlust eine knarrende Treppe hinauf, um eine tote alte Frau zu sehen. Sie fanden sie in einem verdunkelten, nur von einem Öllämpchen erleuchteten Zimmer liegend, mit offenem Mund, so daß der letzte übriggebliebene Zahn zu sehen war. Die Neugier schlug in Entsetzen um. Sie liefen weg (Cugini, S. 32f.).

Angelos Vater Giovanni spielte eine geringe Rolle in seinem Leben. Er wurde von anderen «Vaterfiguren» in den Schatten gestellt, zuerst von Zaverio und dann zunehmend von Pater Rebuzzini. Giovanni mit seinem Bürstenschnitt und Schnauzbart war ernst und am zurückhaltendsten von allen in der Familie. Angelo sah ihn in der Erinnerung als ein Muster von Fleiß und Güte: «Mein Vater ist ein Bauer, der sich den ganzen Tag über abplagt zu graben, zu hacken und so fort. Ich habe nicht mehr als mein Vater, sondern viel weniger, denn mein Vater ist wenigstens einfach und gut, während ich von mir aus nichts als Schlechtigkeit habe» (*Tagebuch,* S. 116). Diese Bemerkung, im Eifer der Exerzitien im Römischen Seminar 1902 aufgeschrieben, sagt uns mehr über ihn selbst als über seinen Vater. Aber es gibt auch eine sonnenbeschienene Erinnerung an seinen Vater, die er bis zu seinem Tod nicht vergaß. Am 6. August 1889 wanderten sie zusammen die sechs Kilometer nach Ponte San Pietro anläßlich des elften Festes der Katholischen Aktion Bergamo. Die Kirche war groß, strahlend vor Gold, erleuchtet von unzähligen Kerzen. Für ein Kind war es ein magisches Schauspiel. «In der Vorstellung der Landbevölkerung», schrieb Davide Cugini, «war Ponte San Pietro wie das Paris der Ebene» (Cugini, S. 32). Doch Angelo war zu klein, um den Umzug zu sehen, und so nahm ihn sein Vater auf die Schultern. Papst Johannes erinnerte sich an das Ereignis, als er zum erstenmal, am 4. November 1958, auf der *Sedia gestatoria,* dem päpstlichen Tragsessel, erschien: «Wieder einmal werde ich getragen, emporgehoben von meinen Söhnen. Vor mehr als siebzig Jahren wurde ich in Ponte San Pietro auf den Schultern meines Vaters getragen ... Das Geheimnis aller Dinge ist, sich von Gott tragen zu lassen und so Ihn (zu anderen) zu tragen» (*Letture,* S. 53f.). Roncalli vollzog spontan den Schritt von den alltäglichen Ereignissen zu ihrer geistlichen Bedeutung.

Die Massenversammlung der Katholischen Aktion in Ponte San Pietro an jenem schwülen Augusttag erinnert daran, daß die Diözese

Bergamo bei dieser Form christlicher «Nähe zur Welt» eine Vorreiterrolle spielte. Die Katholiken hatten sich auf päpstliche Anordnung hin aus dem offiziellen politischen Leben Italiens zurückgezogen. Aber sie sorgten sich weiterhin um «soziale Probleme» und formten ein Netz von Bewegungen und Organisationen, die sich für Gerechtigkeit einsetzten. Die Einigung Italiens hatte den Bauern und der Arbeiterklasse keinen Wohlstand gebracht. Hohe Besteuerung und wachsende Arbeitslosigkeit in den Jahren nach 1880 führten zur Auswanderung nach (in dieser Rangordnung) Lateinamerika, Frankreich, Tunesien, den Vereinigten Staaten. Die Auswanderungsstatistik in Angelos Kindheit belegt die traurige Geschichte: 1880: 20 000, 1887: 127 000, 1888: 196 000. Als die Katholiken darauf hinwiesen, daß die Masse der Bauern und Arbeiter schlechter dastand als vor der Einigung, wurden sie der «klerikalen Demagogie» beschuldigt (Fonzi, S. 80). Allmählich entwickelte sich ein Bündnis zwischen den «Unnachgiebigen» – jenen Katholiken, die meinten, dem Papst sei übel mitgespielt worden – und den Bauern und Arbeitern. *Il Popolo* aus Mailand behauptete, das neue Italien habe «den Bauern der Willkür des Kapitals preisgegeben, das weiterhin hemmungslos seine Isolation, seine Schwäche und seine Armut ausbeutete» (ibid., S. 82).

Obwohl der italienische Katholizismus nach 1880 noch verbunden war mit dem reaktionären Konservatismus, der für das Pontifikat Pius' IX. bestimmend gewesen war, hatte er somit allmählich ein Potential gewonnen, die Gesellschaft zu verändern. Angelo schrieb folgende Notiz für das Totenbildchen Zaverios: «Er war der Gerechte der Heiligen Schrift... Durch die Geschehnisse eines unruhigen Jahrhunderts hindurch bewahrte er bis zum letzten Tag die Begeisterung seiner Jugend für die Herz-Jesu-Verehrung, für die Sache Christi, der Kirche, des Papstes, für die katholischen Organisationen, deren demütiger, aber überzeugter Apostel er unter den guten Landarbeitern war» (*Familiari,* I, S. 599). Eine typische Einrichtung der ländlichen Katholischen Aktion war die Kreditbank. Die Roncallis brauchten mehr als zwanzig Jahre, um soviel zu sparen, daß sie eine Hypothek auf ihr eigenes Haus und Land aufnehmen konnten. Sie wurden von dem Gedanken bestärkt, es wäre besser mit der Menschenwürde vereinbar, Grundbesitzer, wenn auch nur im kleinen Maßstab, als Pächter zu sein. Manche Kritiker meinten, daß Papst Johannes in seiner Enzyklika *Mater et Magistra* den landwirtschaftlichen Problemen unverhältnismäßig viel Platz einräumte. Nun wissen wir, warum.

Angelo bekannte später, daß «er sich nicht mehr an die Zeit erinnern konnte, als er noch nicht Priester werden wollte». Die erste Person, der er davon erzählte, war seine Kusine Camilla. Er war über den Gedanken zugleich beunruhigt und entzückt. Er hatte Pater Rebuzzini sehr aufmerksam beobachtet und dabei bemerkt, wie sich bei heißem Wetter der steife weiße Kragen am Hals eindrückte und sich darüber Schweißperlen bildeten. Aber Pater Rebuzzini hatte auch Angelo beobachtet. Eines Tages sagte er zu ihm: «Werde nicht Priester, Angelo. Du siehst, wie hoch und scharf dieser Kragen ist. Er schneidet in den Hals ein und tut manchmal richtig weh» (Cugini, S. 33). Also hatte er es bereits erraten.

Rebuzzini war seit 1872 in Sotto il Monte und sollte dort auch sterben. Er kannte seine Bauerngemeinde bis ins letzte und teilte ihre Freuden und Ängste. Er war ein kultivierter Mann und ein Beispiel für die Mystik der Geistlichkeit in der Diözese Bergamo: Es spielt kaum eine Rolle, ob einer in der Verborgenheit lebt, wo seinen Talenten kein Betätigungsfeld gegeben wird – wenn er nur sicher sein kann, daß es Gottes Wille ist. Wie der erfundene, ansonsten nicht sehr bewundernswerte Gemeindepfarrer in *I Promessi Sposi* sagt: «Es ist der Gemeindepfarrer, der den Karren weiterzieht.» Angelo vergaß nie den Text, angeblich vom heiligen Bernhard, der an der Wand in Rebuzzinis Arbeitszimmer hing:

> Friede in der Zelle; leidenschaftlicher Kampf draußen.
> Höre alle; glaube wenigen; ehre alle.
> Glaube nicht alles, was du hörst;
> Urteile nicht über alles, was du siehst;
> Tu nicht alles, was du kannst;
> Gib nicht alles, was du hast;
> Sage nicht alles, was du weißt.
> Bete, lies, zieh dich zurück, sei still, sei in Frieden.

Christlicher Glaube wird hier zu «praktischer Weisheit». Rebuzzini konnte es nicht wissen, aber es war die perfekte Formel für einen vatikanischen Diplomaten.

1890 sah Rebuzzini unterdessen, was die Roncallis mit Angelos Erziehung anrichteten. Er war aus Signor Orbès Klasse herausgewachsen, und seine Kameraden hatten die Schule schon verlassen. Zaverio vereinbarte für ihn Lateinstunden bei Don Pietro Bolis, dem Gemeindepfarrer von Carvico. Er war ein beeindruckender und ziemlich furchterregender Mann mit riesigen Händen, und er schonte weder Rute noch Kind. Angelo dachte mit Schrecken an dieses Jahr zurück: «Nach wenigen Lateinstunden forderte mich der unbarmherzige Don Bolis auf, Buch I von Caesars *Gallischem Krieg* zu übersetzen. Ich mußte übersetzen und die Nominative und Akkusative finden, und wenn ich einen Fehler machte, versetzte er mir einen Hieb. Manchmal ließ er mich zur Strafe für einen Fehler draußen knien» (Cugini, S. 39). Nach einem Jahr mit Schlägen und Caesar wurde Angelo für reif gehalten, als Externer das bischöfliche Kolleg in Celana, das von Karl Borromäus als vorbereitendes Seminar gegründet worden war, zu besuchen. Das bedeutete, daß er zum erstenmal sein Zuhause verlassen und bei Verwandten in dem Haus Ca' di Rizzi in Pontida wohnen mußte. Obwohl er an den Wochenenden nach Hause kam, empfand er bitter den Trennungsschmerz und beschrieb ihn fünfzig Jahre später als Trost für eine Kusine, die ihr Zuhause verlassen hatte, um eine Herz-Jesu-Schwester zu werden: «Unser Vater begleitete mich zu den Wäldern von Faida hin, oberhalb von Villa d'Adda, und ließ mich dann allein nach Pontida weitergehen, wo ich im Hause unserer Verwandten, Ca' di Rizzi, wohnte, um dann von dort aus als ordentlicher Schüler nach Celana zu gehen: wie ich da allein im Wald und in der Kälte stand und zurückdachte an die Wärme daheim und in der Familie, die ich gerade verlassen hatte, da weinte ich und war noch mehr ergriffen als beim ersten Abschied» (*Familiari,* I, S. 504). Er riß sich zusammen, aber er fügte hinzu, wie es jedesmal war, wenn er nach Sotto il Monte zurückkehrte.

> Aber solange sie lebten, griff mir jedes Jahr der Augenblick bedenklich ans Herz, da ich bei der Colombera vorbeikam, um von ihnen Abschied zu nehmen, bevor ich nach Sofia oder Konstantinopel zurückkehrte, und ich mußte es eilig tun, um nicht die innere Bewegung zu verraten. Und es ist recht so, daß es uns überkommt. Wir sind geschaffen, uns ewig zu lieben. Es versteht sich von selbst, daß dieses Gefühl sich Ausdruck verschafft, uns dadurch aber auch Schmerz antut. Auf diese Weise verdienen wir uns die Freude der endgültigen Wiedervereinigung (*Familiari,* I, S. 504).

Die Roncallis mögen zurückhaltend gewesen sein. Aber sie waren verletzlich und nicht gleichmütig.

Angelo war fast neun, als er nach Celana ging. Es war ein unglückliches Jahr. Er war jünger als die anderen in seiner Klasse. Er mußte immer noch täglich sechs Kilometer hin und zurück laufen. Sein Lateinlehrer, erinnerte er sich, «brachte es fertig, daß ich das wenige, was ich wußte, vergaß: es war eine Katastrophe» (Cugini, S. 47). Was alles noch schlimmer machte, war, daß die Atmosphäre im Ca' di Rizzi unerfreulich war. Wie Capovilla es andeutungsweise ausdrückte, «war sie ungeeignet für jemanden von seiner Feinfühligkeit und strengen Erziehung» (*Cronologia,* S. 516). Streit um eine Erbschaft hatte die Atmosphäre vergiftet. Um ihm also die Demütigung des Mißerfolges bei den Prüfungen am Ende des Schuljahres zu ersparen und ihn von den abscheulichen Verwandten zu trennen, nahm man ihn nach Hause.

An diesem Punkt nahm Don Rebuzzini die Sache in die Hand. Den ganzen Sommer 1892 hindurch war er Angelos Lehrer und bereitete ihn ordentlich auf den Eintritt in das Knabenseminar in Bergamo vor. Es wurde nun offenkundig, daß er eine Neigung und ein Talent zum Lernen hatte, die seine früheren Lehrer nicht hatten wecken können. Diese Zeit brachte sie auch näher zusammen. Rebuzzini hatte einen Zehnjährigen vor sich, der im Begriff stand, das Seminar zu beziehen wie er selbst in den 1840ern; und Angelo hatte seine Vaterfigur gefunden.

Dennoch blieb er seiner Familie zutiefst verbunden und verlor auf allen seinen Wegen nie die Verbindung zu ihr. Er war ein «verwurzelter» Mann, «den verwandten Punkten von Himmel und Heimat treu». 1930 schrieb er an seine Eltern: «Seit ich mit ungefähr zehn Jahren unser Haus verlassen habe, habe ich viele Bücher gelesen und viele Dinge gelernt, die Ihr mir nicht hättet beibringen können. Aber was ich von Euch gelernt habe, bleibt das Kostbarste und Wichtigste, und es unterstützt und belebt so viele andere Dinge, die ich später in all den Jahren des Studierens und Lehrens gelernt habe» (*Secolo*, S. 28).

2. Kapitel

Ein gegenreformatorisches Seminar

In der Kunst Ihrer Heimatstadt hatten Sie bereits alle Lektionen gefunden, die ein Diplomat braucht. Ihre Maler, allen voran der große Porträtist Lorenzo Lotto, hatten Sie Psychologie gelehrt; die Statue von Torquato Tasso, die Sie an die Schönheit Ihrer Berge erinnerte, beschwor die Poesie ferner Länder; und das Grab Colleonis enthielt die Überreste eines Mannes von heroischer Weisheit. Ihre Liebe zur Geschichte veranlaßte Sie, sich für die ruhmreichen Bischöfe von Bergamo zu interessieren.

(Präsident Vincent Auriol, 15. Januar 1953, *Mission to France,* S. 181f.)

Kaum etwas vom Priesterseminar in Bergamo steht noch, weder vom Knabenseminar noch vom Großen Seminar, wo Angelo Roncalli im November 1893, kurz vor seinem zwölften Geburtstag, als Alumne ankam. Es wurde 1964 großzügig wiederaufgebaut. Als Papst hätte er die neue Kapelle weihen sollen, aber er starb, bevor sie fertig wurde. Aber die alte Kapelle steht noch, ihre Kuppel ist der höchste Punkt der Oberstadt. Innen ist vieles umgestellt worden, der Standort des Altars wurde verändert, und so blickt Unsere Liebe Frau im Glorienschein jetzt von dem bemalten Gewölbe an der Seite herunter.
Die alte Kapelle jedoch mit ihren zu Kopfe steigenden, Erinnerungen weckenden Düften von Weihrauch und Blumen bleibt das beste Bindeglied zwischen Angelo Roncalli und dem Seminar, das von Karl Borromäus gegründet wurde, dem Erzbischof von Mailand, der als «das Vorbild eines Bischofs gemäß dem Konzil von Trient» 1610 heiliggesprochen wurde. Roncalli schrieb später die Geschichte des Seminars in Bergamo. Die Arbeit daran versetzte ihn in seine liebste historische Epoche, die Gegenreformation in der Lombardei. Schließlich war die Stadt Trient nur hundert Kilometer entfernt. Aber was er später beschrieb, das erlebte er zunächst.
Trient läutete eine Revolution in der Ausbildung für das Priesteramt ein. Es erfand das Seminar oder «Samenbeet» als Ort der geistlichen und theologischen Bildung für künftige Priester. Es erfaßte sie bereits in früher Jugend. Es isolierte sie von der «Welt». Es wollte sie vor allem schützen, was störend und verführerisch war. Der allererste Eintrag in Angelos Tagebuch ist eine Abschrift des Trienter *Decretum de reformatione*, Kanon 1, über den «vorbildlichen Priester»:

> Es ziemt sich überhaupt für alle zum Dienst des Herrn berufenen Kleriker, ihrem Leben und allen ihren Sitten eine solche Form zu geben, daß sie in ihrem ganzen Benehmen, im Auftreten, beim Reden und allen übrigen Dingen nur einen ernsten, maßvollen und gottesfürchtigen Eindruck erwecken. Sie sollen auch die läßlichen Sünden meiden, die an sich schon sehr schwerwiegend sein können, damit ihre Handlungen bei allen Ehrfurcht erwecken (*Tagebuch*, S. 23).

Selbstverständlich ist das nicht alles, was Trient zum Priesteramt sagt. Es ist ein nach außen gerichtetes Priesterbild und betont das äußere Ansehen – keine besonders hoch geschätzte Eigenschaft bei den mehr lebensfreudigen Geistlichen des Mittelalters, die ihre Bildung, wenn überhaupt, in der turbulenten Welt der Universität erhielten. Noch 1575 wurde ein gewisser Domherr Corregio beobachtet, als er «auf der Laute spielend durch die Straßen von Bergamo ging», und er stand im Verdacht, eine Geliebte zu haben (*Atti*, III, S. 223). Genau das war die Lebensweise, der Trient, insgesamt erfolgreich, ein Ende bereiten wollte. Kontrolle und Selbstdisziplin waren die Schlüsselworte. Alles Spontane und Impulsive war zu zügeln. Der natürliche Mensch, der «alte Adam», mußte abgetötet werden.

Die zweite Eintragung in Angelos Tagebuch ist ein Zitat aus Klagelieder 3, 27: «Es ist gut für den Mann, das Joch in seiner Jugend schon zu tragen» (*Tagebuch*, S. 23). Er begann sein Tagebuch 1895, mit vierzehn Jahren, und behielt diese Gewohnheit für den Rest seines Lebens bei. Über achtzig Druckseiten sind dem Knabenseminar in Bergamo gewidmet. Es ist der am vollständigsten dokumentierte Abschnitt seines Lebens. Er begann sein Tagebuch auf den Rat des Domherrn Luigi Isacchi (1839–98) hin, der das Amt des Spirituals innehatte. Sein Zweck war ein dreifacher: ihn an seine Vorsätze zu erinnern, seine Augenblicke der Gnade oder geistigen Einsicht festzuhalten, mit kritischer Wachsamkeit ständig seine Fehler und Rückfälle zu beobachten. Meist hatte die letztere Aufgabe die Oberhand. In den 1970er Jahren wurde in den Vereinigten Staaten das Führen eines Tagebuchs als ein Mittel des geistigen Fortschritts (Progoff-Methode) «entdeckt». Aber in Bergamo waren in den 1890er Jahren nicht alle Spirituale damit einverstanden. Im November 1898 starb Isacchi, und sein Nachfolger, der Domherr Quirito Spampatti, war ein entschiedener Gegner dieser Sache. Angelo notierte: «Was meine Gewohnheit betrifft, meine kleinen Angelegenheiten zu Papier zu bringen, wie ich es seit vorigem Jahr bis vor einem Monat getan habe, so scheint der neue Spiritual davon nicht so eingenommen zu sein wie der frühere. Einer hält eben dies für besser, der andere jenes. Daher die Lücke seit dem letzten Datum bis heute» (*Tagebuch*, S. 83). Aber trotzdem machte der sechzehnjährige Angelo weiter. Er brauchte diese Korrespondenz über die göttlichen Dinge.

Er schrieb nicht für die Nachwelt. Wir können seine inneren Gespräche nur heimlich belauschen. Das Porträt, das vor uns ersteht, zeigt einen ernsthaften, empfindsamen, übertrieben gewissenhaften Heranwachsenden, in Versuchung geführt nur durch Klatsch und *Gourmandise.* Es ist sein Lebensziel, ein heiligmäßiger Priester zu werden. Die einzigen «Ereignisse» waren die Tonsur am 18. Juni 1895, durch die er offiziell ein «Kleriker» wurde, die niederen Weihen zum Ostiarier und Lektor am 3. Juli 1898, die niederen Weihen zum Exorzisten und Akolythen am 25. Juni 1899. Wir erfahren wenig über seine literarischen Studien während der ersten fünf Jahre oder den Inhalt der Theologie, mit der er am 3. November 1898 begann. Er führte ein beschütztes Leben, auf das öffentliche Ereignisse kaum einwirkten:

Zeitungen waren nicht erlaubt. Das Seminar war eine unzugängliche Festung, eine abgeschlossene Welt für sich.
Aber sein Selbstporträt ist unvollständig. In Bergamo nur zu leben bedeutete schon eine liberale Erziehung. Geschichte war um ihn, wenn er, nie ohne einen Gefährten, in der Stadt spazierenging. Das Seminar lag auf dem höchsten Punkt der Oberstadt mit ihren engen Gassen, winzigen Plätzen, starken Mauern aus dem 16. Jahrhundert, plätschernden Brunnen und überall dem auf den Hinterbeinen stehenden Löwen des Markus als Erinnerung, daß Bergamo 350 Jahre lang die Herrschaft Venedigs erlebt hatte. Die Legende berichtete, daß der heilige Alexander, der Schutzpatron der Stadt, im Jahre 288 genau an dem Ort getötet worden war, wo sich jetzt die Kirche San Alessandro in Colonna erhebt. Auf dem Wiener Kongreß wurde Bergamo Österreich zugesprochen. Italienische Patrioten waren bis zur Ankunft Garibaldis 1859 auf der *fara* (ein altes lombardisches Wort für einen freien Platz) hingerichtet worden. Wenn Angelo aus dem Seminargarten hinunterschaute, sah er die neue Stadt mit ihren breiten Alleen, dem Bahnhof, der Bergamo mit Mailand und Brescia verband, und jenseits davon die Textilfabriken.
Roncalli begann Bergamo zu lieben und konnte unaufhörlich von seinen Schönheiten reden. Obwohl es nie eine Universität besessen hatte oder Residenzstadt gewesen war, war es zu Recht stolz auf seine Musiker und Künstler. Gaetano Donizetti, der Komponist von über sechzig Opern, hatte in der Via Arena bis zu seinem Tod gewohnt, einen Steinwurf vom Seminar entfernt. Maler wie Lorenzo Lotto, Paolo Cavagna und Gian Battista Tiepolo hatten die zahllosen Kirchen mit Märtyrergeschichten gefüllt. Der größte Bergamasker Maler war Giovanni Battista Moroni, besonders bekannt durch seine Porträts: scharfsinnige psychologische Studien von Priestern, Adligen und manchmal auch gewöhnlichen Kaufleuten aus dem letzten Viertel des 16. Jahrhunderts. Moronis Modelle waren die Zeitgenossen von Carlo Borromeo, der in Bergamo 1575 jede Pfarrei und jedes Ordenshaus besucht und darüber berichtet hatte. Angelo wußte noch nicht, daß die Herausgabe der *Acta* des Karl Borromäus die wichtigste wissenschaftliche Arbeit seines Lebens werden sollte.
Auf seinen Spaziergängen durch die Stadt jedoch, mit Soutane und Tellerhut, schuf er die Grundlage für diese tiefe Kenntnis ihrer Kirchen und Piazzas, die ihn dann in der Fremde tröstete und seine Forschungen stützte. Es ist wahr, daß er als Seminarist «seine Augen hüten» mußte, eine weitere Form der Selbstdisziplin. Er beschloß, sich mit dem höchsten Anstand zu benehmen, «wenn ich durch die Stadt gehe oder an andere Orte, an denen sich viele Menschen befin-

den. Ich werde niemals Plakate, Zeichnungen oder Geschäfte betrachten, die schamlose Dinge darbieten, gemäß den Worten der Heiligen Schrift: ‹Schau in der Stadt auf ihren Gassen nicht herum! Auf ihren Plätzen streiche einsam nicht umher!› (Sir. 9,17)» (*Tagebuch*, S. 36). Seine Strenge traf damals sogar kirchliche Kunstwerke, «bei denen das Gesetz des Anstands auch nur im geringsten mißachtet ist»: Man könnte ja eher bewegt werden, voller Gram über das Vorleben der reuigen Magdalena zu brüten, als Dank anzustimmen für ihre Bekehrung. Dennoch kann man sich nur schwer vorstellen, daß Angelo durch Bergamo wanderte und dabei nur auf seine Stiefelspitzen schaute.

Sein Seminaristenauge mißbilligte vieles, was er sah. 1895 ist sein «Bild» von Bergamo oft die Projektion von Ängsten, die ihm seine geistlichen Führer suggerierten. So ermahnt er sich selbst, seinen Blick besonders von jenen abzuwenden, «die häufig Gasthäuser besuchen und unmäßig sind, vor allem im Trinken; die als rachsüchtig, streitlustig und skrupellos gelten wollen; ... die in Spiellokale gehen oder auch privat Karten oder Würfel spielen» (*Tagebuch*, S. 26). Diese beklagenswerten Typen von 1895 hätten geradewegs den *Acta* des Karl Borromäus entsprungen sein können – außer daß damals auch Priester dazugehörten. 1575 klagte der Gemeindepfarrer von San Alessandro in Colonna, daß «Geistliche auf dem Platz zu sehen waren, die mit hergelaufenem Gesindel sprachen, daß die Diener der Domherren Karten spielten, während ihre Herren Gottesdienst hielten, daß dieselben Diener Waffen trugen, sogar während sie die Domherren ankleideten, und daß zuviel Lärm aus der Sakristei von San Vincente und Santa Maria Maggiore drang» (*Atti*, III, S. 220 f.). Die Gegenreformation war allgegenwärtig.

Angelo begegnete ihr wieder in seinem späteren Lieblingsroman, *I Promessi Sposi* von Alessandro Manzoni. Er las ihn schon – in Auszügen – im Seminar. Er spielt um 1630, als Frederigo Borromeo, ein Vetter von Carlo, diesem als Erzbischof von Mailand gefolgt war. «Es ist nicht nur der erste moderne italienische Roman; für Italien ist es der ganze Scott und Dickens und Thackeray zusammengenommen» (Archibald Colquhoun, *The Betrothed*, London 1951, S. 575). Das ist positiv zu verstehen. *I Promessi Sposi* trugen auch maßgeblich zu einer für ganz Italien gültigen Bildung von Sprache und Stil bei, indem das Toskanische zur Norm erhoben wurde. Aus diesem Grund wurde der Roman Schullektüre. Wie wir schon gesehen haben, war er für Angelo zusätzlich interessant, weil er in einer bekannten Gegend spielte. Aber vor allem schätzte er Manzonis religiösen Geist: aufrichtig, ernst, gekrönt von Mitgefühl und Barmherzigkeit. In den 1930er

Jahren empfiehlt er einem bedrängten Priester die Lektüre des Schlußkapitels. Bei Manzoni fand er einen Stil, eine Geistigkeit, eine Psychologie und einen Humor, die seinen Bedürfnissen entsprachen und ihn vor Engstirnigkeit bewahrten.

Der Bischof von Bergamo, Camillo Guindani, lebte zu dieser Zeit in der Seminarfestung. Wenn er von ihrer Brustwehr Ausschau hielt, sah er einiges mehr als Angelo. Er wußte, daß die Probleme des modernen Bergamo weniger Messerstechereien oder Spielen auf der Straße als vielmehr Streiks und Aussperrungen waren. Guindani war ein führender Mann im sozialen Engagement. 1893 veröffentlichte er einen ausführlichen Kommentar zu *Rerum Novarum* von Leo XIII., bei dem er das Neue in dieser etwas doppeldeutigen Enzyklika betonte und sie auf die örtlichen Verhältnisse übertrug. 1895 hielt er eine Folgekonferenz im Seminar ab, um die Ergebnisse festzustellen.

Es war wirklich erstaunlich. Bergamos Anspruch, die Katholische Aktion in Italien anzuführen, wurde bestätigt. Pater Niccolò Rezzara, der für die soziale Aktion zuständige Priester, berichtete, daß es in der Diözese über 200 Vereine mit über 40 000 Mitgliedern gab. Darunter waren 50 Studienkreise, 104 Projekte zur gegenseitigen Hilfe, 43 Genossenschaften und Kreditbanken (Dreyfus, S. 32). In dieser Weise demonstrierte die Kirche in Bergamo, daß sie sich um Gerechtigkeit und Nächstenliebe kümmerte, obgleich sie immer noch von der Politik ausgeschlossen war. Sie versuchte, den ärmsten Gliedern der Gesellschaft zu dienen, den Opfern des ungezügelten Laissez-faire-Kapitalismus, den *Rerum Novarum* beklagte. Falls sie dabei die Sozialisten kaltstellte, war das ein zusätzlicher Gewinn, wenn auch nicht das Ziel. Angelo war in die Diözese Bergamo bereits als «Kleriker» aufgenommen; wenn er dort Priester werden wollte, würde seine Theologie eine soziale Dimension haben müssen. Das Verständnis dafür hatte ihm «Onkel» Zaverio vermittelt. «Christliche Demokratie» war bereits ein Thema.

Aber nicht die gesamte Geistlichkeit von Bergamo stand geschlossen hinter Bischof Guindani (s. *Mein Bischof*, S. 129). Er war der ehemalige Schüler und besondere Freund des Bischofs von Cremona, Geremia Bonomelli, des Sturmvogels des italienischen Episkopats. Eines seiner Pamphlete, *Italien und die Realität der Dinge*, war 1889 auf den Index der verbotenen Bücher gesetzt worden. Es war ein Plädoyer für die Aussöhnung zwischen dem Papsttum und dem neuen italienischen Staat. Die Konzilianten vertraten die Ansicht, der Papst sollte aufhören, dem *Ancien régime* nachzutrauern, den Verlust des Kirchenstaates statt dessen als eine Befreiung für die Kirche akzeptieren und den Katholiken erlauben, ihren Platz im politischen Leben Italiens einzunehmen. In diesem Licht betrachtet waren Katholische Aktion und die als *Opera dei Congressi* bekannte Laienbewegung eine Kostümprobe für die Rückkehr in das volle politische Leben. Aber dies war nicht die Stimmung im Vatikan, wo immer noch «Unnachgiebigkeit» vorherrschte. Bonomelli hat bei dieser wie bei anderen Gelegenheiten das Richtige zur falschen Zeit gesagt. Manche meinten, auch Guindani sei übertrieben «modern» und konziliant. Sobald Angelo darüber nachzudenken begann, war er impulsiv ein «Konzilianter».

Einen flüchtigen Eindruck von der italienischen Kirche als Ganzem bekam er im September 1895, als er anläßlich des dritten Nationalen Eucharistischen Kongresses fünf Tage in Mailand verbrachte. Es war ebensosehr eine katholische Muskelschau wie ein Akt der Frömmigkeit. Dort sah er zum erstenmal Kardinal Andrea Ferrari, den Erzbischof von Mailand, seinen Metropoliten und späteren geistlichen Führer. Ebenfalls anwesend in der glanzvollen Schar der Kardinäle war Giuseppe Sarto, der Patriarch von Venedig und künftige Papst Pius X. Angelo schrieb eine seiner erbaulichen Bemerkungen auf: «Ich war viel glücklicher und lebte viel zufriedener, als ich ein einfacher Landpfarrer war, als jetzt, da ich auf dem Patriarchenstuhl von Venedig sitze.» Das deutete schon auf die Melancholie hin, die Sarto in sein Pontifikat einbringen würde.

Mailand war schon die Finanz- und Verlagshauptstadt Italiens. Der Banco Ambrosiano wurde im gleichen Jahr 1895 von dem weitsichtigen Msgr. Giuseppe Tovini zur Unterstützung wohltätiger und frommer Werke gegründet; angehende Aktionäre mußten ihre Taufscheine vorlegen. *Il Popolo*, die katholische Tageszeitung, war Konkurrent des «liberalen» *Corriere della Sera*. Die dynamischsten – und bedrohlichsten – politischen Bewegungen nahmen hier ihren Ausgang. Angelo war stärker von Mailands historischen Bezügen beeindruckt. Hier hatte Ambrosius am Ostersonntag 387 Augustinus getauft. Auf einem Altar an der linken Seite des Domes stand das Kruzifix, das von Carlo und auch von Frederigo Borromeo bei Prozessionen zur Abwehr der Pest getragen worden war. Wenn sein Herz auch immer in Bergamo blieb, so trug Mailand mit seiner angesehenen Ambrosianischen Bibliothek zu seiner intellektuellen Formung bei. Er betrachtete sich immer als «Lombarden»: «*Anch'io sono Lombardo*» (*Quindicesimo anniversario*, S. 50).

Nach diesem fünftägigen Ausflug wieder im Seminar, schrieb Angelo die «Kleinen Regeln» der Kongregation Mariä Verkündigung auf. Als Kleriker war er automatisch Mitglied. Die Kongregation, ursprünglich eine Art «Dritter Orden» der Jesuiten, war eine Vereinigung zur

Förderung des geistlichen Lebens unter den Laien. Sie hatte am Seminar von Bergamo eine lange Tradition. Ihre Urkunden reichen bis ins 17. Jahrhundert zurück. Als Angelo dazukam, war sie immer noch eine blühende Einrichtung mit Statuten, periodischen Versammlungen, Vorstandswahlen und besonderen Feiertagen. Aber in Bergamo hatte sie noch einen überraschenderen Zug. Sie kannte zwei Stufen der Mitgliedschaft: gewöhnliche Mitglieder und eine besondere Gruppe, von der man mehr erwartete. Nur die Elite erhielt die handschriftlichen «Kleinen Regeln», bestimmt für einen «Seminaristen, der auf dem Weg der Vollkommenheit vorankommen möchte». Angelo wurde also schon als geistiger Höhenflieger angesehen. Er gehörte zur Elite einer Elite.

Man könnte vermuten, daß eine so aufgebaute Kongregation geradewegs zum Günstlingswesen führte, geprägt von Eifersucht unter den Außenstehenden und arroganter Selbstgefälligkeit bei den Erwählten. Aber das Ganze wird verständlicher, wenn wir berücksichtigen, daß nicht alle Schüler am Seminar von Bergamo in gleichem Maß festgelegt waren. Manche wollten durchaus nicht Priester werden und waren nur wegen ihrer höheren Schulbildung auf dem Seminar; andere waren geistliche Studenten, wohnten aber zu Hause und kamen nur zum Unterricht und Gottesdienst ins Seminar. Angelo war ein echter Internatsschüler ohne ein Leben außerhalb des Seminars. Es waren die «weltlichen» Studenten, von denen man am ehesten hörte, daß sie «Liebeslieder sangen», ein gefährliches Spiel, das relativ häufig in Angelos Notizen vorkommt. So war er in gewissem Sinn «stärker verpflichtet» als die meisten anderen. Sein Tagebuch macht deutlich, daß für ihn das moralische Leben kein Wählen zwischen Gut und Böse war; diese Frage war bereits entschieden. Es war eine Sache der Entscheidung für das Bessere und das Beste, gemäß der jesuitischen Formel *Ad maiorem Dei gloriam,* «zur *größeren* Ehre Gottes».

Das war der Geist, in dem Angelo aus Unzufriedenheit mit den ihm zur Verfügung gestellten «Kleinen Regeln», seine eigenen «Lebensregeln» ausdachte, die detaillierter waren und jeden Aspekt seiner wachen Zeit berücksichtigten. Es war ein strenges und erschöpfendes Programm. Er arbeitet genau aus, was er täglich, wöchentlich, monatlich, jährlich tun muß und schließt mit einem Abschnitt, der dem «jederzeit» gewidmet ist. Angelos «Lebensregeln» waren Regeln *für* das Leben. Capovilla sagt: «Er schrieb sie mit der Hand in kleiner Schrift ab, bewahrte sie immer bei sich auf und befolgte sie, auch noch als Papst» (*Tagebuch,* S. 23). So anspruchsvoll der Versuch auch sein mag, muß hier dennoch auf die «Lebensregeln» eingegangen werden. Sie waren so wichtig für Angelo.

Täglich widmete er beim Aufstehen «mindestens eine Viertelstunde dem stillen Gebet». Er hörte die Messe oder fungierte lieber noch als Meßdiener, las «nachdenklich» ein ganzes Kapitel der *Nachfolge Christi,* prüfte sein Gewissen und bereitete die Meditation des nächsten Tages vor, ehe er zu Bett ging. Zusätzlich gab es Besuche des Allerheiligsten Altarsakramentes, fünf Ave Maria und Vaterunser «zwischen 18 und 21 Uhr zu Ehren der fünf Wunden unseres Herrn Jesus Christus», nicht zu reden von den «kurzen, aber innigen Stoßgebeten» (wie damals die Anrufungen des Herrn bezeichnet wurden). Er sagt in den «Lebensregeln» nichts über sein Studium, aber 1896 scheint er es als Gelegenheit zur asketischen Selbstverleugnung zu betrachten: «Was das Studium anbelangt, so will ich mich ihm mit aller Liebe und allem Eifer und ganzer Kraft widmen, will alle Fächer ohne Unterschied studieren und mich nicht damit entschuldigen, daß sie mir nicht gefallen» (*Tagebuch,* S. 32).

Zu seinen *wöchentlichen* Verpflichtungen gehörten Bericht und Kommunion. Die Tatsache, daß er täglich zur Messe ging, aber zur Kommunion nur wöchentlich, war ein Relikt des jesuitischen Einflusses in Bergamo: Pius X. machte ein Jahrzehnt später den Weg zur täglichen Kommunion frei. Er fastete an Freitagen und Samstagen und tat an diesen Tagen auch Buße.

Monatlich sah er seinen geistlichen Vater, reservierte einen Tag zu «innerer Einkehr» und zur Reflexion, wie gut er seine Regeln beachtete. Er forderte einen «unter den vorbildlichsten und eifrigsten jungen Leuten» auf, ihn «aufrichtig und liebevoll» auf die Fehler aufmerksam zu machen, die er bei ihm festgestellt hatte. Er wählte auch einen besonderen Schutzpatron für jeden Monat aus.

Jährlich wollte er im Seminar an Exerzitien teilnehmen und wählte dafür die Karnevalstage, um intensiver zu beten, während die Welt sich vergnügte. Er wollte eine jährliche Generalbeichte ablegen. Eine menschliche Geste fließt ein, wenn er beschließt, am Ende des Schuljahres an seine Mitschüler zu denken: «Vor den Ferien die Kameraden daran erinnern und von ihnen Anregungen erhalten, wie man sie im Dienste Gottes verbringen kann» (*Tagebuch,* S. 26). Roncalli dachte wirklich immer daran, Jahrestage und Festtage einzuhalten und kleine rührende Gefälligkeiten zu erweisen. Das Leben besteht, wie die geistlichen Schriftsteller sagen, aus kleinen Dingen.

Angelo legte sein Vorhaben in seinen «Lebensregeln» nieder. Aber es war von allen Seiten bedroht. «Gelegenheiten zur Sünde» lauerten ihm auf, um ihn zu überlisten. Das Leben wurde eine Art von Hindernisrennen, und es galt, ohne Schaden das Ziel zu erreichen. Seine Mitseminaristen stellten die erste Hürde dar, weil gefährliche «besondere Freundschaften» entstehen könnten. So geht er zum Gegenangriff über: «Auf keinen Fall und unter keinem Vorwand sich duzen, einander mit den Händen anfassen, nachlaufen, anstoßen, schlagen, auch nicht im Scherz, sowie alle sonstigen Handlungen, Worte oder leichtfertigen Gesten meiden, die Abscheu erregen oder gefährlich werden können» (*Tagebuch,* S. 27). Er ermahnt sich, jene zu meiden, «die zweideutige, schmutzige und gehässige Reden» führen (*Tagebuch,* S. 26) und Dialektausdrücke benutzen. Später ließ er sich hinsichtlich der Dialektausdrücke und des vertraulichen *tu* ein wenig erweichen, aber eigentlich blieb er in solchen Dingen pedantisch.

Frauen waren grundsätzlich eine Hauptquelle des Unheils. Also waren auch sie einfach zu meiden, *vitandae.* Damit meinte er nicht nur Verführerinnen, *femmes fatales* oder Frauen von der Straße. Der Bann bezog sich auch auf Verwandte und «heiligmäßige» Frauen: Er will ihnen «mit achtungsvoller Zurückhaltung begegnen und jede Vertraulichkeit, jedes Zusammensein und Gespräch mit ihnen meiden, vor allem wenn sie jung sind. Ich werde auch nicht den Blick auf ihr Gesicht heften, eingedenk dessen, was uns der Heilige Geist lehrt: ‹Betrachte eine Jungfrau nicht genau, damit du ihretwegen nicht in Strafe fällst!›» (*Tagebuch,* S. 36). Auch dieses Zitat stammte von Jesus Sirach (9,5). Es kam Angelo nicht in den Sinn, sich zu fragen, aus welchem Grund man von diesem ziemlich weltmüden jüdischen Weisen eigentlich erwarten sollte, Ratschläge für die Vorbereitung auf das christliche Priesteramt zu erhalten. Er konnte alles gebrauchen.

Er glaubte auch, daß er zur «heiligen Reinheit» als einer Bedingung für «das heilige Priesteramt» aufgefordert war (*Tagebuch,* S. 35). Angelo Roncalli wollte einem Engel gleich sein. Zwar ist «der Angelismus», die Leugnung des verkörperten Menschseins, eine Häresie. Doch er sprach nur eine der Forderungen seiner Zeit aus. Seine Vorbilder waren die «drei engelgleichen Jünglinge», drei Jesuitenschüler, die bereits in jungen Jahren starben: Aloysius Gonzaga (1568–91, 1605 seliggesprochen, 1726 heiliggesprochen), Stanislaus Kostka, ein Pole (1550–68, 1660 seliggesprochen, 1726 heiliggesprochen), und Johannes Berchmans aus den Niederlanden (1599–1621, seliggesprochen 1865, heiliggesprochen 1888). Obwohl spätere Biographen, besonders C. C. Martindale SJ, den hagiographischen Putz abkratzten und zeigten, daß jeder von ihnen eine individuelle Persönlichkeit von beachtlicher Stärke und Ausstrahlung war, wurden sie in den 1890er Jahren als blutarme Säulenheilige hingestellt. Sie sollten die

Patrone der Jugendlichen allgemein sein, ihr Nutzen war aber gering, außer vielleicht für junge Ordensleute und Seminaristen.

Aber ganz recht, Angelo war ja Kleriker, immer Kleriker, nie außer Dienst, immer beobachtet: «Ich werde immer daran denken, daß ich niemals allein bin, auch wenn ich es dem Anschein nach bin: daß mich Gott, Maria und mein Schutzengel sehen, daß ich immer ein Kleriker bin» (*Tagebuch,* S. 37). Sogar sein Schlaf stand unter Aufsicht. Er ging mit dem Problem, welches Moralisten «unfreiwillige nächtliche Ergüsse» nennen, in der empfohlenen Art und Weise um:

> Ich werde auch größte Zurückhaltung bei mir selbst und bei jeder Gelegenheit üben, was meinen Körper anbelangt ... Daher ist die Gelegenheit für solche Handlungen zu meiden, wenn sie auch nicht absichtlich erfolgen. Abends vor dem Einschlafen will ich den Rosenkranz der heiligen Jungfrau um meinen Hals legen, die Arme auf der Brust kreuzen und versuchen, in der gleichen Haltung am Morgen aufzuwachen (*Tagebuch,* S. 37).

Er glaubte, auf diese Art würde er «rein wie ein Engel» bleiben. Und weil Sichgehenlassen in einem Bereich des physischen Appetits so leicht zur Lässigkeit in einem anderen führt, will er ebenso im Essen und Trinken Maß halten: «Was das Weintrinken anbelangt, so will ich überaus mäßig sein, denn im Wein liegt die gleiche Gefahr wie in den Frauen: ‹Frauen und Wein machen die Klugen abwendig›» (*Tagebuch,* S. 37). Wie nicht anders zu erwarten, stammt auch diese Pointe aus Jesus Sirach (19, 2).

Angelo hatte gewiß noch einen weiten Weg vor sich, um geistige und menschliche Reife zu erlangen. Das Seminar von Bergamo war für ihn eine «absolute Institution», wie sie Michael Hill definiert: «Völlige Hingabe wird von seinen Mitgliedern gefordert und beträchtlich mehr Gehorsam, als die Kirche im allgemeinen verlangt» (*The Religious Order,* S. 6). Angelo versuchte bewußt, sein Leben nach dem schon festgesetzten, von der Tradition geprägten Muster zu programmieren. Ein Kritiker, Paul Johnson, kann kaum seine Ungläubigkeit über die Verrücktheit des Ganzen verhehlen: «Das Wunder ist, daß Roncalli diese krankmachende Atmosphäre statischer, sinnloser Frömmigkeit überstand und sein vernünftiger Wirklichkeitssinn und seine spontane Geistigkeit mehr oder weniger intakt blieben» (Johnson, S. 16).

Solches Staunen ist unangebracht. Angelos reife Geistigkeit war eine Entwicklung und nicht eine Zurückweisung seiner Formung im Seminar. Er führte ein streng strukturiertes und reglementiertes Leben. Aber in religiösen Dingen müssen wir, wie John Henry Newman bemerkte, vielleicht mit Äußerlichkeiten beginnen; der Fehler läge dann nicht darin, damit zu beginnen, sondern damit zu enden und anzunehmen, in Äußerlichkeiten würde sich das ganze religiöse Leben erschöpfen. Er befolgte Regeln, aber er machte sich auch Werte zu eigen. Mit vierzehn Jahren wußte er schon, daß Treue zu dem erkannten Willen Gottes den Kern des Evangeliums traf. So konnte er schreiben: «Dein Wille sei der meine, und mein Wille folge immer nur dem deinen und sei vollkommen eins mit ihm. Mein Wollen und mein Nichtwollen sei immer eins mit dem deinen! O daß ich nur das allein wollen könnte, was du willst, nur das allein nicht wollen könnte, was du nicht willst! Schenke mir Geist und Kraft, allem abzusterben, was vergänglich ist; um deinetwillen gern unbekannt und mißkannt zu sein auf Erden» (*Tagebuch,* S. 30). Das war ein Echo der Seligpreisungen. «Selig die Trauernden; denn sie werden getröstet werden ... Selig, die ein reines Herz haben; denn sie werden Gott schauen. Selig, die Frieden stiften; denn sie werden Söhne Gottes genannt werden» (Mt 5,4.8–9). Im reifen Alter zitierte er gern Gregor von Nazianz (dem Dante nachspricht): *Voluntas Dei pax nostra* (Gottes Wille ist unser Friede). Als Jugendlicher zitierte er bezeichnenderweise lieber Thomas von Kempen: «Denn du bist der wahre Friede, du allein der wahre Ruhepunkt des menschlichen Herzens ... In dieser Friedensstätte, das ist: in dir, dem einen, höchsten, ewigen Gut, will ich ruhen, sanft ruhen ewig. Es werde mir dieser sanfte Schlaf! Amen» (*Tagebuch,* S. 30; Nachfolge Christi III, 15). In diesem Punkt wankte er nie; er gab seinem Leben den kontemplativen Grundton.

Es gibt kein Zeugnis, das vermuten läßt, Angelo sei auf dem Seminar unglücklich gewesen. Das Leben war hart, aber er war da, wo er sein wollte. Auf der anderen Seite erwiesen sich die langen Sommerferien, die er bei seiner Familie in La Colombera verbrachte – sie waren am 21. November 1893 in dieses nahe gelegene, größere Haus mit achtzehn Zimmern gezogen –, als zunehmend lästig. Er hatte immer stärker ein Gefühl des Nichtverstehens und der Entfremdung. Die Wurzel des Problems war, daß einige Familienmitglieder dachten, er «wolle Priester werden, um der Arbeit auf dem Feld zu entgehen».

Den ersten Ärger gab es im Juni 1898. Ein wichtigtuerischer Franziskaner aus Baccanello, der regelmäßig in La Colombera hereinschaute, schnappte den häuslichen Klatsch auf. Es wurde behauptet, daß Marianna ihren ältesten Sohn bevorzugt behandelte und ihm feineres Essen vorsetzte. Angelo genoß seine Ferien ohnehin nicht. Er stieß sich an dem ständigen Zank und war enttäuscht, daß er an zwei Tagen hintereinander nicht schreiben konnte, zuerst, weil er keine

Kerze, und dann, weil er keine Tinte hatte (*Tagebuch,* S. 57). Eine bevorzugte Behandlung hatte er weder gesucht noch erwartet. Die Geschichte wäre damit zu Ende gewesen, hätte es sich der Franziskaner nicht in den Kopf gesetzt, Angelo dem Rektor des Seminars, dem strengen Don Giacinto Dentella, zu melden. Mittlerweile hatten die Zwischenträger ihre Arbeit getan, die ursprüngliche Beschuldigung war verdreht worden. Angelo notierte: «Meinen Vorgesetzten wurden anscheinend Dinge über mich berichtet, wie hochmütig ich mich während meiner Ferien aufgeführt habe, und dabei stimmen diese Vorfälle nicht. Ich mußte diese Demütigung über mich ergehen lassen, ohne sie zu wollen» (*Tagebuch,* S. 44). Wieder zu Hause, wanderte er am 19. Juli 1898 nach Baccanello zu dem Mönch, der ihn angezeigt hatte, aber er wurde kühl empfangen (*Tagebuch,* S. 49). Es war keine wesentliche, aber eine bitter empfundene Ungerechtigkeit. Irgendwie war jetzt die Atmosphäre in La Colombera vergiftet. Zu Hause war es nicht mehr wie vorher.

Er konnte sich immer an Don Rebuzzini, seinen alten Lehrer und Gemeindepfarrer, wenden. Am Samstag abend, dem 24. September 1898, traf er Rebuzzini und verabschiedete sich wie gewohnt von ihm: *Arrivederci.* Aber als sich Don Rebuzzini am nächsten Morgen auf die Messe vorbereitete, versuchte er niederzuknien, fiel nach hinten auf den Kopf und starb. Angelo sah ihn dort auf dem Boden liegen, «den Mund offen und blutig, die Augen geschlossen» (*Tagebuch,* S. 69). Er kam ihm vor «wie Jesus, als er tot vom Kreuz abgenommen wurde». Dies war nicht einfach fromme Übertreibung: Den Priester als *alter Christus,* als einen zweiten Christus anzusehen war in der gegenreformatorischen Frömmigkeit ganz normal.

Angelo war «gebrochen», aber anstatt zu weinen, fühlte er sich gelähmt (*Tagebuch,* S. 69). Er zog, so gut er konnte, seine Lehren daraus. Einen tröstlichen Gedanken hatte er: «Der Tod traf ihn unverhofft, doch schon seit 73 Jahren hat er sich darauf vorbereitet» (d. h. sein Leben lang). «Ach, könnte auch ich so sterben!» schrieb der sechzehnjährige Angelo und meinte damit, während der Vorbereitung zur Messe. Er fühlte sich durch den Tod Pater Rebuzzinis verwaist. Der Ausdruck erscheint innerhalb weniger Tagebuchseiten gleich dreimal. «Ich aber bleibe zum großen Unglück als Waise zurück» (*Tagebuch,* S. 70), schrieb er am Mittwoch morgen, am 28. September, nieder. Und einen Tag später skizziert er unter Anspielung auf Johannes 14, 18 ein Gebet: «O Gott, laß uns nicht als Waisen zurück!» Und schließlich: «Wenn auch mein Vater gestorben ist, bleibt doch Jesus und öffnet mir die Arme, damit ich zu ihm komme und mich trösten lasse» (*Tagebuch,* S. 71).

Da nun aber sein eigener Vater, Giovanni Battista, noch sehr lebendig war, können diese Worte nur bedeuten, daß die Kirche seine Familie als sein «wahres Zuhause» ersetzt hatte, und die Bedeutung, die Don Rebuzzini als geistlicher Vater für ihn hatte, war größer geworden als die seines leiblichen Vaters. Das war nicht ein bloßes Gefühl, das Angelo hatte, als er mit sechzehn Jahren leicht zu beeindrucken war. Als er 1962 seinen Bericht über Rebuzzinis Tod erneut las, fügte er eine Überschrift hinzu, in der er ihn «das heilige Zeichen meiner Kindheit und meiner Berufung» nannte (*Tagebuch,* S. 71). Don Rebuzzini war sein erstes «Vorbild» der Priesterwürde – und er glaubte, ihn nicht übertreffen zu können. Rebuzzini hatte seine letzten sechsundzwanzig Lebensjahre in Sotto il Monte verbracht. Das Leben eines unauffälligen Diözesanpriesters, der zufrieden in diesem unbedeutenden Voralpendorf lebte, konnte ein Weg zur Heiligkeit sein, der kirchlichen Ehrgeiz und Karrierismus auf das richtige Maß zurückstutzte.

Don Rebuzzini hinterließ ihm sein Exemplar der *Nachfolge Christi.* Oder um näher an der Wahrheit zu bleiben, es gelang Angelo, das Buch an sich zu nehmen, während die Habseligkeiten aufgeräumt wurden («Es gelang mir noch, seine Ausgabe ... als kostbares Andenken an meinen Pfarrer zu bekommen»; *Tagebuch,* S. 70). Es war eine lateinische Ausgabe, 1745 in Venedig gedruckt, mit Anmerkungen von Enrico Sommali SJ. Angelo kannte die *Nachfolge Christi* bereits, das am weitesten verbreitete und am häufigsten übersetzte religiöse Buch, das je erschienen ist. Aber er hütete dieses abgegriffene Exemplar wie einen Schatz, weil Francesco Rebuzzini es seit seiner Seminaristenzeit in Bergamo vor so vielen Jahren benutzt hatte. Angelos Sinn für Tradition war nichts Abstraktes: Sie war verkörpert in konkreten, lebendigen Personen, die einen Namen trugen. Er kehrte in das Seminar zurück und nahm sein Theologiestudium am 3. November auf.

Am 21. Mai 1899 hielt er seine erste Predigt. Sie war vor allem eine stilistische Übung, nur für seine Mitseminaristen bestimmt. Es war der Vorabend von Pfingsten. Das ihm vorgegebene Thema lautete: «Maria im Zönakel». Er begann.

> Dieser Ort, der uns zum Gebet und Studium versammelt, unser Seminar, *ist* der obere Saal, das Zönakel. Wir, die wir hier in der Übung der kirchlichen Tugenden leben, unsere Blicke auf den Altar gerichtet, *sind* die neuen Apostel, die in der Erneuerung des ersten Pfingstwunders die verstreuten Schafe in die süße Umarmung Jesu, des Guten Hirten, zurückführen werden (*Rosario,* S. 89).

Man darf an diesen Text rein als Prosa keine großen Ansprüche stellen. Aber sein Stil verfügt schon über den ruhigen Fluß, den er von

Manzoni gelernt hat. Und er nimmt sein Gebet für das Konzil so viele Jahre später voraus: «Erneuere Deine Wunder an diesem Tag, gleichsam durch ein neues Pfingsten» (Abbott, S. 793).
Danach geht seine Predigt in ein Prosagedicht über, bei dem alle Versuche, es einigermaßen adäquat zu übersetzen, scheitern. Im Grunde sagt es aus, daß die über dem Vatikanischen Hügel anbrechende Dämmerung das weiße Haar eines tapferen alten Mannes – Leos XIII. – beleuchtet und dann über das Mittelmeer streift und eine Grotte in einem Hang erhellt. Dies ist Maria, *quasi aurora consurgens,* wie die Morgendämmerung sich erhebend. Damit sind wir in Lourdes angekommen. Angelo zitiert aus dem Hohelied Salomo (6,10): «Wer ist, die da erscheint wie das Morgenrot, wie der Mond so schön, strahlend rein wie die Sonne?» Seine Worte waren nicht als Exegese gedacht. Und dennoch umgeben sie die Gestalt Marias mit einer Poesie und einer Empfindung, die sie in der Vorstellung reich und doch demütig sein lassen und die alltägliche Wirklichkeit nicht anrühren. Jeder sollte mit siebzehn Gedichte schreiben; der Seminarist schreibt über Maria, bei ihr sind ihm *Gefühle* erlaubt.
Der 17. September 1899 war ein Wendepunkt in seinem Leben, obwohl es damals keiner wußte. Er hatte sich aus der bedrückenden Atmosphäre von La Colombera geflüchtet und war die fünf Kilometer nach Ghaïe di Bonate Sopra gewandert, zu einem Fest der *Madonna Addolorata,* der Schmerzensmutter. Der Gemeindepfarrer, Alessandro Locatelli, war ihm nach dem Tod von Don Rebuzzini ein Freund geworden. Während er dort war, tauchte Msgr. Giacomo Radini Tedeschi auf, ein zweiundvierzigjähriger Domherr an der Peterskirche in Rom. Er und Locatelli hatten zusammen in Bergamo studiert. Sie tauschten ihre Gedanken aus. *O quam sit dispar exitus* – wie verschieden ihre Schicksale waren. Locatelli war ein bescheidener Gemeindepfarrer, während Radini Tedeschi bereits eine wichtige nationale Rolle spielte: Er war Motor der *Opera dei Congressi,* der Dachorganisation der katholischen sozialen Aktion, und er organisierte die Massenwallfahrten des kommenden Heiligen Jahres 1900. Er strahlte Energie und Anregung aus. In Rom wurde er als künftiger Staatssekretär gehandelt. Falls Angelo nach Rom gehen wollte, könnte er sich Radinis Studien- und Aktionsgruppe anschließen, dem *Circolo dell'Immaculata* (*Mein Bischof,* S. 32). Aber zu diesem Zeitpunkt war der Weg nach Rom ein ferner Traum. Eine Entscheidung dafür lag nicht allein in seiner Hand. Aber er hatte einen ersten Kontakt mit einem einflußreichen Mitglied der römischen Kurie gehabt. Weil es nämlich keine geregelte «Laufbahnordnung» in der Kirche gab, hing sehr viel von guten Beziehungen und zufälligen Begegnungen ab.

Im Seminar übernahm er von nun an kleinere Aufgaben in eigener Verantwortung. Anfang 1900 wurde ihm die Betreuung des Gregorianischen Gesangs oder Chorals übertragen. Seine Wiederbelebung, vor allem das Werk der Benediktiner in Solesmes in Frankreich, war ein erster Schritt hin zur Liturgiereform. Die Strenge und Unmittelbarkeit des Choralgesangs wurde zunehmend dem barocken Schnörkel vorgezogen. Er war auch «Präfekt»; das bedeutete: er hatte seine Gefährten zu beaufsichtigen. Einer seiner Schützlinge, nur mit dessen Initialen A.G. genannt, schied später aus dem geistlichen Amt aus, und Roncalli verfolgte die Anfänge der Probleme bis ins Bergamasker Seminar zurück. A.G. verbrachte 1900 «ganze Tage mit gesenkten Augen und zwar so, daß er seinen Gefährten nicht einmal während der Freizeit in die Augen sah» (*Pasqua,* 1976, S. 51). Angelo unternahm etwas:

> Ich mahnte ihn, daß das Hüten der Augen draußen beim Spaziergang oder bei den Kontakten mit der Außenwelt nie übertrieben sein könne, aber daß die Strenge, die er praktizierte, innerhalb des Seminars unangebracht sei; daß es so nicht bleiben könne; daß es Tyrannei sei, ständig so zu leben, und daß er die Übertreibung *(ne quid nimis)* in allem anderen als der Liebe zu Gott vermeiden solle (*Pasqua,* 1976, S. 52).

Dies wurde 1932 geschrieben. Spätere Einsicht mag bei der Herausgabe seiner Erinnerungen am Werk gewesen sein. Aber es weist darauf hin, daß seine Aneignung von Werten, die vom Seminar vermittelt wurden, weder hölzern noch mechanisch war. Er wußte von den Gefahren unmenschlicher «Anstrengung».
Aber während Angelo im Seminar auf der ganzen Linie Fortschritte machte, braute sich zu Hause im Sommer 1900 eine Krise zusammen. Während alle draußen in den Weinbergen waren, saß er über seinen Büchern und wurde von Langeweile, *accidie,* überfallen: «So sehr ich mich auch abquälte, mich mit Erfolg dem Studium zu widmen, war es unmöglich, irgendeinen Gewinn daraus zu ziehen. Ich war völlig durcheinander, von Predigt und Lektüre, kurz, von allem, gelangweilt» (*Tagebuch,* S. 100). Fünf Tage später, am 29. August 1900, ereignete sich ein sehr schmerzlicher Vorfall. Die genauen Details entziehen sich uns, aber das Tagebuch vermittelt seine Empfindungen:

> Meine Mutter fühlte sich durch einige Worte (die ich, um die Wahrheit zu sagen, behutsamer hätte vorbringen können) etwas gekränkt. Ich hatte mich dabei ein wenig gegen ihre Neugier ausgesprochen. Sie war sehr beleidigt und redete zu mir so, wie ich es von meiner Mutter nie erwartet hätte, von ihr, die ich nach Gott am meisten liebe. Es hat mir

weh getan, hören zu müssen, daß ich zu ihr unhöflich und ohne Manieren sei, während ich in Wirklichkeit glaube, sagen zu dürfen, daß dies alles durchaus nicht zutrifft. Und wenn sie meinetwegen traurig gewesen ist, so war ich es noch viel mehr, wenn ich ihre Traurigkeit sah und, offen gesagt, ihre Schwäche. Daß ich, nach so vielen Zärtlichkeiten, hören mußte, wie meine Mutter wiederholt behauptete, ich könnte sie nicht leiden und anderes mehr, an das ich mich nicht mehr erinnern will, das ist zuviel für das Herz eines Sohnes, der die innigsten Gefühle der Natur empfindet (*Tagebuch,* S. 102).

Im Laufe seiner Seminarzeit war Angelo hier einer Krise am nächsten, im strengen Sinn definiert als «eine entscheidende Periode gesteigerter Verletzlichkeit und erhöhter innerer Kraft» (Erikson, *Identity: Youth and Crisis,* S. 96). Er fühlte sich tief verletzt und zeigte damit, daß er kein emotionaler Zombie war, aber von nun an würde er von seiner Mutter weniger abhängig sein. Es fällt auf, daß er nicht daran dachte, seinen Vater zu bitten, das Mißverständnis zu bereinigen. Er wurde erwachsen und löste sich allmählich.
Vielleicht um ihn aufzuheitern, lud ihn der Kurat in Sotto il Monte, Don Ignazio Valsecchi, zur Wallfahrt ein, die anläßlich des Heiligen Jahres vom 12. bis 19. September 1900 nach Rom führte. Zum erstenmal sah er Rom und den neunzigjährigen Papst Leo XIII. Als der 22. September näherrückte, der 30. Jahrestag der Bresche bei der Porta Pia, die das Ende des Kirchenstaates kennzeichnete, verstärkten die Antiklerikalen ihre Kampagne gegen den Papst. Gegendemonstrationen wurden um die Statue Giordano Brunos auf dem Campo dei Fiori veranstaltet, wo er 1600 als Ketzer verbrannt worden war. Es reichte, um die Fronten zu verhärten. Doch Angelo stellte im Licht Gregor des Großen Überlegungen über das Papsttum an: «Vor dieser machtvollen Persönlichkeit fühle ich in mir die Liebe, den Enthusiasmus für unseren Papst aufsteigen, den großen Leo XIII., gegen den in diesen Tagen erneut die schlimmsten, gehässigsten, teuflischsten Verleumdungen verbreitet werden» (*Tagebuch,* S. 104). Trotz der polemischen Atmosphäre sah er bereits damals das Wesentliche des Papsttums im Dienen: «Ist es nicht die höchste Ehre für einen Heiligen, wenn man ihn Diener Gottes nennen kann? Und schmückt sich Dein Pontifex, Dein Stellvertreter auf Erden, nicht mit dem Titel ‹servus servorum Dei – Knecht der Knechte Gottes›?» (*Tagebuch,* S. 88, mit Bezug auf Gregor d. Gr., *Epistularum* XIII, 1, P.L. LXXVII, 1254). Seinen Rückweg von Rom unterbrach er in Assisi mit seinen lebendigen Erinnerungen an den heiligen Franziskus, den Patron Italiens, und in Loreto. Am Vorabend des Konzils, im Oktober 1962, wiederholte er diese Wallfahrten und erinnerte sich

an seinen ersten Besuch in Loreto im Jahr 1900. Am 20. September empfing er um zwei Uhr mittags die Kommunion und «ergoß meine Seele in einem langen und tiefbewegten Gebet». Aber die «schmerzlichen Umstände der Zeit ... machten die Wallfahrt bitter». Er mußte die Ohren vor dem Hohn und Spott verschließen, der von dem Platz draußen in die Basilika drang (*Rosario,* S. 138).
Eine gute Nachricht erwartete ihn, als er aus Loreto zurückkehrte. Er wurde von Bischof Guindani eingeladen, an einer Prüfung für ein Romstipendium teilzunehmen. Dieses war 1640 von dem Domherrn Flaminio Cerasola gestiftet worden, um zehn bis fünfzehn Bergamasker Theologiestudenten die Mittel für das Römische Seminar bereitzustellen (*Secolo,* S. 120). Angelo bestand und wurde angenommen. Seine Mitstudenten überreichten ihm als Dankgeschenk für die Art, wie er das Präfektenamt ausgefüllt hatte, die vier lateinischen Bände *Traktat über die Kirche Christi* von Pater Louis Billot SJ. Obwohl damals einer der gefeiertsten römischen Professoren, hatte sich Billot nicht gerade dem modernen Denken verschrieben. Doch es existierte in der Kirche eine weitverbreitete Meinung, daß eine neue Synthese von Wissenschaft und Theologie möglich wäre. Die optimistische Stimmung drückte Bischof Geremia Bonomelli in einem Buch mit dem Titel *Il secolo che nasce* (Das Jahrhundert, das geboren wird) aus. Unbeeindruckt von seinem früheren Scharmützel mit dem Index erklärte er:

> Rücke das Denken vom Licht und der Luft einer echten Freiheit ab, beraube es des Anreizes zur Forschung – was nie ohne seine Strapazen und Risiken ist –, und es wird ängstlich, unsicher, faul, unproduktiv werden, es wird nur nach rückwärts blicken, in schon vorhandenen Gleisen laufen und unfähig sein, sich auf neue Horizonte zuzubewegen (Zitiert in *Chiesa e Stato nell' ottocento,* II, S. 418).

Nach dem sicheren Hafen von Bergamo hoffte Angelo, den «Anreiz zur Forschung» in Rom zu finden. Wir wissen nicht, was eigentlich seine Gefühle waren. Sein Seminartagebuch versiegt an dieser Stelle seltsamerweise. Seine letzten Worte wurden am 7. September 1900 geschrieben: «Also Sammlung, Gebet und heilige Freude» (*Tagebuch,* S. 105).

3. Kapitel

Eine römische Erziehung

> Es gibt keinen anderen gesellschaftlichen Organismus, der einen Mann so anzieht und fesselt wie die Römische Kirche. Rom bleibt immer größer als jeder Römer, sei er Römer von Geburt oder Römer durch den Dienst.
>
> (Don Giuseppe De Luca, *Il Cardinale Bonaventura Cerretti,* S. 89)

Angelo kam am 4. Januar 1901 um 6.30 Uhr mit dem Nachtzug von Bergamo in Rom an. Bei ihm waren zwei andere Stipendiaten aus Bergamo, Achille Ballini und Guglielmo Carozzi. Zu dieser Zeit gab es zwei Roms, die sich argwöhnisch beäugten. Da war das Rom, das 1871 die Hauptstadt Italiens geworden war. Symbolisiert wurde es durch die neuen Gebäude an der Via Nazionale und die Staatsmänner im Gehrock, die steif den Corso Vittorio Emanuele entlangschritten. Auf dem Kapitolinischen Hügel wuchs schon das Denkmal für König Viktor Emanuel empor, offiziell bekannt als «Altar der Nation», aber volkstümlich als «Hochzeitskuchen», angeblich als Herausforderung der Kuppel von St. Peter gedacht. Dieses «Rom der Freimaurer» stand im Gegensatz zu dem kirchlichen Rom, der Stadt der Katakomben, in Märtyrerblut getränkt, ausgestattet mit zahllosen Barockkirchen (eine für jeden Tag des Jahres, sagte die Legende) und Ordenshäusern, Heimat der Päpste und ihrer Verwaltung, der Römischen Kurie. Die zwei Roms verkehrten nicht miteinander. Jedes tat so, als existiere das andere nicht. Jedes überlebte, indem es das andere übelnahm. Das war im wesentlichen «die Römische Frage», die erst nach noch einmal dreißig Jahren gelöst wurde.

Angelo und seine zwei Gefährten ließen sich mit der Pferdekutsche vom Bahnhof in das Römische Seminar an der Piazza Sant'Apollinare schaukeln, unmittelbar östlich der Piazza Navona und einen Steinwurf vom Tiber entfernt. Er fühlte sich schnell zu Hause. Er hatte ein Zimmer für sich. Das Bett war ziemlich hart, aber das hielt er für nicht schlecht. Er hatte alles, was er brauchte: einen Tisch, einen Schrank, Bücherregale *und* einen Heizkörper. Mit einem Heizkörper im Zimmer und der elektrischen Straßenbeleuchtung, die erst im Jahr zuvor eingeführt worden war, schien es ihm, als stünde Rom an der Spitze des Fortschritts und der Modernität. Das wenigstens ist der Eindruck, den er in einem Brief nach Hause wiedergibt (*Fami-*

liari, I, S. 19f.). Wegen seiner Jugend – er war erst neunzehn – wurde er in das erste Jahr des Theologiestudiums eingeschrieben. Die Vorlesungen machten ihm keine Mühe. Er fühlte sich schon wie «ein alter Hase» *(«una persona vecchia del Seminario»).*

Nicht alles war Studium. Sie hatten die Erlaubnis, in der Stadt spazierenzugehen, in ihren purpurroten Soutanen, in denen sie wie die Bischöfe aussahen, die sie ja auch einmal werden sollten, falls sie kein Pech hätten. Sie lernten die Archäologie und Geographie von Rom. Sie hatten manchmal Begegnungen mit Studenten an anderen kirchlichen Schulen. Am 10. Januar, weniger als eine Woche nach seiner Ankunft, berichtet Angelo seiner erstaunten Familie von einem Besuch in Propaganda Fide, dem Missionsseminar an der Piazza di Spagna, wo er «vierzig Kleriker ... ihre Aufsätze in vierzig verschiedenen Sprachen vortragen hörte» und alle Farben vertreten waren, «weiße, gelbe, rote. Einige hatten das Gesicht, die Hände schwarz wie Kohle» (*Familiari,* I, S. 20). Wenn das nach Babel klingt, so war die Harmonie am 31. Januar wiederhergestellt, als er eine Aufführung von Lorenzo Perosis *Il Natale* (Weihnachten), die italienische Antwort auf Georg Friedrich Händels *Messias,* erlebte.

Sie besuchten sogar – sorgfältig ausgewählte – Theateraufführungen von Stücken, die christliche Werte vermittelten. Am 17. Februar 1901 sah Angelo eine dramatisierte Fassung des Romans *Quo vadis?* des polnischen Schriftstellers Henryk Sienkiewicz (*Cronologia,* S. 518). Als Petrus während Neros Christenverfolgung aus Rom flieht, begegnet er auf dem Weg Christus. Petrus fragt: «*Quo vadis?* Wohin gehst du, Herr?» Jesus antwortet: «Ich gehe nach Rom, um ein zweites Mal gekreuzigt zu werden.» Mit hängendem Kopf kehrt Petrus nach Rom zurück, um für Jesus einzustehen. Ein polnischer Papst sollte bei seiner Einführungsmesse 1978 denselben Roman zitieren. Aber 1901 scheint Sienkiewicz' Botschaft in höchstem Maße aktuell gewesen zu sein. Obwohl Papst Leo XIII. in Wirklichkeit friedlich in seinem Bett sterben würde, kam es den Katholiken gelegen, die «Beleidigungen», denen er täglich durch die liberale Presse ausgesetzt war, als eine Form der Verfolgung zu betrachten, wie es sie seit der Zeit Neros nicht mehr gegeben hatte.

Angelo hatte eine wahre Freude am Pomp und Staat des Vatikans. Es war das einzige freie Vergnügen, das er hatte. Besonders gern hatte er die langen und imponierenden Zeremonien. Er war im April 1901 dabei, als Papst Leo zehn neue Kardinäle ernannte, darunter den Bergamasker Felici Cavagnis (*Cronologia,* S. 518). Obwohl Leo das unglaubliche Alter von einundneunzig Jahren hatte, lernte Angelo von ihm, wie sich ein rechter Papst benehmen sollte. Er berichtete seinen Eltern, wie er an seinem ersten Samstag in Rom in der Peterskirche den persönlichen Segen des Papstes erhielt. Aber er achtete darauf, daß er seine Freude nicht für sich allein behielt. Er schrieb nach Hause: «In diesem so feierlichen und ergreifenden Augenblick habe ich an Euch alle, an alle Verwandten, Wohltäter und Freunde gedacht. Und er, dieser gute alte Mann, hat Euch alle miteinander gesegnet» (*Familiari,* S. 20).

Obwohl Leo XIII., der «gute alte Mann», wiederholt alle enttäuscht hatte, die sein kurz bevorstehendes Ableben vorhergesagt hatten, war es klar, daß er nicht mehr sehr lange leben konnte. «Informierte Kreise» (das bedeutete, die Klatschbasen im Klerus) meinten, sein Nachfolger würde zweifellos Kardinal Mariano Rampolla werden, damals Staatssekretär und allgemeines Faktotum. Msgr. Radini Tedeschi war ein Protégé von Rampolla, der ihn zum kirchlichen Assistenten (in Wirklichkeit Kaplan) des *Circolo dell'Immaculata* machte. Angelo zog es natürlich zu diesem «Zirkel», dessen Leben und Seele Radini Tedeschi war: «Da waren jene langen, in seiner Gesellschaft verbrachten Abende ... mit dieser mutigen Gruppe von Römern – auch heute noch tatkräftigen und hochangesehenen Männern – in angenehmem und heiterem Gespräch oder häufiger bei der harten Arbeit, zu der er uns durch Wort und Beispiel ermutigte, um die unterschiedlichen Projekte, die er so tüchtig leitete, zum Erfolg zu bringen» (*Mein Bischof,* S. 32). Zu Radini Tedeschis Initiativen gehörten Armenküchen und -herbergen ebenso wie Erholungsheime für Soldaten. Angelo fand das Leben in Rom anregend. Er hatte gar keine Zeit, sich einsam zu fühlen, und erst recht nicht, Heimweh zu spüren.

Er fühlte sich vom Personal des Römischen Seminars freundlich aufgenommen. Er wurde ein lebenslanger Freund des Rektors, Msgr. Vincenzo Bugarini, und des Tutors und ab 1902 Vizerektors, Msgr. Domenico Spolverini. Als er 1921 nach Rom zurückkehrte, nahm er den inzwischen alten und im Ruhestand lebenden Bugarini zu sich in seine Wohnung, und er sagt von Spolverini, er verfolgte «immer mit besonderem Interesse meinen Werdegang, ... und als ich 1921 nach Rom zurückkehrte, empfing er mich so vertrauensvoll wie eine Mutter ihren Sohn» (*Tagebuch,* S. 453). Es war Tradition am Römischen Seminar, daß die Vorgesetzten Kontakt zu ihren Ehemaligen hielten und sie mit Stolz und Freude auf ihrer Laufbahn vorankommen sahen.

Es gab auch «Typen», die Anekdotenstoff für spätere Zusammenkünfte lieferten. Don Ignazio Garroni, der Quästor, war ein «mürrischer, aber gütiger Mann» *(«un burbero benifico»),* der durch den

Speisesaal schlich und vergeblich die Studenten drängte: «Eßt weniger, eßt weniger» (*Lettere,* S. 86). Angelo fand es demütigend, bisweilen bei ihm borgen zu müssen, auch wenn es nur «kleinere Schulden» waren (*Tagebuch,* S. 156). Seine Armut war offensichtlich, und sie hatte zur Konsequenz, daß er mit Konfektionskleidung aus zweiter Hand auskommen mußte: «Da ich Kleriker bin, habe ich noch nicht das einfachste Gewand anzuziehen, das mir nicht aus Nächstenliebe irgendeines guten Menschen geschenkt worden wäre» (*Tagebuch,* S. 114).

Der herausragende Exzentriker jedoch war der Domherr Oreste Borgia. Er schlief in einer Hängematte und war angeblich schwerelos. Er kam immer zu spät zu den Mahlzeiten und schien nie etwas zu essen; dies war eine List, mit deren Hilfe er unbemerkt (wie er mit falscher Zuversicht glaubte) in die Küche schleichen konnte, wo er Eßpakete für eine Gruppe von frommen, aber verarmten alten Damen zurechtmachte. Die respektlosen Seminaristen nannten sie «die zwölf Sterne der Madonna» (*Lettere,* S. 86).

Roncalli rief diese Erinnerungen wach, als er am 27. November 1958 dem Lateranseminar, dem Nachfolger des Römischen Seminars, einen Besuch abstattete. Er konnte noch wie am Schnürchen die Namen seiner elf Professoren hersagen. Der berühmteste war Riccardo Tabarelli (1859–1909), der zur Wiederbelebung des Thomismus beitrug, wozu die Enzyklika *Aeterni Patris* (4. August 1879) angeregt hatte. Tabarelli betonte gern die persönliche Verantwortung für Sünde und Tugend. «Was Teufel?» sagte er beispielsweise in seinem Traktat über die Gnade. «Die Teufel sind wir. Wir sind die Verantwortlichen» (*Tagebuch,* S. 267). Sein berühmt-berüchtigtster Professor war Umberto Benigni, der später mit Geschick die Spitzelkampagne gegen die «Modernisten» leitete. Aber zu diesem Zeitpunkt schien er ein ernsthafter Historiker zu sein – und war es vermutlich auch –, der versuchte, die Methode von Hippolyte Taine («Der Mann, der Zeitpunkt und das Milieu») auf die sozialen Ideen der Kirche anzuwenden, ohne aber Taines Determinismus zu folgen. Benigni glaubte ganz richtig, daß Geschichte als die entscheidende Disziplin «dennoch das Aschenputtel der Seminare» war (s. Poulat, S. 214). Wir werden ihm wiederbegegnen. Er trug dazu bei, daß Angelo Geschichte als besonderes Fach wählte.

Das erste Semester ging wie im Flug vorbei: «Ich kann sagen, daß mir hier in Rom wirklich nichts fehlt», schrieb er auf (*Tagebuch,* S. 106). Er war glücklich und geistig zufrieden: «Es ist meine erste Einkehr, seit ich in Rom bin. Wie steht es mit mir? Ich kann mich wirklich nicht über die mir vom Herrn gewährten Gnaden beklagen:

unaussprechlicher Trost und glückliche Augenblicke, die auch auf alles andere allgemein überstrahlen und einwirken» (*Tagebuch,* S. 106). Manchmal gab ihm seine einfache Herkunft einen Stich, aber das nutzte er, um mit beiden Füßen auf dem Boden zu bleiben («manche der Eigenliebe nicht gerade bekömmliche Bissen»).

Intellektuelle Unterlegenheit bekam er nicht zu spüren. Am 25. Juni 1901 überstand er mühelos die Prüfung und erhielt einen Preis für eine freiwillige Arbeit in Hebräisch (*Cronologia,* S. 518). Aber dann brach die angenehme Welt, die er sich geschaffen hatte, über ihm zusammen.

Er erhielt einen Gestellungsbefehl in die Umberto I.-Kaserne in Bergamo, um seiner Wehrpflicht nachzukommen. Am 30. November 1901 wurde er der einfache Rekrut Roncalli, Angelo, Nummer 11 331–42, jawoll, Herr Leutnant, im 73. Infanterieregiment, der Brigade Lombardei. Die Tatsache, daß Geistliche überhaupt Militärdienst leisten mußten, erschien ihm als eine «ungerechte und barbarische Verpflichtung» (*Tagebuch,* S. 114). Das war eines der Reizthemen, durch die «die Römische Frage» lebendig blieb. Durch die Zahlung von 1 200 Lire erreichte die Diözesankurie in Bergamo wenigstens eine Verkürzung seines Dienstes auf zwölf Monate. Aber es war doch lange genug, um sein Studium einschneidend zu unterbrechen. Und er haßte den Dienst von Anfang an.

Er nannte es das Jahr der «Babylonischen Gefangenschaft» und das «Jahr der Kämpfe» (*Tagebuch,* S. 108 und 128). Nach knapp einem Monat schrieb er verzagt seinem Rektor, Msgr. Bugarini:

> Es ist ein Leben schwersten Opfers, das ich führe, ein wahres Fegefeuer; und doch spüre ich den Herrn mit seiner Vorsehung mir über alle Erwartung nahe; manchmal wundere ich mich selbst über die fröhliche Abwicklung dieses so schweren und beängstigenden Problems und weiß mir keine Erklärung zu geben außer durch den Gedanken an so liebe, gute Menschen, die, wie sie es versprochen haben, für mich beten: zur «Mutter Gottes vom Vertrauen», deren liebes Bild ich immer auf der Brust trage (*Tagebuch,* S. 357: 23. Dezember 1901).

Das Bildnis Unserer Lieben Frau vom Vertrauen, eine Kopie des von der ehrwürdigen Clara Isabella Fornari (*1697) gemalten Bildes, war Gegenstand besonderer Verehrung am Römischen Seminar. Es wurde das einzige, was sich bei allen kommenden Verlegungen des Seminars nicht änderte. Angelo hatte eine Kopie dieses Bildes während seines ganzen Lebens auf dem Schreibtisch stehen (*Tagebuch,* S. 463).

Dennoch hatte sein militärisches Fegefeuer einige versöhnliche Aspekte. Er war in Bergamo stationiert, und so konnte er zu Wochenendurlauben und zu Weihnachten nach Hause. Die Armee erkannte ihn an. Am 31. Mai 1902 wurde er zum Unteroffizier befördert und am 30. November zum Feldwebel. Er bekam gute Noten am Schießstand (*Cronologia*, S. 518). Man muß freilich zugeben, daß er während der Sommermanöver in Presolana mit Arrest belegt wurde und in der Kaserne bleiben mußte. Aber das war nicht sein eigener Fehler: Seine Männer waren «ungehorsam» gewesen, was im militärischen Jargon eine Vielzahl von Vergehen bedeuten konnte. Von diesem Mißgeschick abgesehen, behandelten ihn die Offiziere und besonders Oberst Enrico Campo, der Kommandant seiner Einheit, mit Respekt und «gewährten mir die größte Freiheit zur Verrichtung meiner religiösen Übungen» (*Tagebuch*, S. 357). Wie auch immer die Beziehungen zwischen Kirche und Staat theoretisch aussahen, die tatsächliche Praxis war nach typisch italienischer Art menschlicher. Angelo berichtet auch, daß seine Kameraden, die meisten aus Bergamo oder Brescia, ihm «Zeichen von Hochachtung und Zuneigung» zeigen und «sie bemühen sich um die Wette, mir jene kleinen Dienste zu erweisen, die mir zum mindesten viele Scherereien ersparen» (*Tagebuch*, S. 357). Putzten sie ihm die Stiefel? Wo also lag das Problem?

Das «brutale und zügellose Militär» konfrontierte ihn schlicht und einfach mit den nackten Tatsachen der Sexualität, und darauf war er nicht vorbereitet. Er wußte einfach nicht, wie er mit den angeberischen Reden auf der Stube über Heldentaten im Bordell umgehen sollte. Dies erklärt seine maßlos übertriebene Ausdrucksweise, als er alles hinter sich hatte:

> Wie häßlich ist die Welt, wie abstoßend, wie schmutzig. Während meines Militärjahres habe ich es mit Händen greifen können. Das Militär ist eine Quelle, aus der Fäulnis aufsteigt, um die Städte zu überschwemmen. Wer vermag sich aus dieser Flut von Schmutz zu retten, wenn Gott ihm nicht hilft? ... Ich habe nicht geglaubt, daß vernünftige Menschen sich so erniedrigen können. Und doch ist es Tatsache. Heute, selbst mit meiner geringen Erfahrung, glaube ich sagen zu können, daß mehr als die Hälfte der Menschen für eine Zeit ihres Lebens sich zu Tieren erniedrigen (*Tagebuch*, S. 112).

Er schrieb das im Dezember 1902, kurz nachdem er entlassen worden war.

Seine Keuschheit war auf die Probe gestellt worden. Er begriff, daß Priester und angehende Priester nicht immun gegen die Versuchung waren: «Und die Priester? Mein Gott, ich zittere, wenn ich daran denke, daß auch unter ihnen nicht wenige sein mögen, die ihren heiligen Stand schänden (*Tagebuch,* S. 112). Er zieht «realistische» Schlüsse: «Heute verwundert mich nichts mehr; gewisse Geschichten machen keinen Eindruck mehr auf mich. Für alles gibt es eine Erklärung.» Er will «in dieser Hinsicht noch gewissenhafter sein, selbst wenn die ganze Welt mich verspottet» (ibid.). Er erfuhr, wie wahr John Miltons Maxime war: «Ich kann eine vergängliche und klösterliche Tugend, unerprobt und unbelebt, nicht rühmen, die niemals einen Ausfall macht und ihren Gegner sieht, sondern sich aus dem Rennen stiehlt . . .» *(Areopagitica).* Er verabschiedet sich von dem Jahr 1902 mit einem Seufzer der Erleichterung und dem Gefühl, von Gott beschützt zu sein:

> An das Jahr 1902 werde ich mich immer erinnern: Es war das Jahr meiner Militärzeit, ein Jahr der Kämpfe. Ich konnte meine Berufung verlieren wie so viele andere arme Unglückliche, und habe sie nicht verloren; die heilige Reinheit, die Gnade Gottes hätte ich verlieren können, aber Gott hat es nicht zugelassen. Ich bin durch den Schlamm gewatet, und er hat verhindert, daß ich mich besudelte; ich bin noch lebendig, gesund, kräftig wie zuvor, mehr noch als zuvor . . . Jesus, ich danke dir, ich liebe dich (*Tagebuch,* S. 128).

Es war nicht sein endgültiges Wort zur Armee. Die Erfahrung des Ersten Weltkrieges ließ ihn diese eingezogenen Bauern besser verstehen, die in einen Kampf geraten waren, den sie nicht begreifen konnten, und als Papst prahlte er scherzhaft damit, daß er den Rang eines Feldwebels erlangt habe. Aber 1902 machte er keinen Spaß.

Zur Feier seiner Rückkehr an das Römische Seminar begann Angelo zehntägige Exerzitien unter der Leitung von Pater Francesco Pitocchi, einem Redemptoristen, der gerade sein Amt als «Spiritual» angetreten hatte. Es war ungewöhnlich, diese Stelle einem Ordensmann zu geben. Aber Pitocchi fiel in mancherlei Hinsicht aus dem Rahmen. Am 21. September 1852 geboren, wollte er mit siebzehn bei den Jesuiten eintreten, erhielt den Bescheid, er möge warten, ließ sich 1875, mit zweiundzwanzig Jahren, zum Diözesanpriester weihen und trat zehn Jahre später den Redemptoristen bei. Er edierte den Briefwechsel des heiligen Alfonso Liguori, seines Ordensgründers, und veröffentlichte einen schmalen Band mit den Maximen des Heiligen unter dem verräterischen Titel *Das sichere Paradies* (*Il Paradiso assicurato,* Rom 1890). Dann brach 1896 seine Gesundheit zusammen. Ein gleichzeitiges Auftreten von Verdauungsstörungen und nervösen Krämpfen der Nackenmuskulatur machten ihn zum dauernden Invaliden. Zu dem wenigen Schlaf, der ihm vergönnt war, legte er sich in eine Hängematte. Er war nicht in der Lage, die Messe zu lesen oder irgendein öffentliches Amt wahrzunehmen. Trotz oder wegen seiner Leiden wurde er als ein geistlicher Führer von höchstem Rang angesehen. Es war alles, was er tun konnte, und es war das Beste, was er tun konnte (s. Giuseppe Battaglia, Unveröffentlichter Vortrag über Pitocchi, gehalten im Istituto per le scienze religiose, Bologna, 14. Nov. 1981). Angelo blieb Pitocchi bis zu dessen Tod am 13. Juni 1922 eng verbunden.

Die Exerzitien im Dezember 1902 hielten sich eng an die *Geistlichen Übungen* des heiligen Ignatius, wie sie damals von Jesuiten und Redemptoristen durchgeführt wurden. Angelo schrieb auf, was er Pitocchi sagen hörte. Das «erste Prinzip und Fundament» stellte fest, der Zweck der Schöpfung sei das Lob, die Verehrung und der Dienst des Herrn. Meditationen über die Sünde zeigten, wie weit jemand von Gottes Absicht abgewichen war. Dann folgte eine Reihe von Übungen, die dem Teilnehmer helfen sollten, sich die Werte zu eigen zu machen, die Christus in den Seligpreisungen ausgedrückt hatte, um bereit zu sein, ihm in Armut und Demut zu folgen. Dies führte zur «Wahl» oder eindeutigen Entscheidung für Christus, die nur getroffen wurde, wenn der Wille geläutert und die «Geister geschieden» worden waren. Kommt die Eingebung vom Satan oder vom Heiligen Geist? Die Passion und die Auferstehung (knapp behandelt) bestätigten diesen Entschluß und entließen den Teilnehmer als eine veränderte und bekehrte Person in die Welt. Das war die Theorie. Die Wirkung war oft sehr beachtlich, trotz einer etwas mechanischen Anwendung der Exerzitien, die Ignatius und seinen ersten Anhängern gänzlich fremd gewesen war, wie die spätere Forschung gezeigt hat.

Doch obwohl Angelo fünfmal am Tag eine Predigt hörte und ihm gesagt wurde, wie er zu fühlen hatte, reagierte er in einer persönlichen Weise auf die Exerzitien. Ignatius war Soldat gewesen und hatte seine Meditationen über das Reich Christi in eine militärische Bildersprache gekleidet. Frisch aus dem Militärdienst entlassen und eben einundzwanzig, begrüßte Angelo diesen Aspekt der Exerzitien mit Begeisterung: «Ich bin der Page des Königs, sein Begleiter, sein Vertrauter, zu seinen Geheimnissen zugelassen» (*Tagebuch,* S. 108). Er sieht sich selbst als Ritter, aufgerufen, in den Schlachten des Königs Christus zu kämpfen:

> Ich reihe mich mutig in die Scharen deiner Freiwilligen ein. Ich weihe mich deinem Dienst im Leben und im Tod. Als Feldzeichen und als Waffe reichst du mir dein Kreuz. Meine rechte Hand auf diese unbesiegbare Waffe gelegt, gebe ich mein feierliches Wort und gelobe dir mit dem Überschwang meines jugendlichen Herzens unbedingte Treue bis zum Tod. So trage ich, den du als Knecht geschaffen hast, deine Uni-

> form, werde dein Soldat, gürte ich mich mit deinem Schwert, nenne ich mich stolz Streiter Christi. Gib mir das Herz eines Soldaten, den Mut eines Ritters (*Tagebuch,* S. 113).

Und so weiter. Das Motto des 73. Infanterieregiments war gewesen: *Acerrimus hostibus* (Unüberwindlich für den Feind). Er übertrug dies recht mühelos auf das geistige Reich. Aber da das Signal zur Schlacht noch nicht erklungen war, wartete er in seinem Zelt, wo der Hauptfeind das unbarmherzige Ego war (*Tagebuch,* S. 113).
Aber es lag in diesen Einkehrtagen etwas Grundsätzlicheres, was Angelo nicht von Pater Pitocchi bezog, sondern aus seiner eigenen Erfahrung: Er sah Gott nicht so sehr als Vater, sondern eher als Mutter. Das Thema hatte Tradition, aber es war ungewöhnlich; es gehörte zu jenem Traditionsstrom, der unter der Oberfläche geflossen war. Dennoch färbt er hier Angelos gesamte Auffassung von Gott:

> Denn mir scheint, Gott habe mir seine zarteste und mütterlichste Sorge in reichem Maß zuteil werden lassen . . . (*Tagebuch,* S. 111).
> Er (Gott) hat mich als kleinen Jungen vom Lande weggeholt und mit der Sorge einer liebenden Mutter mit allem Notwendigen versehen . . . Er gönnt sich keinen Augenblick Ruhe, nicht bei Tag und nicht bei Nacht, und sorgt für mich mehr noch als eine Mutter für ihr Kind (*Tagebuch,* S. 115).

Das spiegelte zweifellos Beziehungen innerhalb seiner eigenen Familie wider, wo die eifrig sorgende Mutter dem schweigsamen Vater gegenüberstand; aber wichtiger ist es als ein deutliches Beispiel dafür, wie Angelo aus der eigenen Erfahrung schöpft, um Gott besser zu verstehen. In Wirklichkeit war zu jener Zeit Marianna, seine leibliche Mutter, mehr beunruhigt, wenn sie sich ausmalte, daß er nachts draußen auf den Straßen Roms wäre, wenn die Diebe unterwegs waren. Er sagt ihr liebevoll, sie möge sich nicht sorgen (*Familiari,* I, S. 28). Marianna war übertroffen worden; das Wesentliche lag anderswo.
Diesem kam er noch näher am Abend des 16. Dezember 1902, als er sein erstes Gespräch mit Pitocchi hatte:

> Er gab mir am Schluß unserer ersten Begegnung eine Art Leitsatz mit. Er wiederholte es oft, ruhig, aber mit Nachdruck: «Gott ist alles: ich bin nichts» [*Dio è tutto: io sono nulla*]. Dies wurde ein Prüfstein, der mir einen neuen unerforschten Horizont enthüllte, voller Geheimnis und geistiger Faszination (*Giornale,* 5. Aufl., S. 471).

Das wurde fast zwanzig Jahre später geschrieben. «Gott ist alles: ich bin nichts» bezeichnet eine entscheidende Entwicklung, nicht weil diese Formel ihn etwas gelehrt hätte, was er nicht schon wußte, sondern weil sie, ausgesprochen von einem Mann, der sie lebte, das Wesentliche mit großer Kraft traf. Um mit Newman zu sprechen, es hörte auf, eine «spekulative» Wahrheit zu sein, und wurde «realisiert». Im Sinn der *Geistlichen Übungen* stellte sie eine fundamentale Wahlmöglichkeit dar, eine Wahl Gottes als alles übertreffende Wahrheit der Existenz Angelos.

Er nahm sein Studium im Januar 1903 mit neu belebter Begeisterung auf. «Morgen beginnt das Kolleg wieder: ich verspüre die Notwendigkeit, ja die Leidenschaft zu studieren» (*Tagebuch,* S. 129). Sein Geist hatte während des Militärdienstes brachgelegen. Jetzt war er überaktiv, und am 8. Januar 1903 äußert er einen fast faustischen Durst nach Wissen: «Ich habe ein heftiges Verlangen, alles zu wissen, alle bedeutenden Autoren zu kennen, über jede wissenschaftliche Strömung in ihren vielfältigen Richtungen im Bilde zu sein» (*Tagebuch,* S. 131). Niemand sprach zu diesem Zeitpunkt von «Modernismus» oder von «Modernisten»; darauf müssen wir warten, bis die Enzyklika *Pascendi* sie verurteilte (8. September 1907). Alfred Liusys *L'Evangile et l'Eglise* war im November 1902 erschienen. Aber Angelo dachte in einem allgemeineren Sinn an das, was er «die aufwärtssteigende Bewegung der katholischen Kultur» nannte (*Tagebuch,* S. 130). Zusammen mit seinem Hinweis auf «die wissenschaftliche Strömung in ihren vielfältigen Richtungen» ruft dies die überhitzte intellektuelle Atmosphäre jener Epoche in Erinnerung, als katholische Gelehrte neue Richtungen einschlugen und nach irgendeiner Art von Synthese zwischen Katholizismus und «modernem Denken» suchten. Die Beschreibung ist verschwommen, aber nicht verschwommener, als sie bei manchen ihrer Fürsprecher war. Daß Angelo auf der Seite jener stand, die Glauben und zeitgenössisches Denken miteinander versöhnen wollten, wird in seinen Überlegungen nach der Beerdigung von Kardinal Lucido Parocchi (1833–1903) klar, der Erzbischof von Bologna gewesen war und dann, seit 1884, Kardinalvikar in der Diözese Rom. Das bedeutet, er betreute die Diözese Rom im Namen des Papstes, der sie wegen der «Römischen Frage» nicht betreten konnte. Parocchi war ein gelehrter Mann, hatte die Zeitschrift *La Scuola Cattolica* gegründet und durch die *Opera dei Congressi* für die Aussöhnung mit Italien gearbeitet. Er war einer von Angelos Helden:

> Kardinal Parocchi war eine große Persönlichkeit, wie man sie selten in den Annalen der Kirche findet. Es genügte, seinen Namen zu nennen, um die Leute zum Schweigen zu bringen, welche die Kirche der Ignoranz bezichtigten; vor ihm verneigten sich auch die Weltleute in Ehrfurcht, und es gab keinen Mann der Wissenschaft, der nicht zauderte, wenn er in seiner Gegenwart sprechen mußte. Es gab kein Wissensge-

> biet, auf das sein Geist sich nicht erstreckte ... Parocchi wird in bezug auf seine politischen Ansichten verschieden beurteilt werden können: ich weiß, daß böswillige Verdächtigungen seiner Person nicht fehlen; aber niemand wird jemals seine Unerschrockenheit, seine Begeisterung für die Kirche und für den Papst bezweifeln können ... O wenn ich seine Gelehrsamkeit und Tugend besäße, könnte ich mich wohl glücklich preisen (*Tagebuch,* S. 134).

«Aussöhnler» wie Parocchi waren es gewohnt, der «Illoyalität gegenüber dem Heiligen Vater» beschuldigt zu werden. Angelo irrte sich nicht in seiner Beurteilung Parocchis. Giuseppe Toniolo, der führende katholische Soziologe der Zeit, nannte ihn einen «Mann von ungewöhnlich weiter Sicht» (*Tagebuch,* S. 450).

Aber jetzt trat eine neue Generation von katholischen Gelehrten auf. Am Römischen Seminar war der glänzendste Student Ernesto Buonaiuti. Der Zufall hatte sie in Angelos erstem Semester von Januar bis Juli 1901 zusammengebracht. Es war Brauch, die Plätze in der Kapelle und im Speisesaal sowie die Gefährten zum Spazierengehen auszulosen. Buonaiuti zog Roncalli, und so unternahmen sie gemeinsam viele Spaziergänge durch Rom. Buonaiuti war schon ein Gelehrter, und er war sich seines Wertes bewußt. Er war wütend über die kleinlichen Beschränkungen des Römischen Seminars. Ein törichter Vorfall stimmte ihn besonders heiter. Er bat den Vizerektor Spolverini um Erlaubnis, Augusto Contis *Geschichte der Philosophie* lesen zu dürfen, ein gefahrloses und angesehenes Werk, sogar mit einem *Imprimatur* versehen. Spolverini dachte darüber nach und gab schließlich seine Zustimmung, aber erst nachdem er die Seiten herausgerissen hatte, die sich mit Pierre Abélard beschäftigten: Seine Liebe zu Héloïse und die folgende Kastration waren kein geeigneter Lesestoff für einen Seminaristen. Buonaiuti wurde später als «Modernist» exkommuniziert und noch später als «Prophet» gefeiert. Das mag die Ambivalenz von Roncallis Einstellung zu ihm erklären. Als Papst räumte er gelegentlich ein, daß er eine Menge von «Don Ernesto» gelernt hatte (Andreotti, S. 66). Aber für Capovilla redigierte er seine Erinnerungen 1901–04 und behauptete, daß er «nie theologische, biblische oder historische Fragen mit ihm diskutierte und nie irgendwelche von seinen heimlichen Schriften las, die im Umlauf waren» (*Dodicesimo anniversario,* S. 118).

Man fragte sich, worüber sie sich dann unterhielten, da Buonaiuti zu den Fragen, die ihn aufwühlten, kaum schweigen konnte. Aber Angelo wäre wohl vor Witzen über Abélard und Héloïse zurückgeschreckt und fassungslos gewesen, wenn er gehört hätte, was Buonaiuti über den Typ von Priester dachte, den das Römische Seminar hervorbrachte. «Für meine Professoren», schrieb Buonaiuti in seinen Erinnerungen, «sollte und konnte der ideale Priester nichts anderes sein als der autorisierte, in gebührender bürokratischer Form fungierende Spender einer Anzahl von magischen Gesten, die menschlichem Schmerz Tröstung bringen sollten» (Dreyfus, S. 37). Er träumte von einem Priester, der «die missionarische Tradition der Kirche in der modernen Welt» verkörperte und von einer Kirche, die «unaufhörlich durch die freie Zirkulation charismatischer Gaben neu belebt würde» (ibid.). Angelo teilte diese Vision mit ihm, wenn auch in einer konventionelleren Form.

Bei dem Versuch einer Aussöhnung zwischen Wissenschaft und Glauben war Geschichte die Schlüsseldisziplin. Die Lektion des neunzehnten Jahrhunderts – von John Henry Newman ebenso wie von Charles Darwin – war, daß ein Endergebnis nur begriffen werden konnte, wenn man seine Entwicklung in der Zeit zurückverfolgte. «Betrachte den Prozeß ebenso wie das Resultat», riet Lord Acton. Dies hatte Folgen für jeden Zweig der Theologie. Und schon zeichnete sich ein Gegensatz ab zwischen jenen, die «Geschichte ernst nahmen», und den Neuscholastikern, die *sub specie aeternitatis* zu arbeiten glaubten und so historischen Fragen auswichen.

Nun war Umberto Benigni (1862–1934) Professor für Kirchengeschichte am Römischen Seminar. Er wird nur einmal im Tagebuch erwähnt. Am 7. Januar 1903 riet er seinen Studenten, wenig zu lesen, aber gut zu lesen (*Tagebuch,* S. 131). Doch er hatte mehr Einfluß auf Angelo, als dies ahnen läßt. Obwohl er sehr dick war, eher abstoßend aussah und mit einem Sprachfehler behaftet war, war seine Kompetenz als Historiker und Lehrer unbestritten. Ein Zeuge sagte von ihm, er sei «stark in seiner unmittelbaren Kenntnis der Quellen und bibliographischen Informationen, lebendig in seinen Ausführungen, die er italienisch und nicht lateinisch vortrug, und sensibel für kritische Probleme» gewesen (Michele Maccarrone, zitiert bei Poulat, S. 174). Buonaiuti bietet ein weniger schmeichelhaftes Porträt, bei dem die nachträgliche Kenntnis von Benignis späterer Karriere als Großinquisitor zweifellos eine Rolle spielt:

> In seinen Vorlesungen und in Gesprächen zeigte er lebendige und weitläufige Intelligenz, die jedoch steril und kalt wie Stahl war. Ich lernte ihn gut kennen. Ich berichtete ihm mehr als einmal von meiner Begeisterung für ein Priestertum, das sich den mühsamen Wandlungen des Denkens in einem Zeitalter widmete, welches voller Neuerungen und dramatischer Veränderungen war. Jede vertrauliche Mitteilung meinerseits wurde mit einem skeptischen und ironischen Lächeln begrüßt, als wäre sie nicht mehr als das Produkt eines übernervösen Kopfes und jugendli-

> cher Illusionen. Msgr. Benigni verstand die Kirche als eine militärische Hierarchie, charakterisiert durch bürokratische Uniformität (Poulat, S. 185).

Buonaiuti war ein voreingenommener Zeuge. Dennoch besteht kein Grund, ihn anzuzweifeln, wenn er Benigni folgendermaßen zitiert: «Mein Freund, glauben Sie wirklich, daß die Menschen in dieser Welt fähig zum Guten sind? Die Geschichte ist ein einziges langes, verzweifeltes Erbrechen gewesen, und das einzig Richtige für diese Menschheit ist die Inquisition» (ibid.).
Die einzige Frage ist, *wann* Benigni diese, nach Meinung Buonaiutis «schreckliche Bemerkung» machte. Die Veränderung, die in ihm vorging, kann am besten als der Schritt vom Optimismus zum Pessimismus bezeichnet werden. In seinen frühen Jahren war Benigni fasziniert von dem starken sozialen Einfluß des Christentums und sehr von einer «christlichen Demokratie» angetan, die er selbst «Christokratie» nannte. So sagt Léon Harmel, jener französische Industrielle, der in den Jahren nach 1890 in seiner Fabrik die Gewinnbeteiligung einführte, von Benigni:

> Sein erster Band, der die ersten vier Jahrhunderte bis Konstantin abhandelt, ist fertig ... Dieses Buch ist eine wahre Offenbarung. Er hat aus zeitgenössischen Quellen den Nachweis erbringen können, daß die Ausbreitung des Christentums mit der sozialen Bewegung verknüpft war. Nur durch die Entwicklung und Anwendung demokratischer Ideen gewannen die Christen so viele Anhänger unter den Sklaven und kleinen Leuten. Und so kann man sagen, daß die Priester, die sich heute mit Gewerkschaften und Genossenschaften befassen, nichts anderes tun, als in die Fußspuren ihrer frühen Vorläufer zu treten (Poulat, S. 178).

Band I der *Storia sociale della Chiesa* (Sozialgeschichte der Kirche) Benignis erschien erst 1907. Aber er hatte lange davor das Material in den Vorlesungen erprobt. Angelo war von diesem Aspekt der Arbeit Benignis begeistert. Er bewahrte Benignis Optimismus und vollzog nie dessen Wandel zum Pessimismus nach. Aber er sah die christliche Demokratie als eine andere Weise, die priesterliche Mission des Dienstes zu bezeugen: «Jesus beugte sich nieder, um den zwölf Fischern die Füße zu waschen. Dies ist die *wahre Demokratie,* die wir Geistliche dem Volke begreiflich machen müssen» (*Tagebuch,* S. 116).
Angelos Spiritualität reifte unter der doppelten Wirkung seines Militärdienstes und seiner Fortschritte im Theologiestudium. Er kommt zu dem Schluß, daß seine Vorstellung von der Heiligkeit als einer buchstäblichen Nachahmung des Lebens der Heiligen falsch war:

> Bei meinen einzelnen Handlungen, meinen kleinen, sofort erkannten Verfehlungen stellte ich mir das Bild irgendeines Heiligen vor, den ich mir in allem, auch in kleinsten Dingen, nachzuahmen vornahm, genau wie ein Maler ein Bild von Raffael kopiert. Ich sagte mir immer: Wenn der heilige Aloysius in diesem Fall so oder so handeln würde, dann würde er nicht dieses oder jenes andere tun usw. So kam ich dahin, daß ich nie das erreichte, was ich mir eingebildet hatte tun zu können, und das beunruhigte mich. Es ist ein falsches System. Von der Tugend der Heiligen muß ich das Wesentliche und nicht das Zufällige übernehmen ... Ich muß nicht die kümmerliche und dürre Reproduktion eines wenn auch noch so vollendeten Typs sein (*Tagebuch,* S. 133).

Angelo ging auf die Weihe zum Subdiakon zu, die am 11. April 1903 in San Giovanni in Laterano stattfand. Er war nun unwiderruflich auf den Zölibat verpflichtet. Der «Angelismus», zu dem er sich am Bergamasker Seminar bekannt hatte, lag hinter ihm. Anstatt Emotionen zu unterdrücken, sucht er sie für die Liebe zu Gott nutzbar zu machen:

> Gute Ereignisse dürfen mich nicht kopflos machen, und Bitternisse des Lebens sollen mich nicht betrüben. Die Sinnesempfindungen, die Stimmen der Natur, werden dadurch nicht verleugnet. Die wohltuende Liebe zu Gott, die süße und vollkommene Hingabe an seinen Willen müssen in mir alles übrige aufzehren, oder besser gesagt, alle Regungen meines Unterbewußtseins läutern und verwandeln (*Tagebuch,* S. 157).

Der Hintergrund für diese Sicht von «Sublimation» war eher thomistisch als freudianisch: Gnade baut auf der Natur auf und zerstört sie nicht. Dennoch entlarvt Angelos Verständnis des Begriffs die Unzulänglichkeit der Freudschen Definition von Sublimation als «die Befriedigung instinktiver Impulse, gewöhnlich ihrem Wesen nach aggressiv oder sexuell, durch die Einsetzung von sozial erwünschtem Verhalten für verbotene Triebe» (*Fontana Dictionary of Modern Thought,* S. 610). Die tiefsten Kräfte werden in sichere Kanäle umgeleitet. Aber dabei wird die Tatsache übersehen, daß sie kreativ nutzbar gemacht werden können, wie beim Künstler, oder in Dienst verwandelt werden können, wie beim überzeugten Zölibat. Ohne eine derartige positive Vorstellung von Sublimation wäre Angelos Zölibat Unsinn gewesen. Er hatte das schon mit einundzwanzig Jahren begriffen. Seine restlichen sechzig Jahre müssen in diesem Licht gesehen werden.

Inzwischen beschäftigten ihn im Frühjahr 1903 zum erstenmal internationale Ereignisse. Am 20. Februar feierte Leo XIII. den 25. Jahrestag seines Pontifikats. Der Legende nach hielt kein Papst so lange wie Petrus durch. Aber das Tabu war zuerst von Pius IX. gebrochen worden und jetzt, sogar noch auffälliger hinsichtlich seines vorgerückten Alters und seiner schwachen Gesundheit, von Leo XIII. «Ein großer Tag heute», vermerkte Angelo, «während seine Verfolger dahingegangen sind ... hat er sie alle überlebt, wunderbar jung mit seinen 93 Jahren, die Großtaten Gottes den staunenden Völkern zu verkünden» (*Tagebuch,* S. 140). Obwohl in Italien in seinen Möglichkeiten eingeschränkt, hatte Leo XIII. eine Politik der Aussöhnung verfolgt, wo immer es möglich war. Er hatte den Streit mit Deutschland nach dem verheerenden Kulturkampf beigelegt, die Freundschaft Englands gesucht, Frieden mit der Schweiz geschlossen, sein Bestes getan, um nostalgische französische Monarchisten hinter die Dritte Republik zu scharen, sich um Rußland gesorgt und sogar an den Kaiser von China geschrieben und ihn aufgefordert, die Missionare zu schützen.

Jetzt trug diese geduldige diplomatische Arbeit, tatkräftig unterstützt von Kardinal Rampolla, allmählich Früchte. Am 29. April 1903 und dann am 2. Mai waren die Straßen Roms voll von «Flaggen, Girlanden, Dekorationen, leuchtenden Uniformen, Federbüschen, Truppenparaden»: Erst König Eduard VII. von Großbritannien und Irland und dann Kaiser Wilhelm II. von Deutschland waren auf dem Weg, den Papst zu besuchen. Das war erregend, das hatte es noch nie gegeben. Angelo war sich nicht ganz im klaren, was er mit Eduard VII. anfangen sollte, der ja «König einer der größten Nationen» war, und er stellte moralische Betrachtungen über die Nichtigkeit des Ruhms und den Applaus der Menge an: *Sic transit gloria mundi* («So vergeht die Herrlichkeit der Welt» – Worte, die einmal bei Papstkrönungen gesprochen wurden). Könige und Kaiser vergehen. Sie sind wie «Staubkörnchen» (*Tagebuch,* S. 150). Gottes Urteil wird sie demütigen.

Doch Angelo deutete beide Besuche als Ereignisse der Vorsehung, die eine Botschaft des Heiligen Geistes enthielten:

> Ein überaus denkwürdiger Tag, da ein irrgläubiger König des protestantischen England, wo man seit mehr als drei Jahrhunderten die katholische Kirche verfolgt, dem armen, alten Papst, der wie ein Gefangener in seinem Haus lebt, persönlich seine Huldigung erweist. Es ist ein Zeichen der Zeit, das nach einer stürmischen Nacht von einem neuen Licht aus dem Vatikan aufleuchtet, eine langsame, aber fortschreitende und wirkliche Rückkehr der Völker in die Arme des gemeinsamen Vaters, der seit langem auf sie wartet und ihre Torheit beklagt (*Tagebuch,* S. 150).

Nach Eduard VII. anschließend Kaiser Wilhelm II.:

> Dieses außergewöhnliche Ereignis ist zugleich von ungeheurer Tragweite, ein Zeichen der göttlichen Vorsehung, ein wahrer Triumph des

Papsttums: Ein protestantischer Kaiser steigt nach so vielen Auseinandersetzungen die Stufen zum Vatikan empor mit einer Feierlichkeit und einem Glanz, die einmalig sind, und beugt sich vor der Größe des päpstlichen Thrones ... Nun ist auch der Kaiser wieder nach Berlin in seinen Palast zurückgekehrt, den man hier so begeistert empfing und bewunderte. Wäre er kein Häretiker, so könnte er der Karl der Große unserer modernen Zeit sein ... (*Tagebuch,* S. 152).

Übertrieb Angelo im Bann der Vorstellung von einem Papsttum als dem Mittelpunkt der Welt? Ja und nein. Der eigentliche Grund für die Besuche von König und Kaiser in Rom war der Versuch, die Gunst Italiens zu gewinnen. Eduards VII. politische Berater wollten Italien in ihre Entente mit Frankreich einbeziehen. Kaiser Wilhelms Kanzler von Bülow wollte Italiens Zugehörigkeit zum Dreibund mit Österreich-Ungarn stärken, der, mit manchem Auf und Ab, seit 1882 bestand. Strenggenommen waren im Jahr 1903 die Entente und der Dreibund durchaus miteinander vereinbar; aber zwölf Jahre später würde Italien sich darüber klarwerden müssen, wo seine wahren Interessen lagen. Eines stand schon jetzt fest: «Die Römische Frage spielte in der internationalen Politik keine Rolle mehr» (Seton-Watson, S. 331). Niemand, nicht einmal Leo XIII. selbst, stellte sich vor, daß Italien zerrissen und der Kirchenstaat wieder hergestellt werden sollte. So konnten Eduard VII. und Wilhelm II. dem Vatikan ihre Höflichkeitsbesuche abstatten, ohne ihren Bruderkönig Viktor Emanuel III. zu sehr zu verärgern. Hier irrte sich Angelo in seiner Beurteilung.

Aber so ganz falsch lag er nicht, wenn man wie er darauf setzt, daß Gott «die Schlüssel zu den Herzen der Menschen besitzt und über alle politischen Intrigen hinweg die Ehre seines Namens und seiner Kirche wieder erstrahlen läßt» (*Tagebuch,* S. 150). Diese Überzeugung bedurfte keines Beweises. Sie trifft eine Unterscheidung zwischen dem Vordergründigen der Geschichte, in dem große Männer Reden halten und ihre Gründe dafür haben, und einem Hintergrund, auf dem man den Schatten von Gottes Hand sieht. Roncallis eigenes Pontifikat erhält nur im Licht dieser Unterscheidung zwischen dem scheinbaren und dem wirklichen Stand der Geschichte einen Sinn.

Dann, drei Monate nach dem krönenden Triumph seines Pontifikats, starb Leo XIII. Anstatt in das Landhaus des Römischen Seminars nach Roccantica zu gehen, blieb Angelo in Rom, um das Konklave aus der Ferne zu verfolgen. Die Kernfrage war: Kontinuität oder Wandel? Rampolla war der Kandidat für Kontinuität. Das Erbe Leos XIII. war beeindruckend. Erstens war da die Aussöhnung mit den Nationen Europas, demonstriert durch die Besuche, die wir gerade näher betrachtet haben. Zweitens hatte er zur Erneuerung der katholischen wissenschaftlichen Forschung beigetragen, die Vatikanische Bibliothek geöffnet, John Henry Newman zum Kardinal ernannt, einen aufgeklärten Neothomismus angeregt und erklärt, daß die «Kirche von der Wahrheit nichts zu befürchten hat». Drittens hatte er in seiner Enzyklika *Rerum Novarum* ein bedingtes Interesse an der Demokratie gezeigt und die Rechte der Arbeiter verteidigt, sich in Gewerkschaften zusammenzuschließen. Rampolla war der Bannerträger dieser Anliegen. Er war vorbereitet, dieses Erbe anzutreten und weiterzuentwickeln. Angelo – nicht daß er als Seminarist von Bedeutung gewesen wäre – vertrat dieselbe Richtung.

Zuerst (obwohl nichts davon zu jener Zeit bekannt wurde) lag Rampolla deutlich in Front. An der Wahl nahmen 63 Kardinäle teil. Er brauchte deshalb 42 Stimmen. In den folgenden Wahlgängen bekam Rampolla 24, 29, 29 und dann 30 Stimmen. Es kommt beim Konklave ein Punkt, an dem ein Kandidat nicht mehr weiterkommt; unfähig, höher zu steigen, ist er zum Fallen verurteilt. Genau das geschah mit Rampolla. Seine Niederlage wird gewöhnlich auf das Veto des österreichisch-ungarischen Kaisers Franz Joseph geschoben, das durch den Kardinal-Erzbischof von Krakau, Kniaz de Kolzielsko Puzyna, eingelegt wurde. Aber es gab auch in der Kurie eine unversöhnlich gegen Rampolla eingenommene Partei, die einen Wechsel der in ihren Augen schwachen und nachgiebigen Politik Leos XIII. anstrebte. Diese machte den Weg frei für Giuseppe Sarto, den Patriarchen von Venedig, der großen Wert darauf legte, seine Bescheidenheit herauszustellen. Nach dem vierten Wahlgang erklärte er: «Ich werde auf die Kardinalswürde verzichten und Kapuzinermönch werden» (Falconi, S. 13). Er machte diese Drohung jedoch nicht wahr und war mit fünfzig Stimmen im sechsten Wahlgang am Ziel (*Quale Papa?* S. 132ff.). Als man ihm die rituelle Frage stellte: «Mit welchem Namen willst du genannt werden?», antwortete er, ohne zu zögern: «Pius, im Vertrauen auf die heiligen Päpste, die diesem Namen durch ihre Tugenden Ehre gemacht und die Kirche mit Stärke und Milde verteidigt haben» (Falconi, S. 14). Das war bedeutungsvoll. Der letzte Pius, Pius Nono, hatte der modernen Welt den Kampf angesagt und in seinem *Syllabus gegen die hauptsächlichen Irrtümer unseres Zeitalters* (1864) jene gerügt, die mit falscher Zuversicht hofften, die Kirche mit «Fortschritt und moderner Kultur» versöhnen zu können.

Angelo hatte den «weißen Rauch» auf dem Petersplatz am 4. August 1903 miterlebt. Bereits eine halbe Stunde danach gaben die Zeitungen Sonderblätter heraus. Auf seinem Nachhauseweg kam er an der

Kirche San Giovanni dei Fiorentini vorbei, gleich auf der anderen Tiberseite. Dort traf er eine alte Frau, die aufmerksam die Fotografien studierte. «Ich weiß nichts über diesen Pius X.», sagte sie, «aber er sieht wenigstens gut aus» (*Corriere della Sera,* 3. Januar 1959: Papst Johannes erzählte diese Begebenheit bei einer Audienz). Aber Pius X. war nicht einfach ein ansehnliches Gesicht. Es gab andere Züge in seinem Charakter, die weniger ansprechend waren. Angelo war bei der Krönung am 9. August 1903 dabei. Er vergaß nie den Eindruck, den der neue Papst auf ihn machte: «Der Papst kam in einem Sturm von Beifall und *Viva*-Rufen herein. Einen Augenblick senkte er den Kopf ein wenig, und als er wieder aufsah, waren seine Augen voller Tränen. Und die Menge verstummte» (*Letture,* S. 51f.).

Angelo ging in seinem Tagebuch nicht näher auf «die ernsten und außergewöhnlichen Ereignisse» ein, wie er sie nannte (*Tagebuch,* S. 166). Er war jetzt stärker mit seiner Weihe zum Diakon in San Giovanni in Laterano am 18. Dezember 1903 und seiner 1904 bevorstehenden Priesterweihe beschäftigt. Seine Bergamasker Gefährten Ballini und Carozzi waren bereits am 25. Juli 1903 geweiht worden (*Cronologia,* S. 519). Pitocchi war so vernünftig, ihm zu verbieten, zusätzliche «Exerzitienbeschlüsse» zu fassen (*Tagebuch,* S. 166), und übertrug ihm die ablenkende Aufgabe, eine Zusammenfassung der Autobiographie von Maria Celesta Crostorasa zu erstellen, einer Nonne aus dem 17. Jahrhundert; sie hatte ein Institut gegründet, aus dem schließlich der weibliche Zweig der Redemptoristen entstand (Battaglia, S. 4). Dies mag sein Versuch gewesen sein, die Spiritualität über die theologische Forschung zu setzen.

Sicherlich begriff Angelo allmählich die Spannung zwischen der «wissenschaftlichen Bewegung», in die er sich mit soviel Eifer gestürzt hatte, und seinem Ehrgeiz, ein «guter Priester» zu sein. Er beschrieb sein Dilemma deutlich am 7. März, dem Fest des heiligen Thomas von Aquin: «Wie oft im Eifer des Studiums rückt die Frömmigkeit an die zweite Stelle, und man denkt gleichsam, daß die den Gebetsübungen gewidmete Zeit verloren sei. Und doch war der Aquinate, bevor er der größte Gelehrte seiner Zeit wurde, ein Heiliger, und gerade weil er ein Heiliger war, erreichte er einen so hohen Grad von Weisheit» (*Tagebuch,* S. 143). Das Dilemma verschärfte sich mit dem neuen Pontifikat. Es gab bereits Anzeichen, daß Pius X. eine Offensive gegen seiner Meinung nach «übertriebene» Kritik einleiten würde. Im Dezember 1903 suchte Angelo eine *via media,* einen Mittelweg zwischen intellektueller Integrität und Willfährigkeit:

Ich verachte keineswegs die Kritik, und erst recht werde ich mich hüten, feindselig gegen sie gesonnen zu sein oder es den Kritikern gegenüber an Respekt fehlen zu lassen. Ich liebe Kritik sogar und verfolge mit Spannung die neuesten Resultate ihrer Untersuchungen. Ich halte mich auf dem laufenden über neue Gedankengänge, über ihre unaufhörliche Entwicklung und studiere die Tendenzen. Die Kritik ist für mich Licht, und die Wahrheit ist heilig und unteilbar. Gleichwohl werde ich mich stets bemühen, in die Diskussionen, bei denen allzuoft unbesonnener Überschwang und blendender Augenschein die Oberhand bekommen, Mäßigung hineinzutragen, Harmonie, Ausgewogenheit und Klarheit des Urteils, verbunden freilich mit einer klugen und umsichtigen Weite der Ansichten. In den strittigen Punkten werde ich als Unwissender lieber schweigen, als kühne Behauptungen aufzustellen, die auch nur im geringsten vom Glaubenssinn der Kirche abweichen. Ich werde mich über nichts wundern, sollten auch gewisse Ergebnisse, die aber das heilige Glaubensgut nicht antasten, überraschend ausfallen. Die Verwunderung ist eine Tochter der Unwissenheit (*Tagebuch,* S. 175).

Er pendelt dialektisch hin und her, gespalten zwischen «dem Klima der modernen Zeit» und dem Beispiel der guten alten Priester von Bergamo, «deren Andenken gesegnet ist und die nicht weiter sahen und auch nicht weiter sehen wollten als der Papst, die Bischöfe und das allgemeine Glaubensbewußtsein der Kirche» (*Tagebuch,* S. 174). Es war ein grausamer und, wie mancher denken mag, unnötiger Zwiespalt. Aber Angelo empfand ihn zutiefst.
Wenn 1902 das Jahr der Prüfungen durch den Militärdienst und 1903 das anregende Jahr des intellektuellen Fortschreitens und internationaler Ereignisse war, so wurde 1904 das Jahr der unmittelbaren Vorbereitung auf die Priesterweihe. Auf dem Weg dahin gab es drei kleinere Ereignisse. Im Januar 1904 besuchte er einen Vortrag von Marc Sagnier, dem Kopf von *Le Sillon,* der französischen christlich-demokratischen Bewegung. Später wurde er von Pius X. verurteilt, zur großen Freude des Atheisten Charles Maurras, der sich der Hetze gegen ihn mit seinem Buch *Le Dilemme de Marc Sagnier* anschloß (s. Richard Sutton, *Nationalism, Positivism and Catholicism. The Politics of Charles Maurras and French Catholics 1890–1914,* Cambridge 1982, S. 91). Am 9. Juni war er dabei, als sein Landsmann Carozzi in der Sala Clementina des Vatikans theologische Thesen gegen alle, die gegen ihn antreten wollten, verteidigte. Angelo war als erster für diese akademische Übung (bekannt als «der öffentliche Akt») ausgewählt worden, hatte aber aus unbekannten Gründen auf diese Ehre verzichtet (*Cronologia,* S. 519). Am 13. Juli wurde ihm die Würde des Doktors der Theologie zuteil – sie war in Rom leicht zu erlangen –, und

sein schriftliches Examen beaufsichtigte Eugenio Pacelli, der spätere Pius XII.
Seine Weiheexerzitien hielt er im Haus der Passionisten auf dem Monte Celio. Von seinem Fenster aus konnte er das Kolosseum, San Giovanni in Laterano und die sich beschaulich dahinter hinziehende Via Appia mit ihren Katakomben sehen. Dort las er wieder die Worte, die er zwei Jahre vorher geschrieben hatte und später als Papst rot unterstreichen würde. Er spürte, warum er in Rom war: «Damit ich meinen Geist zu größerem Glauben und größerer Liebe erhebe, führte er mich in sein gelobtes Land, in den Schatten seines Stellvertreters, an die Quelle der katholischen Wahrheit, an die Gräber seiner Apostel, wo die Erde noch mit dem Blut seiner Märtyrer getränkt und die Luft vom Wohlgeruch der Heiligkeit seiner Bekenner erfüllt ist» (*Tagebuch,* S. 115). Jeden Nachmittag übte er sich im Messelesen in dem Raum, wo Paulus vom Kreuz, der Gründer der Passionisten, gestorben war. Am Vorabend seiner Weihe betete er in San Giovanni in Laterano, stieg auf den Knien die «Heilige Treppe» hinauf und ging dann zur Basilika San Paolo fuori le mure (*Tagebuch,* S. 189).
Am frühen Morgen des 10. August 1904, am Fest des heiligen Laurentius, holte ihn der Vizerektor Spolverini ab, und sie fuhren mit der Droschke zur Kirche Santa Maria in Monte Santo an der Piazza del Popolo. Aber Spolverini konnte nicht bleiben, und so assistierte Ernesto Buonaiuti Angelo während der Weihezeremonie (*Dodicesimo Anniversario,* S. 118). Der Bischof, der die Weihe vornahm, war Giuseppe Ceppetelli, Titularpatriarch von Konstantinopel. Sein Leben lang beging Angelo, nun Don Roncalli, feierlich den Jahrestag seiner Priesterweihe. 1912 erinnerte er sich so daran:

> Als die Weihe vollzogen war und ich das ewige Treueversprechen in die Hände des weihenden Bischofs geleistet hatte, hob ich den Blick und sah das ehrwürdige Bild der Gottesmutter, das mir vorher – ich muß es gestehen – nicht aufgefallen war. Sie lächelte mir gleichsam vom Altar herab zu und schenkte mir mit ihrem Blick ein Gefühl von Milde und innerer Ruhe, ein Empfinden von Großmut und Sicherheit (*Tagebuch,* S. 190).

Er hatte keine Bedenken wegen des unwiderruflichen Schrittes, den er getan hatte. Er war an seinem rechten Platz. Die meisten Studenten am Römischen Seminar waren fort im Landhaus in Roccantica. Das Seminar war wie ausgestorben.
Er schrieb Briefe an seine Eltern und an «Onkel» Zaverio, um ihnen zu danken und sie an seiner Freude teilnehmen zu lassen. Sie hatten nicht das Geld für die Bahnfahrt zusammenkratzen können. Er würde

am 15. August in Sotto il Monte sein, um am Fest Mariä Himmelfahrt in seiner Taufkirche die Messe zu zelebrieren. Er schrieb an Camillo Guindani, den Bischof von Bergamo, und gelobte ihm Gehorsam. Dann besuchte er eine Reihe von Kirchen – er führt sieben an, sagt aber, daß es «noch andere» waren – und flehte seine bevorzugten Heiligen um deren Hilfe an, daß «die Flamme jenes unvergeßlichen Tages in meinem Herzen immer lodere» (*Tagebuch,* S. 191).

Am nächsten Tag, am 11. August, begleitete ihn Spolverini zur Krypta der Peterskirche, wo er seine erste Messe feierte. Es stand ihm frei, die Texte auszuwählen, und er entschied sich für die «Votivmesse von den Heiligen Petrus und Paulus». Die Texte und die Umgebung bewirkten gemeinsam, daß er sich vollkommen «dem Dienst Jesu Christi und der Kirche» verpflichtete. Er gebrauchte die Worte des heiligen Petrus selbst: «Herr, du weißt alles; du weißt, daß ich dich liebe» (Joh. 21,17). Er konnte nicht wissen, daß er selbst dort begraben würde, wo er seine Messe las. Sein Bericht geht weiter: «Wie im Traum verließ ich diesen Ort. Die Marmor- und Bronzestandbilder der Päpste im Innern der Basilika schienen mich damals mit neuer Bedeutsamkeit anzusehen, so als wollten sie mir Mut und großes Vertrauen einflößen» (*Tagebuch,* S. 191). Spolverini hatte eine Audienz bei dem lebendigen Papst, Pius X., vereinbart, die gegen Mittag stattfand. Kniend stammelte Angelo ein paar Worte über sein Dorf und das Gelübde, das er in der Krypta abgelegt hatte. Pius legte eine Hand auf seinen Kopf und sagte ihm fast flüsternd ins Ohr: «Gut, mein Sohn, gut, so gefällt es mir. Ich werde den Herrn bitten, daß er diese deine Vorsätze in besonderer Weise segne, damit du ein Priester nach seinem Herzen werdest» (*Tagebuch,* S. 191f.). Pius segnete ihn väterlich und begann ein Gespräch mit einem Polen. Aber dann wandte er sich Angelo wieder zu und fragte, wie bald er zu Hause sein würde. «An Mariä Himmelfahrt», war die Antwort. «Was wird das für ein Fest werden», erwiderte er, «dort oben in dem kleinen Dorf und in dieser schönen Landschaft von Bergamo, und welch ein festliches Geläute an diesem Tag» (*Tagebuch,* S. 192). Und so kam es dann auch.

Aber Sotto il Monte sah ihn keine zwei Wochen; dann verbrachte er die Monate September und Oktober mit seinen Freunden vom Römischen Seminar in Roccantica und kostete seine Priesterwürde und die tägliche traute Nähe zu Christus im Sakrament aus. Er begann am 4. November 1904 mit weiteren Studien im Kirchenrecht. Das Semester in Rom beginnt spät, aber an einem symbolischen Feiertag, dem des heiligen Karl Borromäus. Von den Studienanfängern wurde er mit

«Präfekt» angeredet, was eine allerdings ziemlich lästige Ehre war. Er war fleißiger denn je und half Msgr. Radini Tedeschi, den Kongreß vorzubereiten, mit dem vom 30. November bis 4. Dezember des 50. Jahrestages der Verkündung des Dogmas von der Unbefleckten Empfängnis gedacht werden sollte. Aber seine ersten Monate als frischgebackener Priester waren keine Zeit des ungetrübten Glücks.

Seine Mutter beklagte sich, daß er sie nicht mehr liebe. Er hatte ihr nicht geschrieben, und, was noch wichtiger war, sie unterstellte ihrem Mann, daß er ihr Angelos Briefe vorenthielt. Er hatte ihr kein Geld geschickt. Und er hatte eine Fotografie dem Gemeindepfarrer zukommen lassen, aber nicht der Familie. Don Angelo versuchte geduldig, diese Mißverständnisse in einem langen Brief auszuräumen. Er wollte einfach nicht glauben, daß der Vater Briefe zurückgehalten hätte. Er hatte kein Geld: Alles hatten Ausgaben für seine Primiz in Sotto il Monte geschluckt, er hatte für seine Weihe neue Schuhe und eine Soutane kaufen müssen, und Bücher über Kirchenrecht waren besonders teuer. Er rät zu Geduld und verspricht, ein Foto zu schicken, fügt allerdings hinzu, da er «weder Papst noch Kardinal, noch Bischof, sondern ein armer kleiner Priester» sei, sähe er nicht ein, warum sein Porträt überall hängen solle (*Familiari,* I, S. 32). Er beteuert seine unendliche Liebe: «Selbst wenn ich Papst wäre, würdet Ihr für mich immer die großartigste Frau der Welt sein, das Teuerste für mein liebevolles Sohnesherz. Nein, um Gottes willen, zweifelt nicht an meiner Liebe und an dem innigen Andenken, das ich stets für Euch bewahre! Die Entfernung – glaubt mir – schwächt nicht die kindliche Zuneigung, sondern macht sie lebendiger, edler und feiner» (*Familiari,* I, S. 31). Der Zweck dieses Briefes vom 1. Januar 1905 war, die wachsende Kluft zwischen ihm und seiner Mutter zu verkleinern; und doch beweist er, wie tief die Entfremdung geworden war.

Auch waren seine ersten Gehversuche in Rom im öffentlichen Reden kein großer Erfolg. Am 8. Dezember hatte Pater Pitocchi ihn überredet, vor den *Kindern Mariä* in einem reichen römischen Vorort einen Vortrag über die Unbefleckte Empfängnis zu halten. Er schrieb ihn vorher auf, aber beim erneuten Lesen hielt er ihn für «zu phantasievoll, zu blumig und voll von hochtrabenden Worten» (Pepper, S. 41). Deshalb versuchte er, ihn einfacher zu halten, kam aber durcheinander und verlor den Faden:

> Mein Vortrag war eine Katastrophe. Ich warf Zitate aus dem Alten und dem Neuen Testament durcheinander. Ich verwechselte den heiligen Alfons mit dem heiligen Bernhard. Ich bezeichnete Schriften der Kirchenväter fälschlich als Schriften der Propheten. Ein Fiasko. Ich schämte mich so sehr, daß ich danach Pater Francesco in die Arme fiel und meine Demütigung bekannte (ibid., S. 41).

Er erinnerte sich noch als Papst an das Fiasko und erzählte die Geschichte dem Bildhauer Giacomo Manzù.

Dann geschah etwas, das ihn die Nörgeleien seiner Mutter und sein Versagen als Redner vergessen ließ. Ohne daß er selbst etwas dazu unternommen hätte, schlug sein Leben eine neue und völlig unerwartete Richtung ein: Dieses Muster würde sich wiederholen. Er stand erst am unteren Ende einer langen Kette von Ereignissen.

Pius X. hatte die Römische Kurie verblüfft, als er den an einem englischen Seminar erzogenen siebenunddreißigjährigen Spanier Rafael Merry del Val zu seinem Staatssekretär ernannte. Er machte damit deutlich, daß er sowohl die Politik als auch die Männer des vorherigen Pontifikats ablehnte. Das erste Opfer war der in dem Konklave unterlegene Kandidat, Kardinal Rampolla. Er bereitete sich resigniert auf den Tod vor (der sich nicht einstellte) und lebte «wie ein König im Exil» (De Luca, S. 90). Er war dem Geist Leos XIII. zu nahe, um genehm zu sein. In seinen *Memoiren* erklärt Merry del Val in einer schlimmen Bemerkung, Rampolla wäre auch dann nicht zum Papst gewählt worden, wenn das österreichische Veto nicht gewirkt hätte (Newman Press, Westminster, Maryland, 1951, S. 1).

Pius verfuhr mit den Institutionen ebenso schroff wie mit den Männern Leos XIII. Im Juli 1904 löste er die *Opera dei Congressi* auf. Das war ein bitterer Schlag für Graf Giovanni Grosoli, ihren letzten Präsidenten, und «der schwerste Augenblick im Leben ihres Kaplans, Radini Tedeschi» (s. Gabriele De Rosa in *Linee,* S. 51). Angelo sagte später, daß es «wie ein Blitz aus heiterem Himmel» kam. Pius X. interessierte sich nicht für die Soziallehre und verachtete die Demokratie, sei sie christlich oder nicht (s. seine Enzyklika *Vehementer*). Er sah die *Opera dei Congressi* als «Modernismus» in sozialer Form. Da das Hauptziel seines Pontifikats die Unterdrückung des «Modernismus» war, hatte die *Opera dei Congressi* zu verschwinden. Und damit mußte Radini Tedeschi, ein weiterer Mann Leos XIII., gehen. Bischof Guindani von Bergamo war im Oktober 1904 gestorben. Radini Tedeschi wurde zu seinem Nachfolger bestimmt.

Dies war eine aufregende Neuigkeit für Angelo, da er schon Verbindung zu Radini Tedeschi hatte. Sie sickerte zuerst am 8. Januar 1905 durch, nach der Seligsprechung von Jean-Marie Vianney, allgemein bekannt als der Pfarrer von Ars. Es lag eine gewisse Ironie in dem zeitlichen Zusammentreffen. Der Pfarrer von Ars war ein bescheidener Dorfpfarrer, unbeleckt von Theologie, der in seinen genagelten Schuhen (die noch heute ehrfürchtig aufbewahrt werden) über die schlammigen Wege wanderte und in einsamer Schlacht mit dem Teufel rang. Seine Seligsprechung war ein bewußtes Urteil gegen anmaßende kritische Theologen, weltmännische Ordenspriester, die ihre eleganten Nasen über die Diözesangeistlichkeit rümpften, und alle jene, die von intellektuellem Stolz in Versuchung geführt wurden. Roncalli hatte einige seiner Maximen aufgeschrieben, als er am Bergamasker Seminar war. Eine von ihnen schien jetzt besonders passend: «Die uns erniedrigen, sind unsere wahren Freunde, nicht, die uns loben.» Pius X. jedoch verstand es, Radini Tedeschis Verbannung nach Bergamo als Beförderung auszugeben. Das war es mitnichten für einen, der daran gewöhnt war, im Zentrum der Macht zu sitzen. Aber Radini Tedeschi akzeptierte die Ernennung mit guter Miene, und sein Gehorsam, der von so schöpferischer Kraft war, machte tiefen Eindruck auf Roncalli.

Der designierte Bischof brauchte einen Sekretär. Er bat Bugarini, den Rektor des Römischen Seminars, seine Bergamasker Studenten in seine Wohnung, Corso Vittorio Emanuele 21, zu bringen. Sie malten sich aus, sie sollten lediglich dem neuen Bischof huldigen. Er nahm zwei von ihnen, Roncalli und Carozzi, und stellte sie eine Woche lang auf die Probe, indem er ihnen auftrug, sich mit der Fülle von Korrespondenz zu befassen, die auf die Nachricht von seiner Ernennung hereinkam. Er wählte Roncalli aus. So wurde Angelo, der Dorfjunge, mit seinen vierundzwanzig Jahren der Sekretär eines aristokratischen Bischofs, der genau doppelt so alt war. Am 29. Januar 1905 weihte Papst Pius X. Radini Tedeschi zum Bischof. Angelo fungierte als Kaplan und hielt das Evangelium auf den Schultern des Bischofs, um die Bürde anzudeuten, die er künftig zu tragen habe. Für Angelo bedeutete es das Ende des Kirchenrechtsstudiums, und es bedeutete, in die Heimat zu kommen.

4. Kapitel

In den Wirbelsturm des Modernismus

> Der Meinungsstreit besteht, wenigstens in diesem Zeitalter, nicht zwischen den himmlischen Heerscharen, Michael und seinen Engeln, auf der einen Seite und den Mächten des Bösen auf der anderen; aber es ist eine Art von nächtlichem Kampf, wo jeder für sich kämpft und Freund und Feind zusammenstehen.
> (John Henry Newman, «Glaube und Vernunft als Denkgewohnheiten gegenübergestellt», in *Sermons, chiefly on the Theory of Religious Belief, preached before the University of Oxford,* 1843)

Angelo verließ 1901 Bergamo in Richtung Rom als hoffnungsvoller junger Seminarist. Er kehrte Anfang April 1905 als Sekretär des neu ernannten Bischofs zurück. Es war ein Posten, der größtmöglichen Takt verlangte. Obwohl er als Priester bis dahin «nichts getan» hatte, was seine frühe Beförderung gerechtfertigt hätte, führte sein regelmäßiger Kontakt mit dem Bischof dazu, daß die Bergamasker Geistlichkeit – seine alten Seminarprofessoren eingeschlossen – annahmen, er würde von jetzt an einigen «Einfluß» haben. Genauer betrachtet neigten sie zur Cliquenbildung. Die Meinung in der Diözese, schon unter den zwei vorhergehenden Bischöfen gespalten, war alles andere als einmütig hinsichtlich der Ernennung von Radini Tedeschi, der mißgünstig als römischer Karrierist, mit dessen Karriere plötzlich etwas schiefgegangen war, betrachtet werden konnte. Roncalli schrieb später die Biographie Radini Tedeschis, den er voller Stolz und Zuneigung immer «mein Bischof» nannte. Mit einer typischen Untertreibung weist er auf diese Streitereien hin: «Als Msgr. Radini Tedeschi nach Bergamo kam, fand er die Asche der Dispute, die seinen zwei unmittelbaren und hervorragenden Vorgängern, Msgr. Speranza und Msgr. Guindani, Kummer bereitet hatten, noch schwelend vor, und natürlich wollte jede der beiden Parteien den neuen Bischof auf ihrer Seite haben» (*Mein Bischof,* S. 129). Roncalli erzählt einen alten Klerikerwitz über frühere Bischöfe. Der eine konnte zu keinem «nein» sagen, der zweite konnte sich nicht überwinden, «ja» zu sagen, und der dritte schwankte unstet zwischen «ja» und «nein» (ibid., S. 105).
Radini Tedeschi hatte solche Probleme nicht. Er wußte genau, was er tun wollte. Er war autoritär und hatte etwas von einem Zuchtmeister: «In der Leitung seiner Diözese wurde dieser militärische Geist sehr deutlich in seiner nachdrücklichen Forderung von Disziplin, die in

allem gewahrt werden mußte, bis hinunter zum kleinsten Detail» (ibid., S. 106). Es war nicht seine Art, ein Auge zuzudrücken. Er war überzeugt, daß «ein starkes, tatkräftiges Regiment weniger Schaden anrichtet als ein schwaches», und «verabscheute eine Popularität, die durch Willfährigkeit und Verzicht erreicht ist» (ibid., S. 106). Angelo, der ein ganz anderes Temperament hatte, konnte aus nächster Nähe beobachten, wie Radini Tedeschi seine bischöfliche Autorität ausübte. In seiner kirchlichen Erziehung hatte er erfahren, daß heilige Männer Meinungsverschiedenheiten miteinander haben konnten und daß Gehorsam und Loyalität zwar wesentlich waren, aber nicht auf magische Art alle Probleme lösen konnten. Doch er war «der Schatten des Bischofs», wie sein Spitzname war, und lernte auf eine strenge Art, Diskretion zu wahren.

Die Glocken von Bergamo hallten am 9. April 1905 aus der Oberstadt wider, als Radini Tedeschi Bergamo im Triumph betrat und seinen Dom in Besitz nahm. Angelo schrieb einen Bericht darüber für die Lokalzeitung *l'Eco di Bergamo*. Es war sein erster journalistischer Versuch, und während des nächsten Jahrzehnts schrieb er regelmäßig für dieses stramm katholische Blatt.

Aber kaum hatte Radini Tedeschi seine Diözese übernommen, brach er in Begleitung seines Sekretärs zu einer nationalen Wallfahrt nach Lourdes auf. Sie schifften sich in Genua am 29. April 1905 ein, hielten sich in Marseille, Lyon, Paray-le-Monial und Montpellier wie auch in Lourdes auf. Sie kehrten über Rom zurück, wo Radini Tedeschi am 5. Juni eine Rede vor dem 13. Nationalen Eucharistischen Kongreß hielt. Sie hatten am 29. Juni eine Audienz bei Pius X., und im Juli verbrachte Don Roncalli einige Tage am Familiensitz der Radini Tedeschi in Piacenza. Man hätte meinen können, Radini Tedeschi übernähme nur widerwillig die Verwaltung seiner Diözese. Aber während der Bergamasker Klerus besorgt auf seine ersten Maßnahmen wartete, schmiedete er seine Pläne.

Der Besuch in Frankreich war natürlich eine Wallfahrt. Aber er gab den Pilgern auch Gelegenheit, die Wirkung der Politik Pius' X. gegenüber Frankreich abzuschätzen. Der Versuch Leos XIII., die französischen Katholiken um die Republik zu scharen, war als «Beschwichtigung» verworfen worden. Die neue Politik verhieß Konfrontation. Das wurde von Merry del Val mit bewundernswerter Klarheit ausgedrückt:

> Wenn man die Franzosen nur davon überzeugen könnte, daß ihr Heil im Kampf liegt. Sie sollten uns nötigen, sie zu zügeln, ihren Eifer zu dämpfen. Aber wir müssen sie statt dessen antreiben. Dennoch stehen sie auf

> dem Schlachtfeld und in der vordersten Linie. Menschen in dieser Position sind normalerweise nur zu sehr darauf aus zu kämpfen. Aber *sie* wollen einfach kapitulieren. Ich denke besonders an die Führer, die Intellektuellen, die aktiv dabei sind (Larkin, S. 124).

So wurde Frankreich das Versuchsfeld für das neue Pontifikat. Für Pius X. war es ein Land, wo Bischöfe schwach, katholische politische Führer wie Marc Sagnier kompromißbereit waren und Theologen wie Loisy die Fundamente des Glaubens aushöhlten. Er forderte alle drei Gruppen heraus. Die französische Regierung reagierte mit zunehmender Verstimmung, die in dem «Gesetz über die Trennung von Kirche und Staat» vom 9. Dezember 1905 gipfelte (Text bei Larkin, S. 227ff.). Die geistlichen Orden wurden vertrieben. Pius verlor den Kampf mit dem französischen Staat. So verlegte er sich auf den innerkirchlichen Kampf.

Dies waren Alarmglocken für die bevorstehende Zeit, aber sie störten Radini Tedeschi nicht, als er dann im Herbst 1905 begann, seine Pläne für die Diözese in die Tat umzusetzen. Angelo bewunderte aufrichtig seine methodische Energie. Er vermerkte taktvoll: «Seine leidenschaftliche apostolische Beredsamkeit, seine Zielstrebigkeit, seine zahllosen Projekte und seine außerordentliche persönliche Aktivität mögen bei vielen Menschen zuerst den Eindruck gemacht haben, daß er die radikalsten Veränderungen beabsichtigte und nur von dem Wunsch beseelt wäre, Neuerungen einzuführen» (*Mein Bischof,* S. 48). War denn dieser erste Eindruck falsch? Nein und ja. Er erklärt: «Er konzentrierte sich nicht so sehr auf die Durchführung von Reformen wie auf die Erhaltung der glanzvollen Tradition seiner Diözese und ihre Auslegung *in Einklang mit den neuen Bedingungen und Bedürfnissen der Zeit»* (ibid., S. 48). Dies war haargenau Roncallis eigener Ehrgeiz, als er mehr als fünfzig Jahre später Papst wurde, und er gebrauchte dafür die gleichen Worte: die Wiederbelebung der Tradition durch *aggiornamento* (ein Wort, das in etwa die «Anpassung an den neuesten Stand» bezeichnet).

Von größter Dringlichkeit war für Radini Tedeschi die Pastoralvisitation der Diözese. Sie hatte 352 Pfarrbezirke und eine Bevölkerung von einer halben Million Menschen. Der Bischof begann seine Visitation am 8. Dezember 1905 mit dem Dom von Bergamo und schloß sie 1909 ab. Man hat ausgerechnet, daß er in dieser Zeit einem guten Drittel seiner Herde die Kommunion gespendet hatte. Angelo war immer in seiner Begleitung. Jene Priester, die «seine Ankunft gefürchtet hatten», konnte er für sich gewinnen (ibid., S. 49).

Radini Tedeschi war ein großer Bauherr. Er restaurierte den Dom und stattete ihn neu aus – eher zu überladen für Roncallis Geschmack. Er ließ in Martinengo ein Haus eigens zur Durchführung von Exerzitien errichten. Da er seinen bischöflichen Palast für ein «häßliches, unbequemes und ungesundes Gebäude» hielt, ließ er einen neuen entwerfen und bezog ihn am 21. November 1906. Dort wohnte Roncalli während der nächsten acht Jahre. Er meinte, es sei «ein vornehmes und elegantes Gebäude», das die «Juwele der Renaissance, die Colleonikapelle und das Baptisterium», zwischen die es gestellt wurde, nicht beeinträchtige. Aber innen war es sehr einfach, «das Haus eines, der anderen ein Beispiel geben muß» (*Mein Bischof,* S. 51f.). Radini Tedeschi modernisierte auch das Seminar, wo er fließendes Wasser und eine Zentralheizung installieren ließ. Leibeserziehung, wovon man zu Angelos Studentenzeit nichts gehört hatte, wurde obligatorisch. Labors für Chemie und andere Naturwissenschaften wurden eingerichtet. Überall in der Diözese wurden baufällige Gemeindekirchen wiederaufgebaut. Roncalli lernte, sich um kirchliche Anlagen zu kümmern.

Radini Tedeschi war zudem auch ein sehr fähiger Organisator. Er maß der Katholischen Aktion im sozialen Bereich besonderes Gewicht bei. In anderen Worten, er machte genau da weiter, wo die jetzt unterdrückte *Opera dei Congressi* aufgehört hatte. Roncalli sagt dies ausdrücklich: «Er trauerte dem Verschwinden der Opera nach, blieb aber ihren Idealen immer treu ... Er teilte mit seinen Freunden den Wunsch ... ihre verjüngten Energien in neue soziale Organisationen, wie sie die neuen Bedingungen der Zeit erforderten, zu lenken» (ibid., S. 77). Radini Tedeschis erster Hirtenbrief war der Katholischen Aktion gewidmet. Er stellte Prinzipien auf, denen sein Sekretär sein Leben lang treu blieb:

> Die Katholische Aktion muß auf ein breiteres Bewußtsein der Bedürfnisse und Bedingungen von Zeit, Menschen und Ereignissen gegründet werden. Sie muß auf die Bildung von klugen und gut informierten Gewissen gelenkt werden, voller Umsicht, gute Arbeit zu leisten, die ohne unberechtigte Verzögerung und unkluge Eile zum Abschluß gebracht werden muß. Sie muß gebührende Rücksicht auf christliche soziale Reformen und auf das Bedürfnis nehmen, die Rechte eines jeden zu achten und die Verpflichtungen, die keiner ehrlicherweise ablehnen kann. Sie muß besonders aktiv werden, wo immer Gerechtigkeit und Nächstenliebe ganz offensichtlich vernachlässigt werden ... Sie muß Autorität und Freiheit in Einklang bringen, ihre Einheit in der Zusammenarbeit aller Menschen für das Allgemeinwohl und im gegenseitigen Vertrauen zwischen allen Menschen und gesellschaftlichen Klassen finden; ihr Zweck ist es, alle Dinge in Jesus Christus zu stärken (ibid., S. 78).

Das könnte man für eine Skizze zu den Enzykliken *Mater et Magistra* und *Pacem in Terris* von Papst Johannes halten.

Aber Angelo, obwohl «Schatten des Bischofs», hatte seine eigene unabhängige Existenz. Seine Beiträge für *l'Eco di Bergamo* schliffen seinen Stil und gaben ihm einen Blick für das Zeitgeschehen. Sie brachten ihn auch in Berührung mit Graf Giovanni Grosoli, der eine Kette von «christlich-demokratischen» Zeitungen leitete. Im Oktober 1905 abonnierte er eine davon, *Il Momento* aus Turin. Im Juni 1905 hatte Pius X. mit seiner Enzyklika *Fermo Proposito* die Katholiken von dem *non expedit* entbunden, ihnen also erlaubt, bei den Wahlen im November ihre Stimme abzugeben, wo immer kirchliche Interessen es verlangten. Als italienische Katholiken wieder ins politische Leben Italiens eintraten, wurde die Rolle der katholischen Presse wichtiger denn je. Pius X. war ein begieriger Zeitungsleser, prüfte Artikel auf ihre Orthodoxie hin und war sich nicht zu schade, von ihm selbst oder von seinem Privatsekretär Giambattista Bressan geschriebene Texte «einzuschleusen». Da Pius die *Opera dei Congressi* unterdrückt hatte, schätzte er Grosoli, deren letzten Präsidenten, nicht sonderlich und goß Spott und Hohn über die christliche Demokratie aus. Radini Tedeschi wurde über den gleichen Kamm geschoren.

Pius X. bevorzugte Zeitungen wie *Riscossa,* die seit 1890 in Mailand von drei Brüdern, den Priestern Andrea, Gottardo und Jacopo Scotton, herausgegeben wurde. Sie war das Organ der «Unnachgiebigen». Ihr stolzes Motto war *Frangar, non flectar.* Sie wollten lieber zerbrechen, als sich den Stürmen des Wandels zu beugen. Don Roncalli lehnte diese Haltung ab und wandelte das Motto ab in *Flectar, non frangar* (Ich will mich beugen, aber nicht zerbrechen, *Letture,* S. 397). Aber 1906 hatten die «Unnachgiebigen» das Sagen, im Vertrauen darauf, daß sie die Unterstützung des Papstes besaßen. Sie spezialisierten sich auf Angriffe gegen den «Modernismus» in der Lombardei. Es gab gewisse Beweise, daß ihre Beschuldigungen nicht ganz unbegründet waren. 1906 bereiste der französische Protestant Paul Sabatier Oberitalien und stellte fest, daß Alfred Loisy in Turin, Novara und Bergamo sehr bekannt war. Er schrieb an Loisy: «Sie wissen, daß unsere Freunde in Mailand eine Zeitschrift gründen wollen, eine Art italienischen *Demain,* genannt *Rinnovimento.* Der arme Pius X. Ich traf auch Fogazzaro, der bei guter körperlicher und geistiger Gesundheit, voller Energie und entschlossen ist, ans Ziel zu kommen» (Loisy, *Mémoires pour servir à l'histoire religieuse de notre temps,* II, S. 476). Fogazzaro war der Autor eines Romans, *Il Santo,* in dem er einen Papst von franziskanischer Einfachheit, der hinaus zu den Menschen geht, geschildert hatte. Obwohl er keineswegs zur Rebellion in der Kirche aufstachelte, hielt man seine reformerischen Folgerungen für subversiv, und 1905 wurde er auf den Index der verbotenen Bücher gesetzt. Aber den Brüdern Scotton war es gleich, wen sie attackierten. Ihre hauptsächliche Zielscheibe am Ort war Kardinal Andrea Carlo Ferrari, der Erzbischof von Mailand.

Don Roncalli lernte Ferrari am 4. September 1905 kennen, und trotz des Altersunterschiedes – Ferrari war fünfundfünfzig, Roncalli vierundzwanzig – und ungleichen Ranges wurden sie Freunde. Ferrari war seit 1894 Erzbischof. Sie trafen sich fast jeden Monat einmal bis zu Ferraris Tod im Februar 1921. Er war genaugenommen kein geistlicher Berater, aber Angelo suchte vor wichtigen Entscheidungen seinen Rat. Ferrari war kein «Modernist» in der Art eines Loisy, aber er war ein «Aussöhnler» in der italienischen Politik, stark beeinflußt von Antonio Rosmini (dessen *Fünf Wunden der Kirche,* einst auf den Index gesetzt, das Brevier des italienischen «liberalen» Katholizismus war). Er glaubte, daß die Kirche nur durch eine Anpassung die dem Christentum entfremdete Arbeiterklasse erreichen könnte, und er ermutigte Theologen, Kleriker und Laien, für die Aussöhnung von Glauben und Bildung zu arbeiten (s. Carlo Snider, *L'Episcopato del Cardinale Andrea Carlo Ferrari,* I, Vicenza 1981). Roncalli beteiligte sich an allen diesen Bestrebungen und blieb Ferrari treu. Der Beweis dafür ist, daß er am 10. Februar 1963, in Gegenwart einer großen Zahl von Pilgern aus der Lombardei, das Dekret unterzeichnete, das den Seligsprechungsprozeß des Kardinals einleitete.

Aber 1906 war es gefährlich, mit Ferrari verbunden zu sein. Pius X. mochte ihn nicht, setzte seine Wachhunde auf ihn an und machte plumpe Witze über die Langweiligkeit seiner Predigten: «Predige nur drauflos, predige nur drauflos, und es würde nicht einmal auffallen, wenn man jedem die Unterhose wegtragen würde» (Snider, S. 361). Pius X. mit seiner «bäuerlichen Schlichtheit» konnte so grob wie ungerecht sein. Der jesuitische Historiker Domenico Mondrone behauptete, eine eingehendere Untersuchung der Beziehung zwischen Pius X. und Ferrari würde zeigen, «wie weit eine gut abgestimmte Verleumdungskampagne das Denken bestimmen und das Urteil eines Heiligen beeinträchtigen kann» (*Civiltà Cattolica,* Juli 1981, S. 159). Das ist viel zu nachsichtig. Wir wissen, daß Roncalli mit diesem Problem beschäftigt war. 1959 las er aufmerksam die historische *Disquisitio* durch, die für die Seligsprechung Pius' X. vorbereitet worden war (Typis Polyglottis Vaticanis, 1950).

Der Kontakt mit Ferrari verhalf ihm am 23. Februar 1906 zu einer wichtigen historischen Entdeckung. Während die Bischöfe das 8. Provinzialkonzil im bischöflichen Palast, Piazza Fontana 2, vorbereiteten, hatten ihre Sekretäre freie Zeit. Don Roncalli schmökerte in der erzbischöflichen Bibliothek, die voller Erinnerungen an Karl Borromäus war. Er schildert, was geschah:

> Plötzlich stachen mir neununddreißig in Pergament gebundene Bände in die Augen, die die Titel trugen: *Archivio Spirituale – Bergamo.* Ich erforschte sie: Ich las sie bei den folgenden Besuchen durch. Was für eine angenehme Überraschung für meinen Geist! Auf so reiche und faszinierende Dokumente zu stoßen, die sich mit der Kirche von Bergamo in der charakteristischsten Periode ihrer religiösen Erneuerung *[rinnovimento]* befassen, unmittelbar nach dem Trienter Konzil, in der heißesten Phase der Gegenreformation (*Atti,* III, S. XXX).

Zwei Fragen fallen einem zu dieser Entdeckung ein, die ein Schatzfund für einen angehenden Historiker war. Warum waren die neununddreißig Bände nicht nebenan in der Ambrosianischen Bibliothek, wo sie gewiß von ihrem unermüdlichen Präfekten Msgr. Achille Ratti, dem zukünftigen Pius XI., katalogisiert worden wären? Und warum waren sie vorher keinem aufgefallen?

Hier ist eine Hypothese. Sie befanden sich in der erzbischöflichen Bibliothek anstatt in der Ambrosiana, weil sie zum persönlichen Archiv der Erzbischöfe von Mailand gehörten. Sie wurden plötzlich «verfügbar» für Don Roncalli, weil Ferrari glaubte, sie würden Licht darauf werfen, wie Karl Borromäus die Reform der Diözese nach dem Trienter Konzil durchgeführt hatte. Pius X. begann, Diözesen zu «reformieren», indem er ihnen Apostolische Visitationen seiner Wahl aufdrängte. Das Borromäus-Archiv zeigte im Gegensatz dazu, daß der verfassungsmäßige Weg zur Reform einer Diözese die äußerst gewissenhafte bischöfliche Visitation aller Pfarrbezirke und Ordenshäuser war, der eine Diözesansynode folgte. Im Sinn des Trienter Konzils war der Bischof, nicht irgendein Eindringling der Römischen Kurie, der geeignete Motor der Reform. «Geschichte», sagte Roncalli gern, «ist der Lehrmeister des Lebens» *(Magistra vitae).* Er zitierte dies am 11. Oktober 1962 in seiner Eröffnungsrede zum Konzil.

Roncalli jedenfalls hatte seine wissenschaftliche Berufung entdeckt: die Herausgabe der neununddreißig Bände des heiligen Karl Borromäus. Er begann im kommenden November, am Seminar von Bergamo Kirchengeschichte zu unterrichten. 1909 setzte Radini Tedeschi eine Kommission von Seminarprofessoren ein, welche die Texte herausgeben sollten. Aber, bemerkte Roncalli scheel, «wie es häufig bei Komitees der Fall ist, fiel die Arbeit fast gänzlich auf eine Person» (*Atti,* III, S. XXXI): auf ihn. Don Pietro Forno half ihm bis zu seinem Tod im Jahre 1938. Das Projekt war eine Lebensaufgabe. Die fünf Bände erschienen 1936, 1937, 1938, 1946 und 1957. Die geduldige, stetige Arbeit paßte zu seinem Temperament. Die Tatsache, daß es regionale Geschichte war, machte sie keineswegs unwichtig. Die italienische Geschichte ist ohnehin größtenteils Regionalgeschichte, und die «Römer» spielen darin eine kleinere Rolle, als Ausländer sich vorstellen. Der bedeutende Kulturhistoriker Arnoldo Momigliano äußerte: «Jede italienische Stadt hat eine Geschichte, in der die Römer nur *eine* Rolle spielten – deutsche Feudalherren und christliche Bischöfe waren nicht weniger wichtig» (*Terza contributo,* S. 151). Gewiß traf dies auf Mailand und Bergamo zu. Diese Arbeit brachte auch mit sich, daß Roncalli das Trienter Konzil nicht als antiprotestantisches Wortgefecht sah, sondern als ein Reformkonzil in einer Welt, die er gut kannte. Wenn er hinter Radini Tedeschi auf seinen bischöflichen Besuchen in den Gemeinden hertrottete, das Notizbuch in der Hand, lebte er die Pastoralvisitationen von Karl Borromäus nach.

Im September und Oktober 1906 fand eine Wallfahrt ins Heilige Land statt. Es war keine Vergnügungsreise wie im Jet-Zeitalter mit Vier-Sterne-Hotels. Ein großer Teil davon wurde auf Pferderücken zurückgelegt. In Tiberias machten einige freundliche Araber mit ihrer Begrüßungssalve von Flintenschüssen das Pferd eines Mitpilgers scheu. Es bäumte sich auf und warf seinen Reiter ab. Die Straße zwischen Nazareth und Kana war nicht mehr als ein staubiger Pfad. Roncalli schrieb ziemlich sarkastisch in einer seiner regelmäßigen Depeschen an *l'Eco di Bergamo:* «Aber wir sind hier unter den Türken, vergessen Sie das nicht, und obgleich die türkische Regierung alles über Erpressung und unglaubliche Ungerechtigkeit weiß, versteht sie nichts von Straßen» (Elliott, S. 52). Er würde dreißig Jahre später sehr viel mehr an türkischen Straßen kennenlernen.

Aber Roncallis Bericht über die Wallfahrt beschränkte sich nicht auf Reiseschilderungen. Die Exerzitien hatten ihn gelehrt, sich im Geiste die Orte vor Augen zu führen, an denen Jesus gelebt hatte. Es war der erste Schritt zur Kontemplation. Jetzt sah er sie in Wirklichkeit. Er war bewegt, und das wirkte sich auf seinen Stil aus. Sie waren eines Morgens um 4.30 Uhr auf, um mit einem Boot über den See Genezareth zu fahren:

> Ich werde nie die Verzauberung, den Herzensfrieden, den geistigen Genuß vergessen, die ich an diesem Morgen erlebte, als wir über dieses Wasser glitten. Nach und nach, während unser kleines Boot auf den See hinausfuhr, färbte das erste Licht der Dämmerung das Wasser, die Häuser und dann die Hügel um uns herum. Wir sprachen nicht, aber unsere Herzen waren bewegt. Es war, als könnten wir Jesus sehen, der diesen See in Petri Boot überquerte. Jesus stand vor uns, und wir konnten ihn

sehen; so unwürdig wir auch waren, fuhren wir ihm entgegen, und unser Gebet, war es auch still, war beredt und spontan ... Als wir an das Ufer kamen, ging die Sonne auf (Elliott, S. 53).

Christologische Kontroversen tobten in Europa. Das Heilige Offizium exzerpierte bereits Behauptungen aus den Werken Loisys als Vorbereitung auf das Dekret *Lamentabili*. Einer der verurteilten Irrtümer: «Es darf als gegeben angenommen werden, daß der Christus, den die Geschichte zeigt, weit unter dem Christus steht, der Gegenstand des Glaubens ist» (DS, 3429). Roncallis Pilgerfahrt ins Heilige Land trug dazu bei, ihn vor der (später von Rudolf Bultmann entwikkelten) verderblichen Trennung zwischen dem «Jesus der Geschichte» und dem «Jesus des Glaubens» zu schützen.

In Jerusalem schlug er einen ökumenischen Ton an. «Das verwirrende Durcheinander von Menschen, Gegenständen, Sprachen, Riten und Religionen, die die Kirche des Heiligen Grabes umgeben», löste bei ihm «schmerzliches Staunen» aus. Er betete für den Tag, an dem «die getrennten Brüder» wieder vereint wären (Dreyfus, S. 47). Aber dieses Zwischenspiel war bald vorbei. Das neue akademische Jahr fing an, und er mußte am Seminar Kirchengeschichte unterrichten.

Don Roncalli hätte kaum zu einer ungünstigeren Zeit beginnen können, dieses Fach zu lehren, als im November 1906. Geschichte war alles andere als ein stiller Hain der Akademie, in dem verstaubte Gelehrte noch verstaubtere Abhandlungen über Themen austauschten, die nur sie selbst betrafen – Geschichte stand im Kreuzfeuer der zeitgenössischen philosophischen Diskussion. Die erste Frage war: Ist Gott in der Geschichte der Menschheit tätig (manchmal in die Form gebracht: Gibt es ein übernatürliches Element in der Geschichte?)? Jeder, der die beiden Fragen mit «nein» beantwortete, leugnete die Möglichkeit göttlicher Offenbarung, die in der Zeit geschieht («gelitten unter Pontius Pilatus»), und erklärte sich zum Agnostiker. Die schwierigere Fragestellung kam danach: Wie *weiß* man, daß Gott in der Geschichte wirkt? Oder: Ist dieses göttliche Wirken dem kritischen Handwerkszeug des Historikers zugänglich?

Alfred Loisy soll gesagt haben, daß «Gott kein Akteur in der Geschichte der Menschheit» sei, eine Äußerung, die, gelinde gesagt, doppeldeutig ist. Der französische Historiker Louis Marie Olivier Duchesne, Direktor der Ecole Française in Rom seit 1895, schrieb an einer *Geschichte der frühen Kirche*. Er wurde später beschuldigt, «die übernatürliche Dimension der Geschichte zu verneinen», und wurde auf den Index gesetzt. Ein Teil von Duchesnes «Zweifel» war methodischer Art: Er wollte die Geschichte nicht drängen, mehr zu sagen, als sie sagen konnte. Daß für den Historiker der Grat zwischen Überleben und Verurteilung schmal war, wird durch die Tatsache beleuchtet, daß Benigni 1906 Duchesnes ersten Band rückhaltlos lobte: «Wir brauchen nicht auf die italienische Übersetzung zu warten, um das Werk allen Universitäts- und Seminarbibliotheken sowie der gebildeten Geistlichkeit zu empfehlen, die in Duchesnes jüngster Arbeit eine Synthese findet, die Wissenschaft und Orthodoxie verbindet, zwei Eigenschaften, die heutzutage nicht leicht beisammen gefunden werden» (Poulat, *Catholicisme,* S. 219). Don Roncallis Ziel war genau dieses: Wissenschaft und Rechtgläubigkeit zu verbinden. Die Schwierigkeit dieses Vorhabens bestand zu jenem Zeitpunkt darin, daß historische Wissenschaft für «kritisch» gehalten wurde, während Rechtgläubigkeit häufig «unkritisch» war: Aufklärung stand gegen Obskurantismus.

Um jenes Scheindilemma zu überwinden, suchte Don Roncalli ein «Modell» historischen Schreibens, in dem Wissenschaft und Rechtgläubigkeit als versöhnt erschienen. Er studierte die *Annali* von Cesare Baronius, einem Oratorianer, Freund des heiligen Filippo Neri und Begründer der modernen Kirchengeschichte. Er übertrieb nicht die Bedeutung von Baronius, wie das folgende Urteil Momiglianos zeigt:

> Vom 16. bis 18. Jahrhundert wurde Kirchengeschichte (besonders der frühen Kirche) mit einer viel größeren Entfaltung von Gelehrsamkeit, mit viel mehr Aufmerksamkeit für die sorgfältige Analyse der Zeugnisse als jede andere Art der Geschichte behandelt. Es gibt kein Werk der profanen Geschichte, das mit den Magdeburger Zenturien und den *Annali* von Baronius vergleichbar ist (*Terzo contributo,* S. 101).

Moderne weltliche Geschichte (einschließlich Edward Gibbon) kommt von der Kirchengeschichte her.

Roncalli lernte von Baronius, daß der Historiker, neben der geduldigen Plackerei des Archivars, der unumgänglich mit heiklen Details befaßt ist, auch eine Vision des Ganzen haben muß. Als Historiograph schreibend zeigt er, daß Baronius «die übernatürliche Dimension» der Geschichte ohne Verlust intellektueller Ehrlichkeit berücksichtigt:

> In seiner Art, die Tatsachen vom Geistigen her zu betrachten, hat er es verstanden, auch die verstreuten Fäden der Profangeschichte in einer Einheit zu sammeln und ihre wundervolle Hinordnung auf den Triumph der höchsten, die Weltgeschichte beherrschenden Idee aufzudecken: das Wirken der Vorsehung, die alle einzelnen Tatbestände zum Sieg der Gottesstadt, der Kirche, zusammenlaufen läßt. Darum nehmen die

> Annalen zwischen Augustinus' *De Civitate Dei* (413 und 417) und dem *Discours sur l'Histoire Universelle* (1681) Bossuets ihren Ehrenplatz ein. Sie überragen weit die zeitgenössischen Werke Guicciardinis und Machiavellis und wurden in dieser Hinsicht vielleicht einzig von den *Principii di una Scienza Nova* (1725–1730) des Giovanni Battista Vico übertroffen, wenn auch dessen Werk nicht wenige und nicht unbedeutende Dunkelheiten aufweist. Hier ergibt sich, wie man sieht, ein ganz neues und erfolgversprechendes Gebiet der Forschungen über Baronius und über seine Berührungen mit anderen Historikern seiner Zeit (*Linee,* S. 68).

Roncalli kam mit dem im letzten Satz stillschweigend angekündigten Projekt niemals voran. Aber er blieb seiner zentralen Erkenntnis treu: Die «christliche Idee», die ein wenig in der Art von Hegels Geist wirkt, vollendet sich in der Geschichte der Menschheit, nicht ohne Auf und Ab, nicht ohne menschliches Zutun (denn an Roncallis Sicht der Geschichte ist nichts Deterministisches). Die «Propheten der Finsternis», die zu Beginn des Zweiten Vatikanischen Konzils gerügt werden, «benehmen sich, als hätten sie nichts aus der Geschichte gelernt . . . Sie benehmen sich, als wäre zur Zeit der früheren Konzilien die *christliche Idee* voll bestätigt gewesen» (Abbott, S. 712). Roncallis Versuch, «den Schimmer von Bedingtheit auf der Oberfläche der Geschichte zu durchdringen» (Arnold Toynbee), hatte entscheidenden Einfluß auf seine Sicht der modernen Welt; denn wenn Gott in der Geschichte der Menschheit noch am Werk ist und alle Geschichte *Heilsgeschichte* ist, dann müßte diese Anwesenheit in den «Zeichen der Zeit» zu entdecken sein.
Das war jedoch keine Ansicht von Geschichte, die am Hof Pius' X. in Mode war oder auch nur verstanden wurde. Dort glaubte man, die moderne Welt sei voller Fehler. Pius ging am 17. April 1907 mit einer Allokution, die gegen «religiösen Neoreformismus» gerichtet war, zum Gegenangriff über. Überall in der Kirche sind Rebellen, erklärte Pius, die in bezug auf die Entwicklung des Dogmas, auf die Notwendigkeit, zum reinen Evangelium ohne theologische Erläuterungen und konziliare Definitionen zurückzukehren, auf eine Emanzipation von der Kirche, wenn auch nicht so offen, daß sie die Exkommunizierung riskieren, und schließlich in bezug auf die Notwendigkeit einer Anpassung an die Zeiten «ungeheuerliche Fehler bekennen und in raffinierter Form ausstreuen». Zusammengenommen stellen diese Fehler «keine Häresie dar, sondern ein Kompendium und das Gift sämtlicher Häresien» (s. Daly, S. 191). Die Attacke nahm an Schärfe zu. Am 3. Juli 1907 führte das Dekret *Lamentabili* fünfundsechzig Fehler auf, ohne Namen zu nennen (obwohl dreiundfünfzig aus Loi-

sys Werk stammten). Es war schwierig, in der Tat sogar unmöglich, einen positiven Inhalt aus den *Anathemata* zu ziehen, die in eine negative Form gegossen waren. Fehler 65 zum Beispiel war: «Der heutige Katholizismus verträgt sich nicht mit der wahren Wissenschaft, wenn er nicht umgestaltet wird in ein undogmatisches Christentum, d.h. in einen weitgehenden und freisinnigen Protestantismus.» Ließ das Raum für andere Versuche, den «modernen Katholizismus» mit «wahrer Wissenschaft» auszusöhnen, die nicht unter diesen offenkundigen Fehler fielen? Die Antwort war keineswegs klar. Aber es war eine Atmosphäre von Angst und Mißtrauen erzeugt worden, in der die Überzeugung herrschte, daß «Fehler» allgegenwärtig und bedrohlich wären.

Aber *Lamentabili* war nur Geplänkel verglichen mit der Enzyklika *Pascendi,* die am 8. September 1907 erschien (AAS, 40, 1907, S. 593–650). Sie fungierte als Syllabus der Irrtümer für das frühe 20. Jahrhundert. Man könnte sagen, daß sie den «Modernismus» als System erfand, um ihn besser verurteilen zu können. *Pascendi* gab das in der Einleitung zu: «Da es eine Taktik der Modernisten ist – so nennt man sie allgemein und mit Recht –, in ihrer in Wahrheit sehr hinterlistigen Taktik ihre Lehren niemals methodisch und in ihrer Gesamtheit auseinanderzusetzen, sondern sie gewissermaßen zu zerstückeln und dahin und dorthin zu zerstreuen, was dazu führt, dieselben als unbestimmt anzusehen, während doch ihre Ideen im Gegenteil vollständig fest umgrenzt und ständig sind ...» (s. Daly, S. 195). Der Autor von *Pascendi* (in Wirklichkeit Pater Joseph Lemius OMI, der nach den von Merry del Val übermittelten Weisungen Pius' X. arbeitete) maßt sich einen bemerkenswerten Einblick in die Beweggründe jener an, die er zu vernichten sucht. Er schreibt ihnen eine Synthese zu, die sie bisher noch nicht geleistet hatten, und buchstabiert sie ihnen entgegenkommend vor. Die zwei Irrtümer im Kern des Systems sind der Agnostizismus, definiert als die «Beschränkung der Vernunft auf sichtbare Erscheinungen», und als seine Entsprechung der «Immanentismus». Da die Quelle der Religion nicht außerhalb des Menschen oder in der objektiven Ordnung gefunden werden kann, muß sie demnach notwendigerweise im Menschen gesucht werden, also in seinen völlig subjektiven Bedürfnissen, Impulsen, Sehnsüchten oder dem sogenannten «religiösen Gefühl». *Pascendi* ließ sich nicht zu einem Disput herab, der versucht hätte, diese Position zu widerlegen. Ihr Autor schien zu glauben, die bloße Beschreibung sei bereits eine ausreichende Zurückweisung.

So geschah es allerdings nicht. «Modernisten» (manche begannen jetzt, das Etikett anzunehmen) erklärten, sie könnten sich in dem angeklagten System nicht wiederfinden. *Pascendi* spräche über irgendeinen anderen, vielleicht einen imaginären Theologen. Sie waren nicht getroffen worden; sie waren nicht einmal gestreift worden (*«Nous ne sommes pas même effleurés»,* schrieb Maurice Blondel; Daly, S. 205). Wo die Enzyklika präzise war, betraf es sie nicht; wo sie vage war, da war sie so pauschal, daß sich überhaupt niemand von ihr verletzt fühlen mußte. Der Modernist, erklärte *Pascendi* selbstsicher, kann in sich «sozusagen mehrere Persönlichkeiten vereinigen und verquicken: den Philosophen, den Gläubigen, den Theologen, den Historiker, den Kritiker, den Apologeten, den Reformator». Es gab kaum einen, der nicht in die eine oder andere Kategorie gehört hätte, aber keiner konnte alle auf sich beziehen. Jeder hatte ein Schlupfloch.

Die Diskussion, wer durch *Pascendi* verurteilt wurde und wer nicht, hätte sehr lange weitergehen können, wenn alle Verdächtigen ihre gekränkte Unschuld beteuert hätten. Aber Pius X. hatte daran gedacht und in die Enzyklika einen *disziplinarischen* Abschnitt von höchster Strenge eingefügt. Er lautete:

> Wer auf die eine oder andere Art sich vom Modernismus angesteckt zeigt, soll ohne weiteres von dem Amte eines Rektors oder eines Professors ausgeschlossen sein; wenn sie ein solches Amt schon innehaben, sollen sie daraus entfernt werden; ebenso wer den Modernismus heimlich oder offen begünstigt, sei es, daß er die Modernisten herausstreicht oder ihre sträfliche Haltung entschuldigt; sei es, daß er die Scholastik, die heiligen Väter, das kirchliche Lehramt tadelt; sei es, daß er der zuständigen kirchlichen Autorität, gleichgültig, wer gerade ihr Träger ist, den Gehorsam verweigert; ebenso wer in Geschichte, Archäologie, Bibelwissenschaft den Modernismus vertritt; ebenso endlich, wer die theologischen Wissenschaften vernachlässigt oder ihnen die weltlichen vorzuziehen scheint.

Pascendi war ein engmaschiges Netz, in dem jeder auf jedem beliebigen gelehrten Feld gefangen werden konnte. Damit diese harte Verfügungen nicht tote Buchstaben blieben, wurden weitere Maßnahmen ergriffen: «Aufsichtsräte» wurden in jeder Diözese eingerichtet, Umberto Benigni wurde von Merry del Val ermuntert, ein geheimes Netz von Informanten zu schaffen, «Apostolische Visitationen» (von Ferrari «Apostolische Vexationen» genannt) begannen in verdächtigen Diözesen. Das betraf in erster Linie Italien, das von Beschlüssen des Vatikans immer unmittelbarer betroffen war.

Im November 1907 wurde verfügt, daß diejenigen, die sich *Pascendi* widersetzten, der Exkommunikation verfallen sollten. Der normale Vorgang der «Rezeption» einer Enzyklika war kurzgeschlossen. Selbst solche Personen, die der Überzeugung waren, einige der wilderen in Umlauf befindlichen Theorien müßten verurteilt werden, mochten gedacht haben, daß *Pascendi* schlecht abgefaßt, unausgegoren und zeitlich falsch plaziert war. War das «Widerspruch»? Die Hexenjagd rückte Bergamo gefährlich nahe. Die Mailänder Zeitschrift *Il Rinnovimento* wurde verdammt und die von Tomaso Gallerati Scotti geführte Reformgruppe aufgelöst (*Utopia,* S. 393). Es ist nicht übertrieben, von einem Terrorregime zu sprechen. Sogar auf «Gedankenverbrechen» (anschaulich in George Orwells *1984* beschrieben) wurde nun Treibjagd gemacht.

In diesem Zusammenhang war es ein spannender Vortrag, den Don Roncalli am Bergamasker Seminar am 4. Dezember 1907 zum Gedenken an den 300. Todestag von Baronius hielt (Text erschienen als: Angelo Roncalli, *Il cardinale Cesare Baronio,* 1961). Er war gerade sechsundzwanzig. Er war erst seit einem Jahr Professor für Kirchengeschichte. Überall waren Stolperdrähte gezogen. Er wußte genau, was auf dem Spiel stand: Eine einzige unklare oder unvorsichtige Äußerung hätte seine Karriere für immer zunichte machen können. Doch er zeigt eine überraschende Gelassenheit. Er spricht wie einer, der sich auf seinem Gebiet ein breites Wissen angelesen hat, der die Zeugnisse objektiv abgewogen hat und fähig ist, sich über strittige Probleme ein eigenes Urteil zu bilden. Sein angesetztes Thema lautete «Glaube und wissenschaftliche Forschung». Obwohl also Baronius als Vorwand diente, war sein eigentliches Thema der Standort der historischen Wissenschaft innerhalb der Kirche im Jahr 1907, nur vier Monate nach *Pascendi.*

Dies war Roncallis bis dahin schönste Stunde. Er verteidigte die «historische Kritik» und sprach von dem «wunderbaren Fortschritt, der in den letzten Jahren in der wissenschaftlichen Geschichte gemacht worden ist» (Alberigo, S. 401). Er stellte fest, daß Baronius «ganz zu Recht als Gründer der historischen Kritik begrüßt worden ist». Das war ein geschickter und legitimer Schritt. Er konnte demnach versichern, daß die Kirche die erste auf dem Gebiet der historischen Kritik gewesen war. Dies sei übersehen worden, erklärte er, weil «manche Gelehrte, besonders in Deutschland, glauben, sie hätten ein Wahrheitsmonopol – zum großen Schaden des Glaubens und der katholischen Wahrheit, als ob die Kirche das Licht scheute, das aus den Ergebnissen solcher Kritik leuchten könnte». Aber, fuhr er kühn fort, es war die Kirche, die den Weg zu dieser Art von Forschung bereitet hatte. Die von Baronius begründete Tradition war von Bellarmin, Petavius, Tomassino und den französischen Mauristen fortgesetzt und weiterentwickelt worden (ibid., S. 401). Ihre

Arbeit, fügte er hinzu, hätte «den Akademien Berlins und Wiens» Ehre gemacht.

Nicht zufrieden mit dieser Verteidigung der «historischen Kritik», wich er von seiner gewohnten Art ab und verwendete das jetzt verdächtige Wort von der «Erneuerung» *(rinnovimento).* Er zog einen Vergleich zwischen dem späten 16. Jahrhundert und dem frühen 20. Jahrhundert und stellte klar, daß er die «allgemeine Erneuerung katholischer Wissenschaft», wie Baronius sie gefördert hatte, immer noch auf der Tagesordnung sah. Es war ebendiese Fähigkeit zur «Erneuerung», die Baronius zu einem «Mann seiner Zeit» machte, zu einem «modernen Menschen, würde man heute sagen, während er doch zutiefst die damaligen Bedürfnisse der Kirche und der Gesellschaft erahnte» (*Linee,* S. 67). Das reichte völlig aus, um das Interesse der Denunzianten zu wecken, die, wie er wußte, irgendwo unter seinen Zuhörern saßen.

So warf er ihnen, dialektisch, einen «Brocken Fleisch» vor. Er redete eindeutig über den «Modernismus», allerdings ohne ihn tatsächlich zu benennen. Er brauchte es nicht. Am Bergamasker Seminar im Dezember 1907 wußte jeder sehr genau, was er meinte:

> Im Preisgeben dieser hohen Glaubensüberzeugungen, so scheint mir, ist einer der Hauptfaktoren jener sonderbaren Denkströmungen zu suchen, die bis vor kurzem das katholische Gewissen verwirrt hat und es auch heute noch ernstlich belastet. Von gewissen, bedauernswerten, irregeleiteten Geistern – sie so zu nennen, ist wohl richtig – wurden Kirche und Christentum nach der Richtschnur allzu menschlicher Maßstäbe beurteilt. Als nämlich die unsachgemäße und ungerechte Anwendung der kritischen Ergebnisse des deutschen theologischen Rationalismus auf das Lehramt der Kirche diese in ihrem ewigen Bestand zu erschüttern schien, hat man wahrscheinlich in der guten Absicht, sie zu retten, und infolge eines Phänomens, das ich Angst nenne, zu anderen Systemen Zuflucht genommen, die – seltsame Ironie der Dinge – die Zerstörung jedes echten wissenschaftlichen Verfahrens und den erschreckenden Rückfall in den schlimmsten Subjektivismus bedeuten. Wehe dem Tag, an dem solche Theorien obsiegen sollten (*Linee,* S. 69f.).

Dies konnte als Bestätigung von *Pascendi* im weitesten Sinn betrachtet werden. Aber anders als *Pascendi* erkennt Roncalli die guten Absichten dieser Denker an («in der guten Absicht, sie zu retten») und spricht, als wäre das Problem jetzt glücklich gelöst («die *bis vor kurzem* das katholische Gewissen verwirrt hat»). *Pascendi* dagegen schreibt den Modernisten Motive der Eitelkeit und des Stolzes zu und bezeichnete sie als eine allgegenwärtige und heimtückische Bedrohung.

Don Roncalli distanzierte sich noch dazu auf eine andere Art von Pascendi. Die Enzyklika hatte den Modernismus als eine organisierte Verschwörung von beinahe teuflischer Verschlagenheit hingestellt; Roncalli, der eher betrübt als zornig schreibt, stellt ihn mehr als einen einzelnen Strang der Entwicklung westeuropäischen Denkens dar:

> Die merkwürdige geschichtliche Epoche, die, von der Renaissance der Antike vorbereitet, mit der deutschen Reformation beginnt, hat im anbrechenden 20. Jahrhundert noch nicht ihren Abschluß gefunden. Die Probleme, die damals auf den Gemütern lasteten, die drückenden Sorgen der Kirche in jenen Jahren, sind die gleichen Probleme, dieselben Sorgen – vielleicht noch beunruhigender geworden – der Kirche von heute. Der Empirismus Bacons und seiner Schule, dem man die Methoden der europäischen Wissenschaft des 16. Jahrhunderts aufpfropfte, hat unsere Gelehrten zu den merkwürdigsten Folgerungen gegen das Christentum und der Kirche geführt. Im Namen der exakten Wissenschaften greift man uns Katholiken von allen Seiten an; das wenigste ist noch, wenn man uns als Dunkelmänner bezeichnet, als Gefangene kleinlicher, überholter und sinnloser Formeln (*Linee,* S. 68).

Die von der Geschichte gestellten Fragen, so scheint dies anzudeuten, werden nicht deshalb verschwinden, weil sie zu «Irrtümern» erklärt worden sind.

Don Roncalli hätte nicht so sprechen und die römische Zensur riskieren können, wenn er keine Verbündeten gehabt hätte. Sein erster Verbündeter war sein Bischof, Radini Tedeschi. Aber Radini Tedeschi hatte einen großen Freundeskreis. Dazu gehörte Kardinal Désiré Mercier von Mecheln-Brüssel. Er hatte Bergamo am 4. Mai 1906 besucht, und Don Roncalli hatte ihm die Stadt gezeigt (*Cronologia,* S. 522). Nachdem er fast ein Vierteljahrhundert lang in Löwen eine erneuerte Form des Thomismus gelehrt hatte, war er 1906 aus heiterem Himmel zum Primas von Belgien ernannt worden. Er war allem modernen Denken zugänglich, korrespondierte mit vielen Gelehrten in ganz Europa und fungierte als eine Art geheimer Girozentrale für alle, die glaubten, Verdammungen allein wären nicht der beste Weg, sich mit dem Modernismus auseinanderzusetzen. Zweifelhafter Wissenschaft mußte mit besserer Wissenschaft begegnet werden. In einer Fußnote zu der veröffentlichten Fassung seines Baroniusvortrages zitiert Don Roncalli eine Rede, die Vercier nach diesen Grundsätzen am 8. Dezember 1907 in Löwen gehalten hatte. So tauschten sie Sonderdrucke aus. Privat hatte Mercier keine hohe Meinung von Pius X. 1908 schrieb Wilfrid Ward, einer seiner vielen Briefpartner und Redakteur von *The Dublin Review,* an den Herzog von Norfolk: «(Kardinal Mercier) hält die römische Theologie für ganz unmöglich.

Doch obwohl er mit dem Papst eng befreundet ist, läßt er bei ihm nicht das geringste von dieser Ansicht durchblicken» (*Bishops and Writers,* S. 58). Don Roncallis Verbündeter in Mailand, Kardinal Ferrari, ging an die Öffentlichkeit. In einem Hirtenbrief 1908 rügte er die «Antimodernisten», die er als ebenso schlecht und ebenso «modern» (wobei das Wort nun jede Bedeutung verloren hatte) bezeichnete wie die von ihnen Attackierten: «In gewissen Zeitschriften und Zeitungen geht die Abwehr des Modernismus mit maßlosen Übertreibungen einher. Diese antimodernistischen Eiferer *(zelanti)* entdeckten auf Schritt und Tritt einen Modernismus und schaffen es sogar, Verdacht auf Personen zu lenken, die sehr weit davon entfernt sind» (Tramontin, I, S. 72). Das machte ihn bei Pius X. nicht beliebt. Roncalli verbrachte vom 1. bis 3. Juni 1908 drei Tage bei Bischof Bonomelli in Cremona. Der alte Vulkan war noch nicht erloschen. Er hatte versucht, Kardinal Rampolla zu überzeugen, daß die intellektuelle Krise «nicht mit repressiven und negativen Maßnahmen beantwortet werden sollte», daß die ängstliche Stimmung schlecht für die Wissenschaft und die Kirche wäre und daß «eine aufrichtige und fruchtbare Freiheit» gebraucht würde, wenn katholische Gelehrte vorankommen wollten (Tramontin, I, S. 85f.). Rampolla stimmte zu, hatte aber keine Macht, die Ereignisse zu beeinflussen. Bemerkenswerter noch war es, daß Bonomelli schon 1908 erwartungsvoll einem ökumenischen Konzil entgegensah: «Vielleicht würde ein großes ökumenisches Konzil, das zügig, frei und öffentlich die großen Probleme des religiösen Lebens diskutieren würde, die Aufmerksamkeit der Welt auf die Kirche richten, den Glauben beleben und neue Wege für die Zukunft eröffnen» (ibid., S. 86). Fast genau fünfzig Jahre später griff Roncalli die Gedanken Bonomellis in fast gleichlautenden Worten auf.
Einer der ersten Leidtragenden von *Pascendi* war Giacomo Della Chiesa, der zukünftige Benedikt XV. Er arbeitete im Staatssekretariat. Sein Hauptvergehen war, daß er mit Kardinal Rampolla befreundet blieb. Merry del Val sagte ihm kurz und bündig, dies wäre «schlechte Diplomatie» seinerseits, und Della Chiesa wurde als Erzbischof nach Bologna verbannt. Schüchtern und von wenig einnehmender Erscheinung, empfand er die antiklerikale Atmosphäre Bolognas als Strapaze, und der Papst weigerte sich, ihm den Kardinalshut zu gewähren, der normalerweise mit der Ernennung verbunden war. Pius erbarmte sich erst im Frühjahr 1914 (s. Trevor, S. 71f.). Im Juni 1908 fand eine «Apostolische Visitation» des Bergamasker Seminars und im Juli und August eine weitere der ganzen Diözese statt. Don Giuseppe Moioli, der Professor für Neues Testament, wurde an die Luft gesetzt. Die anderen, einschließlich Roncalli, überlebten; aber es

wurde ihnen ungemütlich deutlich, daß es Spione unter ihnen gab. Einer davon (was sie allerdings damals vielleicht nicht wußten) war Msgr. Giovanni Mazzoleni, ein Domherr, der regelmäßig an seinen alten Freund aus Seminarzeiten schrieb, an Kardinal Gaetano De Lai, inzwischen Leiter der allmächtigen Konsistorialkongregation (die sich mit der Ernennung der Bischöfe befaßte und die Verwaltung der Diözesen überwachte). Mazzolenis Beute an Modernisten war mager. Er konzentrierte sich auf Äußerungen von «sozialem Modernismus», womit er eine übertriebene Zuneigung zu der jetzt in Verruf geratenen «christlichen Demokratie» meinte. Er konnte nicht mehr tun, als über den Aufenthaltsraum des Lehrpersonals am Seminar zu berichten. Die Priester lesen Zeitungen mit einer «modernisierenden Tendenz». Er hat verräterische Bemerkungen gehört wie: «Die ‹Römische Frage› ist eindeutig *dépassé*», «Der Vatikan taumelt nur vorwärts und weiß nicht, was er tun soll» und «Ein anderer Papst würde sich nicht so verhalten» (*Disquisitio,* S. 172). Keine von diesen Äußerungen war besonders empörend, und im nachhinein können wir sagen, daß sie alle zutrafen. Aber zu jener Zeit waren sie gefährlich, und Mazzoleni befand sie für würdig, gemeldet zu werden.
Er berichtete auch, manche würden versuchen, Pius X. damit zu entschuldigen, daß seine Ratgeber ohne seine Vollmacht handelten. «Es ist alles der Fehler von Merry del Val», war die verbreitetste Bemerkung, aber auch De Lai, Kardinal Vives y Tuto oder «die Jesuiten» wurden manchmal als Sündenböcke beschworen (ibid.). Als sei er solcher Streitereien überdrüssig, beschäftigte sich Don Roncalli mit dem Borromäus-Archiv, und im Oktober 1908 besuchte er auf der Suche nach Dokumenten zum erstenmal Venedig. Doch am 18. November 1908 hatte er eine Gelegenheit, Pius X. zu treffen und selbst zu sehen, wie besessen der Papst von seiner Antimodernistenkampagne war. Es hätte eine fröhliche Gelegenheit sein sollen. Radini Tedeschi leitete eine Delegation aus Bergamo, die Pius zum 50. Jahrestag seiner Priesterweihe gratulieren wollte. Don Roncalli trug die Kassette, die ihre Spende von 25 100 Lire in Goldmünzen enthielt. Er vergaß nie den Eindruck, den der Papst auf ihn machte: «Nach der Huldigungsansprache redete Pius X. mit solcher Angst über die gefährlichen Zeiten, die wir durchlebten, und von den heimtückischen Fallen, die der Böse dem guten Glauben der Katholiken stellt, daß er völlig vergaß, sich für unser Geschenk zu bedanken» (*Letture,* S. 272f.). Als Roncalli das berichtete, war er bereits selbst Papst, und Pius X. war heiliggesprochen worden. So hat sein Kommentar über den undankbaren Papst besonderes Gewicht: «Gewiß

heilig, wenn auch nicht ganz vollkommen, ließ er sich doch von Sorgen überwältigen und zeigte sich so ängstlich» (ibid.).

Radini Tedeschis Optimismus dagegen war nicht gebrochen. Er hatte die Hoffnung nicht aufgegeben, eine theologisch gebildetere Geistlichkeit heranzuziehen. Im Januar 1909 gründete er *La vita diocesana,* in bewußter Anlehnung an Merciers *La vie diocésaine.* Obwohl sein Freund vom Römischen Seminar, Guglielmo Carozzi, dem Namen nach der Herausgeber war, schrieb Roncalli einen großen Teil. 1953 erklärte er, daß «die meisten ungezeichneten Artikel dem bescheidenen Autor dieser Zeilen zugeschrieben werden können» (*Lettere,* S. 498).

Im Herbst 1909 traten achthundert Arbeiter einer Textilfabrik in Ranica vor den Toren Bergamos in den Streik. Sie hatten eine Gewerkschaft unter dem Namen «Arbeiterliga» gegründet. Die Firmenleitung antwortete damit, daß sie den ersten Gewerkschaftsfunktionär feuerte und die Fabrik auf Kurzarbeit setzte. Ziel des Streiks war, seine Wiedereinstellung und einen garantierten «Anstellungsvertrag» für die Zukunft zu erreichen. Der Aufstand begann am 21. September 1909. Es war sehr wenig in den Gewerkschaftskassen. Nach einem Monat rief *l'Eco di Bergamo* einen Fonds zur Unterstützung der Streikenden ins Leben. Radini Tedeschi leistete den ersten Beitrag von fünfhundert Lire. Die rechte Presse war erbost. «Das Almosen des Bischofs», wetterte *Perserveranza,* «ist eine Weihung des Streiks, ein Segen, der einer offen sozialistischen Sache erteilt wird» (Dreyfus, S. 50). Auf Pius X. wurde Druck ausgeübt, von diesem für die Rolle eines «roten Bischofs» nun doch recht ungeeigneten Kandidaten abzurücken.

Radini Tedeschi hatte keine andere Wahl, als den Streik zu unterstützen. Sein gesamtes Konzept der Katholischen Aktion stand auf dem Spiel. 1906 hatte er das Arbeitsbüro (*Ufficio del Lavoro*) gegründet, das als Gewerkschaftsrat für die Region Bergamo fungierte (*Mein Bischof, S. 85).* Es wurde mit einigem Aufwand im Theater Rubini ins Leben gerufen. Seinen Sitz hatte es im Haus des Volkes (*Casa del Popolo*), wo Roncalli volkstümliche Vorträge über Kirchengeschichte hielt. Das Recht der Arbeiter, sich in Gewerkschaften zusammenzuschließen, war eindeutig in der Enzyklika Leos XIII. *Rerum Novarum* bestätigt worden. So stand Radini Tedeschis Unterstützung der Streikenden von Ranica in Einklang mit allem, was er bisher versucht hatte.

Don Roncalli beeilte sich, ihn mit seinem Artikel in *La vita diocesana* im November 1909 zu verteidigen (Text in *Pasqua,* 1976, S. 17f.). Es handelt sich dabei um eine kleine Abhandlung über das Recht und die Pflicht der Kirche, «sich in die Politik einzumischen». «Der Priester, der im Licht der Lehren des Evangeliums lebt», schrieb er, «könne nicht auf der anderen Straßenseite vorbeigehen.» Der Bischof ging voran, denn er hatte «eine Pflicht zur Nächstenliebe gegenüber den Schwachen, die für den Triumph der Gerechtigkeit litten». Die Gemeindepfarrer hatten sich angeschlossen und «unterstützten die Sache der Arbeiter bis zum Ende». Roncalli brandmarkt die «liberale» Ansicht, daß «ein Bischof sich nicht die Sache der Unterdrückten zu eigen machen sollte», als verstaubt. Damit übersähe man, daß im Evangelium «Christi *besondere Liebe* den Entrechteten, den Schwachen und den Bedrückten» gilt. Hier deutet er schon eines der Hauptthemen der «Theologie der Befreiung» in den Jahren nach 1970 an. Und er beugt dem Einwand vor, daß ein Priester das Werkzeug des Friedens und der Versöhnung sein solle, indem er sagt: Ja – aber nicht um jeden Preis und gewiß nicht um den Preis der Ungerechtigkeit.

Man darf sicher sein, daß der unermüdliche Mazzoleni ein Exemplar dieses Artikels an Kardinal De Lai schickte. Es ging in die mit «Roncalli» bezeichnete Akte ein. Gleich daneben, im Geist wie im Alphabet, kam die Akte «Radini Tedeschi». Selbst die taktvollen Umschreibungen in «Mein Bischof» können nicht verbergen, daß etwas große Sorgen bereitete: «Allmählich, als Folge verschiedener Vorfälle, vermutete er (Radini Tedeschi), daß er beim Papst nicht mehr die Wertschätzung früherer Jahre genoß, und deshalb fürchtete er, daß den Berichten von Informanten mehr Glauben geschenkt werde als seinen eigenen, die den wahren Zustand der Diözese beschrieben» (*Mein Bischof,* S. 133f.).

Obwohl er Bescheid wußte, trieb Radini Tedeschi seine Pläne energisch weiter. Vom 26. bis 28. April 1910 fand im Dom eine Diözesansynode statt, die erste seit 1724. Don Roncalli war ihr stellvertretender Sekretär. Er hielt die Synode für den Höhepunkt von Radini Tedeschis Episkopat, «die Ernte der ersten fünf Jahre seiner Arbeit und die Anfeuerung für die nun folgenden fünf Jahre» (*Mein Bischof,* S. 95). Es war keine demokratische Angelegenheit, und es gab keine Debatten: Das wäre auch in jedem Fall unter dem Pontifikat Pius' X. unmöglich gewesen, wo Versammlungen des Klerus verboten waren. Es entsprach Radini Tedeschis Charakter – er war in Piacenza Professor für Kirchenrecht gewesen –, die Dekrete der Synode eigenhändig im voraus zu verfassen. Die Funktion der Synode war, die fünf Abschnitte zu billigen, die sich mit dem Glauben, den Sakramenten, dem Gottesdienst, der klerikalen Disziplin und der Moral befaßten. Radini Tedeschi hielt vier Predigten im Verlauf der Synode, um ihre

Lehren klarzumachen. Don Roncalli meinte, es wäre ein großer Erfolg gewesen.

> Jedes Dekret, das vielleicht zuerst auf Kritik oder Ablehnung gestoßen war, fand jetzt seinen rechten Platz im kirchlichen Gesetzbuch der Diözese und wurde als höchst natürlich und nützlich angesehen. So ist es immer in dieser Welt. Neue Maßnahmen sind jenen lästig, die gewisse Opfer bringen müssen, um ihnen zu gehorchen, aber sind sie erst einmal akzeptiert, herrscht immer allgemeine Überraschung, daß man nicht schon vorher an sie gedacht hat (*Mein Bischof,* S. 93).

Es sollte vielleicht ergänzt werden, daß es zu dieser Zeit kein systematisches kirchliches Gesetzbuch gab; Radini Tedeschis Entscheidung füllte also ein Defizit aus. Roncalli berief Synoden als Patriarch von Venedig und als Bischof von Rom ein. Das «Konzil» war lediglich eine Ausdehnung des synodalen Prinzips auf die gesamte Kirche (und wurde tatsächlich auf lateinisch immer *Synodus* genannt).

Ein Dekret der Synode war für Roncalli von besonderem Interesse. Am 3. November 1909 hatte Radini Tedeschi offiziell eine Diözesankongregation gegründet, die «Priester vom Heiligsten Herzen Jesu» genannt wurde. Da die neue Kongregation eng an das Vorbild der Oblaten des heiligen Karl Borromäus angelehnt war und Roncalli langsam eine Autorität in bezug auf ihn wurde, war er an der vorbereitenden Arbeit beteiligt. Das Dekret der Synode definierte die Ziele:

> Der allgemeine Zweck dieser Einrichtung wird es sein, Priester heranzubilden und zu besitzen, die sich mit besonderer Hingabe ihrer eigenen Vervollkommnung widmen und eine besondere Hilfe für den Bischof bei der Erfüllung seines Hirtenamtes sein werden, indem sie sich wie die Oblaten des heiligen Karl Borromäus in der Diözese Mailand streng an ihn binden. Der eigentliche Zweck wird sein, dem Bischof bei Botschaften an die Menschen, bei den Geistlichen Übungen für Klerus und Laien zu helfen, unter besonderer Betonung der christlichen Erziehung der Jugend in Seminaren, Schulen, Oratorien und ähnlichen ... (*Pastore,* S. 38).

Das Dekret schließt zusammenfassend, daß die Priester vom Heiligsten Herzen Jesu «alle anderen Ämter erfüllen werden, mit denen sie zu betrauen der Bischof für richtig hält».

Don Roncalli dachte daran, sich der neuen Einrichtung sofort anzuschließen. Das würde keine neuen Verpflichtungen mit sich bringen, aber «ein neuer und fortgesetzter Anruf sein, alle meine alten Vorsätze in die Tat umzusetzen, mich wirklich um Heiligkeit zu bemühen» (*Tagebuch,* S. 204). Aber auch das ganze Jahr 1910, als er eine

Menge Arbeit im Zusammenhang mit dem 300. Jahrestag der Heiligsprechung von Karl Borromäus hatte, zögerte er vor dem offiziellen Beitritt. Er deutete später eine mögliche Erklärung an:

> Ich gestehe: Einige Schwierigkeiten hätten mich beinahe davon abgehalten. Aber diese Schwierigkeiten und menschlichen Rücksichten waren zum größten Teil in der Eigenliebe begründet... Mir liegt nichts am Urteil der Welt, auch nichts an dem der kirchlichen Welt. Der Herr weiß, daß meine Absicht gerade und rein ist (*Tagebuch,* S. 209).

Manche Geistliche hatten vielleicht das Gefühl, die neue Kongregation könnte zu einer Zweiteilung des Klerus in Priester erster und zweiter Klasse führen; andere mögen gedacht haben, daß er, als Sekretär des Bischofs, nicht noch engere Bande zu ihm haben müßte – er war bereits der Lieblingssohn. Aber wir wissen es nicht.

Was wir wissen, ist, daß er während seiner Exerzitien von 1910, die er zusammen mit dem Bischof in Martinengo hielt, das schärfste und konventionellste Urteil über den «Modernismus» fällte, das je aus seiner Feder kam. Wenn wir es neben seinen Baroniusvortrag stellen, ist es verwirrend. Der Herr hatte ihm im Gebet gezeigt, «wie weise, zweckmäßig und gut die päpstlichen Anordnungen sind, die darauf ausgehen, besonders den Klerus vor der Ansteckung durch moderne (sog. modernistische) Irrlehren zu bewahren, die auf heimtückische und verführerische Weise die Fundamente der katholischen Lehre zu untergraben suchen» (*Tagebuch,* S. 205).

Ein gewichtiges Wort nach dem anderen, ein Attribut auf das andere gesetzt (Ansteckung, heimtückisch, verführerisch), sprach er brav die Überzeugung nach, die Pius X. von jedem guten Seminarprofessor wünschte. Der Modernismus war kein intellektuelles Problem, das man debattierte und durch Argumente löste: Es war vielmehr ein moralisches und geistliches Problem, das durch Autorität und Gehorsam zu lösen war. Außerdem war er trotz der Strafmaßnahmen der letzten drei Jahre noch nicht überwunden worden:

> Die schmerzlichen Erfahrungen dieses Jahres, die ich hier und da machen konnte, die ernsten Sorgen des Heiligen Vaters und die Worte unserer Oberhirten haben mich überzeugt, *ohne daß ich noch weiteres anführen müßte,* daß dieser Wind des Modernismus recht kräftig weht und weiter greift, als es auf den ersten Blick scheint; und es kann ganz leicht geschehen, daß er auch denen ins Gesicht fährt und sie betäubt, die anfangs *nur von dem Wunsch getrieben waren, die alten christlichen Tugenden den modernen Bedürfnissen anzupassen.* Manche, auch gute Leute sind den Mißverständnissen zum Opfer gefallen, vielleicht unbewußt (*Tagebuch,* S. 205; Kursive ergänzt).

Was Roncalli hier auf den Altar legte und opferte, war das Ideal der Anpassung und des *aggiornamento,* das sein eigenes ebenso war wie das von Radini Tedeschi, Ferrari, Bonomelli und Mercier. Wie konnte er so gleichgültig sein?

Die Antwort kann man finden, wenn man sich die Daten ansieht. Die Exerzitien fanden vom 2. bis 10. Oktober 1910 statt. Am 1. September war der «Antimodernisteneid» veröffentlicht worden (DS nos. 3537–50). Es war ein grimmig kompromißloser Text. Er ließ der Interpretation keine Hintertürchen. Er mußte von Geistlichen beim Empfang der niederen Weihen, von Amtsinhabern, wenn sie ihr Amt antraten, und von Professoren zu Beginn des akademischen Jahres geleistet werden. Also war Don Roncalli gehalten, ihn im kommenden November zu leisten. Er legte besonderes Gewicht auf die Festigkeit der Lehre («die uns im selben Sinn und derselben Bedeutung von den Aposteln überliefert ist» und «die absolute und unwandelbare Wahrheit, die zuerst von den Aposteln gepredigt wurde»), was der Historiker nicht weniger als der Philosoph oder der Leser von John Henry Newmans *Essay on Development* für schwer annehmbar hielt. Ein Passus versuchte, jede Art von Diskussion in der Kirche ein für allemal zu beenden: «Mit gleichem Respekt unterwerfe ich mich in aufrichtiger Treue den Verurteilungen und allen Vorschriften, die in der Enzyklika *Pascendi* und im Dekret *Lamentabili* enthalten sind, besonders solchen, die sich auf die Geschichte des Dogmas beziehen.» Dies war eine bemerkenswerte Neuerung. Erzbischof Mignot von Albi schrieb:

> Sie organisieren einen weißen Terror ... Wir glaubten bisher, daß es, um ein guter Katholik zu sein, ausreichte, alle Wahrheiten zu glauben, die Gott offenbarte oder die Kirche lehrte ... Es scheint nun, daß mehr notwendig ist, nämlich daß die Kirche uns nicht nur sagt, was geglaubt werden muß, sondern auch *was wir denken sollen* ... Der Papst verlangt eine absolute Zustimmung zu Formeln, die *nicht den Glauben* meinen, wenigstens nicht in allen Teilen, so daß die Autorität *uns bindet,* während *sie selbst sich nicht bindet* (De la Bedoyère, S. 210f.).

Aber Mignot, ein bedeutender Theologe, schrieb privat an Baron von Hügel. Solche Gedanken konnten nicht öffentlich geäußert werden, mit Sicherheit nicht in Italien, ohne daß der Urheber mit der Exkommunikation bestraft wurde. Der «Antimodernisteneid» war als ein Entweder-oder-Ultimatum gedacht, das sich an alle in der Kirche richtete.

In einer derart zugespitzten Lage mußte Don Roncalli es notgedrungen mit dem Papst halten. Als Priester und Professor hatte er keine

Möglichkeit, dem Eid zu entgehen. Er zitiert die Maxime des heiligen Alfons von Liguori: «Der Wille des Papstes ist der Wille Gottes» (*Tagebuch,* S. 207). Aber diese Bemerkung war weniger ultramontan, als sie oberflächlich erschien. Alfons äußerte sich im Zusammenhang mit der Unterdrückung der Jesuiten am 22. Juli 1773. Er war den Jesuiten zugetan, unterzog sich auch den Exerzitien des heiligen Ignatius und war von der Handlungsweise des Papstes Clemens XIV. verwirrt. So könnte dieser Satz vom Willen des Papstes 1910/11 als Ausdruck einer mit Unverständnis verbundenen Hinnahme betrachtet werden («in Tagen der Verwirrung und der Traurigkeit», *Tagebuch,* S. 207). Roncalli spricht vom Modernismus als von einem Wirbelsturm. In einem Wirbelsturm kann man nicht besonders klar sehen. Er verursacht das, was Newman «einen nächtlichen Kampf, wo jeder für sich kämpft und Freund und Feind zusammenstehen» nannte.
In den Klauen des Wirbelsturms hielt Don Roncalli sich am Papsttum und am Glauben der Kirche fest, versuchte aber, diesen Glauben aus dem Streit zwischen «Mittelalterlichen» und «Modernen» zu befreien, indem er betont, daß «die Kirche in sich die ewige Jugend der Wahrheit und Christi birgt, daß sie über allen Zeiten ist» (*Tagebuch,* S. 206). Dieses Thema würde ihm teuer bleiben. Die Kirche beweist ihre ewige Jugendlichkeit durch ihre Fähigkeit zur Erneuerung. Vielleicht war das 1910/11 nicht besonders offensichtlich. Aber fast gleichzeitig sang der französische katholische Dichter Charles Péguy in *Eve*: *«Dieu lui-même jeune ensemble qu'éternel»* (Péguy, S. 711). Im Sommer 1911 kam ein weiterer Apostolischer Visitator in die lombardischen Seminare, Tommaso Boggiani OP. Er war vom 3. bis 5. Juni in Bergamo. Wir wissen nicht, was sein geheimer Bericht enthielt. Aber sein Bericht über Mailand und Kardinal Ferrari wurde 1974 veröffentlicht. Ein Beispiel:

> Soweit es sich um modernistische Ideen oder Ideen, die modernistischen Thesen ähneln, handelt, ist es sicher, daß sie unter der Geistlichkeit weit verbreitet sind, besonders unter den jüngeren Priestern. Der Kardinal kann dies nicht übersehen, aber er bleibt zu tolerant. Eine Folge ist, daß er die Ehrenpräsidentenschaft eines Gymnasialkongresses angenommen hat, der nächsten September in Saronno stattfinden soll, «in diesem Jahr, das den Italienern so teuer ist als das fünfzigjährige Jubiläum unserer Nationalepos», wie der Einladungsbrief es ausdrückt (Tedeschi, *Modernismo,* S. 101f.).

Boggiani schreitet mit atemberaubender Leichtigkeit von einer unbegründeten Verallgemeinerung zu einem banalen und unbedeutenden Beweisstück: Es dürfte schwierig sein, aus *Pascendi* und *Lamentabili* abzuleiten, daß ein italienischer Bischof nicht fünfzig Jahre italienischer Einheit feiern sollte. Der einzige Grund, daß er es erwähnte, war, daß es in die Rubrik der gefährlichen Reden fällt, die man schon aus dem Aufenthaltsraum in Bergamo kennt. Dazu gehört auch, daß «die Römische Frage *dépassé*» sei.

In jenem Herbst 1911 erlebte Don Roncalli aus nächster Nähe in Bergamo, was die Antimodernistenkampagne wirklich bedeutete. Sie war auf der eigenen Türschwelle weniger angenehm, als wenn man sie in der Stille der Exerzitien betrachtete. Die Ursache des Ärgers war ein berühmter Jesuit, Pater Giudo Matiussi, Professor der Theologie an der Mailänder Fakultät und ein Stachel im Fleisch von Kardinal Ferrari. 1902/03 hatte er *Pascendi* vorweggenommen mit einem Artikel, *Il veleno Kantiano* (s. Daly, S. 166), in dem er den Thomismus als einziges wahres Gegenmittel gegen das Gift Immanuel Kants darstellte. Seine zwei Vorträge am Bergamasker Seminar spalteten die ganze Stadt und Diözese in zwei Lager. Das Für und Wider wurde in der Presse diskutiert. Radini Tedeschi bat Don Roncalli um einen privaten Bericht (in *Decimo anniversario,* S. 57ff.). Die Lektüre fügt unserem Verständnis von Roncallis Haltung zum Modernismus weitere Nuancen hinzu.

Er sagt einleitend, «der gute Pater» (ohne ironische Absicht) habe von Anfang an einen schlechten Eindruck gemacht. Er habe seine Zuhörer beleidigt, weil er seine Vorträge nicht vorbereitet habe. Sie seien so unsystematisch gewesen, daß er sich nicht erinnern konnte, was er bei früherer Gelegenheit gesagt habe, und sogar unfähig gewesen war, am Ende eine Zusammenfassung zu geben. Anscheinend habe Matiussi auf seine Improvisationsgabe vertraut. Auf der kurzen Zugfahrt von Mailand nach Bergamo habe er ein paar Gedanken zusammengetragen.

Schlimmer noch war, daß Matiussis durchgehend schroffer und polemischer Ton beleidigend war. Er sah in niemandem etwas Positives. Die Brandmarkung der getarnten Anwesenheit des Modernismus war seine Berufung geworden. Das Ergebnis war eine voreingenommene und verzerrte Sicht des Lebens. «Die Wahrheit und die ganze Wahrheit muß genannt werden», schrieb Roncalli, «aber ich konnte nicht verstehen, warum sie von Blitzen und Donnerschlägen vom Berg Sinai begleitet sein mußten, anstatt von der Ruhe und Heiterkeit eines Jesus am See oder auf dem Berge» (*Decimo anniversario,* S. 58). Er räumt ein, daß dies vielleicht einfach einem Unterschied im Temperament zuzuschreiben sei. Jedoch so sehr er sich anstrengte, konnte er nicht in Matiussis «System eindringen, so groß war der Gegensatz *(repugnanza)* zwischen seinem Charakter und meinem». Matiussi war «zu absolut und einseitig» in seinen Urteilen. Der Erfolg war, daß die Studenten nicht begreifen konnten, wie die Prinzipien, die er erläuterte, «mit anderen Prinzipien, die ebenso wahr von größerer Wichtigkeit für den Katholizismus sind, verbunden werden könnten» (ibid., S. 59). Die «katholische Sache» ist es, wußte Roncalli, «beide Enden der Kette» festzuhalten und einander ergänzende Wahrheiten in kreativer Spannung zueinander stehen zu lassen.

Als ein Beispiel für Matiussis Einseitigkeit zitiert er seine Behandlung des Glaubensaktes. Angelehnt an Billot in dessen *De Ecclesia* (dieselbe Arbeit, die Roncalli als Geschenk von seinen Mitschülern in Bergamo bekommen hatte) argumentierte Matiussi, daß nur die «äußeren Beweise» der Sendung Jesu – Wunder und die Erfüllung der alttestamentlichen Prophezeiungen – wirklich beim Glaubensakt zählten; «innere Beweise» – Berufung auf religiöse Erlebnisse oder Gebet – wurden als «subjektiv» und als Wege zu dem gefürchteten «Immanentismus» abgetan, den angeblich Maurice Blondel vertrat, das derzeitige schwarze Schaf Matiussis. Diese Darstellung des Glaubensaktes ist als «die Apologetik des Roboters» beschrieben worden: «Der Mensch, dem man die geeigneten äußeren Umstände gewährt, ist programmiert zu glauben» (Daly, S. 17). Der Glaubende wird eine passive, träge *tabula rasa*. Dagegen gab Roncalli zu verstehen, daß Theologie eine Art von Geometrie, Glaube der Schluß einer Beweisführung und der Theologe ein vertrockneter Logiker würde, falls alles mit dem Etikett «Erlebnis» Versehene als irrelevant beim Glaubensakt behandelt werden sollte. Hier rettete ihn seine «Spiritualität» vor den einseitigen Auswüchsen des Antimodernismus, denn sie lehrte ihn, seine Erkenntnisse im Gebet zu überprüfen. Für einen neunundzwanzigjährigen Professor an einem Provinzseminar gehörte Mut dazu, das gegen mächtige Theologen des «Establishment» wie Billot und Matiussi zu sagen, auch in einer privaten Notiz. Es zeigte zudem, daß Roncalli die theologischen Probleme, die mit der Antimodernistenkampagne zusammenhingen, deutlich begriff. Er war alles andere als der theologische Einfaltspinsel, den manche sich vorgestellt haben.

Aber erst richtig beleidigend und ungerecht wurde Matiussi in Roncallis Augen durch die Art, mit der er Menschen behandelte. Er rügte Duchesne und konzentrierte sich dabei auf die «Irrtümer in der Art Loisys, die seine Schriften enthalten und die eingestanden worden sind» (*Decimo anniversario,* S. 60). Matiussi war besser als Roncalli über Duchesne informiert. Dessen Verurteilung war schon im Gang. Seine *Geschichte der frühen Kirche* wurde am 12. Januar 1912, nur vier Monate später, auf den Index gesetzt. Matiussis Anspielung auf «ein

Element des Kantianismus bei einem gewissen Prälaten» wurde richtig als Hinweis auf Kardinal Mercier verstanden. Aber am beleidigendsten von allem waren seine abfälligen Bemerkungen über den verstorbenen Leo XIII. und «die jungen Männer der christlichen Demokratie». Das kam in einer Diözese, die in Italien die sozial engagierteste gewesen war, nicht gut an. Roncalli schloß seinen Bericht mit der Hoffnung, daß Matiussi in Zukunft seinen Ton mäßigen, seine unbezweifelbaren Gaben nicht falsch anwenden und so «zu der teuren und edlen Sache, der Bewahrung der katholischen Lehre vor allen Irrtümern» gemäß der Meinung Pius' X. beitragen würde (ibid., S. 61).

Die unbequeme Wahrheit jedoch war, daß Matiussi alles andere als ein herrenloser einsamer Wanderer war, sondern «dem Denken Pius' X.» viel näher stand als Don Roncalli. Die Bergamasker Spitzel begannen, nicht Matiussi, sondern die feindliche Aufnahme, die ihm zuteil geworden war, zu denunzieren. Ein anonymer Geistlicher schrieb als L.F. an den Rektor des Bergamasker Seminars, Matiussis Vorträge hätten «ihm die Augen geöffnet». Sie hätten einen entscheidenden Schlag gegen Duchesne, gegen die sechshundert Mitglieder der Bergamasker Priestervereinigung *(l'Unione)* und gegen «modernistische Mitläufer» *(simpatizzanti modernisti)* überhaupt geführt. «Jetzt habe ich verstanden», schrieb L.F., «wie richtig und notwendig Unnachgiebigkeit in Sachen Prinzip und Orthodoxie ist.» Er schloß: «Haben nicht unsere *dilettanti* ein neues Drama vorbereitet?» (*Decimo anniversario,* S. 55f.). Damit meinte er frische Verurteilungen. Aber L.F. hatte nur eine Nebenrolle.

Sehr viel ernster war Mazzolenis Brief an De Lai bei der Konsistorialkongregation. Er berichtete, daß der Präsident der *Unione* einen «heftigen Protest» gegen Matiussis Vorträge geäußert hatte. Außerdem hatte *L'Eco di Bergamo* gesagt, Matiussi bediente sich einer «unbeherrschten Sprache», als er von Leo XIII. und der christlichen Demokratie sprach (*Decimo anniversario,* S. 56; Brief datiert auf den 28. September 1911). Die Zeitung ging soweit zu sagen, Matiussi habe auf die Seminaristen «einen unheilvollen Eindruck» gemacht. Und der *Bischof hatte überhaupt nicht eingegriffen.* Außerdem berichtete unser Mann in Bergamo, daß der Rektor und die Professoren Roncalli und Biolghini Duchesnes *Geschichte der frühen Kirche* benutzten. Die Fäulnis griff um sich. Nachforschungen in Buchläden in Bergamo ergaben, daß sechsundzwanzig Priester Exemplare von Duchesnes demnächst in italienischer Übersetzung erscheinendem Band bestellt hatten. Mazzolenis letzter Hieb war, daß Duchesne zwar eindeutig einflußreich sei, es aber trotzdem «sehr schwierig sein wird, zur Wahrheit zu gelangen», vermutlich aus dem Grund, weil die Angegriffenen versuchen würden, in Deckung zu gehen (ibid., S. 57). Roncallis Bericht datiert vom nächsten Tag, dem 29. September 1911. Bald führte die Matiussi-Affäre weit über die Diözese Bergamo hinaus zu Kontroversen. *L'Unità Cattolica* in Florenz griff *l'Eco di Bergamo* an, und ihr Herausgeber erhielt einen Dankesbrief von Bressan, dem Sekretär des Papstes. Bressan schrieb am 7. Oktober persönlich an Matiussi:

> No. 1096
> Der Heilige Vater hat zur Kenntnis genommen, was Sie in Ihrem freundlichen Brief vom 3. dieses Monats sagten. Aber auch davon abgesehen war Seine Heiligkeit völlig im Bilde und billigt, was Sie am Bergamasker Seminar sagten; und er ist sehr zufrieden, daß Sie Ihren Finger auf die Wunde legten. Niemand wird wagen, Sie um eine Zurücknahme zu bitten, nicht einmal bezüglich der Frage, ob das, was Sie sagten, «opportun» war oder nicht. Denn die Wahrheit hat das Recht, immer und überall gepredigt zu werden. Das bezieht sich auf *l'Ecos* Kommentare zu Ihren Äußerungen über die Demokratie. Sie können also guten Mutes sein. Seien Sie sicher, daß jeder, wenn er Zeit gehabt hat, darüber nachzudenken, über diesen Aufruhr beschämt sein wird und – so steht zu hoffen – daraus lernen wird. Seine Heiligkeit segnet Sie etc. (*Utopia*, S. 409f.).

Pius X. bekräftigte das am 10. Dezember 1911 mit einem persönlichen Brief an Erzbischof Mistrangelo von Florenz. Er schrieb an ihn, weil *l'Unità Cattolica,* die vom Papst bevorzugte Zeitung, in seiner Diözese erschien. Pius X. tat *l'Eco di Bergamo* als ein unbedeutendes Blatt ab, mit dem kein Staat zu machen sei, und erklärte: «So sehr ich die Geistlichkeit von Bergamo schätze, enthält sie doch eine Menge Spreu *(zamorra),* und in keiner anderen Diözese ist Duchesnes *Geschichte* so verbreitet und gelobt worden» (*Disquisitio,* S. 112 f.). Er griff den Bischof von Bergamo wegen seiner «Mäßigung» an.
Zu diesem Zeitpunkt trat Don Roncalli endlich der Diözesankongregation der Priester vom Heiligsten Herzen Jesu bei. Am 4. November 1911, dem Fest des heiligen Karl Borromäus, beantragte er die Aufnahme. Zwei Tage später leistete er dem Bischof das Gehorsamsgelübde und gelobte, in Armut des Geistes zu leben. Es handelte sich um zeitliche Gelübde. Er erneuerte sie jährlich bis 1917, als sie «ewig» wurden. Als er selbst Bischof wurde, blieb er «Ehrenmitglied» und stand sein Leben lang mit dem Superior in Briefwechsel. Von November 1911 an war Don Roncalli also ein Diözesan-Mönch (s. *Pastore,* S. 43), eine Tatsache, die den meisten seiner Biographen entgangen ist. Er band sich damals zu einem Zeitpunkt an Radini

Tedeschi, als sein Bischof in größten Schwierigkeiten steckte. Radini Tedeschi verbarg seine Sorge: «Dieser Verdacht (daß der Papst ihn nicht schätzte) war wahrhaftig eine Dornenkrone, die ihn zutiefst quälte, obgleich wenige Menschen es merkten und er seinen Schmerz in der Öffentlichkeit zu verbergen wußte» (*Mein Bischof,* S. 134). Unter denen, die von seinem Schmerz wußten, befand sich sein Sekretär.

Sie überstanden das Jahr 1912 jedoch ohne allzu viele Alarmzeichen. «Onkel» Zaverio starb im Mai mit achtundachtzig Jahren. Kardinal Ferrari brachte es fertig, Pater Matiussi SJ aus Mailand zu entfernen; im Vatikan wurde das als weiterer Beweis für Ferraris mangelnde Rechtgläubigkeit gesehen; Matiussi wurde mit Billots Lehrstuhl an der Gregorianischen Universität belohnt. Radini Tedeschis Gesundheitszustand begann Sorgen zu machen; er brauchte längere Ruhepausen. Aber im Sommer ging es ihm so gut, daß er sich auf eine Reise nach München und Wien zu einem Eucharistischen Kongreß begeben konnte. Sie hielten sich in Nuntiaturen auf, und Don Roncalli hatte so seine ersten Kontakte zu vatikanischen Diplomaten, ohne jedes Neidgefühl. In München lernte er Msgr. Giuseppe Pizzardo kennen. Von Wien fuhr er weiter nach Krakau und Budapest, die beide damals zum österreichisch-ungarischen Kaiserreich gehörten.

Während er fort war, versuchte einer von Radini Tedeschis Freunden, Kardinal Maffi aus Pisa, der zwei Jahre lang geschwiegen hatte, sich bei Pius X. gegen die Antimodernistenkampagne zu protestieren. Er schrieb am 31. Juli 1912 vertraulich an Kardinal De Lai:

> Sie (die rechte Presse) beklagen die Tatsache, daß der Papst nicht geliebt wird und man ihm nicht gehorcht, daß der Eifer nachläßt und Pilgerfahrten weniger beliebt sind usw. Aber die Schuldigen sind jene, die versuchen, Liebe mit Schlägen durchzusetzen *[imporre l'amore a bastonate],* die aufrichtige Begeisterung mit Mißtrauen und dem Verdacht des Schwindels erwidern, die ein Monopol auf Rechtgläubigkeit für sich beanspruchen und anderes mehr. Aber genug (*Disquisito,* S. 96).

Dieser scharfsinnige Brief erreichte Pius X. nie. De Lai antwortete, er würde ihn dem Papst nicht zeigen, um seine Gefühle zu schonen. De Lai hatte natürlich recht. «Freundlichkeit ist für Dummköpfe», sagte Pius einmal zu jemandem, der ihn bat, einem vermeintlichen Modernisten gegenüber Mitleid zu zeigen. «Sie wollen mit Öl, Seife und Liebkosungen behandelt werden», sagte er bei einer anderen Gelegenheit, «aber sie sollten mit Fäusten geschlagen werden. In einem Duell zählt oder mißt man die Hiebe nicht, man schlägt, so gut man kann. Mit Barmherzigkeit kann man nicht Krieg führen» (Falconi, S. 54). Don Roncalli hatte über «die Blitze und Donnerschläge» von Pater Matiussi geklagt. Es war schwieriger, dagegen zu protestieren, wenn sie vom Papst ausgingen.

Doch kann keiner behaupten, die lombardischen Bischöfe hätten nicht versucht, sich anzupassen. Als das Jahr 1913 näherrückte, faßten sie den Plan, einen Hirtenbrief zum Gedenken an den 1600. Jahrestag des Edikts von Mailand zu schreiben. Mit dieser Verfügung hatte Kaiser Konstantin verfügt, das Christentum im Römischen Reich zu tolerieren; sie markierte das Ende der Verfolgungen und der Katakomben. Ferrari bat Radini Tedeschi, einen Text zu entwerfen. Der sagte, er sei zu erschöpft, und schlug seinen Sekretär Don Roncalli vor. Ferrari hielt das für eine gute Idee. Also machte Roncalli sich an die Arbeit, indem er Bischof Bonomellis Schriften zugrunde legte und besonders eine mit dem wunderbaren Titel *Seguiamo la ragione, Questioni morali e sociali del giorno* («Laßt uns der Vernunft folgen. Moralische und soziale Fragen von heute») (*Lettere,* S. 548). Roncalli hatte mehr das Jahr 1913 als 313 vor Augen. Sein Entwurf wurde von den lombardischen Bischöfen noch zugespitzt, und so wurde daraus ein direkter Angriff auf die Bildungspolitik der liberalen Regierung des Ministerpräsidenten Giovanni Giolitti. Die Regierung war gegen private (d.h. katholische) Schulen und gegen die Einführung von Religionsunterricht an den staatlichen Schulen. Die endgültige Fassung des Hirtenbriefes mit der Überschrift «Der 1600. Jahrestag des Edikts von Mailand und die Religionsfreiheit in der Schule» erhielt das *nihil obstat* des Staatssekretariats, ohne das sie nicht hätte veröffentlicht werden können. Er verglich Giolitti mit Diokletian, dem (bis dahin) berüchtigtsten Christenverfolger der Geschichte.

Dies war zuviel für Bonomelli, den Anwalt der «Aussöhnung», und er weigerte sich, das zu unterschreiben. Bei einem Alter von einundachtzig Jahren war dies der letzte Widerstand des Bischofs von Cremona. Am 25. Oktober 1912 schrieb er an einen Freund:

> Der gute Kardinal (d.h. Ferrari) hat mich wieder und wieder gebeten, *pro bono pacis* (um des Friedens willen) zu unterschreiben. Ich weigerte mich, weil ich nicht öffentlich billigen konnte, was ich nach bestem Wissen und Gewissen ablehne. Der Kardinal erklärte dem Papst die Situation. Der Papst sagte: «Dann lassen Sie ihn ohne die Unterschrift aus Cremona veröffentlichen, und die Menschen werden sich ihr eigenes Urteil bilden.» Mögen sie sich also ihr eigenes Urteil bilden! Nur schrieb neulich Pietro Giacosa einen wütenden Artikel im *Corriere della Sera* gegen den Hirtenbrief. Liegt alles Unrecht auf seiner Seite? Weit gefehlt (*Lettere,* S. 549).

Papst Johannes' einziger Kommentar fünfzig Jahre später war: «Und wenn man bedenkt, daß ich den Hirtenbrief auf seinen eigenen Schriften aufbaute» (ibid.). Aber man spürt eine heimliche Bewunderung für Bonomelli, weil er sich nicht einschüchtern ließ.

Der Streit um den Hirtenbrief war noch ohne Bezug zu den Vorbereitungen für die allgemeine Wahl am 26. Oktober 1913, die erste, die aufgrund des allgemeinen Wahlrechts abgehalten werden sollte. Giolitti brauchte katholische Unterstützung. Es kam erst nach der Wahl heraus, daß der *non-expedit*-Bann auf der Stimmabgabe für Katholiken in 330 Wahlkreisen (zwei Drittel der Gesamtzahl) gelockert worden war und daß somit 228 Abgeordnete, einschließlich dem von Bergamo, mit der Hilfe katholischer Stimmen gewählt worden waren. Dies wurde als «Gentiloni-Pakt» bekannt. Der Vatikan machte klar, daß es sich dabei nicht um ein formelles Abkommen auf nationaler Ebene handelte, aber er leugnete nicht seine Existenz. Antiklerikale und Sozialisten waren aufgebracht wegen dieser Wiederbelebung des politischen Klerikalismus. Aber die allgemeine Wahl von 1913 bewies, daß ungeachtet der theoretischen Position die «Römische Frage» an Explosivkraft eingebüßt hatte. Sogar Merry del Val räumte privat ein, daß es «eine äußerst heikle Sache für den Vatikan wäre, wenn er auch nur die Leostadt zu regieren hätte» (Seton-Watson, S. 388f.). Also hatte man den weitergehenden Anspruch auf den Kirchenstaat fallenlassen. Das war etwas Neues in den Beziehungen zwischen dem Vatikan und Italien.

Nichts jedoch hatte sich in der Antimodernistenkampagne geändert. Am 1. Juni 1914 war Don Roncalli mit dem Rektor des Seminars in Rom, um mit Kardinal De Lai finanzielle Dinge zu besprechen. Als sie im Gehen waren, rief De Lai ihn zurück und sagte: *«Professore,* bitte seien Sie vorsichtig, wenn Sie die Heilige Schrift unterrichten.» Roncalli war zu verblüfft, um zu erklären, daß er noch nie die Bibel gelehrt hatte und sein Gebiet Kirchengeschichte, Apologetik und Patristik war. Vielleicht war das Ganze einfach eine Verwechslung mit einer anderen Person. Roncalli war so aufgeregt, daß er direkt in die Gesù, die Jesuitenkirche, rannte, wo er alle Gelübde seiner Jugend erneuerte. Am nächsten Tag, dem 2. Juni, schrieb er im Albergo del Senato eine Antwort an De Lai und ließ sie durch einen Boten überbringen. Er berichtigte den Fehler mit dem Unterricht der Heiligen Schrift und beteuerte seine «Treue zu den Leitlinien der Kirche und zum Papst, immer und in allen Dingen» (*Decimo anniversario,* S. 63 f.).

Am 12. Juni 1914 antwortete De Lai in anscheinend freundlichem Ton: «Es tut mir leid, daß Sie durch meinen Rat so beunruhigt wurden. Es war kein Vorwurf, sondern eine gutgemeinte Warnung.» Aber dann verriet er den wahren Grund seines Mißvergnügens:

> Gemäß Informationen, die zu mir gelangt sind, wußte ich, daß Sie ein Leser von Duchesne und anderer maßloser Autoren gewesen waren und daß Sie bei bestimmten Gelegenheiten sich dieser Denkschule zugeneigt gezeigt hatten, die dahin tendiert, den Wert der Tradition und die Autorität der Vergangenheit zu entleeren, eine gefährliche Strömung, die zu schlimmen Folgen führt (*Decimo anniversario,* S. 65).

De Lai hatte diesen Brief hundertmal geschrieben. Die mechanischen Phrasen flossen aus seiner Feder, erhellten nichts, erzeugten aber eine ängstliche Stimmung bei dem Empfänger. Er unterschrieb: «Ich segne Sie im Herrn, in inniger Zuneigung in Jesu Christo, +G. Card. De Lai, Bischof von Sabina.»

Don Roncalli fiel die Antwort nicht leicht. Seinem Brief gingen mehrere Entwürfe und viele Korrekturen voraus, die er alle aufbewahrte. Am 27. Juni war er soweit, daß er ihn abschicken konnte. «Ich glaube nicht, daß die Informationen von einem stammen, der mich kennt», begann er. Er war bereit, alle Beschuldigungen *unter Eid* zu leugnen. Im Wortlaut:

> Ich habe nie mehr als fünfzehn oder zwanzig Seiten – und auch dann nur zur Probe – von Band I der *Histoire Ancienne de l'Eglise* (2. Aufl., Paris 1906) gelesen. Ich habe die zwei anderen Bände nie gelesen. Ich habe deshalb *keine einzige Zeile* von Duchesnes Geschichte in der Übersetzung von (Nicola) Turchi gelesen und hatte sie nie in Händen oder unter meinen Büchern. Ich kannte den französischen Prälaten ein wenig, aber ich hatte nie Sympathie für ihn, auch nicht, als er sich korrigierte, um Zweifel an seiner Rechtgläubigkeit verstummen zu lassen. Ich war recht gut vertraut mit den Ideen Turchis, der einige Monate lang ein Mitstudent am Römischen Seminar war, aber er hat mich nie ins Vertrauen gezogen. Ich erinnere mich, mehr als einmal meine Gefühle des Mißtrauens und der Antipathie gegen ihn meinen Mitseminaristen gegenüber ausgedrückt zu haben (*Decimo anniversario,* S. 67).

Es gibt nur ein Wort, um Roncallis Brief an De Lai zu beschreiben: unterwürfig. In seinem Eifer, seinem Inquisitor zu gefallen, hat er die «Anmerkung zu Duchesne» vergessen, die im September 1911 in *La Vita Diocesana* erschien. Sie war nicht gezeichnet, aber er gab die Urheberschaft zu. Darin sagt er, daß er in der Kontroverse um Duchesne nicht Partei ergreifen wollte, und «beschränkte sich aufs Lesen und Studieren» (*Decimo anniversario,* S. 62). Duchesnes Buch, machte er 1962 klar, hatte ein *imprimatur* nicht von irgendeiner Diözese, sondern von der Diözese Rom selbst. So ahmte er 1911 die

Haltung von *Civiltà Cattolica* nach und enthielt sich klug eines Urteils (ibid., S. 62). Es ist auch von Belang, daß er als Professor für Kirchengeschichte Duchesne gelesen haben *müßte,* der, wie wir gesehen haben, von Benigni wegen seiner «Synthese von Wissenschaft und Rechtgläubigkeit» gelobt worden war. Aber jetzt, wo er mit dem Rücken zur Wand steht, löscht Roncalli diese Erinnerung aus.

Und so fährt er fort. Msgr. Spolverini, inzwischen Rektor des Römischen Seminars, wird bezeugen, daß «ich nie auch nur ein einziges modernistisches Buch, Pamphlet oder eine modernistische Zeitschrift gelesen habe, außer Fogazzaros *Il Santo,* das ich überflog, bevor es verurteilt wurde, als Hilfe für mein Beichtamt» (ibid.,S. 68). Am Schluß berichtete er, Radini Tedeschis Gesundheit sei wieder völlig hergestellt – eine optimistische Diagnose –, und küßte den heiligen Purpur seiner Eminenz. In einem Postskriptum erwähnte er, daß er einen Sonderdruck seines Vortrages über Baronius beifügte. Dies könnte man eher für unklug halten.

Papst Johannes las diesen Brief an De Lai erneut am 14. Dezember 1961 und stellte fest, daß er mit der Abschrift, die er immer aufgehoben hatte, übereinstimmte. Aber 1914 ging es Don Roncalli wie einem Soldaten, der unbeschadet durch einen langen schlimmen Krieg kommt, aber am Vorabend des Waffenstillstands nur mit knapper Not einer Verwundung entgeht. Denn der Wirbelsturm des Modernismus hatte sich gelegt. Er endete mit dem Tod von Pius X. Aus der ganzen tragischen Episode zog Roncalli den Schluß, daß es andere und bessere Wege gab, mit «Irrtümern in der Kirche umzugehen. Aber ein anderer Sturm braute sich zusammen, der Sturm des Krieges.

5. Kapitel

Der Große Krieg

Welche Kerzen mag man halten, wenn sie ziehen?
Nicht in Knabenhänden, doch in ihren Augen
Möge heilig schimmern ihr Lebwohl
(«Hymne für die verlorene Jugend», Wilfried Owen).

Der Erste Weltkrieg, bei den Zeitgenossen der Große Krieg, weil er alle früheren Konflikte übertraf, brach am 1. August 1914 aus. Italien war bis zum Mai des folgenden Jahres nicht daran beteiligt, aber der dunkle Schatten fiel bereits über ganz Europa. Am 20. August 1914, an dem Tag, als Brüssel den vorrückenden Deutschen in die Hände fiel, starb Pius X. – an gebrochenem Herzen, wie es hieß, durch einen Krieg, den er vorausgesehen hatte, aber nicht verhindern konnte. Zwei Tage später kniete Don Roncalli am Bett des sterbenden Radini Tedeschi:

> Als die Abendglocke vom Turm erklang, lag Monsignore auf seinem Sterbebett mit soviel Würde, als säße er auf seinem bischöflichen Thron während einer feierlichen Zeremonie. Während ich neben ihm kniete ... fiel mir der erste Gottesdienst ein, den ich mit ihm gehalten hatte, als ich am Tag seiner feierlichen Weihe in der Sixtinischen Kapelle das Evangelium, das Joch Christi symbolisierend, auf seine Schultern hielt, während die erlauchten Hände Pius' X. auf seinem Kopf lagen, um die Fülle des Priesteramtes und die Kraft des Heiligen Geistes auf ihn zu übertragen. Zehn Jahre waren seit jenem Tag in seiner Gesellschaft verbracht worden, und es erschien mir, als großes Vorrecht und Segen, die ich nie vergessen werde, ihm am Ende beistehen und Zeuge eines in den Augen des Herrn so kostbaren Todes sein zu dürfen.
>
> Das letzte Gebet, das wir ihn murmeln hörten, war: «O mein gekreuzigter Jesus, ich biete dir willig – ja, willig, o Herr – das Opfer meines Lebens in Vereinigung mit deinem Opfer am Kreuz ... als Sühne für meine eigenen Sünden und die meines Volkes, für die heilige Kirche, für den neuen Papst, den du ihr geben wirst, für meine Priester, meine Stadt und meine Diözese, alle Frommen überall, alle Leidenden, alle, die mich liebten, wie auch für die, die keine Liebe zu mir fühlten, für alle, die meinem Herzen am nächsten waren, für meine Verwandten und Freunde nah und fern, für mein Land ...»
>
> An dieser Stelle schlug er die Augen auf und schien in eine weite Ferne zu schauen, als er mit starker, klarer Stimme hinzufügte: «Und für Frieden und für Frieden» (*Mein Bischof,* S. 142).

Kurz vor seinem eigenen Tod schrieb Papst Johannes in sein Tagebuch: «Ich las in meinem Buch über Msgr. Radini, geschrieben mitten im Weltkrieg 1916, den Bericht über die letzten Tage meines Bischofs und sein letztes Gebet, Friede, Friede ... Ich wünschte mir das als mein letztes Gebet als Papst» (*Letture,* S. 497).

Der Tod von Radini Tedeschi und von Pius X. verstärkten das Gefühl, daß über ganz Europa die Lichter ausgingen. Der gescheite alte Pater Francesco Pitocchi, sein geistlicher Vater am Römischen Seminar, mit dem er noch in Briefwechsel stand, sagte, daß Don Roncalli wohl mehr unter dem Tod von Radini Tedeschi litt als unter dem von Pius X.

Die Wahrheit war, daß viele froh waren, ein Pontifikat hinter sich zu haben, das eine Katastrophe für das intellektuelle Leben der Kirche gewesen war. Zu einem Senator, der sich über beeindruckend andächtige Menschenmengen wunderte, die in die Peterskirche strömten, um dem dort aufgebahrten Pius X. die letzte Ehre zu erweisen, sagte Kardinal Ferrari: «Ja, aber er wird vor Gott Rechenschaft ablegen müssen über die Art, wie er seine Bischöfe im Stich ließ, als sie angegriffen wurden» (*Disquisitio,* S. 129). Kardinal Mercier, jetzt eine international bekannte Gestalt, die den heldenhaften Widerstand des «mutigen kleinen Belgien» verkörperte, schrieb einen Hirtenbrief, in dem er von den «verwundeten Seelen» und der «menschlichen Niedertracht» sprach, zu denen das Pontifikat geführt hatte, und er brandmarkte die «selbsternannten Ritter der Rechtgläubigkeit, die sich vorstellen, man müsse die Autorität der Bischöfe angreifen, um dem Papst noch demütiger zu gehorchen» (*Per Crucem ad Lucem,* S. 66f.). Ferrari und Mercier gehörten also zu den Kardinälen, die hofften, aus dem Konklave im September 1914 würde ein Papst hervorgehen, der die Atmosphäre der Unterdrückung beenden könnte. Mitten in einem europäischen Bruderkrieg mußte die Kirche andere Prioritäten haben.

Die Kurie jedoch war anderer Meinung und unterstützte, mit Kardinal De Lai in der Rolle des Königmachers, Kardinal Alberto Serafini, einen Benediktiner und Beisitzer beim Heiligen Offizium, bei dem man sicher sein konnte, daß er weiterhin eine enggefaßte Orthodoxie zur wichtigsten Aufgabe des Papsttums machen würde. So widersetzte sich die Kurie zunächst heftig Kardinal Maffi aus Pisa, den man dem Haus Savoyen eng verbunden glaubte, und dann Kardinal Della Chiesa aus Bologna, der zunehmend Stimmen im «österreichischen» Lager sammelte. In der Kurie hieß es, Della Chiesa sei ein mittelmäßiger Mann und ein reiner Bürokrat (er war in Rampollas Tagen Unterstaatssekretär gewesen). Sie argumentierten, seine Wahl würde eine Beleidigung des Andenkens Pius' X. sein. Selbst als es Della Chiesa gelang, die zum Gewinn der Wahl benötigten achtunddreißig Stimmen zu erreichen, beschuldigte ihn der kuriale Klüngel, er hätte für sich selbst gestimmt. Es wurde nachgewiesen, daß diese Beschuldigung grundlos war. So wurde Giacomo Della Chiesa Papst Benedikt XV.: Der letzte Erzbischof von Bologna, der Papst geworden war, Prosper Lambertini, hatte 1740 den Namen Benedikt angenommen; aber Della Chiesa mag auch davon beeinflußt gewesen sein, daß der Held von Fogazzaros Roman Benedikt hieß. Die Wirklichkeit des Krieges hatte das Konklave bereits eingeholt: Kardinäle von gegnerischen Seiten waren anwesend und gingen höflich miteinander um, und Kardinal Louis Billot hatte bereits zwei Neffen an der Front verloren. Zwei Tage nach einer einfach gehaltenen Krönung in der Sixtinischen Kapelle – Pomp hätte in solchen Zeiten wie Blasphemie gewirkt – verkündete Benedikt seine Absicht, Frieden zu stiften, als sein Hauptanliegen: «Wir sind fest entschlossen ... nichts unversucht zu lassen, was zu einem raschen Ende dieses Unheils führen kann» (Holmes, S. 2 f.). In seiner ersten Enzyklika *Ad Beatissimi* rief er dazu auf, die Antimodernistenkampagne einzustellen: «Es besteht keine Notwendigkeit, dem Bekenntnis des Katholizismus Attribute hinzuzufügen. Es genügt, wenn jeder sagt: *‹Christianus mihi nomen, Catholicus cognomen›* (‹Christ ist mein Name und Katholik mein Zuname›). Es zählt nur, daß man sein Leben gemäß diesen Namen führt» (*Popes of the Twentieth Century,* S. 132). Dies zielte auf Umberto Benignis Bespitzelungsnetz, das *Sodalitium Pianum,* das immer auf einem *«integralen* Katholizismus» beharrte und schnell bei der Hand war, wenn es bei Theologen und Bischöfen daran zu fehlen schien. Es trat die außergewöhnliche Situation ein, daß Benedikt glaubte, es sei abgeschafft worden, während es mit dem Segen von Kardinal De Lai im Sommer 1915 wiederhergestellt worden war (ibid.). Aber das Schlimmste war vorbei.

Die Wahl Benedikts XV. half Roncalli, sich über den Tod Radini Tedeschis hinwegzutrösten. Della Chiesa hatte eine hohe Meinung von Radini Tedeschi und hatte ihn für «wert, Papst zu werden» gehalten (*Letture,* S. 497). Aber dennoch war der Verlust seiner Vaterfigur schwer zu tragen, und Roncalli hatte ein Gefühl, wiederum verwaist zu sein. Sein ganzes bisheriges Priesterleben war er Sekretär des Bischofs gewesen. Jetzt schien sein Leben leer. Er begann Material für die Biographie Radini Tedeschis zu sammeln, den er immer mit *pietas* Schlichtheit, und mit Großbuchstaben *il Mio Vescovo* (Mein Bischof) nannte. Es war ein Beruf, aber nicht einfach ein Job. Es war höchst unwahrscheinlich, daß der neue Bischof, wer immer es wäre, ihn weiter als Sekretär würde haben wollen. Sekretäre waren entbehrlich. Bei seinen Exerzitien im September 1914 zog er den deutlichen Schluß, daß er am «Beginn eines neuen Lebensabschnitts» stand (*Tagebuch,* S. 217). Er beschloß, jeden Morgen um halb sechs aufzustehen und seine ganze Aufmerksamkeit dem Seminar zu widmen, ohne dabei die seelsorgerische Arbeit zu vernachlässigen. Einen Punkt stellt er besonders heraus:

> Meine Hauptsorge wird sein, dem neuen Bischof, wer es auch sein mag, mit der gleichen Ehrfurcht, dem gleichen Gehorsam und der gleichen aufrichtigen, großherzigen und frohen Zuneigung zu begegnen, wie ich es dank der Gnade Gottes immer für seine unvergeßlichen Vorgänger empfunden habe . . . Natürlich werden mir anders geartete Beziehungen auch andere Verhaltensweisen auferlegen. Aber wie immer diese auch sein mögen, sie werden von dem gleichen Respekt, der gleichen Klugheit und feinem Taktgefühl getragen sein, die das Wesen der Liebe ausmachen. Wenn ich mich dem neuen Bischof gegenüber so verhalte, wird ihm dies wohltun und ihn stärken, und meine Person wird ihm kein Stein des Anstoßes bedeuten, sondern ein Baustein und eine Hilfe zum Aufbau *ad aedificationem* (*Tagebuch,* S.218).

Das stellte das Problem scharfsichtig dar, wenn auch ein wenig geschraubt. Durch ein Spiel der Ironie war der Prediger dieser Exerzitien im Herbst 1914 Luigi Maria Marella, damals Bischof von Bobbio, der 1915 Bischof von – Bergamo wurde.

Aber Roncalli war durch die «neue Situation» beunruhigt. Der Beweis dafür ist, daß er seine Exerzitien unterbrach, «um mich nach Mailand zu Seiner Eminenz, dem Kardinal-Erzbischof, zu begeben und bei ihm einige Ratschläge für mein Verhalten in bestimmten Angelegenheiten gegenüber dem neuen Bischof einzuholen» (*Tagebuch,* S. 219). Wir wissen nicht, was diese «bestimmten Angelegenheiten» waren, aber er erschien nach der Begegnung getröstet und aufgemuntert. Er betete im Dom am Grab des heiligen Karl Borromäus, erinnerte sich daran, daß er als Priester der Kongregation zum Heiligsten Herzen Jesu in besonderer Weise an den Bischof gebunden war, verwarf «Trugbilder . . . an Ehren und hohen Stellungen und so weiter» und bereitete sich auf kommende Opfer vor (ibid.).

Befreit von seinen Arbeiten als Sekretär des Bischofs konnte Don Roncalli mehr Zeit auf Studium und Gebet verwenden. Er hielt Vorlesungen in Kirchengeschichte am Seminar und auch in der *Casa del Popolo,* einem Zentrum der Erwachsenenbildung. Die Themen seiner Vorlesungen verraten die Spannbreite seiner intellektuellen Interessen: Die Kirchen, Wissenschaft und die Schule; Christentum und griechisch-römische Wissenschaft; Schulen in der barbarischen Zeit bis zu Karl dem Großen; Astrologie, Alchimie und die geistigen Verirrungen des Mittelalters; Universität und Scholastik; Die Kirche und die Renaissance; Die Kirche und das moderne wissenschaftliche Denken; Neuzeitliche Kämpfe für Freiheit in der Erziehung; Ursprünge moderner Allgemeinbildung; Große christliche Erzieher. Das war Geschichtsbetrachtung, immer mit dem Blick auf den gegenwärtigen Zustand Italiens. Sie hatte einen grundsätzlichen apologetischen Zweck; den Anspruch italienischer Katholiken zu rechtfertigen, für kirchliche Schulen staatliche Unterstützung zu bekommen (was nicht geschah). Sie war auch eine typische Reflektion einer Krisenzeit, wo Werte sich in einem Schmelztiegel befanden und die Grundlagen der Gesellschaft erschüttert schienen: Die Qualität der Bildung zu verbessern scheint häufig die Antwort zu sein.

In einem Brief vom 5. Februar 1915 empfiehlt er für Krisenzeiten die Lektüre der Briefe des heiligen Franz von Sales: «Er wird Ihrem Geist guttun, Ihnen jene stille, jene süße, milde und großherzige Resignation bringen, die Schmerz in ein Element priesterlicher Inbrunst und Eifers für die göttliche und vornehme Sache, der wir geweiht sind, verwandelt» (*Pastore,* S. 84). Die Güte mit sich selbst war, was er bei Franz von Sales immer schätzte. Dies war ein Beileidsbrief, gerichtet an den neuen Superior der Priester vom Heiligsten Herzen Jesu, dessen Mutter gestorben war. Aber er enthielt eine Botschaft, die in einem größeren Rahmen von Bedeutung sein würde, da Italien zögernd auf der Schwelle des Krieges stand.

Es gab heftige Debatten zwischen den «Neutralisten» und den «Interventionisten». Für Italien würde ein Kriegseintritt auf der Seite der Entente (Großbritannien, Frankreich, Rußland) bedeuten, daß es den Dreibund mit den Mittelmächten (Deutschland, Österreich-Ungarn), auf den es verpflichtet war, fallenlassen würde. Der Londoner Vertrag war geheim ausgehandelt worden, als Anreiz für Italien, auf der Seite der Entente in den Krieg einzutreten. Territoriale Gewinne nach dem Krieg waren versprochen. Dies stärkte das Blatt der «Interventionisten» in der Regierung, aber da das Abkommen vertraulich war, konnte es nicht dazu beitragen, die öffentliche Meinung für sich zu gewinnen. Papst Benedikt XV. war «Neutralist». Das war auch Don Roncalli. Er blieb äußerst skeptisch gegenüber den «Gewinnen» des Krieges. Das «offizielle» Italien, die Männer im Gehrock, die von Rom aus regierten, konnten kaum den Anspruch erheben, das Italien der katholischen Bauern, für die sie so wenig getan hatten, zu vertreten. Falls Italien der Entente beiträte, würden überdies das protestantische England, das freidenkerische Frankreich und das autokratische Rußland seine Bettgenossen sein, und sein mächtiger Feind wäre dann Österreich, der einzige Kriegsteilnehmer, mit dem es eine gemeinsame Grenze hatte. Aber besonders Bergamo und Venedig hatten starke kulturelle Verbindungen mit Österreich und waren zwischen dem Sturz Napoleons und der Einigung Italiens Teil des österreichischen Kaiserreiches gewesen. Noch für Roncallis Großeltern wäre ein Krieg mit Österreich ein Bürgerkrieg gewesen.

So taumelte Italien in einen Krieg, der kaum populär genannt werden konnte. Die Mobilmachung wurde im Mai 1915 befohlen. Am 19. Mai erhielt Don Roncalli seine Einberufung und wurde als Sanitätsunteroffizier in Bergamo stationiert. Am 24. Mai erklärte Italien Österreich-Ungarn, allerdings nicht Deutschland, den Krieg, und es gab heftige Kampfhandlungen an der Nordostfront. Bergamo blieb ruhig und unverändert. Don Roncalli ließ sich einen Schnurrbart wachsen, der sich bald stattlich auf seiner Oberlippe sträubte. Obwohl es nicht darum ging, «seine Priesterwürde zu verbergen», wollte er nicht komisch oder ungewöhnlich unter seinesgleichen erscheinen. Trotz seiner Wohlbeleibtheit machte er eine recht geschmeidige Figur in seiner Uniform.

Aber er war nicht sehr kriegerisch. Sein erster Brief aus der Kriegszeit ist an seinen Bruder Zaverio, der zwei Jahre jünger war. Er gab brüderliche Ratschläge, wie man als untauglich entlassen werden konnte. Als Sanitäter und gebildeter Mann hatte Don Roncalli Zeit, sich die Vorschriften anzueignen. Unglücklicherweise waren sie gerade geändert worden. Bis vor einigen Monaten hatte es ausgereicht, daß einem sechzehn Zähne fehlten, um für untauglich erklärt zu werden. Jetzt konnte anscheinend einer mit jeder beliebigen Zahl von Zähnen oder sogar ohne einen einzigen kämpfen; schließlich mußte man den Feind nicht beißen. Also sind fehlende Zähne kein Ausweg mehr, *es sei denn,* sie sind Symptome von «Magenbeschwerden» oder allgemeiner «Schwäche». Selbst dann konnten sie einen nur vom aktiven Dienst an der Front befreien (*Familiari,* I, S. 45). Aber am 17. September 1915 erfuhr er, daß alle seine Bemühungen umsonst gewesen waren: Zaverio wurde «für den Kriegsdienst tauglich» erklärt. Ein Sanitäter hatte nun auch keinen ruhigen Posten mehr: allmählich wurden in wachsender Zahl Verwundete eingeliefert. Sein Vetter Battista Mazzola war gerade in Verona gestorben: Er war von einer österreichischen Handgranate getroffen worden.

Der Krieg brachte Don Roncalli in eine neue Beziehung zu seiner Familie. Als Sekretär des Bischofs war er sehr beschäftigt und ziemlich «vornehm» gewesen, eigentlich nicht fern, aber zu sehr in seine Arbeit versenkt, um sie zu besuchen, und zu nahe, um schreiben zu müssen. Der Krieg machte ihn zu einem Verbindungsmann der Familie, der Trostbriefe schrieb, Treffen organisierte, die Handschrift Gottes in diesen schrecklichen Ereignissen zu entziffern suchte. Aber obwohl er die einzige gebildete Person der Familie war, verwirrte ihn der Krieg genauso wie sie. Er sorgte sich besonders um Zaverio, der am 12. Dezember 1916 in Brindisi war, möglicherweise im Begriff, sich nach Albanien oder Mazedonien einzuschiffen. Don Roncalli empfiehlt wie gewöhnlich Gelassenheit: «Ist der Herr mit uns, wer wird dann gegen uns sein? Wir haben keine Angst vor Hunger und Kälte noch vor Malaria, noch vor Albanien, noch vor den Deutschen, nicht wahr?» (*Familiari,* I, S. 48). Aber Zaverio fuhr nicht mit dem Schiff von Brindisi weg, deshalb dachte Roncalli daran, einen Zug zu nehmen und ihn dort zu besuchen. Praktisch wie immer machte er seine Pläne. Zaverio muß genau wissen, daß er für diesen Tag Urlaub bekommen kann. Angelos Zug wird um 17.33 Uhr ankommen und am nächsten Morgen um 7.37 Uhr abfahren. Italienische Züge scheinen während des Krieges erstaunlich pünktlich gewesen zu sein. «Laß mich den Namen des Hauptmanns wissen», schreibt er, bereit, seinen eigenen Rang für eine gute Sache auszunutzen. Aber er fuhr nie nach Brindisi. Das ist der Krieg: Order, Gegenorder, Unordnung.

Er konnte nicht einmal nach Hause nach Sotto il Monte. Er hatte vorgehabt, seinen Freund Don Giacomo Testa zu einem Besuch seiner Eltern im Januar 1917 mitzunehmen, aber die Straße von Bergamo war unpassierbar, und der Wagen blieb im Schlamm stecken. Wenn es so in den Vorbergen der Alpen war, konnte man sich unschwer ausmalen, wie es oben in den Bergen an der Front aussah. Das Wetter wurde etwas milder, und am 5. Februar konnte er nach Hause fahren. Alle waren da, nur Maria, Zaverios Frau, fehlte. «Doch die Mutter und die Schwestern haben mir ein Mittagessen bereitet, das meine Erwartungen übertraf», schrieb er an Zaverio (*Familiari,* I, S. 50); er wußte, wie sie im Krieg sparen und knausern mußten. Er hatte klugerweise den Verwalter des Grafen Morlani zum Essen eingeladen und fand, er sei «wirklich ein guter Mensch». Also dachte er schon daran, das Haus und das Ackerland für seinen Vater und seine Brüder ganz zu kaufen; aber wie die meisten anderen Beschlüsse jener Zeit mußte es bis zu dem fernen Horizont aufgeschoben werden, «wenn der Krieg vorbei ist».

Am nächsten Tag mußte er sich einer weiteren ärztlichen Untersuchung unterziehen und wurde für tauglich «für die Härten des Krieges» erklärt. «Ob ich auch an die Front muß?» sann er nach. «Wenn man mich hinausschickt, finde ich mich damit ab, weil ich hoffe, auch dort ein wenig Gutes tun zu können» (*Familiari,* I, S. 51). Das waren keine kampflustigen Gefühle. Eine Woche später schrieb er an

Zaverios Frau Maria und kam auf das Thema «Gutes aus Bösem» zurück: «Das Herz sagt mir, daß Zaverio gesund und heil aus dem gegenwärtigen Sturm heimkehren wird. Doch es ist wirklich notwendig, meine gute Maria, daß wir diese Gnade vom Herrn zu verdienen wissen, indem wir die gegenwärtige Trübsal mit vollkommener Seelenruhe annehmen, in der festen Überzeugung, daß der Herr alles – auch die schmerzlichen Geschehnisse – zu unserem Guten führt» (ibid., S. 52). Zaverio war inzwischen von Brindisi verlegt worden und war jetzt in Piacenza, viel näher an der Front und auch bei Bergamo. Aber Don Roncalli kam nicht weg, denn «die Arbeit hier bei den Soldaten wächst mir über den Kopf». Weiter schrieb er an Zaverio: «Behalte Deinen Mut und Dein Vertrauen auf Gott! Mit ihm geht es einem immer gut, an der Front oder nicht an der Front» (ibid., S. 53).

Am 6. Mai 1917 schrieb Don Roncalli an Zaverio, um ihm zu sagen, daß er seinen Aufenthaltsort auf einer Landkarte nachgesehen habe – der Name war ein militärisches Geheimnis – und ihn für eine gut zu verteidigende Stellung hielt, «die unsere Artillerie sehr stärken wird». Der Krieg rückte ständig näher. Und zum erstenmal spricht Don Roncalli genauer davon, wie er die «Pflicht gegenüber dem Vaterland» sieht:

> Wir stellen so viele Überlegungen an und reden so viel Unnützes, wie es viele Nichtstuer machen, ist es nicht so? Wir wissen, daß Vaterlandsliebe nicht anderes ist als Nächstenliebe, und diese mündet in die Gottesliebe ein. Das ist alles: und indem wir die Opfer, die der Krieg uns auferlegt, gern auf uns nehmen und immer nach oben schauen, verdienen wir uns unendlichen Segen für uns, für unsere Familien, für das Vaterland» (*Familiari,* I. S. 53).

Das ist kein sehr differenziertes Argument, aber er versucht, dem Bruder an der Front ein Motiv zu geben, an dem er sich festhalten kann. Außerdem war Zaverio ein Bauer wie die meisten Männer, deren Wunden er pflegte, und er lernte von ihnen. Angelo wußte, wie empört sie manchmal waren, bloß als Kanonenfutter gut zu sein, während die Munitionsarbeiter in der Stadt («die Nichtstuer») den Luxus, genossen, über «Kriegsziele» zu diskutieren.

Don Roncalli sieht die Armee nicht mehr als einen Sumpf des Lasters, wie er selbstgefällig-tugendhaft während seines Militärdienstes 1901 dachte. Er lernte diese einfachen Männer kennen und ihre unbeachteten Qualitäten schätzen. Die Sorge um die Soldaten ist sein ganzes Leben, berichtet er Zaverio, und «ich sehe, daß man mit ein wenig Gefälligkeit und Gnade Gottes alles von ihnen haben kann»

(*Familiari,* I, S. 53). Die Wunden des Antiklerikalismus waren oberflächlich und konnten geheilt werden. Die meisten Tagebücher aus der Kriegszeit sind verloren. Aber diese Seite ist erhalten und läßt uns ihm bei der Arbeit zusehen:

> 8. März 1917. Wie teuer ist mir Orazio Domenico, der mit einem heftigen Anfall von Bronchialpneumonie in einem Zimmer nicht weit von mir ringt. Er ist neunzehn und kommt aus Ascoli Piceno. Ein bescheidener Bauer, mit einer engelsreinen Seele. Sie leuchtet aus seinen intelligenten Augen und seinem guten, klugen Lächeln hervor. Heute morgen und heute abend war ich tief bewegt, als ich ihm zuhörte, wie er mir ins Ohr flüsterte: «Für mich, Vater, wäre es ein Segen, jetzt zu sterben. Ich würde gerne sterben, weil ich fühle, daß durch die Gnade Gottes meine Seele noch unschuldig ist. Wenn ich stürbe, wenn ich älter wäre, wer weiß, wie stumpf ich dann geworden wäre. Und dann, wenn man älter stirbt, ist die Trennung schmerzlicher: Es kostet viel, Frau, Kinder und Zuhause aufzugeben. Aber was kostet es mich, jetzt zu sterben?» Einen Augenblick später sagte er zu mir: «Ich möchte jetzt sterben, Vater, mit Ihnen an meiner Seite, damit ich vollkommen dem Herrn gehören kann, bis zu meinem letzten Atemzug.» Aber ich dagegen, lieber Menicuccio, flehe den Herrn an, daß er dir viele Lebensjahre gewähren möge. Die Welt braucht solche auserwählten einfachen Seelen, die ein Duft von Glauben, von Reinheit, von frischer und heiliger Poesie sind. Und wir Priester brauchen sie auch, damit wir uns zu Tugend und Eifer ermutigt fühlen (*Decimo anniversario,* S. 27).

Aber einen Monat später starb Domenico Orazio Menicuccio, der neunzehnjährige Bauer aus Ascoli Piceno, plötzlich während einer Operation.

Don Roncalli versuchte sich mit den Bibeltexten zu trösten, den die Liturgie für die «kleinen Engel» der Jesuiten vorsieht. «Er wurde weggenommen, damit nicht Schlechtigkeit seine Einsicht verkehrte und Arglist seine Seele täuschte» (Weisheit 4,11). «Solange Italien solche Söhne hat, die direkt in den Himmel eingehen», überlegte er, «wird es nicht an Gottes Segen fehlen» (*Decimo anniversario,* S. 27). Aber das hatte sehr wenig – eigentlich nichts – mit Heldentum auf dem Schlachtfeld zu tun oder damit, ob die verteidigte Sache eine gerechte war. Roncalli als junger Priester zeigte eine Moral des Krieges auf, aber die Tatsache, daß der Krieg Tugenden wecken konnte, machte die Kriegführung nicht legitim. Vierzig Jahre später würde er manchmal von seiner Zeit bei der Armee sprechen: «Nach Tagen anstrengendster Arbeit, wenn alle Glieder schmerzten, kam ich dann in mein Zimmer zurück, fiel auf die Knie und dann rannen Tränen des Trostes über meine Wangen. Was für ungeheure Reserven an moralischer

Energie sind in unserem Volk vorhanden und wirksam» (ibid., S. 28; Bericht Capovillas). Das war es, was der Krieg für den Feldwebel Roncalli bedeutete, den Sanitäter, der Feldgeistlicher geworden war.

Noch unter dem Eindruck der Geschehnisse sprach er in einer am 9. September 1920 gehaltenen Rede darüber. Sie ist es wert, vollständig wiedergegeben zu werden, da es die einzige Schilderung ist, die wir von seiner Arbeit als Feldgeistlicher haben:

> Es schien, als würde der Krieg die letzten kläglichen Reste des Glaubens und der überkommenen Frömmigkeit zerstören. Gepriesen sei der Herr, daß dies nicht geschah. Krieg ist und bleibt das größte Übel, und wer die Bedeutung von Christus und seiner Botschaft der menschlichen und christlichen Brüderlichkeit verstanden hat, kann ihn nie genug verabscheuen. Es wäre naiv, vom Krieg sehr viel zu erwarten als Beitrag zum moralischen Fortschritt unseres Volkes. Dennoch war er eine große Prüfung für den Wert der Völker, und abgesehen von der Brutalität und Niederträchtigkeit, die manche von uns erduldeten, ist es gerecht, bei den tröstlichen Episoden zu verweilen, die unseren Pessimismus Lügen straften. Oh! Die langen zwischen den Feldbetten unserer lieben, tapferen Soldaten verbrachten Wachen, wenn ich ihre Beichte hörte und sie vorbereitete, am Morgen das Brot zu empfangen! Die Hymnen an Maria, die um einfache, improvisierte Altäre angestimmt wurden, die erhebende Feierlichkeit der auf freiem Feld gefeierten Messe, die Festtage im Lazarett, besonders Weihnachten, Ostern und der Monat Mai, wo die Poesie der eigenen Dorfkirche wieder aufblühte und die zärtlichen Gedanken an ferne Ehefrauen und Mütter sich mit der angstvollen Hoffnung auf ein Ende des harten Opfers mischten! Wir demütigen Priester, die großzügig ihre Pflicht gegenüber ihrem Vaterland erfüllten, uns aber doch einer höheren Pflicht gegenüber der Kirche und der Seelen bewußt waren, wie viele Male beugten wir uns über unsere sterbenden jüngeren Brüder und lauschten dem gequälten Atem der Nation, der sich in ihrem Leiden und Todeskampf ausdrückte. Es ist nicht möglich zu sagen, was das Priesterherz in solchen Augenblicken empfand. Es geschah oft – erlauben Sie mir diese persönliche Erinnerung –, daß ich auf die Knie fallen und wie ein Kind weinen mußte, allein in meinem Zimmer, weil ich die Bewegung nicht beherrschen konnte, die mich bei dem einfachen heiligen Tod so vieler armer Söhne unseres Volkes überkam – bescheidene Bauern aus den Marken, aus Garfagna, aus den Abruzzen oder Kalabrien–, die mit dem Sakrament Christi im Herzen und dem Namen Marias auf den Lippen starben, die ihr hartes Schicksal nicht verfluchten, sondern freudig die Blüte ihrer Jugend Gott und ihren Brüdern hingaben.
>
> Es waren allerdings solche geistlichen Kontakte, die mir und vielen anderen, die besser sind als ich, den tröstlichen Eindruck und die feste

Überzeugung gaben, die einer dem anderen bei unseren kurzen Begegnungen zuflüsterte: Nein, es ist nicht wahr, daß das christliche Italien tot ist. *Non est mortua puella, sed dormit* [Das Mädchen ist nicht gestorben, es schläft nur. Mt. 9,24] (*Rosario,* S. 126f.).

Natürlich gibt diese Nachkriegssicht eine mittelbare und zweifellos im nachhinein zurechtgerückte Erfahrung wieder. Sie läßt das rauhe Kriegserlebnis draußen: nicht Roncalli nämlich, der in seinem Zimmer weint, sondern Männer, die mit herausquellenden Eingeweiden sterben, stoische Bauern, die ihre Pflicht für unbegreifliche Motive tun. Aber läßt man die Kanzelrhetorik beiseite, bleibt der Text der Erfahrung nahe genug, um zu zeigen, daß Roncalli, anders als viele Feldgeistliche im Ersten Weltkrieg, den Krieg nie verherrlichte oder wegen seiner stählenden und stimulierenden Wirkung rechtfertigte. «Krieg ist und bleibt das große Übel», sagte er ohne jede Doppeldeutigkeit. Dennoch war Gott irgendwie darin gegenwärtig. Persönlich war es ihm möglich, die Jugend Italiens in einer Weise zu entdecken, die nicht denkbar gewesen wäre, wenn er stets Seminarprofessor geblieben wäre. Italien konnte sich als Nation entdecken, obwohl es noch ein junges Land war – noch keine fünfzig Jahre alt – und immer noch ein Sammelsurium von Städten und Provinzen mit sehr unterschiedlicher Geschichte. Und Roncalli konnte sich selbst in Italien entdecken, weil der Krieg den Beweis für eine religiöse Erneuerung lieferte, die zur Überwindung des Antagonismus zwischen Kirche und Staat beitrug, der dessen Anfänge belastet hatte. So wies der Krieg einen Weg zur Lösung der «Römischen Frage» und zur «Aussöhnung».

Aber das war alles nachträgliche Einsicht. Im Sommer 1917 erwies sich Don Roncallis Vorhersage, «daß der Krieg bald zu Ende gehen muß: viel rascher, als man glaubt», als falsch (*Familiari,* I, S. 55). Er schloß sich froh dem Appell Benedikts XV. für «einen gerechten und raschen Frieden» an. Diese optimistischen Hoffnungen erwiesen sich als unbegründet und sollten durch die Ereignisse bald grausam verspottet werden.

Papst Benedikts Friedensappelle wurden als belanglos vom Tisch gewischt. Er hatte nie gewollt, daß Italien in den Krieg gezogen würde und (richtig) bedenkliche Folgen vorausgesehen, wenn sein Hauptfeind Österreich-Ungarn vernichtet und zerstückelt werden sollte (Seton-Watson, S. 472). An der Westfront war 1917 eine Pattsituation eingetreten. Die Alliierten und die Deutschen schlugen sich um ein paar Meter schlammiger Schützengräben. Benedikt versuchte, die Einsicht, in einer Sackgasse zu stecken, zu nutzen und bot einen ehrenhaften Rückzug an. Am 1. August 1917 richtete er eine Note an die kriegführenden Staaten und drängte sie, «eine gerechte und dauerhafte Regelung» zu akzeptieren, die leere Hoffnung auf «Sieg» als Kriegsziel fallenzulassen und den «sinnlosen Kampf» zu beenden (ibid.). Seine Hoffnung war, daß Ernüchterung und Müdigkeit die Nationen Europas zur Vernunft bringen würde, einer von Benedikts Gesandten bei dieser diplomatischen Initiative war der einundvierzigjährige Msgr. Eugenio Pacelli, der zukünftige Papst Pius XII. Er erinnerte sich – viel später – gern daran, daß er am 13. Mai 1917 zum Erzbischof geweiht worden war, am selben Tag, an dem die Muttergottes zum erstenmal den drei Bauernkindern bei Fatima in Portugal erschienen war.

Aber keiner sonst schien die Botschaft erhalten zu haben, und Benedikts gutgemeinte Initiative scheiterte nicht nur, sie brachte auch alle gegen ihn auf. In Italien untergruben seine Äußerungen über «den sinnlosen Kampf» die nationale Moral und ließen den Verdacht aufkommen, Katholiken seinen unpatriotisch und illoyal. Benedikt (italienisch Benedetto, «der Gesegnete») wurde Maledetto XV. («der Verfluchte») tituliert und des «Defätismus» beschuldigt. Auch für die westlichen Alliierten war er nicht mehr akzeptabel. Großbritannien und Frankreich glaubten nicht, daß er in Wahrheit unparteiisch war, tadelten ihn wegen seines «Stillschweigens» zum Martyrium des katholischen Belgien und nannten ihn den «Boche»-Papst. Der kämpferische Prophet Léon Bloy erklärte in *Au seuil de l'apocalypse*, daß er «unfehlbar täuschte», und der Baron Friedrich von Hügel schlug nach dem Krieg vor, er solle abdanken (*Popes of the Twentieth Century,* S. 123). Die Deutschen dagegen waren überzeugt, Benedikt XV. wäre profranzösisch, und nannten ihn den «Franzosenpapst».

Was Österreich-Ungarn betraf, das Benedikt zu schützen suchte, so war es nicht geneigt, genau in dem Augenblick um Frieden zu bitten, in dem Rußland, sein Hauptgegner, wegen der Ereignisse, die auf die Oktoberrevolution hinausliefen, allmählich kein ernstzunehmender Kriegsgegner mehr war. Abgesehen von der weiterreichenden Bedeutung der Oktoberrevolution 1917 war ihre unmittelbare Wirkung, daß die Österreicher ihre gesamten Energien und riesigen Armeen an der italienischen Front konzentrieren konnten. Benedikts Intervention hatte kaum Erfolgsaussichten. Doch Roncalli vergaß sie nicht und erwähnte sie in einer Anmerkung zu *Pacem in Terris* (Fußnote 59 zu No. 112). Bedeutungsvoller war für ihn, daß sie ihn veranlaßte, über den richtigen Zeitpunkt und die Wirksamkeit päpstlicher Erklärungen nachzudenken.

Diese Ereignisse hatten im Oktober 1917 direkte Folgen. Die Österreicher, nun verstärkt durch sieben ausgesuchte deutsche Divisionen, brachen mit überwältigender Macht durch, machten in zwei Wochen 300 000 Gefangene, brachten den Italienern schwere Verluste bei und drängten sie bis zwanzig Kilometer vor Venedig zurück. Das war die Schlacht von Caporetto (Karfreit), die größte an der italienischen Front während des ganzen Krieges. Es war eine Niederlage, die General Cadornas Frau später mit dem Zusammenbruch Frankreichs 1940 verglich (Seton-Watson, S. 480). Das war übertrieben, aber man versteht, was gemeint ist. Der Rückzug über hundert Kilometer hatte eineinhalb Millionen Italiener unter österreichischer Besatzung gelassen. 400 000 Flüchtlinge verstopften die Straßen und mußten irgendwie ein Dach über den Kopf bekommen und ernährt werden. Der italienische Kommandeur, General Cadorna, schob die Niederlage auf den fehlenden Kampfgeist der Soldaten («Sie zogen sich feige ohne zu kämpfen zurück und ergaben sich schändlich», hieß es in seinem Kommuniqué). Die Soldaten auf dem Rückzug wurden «dezimiert» (das heißt, jeder zehnte wurde erschossen), *pour encourager les autres*. Trotzdem berichtete ein Zeuge, daß die sich zurückziehenden Männer «den Eindruck von Menschen machten, die nach langer schwerer Arbeit endlich heimkehrten, lachend und plaudernd». Die Soldaten «stellten sich naiv vor, dies sei die Möglichkeit, den Krieg zu beenden, und man hörte Rufe nach Frieden und nach dem Papst» (Seton-Watson, S. 479; s. auch Ragionieri, S. 2038ff.).

Don Roncalli war kein großer militärischer Stratege – die Zensur half auch nicht –, und er brauchte eine Weile, bis er merkte, was geschah. Noch am 5. Oktober 1917 – drei Tage nachdem der Feind die Offensive begonnen hatte – war sein Optimismus noch nicht angeschlagen, und er hoffte auf ein frühes Kriegsende, «trotz des Geredes in den Zeitungen und vor allem des ‹verpestenden› *Corriere della Sera*, den man nie lesen soll» (*Familiari*, I, S. 61). Aber das Mailänder Blatt hatte mehr Verständnis als Roncalli für die politischen Schwächen, die sich hinter der militärischen Niederlage verbargen. Am 27. Oktober 1917 konnte die Wahrheit nicht mehr verheimlicht werden. Jeder wußte, daß etwas Gewaltiges und Furchtbares im Gange war. Don Roncalli schrieb seinen finstersten Brief von allen an seinen Bruder Zaverio: «Ich glaube, daß wir jetzt an den schwierigsten Punkt unseres Krieges gelangt sind – und wünsche mir, daß unsere Sache sich zum Guten wende, das heißt zum Sieg unserer Waffen und zum gerechten und dauerhaften Frieden» (ibid., S. 62). Der Schock von Caporetto bewirkte eine neue Welle von Patriotismus. *L'Osservatore Romano*, die Zeitung des Vatikans, brachte nun Leitartikel über die Pflicht des Katholiken, dem Feind zu widerstehen. Gebetet wurde nun nicht nur für einen «gerechten Frieden», sondern auch für «Sieg» (Seton-Watson, S. 482). Don Roncalli machte diesen Stimmungswandel mit. Nun, da soviel italienisches Territorium unter fremder Herrschaft stand, war das ganze Spiel verändert, und man mußte von einer Invasion sprechen. So schrieb er am 22. November an Zaverio: «Nachdem nun der Feind im Hause ist, muß man ihn, koste es, was es wolle, hinausjagen, sonst wäre es schlimm für uns. Jeder in seinem Haus. Wir alle haben unsere Plage, doch ist es heute unsere Pflicht, jedes Opfer zu bringen, damit die Deutschen *(Tedeschi)* hinausgehen, hinaus aus Italien» (*Familiari,* I, S. 63). Caporetto vereinfachte die Kernfrage des Patriotismus; es traf nun eindeutig zu, daß er eine Form von Solidarität mit einem Volk und eine Sache nachbarlicher und brüderlicher Liebe war. Aber das vertiefte nur die Absicht der Vorsehung, die im Krieg verborgen war, und machte sie noch unergründlicher. Und sogar auf dem Höhepunkt des Patriotismus verliert Don Angelo nicht seine Unparteilichkeit: «Wir haben alle schuld.»

Während sich die Lazarette in Bergamo mit den Verwundeten von Caporetto füllten, hatte er einen persönlichen Anlaß zur Sorge. Sein jüngster lebender Bruder, Giuseppe, wurde vermißt. (Luigi, 1896 geboren, war mit zwei Jahren gestorben.) Er war dreiundzwanzig, dreizehn Jahre jünger als Angelo, der ihm besonders zugetan war. Er schrieb an Giuseppe, der in der Familie immer Pino oder Giuseppino genannt wurde, am 5. Dezember 1917:

> Lieber Giuseppino,
> als ich gestern Deine Karte erhielt, war auch der Vater hier bei mir, der wegen seiner Geschäfte nach Bergamo gekommen war. Du kannst Dir vorstellen, wie wir in Gedanken und mit dem Herzen bei Dir sind, besonders jetzt, da Du vielleicht in Gefahr bist. Ich tröste mich, weil ich weiß, daß Du sehr ergeben bist. Du weißt aber, daß unsere Ergebenheit weder Feigheit noch Schwäche ist, sondern Mut und Stärke. Sie ist auf Gott gegründet, der uns überall sieht, uns hört und uns erhält, uns sogar im Kanonendonner froh und zufrieden erhält und uns vor allem Übel bewahrt. Viele Soldaten zucken die Schultern, lachen oder lästern und fluchen leider, wenn sie vom Vaterland reden hören. Wir nicht. Wir tun unsere Pflicht und schauen nach oben. Die Menschen, die uns regiert haben und uns regieren, verdienen nicht unsere Opfer, doch das Vaterland, das heute in Gefahr ist, verdient sie alle. Die Menschen vergehen und das Vaterland bleibt. Wenn wir uns für das Vaterland opfern, wissen wir, daß wir uns für Gott und für unsere Brüder opfern. Und wenn Du – recht bald, wie ich hoffe – heimkehrst, wirst Du sehen, daß nichts, wirklich nichts von dem, was Du ausgestanden hast, umsonst war ... Wo bist Du also? In einem Schützengraben an der Trienter Front? Laß

es mich auf irgendeine Weise wissen, wenn Du es kannst, ohne Deine Pflicht zu verletzen (*Familiari,* I, S. 64).

Roncallis Verachtung für die Politiker spiegelte das gängige «katholische» Urteil wider, daß sie nicht wirklich das Land repräsentierten; und seine Äußerung, daß die Entbehrungen der Soldaten nicht vergeblich sein würden, gibt seine Hoffnung wieder, in der Nachkriegszeit würde man anerkennen, daß Katholiken das Recht verdient hatten, am öffentlichen Leben teilzunehmen.

Aber dieser Brief an Giuseppe wurde nie zugestellt. Einen Monat später, am 6. Januar, gab es immer noch keine genaue Nachricht von ihm. Er sagte Zaverio: «Jetzt aber, da ich besonders an Euch beide denke, bin ich ergriffen, und mir kommen manchmal, wenn ich mit dem Herrn allein bin, Tränen in die Augen, fühle ich mich doch sehr mit Euch verbunden» (*Familiari,* I, S. 65). Seine Nachforschungen nach Giuseppino haben nichts erbracht: Er könnte vielleicht «schon im Himmel» sein, «vielleicht und wahrscheinlicher ist er in Gefangenschaft geraten». Feldwebel Roncalli geht gegen die Tränen mit dem energischen Kommando an: «Dennoch will ich, muß ich stark sein.» Denn jetzt ist die ganze Familie auf Nachrichten von ihm und auf seinen Trost angewiesen. Er versucht, sie moralisch zu stützen: «Anderen das Geschwätz, uns das Opfer. So liebt man das Vaterland und nicht wie viele, die es immer im Mund haben, aber nie im Herzen» (*Familiari,* I, S. 66). Er berichtet Zaverio die letzten Neuigkeiten. Er ist in Sotto il Monte gewesen, wo es einen neuen Gemeindepfarrer gibt. Aber er mußte sich allmählich fragen, ob seine Briefe an seine Brüder überhaupt durchkamen.

An diesem Punkt gibt es eine Lücke von drei Monaten in seinem Briefwechsel. Er beginnt wieder mit einem Brief an Zaverio am 17. April 1918, mit der guten Nachricht, daß Giuseppino irgendwo in Österreich in Gefangenschaft ist. Pinos Standardpostkarte («durchstreichen, was nicht zutrifft») war auf den 19. Februar 1918 datiert. Seine einzige Klage war, daß er Hunger hatte und es kein Brot gab. «Wie es scheint», schreibt Roncalli an seinen Bruder Zaverio, «ist die Ernährungslage in Österreich schlechter als bei uns» (*Familiari,* I, S. 67). Das bedeutete, daß sie wirklich schlecht sein mußte. Denn in Italien war Brot rationiert, in großen Städten auch Fleisch, Zucker, Fett und Olivenöl; zwei Tage in der Woche waren zu «fleischlosen» Tagen erklärt worden (Seton-Watson, S. 487). In Sotto il Monte hatte seine Mutter tatsächlich Brotpakete an Giuseppino geschickt; Angelo machte diese Sache mit, um sie nicht zu enttäuschen, obwohl er genau wußte, daß es Zeitverschwendung war. Aber es war eine Geste.

Abgesehen vom Schicksal Giuseppes verschwand der Krieg nun aus Roncallis Briefwechsel, bis er vorbei war. Zum Teil lag es daran, daß er im Lazarett weniger zu tun hatte. Im April 1918 berichtete er: «Es sind zur Zeit fast keine Kranken hier.» Die italienische Front war verhältnismäßig ruhig. Er teilte die verbreitete Ansicht, daß der Krieg anderswo entschieden würde: «Die Schlacht, die jetzt in Frankreich geschlagen wird, läßt wirklich schließen, daß wir uns dem Ende nähern. Hoffen wir, daß es ein gutes Ende für uns wird und nicht ein böses für alle. Alle haben ihre Plage, und alle leiden» (*Familiari,* I, S. 67). Vor diesem Hintergrund begann er, die Fäden für seine Zukunft aufzugreifen. Er besuchte Kardinal Ferrari am 31. Januar 1918 in Mailand und blieb dort, um dem katholischen Frauenverein einen Vortrag über Katharina von Siena zu halten. Aber er vernachlässigte auch seine militärischen Pflichten nicht. Er sprach fünf Tage später vor Soldaten über Torquato Tassos Gedicht *La Gerusalemme Liberata* (Das befreite Jerusalem) (*Cronologia,* S. 538).

Anscheinend stellte sich wieder die Normalität ein. Der Krieg wurde anderswo ausgemacht. Don Roncalli erhielt eine Stelle für die Zeit nach dem Krieg. Am 27. Februar 1918 entschied Bischof Marella, daß er Aufseher eines Studentenwohnheims *(Casa dello Studente)* werden sollte; es würde in einem Palazzo unweit des Seminars untergebracht. Das war ein neues Abenteuer. Er mußte ganz von vorn anfangen. Roncalli stürzte sich begeistert auf die neuartige Aufgabe, sich im Alter von siebenunddreißig Jahren seine eigene Wohnung einzurichten. Er schaffte Möbel an und zahlte 5% Zinsen auf den Kredit, den er nehmen mußte, um sie kaufen zu können. Er hoffte, seine Schwestern Ancilla und Maria würden kommen und ihm den Haushalt führen (*Familiari,* I, S. 68). Alle Familienangehörigen wären jederzeit gern gesehen.

Doch Unterschiede mußten sein. Am 27. Mai 1918 dankt er Zaverio und seiner Frau Maria für ihr Geschenk von 250 Lire, schickte es aber zurück: Sie könnten es sich nicht leisten. Sein Vater war wie gewohnt großzügig gewesen, sagt er, und es kam nicht in Frage, *sein* Geld zurückzuschicken. Mehr wurde noch für die Kücheneinrichtung gebraucht, deshalb lieh er noch einmal Geld beim Piccolo Credito Bergamo, der katholischen Bank am Ort, und rechnete damit, seine Schulden in zwei bis drei Jahren abzubezahlen. Er war guter Dinge: Die Ausgaben machten ihm nichts aus, weil sie «ein für allemal» waren (*Familiari,* I, S. 68).

Während also Don Roncalli über Töpfe und Pfannen und Häusliches nachdachte, riskierte Papst Benedikt XV. eine weitere Abfuhr, als er die Chancen für einen Separatfrieden zwischen Italien und Österreich-Ungarn erkundete (Seton-Watson, S. 492). Die neutrale Schweiz fungierte als Vermittler. Diese Bemühungen waren jedoch zum Scheitern verurteilt, weil Italien jetzt fest in die Allianz zwischen England und Frankreich eingebunden war und weil die Mittelmächte glaubten, die italienische Front böte das beste Terrain für eine letzte verzweifelte Offensive. Sie begann im Juni 1918 und wurde nach Anfangserfolgen von einer Armee zurückgeschlagen, die nach der Demütigung von Caporetto vollkommen reorganisiert und neu ausgerüstet worden war.

Zwei weitere Dinge sind erwähnenswert, weil sie kommende Ereignisse andeuteten. Die Linke in Italien, immer mißtrauisch gegen «Patriotismus», setzte sich jetzt für eine «Revolution durch Niederlage» nach dem Muster der kurz zuvor durchgeführten Russischen Revolution ein. Am anderen Ende des Spektrums wurde die italienische Armee durch einen neuen Typ von Stoßtrupps verstärkt, die keine langweiligen Aufgaben in Schützengräben hatten, sondern für aufsehenerregendere und heldenhaftere Operationen fit gehalten wurden. Bekannt als die *arditi,* weil sie für Italien «brannten», trugen sie schwarze Hemden, verachteten die Bauern, weil diese mit fatalistischer Resignation kämpften, und «lebten in einer Atmosphäre von Bomben und Flammen» (Seton-Watson, S. 498). Sie waren die Vorläufer der Faschisten. Welten trennten sie von Roncallis stoischen Bauern.

Seine Voraussage, daß der Krieg in Frankreich gewonnen würde, erfüllte sich nicht ganz so, wie er erwartete. Italienische Ehre stand auf dem Spiel. Die italienische Regierung konnte es sich nicht leisten, den Krieg zu beenden, wo noch soviel Staatsgebiet vom Feind besetzt war. Das war eine schlechte Verhandlungsposition. Um überhaupt Einfluß auf die Friedensregelung nach dem Krieg zu haben und den vagen Londoner Vertrag zu erfüllen, brauchte es einen Sieg. Also griffen am 24. Oktober 1918, dem ersten Jahrestag von Caporetto, die Italiener in breiter Front über den Piave an. Zunächst stießen sie auf erbitterten Widerstand. Das Wetter war gegen sie, und Hochwasser riß die Pontonbrücken weg. Aber nach fünf Tagen wurde die Stadt Vittorio Veneto eingenommen (nach ihr heißt die Schlacht), und die Österreicher begannen den Rückzug. Aus dem Rückzug wurde eine wilde Flucht – Caporetto in umgekehrter Richtung –, als die österreichische Armee, aus so vielen Nationalitäten zusammengesetzt, die jetzt entschlossen waren, nach Hause zu gehen und unabhängig zu werden, sich auflöste. Die Tschechen, die Jugoslawen und die Ungarn lehnten sich auf. Die italienische Regierung hatte im letzten Augenblick ihren Sieg. Italien konnte mit einiger Würde seinen

Platz am Konferenztisch einnehmen. Benedikt XV. jedoch war gemäß Artikel 15 des Londoner Vertrags von der Friedenskonferenz ausgeschlossen – die Sowjets hatten seine Bedingungen veröffentlicht, um die kapitalistischen Mächte in Verlegenheit zu bringen (Seton-Watson, S. 493). An der italienischen Front wurde der Waffenstillstand am 3. November unterzeichnet, und die Waffenruhe trat am nächsten Tag um 15 Uhr in Kraft. An der Westfront schwiegen die Kanonen um 11 Uhr am 11. November, dem elften Monat des Jahres 1918. Der Große Krieg war vorbei.

Wir haben Don Roncallis Tagebuch für diese letzten dramatischen Tage:

> 4. November 1918. Der Sieg unserer Waffen ist wirklich grandios gewesen. Wir sollten damit nicht prahlen, weil wir alle Sünder sind.
>
> 10. November 1918. Große religiös-patriotische Demonstration. Eine unglaubliche Menge, fromm und ordentlich. Ich sehe mit Freude, daß Katholiken an solchen Demonstrationen teilnehmen. Wir müssen uns erholen von so einer langen Periode der Trägheit: Die Angst vor dem Zufälligen hat uns das Wesentliche vernachlässigen lassen, zum Nachteil der Kirche und unserer Sache. Wo es nicht um Kompromisse geht und alles zu gewinnen ist, da ist es klug *dazusein,* damit niemand beanspruchen kann, ohne uns zu handeln, und damit würde der Mißbrauch des Patriotismus zu Lasten der Katholiken aufhören . . .
>
> 11. November 1918. Die letzte Nachricht ist, daß Kaiser Wilhelm II. abgedankt hat. Das ist einer, der gern *Domine, domine* (Herr, Herr) sagte und doch den Herrn behandelte wie seinesgleichen. Ich erinnere mich daran, ihn 1903 in Rom gesehen zu haben, als er von hell begeisterten Mengen stürmisch gefeiert wurde. Was für ein Unterschied zwischen damals und heute (*Letture,* S. 407).

Er besuchte seinen Bruder Giuseppe, inzwischen repatriiert, aber sehr krank, in Montegrotto bei Padua. Roncalli wurde eigentlich am 10. Dezember entlassen, obwohl die amtlichen Papiere, die ihn aus der Armee entließen, auf den 28. Februar und 15. März 1919 datiert sind. Er hatte genug von der Armee gehabt, und in der neuen Stimmung nationaler Aussöhnung konnte ein Priester sich mit einem Augenzwinkern zu seinem vorgesetzten Offizier unauffällig davonmachen. Er vernichtete seine Uniform und war froh, sie los zu sein.

6. Kapitel

Propaganda und Faschismus

Und die Fahnen. Und die Trompeten. Und die vielen Adler alle. Wieviel? Zählt sie. Und die Menschen drängen sich. Wir kennen fast uns selbst nicht heute oder unsere Stadt. Hier geht es zu dem Tempel ...
(T. S. Eliot, *Coriolan* (1920), aus *Collected Poems 1909–1962*)

Für Don Roncalli wie für ganz Italien war 1919 eine Zeit der Entspannung und Hoffnung, der Begeisterung und neuer Pläne. Es herrschten allgemeine Sehnsucht nach Veränderung und ein utopisches Verlangen nach Besserem. Die heimkehrenden Soldaten erwarteten, wenigstens Arbeit zu finden, wenn nicht «Häuser, die für Helden passen». Italien hatte am Ende des Krieges auf der Seite der Gewinner gestanden; es hoffte daher auf einen Anteil an der Beute und eine wichtige Rolle am Konferenztisch. Katholiken, deren Beitrag zum Krieg nun anerkannt war, betraten wieder die politische Bühne. Der Vatikan erteilte Don Luigi Sturzo, einem sizilianischen Priester, die Erlaubnis, den *Partito Popolare Italiano* (im weiteren: PPI oder *Popolari*) zu gründen. Er stellte sein Programm am 18. Januar 1919 vor. Obwohl Kardinal Pietro Gasparri, der Staatssekretär, die Verwendung von «katholisch» oder «christlich» im Namen verboten hatte und obwohl es keine «konfessionelle» Partei war, verkörperte sie die Hoffnung der katholischen Bauern und Arbeiter. Don Roncalli war von Anfang an ein begeisterter Anhänger.

Es herrschte ein Gefühl – ganz und gar trügerisch, wie sich zeigen sollte –, daß ein neues Zeitalter heraufdämmerte. «Während für uns alle sozusagen wieder ein neuer Tag anbricht ...», schrieb Roncalli (*Tagebuch,* S. 221). Am 30. Januar 1919 besuchte ihn Pater Agostino Gemelli, einer der Führer des PPI. Noch in der Uniform des Militärarztes, der er gewesen war, sprach Major Gemelli von der Gründung einer Bewegung, die «Vereinigung der Mütter der Gefallenen» heißen sollte. Ein recht unschuldiges Projekt, so schien es, und Roncalli konnte wirklich nicht erraten, daß dieser «Totenkult» Gemelli später dahin bringen würde, ein glühender Faschist zu werden. (Nach Gemelli wurde das Krankenhaus genannt, in dem Papst Johannes Paul II. 1981 behandelt wurde.) 1919 fand Roncalli ihn «sehr franziskanisch» und versuchte ohne rechten Erfolg, ihn dafür zu interessieren, was nach seinem eigenen Bekunden seine *idée fixe* werden sollte:

«Die Notwendigkeit, das Studium der Liturgie zu popularisieren und die lebendige Teilnahme daran anzuregen» (*Memorie,* S. 431). In dieser Hinsicht war er seiner Zeit voraus.

Drei Wochen später, im Februar 1919, traf er Don Giovanni Rossi, den Sekretär von Kardinal Ferrari, der Feuer und Flamme war für den Plan, eine katholische Universität nach den Grundsätzen von Löwen zu gründen. Natürlich würde dies in Mailand geschehen, das intellektuell sehr viel aufregender war als Bergamo und sogar als Rom. «In Mailand tut sich auf allen Gebieten etwas» (*Memorie,* S. 435). Ferrari selbst war trotz seiner Erkrankung an Kehlkopfkrebs und trotz seines hohen Alters sehr optimistisch über die Aussichten des Katholizismus in Nachkriegsitalien. Das «Garantiegesetz» hatte die Stellung der Kirche und des Vatikans im Staat definiert. Aber, behauptete Ferrari, die Kirche hatte zwei weitaus solidere Garantien als das: das Versprechen Christi, daß die Pforten der Hölle nicht obsiegen würden, und massive Unterstützung durch das Volk. Er schloß:

> Präsident Wilson ist wie vor ihm Kaiser Wilhelm II. nach Rom gegangen und hat vor dem Papst gekniet, trotz der Opposition, weil er weiß, daß der Papst die Unterstützung von Millionen organisierter Katholiken hat, die wirklich zählen. Wenn wir dieser Stimme selbst in angemessener verfassungsgemäßer Form in Italien Geltung verschaffen, dann werden wir den Triumph der Kirche, Christi und des Papstes gesichert haben (*Memorie,* S. 435).

«Goldene Worte», kommentierte Roncalli in seinem Tagebuch. Triumphierende Worte auch.

Auf der persönlichen Ebene hatte er guten Grund zum Optimismus. Er hatte den Krieg mit unerschüttertem Vertrauen auf Gottes Güte überlebt: «Wie viele Gnaden gewährte mir der Herr während der vier Kriegsjahre, die die ganze Welt erschütterten» (*Tagebuch,* S. 221). Am 9. Mai 1919 konnte sein Vater endlich einen Kredit erhalten, um La Colombera zu kaufen, das Haus der Familie seit 1892. Es kostete 57 000 Lire. Es war ein ungewöhnlich gutes Jahr für Seidenraupen, und sie konnten den ganzen Ertrag verkaufen und 11 000 Lire abbezahlen. Die Roncallis waren immer noch arm, aber sie waren nicht mehr von Graf Morlani abhängig. Da die Bodenreform auf dem Programm des PPI stand, zählten die Roncallis zu seinen «natürlichen» Anhängern.

Auch beruflich war Don Angelo glücklich. Seine Arbeit als Heimleiter der neuen *Casa dello Studente* im Palazzo Marenzi, Via San Salvatore, in der Oberstadt war fesselnd und befriedigend. Er hatte knapp

über vierzig Studenten. Bildung war der beste Weg, die Zukunft vorzubereiten und seine Gelübde, nun auf Dauer, als Mitglied der Priesterkongregation vom Heiligsten Herzen Jesu zu erfüllen. Sozialisten und Faschisten versuchten bereits, sich bei der neuen Generation den Rang abzulaufen. Deshalb will er seine Studenten formen «zu künftigen großherzigen Aposteln der Wahrheit und der Güte; und gerade dadurch will ich in ihnen die schönsten Hoffnungen der Familien und des Vaterlandes heranbilden» (*Tagebuch,* S. 223). Er war im Innersten zufrieden und sah seine Arbeit im Licht der Emmausgeschichte: «Wie oft, wenn ich abends die Begebenheiten des Tages zusammenfasse, die sich bei der Sorge für meine lieben jungen Menschen ergeben haben, fühle ich etwas in mir, was mich so erbeben läßt wie die Herzen der beiden Jünger auf dem Wege nach Emmaus durch die Berührung mit dem Göttlichen» (*Tagebuch,* S. 223). Er dachte, es könnte keine höhere Berufung geben als «die Herausbildung einer neuen Generation im Geiste Christi» (ibid.). Mag sein, daß er im verborgenen arbeitete, aber Gott und seine Studenten machten «kein schlechtes Publikum» aus (wie Thomas More in *Ein Mann für alle Jahreszeiten* sagt).
Es gab selbstverständlich Probleme. Roncallis Aufzeichnungen am 28. Januar 1919 halten eine kleinere Tragödie fest, ein Bergamasker *Romeo und Julia,* bei dem er nicht den Bruder Lorenzo spielen konnte. Einer seiner Studenten, M. S., verliebte sich in ein Mädchen, das er an einem Fenster gegenüber dem Heim flüchtig gesehen hatte. Niemand war schuld daran, dachte Roncalli. M. S. war nur einfach «verwirrt von seinen ersten unerwarteten spontanen Gefühlen» und «erlebte sein erstes Liebesidyll» (*Memorie,* S. 430). Als Warnung für die anderen wurde M. S. relegiert: Sich verlieben gehörte nicht zum Programm des Studentenheims. Es stand ohnehin in der Schußlinie der Konservativen, die bereit waren, sich auf das erste Zeichen von Lässigkeit oder Nachgiebigkeit zu stürzen. Roncalli versuchte, den schweren Schlag zu mildern, indem er einen Platz für M. S. am Kolleg San Alessandro ausmachte, wo er vom Fenster und der Versuchung entfernt wäre. Der Junge vergoß Ströme von Tränen.
Roncalli war verwirrt von seiner «Schweigsamkeit» und sann über das Mysterium des Heranwachsens und der Jugend» nach (ibid.). Mit achtunddreißig war er aus diesem Abgrund wohl heraus. Seine eigene Jugend hatte die Erfahrung menschlicher Liebe nicht umfaßt, wenn man von der Sohnesliebe absieht. Aber er konnte den Schmerz nachempfinden: «Wie oft begegnet mir das Geheimnis der jugendlichen Seele mit solchem Schmerz, daß ich eine unsägliche Zärtlichkeit verspüre» (*Memorie,* S. 431). Die Umstände zwingen ihn in die Rolle

eines Verteidigers der Institution und eines unbeholfenen Vaters. Aber er sah sich selbst eher als eine Mutter, so wie er sich früher Gott als Mutter vorgestellt hat (s. S. 56): «Ich werde die jungen Menschen wie eine Mutter lieben, jedoch immer im Herrn» (*Tagebuch,* S. 223).
Er war als Prediger gefragt. Im April hielt er drei «Kanzeldialoge» mit Don Carozzi, seinem Mitseminaristen aus Rom. Einer davon spielte Unwissenheit vor und beschwor niederschmetternde Antworten von «dem Katholiken». Dies war eine amüsante und beliebte Form apologetischer Unterhaltung. Er sah zweimal den Film *Christus,* war erst enttäuscht, kam aber nach längerem Abwägen zu dem Schluß, daß es «ein Beitrag der modernen Kunst und Industrie zur Verherrlichung Christi» sei (*Memorie,* S. 442).
Giuseppe Toniolo, Soziologe und Theoretiker der christlichen Demokratie, starb im Mai 1919, und Graf Giuseppe Dalla Torre (der dann fast sein ganzes Leben für *l'Osservatore Romano* arbeitete) pries ihn in Worten, die Don Roncalli sorgfältig aufschrieb:

> Unter den materiellen und moralischen Ruinen der Neuzeit, die Liberalismus und Sozialismus, die Erben der Französischen Revolution, herbeigeführt haben, entdeckte Professor Toniolo die schlummernden Energien, die die Menschen hin zu Christus treiben, der Quelle wahrer Erneuerung, und hin zur Kirche, der Mutter wahrer Zivilisation. So erdachte er ein Programm für Italien, das es in die Lage versetzen sollte, an seine ruhmreiche Vergangenheit anzuknüpfen und noch einmal seine Aufgaben und seine Mission in der Welt zu erfüllen (*Memorie,* S. 448).

Das blieb ein Teil von Roncallis reifer historischer Analyse. Darin steckte eine optimistische Deutung des 19. Jahrhunderts und eine Ablehnung des weltverleugnenden Dunkels des «Syllabus der hauptsächlichen Irrtümer» (1864). Es wies auf die «Aussöhnung» zwischen Kirche und Staat in Italien hin. Als Roncalli nach seiner Wahl zum Papst seine Kathedrale San Giovanni in Laterano in Besitz nahm, zitierte er Toniolos Prophezeiung über Italien «... daß eines Tages Christus im Triumph auf den Schultern seines Volkes zurückkehren wird» (*Vent' Anni,* S. 69).
Aber jetzt geschah es noch nicht. Roncalli vermerkt seine Traurigkeit am 19. Juni 1919, als die Fronleichnamsprozession durch die Oberstadt und am Studentenheim vorbeizog. Es gab eine prachtvolle, fröhliche weiße Fahne, die Standarte der katholischen Jugend – aber keiner marschierte dahinter. Er beschloß, daß im nächsten Jahr seine vierzig Studenten hinter dieser Fahne gehen sollten. Und das taten sie auch (*Memorie,* S. 451). Genau vierzig Jahre später las er diesen Abschnitt wieder in den Vatikanischen Gärten und war tief bewegt (*Letture,* S. 65).

Außer vielen Predigten und seiner Arbeit im Heim hatte Don Roncalli auch die Aufgabe eines Kaplans des Katholischen Frauenvereins. Der Titel ihres Informationsblattes *Gigli e Rose* (Lilien und Rosen) ließ nicht auf eine sehr radikale Bewegung schließen. Er kannte damals schon eine richtige katholische Feministin, Adelaide Coari, die mit Bischof Radini zusammengearbeitet hatte. Sie verachtete die Lilien- und Rosenwelt von Nähkreisen, die so oft unter dem Anspruch einer weiblichen Katholischen Aktion liefen, und meinte, daß Frauen ihre Rechte kennenlernen und sich am direkten sozialen Handeln beteiligen sollten. Sie arbeitete jetzt in Mailand. Wir werden ihr wieder begegnen, wenn sie ihren Briefwechsel mit Roncalli aufnimmt.

Der Katholische Frauenverein machte sich gut in Bergamo, besonders in der Oberstadt: Im Juni 1919 hatte die Jugendgruppe über fünfzig aktive Mitglieder, und Don Roncalli rüttelte «die trägeren Pfarrbezirke» wach (*Memorie,* S. 450). Frauen schüchterten ihn nicht mehr ein, aber er hielt sich streng an die Regel, die er sich 1910 gegeben hatte, als er zum Kaplan des Vereins ernannt worden war: «Die Ämter, die mir übertragen wurden, erfordern viel Takt und sind manchmal nicht ungefährlich, wenn ich, was nicht selten vorkommt, mit Frauen zu verhandeln habe. Ich nehme mir deshalb vor, immer gütig, bescheiden und ernst zu bleiben, damit meine Person in den Hintergrund tritt und meine Tätigkeit dadurch geistlichen Nutzen bewirkt» (*Tagebuch,* S. 210). Er hatte 1919 ein ähnliches Problem mit den Studenten. Sie hingen allmählich persönlich an ihm. Er löste es auf die gleiche Art. Er sah sich als «ein kleines Werkzeug», nie außerhalb der Hand Gottes. Das bedeutete nicht, «die Härte und Leblosigkeit eines Steines» zu haben, sondern vielmehr «hell von der Gnade und der Lehre» zu sein und «so Leben und Ermutigung zu verbreiten» (*Memorie,* S. 473).

Obgleich Roncalli den triumphierenden Optimismus der Nachkriegszeit teilte, stand er seinen allzu groben Bekundungen kritisch gegenüber. Er nahm an der Preisverleihung an der örtlichen Jesuitenschule teil, wo der aggressive und vorwitzige Stil der Schülerbeiträge ihn schockierte. Er erinnerte ihn zu stark an Pater Matiussis «Einseitigkeit»:

> Die Aufsätze, die von den Schülern vorgelesen wurden, waren kämpferisch und voller Schlachtrufe. Sie scheinen ständig die Peitsche in den Händen zu haben. Sie haben den Geist von Elias und sehr wenig vom Heiligsten Herzen. Wenn einer unserer Gegner dabeigewesen wäre, so habe ich meine Zweifel, ob er überzeugt oder auf unsere Seite gezogen worden wäre. Es scheint allem an Reife zu fehlen. Oder irre ich mich? Das wäre möglich (*Memorie,* S. 451).

Trotz der polemischen Atmosphäre, die für die Zeit charakteristisch war, glaubte Roncalli, daß Gegner immer mit Respekt behandelt werden sollten. Der Knüppel in der Hand war nicht die christliche Art.

Er hegte insgeheim Zweifel an seinem Bischof, Luigi Marella. Er war freundlich und meinte es gut, aber «er versteht gewisse Situationen nicht und hat nicht den Mut, die Dinge zu tun, die ihm große Ehre machen würden; so zieht er sich verwirrt in sein Schneckenhaus zurück» (*Memorie,* S. 432). Das war im Februar 1919. Zwei Monate später heißt es von Marella, er sei «schüchtern und ängstlich gegenüber allem Neuen». Er reagiert auf Probleme Tag für Tag, wie sie auftreten, anstatt «einem Plan zu folgen und ihn energisch durchzuführen» (ibid., S. 444). Kurz, Marella war nicht Radini Tedeschi. Don Roncalli war als Biograph und ehemaliger Sekretär von Radini Tedeschi in einer schwierigen Lage. Jede Kritik, die von ihm käme, könnte als Sehnsucht nach der «guten alten Zeit», als er noch Einfluß hatte, ausgelegt werden. Deshalb ging er Klatsch aus dem Wege. Am 8. Juni 1919 traf er Bischof Marella zufällig in der Seilbahn, die Ober- und Unterstadt miteinander verbindet. «Hat der Rektor des Seminars etwas gesagt?» fragte der Bischof geheimnisvoll. Er hatte nicht, aber am nächsten Tag erfuhr Roncalli, daß er zum Spiritual am Seminar vom Beginn des kommenden akademischen Jahres ernannt worden war.

Es war eine Vertrauensstellung, wenn auch ohne weiteres Ansehen. Es bedeutete, daß man die absurden Sorgen über seinen angeblichen «Modernismus» zu den Akten gelegt hatte. Während seiner Exerzitien 1919 verschmähte er allen Ehrgeiz: «Ehren und Auszeichnungen sind auch in der Welt der Kirche ‹Eitelkeit der Eitelkeiten›» (*Tagebuch,* S. 222). Er hält sich selbst Vorträge über ihre grundsätzliche Oberflächlichkeit: «Wer sich nahe dabei und mitten darin befunden hat, wie es mir in Rom und in den ersten zehn Jahren meines Priesteramtes geschah, der kann wirklich sagen, daß es nur Nichtigkeiten sind, die keinen anderen Namen verdienen» (*Tagebuch,* S. 222). Beteuerte er zuviel? Schloß er eine Versicherung gegen Enttäuschung ab? Gewiß, als eine Konferenz des neugegründeten nationalen Verbandes katholischer Frauen *(Unione Femminile Italiana)* für den Oktober 1919 angekündigt wurde, stürzte er sich auf die Gelegenheit, nach Rom zu gehen, und fühlte schon ein gewisses Heimweh: «Um die Wahrheit zu sagen, so begrüße ich mit Freude diese Möglichkeit, ein Bad in der *romanità* zu nehmen und mein Amt unter den Studenten und Seminaristen den Gräbern der römischen Heiligen zu opfern» (*Memorie,* S. 464).

Er brach dann am 26. Oktober 1919 doch mit konkreterem Ziel nach

Rom auf, nämlich um an der Konferenz teilzunehmen und der Kurie und möglichst auch dem Papst das Studentenheimprojekt vorzustellen. Die Reise begann schlecht. Am Mailänder Bahnhof wurde ihm seine Brieftasche mit 800 Lire gestohlen. Er versuchte, den Vorfall leichtzunehmen, indem er eine passende Bibelstelle ausdachte («Denn ihr habt... auch den Raub eures Vermögens freudig hingenommen», Hebräer 10,34). Aber er war gedemütigt, nicht so sehr, weil er das Geld verloren hatte, als vielmehr wegen seiner Untüchtigkeit. Er hätte nicht so geistesabwesend sein dürfen. Er war übermüdet, als er in Rom ankam, und fand die Konferenz eine Qual. Er machte lange Spaziergänge, bewunderte die moderne Kunst in der Galleria Borghese und entdeckte, daß Rom sich sehr verändert hatte: Neue teure Villen bedeckten jetzt den Hügel von Parioli. Er machte alte Freunde ausfindig, so seinen ehemaligen Rektor Msgr. Bugarini. Am 1. November hatte er ein langes Gespräch mit Msgr. Franceschini, dem Gemeindepfarrer an San Rocco, über «das ständige mißliche Problem seelsorgerischer Arbeit in Rom» (*Memorie,* S. 467). Sehr wenige Priester stammten aus der Diözese Rom (nur zwei sollten 1925 geweiht werden). Die Päpste waren zwar eigentlich Bischöfe von Rom, konnten aber nicht als echte Seelsorger wirken, zunächst weil sie auch weltliche Herrscher waren, und nach 1870, weil sie auf den Vatikan beschränkt blieben. Und nun bedeutete die Ausbreitung der Vorstädte, daß die Kirchen hier und die Menschen dort waren. Don Roncalli hob diese Eindrücke für die Zukunft auf. Als Papst würde er versuchen, auch Bischof von Rom zu sein.

Aber sein Besuch von 1919 heilte ihn von jedem noch haftengebliebenen Heimweh: «Ich muß gestehen, daß ich, je älter ich werde, die römische Atmosphäre desto weniger liebe. Ich bin wie ein Pilger hier; und obwohl es sehr viel Gutes zu tun gibt, möchte ich hier nicht leben» (*Memorie,* S. 498). Doch konnte er noch nicht abreisen, weil er auf eine Audienz bei Papst Benedikt XV. wartete. Er besuchte Msgr. Tedeschini, den Unterstaatssekretär, am 29. Oktober und war erleichtert, daß er nicht zu viele Fragen über Bergamo stellte (ibid., S. 466). Das hätte genügen müssen. Er hatte erklärt, wie die Studentenheime – zwei weitere waren geplant – finanziert wurden: Eine GmbH war unter dem Firmennamen *Opera San Alessandro* gegründet worden, mit einem Vorstand aus zwölf Personen und dem Bischof als Präsidenten. Er bewegte sich auf dem gleichen Boden in einem Brief an den Papst vom 5. November 1919 (*Pastore,* S. 85ff.), indem er die Arbeit als eine Antwort auf «die neuen Anforderungen einer neuen Zeit» beschrieb *(tenendo conto dei nuovi tempi e delle nuove esigenze)*, ein Satz, der zehn Jahre vorher viel Sand aufgewirbelt hätte. Aber die

Audienz ließ immer noch auf sich warten. Er stand sich einen ganzen Morgen in einem Vorzimmer die Beine in den Bauch und wurde langsam ungeduldig: «Diese gesegnete Audienz wird eine echte Qual für mich» (*Memorie,* S. 468).
Endlich, am Morgen des 6. November 1919, sah er den Papst, nachdem ihn der Domherr Pietro Morlani, der Bruder des früheren Pachtherrn seiner Eltern, hereingebeten hatte. Es ging gut:

> Der Papst war so gütig. Er stellte mir einige Fragen über die Arbeiterbewegung in Bergamo und ließ eine gewisse Sorge darüber durchblicken. Er hörte zu, als ich über meine Arbeit mit den Studenten erzählte, und segnete sie und die Arbeit, die ich am Seminar beginne. Er machte einen sehr angenehmen und herzlichen Eindruck. Der Segen des Papstes ist kostbar und wird mich stärken (*Memorie,* S. 469).

Roncalli hatte Audienzen bei allen Päpsten des 20. Jahrhunderts. Benedikt XV. war ihm der sympathischste. Doch diese Audienz fand auf dem Höhepunkt einer hitzigen Wahlschlacht statt. Nirgendwo war der Gegensatz schärfer als in Bergamo.
Die Befürchtungen des Papstes im Blick auf Bergamo hingen mit dem erwarteten Linksruck zusammen. Als Roncalli nach Hause kam, stand nur noch eine Woche Wahlkampf bevor. Seine Festlegung auf den PPI war ohne Wenn und Aber. Er sah ihn als «Ausdruck der Forderungen des christlichen Geistes im öffentlichen Leben» (*Memorie,* S. 470). Das Symbol des PPI war ein weißes Kreuz auf blauem Schild; sein Kreuzzug galt der Gerechtigkeit (nach 1945 verwendeten seine geistigen Erben, die Christdemokraten, ein rotes Kreuz auf weißem Schild). Don Roncalli war über das örtliche Ergebnis überglücklich. In Bergamo gewannen die *Popolari* fünf von sechs Sitzen. Das war besser als die nationale Leistung. Die *Popolari* gewannen 100 Sitze in der Kammer neben 156 Sozialisten und 252 Liberalen und ihren Verbündeten. Sie waren das Zünglein an der Waage. Für eine noch kein Jahr alte Partei war das ein Erfolg, der sich sehen lassen konnte. Er wurde noch dadurch versüßt, daß die Faschisten Mussolinis, eines exsozialistischen Nationalisten, schlimme Prügel bekamen. Unterrichtete Kreise behaupteten, daß die *Popolari* in das sozialistische Lager eingebrochen waren und so eine Revolution verhindert hätten.
Aber die Wahl vom 16. November 1919 entschied nichts. Die extreme Linke suchte durch Streiks und Fabrikbesetzungen eine «revolutionäre Situation» zu erreichen. Die Faschisten nährten sich aus einem unzufriedenen Nationalismus, aus der Desillusionierung ehemaliger Soldaten, und sie ließen die Straßen von ihren Schlägertrupps un-

sicher machen, während sie beanspruchten, die Partei der «Ordnung» zu sein. Stiefelknarren war die Hintergrundmusik der zwanziger Jahre in Italien in viel stärkerem Maße, als es Charleston und Jazz in New Orleans waren.

Don Roncalli beschäftigte sich vorrangig mit den Angelegenheiten der Priester vom Heiligsten Herzen Jesu. Der Superior Msgr. Luigi Drago war ein Mann mit aufbrausendem Temperament, von Zeitgenossen als «Preußen» bezeichnet, dessen Motto war: «Angriff ist die beste Verteidigung» (*Pastore,* S. 47). Roncalli war der taktvolle, diplomatische zweite Mann an der Spitze, mit der Aufgabe betraut, zum zehnten Jahrestag der Gründung an Papst Benedikt XV. zu schreiben (Text s. *Pastore,* S. 89f.). Der Brief war auf den 29. Januar 1920 datiert. Sie wären, sagt er, nur eine kleine Schar. In einem Postskriptum führt er sie alle namentlich auf. Neun lebten in der Gemeinschaft («Interne»), während achtzehn weitere (darunter er selbst) über die Diözese verstreut waren. Er erbat den Segen und, wenn möglich, einige persönliche Worte des Papstes. Benedikt übertraf alle Erwartungen mit einem lateinischen Brief vom 13. April 1920, der herausstrich, daß Qualität stärker zählte als Quantität (*Pastore,* S. 91f.).

Dieser ein wenig banale und zusammenhanglose Gedankenaustausch zeigt, wie sehr Don Roncalli den Priestern vom Heiligsten Herzen Jesu verbunden war. Wenn sie angegriffen würden, könnten sie den päpstlichen Brief als Talisman vorweisen. Der Briefwechsel diente auch dazu, Roncallis Namen Benedikt ins Gedächtnis zu rufen, obwohl das ganz und gar nicht der Zweck war. Aber nicht viele Diözesanpriester, auch nicht in Italien, schreiben zweimal innerhalb von zwei Monaten an den Papst. Im September 1920 wurde er plötzlich einem viel größeren Kreis bekannt. Er wurde ausgewählt, um eine Ansprache an den sechsten Nationalen Eucharistischen Kongreß zu halten. Er fand in Bergamo statt, und sein Thema war «Das Sakrament und die Muttergottes». Oberflächlich sah es nach einem introvertierten kirchlichen Thema aus, bei dem es darum ging, das rechte Gleichgewicht zwischen der zentralen Gestalt Christi und einer Marienfrömmigkeit, die wild zu wuchern drohte, herzustellen. Aber dieser erste Eucharistische Kongreß nach dem Krieg gab der italienischen Kirche auch eine Gelegenheit, ihren Standort in der Gesellschaft zu bestimmen. Seit Mai 1920 hatten sich die Konflikte in der Industrie zugespitzt. Doch die Stimmung des Kongresses war optimistisch. Ein zeitgenössischer Bericht fängt etwas von der Atmosphäre ein, in der Don Roncalli die wichtigste Rede seines bisherigen Lebens hielt, am Nachmittag des 9. September 1920:

> Das Teatro Rubini war sogar noch voller als am Vortag. Kein einziger Winkel war frei. Die Bühne selbst war vollbesetzt mit Bischöfen und Würdenträgern. Die Szene kann nicht beschrieben werden: Herzen voller Freude; Begeisterung, durch Ehrfurcht gezügelt, leuchtet auf allen Gesichtern. Die eucharistische Hymne wird gesungen, der Präsident trägt die Gebete vor und faßt die am Morgen geleistete Arbeit zusammen. Dann beginnt Professor Roncalli zu sprechen ... Seine Rede wird viele Male durch Applaus unterbrochen, und am Ende feierten ihn die Zuhörer, tief bewegt und begeistert, mit einer stehenden Ovation (*Rosario,* S. 131, zitiert nach dem offiziellen Kongreßprotokoll).

Die Rede war ein herausragender Erfolg. Sie kann als ein Beispiel für Roncallis Mariologie und als Kommentar zu den «Zeichen der Zeit», wie sie 1920 erschienen, gesehen werden.

Seine Mariologie ist klar und nicht aufsehenerregend. Er erläutert das Motto von Lourdes *Ad Jesum per Mariam* («Zu Jesus durch Maria»), um zu zeigen, daß die Rolle Marias in der Heilsgeschichte nicht verstanden werden kann ohne den Bezug zu ihrem Sohn. Deshalb kann sie nicht als Rivalin Jesu oder als Bedrohung für seine Rolle als «der eine Mittler» gesehen werden. Seine Ausführungen sind eher solide als brillant, untermauert von Zitaten der Kirchenväter und belebt durch Poesie, die dem Hohelied Salomos entliehen ist. Die Predigten des heiligen Bernhard führten ihn durch diese doppeldeutigen Gefilde. Wenn das Hohelied erklärt: «Eine Lilie unter Disteln ist meine Freundin unter den Mädchen» (2,2), fragt Don Roncalli rhetorisch: «Wer kann anderes in dem köstlichen Bild der Lilie sehen als die Immaculata, wunderschön und strahlend?» (*Rosario,* S. 120). Man müßte schon sehr ungehobelt sein, um das nicht zu sehen. Außerdem hätte das Bild eine lange Geschichte. Aber wenn neben die Lilie der Apfelbaum tritt, dessen «höchst nahrhafte Frucht» «offenbar» das Sakrament der Eucharistie sein soll, dann ist man versucht zu denken, daß eine unkritische allegorische Exegese ebenso verdunkelt wie verschönt.

Doch Don Roncalli hatte ein wohlbegründetes Argument, mit dem er ein Bindeglied zwischen Maria und dem Sakrament herstellte. Es kommt letztlich von der Genealogie Jesu bei Matthäus. «Von ihr wurde Jesus geboren, der der Christus genannt wird» (Mt 1,16). *Caro Christi, caro Mariae:* das Fleisch Christi kommt vom Fleisch Marias. Um die Verbindung zwischen Maria und dem Sakrament herzustellen, erklärte Roncalli, braucht man nicht jenen ungestümen modernen Malern zu folgen, die Maria darstellen, wie sie die Kommunion aus der Hand des Apostels Johannes empfängt. Eine unnötige Erfindung. Es genügt, auf die alte Antiphon zurückzukommen: *Ave, verum*

Corpus, natum ex Maria Virgine («Gegrüßet seist du, wahrer Leib, geboren aus der Jungfrau Maria»). Wenn Jesus von Maria geboren ist und wenn das Sakrament sein Leib und sein Blut ist, dann gibt es eine innige Verbindung zwischen der Muttergottes und dem Sakrament.

Doch es war nicht die Beschäftigung mit Maria, die Roncalli die stehende Ovation eintrug. Er verdiente sie sich mit seinem patriotischen Eifer und seinem Ruf, der auf seiner Kriegserfahrung als Kaplan beruhte (s. S. 115): «Nein, das christliche Italien ist nicht tot» (*Rosario,* S. 127). Die Antiklerikalen sagten, daß die Geistlichkeit zur Unterstützung der *Popolari* getrommelt hätten, daß sie ihre Werbetruppen wären. Aber in Bergamo, erwiderte er, ist die Katholische Aktion eine *populistische* Sache, und diese «riesige und mächtige Organisation ist nur der spontane Ausfluß des religiösen Empfindens der Menschen» (ibid., S. 128). Ihr Zweck sei, die Grundsätze der katholischen Soziallehre, «abgeleitet aus dem Evangelium», bei allen zeitgenössischen Problemen zum Tragen zu bringen: Arbeitslosigkeit, Armut, Klassenkampf, Arbeiterunruhen, Inflation. «Die wirtschaftliche Problematik ist die gewichtige unbekannte Größe dieser bewegten Zeit», räumte er ein (ibid., S. 129). Er hatte keine praktischen Lösungen anzubieten. Aber er wußte, daß alle Lösungen gerecht und unparteiisch sein müßten, wenn sie nicht scheitern sollten.

Don Roncalli redete nicht ins Leere. Erst im Monat zuvor war die Rote Armee vor den Toren Warschaus zurückgeschlagen worden, in einer Schlacht, die «das Wunder an der Weichsel» genannt wurde. Der Sieg wurde allgemein der «Schwarzen Madonna von Tschenstochau» zugeschrieben. Aber jetzt war Italien selbst bedroht:

> Während wir hier zu diesem Kampf versammelt sind, macht unser Italien eine seiner schwärzesten und schrecklichsten Stunden durch. Neue Barbaren stehen vor den Toren unserer Stadt. Sie haben die roten Fahnen gesehen, Symbole der Gewalt, die unheilverkündend über den Fabriken flattern, wo die Menschen – manchmal leichtgläubig, aber immer herzensgut – auf Arbeit warten. Was geschieht da? Stehen wir vielleicht am Vorabend einer sozialen Revolution? (*Rosario,* S. 131).

Das nicht, aber es war eine durchaus vernünftige Frage. Seit sechs Monaten schlug sich die Regierung des achtundsiebzigjährigen Giolitti mit Lohnforderungen herum. Das traditionelle Heilmittel, «standhaft zu bleiben», schien nicht mehr zu funktionieren. Aussperrungen wurden von den Arbeitern mit Fabrikbesetzungen beantwortet. Rote Garden wurden an den Toren aufgestellt. Das Ziel war, zu beweisen, daß die Arbeiter die Fabriken genausogut wie ihre Chefs leiten konnten. Der junge marxistische Theoretiker Antonio Gramsci erklärte auf erregten Betriebsversammlungen, Italien würde sich in dem Endstadium befinden, das man «vorrevolutionär» nannte. Ein kräftiger Stoß, und die Fassade der bürgerlichen Gesellschaft würde in sich zusammenfallen. Die Russische Revolution von 1917 sorgte für Vorbild und Anfeuerung. Das Bürgertum war aufgeschreckt und suchte auf der Rechten Schutz.

Roncalli bewahrte Ruhe. Der Vortrag, nach dem er mit der Ovation gefeiert wurde, war eine Aufforderung zu hoffen. Er erzählte die Geschichte des polnischen Dominikaners, des heiligen Hyazinth, der das Sakrament viele Meilen weit trug, um den tatarischen Horden zu entkommen; jedoch die Statue der Madonna wurde ihm zu schwer, deshalb vertraute er sie seinen Pfarrkindern an, und zusammen erreichten sie die Sicherheit Krakaus. Die Bedeutung war klar:

> Unsere Stimmung ist nicht furchtsam. Unsere Herzen sind standhaft, auch wenn die Revolution kommen sollte. Mitten im allgemeinen Niedergang liegt das Heil in unseren Händen.
>
> Seht, wir Priester werden Christus in seinem Sakrament hochheben und werden den wirbelnden Strom der Menschheit segnen. Ihr, die Laien, werdet die Statue der Madonna auf eure Rücken binden und mit sicherem Schritt dem Abgrund, dem Sturm, sogar dem Tod trotzen. Gott wird sein Wunder wiederholen. Wir werden die heiligen Unterpfänder der Zivilisation, das Heilige Sakrament und die Madonna, die teuersten Gegenstände unseres Glaubens und unserer Liebe, in Sicherheit bringen, und nach dem schmerzensreichen Kampf werden wir sie auf den Altar des Vaterlandes legen (*Rosario,* S. 131).

Das war nicht sehr klar. Aber kristallene Klarheit konnte man von solcher Rhetorik nicht erwarten. Don Roncalli ließ seine Möglichkeiten offen. Ohne die Revolution zu empfehlen oder zu verurteilen, versuchte er zu sagen, daß die Kirche in der sehr notwendigen Arbeit des Wiederaufbaus der Gesellschaft irgendwie dabeisein sollte.

Aber in diesem September 1920 verblaßten die Aussichten auf eine Revolution bereits. Die Arbeiter waren zu einer gewaltfreien Besetzung der Fabriken bereit, aber nicht zu einem bewaffneten Aufstand. Gramsci und die extreme Linke hatten nicht die Unterstützung, die sie brauchten. Einer der treffendsten Kommentare stammt von Gaetano Bensi, einem Mailänder Gewerkschaftsführer: «Revolutionen werden nicht gemacht, indem man erst eine Versammlung einberuft, die diskutiert, ob man eine Revolution machen soll oder nicht» (Seton-Watson, S. 565, Anm. 2). Roncallis Auftritt vor dem Eucharistischen Kongreß bestätigte ihn als kraftvollen Redner und kommende Führerpersönlichkeit. Er errang auf Landesebene einen gewissen Ruf. Er war jetzt deutlich ein «vielversprechender» Priester. Trotz seiner neununddreißig Jahre war er jung für seinen Beruf. Eine große Karriere konnte ihm zuversichtlich vorausgesagt werden – aber das würde fast sicher bedeuten, daß er Bergamo verlassen müßte.

Der erste Hinweis auf eine Veränderung stand in einem Brief von Kardinal Willem van Rossum, dem niederländischen Präfekten von «Propagande Fide», an Bischof Luigi Marella. (Nachdem Josef Goebbels den Begriff «Propaganda» befleckt hatte, wurde die Abteilung in «Kongregation für die Evangelisierung der Völker» umgetauft, ein unhandlicher Brocken, der sich nicht durchsetzte.) Van Rossum sagte, er habe Don Roncalli im Auge für den Posten eines nationalen Präsidenten für die Ausbreitung des Glaubens. Obwohl viele Diözesen, einschließlich Bergamo, blühende Organisationen hatten, um die Tätigkeit der Mission zu unterstützen, war an anderen Orten Italiens die Arbeit schlecht organisiert oder völlig unbekannt. Van Rossum wünschte einen Organisator, einen Anreger und einen Geldeintreiber. Er wußte, daß Don Roncalli eine wichtige Aufgabe als Gründer und Heimleiter des Studentenheims erfüllte, aber Bergamos Verlust wäre Roms Gewinn (*Natale, 1970,* S. 10f.). Van Rossums Brief ist auf den 6. Dezember 1920 datiert.

Bischof Marella übergab ihn Don Roncalli, der in «Verblüffung und Qual» gestürzt wurde (ibid., S. 14). Er war in Bergamo glücklich, und er war sich nicht sicher, ob er in Rom glücklich sein würde. Zugleich wollte er sich nicht dem «Willen Gottes» widersetzen, falls es sich wirklich als Wille Gottes erwiese. Er schrieb an Bischof Marella und Kardinal Ferrari, trug seine Zweifel vor und bat um ihren Rat. Es war nicht mangelnder Eifer für die Mission, was ihn zögern ließ. Im Gegenteil: «Über die Ausbreitung des Reiches Christi in der Welt hinaus, was die Hauptaufgabe der Kirche ist, bin ich davon überzeugt, daß es eines der besten und sichersten Mittel zur Kräftigung des Glaubens unter den lauen Gläubigen des Westens ist, sie für die katholische Mission im Osten zu interessieren» (ibid., S. 12). Naher oder Ferner Osten? Warum nur der Osten? Was ist mit Afrika? Diese seltsame Einschränkung (die vielleicht nur ein Verschreiber ist) nahm seine eigene Arbeit auf dem Balkan und im Nahen Osten vorweg.

Aber trotz seiner Liebe zur Mission meinte er, man hätte irgendwo einen Fehler gemacht. Er hätte nicht das organisatorische Geschick, das man ihm zutraute. Van Rossum hätte ihn wohl mit Radini Tedeschi verwechselt, dem Meisterorganisator. Schließlich – als letzten Einwurf der Bescheidenheit – erklärte er, er hätte nicht das richtige Temperament für diesen Posten. Er ist «einer, der nicht viel zustande bringt; von Natur aus faul, schreibe ich sehr langsam und lasse mich leicht von der Arbeit ablenken» (ibid., S. 13). Seine Selbstdarstellung schließt: «Das aktive Leben der Außenarbeit, zu dem ich bisher verurteilt gewesen bin, ist nie mein Ideal gewesen; ich hätte ein Leben der Sammlung und des Studiums in einer Mönchszelle bevorzugt, mit einer Neigung zur direkten Seelsorge, aber friedvoll und ohne viel Getue» (ibid.). Giuseppe Roncalli OSB war eine Phantasie, der er sich bisweilen hingab.

Niemand schenkte diesen Beteuerungen seiner Unwürdigkeit besonders große Beachtung. Bischof Marella antwortete van Rossum, daß die Ersetzung Roncallis nicht leicht sein würde, und bat um Aufschub (ibid., S. 17). Der wichtigere Brief kam von Kardinal Ferrari. Am 15. Dezember 1920 schrieb er an Don Angelo:

> Sie wissen, wie sehr ich Sie liebe: Dies ist eine weitere Schuld gegenüber Msgr. Radini Tedeschi. Aus ebendiesem Grund schreibe ich hier mein klares und spontanes Urteil: Der Wille Gottes ist so deutlich, wie er nur sein kann, da der «rote» Papst (der Präfekt von Propaganda Fide) das Echo des «weißen» Papstes ist, und beide sind von Gott. So gehen Sie voran! Wann immer Gott ruft, geht man, ohne Zögern, und überläßt sich in allem seiner göttlichen und lebendigen Vorsehung. In innigster Zuneigung in Jesu Christo
> +Andrea C. Kardinal-Erzbischof (*Natale, 1970,* S. 15).

Ferrari war inzwischen dem Tod nahe. Dies verlieh seinen Worten besonderen Nachdruck.

Doch die gesamte Mailänder Kurie an der Piazza Fontana 2 war auf Roncallis Seite und meinte, seine Vorzüge wären endlich anerkannt worden. Don Giovanni Rossi gratulierte und umarmte ihn im Herrn (achtunddreißig Jahre später war er einer der ersten, der von dem Projekt eines Ökumenischen Konzils erfuhr). Don Alessandro Macchi, der zweite Sekretär, schilderte, wie Kardinal Ferrari bei der Lektüre seines Briefs auf seinem Krankenlager «ein paar Worte stammelte und uns mit einer prachtvollen Geste zu verstehen gab, für wie glänzend er diesen Beschluß hielt» (ibid., S. 16). Macchi fuhr fort: «Von seinem Schmerzenslager regiert er die Diözese mit der Heiterkeit eines Heiligen» (ibid.). Macchi schrieb den Heiligen mit Großbuchstaben. Wie kein Mann ein Held vor seinem Kammerdiener ist, so sind auch nur wenige Bischöfe Heilige für ihre Sekretäre.

Vor diesem Sperrfeuer von guten Ratschlägen brach Roncallis Widerstand zusammen. Sein offenster Brief ging an Don Paolo Giobbe, der sein Präfekt am Römischen Seminar gewesen war und jetzt Rektor des Propaganda-Fide-Kollegs war. (Er wurde am 15. Dezember 1958 von Papst Johannes zum Kardinal erhoben.) Roncalli gestand, daß

«diese plötzliche Änderung in der Richtung meines Lebens mich überrascht und erschreckt hat». Er empfand eine ausgesprochene Abneigung gegen die neue Stelle. Er wollte gar nichts davon wissen. Dennoch stand auf der einen Seite «Dein Wille geschehe» und auf der andern «Selbstsucht und die Gründe des Herzens» (*Natale, 1970,* S. 18). Aber sobald Roncalli das Problem in dieser Weise gestellt hatte, war es schon gelöst. Die «Selbstsucht», die ihn in Bergamo gehalten hätte, war untergraben worden. Er nahm die Stelle an.
Die Ernennung wurde in einem Brief van Rossums an Bischof Marella vom 10. Januar 1921 bestätigt (ibid., S. 21). Don Roncallis erste Begegnung mit van Rossum war ein Erfolg. Er beschloß, seine Arbeit bei Propaganda Fide am 18. Januar 1921, am Fest Petri Stuhlfeier, aufzunehmen. Es war eine bewußte Wahl, die auf einem historischen Wissen beruhte. Petri Stuhl symbolisierte die Autorität, die im Papst weiterwirkte. Unser Wort *ex cathedra* leitet sich von Petri Stuhl, vom Heiligen Stuhl, her.
Roncalli war jetzt ein Kurienbeamter im unmittelbaren Dienst des Apostolischen Stuhles. Propaganda Fide, dieser besondere Zweig der Kurie, wurde auf die Initiative Papst Benedikts XV. hin erweitert und neu organisiert. Seine Enzyklika *Maximum Illud* (30. November 1919) war der missionarischen Tätigkeit in der stark veränderten Nachkriegswelt gewidmet. Deutschland hatte alle afrikanischen Kolonien verloren. Benedikts Vertreter hatten ihre Missionen auf der Versailler Friedenskonferenz vor dem völligen Verschwinden gerettet, eine Tatsache, die Giolitti verärgerte, bedeutete sie doch, daß der Papst als ernstzunehmender Partner im internationalen Dialog behandelt wurde.
Benedikts Enzyklika stellte drei Grundsätze der missionarischen Arbeit auf. Der erste war, daß eine örtliche oder «eingeborene» Geistlichkeit so schnell wie möglich geweiht werden sollte, und aus diesem einheimischen Klerus, so hoffte man, würden bald Bischöfe hervorgehen. Der zweite war, daß europäische Missionare – es gab damals wenig andere – jede Form von Nationalismus ablegen sollten. Dies richtete sich besonders gegen die Franzosen. Selbst die antiklerikalen Führer Frankreichs hatten erklärt, daß «Antiklerikalismus nicht für den Export ist», und benutzten Missionare, um Afrikaner in gebildete, Racine liebende «Überseefranzosen» zu verwandeln. Darüber hinaus waren die religiösen Unterschiede Europas in die «Kolonien» exportiert worden, wo sie wenig sinnvoll waren. «Denkt daran», schloß Benedikt, «daß ihr nicht Bürger für ein beliebiges Land dieser Erde gewinnen sollt, sondern Bürger für das himmlische Vaterland» (Holmes, S. 23f.). Er war den meisten weltlichen klugen Männern der

Zeit voraus, die immer noch an ein von neodarwinistischen Argumenten gestütztes, gottgegebenes Schicksal dachten, was sie überzeugte, daß sie mit ihren Waffenarsenalen an Maximen die «Größten» wären; und er blickte bereits auf das Ende des Kolonialzeitalters voraus, das Roncalli in seiner Enzyklika *Pacem in Terris* als eines der «Zeichen der Zeit» begrüßen sollte.

Der dritte von Benedikt in *Maximum Illud* aufgestellte Grundsatz brachte Roncalli nach Rom. Nicht jeder konnte zu den Missionen reisen, aber jeder sollte mit der missionarischen Arbeit befaßt werden. Missionarisches «Bewußtsein» sollte durch Gebet, Opfer und finanzielle Beteiligung geweckt werden. Roncalli leitete dieses Unternehmen in Italien. Er entdeckte ein Italien, das er kaum kannte, und während er im Land herumreiste, mußte er taktvollen Umgang mit der Apathie im Süden ebenso lernen wie mit bestehenden missionarischen Organisationen im Norden, z. B. dem Missionsverein, der sich durch den neuen Zentralismus gefährdet sah. Die Arbeit erlaubte ihm auch, durch Europa zu reisen, um sich mit anderen missionarischen Gesellschaften zu beraten, so daß er eine «universellere» Sicht der Kirche gewann, als jemals in Bergamo möglich gewesen wäre.

Aber das alles geschah nicht auf einmal. Don Roncalli war in Rom angekommen, aber er hatte es nicht eilig, dort einen Haushalt einzurichten. Er kehrte nach Bergamo zurück, um zu packen, und besuchte auf dem Weg Kardinal Ferrari am 21. Januar 1921 zum letztenmal. Kehlkopfkrebs hatte Ferrari stumm gemacht, aber, so drückte Roncalli es aus, er «nahm dieses Kreuz auf sich und fuhr fort zu sprechen, mit den Augen und der Feder». Eine seiner letzten Amtshandlungen war die Genehmigung, in Mailand die Katholische Universität vom Heiligsten Herzen zu errichten. Am 2. Februar 1921, am Fest Mariä Lichtmeß, starb Ferrari, als die letzten Klänge des abendlichen Angelus vom Dom herüberklangen. Roncalli ist es auch, der diese Einzelheiten in einem Nachruf, den er damals schrieb, berichtet (*Dodicesimo anniversario,* S. 111f.).

Ferrari war nach seinen Worten ein hervorragender Geistlicher und der Verteidiger der Armen. Alle, die an seiner Beerdigung am 7. Februar 1921 teilnahmen, wurden gewahr, wie tief doch sein Einfluß in allen Mailänder Bevölkerungsschichten gewesen war, bei Gläubigen und Nichtgläubigen. Nichts Vergleichbares hatte man seit dem Begräbnis des heiligen Karl Borromäus gesehen. Ferrari war 1894 zum Erzbischof von Mailand ernannt worden, er war es zufrieden gewesen, dort zu bleiben, und hatte seine Diözese als den «erlesensten und schönsten Garten, den er sich wünschen konnte», betrachtet. In dieser Preisung Ferraris zeichnete Roncalli sein Selbstporträt:

> Er zog es immer vor, zu bejahen anstatt zu leugnen, zu handeln anstatt zu kritisieren. Kleinlichkeit war ihm fremd. Er überwand jedes Hindernis mit unerschütterter Festigkeit, indem er seine Inspiration nicht aus weltlichen Kriterien bezog, sondern aus dem christlichen Glauben und der Frömmigkeit, die die Tiefe seines Geistes erfüllten ... Er suchte das Reich Gottes und seine Gerechtigkeit und nichts anderes. Er wußte, daß er heilig geworden war, um andere heilig zu machen (*Dodicesimo anniversario,* S. 113f.).

Diese Lektionen waren Ferraris Vermächtnis an ihn auf dem Sterbebett. Alle geistigen Leitbilder Roncallis waren nun verstorben. Radini Tedeschi war 1914 gestorben und Ferrari nun, 1921. Er war wieder einmal verwaist. In der Folgezeit würde er viele «geistliche Ratgeber» haben, aber keine wirklichen Vaterfiguren mehr oder Vorbilder im bischöflichen Amt. Von nun an würden seine Erinnerungen an Radini Tedeschi und Ferrari sich mit den Berichten von großen Bischöfen der Geschichte vermischen, um seine Vorstellung vom Episkopat zu prägen.

Als er seine Arbeit bei Propaganda Fide aufnahm, wurden ihm weitere kleinere, unter dem Bischofsrang stehende Würden zuteil. Im März 1921 stimmte das Domkapital einmütig dafür, ihn zum Ehrendomherrn zu machen (*Pastore,* S. 97). Das war eine Möglichkeit, «dankeschön» zu sagen, und ein Hinweis, daß sie nicht erwarteten, ihn wieder bei sich zu sehen. Seine römische Karriere war nun richtig angelaufen. Roncalli sah es jedoch eher als weiteren Tribut an das Andenken Radini Tedeschis. Aber er war keine zwei Monate der Domherr Roncalli, weil er am 7. Mai 1921 «Hausprälat Seiner Heiligkeit» wurde. Damit durfte er eine rote Paspel an seiner Soutane tragen und sich mit *Monsignore* anreden lassen. Er nahm es ziemlich wichtig in dem Brief an seine Familie. «Was bedeutet schon die Farbe des Gewandes? ... Diese Würde ist eine große Verantwortung» (*Familiari,* I, S. 74). Aber da er den Posten bei Propaganda Fide hatte, wäre es eine Kränkung gewesen, wenn er nicht Hausprälat geworden wäre. Das gehörte an sich zu der Stelle.

Rom machte vieles wett. Am 28. März 1921 lernte er einen künftigen *beatus* kennen, Don Luigi Orione, Gründer eines Missionsordens (seliggesprochen am 26. Oktober 1980 von Johannes Paul II.). Er nahm an Sitzungen des italienischen Parlaments teil, spürte die wachsenden Spannungen und begriff das Risiko, nach autoritären Lösungen zu suchen. Aber meist war er unterwegs, der reisende Hausierer,

der für die Wichtigkeit der Mission warb. Es gelang ihm, seine Reisen zeitlich gut einzurichten. So war er zufällig in Mailand am 8. September 1921, als Achille Ratti von seinem bischöflichen Stuhl Besitz ergriff. Roncalli interessierte sich brennend für die Nachfolge Ferraris und war von der Ernennung Rattis beeindruckt. Das war nun einer, der sein ganzes Leben mit Büchern verbracht hatte, zuerst als Präfekt der angesehenen Ambrosianischen Bibliothek in Mailand und dann als Präfekt der Vatikanischen Bibliothek. Roncalli hatte ihn schon in Mailand gekannt. Ratti hatte ihm geholfen, Dokumente zu Karl Borromäus zu fotokopieren (damals ein teures und kompliziertes Verfahren). Aber sie waren nicht befreundet gewesen. 1918 war Ratti den Wölfen vorgeworfen worden – als diplomatischer Vertreter (er war noch nicht Nuntius) im gerade unabhängig gewordenen Polen. Roncalli wußte nicht recht, was er von Ratti als Nachfolger Ferraris halten sollte. Der Mann war zurückhaltend, verschlossen, rätselhaft.
Roncallis Wohnungssuche in Rom war endlich von Erfolg gekrönt. Er hatte eine Sieben-Zimmer-Wohnung ausgeschlagen, weil sie 15 600 Lire im Jahr gekostet hätte (*Familiari,* I, S. 75). Er nahm eine Wohnung in der Via Volturno 58 für 6 000 Lire im Jahr. Zwar war sie nicht nahe bei Propaganda Fide, aber sie lag günstig zum Bahnhof. Er war in der Lage, seinem alten Seminarrektor Msgr. Vincenzo Bugarini, der nach seiner Pensionierung kein Zuhause hatte und sich unerwünscht fühlte, Gastfreundschaft anzubieten. Dessen Kenntnisse in den orientalischen Sprachen waren beachtlich, aber unglücklicherweise hatte er nichts davon schriftlich festgehalten. Diesen Schaden gutzumachen sollte die Arbeit seines Ruhestandes sein. Msgr. Roncalli holte seine Schwestern Ancilla und Maria mit einem der letzten noch verkehrenden Züge zu sich – es wurde wieder einmal gestreikt (*Familiari,* I, S. 77; Brief vom 13. November 1921). Sie wurden seine Haushälterinnen. Sie fanden Rom im Vergleich zu Sotto il Monte sehr teuer, aber ihre Kochkünste entzückten Bugarini, und *Monsignore,* ihr Bruder, zeigte ihnen die Sehenswürdigkeiten Roms, wobei er natürlich mit den Kirchen, die er so gut kannte, anfing (*Familiari,* I, S. 78).
Doch dann war er über die Weihnachtszeit unterwegs, vom 17. Dezember bis zum 8. Januar, um zu sehen, wie die missionarische Tätigkeit in Frankreich, Belgien, Deutschland und Holland finanziell ausgestattet und organisiert war. In Deutschland sah er die Auswirkungen einer galoppierenden Inflation und berichtete seiner Familie: «Denkt nur an die Deutschen und Österreicher, deren Geld wertlos geworden ist und die um vieles mehr leiden als wir! Doch auch sie sind in der Regel gute Menschen; und sie werden es schaffen, vor

uns wieder hochzukommen, denn sie arbeiten, während es dagegen in Italien nur Streiks und Revolutionen gibt» (*Familiari,* I, S. 79). Dieser mythische Gegensatz zwischen den hart arbeitenden Deutschen und den trägen Italienern hatte eine lange literarische Geschichte.

Kaum war er von seiner Reise zurück, als am 22. Januar 1922 Papst Benedikt XV. starb. Zum erstenmal seit 1870 waren die Flaggen an Regierungsgebäuden auf halbmast gesetzt. Obwohl seine Leistungen beachtlich waren, wurden sie doch nicht überall anerkannt. Seine Plädoyers für den Frieden waren ungehört verhallt. Er hatte die Schatztruhen des Vatikans geleert, teilweise, um der Sowjetunion «humanitäre» Hilfe zukommen zu lassen. Zwar hatte er nicht alle Inquisitoren aus Schlüsselstellungen zu entfernen vermocht, doch hatte er der Antimodernistenkampagne ein Ende gemacht. Er war Zeuge der Gründung des PPI gewesen und hatte die Rückkehr italienischer Katholiken in das normale politische Leben gesehen. Und er hatte der missionarischen Tätigkeit neuen Auftrieb gegeben. Auf lange Sicht erwies er sich als einer der aufgeklärtesten und «prophetischsten» Päpste des Jahrhunderts. Das Konklave hatte wie gewohnt zu entscheiden, ob man seine Politik fortsetzen oder ausstreichen wollte. Es waren vierzehn Wahlgänge notwendig, um zu einer Kompromißlösung zu finden, und es war das langwierigste und mörderischste Konklave des Jahrhunderts.

Dank dem Tagebuch des Kardinals von Wien, Gustav Piffl, ist es möglich, die Geschehnisse zu rekonstruieren (*Quale Papa?* S. 138ff.). Roncallis Vorgesetzter van Rossum machte den ersten Zug. Er hielt die Zeit für reif, einen Nichtitaliener zu wählen. Unglücklicherweise war der Ausländer, den er vorschlug, Merry del Val, römischer als die Römer, und seine Wahl hätte eine Rückkehr zu dem strengen Stil Pius' X. bedeutet, dessen Staatssekretär er gewesen war. La Fontaine, der Patriarch von Venedig, war ein weiterer ehemaliger Inquisitor, der einen einsichtigen Anspruch auf das Erbe des Mantels Pius' X. geltend machen konnte; aber war es das, was die dreiundfünfzig Kardinäle wirklich wollten?

Die Alternative war Pietro Gasparri, Autor des kirchlichen Rechtskodex von 1917 und Staatssekretär unter Benedikt XV., dessen Politik er fortsetzen würde, aber ohne Benedikts Unvorsichtigkeiten. Eine Entscheidung für Gasparri wäre eine Entscheidung für die Klugheit gewesen. Aber da keine Seite nachgeben wollte, geriet das Konklave in eine Sackgasse. Sechsunddreißig Stimmen wurden für den Sieg gebraucht. Merry del Val kam auf 17, La Fontaine erreichte als sein bestes Ergebnis 23 und Gasparri 24. Während ihre Chancen schwanden, kam Ratti, erst seit fünf Monaten Erbzischof von Mailand, groß heraus. Aber es war ein Kampf, der Narben zurückließ. Ein Zeuge, während des Seligsprechungsprozesses von Merry del Val unter Eid stehend, berichtete, Gasparri habe gesagt, daß «während des Konklaves Merry del Vals Ehrgeiz keine Grenzen kannte, was soweit ging, daß er sich die Exkommunikation zuzog» (*Quale Papa?* S. 142). Kardinal De Lai, dem wir zuletzt 1914 begegneten, als er Duchesne bedauerte, hatte als Wahlhelfer Merry del Vals gewirkt. Als sein Kandidat durchfiel, versuchte er, Ratti die Bedingung zu stellen, Gasparri zu seinem Staatssekretär zu machen. Aber es ist gegen die Vorschriften des Konklaves, im voraus Abkommen zu treffen. Theoretisch war auch De Lai exkommuniziert. Ratti nahm, nicht gerade originell, den Namen Pius XI. an.

Wenigstens eine Person war über Rattis Wahl hoch erfreut. Duchesne, der ehrwürdige Kirchenhistoriker, war jetzt neunundsiebzig und stand in seinem letzten Lebensjahr. Er hatte Ratti als Bibliothekar in Mailand und Rom gekannt. Er fühlte, sein ganzes Lebenswerk sei bestätigt worden. Mit ungetrübtem bretonischem Glauben hatte er es überstanden, daß er auf den Index der verbotenen Bücher gesetzt worden war, und jetzt freute er sich auf eine Periode blühender Gelehrsamkeit in der Kirche. Eingehüllt in seine weite schwarze Pelerine folgte er der *Sedia gestatoria,* als sie den neuen Papst zum Klang silberner Trompeten in die Peterskirche trugen. Giuseppe De Luca greift die Geschichte auf: «Als er die besonderen Worte hörte, die für Gregor den Großen und Gregor VII. erklangen, und seinen Freund unter der so schweren Bürde gebeugt sah, spürte er sein altes Herz schneller schlagen» (*Lettere,* S. 34). Roncalli war in seinem Urteil vorsichtiger. Die Wahrheit war, daß keiner wußte, wo Ratti in wichtigen Fragen stand. Er hatte es erfolgreich vermieden, bei allen Streitigkeiten, die in den letzten dreißig Jahren mit so leidenschaftlicher Intensität gebrodelt hatten, seine Karten aufzudecken (s. Tramontin, I, S. 146). Bei dem «nächtlichen Gefecht» hatte er sich klugerweise unsichtbar gemacht. Es war bekannt, daß er in Polen einen Abscheu gegen den Bolschewismus, wie der Kommunismus damals genannt wurde, gefaßt hatte. Und in Mailand hatte er gerade Zeit für einen einzigen Hirtenbrief gehabt, der sich auf die Notwendigkeit der «Aussöhnung» mit dem italienischen Staat bezog. Doch das war mittlerweile ein konventioneller Standpunkt, der weder Mut noch Originalität erforderte.

Zunächst bedeutete das neue Pontifikat keinen Unterschied für Roncalli bei Propaganda Fide. Pius XI. war ebenso wie sein Vorgänger am Gedeihen der Mission interessiert. Er sprach van Rossum und sei-

ner Mannschaft schon bald sein Vertrauen aus. Sie waren dabeigewesen, ein Motuproprio vorzubereiten, das die Einzelheiten für die Reorganisation der missionarischen Tätigkeit darlegte. Pius XI. veröffentlichte es bei der ersten sich bietenden Gelegenheit, am 3. März 1922, unter dem Titel *Romanorum Pontificum*. Es war ein schamlos zentralisierendes Dokument, das den Hauptsitz der Missionstätigkeit von Frankreich nach Rom verlagerte. Roncalli arbeitete daran und bezeichnete sich sogar als Autor (*Gran Sacerdote,* S. 134). Selbst wenn das nicht buchstäblich wahr ist, leistete er seinen Beitrag dazu, und es war sein erstes «päpstliches Dokument». Er hatte schon die Lektion gelernt, daß die Rolle des Papstes eher war, Dokumente anzuregen und zu unterschreiben, als sie abzufassen.
Msgr. Roncallis erster Kommentar zu Pius XI. kam in einem Brief an Don Antonio Guerinoni, einen Bergamasken, der in der Madrider Nuntiatur arbeitete:

> Dem neuen Heiligen Vater geht es gut. Ich sah ihn vor einigen Tagen bei einer langen Audienz. Er hatte die Güte, mich mit dem Vertrauen zu behandeln, wie es einem anhänglichen Freund Msgr. Radini Tedeschis und dem Präfekten der Ambrosianischen Bibliothek ansteht. Dennoch laufe ich ihm so selten wie möglich über den Weg, und jedesmal, wenn ich durch diese vatikanischen Säle zu gehen habe, fühle ich es kalt über den Rücken laufen. Trotz meines ständigen und innigen Versuches, dem neuen Papst nach bestem Vermögen zu dienen, beneide ich keinen von denen, die im Vatikan arbeiten müssen – vielmehr tun sie mir leid. Der Papst ist wahrhaft gut und klug; er zeigt, daß der Heilige Geist bei ihm ist (*Gran Sacerdote,* S. 135 f.; Brief vom 21. Juli 1922).

Das belegt nur, daß er seine Abneigung gegen das Herumstehen in vatikanischen Vorzimmern nicht abgelegt hatte. Er hielt sich aus dem Weg, weil er sich bei seiner Arbeit wohl fühlte und damit fortfahren wollte.
Sie zogen im Juli 1922 wieder um. Ihre neue Wohnung war eine hübsche Dachwohnung, die in die Fassade der Kirche Santa Maria in Via Lata eingebaut war. «Mein Krähennest» nannte er sie in einem Brief an Guerinoni (*Gran Sacerdote,* S. 134). Sie zu finden, sagte er seiner Mutter, war eine Antwort auf das Gebet («Man sieht, daß jemand gebetet hat», *Familiari,* I, S. 80). Sie lag viel bequemer zu seinem Büro an der Piazza di Spagna. Msgr. Bugarini, inzwischen ein richtiges Mitglied des Haushalts, zog mit ihnen um und legte sich ins Zeug. Seine Kenntnisse der italienischen Kirche erwiesen sich als unschätzbar. So viele Bischöfe waren am Römischen Seminar durch seine Hände gegangen. Roncalli konnte so Michele Zezza, dem Erzbischof von Neapel, versichern, daß «Msgr. Bugarini oft an Sie

denkt», und eine Bemerkung über den Zufall machen, daß die zwei großen maritimen Bischofssitze, Neapel und Genua, beide von ehemaligen Alumnen des Römischen Seminars regiert wurden. Aber Bugarini hatte nur noch achtzehn Lebensmonate vor sich.

Msgr. Roncalli war in jeder Hinsicht ein Gewinn für Propaganda Fide. Er verstand seine Arbeit nicht im bürokratischen Sinn, sondern als Hilfe für den Papst als dem «Vater der Familie» bei der Aufgabe, die Bedürfnisse aller Missionen zu befriedigen (*Gran Sacerdote,* S. 139; Brief an den Generalvikar von Parma, 20. März 1924). Er steigerte die Sammlungen für Propaganda Fide auf mehr als das Doppelte, von 400 000 Lire 1920 auf über eine Million 1922 (Trevor, S. 123). Er schloß dauerhafte Freundschaften mit seinen Kollegen Dieci und Rusticoni. Er vermied es geschickt, zum Beispiel mit Pater Paolo Manna, dem Superior des Instituts für Auslandsmission in Mailand, in die Haare zu geraten (*Gran Sacerdote,* S. 139; Brief vom 2. Dezember 1924). Alles, was er bei Propaganda Fide erreicht hätte, sagte er, wäre auf Mannas Arbeit aufgebaut worden; und sein im Krieg geschriebenes Buch *Salviamo le missioni* («Retten wir die Missionen») hätte die Alarmglocke geläutet und dadurch zum «Wiedererstehen der missionarischen Energien nach dem Krieg» geführt (ibid.). Aber wenn er später auf seine Zeit bei Propaganda Fide zurückblickte, sah er sie in einem anderen Licht. So schrieb er an seinen Nachfolger Zanetti: «Ich bin davon überzeugt, daß meine Arbeit gute Früchte, wenn überhaupt, nur deshalb trug, weil ich das Amt aus purem Gehorsam annahm. Dann erwies der Herr mir die Gnade, es zu lieben, und ich ging mit Trauer fort . . .» (*Gran Sacerdote,* S. 152; Brief vom 29. Mai 1929). Das Muster wurde allmählich vertraut: Abneigung, Gehorsam, Anhänglichkeit, dann die schmerzliche Trennung.

Es war nicht alles harte Arbeit. Im Mai 1923 bereiste er Sizilien, eine völlig neue, verzauberte Welt für einen aus dem Norden wie ihn. Die Zeitungen meldeten Hagelschauer bei Bergamo, schrieb er nach Hause, aber Sizilien

> kam mir wie ein Garten vor. Jetzt, nach meiner Rundreise, kann ich wirklich sagen, daß es ein halbes Paradies ist. Es gibt hier keine Straßenreinigung, weil das Wasser knapp ist. Im übrigen aber lebt man hier sehr gut. Die Sizilianer sind, soweit sie mir begegneten, sehr anständig, liebenswürdig und freundlich. Die Frauen sind von einer Bescheidenheit und Zurückhaltung, wie man sie sich in Oberitalien nicht denken kann (*Familiari,* I, S. 88).

Reisen, schloß er, verschaffte ihm «einen außergewöhnlichen Appetit». Er hatte sich noch nicht auf die Seite der Schlankheitsapostel geschlagen.

In seinen Briefen nach Hause umging Msgr. Roncalli im allgemeinen die Politik. Doch als er durch das Land reiste, war er in der Lage, die sich wandelnde nationale Stimmung einzuschätzen. Der zuletzt zitierte Brief war aus Catania auf Sizilien geschrieben. Man dürfte ihm erzählt haben, wie die Faschisten die Fronleichnamsprozession dort im vergangenen Jahr mit Rufen *Abbasso il Papa* («Nieder mit dem Papst») aufgelöst hatten (Trevor, S. 124). Aber jetzt war Mussolini an der Macht und hatte offenbar seinen Antiklerikalismus abgeschüttelt. Der «Marsch auf Rom», der später in der faschistischen Mythologie als Akt verwegenen Heldentums gefeiert wurde, war eigentlich die Lösung eines ziemlich alltäglichen politischen Durcheinanders. Jene Faschisten, die sich vom strömenden Regen nicht abhalten ließen, kamen mit der Eisenbahn an. Mussolini selbst erschien in Rom am 30. Oktober 1922 nicht in der Uniform des Retters der Nation, sondern mit Gehrock und Zylinder des traditionellen Politikers. Nur die Unentschlossenheit der Armee und König Viktor Emanuels III. plötzlicher und unerwarteter Stimmungswandel ließen die Faschisten in der Stadt. Ein älterer Prälat, der die italienische Armee zweiundfünfzig Jahre vorher hatte marschieren sehen, bemerkte traurig: «1870 verteidigten wir die Stadt besser» (Seton-Watson, S. 629).

Mussolini spielte seine atheistische und antiklerikale Vergangenheit herunter. Er wußte, daß er der Kirche den Hof machen mußte, um seine Macht in Italien zu halten und auszuweiten. Sein Paket von prokirchlichen Vorschlägen enthielt die Einführung von Religionsunterricht in Grundschulen, die Ernennung von offiziellen Feldkaplänen, verbesserte Gehälter für die Geistlichkeit und die Rückkehr des Kreuzes in öffentliche Gebäude. Dies alles waren Maßnahmen, die keine liberale Regierung auch nur erwogen hatte. Der Vatikan war günstig beeindruckt. Staatssekretär Pietro Gasparri konnte sein erstes geheimes Treffen mit Mussolini am 20. Januar 1923 abhalten (Pollard, S. 48). Mussolini versprach unter anderem, «sich mit dem Problem der Freimaurerei zu befassen», die immer noch, wie man glaubte, die endgültige Aufhebung der weltlichen Macht des Papsttums anstrebte. Gasparri versprach als Gegenleistung, eine Liste von «unzuverlässigen und irrenden Männern» im vatikanischen Dienst aufzustellen, die versuchten, die *Popolari* als Alternative zu den Faschisten aufzubauen. Aber nichts war bekannt von diesem geheimen Handel, der den Beginn des komplizierten Menuetts bezeichnet, das schließlich zu den Lateranverträgen von 1929 führen würde.

Nichts war bekannt von diesem Handel, aber seine Auswirkungen spürte man bald. Im Juli 1923 wurde Don Luigi Sturzo befohlen, als Sekretär des PPI zurückzutreten, und er ging ins Exil nach London. Ihm folgte ein junger Laie aus dem Trentino, Alcide De Gasperi, der seine erste politische Erfahrung im österreichischen Parlament gemacht hatte. Aber für die *Popolari* stand das Menetekel bereits an der Wand, und die einzige Macht, die die Faschisten möglicherweise in den Schranken hätte halten können, war geschwächt. Pius XI. und Gasparri hatten entschieden, daß eine unpolitische Katholische Aktion die beste Form christlicher «Präsenz» in der Welt wäre. Die verurteilten *Popolari* traten zum letztenmal bei den Wahlen vom 6. April 1924 unter De Gasperi auf.

Zum ersten (und letzten) Mal hielt Don Roncalli für seine Familie einen Rat zu den Wahlen bereit. Auf der Schreibmaschine, die Msgr. Bugarini, der eben am 14. Februar 1924 gestorben war, ihm vermacht hatte, schrieb er:

> Ich empfehle allen, sich wegen der Wahl nicht aufzuregen. Ihr werdet zu gegebener Zeit Eure Stimme abgeben. Jetzt ist es besser, den Dingen ihren Lauf zu lassen. Zu Hause bleiben, ruhig sein und selber denken, jedoch zulassen, daß jeder tut, wie er meint. Ich zum Beispiel bleibe der Volkspartei treu. Aber wegen meiner Stellung hier beim Heiligen Stuhl kann und darf ich mich nicht öffentlich äußern. Deshalb werde ich nicht nach Bergamo zur Wahl kommen (*Familiari,* I, S. 91; Brief vom 24. Februar 1924).

Also hatte Roncalli sich frühzeitig entschieden, was er tun würde, und er stellte sich gegen *l'Osservatore Romano,* jetzt von Giuseppe Dalla Torre herausgegeben, der den Marsch auf Rom und Mussolinis prokirchliches Paket begrüßt hatte und der Katholischen Aktion mehr Raum gewährte als den *Popolari.* Doch Roncalli behielt sein unabhängiges Urteil bei. Zwei Tage vor der Wahl schrieb er wieder an seine Familie:

> Ich hätte anläßlich der Wahlen kommen und Euch besuchen können. Um Euch aber die Wahrheit zu sagen, ich ziehe aus verschiedenen Gründen, die auch Ihr versteht, vor, mich nicht zu rühren. *Für die Faschisten zu stimmen, dazu fühle ich mich in meinem Gewissen als Christ und Priester nicht gedrängt.* Jeder ist sein eigener Herr und kann denken, wie er mag. Wir werden am Ende sehen, wer recht hat. Handelt Ihr so, wie Ihr es für richtig haltet. Ich bin dieser Ansicht: für die Volkspartei *[Popolari]* stimmen, wenn Wahlfreiheit besteht. Wenn aber Schwierigkeiten zu befürchten sein sollten, dann zu Hause bleiben und die Welt gehen lassen, wie sie will. Seid Euch darüber sicher, daß *das Heil Italiens auch nicht von Mussolini kommen kann, ein so begabter Mann er auch sein mag.* Seine Ziele mögen gut und recht sein, aber die Mittel sind schlecht und stehen im Gegensatz zum Gesetz des Evangeliums. Also infolgedessen – würde «Barba» Zaverio sagen – «wer's erlebt, wird sehen» (*Familiari,* I, S. 93; 4. April 1924, Kursive vom Autor ergänzt).

Die Warnung, für den Fall von Gewalttätigkeiten zu Hause zu bleiben, war angebracht. Die Faschisten standen bei den Wahlkabinen herum und schüchterten die Wähler ein. Die Wahlkampfbüros des PPI wurden angegriffen. Trotzdem gewannen die *Popolari* noch 40 von 375 Sitzen, neben 42 für die Sozialisten und 17 für die Kommunisten. Aber der faschistische Erdrutsch bedeutete, daß die Macht der *Popolari* nun gebrochen war. Ihre Führer würden ins Exil gehen, ins Gefängnis oder untertauchen.
Der Vatikan ließ die *Popolari* fallen. Dies brachte in ihrer Mutlosigkeit die Kurialen zusammen, die ihre Hoffnungen an den PPI geheftet hatten. Roncalli traf jetzt zum erstenmal Giovanni Battista Montini, den zukünftigen Papst Paul VI. Montinis Vater Giorgio gab *Il Cittadino di Brescia* heraus und war Parlamentsmitglied für den PPI. Aber nach der Entführung und Ermordung des sozialistischen Abgeordneten Giacomo Matteotti im Juni 1924 setzte er keinen Fuß mehr in die Kammer, weil er zu Recht glaubte, die Faschisten würden vor nichts haltmachen, um den Besitz der Macht zu sichern. Seine Zeitung wurde unterdrückt. Giovanni Battista, gerade von einem kurzen Aufenthalt in Polen zurück, war jetzt im Staatssekretariat. Er mußte Giuseppe Pizzardo, dem Chef der italienischen Abteilung, über «den geistigen und moralischen Zustand der Jugend» Bericht erstatten, und um Stoff zu sammeln, wurde er Studentenkaplan an der Universität. Dieses ganze Milieu, kultivierter und intellektueller als alles, was Roncalli bisher gekannt hatte, war standhaft antifaschistisch. Montini spürte einen verwandten Geist, suchte seine Bekanntschaft und lud ihn ein, vor seinen Studenten zu sprechen. Das war ihr erster dokumentierter Kontakt (*Quinquagesimo anniversario,* S. 57f.). Über die nächsten drei Jahrzehnte wurden sie gute Freunde.
Roncallis Predigt im Dom von Bergamo am 1. September 1924 war ein Klagelied auf die *Popolari.* Entsprechend dem jeweils vertretenen Standpunkt konnte sie als die unüberlegteste oder mutigste, die schönste oder tollkühnste Predigt, die er jemals gehalten hatte, geschildert werden. Der zehnte Todestag des Bischofs Radini Tedeschi war der Vorwand. Als sein früherer Sekretär und sein Biograph war Roncalli der Prediger, der zuerst dafür in Frage kam. Doch die Anwesenheit der maßgeblichen Personen aus Bürgertum, Politik und Militär machte daraus ein politisches Ereignis von einer gewissen Bedeutung. Die Erinnerung an «Meinen Bischof» regte Roncalli zu einer Eloquenz an, die er seit dem Eucharistischen Kongreß von 1920 nicht mehr gezeigt hatte. Aber der veränderte Zusammenhang machte es noch dramatischer. Seine Zuhörer interessierten sich nur für seine Antwort auf eine Frage: Was hielt er vom Faschismus?

Roncallis gewähltes Thema war der Patriotismus oder «wahre Liebe zum eigenen Land». Manche der Anwesenden würden Radini Tedeschi, den sie nicht kannten, vielleicht fragen: «Was hat er für sein Land getan? War er so sehr in kirchliche Dinge vertieft, daß er nichts tat?» (*Pasqua, 1976,* S. 30). Wir werden immer wieder gebeten, diese oder jene Sache zu segnen, sagte er ziemlich hochmütig, oder «verschiedene geistige Strömungen» zu unterstützen. Als Kirchenmänner, fuhr er fort, müssen wir patriotisch sein, weil «Patriotismus eine Form der Bruderliebe ist». Aber Patriotismus kann nicht als schützender Umhang benutzt werden, der alles bemäntelt, was eine Regierung tut. Die Kirche legt eine andere Elle an, wenn sie «das wahrhaft Gute eines Landes» mißt. Seine Größe wird nicht gemessen an «militärischen Unternehmen, diplomatischen Übereinkünften oder wirtschaftlichen Erfolgen», worüber die Faschisten ständig lange Reden hielten, wenn es auch bis jetzt noch nichts weiter vorzuzeigen gab. Ein Land sollte nur mit «Gerechtigkeit, verkörpert im Gesetz» prahlen (ibid., S. 31). *Iustitia regnorum fundamentum:* Gerechtigkeit ist die Grundlage der Königreiche. Er brauchte nicht hinzuzufügen, daß der Fall Matteotti eher «Ungerechtigkeit, verkörpert im Gesetz» bedeutet hatte.
Patriotismus also, wie er ihn verstand, schloß eine gewisse Distanz zum Staat, ein Abstandwahren bei unmittelbaren Streitfragen und die Anwendung längerfristiger Kriterien nicht aus. Diese «Distanz» war eine Bedingung der Freiheit der Kirche. Roncalli rief:

> O belaßt uns die heilige Freiheit unseres friedlichen und erhabenen Amtes ... Belaßt uns die Obhut über die grundlegenden Gesetze der Kultur, welche die Zehn Gebote und das Evangelium sind; aus dieser Quelle strömt die Lehre, die jede edle Tat erleuchtet und inspiriert und sie zu Opfer und Heldentum führt. Belaßt uns dies. *Und bittet uns nicht um mehr* (*Pasqua, 1976,* S. 31; Kursive ergänzt).

Das war eine Warnung, daß es Grenzen gab für Forderungen, die man an die Kirche stellen konnte. Roncalli stürmte fast leichtsinnig weiter. Bergamo hätte in der Vergangenheit den Ruf gehabt, «unnachgiebig» zu sein. Das traf zu. Aber das schloß gute Beziehungen zu den staatlichen Stellen nicht aus. Radini Tedeschi hatte sich ihnen gegenüber immer «als tadelloser Herr» benommen. Sein Beitrag zur Bildungsdebatte war von Giuseppe Toniolo als «die umfassendste Behandlung des Themas, die in Italien oder anderswo geschrieben wurde,» geschildert worden (ibid., S. 32). Toniolos Erwähnung war Sprengstoff, denn er war ein Fürsprecher der «christlichen Demokratie» und des katholischen Patriotismus gewesen, die jetzt als Feinde des Regimes betrachtet wurden.

Schließlich nahm Roncalli direkt auf die «Konzessionen» der Regierung an die Kirche Stellung: «Wir sind glücklich über die Rückkehr des Kreuzes und des Katechismus in die Grundschulen, während wir auf die noch größere Freude hoffen, bald die Rückkehr des katholischen Unterrichts in die Mittel- und Oberschulen zu sehen» (*Pasqua, 1976,* S. 33). Mussolini hatte nicht die Absicht, die Kontrolle über die Erziehung über das Grundschulalter hinaus abzutreten. Roncalli zog die «Konzessionen» auf das rechte Maß herunter, betonte, daß sie nicht ausreichten, und schrieb sie nicht faschistischer Großzügigkeit zu, sondern «den Verfechtern der gerechten Sache der erzieherischen Freiheit in Italien wie zum Beispiel Radini Tedeschi». Um seinen Fehler noch gewichtiger zu machen, zitierte er noch einmal Toniolo, der gesagt hatte: «Eine Sache kann schon für siegreich angesehen werden, wenn Männer von solcher Qualität wie Radini Tedeschi dafür in die Schranken treten» (ibid.). Nach einer solchen Unverschämtheit war es nur eine Frage der Zeit, bis die faschistische Polizei sich mit Roncalli befassen und – in möglichst diskreter Weise – den Vatikan auffordern würde, ihn aus dem Amt zu entfernen.
Er hatte die Stimmung im Vatikan falsch eingeschätzt. Kaum mehr als eine Woche nach seiner Predigt in Bergamo rügte Pius XI. mit einer gewissen Strenge jede «Öffnung nach links» auf seiten der *Popolari* (s. Giacomo Martina in De Gasperi, *Lettere sul Concordato,* S. 123). In Deutschland und Belgien arbeiteten katholische Parteien bereits mit nichtkommunistischen Sozialisten zusammen. Pius XI. wollte nicht, daß dies auch in Italien stattfände. So schwand jede Hoffnung auf ein antifaschistisches Bündnis. Mussolini bekam freie Bahn. Roncalli widersetzte sich dieser Politik, solange er konnte, nicht weil er ein rebellisches Naturell hatte – keiner war weniger rebellisch; er trat aus Treue zu Radini Tedeschis Andenken und zur christlichen Demokratie, die Toniolo entwickelt hatte, so entschlossen auf. Es ließ ihn altmodisch erscheinen, vielleicht naiv und ohne Ahnung von den Strudeln der Geschichte. Aber wenigstens war er prinzipientreuer als die «Realisten» im Vatikan, die sich fast mit jedem einigen würden.
Doch seine Predigt in Bergamo hatte keine direkten Folgen. Bischof Luigi Marella hielt sich am 1. Oktober 1924 bei ihm in Rom auf, und zweifellos stellten sie ihre Vermutungen an, was passieren könnte. Seine Karriere schien sicher. Er war Mitglied der Kommission, die das bevorstehende Heilige Jahr 1925 vorbereitete. Neben seiner Arbeit bei Propaganda Fide begann er im November 1924, am Päpstlichen Athenäum des Laterans (seine alte *Alma mater* im neuen Gewand) Patristik zu lehren. Es kam recht häufig vor, daß Kurienbe-

amte zusätzlich akademische Stellen übernahmen. Das hielt ihre Köpfe elastisch und füllte die Nachmittage aus. Roncalli hatte Patristik in Bergamo gelehrt und war nach römischen Maßstäben nicht schlecht für die Aufgabe vorbereitet. Seine Vorlesungen «waren beliebt und wurden sogar mit Beifall bedacht» (Trevor, S. 131). Aber in Rom war für ihn alles zu Ende.
Die großen Hoffnungen, die er im Frühjahr 1919 gehegt hatte, als er seine Armeeuniform vernichtete, «dem allem auf Wiedersehen» sagte und die *Popolari* unterstützte, waren geschwunden. Die neue Uniform war ein schwarzes Hemd, und der Klang marschierender Stiefel führte vom Tempel weg.

7. Kapitel

Zehn schwere Jahre in Bulgarien

> «Du wirst die Wahrheit sagen – du wirst gut von uns sprechen. Wir Bulgaren lassen uns gern loben.» Es ist sehr leicht, sie zu loben: wegen ihrer Güte, wegen ihrer Gastfreundschaft und Freundlichkeit.
>
> (David Martin in *The Religious and the Secular,* S. 131)

Am Abend des 17. Februar 1925 rief Kardinal Pietro Gasparri, der Staatssekretär, Msgr. Roncalli zu sich und teilte ihm mit, daß er zum Apostolischen Visitator für Bulgarien ernannt worden war. Nach dieser kurzen Zeit im «Fegefeuer» – ihm wurde versichert, daß es nicht lange dauern würde – sollte er offiziell in den diplomatischen Dienst des Vatikans eintreten und einen entsprechenden Posten in Argentinien übernehmen, wo ein Zehntel der Bevölkerung italienischer Abstammung war. Es hörte sich verlockend und zugleich mulmig an. Roncalli wandte ganz wahrheitsgemäß ein, daß er keine diplomatische Schulung besäße und überhaupt nichts über Bulgarien wüßte. Es müßte doch bestimmt jemanden geben, der besser für diesen Auftrag geeignet wäre. Gasparri tat den Einwand ab und sagte, sein Name sei von Kardinal Giovanni Tacci von der Kongregation für die Ostkirchen, der vermutlich das Terrain kannte und sich für ihn entschieden hätte, vorgebracht worden. Roncalli versuchte es mit einem anderen Einwand: Seine Schwestern Ancilla und Maria wären fassungslos, wenn er Rom verließe, wo sie sich alle gerade erst richtig eingerichtet hatten. Ein Achselzucken von Gasparri. Roncalli hatte eine abschließende Frage, in seinen Augen die maßgebliche: «Ist die Gesandtschaft nach Bulgarien eine Sache des Gehorsams?» Sie war es in der Tat, und als Papst Pius XI. seinen Namen nennen hörte, hatte er gesagt: «Wunderbar, das ist der Mann, den die Vorsehung geschickt hat.» Aber selbst die päpstliche Billigung ließ seine Gedanken nicht ganz zur Ruhe kommen, und er sagte im Weggehen, er wolle es überdenken. Das alles schrieb Roncalli am selben Abend auf (*Quindicesimo Anniversario,* S. 27).

Später dann erinnerte er sich, daß Gasparri nicht sonderlich gut über Bulgarien informiert zu sein schien und daß seine Anweisungen oberflächlich waren. Gasparri hatte zu ihm gesagt:

> Hören Sie, *Monsignore,* ich habe erfahren, daß die Lage in Bulgarien sehr verworren ist. Ich kann Ihnen nicht im einzelnen sagen, was vor sich geht. Aber jeder kämpft anscheinend gegen jeden: die Moslems gegen die Orthodoxen, die Griechisch-Katholischen gegen die Lateinischen und die Lateinischen untereinander. Können Sie hingehen und herausfinden, was wirklich los ist? (*Corriere della Sera,* 29. März 1959, Papst Johannes im Gespräch mit Indro Montanelli).

Msgr. Roncalli brauchte nicht lange, um zu entdecken, daß der Satz «Die Lage in Bulgarien ist sehr verworren» eine gewaltige Untertreibung war.

Genau wie er vorausgesagt hatte, erfüllte die Neuigkeit seine Schwestern Ancilla und Maria mit Schrecken und Mutlosigkeit. «Stöhnen, Tränen, endloses Wehklagen», notierte er in seinem Tagebuch. Doch sie beruhigten sich etwas, nachdem sie den Rosenkranz gebetet hatten (*Quindicesimo anniversario,* S. 27). Roncalli fühlte sich für sie verantwortlich. Sie hatten ihre Welt um ihn herum aufgebaut, und nun war sie über ihnen eingestürzt. In Rom, als Haushälterinnen ihres Priesterbruders, spielten sie eine bestimmte Rolle und wurden anerkannt. Wieder in Sotto il Monte als zwei unverheiratete Tanten ohne Aufgabe, würden sie eine Last für die inzwischen betagten Eltern sein. Roncalli versicherte ihnen, daß er – komme, was da wolle – weiterhin finanziell für sie sorgen werde.

Doch waren es nicht nur die Schwestern Roncalli, die wegen der Aussicht auf Bulgarien weinten. Roncalli selbst gestand in einem Brief an Kardinal Willem van Rossum, seinen Vorgesetzten bei Propaganda Fide, wie ihm nach der Begegnung mit Gasparri war: «Ich vergoß viele Tränen in der Nacht, und auch jetzt – beinahe eine Woche später – wenn ich nur daran denke, besonders im Gebet, steigen mir wieder Tränen in die Augen» (*Quindicesimo anniversario,* S. 33). Am 21. Februar 1925 hatte er eine Audienz bei Pius XI. Pius war väterlich, aber kaum aufschlußreicher als sein Staatssekretär. Roncallis Tagebuch hält die Worte des Papstes fest:

> Ihr Name wurde mir für diese Visitation vorgeschlagen. Ich war sehr glücklich darüber. Man sagte mir, Ihr Titel eines Monsignore würde ausreichen, aber ich antwortete: «Es ist nicht gut, wenn ein Apostolischer Prälat in ein Land geht und mit Bischöfen zu tun hat, ohne selbst einer zu sein.» Ich möchte keine Wiederholung dessen, was mir in Polen widerfuhr. Ich war verlegen bei bischöflichen Konferenzen, wenn ich meinen Platz als Vertreter des Heiligen Vaters einnehmen mußte und den Vorrang vor den polnischen Bischöfen und Erzbischöfen hatte. Deshalb habe ich beschlossen, daß Sie zum Erzbischof geweiht werden sollen (*Quindicesimo anniversario,* S. 11).

So wurde Roncalli Erzbischof wegen der Demütigungen, denen Msgr. Achille Ratti in Nachkriegspolen ausgesetzt gewesen war. Die Wahrheit allerdings war, daß die polnischen Bischöfe Ratti nicht wegen seines niedrigeren Ranges ablehnten: Sie konnten nur nicht einsehen, was er überhaupt in Polen zu suchen hatte. Bei einer Gelegenheit schlossen sie ihn von einer Sitzung aus, und der Mann, der ihm die Türe vor der Nase zuschlug, war Erzbischof Adam Sapieha, Mentor und Vorgänger von Karol Wojtyla, dem späteren Papst Johannes Paul II. (s. George Huntston Williams, S. 83). Pius XI. vergaß diese Kränkung nie und ernannte Sapieha demonstrativ nicht zum Kardinal.

Auf jeden Fall hatten seine Äußerungen kaum einen Bezug zur Situation in Bulgarien. Polen hatte eine katholische Tradition mit einer starken, festgelegten Hierarchie, darauf bedacht, sich jetzt durchzusetzen, da das Land endlich unabhängig und vereinigt war. Bulgarien dagegen war ein orthodoxes Land, in dem es angeblich gut 60 000 Katholiken verschiedener Riten gab. Seine zwei Bischöfe hätten jeden Visitator ungeachtet seines Ranges begrüßt und darin ein Zeichen gesehen, daß man sie nicht im Stich gelassen hatte. Aber wenn er auch nichts sehr Hilfreiches über Bulgarien wußte, konnte Pius XI. wenigstens ein Abschiedsgeschenk übergeben, die *Scintillae Ignatianae,* eine Spruchsammlung des heiligen Ignatius, die zur täglichen Lesung geordnet war. Ignatius hatte nicht zu sprühenden Epigrammen geneigt, und so mag das Geschenk ein Eingeständnis gewesen sein, daß Roncalli in Sofia allen geistlichen Trost, dessen er nur habhaft werden konnte, brauchen würde.

Am 3. März 1925 gab *l'Osservatore Romano* bekannt, daß Angelo Roncalli zum Titular-Erzbischof von Areopolis, der antiken römischen Stadt, deren Ruinen noch zwischen dem Toten Meer und dem Roten Meer stehen, geweiht würde. Er zog sich zu Exerzitien in die Villa Carpegna zurück, und er wurde am 19. März, dem Fest des heiligen Josef, in San Carlo al Corso, der Karl Borromäus gewidmeten Kirche, geweiht. Seine Familie war dabei und machte einen steifen und linkischen Eindruck, und am nächsten Morgen nahm er sie mit hinunter in die Krypta der Peterskirche zu seiner ersten bischöflichen Messe, und dann stellte er sie Pius XI. vor. So wiederholte er in allen Einzelheiten das Muster seiner Priesterweihe vor einundzwanzig Jahren.

Aber es gab einen Unterschied. 1904 war es ihm, als ob die Muttergottes zu ihm herunterlächelte. 1925 gab es kein Lächeln, nur Andeutungen von Kreuzen, die zu tragen wären. So erinnerte er sich fünf Jahre später daran:

> Der tiefe und nachhaltige Eindruck, den ich während der ganzen Zeremonie meiner Bischofsweihe am 19. März 1925 in der Kirche San Carlo al Corso in Rom empfing; dann die Widerwärtigkeiten und Wechselfälle meines Amtes in Bulgarien in den fünf Jahren meiner Tätigkeit als Apostolischer Visitator, in denen ich ohne jeglichen Trost blieb, außer dem eines guten Gewissens; die nicht sehr rosigen Zukunftsaussichten, das alles überzeugte mich davon, daß mich der Herr ganz für sich haben will auf der königlichen Straße des heiligen Kreuzes» (*Tagebuch,* S. 241).

Die Befürchtungen, die er am Tag seiner Bischofsweihe empfand, waren durchaus begründet.

Dennoch war er in ziemlich deutlich sichtbarer Weise befördert worden. Seine Karriere war gut und richtig vom Stapel gelaufen – wenn auch unbekannten und möglicherweise riskanten Meeren entgegen. Während seiner Einkehrtage sann er darüber nach, was die Liturgie der Bischofsweihe über den Bischof zu sagen hat. Ihr theologisch interessantester Zug ist, daß sie den Papst nicht als den «Stellvertreter Christi» (eine moderne, das heißt aus dem 13. Jahrhundert stammende Vorstellung) darstellt, sondern in gewissem Sinne als den «Stellvertreter Petri». Roncalli beschloß, «dem heiligen Apostel Petrus und dem römischen Papst Treue, Unterwerfung und Gehorsam zu erweisen» (*Tagebuch,* S. 230). Er zerbrach sich pflichtbewußt den Kopf über eine Unterscheidung des Thomas von Aquin. Der Bischof, anders als der Mönch, bedeutet demnach «einen Stand einer bereits erworbenen *(acquisita),* nicht erst zu erwerbenden *(acquirenda)* Vollkommenheit» (*Tagebuch,* S. 229). Damit kam er nicht weit. Die wichtigste Frucht seiner der Weihe vorausgehenden Exerzitien war diese nochmalige Beteuerung: «Ich habe nicht nach diesem Amt getrachtet und es mir auch nicht gewünscht. Doch der Herr hat mich mit so offensichtlichen Zeichen seines Willens dazu auserwählt, daß jede Weigerung eine schwere Schuld bedeuten würde. Er ist also verpflichtet, meine Armseligkeit zu verhüllen und meine Unzulänglichkeit auszugleichen. Das stärkt mich und gibt mir Ruhe und Sicherheit» (*Tagebuch,* S. 229).

Er war in der Lage, genau dasselbe bei jedem anderen Richtungswechsel in seinem Leben zu sagen – auch als er zum Papst gewählt wurde. Sein Bischofsmotto, Cesare Baronius entlehnt, faßte seine Haltung zusammen: *Obedientia et Pax.* Der Weg zum Frieden führte durch den Gehorsam.

Doch diese «erbauliche» Interpretation seiner Ernennung kann den Verdacht, daß er das Opfer eines Komplotts oder eines geheimen Kuhhandels geworden war, nicht aus dem Weg räumen. Dom Lambert Beauduin OSB, ein guter Freund und damals Professor für Fundamentaltheologie an San Anselmo in Rom, blieb bei seiner Behauptung, daß Roncalli «von seinem Lehrstuhl am Lateran wegen des Verdachts auf Modernismus entlassen wurde» (Trevor, S. 132). Diese Theorie ist weit verbreitet gewesen. Aber ein einziger Monat Unterricht hätte den Inquisitoren nicht viel Stoff geliefert. Und zu jener Zeit beobachtete man aufmerksamer politische Regelverstöße als theologische. Wie wir gesehen haben, zeichnete Roncallis Predigt auf Radini Tedeschi am 1. September 1924 ihn als einen verstockten Anhänger des PPI *(Popolari)* aus. Das genügte manch einem, ihn lieber in Bulgarien zu sehen, wo er keinen Schaden anrichten konnte.

Beauduin hatte einen großen und bleibenden Einfluß auf Roncalli. Er hatte Weitblick und Einsicht. Er war der Gründer der «liturgischen Bewegung» (Villain, S. 216). Seine Kenntnis der orthodoxen Kirchen und seine Liebe zu ihnen hatte sein Interesse an Bulgarien geweckt. Im selben Jahr 1925 erfüllte er sich einen Herzenswunsch, ein Benediktinerpriorat zu gründen, das sich ganz der kirchlichen Einheit widmete. Es wurde in Amay-sur-Meuse eingerichtet und 1939 nach Chevetogne verlegt. Beauduins ökumenisches Interesse beschränkte sich nicht auf die Orthodoxen. Kardinal Mercier bat ihn, eine Diskussionsgrundlage für die Mechelner Gespräche mit den Anglikanern auszuarbeiten. Er zog eine Parallele zwischen der Situation der antiken Patriarchate des Ostens und der Kirche in England vor der Reformation. Der Titel *L'Eglise Anglicane unie, non absorbée* (Die Anglikanische Kirche, vereinigt, nicht aufgesogen) wurde berühmt und griff auf die ökumenischen Dialoge voraus, die dem Konzil des

Papstes Johannes folgen würden. 1925 war Beauduin noch in einer konkreteren Weise hilfreich. Am 22. März 1925 stellte er Roncalli einen Mitbenediktiner vor, Dom Constantin Bosschaerts, der als vorläufiger Sekretär mit ihm nach Sofia gehen sollte.

Andere Freunde fanden sich ein, namentlich Don Giovanni Battista Montini, der zu einem langen Gespräch vorbeikam, einen Tag bevor Roncalli von Rom nach Bergamo fuhr (Fappani-Molinari, Brief von Montini, 9. April 1925). Gemeinsam gelang es ihnen, seiner Ernennung einen gewissen Sinn abzugewinnen. Ihre ökumenische Bedeutung lag auf der Hand. Der heilige Kyrill – für den größten Teil seines Lebens als Konstantin der Philosoph bekannt – schuf das slawische Alphabet, das immer noch nach ihm kyrillisch heißt. Er ging nach Rom, bat Papst Hadrian II., seine neugeschaffene slawische Liturgie zu billigen, und starb dort im Jahr 869. Seine Schüler Klemens (Kliment) und Naum verwendeten diese Liturgie zur Evangelisation Bulgariens. Tausend Jahre später war Bulgarien ein orthodoxes Land in einer einmaligen Situation. Seine Hierarchie befand sich seit 1872 im Schisma vom Ökumenischen Patriarchen von Konstantinopel, und man hatte sich zwar traditionell auf Moskau als Führer verlassen, aber das Moskauer Patriarchat war jetzt machtlos und verfolgt. So war die bulgarische Orthodoxie sich selbst überlassen und konnte überallhin treiben. Sie zeigte ein beginnendes Interesse an der von den Protestanten angeregten, im Entstehen begriffenen «ökumenischen Bewegung».

Wieder konnten Roncalli und seine Freunde die Gründe zusammenstellen, warum jemand in Bulgarien gebraucht wurde. Bulgarien hatte den Fehler gemacht, sich im Ersten Weltkrieg für die unterlegene Seite zu entscheiden. Es war damit bestraft worden, daß es Territorium und seine traditionellen Freunde verloren hatte. Es war deshalb isoliert und fügsam. Schon 1923 hatte Kristov Kalkov, der künftige Kultusminister, eine Audienz bei Pius XI. und Gespräche im Staatssekretariat. Die Möglichkeit eines Konkordats wurde angesprochen. 1924 war dann der vatikanische Bibliothekar, der energische französische Exkavallerieoffizier Msgr. Eugène Tisserant, auf der Suche nach Manuskripten und seltenen Büchern nach Sofia gereist. Nach den Umwälzungen des Krieges und der Schließung vieler russischer Klöster gab es reiche Funde. Tisserant hatte dann auch vorgeschlagen, einen Gesandten zu schicken, um die Bedürfnisse der kleinen Minderheit von Katholiken des slawischen Ritus zu erkunden.

So war es möglich, Roncallis Mission nach Bulgarien in einem sehr positiven Licht zu sehen. Es gab die drei Ebenen – die ökumenische, die diplomatische und die seelsorgerische. Obwohl es ziemlich weit

abseits des ausgetretenen Pfades lag, war es keine Schande, hingeschickt zu werden. Und es war nicht für sehr lange.
Eine Angelegenheit von großer persönlicher Bedeutung wurde kurz vor seiner Abreise aus Bergamo entschieden. Baron Gianmaria Scotti war einverstanden, einen Teil von Camaitino, das früher einmal das Haus eines Roncalli gewesen war, dem Erzbischof Roncalli zu vermieten. Das hieß, daß Ancilla und Maria dort wohnen und sich um das Haus kümmern konnten und so den Eltern nicht zur Last fielen. Und Roncalli hätte einen Ort, wo er sich in den Sommerferien aufhalten könnte. Außer der Zeit, als der Krieg es unmöglich machte, schaffte er es, jeden Sommer ungefähr einen Monat dort zu verbringen, bis er 1958 Papst wurde. Camaitino wurde sein festes Band an Sotto il Monte. Er hätte kaum noch länger in dem ohnehin überfüllten Elternhaus absteigen können. Er liebte Camaitino. Seine Briefe an Ancilla und Maria in all den Jahren sind voll mit Einzelheiten über geflieste Böden und neue Vorhänge und Möbelstücke. Die Bücher, die er nicht mitnehmen konnte, standen auch dort. An klaren Tagen konnte er von seinem Balkon den Turm des Mailänder Doms sehen. Das half ihm, sich auf seine Arbeit über Karl Borromäus zu konzentrieren, die jetzt Jahre im Rückstand war. Aber das alles war für die Zukunft. Am 23. April 1925 sagte er seiner ganzen Familie und seiner Neuerwerbung auf Wiedersehen und brach nach Sofia auf.
Es war das Zeitalter der Eisenbahn. In Mailand bestieg er den Simplon-Orient-Expreß, den berühmtesten Zug der Welt. Er vereinte Luxus, Geheimnis, Exotik und Skandal in etwa gleichen Portionen, weshalb Romanciers ihn geliebt haben. Der Orientexpreß sollte eine wichtige Rolle in Roncallis Leben spielen. Die nächsten dreiunddreißig Jahre fuhr er hin und her auf dieser Strecke – Sofia, Konstantinopel, Paris, Venedig, mit Mailand als bleibendem Ausgangspunkt. Er genoß seine Reisen. «Im Zug», erzählt er seinen Schwestern, die nie so eine luxuriöse Reise gemacht hatten, «ruht man aus, liest und betet man, betrachtet die Schönheiten der Natur und die Verschiedenheit der Menschen» (*Familiari,* I, S. 185f.). John Dos Passos hat den Orientexpreß, wie er damals war, doch etwas lebhafter beschrieben:

> Zwischen den Mahlzeiten sitze ich für mich in dem kleinen grünen Abteil voller Nickelknöpfe und -beschläge, ab und zu unterbrochen von Paßkontrolleuren, Zollbeamten, Detektiven, Geheimpolizisten oder dem Steward, einem älteren Belgier, der schwer atmet wie eine Lokomotive, ein Mann, der unwiderruflich erschöpft ist von zu vielen Eisenbahnmeilen, zu vielen abgezählten Telegrafenmasten, zu viel von grünen Plüschsitzen gebürsteter Asche. An den Stationen gehe ich mit einem gebrech-

lichen kleinen Franzosen auf und ab, der die einheimischen Zigaretten raucht; er redet intelligent von Bukarest, Liebe, Mord, Dreiecksverhältnissen und Diplomatie. Er weiß alles, und seine Kragen und Manschetten sind immer makellos (*Orient Express,* London 1928, S. 15).

Nach zwei Tagen im Orientexpreß traf Roncalli in Sofia ein. Er war schon recht beleibt und war mit seinem langen schwarzen Überrock, der Soutane und dem Tellerhut leicht zu erkennen. Er wurde von Msgr. Peev begrüßt, einem bulgarischen Kapuzinermönch, der lateinischer Bischof für Südbulgarien war. Sofia war noch wie gelähmt und erholte sich gerade von dem Schock, den eine Terroristenbombe ausgelöst hatte, die für mehr als hundert Tote und tausend Verletzte unter den Ruinen der alten Kirche Svata Nedela verantwortlich war.
Der Außenminister, von seiner Ankunft vorgewarnt, wollte nicht, daß er an der verwüsteten Kirche vorbeikäme, weil ihm das einen schlechten Eindruck von seinem Land vermitteln würde. So ging Roncalli direkt in die bescheidene Wohnung in der Liuline-Straße 7, neben der kleinen Himmelfahrtskirche. Beim Abendessen mit Bischof Peev und dem jungen Pater Stefan Kurtev begann seine Einweihung in bulgarische Verwicklungen. Zuerst befaßten sie sich mit den Ereignissen der letzten zwei Wochen, die in der Greueltat in der Svata Nedela gegipfelt hatten. Am 13. April 1925 war König Boris III. knapp einem Attentat entgangen, als er in den Bergen auf der Jagd war. Neun Verdächtige waren verhaftet und umgehend erhängt worden. Am nächsten Morgen töteten die «Revolutionäre» General Konstantin Gheorghiev, darauf vertrauend, daß der König seinem Begräbnis in der Svata Nedela beiwohnen würde. Ein Pfeiler an der Basis der zentralen Kuppel wurde mit Sprengstoff gefüllt. Der König überlebte die Explosion, aber die Zahl der Opfer machte dies zu der größten von Menschen verursachten Katastrophe seit dem Krieg. Das alles hatte sich in den zwei Wochen vor Roncallis Ankunft abgespielt.
Um König Boris' prekäre Situation zu erklären, mußten sie etwas tiefer in die bulgarische Geschichte eindringen. Nach fast fünf Jahrhunderten türkischer Herrschaft war 1878 die Unabhängigkeit wiedergewonnen, allerdings erst 1908 ratifiziert worden. Im Ersten Balkankrieg (1912) führte Bulgarien das Bündnis gegen den Erbfeind Türkei an und errang eindrucksvolle Siege; aber durch die Niederlage der Mittelmächte 1918 verlor Bulgarien einen großen Teil seines Territoriums und dazu das Recht auf Zugang zur Ägäis. Damals folgte Boris seinem Vater nach, der enttäuscht abgedankt hatte. Es war eine Zeit großer Spannungen. Die Kommunistische Partei wurde, angeregt durch den Erfolg der Oktoberrevolution nebenan in Rußland, von

Georgi Dimitrov (der später der Held bei dem Leipziger Prozeß um den Reichstagsbrand werden sollte) gegründet. 1923 wurde Ministerpräsident Alexander Stambolisky (Agrarier) bei einem Staatsstreich der Rechten ermordet, und von da an lehnten die Kommunisten jede Zusammenarbeit mit der «bürgerlichen» Politik ab und warteten darauf, daß die «Widersprüche des Kapitalismus» das Regime zu Fall bringen würden. König Boris tat sein Bestes, um die gegnerischen Kräfte auszugleichen, aber ihre Differenzen berührten mehr Persönlichkeiten als die Politik. Bulgarische Politik wurde stärker von Staatsstreichen bestimmt als von Zustimmung.
Es war nicht viel, was Erzbischof Roncalli, der erste päpstliche Vertreter seit über fünf Jahrhunderten in diesem Land, hinsichtlich der bulgarischen Geschichte tun konnte. Aber er konnte helfen, mit Katastrophen fertig zu werden. Seine erste und ganz typische Handlung war, daß er König Boris bat, die bei dem Angriff auf die Svata Nedela Verwundeten besuchen zu dürfen. Aber sofort kritisierte der Heilige Synod, das leitende Organ der bulgarisch-orthodoxen Kirche, den Apostolischen Visitator in seiner Zeitung *Tzsarkoven Vestruk* (Dreyfus, S. 75). Roncallis Ankunft bedeutete, so unterstellte er, daß lateinischer «Imperialismus» und «Bekehrungseifer» gesteigert würden. Die bulgarische Orthodoxie wäre Gegenstand eines verschlagenen römischen Komplotts.
Doch die 62 000 Katholiken Bulgariens stellten kaum eine sehr ernste Gefahr dar. Außerdem waren sie in sich gespalten. Angeblich gab es 48 000 Lateiner, meist in den Städten, und 14 000 Unierte des slawischen Ritus, die in ländlichen Gegenden lebten. Viele Unierte waren Flüchtlinge aus Makedonien und Thrakien (wie Roncalli in einem Vortrag 1954 erwähnte; *Natale, 1975,* S. 19). Ihr letzter Bischof (oder Exarch) war 1924 gestorben. Die lateinischen Katholiken verteilten sich auf zwei Diözesen: Der holländische Bischof Jan Theelen CP saß in Rustschuk im Norden, wo alle Geistlichen bis auf drei wie er selbst Passionisten waren; Msgr. Peev verwaltete die südliche Diözese von Sofia-Plovdiv, wo bis auf drei alle Priester Bulgaren waren (*Irénikon* 1928, S. 420). Viel Takt war gefragt, um diese ungleichartigen Gruppen zur Zusammenarbeit zu bewegen. Dazu mußte auf französische Empfindlichkeiten in Sofia geachtet werden, wo es viele französische Orden gab, besonders Aussumptionisten, Vinzentiner, Schulbrüder und Kapuziner. Roncallis Mission sollte auf die blanken Knochen dieser Statistik etwas Fleisch setzen und einen Bericht aus erster Hand über die Bedürfnisse der bulgarischen Katholiken geben.
So machte er sich auf und besuchte die verstreuten Berggemeinden

seiner Katholiken des slawischen Ritus. Er konnte kaum Bulgarisch und verwendete Pater Stefan Kurtev als Dolmetscher. Sie reisten auf Maultieren, auf Pferderücken oder in holpernden Karren. Autos waren so gut wie nie zu sehen in diesen armen Gegenden, und die Straßen waren schlecht. Flüsse mußten auf primitiv erscheinenden Flößen überquert werden. Überall, wohin er ging, behielt er seinen flachen runden Hut fest auf dem Kopf. In seinem Vortrag 1954 sagte er: «Ich machte sie in den entlegensten Dörfern ausfindig, ich betrat ihre bescheidenen Häuser und wurde ihr Nachbar» (*Natale, 1975,* S. 19). Das Echo des «guten Hirten», der seine verlorenen Schafe sucht, war vielleicht unbewußt dabei; aber es sagt über Roncallis Theologie des Episkopats ebensoviel wie seine tiefstgehenden Überlegungen der Einkehrtage. Er «wurde ihr Nachbar».

Später glaubte er, daß er «mit Zuneigung und Freude» empfangen wurde, weil er der Vertreter des Papstes war. Dennoch spürte er manchmal jäh den Gegensatz zwischen der römischen Pracht und der Armut dieser bulgarischen Dörfer. Er schrieb 1929 in einem Brief:

> Mein Herz bricht, wenn ich daran denke, daß Sie in Rom auf keine neuen Wege mehr ersinnen können, um den Triumph Jesu im Sakrament, getragen auf den Armen seines Stellvertreters, noch pompöser zu gestalten, während wir hier nicht einmal Öl haben, um die Lampen anzuzünden in den Verschlägen, die wir als Kapellen benutzen. Aber diese armseligen Lampen sind ein Anfang (*Gran Sacerdote,* S. 153; Brief an seinen Nachfolger bei Propaganda Fide, aus Jambol am 29. Mai 1929).

Es kommt Roncalli nicht in den Sinn, daß ein Teil seines Erfolgs seiner Persönlichkeit zu verdanken ist. Doch bald war er unter den katholischen Bulgaren als *Diado* bekannt, der gute Vater. Kleine Jungen, die draußen herumstromerten, rannten mit der Nachricht nach Hause, das der *Diado* auf dem Weg wäre. Er erwies einem vergessenen Volk Interesse. Und er vergaß sie nie. 1949 konnte er schreiben: «Ich habe noch eine schöne Sammlung von Fotografien, und wenn ich etwas ermüdet bin, schaue ich sie mir wieder an. Sie können mir glauben, daß es mir immer ans Herz greift, wenn ich diese lieben Menschen wieder sehe, und daß sich meine Augen dabei mit Tränen füllen» (*Nuntius,* S. 129; Brief an Bischof Stefan Kurtev vom 14. Januar 1949).

Außer verblassenden Fotografien ist Musik der wirksamste Reiz für die Erinnerung. Die Bulgaren hatten neben den Russen die schönste Kirchenmusik der orthodoxen Kirche, und die Unierten hatten ihre Tradition fortgeführt. In seinem Vortrag von 1954 erklärte Roncalli:

> Am Anfang fand ich es schwierig, mich an ihren Gebeten und ihrem Ritus zu beteiligen, aber plötzlich verstand ich, daß diese gegenseitige Durchdringung von Herzen und Stimmen eine große Tür war, durch die man diese slawischen Brüder erreichen konnte, die so aufgeschlossen, aufrichtig und ehrlich in ihren Gefühlen sind. Als ich mit ihnen ihre traurigen Klagelieder anstimmte, die das Echo von Jahrhunderten politischer und religiöser Sklaverei waren, begann ich, mich katholischer, wirklich universeller zu fühlen (*Natale, 1975,* S. 19).

Wie die Negerspirituals der Vereinigten Staaten war die slawische Musik bewegend, weil sie der Ausdruck von Jahrhunderten des Leidens und der Erniedrigung war. Die Unierten hatten noch einen anderen Grund zum Leiden, weil sie, wie Roncalli schrieb, «so oft Prüfungen und Verfolgungen wegen ihres Glaubens von den Orthodoxen zu erdulden hatten» (*Gran Sacerdote,* S. 153).

Nachdem er seine Besuchsrunde hinter sich hatte, war Roncalli theoretisch mit seiner Arbeit in Bulgarien fertig. Im Oktober 1925 begleitete er eine bulgarische Pilgergruppe nach Rom. Sie hatten am 14. Oktober 1925 eine Audienz bei Pius XI., bei der sie wenigstens beweisen konnten, daß sie existierten. Pius antwortete auf die üblichen Komplimente mit der Ermahnung: «Ehrt und liebt unseren Vertreter: Möge er für euch des Papstes Auge, Herz und Hand sein» (*Mission,* S. 105f.). Dies wurde verblüfft aufgenommen. War der Vertreter des Papstes ein Spion in ihrer Mitte oder war er, wenn nicht ein Freund bei Hofe, ein Freund von Freunden bei Hofe? Diese Frage verfolgte Roncallis Karriere.

Aber 1925 erlaubte ihm seine Anwesenheit in Rom, der Kongregation für die Ostkirchen seinen Bericht persönlich zu übergeben. Seine Hauptempfehlung war, daß die Unierten des slawischen Ritus einen Bischof brauchten. Er schlug Pater Stefan Kurtev dafür vor, trotz seiner Jugend – er war erst vierunddreißig. Obwohl die Kongregation Roncalli als dem Mann vor Ort hätte vertrauen dürfen, dauerte es ein Jahr, bis man sich sein Urteil zu eigen gemacht hatte. Roncalli und Kurtev hielten im November 1926 gemeinsame Einkehrtage in San Paolo fuori le mure unter der Leitung des Abtes Dom Ildefonso Schuster OSB. Roncalli notierte in seinem Tagebuch: «Aber – es ist sonderbar – dieser Verdruß kam nicht durch die Bulgaren, für die ich tätig bin, sondern von den Zentralorganen der kirchlichen Verwaltung» (*Tagebuch,* S. 232). Kurz gesagt, er wurde von der Römischen Kurie verursacht.

Trotz dieser Hindernisse wurde Stefan Kurtev am 5. Dezember 1926 in San Clemente im Beisein von Erzbischof Roncalli zum Bischof für die Bulgaren des byzantinischen slawischen Ritus geweiht. San Clemente – den irischen Dominikanern anvertraut – wurde gewählt, weil sie das Grab des heiligen Kyrill, des Bruders des heiligen Methodios, beherbergte.

Kurtev nahm natürlich den Namen Stefan Kyrill an. Der einzige Haken bei Bischof Stefan Kyrill war, daß er in einer orthodoxen Familie geboren war, bei den Assumptionisten in Mustrackli die Schule besucht hatte und dann Katholik geworden war. Für die Orthodoxen war er deshalb ein lebendes Beispiel für römischen «Bekehrungseifer». Roncalli konnte sich gar nicht genug Mühe mit seinem Protégé geben. Er machte viel Aufhebens um sein bischöfliches Wappen. Er wollte keine Imitationen von verfälschten französischen Vorbildern, sondern etwas echt «Orientalisches» (*Gran Sacerdote,* S. 145). Da der Name Kurtev im Türkischen «Wolf» bedeutete, dachte er, daß ein Wahlspruch mit einem umgekehrten Wortspiel über den «guten Hirten» angebracht wäre. So nahm Bischof Stefan Kyrill den Wahlspruch *Polaga Dusciata si* («Er gibt sein Leben hin») an, eine schöne Zusammenfassung seiner noch verbleibenden dreißig Lebensjahre.

Mit der Ernennung Kurtevs hatte Roncalli den ersten Teil seiner Mission erfüllt und sich selbst um eine Arbeit gebracht: Er brauchte keine Pastoralvisitationen mehr bei den verstreuten bulgarischen Katholiken zu machen. Der nächste Punkt auf seiner Tagesordnung war, ihnen ein eigenes Seminar zu geben. Solange die Priester zu ihrem geistlichen Studium ins Ausland gehen mußten, würde die Kirche unheilbar «ausländisch» erscheinen. Im Dezember 1929 erwarb er ein Grundstück für ein Seminar und zahlte eine Viertelmillion Lire für 30 000 Quadratmeter (*Familiari,* I, S. 189). Der damalige Umtauschkurs lag bei 18 bis 19 Lire für einen US-Dollar. Er hoffte, daß die Arbeit an dem Gebäude im folgenden Frühjahr beginnen würde, aber im Februar 1930 berichtet er ziemlich mißmutig: «Man hat jedoch in Rom den Plan geändert» (*Familiari,* I, S. 198). Das Seminar wurde nie gebaut. Niemand im Vatikan teilte anscheinend seine Ansicht von der Wichtigkeit dieses Projektes. Er riß sich mit einem heiteren «nun ja, für mich bedeutet es eine Sorge weniger» zusammen, aber er war enttäuscht. Teilweise hingen seine Schwierigkeiten mit der Kurie damit zusammen, daß er mit drei Abteilungen zu tun hatte – dem Staatssekretariat, Propaganda Fide und der Kongregation für die Ostkirchen –, deren Ansichten nicht immer zusammenfielen. Alle schienen vergessen zu haben, daß er nur zu einer zeitlich begrenzten Mission nach Bulgarien geschickt worden war. Keiner redete mehr von Argentinien. Das Provisorium sah allmählich gefährlich dauerhaft aus.

Nachdem Roncalli für seine Herde getan hatte, was er tun konnte, hatte er mehr Zeit, sich dem zweiten und ihn stärker fordernden Ziel seiner Mission in Bulgarien zu widmen: «den Papst und die katholische Kirche bei der breiten Masse der Orthodoxen bekannt und beliebt zu machen», wie er es in seinem Vortrag von 1954 ausdrückte (*Natale, 1975,* S. 18). Er hatte den Präsidenten des Heiligen Synods, Erzbischof Stefan Gheorghiev, bereits kennengelernt. Ihm verweigerte der Ökumenische Patriarch von Konstantinopel den Titel eines «Patriarchen», und dies hatte zum Schisma geführt. Die Bulgarisch-orthodoxe Kirche war eine Staatskirche. Sie hatte die nationale Moral gestärkt und die Identität durch fünf Jahrhunderte türkischer Herrschaft am Leben erhalten. Die Bande zwischen Sprache, Kultur, Religion und Nationalismus waren deshalb sehr stark. Aus dem gleichen Grund haftete den Katholiken der Ruch der «Illoyalität» an, einfach weil sie eine Anomalie waren. Die bulgarische Orthodoxie war eine volksnahe Form von Religion, der es weitgehend an intellektueller Tradition fehlte. Das gleiche traf auch auf die Katholiken des slawischen Ritus zu, und obwohl die «Lateiner» städtischer und gebildeter waren, wirkten sie auf Bulgaren «fremd». Die Orthodoxen sahen im Monarchen den Patron und Beschützer der Kirche. Obwohl König Boris aus dem Haus Sachsen-Coburg stammte, hatte seine Mutter, eine Bourbon-Parma, ihn katholisch erzogen, und dann hatte er orthodox werden müssen, um den Thron besteigen zu können. Die *Raison d'état* verlangte seine Konversion.
Dieser Kirche also mußte Roncalli versuchen, «den Papst und die katholische Kirche» zu empfehlen. Die geschichtliche Erfahrung machte das zu einer Kärrnerarbeit. Aber Roncallis Versuch, Vorurteile zu zerstreuen und die Beziehungen zu verbessern, waren eine ökumenische Lehrzeit, die sich später als unschätzbar erwies. Obwohl der «Ökumenismus» damals vom Vatikan noch mit Stirnrunzeln bedacht wurde, lernte Roncalli seine Grundregeln durch Erfahrungen. Die allererste Regel war, daß man nicht erwarten durfte, einen Dialog in Gang zu bringen, wenn man mit Verurteilungen begann. Freundlichkeit in Christo war der Ausgangspunkt, verbunden mit der Fähigkeit zuzuhören und zu lernen. Was Roncalli durch seine persönliche Erfahrung entdeckte, wurde theologisch von Lambert Beauduin in seiner Zeitschrift *Irénikon* bestätigt.
Roncallis erster Brief über Ökumenismus überhaupt zitiert *Irénikon*. Es ist gleichermaßen bedeutend, daß er an eine Laiin, Adelaide Coari, gerichtet war und nicht an einen Mitgeistlichen. Wir sind Signorina Coari schon begegnet. Roncallis Interesse war groß genug, daß er einen Brief schrieb, der sie Pater Enrico Rosa empfahl, dem

Herausgeber von *Civiltà Cattolica* (Gran Sacerdote, S. 142). Er erklärte, daß sie jetzt mit der Lehrerausbildung in Mailand beschäftigt war, daß sie eine Person war, die nicht leicht in katholische Organisationen hineinpaßte und großen Nutzen aus der «Lenkung durch einen lebensklugen und intelligenten Priester» ziehen würde. Er fügte hinzu, daß Papst Pius XI. sie in Mailand kennengelernt hatte und «sie bis zu einem gewissen Grad schätzte und ermutigte – *iuxta modum»* (ibid.). Pius' Vorbehalte ließen sich zweifellos durch die Tatsache erklären, daß die Coari sich für alles Neue interessierte – die feministische, die biblische und die ökumenische Bewegung – und noch mehr durch ihr Interesse am Schicksal Ernesto Buonaiutis, Roncallis alten Seminarbekannten, jetzt dreifach exkommuniziert.
Roncalli schrieb an Signorina Coari am 9. Mai 1927:

> Ich bin sehr froh, daß Sie sich für die Vereinigung der Kirchen interessieren, und begeistert, daß Sie den Geist der Nächstenliebe schätzen, den man in der belgischen Zeitschrift *Irénikon* [er schreibt *Irenicon*] findet. Darin also sind wir uns einig. Was das Wissen vom Umgang mit den Orthodoxen angeht, müssen wir Katholiken viel lernen und sollten ohne Zögern die Empfehlungen von Pius XI. in dieser Hinsicht aufgreifen. Was für eine herrliche Sache ist es, zu verstehen und Mitgefühl zu zeigen.
> Vor einem Monat hatte ich eine interessante Begegnung mit dem Ökumenischen Patriarchen Basilios III., dem Nachfolger von Photios und Michael Kerullarios. Wie sich die Zeiten geändert haben! Aber die Katholiken werden von der Nächstenliebe gedrängt, den Tag der Rückkehr der Brüder in die Einheit der Kirche schleunigst herbeizuführen *[il ritorno dei fratelli alla unità dell'ovile]*. Sie folgen mir? Durch *Nächstenliebe* – eher als durch theologische Diskussionen. Durch die Nächstenliebe, die der heilige Paulus im 1. Korintherbrief 13,4 pries (*Dodicesimo anniversario,* S. 49).

Es dauerte lange, bis Roncalli den Begriff der «Rückkehr» *(ritorno)*, der von den getrennten Brüdern für beleidigend gehalten wurde, fallenließ. Wichtiger ist es, zu verstehen, was er hier mit dem Vorrang der Nächstenliebe meint – was manchmal so aufgefaßt worden ist, als deute es eine antiintellektuelle Haltung an, die den Wert der Theologie schmälerte.
Beauduin hatte die Idee von dem Vorrang der Nächstenliebe in *Irénikon* (Juni – Juli 1928, S. 226ff.) entwickelt. Sein Artikel war ein Tribut an Kardinal Mercier, einen der Helden Roncallis. Beauduin argumentierte, daß Mercier seine ökumenische Berufung einfach dadurch entdeckt hatte, daß er darüber nachdachte, was es bedeute, ein katholischer Bischof zu sein: Er war zuallererst für seine eigene Diözese

verantwortlich, aber als Mitglied des Bischofskollegiums teilte er auch «die Bersorgtheit aller Kirchen». Er konnte deshalb gegen den Skandal der christlichen Spaltung nicht gleichgültig bleiben. Sein besonderes Interesse galt der orthodoxen Kirche. Er machte sich bald klar, daß orthodoxe Christen nicht durch apologetische Argumente in scholastischer Art überzeugt werden könnten. Spitzfindigkeiten ließen sie kalt. Der einzige Weg voraus führte durch «den Vorrang der Nächstenliebe». Vonnöten, schrieb Beauduin, wäre «eine lebende Rechtfertigung, die kein anderes Wunder als die Liebe verlangt» (ibid., S. 229).

Auch konnte man nicht sagen, fuhr Beauduin fort, daß Mercier antiintellektuell sei: Im Gegenteil, in jedem Bereich, den er berührte, betonte er die Notwendigkeit fachlicher Kompetenz. Er war dem modernen Denken im besten Sinne aufgeschlossen und verabscheute provinzielle Beschränktheit. Den Einfluß von Mercier und Beauduin kann man in Roncallis Pontifikat erkennen. In den Jahren nach 1920 regten sie ihn zu einem Einstieg in den Ökumenismus an, der zu jener Zeit im Vatikan einfach nicht vorhanden war. Fünfzig Jahre lang war katholischer Ökumenismus eine unterirdische Strömung. Roncalli sympathisierte mit ihr, weil sie sich mit seiner eigenen Erfahrung im Osten deckte.

Seine Begegnung mit dem Ökumenischen Patriarchen Basilios III. fand am 25. März 1927 statt. Basilios befaßte sich damals vor allem damit, eine gesamtorthodoxe Konferenz zu organisieren, in der Hoffnung, die Russisch-Orthodoxen zu Hause und im Ausland auszusöhnen und das bulgarische Schisma zu beenden. Aber er kannte seine Grenzen. Er war kein Papst des Ostens, sondern ein symbolischer Bezugspunkt, begabt mit den Rechten eines Vorsitzenden. Er hatte auch eine breitere ökumenische Vision. Er erkannte die altkatholischen und anglikanischen Hierarchien an (auf der Grundlage von Präzedenzfällen des 8. Jahrhunderts und späterer Ereignisse in Rußland). Er sehnte sich nach «Aussöhnung und Gemeinschaft» selbst mit der Kirche Roms und machte gegenüber Msgr. Denis, dem Leiter der orthodoxen Kirche in Polen, der ihn Anfang 1928 besuchte, die folgende bemerkenswerte Aussage: «Wenn ich lange genug lebe, will ich selbst zum römischen Papst gehen, um ihn zu bitten, Mitleid mit den verfolgten Kirchen überall zu haben ... und zusammen werden wir gegen den Antichrist kämpfen» (*Irénikon,* März–April 1928, S. 192). Man kann davon ausgehen, daß er im März 1927 etwas Ähnliches zu Roncalli sagte.

Roncallis ökumenische Lehrzeit bestand darin, orthodoxe Kirchenführer kennenzulernen, die für die Römische Kurie nur eine verallgemeinerte Abstraktion waren – austauschbare bärtige Orientalen mit einer unbegreiflichen Geschichte und einer unbekannten Sprache. Einer seiner Freunde war Stepanosse Hovagnimian, Erzbischof von Nikomedia, armenischer Patriarch in Bulgarien. Als Roncalli ihn 1927 kennenlernte, war er bereits achtzig Jahre alt. Er verkörperte lebendige Geschichte. Mit ungefähr 50 000 seiner Armenier war er den türkischen Massakern von 1896 und den noch schrecklicheren von 1915 entkommen. Konstantinopel verweigerte ihm die Anerkennung, deshalb machte er Roncalli ausfindig und erzählte ihm, wie er damals, 1893, den Gesandten des Heiligen Stuhles in seiner Kathedrale mit den einem Patriarchen gebührenden Ehren empfangen hatte (*Irénikon,* S. 422). Als Papst Johannes die offiziellen Beobachter am 13. Oktober 1962 zu Beginn des Konzils ansprach, erinnerte er daran, daß er «diesem ehrwürdigen alten Prälaten» eine Medaille des Pontifikats Pius' XI. geschenkt hatte: «Als er bald darauf im Sterben lag, bat er darum, daß die Medaille auf sein Herz gelegt würde. Ich selbst sah sie dort, und die Erinnerung rührt mich immer noch» (DMC, Bd. IV., 1962, S. 607).

Roncallis seelsorgerische Arbeit und die ökumenischen Begegnungen brachten ihm die Probleme der Unierten, worunter die Christen des orientalischen Ritus verstanden wurden, die mit Rom verbunden waren, schmerzlich nahe. Sie waren zwar zahlenmäßig verhältnismäßig gering (wenn man von den vier Millionen Ukrainern absah), aber sie hatten große symbolische Bedeutung, weil sie die wahrhaft katholische Natur der Kirche veranschaulichten. Man hoffte auch, und das war eher noch optimistischer, daß sie eine Brücke zwischen Ost und West schlagen würden. In den zwanziger Jahren unternahm die Kongregation für die Ostkirchen – sie war erst 1917 von Propaganda Fide abgespalten worden – alles, was ihr möglich war, um die Unierten, die ihre Schützlinge waren, zu ermutigen. Roncalli hatte briefliche Verbindung mit Pater Kyrill Korolevskij, Professor am Griechischen Kolleg in Rom, der ein leidenschaftliches Plädoyer für die Unierten unter dem Titel *Uniatismo* geschrieben hatte (es erschien 1927, wie konnte es anders sein, in *Irénikon*). Korolevskij war eine farbige und widersprüchliche Gestalt. Von gemischter slawischer, lateinischer und französischer Herkunft war er 1902 im syrischen Damaskus vom «Patriarchen von Antiochia und dem ganzen Osten» geweiht worden. Selbst ein ungeheuer gebildeter Mann, hatte er keine besonders hohe Meinung von der italienischen Wissenschaft auf dem Gebiet der slawischen Studien. Er geriet ständig mit der Kongregation für die Ostkirche aneinander. Er stritt energisch gegen die übertriebene «Latinisierung» der unierten Kirchen – eine Klage, die so alt war wie die

Kirche selbst. Roncalli schrieb, er fände die Artikel «ein wenig zu bilderstürmend» und wäre optimistischer als Korolevskij hinsichtlich der Möglichkeiten, einige lateinische Gebete für die unierten Kirchen anzupassen. Ansonsten bekräftigte er mit Eifer Korolevskijs Artikel über die Unierten und meinte, sie würden «der Sache der Einheit helfen, indem sie die Katholiken darauf vorbereiteten, was darunter zu verstehen sei» (*Gran Sacerdote,* S. 146; der Brief aus Sofia vom 13. Juli 1927). Einheit würde nicht Verschlucken bedeuten.

Eines stimmte ihn jedoch traurig. Die unierten Kirchen waren arm und verständlicherweise vom reinen Überleben in Anspruch genommen. Sie fühlten sich psychologisch in der Klemme zwischen den Orthodoxen, die sie als lateinischen «Brückenkopf» sahen, und den lateinischen Katholiken, die sich ihnen oft genug sozial überlegen fühlten. So bat Roncalli inständig um eine gewisse Nachsicht gegen sie. Man sollte nicht ewig auf ihren Mängeln herumreiten – Korolevskij neigte dazu, über die Unwissenheit des verheirateten Klerus herzuziehen –, sondern sollte sie ermutigen, «indem man das wirklich Gute, das sie getan haben, und ihr großzügiges und energisches Engagement beachtet» (ibid.). Er war entsetzt gewesen, als er einen Rundumangriff auf die Unierten in der belgischen *Revue des idées et faits* gelesen hatte: «Ihr himmlischen Mächte! Wir wollen die Einheit mit den Orthodoxen herbeiführen, und dennoch geben wir im allerfrühesten Stadium ein schlechtes Beispiel der Uneinigkeit und des Streites zwischen Katholiken, die sich auf demselben Feld abmühen. So wird das, was mit der einen Hand aufgebaut wird, von der anderen eingerissen» (ibid.).

Während Roncalli im Juli 1927 an Korolevskij schrieb, erhielt er eine Nummer des *Osservatore Romano.* Sie enthielt ein Dekret des Heiligen Offiziums, das Katholiken die Teilnahme an der Lausanner Konferenz über Glauben und Kirchenverfassung verbot (*Gran Sacerdote,* S. 147; zur Konferenz s. Bell, S. 29ff.). Roncalli akzeptierte diese Entscheidung ohne Widerspruch:

> Das Verbot (die Konferenz über Glauben und Kirchenverfassung zu besuchen) scheint ein wenig streng für die Orthodoxen, aber für uns ist es völlig logisch. Diese Konferenz, obendrein der gute Glauben mancher, die daran teilnehmen, sind der Anfang einer neuen Form von Protestantismus. Das Dekret des Heiligen Offiziums wird zweifellos dazu beitragen, die Situation zu erhellen (*Gran Sacerdote,* S. 147).

Es war relativ leicht, den Ausschluß von irgendeiner Konferenz zu akzeptieren, wenn auch die Gründe – die Furcht vor einer neuen Form von Protestantismus – im nachhinein etwas weit hergeholt

scheinen. Die Orthodoxen in Bulgarien waren zu jener Zeit so weit entfernt von einer derartigen Versuchung, daß der Heilige Synod der CVJM streng ablehnte, weil er «auf einer interkonfessionellen Basis arbeitet, die schädlich für die Orthodoxie ist» (*Irénikon*, 1928, S. 548). Roncalli fand es schwieriger, die Enzyklika *Mortalium Animos* vom 6. Januar 1928 zu verteidigen, in der Pius XI. ironisch von Kongressen sprach, «wo alle ohne Unterschied, Gläubige und Ungläubige, selbst solche, die unglücklicherweise Christus verworfen und seine göttliche Natur und Sendung geleugnet haben, eingeladen sind, sich an der Diskussion zu beteiligen». *Mortalium Animos* hatte ungeheuren Einfluß. Sie blieb im wesentlichen in Kraft, bis Roncalli selbst Papst wurde. Sie schien der ganzen ökumenischen Bewegung die Tür zuzuschlagen. Sie wurde weithin als eine Zurückweisung anderer Christen aufgefaßt, die ihre Quelle nicht auf den arroganten Glauben, Rom sei «die eine (d.h. einzige) wahre Kirche», zurückführten. George K. Bell, anglikanischer Bischof von Chichester, hat in seiner Geschichte des Weltkirchenrats ein Kapitel über den Vatikan mit «Die Verweigerung Roms» überschrieben (Bell, S. 67).
Doch wirkte sich *Mortalium Animos* nicht auf Roncallis persönlichen Umgang mit orthodoxen Führern in Bulgarien und Konstantinopel aus. Das Bedürfnis nach dem «Wunder der Liebe» und dem «Vorrang der Nächstenliebe» blieb. *Irénikon* war offenbar durch die Enzyklika in Verlegenheit und machte einen deutschen Jesuiten ausfindig, Pater Friedrich Muckermann, der erklärte, daß ihr «scheinbar schroffer Ton ein Zeichen der Liebe» wäre und ihre eigentliche Zielscheibe «übertriebener Intellektualismus und endlose Diskussion, was zu Skeptizismus führt» (Irénikon, Juli – September 1928). Er schloß scharfsinnig, daß *Mortalium Animos* keine Verurteilung des Ökumenismus an sich wäre, sondern nur einer besonderen ökumenischen Methode – jener, die «den Glauben auf das kleinste Maß brachte», indem sie versuchte, die Einzelheit auf dem «kleinsten gemeinsamen Nenner» zu gründen. So bemüht solche Spitzfindigkeit scheinen mag, nahm ein anderer süddeutscher Jesuit, Augustinus Bea, in den Jahren nach 1960 seine Zuflucht zu sehr ähnlichen Argumenten, um Papst Johannes' neuen Zugang zum Ökumenismus zu rechtfertigen.
In Bulgarien wurden diese theoretischen Debatten durch ein schweres Erdbeben am 14. April 1928 überflüssig. Die Erschütterung wurde in Sofia wahrgenommen, aber das Epizentrum lag in der Gebirgsregion von Plowdiw, wo die meisten unierten Katholiken lebten. Roncalli war einen Tag danach zur Stelle, um die Lage zu begutachten, kehrte nach Sofia zurück, um dem Vatikan wegen Hilfe zu kabeln, und organisierte drei Tage später Lebensmittel und Decken für die

Ärmsten. Der Schock war schrecklich gewesen, und er hatte um sein Leben gefürchtet. Es war Ironie, daß der Schlag die Unierten so schwer getroffen hatte, wie er an Pater Pietro Carrara, den Sekretär des Bischofs von Bergamo, am 26. April 1928 schrieb:

> Vor fünfzehn Tagen gab es wenigstens ein paar Oasen, auf denen das Auge in dieser ansonsten vollkommen orthodoxen Umgebung ausruhen konnte. Aber jetzt herrscht dort Wüste und äußerste Trostlosigkeit. Wir werden von vorn anfangen und in größerem Maßstab wieder aufbauen müssen. Was ist aus unseren bescheidenen Träumen geworden, lieber Don Pietro, angesichts des furchtbaren Zornes Gottes, der sich in dem Wüten der Natur ausdrückt (*Dodicesimo anniversario,* S. 54).

Seinen Schwestern Ancilla und Maria schrieb er so beruhigend wie möglich:

> Habt keine Sorgen um mich wegen der Nachrichten über das Erdbeben in Bulgarien. Das Erdbebengebiet liegt weit entfernt. Ich bin in diesen Tagen dort gewesen. Welch ein Mitgefühl! In Philipopel (Plowdiw) erlebte auch ich gestern abend einen sehr heftigen Erdstoß, der in der ganzen Stadt ungeheuren Schaden anrichtete. Ich habe wie alle die Nacht im Freien verbracht. Jetzt bin ich wieder in Sofia, um die Hilfsaktionen besser unterstützen zu können ... «Von der Geißel des Erdbebens befreie uns, o Herr» (*Familiari,* I, S. 147f.).

Der Papst hatte eine halbe Million *Lewa* geschickt, «was einen sehr guten Eindruck in Bulgarien machte». Aber die Not hatte kein Ende. Dem Erdbeben waren schwere Regenfälle gefolgt; die Menschen weigerten sich, in ihre rissigen und gefährdeten Häuser zurückzukehren; die Holzbaracken, die man ihnen versprochen hatte, waren noch nicht eingetroffen; der Schlamm war schon tief, und weitere Überschwemmungen waren vorauszusehen (*Familiari,* I, S. 148f.). Es war die bekannte Kette von Katastrophen, die einem Erdbeben folgen.
Die Italiener zeigten Mitgefühl, hatten sie doch genug Erfahrung mit Erdbeben. *L'Eco di Bergamo* hatte seinen früheren Korrespondenten Roncalli nicht vergessen und organisierte eine Sammlung für die Opfer. Dank dieser Katastrophe machte Bulgarien vorübergehend Schlagzeilen. Roncalli betrachtete das Erdbeben nicht als intellektuelles Rätsel über die Güte Gottes; er übernahm auch nicht Dr. Pangloß' Ansicht, daß «alles zum Besten sei». Er sah es als etwas, das ihm eine praktische Aufgabe auferlegte, eine Möglichkeit, «die körperlichen Arbeiten der Gnade» auszuüben. Erst einen Monat davor, am 6. März 1928, hatte er Ancilla und Maria gedrängt, die Kranken zu besuchen. «Das ist gut und eines der schönsten Werke der Barmherzigkeit ... Der Herr vergilt dem mit Barmherzigkeit, der Nächsten-

liebe übt» (*Familiari,* I, S. 140). Nun mußte er diese Lektion auf sich selbst beziehen. Er schreibt am Ende seines Briefes über das Erdbeben an seine Schwestern: «Wie ich Euch sagte, geht es mir gut, und ich bin froh, unter so viel Leid, anderen im Namen des Herrn, der uns alle zu Brüdern gemacht hat, helfen und sie trösten zu können» (*Familiari,* I, S. 149). Vielleicht hätte er es in einem Bericht an den Vatikan nicht so ausgedrückt, aber wenn er mit seinen Schwestern sprach, wurde die Wahrheit auf ihren Kern beschränkt.

Nach diesen buchstäblich erderschütternden Ereignissen verbrachte Erzbischof Roncalli ein stilles Weihnachtsfest 1928 in Konstantinopel. Er lernte die Stadt allmählich gut kennen. Sie barg weitaus reichere historische Erinnerungen und hatte größere ökumenische Bedeutung als Sofia. Er fühlte sich aus ganz unterschiedlichen Gründen zu dem Ort hingezogen. Der eine, den er seiner Familie in seinem Weihnachtsbrief verriet, war ein offen «triumphalistischer»:

> Hier in Konstantinopel ist alles größer und schöner als in Sofia. Es gibt mehr als 30 000 Katholiken, außerdem Fratres und Schwestern und katholische Schulen aller Art. Das ändert nichts daran, daß dies die Hauptstadt des Islam und des Schismas ist. Wenn man aber, aufs Ganze gesehen, in größerer Zahl ist, hat man eher den Eindruck, in einem katholischen Land zu sein. Um so mehr, als es hier schöne Kirchen gibt, die Katholiken sie besuchen und es ihnen gut geht. In der Weihnachtsnacht zum Beispiel war die Heilig-Geist-Kathedrale von Gläubigen überfüllt, und viele empfingen die heilige Kommunion, auch Männer und junge Leute. Konstantinopel ist wegen seiner Lage wirklich die schönste Stadt der Welt (*Familiari,* I, S. 162).

Als er gleichzeitig an Pietro Grasso, den Bischof von Tortona, schreibt, kann Roncalli das alles als bekannt voraussetzen und konzentriert sich auf die neuen Richtungen, die sich abzeichnen, was er später «die Zeichen der Zeit» nannte:

> Ich wäre sehr froh, Sie hier bei mir zu haben in dieser wunderbaren Stadt Konstantinopel, die ich allmählich recht gut kennenlerne. Ich wünschte, Sie wären hier, um die großen Probleme zu erörtern, die sich auf die Zukunft der Kirche beziehen – Probleme, die sich in einer völlig anderen und sehr interessanten Perspektive zeigen, wenn man sie von hier aus sieht, in diesem innersten, aber jetzt fast erschöpften Herz der Orthodoxie, inmitten der beeindruckenden, aber trostlosen Ruinen der byzantinischen Zeit und auf der Schwelle zu der geheimnisvollen Welt des Islam, in dem es neue Regungen gibt, deren Richtung in Gottes Hand liegt (*Gran Sacerdote,* S. 151).

1928 bezogen sich die «neuen Regungen» im Islam nicht auf eine durch die Macht des Öls selbstbewußte religiöse Erneuerung wie fünfzig Jahre später, sondern im Gegenteil auf die säkularisierende Politik Atatürks, der entschlossen war, die Türkei ins 20. Jahrhundert zu zerren. Das Urteil über den Niedergang des Fanar, der Heimat des Ökumenischen Patriarchen, war hart, aber zutreffend. Doch die symbolische Bedeutung des Patriarchen blieb. Das Leben auf dem Balkan gewährte Roncalli Einblicke in solche Probleme, was nicht möglich gewesen wäre, wenn er auf Bergamo oder Rom beschränkt geblieben wäre.

Aber der Preis, den er bezahlte, war die Fremde, und er begann, die Last zu spüren. Als er sich 1929 dem fünfundzwanzigsten Jahrestag seiner Priesterweihe näherte, machte er eine Krise durch, die ihre Ursache in vielen Elementen hatte: ein Gefühl, vergessen und im Stich gelassen worden zu sein, Enttäuschung, mit seinen Plänen für die bulgarische Kirche nicht weiterzukommen, und der quälende Gedanke, daß seine Karriere auf Eis gelegt worden war. So drückte er es selbst aus, als er sich 1930 zu seinen Exerzitien nach Rustschuk in das Haus der Passionisten zurückgezogen hatte, von wo er auf die Donau und dahinter auf die rumänischen Ölfelder mit den Abfackelungen blickte:

> In den vergangenen Monaten hat mir der Herr manches auferlegt, meine Geduld zu prüfen: die mühevollen Verhandlungen über die Gründung des bulgarischen Seminars; die über fünf Jahre währende Ungewißheit, welche definitiven Aufgaben mit diesem meinem Amt verbunden sein sollen; die Ängste und die Schwierigkeiten, nicht noch mehr tun zu können; die Notwendigkeit, das Leben geradezu eines Eremiten führen zu müssen, was meiner Neigung zur Sorge für die Seelen widerstrebt; innere Unzufriedenheit mit dem, was immer noch an menschlichen Schwächen in meiner Natur ist, wenn ich es auch bisher in Zucht zu halten vermochte (*Tagebuch,* S. 239).

Hier treffen wir Roncalli in seiner finstersten Stimmung, obwohl er am Ende der Exerzitien die Maxime des Franz von Sales zitiert: «Ich bin wie ein Vogel, der in einem Dornbusch singt» (ibid., S. 242). Gehorsam wurde ein Kreuz, das getragen werden mußte. Sein Motto war *Obedientia et Pax,* und er war in dem Glauben nach Bulgarien gegangen, daß Gehorsam zum Frieden führen würde. Jetzt findet er ebensoviel Wahrheit in dem Motto von Msgr. Giuseppe Facchinetti, dem ersten Superior der Priester vom Heiligsten Herzen Jesu: *«Semper in Cruce, obedientia duce* – Im Kreuz allezeit, der Gehorsam gibt Geleit!» (ibid.).

Wie er die Krise löste, geht aus seiner Korrespondenz mit Don Pietro Forno (1887–1938) hervor, dem Bergamasker Priester, der ihm bei der Herausgabe der *Atti* des Karl Borromäus half. Aber was sie in diesem Lebensabschnitt noch näher zusammenbrachte, war, daß sie beide eine Zeit der Prüfung durchmachten. Die Art von Fornos «Prüfung» wird nicht erklärt, aber da Capovilla sagt, sie sei verursacht gewesen durch «die Fehler seiner bemerkenswerten intellektuellen Gaben und sein offenes und ungestümes Wesen» (*Dodicesimo anniversario,* S. 50), und da er in eine andere Diözese überwechseln wollte, darf man schließen, daß er Schwierigkeiten mit seinem Bischof hatte. Wie Roncalli fühlte er sich übergangen und nicht entsprechend gewürdigt.

In seinem Brief aus Sofia am 8. April 1928 bedient Roncalli sich einer vielsagenden historischen Parallele zu ihrer Situation:

> Bevor ich schlafen ging, las ich Pastors Leben der Päpste. Wie viele ermutigende Vorbilder für Sie und mich sich in diesen Bänden finden. In dem Kapitel über Paul IV. zum Beispiel lesen wir, wie Kardinal Morone – einer der bedeutendsten Diener der Kirche im 16. Jahrhundert, ein großer Diplomat, ein Mann von erlesenen Umgangsformen, aufrecht, fromm etc. – in der Engelsburg unter diesem Papst gefangengehalten wurde, ohne Zweifel ein heiliger, aber ein leidenschaftlicher Mann, und da mußte er (Morone) bleiben und die erniedrigendsten Prüfungen auf sich nehmen, bis zum Tod Pauls, der, ich wiederhole es, ein heiliger Mann war, der viel Gutes tat (*Dodicesimo anniversario,* 51).

Diese Bettlektüre regte die Phantasie an, daß er selbst, ohne guten Grund in Sofia festgehalten, Kardinal Morone ähnelte, der wegen einer Laune Papst Pauls IV. in der Engelsburg eingesperrt war. Doch fällt es ihm immer noch schwer, einen tyrannischen Papst zu kritisieren, sogar einen längst toten. Ein ironisches Postskriptum zu dieser Geschichte ist, daß Papst Johannes am 11. November 1962, dem Eröffnungstag des Konzils, das Glaubensbekenntnis Pauls IV. verlas, wie das kanonische Recht vorschreibt. Jene Beobachter, die an seinem Ton Anstoß nahmen und wußten, daß Paul IV. als «der unheilvollste Papst in der Geschichte» (Hans Kühner) beschrieben worden war, wären getröstet gewesen, wenn sie entdeckt hätten, daß Roncalli seine Behandlung des Kardinals Morone mißbilligte.

Nach dieser listigen historischen Parallele versucht Roncalli seinen Leidensgenossen Forno mit dem Gedanken zu trösten, daß wir alle von Zeit zu Zeit einen «Gnadenstoß» *(un colpo di grazia)* brauchen:

> Sie erinnern sich, was ich Ihnen letztes Jahr über die Probleme erzählte, die ich mit meinem Amt in Bulgarien hatte? Nun, als ich in Rom war,

hatte ich einen Gnadenstoß, der mir den vollkommenen Frieden wiedergab. Es ist nicht so, daß die Gründe, warum ich letztes Jahr litt, verschwunden wären. Nein, sie sind noch da und haben sich allenfalls um ein geringes verkleinert. Aber ich erfuhr eine *raison d'être,* einen Grund zu sein und zu leiden, und so liebe und leide ich gern ... Seit ich zum Bischof geweiht wurde, habe ich jeden Tag eines der Gebete des heiligen Ignatius gesprochen. Ich lege eine Abschrift bei. Es geschah eines Morgens, als ich ganz besonders litt, da schien es mir, als wäre dieses Gebet sehr genau erhört worden. Auch diese Überlegung brachte mir Frieden und Zufriedenheit (*Dodicesimo anniversario,* S. 51f.).

Welches war das «Gebet des Ignatius», das Erzbischof Roncalli täglich sprach? Er teilt es uns in seinen Exerzitiennotizen von 1930 mit. Es war das Gebet «O ewiger Herr aller Dinge», welches die Meditation über das Reich Christi abschließt. «Wahrhaftig, es kostet mich einiges!» bekennt Roncalli, und er fand es schwer, dieses Gebet zu sprechen (*Tagebuch,* S. 240). Es ist in der Tat schwierig für jemanden mit Ehrgeiz, zu sagen, daß er Christus nachfolgen will «in Ertragung jeglicher Unbilden, jeglichen Schimpfes, jeglicher Armut, leiblicher wie geistiger» (*Geistliche Übungen,* S. 64).
Aber es war ein weiterer Schritt, und Roncalli machte ihn 1930. Er beschloß, das Gebet, das die Meditation «über drei Arten von Demut» abschließt, dazuzunehmen. Es unterscheidet sich von dem Gebet über das Reich Christi insofern, als Armut mit Christus jetzt eindeutig *gewünscht* und nicht bloß erduldet wird:

Gesetzt, es wäre gleiches zu erwarten für die Ehre und das Lob der göttlichen Majestät, so will ich, bloß um Christus unserem Herrn mehr nachzuahmen und ihm möglichst ähnlich zu sein, lieber mit dem armen Christus Armut wählen als Reichtum, mit dem geschmähten Christus Schmach statt Ehren, und will um Christi willen, der als Tor erachtet wurde, lieber töricht gelten vor der Welt als weise und klug (*Geistliche Übungen,* S. 75).

Natürlich erreicht man diese Höhe der Identifikation mit Christus nicht einfach, indem man die Worte ausspricht, aber sie sind ein Anfang und weisen in die richtige Richtung.
Roncallis «Gnadenstoß» war demnach nicht irgendeine neue geistige Einsicht. Er bestand aus einer Verschiebung der Perspektive, wobei das Vertraute einen neuen Aspekt annahm. Ein Brief, am 5. Mai 1928 an seinen früheren Sekretär bei Propaganda Fide, Msgr. Giovanni Dieci, geschrieben, bezieht sich eindeutig auf dieselbe Erfahrung: «Es liegt nichts Heroisches in dem, was mir widerfuhr, und in dem, was ich aus Pflichtbewußtsein tat. Sobald man allem, wirklich allem, entsagt hat, dann wird jedes kühne Unterfangen *[audacia]* zur einfach-

sten und natürlichsten Sache der Welt» (Alberigo, S. 430). Nichts könnte die Bedeutung von «Entsagung», wie Roncalli sie sieht, klarer machen. Sie ist ein Akt, allem in Gott seinen Lauf zu lassen, um näher bei Jesus zu sein. Sie hat nichts mit Weglaufen oder weltverleugnender Ängstlichkeit zu tun. Sie macht denjenigen, der sie annimmt, leicht und frei zum Handeln. Es ist Entsagung zur Freiheit. Dieselbe Haltung erlaubte ihm, das «kühne Unterfangen» des Konzils im Alter von siebenundsiebzig Jahren in Angriff zu nehmen, als der gesunde Menschenverstand gesagt hätte, es wäre eine Verrücktheit.

Die praktische Schlußfolgerung Ende der zwanziger Jahre war, daß er nicht intrigieren würde, um einen anderen Posten zu bekommen. Wann immer Leute in Rom ihn fragten, «ob mein Aufenthalt hier in Bulgarien nicht ein bißchen zu lange dauert», wechselte er das Thema (*Familiari,* I, S. 189). Unglücklicherweise erhielt Forno keinen vergleichbaren «Gnadenstoß». Im Februar 1929 schreibt Roncalli ihm weniger als Kollege, sondern als geistlicher Vater, der auf ein Dutzend verschiedene Arten versuchen muß, dasselbe zu sagen:

> Sie sagen, Sie möchten gern, daß man mir eine große Diözese zuweist, in der es auch für Sie eine Stelle gibt. Nichts zu machen. Bulgarien ist mein Kreuz, und ich bin aufrichtig bereit, hier zu bleiben, bis ich sterbe, wenn der Gehorsam es verlangt. Ich lasse andere ihre Zeit damit vergeuden, davon zu träumen, was mit mir geschehen könnte. Sie sollten das gleiche tun. Die Vorstellung, daß es einem anderswo besser ginge, ist Feine Illusion. Lesen Sie die letzten Seiten von Manzonis *I Promessi Sposi.* Einfache Worte, aber volkstümliche Weisheit von höchstem Rang (*Dodicesimo anniversario,* S. 56f.).

Manzoni und die *Geistlichen Übungen* des heiligen Ignatius lehrten ihn gemeinsam, daß einer richtigen Entscheidung die Gaben des Geistes folgen. So schrieb er an Dieci: «Durch die Gnade des Herrn liebe ich weiterhin den Gehorsam, obgleich er mich hier an eine Arbeit bindet, die so wenige Tröstungen bereit hat und mich in Tätigkeiten verwickelt, die dem, was ich wirklich tun möchte, wenn ich meinen natürlichen Neigungen folgte, so genau entgegengesetzt sind. Aber der Friede des Herzens fehlt nicht, und so lebe ich zufrieden» (Alberigo, S. 430). Im August 1929 feierte er den fünfundzwanzigsten Jahrestag seiner Priesterweihe. Er vermutete (fälschlich), daß der zweite Teil seines Lebens als Priester kürzer sein würde (*Pastore,* S. 159). Er war so klug, eine Diät zu beginnen.

Roncalli war in Sofia nicht völlig vom italienischen Leben abgeschnitten. Briefe und Zeitungen kamen nach etwa fünf Tagen an. In den meisten Jahren konnte er während des Sommers ungefähr zwei Monate in Italien verbringen. Im Sommer 1929 reiste er nach Prag, Tschenstochau, Gnesen und Berlin, wo Msgr. Eugenio Pacelli Nuntius war. So war er nicht ahnungslos, was sich in Europa ereignete. Das faschistische Regime in Italien war nun eine offene Diktatur und erhob zunehmend totalitäre Ansprüche. Roncalli fühlte langsam, daß es doch etwas für sich hatte, in Bulgarien zu sein. Er schrieb an Pietro Forno:

> Es scheint mir eine bedeutsame Fügung, daß ich aus den italienischen Angelegenheiten draußen bin. Ich verfolge alle Zeitungen und finde das Ganze schmerzlich. Ich meine, man sollte sehr viel für den Heiligen Vater beten und so wenig wie möglich sagen. Es ist wirklich ein starker Trost für uns Katholiken, daß wir die Rechte der Heiligen Kirche vom Papst mit solcher Würde und Furchtlosigkeit verteidigt sehen. Ja, auch in diesem Papst muß man den *digitus Dei* [den Finger Gottes] sehen (*Dodicesimo anniversario,* S. 52).

Das war 1928 die konventionelle Ansicht. Pius XI. trat dem Diktator Mussolini tapfer entgegen. Die Streitfragen, in denen sie in immer gleichbleibender Weise zusammenstießen – Katholische Aktion, Jugendbewegung, Erziehung – verrieten einen tiefen, unversöhnlichen Gegensatz zwischen einer freiheitsliebenden Kirche und einem zunehmend totalitären Staat. Pius XI. stellte den faschistischen Anspruch in Frage, ein Monopol auf den italienischen Patriotismus zu haben. Es fiel Roncalli nicht schwer, sich auf die Seite des mutigen Papstes zu stellen.

Aber dann, am 11. Februar 1929, kam die aufregende Neuigkeit, daß der Papst und Mussolini ein Abkommen getroffen hatten. Bekannt als die Lateranverträge, waren es tatsächlich drei zusammengehörige Übereinkommen: ein Vertrag zwischen dem Heiligen Stuhl und Italien, der die Souveränität des Vatikans über sein taschentuchgroßes Territorium in Rom anerkannte, ein Finanzabkommen, das eine Entschädigung für den Verlust des Kirchenstaates im Jahr 1870 festlegte, und ein Konkordat, das die zukünftigen Beziehungen zwischen dem Heiligen Stuhl und Italien regeln würde. Viele Katholiken waren über diese Maßnahmen enttäuscht. Das Bild von dem heldenhaften Papst, der dem Diktator mutig Widerstand leistet, wich dem eines pragmatischen Papstes, der bereit ist, sich mit jedem zu einigen. Die Ex-*Popolari* waren besonders verbittert. Im Exil in London fand Don Luigi Sturzo die Lateranverträge wie des Kuratus' Ei, «eine Mischung aus gut und schlecht», gut, weil sie die leidige «Römische Frage» ein für allemal geregelt hatten, aber schlecht, weil die Aussöhnung mit einem faschistischen Regime erreicht worden war, dessen Ideologie grundsätzlich antichristlich war. Sturzo und Alcide De Gasperi (der sich bald zu seiner eigenen Sicherheit im Vatikan vergraben würde) unterschieden zwischen dem Vertrag, den sie akzeptierten, und dem Konkordat, das sie doppeldeutig fanden. Das Konkordat schien der Kirche gewisse Rechte zu gewähren, aber nur im Austausch gegen politische Fügsamkeit.

Einer der schärfsten Kritiker der Lateranverträge war Msgr. Giovanni Battista Montini. Er hielt das Übereinkommen nur für eine Pseudoaussöhnung, ein Nicht-Ereignis, aus dem Mussolini eine Menge propagandistischen Nutzen gezogen hatte. «Fast alle denkenden Menschen», schrieb Montini, «sind unglücklich und voller Vorbehalte» (Fappani-Molinari, S. 259ff.). Er beschloß, noch mehr Zeit für die FUCI aufzubringen, die katholische Studentenbewegung, die zu gegebener Zeit die Verbindung zwischen den *Popolari* der zwanziger Jahre und den Christdemokraten nach 1945 herstellen würde. Aber diese ganze Kritik an den Lateranverträgen beschränkte sich auf private Briefe und Gespräche. Die übliche öffentliche Reaktion war große Freude. *L'Osservatore Romano* erklärte in einem berühmtberüchtigten und unvergeßlichen Satz: «Italien ist Gott und Gott ist Italien wiedergegeben worden» (12. Februar 1929).

Aus der Ferne in Sofia fiel es Roncalli nicht schwer, der offiziellen Linie zu folgen. Als eine Art vatikanischer Diplomat hatte er die Aufgabe, die Lateranverträge König Boris zu erläutern, der – was Roncalli allerdings nicht wußte – ein besonderes Interesse an Italien hatte: Er dachte daran, Prinzessin Giovanna aus dem Hause Savoyen zu heiraten. Roncallis Begeisterung für die Lateranverträge war nicht gespielt. Er akzeptierte sie so, wie sie oberflächlich aussahen. Es fehlte ihm Montinis Gefühl für die langfristigen Folgen. Anders als die Ex-*Popolari* beeindruckte ihn die *Tatsache* der «Aussöhnung», während es zweitrangig war, *mit wem* sie erreicht worden war. Er sah in dem Ereignis die Verwirklichung der Träume seiner Mentoren – Giuseppe Toniolo, Bischof Geremia Bonomelli und Kardinal Ferrari.

Roncallis erster Kommentar zu den Lateranverträgen stand in einem Brief an Don Pietro Forno, der zwar noch nicht seine Krise hinter sich hatte, aber doch soviel Humor gezeigt hatte, anzukündigen, daß er durchkäme. Roncalli schrieb am 18. Februar 1929:

> Sie können sich vorstellen, mit welcher Freude für die Sache des Heiligen Stuhles und Italien ich die Ereignisse in Rom verfolge. Sie scheinen mehr wie ein Traum als ein Wunder der Gerechtigkeit und Güte Gottes. Finden Sie hier keine Lehre und Ermutigung auch für sich? Man prote-

stiert in gehöriger Form, wartet und leidet, und dann tritt der Herr dazwischen und bringt Freude, Befreiung und Rettung (*Dodicesimo anniversario,* S. 57).

Demnach veranschaulichte die Unterzeichnung der Lateranverträge ein allgemein anwendbares «Gesetz» des geistlichen Lebens. Das Papsttum hat geduldig seine Zeit der Prüfung durchlebt und ist nun belohnt worden.

Sechs Tage später schrieb er an Ancilla und Maria mit gleicher Begeisterung. Er stellt die «Aussöhnung» zwischen dem Papst und Italien als Vorgang dar, wie er in der Familie der Roncallis üblich war:

> Ihr könnt Euch wohl vorstellen, wie sehr ich den Jubel ganz Italiens über den Frieden verfolge, der zwischen dem Vatikan und dem Quirinal geschlossen wurde. Was meint Ihr, was das für eine Freude für unsere Alten gewesen wäre, wenn sie noch lebten! Preisen wir den Herrn! Alles, was das Freimaurertum, das heißt der Teufel, in sechzig und mehr Jahren gegen die Kirche und gegen den Papst in Italien unternommen hat, das alles ist zunichte gemacht worden. Man lebt unter den Menschen mit tausend Mängeln. Unannehmlichkeiten wird es auch in Zukunft geben. Andere Nöte werden nicht auf sich warten lassen. Gleichwohl muß man indessen den Mut zur Redlichkeit haben und anerkennen, daß das, was sich ereignet hat, an ein Wunder grenzt und unermeßlich Gutes unserem Italien und der ganzen Welt zu bringen vermag. Nun hat jeder ein bißchen Studierte, der nicht zur Kirche ging und aus Patriotismus nicht praktizierte, jede Ausrede verloren. Jede Schwierigkeit ist beseitigt. Preisen wir nochmals den Herrn (*Familiari,* I, S. 167).

Dieser Nachdruck auf der Niederlage der Freimaurerei ist durch das antiklerikale freimaurerische Element im *Risorgimento* erklärlich: Garibaldi taufte sein Pferd Mastai, das war der Familienname Pius' IX. Roncallis weitsichtigste Bemerkung ist die nebensächlichste: Die «Unannehmlichkeiten», die er voraussagte, begannen schon fast spürbar zu werden, als die Tinte auf den Verträgen trocken war. Die Aussöhnung zwischen den Katholiken und Italien, die ihn so erfreut hatte, war weitgehend nur auf dem Papier erreicht worden.

Immerhin hatten der Vatikan und Italien jetzt diplomatische Beziehungen und ein Forum, auf dem Schwierigkeiten ausgetragen werden konnten. Der erste Nuntius des Heiligen Stuhles in Italien war Msgr. Francesco Borgongini Duca, der mit Roncalli am Römischen Seminar gewesen war. Sein Gegenstück, De Vecchi, der italienische Botschafter beim Heiligen Stuhl, war fest davon überzeugt, daß Borgongini Duca «der Führer der Pro-*Popolari*- Fraktion im Vatikan» war (Pollard, S. 119). Falls das wahr ist, würde es erklären helfen, warum er für den angesehenen Posten des Erzbischofs von Mailand an Roncalli dachte – und auch, warum Roncalli sich als politisch nicht tragbar erwies.

Nur das Gerücht ist dokumentiert. Kardinal Eugenio Tosi, Ferraris Nachfolger, war am 7. Januar 1929 gestorben, gerade einen Monat vor den Lateranverträgen. Die neue Ernennung würde den Regelungen des Konkordats folgen, das dem Staat eine gewisse Rolle zudachte. Kaum war Tosi in seiner Gruft, ging das Gerede, Roncalli solle nach Mailand berufen werden. Am 10. Februar 1929, kurz nach Tosis Tod, schrieb er an Ancilla und Maria: «Es wird über mich im Zusammenhang mit der Ernennung in Mailand geredet. Glaubt nichts. Bittet den Herrn, daß er mich vor größerer und schwererer Würde und Verantwortung als die, die ich jetzt habe, bewahre. Außerdem soll man nicht phantasieren. Neben ein wenig mehr Ehre gibt es großen, unglaublichen Kummer» (*Familiari,* I, S. 165). Sollten sie jemanden davon reden hören, daß er nach Mailand ginge, dann sollten sie das Thema wechseln. Das war die angemessene Reaktion eines, der «den leichten Weg des Kreuzes» eingeschlagen hatte. Doch ließ sich nicht leugnen, daß die Ernennung sinnvoll gewesen wäre. Er stammte aus der Lombardei. Mit achtundvierzig hatte er das richtige Alter für ein langes und fruchtbares Bischofsamt. Als Historiker des heiligen Karl Borromäus verfügte er über gründliche Kenntnisse der besten Traditionen in der Mailänder Kirche. Er war gewissermaßen der Erbe Kardinal Ferraris, dem er so zugetan gewesen war. Zu diesen Vorzügen kam noch die Tatsache, daß er während der vergangenen vier Jahre so passend von Italien fern gewesen war und somit eine saubere politische Weste hatte. Am 19. Februar 1929 berichtet er, daß Gerüchte über seine Berufung massiv und schnell aus Mailand, Bergamo und Rom kamen (*Familiari,* I, S. 166). Er behauptete, er fände das alles belustigend (da ihn das Gerede anderer «nur zum Lachen» bringe).

Schließlich wurde Kardinal Ildefonso Schuster OSB im August zum Kardinalerzbischof ernannt. Die lange Verzögerung von Februar bis August deutet auf einen erbitterten Kampf hinter den Kulissen hin. Eine von Mussolinis Hauptsorgen war es, jede Wiederbelebung der *Popolari* oder Beförderung von ihnen Nahestehenden zu verhindern. «Wir werden», sagte er im Juni 1929, «die Auferstehung von Parteien oder Organisationen, die wir ein für allemal zerschlagen haben, nicht zulassen» (Pollard, S. 111). Schuster war politisch zuverlässig, Roncalli nicht. Am ersten Jahrestag der Lateranverträge hörte man Schuster erklären, daß «von Anfang an das katholische Italien und der Papst den Faschismus gesegnet haben» – eine Behauptung, die so empörend und falsch war, daß *l'Osservatore Romano* ein Dementi in

Form einer *Rettifica* abgab, ein Begriff, der für die allergröbsten Fehler vorbehalten war (Pollard, S. 263f.).

Roncalli schrieb an Schuster und gratulierte ihm zu seiner Erhebung «auf den angesehenen Stuhl des heiligen Ambrosius». Schuster dürfte die Gerüchte auch gehört haben und für diesen Brief von einem guten Verlierer dankbar gewesen sein. Roncalli entschuldigt sich jedoch, daß er Schusters feierlichem Einzug in Mailand am 8. September 1929 nicht beiwohnen kann, obwohl er im nahegelegenen Bergamo war. Er bringt irgendwelche Ausreden über eine schon eingegangene Verpflichtung vor. Man darf davon ausgehen, daß Signorina Adelaide Coari, selbst aus Mailand, bedauerte, daß Schuster Roncalli vorgezogen wurde. Jedenfalls versucht er in seinem nächsten Brief, sie mit Schuster auszusöhnen, indem er unterstreicht, daß er Benediktiner ist und daß «einem das mönchische Leben jedes Beschäftigtsein mit dem eigenen Ich nimmt... und so der Mönch frei ist für die Aufgaben, die die Vorsehung ihm gibt» (*Dodicesimo anniversario,* S. 58f.). Dies mag als ziemlich unvollständige Würdigung Schusters erscheinen, aber Roncalli hatte den festen Grundsatz, nie über Berufungen zu streiten, sobald sie einmal ausgesprochen waren. Noch weniger würde er einen mutmaßlichen Rivalen anschwärzen.

Sein Brief an Adelaide enthielt Weihnachtsgrüße. Er muß ihr großes Vergnügen bereitet haben, weil ihr Freund der Erzbischof sie spontan auf eine Stufe mit sich stellte:

> Weder Sie noch ich, liebe Signorina Coari, haben den Vorzug einer monastischen Erziehung gehabt. Doch da wir älter werden, müssen wir versuchen, unser Leben dem monastischen Geist anzupassen, der uns, außer Ordnung, Frieden und innere Freude, neue Energien für ein gutes Apostelamt bringen kann. Sehen Sie? Sie haben schon so vieles getan. Clemente Rivera die Tür aufzustoßen, das war eine in hohem Grade apostolische Tat. Diese guten Dinge und die anderen, die Sie im Bulletin Ihrer Aktionsgruppe berichten, sind sie nicht eine hervorragende Form des Apostelamtes? (*Dodicesimo anniversario,* S. 59).

Rivera war ein Mailänder Dichter, den die Coari bekehrt hatte. (Er wurde später Rosminianer-Priester.) Sie verfügte über genügend Einfluß in der Mailänder Gesellschaft, um ihn kurz vor Weihnachten dem neuen Kardinal vorzustellen. Roncalli ermutigte sie immer zu ihrem inoffiziellen Dienst, den eine spätere Generation vielleicht charismatisch genannt hätte.

Zum selben Weihnachtsfest, 1929, schickte Roncalli auch Grüße an Msgr. Borgongini Duca, der zum Erzbischof geweiht worden war, damit er seinen Posten als Nuntius in Italien aufnehmen konnte. Er heißt ihn in der «bischöflichen Bruderschaft» willkommen und glaubt, daß ihn das berechtigt, das vertauliche *«tu»* zu verwenden (*Quindicesimo anniversario,* S. 51). Er stellt seine eigene bescheidene Arbeit der ehrfurchtgebietenden Aufgabe seines Freundes gegenüber, «eine ganze neue Ordnung von Beziehungen herzustellen, von denen das zukünftige Wohl des katholischen Lebens in Italien abhängt» (ibid., S. 52). Er betet, dem Nuntius möge «die Gnade großer Ruhe in den manchmal leidigen und beschwerlichen Angelegenheiten, mit denen Du zu tun hast», zuteil werden. So weit, so banal. Aber dann kommt eine spannende Bemerkung: «Für mich ist es eine große Freude ... und auch eine erfreuliche Zerstreuung, Dir bei Deinen unterschiedlichen Aktivitäten zu folgen. Es liegt auf der Hand, daß ich nur nach dem, was an der Oberfläche erscheint, urteilen kann. Aber von Zeit zu Zeit gelingt es mir, zu sehen, *quod intrinsecus latet* [was dahinter liegt]» (ibid., S. 51). Als Diplomat mußte Roncalli lernen, zwischen Schein und Wirklichkeit zu unterscheiden. Aber hatte er, im fernen Sofia, das Machtspiel, das hinter den lächelnden Gesichtern vor sich ging, richtig erraten? «Aussöhnung» erwies sich bald als eine Fassade, hinter der harte Schlachten um jeden Zoll Boden geführt wurden.

Auf so etwas konnte Roncalli in einem Brief an den Nuntius in Italien anspielen. Aber er hielt derartige Befürchtungen vor seiner Familie verborgen. Er wollte sie nicht belasten. Bei seinen Schwestern Ancilla und Maria war er offener. Von Zeit zu Zeit überlegte er, ob sie nicht zu ihm nach Sofia kommen sollten, aber immer entschied er sich dagegen, denn sie müßten sich dann mit einer unbekannten Sprache und mit fremden Speisen herumschlagen, und außerdem wurden sie zu Hause gebraucht, um nach den Eltern zu sehen, die jetzt in ihren Siebzigern waren. Ancilla und Maria interessierten sich nicht für Politik. Zu Feiertagen schrieb er an die ganze Familie. Sein langer Brief zu Ostern 1930 ist eine kleine Predigt auf das Los des Bauern, voller Heimweh nach Sotto il Monte, das er nie mehr im Frühling sehen würde:

> Meine lieben Eltern, Geschwister und alle in der Familie,
> obwohl ich über die Schwestern von Camaitino ständig Verbindung mit Euch allen halte, möchte ich Euch zu Ostern doch gern einen besonderen Gruß schicken. Es ist derselbe wie jedes Jahr: es ist immer der Wunsch nach dem Segen und Frieden des Herrn. Man könnte jedoch sagen, daß dieser Wunsch in dem Maß wertvoller wird, wie die Jahre voranschreiten. Die Jahre schreiten voran, und nach wie vor erfreuen sich die Alten guter Gesundheit sowie der Liebe ihrer Kinder und Enkel.

Ist das nicht schon eine große Gnade? Man weiß freilich auch, daß es manches Übel hier und da gibt. Wollt Ihr denn, daß der Apotheker oder der Arzt ihren Beruf wechseln, weil sie nichts mehr zu tun haben? Doch alles in allem ist das allgemeine gesundheitliche Befinden der Familie gut, und man muß zufrieden sein. Auch die Kinder nehmen zu an Alter und Zahl, und das ist der erste Segen eines Hauses. Wenn auch Mussolini die «Prämie der Erde» nicht schickt: sicher ist, daß sie von seiten des Herrn nicht ausbleiben wird; er segnet – wie der heilige Bischof und Kardinal Barbarigo sagte – die großen Kochtöpfe und nicht die kleinen ... In ein paar Wochen liegt das bebaute, Frucht verheißende Land vor uns. Hoffen wir, daß sie auch dieses Jahr reichlich ist ...

Ich brauche Euch nicht zu sagen, daß es auch mir weiterhin gut geht und daß ich friedlich und zufrieden lebe, ohne daran zu denken oder mich darum zu sorgen, etwas anderes als den Willen des Herrn zu tun. Ich verdanke dieses ruhige Sichüberlassen meines Geistes in die Arme der Vorsehung und des heiligen Gehorsams zum Teil dem Umstand, daß ich auf dem Land geboren wurde, in einer Familie, die arm an irdischen Gütern, aber reich an Gaben und Gottesfurcht ist, vertraut mit den einfachen Dingen der Natur eines jeden Tages und Jahres, also in einem gesunden Organismus ohne Verlangen nach außergewöhnlichen Dingen, wo doch das, was uns der Herr alle Tage durch die Natur schenkt, schon so schön und groß ist.

Jetzt setzt man dazu noch die Wissenschaft ein, die Natur zu entfalten und sie dem Dienst des Herrn wie auch uns verfügbarer zu machen. Ihr habt von der letzten Erfindung Marconis gehört, der übrigens ein guter Christ und persönlicher Freund des Heiligen Vaters ist. Bald werden wir in so enger Verbindung miteinander stehen, daß wir uns nicht nur aus der Ferne hören, sondern auch im Bild sehen können. Denkt Euch, ich kann jeden Abend mit einem kleinen Radio, das in meinem Arbeitszimmer steht, deutlich Vorträge, Lieder, Nachrichten usw. aus weitesten Entfernungen mühelos hören.

Alle diese Dinge bestehen seit Erschaffung der Welt, doch der Herr hat das Geheimnis bis jetzt in der Erde und in der Luft gehütet, auch um uns zu trösten und um jene zu demütigen, die in der Vergangenheit glaubten, sehr weise zu sein, und sich ihrer Unwissenheit bedienten, um die heiligen Dinge zu schmähen. Sehr treffend gab Senator Marconi dem Kardinalerzbischof von Genua zur Antwort, daß er gar nichts anderes getan habe, als die Gesetze des Herrn im Buch der Natur genauer zu erforschen ... die Colombera wird langsam wie die Arche Noah.

Ich segne alle und jeden einzelnen.

In inniger Zuneigung Euer Sohn, Bruder, Schwager und Onkel. +A.G. Erzb. (*Familiari,* I, S. 199f.)

Roncalli schmeichelte seiner Familie nicht bloß, als er sagte, daß er ihr sein ausgeglichenes Temperament verdankte. Sie waren seine Verbindung mit der gewöhnlichen menschlichen Erfahrung und der langen Geduld von Jahrhunderten. Man kann verstehen, warum er der Landwirtschaft in seiner Sozialenzyklika *Mater et Magistra* so viel Raum widmete. Gleichzeitig war er Neuem aufgeschlossen: Signor Marconis Erfindung war eine frühe Form von Fernsehen. Ein Jahr später, 1931, begründete Marconi Radio Vatikan.

Inzwischen sprang Bulgarien in die Schlagzeilen. Italien hatte seit langem Interessen auf dem Balkan, und eine königliche Heirat schien ein ausgezeichneter Weg, die Beziehungen zwischen Bulgarien und einem expandierenden italienischen Einfluß im allgemeinen zu festigen. König Boris III. war ein annehmbarer Junggeselle von fünfunddreißig, während König Viktor Emanuels III. Tochter, Prinzessin Giovanna, ungebunden und fügsam war. Obwohl Viktor Emanuel antiklerikal eingestellt war und sich den Lateranverträgen widersetzt hatte, wurde er jetzt – wenigstens offiziell – in die neue Stimmung der «Aussöhnung» hineingezogen. Nicht nur Kirche und Staat, sondern Kirche, Staat und königliche Familie würden Hand in Hand arbeiten. Da Boris orthodoxer Christ war, wurde eine Dispens benötigt. Sie wurde von Borgongini Duca besorgt. Die Hochzeit fand unter großem Jubel am 25. Oktober 1930 nach katholischem Ritus in Assisi statt. Das königliche Paar hatte schriftliche Versprechen abgegeben, daß seine Kinder als Katholiken erzogen würden. Natürlich war Roncalli, der apostolische Visitator in Bulgarien, als Gast anwesend – obwohl er die Dispens nicht ausgehandelt hatte. Später an jenem Tag hatte er eine Audienz bei Pius XI., der ihm eine Goldmedaille für König Boris übergab. Die italienisch-bulgarische Freundschaft und Rundumaussöhnung war sozusagen mit einem Kuß für die Braut besiegelt worden.

Aber das romantische Idyll währte nicht lange. Roncalli machte sich gemächlich auf die Rückreise, verbrachte die Nacht bei den Jesuiten in Triest und kam am 30. Oktober in Sofia an. Am nächsten Tag hatten König Boris und seine Braut, jetzt Königin Giovanna, eine glanzvolle orthodoxe Hochzeitszeremonie in der Alexander-Newski-Kathedrale in Sofia. Diese «zweite Heirat» machte Pius XI. wütend. Am Heiligen Abend rügte er das königliche Paar, das die feierlichsten Versprechen abgegeben und nun sein Wort nicht gehalten hätte. Der cholerische Mann fühlte sich verraten. Und ganz zu Unrecht mußte der Apostolische Visitator in Sofia, Roncalli, einen Teil der Schuld an dem, was geschehen war, auf sich nehmen.

Die Aufregung um die bulgarische Heirat zeigte, daß Pius XI. und Roncalli völlig entgegengesetzte Temperamente hatten. Während der Papst äußerst aufgebracht war und die Situation dramatisierte, blieb sein Apostolischer Visitator gelassen, suchte nach einer diplomatischen Lösung und spielte die kräftigen päpstlichen Äußerungen herunter. Er schrieb am 27. Dezember 1930 an Bischof Jan Theelen:

> Schmerzlicher ist jedoch der Gedanke an mein vergebliches Bemühen, König und Regierung zu einer einfachen Erklärung zu bewegen über die Tragweite der Zeremonie vom 31. Oktober – einer Erklärung, die das feierliche Wort des Papstes verhindert hätte, an dem diese sich jetzt nicht mehr freuen können ... Doch für alle anderen und vielleicht – hoffen wir es – auch für ihn wird das Vorgefallene eine providentielle Lehre sein, die ihnen begreiflich macht, daß man mit dem Papst nicht scherzen darf und um so weniger mit dem Herrn und mit den heiligen Dingen. Im übrigen wird man sehen, daß der Heilige Vater auch in seinen Ausdrükken nicht maßvoller und gütiger sein konnte (*Familiari,* I, S. 604).

Aber Pius XI. wetterte weiter. Am letzten Tag des Jahres 1930 veröffentlichte er seine Enzyklika *Casti Connubii,* die die Heiligkeit der katholischen Ehe gegen alle verteidigt, die ihre Regeln brechen wollen. Natürlich hatte er neben der bulgarischen königlichen Familie andere Ziele. Er rügte auch (allerdings nicht namentlich) die Lambeth-Konferenz, die anglikanische Versammlung, die ziemlich zaghaft die Geburtenkontrolle gebilligt hatte.

Pius XI. nahm seine Tirade gegen die königlichen Wortbrüchigen im März 1933 wieder auf. Boris und Giovanna bekamen im Januar ihr erstes Kind, Prinzessin Maria Luisa, und es wurde vom Metropoliten Stefan Gheorghiev getauft. Der Apostolische Delegat – das Amt war am 26. September 1931 in diesen diplomatischen Rang erhoben worden – schrieb einen offiziellen Protestbrief an König Boris: «Ich denke an den Schmerz des Heiligen Vaters und aller guten Katholiken der Welt; und mehr noch betrübt es mich, wenn ich darüber nachsinne, daß aus diesen beständigen Verstößen *[soprusi]* gegen das menschliche Gewissen in religiösen Dingen, die sich an jeder Wende der Geschichte und des Lebens dieses unglücklichen und doch so lieben Landes wiederholen, kein wahrer Vorteil kommen kann, weder für Ihre königliche Familie noch für das Wohl des bulgarischen Volkes» *(Familiari,* I, S. 605; Brief vom 15. Januar 1933). Capovilla nennt diesen Brief einen «energischen Protest». Er scheint wohl auf Anweisungen aus Rom geschrieben zu sein, und es klingt mehr Traurigkeit als Zorn an. Die Folge war jedoch, daß Roncalli ein Jahr vom Hof verbannt war.

Er tat sein möglichstes, um den schweren Schlag für die völlig unschuldige Königin Giovanna zu mildern. Daß der natürliche Jubel über ihr Erstgeborenes durch einen kirchlich-politischen Streit getrübt werden sollte, war sehr schwer für sie. Roncalli lud sie ein, zur Messe

privat die Apostolische Delegatur aufzusuchen, anstatt in eine öffentliche Kirche zu gehen. Am 19. März 1933, dem Fest des heiligen Josef, demselben Tag, an dem Pius XI. noch einmal jene brandmarkte, die die Heiligkeit der katholischen Ehe verletzten, schenkte er ihr ein hübsches Meßbuch als Zeichen, daß sie nicht vom Unwillen des Papstes betroffen war (Trevor, S. 157). Als Auslandsitaliener mit der längeren Erfahrung brachte er Giovanna Freundlichkeit und rücksichtsvolle Höflichkeit entgegen.
Es war schwierig, die gleiche Nachsicht auf König Boris auszudehnen. Aber Boris konnte für sich selbst eintreten. Wenige Tage nach Roncallis Protest erklärte er seinen Standpunkt:

> Sie wissen sehr wohl, Exzellenz, daß ich durch Herkunft und Taufe Katholik war. Wenn ich zweimal nacheinander in der entsprechenden Weise gehandelt habe, so geschah es einzig und allein aus Sorge um die Interessen meines Landes. Der Heilige Synod begann an meiner Loyalität zur orthodoxen Kirche zu zweifeln. Die Kommunisten greifen alles auf, was die Menschen gegen mich einnehmen kann. Ich muß für dieses zerrissene und gespaltene Land tun, was ich kann (Dreyfus, S. 83).

Sobald das anfängliche Argument der Staatsräson für König Boris' Bekehrung zur Orthodoxie akzeptiert worden war, ergab sich alles andere von allein. Es war schwierig, seinen Fall zu widerlegen. Er konnte in Bulgarien nur als loyaler und gläubiger orthodoxer Christ weiterregieren. Auf jeden Fall dürfte Roncalli als eifriger Leser von *Irénikon* über die Gültigkeit der orthodoxen Sakramente vom Standpunkt der katholischen Theologie aus genau Bescheid gewußt haben. Es war seine Pflicht, päpstliche Politik auszuführen. Aber er hätte wohl Verzeihung gefunden, wenn er manchmal gemeint hätte, Pius XI. machte aus einer Mücke einen Elefanten. Es gab 1933 ernstere europäische Angelegenheiten, die wohl mehr Aufmerksamkeit verdient gehabt hätten.
Doch mit Pius XI. war die Zusammenarbeit nicht am leichtesten unter allen Päpsten. Er war ungeduldig und ließ sich von seinen spontanen Gefühlen leicht hinreißen. Ludwig von Pastor, der österreichische Botschafter beim Heiligen Stuhl und der Historiker, den Roncalli vor dem Schlafengehen las, sagte in einer amtlichen Notiz, daß «er fast immer gegen den Rat handelte, den man ihm gegeben hatte» (Stehle, S. 81). Eine Quelle enthält eine Geschichte, die dieses Bild bestätigt: «Nach der orthodoxen Taufe des Prinzen Simeon, des bulgarischen Thronfolgers, ließ Pius XI. Roncalli zur Strafe fünfundvierzig Minuten vor sich knien ... Aber einige Jahre später stellte Pius XI. dies richtig. Er erklärte, daß er es zwar als Papst Pius XI.

nicht entschuldigen könne, wohl aber als schlichter Achille Ratti» (Bergerre, S. 75). Die Geschichte wäre noch erbaulicher gewesen, wenn Pius XI. an Stelle von Achille Ratti wirklich hätte verzeihen können.

Nicht «Legende» ist freilich, daß man auf dem schwer faßbaren Forum der «öffentlichen Meinung» weithin glaubte, Roncalli hätte sich in der Sache der bulgarischen Heirat naiv verhalten. Er war zu gut, zu vertrauensvoll für die wirkliche Welt. Er hätte merken müssen, daß König Boris niemals vorhatte, seine Versprechen zu halten. Dieser Vorwurf verfolgte ihn bis ins Frühjahr 1942, als ein italienischer Offizier in Griechenland ihn darauf ansprach. Roncalli antwortete ziemlich ungehalten: «Nein, das lasse ich nicht gelten. Ich sagte dem Staatssekretariat ganz deutlich, daß es keinen von König Boris abgegebenen Garantien vertrauen sollte. Zweifellos war er aufrichtig, aber die bulgarische orthodoxe Kirche hätte der Taufe des rechtmäßigen Thronfolgers nach dem katholischen Ritus niemals zugestimmt» (Francesco Truss OMI, Tagebuch zitiert von Caprile, *Ancora Su Giovanni XXIII'*). So stellte sich schließlich heraus, daß Roncalli in Wahrheit nicht hinters Licht geführt worden war. Sein einziges «Versagen» war seine Unfähigkeit, die Situation König Boris' in Rom verständlich zu machen. Auf jeden Fall dauerte die diplomatische Verstimmung nicht sehr lange. Am 11. September 1934 traf er König Boris und den Metropoliten Stefan bei einem Empfang anläßlich des Vierten Kongresses für Byzantinistik, der in Sofia stattfand. Gemeinsam – und recht schmerzhaft – hatten sie Bulgarien in Europa Geltung verschafft.

Für Roncalli war es an der Zeit, an ein Weggehen zu denken. Der gleiche Gedanke hatte sich endlich auch im Vatikan durchgesetzt. 1933 gab es Gerüchte, daß er ein Stück weiter auf der Linie des Orientexpresses fahren würde, nach Konstantinopel, wo der Apostolische Delegat, Msgr. Carlo Margotti, eine recht unglückliche Rolle gespielt hatte. Dieser neununddreißigjährige Mailänder verstand es, sich gleichzeitig mit seinem eigenen Klerus und der Regierung Atatürk zu verfeinden. Seine Versetzung war nur eine Frage der Zeit.

Doch 1934 war Konstantinopel nicht mehr das attraktive Angebot, das es sechs Jahre früher gewesen wäre. Atatürk erlegte allen christlichen Aktivitäten enge polizeiliche Beschränkungen auf. Roncalli schrieb an Andrea Cesarano, der sein erster Führer durch Konstantinopel gewesen und seit 1931 Erzbischof von Manfredonia war:

> Die Nachrichten, die ich über die Art des Umgangs der türkischen Regierung mit den Katholiken habe, sind alarmierend für die Zukunft

der Kirche am Bosporus. Vor kurzem wurde ich von Rom gefragt, ob ich bereit wäre, als möglicher Nachfolger von Msgr. Margotti nach Konstantinopel zu gehen. Ich antwortete, daß ich bereit wäre, dorthin zu gehen, wohin der Gehorsam verlangte, selbst wenn das bedeutete, eine vorübergehende Aufgabe in der Hölle zu übernehmen; aber ob ich mich über die Vorstellung freute oder nicht, was das betraf, so hatte ich keine Illusionen über den Ort. Ich glaube, Konstantinopel ist ein guter Posten für einen, der zufrieden ist zusammenzuhalten, was von der bedrängten katholischen Herde geblieben ist, und geduldig wartet, daß sich die Türen für ein neues Apostolat unter den Türken auftun (*Quindicesimo anniversario,* S. 72).

Die letzte Äußerung deutet an, daß Roncalli auf etwas Aufregenderes gehofft hatte als auf ein geduldiges Halten der Stellung. Doch die Versetzung von Sofia nach Konstantinopel war eine Beförderung und war logisch. Er wurde allmählich ein Experte für den Balkan. Es war der einzige Schritt in seinem Leben, von dem er längere Zeit im voraus wußte. Er war auf die Türkei wesentlich besser vorbereitet als auf Bulgarien. Deshalb blickte er mit einer gewissen Zuversicht in die Zukunft: «Es ist eine völlig neue Welt, die sich mir auftun wird, und ich muß mich darauf vorbereiten. Die Vergangenheit liegt für immer hinter mir. Es geht also um neue Umstände und neue Vorkehrungen» (*Dunque circonstanze nuove: provvidenze nuove;* ibid.). Aber es war ein Frühstart. Erst am 17. November 1934 wurde er offiziell durch den Unterstaatssekretär Msgr. Giuseppe Pizzardo von seiner Versetzung nach Konstantinopel informiert. Am selben Tag hatte er eine Begegnung mit dem neuen Staatssekretär Kardinal Eugenio Pacelli, der nichts davon sagte (*Cronologia,* S. 560).
So wurde seine Weihnachtspredigt in Sofia 1934 sein Abschiedsgruß an Bulgarien. Etwas von der Traurigkeit aus Newmans Predigt über den «Abschied der Freunde» klingt darin an. Einige Freunde – die «getrennten Brüder» – waren nicht einmal dabei, und er zögerte, sie indirekt anzusprechen. Aber dann erklärte er den Orthodoxen, warum er eine gewisse Distanz halten mußte: «Abweichungen im Glauben zwischen uns in einem der grundsätzlichsten Punkte des christlichen Glaubens, wie in den Evangelien berichtet, ich meine die Einheit in der christlichen Kirche aller Gläubigen mit dem Nachfolger des Apostelfürsten, zwang mich zu einer gewissen Zurückhaltung bei meinen Kontakten und meinem persönlichen Umgang mit ihnen» (*Natale, 1975,* S. 9). Für einen päpstlichen Vertreter war das eine sehr heruntergeschraubte und bescheidene Version der päpstlichen Ansprüche: Sie sind nur «einer der grundsätzlichsten Punkte», und die Einheit wird gesucht «mit» Petrus, nicht «unter» ihm. Spitzfindigkeiten viel-

leicht, aber der ökumenische Fortschritt hängt von der Sensibilität für solche Feinheiten ab.
Roncalli vermittelt in seiner Abschiedspredigt den Eindruck, als versuche er, sein Verhalten nicht nur gegenüber den Orthodoxen zu rechtfertigen, sondern gleichermaßen gegenüber seinen eigenen Brüdern, von denen manche die alten Fehden am Leben hielten, und seinen Vorgesetzten in Rom:

> Ich glaube, daß ich von ihnen (d.h. den Orthodoxen) gut verstanden worden bin. Die Achtung, die ich jedem entgegenzubringen suchte, öffentlich wie privat, mein ungebrochenes und unparteiisches Schweigen, die Tatsache, daß ich mich nie bückte und die Steine aufhob, die von dieser oder jener Seite der Straße nach mir geworfen wurden – das alles läßt mich in der klaren Gewißheit, jedem gezeigt zu haben, daß ich sie im Herrn liebe, mit jener brüderlichen innigen und aufrichtigen Barmherzigkeit, die in den Evangelien gelehrt wird ... *Via caritatis, via veritatis* [Der Weg der Liebe ist der Weg der Wahrheit] (*Natale, 1975,* S. 9).

Erklärungen der Liebe von der Kanzel können so leicht abgeschmackt und peinlich erscheinen. Sie wirken nur, wenn die Zuhörer spüren, daß die Sprache und die Gefühle echt sind. Roncalli bestand diese Probe.
Er verließ Sofia in Richtung Konstantinopel. Seiner historischen Vorstellungskraft wuchsen Flügel, und er erinnerte sich, daß Konstantin, der Kaiser des 4. Jahrhunderts, zuerst daran gedacht hatte, seine kaiserliche Hauptstadt, das «zweite Rom», in Sofia zu errichten *(«Roma mea est Sardica»),* bis ihn schließlich strategische Überlegungen nach Konstantinopel führten. So folgte Roncalli gewissermaßen den Spuren Konstantins, der große Pläne für Bulgarien gehabt hatte. Er machte den Bulgaren ein weiteres Kompliment, als er ankündigte, daß der Heilige Stuhl zugestimmt hatte, seinen ziemlich sinnlosen bischöflichen Titel von Areopolis in Mesembria zu ändern, «ein herrlicher Ort, ein wahrhaftes Juwel Bulgariens», wie er sagte. Bis er Patriarch von Venedig wurde, trug er in dem geheimnisvoll schönen Namen Mesembria die Erinnerung an Bulgarien mit sich.
Zum Schluß seiner Predigt erwähnte er den «irischen Brauch», an Weihnachten eine brennende Kerze ins Fenster zu stellen, um Jesus und Maria zu zeigen, daß die Familie sie erwartet:

> Liebe Brüder, keiner kennt die Wege der Zukunft. Wohin auch immer ich gehen mag, wenn ein Bulgare an meiner Tür vorbeigeht, sei es bei Nacht oder sei er arm, er wird diese Kerze in meinem Fenster brennen sehen. Klopf an, klopf an! Du wirst nicht gefragt, ob du Katholik bist

> oder nicht; bist du ein bulgarischer Bruder, so genügt das. Tritt ein! Zwei brüderliche Arme werden dich empfangen, und das warme Herz eines Freundes wird es zu einem Festtag machen. Das ist die Barmherzigkeit des Herrn, dessen Gnaden mir das Leben während meines zehnjährigen Aufenthaltes in Bulgarien versüßt haben. *Pax hominibus bonae voluntatis* [Friede auf Erden den Menschen guten Willens] (*Natale, 1975,* S. 11).

Der Erzbischof von Mesembria wurde am 4. Januar 1935 herzlich in Sofia verabschiedet. Vertreter des Königs und des Metropoliten waren anwesend. Es stand in krassem Gegensatz zu der Art, wie er zehn Jahre davor unbekannt und unbemerkt gekommen war. An diesem Kriterium gemessen, war seine Mission in Bulgarien erfolgreich. In seinem persönlichen Tagebuch legte er einen strengeren Maßstab an. Er schrieb im August 1934: «Was hat Monsignore Roncalli in der Monotonie seines Lebens als Apostolischer Delegat getan? In der Heiligung seiner selbst, in Einfachheit, in Güte und Fröhlichkeit erschloß er – sei es nun im Leben oder im Tode – ganz Bulgarien eine Quelle des Segens und der Gnade . . . Alles übrige lasse ich gehen» (*Tagebuch,* S. 248).

8. Kapitel

Der unschuldige Verdächtige

> Ich darf Sie an den alten Grundsatz erinnern: Menschen unter Verdacht sollen sich lieber bewegen als ruhen, denn in Ruhe sitzen sie womöglich auf einer Waage, ohne es zu wissen, und werden zusammen mit ihren Sünden gewogen.
>
> (Franz Kafka, *Das Schloß*)

Erzbischof Roncalli kam in Istanbul – so der durch Atatürk wieder eingeführte Name für Konstantinopel – am 5. Januar 1935 an. Er wurde am Bahnhof von Msgr. Angelo Dell'Acqua abgeholt, seinem neuen Sekretär, einem Mailänder. Seine erste Pflicht war, sich bei der Polizei zu melden. Von nun an hatte er das kafkaeske Erlebnis, auf

Schritt und Tritt ein Verdächtiger zu sein. Aber er brachte in seine Ankunft einen menschlichen Zug, indem er dem Stadtgouverneur Vali Muhidden Ustundag einen nicht vorgesehenen Höflichkeitsbesuch abstattete. Ustundag, der Roncallis Vorgänger, den abweisenden und unbeugsamen Margotti, gekannt hatte, war zunächst eisig; aber er erlag dem Charme des neuen Mannes, und am Ende tranken sie auf der Terrasse mit Blick über den Bosporus zusammen Raki. Es war ein guter Anfang für eine an sich entmutigende Aufgabe: Wie konnte man ein vatikanischer Vertreter in einem islamischen Land sein, das den Islam und überhaupt die Religion als rückschrittlich energisch zurückdrängte.
Am nächsten Tag, dem Dreikönigsfest, ergriff er förmlich «Besitz» von seiner Kathedrale zum Heiligen Geist. Es ist eine bescheidene Kirche, 1846 im Stil einer Basilika mit Tonnengewölbe erbaut. In ihrem Hof steht eine der seltenen Statuen Benedikts XV., der in Istanbul während des Ersten Weltkriegs als «Beschützer des Ostens» verehrt wurde. Roncallis nächste bedeutende Handlung war, daß er die Gebetswoche für die Einheit der Christen am 25. Januar 1935, dem Fest der Bekehrung des heiligen Paulus, zum Abschluß brachte. Er hielt eine Predigt auf französisch, die er offenbar mit großer Sorgfalt vorbereitet hatte. Darin verkündete er die Linie, die er in Konstantinopel – er zog den alten Namen noch vor – verfolgen wollte.
Er trug jetzt die direkte seelsorgerische Verantwortung für die 35 000 Katholiken, die in und um Istanbul lebten. Zu ihnen gehörten «Lateiner» verschiedener Nationalitäten – in der Reihenfolge ihrer Bedeutung: Franzosen, Italiener, Deutsche und Österreicher – wie auch eine Vielfalt von «Unierten»: Armenier, Chaldäer, Maroniten, Melkiten, Bulgaren und Griechen. Die «Unierten» waren nicht gerade zu Hause, aber doch ihren Herkunftsorten so nahe, daß sie Heimweh spüren mochten. Die Liste der Kirchen hört sich fast so an wie die Namen der Völker, die am Pfingsttag in Jerusalem vertreten waren; und Roncalli wußte, daß ein vergleichbares Wunder vonnöten wäre, um sie zu vereinigen. Doch genau das war sein Ehrgeiz.
Er wandte sich vor allem an die «jungen Menschen», die dawaren, wie er sah. Er stellte ihnen eine Lehre von der Kirche vor, die viel breiter und «patristischer» war als der Geist des Ersten Vatikanischen Konzils. Er sagte.

> Unser Herr hat seine Kirche auf dem Fundament der Apostel errichtet, denen er die Weisung gab, jedem das Evangelium zu predigen. Die Kirche ist nicht an diese oder jene Nation gebunden, aber alle Nationen ohne Unterschied sind aufgerufen, sich ihrem Vorbild anzuschließen. In der Kirche Jesu gibt es keine Bürger erster oder zweiter Klasse. Alle Völker sind gleichermaßen eingeladen, sich an dieselbe Tafel der himmli-

schen Lehre zu setzen und teilzuhaben an der Gnade, die das Herz rettet, heiligt und beglückt (Alberigo, S. 437).

Gewiß, es gab ein *caveat:*

> Als er seine Kirche gründete, gab Jesus ihr das Merkmal der Einheit, das Siegel der Göttlichkeit, das sie von verschiedenen menschlichen Unternehmungen und Einrichtungen unterscheidet. Er gründete nicht die verschiedenen christlichen Kirchen, sondern seine Kirche, *ecclesiam meam*. Und nachdem er sie geschaffen hatte, sandte er sie aus, die Welt zu gewinnen (ibid.).

In diesem Licht besehen, war «Uneinigkeit» ein «Zerreißen des göttlichen Planes», eine Anomalie, ein Skandal. Also betete Roncalli mit Millionen anderen, mit dem «Heiligen Vater in Rom, dessen Arme immer offen sind», für die «Rückkehr der Einheit» *(le retour de l'unité).* Dies unterschied sich kaum merklich von der «Rückkehr zur Einheit», welche die Orthodoxen als eine römische Zumutung fürchteten. Sein Gebet galt einem Ziel jenseits menschlicher Macht allein. Er räumte ein, daß der Weg dorthin ständig vom menschlichen Egoismus bedroht war. Aber er beharrte darauf, daß es da war, als eine Hoffnung am Horizont.

Ganz offensichtlich war Roncalli mit einer sehr klaren Vorstellung von seiner Aufgabe nach Istanbul gegangen: zuerst seinen eigenen Sack voll Schäfchen zu vereinen und dann gute Beziehungen zu den rund 100 000 orthodoxen Christen zu suchen, die sich immer noch um den Ökumenischen Patriarchen Photios II. im Fanar scharten. Von Anfang an verschaffte er sich Autorität durch die Vernünftigkeit dessen, was er sagte. Er war erfolgreich schon wegen des einfachen Gegensatzes zwischen seinem Auftreten und der widerborstigen Anmaßung seines Vorgängers.

Weniger leicht war es, gute Beziehungen zu den türkischen Behörden herzustellen, nicht etwa, weil er gegen sie eingenommen gewesen wäre, sondern weil sie dabei waren, einen ganz und gar weltlichen Staat zu schaffen. Die Erben der «Jungtürken» hatten die Macht des Kalifen und der Mullahs gebrochen; sie sahen keinen Grund, warum die Macht der christlichen Priester weiterbestehen sollte. Im ersten Monat nach Roncallis Ankunft wurde *vita Catholica,* das Wochenblatt der Diözese, verboten, gleichzeitig mit jeder anderen Art von Publikation, die in irgendeinem Sinn als «religiöse Propaganda» ausgelegt werden konnte. Er schrieb, nicht ohne Humor, am 3. Februar 1935 an den Weihbischof Andrea Bernareggi in Bergamo:

> Ich weiß nicht, was ich in meinem Hirtenbrief zur Fastenzeit sagen werde oder ob er veröffentlicht werden wird. Alles, worüber ich noch

sprechen darf, sind Gebet und Liturgie. Selbst die theologischen Tugenden sind verboten. Ich hoffe, daß es wenigstens möglich sein wird, über die Barmherzigkeit zu sprechen. Aber überhaupt irgendwie mit den Türken zu tun zu haben, kann, wie das jüngste Erdbeben auf der Insel Marmara zeigt, gefährlich sein (Alberigo, S. 440).

Dies sollte das vertraute Muster in den kommunistischen Ländern der Nachkriegszeit werden: Die Kirche durfte fortbestehen, vorausgesetzt, sie beschränkte sich auf die Sakristei.
Mustafa Kemal, der sich selbst den Namen Atatürk, «Vater der Türken», gab, sollte man sich nicht als einen wohlwollenden zaudernden Reformer vorstellen. Er ging äußerst grausam mit jeder Opposition um. Seine Biographen, die nicht ohne Sympathie für ihn sind, beginnen ein Kapitel mit diesem Satz, der einen frösteln läßt: «Nachdem er jeden prominenten Mann im Land, der als Gegner seiner Politik bekannt war, aufgehängt und die unbedeutenderen Rivalen eingekerkert hatte, konnte Mustafa Kemal jetzt Inventur machen» (Orga, S. 272). Atatürk machte 1935 Inventur und beschloß, einen Angriff auf die christliche religiöse Kleidung zu starten. Das war völlig logisch. Atatürks Politik war eine «Verwestlichung» zumindest in den äußeren Formen. Da die Moslems den Fes im Namen der Modernität opfern mußten, folgte daraus, daß die Christen ihre Soutanen und geistliche Tracht ablegen sollten. Der Fes war, da er keine Krempe hatte, sehr gut geeignet für das moslemische Gebet, und schon der Ausdruck «einen Hut aufsetzen» bedeutete die Abkehr vom Islam. So verdeutlichte Atatürk seine Verwestlichungspläne damit, daß er eines Tages mit Panamahut erschien (Orga, S. 260ff.).
Christen mußten diesem säkularisierenden Beispiel folgen. Geistliche Tracht wurde durch ein Gesetz abgeschafft, das am 13. Juni 1935 in Kraft trat. Roncalli nahm diese Maßnahme nicht zu tragisch. Er schrieb an den ehemaligen Bischof von Bergamo, Marella, am 13. April 1935:

Selbst die Schwierigkeiten, die uns plagen, helfen uns auch, das geistliche Leben zu lieben. Wie Sie wissen, werden von Juni an alle Priester und Mönche und Brüder in weltlicher Kleidung ausgehen müssen. Es ist eine schwere Prüfung für jeden. Wir werden schon zufrieden sein, wenn es dabei aufhört. Hoffen wir, daß es nicht zu einer Nachahmung dessen kommt, was in Mexiko geschieht (*Quindicesimo anniversario,* S. 78).

In Mexiko wurden Priester gejagt und erschossen. Atatürks Antiklerikalismus ging nicht so weit. Am Ende war der Verlust der geistlichen Tracht die geringste Sorge Roncallis. «Was spielt es für eine Rolle», sagte er zu Dell'Acqua, «ob wir die Soutane oder Hosen tragen, solange wir das Wort Gottes verkünden» (Dreyfus, S. 93). Das Hauptergebnis war, daß so die Nachwelt zu denkwürdigen Fotografien von Erzbischof Roncalli mit Melone und dunklem Anzug kam, der genau wie ein lombardischer Geschäftsmann aussah, dem es schwerfiel, sich bei der Pasta zurückzuhalten.

Ein viel ernsteres Problem war der Druck der Regierung auf christliche Schulen. Die Schulbrüder schlossen vier ihrer acht Schulen in seinem ersten Jahr. Die Schwestern Unserer Lieben Frau vom Berge Sion mußten zwei Schulen schließen, doch gelang es ihnen, die der Kathedrale am nächsten liegende zu erweitern. Der Vatikan drängte Roncalli, sich dem Druck zu widersetzen. Aber da konnte er nicht viel ausrichten. Er hatte keinen offiziellen diplomatischen Status und keine Stelle, bei der er Protest einlegen konnte. Es war schmerzlich, der Zerstörung dieses erzieherischen Werkes zuzusehen. Er schrieb an Marella: «Die jetzige Generation von Levantinern hatte eine erstklassige religiöse Erziehung in den zahlreichen ausländischen Schulen, die bis jetzt geblüht haben. Wer weiß, was morgen geschehen wird?» (*Quindicesimo anniversario,* S. 78).

Diese Schwierigkeiten lenkten Roncalli jedoch auf die seelsorgerische Arbeit zurück, die er am meisten liebte. Verglichen mit Bulgarien war er jetzt in seinem Element mit «Segnen, Weihen, Predigen», wie er Marella berichtete (*Quindicesimo anniversario,* S. 77). Die Apostolische Delegatur in der Olçek Sokak-Straße 87 bedurfte ebenfalls der Pflege. Er begann, an der Kapelle zu arbeiten, richtete sein Arbeitszimmer her, ordnete das Archiv und die Bibliothek neu. Er versuchte, in der Delegatur die Atmosphäre einer geistlichen Familie zu schaffen. Sein treuer Diener, Luigi Bresciani, der ihm von Sofia gefolgt war, kümmerte sich um seine materiellen Bedürfnisse. Es gab bei den Mahlzeiten Lesungen aus Pater Fabers *Geistlichen Vorträgen.* Er sah sich als Vater dieser kleinen Familie. «Ein gütiger Hirte und Vater zu sein – *pastor et pater* –», schrieb er, «darin liegt das Ideal meines Lebens als Bischof» (*Tagebuch,* S. 253). Roncalli war immer ein gut organisierter und methodischer Arbeiter. Doch die einzige Zeit, die er für persönliche Arbeit hatte, war in den Stunden zwischen 22 Uhr und Mitternacht (ibid.). Auf der einen Seite seines Schreibtisches stand das Philips-Radio, auf der anderen das Siemens-Telefon. Fotografien seiner Familie, von denen es so viele in seinem Schlafzimmer gab, waren aus seinem Arbeitszimmer verbannt, weil ein Vertreter des Vatikans sein sollte «wie Melchisedek, ohne Vater oder Mutter» (Righi, S. 21).

Im Juli 1935 jedoch erhielt er die Nachricht, daß sein Vater im Sterben lag. Er versuchte seine Mutter mit dem Gedanken zu trösten:

«Wenn ein Schwerkranker im Haus ist, so ist es, als ob Jesus persönlich auch sichtbar zu Gast wäre, der sich da niederläßt, zu trösten, zu segnen, zu heiligen» (*Familiari,* I, S. 312; Brief vom 25. Juli 1935). Aber ehe dieser Brief in Sotto il Monte ankam, war Giovanni Battista Roncalli mit einundachtzig Jahren gestorben – in genau dem Alter, das sein Sohn erreichen würde. Angelo – er wurde noch einmal ein kleiner Junge – ging allein in die Kapelle, «um zu weinen wie ein Kind» *(a piangere come un bambino).* Das war an dem Tag, als das Telegramm kam. «Nun bin ich ein wenig aufgerichtet», schrieb er, «aber jederzeit wollen mir die Tränen in die Augen schießen» (ibid., S. 313).

Aber es kam nicht in Frage, zum Begräbnis nach Hause zu fahren. Die Zeit reichte nicht, und außerdem wurde er in diesem besonders spannungsreichen Augenblick im Leben der Kirche in der Türkei gebraucht. Er spricht so eindringlich von der Arbeitsbelastung, daß man vermuten muß, seine Mutter habe ihm Vorwürfe wegen seines Fernbleibens gemacht. Sein einziger Gedanke ist jedoch, sie zu trösten. Aber wählte er die richtigen Worte? In seinem Brief nach Hause sagte er:

> Inzwischen will ich Euch sagen, daß hier sofort Leute in die Delegatur kamen, als die Todesnachricht bekannt wurde. Morgen werden vier Zeitungen von Istanbul und der «Osservatore Romano» die Todesanzeige bringen. Es werden Hunderte von Totenmessen gehalten und Tausende von Kommunionen aufgeopfert werden. Für Donnerstag wird ein feierlicher Trauergottesdienst in der hiesigen Kathedrale vorbereitet. Ich glaube, er wird eine eindrucksvolle Zeremonie werden. Seht darin einen weiteren Ausgleich für den mir so schmerzlichen Umstand, daß ich nicht selbst nach Sotto il Monte kommen konnte! *(Familiari,* I, S. 314f.).

Der Trauergottesdienst, den er am 1. August 1935 für seinen Vater zelebrierte, war in der Tat «sehr eindrucksvoll». Ein Chor aus fünfundsiebzig Stimmen führte eine Messe von Lorenzo Perosi auf, der sein liebster «moderner» Komponist blieb. Er schöpfte Trost aus dem Gedanken, daß seine Eltern ihren Sohn der Kirche geopfert hatten, denn wer hätte sonst jemals gehört «von unserem armen und lieben Vater? Wer hätte für ihn gebetet?» (ibid., S. 317).

Er stand wieder auf festerem Boden, als er seiner Mutter versicherte, daß sein Vater zwar einundachtzig geworden war, er aber dennoch den Eindruck hatte, «daß er noch zu jung dahingeschieden sei», und er sagte voraus (was sich als falsch erweisen sollte), daß sie neunzig würde (ibid., S. 314). Noch besser für sie war es, als er im September nach Hause kam und sie im Auto auf eine Wallfahrt zu ihren liebsten

Marienschreinen mitnahm, namentlich zur Schmerzhaften Mutter in Treviglio (*Cronologia,* S. 563). Er behandelte seine Mutter von nun an mit besonderer Herzlichkeit, brachte sie bei Ancilla und Maria in Camaitino unter und schrieb öfter als zuvor an sie persönlich.

Er verbrachte den Rest seines Urlaubs 1935 damit, seine römischen Freundschaften aufzufrischen. Er führte lange Gespräche mit Borgongini Duca, der immer noch Nuntius in Italien war (*Quindicesimo anniversario,* S. 76). Er hörte eine andere Beurteilung der italienischen Zustände von Msgr. Giovanni Battista Montini, als sie zusammen zum Abendessen im Haus von Emilio Bonomelli waren, der wie Montini aus Brescia stammend, die päpstlichen Gärten in Castelgandolfo neu anlegte und ihre Geschichte schrieb. Er nahm seinen neuen Sekretär, Msgr. Gustavo Testa, mit, damit er Msgr. Cesare Orsenigo, den Nuntius in Berlin, kennenlernte. Am 17. Oktober 1935 fand ein Treffen des Römischen Seminars im Alterssitz von Msgr. Domenico Spolverini, ihrem früheren Rektor, in San Martini in Cimino bei Viterbo statt. Unter dem Dutzend Gäste waren vier, die später Kardinäle wurden und Roncalli das Konzil ankündigen hörten (Ottaviani, Tardini, Fumasoni-Biondi und Roberti). Das Essen wurde von der Gewißheit Spolverinis überschattet, daß er an Leberkrebs sterben würde. «Und doch ist er erst dreiundsechzig», schrieb Roncalli, der selbst vierundfünfzig war (*Familiari,* I, S. 322). Die meisten Freunde Roncallis hatten höhere Posten in der Kurie oder im diplomatischen Dienst des Vatikans als er. Er wußte, daß einige ihn für einen «Pechvogel» hielten, weil er aus Bulgarien nur herausgekommen war, um in der Türkei zu landen (Alberigo, S. 439; Brief an Bischof Bernareggi vom 3. Februar 1935). Roncalli antwortete, wie er es immer tat, mit dem Grundsatz, daß Gehorsam der sicherste Weg zur Erkenntnis des Willen Gottes sei. Aber in diesem Herbst 1935 kann das Gespräch nicht auf solche persönlichen Angelegenheiten begrenzt gewesen sein.

Denn am 2. Oktober 1935 begann Italien die Invasion Abessiniens. Es war ein kalt berechneter und lange vorbereiteter Schritt gegen den letzten souveränen Staat Afrikas. Mussolinis Ziel war, Italien «einen Platz an der Sonne» zu gewinnen, ein Auffanggebiet für die Auswanderer aus dem *Mezzogiorno,* dem italienischen Süden, zu finden, die kriegerischen Werte, die Teil der faschistischen Ideologie war, vorzuführen und zu demonstrieren, daß Italien nun eine «Weltmacht» war. Es war ein populärer Krieg, der sogar einige früher andersdenkende Intellektuelle wie Benedetto Croce auf die Regierungsseite brachte. Der Vatikan war in Verlegenheit. *L'Osservatore Romano* tat, als wäre nichts geschehen.

Jedoch am selben Tag, als der Völkerbund über Sanktionen gegen Italien diskutierte, erklärte Pius XI., daß «die Hoffnungen, die Forderungen, die Bedürfnisse eines großen und guten Volkes anerkannt und befriedigt werden sollten» (Ragionieri 2, S. 2250). Dieses Beispiel vatikanischer Sprache wurde so gedeutet, daß Italien ein Recht auf ein Kolonialreich hätte. Es war eine schockierende Äußerung, weil sie die Hoffnungen und die Bedürfnisse des abessinischen Volkes, das nebenbei bemerkt eine lange christliche Tradition hatte, völlig außer acht ließ. Das Volk von Abessinien sollte nun durch Massaker, Bomben und (das erfuhr man später) Giftgas zur Unterwerfung gezwungen werden. Obwohl der Vatikan sich soweit wie möglich aus dem Konflikt heraushielt, legte sich der italienische Klerus nicht immer solche Fesseln an. Es gab eine neue Form der *union sacrée.* Bischöfe segneten die aufbrechenden Soldaten. Am 18. November 1935 wurden alle Mütter Italiens, von Königin Elena bis zur einfachsten Bäuerin, aufgefordert, ihre Eheringe für die Kriegslasten zu spenden. Diese melodramatische und vor allem symbolische Geste wäre unvorstellbar gewesen, schrieb ein Historiker, «ohne die Hilfe des Netzes von Kontakten und der Überzeugungskraft der Kirche» (Ragionieri 2, S. 2250).
Es ist unwahrscheinlich, daß Marianna Roncalli bereit gewesen sein könnte, so bald nach dem Tod ihres Mannes ihren Ehering abzugeben. Erzbischof Roncallis einzige Äußerung zu dem Krieg stand in einem Brief an Ancilla und Maria, die – was manchmal ein wunder Punkt war – keine Eheringe hatten:

> In diesen Tagen jedoch ist die ganze Welt durcheinander. Wir müssen für diese so unruhige Welt beten. Besonders für unser italienisches Vaterland müssen wir beten. Es sind schwerwiegende Fragen, und es besteht die Gefahr, daß man, wenn man sie zu beurteilen sucht, sich verrechnet. Gewiß aber kommen die alten Fabeln wieder. Der größere Fisch möchte den kleineren fressen. Der kleinere sagt, das Meer sei groß und gehöre allen. Genug damit. Hoffen und beten wir, daß der Krieg bald aufhöre! Denn er ist jedenfalls Krieg (*Familiari,* I, S. 324).

Soviel zu Mussolinis bombastischen Reden: Er war nicht mehr als der große Fisch, der den kleinen fressen möchte. Um die Lage mit den Augen des Karikaturisten zu sehen, mußte Roncalli weit weg sein und von den Geschehnissen Abstand nehmen können. In Italien wurde man mit Propagande überschüttet, wie die Wohltaten der Zivilisation nun einem unwissenden afrikanischen Volk gebracht würden. Dabei wurde die alte äthiopische Kirche systematisch vernichtet. In diesem offenkundig ungerechten Krieg waren die Italiener die Barbaren.
Ancilla und Maria hatten mehr irdische und altjüngferliche Sorgen.

Was sollten sie mit dem immer noch laufenden Abonnement von *l'Osservatore Romano* machen? Er riet ihnen, ihn zu lesen und an die anderen Familienmitglieder weiterzugeben. Er würde das Abonnement zahlen (*Familiari,* I, S. 328). Die vatikanische Zeitung war wohl nicht heldenhaft freimütig, aber sie blieb die letzte unabhängige Zeitung Italiens. Das nächste Problem der Schwestern betraf Frauen oder genauer eine Frau, einfach als Signora G. erwähnt, Frau des Baumeisters, der die Kirche in Sotto il Monte 1902 errichtet hatte. Sie kann also 1936 nicht mehr in der ersten Jugendblüte gestanden haben. Auf ihrem Weg nach Tripoli in Libyen hatte sie vor, in Rom haltzumachen und ihn zu besuchen, und sie hatte anderen Frauen in Sotto il Monte erzählt, daß «Msgr. Roncalli starke Sympathie für sie empfände». Zweifellos war Signora G.s Prahlerei völlig harmlos. Sie reichte aber aus, daß Msgr. Roncalli sich aufs hohe Roß setzte: «Ebenso sorgt Euch nicht wegen jener gewissen Frau, von der Ihr mir schreibt! Ich glaube nicht, daß sie zu mir kommen wird. Im übrigen habe ich sie nie gesehen, noch auch jemals mit ihr, *allein,* gesprochen. Was das angeht, was sie sagen kann, so ist da kein Anlaß zur Beunruhigung. Ich bin hinreichend bekannt, und der Herr hat immer meine Ehre beschützt» (*Familiari,* I, S. 342). Das scheint ein wenig übertrieben, besonders da es von einem kommt, der behauptet, Radini Tedeschis Grundsatz zu folgen, nämlich so zu handeln, «als ob es keine Frauen auf der Welt gäbe» (*Tagebuch,* S. 297). Aber vielleicht trug er seine Empörung auch nur so dick auf, um seine Schwestern zu beruhigen, daß sie keine Rivalin in ihrem Anspruch auf seine Zuneigung zu fürchten brauchten.

Seine Probleme in der Türkei waren anders geartet. Er beschloß Anfang 1936, einige türkische Worte in den Gottesdienst einzuführen. Vom 12. Januar 1936 an sollten die «Göttlichen Lobpreisungen» («Gelobt sei Gott, gelobt sei sein heiliger Name» usw.) auf türkisch gesprochen werden. Es war eine geringfügige Änderung, bezeichnend für seinen Wunsch, die Kirche heimisch zu machen im türkischen Volk; aber sein Pontifikat bewies, daß jede Veränderung eines Prinzips weit über die unmittelbare Wirkung hinaus Bedeutung erlangen kann. (Als er z.B. den Namen des heiligen Josef in den Kanon der Messe aufnahm, zeigte er, daß der Text weder unwandelbar noch unverletzlich war.) 1936 wurden die Änderungen nicht von allen begrüßt. In seinem Tagebuch schreibt er:

> Als das *Tanre Mubarek olsun* [Gepriesen sei Gott] gesprochen wurde, verließen viele Menschen ungehalten die Kirche ... [Aber] ich bin zufrieden. Am Sonntag das Evangelium auf türkisch vor dem französischen Botschafter, heute die Litanei auf türkisch vor dem italienischen

> Botschafter ... die katholische Kirche achtet jeden. Der Apostolische Delegat ist ein Bischof für alle und beabsichtigt, das Evangelium zu ehren, das keine Monopole zuläßt, nicht verknöchert ist und in die Zukunft blickt (Trevor, S. 169).

Roncalli sah seine sprachlichen Neuerungen als einen Weg, die Kirche noch echter «katholisch» zu machen. Er wurde in Rom gerügt. Bei seinen Exerzitien im Oktober 1936 bemerkt er: «Daß aber ein so großer Unterschied möglich ist zwischen meiner Beurteilung der Situation hier und der Art und Weise, wie Rom dieselben Dinge einschätzt, das schmerzt mich; es ist dies mein einziges wirkliches Kreuz» (*Tagebuch,* S. 251).

An anderen Fronten bewegte er sich behutsam vorwärts. Er war beim Begräbnis des Ökumenischen Patriarchen Photios II. vertreten und gratulierte seinem Nachfolger Benjamin I. zu seiner Wahl. Aber er lernte Benjamin tatsächlich erst drei Jahre später kennen. In Hinblick auf die türkische Regierung, so sagte er Borgongini Duca, lebte er weiter «gefährlich. Ich halte eine angemessene Distanz, und es hat sich erwiesen, daß dies die beste Art ist, geachtet oder wenigstens geduldet zu werden» (*Quindicesimo anniversario,* S. 76). Obwohl er von der Regierung nicht als akkreditierter Diplomat betrachtet wurde, unternahm er regelmäßige Reisen nach Ankara, wenn er konnte – er brauchte eine polizeiliche Genehmigung –, und machte sich mit gleichgesinnten Botschaftern bekannt. 1935–36 gehörten dazu der britische, amerikanische, französische, niederländische, belgische, polnische und italienische Botschafter. Er mußte aufpassen, daß er dem italienischen Botschafter Carlo Galli nicht zuviel Zeit widmete, da er praktisch einen «fremden» Staat vertrat. Andererseits stand er besonders gut mit den aufeinanderfolgenden französischen Botschaftern und mit dem polnischen Botschafter, Michael Sokolnicki, der vielleicht bei dem heimlichen Versuch, ihn als Nuntius nach Polen zu senden, beteiligt war. Gewiß wünschte ihn der scheidende Nuntius, Kardinal Marmaggi, den er am 15. November 1936 in Rom getroffen hatte, als seinen Nachfolger. Es war wieder eines von den endlosen «Es hätte sein können». Roncalli tat sein Bestes als inoffizieller Diplomat, doch sein diplomatischer Stil war originell und war vom Evangelium als von Machiavelli bestimmt. Bei seinen Exerzitien 1936 in Ranica bei Bergamo (wo 1911 der Streik stattgefunden hatte) stellte er seine Methode dar: «Vor allem will ich fortfahren, stets Böses mit Gutem zu vergelten und mich zu bemühen, in allem das Evangelium den Künsten der menschlichen Politik vorzuziehen» (*Tagebuch,* S. 251). Ohne es zu bemerken, schuf er jedoch die festen

Grundlagen für seine diplomatische Tätigkeit während des Krieges, da die Neutralität der Türkei sie zu einem Begegnungsfeld für alle kämpfenden Parteien machte und Istanbul nicht mehr länger ein toter Winkel war.

Grundsätze über die Vergeltung des Bösen mit Gutem waren nützlich für seinen Umgang mit der griechischen Regierung. Griechenland fiel ebenso wie die Türkei in seine Verantwortung, und das bereitete ihm Kopfzerbrechen. Er war noch «verdächtiger» im orthodoxen Griechenland als in der islamischen Türkei. Das Problem bestand zum Teil darin, daß Margotti, sein Vorgänger, sich in Griechenland taktlos benommen hatte. Er war heimlich in das Land eingereist und war dann mit einem Auto herumgefahren, das demonstrativ den päpstlichen Stander gesetzt hatte. Damit gewann er sich nicht viele Freunde bei den Griechen. Roncalli schlug eine entgegengesetzte Linie ein. Er sorgte dafür, daß seine Papiere in Ordnung waren, und als er ein Visum bekommen hatte, gestaltete er seine Besuche so diskret wie möglich. Er wußte, daß das griechische Mißtrauen gegen die «Lateiner», die sie immer noch «Franken» nannten, auf der schrecklichen Erfahrung der Kreuzzüge beruhte. In gelehrter Korrespondenz über den mutmaßlichen Verbleib der Überreste des heiligen Demetrius von Saloniki räumt er ein, daß im 13. Jahrhundert fast alles möglich war, «als die Venezianer und die Kreuzfahrer alles raubten, dessen sie habhaft werden konnten» (*Quindicesimo anniversario,* S. 82). Im Volksgedächtnis hatten die «Franken» geraubt, vergewaltigt und geplündert. Mussolinis aggressive Mittelmeerpolitik riß die alten Wunden wieder auf. 1923 hatte Italien kurz die Insel Korfu besetzt, nach einem Bombardement, bei dem viele griechische Flüchtlinge getötet wurden. Roncalli berichtete Davide Cugini: «In Athen fahren wir nicht im Wagen herum. Die Bombardierung Korfus klingt den Griechen noch in den Ohren. Ohne Zweifel war mein Vorgänger ein sehr scharfsinniger Mann, aber er war auch zu optimistisch» (Cugini, S. 54). Aus allen diesen Gründen fiel es den Griechen schwer, zwischen dem Vatikan und der italienischen Regierung zu unterscheiden.

Zu den Komplikationen kam hinzu, daß es die Religiosen des lateinischen Ritus gab, größtenteils Franzosen, die nach der griechischen Unabhängigkeit 1832 hereingeströmt waren und Schulen und Krankenhäuser unterhielten. Der Rest war eine Handvoll – rund 2 000 – von griechischen «Unierten», die durch den Lausanner Vertrag von 1923 aus der Türkei repatriiert worden waren. Da sie durch ihre bloße Anwesenheit den nationalen Konsens herausforderten, wurden sie sozusagen als Trojanisches Pferd angesehen. Die Gleichsetzung von «Grieche» und «orthodox» war fast vollkommen.

Außer der Ermutigung für die einheimischen Katholiken zur Standhaftigkeit war der Hauptzweck von Roncallis Mission nach Griechenland, herauszufinden, welche Form von vatikanischer Vertretung die Griechen zu akzeptieren bereit wären. Die kurze Antwort war: keine. Die Monarchie war 1935 mit Hilfe des Militärs wiederhergestellt worden, und Roncalli hoffte, daß die allgemeinen Wahlen vom Januar 1936 ihm ermöglichen würden, seine Position mit der neuen Regierung zu klären.

Aber die Wahlen brachten keine Lösung, weder für Roncalli noch für die griechische Regierung. General Metaxas wurde Ministerpräsident, obwohl er nur sechs Anhänger im Parlament hatte. Griechenland stand unter dem wirtschaftlichen Druck Deutschlands und dem politischen Druck Italiens. Mussolini war verärgert über die griechische Opposition gegen den Abessinienkrieg im Völkerbund und griff erneut seinen Anspruch auf Albanien auf. Unter dem Vorwand, einem Staatsstreich zuvorzukommen, schaffte Metaxas im April 1936 das Parlament ab, begann mit Verordnungen zu regieren, rief den Notstand aus und setzte die Armee zur Niederschlagung eines Generalstreiks ein (Woodhouse, S. 230f.). Es war nicht der günstigste Augenblick für einen vatikanischen Gesandten, der zufällig Italiener war und seinen Sitz in Istanbul hatte. Es dürfte schwerfallen, eine entmutigendere Zusammenstellung von Hindernissen auszudenken.

Demnach untertrieb Roncalli, als er am 24. Mai 1936 seiner Mutter schrieb: «In diesem Land sind so viele Dinge zu regeln *(combinare)*. Doch weil alle Orthodoxe sind und deshalb dem Heiligen Stuhl und dem Papst ablehnend und mißtrauisch gegenüberstehen, muß ich langsam, mit Vorsicht und mit äußerstem Takt vorgehen» (*Familiari*, I, S. 335). Er traf einen Tag, nachdem er diesen Brief geschrieben hatte, mit König Georg II. zusammen. Die Begegnung war freundlich, aber ergebnislos. Der König war ein konstitutioneller Monarch mit wenig Macht, die Dinge zu beeinflussen. Annäherungsversuche an die Regierung führten zu nichts. Metaxas, ein scharfer Nationalist, sah keinen Grund zu einer Stärkung der «Franken» und hielt den Papst für einen Bundesgenossen Mussolinis. Den «Unierten» wurde die Erlaubnis verweigert, eine Kirche zu bauen, und alle Eheschließungen außer den orthodoxen wurden für illegal erklärt. Roncalli nahm dies alles gelassen hin und versuchte, sich nichts aus seinen Schwierigkeiten zu machen: «Nun möchte ich den einen oder anderen Schritt weiter tun. Doch muß ich die Weisungen abwarten, die von Rom kommen. Es ist klar: Ich vertrete den Papst, also muß ich in

allem seine Absicht kennen und verfolgen. In Rom hat man nie Eile, und auch das liegt in der Vorsehung. Geduldig zu warten ist demnach das einzige, was ich tun kann» (*Familiari,* I, S. 335f.). Aber auch ein Jahr später hatte sich nichts geändert. Am 19. Juni 1937 schrieb er an seine Familie: «Ihr wißt, wie ich mit den Türken stehe. Aber mit den Griechen sind die Schwierigkeiten größer. Diese wackeren Leute geben mir schöne Worte. Doch was die Taten angeht, wißt Ihr, wie die Orthodoxen den Papst fürchten. Ich brauche also große Geduld. Ihr wißt, es ist am besten, man hat sie im Überfluß. Eine einzige Unüberlegtheit kann alles verderben» (*Familiari,* I, S. 362). Er blieb anscheinend immer länger in Griechenland, als er vorgehabt hatte.
Er nutzte die Verzögerungen, um dem geistlichen Tourismus zu frönen. Er suchte die Klöster auf und lernte das griechische Mönchtum kennen. So beschreibt er seiner Mutter einen Besuch auf dem Berg Athos:

> Dort oben sind über zwanzig große Klöster und einige andere kleine Konvente. Etwas Einmaliges in der Welt. Frauen dürfen den Ort nicht betreten, und da der Berg steil aus dem Meer herausragt können sie kaum irgendwo an Land gehen. Einst waren es etwa 10 000 Mönche; jetzt sind es nur noch 2 000. Immerhin ist dort oben eine außerordentlich schöne Pflanzenwelt. Doch fehlen Straßen vollständig. Man muß immer zu Pferd sehr schwierige Pfade nehmen, die mir gar oft Anlaß gaben, mich dem heiligen Josef und unseren Verstorbenen zu empfehlen, wie ich es immer tue, um nicht zu stürzen. Und ich stürzte nie. Ich war dort drei Tage, jeden Tag wenigstens fünf Stunden zu Pferd oder auf dem Maulesel: deshalb zerschlagene Knochen, obendrein schlechtes Essen, auf hartem Lager schlafen usw. Dennoch hat mir diese Ablenkung gut getan ... Ich bin elastischer als je nach Athen zurückgekehrt (*Familiari,* I, S. 336. Der Besuch des Berges Athos fand vom 17.–20. Mai 1936 statt).

Aber er hatte seine Gesundheit überschätzt. Im Dezember 1936 erkrankte er in Athen an einer Nierenentzündung. Wieder in Istanbul, war er bald geheilt, dank der, wie Capovilla sagte, «energischen Eingriffe» von Dr. Lorando, der ihn auch von Kopf bis Fuß untersuchte.
Er berichtete die drastischen Einzelheiten seiner Familie (*Familiari,* I, S. 343f.). Sein allgemeiner Gesundheitszustand wurde als gut bezeichnet. Aber die Krankheit war ein Schrecken gewesen oder «eine ernste Warnung», wie er sagte. Er sah «Zeichen des Alters in meinem sich lichtenden Haar». Er überlegte, daß er im Dezember 1937 in dem Alter war, in dem Radini Tedeschi gestorben war, siebenundfünfzig, und jedes weitere Jahr eine nicht verheißene Gnade

wäre (*Tagebuch,* S. 252). Der Gedanke an die Sterblichkeit bedrückte ihn nicht, aber er spornte ihn zu «Weisheit, Freude und Ruhe» an, in der kurzen Zeit, die vor ihm lag. Dennoch berichtete er über ein eigenartiges Gespräch mit Don Pietro Forno, dem Mitherausgeber der *Acta* des Karl Borromäus, als sie sich am 7. Oktober 1937 trafen, zum letztenmal, wie sich zeigen sollte:

> Wenn man bedenkt, was Don Pietro damals zu mir sagte: «Meine Gesundheit ist so gut, und ich berste vor Energie.» So bewegten wir uns von Thema zu Thema: die Ungewißheit der Zukunft, die Warnsignale des Alters, das immer schreckliche und geheimnisvolle Urteil Gottes. «Ich fürchte den Herrn nicht» – unterbrach er mich, wie er es oft tat, wenn er in guter Form war – «ich habe keine Angst. Wem habe ich mein Leben lang gedient? Mohammed vielleicht? Nein, ich habe Jesus gedient, der für mich gekreuzigt wurde und gestorben ist» (*Dodicesimo anniversario,* S. 50. Der Text stammt aus der Einleitung zu Band II, Teil I, der *Atti della Visita Apostolica de S. Carlo Borromeo*).

Tatsächlich starb Forno im November 1938, während er die Messe las. Roncalli sah darin eine große Gnade. Forno wurde von seiner achtundachtzigjährigen Mutter überlebt, worauf Roncalli seine eigene Mutter hinwies. Er war trotz oder vielleicht wegen seiner «Krise» einer von Roncallis besten Freunden. «Er war ein von Gesundheit und Energie strotzender Priester; mitunter etwas zu barsch» (*Familiari,* I, S. 398). Unter seinen Sachen entdeckte man eine Mitra, die Roncalli gehörte. Hatte Forno, der einfache, gutmütige Mann, davon geträumt, Bischof zu werden? Wir wissen es nicht. Wir wissen aber, daß Roncalli von jetzt an sich immer für die letzten Worte der Sterbenden und die genaue Zeit der Ankunft von «Schwester Tod» interessierte. Er verwendete diesen Begriff des heiligen Franziskus mit großer Selbstverständlichkeit.

Schwester Tod war gerade um diese Zeit fleißig. Kemal Atatürk starb am 10. November 1938 – Roncalli bedauerte, daß er unbedingt in Griechenland sein mußte –, und wenige glaubten, daß Pius XI. noch lange leben würde. «Er zieht die Beine nach» (*Familiari,* I, S. 362), so sah man den Papst, und dann im November 1937 gab Roncalli seiner Familie eine pessimistische Diagnose: «Vorgestern sah ich den Heiligen Vater in San Giovanni im Lateran bei der Eröffnung der neuen Unterrichtsräume des Römischen Seminars. Wer ihn krank sah, sagt, daß er jetzt wiederaufgelebt aussieht. Doch mir, der ich ihn seit einem Jahr nicht mehr gesehen habe, erscheint er dagegen sehr, aber sehr herunter» (*Familiari,* I, S. 368f.). Pius war achtzig. Er hatte angefangen, bei Audienzen einzunicken, und bekam oft nicht mit, was man zu ihm sagte. Aber er war noch nicht fertig. Der irische Historiker D. A. Binchy stellte damals fest, daß «eine gewaltige Kraft in ihm war, irgendein geistiger Dynamo, der die schwache Batterie speiste» (Binchy, S. 71). Zweimal im März 1937 schwang sich Pius XI. zu zwei eindringlichen Enzykliken auf, *Mit brennender Sorge* (14. März 1937) und *Divini Redemptoris* (19. März 1937). Die Untertitel erläutern ihren Zweck: «Über die Lage der Katholischen Kirche im Deutschen Reich» und «Gegen den gottlosen Kommunismus».

Mit diesen Enzykliken schlug Pius XI. nach den zwei kollektivistischen Systemen, Nazismus und Kommunismus. Obwohl sie gewöhnlich an entgegengesetzten Enden des «linken» und «rechten» Spektrums angesiedelt werden, liefen beide auf eine repressive Diktatur hinaus, in der die Herrschaft des Rechts ausgesetzt und der einzelne Mensch dem allmächtigen Staat untergeordnet war. Außerdem stellten ihre beiden Führer, Adolf Hitler und Josef Stalin, sich als heldenhafte Retter der Nation dar und betrieben einen lächerlichen «Personenkult». Aber trotz dieser Ähnlichkeiten warf Pius XI. nicht beide Diktaturen in denselben Topf. Die Betonung in *Divini Redemptoris* lag auf der «an sich bösen» Natur des atheistischen Kommunismus, mit dem kein Katholik zusammenarbeiten könnte; in *Mit brennender Sorge* beklagte Pius heftig, daß die Rechte der Kirche verletzt würden, aber dem könnte bei ordnungsgemäßer Anwendung des Konkordats abgeholfen werden. Kurz, der Kommunismus war eine hoffnungslose Sache; die Nazis führten sich zwar schlecht auf, waren aber nicht ganz unverbesserlich.

Roncalli mag auf diese Frage in seiner Predigt zum Dreikönigstag 1938 in Istanbul angespielt haben. Gott führt seine Ziele aus, was auch immer die «großen Männer», die scheinbar die Geschichte bestimmen, für ihr eigenes Tun halten: «Die Geschichte sinkt und steigt. Die Absichten des Herrn, nicht menschliche Pläne, formen die Philosophie der Geschichte: Alle Menschen, alle Zeitalter, auch jene, die höchst feindselig scheinen, wirken für den Triumph Christi» (Alberigo, S. 447). Die Dreikönigspredigt war eine Meditation über die Vergänglichkeit der Dinge. Sie wurde durch die einfache Tatsache angeregt, daß in dieser Stadt, die Kaiser Konstantin schuf, nichts von ihm blieb – nicht einmal der Name, den er ihr gab. Die Basilika der Heiligen Apostel war verschwunden und die der Heiligen Irene in ein Museum umgewandelt worden. Die Säule, mit dem Kaiser obenauf, als Apoll gewandet und mit den Nägeln des echten Kreuzes als Glorienschein, war nicht mehr. Es gab jetzt keine Spur mehr von dem Landhaus bei Nikomedia, wo Konstantin 337 von Eusebius getauft wurde.

Roncalli zog den Schluß, daß das Reich Jesu nicht an besondere Gebäude oder Denkmäler oder Orte gebunden ist. Die Kirche hat eine große Freiheit hinsichtlich aller äußeren Formen. Deshalb braucht man der Vergangenheit nicht nachzutrauern, denn «in dem göttlichen Plan ist nicht bedeutend, was stofflich und deshalb durch seine Natur an sich wandelbar ist» (Alberigo, S. 446f.). In Hinblick auf die Tatsache, daß spätere «Progressive» Konstantin getadelt haben, die Kirche der politischen Macht unterworfen zu haben, ist es Ironie, daß Roncallis Überlegungen über Konstantin ihn zu dem Schluß führen, die Kirche solle mit leichtem Gepäck reisen. Es war eine Lektion, die er zwischen den Ruinen in der Türkei lernte. Einen Sinn für die Tradition zu haben, bedeutete nicht, die Vergangenheit wie eine schwere Last zu tragen. Roncallis Briefe aus dieser Zeit sind voller Hinweise auf die Notwendigkeit für die Kirche, anpassungsfähig und in der Lage zu sein, auf neue Bedürfnisse zu reagieren. Er schrieb am 21. Februar 1938 an Msgr. Luigi Drago, daß er glücklich sei, in Istanbul zu sein, denn «ich kann gemäß meinem eigenen Stil arbeiten, das heißt in dem Stil einer Kirche, die Lehrerin aller ist und immer modern gemäß den Forderungen der Zeiten und Orte» (*«chiesa maestra a tutti e sempre moderna secondo le esigenze dei tempi e delle località»;* Alberigo, S. 448). Dieser einfache Satz ist die Brücke zwischen dem Roncalli, der 1908 mit den Hoffnungen des «Modernismus» sympathisierte, und dem Reformpapst Johannes von 1958. Und die Brücke wurde nicht aus spekulativen Theorien errichtet, sondern aus seelsorgerischem Interesse.

Diese Überlegungen fanden vor einem zunehmend düsteren internationalen Hintergrund statt. Es sah so aus, als würde sich die Geschichte wiederholen und ein Papst bei Ausbruch eines Krieges in Europa sterben. Italiens wachsendes *rapprochement* an Deutschland machte einen Krieg wahrscheinlicher denn je. Ungeachtet ihrer gemeinsamen Betonung des «charismatischen» Führertums – der *Führer* und der *Duce* – bestanden Unterschiede zwischen den beiden rechten Ideologien, und es war nicht unausweichlich, daß sie Verbündete würden. Das bedeutsamste Zeichen ihrer neuen Freundschaft war Hitlers Besuch in Rom im Mai 1938. Das Hakenkreuz, eine verdrehte und pervertierte Form des Kreuzes, war zum erstenmal auf den Straßen Roms zu sehen, ein böses Omen. Pius XI. raffte sich noch einmal zu einem Ausdruck der Empörung auf: «Es wird nicht für fehl am Platz oder unzeitgemäß gehalten, in Rom, an diesem Fest der Kreuzerhöhung, das Symbol eines anderen Kreuzes zu erheben, das nicht das Kreuz Christi ist» (Holmes, S. 73f.). Da er lieber nicht mit Hitler in derselben Stadt sein wollte, reiste er daraufhin nach

Castelgandolfo ab. *L'Osservatore Romano* überging den Besuch geflissentlich, und die vatikanischen Museen waren während seiner Dauer geschlossen. Aber trotz des päpstlichen Mißvergnügens war Hitlers Besuch in Rom ein Erfolg, und von nun an waren die italienische Innen- und Außenpolitik näher an die deutsche Politik angeglichen. Insbesondere begann Mussolini, nicht sehr wirkungsvoll, Italiens vierzig- bis siebzigtausend Juden zu verfolgen. Obwohl er vorgab, dies geschähe im wesentlichen, um die Reinheit der italienischen Rasse zu erhalten, hielt er privat die Vorstellung von einer italienischen rassischen Reinheit für unsinnig. Aber es war politisch nützlich (s. Mack Smith, S. 257f.). Kardinal Schuster von Mailand, der die Faschisten begrüßt hatte, gingen die Augen auf. Wenn seine Hoffnung gewesen war, den Faschismus zu «christianisieren», so wurde jetzt im Gegenteil dieser «nazifiziert».

Aus diesem Grund führte die Stärkung des Bündnisses zwischen Deutschland und Italien zu wachsenden Spannungen zwischen der Kirche und den Faschisten. Das antiklerikale Element im Faschismus erwachte wieder. Roncalli erfuhr persönlich etwas davon, als er Mitte August 1938 nach Hause nach Bergamo fuhr. Der Palast des Bischofs Andrea Bernareggi, der 1936 das Amt von Bischof Marella übernommen hatte, wurde nachts mit beleidigenden Parolen beschmiert. Die Büros der Katholischen Aktion, der letzten nationalen Organisation, die nicht in den faschistischen Staat inkorporiert war, wurden angegriffen. Der Bischof konnte sich nicht frei mit seinem Klerus in Verbindung setzen. Roncalli war der Hauptgastprediger beim regionalen Eucharistischen Kongreß, der vom 29. August bis 4. September in Ardesio veranstaltet wurde. Aber es war nicht der Augenblick für wirklichkeitsfremde Frömmigkeit. Es war eine der wenigen Gelegenheiten, daß die Priester von Bergamo sich ungehindert um Bernareggi sammeln konnten. Sie betrauten Roncalli, als Außenstehenden und als Erzbischof, mit der Aufgabe, dem Bischof ihre Solidarität zu bekunden. Dies geschah in Form eines an ihn gerichteten Briefes. Da er in ihrer Mitte war, mochte dies ziemlich überflüssig scheinen; aber es war beabsichtigt, ihm zu beteuern, daß er nicht allein war.

Der Brief ist ein wichtiges Dokument für den Konflikt zwischen Kirche und Staat zu diesem Zeitpunkt, aber es war kein klingender Trompetenstoß zu irgendeiner Art von Aktion (Text in *Dodicesimo anniversario,* S. 72ff.). Mehr trauernd als zornig beklagt Roncalli die Schandtaten, die auf diesen guten Menschen gehäuft wurden, und behauptet, die Bischöfe von Bergamo hätten immer gewußt, wie man «großmütig dem Kaiser gibt, was des Kaisers ist, und Gott, was Gottes ist». Sein Lokalpatriotismus ließ ihn die Angriffe auf die Katholische Aktion besonders unglücklich empfinden, denn «die Katholische Aktion bestand in Bergamo bereits, als das übrige Italien noch schlief» (ibid., S. 73). Er versichert kühn, daß die Bischöfe von Bergamo sich immer auf ihre religiöse Sendung konzentriert und so «den kostbarsten Beitrag zu unserem Wohlergehen und zum Ruhm unseres teuren Landes geleistet haben» – was als Versuch betrachtet werden könnte, den Faschisten die Butter vom Brot zu nehmen. Aber hier endet die Kritik. Es gab keinen Wink, daß die Kirche ein Zentrum der Opposition gegen ein Regime werden sollte, zu dem sich der Klerus von Bergamo damals keine Alternative vorstellen konnte. Roncalli war zweifellos zusätzlich vorsichtig, weil er als vatikanischer Diplomat «sich nicht in derart ernste Ereignisse lokaler Natur hineinziehen lassen sollte» (um Capovillas Worte zu verwenden).

Vielleicht nicht. Aber es war gut, daß er sich zum Sprecher jener machte, die glaubten, daß etwas Schreckliches geschehen würde (in der Sprache des Klerus: «fühlte mit Entsetzen, daß die Welt in eine neue Phase ernster und schrecklicher Verantwortung für alle eintrat»; ibid., S. 74). Die Krise von München kam innerhalb eines Monats. Doch als es auf den Krieg zuging, hatten alle Worte die Tendenz, lahm hinter den Ereignissen herzuhinken. Aus Istanbul schrieb Roncalli an seinen Bruder Giuseppe und schlug diesen einfachen Führer zur Wahrheit vor: «Alles, was Du in der Kirche hörst, ist sichere Wahrheit. Alles andere kann ein bißchen Wahrheit enthalten. Gewöhnlich aber enthält es ein wenig Wahres und Falsches. Man muß zu unterscheiden wissen *(saper discernere)*. Inzwischen scheint es, als ob politisch die Dinge sich ein wenig bessern. Vertrauen wir auf Gott!» (*Familiari,* I, S. 382). Aber solche Patentrezepte wurden auch auf höchster Ebene angeboten. Roncallis letzte Begegnung mit Pius XI. war dem drohenden Konflikt gewidmet. In seiner Lobrede auf Pius berichtet er, der Papst habe gesagt: «Ich fürchte nicht für die Zukunft der Kirche. Sie möchte nur frei sein. Ich weiß wohl, welches Schicksal sie erwarten mag – Leid und Verfolgungen; aber sie wird immer das letzte Wort haben, weil sie die göttlichen Verheißungen verkörpert. Aber auf der anderen Seite zittere ich um die Völker . . .» (Dreyfus, S. 94). Und er zählte im weiteren die vom Verhängnis heimgesuchten Völker auf, indem er die gewissenlose Natur der Diktaturen der unschlüssigen Schwäche der Demokratie gegenüberstellte.

Pius XI. starb am 10. Februar 1939. Es gab im Vatikan viel Rätselraten um die Rede, die er für den nächsten Tag, den 10. Jahrestag der Unterzeichnung der Lateranverträge, vorbereitet hatte. Roncalli war genauso gespannt wie alle auf die *novissima verba,* die letzten Worte, von Pius XI. Als er selbst Papst wurde, ließ er das Archiv durchsuchen und fand den Entwurf dieser nie gehaltenen Rede, die von einer bereits zittrigen Hand geschrieben war. Genau zwanzig Jahre später, im Februar 1959, veröffentlichte er Teile davon in einem Brief an die Bischöfe Italiens.

Er erklärte, die letzten Lebenswochen von Pius waren «voller Enttäuschungen, und dies macht es verständlich, daß der hochbetagte Papst sich in einer Sprache berechtigten Unmuts ausdrückt» (*Lettere*, S. 103). Das bereitet einen kaum auf den hitzigen Ton des Folgenden vor:

> Ihr wißt, wie schlecht die Worte des Papstes behandelt werden. Die Menschen lesen unsere Reden und Ansprachen – nicht nur in Italien –, damit sie ihre Bedeutung verfälschen können, indem sie manchmal sogar erfinden und uns den größten Unfug und Unsinn zuschreiben. Die jüngste und ferne Geschichte sind in einer gewissen Presse so verdreht, daß gesagt wird, es gäbe keine Verfolgung in Deutschland, und diese Ableugnung wird von falschen und verleumderischen Behauptungen der Einmischung in die Politik begleitet, so wie Neros Verfolgungen die Anklage der Brandstiftung in Rom benutzten ...
> Seid auf der Hut, liebste Brüder in Christo, und vergeßt nie, daß es Beobachter und Zuträger gibt (nennt sie «Spione», und Ihr seid der Wahrheit näher) ... die euch zuhören, um euch zu denunzieren, obwohl sie nichts von der Sache verstanden oder alles falsch aufgefaßt haben. Sie haben zu ihren Gunsten – man muß daran denken, wie unser Herr von seinen Henkern gedacht hat – nur die große oberste Entschuldigung der Unwissenheit (*Lettere,* S. 105).

Pius XI. war eindeutig entschlossen, sich laut vernehmlich zu machen. Roncalli zitierte ihn zwanzig Jahre später, um den historischen Ruf geradezurücken und Pius' Haltung zu den Lateranverträgen zu zeigen. Mit seinem letzten Atemzug schlug er nicht vor, das Konkordat mit Italien über Bord zuwerfen, ungeachtet der schweren Provokation. Dies stellte die fortdauernde Gültigkeit der Lateranverträge heraus. Wenn sie 1939 eine gesetzliche Basis für die Verteidigung der Kirche gegen eine manchmal feindselige Diktatur waren, so waren sie eine noch bessere Grundlage für die Zusammenarbeit mit einer befreundeten italienischen Regierung 1959.

Es läßt sich schwer sagen, was Roncalli beim Tod von Pius XI. wirklich empfand. Es scheint, daß er ihn mehr bewunderte als liebte. Er äußerte, wäre Radini Tedeschi noch am Leben, hätte er dasselbe Alter wie der Papst – was vielleicht darauf schließen läßt, daß nach seiner Einschätzung Radini Tedeschi ein besserer Papst gewesen wäre. Doch seine Reaktion auf den Tod von Pius ist recht schwierig zu beurteilen, weil seine Mutter zur gleichen Zeit im Sterben lag.

Trotz der dringenden Bitten seiner Familie konnte er nicht nach Hause fahren, um beim Ende dazusein. Er war «wie Soldaten, die einen Auftrag erhalten haben» (*Familiari,* I, S. 408f.). Er mußte in Istanbul bleiben, weil der Tod des Papstes und die Wahl eines neuen einen Reigen von offiziellen Beileidsbekundungen und Besuchen mit sich brachte. Alles das mußte persönlich erledigt werden. Es wäre ein schlechter Stil gewesen, wenn er Msgr. Gustavo Testa gebeten hätte, ihn zu vertreten. Schon seine Abwesenheit beim Tod Atatürks im vergangenen November war aufgefallen. Aber damals hatte er sich mit seiner Gehorsamspflicht entschuldigen können. Es muß in Sotto il Monte, wo das diplomatische Menuett eine ferne Welt war, unbegreiflich wichtigtuerisch gewirkt haben.

Sie verstanden nur, daß Angelo, der bereits den Tod seines Vaters versäumt hatte, nun den seiner Mutter versäumen würde. Ancilla und Maria – dieses eine Mal haben wir ihre Seite der Korrespondenz – geben ein rührendes Bild von Marianna Roncalli in ihren letzten Monaten, als sie ans Bett gefesselt war:

> «Öfters erwähnte sie ihre Söhne, vor allem Dich, der Du so weit weg bist; und Du hättest sie sehen müssen, die Ärmste, als Dein Brief ankam, wie sie lebhaft wurde. Sie traute den anderen nicht und wollte den Brief selber in die Hand nehmen und lesen. Dann, als sie glaubte, sich geirrt zu haben, hat sie Enrica den Brief vorlesen lassen, und murmelnd sagte sie: «Ich verstehe, er kann wirklich nicht kommen; nun, hoffen wir, daß der Herr mich noch etwas hier bleiben läßt, und wenn nicht, werde ich seinem Willen gehorchen und wir werden uns im Himmel wiedersehen» (*Familiari,* I, S. 607).

So starb Marianna Roncalli im Alter von fünfundachtzig an Grippe, am 20. Februar 1939, während der *novemdiales,* der neun Trauertage für den verstorbenen Papst. Er schickte Geld, damit sie ein glänzendes Begräbnis bekäme, und erklärte: «Schließlich ist sie die Mutter eines Bischofs» (*Familiari,* I, S. 410). In großer Zahl kamen Beileidstelegramme von Prälaten, darunter von Kardinal Pacelli, und Roncalli fügt hinzu, «meine Antwort war vielleicht der letzte Gruß, den er erhielt, bevor er zum Papst ernannt wurde» (*Familiari,* I, S. 417). Er suchte das Foto für ihr Erinnerungsbildchen aus und schrieb ein Prosagedicht, das auf die Rückseite gedruckt werden sollte (Text *Familiari,* I, S. 608).

Roncalli gab kaum Kommentare zum Konklave ab – dem bis jetzt kürzesten des Jahrhunderts. Staatssekretär Eugenio Pacelli wurde wie vorgesehen gewählt. «In dieser Zeit Papst zu sein», äußert Roncalli, «ist jedoch eine Angelegenheit, die einem die Haare weißer als das

Gewand werden läßt» (*Familiari,* I, S. 414). Er bezeichnet sich als «sehr zufrieden» mit der Wahl, bei der «die Hand des Herrn mitgewirkt hat» (*Familiari,* I, S. 417). Er hätte nicht gedacht, daß er beim nächsten Konklave anwesend sein würde, noch weniger, daß er gewählt werden würde. Im März 1939 verfolgte er Pius' Krönungsmesse im vatikanischen Rundfunk und mußte immer noch über dieses moderne Gerät staunen. Die Wahl Pius' XII. machte es ihm indirekt möglich, sich eine historische «erste Tat» zu sichern. Ein Vertreter des Ökumenischen Patriarchen Benjamin I. war beim *Te Deum* für den neuen Papst anwesend. Am 27. Mai 1939 begab sich Roncalli in den Fanar, um Benjamin zu danken, der ihn herzlich umarmte und in fehlerfreiem Latein erklärte: *«Haec est dies quam fecit Dominus»* – «Dies ist der Tag, den der Herr gemacht hat», der lateinische Ostergruß (Righi, S. 151). Roncalli war 1927 mit einem früheren Patriarchen zusammengetroffen, aber der Besuch war privat und inoffiziell gewesen. In der orthodoxen Tradition hat der «Friedenskuß», die Umarmung, großen symbolischen Wert. Nach einer so langen Feindschaft nahm der «Friedenskuß» zwischen Benjamin und dem Vertreter des Papstes, Roncalli, die Umarmung zwischen den Bruderpatriarchen Athenagoras und Paul VI. in Jerusalem im Januar 1965 vorweg. Der christliche Osten und der christliche Westen, Konstantinopel und Rom, waren endlich in der Lage, sich im Land ihres gemeinsamen Ursprungs zu treffen.

Dieses glückliche Ereignis ist ein gutes Beispiel für Roncallis ökumenische Methode, wie er sie dem Reverend Austin Oakley umriß, dem persönlichen Vertreter des Erzbischofs von Canterbury beim Ökumenischen Patriarchen und dem ersten Anglikaner, den er kennenlernte. Er dachte langfristig. Man könnte nicht verlangen, die Mauern der christlichen Spaltung niederzureißen, aber, sagte Roncalli, «ich versuche hier und da einen Ziegelstein herauszuziehen». Er sprach im selben Zusammenhang auch von dem Grundsatz *«Gutta cavat lapidem»* – «Steter Tropfen höhlt den Stein» (Tervor, S. 177).

Roncallis Begegnungen mit dem Ökumenischen Patriarchen war eine der wenigen guten Nachrichten 1939. Am Karfreitag – 8. April – überfiel Italien Albanien. Es dauerte ungefähr eine Woche, bis die Armee des Königs Zog überwältigt war, und in dieser Zeit wurde ihm ein Sohn und Erbe geboren, der nach dem albanischen Nationalhelden Skanderbeg genannt wurde. König, Königin und der kleine Prinz flohen nach Griechenland, wo man glaubte, nun selbst an der Reihe zu sein. Doch Roncallis Brief nach Hause – aus Istanbul am 22. April 1939 – übergeht diese Ereignisse und zeigt ihn in seiner «patriotischsten» Stimmung:

> Ich bin jetzt froh, weil ich sehe, daß der Himmel heller wird. Ich glaube, wir werden keinen Krieg bekommen. Laßt uns für unseren Teil versuchen, mit allen Frieden zu halten, über niemanden etwas Böses zu sagen und uns nicht in politische Fragen einzumischen. Sicher redet man gerne schlecht über Italien, aber zu Unrecht. Es gibt Anmaßende unter uns, und es fehlt nicht an Übertreibung, aber Italien ist als geordnetes und die Religion respektierendes Land immer noch das Land, wo es sich am besten leben läßt *[ancora dove si sta meglio].* Man braucht sich nicht darum zu kümmern, was dieser oder jener tut. Wie Ihr wißt, stehe ich außerhalb der Politik, aber das, was ich weiß und höre, kann ich nicht verleugnen (*Familiari,* I, S. 420).

Roncalli stieß nicht direkt ins Horn der Faschisten, aber er erklärte sie, als *Italiener,* im Zweifelsfall für unschuldig. Er war nie profaschistisch wie etwa Pater Agostino Gemelli OFM, Rektor der Herz-Jesu-Universität in Mailand; aber er war zu diesem Zeitpunkt auch nicht betont antifaschistisch. Seine alte PPI-*(Popolari)*-Instinkte hielten ihn nicht mehr zurück, und ihre Sache schien jetzt ohnehin verloren. Er akzeptierte den Faschismus, weil er da war. Sein Leugnen eines Interesses an der Politik ist symptomatisch: Es bedeutet fast durchwegs eine Hinnahme des *status quo.* Es wäre anachronistisch, Roncalli solche Ansichten vorzuwerfen; es wäre unehrlich, nicht zu erwähnen, daß er sie hatte.
«Ich glaube nicht, daß es Krieg geben wird», schrieb Roncalli optimistisch im April 1939. Am 22. Mai 1939 unterschrieb Hitler und Mussolini den «Stahlpakt», ein bemerkenswert unbekümmertes Dokument, in dem der Duce die deutschen Bedingungen akzeptierte, «ohne ihren Zweck und ihre Grenzen festzuschreiben» (Ragionieri 2, S. 2272). Der Krieg war nun unvermeidlich, die Frage betraf nur Zeitpunkt und Gelegenheit. Pius XII. war gerade rechtzeitig Papst geworden, um fruchtlose Friedensmahnungen zu äußern. Sein Appell in letzter Minute, am 24. August 1939 ausgestrahlt, wurde als bedeutungslos vom Tisch gewischt, womit ein Muster geschaffen wurde, das in den nächsten fünf Jahren sich häufig wiederholen würde. Die Schlüsselsätze der Botschaft sind es wert, daß man an sie erinnert, da sie definierten, wie die Politik des Vatikans während des ganzen Krieges aussehen würde: «Durch die Macht der Vernunft und nicht die Macht der Waffen schreitet die Gerechtigkeit voran. Reiche, die nicht auf Gerechtigkeit gegründet sind, haben nicht Gottes Segen. Staatskunst, die von der Moral losgelöst ist, verrät gerade jene, die es so haben wollen. Die Gefahr steht vor der Tür, aber noch ist es Zeit. Nichts ist durch den Frieden verloren; alles kann durch den Krieg verloren sein» (Holmes, S. 122). Der letzte epigrammatische Satz

wurde in Kurienkreisen Giovanni Battista Montini zugeschrieben. Das Problem solcher Ermahnungen zur Moral war und blieb der Schritt vom Allgemeinen zum Besonderen. Wer gründete ein Reich, das nicht auf Gerechtigkeit beruhte? Wer war der ungerechte Aggressor? Solange diese Fragen unbeantwortet blieben, schlug der Vatikan zwar eine pazifistische Richtung ein, sagte aber in Wirklichkeit nicht sehr viel. Wenn man sie allerdings beantwortete, dann mußte man Partei ergreifen und so die unparteiische Neutralität aufgeben, die der Papst einzuhalten versuchte. Doch das Ergebnis war, daß beide Seiten glaubten, der Vatikan habe weniger Sympathie für sie, als er haben sollte.

Als die Kriegsmaschine anlief, hatte Roncalli am 2. August eine Begegnung mit dem neuen deutschen Botschafter in der Türkei, Franz von Papen. Sie kamen gut miteinander zurecht. Falls die Vorstellung nicht zu absurd ist, kann man sagen, von Papen repräsentierte das lächelnde, katholische Gesicht von Hitlers Deutschland. Wir werden ihm erneut begegnen. Dann flog Roncalli über Athen und Brindisi nach Rom, um dem neuen Staatssekretär, Kardinal Maglione, und dem stellvertretenden Unterstaatssekretär, seinem alten Freund Giovanni Battista Montini, zu berichten. Roncalli hatte aufmerksam geschrieben und ihm zu seiner Ernennung gratuliert. So war er in Italien am «Tag, als der Krieg ausbrach», und am 5. September sah er Pius XII. Aber Italien befand sich noch nicht im Krieg. Roncalli hatte sich angewöhnt, überallhin mit dem Flugzeug zu reisen, und hatte vereinbart, sich am Mailänder Flughafen vom Gemeindepfarrer aus Sotto il Monte abholen zu lassen, der angewiesen worden war, allein im Auto zu kommen, «weil ich etliche Koffer habe, und ich mag es nicht, eng zusammengezwängt zu reisen» (*Familiari,* I, S. 427). Er war jetzt eine wichtige kirchliche Person. Die Wachablösung bei der Kurie machte ihm neue Hoffnung: «Als Ausgleich wurde mir in Rom beim Heiligen Vater ... ein überaus wohlwollender und ermutigender Empfang zuteil» (*Tagebuch,* S. 258). Das hatte zu Klatsch geführt, daß größere Dinge auf ihn warteten. Aber er betrachtete solche Schmeicheleien als Versuchung und wechselte das Thema: «Ich lächle und gehe darüber hinweg» (ibid., S. 255). In Sotto il Monte suchte er das Grab seiner Mutter auf und regelte alles Anstehende.

Auf seinem Rückweg in die Türkei machte er eine eher unerwartete Wallfahrt. Am 17. und 18. September war er Gast von Carlo Margotti, seinem Vorgänger in der Türkei und in Griechenland, der ihm so viele brennende Probleme und zornige Franziskaner vermacht hatte und jetzt Erzbischof von Görz war. Margottis Leistung in Görz, dem

Schauplatz einer der erbittertsten Schlachten des Ersten Weltkriegs, war es gewesen, die «Italienisierung» einer Kirche zu vollenden, die zu einem großen Teil slowenisch gewesen war. Mit dem patriotischen Margotti also besuchte er das Heiligtum der Madonna di Monte Santo, von wo «man den Schauplatz der Schlacht, die hier im Weltkrieg stattgefunden hat, zu einem großen Teil überblickt» (*Familiari,* I, S. 428). Am nächsten Tag gingen sie zu dem Soldatenfriedhof von Redipuglia, «wo Hunderttausende von Gefallenen ruhen». Es war eine niederdrückende Erfahrung, um so mehr, als es nun so schien, daß sich das Gemetzel dieses ersten Kampfes wiederholen würde, «um die Blüte der Jugend Europas zu vernichten» (ibid.). Obwohl Italien sich noch nicht im Krieg befand, hütete Margotti die heilige Flamme des italienischen Heldentums, um bereit zu sein. In einer Krise neigen die Menschen dazu, in ihren Vorrat an Klischees aus der Vergangenheit zu greifen.

Doch der international eingestellte Roncalli kam rechtzeitig in Istanbul an, um ein Hilfskomitee für polnische Flüchtlinge zu organisieren – am selben Tag, als Warschau fiel, am 28. September 1939. Was die Tradition die «leiblichen Werke der Gnade» nannte, würde von nun an auf der Tagesordnung obenan stehen. Der Krieg jedoch schien noch sehr weit weg zu sein, als er seine Exerzitien vom 12. bis 18. November 1939 hielt. Die Schönheit der Szenerie nahm ihn gefangen, und dieses eine Mal berichtet er von visuellen Eindrücken:

> Hier bei den Jesuitenpatres beobachte ich jeden Abend vom Fenster meines Zimmers aus eine Ansammlung von Booten auf dem Bosporus. Zu Dutzenden, zu Hunderten tauchen sie vom Goldenen Horn her auf. Sie treffen sich an einem bestimmten Punkt und entzünden dann ihre Lichter. Manche hell, manche weniger hell, ein farbenprächtiges, eindrucksvoll leuchtendes Bild. Ich dachte, daß auf dem Meer ein Fest aus Anlaß des Bairam stattfindet, das in diese Tage fiel. Aber es handelte sich um den gemeinsam organisierten Fang von «Palamiten», großen Fischen, von denen es heißt, daß sie aus den entlegensten Teilen des Schwarzen Meeres kommen. Die Lichter scheinen die ganze Nacht, und von ferne hört man die fröhlichen Stimmen der Fischer. Dieses Schauspiel ergreift mich. In der vergangenen Nacht setzte gegen ein Uhr ein starker Regenguß ein; die Fischer aber blieben unermüdlich bei ihrer schweren Arbeit (*Tagebuch,* S. 257).

Dann aber, als wolle er eine ästhetische Genußsucht ausgleichen, die in Kriegszeiten unpassend wäre, moralisiert er die ganze Szene und erinnert sich daran, daß er als «Menschenfischer» nicht weniger Eifer und Mut als diese türkischen Fischer aufbringen sollte (ibid.).

Aber der Gedanke an den Krieg, so weit der auch weg war, brach immer wieder herein. Im Osten hatten Deutschland und die Sowjetunion, Komplizen am Ende, Polen zynisch zerschnitten und begannen, seine Elite an Priestern und Intellektuellen zu vernichten. Im Westen schien nicht viel zu passieren. Es war die Periode, die als *«drôle de guerre»* bekannt war, der Sitzkrieg, der dem Blitzkrieg vorausging. Der Haupttrost für Roncalli war, als er sich am Weihnachtstag 1939 hinsetzte, um seinen Brief nach Hause zu schreiben, daß Italien noch nicht in den Konflikt hineingezogen worden war. Er schrieb diesen Nicht-Kriegszustand Mussolinis politischer Gerissenheit zu – das war zu jener Zeit ein gängiges Propagandathema:

> Ich wünsche Euch ein gutes neues Jahr. Wer weiß, welche Ungewißheit es für uns bereithält. Denkt an die Armen, die im Kriege stehen! An die Polen, an diese armen Finnen, selbst an die Deutschen und an die Russen. Was können die Soldaten schon dafür? Sie leiden und sterben zum Schmerz so vieler Familien. Die Verantwortlichen sind die Oberhäupter. Sie sind es, die den Dickschädel haben, und sie sind alle gleich. Ein Glück, daß wir in Italien sind. Man muß diesmal wirklich sagen: es ist eine Hand da, die den Duce zum Wohl der Italiener führt. Ich glaube, daß der Herr Regierende und Untertanen für den mit der Kirche geschlossenen Frieden belohnen will ... Und jetzt diese Friedensfeier mit der Begegnung zwischen dem Papst und dem König! Wer hätte jemals gedacht, daß es so gut ausgehen würde? Das Hauptverdienst gebührt jedoch dem verstorbenen Heiligen Vater Pius XI. und seiner Seelenstärke. Er hat bewiesen, daß er nachgeben und sich wehren kann, ohne sich vor irgend jemandem zu fürchten. Der Selige! ... Und man muß auch Mussolini dankbar sein ... Die Päpste waren immer zur Versöhnung bereit, aber es fehlte immer der Mann, der fähig gewesen wäre, von seiten des Staates darauf einzugehen (*Familiari,* I, S. 438).

Dieser Brief ist nur verwirrend, wenn man ihn nicht im Kontext liest. Roncalli bestätigt Halbwahrheiten ohne die notwendigen Einschränkungen. Mussolini hatte tatsächlich zur Aussöhnung von Kirche und Staat beigetragen – wenn auch aus Eigeninteressen und als Mittel der Kontrolle über die Kirche. Ein paar Tage später, am 28. Dezember 1939, fand im Quirinal eine Begegnung zwischen Pius XII. und König Viktor Emanuel III. statt, die diesem guten Verhältnis anscheinend das Siegel aufdrückte – obwohl die Monarchie dazu tendiert hatte, antiklerikal und «voltairisch» zu sein. Und am 1. September 1939 hatte Mussolini erklärt, daß «Italien nicht die Initiative zu irgendwelchen militärischen Operationen ergreifen wird» – obwohl seine friedliebende Haltung streng provisorisch und vor allem durch die unzureichende militärische Vorbereitung bedingt war. Im nachhinein ist es leicht zu sehen, wie jedes einzelne dieser «Zeichen» doppeldeutig war. Aber er schrieb nach Hause, um seine besorgte Familie zu beruhigen. Er war der einzige, der überhaupt Erfahrung mit einer größeren Welt hatte. Er war so optimistisch wie möglich. Dies hatte allerdings den Nachteil, daß er ständig von den Ereignissen widerlegt wurde.

1940 beauftragte ihn der Vatikan, mehr Zeit für Griechenland aufzuwenden. Er machte zwischen Januar und Mai drei Besuche dort. Griechenland blieb weiterhin sein Kreuz. Er bekräftigte, daß er die Türken liebe und ihre «natürlichen Anlagen» schätze (*Tagebuch,* S. 257), aber über die Griechen gibt es keinen vergleichbaren Abschnitt. Tatsächlich gab es Zeiten, da wünschte er, ein anderer würde ihm die Arbeit abnehmen: «Ich gebe zu, daß es mir nichts ausmachen würde, wenn man andere damit betraute. Aber solange sie mir obliegt, will ich ihr um jeden Preis Ehre verschaffen. ‹In Freude werden ernten, die da Tränen säen.› Es macht mir wenig aus, wenn andere ernten» (ibid., S. 258). Trotz der Plackerei diente er also weiter. Aber die sich verschlechternde politische Lage machte seine Mission schwieriger denn je. Metaxas war noch an der Macht. Als griechischer Patriot hegte er tiefes Mißtrauen gegen deutsche und italienische Absichten im Mittelmeer. Die italienische Besetzung Albaniens war praktisch vollständig, was bedeutete, daß italienische Truppen an der Nordgrenze Griechenlands standen. Es war nicht die Stunde, zu der Roncallis Beteuerungen der Neutralität und allumfassenden Liebe wohl stärker ins Gewicht fallen würden. Er war mehr denn je ein «Verdächtiger».

Auch die britische Regierung begann sich für ihn zu interessieren. Später, nach Italiens Kriegseintritt, wurden Diplomaten des Vatikans italienischer Nationalität – d.h. die Mehrheit – als «feindliche Ausländer» behandelt (*Actes et documents,* 4, Einleitung). In der neutralen Türkei blieb Roncalli diese Beleidigung erspart. Aber in einer Stadt, wo jeder jeden genau beobachtete, dürfte es der Aufmerksamkeit nicht entgangen sein, daß er am 26. Januar 1940 wieder mit von Papen zusammentraf. Roncalli sah in ihm den katholischen Aristokraten mit einer frommen Gattin, die sich um den Blumenschmuck in der Kapelle der Delegatur kümmerte und manchmal den Boden fegte.

Der Vatikan wußte einiges mehr über von Papens Vergangenheit und war nicht so leicht eingenommen. Er hatte dem «Kabinett der Barone» angehört, die das Ende der Weimarer Republik akzeptiert hatten, in dem törichten Glauben, Hitler «kontrollieren» zu können. Nicht gerade als couragiert bekannt, hatte von Papen 1934 doch einen gewissen Mut gezeigt, als er in seiner Rede die Nazis kritisiert hatte. Doch der Mord an seinem Adjutanten, der bei dem Entwurf der Rede geholfen hatte, brachte ihn wieder zur Vernunft. Er wurde nach Österreich geschickt, um den Anschluß an Deutschland vorzubereiten. Dies war keine ausgesprochene «Nazi»-Sache, und viele deutsche und österreichische Katholiken begrüßten den Gedanken an ein «Großdeutschland». Es hatte einen anderen Stellenwert als spätere territoriale Ansprüche. Nachdem von Papen zufriedenstellende Arbeit in Österreich geleistet hatte, wurde er Anfang 1939 als Botschafter in die Türkei geschickt. Es war kein Spitzenposten, aber es war auch kein unbedeutender Nebenschauplatz: Die Türkei bewachte die Dardanellen mit einer tüchtigen Armee von zwei Millionen Mann und würde Deutschlands rechte Flanke bilden bei einem eventuellen Konflikt mit der Sowjetunion. Im April 1940 wurde von Papen als deutscher Botschafter beim Heiligen Stuhl vorgeschlagen. Pius XII. konsultierte Konrad von Preysing, Bischof von Berlin, der nein sagte. Von Papen wurde für zu wenig gehalten. Pius lehnte sein Agrément ab. Von Papen blieb in der Türkei.

Roncalli mußte den Weisungen des Staatssekretariats folgen. Sie waren einfach. Der Vatikan war neutral, auch wenn das bedeutete, daß er die gleiche Distanz zu den zwei kriegführenden Seiten hielt und keine moralische Unterscheidung zwischen ihnen vornahm. Es herrschte mit Sicherheit nicht der Glaube, daß «die Engländer» moralisch überlegen oder idealistischer wären. So zum Beispiel protokollierte Roncallis Vorgesetzter, Msgr. Domenico Tardini, ein Ersuchen von Lord Halifax 1940, der Vatikan möge öffentlich von den Achsenmächten abrücken:

> Ein seltsamer Bursche, Lord Halifax, ein halber Prediger *[predicozzo]*. Der Mystizismus des Außenministeriums schrumpft auf die Interessen Britanniens (Nützlichkeitslehre). Er bekundet, religiöse Interessen zu verteidigen, aber in Wirklichkeit sucht er politische Ziele. Er versucht, den Heiligen Stuhl zu der Aussage zu bringen, der Nazismus sei so schlecht wie der Kommunismus, und vergißt dabei, daß die britische Regierung erst gestern den Kommunisten den Hof gemacht hat. Sein Ziel ist offensichtlich: den Heiligen Stuhl zu einer Erklärung zu veranlassen, die nützlich für England und schädlich für die Achse ist (*Actes et documents,* 4, No. 166).

Diese mißtrauische Haltung gegenüber britischen Absichten dürften von der britischen Botschaft in Ankara aufgegriffen worden sein, trotz Austin Oakleys Versicherungen, daß Roncalli ein Mann des Friedens und wirklich neutral wäre.

Während der Sitzkrieg sich hinzog, gab es Veränderungen in der

Delegatur. Msgr. Gustavo Testa, den Roncalli als seinen geistlichen Sohn betrachtete, ging weg und wurde durch Msgr. Vittorio Ugo Righi ersetzt, der seine Vornamen der Verehrung seiner Eltern für den französischen Dichter Victor Hugo verdankte. Roncalli fällt in den Bergamasker Dialekt zurück, als er ihn beschreibt: *L'è pui do no got* – «er ist so gut wie nicht da», eine Anspielung auf die Tatsache, daß Righi sehr klein war. Seine Briefe nach Hause sind voller häuslicher Details. Er hat in Rom ein paar neue Teppiche gekauft und gibt Ancilla und Maria Anweisungen, wohin sie diese legen sollen (*Familiari,* I, S. 444). Er sorgt sich um seinen zwölfjährigen Neffen Battista, den Sohn Giovannis, der gern ins Seminar eintreten möchte, aber nicht sehr begabt ist (ibid., S. 430f.). Es war, als würde der Krieg sich irgendwie verziehen, wenn man nur nicht von ihm spräche. Und was sollte man auch darüber sagen? Am 26. März 1940 schrieb er an Giovanni: «Was den Krieg betrifft, so wollen wir hoffen, daß er hier nicht übergreift, obwohl viele glauben, daß er bald hierherkommen wird» (ibid., S. 449). Aber bald beugte er sich dem Unvermeidlichen und schrieb an Giuseppe: «Wir kommen jetzt ins Tal, ins Tal des *Salve Regina*», und er zitierte einen seiner Lieblingstexte aus Manzonis *I Promessi Sposi:* «Der Herr trübt nie die Freude seiner Kinder, es wäre denn, um ihnen eine größere und gewissere zu bereiten» (ibid., S. 453). Roncalli war per Schiff unterwegs von Athen nach Istanbul, als der «Angriff» schließlich kam.

Das Wort weckt Erinnerungen an den Ersten Weltkrieg, als die Generäle nach der obligatorischen «Zermürbung» durch Artilleriebeschuß die «Großoffensive» befahlen. 1940 war es anders. Am 10. Mai rückten die Deutschen in den neutralen Staaten Holland, Luxemburg und Belgien ein und umgingen so die Maginot-Linie. Sie fegten alles vor sich weg. Roncalli betrachtete es nicht als Verletzung der Neutralität, als er am 15. Mai der niederländischen Legatur sein Mitgefühl ausdrückte. Die französische Armee wurde vernichtend geschlagen, ein großer Teil der britischen Expeditionsstreitkräfte entkam über den Strand von Dünkirchen, und Paris fiel am 14. Juni.

Für Roncalli persönlich war das entscheidende Datum in diesem kritischen Juni 1940 nicht der 22., als der französische Waffenstillstand in dem berühmten Eisenbahnwaggon in Compiègne unterzeichnet wurde, sondern der 10., als Italien in den Krieg eintrat. Erst sechs Monate vorher hatte er Gott für Mussolini gedankt und geglaubt, daß dessen unkriegerische Beteuerungen ernst gemeint wären; jetzt war das Kartenhaus der Hoffnung eingestürzt. Es war ein Schlag, zum Teil weil er Frankreich immer geliebt hatte – wenn auch größtenteils

aus der Ferne und durch die Augen Radini Tedeschis –, aber noch mehr, weil Mussolini sein Wort nicht gehalten hatte.
Am nächsten Tag, am 11. Juni 1940, empfing er Msgr. Joseph Guillois, Franzose und sein bischöflicher Sekretär, gab ihm feierlich den Friedenskuß und, weil er nicht zu improvisieren wagte, las den folgenden Text, den er in der Nacht davor geschrieben hatte:

> Ein Tag der Trauer. Italien hat Frankreich und England den Krieg erklärt ... Krieg ist eine schreckliche Gefahr. Für den Christen, der an Jesus und seine Botschaft glaubt, ist er ein Frevel und ein Widerspruch. «Erlöse uns, o Herr, von Hunger und Krieg.» Ich glaube, daß heute meine Pflichten der Klugheit, Mäßigung und Barmherzigkeit schwerer denn je geworden sind. Ich muß der Bischof aller sein, das heißt der *consul Dei,* Gottes Konsul, Vater, Licht, Ermutigung für alle. Die Natur läßt mich auf den Erfolg meines teuren Landes hoffen; die Gnade erfüllt mich mehr als je zuvor mit dem Verlangen, den Frieden zu suchen und dafür zu streiten (*Letture,* S. 286).

So begann Roncallis Krieg eigentlich. Wie er versuchte, ein Mann des Friedens in der Zeit des Krieges zu sein, ist Gegenstand des nächsten Kapitels.

9. Kapitel

Gottes Konsul

> Mussolini spricht vom Balkon des Palazzo Venezia. Die Nachricht, daß Krieg ist, überrascht niemanden und weckt nicht sehr viel Begeisterung. Ich bin traurig, sehr traurig. Das Abenteuer beginnt. Möge Gott Italien helfen!
> (Graf Galeazzo Ciano, Mussolinis Außenminister und Schwiegersohn, *Tagebücher,* S. 264, 10. Juni 1940)

Italiens Eintritt in den Krieg war ein bitterer Schlag für Erzbischof Roncalli. Er machte seinen Seiltanz der Neutralität beträchtlich schwieriger, besonders in Griechenland. Der Krieg war unpopulär beim italienischen Volk, das nicht dazu befragt worden war. Er war auch den Deutschen nicht hundertprozentig willkommen, weil er ausgedehnte neue Fronten in Afrika und auf dem Balkan entstehen ließ, die man vom strategischen Gesichtspunkt lieber vermieden hätte. Viele Italiener trösteten sich mit dem Gedanken, der Krieg wäre praktisch vorbei: Es schien vernünftig, damit zu rechnen, daß ein isoliertes Britannien einen Verhandlungsfrieden suchen würde. Roncalli teilte die weitverbreitete Ansicht halb. Am 21. Juni 1940 schrieb er nach Hause:

> Also, hoffen wir, daß der Krieg auch mit England aufhört. Sonst könnte es für ihn [Peppino Roncalli] gefährlich werden, da er Marinesoldat ist. Und was Euch alle betrifft, erinnert Euch gut an den Hirtenbrief, den Msgr. Bernareggi bei Kriegsausbruch in Italien geschrieben hat. Es sind goldene Worte. Zu Hause kommt es jetzt darauf an, wenig zu reden, zu beten, zu arbeiten und uns Opfer aufzuerlegen. General Pétain hat das gestern sehr gut gesagt. Einer der Gründe für die Niederlage Frankreichs war der zügellose Genuß der irdischen Güter nach dem Weltkrieg. Die Deutschen hingegen haben angefangen, sich einzuschränken und Opfer zu bringen, und sie fanden sich stark und bereit. In abgewandelter Form ist es das Gleichnis von den törichten und klugen Jungfrauen (*Familiari,* I, S. 455).

Die «goldenen Worte» des Bischofs von Bergamo standen in einem Hirtenbrief und waren ziemlich direkt: «Unsere Pflicht als Katholiken ist: zu gehorchen.» Sie sollten auch den Gürtel enger schnallen. Roncalli muß einer der wenigen Menschen in Europa gewesen sein, die fähig waren, Deutschlands Aufrüstungspolitik («Kanonen vor Butter») als Beispiel dafür darzustellen, wie man sich wie eine kluge Jungfrau des Evangeliums verhält.

Die Bewertung des Vatikans war scharfsinniger. Zwei Tage nach Roncallis Brief nach Hause besprach Msgr. Domenico Tardini, Leiter der auswärtigen Abteilung des Staatssekretariats, die Lage mit Papst Pius XII. und Kardinal Maglione. Tardinis Beurteilung war in seinen gewohnten knappen Stil gekleidet:

> 1. Vorrangig ist es die besondere Pflicht SH (Seiner Heiligkeit), dazu beizutragen, weiteres Blutvergießen und weitere Zerstörungen zu vermeiden, denn es ist völlig klar, daß der Kampf mit England äußerst mörderisch sein wird.
> 2. Es besteht eine Möglichkeit, daß Hitler, nachdem er in Frankreich einen großen Sieg errungen hat und über russische Bewegungen im Osten besorgt ist, jetzt bereit sein wird, sich mit England zu einigen; um so mehr, als Hitler merken muß, daß ein Angriff auf England ein riskantes und blutiges Abenteuer sein wird.
> 3. Es besteht eine Möglichkeit, daß England, nun allein und unmittel-

> bar von einem Angriff bedroht, vorziehen würde zu verhandeln, um eine Katastrophe und einen langen, erbitterten Kampf zu vermeiden (*Actes et documents,* I, S. 499f.).

Tardini war in der diplomatischen Aufgabe, zukünftige Absichten einzuschätzen, weitaus erfahrener als Roncalli. Aber er irrte sich in bezug auf das, was «England» unter Sir Winston Churchill aller Wahrscheinlichkeit nach tun würde. Doch zu diesem Zeitpunkt und für Außenstehende schien ein Verhandlungsfrieden das vernünftigste und wahrscheinlichste Ergebnis.

Dies war der Hintergrund zu Roncallis langem Gespräch mit von Papen am 12. August 1940. Er berichtete am nächsten Tag darüber (*Actes et documents,* 4, S. 105ff.). Es war seine bis dahin wichtigste diplomatische Depesche, und das war ihm klar. Von Papen war gerade aus Berlin zurückgekommen, wo er Hitler nach dem Sieg «ruhiger und nachdenklicher, als er jemals zuvor gewirkt hatte» angetroffen hatte. Da das Schicksal der Welt davon abhing, was Hitler dachte oder fühlte, war die Kenntnis seines jüngsten Standpunkts eine lebenswichtige Mitteilung. Von Papen zufolge war Hitlers nachdenklicherer Standpunkt folgender:

> Er wiederholte, es sei nie seine Absicht gewesen, England auszulöschen, sondern eher, es zu veranlassen, sich gegen Deutschland vernünftiger zu verhalten ... Er würde es zutiefst bedauern, wenn er zu einem Totalangriff übergehen müßte; aber der Angriff würde bestimmt kommen, und er wäre glücklich, wenn England nach den ersten Schlägen beschlösse, ein Abkommen auszuhandeln.
>
> Wie die Engländer und Franzosen sich völlig über die deutschen Kriegsreserven täuschen – fuhr von Papen fort – ist schmerzlich. Sie sind von einem Geist des Hasses und Abscheus gegen Deutschland erfüllt, die wir Deutsche niemals gegen sie hatten. Wir haben versucht und werden weiter versuchen, sie mit Achtung zu behandeln und nicht mit der Verachtung, die sie gewohnheitsmäßig gegen uns zeigen.

Man würde die Bedeutung dieser Bemerkung übertreiben, wenn man sagte, daß Hitler durch von Papen einen «Versuchsballon» losließ und andeutete, daß Deutschland wenigstens eine päpstliche Vermittlung zur Beendigung des Krieges begrüßen würde. Es ist wahrscheinlicher, daß von Papen sich einfach in diplomatischer Propaganda übte, indem er dem Vatikan zuliebe den Gegensatz zwischen den «vernünftigen» Deutschen und dem besessenen, haßerfüllten England betonte.

Daß das Ziel der Übung war, den Vatikan zu ermuntern, gut über Deutschland zu denken, wird deutlich, wenn von Papen im weiteren seine Vision der gegenwärtigen und der Nachkriegsposition der katholischen Kirche in Deutschland umreißt:

> Von Papen meint, daß der Klerus und die Gläubigen sehr genau die *transformatio ab imis* (den Wandel von unten) beobachten sollten, die im Gang ist, und wie die robusten und enthusiastischen Kräfte des Katholizismus aufgerufen sind, damit zusammenzuarbeiten und so einen Beitrag zu leisten, der nur zum Vorteil der Kirche von morgen sein kann – besonders im Vergleich mit den Protestanten, die eine träge Masse ohne inneren Zusammenhalt und ohne Organisation sind.

Roncalli notierte, daß von Papen die nächsten Bemerkungen «in einem lebhafteren Ton» machte. Kein Wunder. Er war zum eigentlichen Kern gekommen:

> Trotz der unterschiedlichen Einschätzungen, die von Hitlers Charakter gemacht werden ... gibt es immer noch viele offene Möglichkeiten, und die Zukunft könnte reich an Überraschungen sein. Eine davon könnte sein, daß der Katholizismus nach dem Krieg das «formative Prinzip» der neuen deutschen Gesellschaftsordnung werden würde, ähnlich wie Mussolini in kluger Weise Italien mit dem Konkordat und einer in manchen Punkten von der bedeutenden Lehre Leos XIII. inspirierten Sozialgesetzgebung bedacht hatte.

Von Papen überreizte hier sein Blatt. Der Gedanke, Mussolini sei von der Soziallehre der Kirche inspiriert worden, war eine hübsche Phantasie; und das Bild von einem im Katholizismus heimisch gemachten Hitler war noch phantastischer.

Aber es gehörte alles zu von Papens diplomatischer Propaganda. Um seine militärischen Ziele zu verfolgen, brauchte Hitler gefügige Katholiken, und 1940 begann er, seine antikirchliche Politik in Hinblick darauf zu entschärfen (s. Helmreich, S. 348). Die ganze schimmernde Vision, die von Papen Roncalli vorgaukelte, gründete sich auf deutsche Katholiken, die noch enger in «die Sorgen, die Leiden und die Freuden dieser großen Nation» eingebettet waren. Von Papen rechnete damit, daß der Krieg im November 1940 (sie befanden sich im August) vorbei sein würde. Dann gäbe es auch etwas für Italien. In der neugezeichneten deutschen Karte Europas würde Italien Frankreich als «die hauptsächliche Macht» im Vorderen Orient ersetzen, die Insel Korsika und einen Streifen um Nizza bekommen, und das «tunesische Problem» würde zugunsten Italiens gelöst. Zwar war es praktisch nicht korrekt, aber es war raffiniert, daß von Papen Roncalli als Italiener ansprach. Falls Italien wirklich an die Stelle Frankreichs im Vorderen Orient treten würde, dann würden viele Probleme verschwinden, die er als Apostolischer Delegat in Bulgarien, in der Türkei und im Libanon erlebt hatte.

Obwohl Roncalli die Meinung bekundet, daß von Papen «ein aufrichtiger und guter Katholik» war, hörte er nicht völlig unkritisch zu. Er trieb von Papen in zwei Punkten in die Enge. Unterschied er erstens deutlich zwischen Hitlers Ansichten und seinen eigenen? Was von Papen sagte, ergab einen gewissen Sinn als Wunschdenken eines deutschen Katholiken, der immer noch hoffte, Hitler wäre zu «kontrollieren». Aber konnte er wirklich für Hitler sprechen? Die andere entscheidende Frage betraf Hitlers Aufrichtigkeit. Von Papen versuchte ihn in beiden Punkten zu beruhigen. Schließlich stellte Roncalli die wesentlichste Frage von allen. Die deutschen Katholiken hatten allen Grund, Hitler abzulehnen und ihm zu mißtrauen, «angesichts des wütenden Nazigeistes, der nicht nur jeden Vertrag, sondern auch die religiöse Tradition Deutschlands umgestoßen hatte». Von Papens Theorie von einem Vorzugsplatz für den Katholizismus im tausendjährigen Reich würde in sich zusammenfallen, falls es eine grundsätzliche Unverträglichkeit zwischen der heidnischen Ideologie des Nationalsozialismus und dem Christentum gäbe. Von Papen wußte anscheinend nichts Rechtes auf diesen Einwand zu sagen. Er zog sich so gut es ging aus der Affäre, indem er über die «kollektive Psychologie» der Deutschen im Vergleich mit der individualistischen französischen redete. Es scheint, daß von Papen nach Strohhalmen griff.

Roncalli fügte ein letztes Detail hinzu, das für die Zukunft sehr wichtig war. Während er mit von Papen unter vier Augen sprach, ging sein Sekretär Righi im Garten der Botschaft mit Baron Kurt von Lersner spazieren. Seine genaue Rolle war nicht festzumachen, und sie wechselte auch. Er war angeblich von Papens Kulturattaché, aber das war Tarnung, die ihm erlaubte, einen Handelsvertrag mit den Türken auszuhandeln. Später wurde er der Istanbuler Agent von Admiral Wilhelm Canaris. Als Lutheraner war er ein bewundernswerter Kontrast zu dem Katholiken von Papen. Roncalli mochte ihn und vertraute ihm. Als die zwei vatikanischen Diplomaten nach Hause in die Delegatur kamen, verglichen sie ihre Notizen und berichteten:

> Zusammen durften wir einen Blick auf die Skizze eines neugeordneten Europa von morgen werfen: Elsaß-Lothringen und Luxemburg zum Beispiel würden in Deutschland aufgehen, Belgien und Holland ihre Unabhängigkeit wiedererhalten, aber entmilitarisiert werden. Das gleiche könnte von dem neuen Polen und dem Protektorat Böhmen und Mähren gesagt werden. Schließlich würden die Kriegskosten der zwei Achsenmächte vom Kolonialbesitz Belgiens und Hollands in Form von

> Rohstoffen getragen werden ... Frankreich würde die früheren deutschen Kolonien zurückgeben und Kriegsentschädigung zahlen. Sowohl von Papen als auch Baron Lersner sehen ein Ende des Krieges in diesem Herbst voraus.

Es war Roncallis Pflicht, exakt zu übermitteln, was er gehört hatte, und nicht, es zu kommentieren. Aber gleichzeitig liegt etwas Unheimliches in diesem ruhigen Vortrag der Folgen von Hitlers «Neuer Ordnung». Er rechnete durchaus damit, in ihr zu leben. Als Roncallis Bericht im Staatssekretariat ankam, notierte Tardini: «Dieser Mann hat nichts verstanden» *(«Questo a capito niente»).* Der gutmütige Roncalli war zu leichtgläubig gewesen und übers diplomatische Ohr gehauen worden.

Angelegenheiten der hohen Politik waren streng aus seinen Briefen nach Hause ausgeklammert. Er erzählte seinen Schwestern statt dessen, wie er, auf eigene Kosten, die Apostolische Delegatur umbaute. «Wenn Ihr kommt, wird der kleine, häßliche Eingang, den Ihr kennt, nicht mehr dasein», schrieb er, «sondern eine große Halle mit vier Säulen» (*Familiari,* I, S. 460). Sie ging auf den Garten, in dem üppig Rosen und Magnolien blühten. Er hatte Ikonen in der Kapelle, und über der Tür war der Text «Zu Jesus durch Maria» eingraviert. Er behauptete immer, daß die Mariologie der Schlüssel zur Einheit mit der Orthodoxie wäre. Die *Theotókos* (die Muttergottes) blieb Teil des gemeinsamen Erbes, ungeachtet der späteren theologischen Auseinandersetzungen (s. Righi, S. 272). So wurde die Delegatur eine Art sicherer Hafen in einer Welt im Krieg. Die türkische Neutralität bedeutete, daß Roncalli, wie er sagte, der Postbote des Vatikans für den ganzen Vorderen Orient und darüber hinaus wurde (*Familiari,* S. 501). Eines erzählte er seinen Schwestern jedoch nicht, daß er nämlich am selben Tag, an dem er ihnen schrieb, am 5. September 1940, eine Gruppe von polnischen Juden getroffen hatte, die schreckliche Nachrichten aus dem von den Nazis besetzten Polen brachten. Er half ihnen auf ihrem Weg ins Heilige Land. Von Papens Versicherungen über die «Unabhängigkeit» Polens waren bereits als Unsinn bloßgestellt.

Einen Monat später – von Papen zufolge hätte der Krieg vorbei sein müssen – begann er die trübsten Exerzitien seines Lebens im Landhaus der Schwestern Unserer Lieben Frau vom Berge Sion. Es war in Terapia und gab den Blick auf den Bosporus frei. Aber diesmal waren keine funkelnden Lichter von Fischerbooten auf dem Meer draußen. Dem Vorschlag Pius' XII. folgend wählte er den Psalm 51, das *Miserere,* als Grundlage seiner Meditationen. So betete er dieses jüdische Gebet, mitten in einer Gemeinde, die sich dem Dienst an den Juden widmete, zu einer Zeit, als die ersten dunklen Ahnungen des furchtbaren Schicksals, das sie erwartete, am Horizont auftauchten. Manche Dinge wurden ihm klarer.

Das erste war einfach, daß keine Nation behaupten konnte, sie habe Gott auf ihrer Seite. Dieser «mörderische Krieg, der zu Land, auf den Meeren und in den Lüften tobt», war gewiß kein Kreuzzug: «Manche maßen sich an zu verlangen, Gott müsse diese oder jene Nation vor dem Krieg bewahren oder ihr – wegen der Gerechten, die in diesem Volk leben, und wegen des Guten, das auch dort geschieht – Unverletzlichkeit und den Sieg schenken. Sie vergessen dabei, daß Gott die Nationen zwar geschaffen hat, die innere Verfassung der Staaten aber dem freien Willen der Menschen überließ» (*Tagebuch,* S. 261). Krieg war folglich ein Ergebnis menschlicher Entscheidungen: Er ist nicht wie eine unerklärliche, unvermeidliche Naturkatastrophe. Männer ziehen in den Krieg, weil sie es wollen: «Die Menschen sind es, die mit offenen Augen den Krieg wollen, aber geheiligten Gesetzen zum Trotz, und darum ist er um so schlimmer. Der dazu antreibt und ihn schürt, ist immer nur der ‹Fürst dieser Welt›, der nichts gemein hat mit Christus, dem ‹Fürsten des Friedens›» (ibid., S. 262). Aber der Teufel kann nicht als Alibi benutzt werden. Roncalli erinnert sich des Unterrichts von Tabarelli am Römischen Seminar: «Was Teufel! Die Teufel sind wir. Wir sind die Verantwortlichen» (ibid., S. 267).

Doch dann vertieft sich das Geheimnis des Bösen. Warum sollten Menschen wünschen, was so deutlich dem allgemeinen Guten widerspricht? Roncallis Antwort ist, daß Kriegslust durch Nationalismus angeheizt und unterhalten wird, besonders durch die Nationalismen, die auf Theorien der «rassischen Reinheit» gründeten. Nationalismus ist eine Perversion des Patriotismus: «Das Gefühl der Vaterlandsliebe, das zu Recht besteht und heilig sein kann, kann aber auch in Nationalismus ausarten ... Die Welt ist vergiftet von einem ungesunden Nationalismus des Blutes und der Rasse, der in Widerspruch zum Evangelium steht. Vor allem in diesem Punkte, der von brennender Aktualität ist, gilt das ‹befreie mich von Blutschuld, mein Gott›» (ibid., S. 276).

Es gibt einen dritten Faden in Roncallis Meditation über den Krieg im November 1940: Durch ihn entdeckt er erneut die besondere Mission der Kirche. Denn die Versprechen Gottes sind *nicht* einer der Nationen, sondern seiner Kirche gegeben worden, der «Rasse der Gläubigen», dieser neuen Rasse, die alle Nationen umfaßt (*Tagebuch,* S. 261). Doch wenn die Kirche durch Gottes Versprechen «auch vor allem Untergang bewahrt wird, so ist es doch keine Gewähr dafür, vor Drangsal und Verfolgung sicher zu sein» (ibid., S. 262). Die richtige Reaktion auf ein Versprechen ist Hoffnung. Die Kirche ist in der Welt wie eine Gemeinschaft der Hoffnung. Sie ist ein Zeichen der Hoffnung insofern, als sie der Welt verkündet, daß in Gottes Plan die Völker in Harmonie leben sollen und sie in ihrem eigenen Leben diese Harmonie vorwegnimmt. Er zitiert den heiligen Robert Bellarmin: «Aus der Offenbarung ist uns nichts annähernd so Großes zuteil geworden, aus dem wir des Herrn Größe besser erkennen und mehr verherrlichen könnten, als die Gründung der Kirche» (ibid., S. 277). Der Grund ist, daß das Wesen der Kirche uns etwas über das Wesen Gottes sagt. Roncalli skizziert dann, was er seine «Vision» der Kirche nennt: «So kündigt die Kirche sich an, nicht als historisches Monument der Vergangenheit, sondern als lebendige Institution. Die heilige Kirche ist nicht wie ein Palast, der in einem Jahr errichtet wird. Sie ist eine gewaltig große Stadt, die das ganze Universum einnehmen soll» (ibid.). Roncallis Meditation im Krieg weist auf die Ekklesiologie des Zweiten Vatikanischen Konzils voraus: Er sieht die Kirche nicht nur als Institution, sondern als das lebende Volk Gottes, in Bewegung, auf dem Marsch, ein Zeichen und Licht für die Völker, *Lumen Gentium*.

Die praktische Schlußfolgerung war 1940, daß er als Bischof in Istanbul «über den nationalistischen Meinungsverschiedenheiten» stehen müßte (ibid., S. 276). Er erinnert sich daran, daß «Worte bewegen: Beispiele reißen hin» (ibid., S. 274), und zeichnet so eine schwierige Richtung vor, in der er freundlich zu allen sein würde und dennoch in seinem Umgang auf Distanz achten wollte. Diese Exerzitien zerstören die Illusion, daß Roncallis Fröhlichkeit und *bonhomie* ganz von allein zu ihm kamen. Es ist wahr, er erkennt an, daß er eine gewisse «glückliche Veranlagung» hat, die ihn vor den Ausschweifungen jener Eiferer bewahrt, «die sich wie brennende Fackeln in die Arbeiten seelsorglichen Eifers stürzen» (ibid., S. 280). Aber er muß immer noch an seiner Fröhlichkeit arbeiten. Er gibt sich selbst ein Motto, das den Geist der Schwestern Unserer Lieben Frau vom Berge Sion zusammenfaßt: *l'abnégation souriante,* lächelnde Selbstverleugnung.

Dennoch spricht etwas ziemlich Gezwungenes aus der Fröhlichkeit seines nächsten Briefes an Ancilla und Maria. Er plaudert darüber, was man fühlt, wenn man auf die Sechzig zugeht, und berichtet über seine jüngsten Versuche, sein Gewicht zu senken. Am Abend ißt er nur Suppe und Obst, ohne Brot und Wein. Zum Frühstück nichts als Kaffee und Obst. Mittags allerdings ißt er «wie jeder gute Christ». Er behauptet, daß diese Diät gut wirkt. Er ist bei bester Gesundheit, hat ein wenig abgenommen und bewahrt sich «die Behendigkeit und Frische der Jugend» (*Familiari,* I, S. 471). Der Krieg drängt sich dazwischen, als er ihnen frohe Weihnachten wünscht. Zum erstenmal, seit er in der Türkei ankam, wird er keine Mitternachtsmesse feiern. Obwohl die Türkei sich nicht im Krieg befindet, ist für Istanbul eine Verdunklung angeordnet worden als Vorsichtsmaßnahme gegen Luftangriffe. Also sang er Weihnachten 1940, da *bellum in terris* (Krieg auf Erden) herrschte, nicht von *pax in terris* (Friede auf Erden). Er tat wohl recht daran.

Als Teil seines «Gesund mit sechzig»-Programms begann Roncalli, in der eigenartig verlassenen Stadt Nachmittagsspaziergänge zu machen. Die meisten Männer im dienstfähigen Alter waren fort bei der Armee. Die Verlegung der Hauptstadt nach Ankara – Atatürk hatte eine atavistische Erinnerung an eine hethitische Hauptstadt vor 4000 Jahren verfolgt – hatte dem europäischen Viertel Pera Beyoglu seine Lebenskraft genommen. Die Stadt wirkte todkrank. Sie war wie ein Museum. Das entschädigte diejenigen, die dageblieben waren. Roncallis Nachmittagsspaziergänge wurden archäologische Ausflüge. Er liebte besonders das Studion, nahe der Goldenen Pforte, einst ein Mittelpunkt klösterlicher Kunst und Wissenschaft; seine kostbare Bibliothek war von den Kreuzfahrern im Jahr 1204 verwüstet worden. Er betete gewöhnlich den Rosenkranz in den Ruinen. Er fand zahlreiche Spuren von Byzanz in Istanbul und wurde eine Art Experte für griechische Inschriften.

Er wurde Botschaftern und angereisten Wissenschaftlern als ein Mann von umfassender Bildung bekannt. Die Türkei war genau der richtige Ort für einen mit historischer Phantasie begabten Menschen. Die ersten großen Konzile – Ephesus, Chalcedon, Konstantinopel – hatten alle hier stattgefunden. Roncalli hatte neben sich auf seinem Schreibtisch eine Liste der 856 *(sic)* Bischofssitze, die einst in «Asia minor» geblüht hatten (Righi, S. 94). Er dachte, es wäre ein guter Scherz, seinem alten Freund Borgongini Duca, dem Nuntius in Italien, eine Karte aus Eraclea zu schicken, dessen Titularbischof er war. «Wir unterstehen hier Ihrer Zuständigkeit», schrieb Roncalli aus dem Dorf Eregli, dessen verstreut liegende Häuser als einziges übriggeblieben waren. Dann war da noch Antiochia, früher die kulturelle Rivalin Roms und wie dieses die Stadt des heiligen Petrus, wo die Anhänger Christi zum erstenmal den Spitznamen «Christen» bekamen. Roncalli wurde auch mit den griechischen Kirchenvätern vertraut, besonders mit Johannes Chrysostomos, dem Priester in Antiochia, der gezwungen wurde, Bischof von Konstantinopel zu werden, und der in der Fremde starb. Er war der Patron der Katholiken Istanbuls. Roncalli predigte über ihn zum Abschluß der Gebetsoktav für die Einheit der Kirche 1941 (Text bei Alberigo, S. 458ff.). Das Leben in der Türkei vermittelte ihm Verständnis für christliche Ursprünge und Kenntnisse der östlichen Tradition. Er befreite sich von der Enge der römischen Theologie.

Doch sein Eintauchen in die Vergangenheit konnte nicht zur Flucht aus der Gegenwart verhelfen, wenn es auch verwendbar war, um Botschafter mit gelehrten Neigungen – im doppelten Wortsinn – abzulenken. Anfang 1941 war von Papen mit der Nachricht wieder da, daß das Einverständnis zwischen den Achsenmächten (Deutschland und Italien) und der Sowjetunion vollkommen sei. Da er gerade Hitler, den russischen Außenminister Molotow und König Boris von Bulgarien gesehen hatte, war das anscheinend eine maßgebliche Insiderinformation, und Roncalli beeilte sich, sie weiterzugeben:

> Der Tripelpakt wird immer stärker, und die Grundlage der neuen Ordnung in Europa ist bereits festgelegt worden. Einige Nationen haben sich dem Pakt schon angeschlossen, andere befinden sich auf dem Weg. Die Tür steht allen offen, die sich anschließen wollen, auch der Türkei ...
>
> Ich hatte den Eindruck [Roncalli spricht nun im eigenen Namen], daß die Achse und Rußland, sobald England liquidiert ist, nicht übertriebenen Wert auf die Türkei legen werden und ihre Unabhängigkeit bei der künftigen Neuzeichnung der Karte Europas garantiert werden könnte (*Actes et documents,* 4, S. 273f.).

Noch einmal wurden die neue Ordnung und ihre Folgen mit scheinbarem Gleichmut akzeptiert. Die Verwendung des typisch totalitären Wortes «liquidieren» läßt einen frösteln. Und es fehlte an politischem Scharfblick, wenn er unkritisch von Papens Versicherungen über die solide Freundschaft, die Deutschland und die Sowjetunion verband, schluckte. Innerhalb von sechs Monaten wurde das «Unternehmen Barbarossa», der deutsche Angriff auf die Sowjetunion, in Gang gesetzt, und es wurde klar, wie hohl diese Behauptung gewesen war.

Doch Roncalli war nun in Verlegenheit, verstrickt in Intrigen und Gegenintrigen. Baron von Lersner hatte etwas vor, und Roncalli beginnt, ihm Gefälligkeiten zu erweisen und von seinen Gesprächen mit ihm zu berichten. Von Lersner war ein Nazigegner, der insgeheim eine Beseitigung Hitlers wollte, damit man ein Abkommen mit dem Westen treffen könnte (s. *Actes et documents,* 4, S. 367f.). Aber die Beseitigung Hitlers konnte nur erreicht werden, wenn man von der Vermutung ausging, das es «gute» Deutsche gab, die bereit waren, damit verbundene Risiken auf sich zu nehmen. Das war genau das,

was die alliierte Doktrin von der «bedingungslosen Kapitulation» – in der Praxis bereits angewendet – ausschloß. Obwohl die Vereinigten Staaten noch nicht im Krieg waren, stärkte Präsident Franklin D. Roosevelts moralische und wirtschaftliche Unterstützung Großbritanniens den britischen Entschluß, bis zum bitteren Ende zu kämpfen. Am 6. Januar 1941 erklärte Roosevelt, daß er mit dem Naziregime nicht verhandeln würde und «niemand kann einen Tiger zähmen und in ein reizendes Kätzchen verwandeln» (Dreyfus, S. 97).
Dies nahm den Nazigegnern ihre Hoffnungen. Tatsächlich war von Lersner sehr verärgert. Roncalli zitiert ihn: «Niemand liebt mehr den Frieden. Roosevelt hat jetzt die Maske heruntergerissen. Seine ersten Erklärungen ließen an Aufrichtigkeit glauben. Aber das war nur Schauspielerei, um die Wiederwahl zu sichern. Sobald er gewonnen hatte, benahm er sich wie alle anderen» (*Actes et documents,* 4, S. 382). Da Roosevelt sich der bellenden Meute angeschlossen hatte, mußte Lersner nun anderswo nach moralischer Führung und Friedensinitiativen suchen. Er legte die folgende Bemerkung «einem wichtigen Türken» in den Mund, aber es war klar, daß es seine eigenen Absichten waren: «Heute wäre der größte Mann der Welt, viel größer als Hitler oder Churchill oder Mussolini, der eine, der genügend moralischen Einfluß hätte, die Regierungen zu veranlassen, konkrete Friedensvorschläge zu erwägen» (ibid., S. 380). Doch es gab nur einen Anwärter auf diese historische Rolle: Papst Pius XII.
Roncallis Bericht bleibt neutral wie gewohnt. Aber es wäre verwunderlich, wenn er nicht einen gewissen Kitzel der Aufregung gespürt hätte. Denn hier war ein deutscher Lutheraner, der eine päpstliche Vermittlung zur Beendigung des Krieges vorschlug. Der Versuch, an dem man Benedikt XV. im August 1917 gehindert hatte, wurde jetzt seinem Nachfolger angeboten. Um seine Ehrlichkeit zu beweisen, enthüllte von Lersner außerdem beiläufig Einzelheiten über deutsche Pläne für den Balkan. Im nächsten Monat, im März, rückten deutsche Truppen «friedlich» in Bulgarien ein, und im April überfielen einundzwanzig Divisionen Jugoslawien und Griechenland, um den Italienern zu helfen, denen man standgehalten hatte. Dies war beeindruckend, aber es reichte nicht aus. Es war im Staatssekretariat bekannt, daß die Alliierten von ihrer Politik der «bedingungslosen Kapitulation» nicht abgehen würden und daß im Nazideutschland die Rede vom «Frieden» als verräterisch betrachtet wurde. Also konnte man nichts tun.
Innerhalb des Staatssekretariats war die Meinung geteilt. Tardini tadelte weiterhin die «bedingungslose Kapitulation» als barbarisch und ungerecht. Montini dagegen verstand besser, warum man darauf

beharrte. Daß Roncalli diese Unterschiede in groben Umrissen bekannt waren, zeigt die Tatsache, daß er einen *privaten* Brief an Montini schrieb, in dem er ihm von Lersner empfahl. Von Lersner wurde mit seiner protestantischen Frau in Rom erwartet. Roncalli schrieb: «Befolgt er eines anderen Befehle? Ist er das Opfer einer Illusion? Ich weiß nicht ... Er liebt sein Land; aber er beklagt die modernen antichristlichen Theorien; er gehört nicht der Partei an; er hat Verbindungen mit Offizieren des Heeres» (*Saggio,* S. 32; Brief vom 23. April 1942). Vermutlich schrieb Roncalli – entgegen seiner Gewohnheit – an Montini, weil er von Tardini wegen seiner Naivität schon genug beschimpft worden war. Er war bereit, dem Frieden zuliebe naiv zu sein.

Aber er wußte nicht, daß Montini bereits geschlossen hatte, was ein Beharren auf der «bedingungslosen Kapitulation» bedeutete, nämlich daß Italien nur einen Separatfrieden erreichen könnte, indem es die Seiten wechselte. Italiens einzige Alternative zu einer Fortführung des Krieges auf deutscher Seite war, Mussolini zu stürzen, die Achse zu verlassen und auf einen alliierten Sieg zu setzen (s. *La Repubblica,* 7. September 1983, Interview mit Exkönigin Maria José von Savoyen). Dies war auch die Ansicht von Alcide De Gasperi, der sich im Vatikan vergraben hatte. Aber da so ein Plan gefährlich, ja verräterisch war, war es unwahrscheinlich, daß jemand riskieren würde, vor einem vatikanischen Diplomaten in einem Spionagenest wie Istanbul davon zu sprechen. Auf jeden Fall war Roncalli völlig überrascht, als es tatsächlich passierte.

Er wurde auch von dem deutschen Angriff auf die Sowjetunion am 22. Juni 1941 überrascht. Erst drei Tage vorher hatte er gemeldet, daß Deutschland einen Nichtangriffspakt mit der Türkei unterzeichnet hatte. Roncalli sah darin nur eine Feder am Hut von Papens und nicht die notwendige Sicherung der rechten Flanke vor dem Angriff auf die Sowjetunion: «In meinen früheren Berichten deutete ich die Möglichkeit einer solchen Überraschung an. Es krönt die beharrlichen und glücklichen Bemühungen von Papens ... Es ist ein Schritt auf den Frieden zu, und es erforderte eine mutige Tat seitens der Türkei angesichts ihrer Verbindungen mit Großbritannien» (*Actes et documents,* 4, S. 560). Roncalli nahm an dem Erfolg von Papens mit einer gewissen Begeisterung teil. Am selben Tag – am 19. Juni 1941 – schrieb er an seine Schwestern: «Hier hält man sich weiter aus dem Krieg heraus: heute wurde sogar ein Abkommen zwischen der Türkei und Deutschland unterzeichnet, daß sie sich nicht gegenseitig angreifen. Was wollt Ihr mehr? Ich glaube, daß Italien dasselbe machen wird. Und dann sagt nur, daß Euer Bruder kein Prophet ist» (*Fami-*

liari, I, S. 487). Aber seine prophetischen Gaben hatten enge Grenzen. Er hatte nicht nur das lange geplante «Unternehmen Barbarossa» nicht vorausgesehen, sondern auf das Wort von Papens hin den Vatikan häufig über den guten Zustand der Beziehung zwischen Deutschland und der Sowjetunion informiert.

Von Papen und von Lersner schmeichelten Roncalli, indem sie ihn ins Vertrauen zogen. Aber sie erzählten ihm nicht alles. Die Schwäche seiner einseitigen Abhängigkeit von deutschen Quellen wurde offenbar. Die Briten zum Beispiel nahmen den Nichtangriffspakt zwischen Deutschland und der Türkei nicht allzu tragisch. Sie begriffen, daß die Türkei ihre nationalen Interessen an die erste Stelle setzen mußte, und das hieß, auf Zeitgewinn zu setzen. Roncalli kam mit dem britischen Botschafter Sir Hughe Knatchbull-Hugessen (später berühmt geworden als Opfer des als «Cicero» bekannten albanischen Spions) nicht etwa schlecht aus. Es verhielt sich einfach so, daß sie, wenn überhaupt, nur zum Tee zusammenkamen. Sie diskutierten nie über strategische oder politische Probleme; ihr Gespräch beschränkte sich auf praktische Fragen, zum Beispiel die Übermittlung vatikanischer Korrespondenz, Hilfe für das hungernde Griechenland oder italienische Flüchtlinge im Vorderen Orient. Anders als von Papen hielt Sir Hughe es nicht für einen Teil seiner Mission, den Apostolischen Delegaten für die Sache seines Landes zu gewinnen (Righi, S. 202f.).

Es hätte übermenschlicher Kräfte der Gleichgültigkeit – oder vollendeter Darstellungskunst – bedurft, alle Zeichen von Parteigängerschaft in einer derartig komplizierten Situation zu verbergen. In einem Bericht an den Vatikan behauptete Roncalli, mit allen Kriegführenden auf gutem Fuß zu stehen, indem er *nec procul, nec prope* (weder zu fern noch zu nah) wäre. Er sagte nichts über sein Verhältnis zu von Papen, gab aber zu, der italienischen Botschaft nahezustehen. Die Gründe dafür wurden «gut verstanden, und sie nehmen mir nicht die Freiheit, meine Meinung und die des Heiligen Stuhles mit Offenheit über lokale Probleme im Licht des Evangeliums auszusprechen» (*Actes et documents,* 5, S. 463f.). Privat glaubte er, er könnte unparteiisch seine geteilte Gemeinde leiten, indem er «etwas von der Würde und liebenswürdigen Vornehmheit eines alten Bischofs ausstrahlt, der um sich einen Hauch von Ehrwürdigkeit, Weisheit und Freundlichkeit verbreitet» (*Tagebuch,* S. 260). Angesichts der mörderischen Auseinandersetzungen zwischen französischen Gaullisten und Pétainisten nimmt er wieder die vornehme patriarchalische Geste an: «Ich las im Alten Testament, daß Jakob auch Söhne hatte, die sich nicht einig waren. Aber er, der Vater, *rem tacitus considerabat* – erwog die Sache schweigend» (Trevor, S. 186). Es war ein Text, den er als Papst

verwenden konnte, denn bis dahin war er alt genug, um die patriarchalische Rolle erfolgreicher zu spielen.
Gerade als er glaubte, eine Methode gefunden zu haben, wie man mit den Problemen Istanbuls zurechtkäme, wurde er nach Griechenland geschickt. Diesmal sollte er so lange bleiben, wie er brauchen würde, um die Frage der vatikanischen Vertretung endgültig zu lösen. In sieben Jahren war er zu keinem Ergebnis gelangt. Es war zynisch und ärgerlich, daß die deutsche und italienische Besetzung, verbunden mit der Verzweiflung der Griechen, notwendig war, um eine Lösung möglich erscheinen zu lassen. Seine Abhängigkeit von den Deutschen sah so aus, daß er ein Visum von Papens brauchte, um nach Griechenland zu reisen, und auf der Reise meist deutsche Flugzeuge benutzte. Griechenland befand sich in einem Chaos. Er erfuhr, daß er über Sofia reisen mußte. Dies warf protokollarische Fragen auf, da er nicht unbemerkt durch Sofia kommen konnte. Das Staatssekretariat wies ihn an, in Abstimmung mit Msgr. Giuseppe Mazzoli, der ihm als Apostolischer Delegat in Sofia gefolgt war, «Kontakte herzustellen». So wurde aus einem bloßen Zwischenaufenthalt eine wichtige diplomatische Mission. Er traf König Boris, Königin Giovanna, führende Politiker und den orthodoxen Metropoliten Stefan. Das waren alles alte Bekannte. Seine geduldige Arbeit während zehn Jahren in Bulgarien zahlte sich nun aus.
König Boris verriet, daß die Russen Druck auf ihn ausgeübt hatten, die Türkei, den traditionellen Feind Bulgariens, anzugreifen. Er widerstand ihren Schmeicheleien und Drohungen. Das brachte ihn unweigerlich näher an die Deutschen. Aber Boris wollte sehr wenig über die Deutschen sagen. Er lenkte das Gespräch lieber auf Italien, «zu dem er volles Vertrauen hat», und schwelgte in Erinnerungen an König Viktor Emanuel III., seinen Schwiegervater. Boris behauptete, die Lateranverträge hätten die königliche Familie günstiger gegen die Kirche gestimmt. Obwohl Viktor Emanuel zu «Voltaireschen Sticheleien» auf Kosten der Kirche neigte, wandelte er sich langsam im Alter. Als Boris ihm bei seinem letzten Besuch in Rom erzählte, er sei inkognito in die Peterskirche gegangen, habe an verschiedenen Altären gebetet und den Fuß der Statue des heiligen Petrus geküßt, sagte Viktor Emanuel: «Bravo, das war gut» (*Actes et documents,* 5, S. 91 ff.).
König Boris sprach dann von der «serbischen Katastrophe», womit er den Zusammenbruch der jugoslawischen Regierung meinte. Er schrieb sie dem «Bankrott des Bündnisses im Balkan zwischen Orthodoxie und Freimaurerei» zu. Er gab die Geschichte von dem serbisch-orthodoxen Patriarchen Gavrilo Dozić wieder, der angeblich in

irgendeine Schutzhütte im Gebirge geflohen war, «mit einem Vorrat an Schinken, damit er nicht hungerte, und einer umfangreichen Schallplattensammlung, besonders solchen der berühmten schwarzen Tänzerin Josephine Baker, damit er nicht melancholisch würde». Aber diese Geschichte von dem kleinmütigen Patriarchen war eine Verleumdung, ein Produkt der deutschen Propagandamaschine. Die Wahrheit war, daß Patriarch Gavrilo in einem Kloster verhaftet, brutal geschlagen und schließlich nach Dachau geschickt wurde, weil er sich weigerte, mit den Nazis zu kollaborieren (Alexander, S. 10f.). Daß Roncalli die Verleumdung wiederholte, ohne dazu kritische Fragen zu stellen, ist skandalös. In einem offiziellen Bericht enthalten, dürften sie das Vorurteil des Vatikans gegen die serbische Orthodoxie verstärkt haben.

König Boris jedoch zog aus der Episode den Schluß, daß die bulgarisch-orthodoxe Kirche ihre Bündnisse nach dem Krieg revidieren müsse. Als Folge würden die katholisch-orthodoxen Beziehungen besser werden. Roncalli sah hier eine Öffnung und wagte eine persönliche Note:

> Mit einem Lächeln wies ich darauf hin, daß wir in einer Epoche ungeahnter Überraschungen und historischer Veränderungen leben, und daß man nicht überrascht sein sollte, wenn eines Tages ein Papst von Rom dem König von Bulgarien eine der alten Kronen, die seinen Vorgängern geschenkt worden waren, zurückerstatten würde (ibid.).

Boris erwiderte bescheiden, daß er einer so großen Ehre unwürdig sei. Als Roncalli Papst wurde, war es für solche Gesten zu spät: Boris und die Monarchie waren weggefegt worden.

Die erstaunlichste Besonderheit dieser Unterredung war die Art, wie König Boris den päpstlichen Diplomaten bat, ihm zu helfen, mit den anglophilen Neigungen des orthodoxen Metropoliten Stefan fertigzuwerden. Boris war sehr indiskret. «Ich wollte ihn retten», sagte der König, «und jetzt hat er begonnen, promonarchistische Reden zu halten, die ich ziemlich belustigend finde. Alles in allem, Monsignore, versuchen Sie es doch bitte.» Roncalli suchte den Metropoliten auf und meldete über seine Begegnung nach Rom:

> Er zeigte sich immer noch etwas im Bann der anglo-amerikanischen Organisation, die unter dem Vorwand der Wohltätigkeit *[sotto il velo di beneficenza]* die Illusion eines Weltfriedens durch die Einheit der Christen verfolgen. Er erinnerte sich an eine Unterhaltung mit Pacelli in Berlin und schätzte immer noch seine Liebenswürdigkeit. Er akzeptierte wohlwollend meinen Vorschlag, daß die Orthodoxen versuchen sollten, nicht jede Seite ihrer Zeitung mit Polemik zu füllen (ibid.).

Dieser peinliche Text wurde erst 1969 veröffentlicht. Er zeigt, daß Roncalli trotz seiner sechzig Jahre immer noch viel über Ökumenismus zu lernen hatte.

Er befand sich auf festerem Boden, als er den Vatikan drängte, Bulgariens Grenzforderung gegen Albanien zu unterstützen. Die Bulgaren wollten Ochrid, Ort der Klöster der heiligen Klemens und Naum, der Schüler von Kyrill und Method. «So arm sie sind», erklärte König Boris, «stellen sie das Jerusalem der bulgarischen Nation dar.» Roncalli kommentiert: «Es ist das Klügste, die psychologischen Wesenszüge verschiedener Völker nicht zu verletzen oder zu beleidigen.» Die Wahrheit war, daß Bulgarien der Krieg eigentlich recht gut bekommen war: Rumänien hatte ihm die Süddobrudscha abgetreten, und nach der deutschen Besetzung Jugoslawiens und Griechenlands drei Monate zuvor – im April 1941 – hatte Bulgarien Westthrakien und Südmakedonien von Griechenland gewonnen und sich Nordmakedonien von Jugoslawien angeeignet. Alle Gewinne Bulgariens hingen von seinem Bündnis mit Deutschland und der Billigung der «Neuordnung» Hitlers ab. Der Blitzkrieg gegen die Sowjetunion machte Fortschritte. Am 28. Juni 1941 fiel Minsk. Am 9. Juli stießen die nördlichen Armeen nach Leningrad vor. Aber die Aussicht auf Sieg und Dauerhaftigkeit machte die «Neuordnung» moralisch nicht annehmbarer.

Sofia war jedoch ein ruhiges Zwischenspiel. Roncallis Arbeit lag jetzt im verwüsteten Griechenland. Das Reisen auf der Straße war schwierig: So viele Brücken waren bei dem verzweifelten Versuch, den deutschen Vormarsch aufzuhalten, gesprengt worden. Deshalb reiste Roncalli nach Möglichkeit mit dem Flugzeug und führte die Statistik seiner Flüge mit der ganzen Dankbarkeit des Überlebenden. 1941 machte er acht Flüge, womit sich die Gesamtsumme auf fünfzehn erhöhte. In Griechenland fand er Hunger und Zerstörung vor. Die Frühjahrsaussaat war ausgefallen, und die Briten hatten eine Lebensmittelblockade verhängt. Roncalli faßte seine Eindrücke in einem frühen Bericht an den Vatikan zusammen:

> Athen, das ich zum siebzehntenmal besuche, sieht völlig anders aus. Die Zeichen fremder Herrschaft sind überall: Von der Akropolis und den bekanntesten Denkmälern wehen die Erinnerungen an die Niederlage und nationale Demütigung. Auf den breiten sonnigen Boulevards herrscht das übliche lebhafte und bunte Athener Gedränge. Aber wenn man näher hinschaut, sehen sie aus wie Menschen, die nach einer Beerdigung vom Friedhof zurückkehren, und sie wissen, daß sie in ein Haus des Elends zurückgehen, wo neue Leiden auf sie warten ... In Saloniki geht es ihnen nicht ganz so schlecht verglichen mit Athen; und es

> scheint auch, als wäre das Leben auf dem Land und auf den Inseln erträglich. Aber hier befinden wir uns in einer Lage, wo *parvuli petunt panem,* Kinder um Brot betteln, und es gibt nicht genug Brot. Strenge Rationierung ist der Stadt auferlegt worden, völlig unzureichend für die ordentliche Ernährung eines jungen Menschen, eines kräftigen Mannes oder einer Mutter mit Kindern (*Actes et documents,* 5, S. 99f.).

Roncallis Sympathie mit den unterlegenen Griechen kommt in diesem Abschnitt sehr deutlich durch, und er übersetzte sie bald in praktische Hilfe. Aber seine Anwesenheit an sich war zweideutig und sein Status unbestimmt. Er war der nicht anerkannte päpstliche Vertreter, und doch war er in Griechenland nur dank der Deutschen und der Italiener. Eine seiner ersten Amtshandlungen war, den italienischen General Geloso und den deutschen Kommandanten Wilhelm von List aufzusuchen. Für die Griechen kann er sich anfangs kaum von den Vertretern der Besatzungsmächte unterschieden haben.

Er wurde wieder zum Italiener, besonders als er entdeckte, daß Bergamasker Soldaten in Athen waren. Am 28. Juli 1941 schrieb er nach Hause: «Hier in Athen treffe ich manchmal brave Soldaten aus Bergamo. Die Militärgeistlichen sprechen immer sehr gut von ihnen. Sie gehören zur Besatzungstruppe, und natürlich sind sie lieber hier als an der Front. Aber es sind tüchtige Soldaten, die bereits an der Front gewesen sind und sich ausgezeichnet haben» (*Familiari,* I, S. 490). Man spürt hier eine gewisse Verlegenheit. Es ist nicht klar, an welcher Front die Bergamasker Soldaten Auszeichnungen gewonnen hatten: Die Italiener waren von den Griechen zurückgedrängt worden, und die Griechen waren erst unterlegen, als die besser ausgerüsteten und entschlosseneren Deutschen eingriffen, und daß man lieber zu einer Besatzungsmacht gehört, weist nicht auf einen hohen Grad von Heldentum oder militärischem Ehrgeiz hin. In einem anderen Brief behauptete Roncalli, die vielen italienischen Soldaten und Offiziere, die er in Athen traf, «sind sehr gut und liebenswürdig und bewirken, daß man unser gutes Land hier liebgewinnt, wo so viel Gereiztheit gegen uns bestand» (ibid., S. 493). Die Beurteilung mag überoptimistisch oder gar selbstgefällig erscheinen, aber ein unabhängiger Zeuge spricht von der «mitleidigsten militärischen Besetzung, die die Geschichte vermeldet» (Levi, S. 217).

Um die Ausgewogenheit zu wahren, besuchte Roncalli auch die deutschen Verwundeten und die britischen Kriegsgefangenen. Aber die hungernden, geschlagenen Griechen waren seine Hauptsorge. Wie er seine Rolle sah, erklärt er in einer Depesche an den Vatikan vom 4. August 1941. Er wollte es «einem jener alten Bischöfe, die den Titel *consules Dei,* Konsule Gottes, verdienten» gleichtun. Das war der

Ausdruck, den er an dem Tag gebraucht hatte, als Italien in den Krieg eintrat. Jetzt definierte er einen «Konsul Gottes» als einen «Bischof, der die heilige Freiheit hat, sich dem Eroberer im Namen einer göttlichen Autorität und im Namen der Interessen des besiegten Volkes zu präsentieren» (*Actes et documents,* 5, S. 125).
Als es auf den Herbst 1941 zuging, waren Lebensmittel Griechenlands dringendstes Bedürfnis. Es fehlte nicht an ausländischer Hilfe, und 360 000 Tonnen Getreide warteten, schon bezahlt, in Haifa in Palästina auf die Verschiffung. Aber sie benötigten einen alliierten Geleitbrief, der nicht zu haben war. Es wurde jemand gebraucht, der die Briten davon überzeugte, daß ihre Blockade ihren Verbündeten, dem griechischen Volk, mehr schadete als ihren Feinden, den deutschen und italienischen Besatzungstruppen. Am 9. September 1941 trat eine Gruppe von griechischen Laien an Roncalli heran und bat ihn, den Heiligen Stuhl zum Eingreifen zu bewegen. Er war bereit, aber er wollte den neuen Metropoliten von Athen, Georg Damaskinos, der als Regent für die im Londoner Exil befindliche Regierung fungierte, nicht beleidigen. Das griechische Mißtrauen gegen den «italienischen» Vatikan blieb, und er konnte nicht einfach hingehen und sich dem Metropoliten vorstellen. Roncalli spielte sein an sich entmutigendes Blatt mit großem Geschick und Takt aus.
Sein erster Schritt war, Msgr. Georg Kalavassy, den griechischen unierten Bischof, vorzuschicken, um Damaskinos auszuhorchen. Trotz ihrer theologischen Differenzen waren sie beide Seelsorger, bei denen man damit rechnen konnte, daß sie die Interessen des griechischen Volkes in der Stunde verzweifelter Not an die erste Stelle setzen würden. Kalavassy wurde willkommen geheißen. Er berichtete, Damaskinos wäre bereit, «die Seite umzuschlagen, und glaubte, daß alle, Geistlichkeit und Laien, gemeinsam auf dem Pfad brüderlicher Nächstenliebe zusammenarbeiten sollten» (*Actes et documents,* 5, S. 129).
Auf diese Weise ermutigt, traf Roncalli den Metropoliten Damaskinos unter einer gewissen Geheimhaltung im Haus eines Leipziger Universitätsprofessors, Georgakis, der auch als Dolmetscher fungierte, da Damaskinos keine andere Sprache als Griechisch beherrschte. Kalavassy war ebenfalls anwesend. Von einem ökumenischen Standpunkt aus war es ein historisches Treffen. Roncalli entdeckte bald, daß Damaskinos ein sehr leidenschaftlicher Mann war, der bei seiner Inthronisation gelobt hatte, die Linderung der Not des griechischen Volkes zu seiner ersten Sorge zu machen. Die deutschen und italienischen Behörden hatten eingewilligt, das Getreide durchzulassen. Damaskinos glaubte, es gäbe «keinen Besseren als den Hei-

ligen Vater, die englische und amerikanische Regierung zu überreden, ihre Verpflichtungen zu erfüllen, denn dieses Werk ging über den Krieg hinaus und gehörte zu den elementarsten Bekundungen von Brüderlichkeit zwischen Völkern» (*Actes et documents,* 5, S. 212f.). Sie sprachen genau zwei Stunden miteinander und beschworen gegen Ende «eine neue Ordnung der Beziehungen und Kontakte zwischen dem katholischen und dem orthodoxen Klerus». Roncalli schloß seinen Bericht: «Kurz, wir begannen mit einem Händedruck, aber sagten Lebewohl mit einer tiefempfundenen Umarmung und mit aufrichtiger Freude in unseren Herzen» (ibid.).

Roncalli machte mit dem Flugzeug einen Abstecher nach Rom, wo er den Staatssekretär Maglione am 8. Oktober und Pius XII. zwei Tage später traf. Er konnte dann ein paar Tage in Camaitino verbringen – sein einziger Besuch während des Krieges – und hatte am 11. November 1941 eine zweite Audienz bei Pius. Es wäre tröstlich, könnte man berichten, daß die päpstliche Intervention Erfolg hatte, und ein Biograph versicherte uns das tatsächlich: «Der Plan wurde in die Tat umgesetzt, die Schiffe fuhren durch, und die Griechen wurden vor den schlimmsten Folgen der Hungersnot bewahrt» (Trevor, S. 190). Doch Righi, der näher am Geschehen war, sagt ganz offen, daß das Vorhaben scheiterte (Righi, S. 210). Wahr ist allerdings, daß Roncallis Vorsprache in Rom den Vatikan auf die Bedürfnisse Griechenlands aufmerksam machte und Hilfe in einem Ausmaß geschickt wurde, das wenigstens *etwas* wirkte. Kondensmilch und Arzneimittel, in der Schweiz gekauft, gingen per Schiff nach Piräus, und sechzehn «Versorgezentren» in Athen verteilten Suppe an alle, die kamen (Righi, S. 227). «Ich lebe in der Ausübung der Nächstenliebe», schrieb Roncalli am 19. Februar 1942. «Hier gebe ich sie allen» (*Familiari,* I, S. 512).

Doch die Not übertraf die Mittel, und Roncalli gab sich nicht der Illusion hin, daß der Tropfen der vatikanischen Hilfe das Problem der Hungersnot in Griechenland «lösen» könnte. Wieder in Istanbul zum Fest des heiligen Johannes Chrysostomos, schrieb er am 15. Januar 1942 nach Hause:

> Ach, Griechenland! Was für ein trostloses Feld! Etwas habe ich Euch ja berichtet, als ich daheim war. Die Lage ist danach immer noch schlimmer geworden und wird es noch ständig. Bitten wir den Herrn und laßt Ihr die Kinder beten, daß ihnen solche Nachkriegsschrecken erspart bleiben mögen, wie sie die Griechen heute erleiden. Der Krieg ist schrecklich, schrecklich die Pest, aber der Hunger, wißt Ihr, ist auch etwas Furchtbares, wenn man weiß, was das heißt und ihn ertragen muß. Ich wiederhole deshalb für unsere Kinder, was ich beim letzten Male

> schon sagte: man muß sie an die Entsagungen gewöhnen und den Herrn bitten für alle die Alten, Kinder und Kranken, die an Entkräftung sterben. Ich sehe für dieses arme Volk einen noch schlimmeren Frühling voraus, das doch schon so viel mitgemacht hat und nun so gedemütigt und leidvoll ist. Mit Msgr. Testa zusammen habe ich etliche Hilfswerke organisiert. Der Heilige Vater hat mir eine halbe Million Lire als Anfang geschickt. Aber man müßte die Gabe haben, Wunder zu vollbringen (*Familiari,* I, S. 511).

Er besaß nicht die Gabe, Wunder zu tun. Aber er hatte wenigstens Msgr. Giacomo Testa, seinen Bergamasker Landsmann, den er mit der Sorge für das Hilfswerk betrauen konnte.

Roncalli mußte inzwischen zu seiner Frühjahrsrunde von diplomatischen Besuchen nach Ankara zurückkehren. Seine andere wichtige Verpflichtung war am 17. Mai 1942, am Pfingstsonntag. Er feierte Pfingsten immer gern in seiner Kathedrale, die dem Heiligen Geist geweiht war; es gab den gebührenden Pomp und Weihrauchwolken, und anschließend waren vierzig Gäste zum Essen in die Delegatur geladen. An diesem Pfingstsonntag war das Thema seiner Predigt, wie der Heilige Geist die Kirche mit Leben erfüllt. Sein langer Aufenthalt im Osten ließ den Heiligen Geist stärker in den Mittelpunkt seines Denkens rücken, als es in der römischen praktischen Theologie üblich war.

Der Heilige Geist beseelt zuerst die *ganze* Kirche: «Der Heilige Geist wird über der ganzen Kirche ausgegossen – und selbst die geringsten Gläubigen und die demütigsten Seelen haben teil am Heiligen Geist, manchmal überreich und bis zu Heldentum und Heiligkeit» (Righi, S. 255). Vor diesen Hintergrund stellt Roncalli die Gestalt des Bischofs, den er in Worten beschreibt, die bei Paulus in Ephesus geborgt sind: «Gebt acht auf euch und auf die ganze Herde, in der euch der Heilige Geist zu Bischöfen bestellt hat, damit ihr als Hirten für die Kirche Gottes sorgt» (Apg. 20, 28). Paulus, erklärt er, hatte die Bischöfe Kleinasiens nach Ephesus gerufen; und diese sehr ortsgebundenen Bezüge lassen entstehen, was man später unter «Kollegialität» verstand; Ephesus war nicht sehr weit von Konstantinopel entfernt. Er hat eine sehr «hohe», aber zugleich biblische Meinung vom Bischofsamt, und er beschwört die lange Reihe von Bischöfen durch die Jahrhunderte:

> Männer Gottes und Männer des Volkes, immer lehrend, lenkend, segnend, heiligend, weihend, Zeugen und Schöpfer jener ewigen Jugendlichkeit der Einen Heiligen Katholischen und Apostolischen Kirche, die keine Gefahren und Widersprüche fürchtet, die *ihre eigene Vergangenheit nicht vergißt, weil sie weiß, wie man in der Vergangenheit die Gewiß-*

heit zur Meisterung der Zukunft findet – in dem Heiligen Geist, der «Herr und Spender des Lebens» ist (Righi, S. 255; Kursive vom Autor).

Das verstand Roncalli unter seiner «Geschichtsphilosophie». Dazu gehörte die paradox klingende Ansicht, daß die Kirche zurückgehen mußte, um voranzukommen, daß sie neu ist, weil sie Vergangenheit hat, jugendlich, weil sie alt ist. Tradition ist nicht der unveräußerliche Besitz der Vergangenheit, der auf der Gegenwart lastet; sie ist die Garantie der Kontinuität in einem lebendigen Organismus, verjüngt durch die bleibende und dynamische Anwesenheit des Heiligen Geistes. Alle diese Ideen würden ihre Erfüllung in seinem Pontifikat finden.

Aber am Pfingstsonntag 1942 hatte er auch die Pflicht, den fünfundzwanzigsten Jahrestag der Bischofsweihe von Eugenio Pacelli zu feiern, von Papst Pius XII., der jetzt so unruhig regierte. Es war ein Jahrestag, den ein päpstlicher Diplomat unmöglich auslassen konnte. Roncalli erinnerte seine Gemeinde daran, daß Pacelli 1917 genau zu der Zeit zum Bischof geweiht worden war, als die drei Bauernkinder in Fatima ihre erste Vision Unserer Lieben Frau gehabt hatten. Aber das war es nicht, was er eigentlich sagen wollte. Wenn das Episkopat vor dem Hintergrund des ganzen Volkes Gottes, gesegnet mit den Gaben des Heiligen Geistes, gesehen werden muß, dann muß das Papsttum selbst vor dem Hintergrund des ganzen bischöflichen Kollegiums gesehen werden. Nur auf diese Art würde das Papsttum verständlich für jene orthodoxen und protestantischen Christen, die seine Ansprüche als übertrieben, unbegründet und sogar blasphemisch verwarfen.

Roncalli fuhr fort: «Alle Apostel erhielten einen *gleichwertigen Auftrag,* aber Jesus vertraute Petrus einen herausragenden Platz als Hirte und Vater an» (Righi, S. 255). Indem er sorgfältig die Terminologie des «Stellvertreters Christi» (eine Neuerung des 13. Jahrhunderts) vermeidet, nennt er den Papst wiederholt den «Bischof von Rom» und spricht von seinem «Sitz» *(sedes)* und «Stuhl» *(cathedra)* (s. Tillard, S. 92f. zur Bedeutung dieses Sprachgebrauchs). Dies war die Rückkehr zu einer früheren Tradition, *vor* der Teilung in Ost und West. Es war ein weiteres Beispiel des Zurückgehens, um voranzukommen. Lange bevor er selbst Papst wurde, hatte er schon viel über das Amt nachgedacht und seine Vision von einem im wesentlichen *seelsorgerischen* Papsttum geklärt. Er schloß seine Pfingstpredigt:

> Was auch immer den Bischof von Rom betrifft, läßt die Herzen der Gläubigen in Christo schneller schlagen, wo immer sie sein mögen, verstreut über die ganze Welt, ungeachtet ihrer Sprache oder Rasse oder

Nationalität: Denn er ist das *Zeichen der Eintracht* unter so vielen Leidenschaften und Interessenkonflikten und stellt eine *Einladung* zu Ordnung, Milde und Versöhnung dar (Righi, S. 255).

Er sprach natürlich von Pius XII., aber es ist legitim, den Abschnitt prophetisch zu sehen. Das päpstliche Amt ist für den Dienst da, nicht für die Macht.

Das gleiche gilt für das Bischofsamt. Im Juli 1942 war Roncalli wieder in Griechenland, um italienische Soldaten zu firmen, die irgendwie durch das Netz der Kirchengemeinde geschlüpft waren. Es gab rührende Vorfälle. Manche Soldaten mißachteten die Befehle und teilten ihre Brotration mit griechischen Kindern, die danach bettelten. Ihre einzige Erklärung – und sie reichte aus – war: «Wir haben selbst kleine Kinder» (Righi, S. 229). Ein anderes Mal besuchte er das Hauptquartier der italienischen Achten Armee und musterte die Truppe in Begleitung des Generals und seines Stabs. Ein Unteroffizier trat aus dem Glied, ging auf Roncalli zu, kniete und küßte seinen Ring. «Was gibt es, mein Sohn?» fragte Roncalli. Der Unteroffizier antwortete: «*Monsignore,* darf ich Sie im Namen von uns allen umarmen?» Er tat es unter dem Beifall der Männer (Righi, ibid.). Diese sehr «italienische» Episode auf einem abgelegenen Berghang in einem verwüsteten Land sagt genausoviel über Roncalli aus wie der ausgefeilteste Traktat über seine Vorstellung vom Bischofsamt. Es gelang ihm, eine Atmosphäre zu schaffen, in der solche Dinge geschehen konnten und dabei natürlich wirkten.

Aber er dachte auch während seiner nächsten Exerzitien, die er vom 25. bis 31. Oktober in der Delegatur hielt, über das bischöfliche Amt nach. Das hatte zum Teil seinen Grund darin, daß er die Einkehrtage zu einer kollegialen Übung verwandelte – wie Paulus in Ephesus –, indem er den Erzbischof der Armenier, Kiredjan, einlud, zusammen mit den Ordinarien des griechischen, melkitischen, syrischen und bulgarischen Ritus (*Tagebuch,* S. 283). Der französische Exerzitienmeister, Pater René Follet SJ, veranlaßte ihn auch, über das Episkopat nachzudenken, indem er ihm die Darstellung des heiligen Isidor von Sevilla über den heiligen Fulgentius gab. Der lateinische Text beschrieb einen vorbildlichen Bischof aus der Zeit der Kirchenväter. Roncalli behielt ihn und las ihn oft. In Paris spricht er davon – «Welch großartige Worte!» – und wendet ihn bis ins einzelne auf seine Arbeit in der Nuntiatur an (*Tagebuch,* S. 293). Der Text bekräftigte seinen Schritt von einer juristischen zu einer seelsorgerischen Vorstellung vom Bischof.

Nach Isidor ist der Bischof vor allem *Lehrer,* nicht Verwalter, der «für die Einweisung und Erziehung der Völker zum Heile Verantwortung trägt». Seine Sprache sollte «lauter, schlicht, ehrlich» sein. Seine oberste Pflicht besteht darin, «die Heilige Schrift zu lesen». Dann kommt eine der sorgfältig abgewogenen Antithesen, die an die Behandlung der Autorität des Abtes in der Regel des heiligen Benedikt erinnert (Kapitel 64). «[Der Bischof] hat so gleicherweise in Demut und Autorität seines Vorsteheramtes zu walten, daß er weder durch seine allzu große Demut ein Erstarken der Fehler seiner Untergebenen veranlaßt noch durch ein Unmaß an Strenge seine Machtstellung ausnützt» (*Tagebuch,* S. 286). Das war keine rein theoretische Frage für Roncalli: Wie man ein Gefühl der Demut oder Wahrheit vor Gott mit einem unautoritären Verhalten verband, war etwas, worüber er fortwährend nachdachte. Er wollte weder ein Fußabtreter noch ein Tyrann sein. Doch die Autorität an sich wird in den Zusammenhang der Nächstenliebe gestellt. Isidor sagt, daß «Nächstenliebe alle anderen Gaben überrage und ohne sie die Tugend nichts sei». Es wird sich darin zeigen, wie der Bischof sich um die Armen kümmert und die Nackten bekleidet, kurz, in dem «leiblichen Werk der Gnade», das Roncalli in Griechenland auf sich genommen hatte. Er hatte immer noch dieses Ideal eines Bischofs vor Augen, als er Bischof von Rom wurde.

Das nächste Problem, dem er sich bei seinen Oktoberexerzitien 1942 stellen wollte, war noch bedrückender und drängender. «Wir alle sind mehr oder weniger am Nationalismus erkrankt», räumt er ein und fügt hinzu: «Gegen die glühende Liebe zu Italien, die ich in meinem Herzen trage, ist nichts einzuwenden; sie jedoch in der Öffentlichkeit zu betonen, ist eine ganz andere Frage» (*Tagebuch,* S. 285). Wie sollte er dieses Problem lösen, davon ausgehend, daß selbst der Konsul Gottes nicht so tun konnte, als wäre er ein abstrakter Mensch von nirgendwo? Er äußert seine Meinung, daß die italienischen Geistlichen, besonders die Weltgeistlichen, weniger als andere vom Nationalismus angesteckt sind, aber er gibt keinen Beleg für diese Beurteilung an. (Das bedeutet nicht, daß sie unbegründet war: Man könnte etwa argumentieren, daß die «regionale» und «provinzielle» Tradition Italiens, verbunden mit dem späten Erreichen des Nationalstaates, es vor dem überheblichen und aggressiven Nationalismus bewahrte, den man anderswo findet.) Roncallis Antwort auf den Nationalismus war, sich so eng wie möglich an den übernationalen Heiligen Stuhl, dessen Vertreter er war, zu binden. Das gab ihm eine Richtschnur für sein Verhalten:

> Die heilige Kirche, die ich vertrete, ist die Mutter aller Nationen. Alle Menschen, mit denen ich in Berührung komme, müssen im Stellvertreter des Papstes die achtungsvolle Haltung gegenüber einer jeden Nationalität bewundern, voll Wohlwollen und Milde des Urteils, die allgemeines Vertrauen erweckt. Also viel Klugheit, respektvolles Schweigen und Liebenswürdigkeit in jeder Situation (*Tagebuch,* S. 285).

Roncallis Verhalten spiegelt diesen Rat zur Vollkommenheit wider. In einer ingrimmig parteiischen Welt waren manche über die Art irritiert, wie er über Meinungsstreit zu schweben und sich moralischer Urteile zu enthalten schien. Doch seine Bereitschaft, mit jedem zu reden, war beeindruckend. Es war so anders als alles, was sonstwo dargeboten wurde. Es erlaubte, die schrecklichen Ereignisse, die man durchlebte, auf eine andere Art zu sehen.

Roncalli nannte diese andere Art der Betrachtungsweise der Welt seine «Geschichtsphilosophie». Es war eine weitere Aufgabe, die er dem Bischof zuwies. Es war eine Weiterentwicklung seiner Baroniuslektüre von 1907, aber jetzt war das Problem quälender, war der Einsatz höher. «Ist es Gott möglich, in der menschlichen Geschichte zu handeln?» konnte 1907 als akademische – was nicht heißen soll, unwichtige – Frage betrachtet werden. Aber 1942 war die Gegenwart oder Abwesenheit Gottes eine drängendere Frage geworden, die an die Wurzel des christlichen Glaubens rührte. War Gott stumm in diesem furchtbaren Kampf? War er gleichgültig gegenüber Schmerz und Ungerechtigkeit von diesem ungeheuren Ausmaß? Konnten sie irgendeinen «Sinn» haben? Roncalli beschloß, den *Gottesstaat* des Augustins wieder zu lesen, ein Werk, das geschrieben worden war, als die Zivilisation zu zerbrechen schien, und wollte «aus dieser Lehre die Kraft schöpfen, eigenständig für mich zu urteilen» (*Tagebuch,* S. 286). Seine vorläufige Vermutung ist, daß der Krieg, von Menschen gewollt (wie wir gesehen haben), ein Übel ist, das seine eigene Verurteilung in sich trägt:

> Wir leben in einer sehr bewegten Zeit, und vor uns steht das Chaos. Um so notwendiger ist es, sich auf die grundlegenden Prinzipien der christlichen Gesellschaftsordnung zu besinnen und das, was geschieht, nach den Richtlinien des Evangeliums zu beurteilen. Dabei müssen wir in dem Terror und in dem Grauen, die uns umgeben, die schrecklichen Strafgerichte erkennen, die das göttliche Gesetz schon auf Erden enthält (*Tagebuch,* ibid.).

Es war der Gedankengang, der *Pacem in Terris* zugrunde lag. Der Ausgangspunkt war ein Satz aus dem *Gottesstaat:* «Frieden ist Stille in der Ordnung aller Dinge, befohlener Gehorsam in Treue zum ewigen Gesetz.» Krieg war «unnatürlich» im strengen thomistischen Sinn des «nicht Vernunftgemäßen». Er war *alienum a ratione,* ein Wahnsinn.

Gegen Ende des Jahres 1942 herrschte der Wahnsinn ungezügelt, und Roncalli, in seiner Rolle als Konsul Gottes, machte die Erfahrung des Scheiterns. Im Dezember appellierte er wiederholt an Feldmarschall Wilhelm von List, den deutschen Kommandeur in Griechenland, das Leben einer Gruppe griechischer Partisanan zu schonen. Aber die Befehle konnten nicht geändert werden. Die Hinrichtungen wurden wie geplant ausgeführt.

Obwohl es niemand wußte, war der Wendepunkt des Krieges erreicht worden. Anfang 1943 erlebten die Deutschen, in Stalingrad eingeschlossen, ihre erste schwere Niederlage – bei der zynisch die italienischen Expeditionsstreitkräfte geopfert wurden. Ende Februar war der deutsche und italienische Widerstand in Nordafrika praktisch vorbei. Die Zahl der Gefangenen auf beiden Seiten war jetzt etwa gleich groß. Kriegsgefangene ausfindig zu machen war Roncallis Hauptarbeit in dieser Zeit. Gemeinsam mit dem Roten Kreuz fungierte der Vatikan als eine Sammelstelle für Informationen über Kriegsgefangene auf allen Seiten. Die Russen beteiligten sich jedoch nicht an diesem Vorhaben, aus dem erschreckenden Grund, den der deutsche Botschafter beim Heiligen Stuhl, Ernst von Weizsäcker, nannte: «Die Sowjetregierung ist am Schicksal ihrer eigenen Gefangenen nicht interessiert, weil sie sie als Verräter betrachtet» (*Actes et documents,* 9, S. 238). Also konnte man keine Informationen über sie gegen Nachrichten von den deutschen und italienischen Gefangenen in Rußland einhandeln. Doch Roncalli erhielt am 18. März 1943 von Tardini die Weisung zu tun, was ihm möglich wäre. Tardini glaubte, wenn es überhaupt einer schaffen könnte, dann wäre es Roncalli. Tardini notierte: «Er ist ein friedfertiger Mann und hat gute Beziehungen zu den Diplomaten, einschließlich den Russen» (*Actes et documents,* 9, S. 190). Also schloß Tardinis Urteil über seine Naivität die Anerkennung anderer Fähigkeiten nicht aus.

Es war Roncallis erster förmlicher Kontakt mit den Sowjets. Er machte sich mit angemessener Rücksicht für diplomatische Nuancen an die Arbeit. Um keine Abfuhr zu riskieren, indem er direkt an die oberste Stelle ging und mit dem Botschafter in Ankara sprach, begann er lieber bei dem Generalkonsul in Istanbul, Nikolaj Iwanow. Sie hatten eine angeregte Diskussion über die Haltung der Sowjetunion zur Religion. Iwanow behauptete, sich für die Religion als kulturelle Realität zu interessieren. Roncalli berichtete dem Staatssekretariat:

> Er erklärte die Position der russischen Regierung zum gegenwärtigen Zeitpunkt. Anders als die katholische Kirche existierte die russisch-orthodoxe Kirche nie als eine von den zivilen Behörden unabhängige Gemeinschaft. Als sie unter den Zaren einen Wunsch nach Unabhängigkeit zeigte, wurde er vom Staat unterdrückt. Zur Zeit der bolschewistischen Revolution repräsentierte die Kirche Konservatismus und Reaktion gegenüber den neuen Ideen. Daher die gewaltsame Verfolgung. Nun ist eine Reihe von Jahren vergangen; das neue politische System hat Fuß gefaßt; die orthodoxe Kirche weckt keine Ängste mehr; so sucht man einen Weg, sie anzupassen, während man die Freiheit des Gewissens respektiert (*Actes et documents,* 9, S. 236).

Natürlich wußte Roncalli, daß die mildere Behandlung der russisch-orthodoxen Kirche aus dem Wunsch geboren war, die Nation zu einen und die Moral im «Großen Vaterländischen Krieg», wie die Russen sagten, zu stärken. Im selben Jahr wurde das Moskauer Patriarchat wiederhergestellt und aus einer Holzhütte in einer ungepflasterten Straße in die ehemalige deutsche Botschaft verlegt. Doch manchmal sind die Menschen von ihrer eigenen Propaganda wirklich überzeugt. Roncalli bezog diese Möglichkeit ein und vergaß sein Gespräch mit Iwanow nicht. Er hatte einen russischen Diplomaten getroffen, der nicht mit Hörnern und Schwanz aufgetreten war.

Doch in der eigentlichen Frage der in der Sowjetunion festgehaltenen Kriegsgefangenen kam Roncalli nicht weiter, weder bei Iwanow noch beim Botschafter. Er vermutete zu Recht, daß sie auf Weisung aus Moskau handelten. Ein enttäuschter, fast verzagter Ton schleicht sich in seinen Bericht an den Vatikan ein: «Ich werde Sie weiter auf dem laufenden halten, obwohl sich mir das Herz zusammenzieht bei der düsteren Aussicht auf beharrliche Weigerung seitens der Russen, wenn nicht der Herr, nachdem er so viele Gebete gehört hat, ein Wunder geschehen läßt» (*Actes et documents,* 9, S. 238). Er arbeitete jetzt eng mit Raymond Courvoisier, dem Leiter des Roten Kreuzes in Ankara, zusammen, der Moskaus unerbittliche Feindseligkeit bestätigen konnte. So vermochte er nichts auszurichten. Er hatte drei Monate damit verbracht, mit dem Kopf gegen eine diplomatische Backsteinmauer anzurennen. Zum erstenmal beklagte er sich beim Staatssekretariat:

> Anfragen strömen in die Delegatur, von Eltern, die glauben, wir seien irgendwie mit Rußland in Verbindung. Wir sind schon mit Arbeit überhäuft, und jede Anfrage zu beantworten, ist eine zusätzliche Last. Vielleicht wäre es besser, den wahren Sachverhalt in der Presse öffentlich zu machen. Auf diese Weise würden fruchtlose Sorgen vermieden (*Actes et documents,* 9, S. 309).

Er bat um die Erlaubnis, solche Anfragen an das Rote Kreuz in Genf weiterzuleiten.

Diese Geschichte fand kein glückliches Ende, aber es gab ein ironisches Postskriptum. Im August 1943 kamen Tausende von Karten in der Türkei an, angeblich von Gefangenen in Rußland. Roncalli argwöhnte einen Propagandatrick:

> Sind diese Karten echt? Warum kommen sie aus manchen Lagern und aus anderen nicht? Kann man auf einen regelmäßigen Austausch von Auskünften hoffen? Was soll man von den besonderen Bedingungen der italienischen und rumänischen Gefangenen halten, die angeblich über ihre gute Behandlung erstaunt sind? Ich weiß nicht, was die Antworten sind (*Actes et documents,* 9, S. 391).

Auch wir wissen sie nicht, obwohl wir den Vorteil der Späteren haben. Er mutmaßte mit Recht, daß das Zeugnis der italienischen und rumänischen Gefangenen über ihre bevorzugte Behandlung etwas mit dem Versuch zu tun hatte, ihre Länder zum Seitenwechsel zu bewegen. Roncalli lernte. In dieser Angelegenheit ließ er sich nicht täuschen und verhielt sich auch nicht naiv.

Doch war es ein weiterer vergeblicher Versuch des Konsuls Gottes, die Härte des Krieges zu mildern. Er lernte jedoch mit den Russen zu reden und fand einige unter ihnen persönlich sympathisch, wenn auch offiziell nicht hilfreich. Und er hatte gelernt, mit einer anderen internationalen Organisation zusammenzuarbeiten, mit dem Roten Kreuz, das manche im Vatikan als «zu humanitär» und als Rivalen ansahen. Roncalli sah das nicht so.

Er brauchte Raymond Courvoisier und das Rote Kreuz (in der Türkei als Roter Halbmond bekannt, um nicht islamische Gefühle zu verletzen) bei einer anderen Aufgabe, die ihn jetzt in Anspruch nahm: den Juden zu helfen. Von Papen äußerte sich unter Eid vor dem Antragsteller im Seligsprechungsprozeß von Papst Johannes und behauptete, daß er «24 000 Juden mit Kleidung, Geld und Papieren half» (s. Zizola, in *Oggi,* 13. April 1963). Es ist schwierig, Nächstenliebe in Statistiken zu übersetzen. Es wäre besser, in diesem Zusammenhang dem Talmudvers zu folgen, der lautet: «Wer ein einziges Leben rettet, rettet die ganze Welt» (Keneally, S. 371). Roncalli war durch Flüchtlinge aus Polen in einem relativ frühen Stadium des Krieges auf das Problem hingewiesen worden. Das Schicksal der *Struma* suchte ihn immer noch heim. Die *Struma* verließ den rumänischen Hafen Constanza im Dezember 1941 mit einer Menschenfracht von 769 jüdischen Flüchtlingen an Bord. Sie wurde auf ungeklärte Weise durch eine Mine gesprengt, und es gab nur eine einzige Überlebende, Zelia

Stolaric. 1943 schrieb Mutter Marie Casilda, eine Schwester Unserer Lieben Frau vom Berge Sion, aus Bukarest an Roncalli über das Schicksal der *Struma*. Sie weigerte sich zu glauben, die Türken hätten das Schiff einfach in die Luft gejagt. Sie stellte sich vor, es müßte eine gesteuerte Sensationsgeschichte gewesen sein, um die Rettung von Juden zu verschleiern, die jetzt in irgendeinem geheimen Lager in Sicherheit wären. Roncalli brachte ihr schonend die Wahrheit bei. Ihre Version der Geschichte war Wunschdenken. Aber er schrieb: «Wir haben mit einem der großen Mysterien in der Geschichte der Menschheit zu tun. Arme Kinder Israels. Täglich höre ich ihr Stöhnen um mich. Sie sind Verwandte und Landsleute Jesu. Möge der göttliche Heiland ihnen zu Hilfe kommen und sie erleuchten» (*Actes et documents,* 9, S. 310; Brief vom 14. April 1943). Den Holokaust als «Mysterium» zu beschreiben ist der richtige Ansatzpunkt, um über dieses Äußerste des Entsetzens nachzudenken: Er gehört zum Mysterium der Schändlichkeit.

Istanbul spielte eine Schlüsselrolle. Die Türkei war noch neutral, und der letzte Fluchtweg aus dem nazibesetzten Europa führte durch den Balkan und über Istanbul. Er führte auch nach Palästina, das damals unter britischem Mandat stand. Aber das britische Argument gegen die Aufnahme von mehr als einer beschränkten Zahl von Flüchtlingen in Palästina war, daß «Spione unter ihnen sein könnten» und eine jüdische Expansion auf arabischer Zustimmung beruhen müsse, deren Zustandekommen unwahrscheinlich wäre (s. Bernard Wasserstein, *Britain and the Jews of Europe, 1939–1945*). Istanbul lag an der Kreuzung der Informationen, wenn nicht der Einwanderung. Roncalli war besser im Bilde als seine Vorgesetzten im Vatikan. Die jüdische Organisation hatte Büros in Istanbul und suchte dringend Hilfe. Chaim Barlas von der Jerusalemer Jüdischen Agentur traf ihn am 22. Januar 1943. Es war die erste von vielen Begegnungen, die ein Jahr später in einem Besuch des Großrabbi von Jerusalem, Isaak Herzog, gipfelte.

Roncalli hatte allerdings nicht viel Handlungsfreiheit. Zum größten Teil war er nur der Verbindungsmann, der Ansuchen an den Vatikan weiterleitete. Im Januar 1943 bat Chaim Barlas ihn, drei sehr bescheidene, aber grundsätzliche Anfragen zu übermitteln. Wäre der Vatikan bereit, bei neutralen Staaten wie Portugal und Schweden vorzufühlen, ob sie Juden, denen die Flucht gelänge, vorübergehend Asyl gewähren würden? Damit wäre keine finanzielle Verpflichtung verbunden. Das amerikanische Judentum würde sich um sie kümmern. Wäre der Vatikan zweitens bereit, die deutsche Regierung zu informieren, daß die Palästinensische Jüdische Agentur 5 000 Einwanderungsgenehmigungen zur Verfügung hatte? Schließlich wünschte Barlas, Radio Vatikan möge laut und deutlich erklären, daß «Hilfeleistung an verfolgte Juden von der Kirche als gute Tat betrachtet wird» (*Actes et documents,* 9, S. 87f.). Daß eine solche Erklärung für notwendig gehalten wurde, läßt ermessen, wie tief die Wurzeln des christlichen Antisemitismus waren. Obwohl Roncallis Aufgabe hier nur die Weitergabe war, ohne Erläuterung oder Rechtfertigung, besteht kein Grund anzunehmen, er habe diese Anfrage nicht für vernünftig und erfüllbar gehalten.

Der Vatikan dachte anders. Die Antwort kam in einem Brief des Staatssekretärs Kardinal Maglione an Pater Arthur Hughes, jetzt *chargé d'affaires* in Kairo, Ägypten. Hughes, ein britischer Priester, hatte einen Italiener abgelöst, der in Spionageverdacht geraten war. Hughes arbeitete eng mit Roncalli zusammen. Sie besprachen sich am 12. Januar 1943 in Istanbul. Magliones Antwort war enttäuschend, hochtrabend und beunruhigend. Der Heilige Stuhl hätte der jüdischen Emigration in der Vergangenheit geholfen, indem er sich umgehört und Hilfsgelder bereitgestellt hatte, aber «unglücklicherweise ist diese Hilfe zunehmend auf nicht geringe Schwierigkeiten gestoßen, die zum jetzigen Zeitpunkt unüberwindlich sind». Da keine «Hilfsgelder» erbeten worden waren, ist es nicht verständlich, warum das «Umhören» zu solchen unüberwindlichen Schwierigkeiten führen sollte. Maglione sagte nichts dazu, was Radio Vatikan tun könnte, und zeigte sich deutlich kühl hinsichtlich der «Umsiedlung von Juden nach Palästina, weil man nicht von der starken Verbindung zwischen diesem Problem und dem der Heiligen Stätten absehen kann, um deren Freiheit der Heilige Stuhl tief besorgt ist» (*Actes et documents,* 9, S. 137).

Hughes wurde angehalten, diese letzte Bemerkung vertraulich zu behandeln. Klugerweise. Es hätte zu einem Skandal geführt, wenn herausgekommen wäre, daß der Vatikan sich aus Sorge um die «Heiligen Stätten» gegen die Rückkehr der Juden nach Palästina ausgesprochen hatte. Magliones Worte waren schlimmer als jedes «Schweigen» von Papst Pius XII. Und doch stellten sie die feste und überlegte Position des Vatikans dar. Am 4. Mai 1943 schrieb Maglione an Msgr. William Godfrey, den Apostolischen Delegaten in London, und teilte ihm mit, «die religiösen Gefühle von Katholiken in der ganzen Welt würden verletzt, und sie würden um ihre Rechte fürchten, falls Palästina jemals ausschließlich den Juden gehören würde» (*Actes et documents,* 9, S. 272). Was Magliones Bemerkungen noch abwegiger machte, war, daß das Staatssekretariat genau einen Tag später einen Bericht aus Polen erhielt, der besagte, daß von der jüdi-

schen Vorkriegsbevölkerung Polens von viereinhalb Millionen jetzt nur noch ungefähr 100 000 Juden übrig waren, «einschließlich jener, die von woanders hergebracht worden waren». Es gab einen Hinweis, wie dieser beachtliche Bevölkerungsrückgang erreicht worden war: «Es heißt, daß manchmal Hunderte von Menschen in Güterwagen eingesperrt werden, wo sie durch die Einwirkung von Gas sterben» (ibid., 9, S. 274). Dies war nicht mehr zeitgemäß. Die Technologie des Todes wurde unaufhörlich verbessert. In der Zwischenzeit wurden die «Heiligen Stätten» für christliche Pilger sicher bewahrt.
Roncalli wollte mit solcher abgestumpften Gleichgültigkeit nichts zu tun haben. Er tat, was er konnte. Es gelang ihm, den Juden in der Slowakei eine gewisse praktische Hilfe zu geben. Capovilla faßt zusammen: «Durch sein Eingreifen und mit der Hilfe von König Boris von Bulgarien erhielten Tausende von Juden aus der Slowakei, die erst nach Ungarn und dann nach Bulgarien geschickt worden waren und Gefahr liefen, in Konzentrationslager zu kommen, Transitvisen nach Palästina, die er unterschrieben hatte» (*Cronologia,* S. 578). Daß er in dieser Sache Erfolg hatte und sogar schnellen, beweist die Tatsache, daß Chaim Barlas Roncalli am 22. Mai 1943 für seine Intervention dankte (*Actes et documents,* 9, S. 307). Zweifellos kamen daher die meisten der 24 000. Und er muß wenigstens von Papens stillschweigende Duldung gehabt haben.
Zwei Monate später versuchte Roncalli, dieselben Kanäle wieder zu benutzen. Er schrieb am 30. Juni 1943 an König Boris, in einem zweideutigen Stil, der seinen Vorurteilen schmeichelte und ihn dennoch zu der mitleidigen Tat bewegen sollte:

> Ich weiß, daß es nur zu wahr ist – nach dem, was ich an Nachrichten aus Bulgarien lese –, daß einige Söhne Judas nicht ohne Tadel sind. Aber neben den Schuldigen gibt es auch viele, die unschuldig sind, und es gibt viele Fälle, wo irgendein Zeichen von Mildtätigkeit, außer der großen Ehre, die es einem christlichen Herrscher bringen würde, ein Pfand für Segnungen am Tag des Gerichts sein würde (*Actes et documents,* 9, S. 371).

Boris antwortete, er würde sein Bestes tun, wies aber darauf hin, daß seine eigene Stellung gefährdet war. Roncalli kommentiert seine Antwort. «Der König sagt, daß es, kümmert man sich um Einzelfälle, die Eifersucht anderer weckt. Aber das hat er in der Vergangenheit getan, das hat er wirklich getan» (ibid.). Dieser Brief an Roncalli war die ungefähr letzte freie Handlung von König Boris. Am 28. August 1943 starb er unter mysteriösen Umständen auf dem Rückflug aus Deutschland, nachdem er Hitler getroffen hatte. Es wurde vermutet, daß er als unzuverlässiger Verbündeter ermordet wurde. Sein sechsjähriger Sohn Simeon folgte ihm auf dem Thron. Mit Boris' Tod schwand Roncallis letzte Möglichkeit, die Geschehnisse auf dem Balkan zu beeinflussen.

Mitten in diesen dramatischen Ereignissen, am 26. Juli 1943, bekam Roncalli einen neuen Sekretär. Der Wicht Msgr. Righi reiste ab, um von dem riesigen (so schien es) Iren, dem dreißig Jahre alten Msgr. Thomas Ryan, ersetzt zu werden. «Er gehört einer guten Familie von Landwirten an, wie die unsere ist», erzählte Roncalli seiner Familie. «Er spricht italienisch wie wir» (*Familiari,* I, S. 568). Das Staatssekretariat mag geglaubt haben, daß Ryan als Ire mit den Alliierten besser auskommen dürfte. Wie dem auch gewesen sein mag, er sprach englisch und begann, Roncalli die Anfangsgründe dieser Sprache beizubringen. Es war nun offenbar, daß die Vereinigten Staaten der dominierende Partner in der Anti-Nazi-Allianz waren. Ein Zeichen dafür war der zweitägige Besuch von Francis Spellman, dem Erzbischof von New York und Generalkaplan der US-Streitkräfte, vom 14. bis 16. Mai 1943 in Istanbul. Spellman, der in den dreißiger Jahren im Staatssekretariat gearbeitet hatte, war ein alter Freund. Er hatte Roncalli in den ganzen Jahren der Wirtschaftskrise mit Meßstipendien versorgt. Sein Besuch machte die Presse neugierig, und in der Delegatur drängten sich die Reporter. Niemand glaubte, daß Spellman in der Türkei wäre, nur um die Frühlingsblumen zu sehen. Am 18. Mai 1943 empfing ihn Präsident Ismet Inönü, was vermuten ließ, daß er eine diplomatische oder politische Rolle hatte. Aber die Anzeichen blieben mehrdeutig. Der Besuch beim Präsidenten – das erste Mal seit dem Zusammenbruch des Osmanischen Reiches, daß ein türkischer Präsident einen katholischen Prälaten begrüßt hatte – war durch den amerikanischen Botschafter Steinhart zustande gekommen, was bedeutete, daß Spellman mehr als Amerikaner denn als Erzbischof geehrt wurde. Aber andererseits machte er Roncalli die Freude, daß er in der Delegatur blieb und so «das Prestige des Heiligen Stuhls erhöhte». Das ist Roncallis Bericht an den Vatikan entnommen. Er wirft kein Licht auf irgendein verborgenes Motiv hinter dem Besuch und schreibt die «phantastischen Pressespekulationen» der «ungeduldigen Friedenssehnsucht» zu. In der Türkei, erklärte er, gab es nur zwei Gesprächsthemen: die russische Bedrohung und die Aussichten auf Frieden (*Actes et documents,* 7, S. 353). Spellman gab eine «Pressekonferenz», wie er es nannte, bei der er zu beiden Fragen schwieg und sie weiter im dunkeln ließ. Er predigte, zuerst italienisch, dann englisch, in der Kathedrale zum Heiligen

Geist und reiste dann, begleitet von noch mehr Pressespekulationen, nach Bagdad ab.
Während der ganzen Zeit gab es dramatische Ereignisse in Italien, als das Szenarium, das De Gasperi und Montini sich vorgestellt hatten, Wirklichkeit wurde. Roncalli verfolgte die Nachrichten mit Unruhe und Aufmerksamkeit. Der Krieg in Nordafrika war am 13. Mai 1943 vorbei. «Jeder wußte», daß die Invasion Italiens der nächste Punkt auf der alliierten Tagesordnung war. Sie kam pünktlich. In der Nacht vom 9. auf den 10. Juli landeten die Alliierten in Sizilien und trafen auf nur geringen Widerstand, da einige italienische Regimenter fröhlich kapitulierten, während andere sich einfach in Luft auflösten. Für Mussolini war es das Ende der Straße. Er wurde verhaftet und hatte sogar vergessen, sich zu rasieren. Es war der 25. Juli 1943. Um Mitternacht hatte die Nachricht sich in Rom verbreitet, und das ganze komplizierte Gewebe des Faschismus, das die Menschen für so stark und dauerhaft gehalten hatten, löste sich in Minuten auf (Mack Smith, S. 347). Es begann das seltsame Interregnum des greisen Marschalls Badoglio, der im Bann König Viktor Emanuels stand. Obwohl Badoglio sich am selben 25. Juli der Nation mit der unheilvollen Parole «Der Krieg geht weiter» *(La guerra continua)* vorstellte, begann er bald, über das neutrale Lissabon mit den Amerikanern zu verhandeln, während er den Deutschen schwor, nichts dergleichen zu tun. Das konnte nicht gutgehen.
Am 8. September, am Fest Mariä Geburt, unterzeichnete Italien den Waffenstillstand, womit es aus dem Krieg ausschied. Es herrschte Verwirrung. Die Deutschen besetzten Rom. Ein Nationales Befreiungskomitee wurde gegründet. Es war ein Bündnis von Kommunisten, Christdemokraten (darunter viele ehemalige Studenten Montinis), Liberalen und Sozialisten. Ihr Ziel war der Widerstand gegen die Nazis, die über Nacht die Besatzer statt der Verbündeten Italiens geworden waren. Es entstand ein Machtvakuum. Die Deutschen warfen umgehend acht Divisionen hinein, um die Front im Süden zu halten. Die Regierung Badoglio setzte auf Zeitgewinn und schickte sich dann ins Unvermeidliche. Italien erklärte Deutschland am 13. Oktober 1943 den Krieg.
Dies war eine alarmierende Umkehr. Was dachten sie in Sotto il Monte darüber? Wo lag der wahre Patriotismus? Wo war jetzt die Pflicht? Roncalli vergoß keine Träne wegen Mussolini und hatte keine Probleme, die Regierung Badoglio anzuerkennen. Er kannte zufällig den neuen Außenminister, Raffaele Guariglia, der Botschafter in der Türkei gewesen war. Roncalli hatte sogar ein letztes Gespräch mit ihm im August 1943 gehabt, kurz bevor er nach Rom

ging. «Seine Anwesenheit in der neuen Regierung», sagte Roncalli seinem Bruder Giovanni, «gibt mir großes Vertrauen», und weiter schrieb er:

> Ich verfolge von hier aus die Ereignisse in Italien. Du kennst meine Einstellungen und kannst erraten, was ich darüber denke. In allen Dingen und menschlichen Einrichtungen gibt es Gutes und Klägliches, Höhen und Tiefen. Wenn es Fehler gab, so folgt nun die Buße. Man muß alles mit Milde im Urteil und Wort aufnehmen. Wir alle können Fehler machen in der Wahl der Mittel, die zum Ziele führen sollen, das an und für sich sehr gut und erhaben ist. Manchmal hängt das Schicksal des Krieges von Kleinigkeiten ab. Eine Bananenschale kann auch einen Riesen ausrutschen lassen und zu Fall bringen. Daß Italien innerhalb von zwei oder drei Tagen ohne Erschütterungen von einer politischen Konstitution zu einer anderen hat übergehen können, bedeutet, daß in Italien noch ein solcher Reichtum von gesundem Menschenverstand vorhanden ist und von Würde, daß das mehr zählt als jeder mit brutalen Waffen erzielte Sieg. Man darf also keine bitteren Worte sagen, zu niemandem und über niemanden (*Familiari,* I, S. 566).

«Gesunder Menschenverstand und Würde» waren also die wahren Sieger. Es ist verständlich, daß Roncalli die Bitterkeit und die Rachegelüste, die untrennbar mit Seitenwechseln verbunden sind, vermeiden wollte. Er spürte richtig, daß es einen unerklärten Bürgerkrieg in Italien geben würde. In seinem nächsten Brief an die «unpolitischen» Schwestern am 23. August 1943 ist er noch «enthaltsamer» und «agnostischer»:

> Wichtig ist, daß wir uns alle gut führen, nach der gewohnten Regel, die ich Euch schon wiederholt gesagt habe: wenig reden, viel beten; in den Dingen, die uns begegnen, die weniger trüben Seiten suchen, in allem die Anweisungen der Regierung befolgen und sich um die eigenen Sachen kümmern, mit einer Gesinnung der Anteilnahme und Solidarität zum Wohle Italiens und für den Frieden auf der ganzen Welt. Ich vertraue darauf, daß keine noch schlimmeren Tage kommen und daß vor allem bei Euch nichts Ernsthaftes passiert, da Ihr ja auf dem Lande lebt und weit von allen großen Verkehrswegen entfernt seid (*Familiari,* I, S. 569).

Doch beide Briefe wurden vor dem Waffenstillstand und der Kriegserklärung Italiens an Deutschland geschrieben. Am 16. Oktober 1943, als die Umkehr der Bündnisse vollkommen war, hat er seiner Familie wenig zu sagen, außer daß die Köpfe gesenkt werden sollten:

> Hinsichtlich der Ereignisse, die das Leben unseres lieben Vaterlandes beunruhigen, habe ich keine Ratschläge zu wiederholen. Es ist unnötig, Kommentare abzugeben, jetzt ist Krieg, die große Strafe des Herrn, die

> auch die Italiener sich ins eigene Haus gezogen haben. Es ist jetzt nicht die Stunde, nach den Verantwortlichen zu suchen. Man muß leiden, schweigen, und jeder muß seine Pflicht tun, den augenblicklichen schmerzlichen Umständen entsprechend. Aber vor allem muß man immer den Verfügungen der rechtmäßigen Regierung folgen und wie die Ameisen weiterarbeiten, auch wenn ein Gewitter hereinbricht, bedacht sein auf seine eigenen Pflichten daheim, in dem kleinen Kreis, in dem Ihr Euch befindet. Laßt die Arbeit des Soldaten dem Soldaten und die Politik den Politikern: Ihr aber arbeitet, betet, leidet, gehorcht und schweigt, schweigt und schweigt noch einmal. Dieses innere und aktive Opfer wird Euch eines Tages Segen einbringen (*Familiari,* I, S. 572).

Das war noch zu einer frühen Stunde, aber man kann nicht sagen, daß Roncallis Phantasie durch die Aussicht auf eine italienische Widerstandsbewegung angefeuert worden wäre. Er sah sie nicht als ein zweites *Rissorgimento,* in dem die Italiener ihre Schuld sühnen und zu ihrer Befreiung beitragen könnten. «Den Soldat Soldat und den Politiker Politiker sein lassen» war ein kluges, unheroisches Rezept für ein ruhiges Leben.

Doch kann Roncallis Weigerung, Partei zu ergreifen, auch positiver als Verpflichtung auf den Frieden gelesen werden. Er glaubte wirklich, daß es am Ende eine Versöhnung geben müßte. So weicht er am 16. Oktober, drei Tage nach der Kriegserklärung Italiens an Deutschland, von seiner Gewohnheit ab und bemerkt: «Meine Beziehungen zu den Deutschen waren in Griechenland und in der Türkei immer gut und sind es noch» (*Familiari,* I, S. 571). Sein Gefühl für «die Mischung aus Gut und Böse» in allen menschlichen Personen und Institutionen bewahrte ihn vor der Art von «Manichäismus», der in Gegnern die Personifikation des Teufels sieht. Von Papen äußerte, daß Roncalli, selbst wenn er «keine Alternative zu einer deutschen Niederlage sehen konnte», dennoch «meine dringlichen Bitten, daß die Alliierten den Unterschied zwischen dem Hitlerregime und dem deutschen Volk erkennen sollten, an den Vatikan weiterleitete» (*Memoirs,* London 1952). Die andere Seite der Münze war, daß er am 25. November 1943 einem Neffen ein Foto von sich mit Erzbischof Spellman schickte und dazu schrieb: «Du siehst, wie die Heilige Katholische Kirche die Söhne aus den entfernten Gebieten verbrüdert und so den Frieden ankündet, auf den wir warten» (*Familiari,* I, S. 575).

Aber es gab noch einen erbitterten Kampf, bevor dieses Ziel verwirklicht wurde. Die unmittelbare Folge von Italiens Frontenwechsel war, daß das Land einschließlich Roms tatsächlich von den Deutschen besetzt wurde. Es war deshalb vordringlich, die übriggebliebenen italienischen Juden so schnell wie möglich aus dem Land zu schaffen. Viele wurden auf Schiffe gebracht, die nach Palästina fuhren. Roncalli *protestierte* bei Kardinal Maglione, nicht wegen der Tatsache, daß man ihnen zur Flucht verhalf, sondern wegen des Zielortes. Da dies das einzige Beispiel ist, daß Roncalli die Klugheit einer Entscheidung des Vatikans in Frage stellte, müssen seine Empfindungen sehr stark gewesen sein. Am 4. September 1943 schrieb er an den Kardinal-Staatssekretär:

> Ich gestehe, daß dieser Konvoi von Juden nach Palästina, mit besonderer Hilfe des Heiligen Stuhles, wie die Wiederherstellung des Hebräischen Reiches aussieht und so gewisse Zweifel in meinen Gedanken weckt... Daß ihre jüdischen Brüder und politischen Freunde wünschen, daß sie dorthin gehen, ist völlig einsichtig. Aber ich meine nicht, daß die schlichte und edle Barmherzigkeit des Heiligen Stuhles sich dem Verdacht aussetzen sollte, durch diese Zusammenarbeit würde ein zumindest einleitender und indirekter Beitrag zur Verwirklichung des messianischen Traumes geleistet.
>
> Vielleicht ist dies nicht mehr als ein persönlicher Skrupel, der nur eingestanden werden muß, um damit schon hinfällig zu sein, so klar es ist, daß die Wiederherstellung der Königreiche Judäa und Israel nicht mehr als eine Utopie ist (*Actes et documents,* 9, S. 469).

Nach diesem Ausbruch kam Roncalli nie wieder auf die Sache zurück. Aber sein Skrupel war ziemlich beunruhigend. Bevor der Staat Israel existierte, war es einfacher, zwischen «Juden helfen» und «Zionisten helfen» zu unterscheiden und ersteres vorzuziehen. Roncalli tat dies aus Gründen, die damals für theologisch richtig gehalten wurden: Da der wahre Messias schon gekommen war, konnte man sich unmöglich die Rückkehr des gesamten Volkes Israel in sein altes Heimatland vorstellen. Dennoch war es ein gefühlloses Argument, weil es 1943 schwer war, überhaupt ein Land zu finden, das jene aufnehmen wollte, die den Vernichtungslagern entkommen waren.

Roncallis praktisches Handeln war besser als seine Theologie. Er half auch weiterhin Juden auf ihrem Weg nach Palästina. Im Februar 1944 hatte er zwei Besprechungen mit Isaak Herzog, dem Großrabbi von Jerusalem, über das Schicksal der 55 000 Juden aus Transnistrien, einer rumänisch verwalteten Provinz aus den Territorien, die 1941 der Sowjetunion entrissen worden waren. Eine kalte und ungastliche Gegend, wurde es eine Art Strafkolonie für deportierte Juden. Als die deutsche Ostfront zu bröckeln begann, wurden die Juden nach Westen gedrängt, auf die Vernichtungslager zu. Die letzte Hoffnung war, daß der Vatikan in der Lage wäre, sich bei der rumänischen Regierung zu verwenden. Diesmal zog Roncalli alle Register und verdiente sich das folgende Zeichen der Anerkennung von Rabbi Herzog:

> Bevor ich heute abend, so Gott will, abreise, möchte ich meine tiefste Dankbarkeit ausdrücken für die energischen Schritte, die Sie unternommen haben und unternehmen werden, um unser unglückliches Volk zu retten, unschuldige Opfer unerhörter Greuel von einer grausamen Macht, welche die Prinzipien der Religion, die Grundlage der Menschlichkeit, vollkommen ignoriert. Sie folgen der so tief menschenfreundlichen Tradition des Heiligen Stuhles, und Sie folgen den edlen Gefühlen Ihres eigenen Herzens. Das Volk Israel wird die Hilfe, die seinen unglücklichen Brüdern und Schwestern durch den Heiligen Stuhl und seine höchsten Vertreter in diesem traurigsten Augenblick unserer Geschichte zuteil wurde, nie vergessen (*Actes et documents,* 10, S. 161; Brief vom 28. Februar 1944).

Herzog, der von 1925 bis 1936 Oberrabbi von Dublin gewesen war, schickte auch «die Segenswünsche Jerusalems und Sions» an Roncalli und Ryan. Roncalli war tief gerührt. Am 23. März 1944 konnte er Chaim Barlas berichten, daß alle angesprochenen Angelegenheiten vom Heiligen Stuhl aufgegriffen worden waren, und er schloß seinen Brief: «Möge Gott mit Ihnen sein und Ihnen Gnade und Wohlergehen bringen. Immer zu Ihren Diensten und zu Diensten aller Brüder Israels» (*Actes et documents,* 10, S. 188).

Er sollte diese Worte am 17. Oktober 1960 wieder sprechen, als er hundertdreißig amerikanische Juden, angeführt von Rabbi Herbert Friedman, traf. Er erzählte ihnen seine Lieblingsgeschichte von Joseph, der seine Brüder erkennt:

> Ich bin euer Bruder. Gewiß besteht ein Unterschied zwischen jenen, die nur das Alte Testament als ihren Führer zulassen, und jenen, die das Neue Testament als höchstes Gesetz und Führer hinzufügen. Aber diese Unterscheidung tilgt nicht die Bruderschaft, die von einem gemeinsamen Ursprung herrührt. Wir sind alle Söhne desselben Vaters. Wir kommen vom Vater und müssen zum Vater zurückkehren (Righi, S. 197).

Seine Erlebnisse in Istanbul während des Krieges beweisen, daß dies keine leeren Formeln waren.

Im Frühjahr 1944 mußte Roncalli Verbindung mit Ira Hirshman aufnehmen, dem Istanbuler Agenten des «Kriegsflüchtlingskomitees», das am 22. Januar 1944 in New York gebildet worden war. Zwar war sein Hauptziel, allen Opfern der Naziverfolgung zu helfen, doch hatte es hauptsächlich mit Juden zu tun (*Actes et documents,* 10, S. 191). Gelegentlich gab es Abgrenzungsdebatten, nicht von Roncalli verursacht, sondern vom Staatssekretariat, das immer noch pedantisch auf seine Neutralität achtete. Tardini mußte Harold Tittman Jr., den amerikanischen *chargé d'affaires* beim Heiligen Stuhl, daran erinnern, daß der Vatikan, wenn er vielleicht parallel mit der US-Regierung handelte, «aus verständlichen Gründen» auch als von ihr unabhängig gesehen werden mußte. Er fügte hinzu, die Haltung des Vatikans zur Errichtung eines jüdischen Staates in Palästina wäre unverändert (*Actes et documents,* 10, S. 293). Diese Begegnung fand am 26. Mai 1944 statt. Die Lage an Ort und Stelle wurde immer verzweifelter, da die letzten Fluchtwege systematisch versperrt wurden. Unter Admiral Horthy waren die Juden Ungarns relativ unbeschadet geblieben. Doch am 23. März 1944 rückten die Deutschen unter dem Vorwand, ihre Nachschubwege zu sichern, in das Land ein und begannen, Juden nach Auschwitz zu deportieren. Nur die Stadt Budapest blieb unter Horthys Kontrolle. Im Oktober wurde Horthy verhaftet, Ungarn wurde von den faschistischen Pfeilkreuzlern regiert, und Adolf Eichmann traf ein, um persönlich die letzte Phase der «Endlösung» zu überwachen.

Die Grenzen von Roncallis Möglichkeiten, Juden zu helfen, wurden nun grausam offenbar. Es war sehr wenig Bewegungsraum übriggeblieben. Er war so gut wie machtlos. Angenommen, eine Gruppe könnte durch irgendein Wunder aus der Nazifalle herausgeholt werden, wer würde für den Transport sorgen? Am 31. März 1944 kabelte Jenke, ein Adjutant von Papens in Ankara, dem Auswärtigen Amt, daß er «eine Zeitlang mit dem Roten Kreuz über ungefähr 1 500» Juden verhandelt hätte, die versuchten, von Rumänien nach Palästina zu gelangen. Unter dem Druck der Amerikaner hatten die Türken ihnen den Dampfer *Tari* zur Verfügung gestellt (ADAP, S. 596). Eine Woche später antwortete von Thadden aus Berlin. Die Zahl war inzwischen auf 7 000 gestiegen, «meist Kinder». Die Rumänen wollen sie gehen lassen, können aber kein Schiff bereitstellen. Die Schweden haben ein Schiff bereit, können es aber nicht an Ort und Stelle bringen. Es blieben die Türken als letzte Hoffnung. Am 25. April 1944 schrieb Msgr. Dell'Acqua, Roncallis ehemaliger Sekretär, jetzt im Staatssekretariat, eine verzweifelte Notiz, die sich vermutlich auf diesen Versuch, ein Schiff zu finden, bezieht:

> Ich glaube nicht, daß Msgr. Roncalli in dieser Sache etwas tun kann. Seine Position gegenüber der türkischen Regierung ist sehr heikel. Die Regierung betrachtet den Apostolischen Delegaten als «vornehmen Gast» und weiter nichts. Außerdem glaube ich, wenn die Flüchtlinge an Bord eines türkischen Schiffes gingen, würde das bedeuten, daß die türkische Regierung ihnen die Erlaubnis gegeben hätte. Man könnte auch daran denken, an den deutschen Botschafter in Ankara, von Papen, her-

anzutreten, in Hinblick auf die guten Beziehungen, die zwischen ihm und Msgr. Roncalli bestehen, aber das scheint mir nicht günstig zu sein (*Actes et documents,* 10, S. 243, Anm. 4).

Doch die Freundschaft mit von Papen nutzte jetzt nichts. Von Papen bekam am 6. April 1944 seine Befehle aus Berlin. Sie waren klar und beleuchteten Hannah Arendts Ansicht über die «Banalität» und «Bürokratisierung» des Bösen. Von Thadden nannte drei Punkte. Erstens gibt es sehr viele rumänische Juden. Die Freigabe von 7 000 wird für den Augenblick erbeten. Dies wäre vielleicht nur der Anfang. Auf jeden Fall, fuhr von Thadden fort, ist die deutsche Ansicht, daß Palästina ein arabisches Land ist und folglich die jüdische Emigration dorthin nicht gefördert werden kann. Endlich würde ein solches Zugeständnis «unsere Spionageabwehr und unsere Seestrategie durcheinanderbringen» (ADAP, Dok. 320). Das war fast das genaue Spiegelbild der britischen Argumentation (s. oben S. 242). Dennoch gelang es ein paar Schiffen durchzukommen. Im Juli 1944 meldet Roncalli die Ankunft eines Schiffes aus Transnistrien «mit 730 Passagieren, darunter 250 Waisen» (*Actes et documents,* 10, S. 355). Aber das war ein Riesenunterschied zu den 55 000, auf die der Großrabbi von Jerusalem sechs Monate vorher gehofft hatte.

Das Nützlichste, was Roncalli tun konnte, war, an die vatikanischen Diplomaten in Ungarn und Rumänien die von der Palästinensischen Jüdischen Agentur ausgestellten «Einwanderungsscheine» weiterzuleiten. Sie verliehen keine wirklichen Rechte, aber sie wirkten manchmal und waren besser als nichts. Diese «Einwanderungsscheine» waren es, die das Märchen entstehen ließen, Roncalli hätte «Taufscheine» an Juden ausgegeben. Die Geschichte wurde von Ira Hirshman in seinem Buch *Caution to the Winds* (New York 1962) populär gemacht. Doch Roncallis Brief an Msgr. Rotta, den Nuntius in Budapest, mit Datum vom 16. August 1944 beweist diesen Irrtum: «Da die Einwanderungsscheine, die wir Ihnen im Mai geschickt haben, zur Lebensrettung von Juden beigetragen haben, wofür sie gedacht waren, habe ich von der Jüdischen Agentur in Palästina drei weitere Packen angenommen und bitte Eure Exzellenz, sie an die Person weiterzuleiten, für die sie bestimmt sind, Mr. Milkos Krausz» (*Actes et documents,* 10, S. 391). Der letzte Name sollte Moshe Kraus heißen, der Budapester Sekretär der Jüdischen Agentur. Dieser Fehler beweist, daß der Brief von Roncalli persönlich geschrieben war. Er war immer etwas unsicher, wie man fremde Namen buchstabierte.

Andererseits ist es äußerst unwahrscheinlich, daß er den steifen Brief an Ira Hirshman, der nur zwei Tage später datiert ist, persönlich abgefaßt hat. Es ist das erste und einzige Dokument der Kriegszeit von der Delegatur in Istanbul, das auf Englisch geschrieben ist, eine Sprache, die Roncalli trotz Ryans Nachhilfeunterricht mit Sicherheit nicht beherrscht hat. Es gibt die Position des Staatssekretariats wieder und deutet in seinem letzten Satz an, daß Roncalli in finanziellen Dingen zu selbständig gehandelt hatte:

> Es ist nicht die Absicht der Apostolischen Delegatur, weitere Schritte für die jüdische Bevölkerung in Ungarn zu unternehmen; das einzige Mittel hierzu läuft über das päpstliche Staatssekretariat, und es scheint sicher, daß der Vatikan sein Äußerstes tut, sowohl direkt als auch durch den Apostolischen Nuntius in Budapest, die Lage der bedrängten Menschen zu bessern ... Es gibt keinen Beweis dafür, daß der Vatikan tätig geworden wäre, um für Personen, die Juden per Definition, aber Christen nach dem Glauben sind, eine besondere Behandlung zu erreichen. Die Aufstellungen jedoch, die von der ungarischen Regierung am 8. Juli veröffentlicht wurden (siehe beigefügte Kopie), unterscheiden zwischen Juden nach der Religion und konvertierten Juden ... Wegen der politischen Natur der Beschuldigungen, die gegen die auf den Listen erwähnten Personen erhoben wurden, sieht die Apostolische Delegatur sich nicht in der Lage, in dieser Sache etwas zu unternehmen ... Infolge verschiedener Unannehmlichkeiten, die in der Vergangenheit aus der Überweisung von Geldern zugunsten von unterdrückten Völkern entstanden sind, bedauert die Apostolische Delegatur, daß sie nicht bei der Übermittlung von Geldmitteln nach Ungarn oder in irgendein anderes Land behilflich sein kann (*Actes et documents,* 10, S. 389f.; Brief vom 18. August 1944).

Roncalli unterschrieb diesen frostigen Brief. Die einzige Verteidigung für dieses bürokratische, pilatusgleiche Händewaschen war, daß die Türkei am 2. August 1944 die diplomatischen Beziehungen zu Deutschland abbrach und am 5. August von Papen und seine Familie nach Hause fuhren. So hatte Roncalli keine direkten Kontaktmöglichkeiten mehr mit dem potentiellen Feind und schlüpfte wieder in seine Rolle des «geduldeten Gastes» in der Türkei. Hatte er aus der Sicht des Vatikans zuviel Eifer in seiner Hilfe für die Juden gezeigt und zuviel Geld in das bodenlose Loch der Bestechung geschüttet?

Von Papen – das war sein versöhnender Zug – hatte Roncalli bei seiner Arbeit für die Juden bestimmt geholfen. Als Nuntius in Frankreich schrieb Roncalli einen unverlangten Brief an den Präsidenten des Internationalen Militärtribunals zur Aburteilung deutscher Kriegsverbrechen in Nürnberg. Er rettete wahrscheinlich von Papens Leben. Roncalli schrieb: «Ich möchte mich nicht in eine politische Beurteilung von Papens einmischen; ich kann nur eines sagen: Er gewährte mir die Möglichkeit, das Leben von 24 000 Juden zu retten» (Zizola, *Oggi,* 13. April 1983). Von Papen berichtete das unter Eid im Seligsprechungsprozeß von Papst Johannes. Er beschrieb auch ihre letzte Begegnung in der Türkei:

> Als ich – nach Berlin zurückgerufen – abreisen mußte, kam er an die erste Station nach dem Hauptbahnhof, um mich zu begrüßen. Zehn Minuten lang gingen wir wie alte Freunde auf dem Bahnsteig auf und ab. Am Ende kniete ich nieder und bat ihn um seinen Segen. Ich tat dies, weil ich glaubte, ich würde ihn zum letztenmal sehen, da die Alliierten mich sicher hängen würden. Dann drückte mir der Apostolische Delegat einen Brief in die Hand. Jetzt befindet er sich in einem amerikanischen Archiv. Ich las ihn im Zug. Ein Bruder hätte nicht herzlicher schreiben können (ibid.).

Von Lersner hielt sich inzwischen noch in der Türkei auf und schmiedete Pläne mit George B. Earle, dem früheren Gouverneur von Pennsylvania und Botschafter in Bulgarien. Beide wollten sie einen Separatfrieden mit Deutschland als Bollwerk gegen die sowjetische Expansion. Roncalli übermittelte Botschaften von Lersners, der sich jetzt den Decknamen «Marmara» zugelegt hatte, nach Berlin über den Nuntius in Bern – bis Tardini ihn anwies, das zu unterlassen. Sein zweites Telegramm enthielt militärische Informationen (s. Robert A. Graham, *Civiltà Cattolica,* 1. Mai 1982, S. 228).

Ein Ereignis leuchtet wie ein Signalfeuer in diesem ansonsten so düsteren Jahr 1944. Roncallis Pfingstpredigt strahlt die Überzeugung aus, daß der Krieg sich dem Ende zuneigt, daß es Zeit ist, an einen «Wiederaufbau» nach dem Krieg zu denken, und daß der Heilige Geist in der Welt immer noch am Werk ist, geheimnisvoll, aber mächtig. Der Heilige Geist ist Feuer oder Taube, wobei das erste Bild Energie andeutet, das zweite Sanftmut. Nur der Heilige Geist kann die zwischen Rassen und Völkern errichteten Schranken einreißen. Sich selbst überlassen, schreitet die Menschheit rückwärts und ähnelt allmählich «einem jener Dörfer der Eisenzeit, in dem jedes Haus eine unzugängliche Festung war und die Menschen zwischen ihren Verschanzungen lebten» (Righi, S. 259). Europa war ein eisenzeitliches Dorf geworden, in dem die moderne Technologie der Todesmaschinerie ihre Verfeinerungen zur Verfügung stellte.

Roncalli blickte auf seine gemischte Gemeinde und sagte weiter, wir alle könnten einsichtige Gründe finden, um Unterschiede der Rasse, Religion, Kultur und Bildung herauszustreichen. Katholiken insbesondere sondern sich gern von den «anderen» ab – «unseren orthodoxen Brüdern, Protestanten, Juden, Moslems, Gläubigen und Nichtgläubigen anderer Religionen». Die Liste reicht aus für Istanbul. Aber er fuhr fort:

> Meine lieben Brüder und Kinder, ich muß euch sagen, daß im Lichte des Evangeliums und des katholischen Prinzips diese Logik der Teilung nicht gültig ist. Jesus ist gekommen, um alle diese Schranken niederzureißen; er ist gestorben, um die allumfassende Brüderlichkeit zu verkünden; der Kern seiner Lehre ist die Barmherzigkeit, das ist die Liebe, die alle Menschen an ihn als den älteren Bruder und uns alle mit ihm an den Vater bindet (ibid.).

«Katholisch» sollte ein vereinigender, einschließender Begriff sein – kein Zeichen einer sich abschließenden Verschiedenheit. Deshalb betete er für «einen Ausbruch von Barmherzigkeit» zur Verwirklichung dieser Vision. Er schilderte die «doppelte Ordnung von Natur und Gnade» als ein machtvolles Instrument, auf dem der Heilige Geist spielt. Das Predigen an sich ist eine Gabe des Heiligen Geistes, denn «er (der Heilige Geist) schenkt die Gabe der Überzeugung, und so sollte jede Rede, durchdrungen von der Gnade des Heiligen Geistes, zu seinem Dienst sein». Nur auf diese Weise konnte wahre Kultur, *civiltà,* geboren unter dem Kreuz, aufgebaut werden; sie konnte nicht auf «materieller Nützlichkeit oder dem Geist der Beherrschung» gegründet werden.
Es war die am stärksten «visionäre» oder «utopische» Predigt, die Roncalli in Istanbul hielt. Und doch kam sie aus einer verdunkelten und trauernden Welt. Es war aber auch der Tonfall – allerdings unbewußt – eines, der Lebewohl sagte. Es war, als habe das Rad sich einmal ganz herumgedreht. Dies war die Botschaft, wegen der er nach Istanbul geschickt worden war. Er hatte es in seiner ersten Predigt dort am 25. Januar 1935 gesagt. Der Unterschied war, daß er 1944 seine Hoffnung gegen Katastrophen und Verlassenheit aufbot.
Am 6. Dezember 1944 erhielt Roncalli aus heiterem Himmel ein Telegramm von Tardini, das ihm ankündigte, daß er zum Nuntius in Frankreich ernannt worden war. Msgr. Joseph Guillois, der an dem Tag, als Italien Frankreich den Krieg erklärt hatte, bei ihm gewesen war, gratulierte ihm anläßlich dieser glücklicheren Gelegenheit. Aber Roncallis Gefühle waren gemischter, wie sein Tagebuch in Erinnerung ruft:

> Spät am Abend kam Tardinis kodiertes Telegramm und schlug wie ein Blitz ein. Ich war erstaunt und bestürzt. Ich ging in die Kapelle, um Jesus zu fragen, ob ich mich der Bürde und dem Kreuz entziehen oder sie einfach annehmen sollte; aber als die Ruhe wiederkam, beschloß ich anzunehmen, gemäß dem Prinzip *non recuso laborem* [ich lehne keine

> Arbeit ab]. So verbrachte ich die Nacht zwischen den Festen des heiligen Nikolaus und des heiligen Ambrosius, zweier Männer, die in das Bischofsamt berufen und große Heilige und Heiligmacher wurden (*Lettere,* S. 287).

Sein Staunen und seine Befürchtungen waren berechtigt. Fast zwanzig Jahre lang im Osten vergessen, rückte er nun von einer Stelle, die ohne den Krieg ein unbedeutender diplomatischer Posten gewesen wäre, in die angesehenste Nuntiatur auf, die der Papst zu vergeben hatte. Er war immer gut mit den französischen Botschaftern in der Türkei ausgekommen – es waren nicht weniger als fünf gewesen während seiner Zeit dort. Er hatte gern mit ihnen gescherzt und sie nach der Bedeutung eines herrlichen Gobelins gefragt, der im großen Empfangsraum ihrer Botschaft hing.

Er stellte Kardinal Flavio Chigi, den Neffen Papst Alexanders VI., dar, der sich wegen irgendeiner lächerlichen Beleidigung seitens seines Onkels bei Ludwig XIV. entschuldigt. Die Botschafter waren peinlich berührt, doch Roncalli machte ein Bonmot daraus: «Es war nicht leicht, zur Zeit der absoluten Monarchen Nuntius in Frankreich zu sein. Es ist jetzt viel besser, nachdem viel von dem Antiklerikalismus des 19. Jahrhunderts verschwunden ist und Kirche und Staat, jeder nach der eigenen Ordnung, zum Nutzen des französischen Volkes zusammenarbeiten können» (Righi, S. 267f., der Pater Gauhier Dubois OFMCap zitiert). Aber es war keineswegs sicher, daß er in General Charles de Gaulle einen leichteren Partner finden würde, als Chigi in Ludwig XIV. hatte.

10. Kapitel

Eine schwere Mission in Frankreich

Man regelt, sagte ich, die Angelegenheit in Frankreich besser.
(Laurence Sterne, *Eine sentimentale Reise,* 1768)

Franzosen sind genau wie die Italiener, nur ohne deren gute Laune.
(André Frossard, 1983)

Die Kette von Ereignissen, die Erzbischof Roncalli unverhofft nach Paris führte, nahm ihren Anfang um 9 Uhr morgens am 30. Juni 1944, als General Charles de Gaulle eine Audienz bei Papst Pius XII. hatte. Mit seinem Gespür für *grandeur* war de Gaulle beeindruckt: «Pius XII. beurteilt alles von einem Standpunkt, der weit über den Menschen, ihren Unternehmungen und Streitigkeiten liegt.» Von dieser erhabenen Ebene aus überblickte er das Geschick der Welt und besonders Europas. Pius XII. fürchtete, das befreite Frankreich würde wieder in seine uralten Fehden zurückfallen, und sorgte sich wegen der Leiden, die dem deutschen Volk unmittelbar bevorstanden, aber, fügt de Gaulle hinzu, «es war das Vorgehen der Sowjets in Polen heute und in ganz Osteuropa morgen, was den Heiligen Vater mit der größten Sorge erfüllte» (*Mémoires de Guerre,* 2, S. 233f.).
Doch Frankreich und der Heilige Stuhl stimmten nicht in allem völlig überein. In den nächsten fünf Monaten tobte eine symbolische Schlacht um den Nuntius in Frankreich, den bärtigen, asketischen und verschlossenen Msgr. Valerio Valeri. De Gaulle verlangte seine Ablösung, weil er der Vichy-Regierung des Marschalls Philippe Pétain nahegestanden hatte (s. *Actes et documents,* 11, S. 38ff.). Pius lehnte ab. Er verteidigte die streng juristische Position: Seine Nuntien wurden für *Staaten* ernannt, nicht für besondere Regierungen oder Staatsoberhäupter. Valeri, erklärte er, sei schon zur Zeit der Volksfront 1936 Nuntius in Frankreich gewesen. Er hätte zwei unterschiedliche Regierungen überdauert. Er würde mit einer weiteren fertig werden.
Obwohl das genaugenommen korrekt war, ignorierte dieses Vorgehen die erhitzten Gefühle, die hohe Wellen schlugen, während Frankreich Schritt für Schritt befreit wurde. In de Gaulles Augen wurde ein neues und besseres Frankreich geboren, aus dem alles, was nach

«Kollaboration» mit den Nazis roch, rücksichtslos entfernt werden sollte. Auf der lokalen Ebene gab es viele schießwütige Gemüter, die nun alte Rechnungen begleichen wollten. Niemand unterstellte, Valeri hätte etwas ausgesprochen Böses getan. Aber er war loyal gegen Pétain geblieben, und das reichte aus. Er mußte gehen. Pius wollte nicht nachgeben. Man steckte in einer Sackgasse.

Der entscheidende Monat, militärisch und politisch, war der August 1944. Am 20. August drangen deutsche Soldaten in Pétains Schlafzimmer im Hôtel du Parc in Vichy ein und verfrachteten ihn nach Deutschland. Valeri und der Schweizer Botschafter waren zur Stelle, um den letzten empörten Protest des alten Mannes zur Kenntnis zu nehmen (Cartier, S. 129). Obwohl dies eine Höflichkeit war, die man anstandshalber nicht verweigern konnte, machte es de Gaulle entschlossener denn je, den Nuntius loszuwerden. Dies erschien um so logischer, als der Botschafter der Vichy-Regierung beim Heiligen Stuhl bereits zurückgetreten und reibungslos durch de Gaulles persönlichen Gesandten Hubert Guérin ersetzt worden war. Nach der Befreiung Roms hatte es einen allgemeinen Stellungswechsel unter den Diplomaten gegeben: Die im Vatikan Zuflucht gesucht hatten, tauchten jetzt auf, und ihre Plätze wurden von den Botschaftern oder Gesandten Deutschlands, Japans und Finnlands eingenommen.

Paris wurde – nach einem ziemlich planlosen Aufstand und nur sehr geringer Zerstörung – im August befreit. Man gönnte den Franzosen die Ehre, als erste in die Stadt einzurücken. Weit weg in Istanbul feierte Roncalli das Fest des heiligen Ludwig, des Königs von Frankreich, nicht ahnend, daß es der entscheidende Tag der Befreiung von Paris war und daß zum erstenmal seit vier Jahren die Trikolore am Eiffelturm wehte. Am nächsten Tag, dem 26. August 1944, führte de Gaulle seine Truppen über die Champs-Elysées und in die Kathedrale Notre-Dame zu einem Magnificat als Danksagung für die Befreiung von Paris. Gott hatte in der Tat die Mächtigen von ihren Thronen gestürzt. Aber es war alles andere als eine ungetrübte Feier.

Schüsse hallten um die Kirche. Man hielt vergebens Ausschau nach Kardinal Emmanuel Célestin Suhard, dem Erzbischof von Paris. Er wurde in seinem eigenen Palast, der «Kollaboration» verdächtig, gefangengehalten. Wie die meisten französischen Bischöfe hatte er Pétain in der Verwirrung und Verzweiflung der Niederlage begrüßt und seine «nationale Revolution» unterstützt, bis seine Unterwerfung unter Deutschland und antisemitische Tendenzen deutlich wurden. Die Widerstandsbewegung hatte die französischen Katholiken gespalten. Wer in der christlichen Tradition von Marc Sagnier stand – Georges Bidault und Maurice Schuman zum Beispiel – wurde begeisterter Gaullist und trug zur Wiederbesinnung auf französische Institutionen bei, die ins Exil gegangen waren. Während Suhard in seinem Palast eingesperrt war, konnte man in Notre-Dame den Dominikanerpater Raymond Bruckberger in seinem weißen Habit und, in Paradeuniform, den Konteradmiral Thierry d'Argenlieu, einen Karmeliterpriester, sehen. Das war ein Hinweis auf die Spaltungen in der französischen Kirche, mit denen Roncalli zu tun haben würde.

Pius XII. unterdessen stand zu Valeri und weigerte sich, einen neuen Nuntius zu ernennen. Das war politisch unklug. September, Oktober und November gingen vorbei, und der Vatikan hatte die neue Regierung in Frankreich immer noch nicht anerkannt. Zu Pius' Demütigung liefen die Russen ihm den Rang ab. Sie erkannten de Gaulle als erste an und konnten so ihren Botschafter in Vichy im Amt bestätigen lassen. Dies setzte Pius unter Druck. Das Jahresende rückte näher, und es war Tradition, daß der päpstliche Nuntius als Doyen des diplomatischen Korps dem Staatsoberhaupt die Neujahrsgrüße überbrachte. In Abwesenheit eines Nuntius würde die Aufgabe an den rangältesten anwesenden Mann fallen, und das war zufällig der sowjetische Botschafter. Das konnte unmöglich angehen. Um diesen unglücklichen Zufall abzuwenden, beschloß Pius, nachzugeben und rasch einen Nuntius zu ernennen.

Seine erste Wahl fiel auf Erzbischof Joseph Fietta, seit 1936 Nuntius in Argentinien, dem man am 2. Dezember 1944 telegrafierte. Er antwortete am nächsten Tag und schlug Paris aus Gesundheitsgründen aus. Tardini sandte das schicksalsschwere Telegramm an Roncalli am 5. Dezember ab (*Actes et documents,* 11, S. 633, 637, 639). Es war alles in größter Eile geschehen, und Roncalli wahr nur die zweite Wahl für Frankreich. Er war der Lückenbüßer. Viel war nicht über ihn in Rom bekannt. Ein Reporter fragte einen Kurienprälaten, was er über Roncalli wüßte, und erfuhr: «Er ist ein komischer alter Kauz» (*«une vielle baderne»* – Bergerre, S. 45).

Der «komische alte Kauz», der so plötzlich auf den angesehensten diplomatischen Posten des Vatikans katapultiert wurde, war jetzt dreiundsechzig, und er wußte sehr wohl, daß er nicht aus der obersten Schublade der vatikanischen Diplomaten kam. Er war nicht am Collegio Capranica gewesen, wo sie ausgebildet wurden. Seinem Freund Giacomo Testa zitierte er den Spruch Teofilo Folengos (1496 – 1544): «Wo Pferde fehlen, trotten die Esel» (*«Ubi deficiunt equi, trottant aselli»* – Alberigo, S. 470). Er dachte stets an diese Pointe, wenn man ihm zu seiner neuen Stelle gratulierte. Und er fragte sich, wie es dazu gekommen war.

Auf seinem Weg über Rom fragte er Tardini vertraulich: «Wer hat meinen Namen aus dem weiten Meer des vatikanischen diplomatischen Dienstes herausgefischt?» Tardini antwortete barsch, das ginge allein auf den Papst zurück, und ließ durchblicken, daß er es nicht guthieß (Alberigo, S. 472). Tardinis Biograph bestätigt diesen Verdacht: «Als Roncalli in Eile in Rom ankam und möglichst schnell an die Seineufer kommen wollte, vergeudete Tardini, sein direkter Vorgesetzter, keine Zeit mit Glückwünschen und wollte auch keinen Dank hören. Er sagte, er hätte keinen Anteil an der Berufung, die auf das direkte Eingreifen des Papstes zurückginge» (Nicolini, S. 183). Später wurde die Geschichte in Umlauf gebracht, daß Roncalli als zweite Garnitur gewählt worden war, um de Gaulle eins auszuwischen. Doch Pius XII. war zwar eigensinnig, aber nicht verantwortungslos. Für Roncalli war es tröstlich zu wissen, daß der Papst ihn ausgesucht hatte. Pius sagte: «Ich möchte klarstellen, daß ich es war, der bei dieser Ernennung gehandelt hat, daß ich daran gedacht und alles in die Wege geleitet habe. Aus diesem Grund dürfen Sie sicher sein, daß der Wille Gottes nicht deutlicher oder ermutigender sein könnte» (Alberigo, S. 472; Brief an Giacomo Testa vom 7. Januar 1945). Das ermutigte ihn und band ihn durch ein besonderes Loyalitätsverhältnis an Pius.

Wenn man in Rom schon wenig über Roncalli wußte, war er in Paris so gut wie unbekannt. Kardinal Suhar erwartete die Ankunft des neuen Nuntius mit einer gewissen Ängstlichkeit. Seine eigene Stellung war alles andere als sicher. Er wußte, daß sein Name auf einer Regierungsliste von Bischöfen stand, die abgelöst werden sollten. Der Papst hatte im Fall des Nuntius nachgegeben: Würde er sich bei den Bischöfen behaupten? Es gab viel unschönes Geschrei nach Blut. Suhard wußte auch, daß Rom aufmerksam das im vorigen Jahr begonnene Experiment beobachtete, Priester zur Arbeit in die Fabriken und Werften Frankreichs zu schicken. Pius XII. unterstützte die Idee im großen und ganzen, aber unter der Bedingung, daß Suhard das Experiment persönlich beaufsichtigte und die Verantwortung dafür trüge. Wo würde der Nuntius in der Frage der Arbeiterpriester stehen?

Suhard war erleichtert, als er einen Brief, der Roncalli empfahl, von Msgr. Giovanni Battista Montini erhielt, dem Substitut oder zweiten Mann im Staatssekretariat. Montini wurde in weiten Kreisen und mit Recht für frankophil gehalten. Er schrieb am 23. Dezember 1944:

> Wenn ich Eurer Eminenz diese Ernennung offiziell ankündige, bin ich ganz sicher, daß Sie es mit Freude hören, denn Sie kennen, wenigstens dem Ruf nach, die hervorragenden Eigenschaften des neuen Vertreters des Heiligen Stuhles in Frankreich. Er hat sich nicht nur bei seinen vorausgegangenen Missionen in der Türkei und in Griechenland ausgezeichnet, sondern auch im pastoralen Amt, als Assistent eines großen

Bischofs, Msgr. Radini Tedeschi, dessen wohlverdienter Ruhm sich über die Grenzen der Diözese Bergamo hinaus verbreitet hat (*Mission,* S. 3).

Es ist durchaus nicht klar, ob die Erwähnung von Radini Tedeschi Suhard viel sagte. Die Tatsache, daß er 1893 als Legat in Paris gewesen war, hatte nicht mehr jedermann frisch im Gedächtnis. Doch war Montinis Segen auf dem neuen Mann wichtig, weil er andeutete, daß Roncalli eher auf Montinis Seite stand als auf der Msgr. Alfredo Ottavianis, der im Heiligen Offizium herrschte (s. Guitton, S. 26). Und es bedeutete außerdem, daß er zu der Art von seelsorgerischen Experimenten, die Suhard anregen wollte, nicht grundsätzlich feindselig eingestellt wäre.

Sobald der Entschluß gefallen war, ging alles sehr schnell. Roncalli verließ Ankara am 27. Dezember 1944, wurde in Flugzeuge gestopft und herausgeholt und «wie Habakuk», wie er selbst sagte (*Dodicesimo anniversario,* S. 81), mit einer Reihe von Kurzstreckenflügen befördert, die ihn nach Beirut, Lydda, Kairo, Benghasi, Neapel und schließlich am Nachmittag des 28. Dezember nach Rom brachten. Ohne Ruhepause traf er am selben Tag mit Tardini und Montini zusammen, die jetzt eine Doppelherrschaft führten, da Pius XII. auf einen Staatssekretär verzichtet hatte. Am nächsten Tag hatte er eine Audienz bei Pius und eine Begegnung mit dem amtsenthobenen Valerio Valeri, der, obwohl in Frankreich jetzt offiziell in Ungnade, Roncallis Neujahrsrede für ihn entworfen hatte. Roncalli meinte immer, daß sein Vorgänger Valeri ungerecht behandelt worden war, und stimmte beim Konklave von 1958 für ihn als Zeichen seines Respekts. Dann war er zum Essen im Palazzo Taverno bei Guérin, de Gaulles Mann in Rom.

Er verließ Rom am nächsten Tag um zehn Uhr morgens in einem eigens von der französischen Regierung zur Verfügung gestellten Flugzeug, konnte von Paris nichts außer dem in Nebel gehüllten Eiffelturm sehen und landete um zwei Uhr mittags auf dem Militärflughafen von Villa Coublet. Er bezog die Nuntiatur in der Avenue Wilson 10 und machte am selben Abend dem Außenminister Georges Bidault am Quay d'Orsay seine Aufwartung. Der 31. Dezember war ein Sonntag. Er ruhte sich fast den ganzen Tag aus, hatte aber am Abend seine erste Begegnung mit Suhard. Am nächsten Morgen überreichte er de Gaulle, dem provisorischen Präsidenten, im Elyséepalast sein Beglaubigungsschreiben und war somit um elf Uhr auf seinem Posten zur Rechten des sowjetischen Botschafters Bogomilow, der gewissermaßen die Ursache der ganzen hektischen Betriebsamkeit während der letzten Tage gewesen war.

Er erlebte eine angenehme Überraschung. Es gab ein vertrautes Gesicht im Gedränge. Menemencioglu, der türkische Botschafter, hatte allen erzählt, was für ein glänzender Bursche Roncalli war, und sonnte sich in dem Ruhm, mitgeholfen zu haben, ihn auf seine jetzige Arbeit vorzubereiten. Da die Türken ihn nicht beachtet hatten, während er in der Türkei war, war das eine widersinnige Situation, die eine Erklärung verlangte. Menemencioglu erklärte später elegant: «Ich möchte Sie bitten, den Heiligen Vater zu unterrichten, daß die türkische Regierung dem Nuntius in Paris gern die Ehrung erweisen möchte, die sie dem Apostolischen Delegaten in Istanbul nicht gewähren konnte» (Alberigo, S. 471; Brief an Giacomo Testa). Roncalli murmelte eine Entschuldigung zu Bogomilow und vereinbarte, daß sein erster Austausch von diplomatischen Höflichkeiten am nächsten Tag der sowjetischen Botschaft gelten sollte. Dann verlas er seine von Valeri vorbereiteten Grußworte. So konventionell und mittelmäßig die Rede war, stellte sie den ersten formalen Akt der Anerkennung der neuen französischen Regierung durch den Heiligen Stuhl dar. *Monsieur le Président,* begann Roncalli,

> . . . Denn dank Ihrem politischen Weitblick und Ihrer Tatkraft hat dieses Land tatsächlich seine Freiheit und den Glauben an seine Sendung wiedergefunden. Wir zweifeln nicht, daß das Neue Jahr Zeuge neuen Fortschritts und neuen Aufstiegs sein wird. Auf diese Weise wird Frankreich sein altes Antlitz zurückerhalten und die Stellung, die ihm unter den Völkern zukommt. Mit seinem Weitblick, seinem Fleiß, seiner Liebe zur Freiheit und seiner geistigen Strahlkraft, deren Zeuge ich in den langen Jahren sein konnte, die ich im Nahen Osten verbracht habe, wird es der Menschheit den Weg weisen, der sie in innerer Geschlossenheit und in Gerechtigkeit Zeiten der Ruhe und eines dauerhaften Friedens entgegenführt (*Nuntius,* S. 12).

Am 1. Januar 1945 geäußert, waren diese Worte nicht banal. Sie bedeuteten, daß in den Augen des Vatikans die Vichy-Regierung eine Verirrung gewesen war, durch die Frankreich seine Freiheit und seinen Platz unter den Völkern verloren hatte. Der Streit über die Legitimität war vorbei: Der provisorischen Regierung wurde die volle und herzliche Anerkennung zuteil. Gleichzeitig gab es einen Wink («in innerer Geschlossenheit und in Gerechtigkeit»), daß das Werk der *épuration* oder Säuberung mit Zurückhaltung ausgeführt werden sollte und ohne die Nation unwiderruflich zu spalten.

Roncallis erster diplomatischer Auftritt in Frankreich war ein kleiner Triumph.Er hatte de Gaulle besänftigt und Rücksicht auf den sowjetischen Botschafter genommen. Aber es war ein *diplomatischer* Triumph, der außerhalb eines engen Kreises von Fachleuten weitgehend unbemerkt blieb. Dies sollte während seiner ganzen schwierigen Mission in Frankreich Roncallis Schicksal bleiben. Als Nuntius war er für die Beziehungen zu dem französischen Staat verantwortlich, der von der Kirche getrennt blieb. Obwohl seine sämtlichen Instinkte seelsorgerisch und missionarisch waren, mußte er lernen, sie zu zügeln. Er konnte nicht als «vornehmster Bischof» handeln wie in Istanbul. Es war nicht seine Rolle, und die französische Kirche hätte es übel vermerkt. Wenn er in Frankreich reiste, dann auf bischöfliche Einladung.

Aber er versuchte natürlich, sich bei seiner Ankunft in Paris der französischen Kirche vorzustellen. Am Dreikönigstag, am 6. Januar 1945, schrieb er, was er «einen bescheidenen und einfachen Brief» nannte, an alle Bischöfe Frankreichs. Er lobte Valeri leise, behandelte die Bischöfe mit Respekt und gab ihnen zu verstehen, daß er nicht wie ein wilder neuer Besen handeln wollte. Es wirkte. «Ungefähr hundert Bischöfe» antworteten auf seinen Brief. Während sie anerkannten, daß er bei der Regierung vorsichtig auftreten mußte, spürten diejenigen, deren Köpfe wahrscheinlich rollen sollten, daß der neue Nuntius auf ihrer Seite war.

Er stellte sich am 21. Januar 1945 mit einem Grußwort in St-Joseph-des-Carmes, der Kirche des Institut Catholique, einem breiteren Publikum vor. Wieder einmal war es die Gebetsoktav für die Einheit der Christen, und Pater Louis Bouyer von der Genossenschaft des Oratoriums hatte schon zur Pontifikalvesper gepredigt. Deshalb fügte Roncalli nur ein paar zusätzliche Gedanken an. Er erlaubte sich einen kleinen Ausbruch seiner Rednergabe, als er versuchte, seine letzten Worte in Konstantinopel mit seinen ersten in Paris zu verbinden: «Zwischen diesen beiden leuchtenden Punkten, die zwei Welten und zwei Kulturformen kennzeichnen, zwischen Konstantinopel und Paris, schwebt so etwas wie ein strahlender Regenbogen, auf dem die letzten Worte des Hohenpriesterlichen Gebetes, das Jesus beim Abschied von den Seinen und zu ihrer Ermunterung gesprochen hat, erglänzen: ‹*Ut omnes unum sint* – daß alle eins seien›» (Joh. 17,21; *Nuntius,* S. 38). Roncallis Französisch war immer ein bißchen Glückssache, und seine poetischen Bemühungen sorgten manchmal für Heiterkeit. Er nahm es mit weiser Gelassenheit und schrieb dem Gemeindepfarrer von Sotto il Monte, Pater Giovanni Biroloni, am 20. Februar 1945:

> Da und dort beginne ich auch zu predigen, wie ich dies in Istanbul zu tun pflegte. Das gefällt den Franzosen, wenn ich es auch nicht zur Vollendung eines Bossuet oder Mabillon bringen kann. Sie fassen es als Zeichen hoher Wertschätzung und Zuneigung auf, wenn man in ihrer Sprache spricht, und verzeihen mir gerne, wenn mir dabei kleine Fehler oder Ungenauigkeiten in der Ausdrucksweise unterlaufen. Wenn nur der Herr verkündet wird, sind wir vollauf zufrieden (*Nuntius,* S. 106).

Einen objektiven Bericht über Roncallis frühe Versuche, französisch zu predigen, gibt Denise Aimé-Azam. Er ging gern in seine «Gemeindekirche» St Pierre-de-Chaillot. Er predigte dort bei irgendeiner feierlichen Zeremonie, aber das Mikrophon war defekt, und nichts als lautes Jaulen und Quietschen kam heraus. Roncalli stieg von der Kanzel und sprach vom Mittelschiff aus: «Liebe Kinder, ihr habt nicht gehört, was ich gesagt habe. Das macht nichts. Es war nicht interessant. Ich spreche nicht sehr gut französisch. Meine selige alte Mutter, die eine Bäuerin war, hat es mich nicht früh genug lernen lassen» (Aimé-Azam, S. 27). Das löste allgemeine Heiterkeit aus. Der Gemeindepfarrer von St Pierre-de-Chaillot, ein Domherr mit dem unwahrscheinlichen Namen C. Glamorgan, hatte mit dem Nuntius eine große Zuneigung zum heiligen Filippo Neri gemeinsam, der wegen seines Humors berühmt wurde. Die Wahrheit war, und Roncalli gab das zu, daß er sein ganzes Wissen über Frankreich Bischof Radini Tedeschi verdankte: «Er sprach fließend französisch, besaß eine gründliche Kenntnis der französischen Geschichte und verstand die französische Seele aufs beste» (*Nuntius,* S. 175).
Seine Briefe nach Hause waren beruhigend und vage. Am 20. Februar 1945 schrieb er zum erstenmal aus Paris:

> In Paris schlafe ich besser als in Istanbul. Nun genügt mir weniger, weil es ein ruhiger Schlaf ist. Hier gibt es schwere Fragen zu behandeln, von denen das Wohl der katholischen Kirche in Frankreich abhängt. Ich tue mein Bestes, und weil ich weiß, daß ich auf ausdrücklichen, persönlichen Wunsch und mit dem Vertrauen des Heiligen Vaters hier bin, fühle ich mich unbeschwert und heiter in allem (*Familiari,* II, S. 7f.).

Es gibt wenig Hinweise auf seine Arbeit. Er wohnt in einem «großen fürstlichen Palast», «der mir ganz zur Verfügung steht, mit einem prächtigen Auto, mit zwei Sekretären, drei Schwestern, drei Personen, ja sogar fünf Personen zur Bedienung» (ibid.). Das Auto war ein schwarzer Cadillac. In dieser privilegierten Welt bewahrte er seine Bescheidenheit, indem er an La Colombera und Sotto il Monte dachte.
Er wußte sehr wohl, daß seine Mission heikel war. Die «schweren Fragen», mit denen er zu tun hatte, bildeten einen komplexen Problemkreis. Er spürte, daß er sich «wie in einer trügerischen Asche, die Feuer verbirgt» bewegte (an Kardinal Alfredo Ildefonso Schuster in Mailand, *Nuntius,* S. 25). Für seine Familie variierte er das Bild und sprach von «spitzen Dornen unter diesen Rosen» (*Familiari,* II, S. 12). Sein schwierigstes unmittelbares Problem war, wie er das Ersuchen der Regierung behandeln sollte, angebliche «Kollaborateure»

unter den Bischöfen abzulösen. Wie er es löste, kann man in dem Werk von André Latreille nachlesen, der in der entscheidenden Zeitspanne von Juli 1944 bis August 1945 «Leiter der Kultusabteilung im Innenministerium» war. Die Geschichte ist oft mythologisiert worden. Jetzt kann sie nüchtern erzählt werden.

Schon am 26. Juli 1944 hatte das Innenministerium eine Liste von Prälaten aufgestellt, «die während der Besatzung den größten Anstoß erregt hatten». Die Liste enthielt fünfundzwanzig Namen, darunter drei Kardinäle – Suhard (Paris), Gerlier (Lyon) und Liénart (Lille) –, und unter den Bischöfen befand sich Beaussart, der Weihbischof von Paris und Courbe und Leiter der Katholischen Aktion. Um konstruktiv zu erscheinen, hatte das Innenministerium rücksichtsvoll eine weitere Liste erstellt, mit sechs Bischöfen, die würdig waren, Erzbischöfe zu werden, und zweiundzwanzig Priestern, die aus dem Holz waren, aus dem man Bischöfe schnitzt. Es war eine gutgemeinte, aber plumpe Geste: Es sah so aus, als griffe die neue Regierung die Freiheit der Kirche an, um ihre eigenen Ernennungen durchzusetzen.

Als Roncalli in Paris ankam, war man sich über die Schroffheit und die grob verallgemeinernde Art dieser Beschuldigungen klar geworden. So wurde das Wort «Kollaborateur» fallengelassen, und die Anklage lautete jetzt, daß die Bischöfe die Unterordung unter Vichy gepredigt hatten – was nicht zu leugnen war – und daß «eine ziemlich große Zahl von Prälaten öffentlich Ansichten vertreten hatte, die günstig für die deutsche Propaganda waren». Aber die Beschuldigungen blieben vage, beruhten oft auf unbegründeten örtlichen Denunzierungen, und sie ließen das spätere Verhalten außer acht. Einer der angeklagten Bischöfe, Gabriel Pinguet aus Clermont, war sogar in Dachau gewesen. Kardinal Gerlier von Lyon durfte nie vergessen, daß er einmal gesagt hatte: «Frankreich ist heute Pétain, und Pétain ist Frankreich.» Aber später hatte er einen geharnischten Hirtenbrief gegen die Behandlung der Juden geschrieben und bei der Wehrmacht gegen die Erschießung von Geiseln protestiert. Kurz, Gerlier hatte sich selbst rehabilitiert. Andere hatten das gleiche getan.

So war die ursprüngliche Liste von fünfundzwanzig im Januar 1945 auf etwa ein Dutzend zurechtgestutzt worden. «Finden Sie mir zehn oder zwölf», drängte Georges Bidault Latreille am 28. Januar, und er bestand besonders darauf, daß die Köpfe von Feltin und Beaussart rollen sollten. De Gaulle war weniger nachtragend. Latreille hatte am 30. Januar ein Gespräch mit ihm und notierte in sein Tagebuch: «In der Frage der Bischöfe ließ er mich ausreden und stimmte zu, es müsse eine begrenzte Operation bleiben, vielleicht vier oder fünf, aber er schien die Schwierigkeit nicht zu verstehen, die Beweise zusammenzubekommen und in Rom vorzulegen. Das schien so einfach ...» (Latreille, S. 51). Das Problem, das auf den Nuntius zukam, war nicht einfach, und es hatte zwei Aspekte. Die Vichy-Regierung war «legitim» gewesen, und daher war es kein Verbrechen, ihr zu gehorchen, auch nicht im nachhinein. Es widerspräche der Gerechtigkeit, die Bischöfe als Sündenböcke zu behandeln. Dann war da das Problem des Verhältnisses von Kirche und Staat: Versuchte die neue französische Regierung, Bischöfe aus politischen Gründen zu ernennen?

Was Roncalli über diese Frage dachte, kann man Latreilles Bericht über ihre erste Begegnung am 17. Februar 1945 entnehmen:

> Er hieß mich vergnügt und herzlich willkommen. Ein sehr lebhafter Redner, korpulent, freundlich, und die Worte sprudeln aus ihm heraus, daß man nur mit Mühe selbst ein Wort einwerfen kann. Doch sagt er, daß er wirklich gut unterrichtet werden will. Er sagt mir, wie der Vatikan die Ereignisse wahrscheinlich interpretieren wird: Die Bischöfe haben kein Unrecht begangen, und sind sie nicht, obwohl sie vielleicht einige Fehler gemacht haben, die Opfer einer Handvoll wilder Männer?
>
> Ich erläuterte ihm nicht so sehr die Haltung der Regierung, als die der Katholiken in der Widerstandsbewegung. Die Bischöfe trugen eine schwere Verantwortung. Das Schweigen der Mehrheit und die Verlautbarungen einiger hatten den Eindruck vermittelt, daß sie es versäumt hätten, die Prinzipien der päpstlichen Lehre auf die Zeit, in der wir leben, anzuwenden. Deshalb gab es eine Bewußtseinskrise bei den Franzosen, besonders bei solchen, die im Widerstand gewesen waren. Und heute gibt es eine natürliche Reaktion. Sie ist nicht feindselig gegen die Kirche, aber sie kann nicht übergangen werden, ohne die Kirche 1. ernster innerer Spaltung, 2. einer Wiederbelebung des Antiklerikalismus und 3. der verächtlichen Gleichgültigkeit eines Teils des Volkes auszusetzen.
>
> Es gelang mir, mich verständlich zu machen. Der Nuntius räumte ein, daß die öffentliche Ruhe gewahrt werden müßte und *odium plebis* (der Haß des Volkes) ein Argument gegen einen Anstoß erregenden Prälaten sein könnte. Aber wir müßten genau sagen, was wir wollten, und wir müßten Beweise erbringen. Und wir dürften nicht damit rechnen, daß der neue Nuntius der Torquemada der französischen Bischöfe würde (Latreille, S. 60).

Sie kamen eine Woche später, am 26. Februar 1945, erneut zusammen. Jetzt, da er entdeckt hatte, daß Latreille Vater von zehn Kindern war, war Roncalli entgegenkommender und zeigte ihm Bilder von seiner eigenen Familie. Es gab immer noch keine schriftlich belegten Beweise gegen die Bischöfe. Der Nuntius war stärker mit einer anderen Sache beschäftigt. De Gaulle wollte den Philosophen Jacques

Maritain zu seinem Botschafter beim Heiligen Stuhl ernennen. Es war ein geschickter Schritt, weil weder seine katholische noch seine gaullistische Glaubwürdigkeit in Frage gestellt werden konnte.

Es war ein Zeichen für die Gespanntheit der französisch-vatikanischen Beziehungen, daß es Msgr. Tardini gelang, einen Streitfall aus Maritains Ernennung zu machen. Roncalli hatte um seine Akkreditierung gebeten und erklärt: «Der berühmte französische Schriftsteller, Jacques Maritain, teilte mir der Außenminister – Bidault – mit, ist als Exponent des katholischen Denkens gewählt worden und um heute und in der Zukunft den Wunsch der Regierung zu zeigen, Frankreich als ein katholisch verstandenes Land darzustellen» (*Actes et documents,* 11, S. 626; 13. Januar 1945). Es war anscheinend ein recht unschuldiger Vorschlag. Aber 1944 hatte Maritain eine Vortragsreise durch Lateinamerika gemacht, auf der er von Menschenrechten und alliierten Kriegszielen gesprochen hatte. Seine Vorträge waren in einem Band mit dem Titel *Derechos Humanos* (Menschenrechte) gesammelt. In gewissen lateinamerikanischen Ländern von «Menschenrechten» zu sprechen war ein Eiertanz: Die Nuntien von Chile und Argentinien berichteten, daß Maritain eine Woge des Meinungsstreits in seinem Kielwasser hinterlassen hatte. Daher konnte Tardini, als er schließlich Maritains Akkreditierung annahm, es sich nicht versagen, in seiner direkten, nicht über die römischen Mauern blickenden Art hinzuzufügen, daß «der Heilige Stuhl jemanden vorgezogen hätte, der nicht in öffentlichen politischen Parteienstreit verwickelt ist» (ibid., S. 679).

Damit wurde die Affäre Maritain weit über jedes vernünftige Maß aufgebläht. Am 23. Januar 1945 hatte Roncalli ein «langes Gespräch» mit de Gaulle und stellte, auf Tardinis Weisung, die Annahme Maritains als Botschafter beim Heiligen Stuhl als eine weitere «Konzession» an Frankreich dar – die erste «Konzession» war die Abberufung von Valeri gewesen. De Gaulle erwiderte etwas mißmutig, daß die Ablösung Valeris keine Feindschaft gegen ihn als Person bedeutete und er tatsächlich beim Abschied mit der *Légion d'honneur* geehrt worden war (ibid., S. 686). In der Sache Maritain gestand de Gaulle: «So tatkräftig und scharf er mit der Feder in der Hand ist, in praktischen Dingen ist er bescheiden, schüchtern und linkisch.» Folglich, fügte er vertraulich hinzu (doch Roncalli gab es weiter), würde seine Anwesenheit in Rom kurz sein, und er würde bald durch «einen besser Geeigneten und in der besten Tradition des französischen diplomatischen Dienstes Gebildeten» ersetzt (ibid., S. 687). Trotz der Verunglimpfung durch de Gaulle blieb Maritain, der am 11. April 1945 wieder in Paris war,

drei Jahre auf seinem Posten in Rom. Dort reifte seine Freundschaft mit Msgr. Montini.
Deutschland wurde überrannt und kapitulierte am 8. Mai 1945 bedingungslos. Am 24. Juni sollte Roncalli in Lyon anläßlich des 700. Jahrestages des ersten Konzils von Lyon predigen. Seine Historikerphantasie wurde von der großartigen Basilika St-Jean angeregt, die am Fuß des Hügels von Fourvière kauert, wo die Jesuiten ihr wichtigstes theologisches Kolleg hatten. Aber der Zeitpunkt des Ereignisses und die Anwesenheit von Kardinal Gerlier und fünfzehn Bischöfen wandelte es in eine Art Siegesfeier um. Es war wichtig, daß Roncalli die Stimmung richtig träfe.
Er stellte das Konzil von Lyon 1245 als ein Stadium im Kampf der Kirche um die Lösung von weltlichen Herrschern dar, von dem Schutzherrn, «der zum Tyrannen geworden war», kurz, von Kaiser Friedrich (*Nuntius,* S. 52). Dies war wesentlich, betonte Roncalli, weil die Freiheit der Kirche nicht der erste Zug in einem Machtspiel war, sondern eine Bedingung für die Ausübung ihres Dienstes: «Freiheit der Kirche nicht im Sinne einer äußeren Machtentfaltung oder Gewaltanwendung, sondern im Dienste des Apostolates, um der Frohbotschaft und der Liebe zum Sieg zu verhelfen.» Zweitens wies er darauf hin, daß Lyon ein *Reformkonzil* war, das die Übel, die die Kirche bedrohten, mit den «fünf Wunden Christi» am Kreuz verglich. Er warf im Vorbeigehen einen Blick auf das zweite Konzil von Lyon 1274, dessen Ziel es war, eine Aussöhnung zwischen der griechischen und der lateinischen Kirche herbeizuführen, und das «interessiert mich um so lebhafter» wegen der «zwanzig Jahre, die ich im Orient verbracht habe» (ibid.). Also hatte ein Konzil – dieses eine oder ein zukünftiges – in Roncallis Augen drei charakteristische Züge: Dienst, Reform und Einheit.
Dann zitierte er den Bericht vom dramatischen Ende des ersten Konzils von Lyon, den Matthäus Parisiensis gibt. Von seinem Thron verkündete Papst Innozenz IV. seine schreckliche Verurteilung: «Herr Friedrich, Ex-Kaiser, des Kaisertums und der königlichen Hoheit unwürdig, ist von Gott jeder Regierungs- und Herrschergewalt enthoben und abgesetzt», worauf er «die noch rauchende Kerze mit bebender Hand auf den Boden schleuderte und sie mit Füßen trat. Alle Anwesenden schleuderten in Nachahmung der päpstlichen Geste ihre Kerzen gleichfalls zu Boden. Da rief der Verteidiger Friedrichs, Thaddäus von Suessa, entsetzt aus: ‹O Tag des Unglücks, Tag des Zornes, Tag des Unheils und des Klagens!›» (*Nuntius,* S. 54). Im Juni 1945 geäußert, hatten die Worte eine besondere Kraft und Bedeutung, die Roncalli am Schluß seiner Rede zum Ausdruck brachte:

«Meine Brüder aus Lyon! Die Tage des Zornes, des Unheils und des Wehs sind über uns selber hereingebrochen. Gott aber hat die Hochmütigen gedemütigt, die die Welt unter ihr Joch beugen wollten. Er hat die Verantwortlichen und ihre furchtbaren Armeen geschlagen. Das Haupt der Christenheit brauchte die Worte Innozenz IV. nicht zu wiederholen» (*Nuntius,* S. 54 f.). Seine Zuhörer konnten selbst die Namen der «Hochmütigen, die die Welt unter ihr Joch beugen wollten» einsetzen: Adolf Hitler, vergiftet und eingeäschert vor seinem Bunker in Berlin, Benito Mussolini, mit dem Kopf nach unten auf dem Piazzale Loreto in Mailand zur Schau gestellt, und ihre Speichellecker. Roncalli nennt den Papst das «Haupt der Christenheit» *(de la Chrétienté)*, was einen archaischen, mittelalterlichen Geschmack hat, aber das «Haupt der Kirche» vermeidet, was von Yves-Marie Congar OP bereits als nahezu blasphemisch verurteilt wurde, denn nach Paulus ist Christus allein «das Haupt der Kirche».
Dann ließ Roncalli eine Vision aufleuchten. Obwohl er die Rolle der Kirche als eine dienende und nicht so sehr als eine herrschende darstellte, bedeutete die von Innozenz IV. ausgetretene Fackel ganz klar, daß er auch im weltlichen Reich Macht hatte. So kehrt Roncalli das Bild um und verwandelt es dabei:

> Nehmen wir jene geweihten Kerzen wieder in die Hand, die der furchtbare Sturm ausgelöscht hat. Entzünden wir sie an einer neuen Flamme, um, mutig um unseren Vater, Pius XII., geschart, gleich den alten Pilgern und Kämpfern unsere Hymnen anzustimmen und den Vormarsch der Kirche fortzusetzen (*Nuntius,* S. 55).

Darin liegt gewiß Kanzelrhetorik, obwohl der Kreuzzugsgeist durchaus mit Lyon verbunden war und Charles Péguy das Interesse daran wiederbelebt hatte. Doch die Lyoner Predigt hatte eine tiefere langfristige Bedeutung.
Sie zeigte, daß Roncalli eingehend über Konzilsgeschichte nachgedacht hatte. Er war der Ansicht, daß Konzile eher bejahend als ablehnend sein sollten und Verurteilungen nicht mehr gebraucht würden. Die Bemerkung, Pius XII. «braucht die Worte Innozenz IV. nicht zu wiederholen», wirft einen Schatten voraus auf das, was er in seiner Eröffnungsrede vor dem Konzil sagen würde: Die Kirche brauchte keine Irrtümer zu verurteilen, da «die Menschen sie von selbst verurteilen» (Abbott, S. 716). Und obwohl die Versammlung um den Papst mehr nach einem Zusammenströmen der Herde als nach einem Konzil klingt, wurde schließlich der Gedanke, ein Konzil einzuberufen, bei dem die Welt verblüfft das Schauspiel bestaunen würde, daß frü-

here Feinde sich nun umarmen, 1948 ins Auge gefaßt. Aber das alles war, wie die Deutschen sagen, «Zukunftsmusik».

Roncalli wurde wieder auf die Erde zurückgeholt, als er mit dem linken Bürgermeister von Lyon, Edouard Herriot, zusammentraf, der gern an Gerliers Fauxpas mit dem Spruch erinnerte: «Heute ist Lyon Kardinal Gerlier, und Kardinal Gerlier ist Lyon.» Er wurde Präsident der Nationalversammlung und ein guter Freund Roncallis. Ein Schreck war die Nachricht – sie stellte sich als falsch heraus –, daß Msgr. Domenico Menna, seit 1928 Bischof von Mantua, «erschossen worden sei, da ihn seine Untergebenen bezichtigt hätten, ein Anhänger des Faschismus zu sein» (*Nuntius,* S. 113). Dies berichtete er in einem Brief an einen gemeinsamen Freund, Msgr. Cesare Orsenigo, der sich als Nuntius in Berlin durch den Krieg gequält hatte. Er erzählte Orsenigo auch von einer Abendmesse im Freien, auf der breiten Esplanade, die sich vom Trocadéro (jetzt Palais de Chaillot) zum Eiffelturm hinzieht. Sie feierten, das war das richtige Wort, die Rückkehr der Überlebenden aus Konzentrationslagern und der Kriegsgefangenen nach Frankreich. Roncalli beschrieb die Szene: «Zehntausende von Menschen nahmen daran teil. Sämtliche Überlebende aus den deutschen Konzentrationslagern. Eine große Anzahl von Frauen in Schwarz. An die hundert Priester in Sträflingskleidern teilten die heilige Kommunion aus. Auf diese Weise leben wir zwischen den tragischen Visionen des Leides und des Todes und dem wiedererwachenden Leben auf der anderen Seite» (ibid., S. 114). Es mag – oder sollte – ihm in den Sinn gekommen sein, daß diese Gefangenen, noch in Gefängniskleidung, von jetzt an wahrscheinlich nicht mehr die Beschränkung auf ihre festungsgleichen Pfarrhäuser hinnehmen würden.

Diese Entdeckung würde bald kommen. In der Zwischenzeit tat er sein Bestes, um sicherzustellen, daß alle Gefangenen so schnell wie möglich nach Hause zurückkehrten. Er besuchte die Deutschen, die noch in Douai festgehalten wurden. Er arbeitete mit drei französischen Priestern zusammen, Msgr. Rhodain und Abbé Le Meur von *Secours Catholique* und dem bemerkenswerten Abbé Desgranges, der die *Fraternité de la Merci* für die Freilassung aller Inhaftierten einschließlich der politischen Gefangenen gründete oder vielmehr wiedergründete (Aimé-Azam, S. 77). Das war umstritten. Aber die drei hatten schon begriffen, daß die Grundlage des neuen Europa, das sie erstehen sahen, die französisch-deutsche Versöhnung wäre. Roncalli stimmte zu. Das war der Zeitpunkt, als er sich entschied, zugunsten von Papens an das Militärtribunal in Nürnberg zu schreiben.

Mittlerweile war ihm die Frage der «Kollaborateure» unter den

Bischöfen weitgehend aus der Hand genommen. Die Ironie wollte es, daß dies teilweise ein Resultat seines Erfolgs war, Maritain als französischem Botschafter beim Heiligen Stuhl zur Anerkennung zu verhelfen. Bidault und de Gaulle verhandelten durch Maritain direkt mit dem Heiligen Stuhl – in der Praxis mit Tardini – mit so gutem Erfolg, daß der Vatikan bis Juni 1945 die Ablösung «einiger» Bischöfe akzeptiert hatte. Roncalli wurde umgangen. Die Stimmung in Frankreich wandelte sich. Die unmittelbaren Leidenschaften der Befreiung begannen abzuebben. Die Anstoß erregenden Bischöfe, wer immer sie waren, stellten keine Gefahr mehr für die öffentliche Ordnung dar. Es hatte keine Zwischenfälle gegeben, seit Roncalli nach Frankreich gekommen war.

Außerdem hatten die christlichen Demokraten im *Mouvement Républicain Populaire* (MRP, von der satirischen Zeitschrift *Le Canard Enchaîné* als *Mouvement des Révérends Pères,* d.h. die Jesuiten, aufgelöst) sich bei den Kommunalwahlen gut geschlagen und schienen die einzige Partei zu sein, die die Katholiken an sich binden und die Kommunisten schlagen konnte. Ein langes Gespräch mit dem Justizminister, Pierre-Henri Teitgen, überzeugte Roncalli, daß die Opferung einiger weniger Bischöfe das Verhältnis zur Regierung verbessern würde. Weitere Gespräche mit M. de Saint-Hardouin vom Quay d'Orsay, den er von Istanbul her kannte, deuteten an, daß es klug wäre, keine hoffnungslosen Kämpfe auszufechten, da es bald um die Frage öffentlicher Mittel für katholische Schulen gehen würde.

Also wurden am 27. Juli 1945 sieben Prälaten «Frankreichs und des Empire» diskret abgelöst. Sie traten ab, weder winselnd noch mit einem Paukenschlag. Man ersparte ihnen eine Demütigung, sie erhielten in ihren ehemaligen Diözesen Pensionsansprüche, und die Gründe ihres Ausscheidens wurden nicht öffentlich gemacht. Die sieben waren Erzbischof de la Villerabel von Aix-en-Provence, die Bischöfe Dutoit (Arras) und Auvity (Mende), der Weihbischof von Paris, Beaussart (Bidault bekam also seinen Mann), und die Apostolischen Vikare von Rabat, Saint-Pierre-et-Miquelon und Dakar. Am Ende war es eine magere Beute. Die Legende schreibt diesen Erfolg gewöhnlich Roncallis geschickter Verzögerungstaktik zu. Aber wie wir gesehen haben, sagte ihm de Gaulle im Januar 1945, als er in Paris ankam, er wäre mit «vier oder fünf» zufrieden, und Roncalli war jedenfalls nicht der Hauptakteur bei der Sache. Doch Latreille fällt in das andere Extrem von Ungenauigkeit, wenn er bemerkt: «Damals wußten wir nicht, wie weit der Botschafter Pius' XII. zur Klugheit verurteilt war durch die mangelnde Wertschätzung, die ihm sein Vorgesetzter (*patron*) zuteil werden ließ» (Latreille, S. 71). Der springende

Punkt war jedoch nicht, daß Pius seinen Nuntius in Frankreich nicht persönlich schätzte. Eher traf zu, daß er alle Untergebenen als bloße Ausdehnungen seines Willens behandelte. So bemerkte er häufig: «Ich wünsche Ausführende, keine Mitarbeiter» (*Io non voglio collaboratori, ma esecutori*» – Nicolini, S. 146). Pius' Männer waren es gewohnt festzustellen, daß der Papst über ihre Köpfe entschieden hatte.

Es gab ein weiteres peinliches Ereignis im Sommer 1945. Seit dem Beginn des Pontifikats Pius' XII. im Jahr 1939 waren keine Kardinäle mehr ernannt worden; kriegsbedingte Schwierigkeiten, hieß es, machten ein Konsistorium unmöglich. Jetzt war der Krieg vorbei, de Gaulle und Bidault wünschten, daß der Papst die drei Erzbischöfe, die sich am klarsten von Vichy abgegrenzt hatten, Jules Saliège von Toulouse, Petit de Juleville von Rouen und Clément Roques von Rennes, mit dem Kardinalshut belohnte. Ihre Beförderung würde deutlich als politisches Ereignis gesehen werden. Roncalli war dagegen. Warum, erklärte er Jacques Dumaine, damals Protokollchef am Quay d'Orsay:

> Ihre Namen wurden von der Regierung präsentiert, und es sind vorzügliche Menschen ... Aber es gibt Schwierigkeiten. Zum Beispiel ist Msgr. Saliège, der Erzbischof von Toulouse, seit sechs Jahren gelähmt und kann kein Wort äußern, während Msgr. Petit de Juleville, der Erzbischof von Rouen, an Platzangst leidet. Nur Msgr. Roques ist aktiv und fähig zu sprechen, deshalb ist die Lage nicht sehr versprechend. Ihre Minister sagen mir, ein Priester sollte nach seiner Intelligenz, seinen priesterlichen Tugenden und seinem Mut beurteilt werden. Ich sage ihnen, daß körperliche Präsenz ebenfalls wichtig ist, sogar in der Kirche – und besonders bei einem Konsistorium (*Quay d'Orsay 1945–1951,* zitiert Johnson, S. 64).

Roncalli hatte die Hinfälligkeit, die besonders bei Saliège auffiel, ganz richtig erkannt. Das Trio würde auf dem Konsistorium keinen guten Eindruck machen. Er legte immer Wert auf die Darstellung, auf das, was die Armee «einen guten Aufzug» nannte. Und dennoch war es ein eigenartig «weltliches» Urteil, das da von ihm kam, und es läßt darauf schließen, daß er die Qualitäten von Herz und Geist, die durch Saliièges Lähmung verdeckt waren, noch nicht erfaßt hatte.

Noch seltsamer ist die Tatsache, daß Roncalli Mitte Oktober 1945, als die Berufung aller drei Männer bestätigt und öffentlich verkündet worden war, mit allen Anzeichen der Zufriedenheit ausrief, «*unsere* drei Kandidaten, *unsere* drei Kandidaten sind durch» (Latreille, S. 72). Man kann nur mutmaßen, daß er sich dagegen ausgesprochen hatte, von Tardini oder dem Papst überstimmt worden war und loyal,

wenn auch verspätet, die Klugheit ihrer Wahl akzeptierte. Dieses Muster sollte sich während seiner Zeit in Frankreich wiederholen. Es war der Grund, warum manche Schwierigkeiten hatten zu erkennen, wo er in strittigen Fragen persönlich stand. Doch als Diplomat akzeptierte er zuerst, daß er Pius XII. verpflichtet war. In den späten vierziger Jahren war dieser Gedanke in Frankreich nicht in Mode.
Am 31. Dezember 1945 war Roncalli wieder im Elyséepalast, um dem Präsidenten die guten Wünsche des diplomatischen Korps zu überbringen. Diese Reden sind die Markierungspunkte seines Aufenthalts in Frankreich. Dieses Mal ließ er sich einen neuen Ausbruch von Poesie einfallen, der seinen Ruf als «Typ» bestätigte: «In wenigen Tagen wird die Tür Ihres Hauses den Schmuck eines frischen Kranzes von Orangenblüten tragen», womit der Nuntius einfach sagen wollte, daß de Gaulles Tochter Elisabeth heiraten würde (*Nuntius,* S. 14). Er konnte noch nicht wissen, daß de Gaulle innerhalb eines Monats verärgert zurücktreten würde. Am 26. Januar 1946 zog er sich nach Colombey-les-deux-Eglises zurück, um dort abzuwarten, bis er wieder gerufen würde. Er fühlte sich als der Führer der Nation, nicht einer Partei. Eine Reihe von Koalitionsregierungen folgten aufeinander, die sowohl die Gaullisten als auch die Kommunisten, die mit fünf Millionen Stimmen die größte einzelne Partei waren, ausschlossen. Pius XII. war darüber nicht unglücklich.
Für viele Beobachter war Roncalli kaum mehr als der örtliche Bevollmächtigte eines höchst politischen Papstes. Dies traf besonders für jene zu, deren Beruf das Spionieren war. Roncalli war nun so wichtig, daß er Gegenstand der Aufmerksamkeit und, in manchen Fällen, ihres Eingreifens war. Das OSS – Amt für strategische Studien, Vorfahre des amerikanischen Geheimdienstes (CIA) – hat eine Anzahl von Berichten über Roncalli gesammelt. Sie sind wenig glaubwürdig. So kabelte am 5. Januar 1945 «Vessels» (ein Sammelname) an Magruder: «Msgr. Roncalli hat den Vatikan informiert, daß die Regierung de Gaulle alles in ihrer Macht Stehende tun wird, um die spanischen Elemente zu unterstützen, die das Regime Francos beenden wollen.» Es ist unwahrscheinlich, daß Roncalli, als er gerade begann, sich mit der französischen Situation vertraut zu machen, sich in einen völlig neuen Problemkreis gestürzt hätte, und es ist ebenso unwahrscheinlich, daß er innerhalb von fünf Tagen nach seiner Ankunft in Paris in der Lage gewesen wäre, so selbstsicher zu französischen Absichten Stellung zu nehmen. Das waren vertrauliche Geheimdienstberichte, die für die Akten bestimmt waren (sie wurden am 18. Oktober 1978 freigegeben).
Die Kommunisten präsentierten der Öffentlichkeit das Bild eines

sehr politischen Roncalli in *Documenti Segreti della Diplomazia Vaticana* (Geheime Dokumente der vatikanischen Diplomatie), 1948 in Lugano veröffentlicht. Der Untertitel, *Der Vatikan gegen den Weltfrieden,* verriet das Spiel. Die «geheimen Dokumente» bestehen aus Berichten von Diplomaten des Vatikans, darunter Roncalli. Sie wurden ohne Kommentar veröffentlicht. Wie man an sie herankam, wird nicht erklärt. Den vierzehn Depeschen zufolge, die Roncalli angeblich zwischen September und Oktober 1946 schickte, schwenkte die «Kirche» von Bidaults MRP zu de Gaulles neuem *Rassemblement du Peuple Français* (RPF) um. Am 1. Oktober schickte das MRP eine Botschaft nach Rom, um diesen Schritt aufzuhalten, aber ohne Erfolg. Im Referendum vom 13. Oktober wurde die neue Verfassung angenommen und die Vierte Republik ins Leben gerufen. Es stellte sich heraus, daß sie der Dritten Republik mehr glich, als alle sich vorgestellt hatten.

Das meiste davon war eher intelligente Vermutung als Insiderinformation. Die «geheimen Dokumente» wurden später als Fälschungen nachgewiesen. Sie waren das Werk Virgilio Scattolinis, zeitweise Stückeschreiber und Autor frecher Romane, der später Teilzeit-Filmkritiker für *l'Osservatore Romano* wurde (Hoffmann, S. 257). Tatsache ist, daß Roncalli zwischen dem 7. September und dem 22. Oktober 1946, als er angeblich die vierzehn Berichte geschrieben hatte, nicht in Paris war. Er verbrachte den größten Teil dieser Zeit in Sotto il Monte oder Bergamo. Auf jeden Fall beherrschte die Politik sein Denken nicht in dem Maß, wie die Spione sich ausmalten.

Ein echter Brief an Montini zeigt, wie zu jener Zeit sein wahrer Geisteszustand war:

> Eure Exzellenz,
> ich bin seit drei Tagen hier in Sotto il Monte. Als ich per Telegramm Ihre Urlaubserlaubnis erhalten hatte, reiste ich ab, nachdem ich den neuen Auditor, den ich gut kannte und für den ich dankbar bin, eingewiesen hatte. Aus meinen Berichten an S.E. (Seine Exzellenz) Tardini und Sie, die im Vatikan angekommen sein dürften, können Sie ersehen, daß ich es nicht für schädlich für die Interessen des Heiligen Stuhles hielt, wenn ich einige Wochen abwesend bin und den Rechtsberater als Vertretung zurücklasse. Msgr. Vagnozzi wird seiner Aufgabe gemäß den Weisungen, die ich ihm gab, sehr gut gerecht werden. Da das Wetter hier auf meinem Hügel so herrlich ist und ich richtig Urlaub zwischen meinen Büchern und Papieren machen kann, und da es nichts Dringendes zu erledigen gibt und es für mich unbequem wäre, zweimal nach Rom zu kommen, gedachte ich, noch eine weitere Woche hierzubleiben. Ich kann am 22. September nach Rom abreisen und zwei Wochen lang blei-

> ben. Dies alles natürlich unter der Voraussetzung, daß es keine Schwierigkeiten für den Heiligen Vater bedeutet, dessen Wünsche ich vor allem anderen befriedigen möchte ... (*Saggio*, S. 40f.).

Das ist nicht der Ton eines Mannes, der von den Drehungen und Wendungen der französischen Politik besessen ist. Er war froh, von allem fort zu sein, und zufrieden, Egidio Vagnozzi (später Apostolischer Delegat in den Vereinigten Staaten) die Verantwortung zu überlassen.

Ein weiterer Hinweis auf Roncallis Desinteresse an unmittelbaren politischen Belangen ist, daß er am 27. September 1946, nach seiner Audienz bei Pius XII., unbekümmert in die vatikanische Bibliothek ging, um nachzusehen, was für Material über Gerolamo Ragazzoni, den Bischof von Bergamo von 1577 bis 1592, der auch Nuntius am französischen Hof gewesen war, vorhanden war (*Letture*, S. 594). Daß Roncalli sich für eine solche Person interessierte, die Bergamo und Paris verband und der historischen Epoche angehörte, der er sich angenommen hatte, war ziemlich natürlich. Aber es zeigte auch seine Fähigkeit, sich von den Problemen de Gaulles und des MRP zu distanzieren.

Natürlich hatte Roncalli Kontakte mit Führern des MRP und anderen politischen Gestalten während seiner ersten Jahre in Frankreich: das war sein Beruf. Er war auch zufällig in Rom am 1. Oktober 1946, als die MRP-Delegation ihre Sache vortrug. Er erscheint nicht dabeigewesen zu sein. Aimé-Azam erinnert sich, daß außer Robert Schuman die MRP-Führer Roncalli als *Polichinelle* (Pulcinella, den listigen Diener) betrachteten, als einen, der von der Römischen Kurie gesteuert wird, oder, in Balzacs Wortschatz, als einen Mann «ohne Prinzip und Charakter». Während seiner Audienz am 27. September hatte Pius an den alten Spruch erinnert, daß der Nuntius «die Hand, das Auge und das Herz» des Papstes in Frankreich sei. Diesem Grundsatz könnte man eine nachsichtige Deutung geben, wie Roncalli es 1949 tat (*Mission*, S. 106). Aber manchen Ohren klang es bedenklich und düster, als wäre der Nuntius bloß ein päpstlicher Spion in Frankreich.

Wer dennoch mit ihm zusammentraf, fand einen anderen Roncalli als den politischen Intriganten, der durch die Seiten der «Geheimen Dokumente» schleicht. Er war freundlich, bescheiden, gesprächig und geneigt, endlos über Bergamo zu reden. Jeder, der einen «roten Hut» erwähnte, wurde abgefertigt. «Hüte», sagte er zu einem, der sich fragte, wann er Kardinal werden würde, «Hüte – ich sehe mir lieber Damenhüte an» (Aimé-Azam, S. 42). Er fühlte sich am wohlsten in seinem Eckzimmer mit dem Erkerfenster, von dem aus der Eiffelturm wie auf Ansichtskarten zu sehen war. Der Kamin war neugotisch. Sein gewaltiger Schreibtisch stand in der dunkelsten Ecke des Zimmers. Er setzte seine Besucher ins Helle. Von Zeit zu Zeit erhob er sich von seinem Sessel und schritt auf und ab, die Hände in der Leibbinde, redselig plaudernd. Denise Aimé-Azam, dem wir diese Beschreibung verdanken, erzählt, wie Roncalli einmal ein Buch von John Henry Newman suchte, das er auf dem untersten Regalbrett wußte. Auf Hände und Knie ließ sich der beleibte Nuntius hinab, und alle Würde war dahin. Er fand den Newman nicht, fischte aber statt dessen eine englische Übersetzung von Dom Guérangers *Année Liturgique* heraus und erklärte etwas wunderlich: «Ich nehme das, um mein Englisch aufzufrischen» (Aimé-Azam, S. 61). Er wurde eine bekannte Gestalt in seinem *Quartier*. Er schnappte den täglichen Klatsch in seinen Gesprächen mit Yvette Morin auf, die den Zeitungskiosk an der Ecke Avenue Moreau / Avenue Pierre-I-de-Serbie betrieb. Er kannte ihre Geschichte. Sie war Jüdin, und ihre Mutter war in Ravensbrück gewesen. Später sagte ihm Pius XII., es vertrage sich nicht mit der Würde eines Nuntius, auf den Straßen von Paris spazierenzugehen.

Wie in Istanbul tat Roncalli sein möglichstes, um die übernommenen Räumlichkeiten zu verbessern. Er beschrieb das Haus in der Avenue Wilson 10 in einem Brief an Montini:

> Die Nuntiatur von Paris wurde im Jahr 1921 zur Zeit Msgr. Ceretti's vom Fürsten von Monaco erworben und entspricht ihrem Zweck gewiß sehr gut. Sie ist einfach und doch elegant. Nicht vornehmer als die bedeutenderen Amtsgebäude der Diplomaten in Paris, eher bescheidener, wie sich dies ja auch geziemt; im großen und ganzen aber vornehm und würdig. Was mich jedoch schon beim ersten Anblick überrascht hat, war das düstere Aussehen des Speisesaales für besondere Anlässe. Msgr. Valeri suchte ihn dadurch zu verschönern, daß er ein Betongewölbe mit einer darüber befindlichen Terrasse einziehen ließ, die es im Sommer gestattet, einige Schritte im Freien zu machen, um das Brevier zu beten oder ungestört zu betrachten. Doch blieb das banale Grau der Umgebung unverändert. Es wurde nur durch ein großes Ölgemälde etwas gemildert, das den St. Petersplatz darstellt und sicher vom Auftraggeber wie vom Künstler gut gemeint gewesen ist, sich aber als Vorhang eines Dorftheaters besser eignen würde als für einen Versammlungsraum für Diplomaten (*Nuntius*, S. 136; Brief vom 10. März 1950).

Er behob die Kahlheit des Speisezimmers, indem er dank einer Schenkung zwei im 17. Jahrhundert in den vatikanischen Werkstätten gewebte Wandteppiche anschaffen konnte. Sie stellten dar: «Papst

Urban VIII., der mitten im Dreißigjährigen Krieg mit Angehörigen seines Hofes die Heiligen Petrus und Paulus anruft» und «Derselbe Papst Urban prüft einen Plan für die Befestigung der Leostadt oder etwas ähnliches» (ibid.). Roncalli versicherte Montini, die Wandteppiche seien eine gute Investition. Billig erstanden, waren sie jetzt Millionen wert. Kardinal Nicola Canali, der oberste Finanzmann des Vatikans, hatte zugestimmt. Später ließ Roncalli einen ungenannten Maler römische Szenen auf der Wandtäfelung anbringen, und Msgr. Bruno Heim (später der erste Pronuntius im Vereinigten Königreich) entwarf die Wappen der letzten drei Päpste.

Doch im Nachkriegsfrankreich wirkte diese Beschäftigung mit der Innenausstattung unwichtig, lachhaft und sogar blasphemisch bei einem Gottesmann. Die Priester, die in den Industrievorstädten arbeiteten, verachteten die anderen, die in den *beaux quartiers* wohnten, und fragten sich, wie diese wohl die Probleme der Arbeiter verstehen könnten. Als Nuntius war Roncalli auf das beschränkt, was er von seinem Erkerfenster aus sah. Was immer die Touristen denken mochten, Paris bestand nicht nur aus dem Eiffelturm. Gut, Roncalli wußte, daß es irgendwo da draußen «Ungläubige» gab. In einem frühen Brief an die Familie erklärt er: «Paris zählt etwa 5 Millionen Einwohner. Wenn auch viele außerhalb der Kirche leben . . .», und um den Schlag zu mildern, fährt er fort, «. . . bilden jene, die sie besuchen, noch eine beträchtliche Zahl. Und vor allem sind sie sehr eifrig» (*Familiari,* II, S. 12).

Jene Pariser, die «außerhalb der Kirche leben», waren vor allem Arbeiter. Trotz der Anstrengungen der Jungen Christlichen Arbeiter (in Frankreich als *Jocistes* bekannt) schätzte man, daß nur ein Prozent der Männer in der Arbeiterklasse zur Messe ging. Frankreich war ein *pays de mission,* ein Missionsland, geworden. Kardinal Suhard hatte die «Entchristianisierung» Frankreichs entdeckt, als er 1928 Bischof von Bayeux und Lisieux wurde. Schon 1929 hatte er einem Seminaristen gesagt: «Es gibt eine ganze Region um Caen, in der unsere sämtlichen großen Fabriken stehen, wo Christus unbekannt ist; das ist unser wahres Missionsgebiet. Tag und Nacht quält mich dieser Gedanke. Ich sehne mich nach Missionaren» (*Chronicle,* S. 17). Als Erzbischof von Paris konnte er etwas für diese Sehnsucht tun. 1941 gründete er die *mission de France,* ein Seminar neuen Stils, dessen Ziel es war, besonders ausgesuchte junge Priester darauf vorzubereiten, erfolgreich in einem Arbeitermilieu zu arbeiten. Er wählte Lisieux als Standort, weil die heilige Theresa die Patronin der Mission war. 1943 gründete er ein zweites Seminar nach denselben Richtlinien für die Hauptstadt, die *mission de Paris.*

Aber etwas Unvorhergesehenes und Unwillkommenes änderte alles. Im Lauf des Jahres 1942 wurden 800 000 junge Franzosen zur Zwangsarbeit nach Deutschland geschickt (*Service de Travail Obligatoire* – STO). Die Deutschen lehnten es ab, daß Kapläne sie begleiteten. Suhard holte sich unter anderen bei dem jungen Jesuiten Jean-Marie Leblond Rat, der ihm versicherte: «Nichts in der Tradition der Kirche könnte Priester davon abhalten, mit ihren Händen zu arbeiten und ihren Lebensunterhalt zu verdienen.» Also bestimmte Suhard heimlich fünfundzwanzig Priester, die sich den *déportés* anschlossen. Die meisten von ihnen wurden schnell entdeckt, und zwei kamen in Konzentrationslagern um (*Chronicle,* S. 18). Sie waren die ersten Arbeiterpriester.
Andere Priester machten vergleichbare Erfahrungen in Gefangenenlagern oder in der Widerstandsbewegung. Sie entdeckten, daß eine riesige kulturelle Kluft zwischen der Kirche und den Arbeitern gähnte. Die lateinische Sprache und die alten Riten sagten den Arbeitern nichts. Die Priester, die aus den Gefangenenlagern zurückkehrten, hatten Brüderlichkeit und Solidarität erfahren und waren nicht bereit, bloße Stützen einer ungerechten Gesellschaftsordnung zu sein. Sie wollten mit den Arbeitern identifiziert, nicht von ihnen getrennt werden. Roncalli hatte beklagt, daß er nicht im Stil Bossuets oder Mabillons predigen konnte. Die «neuen Priester» lachten über solchen Ehrgeiz. Sie wollten die Alltagssprache benutzen, um die Hoffnungen der Arbeiter an Werte des Evangeliums zu knüpfen. Es steckte eine gute Portion von romantischem *ouvrièrisme* in dieser Haltung.
Doch in einer tieferen Schicht war es ihr Verständnis vom Christentum an sich, das sich gewandelt hatte. In Arbeits- und Gefangenenlagern entdeckten Priester und kämpferische Anhänger der Katholischen Aktion einen Glauben, der «heroisch» war – da er ins Gefängnis oder in den Tod führte: «total» –, denn der Glaube mußte mit allen Problemen des Alltags fertig werden, und «anomisch» – weil sie die Liturgie an fremden Orten improvisieren mußten. Diese Beschreibung stammt von Emile Poulat, und er fügt hinzu: «Als die Gefangenen aus Deutschland zurückkehrten, ob Priester oder Laien, Gläubige oder Nichtgläubige, brachten sie eine nicht mitteilbare Erfahrung mit.» Deshalb gab es bei ihrer Rückkehr ein Wiedereingliederungsproblem. Sie waren nicht fähig, sich im alten Vorkriegstrott einzurichten. Unausweichlich schockierten sie das Bürgertum.
Als Nuntius mußte Roncalli sich die Klagen der bürgerlichen Katholiken anhören, die glaubten, daß die Arbeiterpriester in allem, außer dem Namen nach, Kommunisten wären. Sie versorgten ihn mit

Schock- und Horrorgeschichten. Pater X las die Messe im Overall. Anstatt *Dominus vobiscum* zu zu sagen, begrüßte Pater Y die Gemeinde mit *«Salut, les copains»* («Hallo, Leute»). Pater Z übersetzte *Ite missa est* mit «Auf, die Messe der Welt beginnt». Der Wunsch, die Kirche zu retten, befreite Roncallis Informanten von Skrupeln der Verleumdung oder Verunglimpfung. Die Gewohnheit, in Rom zu denunzieren, war eine französische Tradition. Msgr. Montini zitierte einmal den Ausspruch: «Man nehme zwei beliebige französische Katholiken, und man kann sicher sein, daß der eine seinen Koffer packt und nach Rom fährt, um den anderen zu denunzieren» (Guitton, S. 26). Bei der Natur der Sache war es das aufgeschreckte Bürgertum, das beim Nuntius vorsprach. Die, über die sie sich beklagten, schrieben ihn ab und erklärten, «die Konservativen hätten ihn in die Tasche gesteckt». So saß Roncalli in der Klemme. Er wußte, daß das eigentliche Ziel der Verleumder nicht die Arbeiterpriester selbst waren, sondern vielmehr Kardinal Suhard, der «es schwächlich zuließ, daß sie ihre Übertreibungen ungerügt und ungezügelt fortsetzen konnten». Aber Suhard blieb dem Projekt treu, das er in Gang gesetzt hatte und in dem er die Rettung der Arbeiter sah.

Wie es seine Pflicht war, leitete Roncalli die Berichte, die er für ernst hielt, nach Rom weiter. Doch der Vatikan antwortete nicht mit einer Stimme. Msgr. Alfredo Ottaviani im Heiligen Offizium stand den Arbeiterpriestern feindselig gegenüber und griff die Denunzierungen begierig auf. 1947 richtete er die folgenden Fragen an Kardinal Suhard:

> Erfüllen die Arbeiterpriester die Verpflichtungen des Priestertums (indem sie das Brevier beten, das Keuschheitsgelübde einhalten)? Ist die Abendmesse wirklich notwendig? Warum diese neue Form des Apostolats? Schadet es nicht dem traditionellen Dienst des Priesters? Gibt es keine anderen Wege, die Massen zu erreichen? (*Chronicle*, S. 51; Suhard antwortete am 15. Februar 1947).

Die Franzosen spürten, daß solche Fragen von einem Bürokraten kamen, der nie eine Fabrik von innen gesehen hatte. Außerdem haftete ihnen ein unangenehm inquisitorischer Geruch eines «schuldig, bis die Unschuld bewiesen» an. Die andere Stimme im Vatikan war die von Msgr. Montini. Man hatte ihn sagen hören: «Wenn soviel auf dem Spiel steht, muß man Wagnisse eingehen, will man nicht die Schuld auf sich laden, nicht alles mögliche zur Rettung der Welt zu tun» (ibid.).

Wo stand Roncalli wirklich in dieser Frage, die ihm in seinen ganzen acht Jahren in Frankreich auf den Fersen blieb? Die Franzosen hätten es liebend gern gewußt. Ein Brief, den er als Papst schrieb, erlaubt einem, seine Position zu rekonstruieren. Seine natürliche Neigung war, Ottaviani zuzustimmen, daß die beiden Lebensformen, Priester und Arbeiter, letztlich nicht vereinbar seien. Andererseits verstand er wie Montini die Großmut, die Selbstaufgabe und den Eifer, die Priester veranlaßten, in den Fabriken arbeiten zu wollen. So ist sein Brief an Kardinal Maurice Feltin vom 8. Oktober 1959 die Milde selbst. Er enthielt «im Herrn gemachte *Vorschläge*» und hoffte, daß «der Wunsch, unter allen Umständen den Eifer, die Frömmigkeit und den geheiligten Charakter des Priestertums zu wahren», nicht ausschließen möge, «auf die Arbeiter zuzugehen und ihnen den Hauch von Licht und Gnade zu bringen» (*Lettere,* S. 171). Im Jahr 1964 billigte Montini, inzwischen Papst Paul VI., eine modifizierte Form von «Priestern in der Arbeitswelt».

In den späten vierziger Jahren war die Arbeiterpriester-Debatte nur eine besondere Form einer viel breiteren Frage. Wieviel seelsorgerische Initiative konnte der örtlichen Kirche überlassen werden? Hatte die französische Kirche dank ihrer intellektuellen Bemühungen das Recht erworben, dem Rest der Kirche ihre Führung anzubieten? Hatte das 20. Jahrhundert, wie Gertrude Stein behauptete, in Paris stattgefunden? Und wie gut war Roncalli als Nuntius über die Vorgänge im Bilde?

Es war eine Zeit großer intellektueller Regsamkeit in der französischen Kirche. Die Jesuiten in Fourvière und die Dominikaner in Le Saulchoir belebten die theologischen Forschungen durch eine Rückkehr zur Bibel und den Kirchenvätern neu. Henri de Lubacs *Catholicisme* zeigte verblüffend die soziale Dimension der Erlösung als Entgegnung auf die irregeleiteten Kollektivismen von Nazismus und Kommunismus. Yves-Marie Congar definierte das Wesen der «Reform» *(Vraie et fausse réforme dans l'Eglise)* und schuf die Grundlage für die ökumenische Theologie, die das Konzil für unverzichtbar erachten sollte (die Sammlung *Una Sancta*). Etienne Gilson am Beispiel des heiligen Thomas von Aquin und Henri Marrou am Beispiel des heiligen Augustinus bewiesen, daß endlich christliche Themen an weltlichen Universitäten zu Hause sein konnten. In der Zeitschrift *Esprit* rügten Emmanuel Mounier und seine Freunde bereits den französischen Kolonialismus.

Außerdem sprach man von einer «katholischen Renaissance» in der Literatur, deren bekannteste Vertreter der Dichter Paul Claudel und die Romanciers Georges Bernanos, François Mauriac und der Halbamerikaner Julien Green waren. Der Katholizismus war intellektuell angesehen. Er war um so einflußreicher, als die Pariser Mode zu jener

Zeit den als «Existentialismus» bezeichneten verzweifelten Nihilismus begünstigte, charakterisiert durch Albert Camus' Sisyphus, der absurderweise seinen Felsbrocken den Berg hinaufschiebt, und Jean-Paul Sartres Roquentin, den Ekel *(la nausée)* überkommt, als er die Wurzeln eines Baumstammes betrachtet. Doch Sartre war mit Jean-Marie Leblond SJ im Gefangenenlager gewesen, und 1948 sprach Camus vor den Pariser Dominikanern und drängte sie, Christus «in dem blutbefleckten Gesicht der Geschichte in unserer eigenen Zeit» zu suchen. Es war aufregend, damals in Paris zu sein.

Es gibt keinen Hinweis, daß Roncalli irgendwie an dieser Aufregung beteiligt gewesen war. Er bewunderte die Sammlung von Schriften der Kirchenväter, die de Lubac und Jean Daniélou herausgegeben hatten, *Sources Chrétiennes,* und verwendete diese Ausgabe der Predigten Leos des Großen. Wie Blaise Pascals *honnête homme* trug er sein theologisches Wissen größtenteils aus Gesprächen zusammen. Weltliche Schriftsteller kamen noch schlechter weg als Theologen. Seine einzige Übung in literarischer Kritik – ein erweiterter Kommentar über die letzte von La Fontaines *Fables* – war nach seinem eigenen Eingeständnis ein Fehlschlag (*«Parve felice la presentatione»: Pasqua, 1978,* S. 30). Neben dem Historiker Henri Daniel-Rops war Paul Claudel der einzige Autor, den er mit einer gewissen Regelmäßigkeit sah. Aber mittlerweile war der frühere Botschafter in China durchaus *bien-pensant* und hatte die in *Partage du midi* beschworenen jugendlichen Torheiten bereut. Roncalli blätterte Claudels *Accompagnements* (1949) durch und strich einige Abschnitte an, aber das waren bloß Gemeinplätze über das päpstliche Amt (*Letture,* S. 63). Der Dichter begabte den Papst mit einer «erleuchteten Zunge». Roncallis Ausgabe von Charles Péguy war dagegen ziemlich zerlesen, besonders die *Mystères des Saints Innocents.* Er unterstrich den Abschnitt, wo Gott sagt: «Ich verlange nicht viel von den Menschen. Nur das Herz», und einen anderen, in dem er sagt: «Die Unterwerfung aller Sklaven der Welt / wiegt den stolzen Blick eines Freien nicht auf» (ibid., S. 353). Obwohl Péguy wieder entdeckt worden war, galt er doch kaum als zeitgenössischer Autor. Er war an der Spitze seiner Männer 1914 in der ersten Marneschlacht umgekommen.

Als Bernanos, der zum Teil Anspruch auf das prophetische Erbe Péguys erhoben hatte, hörte, daß der Nuntius bei einer Lesung aus seinen Romanen gewesen war, nahm er an, man sei im Begriff, ihn auf den Index der verbotenen Schriften zu setzen (*Combat pour la Liberté,* II, S. 646). Er übertrieb seine Wichtigkeit in römischen Augen. Aber als André Gide tatsächlich kurz nach seinem Tod 1951 auf den Index kam, protestierte Mauriac lautstark. Es sah so aus, als ob das Heilige Offizium – wiederum Ottaviani –, aus Angst vor Spott nicht fähig, es mit einem Lebenden aufzunehmen, lieber tote Autoren verurteilte. Mauriac mochte auch gefühlt haben, daß er Gide bald folgen könnte. Es schien, als interessierten sich der Vatikan und sein Vertreter für Literatur nur in Form von Brennstoff.

Was Pierre Teilhard de Chardin SJ betraf, der jetzt in New York lebte, dessen Besuche in Paris aber für intellektuelle Cliquen das Signal zum Zusammenkommen waren, fühlte Roncalli sich auf schwankendem Boden. Der Beweis ist, daß er nur schwache Scherze über seinen Namen machen konnte. Er nannte ihn Teilhard de Chapardas (*chaparder* ist ein umgangssprachlicher Ausdruck für «stibitzen» oder «hereinlegen»). Die Geschichte kommt aus der mündlichen Überlieferung von *Etudes*, der jesuitischen Zeitschrift in der Rue Monsieur 15. Eines Tages äußerte Roncalli bei Robert Rouquette SJ, der auch bei *Etudes* mitarbeitete: «Dieser Teilhard, dieser Bursche . . . warum kann er nicht mit dem Katechismus und der Soziallehre der Kirche zufrieden sein, anstatt uns diese ganzen Probleme aufzutischen?» Als Rouquette erwiderte, daß die Kirche ohne einen neuen Fall Galilei auskommen könnte, wurde der Nuntius ärgerlich (Rouquette, I, S. 315).

Daß es Roncalli an einer echten Beziehung zum französischen Geistesleben fehlte, rührte wohl teilweise aus Unwissenheit. Aimé-Azam vermutet, daß er sein Bild von Frankreich und den Franzosen von dem heiligen Franz von Sales abgeleitet hatte, was 1949 ziemlich irreführend war (Aimé-Azam, S. 54). In Wirklichkeit hatte er einfach nicht die Kenntnis der französischen Kultur, die nötig ist, um mit dem sich rasch drehenden Rad von Witz, Anspielungen und Scharfsinn, die in Paris «Gespräche» prägten, Schritt zu halten. Da war kein Platz für Erinnerungen an Bergamo. Außerdem war er Ende sechzig und erstickte in der Masse von Papierarbeit, die er erledigen mußte. Im Dezember 1947 hielt er Exerzitien bei den Jesuiten in Clamart, einem Pariser Vorort. Er beklagt sich betrübt, die vielen Bücher, die er gekauft hat, nicht lesen zu können:

> Ich habe in meinem Zimmer alle die Bücher zur Hand, die ich gerne lese. Alles Werke ernsthaften Inhalts, die den Erfordernissen des katholischen Lebens entsprechen. Diese Bücher können allerdings eine Ablenkung sein und zu einem Mißverhältnis führen zwischen der Zeit, die ich vordringlich zur Erledigung der laufenden Angelegenheiten des Heiligen Stuhles und anderem verwenden muß, und der Zeit, die mir wirklich zur Lektüre freisteht. Hierin ist eine besondere Anstrengung nötig, die ich ganz auf mich nehmen will. Was nützen schon diese Wißbegier und Lesesucht, wenn dabei meine Pflichten als Apostolischer Nuntius vernachlässigt werden? (*Tagebuch*, S. 292f.).

Hier spricht der Mann der Pflicht. Die Notwendigkeit, seine «Berichte» zu schreiben, beherrschte seine wachen Stunden, aber ohne sein tiefstes Ich wirklich zu berühren. Ein aufrichtiger Freund oder Beichtvater hätte vielleicht darauf hingewiesen, daß die erste Aufgabe eines Nuntius (wie jedes anderen Diplomaten) sein muß, das Land zu verstehen, in das er geschickt worden ist, und daß eine Teilnahme an seinem intellektuellen und kulturellen Leben der beste, in der Tat der einzige Weg zu diesem Zweck ist.
Aber es war nicht eigentlich Zeitmangel, was Roncalli davon abhielt, soviel zu lesen, wie er wollte. Der Beweis ist, daß es ihm immer gelang, seine historische Lektüre fortzuführen. Die Bollandisten in Brüssel zum Beispiel hielten ihn nach wie vor für einen ernstzunehmenden Gelehrten und warteten ungeduldig auf die Vollendung seines überfälligen Werkes über Karl Borromäus (*Nuntius,* S. 144f.). Wenn er Borromäus vernachlässigte, so verschlang er alles, was mit der Pariser Nuntiatur zu tun hatte. Zwei Werke interessierten ihn besonders. Am 29. Mai 1949 dankte er Msgr. Jacques Martin für sein Buch *La Nonciature de Paris et les affaires ecclésiastiques de France sous le règne de Louis Philippe.* Roncalli war besonders von dem Kapitel über «Bischofsernennungen» angetan. «Ah!» rief er unverbindlich aus, «unsere heutigen Zeiten sind trotz Schwierigkeiten hier und da glücklicher.»
In einem Fall ließ Roncalli sich ein Buch schicken. Msgr. Bonaventura Cerretti war der erste in einer neuen Reihe von Nuntien in Frankreich gewesen, nachdem die diplomatischen Beziehungen 1921 wiederhergestellt worden waren. Eine anonyme Biographie war 1939 erschienen. Aber zumindest in der Römischen Kurie «wußte jeder», daß ihr Autor Don Giuseppe De Luca war, ein geistreicher Mann, Schriftsteller und Bewunderer von Lytton Stracheys *Eminent Victorians.* Er hatte geplant, ein Buch über Kardinal Pietro Gasparri zu schreiben, das Enthüllungen über den Vatikan in den Jahren 1890 bis 1930 gebracht hätte. Sein Cerretti-Buch war nur «das Orchester, das die Instrumente für die Symphonie stimmt». Doch die Symphonie wurde nie aufgeführt. Roncalli freundete sich mit diesem lästigen Kurialen an und machte seinen Verlag reich, indem er ihm alle Rechte an seinem Jugendwerk überließ, nachdem er Papst geworden war. Der Grund, warum die obskuren *Edizioni di Storia e Letteratura* in der Bibliographie dieses Buches so häufig vorkommen, liegt einfach darin, daß Roncalli an dem rätselhaften De Luca Gefallen gefunden hatte.
Er lernte die Geschichte der Pariser Nuntiatur genaustens kennen. Dieses Wissen gab ihm einen Blick für die Verhältnisse, und er gewann so

auch Einsichten, die seine eigenen Schwierigkeiten betrafen. Sie waren weder so tragisch noch so ausgefallen, wie er vielleicht zu glauben geneigt war. Er drang tiefer in die französische Geschichte ein und las die Briefe des Franz von Sales, der «mein großer Lehrmeister» war, wie er 1947 sagte (*Tagebuch,* S. 293). Er schrieb am 9. Mai 1950 an Montini und zitierte passend den heiligen Franz: «Was immer man über uns schreiben mag, vergessen wir nie, daß genau so, wie unsere Feinde unsere Fehler zu übertreiben pflegen, unsere Freunde unser Lob zu laut zu verkünden pflegen. Und daß wir letztlich nichts anderes sind, als was wir vor Gott sind» (*Nuntius,* S. 139). Er deutete an, daß Pius XII. vielleicht diesen Text sehen möchte (*Saggio,* S. 51). So zweischneidig er war, gelang es Montini, dem Substitut, ihn dem Papst am 1. Juni 1950 vorzulegen (ibid.). Pius gab keinen Kommentar ab.

Roncallis historische Neugier erlahmte nie, und Frankreich bot ihm einen reichen Vorrat an Erinnerungen. Natürlich zog es ihn nach Avignon, wo der Palast der Päpste noch als unheimliche und eindrucksvolle Ruine steht. In Avignon verblüffte er die Archivare mit seinem Wissen über das Papsttum im Exil und noch mehr durch sein Interesse an Johannes XXII., dem letzten «legitimen» Papst Johannes, der allerdings eine schamlose Vetternwirtschaft betrieben und die Päpste in Avignon zu den reichsten Souveränen in Europa gemacht hatte. Dante und Wilhelm von Occam brandmarkten ihn als «Verderber der Kirche». Ohne «Wenn-ich-Papst-wäre»-Phantasien zu haben, war er schon davon überzeugt, daß es ein guter Gedanke wäre, den Namen Johannes – Täufer wie Evangelist – für das Papsttum zu retten. Nach seiner Wahl erzählte er Kardinal Feltin, er habe den Namen «in Erinnerung an Frankreich und in Erinnerung an Johannes XXII., der die Geschichte des Papsttums in Frankreich fortsetzte», gewählt (Bergerre, S. 70). Kurz, Roncalli zog seine historischen Studien den zeitgenössischen Werken vor. Ein Grund dafür mag einfach gewesen sein, daß er sich als Nuntius unwohl fühlte bei so vielen modernen Schriften über die Kirche.

So schien zum Beispiel Kardinal Suhards großer Hirtenbrief *Essor ou déclin de l'Eglise* (Fortschritt oder Niedergang der Kirche), veröffentlicht am 11. Februar 1947, die großspurig zuversichtliche Stimmung eines französischen Katholizismus zusammenzufassen. Es war bekannt, daß Suhard dominikanische und jesuitische Theologen beim Entwurf konsultiert hatte. Er erschien als das Manifest der «neuen Kirche», die im Entstehen war. (In Oxford legte sich ein Jahrzehnt später ein Club von katholischen Intellektuellen den Namen «Suhard-Gesellschaft» zu.) Aber hinter den Kulissen gab es heftigen Streit. Pius XII. war sehr erzürnt.

Er war verärgert, weil die Reichweite und der Horizont von Suhards

Hirtenbrief so umfassend waren, daß er in den Augen des Vatikans ein konkurrierendes *magisterium* zu errichten schien. Es stand dem Papst zu, nicht dem Erzbischof von Paris, zu entscheiden, ob die Kirche Fortschritte oder Rückschritte machte. Das konnte zu einer schlüpfrigen Diskussion über den Unterschied zwischen einem *ex officio magisterium* und einem mit Kompetenzen führen. Zweitens sah der Hirtenbrief, wiederum aus der Sicht Roms, wie ein weiterer Anspruch auf Unabhängigkeit aus und wie ein Beweis der unausrottbaren «gallikanischen» oder separatistischen Tendenzen, die in Frankreich ganz dicht unter der Oberfläche schlummerten. In jedem Pontifikat gibt es eine Kirche, die Rom gern verdächtigt. Unter Paul VI. in den späten sechziger Jahren war es die Kirche in den Niederlanden. In den vierziger Jahren war die französische Kirche der Sündenbock. Aber drittens, und das war entscheidend, führte Suhards Hirtenbrief zu Forderungen nach der Anpassung (italienisch *aggiornamento*) des kirchlichen Lebens an zeitgenössische Bedürfnisse. Er führte zu einem Ruf nach neuen Formen des Dienstes und Apostolats. Aber da Pius XII. nicht glaubte, die Kirche habe radikale Reformen nötig, war ihm eine solche Sprache verhaßt.

Wo stand Roncalli? Oder, passender, auf welchem Zaun saß er ungemütlich? Er war Pius XII. loyal und erklärte sich seine Loyalität damit, daß er – privat – die französische Arroganz rügte. Aimé-Azam erinnert sich, daß er sagte:

> Sie wissen vom auserwählten Volk und was sein Fehler durch die ganze Bibel war: zu glauben, auserwählt zu sein, wäre genug, und auserwählt zu sein, befreie einen von allen Mühen. Das ist falsch. Man muß für Gott *empfänglich* sein, immer und überall. Weil nun Frankreich «die älteste Tochter der Kirche» ist, glaubt es, es könnte alles tun, ohne daß der *Glaube* sein Tun durchdringt. Dies ist ein Fehler, und ich fürchte um Frankreich (Aimé-Azam, S. 55).

Es gibt einen entsprechenden Abschnitt in seinen Exerzitien vom Dezember 1947:

> Vor meinem Gewissen bemerke ich jedoch einen Widerspruch; der Widerspruch zwischem dem Lob einerseits, das auch ich den verdienten und lieben katholischen Christen Frankreichs gern spende, und meiner Pflicht als Nuntius andererseits. Ich darf nicht aus reiner Gefälligkeit oder Furcht, dadurch Anstoß zu erregen, Mängel übersehen und die wirkliche Lage bezüglich des religiösen Lebens, des ungelösten Schulproblems, des Priestermangels, der Ausbreitung des Laizismus und des Kommunismus hier bei der ältesten Tochter der Kirche verschleiern. Meine klare Aufgabe in diesem Punkt ist lediglich eine Frage der Form und des Maßes. Ein Nuntius wäre sonst nicht mehr würdig, als das Auge und Ohr des Heiligen Stuhles zu gelten, würde er nichts anderes tun als

> loben und selbst das anerkennen, was schmerzlich und bedenklich ist (*Tagebuch*, S. 294).

Hier ist Roncalli streng und kritisch wie nie. Er ist das «Auge und Ohr» des Heiligen Stuhles. Irgend etwas ist mit «Herz und Hand» geschehen. Keine *bonhomie*, kein diplomatischer Bluff, kein noch so angeregtes Geplauder über Bergamo konnten die Tatsache bemänteln, daß er nicht sehr mochte, was in Frankreich vor sich ging. So entstand, was Roquette das «Roncalli-Geheimnis» nannte: Wie war es möglich, daß ein Mann, der in Frankreich so konventionell und konservativ erschien, ein Papst wurde, der die Welt in Staunen versetzte? Diese Frage kann eingekreist werden, indem man nach Roncallis Verhältnis zu Kardinal Suhard fragt.

Es gibt zwei widersprüchliche Versionen, wie sie miteinander auskamen. Für Capovilla «waren die Beziehungen zwischen Kardinal Suhard und dem päpstlichen Vertreter immer sehr herzlich und freundlich». Das klingt zu schön, um wahr zu sein, und Capovilla war zudem nicht in Paris. Ein etwas besser plazierter Zeuge war Robert Rouquette SJ, der sagte, Kardinal Suhard «habe den Nuntius gefürchtet und immer finster und unglücklich ausgesehen, wenn er von Begegnungen mit ihm zurückkam» (*«sombre et inquiet»:* Rouquette, I, S. 315). Aber auch Rouquette stand nicht die ganze Zeit am Schlüsselloch. Gewiß, was Roncalli oft zu überbringen hatte, waren «schlechte Nachrichten», wenn die Denunzierungen über die letzten Eskapaden der «neuen Priester» Rom erreichten.

Ein Beispiel war der enthusiastische Abbé Boulier, ein Mann, der darunter litt, lediglich Gemeindepfarrer in Monaco zu sein. Er war im November 1948 zu einem kommunistisch inspirierten «Friedenskongreß» nach Polen gefahren. Er hatte die unvermeidliche Sonntagsrede gehalten. Am Schluß hatte er erklärt: «Wenn wir, die im Kampf für den Frieden engagiert sind, gefragt werden, ‹Wer sind die Kommunisten unter uns?›, werden wir antworten, ‹Wir alle›» (*Chronicle*, S. 52). Diese Äußerung löste in Warschau stürmischen Beifall aus. In Paris brach eine andere Art von Sturm über Suhard aus. Die «neuen Priester» waren aus Gewohnheit antiamerikanisch und gegen den «westlichen Militarismus» eingestellt, aber Boulier war noch weiter gegangen. Rom erwartete von Suhard, daß er etwas tun würde.

Am 5. Februar 1949 gab Kardinal Suhard eine feierliche Erklärung ab, in der er «ständige und enge Zusammenarbeit mit dem Kommunismus» rügte (*Chronicle*, S. 53). Am 5. März 1949 verdeutlichte *l'Osservatore Romano*, daß «es nicht einfach ‹ständige und enge Zusammenarbeit› ist, was man vermeiden muß. Die größte Wachsamkeit ist selbst bei kleinen Aktionen geboten, wo es zu Irrtümern kommen kann» (ibid.). Dies wurde in Frankreich als beleidigende Äußerung angesehen. Man hielt es (was nicht zutraf) für eine nie dagewesene Maßregelung eines Kardinals. Es legte den Schluß nahe, daß *l'Osservatore Romano* jene französischen Katholiken segnete, die schon immer gesagt hatten, Suhard wäre unentschlossen und «lasch in Sachen Kommunismus».

Am 17. März 1949 lud Roncalli alle französischen Kardinäle und Erzbischöfe in die Nuntiatur, um die Affäre Boulier zu diskutieren. Er warnte sie, daß Ottaviani im Heiligen Offizium sehr scharf auf den Kommunismus reagierte und *Divini Redemptoris* (1937) auf seiner Seite hätte. Diese Enzyklika hatte erklärt, «der Kommunismus ist von Grund auf böse, und es kann keine Zusammenarbeit mit ihm erlaubt werden». Die französischen Prälaten wußten das und waren über die Unterstellung empört, sie wären in irgendeiner Weise «prokommunistisch». Roncalli konnte über Montini erreichen, daß *l'Osservatore Romano* am 31. März 1949 einen Artikel brachte, der die *mission de Paris* lobte und besonders Kardinal Suhard, «der die volle Verantwortung dafür trägt». Obwohl dies das Thema wechselte, konnte es als eine Art Entschuldigung betrachtet werden. Artikel in *l'Osservatore Romano* «einzuschleusen» war die Art, wie kurieninterne Schlachten geschlagen wurden. An dieser Stelle versuchte Montini mit Erfolg, «von innen heraus» zu erklären, was die Arbeiterpriester tun wollten, und zeigte, daß ihre vorrangige Motivation nicht die politische Betätigung war, sondern in der Armut bei Christus zu sein. «Aber nur eines ist notwendig für diese Männer, die Gott suchen in der Armut, für sich und für andere, und das ist das Wissen, daß sie in der Nachfolge Christi stehen, des Herrn der Demütigen und Armen» (*Chronicle,* S. 53). In diesem Fall hatte Roncalli die Ansichten der französischen Bischöfe «bekanntgemacht», ohne seine eigenen zu enthüllen. Er hatte ihnen einen echten Dienst erwiesen. Doch das Geheimnis um seine eigenen Absichten blieb. Nach einem guten Essen bei *Etudes* beschrieb er, mit einer Zigarre in der Hand, den Jesuiten aufgeräumt die Haltung des Vatikans gegenüber Frankreich als «eine halbe Drehung nach links und gleich darauf eine halbe Drehung nach rechts» (Rouquette, I, S. 315). Sie lachten gebührend und fragten sich, wovon er wirklich überzeugt war.

Falls Meinungsverschiedenheiten zwischen Roncalli und Suhard bestanden, gaben sich beide Männer alle Mühe, sie zu verdecken. Sie trafen sich oft, und es gab immer das Telefon. Allein im Dezember 1948 – ein durch den törichten Fehltritt Abbé Bouliers kritischer Monat – sah man sie bei fünf Gelegenheiten öffentlich zusammen.

Am bewegendsten war die Feier in Notre-Dame am 5. Dezember, dem fünfzigsten Jahrestag von Suhards Priesterweihe. Er sprach eindringlich von seiner Liebe zur *mission de Paris:*

> Die erste Aufgabe ist, die Seelen der Menschen von Paris zu retten: Für diese Massen werde ich am Tag des Gerichts einstehen müssen. Dieser Gedanke bedrückt mich, Tag und Nacht. Wenn ich diese Menschenmenge sehe, preßt sich mir das Herz zusammen. Ich sinne ständig darüber nach, wie man die Schranke einreißen kann, die die Kirche von den Massen trennt – denn wenn sie nicht eingerissen wird, kann Christus den Menschen, die ihn verloren haben, nicht zurückgegeben werden. Aus diesem Grund haben wir die *mission de Paris* besonders ausgewählten Priestern anvertraut, die an der Spitze des Fortschritts der Kirche stehen (*Chronicle,* S. 52).

Dies war ein Abschied. Suhard war fünfundsiebzig und fühlte, daß er nicht mehr lange zu leben hatte. Nuntius und Kardinal kamen wieder am 29. Dezember 1948 zusammen, um gegen die Verhaftung von Kardinal József Mindszenty in Budapest zu protestieren – Beweis, falls der immer noch gebraucht wurde, ihres entschiedenen Antikommunismus. Es bewies auch, ganz gleich was die *mauvaises langues* sagen mochten – und Paris hatte sein Quantum an bösen Zungen –, daß kein Keil zwischen Roncalli und Suhard getrieben werden konnte.

Sie setzten ihre Arbeit einvernehmlich fort bis zu Suhards Tod am 30. Mai 1949. Die absurdeste gemeinsame Aufgabe, die sie wahrnahmen, war ein Essen am 3. April mit «3000 über siebzigjährigen Armen aus allen Pfarreien der Stadt», um den fünfzigsten Jahrestag der Priesterweihe von Pius XII. zu feiern. Roncalli beeilte sich, dem Papst darüber zu schreiben:

> Einst pries man den Papst als «salus Italiae». Dabei war ein gewisser Zweifel an der Allgemeingültigkeit dieses Beinamens nicht zu überhören. Heute nicht mehr. Das Heil klingt weiter hinaus und löst in der ganzen Welt Widerhall aus. Der Papst ist nicht mehr bloß «salus Italiae», er ist heute «salus totius mundi – das Heil der ganzen Welt» . . . Mit einem außerordentlich glücklichen Ausdruck hat der große katholische Dichter Frankreichs – Paul Claudel – Sie in einem seiner jüngsten Werke als den *Curé de l'univers* (Pfarrer der ganzen Welt) bezeichnet. Gerade heute bin ich dem greisen Seher beim Festmahl für die Armen, das Eurer Heiligkeit zu Ehren gegeben wurde, begegnet. Ich habe ihn an seinen Ausdruck erinnert: er strahlte und lächelte selig (*Nuntius,* S. 132f.).

Man kann das als Schmeichelei bei Hofe nehmen oder als eine prophetische Erklärung, wie er, Roncalli, das Papsttum verwandeln würde. Es ist eine Tatsache, daß Italien in seinem Pontifikat nur den zweiten Platz einnahm. Suhard dachte nicht in diesem Sinn. Sein letzter Hirtenbrief erschien Mitte April. Er war mit «Der Priester in der Stadt» *(Le Prêtre dans la Cité)* überschrieben, und er zeigte, daß Suhard bis zuletzt optimistisch, beharrlich und herausfordernd bleiben sollte: «Die Christianisierung dieser neuen Welt, der modernen urbanen Welt, ruft nach einer vollständigen intellektuellen Erneuerung; es wird vielleicht viel Zeit vergehen, bis wir den Methoden des mittelalterlichen Christentums entwachsen können» (*Chronicle*, S. 55). Dies war Suhards letzter Wille und Vermächtnis.

Lieferte Kardinal Ottaviani vielleicht immer noch «die Methoden des mittelalterlichen Christentums»? Es war jetzt zu spät, diese Fragen zu stellen. Am 29. Mai 1949 besuchte Roncalli Suhard an seinem Sterbebett und sah, daß es mit ihm schnell zu Ende ging. Er nahm am Begräbnis in Notre-Dame am 8. Juni 1949 teil und erinnerte sich zweifellos an den Tag vor fast fünf Jahren, als Suhard der Zutritt in die eigene Kathedrale verwehrt war. An Bischof Pierre Brot, Suhards Weihbischof und literarischen Nachlaßverwalter, schrieb Roncalli: «Fast fünf Jahre geistigen Austausches haben eine Atmosphäre der Brüderlichkeit geschaffen, die auch nicht der leiseste Schatten jemals getrübt hat. So gut habe ich ihn und hat er mich verstanden» (*Nuntius*, S. 135). Niemand steht in einem Beileidsbrief unter Eid, und vieles hierin ist in einem salbadernden Trauerbriefstil geschrieben – der «hervorragende Oberhirte», der «unvergleichliche Würdenträger» und so weiter. Aber es gibt keinen Grund, Roncallis Aufrichtigkeit anzuzweifeln: Er glaubte, mit Suhard gut auszukommen. Doch steckt Ironie in der Bemerkung, daß sie sich so gut verstanden. Suhard begriff, daß es die Rolle des Nuntius war, den Vatikan über die Ereignisse auf dem laufenden zu halten; Roncalli verstand, daß das Oberhaupt der örtlichen Kirche auf ihre seelsorgerischen Bedürfnisse eingehen mußte. Suhard vermachte Roncalli einen *rochet* (Chorrock), wofür er dankbar war.

Er hatte einen Chorrock von Suhard bekommen: Was hatte er sonst geerbt? Suhard verkörperte die Stimmung des französischen Katholizismus der Zeit. Er war offen für die moderne Welt und bereit, von ihr zu lernen. Er glaubte, daß es einen Dialog mit Kommunisten und anderen Menschen guten Willens geben sollte und daß er nicht mit dem Bannstrahl beginnen konnte. Er wünschte eine Erneuerung der Kirche auf allen Ebenen, einen ermutigten aktiven Laienstand und eine an das moderne industrielle Leben angepaßte Priesterschaft. Das alles waren Faktoren, die Roncalli auf lange Sicht beeinflußten, auch wenn seine erste Reaktion und Pflicht als Nuntius Mißtrauen gegenüber diesem Neuen war. Aber in Johannes' Pontifikat steckt eine Menge von Suhard. Die «französischen» oder «Suhardschen» Ideen lagen brach in seinem Kopf und warteten die Zeit ab, bis sie für seelsorgerisch notwendig, durch das Evangelium abgesichert und als Antwort auf die Geschichte als gerechtfertigt angesehen würden.

Roncalli trug Suhards *rochet* zum erstenmal am 29. Juni 1949, als er neunundvierzig Priester in Notre-Dame weihte. Wieder einmal handelte er als Lückenbüßer. Sie waren alle «Suhardpriester», die zum größten Teil durch Gefängnisse und Arbeitslager gegangen waren. Wäre Suhard noch am Leben gewesen, hätte er sie selbst geweiht. Für Roncalli war dieser Weihegottesdienst in Notre-Dame der Höhepunkt seiner Mission in Frankreich. Er vertraute seinem Tagebuch an:

> In der Geschichte meines Lebens wird dieses Fest des heiligen Petrus eine feierliche Erinnerung bleiben ... Mehrere Male wurde ich fast von meinen Gefühlen übermannt, aber es gelang mir, mich zu beherrschen. Alles war bezaubernd. Am Ende erteilte ich den päpstlichen Segen, und in der Sakristei sagte ich einige Worte zu den neu Geweihten, deren Haltung mich so sehr erbaute. Ich sprach über mein erzbischöfliches Motto *Obedientia et Pax* [Gehorsam und Frieden] und über Yves de Chartres' Bemerkung zu Papst Urban II.: *«Cum Petro pugnare et cum Petro regnare»* [«Mit Petrus zu kämpfen und mit Petrus zu herrschen»] ... Zum erstenmal trug ich Kardinal Suhards Chorrock (*Cronologia,* S. 614).

Hinter dieser Episode verbarg sich jedoch mehr, als ins Auge fällt. Roncalli war erbaut von den neuen Priestern, weil befürchtet worden war, einige würden mißbilligen, daß er ihren geliebten Suhard vertrat. Es hätte zu einer Demonstration kommen können. Sein privater Appell an sie in der Sakristei, «mit Petrus zu kämpfen», geschah in dem Wissen, daß das Heilige Offizium im Begriff war, ein Dekret zu veröffentlichen, das in Frankreich Bestürzung auslösen und wie eine Zurückweisung von Suhards gesamter Mission erscheinen würde. Pius XII. unterschrieb das Dekret am nächsten Tag, am 30. Juni 1949, und es kam, mit ungewolltem Humor, am 14. Juli heraus, am Jahrestag des Sturmes auf die Bastille. Es exkommunizierte alle, die «wissentlich und mit voller Zustimmung die materialistischen Lehren des Kommunismus verteidigten». Keine Überraschung. Doch das Dekret schloß auch alle in den Bann ein, die «in irgendeiner Weise» bei Handlungen mitwirkten, die zu einer kommunistischen Regierung führen würden (s. *Documentation Catholique,* No. 1048, 31. Juli 1949). Obwohl Verteidiger des Dekrets, vermutlich richtig, argumentierten, daß es «eigentlich» auf Osteuropa und Italien zielte, sahen die Fran-

zosen es als einen Angriff auf sich und als Verwerfung von Suhards Versuch, mit der modernen Welt in Einklang zu kommen. Der Vatikan habe seinen Tod abgewartet, um sich als politisch konservative und von Grund auf antikommunistische Institution zu offenbaren. Als Nuntius war Roncalli automatisch mitschuldig.
Er wählte diesen Zeitpunkt für eine lange Reise durch die Provinzen und überließ anderen die Interpretation des Dekrets. Er reiste nach Lille, Saint-Wandrille, Vannes, Ars (wo der *Curé* gewirkt hatte) und La Louvesc. Pius XII. beklagte später seine Abwesenheit von Paris in kritischen Augenblicken. Er sagte zu Msgr. Marella bei dessen Ernennung zum Nuntius in Frankreich: «Seien Sie vor allem nicht wie Ihr Vorgänger Roncalli – er war nie da» (Bergerre, S. 70). Während Roncallis diplomatischer Abwesenheit erklärten die vier französischen Kardinäle geduldig, was das Dekret des Heiligen Offiziums *nicht* meinte:

> Indem sie die Tätigkeit kommunistischer Parteien verurteilt, ergreift die Kirche nicht Partei für den Kapitalismus; im Gegenteil liegt in der Idee des Kapitalismus selbst eine Art von Materialismus, die von der christlichen Lehre verworfen wird ... Wir wissen auch um die Traurigkeit, die Arbeiter empfinden werden über diese Verurteilung des Kommunismus. Wir wissen, daß sie in der Kommunistischen Partei vor allem eine entschlossene Streiterin gegen die soziale Ungerechtigkeit, unter der sie leiden, sehen ... Wir sind von ihrer Sorge betroffen und wünschen den schmerzlichen Eindruck zu tilgen, daß die Kirche nicht mit ihren Hoffnungen fühle (*Chronicle*, S. 55f.).

Aber wenn das Dekret des Heiligen Offiziums dies wirklich gemeint hätte, wäre es einfacher gewesen, das auch zu sagen. Naiv genommen klang es äußerst negativ, und man wäre kaum auf die Vermutung gekommen, daß «im Kapitalismus eine Art von Materialismus» läge. Pius XII. bot keine Anleitung in der Sache an. Papst Johannes' eigene «soziale» Enzykliken *Mater et Magistra* (1961) und *Pacem in Terris* (1963) würden ein Versuch sein, die Stellung der Kirche zu Sozialismus und Kommunismus neu zu definieren. Als Nuntius hatte er keinen Kommentar dazu.
Doch vernachlässigte er seine Arbeit nicht, während er auf Wanderschaft war. Er verließ Frankreich nicht, bis er einen Nachfolger für Kardinal Suhard gefunden hatte. Die Versetzung von Maurice Feltin, Erzbischof von Bordeaux, nach Paris wurde am 15. August 1949 bekanntgegeben. Zwei Jahre jünger als Roncalli, kam Feltin von den nördlichen Ausläufern der Alpen, aus dem Dorf Delle. Roncalli besuchte am 20. August auf dem Heimweg nach Italien dort seine

Verwandten. Sie hatten etwas gemeinsam: Sie waren beide Kinder aus Bergdörfern auf entgegengesetzten Seiten der Alpen, und sie hatten beide eine gewisse schlichte praktische Vernunft in geistlichen Dingen und ein Gewichtsproblem. Sie wurden zusammen 1953 zu Kardinälen ernannt, blieben in brieflicher Verbindung, und Feltin, als Präsident von *Pax Christi,* der katholischen Friedensbewegung, veranlaßte ihn zum kritischen Nachdenken über Kernwaffen, was sich in *Pacem in Terris* niederschlug.

Roncalli hatte am 6. September 1949 eine Audienz bei Pius XII. in Castelgandolfo. Man hätte ein Gespräch über die Wirkung des Dekrets aus dem Heiligen Offizium erwartet, aber davon erscheint nichts in Roncallis Tagebuch:

> Im Namen Frankreichs dankte ich Seiner Heiligkeit für den Empfang, den er Franzosen von hoher und niedriger Herkunft gegeben hatte, die so erbaut waren, nachdem sie ihn besucht hatten. Mit welcher innigen Freude hörte ich ihn sagen: «Das ist doch meine große Sorge und Tröstung – diese Menschen der Welt zu empfangen, auch wenn sie anders denken. Ist dies nicht die Art, wie der Seelsorger leben soll? Bin ich nicht für die Sünder hier, für die, welche irregegangen sind? Sie sind alle gleichermaßen Söhne» (*Letture,* S. 437).

Diese väterlich fürsorgliche Version des Hirtenamtes – laßt die Sünder zu mir kommen – stand in völligem Widerspruch zu der «Identifizierung mit den Unterdrückten», die in Frankreich die Grundlage der seelsorgerischen Arbeit war. Sie stand auch in völligem Widerspruch zu Papst Johannes' Gewohnheit, Besuchern im Vatikan zu erklären: «Ich bin euer Bruder Joseph.» Aber zehn Jahre vorher behandelte er den Papst wie ein Orakel.

Die Ernennung Feltins leitete die zweite Phase von Roncallis schwerer Mission in Frankreich ein. Sie kamen gut miteinander zurecht, obwohl Feltin nicht behauptete, eng mit dem Nuntius befreundet zu sein. Feltins Bild von Roncalli ist nuancenreicher und einsichtiger als alle anderen, die wir bis jetzt gesehen haben:

> Er war immer freundlich, verständnisvoll und suchte schwierige Probleme auszubügeln, doch wenn Handeln erforderlich war, fehlte es ihm nicht an Entschlossenheit und Charakterstärke. Seine Güte war nicht schwammig, sondern stark *[ferme . . . non molle].* Darüber hinaus konnte er gewitzt, scharfsinnig und weitsichtig sein; und ich könnte jede Menge von Beispielen nennen, wie er dem Zugriff jener auswich, die ihn auszubeuten suchten (Bergerre, S. 69).

1950, in Feltins erstem Amtsjahr, waren jene, die den Nuntius «auszubeuten suchten», die Konservativen oder *intégristes,* wie sie im

Land genannt wurden. Es war ein Heiliges Jahr, und große Pilgerscharen zogen nach Rom. Pius XII., mit seinem nach oben gerichteten Blick, seiner randlosen Brille, die Arme ausgebreitet, um die Welt zu umarmen, schien das Wesen des Papsttums an sich, wie es damals begriffen wurde, zu verkörpern. Die *intégristes* waren entzückt. Aber andere in Frankreich waren desillusioniert. Fast jede Entscheidung, die Pius XII. im Jahr 1950 fällte, schien gegen die französische Kirche gerichtet.

Der erste Schlag war das Apostolische Mahnschreiben *Menti Nostrae* über die Heiligung des priesterlichen Lebens. Pius XII. drückte seine Traurigkeit aus über die «alarmierende Ausbreitung revolutionärer Ideen» unter manchen Priestern, die seiner Ansicht nach «sich nicht besonders durch Bildung oder strenge Lebensführung auszeichneten» (Holmes, S. 185). Dies war offensichtlich eine Anspielung auf die Arbeiterpriester, aber ihre mandarinhafte Erhabenheit erregte viel respektlose Heiterkeit, als sie sie erreichte. Jeder, der glaubte, das Leben in einer modernen Fabrik sei nicht genügend «streng», hatte wirklich keine Ahnung. Was den «Mangel an Bildung» betraf, nahmen die Arbeiterpriester die Anklage hin, fügten aber hinzu, daß Bücherwissen sie von den Arbeitern abschnitt und daß es andere, gleichwertige Formen des Wissens gäbe. *Menti Nostrae* bekundete zwar tiefe Mißbilligung der Arbeiterpriester, schaffte sie aber noch nicht ab: Sie blieben unter der Verantwortung der französischen Bischöfe. Das Beil fiel erst 1953, und da war Roncalli nicht mehr da.

Doch *Menti Nostrae* war nur ein Vorgeplänkel, verglichen mit der mächtigen Enzyklika *Humani Generis,* die am 12. August 1950 erschien, zu einer Zeit, als die meisten beschuldigten Theologen auf Vortragsreisen oder in den Ferien waren. Ihr Eindruck läßt sich einigermaßen treffend mit dem abgegriffenen Ausdruck einer «theologischen Bombe» beschreiben. Der Niederschlag war beachtlich. Sie hatte eine ziemlich ähnliche Wirkung wie *Pascendi* dreiundvierzig Jahre vorher. Und wie 1907 bedeutete die Tatsache, daß die Enzyklika keine Namen nannte, daß die Verdächtigungen keine Grenzen kannten. Wer wird der nächste sein? Das war die Frage, die Theologen sich stellten, als sie aus den Sommerferien zurückkamen.

Um zu ermitteln, «gegen wen» *Humani Generis* geschrieben war, gab es nur die Möglichkeit, sich anzusehen, welche Theologen ihre Stellen verloren. Nahm man das als Kriterium, schien der Angriff hauptsächlich gegen die Jesuiten von Fourvière, Lyon, gerichtet, wo die drei Henris – de Lubac, Rondet und Bouillard – Lehrverbot erhielten. Und da gab es viele andere, die «schuldig durch ihre Verbindungen» waren. Henri de Lubac (im Februar 1983 zum Kardinal ernannt) erlitt das schwerste Schicksal: Er wurde nicht nur vom Lehrstuhl verbannt, ihm wurde auch untersagt, in einem Haus zu leben, wo es Studenten gab, damit sie nicht durch seinen schädlichen Einfluß verdorben würden. In der Praxis bedeutete das, daß ihm das Lebenselixier einer ordentlichen Bibliothek genommen wurde. De Lubac wurde als Kopf der *théologie nouvelle* (der «neuen Theologie») angesehen, ein Schimpfwort, geprägt von Reginald Garrou-Lagrange OP (der gleichzeitig die Doktorarbeit des jungen Karol Wojtyla über «Der Glaubensakt bei dem Hl. Johannes vom Kreuz» betreute). Ihre Hauptneuerung war eine sehr gewissenhafte Rückkehr zu der Quelle der Kirchenväter. Er wandte sich jedoch im Sinne der von Maurice Blondel gestellten Frage dieser patristischen Literatur zu: Gnade war in der Natur zu finden, obwohl sie nicht aus der Natur kam *(in natura sed non ex natura)*. Dieses Thema war in seinem Buch *Surnaturel* von 1946 behandelt worden, das eindringlich gegen jede zweiteilige Sicht von Natur und Gnade argumentierte, als wäre die Gnade der Natur von außen aufgesetzt. *Humani Generis* griff eine Karikatur dieser Haltung an, wenn sie sagte: «Andere zerstören den wahrhaft naturgegebenen Charakter der übernatürlichen Ordnung, indem sie andeuten, daß Gott keine vernünftigen Wesen schaffen kann, ohne sie für die seligmachende Vision zu bestimmen und zu ihr zu rufen» (D-S, 3981).

Eine andere von der Lehre ausgeschlossene Gruppe bestand wiederum aus Jesuiten, von denen man glaubte, sie ständen im Bann von Teilhard de Chardin. Obwohl er seit 1924 Publikationsverbot hatte, von dem nur streng wissenschaftliche Themen ausgenommen waren, zirkulierten seine Vorlesungsnotizen und Betrachtungen in Samisdatform, und in Eile abgezogene Kopien in schlecht riechender violetter Farbe wurden eifrig von Hand zu Hand weitergereicht. Wie die im vorhergehenden Abschnitt genannten Theologen wurde Teilhard verurteilt, dem «Immanentismus» verfallen zu sein; aber er wurde auch für schuldig befunden, was *Humani Generis* «die Annahme eines Polygenismus» nannte. Das war die Vorstellung, daß die ersten menschlichen Wesen eher eine Gruppe als ein einzelnes Paar waren (D-S, 3897).

Die Dominikaner in La Saulchoir wurden ebenso streng getroffen wie die Jesuiten von Fourvière. Von Marie-Dominique Chenu hatte man 1942 ein Buch auf den Index gesetzt. Er hatte behauptet, das Studium des heiligen Thomas von Aquin sei nur dann nützlich, wenn man die Aufmerksamkeit auf seinen historischen Hintergrund lenkte. Diese harmlose Binsenweisheit war ein Sakrileg für jene scholastischen Theologen, die behaupteten, von der Dimension der Zeit

«Abstand zu nehmen» und nur «ewige Wahrheiten» zu äußern. Man munkelte auch, Chenu wäre theologischer Berater von Arbeiterpriestern im Pariser Raum. Er entwickelte als erster die Vorstellung von «Zeichen der Zeit» (s. sein Artikel in *La Nouvelle Revue Théologique, «Les Signes du temps»,* Januar 1965, S. 29–39), die Papst Johannes sich zu eigen machte. Doch Chenu hatte von der Notwendigkeit gesprochen, in der profanen Geschichte der vierziger Jahre das Wirken des Heiligen Geistes zu entdecken. Die Enzyklika verspottet jene, die sich vorstellen, «Theologie solle ständig alte Vorstellungen gegen neue austauschen, gemäß verschiedenen Philosophien, die sie im Lauf der Zeit als Instrument benutzt» (D-S, 3822). Chenu hatte nichts dergleichen gesagt, aber der Hut paßte einigermaßen. Yves-Marie Congar, ein weiterer Dominikaner, der an historische Theologie glaubte, wurde ebenfalls entlassen, aber er erfuhr von seinem Ordensmeister, daß es wegen «falschen Irenizismus» wäre. Er war in Griechenland, als *Humani Generis* erschien. Er wurde in ein unglückliches Exil geschickt, nach Cambridge, und durfte nicht mit Anglikanern und nicht einmal mit seinen Dominikanerbrüdern in Blackfriars in Oxford sprechen. Der Direktor der Edition du Cerf, des Verlags der Dominikaner, wurde entlassen. Die dominikanische Zeitschrift *Jeunesse d'Eglise* wurde unterdrückt. Man holte Pater Jérôme Hamer OP aus Belgien als Studienleiter nach La Saulchoir (1984 wurde er Präfekt für die Ordensleute).
Es ist schwierig zu erkennen, was Roncalli von dieser Welle der Unterdrückung hielt. In der Frage Scholastik gegen Geschichte waren seine Sympathien bei Congar und Chenu, wie seine Eröffnungsrede auf dem Konzil klarmacht: «Die Substanz des alten Glaubensbestandes ist eine Sache, die Art, wie sie präsentiert wird, eine andere» (Abbott, S. 715). Aber dieses zukünftige Ereignis brachte 1950 keinem Theologen Trost. Roncalli war nicht direkt von der Säuberung betroffen. Am 21. August, zehn Tage nach *Humani Generis*, reiste er nach Italien und kehrte erst Mitte Oktober zurück. Wieder in Paris, war er merkwürdig still: Seine Erinnerungen weisen eine Lücke von sechs Monaten zwischen Juli und Dezember 1950 auf. Jedenfalls kam Roncalli auf andere Art aus der Klemme. Da die meisten amtsenthobenen Theologen Ordensleute waren, konnte die Aufgabe der Maßregelung ihren Vorgesetzten zu sicheren Händen überlassen werden. Außerdem hatte *Humani Generis* eine verzögerte Wirkung. Mit manchen ihrer Opfer befaßte man sich erst 1953, und da war der Ordensmeister der Dominikaner, Emmanuel Suarez, ein bekanntermaßen schlechter Fahrer, bei einem Autounfall ums Leben gekommen, und Roncalli packte seine Koffer, um Frankreich zu verlassen. So konnte

er wenig für die getadelten Theologen tun, außer zu Geduld raten, die Hände zum Himmel erheben und mit den Schultern zucken.

Pius XII. wählte diesen Zeitpunkt, um die leibliche Himmelfahrt der Jungfrau Maria in einer feierlichen Zeremonie auf dem Petersplatz zu verkünden. Es war der 1. November 1950, das Fest Allerheiligen. Die Erklärung war aus einer Reihe von Gründen widersprüchlich. Sie warf die Frage der Beziehung zwischen Lehre und Geschichte und zwischen Tradition und Heiliger Schrift auf. Es war die erste (und vielleicht letzte) Ausübung der Unfehlbarkeit, wie sie vom Vaticanum I definiert worden war, und entsprach selbst da nicht den ausdrücklichen Bedingungen des Konzils. Während Vaticanum I dachte, die Verkündung eines Dogmas könnte angewendet werden, um Meinungsstreit und Krisen in der Kirche zu beenden, hieß es in diesem Fall, daß die Bischöfe aus der ganzen Welt «fast einmütig» waren (D-S, 3902), was die Definition überflüssig machte. Sie richtete eine zusätzliche Hürde für die ökumenische Bewegung auf. Sie war ein Akt der Herausforderung an die Welt. Dieser letzte Aspekt wurde von Kardinal Giuseppe Siri, der Pius XII. so nahestand, daß er als sein Kronprinz betrachtet wurde, deutlich herausgestellt. Siri erklärte, daß die Verkündung der Himmelfahrt «ein mutiger Akt war, weil Pius XII. mit einer unfehlbaren Verkündung eine Welt direkt herausforderte, die keine Lehrer mochte» (Siri, zum 25. Todestag von Pius XII., 8. Oktober 1983, S. 4). Danach hörte es sich wie ein Akt von kirchlichem *machismo* an. Französische Theologen, denen immer noch von *Humani Generis* schwindelte, sahen es als Loyalitätsprobe.

Roncalli fiel es nicht schwer, die Verkündung des Dogmas von der Himmelfahrt anzunehmen. Er hatte das Fest seit seiner Kindheit gefeiert. Zehn Jahre nach der Verkündung schrieb er: «Ich befand mich als Nuntius in Frankreich unter den Glücklichen, die auf dem Petersplatz dem Ereignis beiwohnten. Von meiner Seite aus gibt es keine Frage, da ich diese Lehre immer vertreten habe, auch wenn in den Jahren im Osten meine Blicke nicht von den Darstellungen der *dormitio b. Mariae* – ‹des Heimgangs Mariae› in Kirchen mit griechischem oder auch slawischem Ritus angezogen worden wären» (*Tagebuch,* S. 338). Roncallis beständiges Nachsinnen über die Himmelfahrt enthüllt uns die Nähe Marias. Sie ist bei uns, nicht über uns. Sie ist die erste der Jünger und die Führerin im Glauben. Er schließt seine Meditation: «Das Geheimnis der Aufnahme in den Himmel läßt uns an den Tod denken, an *unseren* Tod, und es erfüllt uns mit einer Stimmung friedvoller Selbstvergessenheit; es macht uns mit der Vorstellung vertraut und versöhnt uns mit ihr, daß der Herr bei unserem Todeskampf gegenwärtig sein wird, um unsere unsterbliche Seele in seinen Händen aufzunehmen» (*Rosario,* S. 56). Dies ist etwas völlig anderes, als die Himmelfahrt zu benutzen, um der Welt eine Lehre zu erteilen.

In der letzten Phase seiner Mission in Frankreich, 1951–52, widmete Roncalli, da er die französischen Katholiken zänkisch und polemisch fand, denen «außerhalb» der Kirche mehr Zeit. Sie mußten nicht auf einen Ukas aus Rom achten, und so konnten sie eher seine Vorzüge des Herzens und des Verstandes schätzen. Gewiß fand Präsident Vincent Auriol, der in der Volksfrontregierung 1936 Finanzminister gewesen war, ihn sympathisch. Während die meisten französischen Katholiken die Rolle des Nuntius im Blick auf das innerkirchliche Leben sahen, verstanden die traditionell antiklerikalen Sozialisten und Radikalen, wieviel er wirklich zu den guten Beziehungen zwischen Frankreich und dem Heiligen Stuhl in dieser Nachkriegszeit beigetragen hatte. Die zähen Debatten über katholische Schulen *(écoles libres)* ließ man nie in Verbitterung ausarten. Die Gesetzgebung von 1951 löste das Problem gütlich (wenn auch nicht endgültig): Katholische Schulen erhielten gewisse öffentliche Mittel aufgrund der Tatsache, daß das staatliche System wegen der kräftig gestiegenen Geburtenrate nicht ausreichte (s. J. Hampden Jackson in *A Short History of France,* Cambridge 1959, S. 208). Für Roncalli war es das gemeinsame «Bemühen um ein gutes Verhältnis zwischen Kirche und Staat», «was ja den eigentlichen Zweck der Apostolischen Nuntiatur ausmacht» (*Nuntius,* S. 36). An diesem Kriterium gemessen, war seine Mission in Frankreich ein Erfolg. Der bittere Streit zwischen Kirche und Staat war vorbei. Außerdem hatte er gelernt, daß er auch mit anderen als christlich-demokratischen Politikern auskommen konnte, eine Lektion, die er mit nach Italien nahm, wo sie neu war.

Roncalli holte noch weiter aus, als er 1951 zum offiziellen Beobachter des Vatikans bei der UNESCO ernannt wurde. Er sprach am 11. Juli 1951 vor ihrer Generalversammlung. Obwohl eine junge Organisation («kaum den Kinderschuhen entwachsen», wie er sagte), nahm sie klare Konturen an. Sie sei weder ein internationaler Museumswächter, noch sollte sie versuchen, der ganzen Welt Erziehungsprogramme zu verordnen. Ihre Rolle sei, sagte er, «überall eifrige und aktive Kräfte und eine weltumspannende Zusammenarbeit zu wecken, um den Zielen der Gerechtigkeit, der Freiheit und des Friedens unter allen Völkern der Erde ohne Unterschied der Rasse, der Sprache oder der Religion zu dienen» (*Nuntius,* S. 91). Wenn dies gewisse Überschneidungen mit der Aufgabe der Kirche mit sich brächte, um so besser. Roncalli betrachtete internationale Organisationen nicht als Rivalen der Kirche. Aber vor der UNESCO predigte er auch nicht.

Er hob seine Predigt für eine besondere Messe in Saint-Pierre-de-Chaillot auf. Er gab den Katholiken, die für die UNESCO arbeiteten, die Grundregeln für den Dialog mit Nichtgläubigen und Andersgläubigen. Der Ausgangspunkt war die Altarinschrift auf dem Marktplatz von Athen: «Dem unbekannten Gott» *(Ignoto Deo).* Es gibt eine anonyme Suche nach Gott, und wo immer es Gerechtigkeit und Wahrheit gibt, ist auch die Gnade gegenwärtig. Wie gewohnt hatte Roncalli eine Maxime, um seine folgende Einstellung zu formulieren: «Sich ohne Mißtrauen in die Augen blicken, sich gegenseitig ohne Furcht nähern, einander helfen, ohne dabei das Gesicht zu verlieren» (*«Se regarder sans se méfier; se rapprocher sans peur; s'entr'aider sans se compromettre»: Nuntius,* S. 94, wo die Worte Kardinal Lecot 1893 im Elyséepalast zugeschrieben werden). Es war kein schlechtes Motto für eine internationale Organisation. Es half ihm, sein Pontifikat zu formen. Es war in Frankreich und bei der UNESCO, wo er lernte, daß es möglich wäre, ideologische Hürden beiseite zu schieben und «alle Menschen guten Willens» anzusprechen.

Eine bestimmte Rasse hatte einen besonderen Anspruch auf seine Aufmerksamkeit: die Juden. Seine Erinnerungen an die Kriegszeit waren noch lebendig. In der Kathedrale von Algier sprach er im März 1950 von den Juden als «Söhnen der Verheißung» (Römer 9,8), «denen ich so oft begegnete, da ich im Dienst des Heiligen Stuhles im Orient weilte, in mancher Stunde der Bedrängnis, stets aber im gegenseitigen Erweis menschlicher Brüderlichkeit» (*Nuntius,* S. 79). Die Basis für einen ernsthaften theologischen Dialog war, «das Volk Israel im Lichte Abrahams zu betrachten, dem großen Patriarchen aller Gläubigen». Er hatte viele jüdische Freunde in Paris und freute sich, als einer von ihnen, Antonio Coen, nach einem Versuch mit den Freimaurern zum Glauben seiner Väter zurückkehrte (Aimé-Azam, S. 107). Er begann sich für Simone Weil zu interessieren, und 1952 schrieb er ihrem Vater, Dr. Bernard Weil, mit dem Gedanken, den kargen Raum – er hatte einen Schlafsack, kein Bett –, wo sie gewöhnlich arbeitete, zu besuchen (ibid.). Er las *La Connaissance Surnaturelle* und bewunderte es sehr. Er war von ihrer letzten Bemerkung bewegt, die beginnt: «Ich glaube an Gott, die Dreieinigkeit, die Fleischwerdung Christi, die Erlösung, das Sakrament und das Evangelium . . .», aber dann erklärt, warum sie «auf der Schwelle» *(au seuil)* der Kirche bleiben muß. Roncalli hütete diesen Text und gab ein Exemplar davon Kardinal Augustinus Bea, bevor er 1962 veröffentlicht wurde (in *Pensées sans ordre concernant l'amour de Dieu*).

Roncallis Abschied von Paris kam so unerwartet wie seine Ernen-

nung. Am 24. November 1952 erhielt er einen mit «privat und vertraulich» bezeichneten Brief von Montini. Er war ziemlich verwirrend. Im Namen Pius' XII. fragte Montini, ob er bereit wäre, die Nachfolge des Patriarchen von Venedig, Carlo Agostini, für den Fall von dessen Tod, mit dem bald zu rechnen wäre, anzutreten. Niemand durfte es erfahren oder um Rat gefragt werden. So mußte Roncalli sich seinem Tagebuch anvertrauen: «Ich betete, dachte darüber nach und antwortete *Obedientia et Pax* [Gehorsam und Frieden]. Eine völlig unerwartete neue Richtung meines Lebens. Ich erinnere mich an den heiligen Josef und folge seinem Beispiel. So schieb ich meinen Esel in eine neue Richtung und segne den Herrn» (*Pasqua, 1978,* S. 28). Er schrieb am selben Tag an Montini und äußerte seine Bereitschaft, in «echter Freiheit des Geistes» zu gehorchen (*Saggio,* S. 57). Dennoch geriet er in eine peinliche Lage. Er konnte wirklich nicht den Tod Agostinis wünschen, doch wenn der alte Mann noch durchhielte oder sich erholte, müßte Roncalli vielleicht feststellen, daß er sich zwischen zwei Stühle gesetzt hätte. Er dachte in seiner Antwort an Montini geschickt an beide Möglichkeiten: «Ich bete, der Herr möge den Patriarchen von Venedig heilen und ihm noch viele Jahre schenken. Aber falls ich ihm nachfolgen sollte, möge mir die Gnade zuteil werden, dem alten Spruch über den heiligen Markus als dem *«discipulus et interpres Petri»* («Schüler und Dolmetscher Petri»; *Saggio,* S. 57) gerecht zu werden. Denn für den seelsorgerisch denkenden Roncalli würde Venedig eine wunderbare Erfüllung eines Traumes seiner Jugend werden. Die vierhundert Jahre gemeinsamer Geschichte Venedigs und Bergamos bedeuteten, daß es so etwas wie eine Heimkehr wäre. Aber noch hatte er es nicht in der Tasche.
Am 29. November 1952 erhielt er ein Telegramm von Montini, der ihm mitteilte, der Heilige Vater habe beschlossen, ihm auf dem Konsistorium am 12. Januar 1953 «den heiligen Purpur zu verleihen». Feltin aus Paris und Grente aus Le Mans sollten ebenfalls zu Kardinälen ernannt werden (*Saggio,* S. 57f.). Er reagierte gelassen auf diese nicht unerwartete Nachricht. Sie bedeutete, daß nun feststand, daß er Paris verlassen würde, wenn nicht in Richtung Venedig, dann zur Römischen Kurie – eine Aussicht, die ihn nicht mit ungetrübter Freude erfüllte. Außerdem beunruhigte ihn die am selben Tag erhaltene Nachricht, daß Ancilla, «die immer die kostbare Perle meines Haushalts gewesen ist» (ibid., S. 59), Krebs hatte und im Sterben lag. Er bat um die Erlaubnis, eine schnelle Reise nach Sotto il Monte zu machen, um sie zu besuchen. Das wurde ihm genehmigt. Im Nachtexpreß nach Mailand drängte sich der Gedanke an Ancilla und an den Kardinalshut in seinen Kopf, und er schrieb in sein Tagebuch:

> Eine ruhige Nacht im Zug. O Jesus, wie menschlich ich bin! Wie dankbar bin ich für den Glauben, der mir Klarheit des Blickes und unsterbliche Hoffnung gibt, und wie dankbar bin ich, daß eine Zeit, die zu den Versuchungen der Eitelkeit und Selbstzufriedenheit führen könnte, statt dessen eine Periode der Einheit mit dem Kreuz werden soll. *O crux, ave, ave* [«Gegrüßet seist du, o Kreuz»] (*Pasqua, 1978,* S. 29).

Am 12. Dezember war er an Ancillas Bett. Obwohl die Ärzte ihr nur noch wenige Wochen zu leben gegeben hatten, quälte sie sich noch ein weiteres Jahr bis zum 11. November 1953.

Wieder in Paris, war die Neuigkeit, daß er Kardinal werden sollte – nicht aber, daß er vielleicht nach Venedig gehen würde – allgemein bekannt geworden. Die Runde der offiziellen Gratulationen begann mit Ministerpräsident Antoine Pinay und Präsident Auriol, der sagte, es würde ein trauriger Abschied werden. Als Feltin, der bald mit ihm Kardinal werden sollte, ihn aufsuchte, um ihm zu gratulieren, fand er Roncalli ungewohnt «traurig, düster und besorgt». Feltin fragte: «Aber sind Sie nicht eigentlich ganz froh darüber?» Roncalli antwortete: «Nun, ich bin überhaupt nicht glücklich, weil ich in Frankreich bleiben wollte. Ich liebe Frankreich und ich liebe Paris, und ich hoffte, noch ein bißchen länger zu bleiben. Ich kann mich wirklich nicht in Rom sehen, Tag ein Tag aus von Sitzung zu Sitzung zu gehen und mich mit Büroarbeit zu befassen. Darin bin ich nicht gut. Ich bin eigentlich Seelsorger» (Bergerre, S. 69). Nicht einmal Feltin konnte er erzählen, daß er diesem Schicksal bei der Kurie nur entgehen würde, wenn Agostini starb. Um Weihnachten ging es mit dem Patriarchen von Venedig schnell bergab. Roncalli betete für ihn, aber in sein Tagebuch schrieb er: «Falls ich ihm nachfolgen sollte, vereinige ich mein Gebet mit seinem Opfer, was bereits eine gute Vorbereitung auf mein Opfer ist» (*Pasqua, 1978,* S. 29). Das war am Weihnachtstag 1952. Vier Tage später schlug er beim Frühstück seine Nummer des *Figaro* auf und erfuhr, daß Agostini gestorben war. «Mit diesem Tod», schrieb er auf, «beginnt die neue Richtung meines Lebens, die mir am 14. November, dem Fest des heiligen Josaphat, gezeigt wurde. Ich erwarte meine Weisungen vom Heiligen Stuhl» (ibid.). Er war der Römischen Kurie knapp entgangen.

Kardinal und Patriarch von Venedig zu werden stieg ihm nicht zu Kopf. Er erinnerte sich selbst daran, daß «es Schurken und Heilige unter den Kardinälen gegeben hat» (ibid.) und daß Kardinal zu sein eine Ehre war, aber kein weiteres Sakrament, «noch ein Sakramental», wie er Kardinal Saliège erklärte (*Nuntius,* S. 150). Er beschloß, sich geistlich auf das Amt vorzubereiten. Sein Innenleben wurde einfacher. Er fand es hilfreich, zum Dritten Buch, Kapitel 23, der *Nach-*

folge Christi zurückzukehren. Sein Thema sind «die vier Dinge, die großen Frieden verschaffen», und seine Grundsätze, so evangelisch im Geist, sind wesentlich, um Roncalli zu verstehen:

> Wolle lieber weniger als mehr haben.
> Suche stets den letzten Platz, sei allen untertan.
> Wünsche immer und bitte, Gottes Wille möge sich restlos an dir erfüllen.
> Wer so eingestellt ist, gelangt ins Reich des Friedens und der Ruhe (*Pasqua, 1978,* S. 45: Brief an Msgr. Gustavo Testa, damals Nuntius in Bern, vom 2. Dezember 1952).

In den Augen derer, die ihn damals oder später kennenlernten, schien Roncalli sich des «großen inneren Friedens» zu erfreuen, den die Nachfolge Christi meint. Sie konnten nur raten, welchen Preis er dafür zahlte.

Er war im Dezember 1944 überstürzt und ohne Aufhebens in Frankreich angekommen. Er verließ es neun Jahre später mit den ganzen gemächlichen komplizierten Ritualien des Abschiednehmens. Am 15. Januar 1953 machte Präsident Vincent Auriol Gebrauch von einem besonderen Privileg, das «katholische» Staatsoberhäupter einmal hatten, und überreichte ihm das rote Birett. Er zeichnete Roncalli dann mit der *Légion d'honneur* aus und hielt eine Rede. Auriols Schlüsselsatz war dieser: «Ihre Erfahrung versetzte Sie in den Stand, die Rolle Frankreichs in der Welt zu schätzen, und ließ Sie seit langem die Traditionen der Gerechtigkeit und Toleranz verstehen, die immer die Ehre unserer Nation gewesen sind und die, als Antwort auf Leos XIII. feierlichen Appell, alle geistigen Gruppen Frankreichs um die Republik geschart haben» (*Mission,* S. 182). Die Huldigung war verdient und angemessen. 1893 hatte Leo XIII. die französischen Katholiken gedrängt, sich «um die Republik zu scharen». Der Zusammenstoß zwischen Frankreich und dem Vatikan machte das schwierig, wenn nicht unmöglich. Jetzt, 1952, waren diese Wunden verheilt, und die französischen Katholiken hatten sich, wenn man einige unverbesserliche Monarchisten und Überlebende der *Action Française* wegließ, hinter die Vierte Republik gestellt.

Während Auriol ihm in Paris das rote Birett überreichte, wurde in Rom endlich seine Ernennung zum Patriarchen von Venedig verkündet. Manche Franzosen waren beleidigt, daß «ihr» Kardinal nach Venedig ging, anstatt auf einen einflußreichen Posten in der Kurie zu kommen, wo er sich für die französische Kirche einsetzen könnte. Venedig stellte man sich als eine Spielzeugstadt vor, mit Kanälen und Lagunen, von unirdischer Schönheit, aber märchenhafter Bedeutungslosigkeit für die moderne Welt.

Am 5. Februar 1953 veranstaltete Roncalli ein Abschiedsessen in der Nuntiatur, zu dem er Edouard Herriot, den Präsidenten der Nationalversammlung, einlud und die Männer, die während seiner Zeit in Frankreich Ministerpräsidenten gewesen waren: Georges Bidault, Félix Gouin, René Pleven, Edgar Faure, André Marie, Robert Schuman und Antoine Pinay (Dreyfus, S. 118f.). Sie kamen alle. Capovilla zitiert eine Bemerkung, die die Runde machte: «Unter dem Dach des Nuntius konnten französische Politiker der verschiedensten Richtungen sich freundlich begegnen.» Man könnte auch Überlegungen anstellen, wie schnell politische Gestalten in Vergessenheit geraten.

General Georges Vannier, der kanadische Botschafter, erwies am 19. Februar Roncalli seine Hochachtung im Namen des diplomatischen Korps. Der Frost des Kalten Krieges bewirkte, daß keine Osteuropäer erschienen, doch – Roncalli zählte sie – «neunundfünfzig Kollegen waren da» (*Pasqua, 1978,* S. 31). Vanniers barocke Marotten konkurrierten mit Roncallis eigener Rhetorik. Der Nuntius, behauptete er, vereinigte in seiner Person die drei charakteristischen Erzeugnisse Bergamos: Wein, Seide und Stahl. Der Wein beschwor «die Wärme Ihres Herzens und die Lebendigkeit Ihres Geistes». Seide wies auf «ein Gespür für Nuancen» hin und stellte klar, daß er nie «einer jener ernsten, an Goya erinnernden Kardinäle» sein würde. Vannier erwärmte sich für sein Thema. «Nein, Sie verfügen über die Stärke, gemäßigt durch Charme, die wir auf Raffaels Gemälden finden.» Schließlich stand Stahl für «die Festigkeit des Charakters, die keine Kompromisse schließt, wo die Wahrheit betroffen ist» (*Mission,* S. 186). Es war kein so schlechtes Porträt. Aber man wird sich weiter fragen müssen, warum die französische Kirche Roncalli nicht so sah wie die Diplomaten.

Vier Tage später, am 23. Februar 1953, verließ er Frankreich. Sein Tagebuch berichtet:

> Verließ Frankreich auf immer *[partenza definitiva].* Stand um 4.30 Uhr nach gutem Schlaf auf. Traurigkeit über die Abreise, aber innere Freude in Eintracht mit Gott und ein Gefühl von «Güte zu Liebe verwandelt». Heilige Messe um 6 Uhr. Ein stilles, bewegtes Lebewohl um 7.30 und einige Tränen da und dort ... Ich lobe den Herrn und danke ihm *pro universis beneficiis suis,* für alle seine mir erwiesene Güte (*Pasqua, 1978, S. 31).*

Am Abend war er in Mailand. Am nächsten Tag besuchte er seine todkranke Schwester Ancilla, und am 25. Februar 1953 fuhr er mit dem Zug nach Rom, wo er am Bahnhof von Msgr. Angelo Dell'Acqua, seinem ehemaligen Sekretär in Istanbul, begrüßt wurde.

Er sah kurz Tardini und hatte ein «sehr langes Gespräch» mit Montini, der eine Nachricht von Pius XII. überreichte, weil der Papst zu krank war, um ihn zu empfangen. Das Dreieck Venedig–Mailand–Rom hatte sein Leben bis dahin beherrscht. Endlich ging er nach Hause, um der Seelsorger zu werden, der er immer hatte sein wollen. Er war einundsiebzig. Es sah ganz danach aus, als würde es seine letzte Stelle sein.

11. Kapitel

Die Jahreszeiten von Venedig

> Venedig ist eine jahreszeitlich geprägte Stadt, die stärker als die meisten von Wetter und Temperatur abhängt. Sie lebt auf den Sommer hin, wenn ihre große Touristenindustrie auf Hochtouren kommt, und im Winter ist sie ein merkwürdig einfacher hausbackener Ort, durchdrungen von Melancholie, die Plätze verlassen, die Kanäle vom Wind gekräuselt und trostlos.
>
> (James Morris, Venice, S. 203)

Das Konsistorium vom 12. März 1953 war das zweite und, wie sich herausstellen sollte, letzte im Pontifikat Papst Pius' XII. Wenn es auch damals niemand bemerken konnte, vervollständigte es das Kollegium, das seinen Nachfolger wählen würde, und deshalb war der nächste Papst irgend jemand unter ihnen. Roncalli freute sich, daß Valerio Valeri zum Kardinal erhoben wurde. Von den vierundzwanzig Neuernannten waren zehn Italiener. Damals wurde das in weiten Kreisen als ein Schritt auf eine «Internationalisierung» hin begrüßt: *nur* zehn waren Italiener. Acht von ihnen war es bestimmt, den Rest ihres Lebens in der Römischen Kurie zu verbringen. Die Ausnahmen waren Roncalli und Giuseppe Siri, seit 1946 Erzbischof von Genua. Obwohl erst siebenundvierzig, wurde er, ein Mann von großer Begabung, nicht nur als Vertrauter Pius' XII. betrachtet, sondern auch als sein Kronprinz und insgeheim bestimmter Nachfolger. Er würde einer von Roncallis Rivalen beim Konklave von 1958 sein. Politische Bedeutung las man aus der Nominierung von Kardinälen hinter dem

«Eisernen Vorhang» heraus, Alojzije Stepinac aus Zagreb in Jugoslawien und Stefan Wyszyuski aus Gnesen-Warschau in Polen. Beide standen unter Hausarrest und konnten nicht kommen.

Noch vor seiner Abreise aus Paris begann Roncalli, seine Mannschaft für Venedig aufzustellen. Der Generalvikar, Msgr. Erminio Macacek, besuchte ihn am 3. Februar 1953 und brachte Don Loris Capovilla mit. 1915 auf dem Festland in einer Kleinstadt bei Padua geboren, verlor Capovilla früh den Vater und lebte in Armut, bevor er in das Patriarchische Seminar in Venedig eintrat. Klein, lebhaft und energisch, hatte er «von allem ein bißchen» seit seiner Priesterweihe getan. Er war Militärkaplan gewesen, Rundfunksprecher, Journalist, Herausgeber der Diözesanzeitung *La voce di San Marco*. Er war nicht in Rom geschult. Roncalli nahm ihn auf der Stelle und machte ihn zu seinem Sekretär. Sie blieben bis zu seinem Tod zusammen. Mit Capovilla bekam Roncalli viel mehr als einen Sekretär: Er bekam einen geistlichen Sohn, einen Nachlaßverwalter, einen Vertrauten und einen Boswell.

Roncalli schrieb am 17. Januar 1953 an den Bürgermeister von Bergamo. Nach seinem nicht sehr glücklichen Versuch, La Fontaine zu erläutern, war er sichtlich froh, wieder in der Welt zu sein, wo der Name Alessandro Manzoni so viel bedeutete. Manzoni war allerdings auch in Paris seinen Gedanken nie sehr fern gewesen, weil das der Ort war, wo der Romancier bekehrt worden war; und Roncalli stellte dem Schicksal des Laien Manzoni das des Lorenzo Mascherone gegenüber, der seinen Glauben dort verloren hatte (*Dodicesimo anniversario,* S. 89). Jetzt konnte er wieder einmal Manzoni zitieren und sicher sein, verstanden zu werden. In seinem Brief an den Bürgermeister von Bergamo erinnerte er an die Szene, in der Renzo, der Held, bei Tagesanbruch die Adda erreicht und in der Ferne die Mauern und Türme sieht:

> Ist das Bergamo?
> Die Stadt Bergamo, erwiderte der Fischer.
> Und das Ufer dort drüben gehört zu Bergamo?
> Zum Land des heiligen Markus.
> Lang lebe der heilige Markus, rief Renzo und fühlte sich fast schon als Bergamaske
> (*Pasqua, 1978,* S. 62f.).

«Lang lebe der heilige Markus, Schüler und Dolmetscher des heiligen Petrus», rief Roncalli entsprechend und fühlte sich schon fast als Venezianer. Die vier Jahrhunderte gemeinsamer Geschichte, erzählte er dem Bürgermeister von Bergamo, «formten das Wesen unserer

Menschen nach dem Vorbild von Venedig und ließen einen Strom von Sympathie zwischen dem Osten und dem Westen der Serenissima entstehen». Roncalli blieb im Grunde seines Wesen Regionalist: «Heute machen alle Regionen der Halbinsel ein einziges Italien aus. Doch innerhalb dieses Versuches, Brüderlichkeit zwischen allen Italienern herzustellen, bereichert uns der Respekt für den besonderen Charakter jeder Region mit einer geistigen Schönheit, die einen jauchzen und frohlocken läßt» (ibid., S. 63). Er würde es ganz sicher genießen, ein Seelsorger in Venedig zu sein. Er hatte lange auf diese Gelegenheit gewartet.

Er nahm mit allem Pomp am 15. März 1953 Besitz von seiner Diözese. Er verschmähte Prunk nicht und fand ihn auch nicht langweilig. Der junge Albino Luciani, den er am 27. Dezember 1958 zum Bischof von Vittorio Veneto weihte, wurde schließlich am 8. Februar 1970 Patriarch von Venedig. Er schaffte die Prozession der Gondeln ab, die den Einzug des Patriarchen traditionell begleiteten. Roncalli war nicht so puritanisch. Die Venezianer liebten Prozessionen. Viele Gondolieri hatten ihre Boote frisch gestrichen. Roncalli führte sich am selben Nachmittag mit typischer Direktheit bei der Bevölkerung Venedigs ein:

> Ich möchte mit der größten Freimütigkeit zu euch sprechen. Ihr habt ungeduldig auf mich gewartet. Dinge sind über mich gesagt und geschrieben worden, die meine Verdienste stark übertreiben. Ich stelle mich bescheiden vor. Wie jeder andere Mensch auf der Erde stamme ich aus einer bestimmten Familie und von einem bestimmten Ort. Ich bin mit guter körperlicher Gesundheit gesegnet und mit genügend praktischem Verstand, um schnell und klar zu begreifen; ich habe auch eine Neigung, die Menschen zu lieben, und deshalb bin ich dem Gebot des Evangeliums treu und respektiere meine eigenen Rechte und die anderer Menschen. Das hält mich davon ab, jemandem zu schaden; das ermutigt mich, allen Gutes zu tun.
>
> Ich stamme aus einer bescheidenen Familie und wurde in zufriedener und gesegneter Armut aufgezogen – einer Armut, die wenig Bedürfnisse hat, die wertvollsten Tugenden bildet und einen für das große Abenteuer des Lebens vorbereitet.
>
> Die Vorsehung hat mich aus meinem heimatlichen Dorf weggeholt und über die Straßen in Ost und West geführt. Sie erlaubte mir, Menschen unterschiedlicher Religionen und Ideologien nahezukommen und ernste und bedrohliche soziale Probleme zu studieren. Doch die Vorsehung erlaubte mir auch, ein ausgewogenes und gelassenes Urteil beizubehalten. Ich habe mich immer mehr mit dem befaßt, was vereint, als mit dem, was trennt und Unterschiede schafft...
>
> Ich wage nicht auf mich anzuwenden, was Petrarca, ein in Venedig Ver-

liebter, von sich zu sagen pflegte. Noch habe ich Geschichten zu erzählen wie Marco Polo, als er hierher zu seinen Leuten zurückkehrte. Aber starke Bande binden mich an Venedig. Ich komme aus Bergamo, dem Land des heiligen Markus, dem Land, wo Bartolomeo Colleoni geboren wurde. Hinter den Bergen meiner Jugend liegen Somasca und die Höhle des heiligen Hieronymus Emilianus.

Ohne Zweifel übersteigt die hohe Stellung, mit der ich betraut wurde, meine sämtlichen Fähigkeiten. Doch vor allem anderen empfehle ich eurer Güte einen, der einfach euer Bruder sein möchte, zugänglich und verständnisvoll ...

So ist der Mann, so ist der neue Bürger, den Venedig heute so freundlich mit solchen festlichen Kundgebungen willkommen geheißen hat (Alberigo, S. 207ff.).

Dem konnte man nicht widerstehen. Roncalli verfügte mit einundsiebzig über eine Ausstrahlung, die nicht einfach als Summe seiner Güte, seiner Aufrichtigkeit und seines Charmes erklärt werden konnte. Es war schwierig, ihn nicht zu mögen. Als er den Maler Giuseppe Cherubini traf, eine majestätische und imposante Gestalt mit einem langen wehenden Bart, schüttelte Roncalli ihm die Hand, anstatt ihn seinen Ring küssen zu lassen, und erklärte: «Wir sind beide Patriarchen – Sie durch Ihren prachtvollen Bart, ich *ad literam,* buchstäblich» (Cugini, S. 58). Es war ein Scherz, aber er klang echt.

Venedig gewann den Patriarchen lieb, und der Patriarch gewann Venedig lieb. Er liebte seine Traditionen und die Verbindungen mit Byzanz. An seinem ersten Ostersonntagabend war er beim Schlußsegen angelangt, und die Basilika San Marco war ganz dunkel, schimmernd und geheimnisvoll. Er dachte, nun käme nichts mehr, als plötzlich der Seminarchor in eine geisterhafte, östlich inspirierte Litanei ausbrach, die, meinte Capovilla, «die Engel und die Heiligen, die von den Mosaiken der vergoldeten Kuppeln herabschauten, wiederzuerwecken schienen». Roncalli wandte sich dem Domherrn zu seiner Rechten zu und fragte: «Was jetzt?» Der Alte erwiderte im venezianischen Dialekt: «*Eminensa, andèmo a l'altàr de la Nicopeja a ralagrarse co la siora Mare, perchè son Fio xe ressucità*» («Gehen wir, Eure Eminenz, zum Nicopeiaaltar, um Unserer Lieben Frau zur Auferstehung ihres Sohnes zu gratulieren»). Die Madonna von Nicopeia ist eine geheimnisvolle Ikone, die vom Evangelisten Lukas gemalt sein soll; sie wurde 1204 aus Konstantinopel mitgenommen. Die Madonna von Nicopeia war nicht die einzige Erinnerung an die Zeit, als Venedig «den prachtvollen Osten zu eigen hatte». Der Osten ist im Bauplan und in der Ausstattung der Basilika und im Konvent der

Mechitaristenpatres, einem armenischen Orden, der seit 1715 auf der Insel San Lazzaro lebt, gegenwärtig.

Mit der Geschichte der Stadt vertraut, wußte Roncalli, daß sie von der Höhe ihrer Herrlichkeit gestürzt war. Jetzt hatte sie verfallende Paläste und leere Taschen. Sie erwachte während ihrer Festivals – des Films, der Malerei und der Musik – zum Leben, wenn sie eine malerische Kulisse für den internationalen Jet-Set abgab. Im Sommer war sie restlos überfüllt von Touristen, Künstlern, Neureichen und Homosexuellen (von der Erinnerung an Baron Corvo und Thomas Mann gelockt), welche die 400 000, die Roncallis Herde ausmachten, ärgerten oder von ihnen ausgebeutet wurden. Aber die Bevölkerung der historischen Stadt ging zurück, da die Jungen in Marghera oder Mestre, inzwischen große Industriestädte, Arbeit suchten. Roncalli machte seinen ersten Besuch in Porta Marghera wenige Tage nach seiner Ankunft. Er zelebrierte die Messe für Opfer von Arbeitsunfällen. Er schrieb in sein Tagebuch: «Machte einen tiefen Eindruck auf mich und wurde sehr gut aufgenommen» (*Pasqua, 1978,* S. 34 – 27. März 1953). Als Patriarch sah er ein anderes Venedig, das die touristischen Werbeplakate lieber übergingen.

Der Kontrast zwischen Pracht und Armut fiel ihm immer auf. Seine ersten Exerzitien als Patriarch hielt er in Fietta, dem Landhaus des venezianischen Seminars. Fünfzehn Bischöfe und Weihbischöfe aus den acht Diözesen, deren Metropolit er nun war, schlossen sich ihm kollegial an. Seine Notizen machen klar, daß Venedig kein müheloses und dafür einträgliches Amt war: «Zwei schmerzliche Punkte habe ich bereits festgestellt inmitten so großen Glanzes kirchlicher Würde und Verehrung als Kardinal und Patriarch: die Dürftigkeit der bischöflichen Einkünfte und die Schar der Armen und das Drängen um Anstellung und Unterstützung» (*Tagebuch,* S. 308).

Er äußerte Ähnliches bei seiner Schwester Ancilla am 15. Mai 1953: «Die Menschen sind wahrhaft herzensgut, liebenswürdig und ihrem Patriarchen in Liebe zugetan! Aber auch hier herrscht große Armut» (*Familiari,* II, S. 304). Später, als Weihnachten näher kam und die Plätze voll von heimgekehrten «Gastarbeitern» waren, schrieb er an die Familie: «In Paris war viel zu tun, aber das hier, meine Kinder, steht in keinem Vergleich dazu... ich komme mir vor wie eine Mutter in einer armen und kinderreichen Familie» (*Familiari,* II, S. 313).

Wie jedesmal an einem neuen Ort wollte er seine häuslichen Maßnahmen möglichst rasch hinter sich bringen. Sein Palazzo, ein schwer beschreibbares Gebäude links von der Basilika San Marco, ging auf die Piazzetta dei Leonicini, so genannt wegen der zwei rostigen Löwen, die sie bewachten. Es war, sagte er Msgr. Bruno Heim, der jetzt in Wien war, «ein bescheidenes, aber freundliches Haus», und Gäste könnten immer irgendwie hineingezwängt werden (*Pasqua, 1978,* S. 79). Aber die Gästezimmer waren im Winter kalt und zugig (*Familiari,* II, S. 313). Heim, ein Experte der Heraldik, gab ihm Ratschläge für sein Wappen: ein Löwe des heiligen Markus auf weißem Grund. Er wollte lieber nicht in den Räumen im ersten Stock wohnen, die einmal sein Vorgänger, der selige Pius X., bewohnt hatte, und richtete sich im zweiten Stock ein. Er ließ eine Wand einreißen und eine neue Trennwand einziehen, so daß sein Schlafzimmer in sein Arbeitszimmer ging. Er hatte den Blick auf den Innenhof. Es war sehr still, besonders nachts, wenn er gern über die Geschichte Venedigs und an seinem lange hinausgeschobenen letzten Band der *Atti* über die Visitationen des heiligen Karl Borromäus arbeitete. «Mit dieser Arbeit», sagte er Davide Cugini, «die schon vierzig Jahre dauert, hoffe ich, unseren Großneffen und -nichten ein kleines Zeichen der Zuneigung zu Bergamo zu hinterlassen und meinem bescheidenen Namen Achtung zu verschaffen» (Cugini, S. 56). Er meinte, man würde sich wegen dieser vier Bände an ihn erinnern. Er hätte sich nicht stärker irren können. Die vier Bände der *Atti* ließen ihn die Inflationsrate ermessen. Der Druck von Band I kostete 2 000 Lire, Band IV würde 2 Millionen Lire kosten. «Ich werde das Geld in Bergamo auftreiben müssen», erklärte er, «weil ich, wie Sie wissen, kein Kapitalist bin» (ibid.).

Über der Tür zu seinem Arbeitszimmer brachte er die Worte *Pastor et Pater* («Hirte und Vater») an, als Mahnung, wie er seine Autorität ausüben sollte (Alberigo, S. 249). Er überredete Kardinal Adeodato Piazza, Präfekt der Konsistorienkongregation, ihm einen Weihbischof zu geben, und wurde mit Msgr. Augusto Gianfrancheschini, der Gemeindepriester in der inneren Stadt gewesen war, zufriedengestellt (*Pasqua, 1978,* S. 8; Brief an Piazza vom 19. Juni 1953). In Guido Gussi, einem Zweiundzwanzigjährigen aus dem nahen Fischerdorf Caorle, fand er einen perfekten Burschen, der ihn schließlich nach Rom begleitete. Guido war enttäuscht, daß er nicht oft gebeten wurde, den Fiat 1400 zu fahren, den die Katholische Bank von Venedig dem Patriarchen geschenkt hatte. Er war nicht besonders nützlich in der Stadt der Kanäle. Und Roncalli fuhr gern mit dem Vaporetto, dem Wasserbus. Der Haushalt schließlich wurde von diskreten Nonnen aus dem Istituto delle Poverelle in Bergamo besorgt.

Er hätte gern seine zwei Schwestern, Ancilla und Maria, als Haushälterinnen bei sich gehabt, jetzt, wo er endlich wieder in Italien war. Doch seine ersten beiden Jahre in Venedig waren von einem geheimen Kummer überschattet: beide, Ancilla und Maria, litten an

Magenkrebs. Als Ancillas Röntgenuntersuchung neue schlechte Nachrichten brachte, schrieb er ihr, daß er gedacht hatte, wie Hiob Gott anzuklagen, aber «ich habe keinen rechten Mut dazu, weil ich überzeugt bin, daß ich und Du, die wir so sehr mit dem Willen des Herrn eins sind, uns gemeinsam viele Gnaden für das gegenwärtige Leben verdienen. Wie viele Gnaden das für das zukünftige Leben bedeutet, kannst Du Dir vorstellen» (*Familiari,* II, S. 309). Dieser Brief wurde am 22. Oktober 1953 aus Rom geschrieben. Er war sich der Ironie bewußt. Hier stand er auf dem Höhepunkt seines Berufes, nachdem er «die höchste Auszeichnung für einen Kirchenmann auf Erden» (ibid.) erhalten hatte, während seine geliebte Schwester im Sterben lag. Diese Bemerkung zeigt, daß er zu jener Zeit nicht daran dachte, er könnte Papst werden. Am 19. Oktober 1953 wurde er in drei römische Kongregationen berufen – Ostkirchen, Propaganda Fide und Ordensleute. Er traf sich fleißig mit Kardinälen und suchte zwölf in wenigen Tagen auf (*Cronologia,* S. 654). Weder beneidete er sie, noch wollte er den Platz mit ihnen tauschen. Heim hatte er die berühmte Äußerung Sartos, des späteren Pius X., zitiert: «Ich bin lieber Kardinal im Wald als Kardinal in einem Käfig» (*Pasqua, 1978,* S. 79).

Er traf auch drei französische Kardinäle, Feltin, Gerlier und Liénart, die in Rom waren, um von dem Experiment mit den Arbeiterpriestern zu retten, was zu retten war. Roncallis Nachfolger, Msgr. Paolo Marella, war am 1. Juni 1953 in Paris mit der Weisung eingetroffen, die Arbeiterpriester ganz zu verbieten (*Chronicle,* S. 63 und 77). Jetzt, wo sich Roncalli selbst an der Quelle kurialer Anweisungen befand, fühlte er mehr mit den Franzosen. Er pflegte seine Freundschaften weiterhin. Aber seine Gedanken kehrten immer wieder zu Ancilla zurück.

Sein letzter Brief an sie ist auf den 8. November 1953 datiert, genau drei Tage nachdem die französischen Kardinäle ihre schicksalhafte Audienz bei Pius XII. hatten, und drei Tage vor ihrem Tod. Er schrieb sehr einfach:

> Liebe Ancilla,
> heute habe ich nun S. Prisca als Kardinalstitelkirche in Besitz genommen und bin damit vollständig als Kardinal eingesetzt. Doch mein Herz hat ständig eine wunde Stelle, den Gedanken nämlich an meine liebe Schwester. Ich sage dem Herrn: «fiat voluntas tua – dein Wille geschehe», aber es kostet mich etwas, das zu sagen; wenn es mich schon etwas kostet, wieviel mehr müssen dann Dich Deine Leiden und Schmerzen kosten! ... Liebe Ancilla, Du hast in Deinem Leben alles recht getan, und alle, die Dich kennen, loben Dich. Sei weiterhin gedul-

> dig, vertraue dich Gott an, und sei gewiß, daß sich alles zu großer Freude und zum Segen wendet. Ich werde am nächsten Freitag oder Samstag, dem 13. oder 14., kommen und Dich besuchen, aber ich werde mich nur wenige Stunden aufhalten können ... In inniger Zuneigung (*Familiari,* II, S. 310f.).

Aber es war ihm nicht möglich, sein Versprechen zu halten. Am 11. November 1953, während er das neue Knabenseminar in Fietta einweihte, starb Ancilla. Er sah sie dann doch am 13. November, wie sie in einem schmucklosen Sarg in seinem Haus in Camaitino lag. Der Patriarch kniete zwischen den Bäuerinnen, die ihre Ave Marias herunterbeteten, und betete für seine Schwester, deren Leben eine einzige lange Runde häuslicher Plackerei gewesen war, nur unterbrochen durch die wiederkehrenden Kirchenfeste. Bevor der Sarg endgültig versiegelt wurde, küßte er sie auf die Stirn und sagte zu Capovilla: «Das ist das zweite Mal, daß ich das getan habe – das erste Mal war, als ich erfuhr, daß sie sterben würde» (*IME,* S. 52).

Dann zogen sie zum Dorffriedhof und betteten Ancilla – «die Magd» – neben ihren Eltern Giovanni und Marianna zur Ruhe. Ein scharfer Wind peitschte die Zypressen und wirbelte das Herbstlaub auf. Roncalli würde nicht hier begraben werden. Er hatte schon sein Testament geändert und angeordnet, daß er neben früheren Patriarchen in der Krypta von San Marco beigesetzt würde. Die anderen Familienangehörigen sollten alle hier auf dem Friedhof von Sotto il Monte die letzte Ruhe finden, Teresa 1954, Maria 1955. Aber er hatte keine Zeit zu verweilen. Sie mußten zum Zug nach Venedig hetzen. Es war schon dunkel, und Roncalli war in nachdenklicher Stimmung. Capovilla hörte ihn murmeln: «*Guai a noi se fosse tutta un illusione.*» Mit dem Rhythmus des Zuges und dem Regen, der an die Fenster schlug, prägte sich die mysteriöse Bemerkung «Wehe uns, falls alles eine Illusion ist» in Capovillas Gedächtnis ein, weil «sie einen beunruhigenden Aspekt echter Menschlichkeit in meinem Patriarchen enthüllte, der normalerweise immer so stark und selbstbeherrscht war» (*IME,* S. 53). Ob Roncalli an den Pomp Venedigs, an Ancillas verschwendete Jahre oder an das ewige Leben selbst dachte, sein Zweifel brachte ihn der gewöhnlichen Menschlichkeit näher. Es war ein Hintergrund, vor dem der Glaube erstrahlen konnte.

Aber er klagte nicht, und bald schrieb er innerhalb von drei Tagen zwei Briefe an Montini über einen Plan, der ihm am Herzen lag. Die Stiftung Giorgio Cini hatte kurz vorher die Restaurierung der Benediktinerabtei auf der Insel San Giorgio abgeschlossen, direkt gegenüber vom Dogenpalast und der Basilika. Roncalli war froh, Vorsitzender des Komitees der Cini-Stiftung zu sein. Es war genau die Art von Projekt, die ihm zusagte. Es schloß die Rettung einer vernachlässigten Insel und die Erhaltung einer von Andrea Palladio entworfenen Kirche von großer Schönheit ein. San Giorgio war von Geschichte durchdrungen. Die erste Kirche war 830 gebaut worden. Hier hatte sich 1800 das Konklave getroffen, um Papst Pius VII. zu wählen, der später von Napoleon tyrannisiert und gedemütigt wurde. Aber San Giorgio war alles andere als ein reines Museum. Es war jetzt ein kultureller Treffpunkt mit Konzerten und Kongressen und einem Freilichttheater. Es hatte eine technische Schule, die von den Salesianern geleitet wurde, und das Marina-Waisenhaus. Roncalli versicherte Montini, dies sei die Art von Arbeit – kulturell und bewahrend, aber gleichzeitig barmherzig und sozial nützlich –, die einmal der Stolz Italiens gewesen war. Und diese verschiedenen Facetten würden im Gebet der Benediktiner, die nach langer Abwesenheit nach San Giorgio zurückgekehrt waren, vereinigt. Das ganze Unternehmen war «ein Wunder der Auferstehung – eine Insel, die sich zu neuem und ruhmreichem Leben erhebt – wie ein Gedicht» (*Saggio,* S. 64: die zwei Briefe sind auf den 10. und 12. Dezember 1953 datiert). Die Geschichte von San Giorgio war eine Metapher für Roncallis Auffassung von der Kirche: mit tiefen traditionellen Wurzeln, aber von Bedeutung für die Gegenwart.

Durch diese Arbeit freundete er sich mit Graf Vittorio Cini an. Vor allem um Cini zu ermutigen, bat Roncalli Montini, sich für den Patriarchen um den Titel eines «Kommendeabtes», das heißt eines interimistischen Abtes, zu bemühen, bis ein ordentlicher Amtsinhaber ernannt würde. Das wurde gewährt. Cini zahlte auch die Renovierungsarbeiten im Patriarchenpalast (*Saggio,* S. 65). Roncalli stand sich also schon gut mit dem venezianischen «Establishment». Wie alle italienischen Bischöfe hatte er neben seiner kirchlichen Rolle eine indirekte «bürgerliche» Funktion. Er traf Präfekten und Bürgermeister, Stadt- und Provinzräte, Polizeichefs und Feuerwehrmänner. Er organisierte einen Gottesdienst für Journalisten am Fest des heiligen Franz von Sales. Er empfing das Rugbyteam «Faema» in seinem Amtssitz und segnete den Öltanker «Marilen» in Porta Marghera. Er wurde eine bekannte Persönlichkeit, ein Gewinn für die Stadt, ein venezianisches Wahrzeichen.

Er hatte auch nolens volens mit Politikern und besonders den dominierenden Christdemokraten zu tun. Im Pontifikat Pius' XII. erwartete man von den Bischöfen, daß sie die Christdemokraten unterstützten, um die Kommunisten auf Dauer von der Macht fernzuhalten. Wahlkämpfe wurden einfach mit der Parole «Rom oder

Moskau» geführt. Roncalli hielt das nicht für durchweg passend. Er war kurz vor den Wahlen vom 18. April 1948 in Rom gewesen und hatte an einer Jugendversammlung auf dem Petersplatz teilgenommen. Er war bestürzt, als er Carlo Caretto, einen jungen Führer der Katholischen Aktion, die anwesenden Politiker – eingeschlossen den Sekretär der Christdemokraten, Alcide De Gasperi – als zu zurückhaltend und schwach in ihrer Opposition gegen den Kommunismus tadeln hörte. Es war eine unverhüllte katholische Muskelschau, und die «grünen Barette» der Katholischen Aktion erinnerten an frühere, bedrohlichere Versuche, «Stärke durch Einheit» herzustellen (*Utopia,* ital., S. 383). Roncalli sah darin einen Mißbrauch der Katholischen Aktion:

> Das ist nicht, was der Herr will. Der Christ hält sich von Konflikt und Rhetorik fern ... Man muß sich mit Bedacht bewegen. Es gibt ein ganzes Gewebe von Beziehungen mit der gesamten Klasse der Politiker, das behutsame Rücksicht und einen Sinn für die Pflicht verlangt. Als Zeugen Christi ist unsere erste Aufgabe nicht Kampf [*lotta*], sondern die Saat des guten Korns, nicht Sieg, sondern Leiden (*Letture,* S. 351).

Katholische Aktion und seelsorgerische Arbeit bekamen eine falsche Richtung, wenn sie der Politik untergeordnet wurden. Man konnte den Vormarsch des Reiches Gottes nicht einfach an der von den Christdemokraten gewonnenen Stimmenzahl messen.

Als Roncalli in Venedig ankam, war das «System» fest etabliert und gut geölt. Dr. Luigi Gedda, Führer der Katholischen Aktion und Mann des Papstes, hatte «Bürgerkomitees» eingerichtet, die in Wirklichkeit jede Kirchengemeinde in ein Rekrutierungs- und Propagandabüro für die Christdemokraten machte. Im Hintergrund schwebte die Drohung der Exkommunizierung für alle, die auf irgendeine Weise mit den Kommunisten zusammenarbeiteten. Msgr. Alfredo Ottaviani vom Heiligen Offizium brüstete sich gern damit, daß «man über das göttliche Wesen Christi sagen kann, was man will, aber wenn man im entlegensten Dorf Siziliens kommunistisch wählt, hat man am nächsten Tag die Exkommunizierung» (Magister, S. 52). Privat kritisierten Montini und seine Freunde diesen systematischen Antikommunismus. Er entband (oder schien zu entbinden) die Christdemokraten von jeder Sorge um die soziale Gerechtigkeit, zu deren Verteidigung sie gegründet worden waren; und er drängte sie nach rechts, wo die einzigen möglichen Verbündeten die Neofaschisten waren. Aber wenn Montini in Bahnen der politischen Strategie dachte, sah Roncalli das Problem stärker in einer geistlichen und menschlichen Weise. Seine Mission sollte der Versöhnung dienen.

In seiner allerersten öffentlichen Rede in Venedig hatte er gesagt, er würde «betonen, was vereint, nicht das, was trennt». Politische Parteien dagegen waren da, um herauszustellen, was trennt: Sie waren nach ihrer Definition einseitig und parteiisch. Wenn Roncalli also der Patriarch aller Venezianer und nicht nur der Christdemokraten unter ihnen sein sollte, mußte er versuchen, sich aus parteipolitischen Händeln herauszuhalten und unparteiisch aufzutreten. Er machte das sehr deutlich, als er zum erstenmal ins Rathaus ging, um sich mit dem Rat zu treffen:

> Ich befinde mich in einem Haus, das dem Volk als Ganzem gehört, und ich freue mich hierzusein, denn das Haus ist in guter Ordnung. Ich bin glücklich, unter fleißigen Menschen zu sein, denn nur der Mann, der für einen guten Zweck arbeitet, ist wahrhaftig ein Christ. In der Tat ist die einzige Möglichkeit, Christ zu sein, daß man gut ist. Deshalb bin ich glücklich, bei Ihnen zu sein, obwohl es manche hier geben mag, die sich selbst nicht Christen nennen, die aber aufgrund ihrer guten Taten als solche anerkannt werden können. Allen gebe ich meinen väterlichen Segen (Trevor, S. 242).

Roncalli wußte also alles über die «anonymen Christen», die Karl Rahner später identifizierte: Alle guten Taten entspringen der Gnade Christi, auch wenn dies nicht ausdrücklich erkannt wird. In der Praxis bedeutete das, alle zu achten, die in der Politik tätig waren.

Diese hochherzige Haltung wurde zum erstenmal im Vorfeld der Wahlen von Juni 1953 auf die Probe gestellt. Doch Roncalli war durchaus kein freier Mann. Er mußte mit den Bischöfen in seiner Provinz abstimmen, was er sagte, gar nicht zu reden von den bekannten Wünschen Pius' XII. Die bevorstehende Wahl war sogar ein Grund, warum Pius ihn gedrängt hatte, früher nach Venedig zu gehen, als ihm lieb gewesen war (s. *Pasqua, 1978,* S. 67: «Der Heilige Vater hat mir seinen Wunsch zu verstehen gegeben, daß ich sobald wie möglich nach Venedig kommen soll . . . aber ich kann nicht einfach aus Paris weglaufen»). Seine Erklärung unmittelbar vor der Wahl war, als sie schließlich am 30. Mai 1953 herauskam, voller überlegter Untertreibungen. «Wir brauchen nicht viele Worte, um einander zu verstehen», sagte er den Venezianern. Ein Augenzwinkern war so gut wie ein Nicken. Er vermied den Kreuzzugston und beschränkte sich darauf darzulegen, wo die Pflicht lag: «Vor allem müssen wir wählen. Wir müssen alle wählen, und wir dürfen unsere Stimmen nicht wegwerfen. Als Christen und Katholiken könnt und sollt ihr nicht für die werben, die sich zu antichristlichen Lehren bekennen, welche die katholische Kirche verurteilt hat und verurteilt»

(Alberigo, S. 211). Streng genommen würde das nur die Kommunistische Partei ausschließen, soweit sie «stalinistisch» war. Roncalli erinnerte daran, daß die Erfahrung von fünfzig Jahren «des Versuchs, soziale Gerechtigkeit ohne die Botschaft Christi zu schaffen», nicht sehr erfolgreich gewesen war. Nur hartgesottene Kommunisten würden diese Binsenweisheit in Frage stellen. Es war interessant, daß ein Bischof anerkennen sollte, daß die Sowjetunion überhaupt versucht hatte, «soziale Gerechtigkeit zu schaffen». Und Roncalli äußert einen rätselhaften Satz, der verschwommen andeutet, daß die Situation sich ändern könnte: «Die taktischen Forderungen einer Debatte so voller Unwägbarkeiten könnte eine andere Einstellung unter soweit nicht klar vorhersehbaren Umständen anzeigen» (ibid.). Das war ein reines Ausweichen, das manchen späteren Erklärungen Aldo Moros, des Meisters des verschlüsselten Stils, gleichkam. Aber der wesentliche Punkt war, daß Roncallis Vorwahlerklärung milder ausfiel als die der meisten italienischen Bischöfe. Er äußerte keine gräßlichen Andeutungen der Exkommunizierung und versuchte, wie ein Seelsorger zu schreiben, der Aufklärung anbietet, und nicht so sehr wie ein Fürstbischof, der seinen Willen aufzwingt.

Zweifellos war es müßig, sich auszumalen, daß Wahlen jemals zu einer Versöhnung führen würden. Aber am 11. Februar 1954 war ein Jahrestag, der ausdrücklich von «Aussöhnung» sprach: Es waren fünfundzwanzig Jahre seit der Unterzeichnung der Lateranverträge vergangen. Roncalli predigte um 18.30 Uhr in San Marco über dieses Thema und wurde über Nacht eine landesweit bekannte Gestalt. Sein lebenslanges Nachdenken über den Sinn der Geschichte ließ ihn zwei Fragen anschneiden: Was sollten italienische Katholiken 1954 von Mussolini halten? Wie kommt die Kirche dazu, ihre Taktik in wichtigen Fragen zu ändern?

Das Problem, das die Lateranverträge stellten, besonders die Art, wie sie geheim ausgehandelt und plötzlich verkündet wurden, war, daß die Kirche ganz einfach ihre Meinung geändert hatte. Sie gab ihren alten Anspruch auf eine Wiederherstellung des Kirchenstaates auf. Aber man kann für die richtige Sache im falschen Augenblick eintreten, und was einen Wandel ermöglicht, ist das Eingeständnis, daß Gott immer noch geheimnisvoll in der Welt am Werk ist. Roncalli erklärt geduldig: «Es war natürlich, daß die Päpste es für ihre Pflicht hielten, sich zu verteidigen, ganz gleich zu welchem Preis, bis zu dem Tag, als es ein neues Zeichen des Himmels gab, das eine Antwort im päpstlichen Gewissen fand und so den unter anderen Umständen berechtigten Ansprüchen und Versicherungen ein Ende machte» (Bertoli, S. 19). So wurde die Aussöhnung der italienischen Kirche mit der italienischen Nation zum Urbild der Aussöhnung zwischen Kirche und «Welt» im allgemeinen Sinn. Die Kunst war, «die Zeichen der Zeit zu erkennen».

Doch dann gab es eine Schwierigkeit. Es sah aus, als würde Mussolini selbst als das «neue Zeichen des Himmels» dargestellt. Das war schwer zu schlucken. Zwei Tage vor dem Tod des Duce riet ihm Kardinal Schuster von Mailand, «seine Sünden zu bereuen, und war empört, ihn weit entfernt von Reue zu finden» (Mack Smith, S. 370f.). Wie konnte so ein Mann ein «Zeichen des Himmels» sein oder gar «der Mann der Vorsehung», wie Pius XI. ihn angeblich genannt hatte?

In dem zweiten umstrittenen Punkt rückte Roncalli die Dinge zurecht, indem er die genauen Worte zitierte, die Pius XI. 1929 gesagt hatte: «Wir sollten sagen, daß wir großzügig von der anderen Seite unterstützt wurden. Und vielleicht mußte jemand dasein wie der Mann, den die Vorsehung auf unseren Weg geführt hat, jemand, der frei von den Zwängen alter und überholter Denkweisen ist.» Pius XI. meinte, daß Mussolini, aus welchem Motiv auch immer, sich von dem antiklerikalen Vorurteil befreit hatte, das die «Römische Frage» am Brodeln gehalten hatte. Und es ist eine wichtige Nuance, ob man jemanden «einen Mann der Vorsehung» nennt oder sagt, «die Vorsehung hat ihn auf unseren Weg geführt».

Bei Roncallis Kommentar zu Pius' Bemerkung herrschte unter den Zuhörern absolute Stille. Er wußte, wie man ein Publikum in Atem hielt:

> Ein trauriger Gedanke steigt aus der Tiefe meines Geistes auf. Darf ich euch im Vertrauen und wie ein Vater zu seinen Kindern einige Worte sagen, die uns helfen mögen, zu verstehen und zu vergeben?
>
> Überlegt: Der Mann, den die Vorsehung auf den Weg Pius' XI. führte, der eine, der wegen seiner Freiheit von überholten Ideen fähig war, klarer und mit stärkerer intensiver Durchdringung das Problem der Aussöhnung zu erfassen, dieser selbe Mann wurde später die Ursache großen Leids für das italienische Volk. Es wäre unmenschlich und unchristlich, ihn dieser Ehre zu berauben, ungeachtet des ungeheuren Unheils [*immensa sciagura*], das er über uns gebracht hat. Er war fest entschlossen, die Lateranverträge abzufassen und zu ratifizieren. Also müssen wir diese erniedrigte Seele dem Geheimnis der göttlichen Gnade anvertrauen, die manchmal tönerne Gefäße für die Verwirklichung ihrer Pläne wählt und sie dann zerbricht, als wären sie nur für diesen Zweck allein gemacht. Meine Brüder und Schwestern, ich weiß, daß ihr in meinem Herzen lesen könnt. Laßt uns die zerbrochenen Stücke dieses Gefäßes achten und unseren Nutzen ziehen aus den Lektionen, die uns das erteilt (Bertoli, S. 18ff.).

Die Lateranverträge waren, in anderen Worten, Mussolinis «versöhnender Zug» und blieben es trotz der folgenden Tragödie. Es gehörte Mut dazu, solche einfachen Wahrheiten 1954 auszusprechen, als Mussolini ein Tabuthema und sein Gedächtnis verflucht war. Doch solange die Italiener und die italienische Kirche insbesondere mit diesem Teil ihrer jüngsten Geschichte nicht ins reine gekommen waren, würden Falschheit, ungute Gefühle und die Gefahr wiederkehrender Dämonen fortbestehen. Roncalli befreite voll Mitgefühl die Vergangenheit von bösen Geistern.

Es war von vornherein sicher, daß nur die Neofaschisten ein gutes Wort zu Mussolini zu sagen hatten. Wie vorhersehbar, las deshalb die linke Presse Roncallis Predigt als einen Versuch, den verhaßten Diktator zu rehabilitieren. Aber es war etwas sehr viel Tieferes – mehr ein Heilen der italienischen nationalen Psyche. Dies wurde von Montini anerkannt, dessen antifaschistische Zeugnisse nie in Zweifel gezogen worden waren, und er schrieb Roncalli, um ihm zu gratulieren und für die Rede zu danken (*Saggio,* S. 66; Brief vom 5. März 1954).

Montini wurde zunehmend sein römischer Vertrauter. Häufig schrieben sie einander. Zu ihrer Korrespondenz gehört ein Brief, den Roncalli am Ostersonntag 1954 schrieb, aber nie abschickte, obwohl der Entwurf sorgfältig aufbewahrt wurde. Capovilla vermutet, daß er zurückgehalten wurde, weil er zu «selbstverräterisch» war (*Saggio,* S. 69). Ein anderer Grund, ihn nicht abzuschicken, könnte sein, daß Roncallis Versuch, das ideologische Fieber in Venedig zu senken, einen gewissen Erfolg hatte: «Die Beziehungen des Patriarchen zu allen zivilen, militärischen und kulturellen Behörden sind ausgezeichnet und so beschaffen, daß man hoffen darf, sie mögen einen guten geistigen Einfluß auf diese ausüben. Menschen mit entgegengesetzten Ideologien streiten miteinander, wahren aber die gegenseitige Achtung» (ibid., S. 69). Es mag Roncalli durch den Sinn gegangen sein, daß der Römischen Kurie solche Gefühle naiv erscheinen müßten. Auf einen Posten gesetzt, wo er entschlossenes Führertum zeigen sollte, war er wieder einmal zu gutherzig. Daß er traditionelle Feindseligkeiten in Venedig entschärft hatte, war eine gute Sache an sich, aber bis das in Rom angekommen wäre, könnte es als Kompromiß angegriffen werden. Und es war wichtig, Pius XII. nicht aufzuregen, der jetzt so schwer krank sein sollte.

Nicht so krank allerdings, daß Pius an diesem selben Ostersonntag, dem 18. April 1954, nicht in der Lage gewesen wäre, das Datum für die Heiligsprechung des seligen Pius X., den 29. Mai, bekanntzugeben und eine wichtige Erklärung über Atomwaffen zu veröffentlichen. Er nannte sie neue zerstörerische Waffen von unerhörter Gewalt, Waffen, die leicht eine gefährliche Katastrophe über den ganzen Planeten bringen können, die das völlige Ausrotten allen tierischen und pflanzlichen Lebens und aller Menschenwerke über noch ausgedehntere Gebiete umfassen können, Waffen, die fähig sind, mit ihren dauerhaften radioaktiven Isotopen für lange Zeit die Atmosphäre, die Erde, sogar die Ozeane zu verseuchen, obwohl sie sehr weit von den durch Kernexplosionen direkt betroffenen Gebieten entfernt sein können (*Saggio,* S. 69).

Pius' Rhetorik, die auf dem Prinzip beruhte, alles dreimal sagen zu müssen, und seine Zurschaustellung pseudowissenschaftlicher Kenntnisse (jene «radioaktiven Isotope») konnten den Ernst der Lage nicht verbergen. Im März testeten die Amerikaner die erste Wasserstoffbombe auf dem Bikini-Atoll im Pazifik. Roncalli nahm die Erklärung des Papstes sehr ernst. Er bezieht sich auf «diese denkwürdigen und achtunggebietenden Worte, die sich gegen den Mißbrauch der Kernenergie richten, die der Schrecken (*spavento*) aller ist, die in diesem tragischen und geheimnisvollen Zeitalter leben». Es war Roncallis erste dokumentierte Erwähnung der nuklearen Bedrohung (ibid.). Sie läßt einen die Eigenständigkeit von *Pacem in Terris* erkennen, während sie gleichzeitig zugesteht, daß sie der Enzyklika Pius XII. mehr verdankt, als allgemein angenommen wird.
Trotz dieses Ausbruchs von Aktivität um die Osterzeit verursachte die Krankheit von Pius XII. weiter Sorgen. Man glaubte – und er selbst glaubte es ganz gewiß –, daß er auf den Tod krank war. Er hatte Kardinal Giuseppe Siri schon seine «letzten Worte» anvertraut: *«Depositum custodi, depositum custodi»* («Ich habe das Vermächtnis des Glaubens bewahrt») (Siri, Rede an die Synode, 9. Oktober 1983). Ein Konklave stand bevor. Roncalli würde darüber nachdenken müssen. Es kam anderen, wenn auch nicht ihm selbst, in den Sinn, daß er Kandidat und *papabile* war.
Roncallis erste Erwähnung des bedenklichen Gesundheitszustandes des Papstes stand in einem Brief an seine ganze Familie vom 3. März 1954. Nachdem er geschrieben hatte, daß «trotz der anstrengenden Arbeit» seine eigene Gesundheit ausgezeichnet war, fuhr er fort:

Unsere große Sorge ist zur Zeit die Gesundheit des Heiligen Vaters. Wie es scheint, handelt es sich um die gleiche Krankheit wie bei unserer Ancilla, nämlich Magenverengung oder Tumor, wie man es nennt. Das erklärt Euch, warum er sich nur mittels Injektionen ernähren kann; vielleicht verbleiben ihm wie unserer Verstorbenen noch einige Monate zum Leben, aber letzten Endes wird er wie jeder Sterbliche dahingehen müssen. Ich schulde dem Heiligen Vater grenzenlose Dankbarkeit dafür,

daß er mich zum Patriarchen von Venedig ernannt hat, mehr noch als für meine Ernennung zum Kardinal. Betet auch Ihr zusammen mit mir, daß der Herr uns diesen großen Papst noch lange erhalten möge.
Um die Wahrheit zu sagen, sein Tod würde mir große Mühen verursachen: ich müßte fast für einen ganzen Monat meine eben begonnene schöne Arbeit der Pastoralvisitation unterbrechen. Aber ich werde mein Programm für dieses ganze Jahr nicht ändern (*Familiari,* II. S. 320f.).

Ein Konklave wäre ein Ärgernis, weil es seine seelsorgerischen Pläne durchkreuzen würde: Visitation aller Pfarrbezirke, gefolgt von einer Synode der ganzen Diözese. Er betrachtet den Tod von Pius XII. eher als eine Unannehmlichkeit denn als einen großen Verlust. Diesem Abschnitt fehlt es auffallend an Gefühlsregungen, als ob Roncalli dächte, Pius XII. habe seine Arbeit getan und sollte sich nicht übertrieben ans Leben klammern.
Dennoch hing die Krankheit Pius' XII. düster über dem Jahr 1954 und überschattete die eher vorhersagbaren Ereignisse: Es war zum «Marianischen Jahr» erklärt worden – es war die hundertste Wiederkehr der Verkündung des Dogmas von der Unbefleckten Empfängnis der Jungfrau Maria, und der selige Pius X. sollte am 29. Mai heiliggesprochen werden. Roncallis Urteil hatte sich gemildert oder war über die Jahre klüger geworden. 1951, im Jahr der Seligsprechung, hatte er einen Artikel für *France Illustration* geschrieben, der Pius X. als ein «sicheres Licht inmitten der Verwirrung des modernen Denkens» in den Himmel hob, und er hatte mit untypischer Härte hinzugefügt: «Jene, die sich anmaßten, klüger zu sein als er, verloren den rechten Pfad oder ernteten Sturm» (*Nuntius,* S. 86). In einem anderen Abschnitt im selben Artikel findet sich nur ein kleiner Hinweis auf den «angstvollen» Pius X., dem es in seinen Augen so sehr an innerer Heiterkeit fehlte (s. oben, S. 89f.): «Pius X. war ein Eroberer, weil er jener unauffälligen und beständigen Tätigkeit ergeben war, die an den heiligen Vinzenz von Paul erinnerte. Er hatte stets ein Lächeln auf seinen Lippen, das zuweilen offen und froh aufleuchtete, meist aber von jener leisen und sanften Traurigkeit begleitet war, die in den reinen Augen des heiligen Franziskus von Assisi zu lesen war» (*Nuntius,* S. 86). Es lag auf der Hand, daß Roncalli, der die Seligsprechung nicht kritisiert hatte, sich wahrscheinlich nicht über die Heiligsprechung 1954 aufregen würde, obwohl er sehr wohl wußte, daß die meisten Biographien Pius' X. mit «rosa Brille und reichlich Tünche» geschrieben waren (Marrou, S. 343).
Er stürzte sich eifrig auf die Vorbereitungen für die Heiligsprechung. Die Kapelle und das Arbeitszimmer Sartos im ersten Stock wurden als Gedenkstätte im Zustand von 1903 restauriert. Es gab noch

lebende Verwandte, und am 16. Mai 1954 teilte Roncalli an einige Großneffen und -nichten Pius' X. die Erstkommunion aus. Er berichtete Montini, daß er fast jeden Tag predigte und kaum einmal versäumte, Pius X. wenigstens kurz zu erwähnen (*Saggio,* S. 70). Er hatte den Vorsitz eines Komitees mehrerer Diözesen, das sich dafür einsetzte, daß die sterblichen Überreste des neuen Heiligen «auf Pilgerfahrt» in die Städte, wo man ihn einst gekannt hatte, gehen sollten. Roncallis Energie brachte das zuwege, trotz der Sicherheitsprobleme (*Saggio,* S. 75). Kardinal Francis Spellman aus New York kam zum Himmelfahrtsfest – in Venedig immer mit großem Aufwand als Vermählung der Stadt mit dem Meer gefeiert –, und sie waren in Rom zusammen anläßlich des Triduums nach der Heiligsprechung. Die Heiligsprechung war eine große Sache für den Lokalpatriotismus in Venedig. Als Patriarch bat Roncalli um eine Funktion bei den römischen Feiern und erhielt sie: Am 31. Mai 1954 feierte er die Messe am Grab von Pius X. in Santa Maria Maggiore. Dann eilte er nach Hause, um dem neuen Heiligen eine Kirche in Marghera zu weihen. Da Pius X. antiintellektuell war, nahm man an, er würde bei den Arbeitern populär werden. Alles in allem brachte die Heiligsprechung, im altehrwürdigen Sinn, «der Kirche von Venedig große Ehre». Und während dieser ganzen Zeit war Roncalli in wachsendem Maß von Montini als seinem Freund höheren Ortes abhängig.

Sie korrespondierten wieder wegen des Marianischen Jahres. Roncalli verursachte es keine Probleme, den hundertsten Jahrestag der Verkündung des Dogmas von der Unbefleckten Empfängnis zu feiern; 1904 hatte er Radini Tedeschi geholfen, das halbe Jahrhundert der Verkündung zu begehen. Jedoch war er nicht der Ansicht, die unter den Mariologen während des Pontifikats Pius' XII. verbreitet war, daß man des Guten nicht zuviel tun konnte und «Maria nicht zuviel ehren konnte». Man suchte nach neuen und noch ausgefalleneren Ehrennamen. Aufgefordert, eine Bittschrift zugunsten eines neuen Festtages, *Regalitas Mariae,* das Fest der «Königin Maria», zu unterschreiben, lehnte Roncalli höflich ab:

> Ich bitte Sie, mein langes Schweigen zu entschuldigen, das Beweis meiner Unsicherheit und der Befürchtung ist, daß ein solcher Festtag die große Aktion, die hinsichtlich der Wiederherstellung der Einheit der katholischen Kirche in der Welt schon im Gange ist, beeinträchtigen könnte. Als Jesus starb, sprach er zu Johannes: «Siehe, deine Mutter.» Das ist genug für den Glauben und die Liturgie.
>
> Alles andere mag erbaulich und bewegend für ergebene und fromme Seelen sein – und ist es auch größtenteils; aber für viele, sehr viele mehr, mögen sie noch so gut von der katholischen Kirche denken, wäre es nur

> irritierend und – wie der neumodische Ausdruck lautet – kontraproduktiv ... Inzwischen bin ich zufrieden zu sagen, *Salve Regina, Mater misericordiae* [Gegrüßt seist du, Königin, Mutter der Barmherzigkeit] (Alberigo, S. 489; Brief vom 22. April 1954).

Er fügte jedoch vorsichtig hinzu, daß er unter den ersten sein würde, die dieses Fest feiern, sollte «die oberste Autorität der Kirche» beschließen, es einzuführen. Das war gut so, da sechs Monate später die Enzyklika *Ad Coeli Reginam* das Fest «Maria Königin» einführte und anordnete, es am 31. Mai zu begehen. Doch Roncallis prinzipieller Einwand blieb bestehen. Es war höchst ungewöhnlich für einen italienischen Prälaten, einem neuen Marienfest aus ökumenischen Gründen zu widersprechen. Seine Mariologie hatte ihre Grenzen, und der Grund war bereitet für die vernünftige und nüchterne Mariologie des Konzils.

Trotz dieses Fehlurteils wurde er durch einen Brief Montinis eingeladen, als päpstlicher Legat zum Nationalen Marianischen Kongreß nach Beirut im Libanon zu reisen (*Saggio,* S. 73; Brief vom 15. Juni 1954). Der Libanon war ein alter Lieblingsort. Er hatte ihn, behauptete er etwas ungenau, «von Jugend an» gekannt (ibid., S. 74). Aber es war eine große Ehre und ein Vertrauensbeweis. Es bedeutete, daß Pius XII., oder mit einiger Wahrscheinlichkeit Montini, Roncallis diplomatische Vergangenheit nicht vergessen hatte und ihm immer noch eine bescheidene internationale Rolle zuwies. Doch bevor er nach Beirut abreisen konnte, war er mit einer persönlicheren Feier beschäftigt.

Der fünfzigste Jahrestag seiner Priesterweihe fiel auf den 10. August 1954. Diese fünfzig Jahre waren wie im Flug vergangen. Er betrachtete das Jubiläum als ein privates Ereignis, das durch besonderes Gebet und Gedenken in Sotto il Monte gewürdigt werden sollte. Er meinte, er hätte ein Recht auf etwas Ruhe und wäre in Venedig und Bergamo genügend gefeiert worden, als er Kardinal geworden war. Er wünschte nicht noch einmal soviel Aufhebens. In einem Brief an die Venezianer gab er ausdrücklich Anweisungen, daß «keine Feier dieses Jahrestages stattfinden sollte, weder liturgisch noch kulturell» (*Pastore,* S. 339; Brief vom 10. August 1953). Natürlich wurden seine Anweisungen nicht befolgt.

Das veranlaßte ihn, den wütendsten Brief seines Lebens zu schreiben. Er war an seinen Neffen gerichtet, an Don Battista, den Sohn seines Bruders Giovanni, der sich immer noch auf dem langen Weg zur Priesterweihe befand. Battista hatte bereits die Geduld seines Onkels auf die Probe gestellt, als er sich wankelmütig über seine Berufung gezeigt und über die Schwierigkeiten des Studiums aufgeregt hatte (s. Alberigo, S. 482; Brief an G. Battaglia vom 28. September 1951). Aber jetzt kam plötzlich eine andere Gangart. Don Battista, der es sicher gut gemeint hatte, bekam diesen Donnerschlag von seinem Onkel Patriarchen am 2. August 1954 ab. Der Brief ist aufschlußreich als Beispiel dafür, was Roncalli wirklich ärgerlich machen konnte:

> Lieber Don Battista,
> nach Venedig zurückgekehrt, erfahre ich von Msgr. Loris, daß Ihr dabei seid, Feierlichkeiten wegen meines Priesterjubiläums vorzubereiten. *Ich habe Euch mehrmals gesagt, daß ich keine Feiern für mich will.* Ich habe vor, an der üblichen Feier von Mariä Himmelfahrt in Sotto il Monte teilzunehmen: ich werde die stille Messe von der Aufnahme Mariens in den Himmel um 7 oder 8 Uhr zelebrieren, dem feierlichen Hochamt beiwohnen und nachmittags an der Prozession teilnehmen. Doch wünsche ich nicht und will ich nicht, daß auch nur etwas *über das alljährlich Übliche hinaus gemacht wird.* Also keine Gäste, weder aus Bergamo noch von anderswo, weder Geistliche noch Laien, weder Verwandte noch Bekannte: ich will *allein, ganz allein* mit meiner Familie und mit meinen lieben Pfarrangehörigen in Sotto il Monte sein. Habt Ihr verstanden? Sag es auch dem lieben Don Mario (Minola), damit er sich nicht meinetwegen zerreißt. Was liegt Euch daran, mir Mißvergnügen zu bereiten und mich leiden zu lassen? Wollt Ihr wirklich, daß ich mich dazu entschließe, mich überhaupt nicht sehen zu lassen?
> Aus Venedig wird Don Loris kommen und fertig. Äußere Ehrungen habe ich in meinem Leben so viele erlebt, daß sie alle meine Verdienste in einem halben Jahrhundert übertreffen. Es reicht, es ist genug [*basta, basta*]; ganz werde ich mich den Feiern hier in Venedig am 30. September und 8. Dezember nicht entziehen können. Aber es handelt sich dabei um meine geistlichen Söhne. Zwei Zusammenkünfte, eine mit dem Klerus, die andere mit dem Volk, dann aber genug. In Bergamo will ich nichts. Im vergangenen Jahr hat man zu meiner Ernennung zum Kardinal schon zuviel gemacht. Denken wir daran, gut zu leben und gut zu sterben. Unter den Pflanzen auf dem Friedhof liegt noch frische Erde, die unsere lieben Schwestern Ancilla und Teresa bedeckt. Können wir da Feste feiern? Du verstehst mich, lieber Battista. Trag dazu bei, daß auch die anderen es einsehen und verstehen. Übermorgen rechne ich mit Don Loris und Guido nach Camaitino zu kommen. Richtet alles ganz schlicht her und seid gesegnet.
> In inniger Zuneigung
> Ang. Gius. Kardinal
> (*Familiari,* II, S. 324f.).

Nach dieser Standpauke durch den Onkel tat Don Battista, wie er geheißen wurde. Er sollte bald herausbekommen, daß die Vorteile, seinen Onkel Angelo in hoher Stellung zu haben, nicht die reine Freude waren. Roncalli haßte Vetternwirtschaft.

Also feierte Roncalli den fünfzigsten Jahrestag seiner Priesterweihe relativ ruhig an dem Ort, wo er geboren und aufgewachsen war. So beschrieb er den Tag:

> Ein Morgen mit dem klarsten Himmel, nach einem wohltuenden nächtlichen Regen. Die Ave-Glocken von San Giovanni weckten mich auf mit einem «*Laus tibi, Domine* – Lob sei dir, o Herr». Es folgte eine Stunde Gebet in der Kapelle, mit dem Brevier des heiligen Laurentius in der Hand, auf den Lippen, im Herzen: ein Gedicht. Was ist mein bescheidenes Leben von fünfzig Priesterjahren? Ein schwacher Abglanz dieses Gedichts: «*Meritum meum, miseratio Domini* – Mein Verdienst, das ist die Barmherzigkeit des Herrn» (*Tagebuch*, S. 459).

Eine weitere Notiz, am selben Tag geschrieben, zeigt, wie er sein Brevier als Bittgebet für alle, die er gekannt hatte, verwendete: «Jeden Tag, wenn ich mein Brevier sage, denke ich an alle Orte, wo ich gewesen bin: Zur Prim bete ich für Frankreich, zur Terz Türkei, zur Sext Griechenland, zur Non für mein geliebtes Bulgarien. Und ich bete für alle, die Lebenden und die Toten» (Righi, S. 103). Es ist typisch für Roncalli, daß sein Herz sich für neue Anforderungen weiten konnte. An diesem klaren Tag nach einem nächtlichen Regenschauer im August 1954 feierte er fünfzig Jahre göttlicher Fügung, fünfzig Jahre empfangener Gnaden. In Venedig war er am Ziel angelangt.

Ein Grund, warum er sich zu seinem Goldenen Jubiläum zurückziehen wollte, war, daß Klatsch und Spekulation ihn weiterhin als hochgradig *papabile* hinstellten. Sein Frieden in Sotto il Monte wurde von einem französischen angeblichen Propheten, Gaston Bardet, gestört, der nicht nur voraussagte, daß er Papst würde, sondern auch den Namen erriet, den er aussuchen würde, wenn er gewählt wäre. Bardet schickte ihm die Fahnen eines Buches, das er geschrieben hatte, mit der Bitte um ein Vorwort. Roncalli antwortete am 26. August 1954 von Sotto il Monte aus in gequältem Ton:

> Mein lieber Freund,
> Ich erhielt Ihren Brief mit Fahnenabzügen, für die Sie mich einladen, ein Vorwort zu schreiben. Seit einigen Wochen habe ich mir sehr viele Sorgen darüber gemacht, in solchem Maße, daß ich an nichts anderes denken konnte. Aber weil Ihre Seele, wie ich sehen kann, in großem Aufruhr ist, sammelte ich meine Gedanken in inbrünstigem Gebet, und nun habe ich den Mut, Ihnen offen von dem quälenden Zweifel zu erzählen, der seit einiger Zeit mein Herz befallen hat (Capovilla, Archiv).

Nach dieser höflichen Einleitung sagte Roncalli Bardet kurz und bündig, er sei «das Opfer einer ernsthaften und gefährlichen Halluzination» und die Worte Jesu «Hebe dich hinweg von mir, Satan» sollte er auf sich anwenden. Nachdem er «die Geister erprobt» habe, schließt er, daß Bardets «Mischmasch [*groviglio*] von Voraussagen alle Zeichen des ‹Geistes der Verwirrung›» trägt. Deshalb hält er es für besser, wenn sie sich nicht träfen. Er zitiert das Beispiel der Donna Prassede in *I Promessi Sposi,* «die es gut meinte und glaubte, sie läse im Himmel, was in Wirklichkeit in ihrem Kopf enthalten war» (ibid.).

Aber Bardet ließ sich nicht so leicht abfertigen. Er reiste nach Venedig, hatte eine Begegnung mit Roncalli, wiederholte seine Voraussagen und sagte in Hörweite Capovillas, daß sein Pontifikat durch «Eingriffe in die Doktrin und Reformen der Disziplin» gekennzeichnet sein würde. Roncalli wurde noch im Januar 1955 von Bardet geplagt. Er erwähnte ihn in einem Brief an seine Schwester Maria:

> Ein paar verrückte Franzosen, die Offenbarungen und das zweite Gesicht haben, haben mir gar den Namen genannt, den ich annehmen würde, wenn man mich zum Papst wählen sollte. Sie sind verrückt, verrückt, alle miteinander! Ich hingegen denke ans Sterben. Ich habe hier ein volles Arbeitsprogramm für dieses und auch für das nächste Jahr, denn es findet jetzt die 500-Jahr-Feier für den heiligen Lorenzo Giustiniani statt, der der erste Patriarch von Venedig war (*Familiari,* II, S. 334).

So wurde Bardet ganz unfeierlich als verrückt abgetan; aber ein verwirrender Funke des Zweifels blieb.

Es war alles ganz und gar lächerlich. Er mußte an den Libanon denken. Er flog am 19. Oktober 1954 hin und kehrte eine Woche später gemächlich mit dem Schiff zurück. Als päpstlicher Legat hielt er zwei wichtige Reden. Er hörte *auf den Knien* die Rundfunkbotschaft Pius' XII. (*Cronologia,* S. 672). Er genoß die Reise, ebenso Guido Gussi, der nun fest als Fahrer und Faktotum angestellt war. Er traf den Melkitenpatriarchen Maximos IV. Saigh, der eine wichtige Rolle auf dem Konzil spielen würde, und den zweiundneunzigjährigen Maronitenpatriarchen Anthony Arida, neben dem er sich ausgesprochen jugendlich fühlte (*Familiari,* II, S. 327). Mit einem sich am Horizont abzeichnenden Konklave konnten solche unschuldigen Bemerkungen über seine eigene körperliche Gesundheit mit dreiundsiebzig bedeutungsvoll wirken. Die Vermutungen verstummten nicht.

Am 10. November 1954 schrieb er an Maria und fragte so nebenbei: «Was will man mehr, als Kardinal zu werden?» Also rechnete er damit, als Kardinal zu sterben. Er fuhr fort: «Aber ich bin alldem gegenüber unempfindlich geworden; und wenn der Herr mich auch bald abberiefe, so würde ich keine Klage erheben. Sein Wille genügt mir. Gehorsam und Friede» (ibid., S. 328). Von seinen Alterskameraden war einer nach dem anderen gestorben. Er hatte zu fünf Beerdigungen in ebensoviel Monaten gepredigt. Sein alter Freund, Kardinal Francesco Borgongini Duca, so lange Jahre Nuntius in Italien, war gerade gestorben. Roncalli war beim Gedenkgottesdienst am 4. November dabei, bei dem der junge christdemokratische Abgeordnete Giulio Andreotti die Lobrede hielt (*Cronologia,* S. 673). Doch die einzige Person, die anscheinend nicht sterben wollte, war Pius XII. Selbst Kardinäle hatten keine Insiderinformationen über den Gesundheitszustand des Papstes. Roncalli wiederholte nur Zeitungsklatsch, als er Maria sagte, daß der Papst «einmal zu sterben scheint und sich dann wieder erholt, um abermals einen Rückfall zu erleiden». Es gab Gerüchte über eine neue teure Behandlung. Roncalli war nicht sicher, ob es das wert war:

> Ja, ich habe wenig Vertrauen, daß der Heilige Vater wieder genesen wird, trotz der vielen Ärzte, Medikamente und Kosten. Sein Leben ist ein Wunder, aber wie Du weißt, dauern die Wunder nur kurze Zeit. Und vielleicht haben wir alle zusammen unrecht, meine liebe Maria, wenn wir uns beklagen. Einmal unser Alter erreicht, wird alles, was noch kommt, zu einer Dreingabe (*Familiari,* II, S. 334; Brief vom 8. Januar 1955).

Also rechnet er immer noch mit einem baldigen Konklave. Und er ist auf der Höhe: «Unter den alten Leuten hier ist der Patriarch der Rüstigste, und ich werde von dem guten Volk mit Bewunderung betrachtet» (ibid.). Das war nur für seine Schwester Maria. Dennoch ergibt dieses beständige Betonen seiner eigenen körperlichen Gesundheit höchstens einen Sinn als Wink an das Kollegium der Kardinäle. Er suchte nicht dreist die Wahl, aber das Wort machte die Runde, daß er bei guter Verfassung und verfügbar war.

Doch es sollte noch vier Jahre kein neues Konklave geben. Die teure neue Therapie des Schweizer Spezialisten schien zu wirken. Pius XII. erholte sich oder, genauer gesagt, blieb am Leben. In welchem Maß er persönlich sein Amt wahrnahm, wurde viel besprochen. Im November 1954 geschah dann etwas, das Roncalli zutiefst beunruhigte: Sein Freund Giovanni Battista Montini wurde unvermittelt von seinem Posten im Staatssekretariat versetzt und als Erzbischof nach Mailand ins Exil geschickt. Das war, natürlich, «eine große Ehre». Aber in deutlicherer Sprache hieß es, daß Montini nach fast dreißig Jahren aus der Römischen Kurie hinausgeworfen wurde. Es konnte auch keine Rede davon sein, daß er «die seelsorgerische Erfahrung, die ihn für das Papsttum rüstete, gewinnen sollte», da nie die Absicht bestand, ihn zum Kardinal zu machen, obwohl das eine mit dem alten und angesehenen Sitz von Mailand verbundene Tradition war. Es war eine entmutigende Aufgabe für einen, dessen Gesundheit zart war und der nie eine Diözese verwaltet hatte, ganz zu schweigen von so einer großen und schwierigen. Warum hatte Pius XII. das getan? Was hatte das alles zu bedeuten?

Roncalli hörte die Neuigkeit erstmals mittags am 3. November 1954 in Pompeji, wo er sich zu einem Treffen italienischer Kardinäle und Erzbischöfe aufhielt. Sie wurde am nächsten Tag öffentlich bekannt, der recht passend das Fest des heiligen Karl Borromäus war. Capovilla beschreibt Roncallis Reaktion: «Er war sprachlos *(interdetto).* Einerseits freute er sich, daß Montini nicht nur Schuster folgen würde, sondern auch Ambrosius, Karl Borromäus und Kardinal Ferrari; aber andererseits war er traurig, ihn aus Rom und dem unmittelbaren Dienst des Papstes entfernt zu sehen» (*Saggio,* S. 15). Auf seinem Rückweg nach Venedig unterbrach Roncalli in Rom und suchte Montini auf. Er war erschüttert, bemerkte Capovilla, «durch die Aufbruchsstimmung, vermischt mit Traurigkeit, die schon in der Wohnung hing» (ibid.). Es war schön und gut zu sagen, daß der Verlust der Kurie ein Gewinn für Mailand wäre, aber was Roncalli verblüffte, war, daß Pius XII. bei seinem hohen Alter sich um seinen tüchtigsten Helfer brachte. Und er sagte zu Capovilla: «Wo finden wir sonst jemanden, der so gut wie er einen Brief schreiben oder ein Dokument aufsetzen kann?» (ibid.). Gab es irgendeine schmutzige Intrige im Hintergrund?

Roncallis Glückwunschbrief deutete Verwunderung an. Seit er nach Venedig gekommen war, hatte Capovilla bemerkt, daß die Beziehung zwischen diesen «zwei verbindlichen Männern» «tiefer als die Vorschriften des Protokolls ging» und daß sie «ihre Freundschaft mit Klugheit und Takt gelebt hatten» (*Saggio,* S. 14). Jetzt trugen sie ein gemeinsames Kreuz:

> Heute und auf immer besiegelt Ihre Bischofsweihe die Weihung Ihrer Exzellenz für das Seelsorgeramt ... Wir werden gemeinsam das *sacramentum voluntatis Christi* [das Sakrament des Willens Christi] des heiligen Paulus verstehen. Dies bürdet uns die Verehrung des Kreuzes auf, aber es bringt auch einen Brunnen unsäglichen Trostes hier unten mit sich, solange das Leben und der seelsorgerische Auftrag dauern (*Saggio,* S. 80f.; 12. Dezember 1954).

Dann lud er Montini ein, nach Venedig zu kommen und an Himmelfahrt zu predigen. Im Jahr davor hatte er Kardinal Spellman als Gast gehabt. Dieses Jahr sollte es der Erzbischof von Mailand sein.

Doch trotz Roncallis Überzeugungskraft konnte Montini eine Vielzahl von Aufgaben in seiner neuen Diözese ins Feld führen, und er konnte einfach noch nicht kommen. Zwei Anekdoten von 1955 deuten an, daß Roncalli an Montini dachte als Nachfolger Pius' XII. Als Antwort auf eine Frage, die man ihm bei einer Versammlung von Akademikern auf der Insel San Giorgio stellte, sagte er: «Wenn Montini Kardinal wäre, würde ich ohne zu zögern auf dem Konklave für ihn stimmen» (*Lettere,* S. 40). Später hielten sich zwei Verwandte, Giovanni und Candida Roncalli aus Mailand, bei ihm im Patriarchat auf. Er sagte: «Schaut euch an, was aus dem kleinen Angelo, dem Sohn von Battista Roncalli, einem Landarbeiter, geworden ist. Er wurde Patriarch von Venedig und Kardinal der Heiligen Römischen Kirche. Das einzige, was er noch werden könnte, wäre Papst, aber das wird nicht geschehen, weil der nächste Papst euer Erzbischof [d.h. Montini] sein wird» (ibid.). Dies war die allgemeine Meinung unter den klugen Köpfen. Das einzige, was nicht stimmte, war, daß Montini noch nicht Kardinal war und daher vom nächsten Konklave ausgeschlossen wäre.

Montinis Verbannung war damals ein Geheimnis. Viele phantastische Erklärungen sind dazu geäußert worden. Die wahre Geschichte ist es wert, festgehalten zu werden, weil sie auch Einfluß auf die Konklaven von 1958 und 1963 hatte. Die Krankheit von Pius XII. im Jahr 1954 setzte die Frage seiner Nachfolge auf die Tagesordnung. Sie bedeutete auch, daß die tatsächliche Kontrolle der Römischen Kurie in die Hände der fünf einflußreichen Kardinäle ging – Pizzardo, Piazza, Ottaviani, Canali und Micara –, die als «das Pentagon» bezeichnet wurden (Falconi, S. 243). Sie mochten Montini nicht, der, so glaubten sie, zu «liberal» war. Er war ein Gegner Luigi Geddas und der «Bürgerkomitees». Er begünstigte die «Öffnung nach links». Er hatte versucht, den anstößigen katholischen Romancier Graham Greene für *l'Osservatore Romano* schreiben zu lassen. Er hatte die katastrophale Arbeiterpriester-Bewegung verteidigt. Er war eng vertraut gewesen mit Alcide De Gasperi, dem Führer der Christdemokraten, der am 19. August 1954 gestorben war und nicht mehr in der Gunst Pius' XII. gestanden hatte. (Roncalli hatte nicht zu De Gasperis Begräbnis nach Trient gehen können, aber er hatte seinen Weihbischof Gianfrancheschini und Capovilla geschickt.) So sammelten in der kleinen Welt der Römischen Kurie Montinis Feinde ihre Beweise und warteten auf ihre Gelegenheit.

Doch hatte er bis dahin vermieden, den Strick zu drehen, an dem er gehängt werden könnte. Aber dann tat er einen falschen Schritt, typischerweise von seinem Wunsch verursacht, mit der Jugend in Berührung zu bleiben. Er nahm an einem heimlichen Treffen der Katholischen Jugendbewegung (GIAC) in der Villa Carpegna in Rom teil. Der Zweck war, Geddas Bündnis mit den Neofaschisten, das ihrer Meinung nach eine höchst schädliche Wirkung für die Kirche hatte, zu torpedieren. Aber Gedda war ein Günstling von Pius XII. Der Papst wiederholte gern den Grundsatz seines Vorgängers: «Die Katholische Aktion ist mein Augapfel.» Da es keine andere Möglichkeit des Protestes gab, trat Marco Rossi, der Vorsitzende der GIAC, zurück. Das war noch nie dagewesen. Führer der Katholischen Aktion wurden vom Papst ernannt, und man erwartete keinen Rücktritt von ihnen (*Quale Papa?,* S. 153).
Rossis Rücktrittsbrief wurde Montini übergeben, wie es recht und billig war: Er befaßte sich mit den italienischen Angelegenheiten, während Tardini für den Rest der Welt zuständig war. Rossi erklärte, warum er die reaktionären und faschistischen Tendenzen Luigi Geddas für eine Gefahr für die Kirche hielt. Montini behielt den Brief auf seinem Schreibtisch und überlegte, was er in der Sache tun sollte. Als die Nachricht von Rossis Rücktritt durchsickerte, wurde Montini beschuldigt, «dem Heiligen Vater Informationen vorzuenthalten». Sein Motiv war gewesen, Rossi vor seinem eigenen Ungestüm zu schützen. Aber in den Augen der Kurie hatte er Unverzeihliches getan. Seine Versetzung im November 1954 folgte unvermeidlich. Sie hatte politische Bedeutung in Italien. Es war ein Schwenk nach rechts (maskiert als «Wiederherstellung der Einigkeit der Ansichten» in der Kurie); und es gehörte auch zu den Manövern im Vorfeld eines Konklaves (jeder zukünftige Papst, der daran gedacht hatte, Montini zu seinem Staatssekretär zu ernennen, war gut beraten, noch einmal nachzudenken; *Quale Papa?,* S. 152ff.). Alles geschah natürlich weiterhin «im Namen des Papstes» und «durch seine höchste Autorität». Aber Pius XII. war in wachsendem Maß entrückt und leidend. Die wirkliche Macht war ihm entglitten. Mit dem Ausscheiden Montinis hatte Roncalli seinen besten Freund bei Hofe verloren. Angelo Dell'Acqua, einst sein Sekretär in Istanbul, war immer noch als *«sostituto»* im Staatssekretariat. Er war ein ganz guter Freund, aber er hatte nicht das Format Montinis.
Doch Roncalli verweilte nicht lange bei Enttäuschungen. Sein Hirtenbrief zur Fastenzeit 1955 ließ keine Spur von Verzagtheit erkennen. Immer Historiker, wies er darauf hin, daß der Brauch, Fastenhirtenbriefe zu schreiben, im 18. Jahrhundert entstand – zur selben Zeit, in der

päpstliche Enzykliken aufkamen. Roncallis Hirtenbriefe waren wie die Ferraris und Suhards recht lange und gehaltvolle Arbeiten, die in Beratungen mit Theologen vorbereitet wurden. Man könnte sagen, es waren Kostümproben für Enzykliken. 1955 warnte Roncalli wieder einmal – das war inzwischen Routine – vor «der unmöglichen Vermählung des christlichen Gesellschaftsbegriffs mit dem marxistischen» (Alberigo, S. 216). Aber seine Hauptsorge galt der *Erneuerung,* die er als einen ständigen Verjüngungsprozeß sah. Er wollte sagen – eine Spiegelung seiner eigenen Erfahrung –, daß der Geist jünger werden kann, während die Kurve der körperlichen Existenz sich neigt und auf das unausweichliche Ende zubewegt. Er zitierte einen Lieblingsgrundsatz Gregors des Großen: *«Studet per desiderium semper incohare»* («Der Geist wünscht immer aufs Neue zu beginnen») und erinnerte an das Beispiel Antonius' des Großen, dessen Zähne mit hundertfünf Jahren noch gesund waren. Das war, in jeder Hinsicht, ein wunder Punkt: Die Roncallis hatten alle schlechte Zähne. Aber das nur als Scherz! Roncallis Hirtenbrief von 1955 zeigte eine Sorge für die Erneuerung des Menschen, der Kirche und der Gesellschaft, die tief in Paulus wurzelte («Wandelt euch und erneuert euer Denken», Römer 12,2), und gab das Programm seines späteren Konzils vor.

Aber zur Fastenzeit 1955 befaßte er sich mehr mit der «Mission für Venedig». Dieses Wagnis wurde durch «die friedliche Lösung der Römischen Frage» möglich (Alberigo, S. 219). Fünfzig Jahre früher wäre es einfach nicht denkbar gewesen, die Venezianer von fünfunddreißig Laien auf den Gassen, Brücken und Plätzen der Stadt ansprechen zu lassen (*Familiari,* II, S. 339). Die Laien wurden von fünfundzwanzig Priestern unterstützt, die konventioneller in Kirchen predigten. Diese symbolische Arbeitsteilung drückte die damals gängige Theorie der Katholischen Aktion aus. Der Klerus richtete sich an die Gläubigen, während die Laien sich mit der Welt befaßten. Es war eine unzulängliche Theorie. Aber es war wenigstens ein Versuch, eine Mission zu umgehen, die nur «zu den Bekehrten predigte». Und es machte es Roncalli auch möglich, seinen alten Freund Don Giovanni Rossi, Ferraris Sekretär in Mailand vor mehr als dreißig Jahren, nach Venedig zu holen. Er war der Gründer und Leiter von *Pro Civitate Christiana* in Assisi, einer Bewegung, die Laien in Theologie schulte und hinaus in die «Welt» schickte. Roncalli wertete die Fastenmission des Jahres 1955 als Erfolg. Sein Kriterium war, daß es klare Zeichen der «geistigen Erneuerung» gab, daß frische Kräfte freigeworden waren und daß es eine Wiederentdeckung der «ewigen Jugendlichkeit des christlichen und religiösen Lebens» gab (Alberigo, S. 234f.).

Viele andere arbeiteten auf dem Gebiet der Erneuerung und Reform.

Roncalli traf «Propheten» wie den Antifaschisten Don Primo Mazzolari, der auf ein mehr brüderliches Papsttum hoffte, ohne Pomp und autoritäres Gebaren. Er lernte Kardinal Giacomo Lercaro kennen und bewundern, den Erzbischof von Bologna, einen liturgischen Reformer, der ein Leben in franziskanischer Einfachheit führte und später seinen Bischofspalast in ein Waisenhaus umwandelte. Roncalli hatte ihn zu Gast, damit er zum Fest der Unschuldigen Kinder 1955 predigte (*Saggio,* S. 86). «Er versteht es», notierte Roncalli, «im Handumdrehen eine glückliche Stimmung zu schaffen» (Trevor, S. 248). Aber es wäre falsch zu glauben, alle Gäste Roncallis hätten einer einzigen Richtung angehört oder er hätte versucht, eine «Fraktion» von gleichgesinnten Menschen in der Kirche aufzubauen. Er hatte auch Kardinal Giuseppe Siri aus Genua bei sich, der eine Rede vor der Katholischen Aktion hielt. Zugleich wußte er aber, wer seine Freunde waren, und war nicht abgeneigt, ihnen zu gewisser Bekanntheit zu verhelfen. So lud er den Veneziander Giovanni Urbani, damals Leiter der Katholischen Aktion, ein, vor seiner Synode zu sprechen; und 1956 hielt der Literat und Priester Don Giuseppe De Luca auf San Giorgio einen Vortrag über den heiligen Lorenzo Giustiniani (*Saggio,* S. 87). Montini war anwesend, was darauf hinwies, daß da versteckte geistige Verwandtschaft am Werk war.

Weniger sympathisch war Roncalli und seinen Freunden Pater Riccardo Lombardi SJ. Er war der bekannteste Prediger seiner Zeit. Als «Gottes Mikrophon» bekannt, ein Spitzname, über den er sich freute, füllte er die Plätze im Nachkriegsitalien mit seinen schallenden Schmähungen des Kommunismus. Er war ein eifriger Helfer von Luigi Geddas «Bürgerkomitees» und hatte eine eigene Kreuzzugsbewegung unter dem Namen «Für eine bessere Welt» gegründet. Die Benennung war einer Rede Pius' XII. an die Katholiken Roms (10. Februar 1952) entnommen. Lombardi war in gewissem Sinn ebenfalls Reformer. Eine seiner reizendsten Gewohnheiten war es, bei Kurienkardinälen vorzusprechen und zu fragen, was Jesus Christus tun würde, wenn er auf ihrem Stuhl säße. Manche warfen ihn wegen seiner Zudringlichkeit hinaus. Aber er war nicht leicht abzuschütteln. Er glaubte, daß eine Reform an der Spitze anfangen müsse, und dann würde sie nach unten durchsickern. Er redete viel von der Notwendigkeit eines Ökumenischen Konzils und zitierte sogar gern Pius' XII. direkte Prophezeiung: «Der nächste Papst wird ein Konzil einberufen» (s. Virgilio Rotondi, «Padre Lombardi» in *Civiltà Cattolica,* 2. Februar 1980). Lombardi war mächtig, weil er glaubte, das Ohr von Pius zu haben.

Also hielten es die Bischöfe von Roncallis Region, dem Triveneto,

1955 für klug, Lombardi einzuladen, ihre Jahresexerzitien zu leiten. Aber als sie sich in der Villa Torreglia in Padua am 20. Mai 1955 versammelten, waren sie sehr vorsichtig, und ihre Unruhe wuchs im Verlauf der Woche. Lombardi schien seine Bewegung «Bessere Welt» zur Norm für die Erneuerung der Kirche zu machen. Alles andere, einschließlich der Geistlichen Übungen des heiligen Ignatius, wurde ihr unterworfen (*Tagebuch,* S. 313). Roncalli, sogar in seinem Tagebuch sein eigener Zensor, gab sich alle Mühe, gerecht gegen Lombardi zu sein, und nannte ihn «einen herausragenden Mönch, erbaulich und inbrünstig bis zur Exaltation». Aber dann kamen die Vorbehalte. Er war bestürzt über Lombardis «historische Urteile und seine einseitige Sicht des Staates in der modernen Welt . . . und seinen aggressiven, pessimistischen und streitsüchtigen Ton» (*Giornale,* S. 342; *Lettere,* S. 142f.: diese Bemerkung wurde seltsamerweise in der englischen und deutschen Übersetzung des *Tagebuchs* ausgelassen). Roncalli hielt sich an einen Lieblingstext; 1 Thess 5,21: «Prüft alles, und behaltet das Gute!» Er war nicht sicher, ob die Bessere-Welt-Bewegung, ungeachtet der päpstlichen Billigung, diese Prüfung bestehen würde.

Aber er beschränkte seine Beschwerde nicht auf sein privates Tagebuch. Am 6. November 1955, sechs Monate nach den Exerzitien, schrieb er im Namen der Bischöfe des Triveneto an Msgr. Angelo Dell'Acqua, Substitut im Staatssekretariat. Es ist ein zum Teil schwer verständlicher Brief, allerdings mit vielleicht unbewußtem Humor, wie Capovilla bemerkt, «der aufmerksame Leser wird davon erleuchtet werden» (*Lettere,* S. 143). Die Bischöfe hatten ihre Exerzitienerfahrungen und die Bessere-Welt-Bewegung im allgemeinen erörtert. Ihr Haupteinwand gegen «Bessere Welt» war, daß sie anscheinend die «gewöhnlichen Normen der pastoralen Leitung», wie das Trienter Konzil sie festgelegt hatte, außer acht ließ. Lombardi berief ständig Bischofskonferenzen ein, angeblich um sie über seine Bewegung zu «informieren». Achtunddreißig Bischöfe hatten seinen Kurs in Mondragone im August 1955 besucht. Aber was sind diese Bischofsversammlungen? Sie haben keinen Status im Kirchenrecht. Bischofskonferenzen sind der gewöhnliche Modus der Regierung in der Kirche; aber von Bischofskonferenzen zur Förderung einer bestimmten Bewegung hatte man nie gehört, und sie konnten entzweiend wirken. Die Zugehörigkeit zur Bessere-Welt-Bewegung zum Kriterium für den Eifer eines Bischofs zu machen war beleidigend. Zweifellos, schließt Roncalli, hat die Bessere-Welt-Bewegung ihren Nutzen als Anreiz für die Laien, aber er fragt sich, ob es nicht «mißlich ist, neue Rezepte echter Reform anzuregen, die über die Zuständigkeit einzelner Bischöfe oder Gruppen von Bischöfen hinausgehen» (*Lettere*, S. 145). Deshalb bittet er um «ein Machtwort». Doch es gibt keinen Beleg, daß Pius – der durch Dell'Acqua der Adressat war – antwortete. Lombardi setzte seine Arbeit fort. Wenige konnten etwas gegen die «Bessere Welt» im allgemeinen einwenden. Es war die Methode, die Probleme verursachte: Lombardi ließ manchmal Priester und Nonnen Gesellschaftsspiele auf dem Fußboden spielen, um den «Geist der Kindheit» wiederzuentdecken.

Während der Lombardi-Exerzitien überlegt er, ob er es sich nicht zu leicht machte, und spricht von der «Versuchung, meiner friedliebenden Veranlagung nachzugeben und ein ruhiges Leben vorzuziehen, anstatt mich ins Ungewisse vorzuwagen» (*Tagebuch*, S. 312). Sechs Monate später wurden seine friedliebenden Instinkte auf die Probe gestellt. Er erhielt einen Brief von Kardinal Pizzardo, dem Sekretär der Kongregation des Heiligen Offiziums, datiert auf den 5. Januar 1956. Er betraf Dr. Vladimiro Dorigo (der Name ist falsch geschrieben), Herausgeber von *Il Popolo del Veneto* (was unzutreffend als die «katholische Tageszeitung der Region» bezeichnet wird). Der Schreiber des Heiligen Offiziums hatte es sogar fertiggebracht, Roncallis Namen falsch zu bringen, indem er ihn als Kardinal Giuseppe Roncalli anstatt Angelo Giuseppe anredet. Aber war der Brief auch voller Ungenauigkeiten und vage, so war er doch bedrohlich, denn er verlangte Taten in bezug auf «die Klagen, die zum Heiligen Stuhl gelangt sind und die gesellschaftliche und politische Richtung von *Il Popolo del Veneto* betreffen» (*Utopia*, S. 212). Dorigo war das direkte Ziel, und Roncalli saß ebenfalls auf der Anklagebank. Würde er sich unterwerfen, sich verteidigen oder Unterschiede machen?

Er begann mit dem Versuch, die Tatsachen geradezurücken. Nach Beratung mit den anderen Bischöfen der Provinz setzte er ein Bild von Dorigo zusammen, das völlig anders war als das, welches das Heilige Offizium sich zusammengereimt hatte. Er war einer der Mitarbeiter Marco Rossis gewesen (s. oben, S. 327) und mit ihm 1954 aus dem GIAC ausgetreten. Er wurde dann Herausgeber von *Il Popolo del Veneto* und spiegelte treu die Linie des venezianischen Sekretariats der Christdemokraten wider. Sie gehören, erklärte Roncalli dem Heiligen Offizium, «zu dem Parteiflügel, der ungeduldig nach der Verwirklichung sozialer Reformen ruft». Sie sahen in der regierenden «Koalition der Mitte» ein Hindernis. Dorigo und seine Freunde empfahlen eine vorsichtige Form der «Öffnung nach links»: eine christdemokratische Alleinregierung (*monocolore*), die sich auf die sozialistische Unterstützung verlassen konnte, wenn sie ihre Reformgesetzgebung vorlegte. Aber das war noch keine akzeptable Linie bei den

Christdemokraten auf der nationalen Ebene, und es wurde davon geredet, Dorigo als Herausgeber der Zeitung abzulösen. Doch Dorigos begrenzte «Öffnung nach links», versicherte Roncalli dem Heiligen Offizium, bedeutete keineswegs «die geringste Zuneigung zur kommunistischen Lehre, die im Gegenteil mehr als einmal öffentlich abgelehnt worden ist» (*Utopia,* S. 213f.).
Er schloß, die Affäre Dorigo wäre eine innere Angelegenheit der Christdemokraten und sollte in ihren Händen bleiben. Folglich «würde jede direkte Einmischung von kirchlichen Behörden zu nachteiligen Eindrücken und Kommentaren führen» (*Utopia,* S. 214). Roncalli versuchte, Abstand zu wahren, «Zurückhaltung» *(riserbo)* in politischen Angelegenheiten zu wahren, die sein Papsttum kennzeichnen sollte. Bei seinen Gesprächen mit Dorigo hielt er sich an allgemeine Grundsätze: «Ich habe ihn nur dreimal getroffen, und unsere Unterhaltung beschränkte sich auf die allgemeineren Aspekte von Soziologie und christlichem Leben, ohne bestimmte Streitfragen oder Alltagsprobleme zu berühren.» Sein Porträt war günstig: «Dr. Dorigo ist ein intelligenter junger Mann mit tadelloser Lebensführung und eifriger Beachtung der religiösen Vorschriften, fern aller egoistischen Berechnungen, aber sehr standhaft, möglicherweise eigensinnig in seinen Vorstellungen, die er mit ungewöhnlichem dialektischem Geschick verteidigt» (ibid., S. 215). Es war eine Verteidigung Dorigos, und sie wirkte anscheinend. Das Heilige Offizium erkannte verspätet, daß ein Vorgehen gegen *Il Popolo del Veneto* schwieriger wäre, da es eine christdemokratische Zeitung und keine «katholische» war.
Doch wenn die unmittelbare Gefahr für Dorigo auch abgewendet war, so blieb der Druck auf Roncalli, Härte zu zeigen. Er kam nicht nur aus dem «Pentagon», sondern auch von einigen Bischofskollegen, die eine offene Verurteilung von *Il Popolo del Veneto* wünschten, weil die Anhänger der Zeitung, die linken Katholiken, in ihren Diözesen aktiv wären und auf Zerstörung sännen. Roncalli verabscheute Verurteilungen und glaubte weiterhin, daß es ihn nichts anginge, was eine christdemokratische Zeitung machte. Er wurde aber zum Handeln gedrängt. Schließlich schrieb er einen Hirtenbrief, datiert auf den 12. August 1956, in dem er die «Öffnung nach links um jeden Preis» beklagte. Dies wäre, erklärte er, «ein äußerst ernster dogmatischer Irrtum und eine schwere Verletzung der katholischen Disziplin». Der Irrtum bestände darin, «sich jenen anzuschließen, welche die marxistische Ideologie unterstützen, die die Verneinung des Christentums ist und nicht mit den Werken des christlichen Evangeliums in Einklang gebracht werden kann». Außerdem wäre es

eine Illusion, für die «Öffnung nach links» mit der Begründung einzutreten, daß dies zu wirtschaftlichen und sozialen Reformen und zu größerer sozialer Gerechtigkeit führen würde. Dies war Roncallis strengste Einmischung in politische Dinge, so lange er in Venedig war. Es war nicht sein Stil. Wie läßt es sich erklären?
Am einfachsten mit dem Druck durch die Bischöfe seiner Provinz. Er wußte, daß sie sowieso handeln würden. Seine Erklärung vom 12. August 1956 war sein «Pfund Fleisch», die Grenze, bis zu der er gehen würde. Dies kann man aus den Tatsachen folgern, daß seine Kollegen geschickt ein Kommuniqué herausgaben, in dem sie seinem Brief zustimmten, ihn aber verschärften und noch eine Stufe weiter führten:

> Wir erklären unsere volle Solidarität mit dem Denken und Handeln des Patriarchen, und wir laden alle Gläubigen ein, besonders die Jugend, auf der Hut zu sein vor einer Propaganda, die auf die raffinierteste Art von einigen entweder persönlich oder durch die politische Wochenzeitung *Il Popolo del Veneto* geführt wird. Deshalb warnen wir vor der Lektüre der genannten Wochenzeitung (*Utopia* S. 212).

Roncalli *unterschrieb* dieses Dokument nicht. Natürlich nicht, könnte man einwenden, da es an ihn gerichtet war. Aber das war ein Vorwand, um die Tatsache zu verschleiern, daß der Patriarch sich weigerte, Dorigo und *Il Popolo del Veneto* zu verurteilen. Trotz der Schläge von außen blieb sein Entschluß vom vergangenen Jahr fest: «Mit aufmerksamer, geduldiger und langmütiger Güte gelangt man besser und schneller zum Ziel als mit Strenge und mit einer Peitsche. Hierüber täusche ich mich keineswegs und habe in dieser Frage keine Zweifel» (*Tagebuch,* S. 312). Aber indem er die «Peitsche» auf die Seite legte, riskierte Roncalli die Anklage der «Torheit». Er war seit langem mit «der dritten Art von Demut» vertraut, die in den *Geistlichen Übungen* beschrieben ist, und hatte sich entschieden: «... um Christi willen, der als Tor geachtet, lieber töricht gelten vor der Welt als weise und klug» (*Geistliche Übungen,* S. 75). Seine innere Einkehr von 1956 beweist, daß er darüber nachgedacht und seine endgültige Entscheidung (oder «Wahl») getroffen hat: «Ich würde mich nicht scheuen, es zu werden, wenn auch das Lächerliche ein Beitrag sein müßte zu der festen Überzeugung, die ich habe und die ich wiederholen werde, solange ich lebe, daß das Evangelium unwandelbar und daß die Lehre Christi im Evangelium Sanftmut und Demut ist; natürlich nicht Schwächlichkeit und Einfältigkeit» (*Tagebuch,* S. 314). Was immer die Menschen von ihm dächten, wie immer die Zurückweisungen sein mochten, Roncalli würde auf die Güte setzen.

Er trug seine Überzeugung ins Alltagsleben hinein. Er ging auf die Menschen zu, die als Gegner oder sogar als Feinde betrachtet wurden. Der 32. Kongreß der Sozialistischen Partei Italiens war unter ihrem Sekretär Pietro Nenni für den 1. Februar 1957 in Venedig angesetzt. In einem Aufruf zu Mariä Lichtmeß mit dem Titel «Das Licht Christi in der Geschichte und im Leben der Völker» hieß Roncalli in seiner Eigenschaft als Venezianer und als Patriarch den Kongreß willkommen. Die Stadt ehrte die Tradition der Gastfreundschaft, und Paulus hatte empfohlen, ein Bischof solle *hospitalis et benignus* – gastfreundlich und gütig – sein (*Lettere,* S. 45). Er hoffte, die Venezianer würden ebenso wie er «die außergewöhnliche Bedeutung dieses Ereignisses» schätzen, «das von großer Tragweite für die Richtung unseres Landes in unmittelbarer Zukunft ist». In der endgültigen Ausgabe seiner venezianischen Schriften *Scritti e discorsi* ist dieses banale Gefühl fallengelassen worden. Es ging nicht an, daß ein einflußreicher italienischer Prälat andeutete, ein Kongreß der Sozialistischen Partei könne für die Zukunft des Landes Bedeutung haben. Aber Roncalli war noch viel weiter gegangen. Er beklagte die «Kluft», die sich zwischen christlicher und weltlicher Kultur aufgetan hatte, und betete, der Kongreß möge dazu beitragen, sie zu überbrükken: «Er ist gewiß – so will ich gern glauben – von dem Wunsch beseelt, das gegenseitige Verständnis herbeizuführen, das vonnöten ist, um Lebensbedingungen und soziales Wohlergehen zu verbessern» (ibid.). Diese unschuldigen Begrüßungsworte entfachten einen Sturm der Entrüstung. Roncalli hatte wieder einmal einen Fauxpas begangen. Er wurde öffentlich von der kommunistischen Zeitung *L'Unità* gelobt, daß er die Grundlage für eine Zusammenarbeit zwischen Katholiken und der Linken anbiete, und privat, allerdings höflich, von Dell'Acqua getadelt (*Utopia,* S. 221). Wieder einmal war von seiner Naivität die Rede. Er ließ sich zu leicht ausnutzen. Er war zu gut, als daß man ihm in einer grausamen und bösen Welt trauen konnte.

Doch er weigerte sich, von seiner Politik, die die Nächstenliebe an die erste Stelle setzte, abzugehen. Warum, erklärte er in einem Brief an Don Fausto Vaillanc, einen Priester aus dem Aostatal, der in einer Diözesanzeitung zu seiner Verteidigung geeilt war:

> Ich bin Ihnen in mehrfacher Hinsicht dankbar für Ihre Hilfe. Ich sehe, daß Sie mich sehr gut verstehen. Mit der Zeit und mit Geduld vollendet sich der Kreis. Sogar meine erste Erklärung – als *Ganzes* beurteilt und nicht an Hand von Sätzen, die von den böswilligen Scharen meiner Feinde aus dem Zusammenhang gerissen wurden – hätte zu größerer Aufrichtigkeit und Höflichkeit beigetragen. Ist Höflichkeit nicht das erste Ziel der Nächstenliebe?

> Die Wahrheit ist, daß die ausgewogene Haltung [*contengo misurato*] des demütigen Patriarchen – und ich habe ehrliche und sichere Zeugen dafür – die verbalen Exzesse, die befürchtet wurden, mäßigte und viele zu mehr Respekt und tieferem Nachdenken führte. *Veritatum facere cum caritate* [die Wahrheit mit Barmherzigkeit tun] ist gute paulinische Lehre und gereicht jedem zur Ehre (*Utopia,* S. 301).

Das war ein großer Anspruch. Er meinte, seine Höflichkeit gegenüber den Sozialisten hätte sich bereits als wirksam erwiesen. Sie hätten sich durch sein Eingreifen, umworben mit seiner Begrüßung, bereits gewandelt. Roncalli bildete sich nichts ein. Sein Urteil wurde von Graf Giuseppe Dalla Torre bestätigt, dem Herausgeber von *l'Osservatore Romano,* dem wir zuletzt 1919 begegnet sind (s. oben, S. 126), der ihm *privat* schrieb und gratulierte, «das Sektierertum entwaffnet» zu haben (*Utopia,* S. 222). Es war keineswegs, so der Vorwurf seiner rechten Kritiker, eine «Öffnung nach links», aber es war eine erste Voraussetzung jeder derartigen Öffnung. Viele Italiener waren dankbar.

War Roncallis Haltung zu den Sozialisten eine Möglichkeit, auf die gegenwärtigen Forderungen der Geschichte zu reagieren und die Kluft zwischen der Kirche und «Menschen guten Willens» zu schließen, so war die Feier des fünfhundertsten Todestages des heiligen Laurentius Giustiniani 1956 ein Versuch, der Vergangenheit Bedeutung zu verleihen. Es hatte seit 1178 Bischöfe in Venedig gegeben, aber Laurentius war 1451 der erste, dem der Titel eines Patriarchen gewährt worden war. Neben dem Bischof von Rom – dem «Patriarchen des Westens» – befand sich das einzige andere Patriarchat der Lateinischen Kirche in Lissabon, 1716 errichtet. Die Familie Giustiniani erhob den Anspruch, von dem römischen Kaiser Justinian abzustammen, von dem sie ihren venezianischen Namen ableitete. Sie war gewiß eine der ältesten Familien in Venedig. Im 12. Jahrhundert waren alle männlichen Familienangehörigen im Kampf getötet worden, bis auf einen Mönch, der flugs aus seinen Gelübden gelöst wurde, um den Fortbestand der Familie zu sichern (Morris, S. 55). Roncallis Fastenhirtenbrief von 1956 war dem «heiligen Laurentius und der Bibel» gewidmet.

Er beschreibt Gentile Bellinis Porträt des Heiligen im weißen Habit der Chorherren von San Giorgio in Alga, seine klaren, lebhaften Augen, die das Patriarchenkreuz auf seiner Brust betrachten, seine rechte Hand zum Segen erhoben, während die linke Hand ein Buch hält. Es war für Roncalli wichtig, daß sein Vorgänger, der Urpatriarch, dessen Kreuz er jetzt trug, nicht irgendeine verschwommene anonyme Gestalt war. Die «Vollständigen Werke», ihre gesamten 638

Seiten, enthielten den Schlüssel zu dem Mann und seiner geistlichen Lehre. Diese Lehre war durch und durch *biblisch*. Katholiken des 15. Jahrhunderts wie Lorenzo Giustiniani waren noch nicht durch protestantische Ansprüche, ein Monopol auf die Auslegung der Bibel zu haben, aufgeschreckt worden. Für sie war es das Buch des Lebens. Und die zwei Aspekte des Wortes Gottes – das in den Evangelien verkündete Wort und das im Sakrament gegenwärtige Wort – waren miteinander bis auf den tiefsten Grund verwandt. Roncalli sagte es so: «Die Stimme Christi hallt wider in dem Buch; im Kelch ist das Blut Christi gegenwärtig als Gnade, Sühne, unsere Erlösung» (Alberigo, S. 226). Das Buch und der Kelch entsprechen dem Wort und Sakrament in der späteren Diskussion. Roncalli erklärt es recht kurios, aber wirkungsvoll: Das Buch ist das *Alpha*, der Anfang, während der Kelch das *Omega* ist, das Ende; dazwischen kommen alle Buchstaben des Alphabets, die, so erklärt er, für alle persönlichen, häuslichen, gesellschaftlichen und politischen Belange stehen, die das Leben ausmachen.

Don Giuseppe De Luca, der mehr über die Geschichte der italienischen Geistlichkeit wußte als jeder andere (und um ein Haar der Henri Bremond Italiens geworden wäre), hatte Roncalli bei diesem Hirtenbrief geholfen. Gemeinsam fiel es ihnen nicht schwer, mit dem Text in der Hand zu beweisen, daß das Lesen der Bibel während der ganzen Zeit der Kirchenväter und im Mittelalter ermutigt worden war. Der Gedanke, sie wäre ein gebanntes Buch gewesen, war eine polemische Falschmeldung der Reformation. Jedenfalls hätte Italien nie die Heilige Inquisition gehabt.

> In Italien besonders, trotz gelegentlicher Warnungen über merkwürdige Auslegungen, die der Reinheit des katholischen Glaubens schaden könnten, wurde die Freiheit, die Bibel zu lesen, immer als selbstverständlich erachtet. Und hier in Venetien war die Lektüre der Bibel in der Volkssprache so verbreitet, daß bestimmte Chronisten berichten, wie sie Gruppen junger Frauen hörten, die Abschnitte der Heiligen Schrift sangen, während sie am Spinnrad arbeiteten (Alberigo, S. 227).

Es ist ein naives und rührendes Bild, wie eine mittelalterliche Illustration. Es wurde von der Reformation erschüttert, die die Bibel selbst zum Streitobjekt machte. Die protestantischen Prinzipien der *Scriptura sola* (die Schrift allein) und der «persönlichen Auslegung» zerbrachen die Einheit der Kirche und lösten das christliche Erbe auf. Dagegen stellt die katholische Kirche «Jesus Christus als ihren alleinigen Gründer, und die Zeugen seiner Gründung sind die apostolische Überlieferung und die Heilige Schrift. Die Überlieferung zuerst, dann die Schrift, und die Schrift, gegründet auf der Überlieferung» (ibid., S. 228). Er fügt die Bemerkung von Augustinus an: «Der Christ liest die Bibel nicht nach seiner Begabung oder Vorstellungskraft, sondern kniend an der Seite der Kirche, ihrem sicheren und wahren Dolmetscher.» Das war eine Allerweltsweisheit.

Aber in den 1950er Jahren sahen solche Gegensätze zwischen Protestanten und Katholiken, wenn sie auch keineswegs gelöst waren, nicht mehr unüberwindlich aus. Die Arbeit Yves-Marie Congars und vieler anderer hatte gezeigt, daß einerseits Katholiken mit Freude den Vorrang des Wortes Gottes anerkennen und andererseits Protestanten zugestehen konnten, daß die Schrift zur Überlieferung der frühen Gemeinden gehörte, deren Glauben sie berichtete. Das Paulinische Wort «Ich habe weitergegeben, was ich empfangen habe» – sowohl auf die Eucharistie als auch die Auferstehung angewendet – wies einen auf die Bibel gestützten Weg aus der Sackgasse. Notwendig war dagegen, den Blick von der ererbten Polemik zu befreien. Dann konnte eine auf der Bibel gründende Ökumene begonnen werden. Roncalli glaubte, daß die katholische «Bibelbewegung» inzwischen nach Pius' XII. Enzyklika *Divino Afflante Spiritu* (1943) und der Arbeit des Päpstlichen Bibelinstituts gut in Gang gekommen war. Nicht wissen konnte er jedoch, daß der Leiter des Instituts, Pater Augustinus Bea SJ, der Beichtvater des Papstes, nicht nur Pius' Enzyklika entworfen hatte, sondern daß er auch eine Schlüsselrolle in seinem eigenen Pontifikat spielen sollte.

Doch in diesem Stadium konzentrierte sich Roncallis ökumenisches Interesse noch mehr auf die Orthodoxen als auf die Kirchen der Reformation. Seine eigene Erfahrung im Osten und die venezianische Tradition drängten ihn in diese Richtung. Am 18. September 1957 war er eingeladen, bei der 7. Studienwoche des christlichen Orients, die in Palermo in Sizilien stattfand, einen Vortrag zu halten. Es war sein wichtigster Beitrag zur Ökumene, bevor er Papst wurde. Er sah in der «modernen Renaissance patristischer Studien», wie er sagte, einen Weg zur Aussöhnung. In der Zeit der Kirchenväter führten die Unterschiede zwischen Ost und West nicht zum Schisma. Aber er setzte immer noch voraus, daß das Ziel der katholischen ökumenischen Bewegung war, die «Rückkehr» der Verirrten zu der einen wahren Kirche herbeizuführen. In der Diözese des äußerst konservativen Kardinals Ernesto Ruffini, des Verbündeten Ottavianis, war keine andere Annäherung denkbar. Auf jeden Fall sprach er nur der gängigen katholischen Orthodoxie nach, die sich in der Anrufung einer Litanei ausdrückte: *«Ut omnes errantes ad unitatem ecclesiam revocare»* («Daß alle Irregehenden zur Einheit der Kirche zurückgerufen werden mögen»). Er erinnerte sein Publikum an dieses Gebet. Er beschrieb Leos XIII. apostolischen Brief von 1896 «an Fürsten und Völker» als «einen bewegenden Appell für eine Rückkehr zur Einheit» und Pius' XII. Enzyklika *Mystici Corporis* von 1943 (die den «Mystischen Leib Christi» mit der römisch-katholischen Kirche identifizierte) als «ein ganz wunderbares Dokument» (Alberigo, S. 241). Das waren die Konstanten, zwischen denen die katholischen Ökumeniker zu jener Zeit zu arbeiten hatten. Aber ein Ökumenismus der «Rückkehr» konnte kaum auf Fortschritte hoffen.

Es gab jedoch andere Stränge in Roncallis Denken, die darüber hinauswiesen. Christi Befehl «Sie alle sollen eins sein» war klar und drückte eine besondere Dringlichkeit aus. Roncalli zitierte die leidenschaftlichen Worte Kardinal Bessariones an das Konzil von Florenz:

> Wie wollen wir uns vor Gott verteidigen, daß wir von unseren Brüdern getrennt sind, wo doch Christus vom Himmel herabstieg, Fleisch wurde und gekreuzigt wurde, um uns zu vereinen und in einer Herde zu sammeln? Wie wollen wir uns vor der Nachwelt verteidigen? Ehrwürdige Väter, wir werden nicht solche Schmach erleiden, wir werden uns nicht auf solche Ratschlüsse einlassen, wir werden nicht so schlecht Vorsorge treffen für jene, die nach uns kommen (Alberigo, S. 242f.).

Aber solange die eine Seite der anderen die Schuld gab, die christliche Einheit zerstört zu haben, konnte das nicht geheilt werden. Nur wenn sie reumütig und mit der Bereitschaft zu gegenseitigem Verzeihen zusammenkämen, konnte es Hoffnung auf eine Aussöhnung geben. Roncalli spricht dies nicht deutlich aus, aber er legt die Voraussetzung dar: «Liegt die Verantwortung für die Spaltung allein auf der Seite unserer getrennten Brüder? Teilweise ja, aber sie liegt auch in großem Maße bei uns *(in gran parte è nostra)*» (ibid. S. 243).

Roncalli wünschte «dieser wunderbaren Bewegung zur christlichen Einheit hin» einen festen Platz in der katholischen Lehre, Predigt und Katechese. Zu diesem Zweck griff er wieder eine Idee auf, die Dom Lambert Beauduin 1926 zuerst an ihn herangetragen hatte. Beauduin schlug eine organisierte ökumenische Bewegung in der Kirche nach dem Muster der Missionskongregation Propaganda Fide vor. Das bedeutete Arbeit auf zwei Ebenen: eine Bewegung auf breiter Grundlage in den regionalen Kirchen, um Katholiken für das Problem zu sensibilisieren, und ein Amt in der Römischen Kurie zur Koordinierung und um die ökumenische Sache auf der römischen Tagesordnung zu halten. Es war der Keim der Idee für das Sekretariat zur Förderung der Einheit der Christen.

Wieder in Venedig ging Roncalli in den letzten Vorbereitungen für

die Diözesansynode auf. Sie fand vom 25. bis 27. November 1957 in der Basilika San Marco statt. Sie war der Höhepunkt seines pastoralen Vorhabens für Venedig. Sie «krönte», wie er sagte, die Pastoralvisitationen, die er seit seiner Ankunft in den Pfarrbezirken gemacht hatte. Sie wurde gründlich vorbereitet durch Studienkommissionen und Seminarkurse, bei denen «alle ihre Ansichten äußern konnten» (Alberigo, S. 247). Doch es war keine demokratische Versammlung, und es gab keine Debatte. Roncalli folgte den Empfehlungen des Kirchenrechts und dem Beispiel Radini Tedeschis, der 1910 in Bergamo eine Synode gehalten hatte (s. oben S. 64f.). Er dachte auch an Karl Borromäus und stellte die Synode als eine typische Einrichtung des Konzils von Trient dar, die immer noch lebendig war und «den Forderungen der modernen Zeit» entsprach. Diese Fähigkeit, neuen Wein in alte Schläuche zu füllen, verblüffte immer wieder jene eilfertigen Kommentatoren, die wissen wollten, ob Roncalli «konservativ» oder «liberal» sei.
Im Zusammenhang mit der Synode war es, daß er zum erstenmal den Begriff *aggiornamento* benutzte, der sein Slogan und Markenzeichen wurde. In seinem Brief vom 8. Oktober an die Venezianer schrieb er:

> Sie haben vermutlich das Wort *aggiornamento* viele Male wiederholen gehört. Nun, die Heilige Kirche, die immer jung ist, möchte in der Lage sein, die verschiedenen Lebensumstände zu verstehen, damit sie sich anpassen, korrigieren, verbessern und mit Begeisterung füllen kann. Das ist in Kürze das Wesen der Synode, das ist ihr Ziel (Alberigo, S. 248).

Er würde die gleichen Worte benutzen und den Begriff der «Reform» hinzufügen, um den Zweck des Konzils zu beschreiben. Er verstand Synoden und Konzile als den «verfassungsmäßigen» Weg zur Erneuerung der Jugend der Kirche.
Roncalli hielt an jedem der drei Tage eine Rede vor der Synode von Venedig. Sein wichtigster Beitrag war seine Darstellung der «bischöflichen Autorität». Der Bischof, sagte er, wird in der Liturgie als *pastor et dominus,* Hirt und Herr, beschrieben. Aber er stellte sich den Bischof lieber als *pastor et pater* vor und hatte diese Worte ja auch über seiner Tür anbringen lassen (Alberigo, S. 249). Er entwickelte die Vorstellung von der «geistlichen Vaterschaft», wie sie bei Paulus zu finden ist: «Hättet ihr nämlich auch ungezählte Erzieher in Christus, so doch nicht viele Väter. Denn in Jesus Christus bin ich durch das Evangelium euer Vater geworden» (1 Kor 4,15). Insofern als der Bischof ständig seine Familie mit geistlicher Nahrung versorgt und sie vor Gefahren schützt, darf man von ihm sagen, er «läßt Christus in ihnen geboren werden» (ibid., S. 250).

Doch Roncalli war realistisch. Er hatte genug Erfahrung im kirchlichen Leben, um zu wissen, daß die Worte von geistlicher Vaterschaft die Realität von Tyrannei und Unterdrückung maskieren konnten. Es war ein Problem, über das er schon oft nachgedacht hatte, namentlich in Istanbul: Als Bischof darf er weder Tyrann noch Fußabtreter sein (s. oben, S. 236f.). Er fand eine hilfreiche Formulierung des Problems bei dem französischen Erzbischof Emile Guerry von Cambrai, der «autoritäres Gebaren» ebenso gerügt hatte wie die damit verschwisterte Versuchung der «patriarchalischen Fürsorge». Roncalli verstand die Begriffe so:

> *Autoritäres Verhalten* erstickt das Leben und führt zu einer strengen, äußerlichen Disziplin und zu komplizierter, schädlicher Überorganisation. Es unterdrückt legitime Initiativen, ist unfähig zuzuhören, verwechselt Schroffheit mit Standfestigkeit, Unbeugsamkeit mit Würde. *Patriarchalische Fürsorge* ist auch eine Karikatur von Vaterschaft. Sie hält die Menschen unreif, um die eigene überlegene Position zu wahren, gibt sich liberal gegen manche, läßt es aber an Respekt vor den Rechten der Untergebenen fehlen. Sie spricht bevormundend und akzeptiert keine echte Zusammenarbeit (Alberigo, S. 252; Ansprache vom 25. November 1957).

Manche mögen aus Roncallis Darstellung des «patriarchalischen autoritären Systems» eine nicht sehr verschleierte Beschreibung Pius' XII. herausgehört haben, der nicht Zusammenarbeit verlangte und nicht fähig war zuzuhören. Robert Leiber SJ, einer seiner Privatsekretäre, räumte ein, daß Pius «schwer zugänglich» war und «ein Einzelgänger blieb. Es war schwierig, in die Tiefe seiner Seele einzudringen» (Hoffmann, S. 140). Vermutlich lag Roncallis *bewußtem* Denken nichts ferner als Kritik am Papst. Aber diejenigen, die nach einer anderen Art, päpstliche Autorität auszuüben, Ausschau hielten, wurden ermutigt, wiederum über den Patriarchen von Venedig nachzudenken.

Ein Konklave schien bevorzustehen. Pius XII. war jetzt einundachtzig. Er wurde von seinem Schweizer Gerontologen Dr. Paul Niehans am Leben erhalten, der zu «Frischzellentherapie», wie er es nannte, geraten hatte – die regelmäßige Injektion von fein gemahlenem Gewebe frisch geschlachteter Lämmer (s. Hoffmann, S. 24). Es hätte sehr nachlässig gewirkt, wenn die Kurienkardinäle nicht im voraus über die Nachfolge nachgedacht hätten. Roncalli würde einen willkommenen Kontrast zu Pius XII. bilden. Nicht nur das, auch das historische Vorbild arbeitete zu seinen Gunsten. Zwei Generationen vorher, so ging die Rede, war ein einfacher und frommer Patriarch von Venedig, Sarto, Papst Pius X. geworden, inzwischen der Heilige

Pius X. Was schon einmal geschehen war, konnte erneut geschehen. Aber die Ähnlichkeit zwischen Sarto und Roncalli war sehr oberflächlich und beruhte nur auf der Tatsache, daß sie einfacher Herkunft, dick und Patriarchen von Venedig waren. Doch während Sarto, der nie außerhalb Italiens gewesen war, nervös, ängstlich und fanatisch war, blieb der vielgereiste Roncalli heiter-gelassen und pflegte die Venezianer, wie er zugibt, mit der Mahnung des Evangelisten Johannes im Alter zu ermüden – «Liebet einander – das ist genug – es ist Gottes Gebot, es ist Gottes Gebot» (Alberigo, S. 255).
In ihrem geistigen Temperament bestand ein scharfer Kontrast zwischen ihnen. Doch fanden sich an jeder Ecke in Venedig Erinnerungen an Pius X. Der dritte und letzte Tag der Synode wurde unter seinen Schutz gestellt. Roncalli erinnerte daran, daß sein Vorgänger die Synode von 1898 in derselben Basilika eröffnet hatte und daß seine vier Reden – über Glauben, Katechetik, Buße und Eucharistie – die Politik seines Pontifikats angedeutet hatten. Er erinnerte auch daran, daß 1898 das Jahr war, in dem Don Lorenzo Perosi die Oratorien dirigiert hatte, die «das Apostolat des religiösen Unterrichts bereicherten» (Alberigo, S. 255). Perosi erlebte 1957 eine Art Wiederentdeckung und bildete mit ein Gegengewicht zu Igor Strawinsky, der für die venezianischen Festspiele 1956 und 1958 Werke komponiert hatte. Roncalli wurde manchmal in angeregter Unterhaltung mit Strawinsky gesehen (Trevor, S. 239). Er interessierte sich für Strawinskys Verwendung von Themen der russisch-orthodoxen Musik, die er liebte. Aber er bevorzugte Perosis eher voraussagbares puccineskes Ungestüm, nicht zuletzt, weil der Priester-Komponist «die liturgischen Reformen von Pius X. ergänzt hatte». Es gab keine Möglichkeit, Pius X. in Venedig aus dem Weg zu gehen.
Roncalli stellte vor der venezianischen Synode Theorien über Autorität auf. Es bleibt zu fragen, wie weit es ihm gelang, seinem eigenen Ideal gemäß zu leben. Erreichte er «geistliche Vaterschaft», in der er sich nicht «als Herr über seine Herde aufspielte, sondern sie wie Söhne und Brüder liebte» (Alberigo, S. 250)? Dies sind nicht beantwortbare Fragen. Da sie ein Ideal beschreiben, sollte eher der gefragt werden, der es aufgestellt hat, als der Biograph. Man kann nicht sagen, daß es in der Diözese Venedig nie einen verstimmten Kleriker gab. Man kann nur sagen, daß sein Klerus ihn mit Bedauern gehen sah, aber sich freute, daß es geschah, um Papst zu werden.
Seine Schwierigkeiten mit Laien rührten von der speziellen Sorte des venezianischen Konservatismus her, der sich in dem Leitspruch ausdrückt: *«Veneziani, poi Christiani»* («Venezianer, dann Christen»). Folgendes sagt Capovilla über den venezianischen «Charakter»:

«Kennzeichnend für die Venezianer ist ihre Achtung vor ehrwürdigen Traditionen und uralten religiösen und bürgerlichen Erinnerungen. Sie sind höflich, aber streng und – so könnte man sagen – isoliert und ziemlich merkwürdig *(singolare)*... Sie zeigen den Neuerungen, die im Laufe der Zeit aufkommen, lächelnde Nachsicht und sind bereit, manches davon anzunehmen» (*Letture,* S. 32). Der letzte Satz liefert den Schlüssel. Die Venezianer waren heikel, was Wandel betraf. Manche von ihnen glaubten, daß der Patriarch Roncalli ein gefährlicher Neuerer wäre. Meist werden für solche Urteile keine Beweise verlangt, aber wenn nachgehakt wurde, konnten sie auf seine Begrüßung des Parteikongresses der Sozialisten verweisen oder auf sein Aufhebens wegen der Altarwand (er wollte, daß die Menschen den Altar *sehen* konnten). Kaum sehr verruchte Verbrechen.

Vielleicht verstand Roncalli Venedig besser, als Venedig ihn verstand. Er war in seine Geschichte eingetaucht, aber nicht darin gefangen. In einer poetischen Rede an das alte und neue Venedig erklärt Capovilla: «Er entdeckte die Schönheiten deiner Natur und deiner Kunst mit dem scharfen Auge des Gelehrten; in der Nacht studierte er deine Geschichte, mehr als die meisten deiner Söhne, und er wurde nie müde, dein Gesicht zu betrachten, das sich in den dicken Bänden deiner Bibliotheken, deinen Steinen und deinen Kanälen spiegelt» (*Letture,* S. 32). Gewiß liebte er Venedig. Seinem Nachfolger als Patriarch, dem erstaunlich schnell ernannten Giovanni Urbani, schrieb er:

> Ja! Die Venezianer verdienen wirklich Wertschätzung und Zuneigung. In den sechs Jahren gemeinsamen geistlichen Lebens mit ihnen bestand all unsere Erfahrung aus Freude und Trost. Und sie sind immer noch in unserem Herzen, alle Priester und Laien, als könnten wir nie von ihnen getrennt werden – vielleicht auf immer in diesem Leben – ohne geheime Tränen aus tiefer Bewegung (*Lettere,* S. 80).

Dann zählte er liebevoll alle Orte und Städte auf, die zur Diözese gehörten, auf dem Festland wie auf den Inseln, die Arbeiterstädte wie die «historischen» Orte, bevor er Urbani «den Mantel des Elias» vermachte. Die Wendung «vielleicht auf immer in diesem Leben» war, nach einem Kommentar, eingefügt worden, um den Gedanken nicht aufkommen zu lassen, er würde als Papst im Triumph nach Venedig zurückkehren (*Corriere della Sera,* 9. Januar 1959). Er tat es nie. Aber von da an erfuhren Pilger aus Venedig ebensoviel Aufmerksamkeit wie die aus seinem heimatlichen Bergamo.

Doch das lag alles in der Zukunft – wenn auch einer nicht sehr fernen Zukunft. Wir stehen am Anfang des Jahres 1958. Roncallis

Lebensrhythmus war immer von der Liturgie bestimmt gewesen. Es war seine Art, in die «Zeit des Herrn» einzutreten, Heilsgeschichte, wie Theologen inzwischen dazu sagen. Dies stimmte mit Roncallis alter Überzeugung überein, daß es keine zwei Arten von Geschichte gibt, die eine kirchlich und die andere weltlich, sondern nur eine einzige Geschichte, in der Gott geheimnisvoll wirkt. So standen die Jahreszeiten von Venedig neben den liturgischen Jahreszeiten.

In seiner Predigt am Himmelfahrtstag 1958 sprach er über die Bedeutung der Osterkerze, die mit dem dreifachen Zuruf *Lumen Christi, Deo Gratias* begrüßt wird. Es war eine einfache Darlegung in drei Punkten. *Christus ist Licht* für die Menschen, Quelle der Gnade und Wahrheit, die neue Energien in das tägliche Leben bringen und das menschliche Wesen zur Heiligkeit formen. *Christus ist Licht* für die Kirche, die heute noch «trotz der Jahrhunderte voller Kämpfe und gefährlicher Aushöhlung die Mutter der Heiligen bleibt und das Bild der himmlischen Stadt, des neuen Jerusalem». Und schließlich *Christus ist Licht* für «die soziale Ordnung, die im Evangelium und der Lehre der Kirche unsterbliche Prinzipien findet, die zu Fortschritt, Wohlstand und Frieden führen» (Alberigo, S. 260f.). So wird Christus als Licht gesehen für den einzelnen, für die Kirche, für die Gesellschaft (oder «Welt»). Hinter diesem einfachen Schema kann man die Kontur des Konzils und den Titel seines wichtigsten Dokumentes *Lumen Gentium* erkennen.

Am Ende seiner Himmelfahrtspredigt erklärte Roncalli in sehr einfachen Worten die Notwendigkeit, in das Mysterium Christi einbezogen zu werden, das der Inhalt seines Gebetes und seines Predigens war:

> Ich grüße euch. Wir mögen uns wiedersehen in diesem Jahr, so wie die liturgischen Feiern eine auf die andere folgen von Jahreszeit zu Jahreszeit. Das ist christliches Leben. Dem Ablauf des sterblichen Lebens Jesu zu folgen und unseren Geist von seinem Geist durchdringen zu lassen und von seiner Freude, seinem Leiden, seinen Opfern – und seinem Sieg. So geschieht es Jahr auf Jahr und Jahrhundert auf Jahrhundert (Alberigo, S. 262).

Enthält dies einen Hinweis auf eine Vorahnung, daß er vielleicht kein weiteres Himmelfahrtsfest in Venedig feiern würde?

Hatte er eine Vorahnung, daß er sechs Monate später zum Papst gewählt würde? Die seltsamen «Halluzinationen» von Gaston Bardet waren nicht vergessen. Die Tatsache, daß Roncalli sich weigerte, über die Sache überhaupt zu reden, läßt den Schluß zu, daß er ahnte, was bald passieren könnte. Tommaso Gallarati Scotti berichtet von einer rätselhaften Unterhaltung mit dem Patriarchen im Juni 1958, ungefähr einen Monat nach der Predigt zu Himmelfahrt. Gallarati Scotti diskutierte, was bei dem «nicht sehr fernen Konklave» geschehen könnte, und beklagte fromm die Art und Weise, wie es jetzt schon in der Presse hingestellt wurde, als wäre es eine direkte politische Entscheidung zwischen links und rechts. Gallarati Scotti schließt seinen Bericht: «Der Patriarch ließ mich ausreden, schien aber weit über solchen müßigen Sorgen zu stehen, und am Ende sagte er zu mir in seiner gewohnten Schlichtheit: ‹Die Wege Gottes sind mannigfach›» (*Utopia,* S. 461). In anderen Worten, er nahm sich selbst nicht aus. Aber je länger der Aufschub, desto geringer wurden seine Chancen. Er spürte, daß er alt wurde. Im September 1958, nur einen Monat vor dem Konklave, klagt er über ein nachlassendes Gedächtnis und sagt: «Mit fortschreitendem Alter sollte ich mir mehr Zurückhaltung auferlegen, Predigten außerhalb meiner Diözese zu übernehmen. Ich muß alles immer erst aufschreiben . . .» (*Tagebuch,* S. 318).

Im nachhinein sind die Jahre in Venedig unvermeidlich als eine Lehre für das Papstamt gesehen worden. Es trifft zu, daß sie wahrscheinlich die beste Vorbereitung waren, die er haben konnte. Er hatte ständig mit Menschen aller Schichten und Kulturen zu tun. In seinem Vorzimmer konnte man den Kunsthistoriker Bernard Berenson oder Kardinal Stefan Wyszyuski oder die Jungs von der Fußballmannschaft Marghera treffen. Er hatte eine wichtige und gelegentlich umstrittene Rolle auf nationaler Ebene gespielt. Er war weiter in marianischen Angelegenheiten ins Ausland gereist – in den Libanon, nach Portugal und Frankreich. Er hatte alte Freundschaften gepflegt und neue geschlossen. Er war nach dreißig Jahren im Ausland nach Hause zurückgekehrt und hatte gezeigt, daß er eine italienische Diözese mit Geschick, Takt und einem Grad von Autorität, der den Menschen das Wachsen ermöglichte, verwalten konnte. Er hatte einen systematischen pastoralen Plan für seine Diözese erarbeitet. Er hatte eine bemerkenswerte Fähigkeit zur Arbeit und zum Einhalten von Terminen gezeigt. Eines seiner Geheimnisse war, daß er ordentlich war. «Die meisten langlebigen Menschen», schrieb Desmond Morris, «haben ein Gefühl für Selbstdisziplin.» Das bedeutet nicht, das Ich despotisch anzutreiben, sondern «die gewöhnlichen Ereignisse des Tages einem Muster zu unterwerfen». Roncalli hatte sein Brevier und sein Mittagsschläfchen im Sessel. Er hatte auch die anderen notwendigen Eigenschaften, um gut alt zu werden: «ein Augenzwinkern», Sinn für Humor und Lausbüberei und einen gesunden Lebenssinn (*The Sunday Times Magazine,* 20. November 1983, S. 79). Mit sechsundsiebzig dachte er nicht in den Bahnen eines alten Mannes. Die Aussicht auf ein Konklave ist dafür bekannt, daß sie Kardinäle verjüngt, die ansonsten auf das Grab zusteuern. Als Roncalli die Nachricht vom Tod des Papstes hörte, notierte er in sein Tagebuch: «Schwester Tod kam schnell und erfüllte geschwind ihr Amt. Drei Tage waren genug. Am Sonntag, dem 9. Oktober um 3.52 Uhr war Pius XII. im Paradies» (*Lettere,* S. 481). Aber nachdem er Pius sicher in den Himmel versetzt hatte, blickte er nicht zurück. Statt dessen blickte er auf den zukünftigen Vorteil der Kirche und drückte seine Hoffnung in einem typischen Bild aus: «Einer meiner Lieblingssätze verhilft mir zu starkem Trost: Wir sind nicht als Museumswächter auf der Erde, sondern um einen blühenden Garten des Lebens zu bebauen und eine herrliche Zukunft vorzubereiten. Der Papst ist tot, es lebe der Papst!» (ibid.). Er verließ Venedig für immer am 12. Oktober 1958 mit dem 9.40-Uhr-Zug, verabschiedet vom Bürgermeister und anderen Honoratioren.

12. Kapitel

1958: das völlig offene Konklave

> In einer Welt voller erschreckender Gewalttätigkeit wäre es nicht so völlig abwegig, wenn es dem Herrn gefiele, seiner Kirche einen armen und demütigen Papst zu geben, der sich nur darum sorgt, wie er die Hilflosen schützt und die Dunkelheit von den Seelen der Menschen und den Schrecken von ihren Herzen nimmt. Wir sind das alles leid, zuviel Wissen, zuviel Macht, wir haben Größe, Prestige... Worte satt.
>
> (Don Primo Mazzolari in *Adesso* auf die Nachricht vom Tod Pius XII.)

Am Samstag, dem 11. Oktober 1958, seinem letzten vollen Tag in Venedig, sah Kardinal Roncalli als Live-Übertragung im Fernsehen, wie die sterblichen Überreste des Papstes Pius XII. von Castelgandolfo in den Vatikan übergeführt wurden. In seinem Tagebuch fragte er sich, ob jemals ein römischer Kaiser auf seinem Weg zum Kapitol einen solchen Triumph erlebt hatte. Die Menge erwies ihre Hochachtung nicht einer schwindenden militärischen Macht, dachte er, sondern «geistiger Majestät und religiöser Würde». Er fühlte sich an

Alessandro Manzonis Bemerkung erinnert, daß nichts die Macht der Barmherzigkeit übertreffen könnte (*Vent'Anni,* S. 13).
Das war zweifellos sehr wahr. Doch eine sorgfältige Regie ersparte den Zuschauern die schrecklicheren Vorfälle entlang der Route. Als der Leichenzug in San Giovanni in Laterano ankam, hielt er inne, um dem Papst in seiner Kathedrale die letzte Ehre zu erweisen. Wer nahe genug war, hörte ein erschreckendes Geräusch wie von einem Feuerwerkskörper aus dem Sarg. In der römischen Hitze hatte ein Zersetzungsprozeß begonnen, der die Leiche aufbrach (s. Hoffmann, S. 25). Das war schon ziemlich schlimm, aber dann arbeitete der Mann, der für die Einbalsamierung zuständig war, der päpstliche Arzt Riccardo Galeazzi Lisi (er war eigentlich Augenarzt), die ganze Nacht über, um den sehr mitgenommenen Leichnam erneut einzubalsamieren. Er versicherte besorgten vatikanischen Beamten am nächsten Morgen, daß Pius XII. ohne Bedenken in der Peterskirche aufgebahrt werden könnte. Er irrte sich. Den ganzen Tag über zogen die Trauernden an dem Katafalk vorbei, wo Pius XII. feierlich aufgebahrt lag: Allmählich wurde sein Gesicht grün, dann aschgrau, und Verwesungsgeruch stieg von ihm auf. Roncalli hörte, was geschehen war, als er diesen Nachmittag in Rom ankam.
Seine Tagebuchnotiz am Montag, dem 13. Oktober, befaßte sich vor allem damit, was bei dem Begräbnis am selben Tag falsch gelaufen war. Er konnte nicht einsehen, warum die Öffentlichkeit dabeisein mußte, als die Leiche in ihren dreifachen Sarg gelegt wurde – sie war jetzt fleckig und entstellt. Er fuhr fort: «Das abscheuliche Gerüst, das vor dem Altar des Märtyrers aufgestellt war, sah wie ein Podest für die Guillotine aus. Wenn erst der weiße Seidenschleier auf das Gesicht des Leichnams gelegt ist, sollten es nur noch sehr wenige Menschen sehen. Das meinen die Kardinäle» (*Vent'Anni,* S. 40). Die lebhafteste und wertvollste Erinnerung des Tages jedoch war sein «letzter Blick auf das leichenhafte Gesicht des Heiligen Vaters. O, die große Lektion des Todes!» (ibid.). Ein anderer Beobachter bemerkte, daß man Pius XII. erstmals als Toten ohne seine Brille sah. Das Ergebnis war, er sah «menschlicher, freundlicher, wehrloser» aus.
Doch der explodierende Leichnam und die katastrophale Unzulänglichkeit von Galeazzi Lisi waren symbolisch für die ungesunde Atmosphäre, die in Rom während der letzten Jahre Pius' XII. herrschte. Sowie er starb, reisten die Günstlinge bei Hofe ab und wurden alte Rechnungen beglichen. Die einst mächtige Schwester Pascalina Lehnert, bekannt als *Virgo Potens,* weil sie den Zutritt zum Papst kontrollierte, verließ den Vatikan, um ihre Memoiren zu schreiben. Galeazzi Lisi versuchte, Bilder von der päpstlichen Leiche an die internatio-

nale Presse zu verhökern. Er gab eine Pressekonferenz, bei der er sehr ausführlich seine von ihm selbst eigens ausgedachte Methode beschrieb, die inneren Organe herauszunehmen und den Körper einzubalsamieren. Die Presse fand es ekelerregend (Lai, S. 280). Ohne das Konklave abzuwarten, entließen die Kardinäle Galeazzi Lisi am 20. Oktober aus dem vatikanischen Dienst. Roncalli kannte sehr wohl die Stimmung in Rom. Die päpstlichen Neffen waren in dem soeben zu Ende gegangenen Pontifikat so wichtig gewesen, daß Roncalli es für notwendig hielt, seinen eigenen Neffen, Don Battista Roncalli, zu ermahnen, bloß nicht auch nur in die Nähe von Rom zu kommen. Er schrieb seinem Bischof, Giuseppe Battaglia in Faenza, am 24. Oktober in den stärksten Worten: «Ich habe ihm (Don Battista) bereits geschrieben, daß er sich keinesfalls rühren soll, bis er meine Zustimmung hat. Die Atmosphäre hier ist verdorben *(viziato)* durch verbale Bosheiten und die Presse, so daß man zwangsläufig die langweilige alte Bemerkung hören würde: ‹Da ist der Neffe, da kommen die Verwandten›» (Alberigo, S. 490). Obwohl er Pius XII. nicht persönlich für die abstoßende Atmosphäre verantwortlich machte, erkannte er, daß seit 1954, dem Datum von Pius' schwerer Erkrankung, das Pontifikat von Intrigen, Vetternwirtschaft und Klatsch beherrscht worden war. Er begrüßte das Konklave als gute Gelegenheit, einen neuen Anfang zu machen.

Am Tag der Beerdigung begab Roncalli sich mit Don Loris Capovilla und Guido Gussi in die Domus Mariae, ein großes Kongreßzentrum in der Via Aurelia 481. Er bemerkte später, es wäre ein besserer Tagungsort für ein Konklave gewesen als der Vatikan, wo die Räumlichkeiten entweder zu beengt oder zu bombastisch waren. Streng genommen beginnt ein Konklave erst, wenn sämtliche Kardinäle und ihre Assistenten im Vatikan eingeschlossen sind, was in diesem Fall erst am Samstag, dem 25. Oktober 1958 der Fall war. Zwei Arbeitswochen waren also der Vorbereitung des Konklaves und den Feiern der *novemdiales* (neun Tage) der Trauer gewidmet. Kardinal Aloisi Masella wurde zum *Camerlengo* (Kämmerer) gewählt, da Pius versäumt hatte, den Posten zu besetzen. Er hatte den Vorsitz bei den täglichen Kardinalssitzungen, die man «allgemeine Kongregationen» nennt. Ihr Zweck war nicht, das Konklave «festzulegen» oder seine Entscheidung vorwegzunehmen. Es sollte eher eine Art Stellenbeschreibung für den Typ von Papst erstellt werden, den die Kirche des Jahres 1958 brauchte. Namen sollten in diesem Stadium nicht diskutiert werden.

Das Problem, vor dem die Kardinäle standen und das nach jedem langen Pontifikat auftritt, hieß: Kontinuität oder Wandel? Die Stimmung, die nach dem Tod von Pius schon entstanden war, deutete an, daß es einen «Wandel» in irgendeiner Form würde geben müssen. Dies bedeutete keine Herabwürdigung seines Andenkens. Denn die Zustimmung zu einem Wandel war allgemein, sowohl bei denen, die den verstorbenen Papst als unvergleichliches Genie betrachteten, wie man auf keines mehr hoffen durfte, als auch bei denen, die meinten, das soeben zu Ende gegangene Pontifikat wäre trotz seiner glänzenden Fassade und des begeisterten Publikums, das der Papst um sich scharte, den Bedürfnissen der gegenwärtigen Kirche überhaupt nicht gerecht geworden.

Eines dieser unerfüllten Bedürfnisse konnte man greifen, wenn man sich einfach am Tisch in der Konsistorienhalle, wo die Kardinäle zusammenkamen, in der Runde umsah. Die volle Zahl des Kardinalskollegiums war siebzig. Aber als Pius starb, gab es nur dreiundfünfzig Kardinäle, und zwei weitere starben, bevor das Konklave beginnen konnte. Sie waren also auf einundfünfzig Wahlmänner geschrumpft. Aus unbegreiflichen Gründen hatte Pius während seiner langen Regierung nur zwei Konsistorien gehalten, 1946 und 1953. Das Ergebnis war, daß das Kollegium nicht nur unterbesetzt und in seiner Auswahl beschränkt war; es war auch ein ungeheuer altes Gremium. Vierundzwanzig von ihnen, also fast die Hälfte, waren tatsächlich älter als Roncalli. Warum Pius die Nachfolgefrage vernachlässigt hatte, ist ein Rätsel für sich. *«Après moi, le déluge»,* soll er zum französischen Botschafter gesagt haben. In dieser greisen Gruppe überraschte es nicht, wenn einige der Achtzigjährigen Roncalli als munteren Jüngling betrachteten.

Obwohl bei den allgemeinen Kongregationen Namen nicht erwähnt werden durften, ließ sich dieses Tabu nicht bei inoffiziellen Treffen und Beratungen durchhalten. Die Versuche der Beeinflussung waren intensiv, aber diskret. Es gab Einladungen zum Mittagessen und viele Telefonate. Die versuchte Einflußnahme geschah natürlich immer zugunsten eines anderen. Sie geschah nicht, um sich selbst nach vorn zu schieben, doch spielten einige Kardinäle die Rolle von Königsmachern. Roncalli war kein Königsmacher, und er war überrascht, nach der ersten allgemeinen Kongregation am 13. Oktober festzustellen, daß einige seiner Kardinalskollegen ihn für einen ernsthaften Kandidaten hielten. Kardinal Maurilio Fossati, der Erzbischof von Turin, sagte ihm ganz einfach: «Wir wollen Sie.» Gaetano Cicognani, Präfekt der Ritenkongregation und Bruder des Apostolischen Delegaten in Washington, sagte: «Ich könnte mir vorstellen, zu seinen Füßen zu knien.» Ein paar Tage später bemerkte Kardinal Elia Dalla Costa, Erzbischof von Florenz, zu Roncalli: «Sie würden einen guten Papst abgeben.» «Aber ich bin sechsundsiebzig», wandte er ein. «Zehn Jahre jünger als ich», antwortete der alte Mann (*Quale Papa?,* S. 151f.). Dalla Costas Unterstützung war wichtig: Er war der Gönner von Giorgio La Pira, dem radikalen christdemokratischen Bürgermeister von Florenz, und er repräsentierte den nichtkurialen, reformerischen Flügel des italienischen Katholizismus.

Aber es wäre falsch, aus diesen frühen Andeutungen zu schließen, Roncalli hätte es bereits geschafft gehabt. Er war *papabile,* ein Kandidat unter vielen anderen. Am Abend von Pius' Begräbnis schüttelte er die düstere Stimmung ab, indem er zum Abendessen Giovanni Urbani, den Bischof von Verona, und Giuseppe Piazza, den Bischof von Bergamo, traf. Beide waren sie gute Freunde, vor denen er offen über die gespenstischen Ereignisse des Tages sprechen konnte. Gewisse Spekulationen über seine Aussichten waren kaum zu vermeiden. Aber beide Männer hatten nichts mit dem Konklave zu tun. Sie waren nicht dabei und zu weit weg und unbedeutend, um irgendeinen Einfluß auf das Ergebnis zu haben. Viel später konnte Roncalli behaupten, die Last des Pontifikats angenommen zu haben und «mit Freude sagen zu können, nichts, aber auch wirklich nichts unternommen zu haben, um es zu erlangen». Er war «im Gegenteil», fügte er hinzu, «ausdrücklich und bewußt darauf bedacht, meinerseits keinen Hinweis auf meine Person zu geben» (*Tagebuch,* S. 349). Man braucht die Wahrhaftigkeit von Papst Johannes nicht zu bestreiten. Aber seine Bemerkungen sollten, wie er selbst dachte, nur auf das Konklave an sich bezogen werden. In der Zeit vor dem Konklave war er so aktiv wie alle anderen.

Die Italiener führten die Intrigen und Verschwörungen an. Einige von ihnen hatten sich seit Jahren auf diesen Augenblick vorbereitet. Mit achtzehn von einundfünfzig bildeten sie den bei weitem größten nationalen Block. Sie kannten sich untereinander, und sie kannten das Terrain. Die nichtitalienischen Kardinäle hatten sich kaum jemals getroffen; Pius XII. hatte sie nie zur Beratung versammelt. Kardinal Maurice Feltin, der Erzbischof von Paris, sagte: «Jeder von uns kannte vielleicht drei oder vier seiner Kollegen oder, wenn es hochkam, ein Dutzend» (Bergerre, S. 199). Was Feltin ausließ, war, daß alle sechs französischen Kardinäle zweifellos Roncalli kannten, und einige von ihnen waren auf seine Empfehlung hin Kardinäle geworden. Die Franzosen und Italiener zusammen machten ungefähr die Hälfte des Kollegiums aus. Sie besaßen den Schlüssel zum Konklave. Aber es gab keine Garantie, daß sie gemeinsam stimmen würden.

Nach der zweiten allgemeinen Kongregation am Dienstag, dem

14. Oktober, war Roncalli ein geplagter Mann. Seine Kandidatur sah schon so sicher aus, daß er fürchtete, er könnte gewählt werden. Er betete, «auf gebeugten Knien, daß das Konklave keine Katastrophe für die ganze Kirche werden möge» (*«Orandum est, flectis genuis, ut non sit conclave nefastum Ecclesiae universae», Vent'Anni,* S. 40). Es lohnt sich, sein Tagebuch für diesen Tag zu zitieren, so zurückhaltend es auch ist:

> Zweiter Tag in Rom. Um 10.30 Uhr die Kongregation der Kardinäle im Konsistoriensaal. Alles verlief gut, aber es ist alles vertraulich. Anschließend besuchte ich den Substitut, Msgr. Dell'Acqua, der immer sehr freundlich ist. Sein Bericht über die letzten Stunden von Pius XII. war ziemlich traurig, aber auch sehr erbaulich. Er bestätigte die anhaltend gute Meinung des Papstes hinsichtlich meiner Person und meiner Tätigkeit. Der Empfang, den er mir im März bei meiner Rückkehr aus Lourdes bereitete, und der Brief, den er schrieb, um mir zu meiner Predigt am 18. September in Castelfranco zu gratulieren, waren sehr tröstlich für mich. Zum Essen hatte ich den lieben Augusto Gianfrancheschini, Bischof von Cesena, bei mir und am Abend ein sehr erfreuliches und wertvolles Gespräch mit dem Grafen Dalla Torre, Herausgeber des *Osservatore Romano* (*Vent'Anni,* S. 40).

Seine Predigt am 18. September war eine Huldigung auf lateinisch zum hundertsten Jahrestag der Priesterweihe Pius' X. gewesen. Gianfrancheschini war sein Weihbischof in Venedig gewesen und hatte nichts mit dem Konklave zu tun. Dell'Acqua und Dalla Torre waren auch nicht im Konklave. Aber sie konnten ihm eine gute Analyse über den Stand der Meinungen innerhalb der Römischen Kurie geben. Als Herausgeber des *Osservatore Romano* seit nahezu dreißig Jahren kannte Dalla Torre die Szene. Vermutlich war er es, der Roncalli riet, eine freundliche Geste gegenüber Msgr. Domenico Tardini zu machen. Aber Dalla Torre wußte nicht, wer gewählt werden würde. Seine Zeitung bereitete fünfundzwanzig Biographien von *papabili* vor. 1939 hatte man zehn für ausreichend gehalten, und sogar das war unnötig, weil «jeder wußte», daß Pacelli gewählt würde.

Solche Vorhersagen konnten 1958 nicht zuversichtlich gemacht werden. Es war wirklich ein offenes Konklave. Listen von Anwärtern erschienen von Zeit zu Zeit, aber sie kamen aus dem Nichts und hatten nicht die geringste Glaubwürdigkeit. Sie spiegelten die Diskussion außerhalb wie innerhalb des Konklaves wider, aber da gleiche Gedankengänge zu gleichen Resultaten führen können, war das nicht unbedingt entehrend. Entgegen manchen Berichten stand Roncalli auf fast jeder Liste, wenn auch nicht sehr weit oben. Capovilla erinnert sich, daß Giacomo Lercaro (Bologna), Ernesto Ruffini (Palermo)

und Alfredo Ottaviani (Heiliges Offizium) als die führenden Anwärter erschienen, dicht gefolgt von Aloisi Masello (*Camerlengo*), Valerio Valeri (Kongregation für Ordensleute) – Roncallis Vorgänger in Frankreich – und dann erst dem Patriarchen von Venedig. Capovilla räumt auch ein, daß Roncalli, wenn auch keineswegs unbekannt, von der Römischen Kurie nicht als «erstklassiger Mann» *(«uomo di primo piano»)* angesehen wurde und daß sogar seine Bergamasker Landsleute ihn zwar liebten und schätzten, ihn aber für einen alten närrischen Kauz in Filzpantoffeln hielten, der kaum die Kirche verwandeln oder überhaupt etwas tun könnte (*Vent'Anni,* S. 14).
Trotzdem gewann seine Kandidatur immer mehr an Boden. Am Mittwoch, dem 15. Oktober, war er früh auf, um die Messe für die Hausangestellten in der Domus Mariae zu feiern, und predigte über Martha und Maria. Sein Tagebuch deutet an, was sich abspielte: «Viel Flügelschlagen um mein armes Selbst. Die seltsame flüchtige Begegnung, die jedoch meine Ruhe nicht störte» (*Vent'Anni,* S. 41). In anderen Worten, er wurde ausgehorcht. Ottaviani begann, ihn zu unterstützen, indem er sich für einen «Übergangspapst» stark machte (*Quale Papa?,* S. 151). Was das bedeutete, wurde von einem französischen Abt, der Kardinal Achille Liénart, dem Erzbischof von Lille, «nahe» war, klar gesagt. Er trat gegen die Kandidatur von Kardinal Giuseppe Siri ein, dem Erzbischof von Genua, der zweiundfünfzig war. Falls dieser gewählt würde, könnte er vierzig Jahre lang Papst sein. «Was wir brauchen», sagte der Abt, «ist ein alter Mann, ein Übergangspapst. Er wird keine großen Neuerungen einführen und wird uns Zeit geben, eine Pause zu machen und uns zu reorganisieren. Auf diese Weise werden die echten Entscheidungen, die jetzt nicht getroffen werden können, aufgeschoben.» Natürlich wies die allgemeine Zustimmung, die sich allmählich fand, zu einem Interimspapst nicht unumgänglich oder ausschließlich auf Roncalli. Es gab andere passende Kandidaten für ein tatenloses Papsttum.
Obwohl er kein Mitglied des Konklaves war, verfügte Msgr. Domenico Tardini aufgrund seiner bevorzugten Stellung als Staatssekretär über Einfluß. Er kannte die Vorgänge aus nächster Nähe, besser als jeder andere außer seinem alten Rivalen Erzbischof Giovanni Battista Montini. Roncalli traf Tardini auf eine Stunde vor dem Essen am 15. Oktober. Er fand den barschen, alten Bären «freundlich und gut» und fast rührend ängstlich bemüht, zum Essen in die Domus Mariae eingeladen zu werden, wo er mehr Kardinäle unter einem Dach als überall sonst antreffen würde (*Vent'Anni,* S. 41). Ein paar Tage später besuchte Roncalli Tardinis Elitewaisenhaus in der Villa Nazareth, wo Arbeiterjungen eine erstklassige Erziehung erhielten, und war sehr

angetan. So bereinigten die zwei Männer während dieser Vorkonklavezeit alle Mißverständnisse, die möglicherweise noch im Raum standen. Das war praktische Klugheit auf beiden Seiten. Es lag auf der Hand, daß ein zukünftiger Papst, gleich wer, Tardini in irgendeiner Weise brauchen würde.

Er war allerdings noch nicht davon überzeugt, Roncallis Kandidatur zu unterstützen. Es hieß, er würde zugunsten von Kardinal Aloisi Masella arbeiten. Aber die eigentliche Gefahr für Roncalli kam nicht von Masella, sondern von Kardinal Gregor Peter Agagianian. Er merkte das, als er seinen Freund Kardinal Celso Constantini, den ehemaligen Sekretär von Propaganda Fide und einen alten China-Fachmann, besuchte, der in der Margherita-Klinik in der Via Massimo eine Operation vor sich hatte. Roncalli fürchtete für sein Leben, zu Recht, denn Constantini starb am nächsten Tag, am 16. Oktober. Aber mit seinem letzten Atemzug sagte er Roncalli, daß er glaubte, die Zeit sei gekommen für einen nichtitalienischen Papst, und daß er Agagianian unterstützen würde.

Roncalli hielt Agagianian nicht wirklich für einen geeigneten «Nichtitaliener». 1895 in Achaltziche geboren, hatte er 1937 den Titel eines «Armenischen Patriarchen von Kilikien» erhalten. Aber er war «römischer als die Römer» geworden und war jetzt Präfekt von Propaganda Fide, manchmal der «rote Papst» genannt wegen seines mutmaßlichen Einflusses. Am Vorabend des Konklaves sagte Roncalli zu Giulio Andreotti, dem christdemokratischen Politiker:

> Neulich besuchte ich Kardinal Constantini, kurz bevor er starb. Er sagte zu mir: «Diesmal endlich werden wir einen orientalischen Papst haben.» Ich war erstaunt, daß ein gut informierter Mann so etwas sagen konnte. Der «Osten» existiert nur als eine von Westlern geschaffene Kategorie. Fragen Sie einen Chinesen, ob er etwas mit einem Inder oder Türken gemein hat. Es ist viel leichter für einen Italiener, die Libanesen und die Ägypter zu versöhnen als für einen sogenannten «orientalischen» Papst (Andreotti, S. 72f.).

Wenn Roncalli bereit war, diesen Punkt so offen mit einem Laien zu besprechen, darf man wohl wetten, daß er in gleicher Weise bei seinen Kardinalskollegen argumentierte. Aber natürlich bedeutete die Opposition gegen Agagianians Kandidatur nicht, daß er seine eigene betrieb.

Aber er ergriff gewisse Initiativen, und der Gedanke, daß er mit verschränkten Armen nur die Ereignisse abwartete, kann durch einen Blick in sein Tagebuch widerlegt werden. Am 16. Oktober suchte er Kardinal Giuseppe Pizzardo, der sich vor allem als *grande elettore* gefiel, in seiner Wohnung auf. Pizzardo kam auf die Sache mit Montini zu sprechen. Diejenigen, die 1954 für seine Verbannung aus Rom gesorgt hatten, wollten ihn nicht 1958 als Staatssekretär zurückkehren sehen, der einzige Posten für einen Mann mit seinem Werdegang. Wäre Montini Kardinal gewesen, so hätte er selbst gut im Rennen gelegen. Sogar in Abwesenheit schwebte er über dem Konklave. Pizzardo horchte Roncalli aus, ob er seinen Freund Montini zurückholen würde. Zizola berichtet: «Der Patriarch antwortete gelassen, daß er nicht anstrebte und nicht anstreben würde, zum Papst gewählt zu werden, und daß deshalb die Frage sich nicht stellte» (*Quale Papa?*, S. 154). So ließ er sich auf keinen Handel ein. Aber Roncalli erinnerte sich nach seiner Wahl an solche Gespräche, und obwohl er Montini in jeder denkbaren Weise würdigte, war nie die Rede davon, daß er nach Rom zurückkäme. Später kam als weitere Überlegung dazu, daß Montini dem Konzil außerhalb des Vatikans mehr nutzen könnte als innerhalb.

Ein bitterkalter Wind, Vorbote des Winters, blies am 16. Oktober über Rom, als Constantini starb. Am nächsten Tag schrieb Roncalli in Eile einen Brief an Msgr. Valentino Vecchi, den Rektor des Patriarchischen Seminars in Venedig. Sagte er Lebewohl? Der Brief erlaubt uns, einen flüchtigen Blick auf einen Aspekt seiner Darstellung vor den allgemeinen Kongregationen zu werfen:

> Was den nun verstorbenen und in die Herrlichkeit aufgenommenen Papst betrifft, so bleibt uns nur, in den Zuruf einzustimmen: Es lebe der Papst! und zu beten, daß sein Nachfolger, wer immer das sein mag, keinen neuen Beginn darstellen möge, sondern vielmehr ein Fortschreiten im Leben der ewigen Jugend der Kirche, deren Botschaft immer ist, die Seelen auf die göttliche Höhe zu führen, wo die Heiligung des menschlichen Lebens gemäß dem Evangelium verwirklicht wird (*Utopia*, ital., S. 459).

Also sollte es keine förmliche Abwendung von Pius XII. geben, im Gegenteil: Roncalli glaubte nicht, daß die Kirche voranschreiten könnte, indem sie Purzelbäume machte. Aber daß die «Kontinuität», für die er sich einsetzte, eine «Kontinuität mit einem Unterschied» sein würde, deutete die Verwendung seines Lieblingsbildes an: die ewige Jugend der Kirche. Doch wie sollte das von diesen einundfünfzig alten Männern, die in Rom versammelt waren, ausgedrückt werden?

Die zweite Woche der allgemeinen Kongregationen begann am Montag, dem 20. Oktober. Es war einer der bis dahin geschäftigsten Tage Roncallis. Er bemühte sich emsig, alle richtigen Leute zu treffen. Sein

Tagebuch vermeldet «ein langes Gespräch mit Kardinal Ottaviani beim Heiligen Offizium, gefolgt von einem Besuch bei Kardinal Masella, dem «*Camerlengo*» (*Vent'Anni,* S. 41). Am selben Tag erfüllte sich für Tardini sein Ehrgeiz, in der Domus Mariae zu Mittag zu essen, und nach dem Essen besuchte Roncalli sein Waisenhaus. Am Abend war ein Bergamasker Prälat, Msgr. Pietro Sigismondi, zum Abendessen eingeladen. Der Zweck dieser Begegnung war nicht der Austausch von Anekdoten über Bergamo. Sigismondi war ein enger Mitarbeiter von Agagianian bei Propaganda Fide, deshalb war er vielleicht vorbeigekommen, um zwischen den zwei Kardinälen zu vermitteln, die sich allmählich vom Feld lösten.

Als wäre dies nicht genug für einen Tag, ging Roncalli auch zur Beichte zu Msgr. Alfredo Cavagna, dem Landeskaplan der Jungen Katholischen Frauen, und berichtet: «Ich fühle mich dabei sehr glücklich» (*Vent'Anni,* S. 51). Vielleicht sollten wir nicht weiter bohren. Doch der Text, den Roncalli gleich danach zitiert: *«Qui spiritu Dei aguntur, hi sunt filii Dei»* («Denn alle, die sich vom Geist Gottes leiten lassen, sind Söhne Gottes», Römer 8,14) wirkte wie das Echo eines Gesprächs, in dessen Verlauf Cavagna einen Skrupel ausräumte, indem er ihm versicherte, daß er dahin gehen müßte, wohin der Heilige Geist voranging. Das ist eine Vermutung. Aber es ist keine Vermutung, daß Roncalli Cavagna zu seinem regulären Beichtvater wählte, sobald er Papst wurde.

Am Dienstag, dem 21. Oktober, nahmen die Kardinäle am Begräbnis von Kardinal Constantini in San Giovanni dei Fiorentini teil und zogen die Lose für ihre «Zellen» im Konklave. Sie betrauten auch Kardinal Antonio Bacci, einen berühmten Latinisten, mit der Aufgabe, die Rede *De eligendo pontifice* zu schreiben, die ihre gemeinsame Ansicht über die Art von Papst ausdrücken sollte, den sie suchten. Sie schien unzweideutig auf Roncalli hinzuweisen.

Dies würde erklären, warum es am folgenden Tag, Mittwoch, dem 21. Oktober, fast so aussah, als habe er sich damit abgefunden, Papst zu werden. Er stieg hinunter in die Krypta der Peterskirche, wo er 1904 seine erste Messe gelesen hatte. Er betete, daß Petrus «der wahre Beschützer der Kirche Christi sein würde» *(«ut sit protector ecclesiae suae»)* bei dem «großen bevorstehenden Ereignis des Konklaves». Er vertraute sich den großen Päpsten der Vergangenheit an und verweilte besonders beim Gedenken an Pius XII. Er sprach ein *De profundis* (Aus der Tiefe schreie ich zu dir, o Herr), nicht für die verstorbenen Päpste, sondern um sie um ihre Fürsprache zu bitten. Er schrie nach ihnen «aus der Tiefe» um Hilfe (*Vent'Anni,* S. 42). 1904 hatte er sich die «Marmor- und Bronzestandbilder der Päpste» vorgestellt, als «wollten sie mir Mut und großes Vertrauen einflößen» (*Tagebuch,* S. 191). Jetzt, 1958, fühlte er, sie würden bald seine «ehrwürdigen Vorgänger» werden. Dabei konnte er auch zum erstenmal die Ausgrabungen unter der Krypta besichtigen und äußerte sich sehr erfreut dazu. Später jedoch klagten die leitenden Archäologen, daß er keine Ahnung von den Ausgrabungen hatte und immer, wenn sie über Petrus' Gebeine reden wollten, das Gespräch auf Karl Borromäus brachte (Guarducci, S. 74). Er teilte einfach nicht Pius' XII. leidenschaftliches Interesse am mutmaßlichen apologetischen Wert der Funde.

Inzwischen arbeitete er still an der französischen Schiene. Kardinal Maurice Feltin besuchte ihn am 21. Oktober in der Domus Mariae, und am Donnerstag, dem 23. Oktober, ging er in das französische Kolleg, Via di Santa Chiara, wo er den unter Platzangst leidenden Roques aus Rennes und Grente aus Le Mans traf, der «trotz seines Alters gut in Form» war. «Beide», vertraute er seinem Tagebuch an, «waren sehr freundlich zu mir» (*Vent'Anni,* S. 23).

Der 23. Oktober war der Tag, an dem die Unausweichlichkeit dessen, was sich anbahnte, ihm allmählich klar wurde. Drei Zeugnisse deuten in dieselbe Richtung. Er hatte ein Gespräch mit Msgr. Dell'Acqua, der später berichtete:

> Kardinal Roncalli sagte in der für ihn immer bezeichnenden Schlichtheit nachdenklich und verwirrt zu mir: «Wie Sie gesehen haben, Don Angelo, ist mein Name als *papabile* erschienen. Was soll ich tun?» Ich antwortete, Eure Eminenz, überlassen Sie das der Hand des Herrn, und wenn das sein Wille ist, lehnen Sie nicht ab. Lassen Sie sich von ihm führen und Ihnen helfen, sich dem damit verbundenen Opfer zu stellen. Es wird Ihnen nicht an guten Helfern fehlen (ANSA, 3. Juli 1973).

Doch ein am selben Tag an Giuseppe Fiazza geschriebener Brief deutet an, daß er eine ziemlich schlaue Vorstellung davon hatte, was Gottes Wille sein würde. Er hatte Piazza, den Bischof von Bergamo, erst zehn Tage vorher am Tag des Begräbnisses von Pius gesehen. Also war der Brief gedacht, ihn wissen zu lassen, wie die Dinge sich seitdem entwickelt hatten:

> Nur ein Wort, da ich das Konklave betrete. Behandeln Sie es wie eine Bitte um Gebete von seiten des Bischofs und der Diözese, die ich als Bergamaske am liebsten habe. Im Gedenken an die lieblichen Bilder Marias, über die ganze Diözese verstreut, in der Erinnerung an unsere Schutzheiligen, Bischöfe, berühmte und heilige Priester, Ordensmänner und -frauen von hervorragender Tugend findet meine Seele Trost in der Zuversicht, daß ein neues Pfingsten durch die Kirche wehen kann, das

ihr Haupt erneuert, zu einer neuen Ordnung des kirchlichen Aufbaus führt und frische Kraft im Fortschritt auf den Sieg von Wahrheit, Güte und Frieden bringt. Es bedeutet wenig, ob der neue Papst von Bergamo ist oder nicht. Unsere gemeinsamen Gebete werden dafür sorgen, daß er ein kluger und milder Verwalter, ein Heiliger und ein Heiligmacher sein wird. Sie folgen mir, Eure Exzellenz? (*Vent'Anni,* S. 47).

Seine Exzellenz dürfte es sehr wohl verstanden haben. Roncalli huldigte der geistlichen Tradition der Diözese Bergamo, die ihn geformt hatte. Obwohl es strenggenommen gleichgültig war, woher der nächste Papst kam, schien es jetzt wahrscheinlich, daß er aus Bergamo käme. Capovilla überschreibt diesen Brief mit «Vorgefühl». Man könnte es genausogut «Prophezeiung» nennen. Zum Abschluß des Tages ging Roncalli in zwei seiner römischen Lieblingskirchen beten, in Sant'Andrea della Valle und in die Gesù (*Cronologia,* S. 746). Dies hatte er immer getan, wenn er ein Problem hatte. Er hatte jetzt ein Problem.
Freitag, der 24. Oktober, war der Vorabend des Konklaves. Roncalli schrieb seinen letzten Brief, bevor er Papst wurde, an Giuseppe Battaglia, den Bischof von Faenza, um ihm zu sagen, daß er «ziemlich besorgt» sei. Es war der bereits zitierte Brief, in dem er seinem Neffen Don Battista untersagte, in diesem Augenblick nach Rom zu kommen. Aber dieses Verbot ergab nur einen Sinn, wenn er damit rechnete, Papst zu werden; andernfalls könnte er keine Protektion gewähren. Wieder einmal wandte er sich an die Psalmen, sein Leben lang sein tägliches Gebet, und forderte Battaglia auf, mit ihm Psalm 77 («Ich rufe zu Gott, ich schreie») und 86 («Wende dein Ohr mir zu . . . denn ich bin arm und gebeugt») zu sprechen. Gegen Ende des Briefes wird Roncalli ganz deutlich. Es geht nicht mehr um vielleicht oder kann sein:

> Wenn Sie gehört haben, daß ich mich den Pfeilen des Heiligen Geistes ergeben mußte, zum Ausdruck gebracht durch den gemeinsamen Willen der hier Versammelten, können Sie Don Battista mit Ihrem Segen nach Rom kommen lassen. Und dann können wir gemeinsam, Sie und ich, entscheiden, was das Beste für ihn «im Herrn» ist. Was mich betrifft, so wolle der Himmel, daß dieser Kelch an mir vorübergehen möge (*ut transeat calix iste*)! Tun Sie mir den Gefallen, für mich und mit mir zu beten. Ich habe den Punkt erreicht, an dem, falls die Worte Daniels auf mich zutreffen – «Gewogen wurdest du auf der Waage und zu leicht befunden» (Daniel 5,27) –, ich innerlich frohlocken und den Herrn dafür segnen würde. Natürlich zu keinem ein Wort. In tiefer Zuneigung (*Vent'Anni,* S. 49).

Er machte sich keine Illusionen, was es bedeutete, Papst zu werden. Der «blühende Garten», von dem er beim Tod Pius' XII. gesprochen hatte, war jetzt Gethsemane geworden. Zu einem Besucher aus Venedig sagte er: «Venedig ist ein Rosenbeet verglichen mit Rom. Rom wird ein Dornenbett sein» (*Quale Papa?,* S. 155). Nach dem Brief an Battaglia gab sogar Capovilla, ein äußerst vorsichtiger Zeuge, zu, daß Roncalli sich jetzt «klar und eindeutig der Wahrscheinlichkeit bewußt» war, daß er «zum Papst gewählt würde» (*Letture,* S. 142).

Am Abend des 24. Oktober rief Roncalli Giulio Andreotti in die Domus Mariae. Es mag merkwürdig aussehen, daß der Patriarch in dieser elften Stunde einen Laien und christdemokratischen Politiker – er war bereits Verteidigungsminister gewesen – sehen wollte. Aber es gab sowohl persönliche als auch öffentliche Gründe für eine Begegnung. Andreotti war der angeheiratete Neffe von Msgr. Giulio Belvedere, einem alten Freund Roncallis vom Römischen Seminar, der in der Römischen Kurie für Gerechtigkeit gekämpft hatte und deshalb schäbig behandelt worden war (Andreotti, S. 49ff.). Dann war Andreotti 1956 behilflich gewesen, die Regierung zu überreden, dem venezianischen Knabenseminar, das damals ziemlich weit weg in Grappa auf dem Festland war, die Rückkehr in ein Gebäude neben dem Patriarchischen Seminar zu ermöglichen. Roncalli wollte ihm jetzt also für diese gute Arbeit danken und sicherstellen, daß er «keine Schulden» mehr hätte. Er verließ sich darauf, daß seine römischen Freunde die Sache mit dem Knabenseminar abschließen würden. Daraus schloß Andreotti, daß Roncalli Venedig *«addio»* sagte. Er rechnete nicht damit zurückzukehren.

Als ihre venezianische Angelegenheit erledigt war, stürzte Roncalli sich mit fröhlicher Indiskretion auf das Tabuthema des Konklaves: «Sie haben den Klatsch nicht erwähnt, der in den letzten Tagen die Runde gemacht hat. Es ist wahr, daß wir alle sagen: ‹Nicht mich, Herr, nicht mich›, aber die Flammenzungen des Heiligen Geistes müssen auf einen von uns fallen. In diesen Wochen habe ich zweimal nach den Geistlichen Übungen des heiligen Ignatius meditiert, weil man mit den Füßen auf der Erde bleiben muß» (Andreotti, S. 72). Dies war höchstwahrscheinlich eine Anspielung auf die «drei Arten von Demut» mit ihrer Bevorzugung von «Schmach statt Ehren» (s. oben S. 172). Warum sollte Roncalli sich daran erinnern müssen, mit den Füßen auf der Erde zu bleiben, wenn er sich nicht unmittelbar in Gefahr befand, daß ihm der Boden weggezogen würde?

Dann sagte er: «Ich erhielt eine Botschaft mit guten Wünschen von Charles de Gaulle, aber das heißt nicht, daß die französischen Kardinäle so stimmen werden, wie er es von ihnen wünscht. Ich weiß, sie würden gern Montini wählen, und er wäre gewiß gut; aber ich glaube nicht, daß die Tradition, aus dem Kreis der Kardinäle zu wählen, umgestoßen werden kann» (Andreotti, S. 72). Also hatte Roncallis Pflege der Freundschaft mit den französischen Kardinälen ihm nicht deren automatische Unterstützung garantiert. Tatsächlich hatte sich einer von ihnen zum Konklave begeben und dabei offen erklärt: «Die einzige Gewißheit ist, daß es nicht Roncalli sein wird» (Dreyfus, S. 139f.). Ein Zeuge allerdings, Kardinal Eugène Tisserant, sagt in seinen postum erschienenen Memoiren, «die französischen Kardinäle waren die Hauptwähler von Roncalli – er hatte ihnen versichert, er würde die Arbeiterpriesterfrage lösen» (*Quale Papa?,* S. 155). Aber das ist nicht unvereinbar mit den Zweifeln, die Roncalli am Vorabend des Konklaves überkamen. Die französischen Kardinäle – oder einige von ihnen – hätten vielleicht lieber für den abwesenden Montini gestimmt. Ein erhebliches Maß an Energie wurde aufgewendet, um den Gedanken, daß ein Nichtkardinal (d.h. Montini) ein ernsthafter Kandidat sein könnte, abzublocken. Benny Lai traf Kardinal Siri, der bei der absurden Vorstellung, einen Außenstehenden zu wählen, so kräftig auf den Tisch geschlagen hatte, daß er den Rubin in seinem Ring zerbrach. Niemand dachte an Tardini.

Roncallis abschließende Bemerkungen wurden bereits zitiert. Er verwarf den Gedanken an Agagianian, der nur scheinbar «Nichtitaliener» war. Andreotti folgerte aus diesem bemerkenswerten Gespräch – Capovilla bürgt für seine inhaltliche Genauigkeit –, daß er mit dem nächsten Papst gesprochen hatte. Die Ungewißheit war vorbei. So sicher war er sich, daß er bei *Concretezza,* der von ihm herausgegebenen Zeitschrift, anrief und sie anwies, nur ein einziges Foto vorzubereiten: das von Angelo Roncalli.

Andreotti lag in der Hauptsache richtig. Aber er irrte sehr, als er behauptete, «in diesem Oktober 1958 diskutierte keine Zeitung Roncallis Kandidatur» (Andreotti, S. 65). Paul Johnson stellt es anders dar:

> Zu Beginn des Konklaves wurde Roncalli mit zwei zu eins notiert; es gab Wetten von drei zu eins auf die Kardinäle Ottaviani und Agagianian, fünf zu eins auf Tisserant und Ruffini und sechs zu eins auf Siri und den polnischen Kardinal Wyszyński ... Unter den Journalisten, die das Konklave beobachteten, wurde Roncalli alles in allem als der wahrscheinlichste Gewinner angesehen; das berichtete ich in den *Reynolds News* unmittelbar vor Beginn des Konklaves (Johnson, S. 110).

Vorausgesetzt, daß das nicht aus dem nachträglichen Wissen heraus geschrieben wurde, macht es einen wichtigen Punkt bei dem Konklave von 1958 deutlich. Roncallis Wahl war keine völlige Überraschung. Ihn überraschte sie nicht, und sie hätte keinen anderen überraschen dürfen.

Wer sich nach Hinweisen umsah, hätte Schlechteres tun können, als die Rede *De eligendo pontifice* zu überfliegen, die Kardinal Antonio Bacci am nächsten Tag hielt. Es war der letzte öffentliche Akt, bevor sich der Schleier des Geheimnisses über das Konklave senkte. Baccis Aufgabe war, die Stellenbeschreibung, die von den allgemeinen Kongregationen gefunden worden war, in anständiges Latein zu bringen. Ein scheuer und bescheidener Mann, war er ziemlich erstaunt, daß man ihn plötzlich zur Kenntnis nahm. Er erklärte in einem Buch mit dem Titel *Mit Latein im Dienst von vier Päpsten,* warum: «Ich erinnere mich, daß meine Rede von der Presse gut aufgenommen wurde. Manche schrieben, ich hätte klar und genau das Porträt von Johannes XXIII. gezeichnet. In Wirklichkeit hatte ich einfach den Kardinälen die ideale Gestalt eines Papstes präsentiert, wie ihn das gegenwärtige Zeitalter verlangte. Also war es nicht mein Verdienst» (Bacci, S. 89). Bacci war zu bescheiden. Ob durch Glück oder Eingebung – er war prophetisch:

> Wir brauchen einen Papst, der mit großer geistlicher Strenge und brennender Nächstenliebe begabt ist ... Er wird die östliche und westliche Kirche umarmen müssen. Er wird allen Völkern gehören, und sein Herz muß besonders für jene schlagen, die durch totalitäre Verfolgung bedrückt sind, und jene in großer Armut ... Möge der neue Stellvertreter Christi eine Brücke bilden zwischen allen Gesellschaftsschichten, zwischen allen Nationen – selbst solchen, die die christliche Religion verwerfen und verfolgen. Mehr als einen, der die raffinierten Grundsätze, die zur Kunst und Disziplin der Diplomatie gehören, erforscht und erlebt hat, brauchen wir einen Papst, der vor allem heilig ist, so daß er von Gott erhalten kann, was jenseits natürlicher Gaben liegt ... Er wird die Bischöfe, die der Heilige Geist bestellt hat, damit sie als Hirten für die Kirche Gottes sorgen, offen empfangen und willkommen heißen (Apg 20,28). Er wird bereit sein, ihnen in ihren Zweifeln seinen Rat zu schenken, ihnen zuzuhören und sie in ihren Ängsten zu trösten und ihre Vorhaben zu fördern.

Die ganze Rede war zutiefst «revisionistisch». Sie war Punkt für Punkt eine Beschreibung dessen, was Pius XII. nicht gewesen war. Bacci sprach den Wunsch der Kardinäle aus, einen Papst zu haben, zu dem die Bischöfe hingehen könnten. Sie wollten einen, der weniger erhaben, selbstherrlich und fern war. Pius war glänzend und mit «natürlichen Gaben» gesegnet, und seine Anschauungen waren durch ein Leben in der Diplomatie geformt (manche sagten deformiert) worden. Bacci sagte deutlich, daß sie einen anderen wollten. Das Bemerkenswerteste an Prophetie betraf die Hoffnung, der neue Papst würde «eine Brücke bilden ... selbst zu solchen, die die christliche Religion verwerfen und verfolgen». Pius XII. hatte sich damit zufriedengegeben, sie zu tadeln. Als Ungarn 1956 besetzt wurde, drückte er sein Gefühl der Empörung (und Ohnmacht) in drei Enzykliken in ebenso vielen Tagen aus. Wenn Bacci beachtet würde, dann würde das Konklave einen anderen Typ von Mensch und einen anderen Stil wählen.

Baccis Rede wurde am Samstag, dem 25. Oktober, um 14 Uhr gehalten. Um 16 Uhr wurde das Konklave von der Welt abgeschnitten. Die Läden der Fenster, die auf die Stadt gingen, wurden versperrt (um Mitteilungen per Taschenlampe oder Spiegel zu verhindern). In den Küchen gab es ausreichend Lebensmittel, um eine kleinere Belagerung durchzustehen. Das schöne Wetter war zurückgekehrt. Es war schwül und ungemütlich im Vatikan, besonders in den Räumlichkeiten der Nobelgardisten, wo Roncalli einquartiert war. Acht Kardinäle, ihre Sekretäre und Bediensteten (*conclavistas* genannt) traten sich gegenseitig auf die Füße. Doch sie bildeten eine sympathische kleine Gruppe – von Capovilla «eine glänzende Familie» (*«una bella famiglia», Letture,* S. 9) genannt. Außer Roncalli waren vier weitere Italiener da, alles alte Freunde und ihm wohlgesonnen: Ernesto Ruffini (Palermo), Maurilio Fossati (Turin), Gaetano Cicognani (Riten) und Valerio Valeri (Ordensleute). Schließlich waren da noch Benjamin Arriba y Castro aus Tarragona in Spanien und zwei Lateinamerikaner, Giacomo Luigi Copello aus Buenos Aires in Argentinien und Carlos Maria de la Torre aus Quito in Ecuador. So geistesverwandt diese Gefährten waren, bildeten sie doch keine Interessengruppe innerhalb des Konklaves; aber es gibt viele Beweise, daß sie zwischen den Wahlgängen die Lage diskutierten. Capovilla hatte Roncalli nie «so vertieft und bewegt» (*«assorto e commosso»,* ibid.) gesehen.

Das Geheimnis des Konklaves von 1958 wurde gut gewahrt. Aber Roncalli selbst gibt uns einen Anhaltspunkt zum Verständnis des Geschehens. Die allerletzte Eintragung in sein *Geistliches Tagebuch* lautet: «Sehr zufrieden, als ich bei den verschiedenen Abstimmungen des Konklaves manche Möglichkeiten, die mich betrafen, schwinden und sich anderen Personen zuwenden sah, die auch nach meiner Ansicht überaus würdig und verehrenswert waren» (*Tagebuch,* S. 349). Demnach war das Konklave keineswegs eine ausgemachte Sache. Es gab einen Wettbewerb und sogar einen ziemlich harten, denn Roncalli erhielt die zwei Drittel der Stimmen plus eine, die er brauchte, nicht vor dem elften Urnengang. Es gab vier ergebnislose Abstimmungen am Sonntag, dem 26. Oktober, dem Christkönigsfest. Am Ende des Tages hatte Roncalli zwanzig Stimmen und Agagianian achtzehn. Lercaro von Bologna, der als der «fortschrittlichste» Kandidat angesehen wurde, hatte vier Stimmen, ebenso Valeri. Zwei Stimmen, mutmaßlich französische, waren an Montini gegangen, als Protest gegen seine Abwesenheit (*Quale Papa?,* S. 157). Im Armenischen Kolleg verriet Roncalli drei Monate später, daß die Namen Roncalli und Agagianian «auf und ab gingen wie Kichererbsen in kochendem Wasser» (*Vent'Anni,* S. 25). Aber um die Mittagszeit am nächsten Tag, zwei Abstimmungen später, war das Konklave an einem toten Punkt angelangt. Agagianian legte nicht mehr zu. Der Versuch, ihn als einen darzustellen, der, in Baccis Worten, «die östliche und die westliche Kirche umarmen» konnte, war gescheitert: Er hatte sich sogar seinen östlichen Kollegen entfremdet. Tisserant ließ deshalb Agagianian im Stich und kam auf Masella als Alternative zurück. Tisserant, eine kräftige bärtige Gestalt, war umfassend gebildet. Er dachte, Roncalli verfüge über zu wenig Wissen, um Papst zu werden. An diesem Punkt mag Roncalli einige Stimmen verloren haben und auf etwa fünfzehn abgesackt sein (das «Auf und Ab»). Zwei weitere Wahlgänge, und der Rauch war immer noch schwarz. Nichts war entschieden.

Zwei Bruchstücke von Gesprächen werden vom 27. Oktober, dem zweiten Tag des Konklaves, berichtet. Das erste war von Kardinal Fossati. In seinem Vorwort zu Leone Algisis Biographie von Papst Johannes schrieb er:

> Jeder wußte, daß die Kardinäle Lose für die Zellen zogen. Kardinal Roncalli zog fünfzehn, und ich zog sechzehn, neben ihm in den Räumlichkeiten der Nobelgardisten. Wir waren also Nachbarn. Ich bin sicher, der Heilige Vater wird mir verzeihen, wenn ich das Geheimnis breche und sage, daß in einem bestimmten Augenblick der Freund das Bedürfnis verspürte, in die Zelle des anderen Freundes zu gehen, *confortans eum,* um ihn aufzumuntern (Algisi, S. 6).

Der Zusammenhang macht es klar, daß Fossati ihn tröstete, weil er an Boden gewann, nicht weil er verlor.

Das zweite Gespräch, das demselben Abend zugeschrieben werden darf, ist weniger belanglos. Kardinal Alfredo Ottaviani gab 1968 ein Interview, in dem er sagte:

> In den letzten Tagen des Konklaves besuchte ich den Patriarchen in seiner Zelle und sagte: «Eure Eminenz, wir müssen über ein Konzil nachdenken.» Kardinal Ruffini, der ebenfalls anwesend war, hatte die gleiche Meinung. Kardinal Roncalli machte sich den Gedanken zu eigen, und später hörte man ihn sagen: «Ich dachte über ein Konzil von dem Augenblick an nach, als ich Papst wurde.» (*Epoca,* 8. Dezember 1968).

Ottaviani beanspruchte hier natürlich das Verdienst, als erster die Einberufung eines Konzils vorgeschlagen zu haben. Es wäre vermessen, wenn man den Propräfekten des Heiligen Offiziums einer dreisten Lüge bezichtigen würde. Jedenfalls wiederholte es der alternde und halbblinde Kardinal in einem Gespräch mit Bernard R. Bonnot, einem amerikanischen Doktoranden, im Februar 1975. Er sagte, daß in der Nacht des 27. Oktober «viele Kardinäle», einschließlich er selbst und Ruffini, Roncalli in seiner Zelle besuchten, weil sie schon wußten, daß er gewählt würde. Unter den Themen, über die sie sprachen, war, «wie schön es wäre *(che bella cosa),* wenn man ein Konzil einberiefe» (Bonnot, S. 13). Demnach war in den Augen solcher scharfsinnigen Drahtzieher wie Kardinal Ottaviani und Ruffini der Wettbewerb bereits vorbei. Ihre Gedanken eilten zu Roncallis Pontifikat voraus. Roncallis eigene Stimmen, mittlerweile verschenkt, gingen an Valerio Valeri, als ein etwas verspäteter Trost für seine Demütigung in Frankreich. Roncalli erklärte das mehrfach öffentlich (*Dodicesimo anniversario,* S. 62, Anm. 2).

Aber es fehlte ihm immer noch etwas zu den fünfunddreißig Stimmen, die er brauchte. Zizola weist ihm zweiunddreißig zu, als Agagianians Unterstützung abbröckelte und Ottaviani, jetzt fest auf seiner Seite, das «Stimmenpaket» von Masella mitbrachte (*Quale Papa?,* S. 159). Es waren drei weitere Wahlgänge am 28. Oktober nötig, bis er den sicheren Hafen von achtunddreißig Stimmen erreichte. Er begann den Tag mit einer Messe um 6 Uhr in der Mathildenkapelle. Dann ministrierte er bei Capovillas Messe, brachte die Meßkännchen zum Offertorium und läutete die Glocke zum Sanctus und zur Wandlung – ein Rückfall in seine Zeit als Meßknabe in Sotto il Monte. Kardinal Wyszyuski war auch anwesend. Der Introitus nahm in Roncallis Ohren einen besonderen Klang an: «Herr, du hast mich erforscht, und du kennst mich ... Von fern erkennst du meine Gedanken» (Psalm 139,1–2). Im Evangelium gebot Jesus seinen Jüngern: «Liebt einander!» (Joh 15,17). Nach einem eiligen kargen Frühstück in der Sala Regia berieten sich die Kardinäle in gedämpfter Lautstärke und gingen leise hin und her, um einander einzeln oder in kleinen Gruppen zu besuchen, bis um 9 Uhr die Glocke sie zur Messe und zum *Veni Creator* in die Sixtinische Kapelle rief (*Vent'Anni,* S. 6, zu diesem ganzen Abschnitt).

Noch einmal wurden die Stimmzettel in den bereitstehenden Kelch zum neunten und zehnten Wahlgang geworfen. Zur großen Enttäuschung der Menge stieg um 11.10 Uhr noch einmal schwarzer Rauch aus dem sixtinischen Kamin. Doch im Konklave wuchs das Gefühl, daß das *dénouement* nicht fern war. «Gewisse Blicke und gewisse

Anspielungen» überzeugten Capovilla davon, daß es vor dem Ende des Tages einen neuen Papst geben würde. Roncalli ging von der Sixtinischen Kapelle direkt in seine Zelle, setzte sich auf das Sofa und sagte, er möchte allein sein. Gegen ein Uhr kehrte Capovilla zurück, um ihn zum Essen in die Sala Regia zu begleiten. Aber Roncalli sagte: «Ich komme nicht hinunter. Ich esse hier einen Bissen. Lassen Sie etwas bringen. Wir essen zusammen» (*Vent'Anni,* S. 7). Der einfallsreiche Guido Gussi hatte sich mit den Schwestern in der Küche angefreundet. Er kehrte um zwanzig nach eins mit einer Mahlzeit zurück, die Roncalli und Capovilla zu beiden Seiten eines wackligen Tisches zu sich nahmen: Suppe, eine Scheibe Fleisch, ein Glas Wein, einen Apfel. Aber beiden fiel das Essen und Reden schwer. Vielleicht ein Dutzend Worte wurden in einer Viertelstunde gewechselt. Roncalli machte ein Schläfchen von ungefähr zwanzig Minuten und setzte sich dann an seinen Schreibtisch, um einige Notizen für seine Annahmerede hinzuwerfen: Er kannte schon ihren majestätischen und eindrucksvollen Eröffnungsakkord – «*Vocabor Joannes,* ich möchte Johannes heißen». Um vier Uhr erklang die Glocke, um ihn wieder in die Sixtinische Kapelle zum entscheidenden elften Wahlgang zu rufen. Um 16.50 Uhr wurde er mit achtunddreißig Stimmen zum Papst gewählt.

Sogar an diesem Tag aller Tage blieb Roncalli so selbstbeherrscht, daß er einige Notizen in sein Tagebuch schrieb. Papst zu werden, würde nicht den methodischen Stil seines ganzen Lebens ändern. Was ihm widerfahren war, hatte noch keine Zeit gehabt, sich zu setzen, aber seine spontane Reaktion war, «Ich bin bereit» – *«Adsum»*:

> Dritter Tag des Konklaves. Fest der heiligen Apostel Simon und Judas. Heilige Messe in der Mathildenkapelle, mit sehr starker Hingabe meinerseits. Rief mit besonderer Zärtlichkeit meine heiligen Beschützer an: Joseph, Markus, Lorenzo Giustiniani und Pius XII., und bat sie, mir Ruhe und Mut zu schenken. Ich hielt es für klüger, nicht mit den Kardinälen zu essen. Ich aß in meinem Zimmer. Im elften Wahlgang wurde ich zum Papst gewählt [*eccomi eletto papa*]. O Jesus, auch ich kann sagen, was Pius XII. sagte, nachdem er gewählt worden war: *«Miserere mei, Deus, secundum magnam misericordiam tuam»* (Gott, sei mir gnädig nach deiner Huld» – Psalm 51). Man möchte sagen, es ist wie ein Traum, und doch ist es, bis ich sterbe, die feierliche Realität meines Lebens. So bin ich bereit, Herr, *«ad convivendum et ad commoriendum»* (verbunden zum Leben und zum Sterben – 2 Kor 7,3). Ungefähr dreihunderttausend Menschen jubelten mir auf dem Balkon von St. Peter zu. Die Bogenlampen ließen mich nichts anderes als eine formlose wogende Masse sehen (*Vent'Anni,* S. 12).

Dieser Text ist einmalig in der päpstlichen Geschichte: eine Tagebucheintragung «an dem Tag, als ich Papst wurde».

13. Kapitel

Die ersten neunzig Tage

> Falls jemand geglaubt hat, Roncalli wäre ein reiner Interimspapst, der den Übergang zur nächsten Regierung verwaltete, so zerstörte er diese Vorstellung innerhalb von Minuten nach seiner Wahl ... Er trat festen Schrittes kühn wie der Eigentümer des Hauses ein, riß die Fenster auf und rückte die Möbel herum.
>
> (*Time Magazine,* 17. November 1958)

Die Türen der Sixtinischen Kapelle blieben fest verschlossen, aber die Sekretäre und Bediensteten wußten schon, daß ein Papst gewählt worden war, und sie rieten, wer es war. Um 17 Uhr etwa hatten sich die meisten auf dem sogenannten Damenbalkon versammelt, der auf den Petersplatz geht: Das war das erste Zeichen für die wartende Menge und die Fernsehteams, daß bald «weißer Rauch» aufsteigen würde. Don Loris Capovilla und Guido Gussi warteten in der verlassenen Sala Ducale. Nach der Tradition sollte der Sekretär des neuen Papstes der erste Außenstehende sein, der die Sixtinische Kapelle betrat. Nach ungefähr einer halben Stunde wurde eine Tür geöffnet und Kardinal Thomas Tienchensin, der Erzbischof von Peking, kam heraus, in einem Rollstuhl infolge eines Autounfalls. Capovilla warf einen Blick hinein und sah Roncallis Thron leer, den dritten von oben auf der rechten Seite. Alle Baldachine außer seinem waren heruntergelassen (*Letture,* S. 10f). Also *war* er Papst. Aber wo war er? Lächelnde Kardinäle sagten Capovilla, der nun mit einem Schlag berühmt war, daß Seine Heiligkeit sich bereits in der Sakristei ankleide.

Ein anderer *conclavista,* Msgr. Jean-François Arrighi, ein Korse, der als Kardinal Tisserants Sekretär beim Konklave war, beschrieb die Verwandlung, die mit Roncalli während des Konklaves geschehen war: «Vor der letzten Abstimmung sah der Papst überwältigt *(accablé)* aus, aber als das Ergebnis verkündet wurde, war er völlig ruhig. Ich sagte zu mir: ‹Dieser Mann hat Glauben›» (Lawrence, S. 19).

Es war Tisserant, der als Dekan des Kardinalskollegiums die rituelle Frage stellte: «Nimmst du die Wahl an?» Bis er die Frage beantwortet hatte, war Roncalli immer noch Patriarch von Venedig. Er antwortete:

> Wenn ich deine Stimme höre, *«tremens factus sum et ego, et timeo»* (schaudert mich, und ich habe Angst). Was ich von meiner Armut und

Schlichtheit weiß, genügt, um mich zu verwirren. Aber da ich das Zeichen von Gottes Willen in den Stimmen meiner Brüder, der Kardinäle der Heiligen Römischen Kirche, sehe, nehme ich die Wahl an, die sie getroffen haben; ich neige das Haupt vor dem bitteren Kelch und meine Schultern vor dem Joch des Kreuzes. Zum Christkönigsfest haben wir alle gesungen: «Der Herr ist unser Richter, der Herr gibt uns Gesetze, der Herr ist unser König, er wird uns retten» (Jesaja 33,22) (*Vent'Anni*, S. 50).

Mit diesen Worten wurde er Papst.
Tisserants nächste rituelle Frage war: «Mit welchem Namen willst du genannt werden?» Die Antwort des Papstes war die erste Überraschung von vielen: «Ich möchte Johannes heißen.» Kein weiterer Pius, auch nicht Leo oder Benedikt, die er sehr bewunderte: Johannes. Das verlangte eine Erklärung. Papst Johannes gab sie mit Hilfe der Notizen, die er vorher an diesem Nachmittag aufgeschrieben hatte: «Der Name Johannes ist mir lieb, weil es der Name meines Vaters war, weil es der Name der bescheidenen Pfarrkirche ist, wo wir getauft wurden, und weil es der Name zahlloser Kathedralen in der ganzen Welt ist und zuallererst der gesegneten und heiligen Lateranbasilika, unserer eigenen Kathedrale» (*Vent'Anni,* S. 51). Die selbstsichere und liebevolle Erwähnung «unserer eigenen Kathedrale» war eine erste Andeutung, daß er seine Pflichten als «Bischof von Rom» ernst nehmen würde. Während die Kardinäle sich den Kopf zerbrachen und sich zu erinnern versuchten, was sie über die lange und zum großen Teil schmähliche Reihe von Päpsten mit dem Namen Johannes wußten, half ihnen der neue Papst und erlaubte sich – war das möglich? – einen verschrobenen Historikerscherz: «Es ist der Name, der in der langen Reihe der römischen Päpste am häufigsten verwendet wurde. In der Tat hat es zweiundzwanzig unbestritten legitime Päpste mit dem Namen Johannes gegeben. Nahezu alle hatten ein kurzes Pontifikat» (ibid.). Also der passende Name für einen «Übergangspapst». Papst Johannes verriet nicht, daß er sich jahrelang mit Papst Johannes XXII. beschäftigt hatte, dem letzten legitimen Papst mit diesem Namen, der von 1317 bis 1334 regiert hatte. Der Erzbischof von Avignon erinnerte sich später, daß Roncalli die ehemals päpstliche Stadt im Oktober 1952 besucht und die einheimischen Archivare mit seiner gründlichen Kenntnis der Avignon-Päpste verblüfft hatte. Er sagte zu Kardinal Maurice Feltin, daß die Wahl des Namens zum Teil eine Huldigung an Frankreich wäre (Bergerre, S. 70). Aber tiefer gehend wollte er bewußt einen *evangelischen* Namen den Schurken entreißen, die ihn entehrt hatten, und dem Gegenpapst Johannes XXIII., der ihn, so hatte man geglaubt, unver-

wendbar gemacht hatte: Baldassare Cossa, der letzte Anwärter auf diesen Namen, war ein ehemaliger Seeräuber, der seinen Weg zum Papsttum mit Mord, Betrug und Meineid gemacht hatte.

Papst Johannes erklärte sehr schlicht, daß er den Namen Johannes liebte, weil ihn zwei Männer im Evangelium getragen hatten: Johannes der Täufer und Johannes der Evangelist. Johannes der Täufer «bereitete den Weg des Herrn» und vergoß sein Blut als Zeuge für das Licht. Johannes der Evangelist, bevorzugt von Jesus und seiner Mutter, lehnte an der Brust des Herrn beim letzten Abendmahl und empfing davon «eine Barmherzigkeit, die mit lebendiger Flamme bis ins höchste Alter brannte» (*Vent'Anni,* S. 51). Doch war es sein Schluß, der sogar das zähe Kardinalskollegium bewegte. Er nannte sich selbst Johannes, um die Mahnung des Apostels Johannes zu erneuern: «Meine Kinder, liebet einander. Liebet einander, denn das ist das höchste Gebot des Herrn. Ehrwürdige Brüder, möge Gott in seiner Gnade uns gewähren, daß wir, die wir denselben Namen Johannes tragen, mit Hilfe der göttlichen Gnade seine Heiligkeit und Seelenstärke besitzen, bis zur Hingabe unseres Blutes, wenn Gott so will» (ibid., S. 51f.). Die Botschaft war Liebe, das Mittel Opfer.

Die nächste Stunde war liebenswert chaotisch. Bevor er die Sixtinische Kapelle verließ, belebte Papst Johannes einen alten Brauch neu, indem er seine jetzt überflüssige rote Kopfbedeckung auf den Kopf von Msgr. Alberto di Jorio setzte, den Sekretär des Konklaves, und ihn somit zum Kardinal machte. In der Sakristei wimmelte und drängelten Prälaten um ihn, gratulierten ihm und baten um seinen Segen. Capovilla bahnte sich einen Weg und bat darum, daß der erste Segen Venedig, Bergamo und der ganzen Familie in Sotto il Monte gelten sollte. «Ja, gern», antwortete er, «zuerst den Verwandten im Geiste und dann den Verwandten im Blut; wir sprechen später darüber, später.» Papst Johannes verneinte hinterher, daß er Padre Pio, dem stigmatisierten Franziskaner, einen besonderen Segen gegeben hätte (*Lettere,* S. 159), aber das geschah, weil Jünger des heiligen Mannes behaupteten, er hätte Johannes' Wahl vorhergesagt. In dem Gedränge war es schwierig, genau zu wissen, wer gesegnet und was gesagt worden war.

Nach *Time,* einer verläßlichen Quelle in solchen Dingen, wog der neue Papst 186 Pfund (Fox, S. 335). Sein Umfang wurde nicht genannt, aber er genügte, um Annibale Gammarelli, den päpstlichen Schneider, in Verlegenheit zu bringen, denn für ihn gab es Päpste in zwei Größen: dünne und dicke. Doch auch die größere der zwei weißen Soutanen ging vorne nicht zu. Gammarelli mußte sie mit Sicherheitsnadeln festmachen, und ein Chorrock verbarg diese Improvisation vor den Fernsehkameras. Um 18.08 Uhr, genau eine Stunde nach dem «weißen Rauch», verkündete Kardinal Nicola Canali der Welt die «große Freude», daß wir einen Papst hatten, und bei dem Namen Roncalli und mehr noch nach dem Namen Johannes brauste «eine Welle der Begeisterung», wie Capovilla sagte, über den Platz (*Letture*, S. 9). Anthony Burgess drückte es lebendiger aus: «Die Menge freute sich ausgelassen: Alte Damen in Schwarz weinten, Zähne blitzten in unrasierten Gesichtern, Fremde schüttelten einander die Hände, Kinder hopsten, als sollte gleich Mickymaus kommen, die Hupen der römischen Autos freuten sich jaulend» (*Earthly Powers*, S. 550). Papst Johannes erschien um 18.20 Uhr auf der mittleren Loggia der Peterskirche und erteilte seinen ersten Segen *urbi et orbi*, der Stadt und dem Erdkreis. Er hielt keine Rede; dieser «Brauch» wurde erst später eingeführt. Es ist zweifelhaft, ob er eine Rede hätte halten können, so tief war er bewegt. Aber das machte nichts. Papst Johannes hatte seine erste und entscheidende Prüfung bestanden: Die Menschen Roms liebten ihn.

Er versuchte später, seine Gefühle zu beschreiben, als er da oben vor der lauten unsichtbaren Menge stand:

> Ich erinnerte mich an die Mahnung Jesu: «Lernt von mir, denn ich bin sanftmütig und demütig im Herzen.» Geblendet von den Fernsehscheinwerfern, konnte ich nichts als eine formlose, wogende Masse sehen. Ich segnete Rom und den Erdkreis wie ein Blinder. Als ich wegging, dachte ich an die vielen Kameras und Scheinwerfer, die von nun an, in jedem Augenblick, auf mich gerichtet sein würden. Und ich sagte zu mir: Wenn du nicht ein Schüler des sanften und demütigen Meisters bleibst, wirst du nichts auch nur von den irdischen Realitäten verstehen. Dann wirst du wirklich blind sein (*Vent'Anni*, S. 21).

Inzwischen, wieder in der Sakristei, kam es erneut zu fröhlich chaotischen Szenen. Tardini und seine Leute vom Staatssekretariat waren gekommen, um ihm zu huldigen. Kardinal Tisserant, der als Dekan des heiligen Kollegiums verantwortlich war, da das Amt des *Camerlengo* mit der Wahl eines Papstes erloschen war, polterte, daß alle exkommuniziert würden. Sie waren hereingeströmt, bevor das Konklave endgültig für beendet erklärt worden war. Es folgte eine halbe Stunde voll komischer Verwirrung, während Tisserant mit empörter Würde und wehendem Bart auf und ab stolzierte und abwechselnd exkommunizierte oder rief: «Drückt ihn nicht tot, wo ihr ihn gerade zum Papst gemacht habt» (*Vent'Anni*, S. 22). Die Ursache des ganzen Aufruhrs fragte sanftmütig: «Wohin gehen wir jetzt?»

Er konnte selbst entscheiden, wo er die Nacht verbringen wollte. Er zog es vor, nicht wieder in die Zelle Nummer fünfzehn zu gehen, und begab sich in die fast verlassenen Räume des Staatssekretärs. Seit Jahren waren sie jetzt nicht mehr bewohnt gewesen. Die Hochrufe hallten immer noch über den Platz unten, aber da die Läden noch verriegelt waren, konnte man nichts sehen. Papst Johannes stieß «die Fenster des Vatikans» im buchstäblichen Sinn bestimmt nicht in seiner ersten Nacht auf. Das Telefon war außer Betrieb. Es gab kein Radio. Papst Johannes war vollkommen allein. Guido Gussi wurde losgeschickt, seine Sachen aus Zelle fünfzehn und der Domus Mariae zu holen.

Um 19.30 Uhr kam Msgr. Dell'Acqua mit einem Latinisten, um die Rundfunkbotschaft für den nächsten Tag aufsetzen zu helfen. Er speiste allein um 21 Uhr in einer schlecht beleuchteten Ecke der geräumigen Wohnung. Capovilla wußte nicht recht, was das Protokoll vorsah, und hatte schon gegessen, aber er blieb so lange, daß er den alten Diener, Pio Manzia, mit einer Flasche Champagner hereinwackeln sah. «Heiliger Vater», erklärte er, «es ist Brauch, daß der Vorsteher des Haushalts eine Flasche Champagner öffnet, Seiner Heiligkeit anbietet und für sich mitnimmt, was übrig ist» (*Vent'Anni,* S. 23). Papst Johannes nahm ein Glas und ließ Manzia den größten Teil. Er wollte keinem sein Zubrot verweigern.

Dann schritt er in der Galerie auf und ab und betete den Rosenkranz. Er brach ab, um zu sagen: «Ehe ich mich hinlege, möchte ich Tardini sehen.» Capovilla wandte ein: «Aber Sie haben ihn mit allen anderen in der Sakristei gesehen.» «Ich weiß», sagte Papst Johannes, «aber eilige Glückwünsche genügen nicht. Er ist die wichtigste Person hier. Holen Sie ihn» (*Vent'Anni,* S. 23). Ausnahmsweise wich er von seiner Gewohnheit ab und schrieb erst am nächsten Tag in sein Tagebuch:

> Gestern gab ich mir den Namen Johannes. Ich verbrachte die Nacht im Staatssekretariat, döste aber mehr, als daß ich schlief ... Heute schreibt und spricht die ganze Welt von nichts anderem als von mir: dem Namen und der Person. O meine lieben Eltern, o Mutter, o mein Vater und Großvater Angelo, o Onkel Zaverio, wo seid ihr? Was brachte diese Ehre über mich? Betet weiter für mich (ibid., S. 43).

Warum wurde Tardini noch am Tag der Wahl spät am Abend gerufen? Es gibt einen kleinen Widerspruch in den Berichten über das, was sich abspielte. Capovilla versichert, daß Papst Johannes ihm den Posten des Prostaatssekretärs (Prosekretär deshalb, weil er noch nicht Kardinal war) anbot, hier und jetzt, ungefähr um 22 Uhr. Tardini fragte vorsichtig: «Ist dies ein Befehl zu gehorchen?» Papst Johannes antwortete:

Ja. Jetzt sind die Rollen umgekehrt; heute nacht kann ich von Ihnen Gehorsam verlangen ... Sie haben vierzig Dienstjahre in der unmittelbaren Umgebung des Papstes hinter sich, Sie sind ein treuer Diener und Priester gewesen, Sie kennen die Probleme, Sie hatten das Vertrauen meines Vorgängers. Ich kann mir nicht vorstellen, Sie zu entlassen und in den Ruhestand zu schicken. Ich werde Ihnen gegenüber loyal sein, und Sie werden mir gegenüber loyal sein. Der Herr wird uns führen (*Lettere,* S. 59).

Capovilla zufolge fiel Tardini auf die Knie, empfing den Segen des Papstes und wurde von ihm umarmt. Dann ging der Papst zu Bett.
Giulio Nicolini, Tardinis Biograph, sagt jedoch, daß diese nächtliche Begegnung nur dazu diente, eine Verabredung für den nächsten Morgen zu treffen. Papst Johannes hob die absurde Exkommunizierung auf und sagte: «Die *erste* Audienz wird für Sie sein» (Nicolini, S. 176). Nach dieser Version ahnte Tardini, was kommen würde, und arbeitete die Nacht durch an seiner *scaletta,* der Liste die Punkte, die er ansprechen wollte. Am nächsten Morgen überraschte Papst Johannes ihn, als er ihn aufforderte, sich zu setzen – in Pius' Zeiten knieten Untergebene vor dem Papst –, und fragte ihn, ob er sein Staatssekretär werden wollte. Tardini zog seine Notizen zu Rate und begann mit seinen Einwänden. Er war «bereit zu gehorchen». Aber er war «alt, müde und krank», und als Beweis hatte er ein ärztliches Attest mitgebracht. Er wies darauf hin, daß er dem Kardinalskollegium schon während des Konklaves seinen Rücktritt angeboten hätte, aber sie hätten ihn angewiesen, die laufenden Geschäfte weiterzuführen, bis es vorbei wäre. Er machte ein paar Bemerkungen über unmittelbare Probleme, mit denen man sich befassen müßte (ibid.).
Dann kam eine ziemlich merkwürdige «Richtigstellung» über die Vergangenheit und besonders über die Jahre 1946–52. Tardini sagte: «Es ist nicht wahr, daß Pius XII. mich aus dem Rampenlicht heraushalten wollte. Ich selbst wollte das» (Nicolini, S. 176). Was für eine alte Kriegsnarbe verriet das? Es war bekannt, daß Pius XII. Tardini und Montini zu Kardinälen ernennen wollte, aber es hätten *beide zusammen* sein sollen. Also bedeutete Tardinis Weigerung, daß auch Montini nicht Kardinal werden konnte.
Tardini versuchte beherzt, reinen Tisch zu machen. Die «Versöhnung», die in den Tagen vor dem Konklave erreicht wurde, hatte alte Erinnerungen nicht völlig ausgelöscht. Papst Johannes war ein Freund Montinis gewesen und war wegen dessen Verbannung nach Mailand verwirrt. Tardini hatte keine hohe Meinung von der Intelligenz und dem diplomatischen Geschick des neuen Papstes gehabt. Auf beiden Seiten gab es Reibungsflächen. Deshalb war Tardini

wirklich überrascht, zum Staatssekretär ernannt zu werden, und versuchte, aus dieser Lage herauszukommen. Sein eigener Bericht (wie ihn sein früherer Schüler, der Erzbischof und spätere Kardinal Sebastiano Baggio wiedergibt) ist der offenste von allen und nimmt den Klang seines barschen Stakkatostils auf:

> Er ließ mir keine Wahl. Ich sagte dem Heiligen Vater, daß ich nicht unter ihm dienen wollte, weil neue Methoden neue Leute brauchen; und ich erinnerte ihn, daß ich häufig *(più di una volta)* in der Vergangenheit mit ihm nicht übereinstimmte; ich erinnerte ihn, daß ich müde wäre, sehr erschöpft (Tardini verwendete das römische Dialektwort *stufo*), und daß meine Gesundheit sich verschlechterte; ich erzählte ihm von meinem lange gehegten Wunsch, mich endlich ganz den Waisenjungen in der Villa Nazareth zu widmen. Es half alles nicht. Der Papst hörte mir freundlich und interessiert zu, aber zu jedem Punkt erwiderte er: «Ich verstehe, aber ich möchte, daß Sie mein Staatssekretär werden.» Schließlich kniete ich nieder und bot ihm meinen Gehorsam an. So ist das Leben (Nicolini, S. 177f.).

Kardinal Giuseppe Siri bestätigt, daß Papst Johannes Tardini bitten mußte, den Posten anzunehmen. Sein Argument war: «Wir sind beide Priester und müssen uns Gottes Willen unterwerfen» (ibid., S. 178).

Warum war Papst Johannes so entschlossen, zu seinem engsten Mitarbeiter jemanden zu ernennen, mit dem er in der Vergangenheit nicht einig gewesen war und der so abgeneigt war, das Amt anzunehmen? Die Hypothese, daß während des Konklaves ein Handel gemacht wurde – Stimmen für Roncalli unter der Bedingung, daß Tardini sein Staatssekretär würde –, ist schon ausgeschlossen worden. Ein Zweiergespann war gegen den Geist und den Buchstaben der Konklaveregeln. Aber das heißt nicht, Papst Johannes hätte nicht die Stimmung beim Konklave gespürt, daß ein in den Methoden der Kurie unerfahrener Papst einen neben sich haben sollte, der ihre Arbeit aufs genaueste kannte.

Da Papst Johannes' Verhältnis zur Kurie wesentlich für das Verstehen (oder Nichtverstehen) seines Pontifikats ist, darf man an dieser Stelle das Zeugnis von Msgr. Igino Cardinale, der bald sein Protokollchef werden sollte, anführen:

> Papst Johannes war kein Mann der Kurie. Er wußte nicht allzuviel über die Kurie, und *was er wußte, gefiel ihm nicht*. Sein Verhältnis war während seiner Zeit in Bulgarien, Istanbul und anderswo nicht immer sehr gut gewesen. So blieb er der Außenseiter. Er regierte nicht absichtlich an der Kurie vorbei, aber er fühlte sich frei, seine eigenen Entscheidungen zu treffen. Seine Einstellung war, daß er die Kurie immer respektieren,

sich aber nicht fesseln oder einschränken lassen würde (Cardinale, Gespräch mit dem Autor, Brüssel, 30. März 1980).

Dies war in den inneren Kreisen des Vatikans allgemein bekannt. Folglich war die sofortige Ernennung Tardinis ein deutliches Signal an die ganze Kurie. Papst Johannes begann sein Pontifikat mit einer versöhnlichen Geste gegenüber der Kurie, die er geerbt hatte. Es würde keine Rausschmisse und abrupte Entlassungen geben. Er würde nicht den «neuen Besen» einsetzen.

Obwohl der Papst ein absoluter Monarch ist, mit einer Macht, Ämter zu besetzen, die den amerikanischen Präsidenten grün vor Neid werden ließe, widerstand Papst Johannes der Versuchung, seine eigene Mannschaft hereinzubringen. Er tat es nicht dem heiligen Pius X. nach, der so viele Venezianer in Rom eingeführt hatte, daß man von ihm sagte, er hätte «das Schifflein Petri in eine Gondel verwandelt». Auch ernannte er keinen engen Freund wie Dell'Acqua zum Staatssekretär, denn das hätte ihn dem Vorwurf der Günstlingswirtschaft ausgesetzt. Er machte deutlich, daß er nicht anstreben wollte, die Kirche gegen die Kurie zu regieren, sondern versuchen wollte, sich bei allen möglichen Vorhaben, die er im Sinn hatte, ihrer Mitarbeit zu bedienen – und Tardini spürte bereits, daß er etwas in petto hatte («Neue Methoden brauchen neue Leute»). Später würde Papst Johannes einen schmerzlichen Preis dafür bezahlen, daß er die Kurie mit Glacéhandschuhen angefaßt hatte; aber als ein erster Schritt war es taktisch klug.

Nachdem er Tardinis Zustimmung eingeholt hatte, besprach Papst Johannes mit ihm eine andere Ernennung, die in seinen Augen, wenn auch nicht in denen der Welt, fast genauso wichtig war. Er wollte einen Beichtvater und geistlichen Ratgeber. Tardini erklärte, daß der offizielle Beichtvater des päpstlichen Haushalts traditionell ein Mönch war. Aber er hatte die Freiheit der Wahl. Pius XII. hatte einen gelehrten Jesuiten, Pater Augustinus Bea, Rektor des Bibelinstituts. Papst Johannes' Tagebuch berichtet: «Ich betete und dachte darüber nach. Ich wählte ohne Zögern Msgr. Alfredo Cavagna; er ist heilig, gut, gebildet, klug; er kennt die römische Szene gut und wird mir in vielen Dingen taktvoll helfen können» (*Pastore,* S. 11). Cavagna war zwei Jahre älter als Papst Johannes und hatte einen ähnlichen Werdegang. Er war Sekretär eines Bischofs gewesen und hatte bei der Organisation einer Diözesansynode mitgewirkt. Er hatte nationale Kleruswochen organisiert, um Geistlichkeit und Laien näher zusammenzubringen. Er entsprach dem Kriterium der heiligen Theresa von Avila für einen guten Beichtvater: Es hatte keinen Zweck, einen heiligen Mann zu haben, wenn er nicht auch gebildet und klug war. Er diente Papst Johannes in vielen anderen Rollen, wie wir sehen werden. Aber seine wichtigste Rolle war die des Beichtvaters. Während seines ganzen Pontifikats, wenn er nicht durch eine dringende Aufgabe verhindert war, legte Papst Johannes um 3 Uhr am Freitagnachmittag, dem Tag und der Stunde des Todes Jesu, die Beichte bei Cavagna ab. Er nahm sich Zeit dafür, da er in der Beichte eine Möglichkeit sah, im Licht der Forderungen des Heiligen Geistes Woche für Woche sein Leben zu überprüfen. Dies ist ein Schlüssel zu seinem Pontifikat. Aber dem Historiker ist er nicht zugänglich.

An diesem ersten vollgestopften Tag seines Pontifikats wurde Papst Johannes den Hügel hinaufgefahren zu Radio Vatikan, um seine erste Botschaft an die Welt zu übertragen: *Hac trepida hora* (In dieser Stunde der Verzagtheit). Es schien beim ersten Hören ein ziemlich konventioneller Vortrag zu sein, der die Form von Grüßen und Danksagungen an alle und jeden in der Kirche annahm. Er war stark antikommunistisch. Er hatte eine besondere Botschaft für die Bischöfe und Katholiken jener Länder, «wo die katholische Religion keine Freiheit hat, wo die geheiligten Rechte der Kirche schmählich mit Füßen getreten werden, wo rechtmäßige Seelsorger vertrieben, verbannt oder an der Erfüllung ihres Amtes gehindert werden» (*Vent'Anni,* S. 53). Er hätte kaum weniger sagen können, da Kardinal Stepinac, den er seit 1938 kannte, noch im Gefängnis und Kardinal Mindszenty in der US-Botschaft in Budapest eingesperrt waren. Er schrieb ihnen am selben Tag mitfühlende Briefe (*Lettere,* S. 34f.). Aber in seiner Rundfunkansprache wich er von Pius' XII. donnerndem Tadel ab und ließ schon seine Eröffnungsrede vor dem Konzil ahnen, als er betete, daß solche «unmenschlichen Verfolgungen enden mögen, nicht nur, weil sie den Frieden und die Ruhe dieser Völker bedrohen, sondern auch, weil sie in *offenem Widerspruch zur modernen Zivilisation und zu den Menschenrechten stehen*» (*Vent'Anni,* S. 53). Es bestand keine Notwendigkeit, Fehler zu verurteilen, die sich selbst verurteilten.

Diese erste Rede war programmatisch. Papst Johannes verkündete darin die zwei Hauptthemen, die sein Pontifikat kennzeichnen würden: *Einheit* im kirchlichen Leben und *Frieden* in der weltlichen Ordnung. Seine guten Wünsche schlossen die orthodoxen Kirchen ein und «alle jene, die von diesem Apostolischen Stuhl getrennt sind». Er zitierte das Gebet Jesu, «damit sie eins sind wie wir» (Joh 17,11); es wurde der verbindende Faden seines Pontifikats. Er beklagte, wie der Wohlstand der Nationen im Rüstungswettlauf vergeudet und der Herstellung «verderblicher Instrumente des Todes und der Zerstörung» gewidmet wurde, anstatt «für alle Klassen der Gesellschaft, besonders die am wenigsten Begünstigten» genutzt zu werden (*Vent'Anni*, S. 53f.). Dies enthielt den Keim seiner großen Sozialenzykliken. Er zitierte das *Gloria*, in dem es heißt: *pacem in terris omnibus hominibus bonae voluntatis*. Wie man vom «Frieden auf Erden allen Menschen guten Willens» spricht, wurde seine bleibende Frage.

Die erste Rundfunkbotschaft griff, das sollte festgehalten werden, viele Themen aus der Ansprache von Kardinal Baccis *De eligendo pontifice* auf (s. oben, S. 359). Dies ist wichtig, um zu begreifen, wie er sein Amt verstand. Er fühlte, daß er ein Mandat vom Kollegium der Kardinäle erhalten hatte. Durch sie hatte der Heilige Geist seinen Willen kundgetan, nicht durch die Römische Kurie. Er fühlte sich berechtigt, von Anfang an einen neuen Stil des Papsttums einzuführen. Nicht jeder verstand das auf Anhieb. Einer, der es verstand, war der alte Don Luigi Sturzo, einst Führer der Volkspartei, der die Rundfunkbotschaft so kommentierte: «Friede, Gerechtigkeit, Freiheit, gegenseitiges Verstehen der Rechte und Pflichten – alles in den Tönen der Liebe» (*Avvenire d'Italia*, 1. November 1958). Papst Johannes zog inzwischen in die päpstlichen Gemächer ein, nachdem sein erster Tag als Papst vorbei war, und notierte in sein Tagebuch, unbegreiflich, «Bewegung und Traurigkeit» (*«emozione e mestizia»; Vent'Anni*, S. 43).

Am nächsten Tag fühlte er sich fröhlicher. Sein Tagebuch berichtet:

> 30. Oktober, Donnerstag. Die ersten Ernennungen stoßen auf allgemeine Zustimmung, besonders die des Staatssekretärs. Beginne mit ihm die dringendsten Geschäfte und Ernennungen. Vor allem anderen das Konsistorium und die Ernennung neuer Kardinäle. Ich gab ihm die Namen, die mit Msgr. Montini, dem Erzbischof von Mailand, und Msgr. Tardini beginnen, der eine Litanei anführte, in der wir völlig übereinstimmten. Als wir die Gesamtzahl von siebzig erreicht hatten, alte und neue, hielten wir einen Augenblick inne, aber dann überlegten wir, daß zur Zeit Sixtus' V. die katholische Kirche nur etwa ein Drittel ihres heutigen Territoriums einnahm, und fuhren fort und kamen auf eine Liste von dreiundzwanzig neuen Kardinälen (*Vent'Anni*, S. 43f.).

Sixtus V. (1585–1590) hatte die Kurie in ihrer neuzeitlichen Form begründet und angeordnet, daß die Zahl der Kardinäle die Zahl siebzig nicht überschreiten sollte. Papst Johannes wich von dem bisherigen Muster ab, weil das in der veränderten Situation vernünftig erschien. Er korrigierte auch mit einem Streich die Vernachlässigung des Kardinalskollegiums durch Pius und begann, den weitgehend unerfüllten Ehrgeiz seines Vorgängers zu verwirklichen, es zu «internationalisieren». Papst Johannes' Konsistorium umfaßte «erstmalige»

Kardinäle von den Philippinen, aus Japan, Mexiko und Afrika. Er freute sich besonders über seine Ernennung des ersten schwarzen Kardinals, Laurean Rugambwa, Erzbischof von Daressalam in Tansania. Aber mit Tardinis Billigung setzte er Giovanni Battista Montini an die Spitze seiner Liste, als Trost für vergangene Ungerechtigkeit und als ein Vorzeichen für die Zukunft.

Dies bedeutete jedoch nicht, daß er beabsichtigte, mit seinem Pontifikat nur «Petri Stuhl warmzuhalten» für Montini, dessen schließliche Rückkehr als Papst von der Römischen Kurie, nicht ohne Befürchtungen, als unvermeidlich angesehen wurde. Er wußte, daß viele ihn weiter für einen Lückenbüßer-Papst halten würden, dessen Herrschaft durch friedliche Tatenlosigkeit gekennzeichnet sei. Ein «alter Prälat» nahm Capovilla beiseite und ermahnte ihn: «Bitten Sie den Papst, nicht davon zu träumen, Enzykliken zu schreiben oder zu viele Reden zu halten oder zu viele Heilige zu kanonisieren oder neue Festlichkeiten für den Petersplatz zu erfinden. Laßt uns eine Periode der Ruhe genießen» (*Vent'Anni,* S. 17f.).

Der anspruchslose alte Prälat wäre entzückt gewesen, daß Papst Johannes anscheinend mehr daran interessiert war, alte Traditionen wiederzubeleben als neue zu begründen. Er führte die Pelzmütze wieder ein, die man auf Porträts der Renaissancepäpste sieht, und zog sie dem weißen Käppchen vor, das immer verrutschte. Er machte viel Aufhebens um sein Wappen. Msgr. Bruno Heim, der Heraldiker, der ein Kollege in Paris gewesen war, bekam die Anweisung, einen Löwen des heiligen Markus aus Venedig mit aufzunehmen, und zeichnete das Tier aufrecht auf den Hinterbeinen mit vorgestreckten Pranken. «Glauben Sie nicht», fragte der Papst, «daß er zu wild ist, ein wenig zu – hm – germanisch?» (Trevor, S. 268). Er wollte seinen Löwen menschlicher.

Papst Johannes' Liebe zur Tradition zeigte sich in den Vorbereitungen zu seiner Krönung, die auf den 4. November gelegt wurde, den Tag des heiligen Karl Borromäus, des Mannes, dem er soviel nächtliche Arbeit gewidmet hatte. Er wollte das volle Zeremoniell, zu dem die Franziskaner gehörten, die rauchenden Flachs verbrannten, um ihn an die Sterblichkeit zu erinnern (*«Sic transit gloria mundi»* – «So vergeht die Herrlichkeit der Welt»), die Fächer aus Straußenfedern, die *sedia gestatoria* (der Tragestuhl) und die Tiara. Albino Luciani, den Papst Johannes ein paar Wochen später zum Bischof von Vittorio Venulto ernennen würde und der ihm 1978 als Papst Johannes Paul I. folgen sollte, machte mit allen diesen Traditionen Schluß. Papst Johannes liebte sie. Dennoch wirkte die Tiara, Symbol königlicher Macht und der weltlichen Ansprüche des Papsttums, auf die er so gern verzichtete, auf seinem Kopf immer unpassend. Aber er genoß die Pracht. Sein Tagebuch zum 4. November 1958 liest sich einfach: «Mittwoch. Prächtige Krönung in St. Peter. Das Ereignis wurde der ganzen Welt mitgeteilt» (*Vent'Anni,* S. 44).

Es gab jedoch eine einzige einfache Neuerung, die entscheidende Bedeutung haben sollte: Papst Johannes beschloß, bei seiner Krönungsmesse eine Predigt zu halten. Dies war nie zuvor geschehen. Die Zeremonie dauerte ohnehin sehr lang und war mehr ein Triumph als eine Gelegenheit zur Belehrung. Doch Papst Johannes bestand darauf. Er ging seinen vorbereiteten Text mit Msgr. Cardinale durch, der bei gewissen Ausdrücken, die er für sprachliche «Modernismen» hielt, zusammenzuckte. In der Schule Pius' XII. geformt, war Cardinale an die Kurienpraxis gewöhnt, Palazzis *Dizionario* als Autorität für die Standardsprache zu nehmen. Er erklärte das dem Papst, der über seinen Brillenrand spähte und sagte: «Gut, wenn es sein muß, reformieren wir *sogar* den Palazzi» (Cardinale). Papst Johannes suchte einen schriftlichen Stil, der einfach, direkt, unaufwendig war. Er hatte schon den immergrünen Herausgeber von *l'Osservatore Romano,* Graf Giuseppe Dalla Torre, zu sich, seinem nun vierten Papst, gerufen, und sagte ihm, er solle nicht mehr von dem «erleuchteten Heiligen Vater» oder dem «allerhöchsten Hirten» schreiben, und er solle auf Phrasen verzichten, z.B. «wie wir von den erhabenen Lippen vernommen» (Elliott, S. 256). Wenn er meinte, «der Papst sagte», sollte er schreiben «der Papst sagte». Ich werde dieser Regel von jetzt an folgen und ihn «der Papst», «Papst Johannes» oder einfach «Johannes» nennen.

Als der Krönungstag näherrückte, gingen Johannes' Sorgen über Fragen des Stils hinaus. Er meinte, seit er Papst geworden war, hätte er seine Familie vernachlässigt. Sein Neffe Don Battista war an seinem ersten Tag als Papst aufgekreuzt und liebenswürdig nach Hause nach Fustigiano zurückgeschickt worden (*Vent'Anni,* S. 43). Die anderen waren wichtiger. So stiegen am Vorabend seiner Krönung über dreißig Brüder und Schwestern, Neffen und Nichten an der Stazione Termini aus. In dunklen Sonntagsanzügen und schwarzen Kleidern drehten sie aufgeregt die Hüte in den Händen, während sie versuchten, mit den vatikanischen Beamten, die zu ihrer Begrüßung geschickt worden waren, Konversation zu treiben. Sie wurden eilends mit dem Bus zur Domus Mariae gefahren. Dann hatten sie ihre Audienz. Einige weinten ganz offen. Johannes sagte: «Nicht doch, keine Tränen jetzt. Schließlich ist das, was sie mit mir angestellt haben, doch nicht *so* schlimm.» Er wollte wissen, wie es jedem einzelnen ging. Ja, Don Battista war ihn besuchen gekommen, hatte

Schwierigkeiten gehabt, sich der Schweizergarde verständlich zu machen, und hatte sich verirrt. Nein, er würde keine Stelle im Vatikan bekommen. Nein, seine Nichte, Schwester Angela, würde nicht seine Haushälterin werden. *Sotto voce*: «*Eine* Schwester Pascalina hat gereicht.» So, der Bürgermeister von Bergamo wollte seine Brüder mit dem Titel *Cavaliere della Repubblica Italiana* (Ritter der Republik Italien) ehren. Das wollte man lieber ablehnen. Sie sollten die Brüder des Papstes bleiben, die Familie des Papstes. Das sollte genügen. Und nach der Krönung würden sie wieder auf ihre Felder gehen.

Die Krönungsmesse begann um 8 Uhr morgens und dauerte fünf Stunden. Msgr. Enrico Dante, der Zeremonienmeister, achtete darauf, daß alles gemäß der liturgischen Vorschrift ablief. Dies war schon ein kleines Meisterstück, wenn man bedenkt, daß die letzte Krönung 1939 gewesen war. Aber etwas war bei *dieser* Krönung anders. Die Formen waren die gleichen, aber Johannes' Predigt gab ihnen eine andere Bedeutung.

Kardinal Nicola Canali hatte ihm die Tiara mit der uralten Formel auf den Kopf gesetzt: «Wisse, daß du der Vater der Fürsten und Könige bist, Papst der ganzen Welt und Stellvertreter Christi auf Erden.» Doch in seiner Predigt hatte Johannes ausführlich erklärt, daß er der Herde ein guter Hirt sein wollte nach dem Vorbild Christi. Weil das so einfach war, war es revolutionär. Als Johannes seine Gedanken entwickelte, schien er obendrein sein soeben begonnenes Pontifikat von dem seines Vorgängers abzuheben: «Das sind diejenigen, die vom Papst erwarten, daß er Staatsmann, Diplomat, Gelehrter, der Organisator des Zusammenlebens der Gesellschaft oder einer, dessen Denken auf jede Form des modernen Wissens eingestellt ist, sein soll» (*Vent'Anni,* S. 56). Diese Erwartungen waren von Pius XII. geweckt worden, der oft nachts dabei angetroffen wurde, wie er ein neues technisches Thema büffelte, damit er am nächsten Tag seine Zuhörer verblüffen konnte. Johannes wollte nicht versuchen, ihn nachzuahmen, zum Teil, weil er es nicht konnte, aber viel mehr, weil es eine falsche Vorstellung vom Papsttum zum Inhalt hatte (oder in Johannes' volltönendem Vatikanisch, «eine Auffassung von dem Oberhirten verriet, die nicht völlig mit dem Ideal übereinstimmte»). Aber was war die Alternative? Johannes fuhr fort: «Der neue Papst ist durch die Ereignisse und Umstände seines Lebens wie der Sohn Jakobs, der bei der Begegnung mit seinen Brüdern in Tränen ausbrach und sagte: ‹Ich bin Josef, euer Bruder!›» (Genesis 45,4; *Vent'Anni,* S. 57). Josef (Giuseppe) war Johannes' zweiter Taufname. Hier stieg er sozusagen von seinem Thron und stellte sich auf dieselbe Stufe wie seine Brüder. Es war lange her, daß ein Papst eine solche Sprache verwendet hatte. Sie war sicher nicht benutzt worden und war auch nicht vorstellbar von den «erhabenen Lippen» Pius' XII.

Papst Johannes' «Revisionismus» hielt an. Er wiederholte, was er schon gesagt hatte: Der Papst sollte ein guter Hirte sein. Und weiter: «Andere menschliche Qualitäten – Bildung, diplomatische Klugheit *(accorgimento)* und Geschicklichkeit, organisatorische Fähigkeiten – mögen ein Pontifikat verschönen und ausfüllen, aber sie können es nicht ersetzen, der Hirte der ganzen Herde zu sein» (*Vent'Anni,* S. 58). Das hier mit «Klugheit» übersetzte Wort hat einen Anklang an pejorative «Schlauheit» (wie in dem Wort «Schlauberger»). Allmählich kommt einem der Verdacht, daß Cardinales Einwände nicht nur die eines Sprachpuristen waren: Er merkte, daß Papst Johannes' Worte unvermeidlich als Ablehnung seines Vorgängers interpretiert würden. Dies war nicht seine Absicht, aber es war die Wirkung. Er versuchte zu sagen, er würde nicht mit Pius wetteifern, und Pius sollte nicht aus den falschen Gründen bewundert werden: Seine wahre Größe sollte nicht in seinem Genie gesucht werden, sondern vielmehr in der Art, wie er als Guter Hirte gehandelt hatte. Aber es kam nicht ganz so heraus. Er schien zu unterstreichen, daß sein Pontifikat sehr verschieden sein würde, denn «jedes Pontifikat nimmt seinen Charakter, sein Gesicht sozusagen, von dem an, der es verkörpert und ihm seine besonderen Züge verleiht» (ibid.).

Schließlich betrat Papst Johannes weniger umstrittenen Boden und erklärte, warum die Krönung am 4. November, einem Mittwoch, stattfand und nicht am traditionellen Sonntag. Einige Diplomaten hatten sich beklagt, daß ihre Arbeitswoche gestört würde. Die Erklärung war einfach. Es war das Fest des heiligen Karl Borromäus. Vierunddreißig Jahre zuvor hatte er seine Bischofsweihe in San Carlo al Corso erhalten, «nahe der kostbarsten Reliquie des Herzens des Heiligen». Für den Fall, daß jemand die Bedeutung von Karl Borromäus nicht nur für sein persönliches Leben, sondern auch für das Leben der Kirche nicht bemerkte, fügte er hinzu:

> Die Kirche des Herrn hat ihre Augenblicke des Stillstands und der Wiederbelebung *(stasi e ripresi)* gehabt. In einer solchen Periode der Wiederbelebung bewahrte die Vorsehung für den heiligen Karl Borromäus die hohe Aufgabe auf, die kirchliche Ordnung wiederherzustellen *(riconstituzione dell'ordine ecclesiastico)*. Die Rolle, die er bei der Durchführung der Reformen des Trienter Konzils spielte, und das Beispiel, das er in Mailand und anderen Diözesen Italiens gab, trug ihm den ruhmreichen Titel eines Lehrers der Bischöfe ein, und als solcher war er Ratgeber von

Päpsten und ein wundervolles Vorbild bischöflicher Heiligkeit (*Vent'Anni,* S. 60).

Für Papst Johannes war dies vertrauter Boden. Für einige seiner Zuhörer ließ es den Schluß zu, daß er eines Tages das unvollendete Reformwerk des heiligen Karl wieder aufnehmen würde.
Mit seiner Predigt hatte Papst Johannes deutlich erklärt, was für ein Papst er werden wollte. Natürlich mußte er es noch verwirklichen. Aber schon hatte er gezeigt, daß eine neue Art, das «petrinische Amt» zu begreifen, möglich war. Wann immer Theologen in der Folge versuchten, ihren «idealen Papst» zu entwerfen, kamen sie auf diesen Text zurück, der ihren Träumen Inhalt gab (s. *Unfehlbar?,* S. 197: «Wie der Papst sein könnte»). Aber die Wirkung dieser Predigt vom 4. November 1958 war praktisch wie theoretisch: Der Gedanke, daß ein Papst vor allem «seelsorgerisch» sein sollte, wurde bei den Konklaven von 1978 als Maßstab angelegt.
Zwei Tage nach seiner Krönung stellte Papst Johannes sich der römischen und internationalen Presse. Auch das war erstmalig. Es war eine wichtige Begegnung, weil dies die Männer und Frauen waren, die dazu beitragen würden, sein öffentliches «Image» zu formen und zu verbreiten. Im modernen Rom leben Presse und Papst in einer unvermeidlichen Symbiose, aber die Qualität des *rapport* ist sehr unterschiedlich. Johannes hatte die Presse von dieser ersten Begegnung an auf seiner Seite. Man übertreibt nicht, wenn man sagt, sie aßen ihm aus der Hand. Manche unsentimentalen Journalisten räumten ein, danach und privat, daß es bis zu Tränen ging. Es war nicht so sehr, was er zu sagen hatte, als seine offensichtliche Freundlichkeit und Wärme, was für ihn einnahm. Er hatte viel in den Zeitungen gelesen, sagte er ihnen, «nicht aus Eitelkeit, sondern weil es mir große Freude bereitet, das Interesse zu sehen, das die Welt am Papsttum hat und auch» – mit einem breiten Lächeln – «um die Geheimnisse des Konklaves zu erfahren» (Silvio Negro in *Corriere della Sera,* 7. November 1958). Aber seine Bemerkungen hatten am Ende einen Stachel: «Es scheint, daß zwar die Anstrengungen der Journalisten bemerkenswert gewesen sind, aber das Schweigen der Kardinäle ist noch bemerkenswerter gewesen.» Der spitzfindige Silvio Negro, damals der regierende Fürst der Vatikanologen, wies darauf hin, daß der Papst nur vom Schweigen der *Kardinäle* sprach und die *conclavistas* oder Gehilfen, die auch im Konklave waren, nicht erwähnte.
Negro stellte fest, daß man Papst Johannes seine sechsundsiebzig Jahre nicht ansah – er würde einen Monat später siebenundsiebzig –, daß seine Gesten energisch waren, seine Augen ein Zwinkern bereit-

hielten und er alles andere als überwältigt von seinem ehrfurchtgebietenden Amt war, sondern es vielmehr zu genießen schien, Papst zu sein. Er hatte eine Eigenschaft, die nur als «Gusto» bezeichnet werden kann, was auch in seinem liturgischen Stil gesehen wurde: er beweihräucherte den Altar *allegretto con brio.* Was Negro jedoch am stärksten beeindruckte, war die Tatsache, daß der Papst frei redete und keinen vorbereiteten Text hatte. Das war ein großer Gegensatz zu Pius XII., der seine Reden immer voll ausformulierte und einmal bekannte: «Wenn ich spreche, sehe ich nur die Seiten vor mir.» Johannes sah offenbar, wenn er nicht von Fernsehscheinwerfern geblendet wurde, die Menschen, die da waren, nicht die Seiten, die es nicht gab.

Er erzählte den Journalisten seine Lieblingsgeschichte, wie Josef seine Brüder trifft, und sagte: «Ich bin auch euer Bruder, selbst vor Gott bin ich der erste der Brüder, und als Hirte muß ich meine Brüder führen.» Negro schloß seinen Artikel: «Sein Gesicht strahlte ständig mit einem zuversichtlichen und humorvollen Lächeln. Der Zuhörer fühlt, daß er Schritt für Schritt in einer familiären Atmosphäre aufgenommen wird und daß er an einem Gespräch teilnimmt» (*Corriere della Sera,* 7. November 1958).

Dieser erste günstige Eindruck blieb und wuchs. Das ist der Grund, warum Papst Johannes eine so gute Presse hatte, besonders in der «Flitterwochenzeit» seines Pontifikats. (Später würde die rechte Presse ihn für politisch naiv erklären.) Aber noch einmal – der Kontrast steigert die Wirkung. Nach dem würdevoll hierarchischen und strengen Pius XII. war ein dicker und jovialer «Bruder Papst» erstaunlich. Außerdem bedeutete die Spontaneität seines Auftretens, daß er ständig für Überraschungen gut war und deshalb «berichtenswert». Daß der Papst in den vatikanischen Gärten spazierenging und tatsächlich mit den Gärtnern plauderte – sie hatten die Weisung gehabt, bei den seltenen Gelegenheiten, wenn Pius XII. spazierenging, zu verschwinden – schien ein größeres Ereignis: Das Papsttum war von der Menschlichkeit eingenommen worden.

Die Römische Kurie war nicht so leicht beeindruckt wie die Journalisten. Ihre Mitglieder lasen die begeisterten Geschichten in der Presse über den «Bauernpapst», der so arm war, daß er mit den Schuhen in der Hand zur Schule gehen mußte. Sie wußten sehr wohl, daß ein Prozeß der Mythologisierung beginnt, sobald jemand zum Papst gewählt wird: Begabung wird Genie, und Mittelmäßigkeit ist Beweis für Menschlichkeit. Ihre eingewurzelte Berufserfahrung machte sie skeptisch gegenüber solchen Phantasien, und die «revisionistischen» Äußerungen bei der Krönungsmesse hatte manche aufgeschreckt.

Dann ergriff Papst Johannes eine Initiative, die Kurie auf seine Seite zu ziehen. Die Schlüsselabteilung, das Staatssekretariat, wurde am 17. November zu einer Audienz gerufen. Einige von ihnen, Tardini vor allem, hatten ihm Befehle gegeben, als er in der Türkei und in Frankreich war. Johannes bestätigte sie alle auf ihren Posten, sagte, er brauche sie, betonte, daß ein «pastorales» Pontifikat eine «pastorale» Kurie brauche, und weihte sie in ein Geheimnis ein: Er hatte beschlossen, Tardini und Montini, ein anderes Erzeugnis des Staatssekretariats, zusammen mit einundzwanzig anderen bei einem öffentlichen Konsistorium in der Peterskirche am 18. Dezember zu Kardinälen zu ernennen (*Vent'Anni,* S. 103). Er sagte ihnen das eine Weile vor der offiziellen Ankündigung in *l'Osservatore Romano.* So kamen sie in den Genuß der höchsten Freude, die Bürokraten erfahren können: das Gefühl, daß man ihnen vertraut und eingeweiht zu sein. In Wahrheit gehörte nicht viel Scharfsichtigkeit dazu, um zu erraten, daß Tardini und Montini früher oder später zu Kardinälen gemacht werden müßten. Aber es hätte später sein können. Und er hätte es der Kurie nicht vorher mitteilen müssen. Es war ein einfacher Trick, aber er wirkte.
Am Sonntag, dem 23. November, «ergriff» Papst Johannes «Besitz» von seiner Kathedrale, der Basilika San Giovanni in Laterano. In seiner Vorstellung war es ein Ereignis, das an Wichtigkeit seiner Krönung fast gleichkam; und es dauerte genauso lang. Er beschreibt den Tag in seinem Tagebuch:

> 23. November, Sonntag. Einer der wunderbarsten Tage meines Lebens. Ergriff Besitz von meiner Kathedrale San Giovanni in Laterano. Alles schön und feierlich. Meine zwei Reden: eine kurz auf Latein am Eingang zur Basilika als Antwort auf die Begrüßungsansprache von Kardinal Luigi *[sic]* Masella, dem Erzpriester. Die andere vom Thron in der Apsis, auf italienisch, die *Feier* an sich und ihre Bedeutung im Licht des *Buches* und des *Kelches.* Sie wurde aufmerksam verfolgt. Die Rückkehr vom Lateran in den Vatikan: einfach triumphal. Die Huldigung des römischen Volkes, entlang der ganzen Route, an seinen neuen Bischof von Rom war bewegend und unerwartet und deshalb um so kostbarer. Auf dem Hin- und Rückweg dafür gesorgt, daß ich von den Kardinälen Tisserant, dem Dekan, und Pizzardo begleitet wurde. Sie weinten vor Rührung. Ich kann nichts anderes tun, als im Zustand der Demütigung zu verweilen, eine Opfergabe für mein Volk; hingegeben, aber mit großer und zuversichtlicher Schlichtheit (*Vent'Anni,* S. 44).

Daß die Menschen in Rom ihrem neuen Bischof ein bewegendes Willkommen bereiteten, scheint kaum erwähnenswert; aber Johannes war zu einer Zeit aufgewachsen, als Päpste nicht einmal den Vatikan verlassen konnten, um die öffentliche Reaktion zu testen. Rom war für ihn nicht einfach eine gleichgültige Kulisse. Es war voller lebendiger Erinnerungen.

Der erste Teil der Predigt im Lateran war eine ziemlich lange Meditation über den Ritus der «Besitzergreifung». Er war im 13. Jahrhundert entstanden, und mittelalterliche Päpste wie Johannes XXI. (wie gern er ihn anführte!) waren zu Pferd vom Vatikan auf demselben Weg wie er an diesem Morgen zum Lateran gekommen. Was im Lateran geschah, war keine förmliche Amtseinsetzung: Er war schon Bischof von Rom geworden, als er zu Kardinal Tisserant «Ich nehme an» gesagt hatte. Aber es gibt einen «menschlichen Aspekt» auch in den größten geistigen Ereignissen. In mittelalterlichen Zeiten war die Kavalkade mit großer Pracht, angeführt von einem Dutzend Standartenträger, vorbeigezogen. Sie hatte vor dem reich geschmückten Kapitol angehalten, wo der Senator von Rom dem Papst den Treueid der Stadt geleistet hatte. Pius IX., erinnerte er, hatte den Lateran am 8. November 1846 betreten, zu einer Zeit «kollektiven Fiebers und drohender Wirren» (eine Anspielung auf die Tatsache, daß in Rom innerhalb von zwei Jahren Revolution herrschen sollte und der Papst geflohen war). So lange der Kirchenstaat bestanden hatte, war die «Besitzergreifung» ein Ausdruck der weltlichen Macht des Papstes über die Stadt Rom gewesen. Nach 1870 wurde es eine Privatangelegenheit.

Die öffentliche Zeremonie wurde 1939 von Pius XII. wiederbelebt. Aber das Verhältnis zu den faschistischen Behörden war kühl und gespannt, und die Bevölkerung Roms wurde nicht ermuntert, dem Papst zuzujubeln. Aber jetzt war alles verändert. Das Rad der Geschichte hatte wieder einen Ruck gemacht. Papst Johannes erklärte:

> Der Einzug des Papstes in seine Kathedrale hat seine Pracht größtenteils verloren im Laufe der Zeit; aber wie sehr hat er an Geistigkeit gewonnen! Man schaut nicht mehr auf den Fürsten, den Herrscher, der sich mit den äußerlichen Zeichen von Größe und Prestige schmückt, sondern auf den Priester, den Vater, den Hirten. Zu Beginn des Jahrhunderts sprach ein moderner Soziologe, ein inbrünstiger und überzeugter Katholik, bedrängt von den Problemen der gesellschaftlichen Ordnung und Unordnung, das folgende Gebet für das 20. Jahrhundert: daß Christus im Triumph auf den Schultern des Volkes zurückkehren möge (*Vent'Anni,* S. 69; der «Soziologe» war Giuseppe Toniolo).

Er sagte nicht, daß dieses Gebet jetzt vollkommen in Erfüllung gegangen war. Aber die Tatsache, daß so viele Römer ungehindert an der Freude der Kirche über einen neuen Papst teilhaben konnten, war «ein sicheres Zeichen des geistigen Fortschritts». Es bedeutete, daß der Vatikan und Italien nicht mehr in hartnäckigem Wettbewerb standen, sondern harmonisch zusammenarbeiten konnten, wobei ihre jeweiligen Zuständigkeitsbereiche deutlich unterschieden waren. Die 1929 nur versprochene und vorgezeichnete Aussöhnung war jetzt erreicht. Deshalb zählte die Huldigung der Menschen von Rom.

Es war genau dieses neue Verhältnis zur italienischen Republik, jetzt fest an die Demokratie gebunden, das es Papst Johannes erlaubte, endlich alle weltlichen Ansprüche fallenzulassen und sich als *Seelsorger* zu präsentieren. In der Praxis würde das ein Abrücken *(disimpegno)* von der nationalen Politik heißen. Dieses Thema wird in einem späteren Kapitel untersucht werden. Aber Rückzug aus der politischen Arena bedeutete weder Schweigen noch Verzicht. Die wesentliche Aufgabe jedes Priesters und Bischofs in der Kirche war die Lehre. «Geht und lehret alle Völker» war der von Christus erteilte Auftrag. Große Päpste, die im Lateran gelebt hatten wie die Heiligen Leo und Gregor, hatten dies sehr wohl verstanden (*Vent'Anni,* S. 73).

Doch es gibt viele Formen des Lehrens. Pius XII. war ein großer didaktischer Papst gewesen, der sein eigenes *magisterium* erhöht hatte wie kein anderer Papst seit Pio Nono. Papst Johannes jedoch machte sich mehr Gedanken um die Katechese als um das Lehramt. Er wünschte eine Glaubensverkündigung, die «kraftvoll, funkelnd und faszinierend» wäre (*«robusta, splendente e fascinatrice»; Vent'Anni,* S. 72). Es war sein Interesse an der Katechese, was ihn dazu geführt hatte, vom Brauch abzuweichen und diese Predigt zu halten. Die römische Liturgie war oft nicht mehr als ein barockes Schauspiel. Aber er wollte mit der Liturgie belehren. Träge und untätige Anwesenheit war nicht genug. Er zitierte Bossuet: «Es kann keine Übung und Vervollkommnung des christlichen Lebens geben ohne Teilnahme am eucharistischen Festmahl.» Dies sollte die Grundlage für die Liturgiereform des Konzils werden. Wer behauptet, Papst Johannes würde sie nicht gebilligt haben, kennt seinen Mann nicht: Er verknüpfte immer Liturgie und Katechese, Verehrung und Lehre, das im Evangelium verkündete Wort und das in der Kommunion ausgeteilte Wort oder, in seiner Sprache, das *Buch* und den *Kelch.*

Die stärkere Betonung der Katechese vor dem Magisterium war etwas Neues. Der Unterschied zwischen den beiden Methoden kann so ausgedrückt werden: Während das Magisterium die Welt von außen belehrt, holt die Katechese die Menschen dort ab, wo sie sind, und versucht, das Evangelium mitten im menschlichen Leben zu begründen. Das *Deus vobiscum* (Gott mit euch) der Inkarnation macht dies möglich: «Gott ist unter uns als die offenbarte und erwartete Wahrheit, als immerwährende Gnade, und erzieht und heiligt Männer und Frauen, die Familie und die verschiedenen Formen menschlicher Gesellschaft in der Ausübung der höchsten Tugenden» (*Vent'Anni*, S. 74). Papst Johannes kümmerte sich mehr um die Mitteilbarkeit als um die Orthodoxie. Der Gerechtigkeit halber muß man hinzufügen, daß die Unterscheidung (die nicht zu einem Gegensatz verhärtet werden sollte) zwischen Katechese und Magisterium von Papst Johannes nicht benutzt wurde, um sein Pontifikat von dem Pius' XII. abzusetzen. Tatsächlich wußte er inzwischen, daß seine Krönungspredigt als Angriff auf seinen Vorgänger interpretiert worden war, und versuchte nun im Lateran, jeden derartigen Eindruck zu berichtigen. Dies ist häufig ein Rezept, die Dinge zu verschlimmern. Der neue Papst, erklärte er rundweg, könnte nicht die zwanzig Bände offizieller Lehre vergessen, die Pius XII. als Vermächtnis hinterlassen hatte, und sie blieben «vielleicht der bemerkenswerteste Ausdruck seines *seelsorgerischen* Genies» und «eine Quelle, die jeder zu Rate ziehen muß, der mit Gottes Hilfe die gleichen Furchen pflügen will». Aber stellte das nicht Pius ins Bücherregal, als Nachschlagewerk? Johannes' Metaphern gerieten einigermaßen durcheinander, als er behauptete, er würde «der leuchtenden Furche» folgen, die Pius XII. gezogen hatte. Er schloß mit der Beteuerung: «Das Andenken an Pius XII. wird durch die Jahrhunderte ruhmreich bleiben. Sein Verdienst lag in seiner Verkündung von treffender und tiefer evangelischer Wahrheit, jederzeit, in deren Licht er die Bekundungen des menschlichen Genius erblickte» (*Vent'Anni*, S. 72). Es war eine schöne Lobrede und ernst gemeint. Aber sie konnte nicht verbergen, daß sein Stil als Papst völlig anders sein würde.

Seine Besucher bemerkten den Unterschied. Er drängte sich den Menschen nicht auf. Wenn eine Audienz bei Pius XII., wie Msgr. (später Kardinal) Antonio Samorè einräumte, «so ähnlich wie die Teilnahme an einer besonders steifen mündlichen Prüfung war», war eine Begegnung mit Johannes eher wie ein Plausch mit dem Lieblingsgroßvater. Er kümmerte sich kaum um das Protokoll. Kardinal Joseph Martin, der Erzbischof von Rouen, erzählte die folgende Geschichte aus dieser Anfangszeit: «Ich entschuldigte mich, weil ich ihn ‹Eure Eminenz› anstatt ‹Eure Heiligkeit› angeredet hatte. Aber er sagte, es gäbe nichts zu entschuldigen, um so weniger, als er seinen Titel so viele Male während seines Lebens geändert hätte: Don Angelo, Monsignore, Euer Gnaden, Exzellenz, Eminenz, Heiligkeit. ‹Aber jetzt›, sagte er lächelnd, ‹bin ich fertig mit dem Titelwechsel›» (*Letture*, S. 390). Er brachte dieselbe Zwanglosigkeit in seine Begegnungen mit politischen Führern ein. Seine erste Audienz für ein Staatsoberhaupt war mit dem unglücklichen Schah von Persien, Mohammed Resa Pahlewi, damals noch auf dem Weg zum Gipfel seiner Macht. Das Staatssekretariat bereitete die übliche Rede vor. Johannes sagte zu Capovilla: «Wir werden sehen, wie das Gespräch läuft. Ich kann ihm von der Zeit erzählen, als ich seinen Vater auf der Piazza Quirinale sah, damals in meinen Zwanzigern ... Dann verlese ich meine Rede. Schließlich wird er sich viel mehr sorgen, wie er einen guten Eindruck macht. Einen guten Eindruck zu machen, ist nicht meine Aufgabe; aber er kümmert sich vermutlich darum» (IME, S. 67). Sein Kalender war jetzt vollgestopft. Er kam kaum dazu, seinen siebenundsiebzigsten Geburtstag am 25. November zur Kenntnis zu nehmen. Am Nachmittag empfing er Paul Henri Spaak, den Generalsekretär der NATO. Am nächsten Tag waren Igor Strawinsky, der ins Exil gegangene russische Komponist, und Kardinal Stefan Wyszyński aus Warschau an der Reihe. Wenigstens hier schien er Pius XII. nachzuahmen und sich, in den Worten der *Prawda,* wie «der Papst des atlantischen Bündnisses» zu benehmen. Er war jetzt gerade gut einen Monat im Amt. Er fühlte das Bedürfnis, sich zur Erholung nach Castelgandolfo zurückzuziehen und eine Bestandsaufnahme zu machen.

Aber davor gab es noch ein Ereignis, das dem allmählich entstehenden Porträt einige weitere Pinselstriche hinzufügte. Er machte einen Besuch im Athenäum des Laterans, der modernen Entsprechung des alten Römischen Seminars, wo er vor mehr als fünfzig Jahren studiert hatte. Es war ein weiteres zwangloses «Gespräch», etwas abschweifend, voll von spaßigen Geschichten über exzentrische Professoren seiner Zeit und das alles im Stil von Schulabschlußfeiern, etwa: «Als ich diese Bänke drückte, dachte ich kaum daran, daß ich eines Tages Papst werden würde.» Der nackte Buchstabe konnte diesen Ton nicht einfangen, und *l'Osservatore Romano* brachte nicht zum ersten und nicht zum letzten Mal nur eine unangemessene Wiedergabe. Capovilla bewahrte Johannes' eigene Version und schickte sie als Geschenk zum Jahresende an *Sursum Corda,* die Zeitschrift des Römischen Seminars (*Lettere,* S. 85ff.). Ihr Schluß legte Angelo Roncallis Kopf und Herz offen und zeigte, wie er sich an die Aufgabe machte, Papst zu sein:

> Im letzten Monat, seit dem 28. Oktober, als mein Name und mein offizieller Titel sich änderten, habe ich diese Erfahrung gemacht: Ich höre heute vom Papst reden, in indirekter oder direkter Rede. Zum Beispiel: «Man müßte dies dem Papst sagen» oder «Das wird man mit dem Papst

ausmachen müssen». Wenn ich das höre, denke ich immer noch an den Heiligen Vater Pius XII., den ich so sehr verehrte und liebte, und vergesse dabei, daß die Person, von der sie reden, *ich* bin, der sich für den Namen Johannes entschied.
Sehr langsam gewöhne ich mich an die neuen Formen der Rede, die mit meinem neuen Amt verbunden sind. Ja, ich bin, höchst unwürdig, «der Knecht der Knechte Gottes», weil der Herr es wollte; der Herr, nicht ich. Doch ihr könnt euch nicht vorstellen, wie verlegen und nachdenklich mich das jedesmal macht, wenn ich mich mit «Eure Heiligkeit» oder «Heiliger Vater» angeredet höre.
Ah! meine Söhne – *saltem vos amici mei* (wenigstens seid ihr meine Freunde) – bittet den Herrn im Gebet, daß mir die Gnade der Heiligkeit gewährt wird, die man mir zuschreibt. Denn es ist eine Sache, es zu sagen oder zu glauben, und eine ganz andere, heilig zu sein. Die Gnade des Herrn kann euch viel höher erheben als sein demütiger und treuer Diener; aber nichts zählt, nichts hat Wert für die Geschichte und das Menschenleben, nichts hat Wert für die Kirche und die Seelen, wenn der Papst nicht heilig ist in seinen Taten wie in seinem Titel.
Meine Söhne, betet für mich zur Madonna, Mutter Jesu und unsere liebste Mutter; betet zu den beiden berühmten Johannes, die in San Giovanni in Laterano hier in der Nähe verehrt werden ... Dies ist, was ich euch sagen wollte. Es kommt aufrichtig aus dem Herzen und ist ein starker Trost für mich, und für uns alle ist es eine Ermutigung und Freude (*Lettere,* S. 87).

Es war durch und durch typisch, daß Johannes seine innersten Gedanken über sein Amt aufhob für die Seminaristen, die ihn an seine eigenen jugendlichen Hoffnungen erinnerten. Er war der Papst, der vergaß, daß er Papst war. Demut ist immer eine schwer einzuschätzende Tugend, und die frommen Fälschungen sind Legion. Aber die Seminaristen wußten genug, um den echten Artikel von dem geschwindelten zu unterscheiden und zu verstehen, daß das Wesen der Demut nicht darin liegt, eine niedrige Meinung von sich selbst zu haben, sondern darin, zu Gottes Verfügung zu stehen, bereit für alles, was Er will.
Über dieses Gespräch im Athenäum des Laterans wurde, wenn auch nur auszugsweise, ausführlich berichtet. Doch am nächsten Tag, dem 28. November, kam es zu einem privaten Gespräch, dessen Inhalt erst nach seinem Tod bekannt wurde. Johannes ging gegen Sonnenuntergang in den vatikanischen Gärten spazieren, als «die Kuppel der Peterskirche märchenhafte Farbtöne annahm», wie Capovilla sagte (*Letture,* S. 352). Er war in der Stimmung, zusammenfassend über seinen ersten Monat zu sprechen. Immer noch energisch ausschreitend, sagte er zu seinem Sekretär:

> Ein Monat ist vorbei, und alles ist mit großer Natürlichkeit vor sich gegangen. Ich kündigte ein Konsistorium zur Ernennung von dreiundzwanzig Kardinälen an, was über die von Sixtus V. festgelegte Zahl hinausgeht. Ich habe für Venedig gesorgt, andere Ernennungen vollzogen und alle möglichen Leute getroffen. Ich ergriff vom Lateran Besitz und war am selben Tag in San Clemente [das Grab des heiligen Kyrill], damit jeder meine Liebe und Achtung für den christlichen Osten erkennt. Ich bin in Castelgandolfo gewesen. Übermorgen werde ich das Urbanianum, das Kolleg von Propaganda Fide, besuchen. Ich fühle in meinem Herzen die Probleme der ganzen Welt. Aber meine Seele ist ruhig. Wenn eine Abordnung von Kardinälen käme, um mir zu sagen, daß ich nach eingehender Überlegung nach Venedig zurückkehren sollte, so würde es mir nichts ausmachen zurückzutreten (*Letture,* S. 252).

Capovilla unterbrach ihn und warf ziemlich pedantisch ein, da er schon Giovanni Urbani zum Patriarchen von Venedig gemacht hätte, könnte er nicht dorthin zurückkehren. «Na schön», sagte Johannes, «ich würde mich mit Freuden nach Sotto il Monte zurückziehen.» Aber er dachte nicht wirklich an Rücktritt. Er fuhr ernster fort: «Ich fürchte mich nicht vor Opposition, und ich weise Leiden nicht von mir. Ich denke an mich als den letzten von allen, aber ich habe ein Arbeitsprogramm im Kopf, und ich rede nicht mehr um diese Sache herum. Tatsächlich bin ich ziemlich fest entschlossen» (ibid.). Er sprach vom Konzil, aber bis dahin wußten sehr wenige von seinem Vorhaben. Dieser Entschluß, der wichtigste seines Pontifikats, gründete auf einer realistischen Einschätzung der zu erwartenden Opposition und war teilweise ein Weg, diese zu überwinden oder zu umgehen. Der Gedanke, daß eine Gruppe von Kardinälen seine Abdankung empfehlen könnte, war phantastisch, aber das Körnchen Wahrheit war gerade groß genug, um unangenehm zu sein. Er brauchte nicht so sehr die Versicherung, daß er Gott auf seiner Seite hatte, sondern daß er auf Gottes Seite war.

Weihnachten kam – wieder eine Gelegenheit zu singen: «Ehre sei Gott in der Höhe und Frieden auf Erden den Menschen guten Willens.» Am Weihnachtstag ging er in das Kinderkrankenhaus Bambin' Gesù und am nächsten Tag in das Gefängnis Regina Coeli unten am Tiber. Johannes fand nichts Bemerkenswertes an solchen Besuchen: die Kranken zu besuchen und Gefangene zu trösten, das waren zwei der «körperlichen Werke der Gnade», die ein so fester Bestandteil der gegenreformatorischen Tradition waren. Doch von da ging sein Ruf aus und erreichte solche Höhen. In der ansonsten öden Weihnachtszeit sahen die Medien der Welt diese Besuche als weitere Beweise für den so zugänglichen und menschlichen Papst, der gestand (was allerdings von *l'Osservatore Romano* unterdrückt wurde), daß einer seiner Brüder beim Wildern erwischt worden war, und der einen Mörder umarmte, der gefragt hatte: «Kann es denn für mich Verzeihung geben?»

Johannes' Tagebuch zu diesen zwei Tagen drückt seine echte Überraschung über die bemerkenswerte Wirkung seiner Besuche im Krankenhaus und im Gefängnis aus:

> Donnerstag, 25. Geburtstag unseres Herrn Jesus Christus. Erstes Weihnachtsfest als Papst. Mitternachtsmesse in der Paulinischen Kapelle für die beim Heiligen Stuhl akkreditierten Diplomaten. Ungefähr 200 Personen. Zahlreiche Heilige Kommunionen, andächtig über alle Erwartungen. Hervorragender Gesang unter der Leitung von Bartolucci. Um 11 Uhr morgens Messe in St. Peter: Menge beeindruckend und andächtig. Meine dritte Messe. Passendere Musik, dabei der Erzpriester Kardinal Tedeschini. Eine einfache Messe, aber mit starker Anteilnahme verfolgt; sie schien mir lebendiger zu sein als in der Vergangenheit.
>
> Erteilte nach der Messe der riesigen Menschenmenge auf dem Platz den Segen. Erschien mit Tiara. Sehr ordentlich und große Freude und Frieden. Ging danach ins Bambin'Gesù-Krankenhaus für Kinder, die an Polio leiden, dann ins S. Spirito-Krankenhaus, begrüßt von Ministerpräsident Fanfani und anderen Würdenträgern. Zwei Stunden geistlicher Freude und, glaube ich, echter erbaulicher Bewegung. *Laus Deo* [Gelobt sei Gott]. Zum Essen wollte ich Msgr. Angelo Rotta, meinen Vorgänger in Istanbul und Freund seit über vierzig Jahren, bei mir haben. Ich war allein mit ihm und Don Loris (Capovilla), der zum erstenmal die Tracht des Hausprälaten trug.
>
> Freitag, 26. Mein Besuch im Regina-Coeli-Gefängnis. Große Ruhe meinerseits, aber starke Verwunderung in der römischen, italienischen und internationalen Presse. Ich wurde von allen Seiten umringt: Behörden, Fotografen, Gefangene, Wärter – aber der Herr war nahe. Dies sind die Tröstungen des Papstes: die Ausübung der vierzehn Gnadenwerke. *Soli Deo honor et gloria* [Gott allein Ehre und Ruhm]. Am Morgen ein guter Auftakt für die offiziellen diplomatischen Besuche: Österreich, Uruguay, Libanon, Panama.
>
> Gestern nachmittag empfing ich eine großartige Gruppe Behinderter von Don Gnocchi und eine andere wunderbare Gruppe von Jungen unterschiedlichen Alters von Kard. Tardinis Waisenhaus, die ich schon im ihrem eigenen Haus besucht hatte. Die Presse, die italienische und die internationale, verherrlichen [*magnificare*] immer noch meine Geste im Gefängnis gestern. Und für mich war es so eine schlichte und natürliche Sache (*Vent'Anni,* S. 45f.).

Johannes wurde oft Naivität vorgeworfen. Wie dieser Abschnitt zeigt, konnte er naiv sein, wenn er das Funktionieren der Presse und ihren verständlichen Wunsch nach Helden nicht richtig erfaßte. Einen Helden zu haben, der eher gut als mächtig war, das war ein Pluspunkt.
Was die Presse auch sagen mochte, die Kinder sorgten dafür, daß er mit den Beinen auf der Erde blieb. Sie hatten ihn nicht mit übertriebenem Respekt behandelt. *«Vieni qui, vieni qui, Papa»* («Komm hierher, komm hierher, Papst/Vater»), riefen sie, und die alte Großvaterfigur war auf sie zugewatschelt und hatte sie umarmt. Es war das gleiche im Regina-Coeli-Gefängnis. Italienische Gefängnisse gehören nicht zu den liberalsten oder luxuriösesten in Europa. Aber da stand der Papst mitten in einem kunterbunten, konfusen Aufruhr von Gefangenen, Politikern und Wärtern und versicherte ihnen, er sei «Josef, euer Bruder». «Echte erbauliche Bewegung», notierte er in seinem Tagebuch. Das war eine Untertreibung: Es gab kein einziges trockenes Auge im Gefängnis. Aber sein Tun wurde von einem intuitiven Gefühl angeregt, was richtig war, nicht von der Spekulation auf die öffentliche Wirkung. Die langfristige Bedeutung dieser Besuche war, daß sie erläuterten, was er meinte, wenn er sagte, er würde zuerst und vor allem «Seelsorger» sein. In solchen Dingen zählt das Beispiel mehr als mühsame Erläuterungen. Er hatte ein gelebtes Gleichnis der Güte gefunden. Und die Welt sprach darauf an.
Manche sahen in seinen spontanen Taten noch eine tiefere Bedeutung. Ein ungenannter «Schreiber» kopierte einen Text aus *Il Santo* (Der Heilige), dem Roman von Antonio Fogazzaro, der vom heiligen Pius X. auf den Index der verbotenen Bücher gesetzt worden war. Er schickte ihn als Dankgeschenk an Papst Johannes. Die Stelle lautete:

> Stellvertreter Christi, da ist noch etwas, worum ich Sie bitte. Ich bin ein Sünder, unwürdig, mit den Heiligen verglichen zu werden, aber der Heilige Geist kann selbst durch die verdorbensten Lippen sprechen. Wenn eine Frau (die heilige Katharina von Siena) einen Papst anflehen konnte, nach Rom zurückzukehren (aus Avignon), so kann ich Eure Heiligkeit anflehen, aus dem Vatikan hinauszugehen. Geht hinaus, Heiliger Vater. Aber beim ersten Mal, wenigstens beim ersten Mal, geht hinaus zu einem der Werke Eures Amtes. Täglich leidet und stirbt Lazarus. In jeder armen leidenden Kreatur ruft Christus nach Hilfe (*Transizione,* S. 17).

In den ersten Jahren des Jahrhunderts wurden solche Gefühle merkwürdigerweise als «Modernismus» getadelt. Pius X. brauchte keine hochgestochenen Schriftsteller oder Pseudopropheten, die ihm sagten, wie er sich als Papst benehmen sollte. Fogazzaro war einfach unverschämt und wurde dafür bestraft. Natürlich hatte Papst Johannes diesen Abschnitt nicht im Kopf, auch nicht als er die Bitte erfüllte und «aus dem Vatikan ging». Es war die veränderte politische Situation, was solche Ausbrüche möglich machte. Was für Pius X. unmöglich war, das war für ihn leicht. Doch das war eine nachsichtige Interpretation.

So beendete Papst Johannes 1958, ein Jahr wie jedes andere, außer daß er in diesem Jahr zufällig Papst geworden war. Er war erstaunt über die Reaktion der Welt auf seine schlichten Gesten und war Gott zutiefst dankbar. Sein Tagebuch berichtet einfach: «Mittwoch, 31. Der Geist der Danksagung bestimmte den Tag: Heilige Messe, Brevier, Rosenkranz; alles in Ordnung und wohlgetan. Audienzen, Audienzen und Austausch von Höflichkeiten von 9 bis 13 Uhr» (*Vent'Anni,* S. 47). In seinen ersten neunzig Tagen hatte er, wie es der berühmte Satz will, «die Fenster des Vatikans aufgestoßen». Capovilla führt sich diesmal als Spielverderber auf und erklärt, daß er aus dem Mund des Papstes diesen Ausdruck nie gehört hatte und daß der Papst Zugluft nicht leiden konnte (*Transizione,* S. 69). Ein weiterer Mythos zerplatzte. Doch Capovilla räumt ein, daß es sinngemäß wahr gewesen ist. In nur drei Monaten war das eine bemerkenswerte Leistung. Die «Welt» war plötzlich wieder am Papsttum interessiert. Einfach durch Treue gegenüber sich selbst und der geistigen Überlieferung, in der er aufgewachsen war, begann er, das päpstliche Amt und die Art, wie es begriffen wurde, zu verwandeln.

Doch er hatte noch nicht enthüllt, wie er die Weltkirche in diesem Wandlungsprozeß mit sich ziehen wollte. Das gewählte Mittel war die Einberufung eines Ökumenischen Konzils. Johannes hatte in den ersten drei Monaten seines Amtes darüber nachgedacht. Es war das verborgene, unausgesprochene Vorhaben, das innere Gesicht seines Lebens, während er sich abmühte, genau zu erkennen, was der Heilige Geist für seine Kirche wünschte.

14. Kapitel

Die Eingebung des Konzils

Pius ist nicht der letzte der Päpste ... Laßt uns glauben, und ein neuer Papst und ein wieder versammeltes Konzil können das Boot vielleicht flottmachen.
(John Henry Newman, Brief an Alfred Plummer vom 3. April 1871, zitiert in *Infallibility in the Church,* London 1968, S. 77)

Nach den Weihnachtsbesuchen in Krankenhäusern und dem Regina-Coeli-Gefängnis hatte sich das «Image» Roncallis als «guter Papst Johannes» endgültig in der öffentlichen Meinung durchgesetzt. In der schärfer unterscheidenden Welt der Römischen Kurie wurde er als zugänglich, bescheiden und lernwillig angesehen. Er stellte die von Pius XII. abgeschafften Audienzen *a tabella* wieder her, bei denen die Leiter der Kongregationen ihn in regelmäßigen Abständen trafen, um die Routinegeschäfte zu besprechen. Wo immer er konnte, delegierte er Autorität. Das Ergebnis war, daß die Kurie besser funktionierte, eine Tatsache, die der britische Gesandte beim Heiligen Stuhl, Sir Marcus Cheke, neidisch anerkannte: «Unter Pius XII. war der Vatikan chaotisch; Johannes XXIII. brachte die Organisation zum Funktionieren» (Lawrence, S. 8). Aber das alles vertrug sich mit dem friedlichen «Übergangs»-Papst, den einige seiner Wählerkardinäle im Auge gehabt hatten. Was kaum jemand gewahr wurde, war, daß Papst Johannes vom Anfang seines Pontifikats an die Absicht hatte, ein Konzil einzuberufen.
Wir haben bereits gesehen, daß die Kardinäle Ernesto Ruffini und Alfredo Ottaviani behaupteten, ihm den Gedanken schon früher nahegebracht zu haben (s. oben, S. 361f.). Sie hätten während des Konklaves darüber gesprochen. Das ist durchaus nicht unwahrscheinlich. 1939 drängte Ruffini, damals Sekretär der Kongregation für das katholische Unterrichtswesen, den neu gewählten Pius XII., ein Konzil einzuberufen. Die zu lösenden Probleme, versicherte er, «wären so zahllos, wie sie beim Konzil von Trient waren» (s. Francis J. Weber, «Papst Pius XII. und das Vatikanische Konzil», in *The American Benedictine Review,* September 1970, S. 421). Ein Konzil war Ruffinis liebstes Rezept, die Kirche in Ordnung zu bringen. Er und Ottaviani hatten auch mit dem Projekt von 1948 für ein Konzil zu tun. Es war nicht überraschend, daß sie zehn Jahre später wieder auf den Plan zurück-

kommen würden. Es lag in der Luft. Capovilla erklärt jedoch ganz deutlich: «Ich konnte mir unschwer vorstellen, daß Kardinal Ruffini bei Papst Johannes über ein Konzil gesprochen hatte, sei es direkt oder indirekt. Aber die Tatsache bleibt bestehen, daß Papst Johannes immer sagte, er habe seine Entscheidung in völliger Freiheit getroffen und ‹ohne daß jemand vorher mit ihm über diese Sache gesprochen hat›» (Capovilla, Brief an den Autor vom 15. April 1981).
Johannes' eigene spätere Aussagen, wann und wie ihm der Gedanke an das Konzil gekommen sei, haben alle verwirrt und auf die falsche Spur gebracht. Aber Capovilla sagt nachdrücklich, daß er von der «Notwendigkeit, ein Konzil abzuhalten», erstmals am 30. Oktober 1958 sprach, genau zwei Tage nach seiner Wahl (*Letture,* S. 746). Das war offenbar noch nicht so sicher wie ein «Beschluß», aber es war auch keine verschwommene Idee, die beiläufig aufgeworfen wird, um den Wind zu prüfen. Am 2. November haben wir die erste *dokumentierte* Erwähnung des Gedankens: In einer Notiz nach einer Audienz mit Kardinal Ruffini schrieb Johannes, daß sie die Möglichkeit erörtert hätten, ein Konzil einzuberufen (*Lettere,* S. 267). Daß Ruffini in der Entstehungsgeschichte eine gewisse Rolle spielte, scheint festzustehen. An diesem selben 2. November sagte Johannes zu Capovilla: «Es müßte ein Konzil stattfinden» (*Utopia,* ital., S. 313). Demnach begann noch vor seiner Krönung am 4. November die Idee, ein Konzil einzuberufen, von ihm Besitz zu ergreifen.
Sie wuchs natürlich aus seinen Gesprächen mit den nichtrömischen Kardinälen, seinen Wählern, als sie einer nach dem anderen kamen, um sich zu verabschieden. Er verbrachte anstrengende Stunden mit ihnen, ebenso mit den Bischöfen und Gelehrten, die ihn besuchten. Der Anstoß zum Konzil, wenn nicht die Idee, kam von diesen ersten privaten Audienzen. In seinem Tagebuch sagte er, daß diese Gespräche ihn belehrt hätten über «die Erwartungen der Welt und den guten Eindruck, den der Papst machen könnte. Ich hörte zu, notierte alles und fragte mich weiterhin, was zu tun wäre – konkret und sofort» (*Utopia,* ital., S. 313).
Er drehte seinen großen Globus, um festzustellen, wo sie alle lebten. Kardinal Sir Norman Gilroy, der Erzbischof von Sydney, erläuterte oft, wie Propaganda Fide sich eine völlig unbrauchbare Einteilung einer Diözese in Australien ausgedacht hatte. Obwohl diese Kongregation stärker besetzt war als jedes andere Dikasterium (wie die Abteilungen der Kurie genannt wurden), arbeitete kein einziger Australier dort (Capovilla). Es gab endlose Variationen zum gleichen Thema; in pastoralen, ökumenischen, juristischen und die Beziehung zwischen Kirche und Staat betreffenden Angelegenheiten bildeten

die Römische Kurie und die lokalen Kirchen Gegenpole. Rom bot eher Überwachung an als Führung und kollegiale Unterstützung. Als er dieses Spektrum von Problemen vor Augen hatte, begann Papst Johannes über ein Konzil nachzudenken. Daß er Papst wurde, hatte ihm nicht auf magische Weise Sofortlösungen für die Weltkirche eingegeben. Die beste Methode wäre, alle Bischöfe zusammen über diese Probleme nachdenken zu lassen.

So läßt sich der Gedanke, ein Konzil einzuberufen, auf die ersten Tage nach Papst Johannes' Wahl zurückführen. Das verändert unsere Perspektive hinsichtlich des Pontifikats und des Konzils. Das Konzil war kein «Zufall» in dem Pontifikat oder eine Art nachträglicher Einfall; es deckte sich zeitlich mit dem gesamten Pontifikat und fungierte als dessen Ziel, Taktik, Programm und Inhalt. Johannes erkannte, daß die Geschichte sein Pontifikat, so oder so, nach dem beurteilen würde, was beim Konzil geschah. Er räumte das ein, als er es ankündigte. Alle Augen waren auf ihn gerichtet, sagte er, manche freundlich, manche feindselig *(malevole)* oder zögernd, während sie auf den ersten entscheidenden Schritt warteten, der «den Charakter des Pontifikats bestimmte, das seinen Platz, mehr oder weniger erfolgreich, in der Geschichte einnimmt» (Alberigo, S. 275).

Aber nicht jeder, der in diesem frühen Stadium zu Rate gezogen wurde, hieß die Idee gut. Capovilla war anfänglich dagegen, und die Tatsache, daß er das so direkt äußern konnte, sagt uns etwas über ihr Verhältnis. Capovilla argumentierte sehr vernünftig, daß für einen Mann in Johannes' Alter ein Konzil ein riskantes Vorhaben sei, das sehr viel schwere Arbeit nach sich ziehen würde. Die zuverlässigere, klügere und nach allem Ermessen bessere Methode wäre, das Pontifikat auf seiner Stärke aufzubauen, besonders «dem Talent oder Charisma der Vaterschaft, über das Sie zweifellos verfügen» (*Utopia,* ital., S. 314). Johannes ging fort, um im Gebet darüber nachzudenken. Ein paar Tage später, nach dem abendlichen Rosenkranz mit dem päpstlichen Haushalt, beantwortete er Capovillas Einwand: «Der Haken ist, Don Loris, daß Sie sich noch nicht ausreichend von Ihrem Selbst befreit haben – Sie kümmern sich immer noch darum, einen guten Ruf zu haben. Erst wenn man das Ich mit den Füßen zertreten hat, kann man vollkommen und wahrhaftig frei sein. Sie sind noch nicht frei, Don Loris» (ibid.). Capovilla wurde manchmal vorgeworfen, als Papst Johannes' «Public-Relations-Beamter» zu handeln und sein «Image» zu «erfinden». Dieser Vorfall beweist, daß er *gegen* den Rat Capovillas entschied, das Konzil zum Schwerpunkt seines Pontifikats zu machen. Capovillas Alternativvorschlag mit dem «Charisma der Vaterschaft» hatte zu sehr den Beigeschmack des «Personenkultes».

Sobald Papst Johannes mit seiner Vorstellung von dem Projekt im reinen war, bewegte er sich rasch auf den schicksalhaften Entschluß zu. Anfang November sprach er über das Konzil mit Giovanni Urbani, seinem Nachfolger als Patriarch von Venedig, und Girolamo Bortignon, Bischof von Padua, Kapuziner und Sekretär der Bischöfe des Triveneto. (Auf Bortignons Empfehlung hin wurde Albino Luciani, der spätere Johannes Paul I., Bischof von Vittorio Veneto.) Am 21. November ging er, nur von seinem Sekretär und seinem Beichtvater begleitet, nach Castelgandolfo, um sich eine Woche auszuruhen und zu besinnen. Das Thema des Konzils wurde im Auto erneut besprochen. Am 28. November stand Johannes' Meinung so gut wie fest, und er hatte sich die Folgen überlegt. Das oben geschilderte Gespräch (S. 386) kann nun auf das Konzil bezogen werden: «Ich fürchte mich nicht vor Opposition und ich weise Leiden nicht von mir. Ich denke an mich als den letzten von allen, aber ich habe ein Arbeitsprogramm im Kopf, und ich rede nicht mehr um diese Sache herum. Tatsächlich bin ich ziemlich fest entschlossen» (*Letture,* S. 252).

Aber das Projekt stand immer noch unter strengster Geheimhaltung. Es war nur wenigen vertrauten Freunden bekannt. Am auffälligsten und überraschendsten von allem war, daß Papst Johannes seinen Staatssekretär Tardini nicht ins Vertrauen zog. Das war nicht nur, weil er wußte, daß Tardini ohne Mühe ein Dutzend Gründe vorbringen würde, warum ein Konzil unüberlegt wäre und nichts zustande bringen würde. Tardini war ein glänzender Organisator und würde seine Rolle bei dem Projekt bekommen – später. Doch in diesem Stadium war das Problem ein geistliches. Was Papst Johannes am meisten zu wissen wünschte, war, ob die Idee «nicht irgendwie wilde Phantasie oder sensationelle Improvisation wäre, sondern eine Eingebung *(ispirazione),* die ihn zwang, wie immer, sich dem Willen des Herrn zu unterwerfen» (*Letture,* S. 266). Er fürchtete, in anderen Worten, es wäre vielleicht nicht mehr als eine Versuchung, ein trügerisches Irrlicht oder ein selbstgefälliger Ego-Trip. Er wünschte zu wissen, ob es «von Gott» war, eine Gnade, eine Eingebung. Aber wie konnte das einer sagen?

Papst Johannes benutzte gewohnheitsmäßig das Wort «Eingebung», um zu erklären, wie die Idee des Konzils zu ihm kam. Dies führte zu Verwirrung und Mißverständnissen. Er wollte nicht sagen, er hätte eine «persönliche Offenbarung» gehabt. Er erhob nicht den Anspruch, er hätte eine besondere Vision gehabt oder wäre von Gott an der Schulter berührt worden und hätte den Befehl erhalten: «Berufe ein Konzil ein!» Die Schule der *Geistlichen Übungen* hatte ihn gelehrt, die Ideen, die er hatte, unerbittlich im Gebet zu prüfen und wachsam gegen die immer bestehende Gefahr der Selbsttäuschung zu sein. Ideen mußten nach ihrer Festigkeit und dem «Trost» oder der «Trostlosigkeit», die sie brachten, gesiebt und bewertet werden. Ignatius von Loyola nannte diesen Prozeß «das Scheiden der Geister». Die Idee des Konzils bestand diese strengste aller Prüfungen. So konnte Johannes von ihr als der «zweiten Gnade» seines Pontifikats sprechen (die «erste» war, daß er das Amt angenommen hatte, ohne es gesucht zu haben):

> Die Tatsache, daß mir einige einfache und unmittelbar realisierbare Ideen gekommen sind, die keineswegs kompliziert, sondern ganz einfach, doch von großer Tragweite und Bedeutung für die Zukunft sind und unmittelbar Erfolg haben. Heißt es doch: die guten Eingebungen des Herrn aufnehmen, in Einfachheit und voll Vertrauen (*Tagebuch,* S. 349).

Zu sagen, «es soll ein Ökumenisches Konzil stattfinden», war in der Tat sehr einfach; die Schwierigkeiten würden sich zu gegebener Zeit einstellen. Aber die anfängliche Entscheidung, diesen umfassenden Prozeß in Gang zu setzen, war eine im Gebet geprüfte Einsicht und ein Akt des «Vertrauens auf den Herrn». Der Grundsatz, von seinem Beichtvater Msgr. Cavagna in der Vorkonklavezeit zitiert: «Die vom Heiligen Geist geführt werden, sind Gottes Söhne», traf jetzt sehr direkt auf ihn zu. Als Papst war sein einziger «Vorgesetzter» der Herr. Das war furchteinflößend, aber es war auch tröstlich.

Neben dieser Bemühung um spirituelle Durchdringung gab es eine andere, demütigere Form der Überprüfung: Konnte das Konzil in Gang gebracht werden? Wie würde es organisiert werden? Das Vatikanum I war durch den Krieg 1870 unterbrochen worden. Aber jetzt gab es dreimal so viele Bischöfe, und das würde organisatorische Probleme schaffen. Papst Johannes verfügte bereits über gute Kenntnisse der Konzilsgeschichte, aber er trieb weitere Studien im Dezember 1958 und im Januar 1959, um zu sehen, was aus «dem letzten Mal» gelernt werden könnte. Er war bald von einem überzeugt: Sechs Jahre waren zwischen der Ankündigung von Vatikanum I und seinem tatsächlichen feierlichen Beginn verstrichen. Mit siebenundsiebzig war er zu alt, um ein so gemächliches Zeitmaß zu erwägen; und die modernen Kommunikations- und Reisemöglichkeiten machten es auch unnötig. Eine Methode müßte gefunden werden, den Prozeß der Beratung und Abfassung der Vorlagen zu beschleunigen.

Die Bezugnahme auf das Vatikanum I warf auch die Frage der Thematik des vorgeschlagenen Konzils auf. Vatikanum I war ein verkürztes Konzil gewesen. Es hatte sich mit der Beziehung von Glauben und Wissen befaßt und den Vorrang und die Unfehlbarkeit Petri und seiner Nachfolger (die es nirgendwo «Päpste» nannte) definiert. Es hatte keine Zeit gehabt, die Rolle der Bischöfe und ihre Beziehung zum päpstlichen Primat zu betrachten. Dies führte zu einer schiefen Sicht der Kirche. Das Gleichgewicht würde hergestellt werden müssen. Während dies jedoch der Ausgangspunkt war, hatten die Kirche und die Welt sich in der dazwischenliegenden Zeit so stark gewandelt, daß das Vatikanum II auch ein selbständiges Konzil sein würde und nicht einfach ein Anhängsel an das nicht beendete Vatikanum I.

Weiteres Forschen im Archiv hatte zwei Tatsachen zutage gefördert, die außerhalb eines kleinen Kreises von Eingeweihten unbekannt waren: Der Gedanke, ein Konzil einzuberufen, war schon zweimal im 20. Jahrhundert erwogen worden. 1923 hatte Pius XI. darum gebeten, die Akten des Vatikanum I einzusehen – wie Roncalli war er Archivar. Aber zur peinlichen Überraschung aller konnten sie nicht gefunden werden. Sie wurden schließlich in einem alten Schrank unter einer nicht mehr benutzten Treppe entdeckt (Silvio Negro, *Corriere della Sera,* 26. Januar 1959). Pius XI. ging von dem Gedanken aus, daß nach der Katastrophe des Ersten Weltkrieges, in dem Katholiken sich auf gegnerischen Seiten befanden, ein Konzil die katholische Einheit machtvoll zur Schau stellen und stärken würde. Aber er ließ die Idee fallen, weil die «Römische Frage» noch nicht gelöst war (*Letture,* S. 262). Das Konzil Pius' XI. war wenig mehr als ein flüchtiges Aufleuchten seiner Augen, bevor er sich interessanteren Dingen zuwandte.

Pius' XII. Projekt war viel weiter gereift. Am Anfang stand die Initiative Ruffinis, seit 1945 Erzbischof von Palermo in Sizilien, und Ottavianis, inzwischen Assessor im Heiligen Offizium. Im Februar 1948 schrieben sie eine Notiz, in der sie die Gründe für die Einberufung eines Konzils darlegten:

1) Klären und Definieren einer Anzahl von dogmatischen Punkten, da es eine Unmenge von Irrtümern in Philosophie, Theologie und moralischen und sozialen Fragen gibt.
2) Dann sind da die großen Probleme, die der Kommunismus stellt und die vom vergangenen Krieg verursacht sind, nicht zu reden von den Fragen, die über die Methoden und Mittel gestellt werden könnten, welche in jedem künftigen Krieg von moralischem Nutzen sein könnten.
3) Der Kodex des Kirchenrechts verlangt nach *aggiornamento [sic]* und Reform.
4) Richtlinien werden gebraucht auf anderen Bereichen der kirchlichen Disziplin wie Kultur und Katholischer Aktion etc . . .

5) Mariä Himmelfahrt könnte definiert werden (Caprile, I, 1, S. 15f.; Ziffern ergänzt).

Pius' XII. Interesse war geweckt. Er wollte die Himmelfahrt Mariä ohnehin als Dogma verkünden. Und 1948 gab es die gleichen Gründe wie 1923, die Einheit der Katholiken zu demonstrieren, nachdem ein mörderischer Krieg sie einander entfremdet hatte. Aber er zögerte wegen der Schwierigkeit, so viele Bischöfe unterzubringen, und wegen der schädlichen Folgen ihrer Abwesenheit von ihren Diözesen. Jedoch reichte sein Interesse aus, das Heilige Offizium anzuweisen, fünf geheime Kommissionen für vorbereitende Studien einzusetzen. Papst Johannes brütete über diesem Material, einem Schatzfund für einen Archivar. Aber jetzt hatte es ein weit mehr als historisches Interesse für ihn. Es warf ein Licht darauf, wie sein eigener Plan vermutlich aufgenommen würde. Denn Ruffini, der Anstifter, und Ottaviani, der Organisator des Projekts von 1948, waren 1959 immer noch sehr rege und einflußreich. Ihre Ansichten hatten Gewicht in der Kurie. Aber als er weiterlas, wurde Papst Johannes mutlos, denn ihre Vorstellung von einem Konzil entsprach ganz und gar nicht dem, was er im Sinn hatte. Das ist ganz leicht ersichtlich, wenn man einen Blick darauf wirft, was die zwei wichtigsten Kommissionen auf die Tagesordnung setzen wollten.

Die Kommission für «spekulative Theologie» empfahl zur Prüfung: Falsche Philosophien (Idealismus, Existentialismus, neuer Gnostizismus). Verhältnis von Magisterium und Tradition. Methoden der theologischen Forschung, besonders in Verbindung mit den Dissidenten (dogmatischer Minimalismus; Konvergenz von Dogmen; Gleichrangigkeit katholischer und andersgläubiger Dogmen). Ursprünge bischöflicher Gesetzgebung. Erbsünde und Polygenismus. Irrtümer über den Mystischen Leib Christi. Unfehlbarkeit der Heiligen Schrift. Die literarischen Genres antiker orientalischer Historiographen. «Mit-Erlösung» scheint noch nicht reif für eine Verkündung. Mariä Himmelfahrt.

Die Kommission für «praktische Theologie» schlug zur Bearbeitung vor:

Zusammenarbeit mit Dissidenten in religiösen oder gemischten sozialen und politischen Angelegenheiten. Würde der Jungfräulichkeit und religiöser Stand. Verschiedene Fragen, die Ehe betreffend, Onanie, periodische Enthaltsamkeit, künstliche Befruchtung, Sterilisation, Psychoanalyse. Gültigkeit der Taufe durch einen nichtkatholischen Geistlichen, der im Irrtum über die Natur der Sakramente ist. Die Kirche und Politik. Notwendigkeit, daß selbständige Staaten einen Teil ihrer Autonomie opfern, um eine echte Völkergemeinschaft zu werden. Totalitarismus.

Minderheitenrechte. Organisationen von Arbeitern und anderen Gruppen. Der gerechte Lohn. Das Recht der Verteidigung gegen ungerechten Angriff. Angriffskriege. Totale Kriege (Caprile, I, 1, S. 17).

Im Herbst ernannte Pius XII. nach Beratung mit Ottaviani Msgr. Francesco Borgongini Duca zum Leiter der gesamten Vorbereitungsarbeit für das Konzil. Er war ein alter Freund Roncallis vom Römischen Seminar her, und Roncalli besuchte ihn regelmäßig in der Nuntiatur für Italien, wo er seit seiner Ernennung 1929 zum festen Inventar geworden war. Es ist wahrscheinlich, daß Borgongini Duca Roncalli wenigstens in groben Zügen auf dem laufenden hielt, was in den Kommissionen vor sich ging. Was vor sich ging, waren Meinungsverschiedenheiten.

Eine Gruppe argumentierte, daß ein sehr kurzes Konzil, etwa drei oder vier Wochen, ausreichen würde, um katholische Einheit und katholischen Zusammenhalt zu demonstrieren, und daß seine Aufgabe wäre, die gegenwärtigen Irrtümer zu verurteilen und per Akklamation Mariä Himmelfahrt als Dogma zu verkünden. Sie glaubten, vermutlich zu Recht, daß sie Pius XII. auf ihrer Seite hätten. Ein solches Konzil würde nicht viel Vorbereitung benötigen und die Diözesen nicht lange verwaist lassen. Ihre Gegner erwiderten, daß ein in dieser Weise organisiertes Konzil «untraditionell» wäre und nicht ernst genommen würde. Inzwischen reagierten die fünfundsechzig ausgewählten Bischöfe, die bereits konsultiert worden waren, mit einer gewissen Begeisterung und schlugen alle möglichen verwirrenden neuen Themen zur Aufnahme in die Tagesordnung vor. Pius XII. begann, der ganzen Geschichte überdrüssig zu werden. Er entschied, daß ein Konzil unnötig wäre. Alles, was ein Konzil tun könnte, konnte er besser – und sparsamer. Also verkündete er 1950 das Dogma von der leiblichen Aufnahme Mariä in den Himmel und verurteilte zeitgenössische Irrtümer in seiner Enzyklika *Humani Generis*. Die Arbeit, die man in der Kommission für «spekulative Theologie» geleistet hatte, war nicht völlig umsonst gewesen: Die Irrtümer, die sie gesammelt hatte, fanden ihren Weg in *Humani Generis*.

Dieses «Konzil, das nie stattfand» enthielt eine wichtige Lektion für Papst Johannes, als er über sein eigenes Vorhaben nachdachte. Er schenkte den von Ottaviani und seinen Kommissionsmitgliedern vorgeschlagenen abschreckenden Tagesordnungspunkten nicht viel Beachtung. Sie spiegelten ziemlich genau die auf Verteidigung eingestellte und antiökumenische Geisteshaltung, die in der römischen Theologie 1948 vorherrschte und weitgehend noch 1959 bestand. Die Hinweise auf Kernwaffen und die Notwendigkeit effektiverer Vereinter Nationen schienen mehr zu versprechen. Aber der ganze Einstieg war falsch. Er verriet einen zwanghaften Versuch, den Kampf gegen den «Modernismus» fortzusetzen. Von Anfang an entschied Johannes, sein Konzil sollte für breitere Wünsche offen und nicht nur negativ sein. Er drückte dies dadurch aus, daß er sagte, es sollte «pastoral» sein. Das bedeutete, es würde sich nicht hauptsächlich mit dogmatischen Fragen befassen, sondern mit den neuen Bedürfnissen der Kirche und der Welt. Ein Punkt in dieser Dokumentation überzeugte ihn davon, daß er recht hatte: Die Antworten der fünfundsechzig Bischöfe zeigten, daß es in der Kirche einen wahren Hunger nach einem Konzil gab. Wenn eine Handvoll Bischöfe 1949 so fühlte, dann war es wahrscheinlich, daß eine Beratung mit den Bischöfen der ganzen Welt ein Jahrzehnt später ein noch begeisterteres Echo finden würde. So bestätigte das, was Pius veranlaßt hatte, den Gedanken an ein Konzil zu verwerfen, gerade Johannes' Urteil, daß es mehr denn je notwendig wäre.

Papst Johannes' Entschluß, ein Konzil zu halten, kristallisierte sich im Dezember 1958 heraus, als er die Geister schied und die Archive durchforstete. Im Januar hatte er seinen Entschluß gefaßt. Das genaue Datum der Entscheidung könnte sehr gut die Nacht des 8. Januar 1959 gewesen sein. Auf jeden Fall traf er am nächsten Morgen Don Giovanni Rossi, der vierzig Jahre vorher Sekretär seines Helden Kardinal Ferrari gewesen war. Johannes sagte: «Ich möchte Ihnen etwas Wunderbares erzählen, aber Sie müssen mir versprechen, es geheimzuhalten. Letzte Nacht hatte ich die großartige Idee, ein Konzil abzuhalten.» Rossi murmelte seinen Beifall. Was kann man auch unter solchen Umständen sagen? Doch Johannes' nächste Bemerkung überraschte ihn völlig: «Wissen Sie, es ist nicht wahr zu sagen, der Heilige Geist steht dem Papst bei.» Rossi glaubte, er hätte sich verhört, doch Johannes stellte seinen Seelenfrieden wieder her, als er fortfuhr: «Der Heilige Geist hilft dem Papst nicht. Ich bin einfach sein Helfer. Er hat alles getan. Das Konzil ist seine Idee» (Rossi, in *Utopia*, ital., S. 315).

Don Rossi fuhr nach Assisi zurück und erzählte dieses Gespräch, wenn auch in vagen Worten, in einem Artikel für seine Zeitschrift *La Rocca*. Die Abonnenten konnten in der Ausgabe vom 15. Januar diese versteckte Botschaft lesen:

> Der Papst entschuldigte sich, nicht früher in der Lage gewesen zu sein, mich zu empfangen, und erzählte mir viele wundervolle Dinge. Aber am wichtigsten von allem war eine eigene Idee, die er mir als großes Geheimnis anvertraute. Möge der Herr ihm die Freude schenken, sie

auszuführen; es wird in unserer Zeit eine der glorreichsten Feiern der Kirche und das denkwürdigste Ereignis seines Pontifikats sein (*Letture*, S. 266).

Damit war die Katze fast aus dem Sack, zehn Tage vor der offiziellen Ankündigung. An der Tatsache, daß es niemand merkte, kann man ermessen, wie unerwartet ein Konzil war. Seit den Definitionen des Vatikanum I hatten sich die Theologen daran gewöhnt, Konzile für überflüssig zu halten.

Papst Johannes hatte beschlossen, diese konventionelle Einsicht in Zweifel zu ziehen. Der nächste Schritt, der alles andere als leicht war, wäre die Unterrichtung seines Staatssekretärs Tardini. Aber bevor er das tun konnte, mußte er sich noch mit einer anderen Sache befassen. Am 25. Januar 1959 kündigte Johannes nicht nur das Zusammentreten eines Konzils an, sondern auch eine Synode der Diözese Rom und das *aggiornamento* des kanonischen Rechts. Viele Kommentatoren hielten es für unpassend, diese drei Punkte zu verknüpfen; sie standen an Bedeutung in einem so deutlichen Mißverhältnis. Woher kamen die beiden anderen Ideen? Pericle Felici berichtete:

> Soweit es sich um das Konzil handelte, sagte mir [Papst Johannes], daß es seine Idee war, es einzuberufen. Die anderen zwei Gedanken wurden ihm von anderen nahegebracht, nachdem er mit ihnen erste Gespräche über das Konzil geführt hatte. «Sie teilten mir mit», sagte er, «daß eine Synode für die Diözese Rom eine gute Vorbereitung für das Konzil wäre. Schön, erwiderte ich, dann wollen wir eine Synode abhalten. Ein anderer sagte zu mir, es wäre ein günstiger Zeitpunkt, über eine Revision des kanonischen Gesetzbuches nachzudenken, weil es ziemlich veraltet ist. Ich sagte, das ist gut, denken wir über das Gesetzbuch nach. Aber auf jeden Fall wollen wir das Konzil zu unserer Hauptsorge machen» (*l'Osservatore Romano*, 3. Juni 1973, *«Il primo incontro con Papa Giovanni»;* das Gespräch fand am 10. Februar 1960 statt).

Daraus dürfen wir schließen, daß die beiden anderen Projekte, obwohl durchaus keine Kleinigkeiten, in Papst Johannes' Vorstellung dem Konzil strikt untergeordnet waren.

Aber nichts davon war damals klar. An diesem entscheidenden Punkt – Mitte Januar 1959 – tat Johannes etwas, das merkwürdig, aber geschickt war. Er ließ seinen Sekretär, Msgr. Loris Capovilla, einen Vortrag in der Stiftung Giorgio Cini in Venedig halten. Es war merkwürdig, weil kein früherer päpstlicher Sekretär einen Vortrag über den Papst, dem er diente, gehalten hatte; aber es war geschickt, weil es die konservativen Venezianer – und alle, die es hören wollten – auf den Schock des Konzils vorbereitete. Johannes riet Capovilla, daß sein Ton einfach und unterhaltsam sein sollte und daß er ihnen erzählen sollte, er «trüge Venedig und die Venezianer im Herzen» (*Letture,* S. 18). Capovilla zeichnete ein Porträt des «neuen Papstes» (Päpste bleiben ungefähr ein Jahr «neu»), das seine *sapientia cordis* (Klugheit des Herzens), seine lautere Güte, seine bäuerliche Herkunft und seine Entschlossenheit, in allen Dingen den Willen Gottes zu suchen und zu tun, unterstrich. Aber Capovilla erzählte den Venezianern nichts, was sie nicht schon wußten. In einem Abschnitt mit der alarmierenden Überschrift «Pius X. ist wieder da» gratulierte er den Venezianern, daß sie der Kirche zwei Päpste in diesem Jahrhundert geliefert hätten. Er erinnerte sie daran, es sei «in Venedig sehr wohl bekannt, daß der Patriarch sich weder gern als Reformer hinstellte noch an die Rechte Hiebe austeilte, um ihnen eine Lektion zu erteilen» (ibid., S. 15). Warum trug Capovilla solche Rätsel vor? Er versuchte, zwei kritischen Einwänden zuvorzukommen, die unweigerlich kommen würden, sobald das Konzil angekündigt wäre – nämlich nur eine Woche später. Er wollte sie beruhigen, daß der Papst immer noch die liebenswerte und ziemlich konservative Person war, die sie gekannt hatten, und daß er nicht übergeschnappt war. Und er erklärte im voraus, warum dieser bescheidene bäuerliche Papst ein Konzil einberief, wenn der gelehrteste Papst des Jahrhunderts, Pius XII., es nicht gebraucht hatte. Diese Botschaft war nicht nur an Venedig gerichtet; sie hatte auch Bedeutung für die Römische Kurie.

Capovilla hielt seinen Vortrag am 17. Januar 1959 und eilte dann nach Rom zurück, um für die entscheidende Sitzung mit Kardinal Domenico Tardini zur Stelle zu sein, die auf den 20. Januar angesetzt war. Tardinis amtliche Notiz, am selben Abend geschrieben, ist in seinem gewohnt lakonischen Stil abgefaßt. Sie verrät weder große Gefühlsregung noch einen Gedanken, «Geschichte zu machen»:

> Audienz beim Heiligen Vater, der mir sagte, gestern nachmittag sei für ihn eine Zeit der Meditation und Erinnerung gewesen. Als Programm für sein Pontifikat hat er an drei Dinge gedacht:
> Römische Synode,
> Ökumenisches Konzil,
> *Aggiornamento* des Kodex des Kanonischen Rechts.
> Er wird diese drei Dinge nächsten Sonntag nach der Zeremonie in San Paolo den Kardinälen mitteilen. Ich sagte:
> 1. daß dies drei glänzende Initiativen seien
> 2. daß der Gedanke, es zuerst den Kardinälen anzukündigen, sehr glücklich sei, weil
> es neu ist

aber an alte päpstliche Traditionen anknüpft
und zweifellos sehr wohltuend für das Heilige Kollegium sein wird
(Nicolini, S. 187).

Obwohl dies sehr wenig verrät, ist es der beste Ausgangspunkt, um die vielen mit diesem Treffen vom 20. Januar 1959 verbundenen Probleme zu entwirren.
Papst Johannes' Tagebuch, gleichfalls am selben Abend geschrieben, bestätigt im wesentlichen die Notiz Tardinis:

> Im Gespräch mit dem Staatssekretär Tardini wollte ich seine Reaktion auf meine Ideen prüfen, das Projekt eines Ökumenischen Konzils den Mitgliedern des Heiligen Kollegiums vorzuschlagen, wenn sie am 25. dieses Monats in San Paolo zum Abschluß der Gebetswoche [für die Einheit der Christen] zusammenkommen. Das Konzil tritt zum vorgesehenen Zeitpunkt zusammen, wenn alles durchdacht worden ist *[omnibus perpensis]*. Es bezieht alle katholischen Bischöfe jeden Ritus und aus jedem Weltteil ein. Ich war ziemlich zögernd und unsicher. Seine spontane Reaktion war die erfreulichste Überraschung, die ich erhoffen durfte: «O, das ist wirklich eine Idee, eine erleuchtende und heilige Idee. Sie kommt direkt vom Himmel, Heiliger Vater. Sie werden daran arbeiten, sie entwickeln und veröffentlichen müssen. Es wird ein großer Segen für die ganze Welt sein.» Ich brauchte nichts weiter. Ich war glücklich. Ich dankte dem Herrn für meine Idee, die nun ihr erstes Siegel der Billigung hier unten erhalten hatte – ein Beweis jenes göttlichen Segens, der nicht ausbleiben würde, wie ich mit demütiger Zuversicht wußte (*Utopia,* ital., S. 316).

Diese zwei Berichte der Teilnehmer geben eine einigermaßen klare Vorstellung, wie sich ihre berühmte Begegnung abspielte. Johannes erwähnt, im Unterschied zu Tardini, die römische Synode oder die Reform des Kirchenrechts nicht, was bestätigt, daß er sie verglichen mit dem Konzil für zweitrangig hielt. Tardini seinerseits scheint anzudeuten – wenn er auch nicht so naiv ist, es zu glauben –, daß die Idee dem Papst während seiner «Zeit der Meditation und Erinnerung» am vergangenen Nachmittag gekommen war. Das mag es gewesen sein, was Johannes ihn glauben lassen wollte. Aber sie waren beide ausreichend eingeweiht, um zu wissen, daß das nicht wahr sein konnte. Es war für Tardini offenbar, daß Papst Johannes mit dem bereits gefaßten Entschluß in diese Sitzung gegangen war. «Das Projekt eines Ökumenischen Konzils den Mitgliedern des Heiligen Kollegiums vorzuschlagen» war ein stark beschönigender Ausdruck für die Ankündigung. Er würde die Kardinäle nicht fragen, was sie dachten, genausowenig wie er sich mit Tardini in dem Sinn beriet, daß er ihn nach seiner Meinung gefragt hätte. Tardini erkennt dies an, indem er seine Kommentare auf die Art beschränkt, wie die Ankündigung geschieht, anstatt auf den Inhalt einzugehen (abgesehen von der allgemeinen Zustimmung). Dennoch war Johannes wirklich «zögernd und unsicher», weil Tardinis Antwort ungeheuer wichtig für ihn war: Es war die erste offizielle Reaktion des führenden Mitglieds der Römischen Kurie. Wenn Tardini voranging, würden andere notgedrungen folgen. Es war das letzte Stadium der Entscheidung, ob die Idee «von Gott» war. Die Probe war erfolgreich bestanden.

Man unterschätzt Tardini, wenn man sagt, er hätte keine echte Wahl gehabt. Er wäre durchaus fähig gewesen, Papst Johannes zu sagen, er wäre wohl von allen guten Geistern verlassen, wie die rechte römische Zeitschrift *Lo Svizzero* tatsächlich später berichtete (Hales, S. 100). Jedoch läßt sein Bericht darauf schließen, daß er wußte, es mit einem *fait accompli* zu tun zu haben, einer bereits gefallenen Entscheidung. Er kannte auch seinen Mann, und er mag gefühlt haben, daß er unter diesen Umständen ebensogut unterstützen könnte, was ohnehin nicht zu verhindern war. Die Begegnung fand an einem Dienstag statt. Die Ankündigung sollte am kommenden Sonntag sein. Er konnte nichts weiter tun, als sich zu fügen und zu akzeptieren, daß Papst Johannes, den er einst für naiv gehalten hatte, listig wie ein alter Fuchs war. Was Tardini privat dachte, wissen wir noch nicht. Sein Biograph läßt einen Hinweis fallen, der einen auf die Folter spannt, daß es nämlich über die Begegnung am 20. Januar mehr zu sagen gibt, als berichtet worden ist. Er zitiert Tardinis oben angegebenen Tagebuchbericht und fährt dann geheimnisvoll fort: «Das heißt nicht, daß seine Feder hier innegehalten hätte. Es gibt Grund zu der Annahme, daß er mehrere Seiten mehr füllte, die auf ihren Augenblick warten, um aus dem Schweigen der Archive ans Tageslicht zu kommen» (Nicolini, S. 188, Anm. 3). Die vatikanischen Archive halten in der Regel ihre Akten fünfundsiebzig Jahre unter Verschluß. Alles wird im Jahr 2034 aufgedeckt werden.

Bis dahin scheint der grundsätzliche Umriß dessen, was am 20. Januar 1959 geschah, außer Frage. Der Haken ist, daß es glatt widerlegt wird durch das, was Papst Johannes 1962 sagte. Und da diese Berichte von 1962 zuerst öffentlich bekannt wurden – der Auszug vom selben Tag aus Papst Johannes' Tagebuch wurde erst 1973 veröffentlicht –, sind sie die autorisierte Version geworden. Dennoch sind sie völlig irreführend. Der einfache Ausweg ist die Vermutung, daß Papst Johannes es mit größerer Wahrscheinlichkeit am Tag selbst richtig aufgeschrieben hat als drei Jahre später. Er war ein alter Mann, und sein Gedächtnis ließ ihn manchmal im Stich. So war er bekanntermaßen schlecht darin, fremde Namen richtig mitzubekom-

men. Aber das ist keine ausreichende Erklärung. Johannes erinnerte sich sicher falsch, aber sein unbewußtes Redigieren seiner Erinnerungen wirft mehr Licht auf das, was er vom Konzil glauben wollte, als auf das, was am 20. Januar 1959 genau passierte.
Der erste Text, der ein Problem aufwirft, ist eine Ansprache an Pilger aus Venedig am 8. Mai 1962. Die Personen, die in Venedig mit ihm gearbeitet hatten, waren anwesend, und sie wurde in seinem üblichen vertrauten Stil gehalten. Um den Grundsatz zu erläutern, daß «eine einfache und demütige Haltung uns befähigt, die Eingebung zu hören, die Gott immer bereithält», erzählte er ihnen, wie es zu dem Konzil kam:

> Woher kam die Idee zum Ökumenischen Konzil? Wie entwickelte sie sich? Die Wahrheit ist, daß die Idee und noch mehr ihre Verwirklichung so unvorhergesehen waren, daß es unwahrscheinlich erscheint.
> Eine Frage erhob sich bei einem Treffen, das ich mit dem Staatssekretär, Kardinal Tardini, hatte. Sie führte zu einer Diskussion darüber, daß die Welt in so viele ernste Ängste und Probleme gestürzt war. Eine Sache, die uns auffiel, war, daß zwar alle sagten, sie wünschten Frieden und Harmonie, unglücklicherweise aber die Konflikte schärfer und die Gefahren zahlreicher wurden. Was sollte die Kirche tun? Sollte das mystische kleine Schiff Christi einfach dahintreiben, hierhin und dorthin gestoßen durch Ebbe und Flut? Sollte sie nicht, anstatt neue Warnungen auszugeben, wie ein Leuchtturm aufragen? Was könnte dieses beispielhafte Licht sein?
> Mein Gesprächspartner hörte mit Achtung und Aufmerksamkeit zu. Plötzlich *[a un tratto]* wurde meine Seele von einer wunderbaren Idee erleuchtet, die genau in diesem Augenblick kam und die ich mit unauslöschlicher Zuversicht zu dem göttlichen Lehrer begrüßte. Und da sprang mir ein Wort auf die Lippen, das feierlich und verpflichtend war. Meine Stimme sprach es zum erstenmal aus: ein Konzil (DMC, IV, S. 258 und *Letture,* S. 264f.).

Gewiß kann Papst Johannes nicht wirklich meinen, er hätte das Wort «Konzil» bis zum 20. Januar 1959 nie ausgesprochen, denn das wäre einfach falsch. Er meinte, daß dies eine unwiderrufliche Aussage war, ein ihn selbst bindendes Wort, von dem es kein Zurück gab. In diesem Sinn wirkte seine Diskussion mit Tardini wie eine Wasserscheide. Er war der entscheidende Augenblick, als das, was bisher nur unter Freunden diskutiert worden war, nun dem Urteil der Kurie durch ihren Vertreter Tardini ausgesetzt wurde.
Aber hier spielt ihm das Gedächtnis einen Streich. Johannes drängt zuerst die Erinnerungen an frühere Gespräche mit Tardini und anderen über den Zustand der Welt und der Kirche zusammen – woraus

sich ein recht gutes Bild davon ergibt, was ihn zu der Idee eines Konzils trieb. Aber er erweckt den Eindruck, daß es *da und dann* war, als ihm die «Eingebung» kam. Die Erinnerung an die ersten drei Monate seines Pontifikats haben sich bis Mai 1962 so vermischt, daß der *entscheidende Augenblick* sich zum *Augenblick der Entscheidung* gewandelt hat.

Als der 20. Januar 1959 noch weiter in der Vergangenheit verschwand und als das «große Ereignis» des Konzils fast vor ihm stand, legte sich Papst Johannes noch stärker auf das Treffen mit Tardini als Augenblick der Eingebung fest. Am 15. September 1962, gerade drei Wochen bevor das Konzil beginnen sollte, schrieb er:

> Ohne zuvor daran gedacht zu haben, habe ich in einem ersten Gespräch mit meinem Staatssekretär am 20. Januar 1959 die Worte: Ökumenisches Konzil, Diözesansynode und Neufassung des kirchlichen Gesetzbuches ausgesprochen, ohne je davor daran gedacht zu haben und entgegen allen meinen Ahnungen und Vorstellungen über diesen Punkt. Der erste, der von diesem meinem Vorschlag überrascht wurde, war ich selbst, denn niemals hatte mir jemand einen Hinweis dazu gegeben (*Tagebuch,* S. 350).

Aber zu diesem Zeitpunkt, am Vorabend des Konzils, konzentrierten sich Papst Johannes' Gedanken eher auf die Zukunft als auf die Vergangenheit. «Nach drei Jahren gewiß mühevoller, aber auch glücklicher und ruhiger Vorbereitung», fügte er hinzu, «sind wir nun am Fuß des heiligen Berges angelangt» (ibid.). Am Fuße des Berges innehaltend, war seine Erinnerung an die Vergangenheit auf ihre schematischen Kernpunkte reduziert. Es ist typisch, daß er sich daran als an «eines meiner ersten Gespräche mit meinem Staatssekretär» erinnert, während er Tardini in den davorliegenden drei Monaten in Wirklichkeit fast täglich gesehen hatte.

Dieser Abschnitt aus dem Tagebuch brachte die Kommentatoren in Verlegenheit. «Johannes' Beschreibungen von 1962», sagte Bonnot sarkastisch, «sind treuherzig, aber anscheinend unvereinbar mit den Tatsachen» (Bonnot, S. 59). Capovilla zieht sich auf Spitzfindigkeiten zurück und erklärt, daß in dem Satz «ohne vorher daran gedacht zu haben» das «vorher» *(prima)* sich auf die Zeit bezieht, bevor er Papst wurde (*Letture,* S. 266). Dies ist klug erdacht, aber unangebracht. Das Treffen vom 20. Januar 1959 kann nicht ganz so abgelaufen sein, wie er es später beschrieb, weil er selbst bereits gegenüber Felici (s. oben, S. 399) eingeräumt hatte, daß die Vorschläge für eine römische Synode und die Revision des Kirchenrechts von anderer Seite kamen. Es wäre zuviel verlangt, wenn man erwartete, daß sie ihm plötzlich während seines Treffens mit Tardini eingefallen wären. Man kann nur folgern, daß Johannes sein Gedächtnis verließ und daß seine unbewußte Redaktion seiner Erinnerungen dazu bestimmt ist, noch einmal zu betonen, die Idee des Konzils wäre eine «Eingebung» im oben beschriebenen Sinn gewesen. Soviel war gewiß wahr.

Aber es bleibt das Problem der «Überraschung» («Der erste, der von diesem meinem Vorschlag überrascht wurde, war ich selbst»). In Johannes' Sprachgebrauch war «Überraschung» einfach ein Zeichen der Anwesenheit der Gnade. «Dort muß vor allem das ständige Bereitsein, auf Überraschungen des Herrn einzugehen, zu finden sein», schrieb er im Dezember 1959 (*Tagebuch,* S. 322). Nach dem Meditieren über das Kostbare Blut im August 1961 schrieb er: «Diesen inneren Impuls, der mich in diesen Tagen überrascht hat, fühle ich im Herzen wie einen neuen Pulsschlag und einen neuen Geist, wie eine Stimme, die mich mit Großmut und Eifer erfüllt» (*Tagebuch,* S. 330). Hier lag das Geheimnis der ständig erneuerten Jugendlichkeit dieses sehr alten Mannes. Während körperliche Beschwerden ihn heimsuchten, waren sein Herz und sein Geist frisch, weil er immer bereit war, sich von der Gnade überraschen zu lassen. Die Idee des Konzils war eine von Gottes Überraschungen.

Johannes hatte Tardini am Dienstag der Gebetsoktav für die Einheit der Christen informiert. Er mußte es immer noch der Welt mitteilen. Aber er sprudelte jetzt über vor Begeisterung und konnte sein Geheimnis nicht länger für sich behalten. Am Donnerstag, dem 22. Januar 1959, gewährte er Giulio Andreotti eine Audienz. In einem vergeblichen Versuch zu vermeiden, daß diesem Besuch politische Bedeutung beigemessen würde, wurde die ganze Familie Andreotti eingeladen. Die zwei kleineren Kinder, fünf und sieben Jahre alt, turnten auf den goldenen Damaststühlen herum, während die beiden dreizehn- und neunjährigen ihnen mit reifer Geringschätzung zusahen. Johannes fragte: «Sind Ihnen Veränderungen aufgefallen?» Andreotti gestand, daß ihm nichts aufgefallen war. Johannes wies ihn darauf hin, daß er alle Türen an den Schränken ringsum hatte entfernen lassen; immer wenn er als Nuntius oder Patriarch in diesem Raum gewesen war, hätte er ihn an ein Hutgeschäft erinnert. Aber diese heitere Einleitung war nur der Auftakt für ernstere Dinge (Andreotti, S. 77f.). Während die Kleinen immer noch herumtollten, deckte Papst Johannes seinen Plan auf: ein Konzil der Weltkirche. Er sagte, daß er meinte, zwei Jahre sollten ausreichen, um es vorzubereiten, Tardini aber anderer Meinung wäre und das Beispiel des Vatikanum I angeführt hätte, das sechs Jahre Vorbereitung gebraucht hatte. In seinem Alter könnte er sich nicht auf eine so lange Zeit einlassen.

Die Familie Andreotti – soweit sie zugehört hatte – wurde für weitere drei Tage auf Geheimhaltung eingeschworen. Johannes' Vertrautheit mit den Archiven, den Argumenten und Gegenargumenten, bekräftigen, daß er den Gedanken nicht erst zwei Tage vorher gehabt haben konnte. Er hatte seine Hausaufgaben gemacht und konnte sich Einwänden stellen. Außerdem lassen seine Äußerungen den Schluß zu, daß Tardinis angebliche Begeisterung nicht uneingeschränkt war.
Inzwischen war die Messe in San Paolo fuori le mure schon angekündigt worden, ohne den geringsten Hinweis auf irgendein besonderes Ereignis. Leser der Ausgabe des *Osservatore Romano* vom Samstag, dem 24. Januar, erfuhren, daß der Papst sich in die Basilika San Paolo begeben und dort ein eigens für «die Kirche des Schweigens» abgefaßtes Gebet vortragen würde. In der kodierten Sprache der Zeit war die Sorge um «die Kirche des Schweigens» ein Ausdruck des Antikommunismus, der immer noch im Vatikan herrschte.
Die Wendung bezog sich auf die verfolgten Kirchen Osteuropas und Chinas. Andere Kommentatoren sahen den Hintergrund des Besuches in San Paolo in einem etwas anderen Zusammenhang. Damit wurde harmonisch die Besuchsrunde in den vier römischen Hauptbasiliken vollständig. Papst Johannes war am 4. November in der Peterskirche gekrönt worden, hatte am 23. November von San Giovanni in Laterano «Besitz ergriffen» und war am 8. Dezember, dem Fest der Unbefleckten Empfängnis, in Santa Maria Maggiore gewesen. Also war es «nur natürlich», daß er in die Kirche San Paolo fuori le mure gehen würde, um den Kreis durch die römischen Basiliken zu schließen. Wenn er das hinter sich gebracht und seine Rolle als römischer Bischof gebührend herausgestellt hätte, könnte er sich ganz seinem Pontifikat widmen.
Der Punkt, daß am Sonntag, dem 25. Januar, der Abschluß der Gebetsoktav für die Einheit der Christen war, wurde kaum zur Kenntnis genommen. Roncalli hatte seit seiner Istanbuler Zeit jährlich daran teilgenommen. Aber in Rom blieb sie ein paar Spezialisten und Enthusiasten vorbehalten. Auch spürte niemand intuitiv, daß die Paulus, dem missionarischen Abenteurer, gewidmete Basilika gerade der richtige Ort war, um in die «Welt» hinauszublicken. Am Vorabend der Ankündigung sagte Johannes zu Capovilla:

> Die Welt hungert nach Frieden. Falls die Kirche ihrem Gründer entspricht und ihre echte Identität wiederentdeckt, wird die Welt gewinnen. Ich hatte nie irgendwelche Zweifel gegen den Glauben. Aber eine Sache macht mich bestürzt. Christus ist seit zweitausend Jahren mit ausgebrei-

> teten Armen da am Kreuz gewesen. Wohin sind wir gelangt bei der Verkündung der Frohen Botschaft? Wie können wir seine authentische Lehre unseren Zeitgenossen darstellen? (*Utopia,* ital., S. 319f.).

Mit solchen Fragen im Kopf ging er dann den Entwurf für die am stärksten epochemachende Rede seines Lebens durch. Sie würde «den Rückweg versperren». Von jetzt an konnte er nur noch vorwärtsgehen.

Am nächsten Morgen war Johannes wie gewohnt vor Anbruch der Dämmerung auf. Er las die Messe und nahm an Capovillas Messe in seiner Privatkapelle teil, wo er bis 9.30 Uhr im Gebet blieb. Beim Frühstück warf er einen Blick in die Zeitungen und auf die Berichte aus dem Staatssekretariat, sagte aber nichts. Um 10 Uhr fuhr er mit dem Aufzug nach unten. Ein Auto wartete, um ihn zu San Paolo zu bringen. Unterwegs war er untypisch schweigsam. Zwar sagte ein Augenzeuge, er sei «sehr ruhig und angespannt konzentriert» gewesen (*Utopia,* ital., S. 320), aber die Fotos zeigen ihn bei seiner Ankunft vor San Paolo bange und nervös. Er war wirklich besorgt, wie die Kardinäle reagieren würden. Einige von ihnen wußten es bereits – Tardini war ermächtigt worden, sie zu informieren –, aber die anderen würden bis nach der Zeremonie in der Basilika warten müssen. Sie dauerte länger als vorgesehen und war erst um ein Uhr vorbei.

Dann begaben sich die siebzehn Kardinäle in den Kapitelsaal der Abtei im ersten Stock. Da dies praktisch ein «außerordentliches Konsistorium» war, wurden Außenstehende – nicht daß welche dagewesen wären – vom Zeremonienmeister, Msgr. Enrico Dante, förmlich ausgeschlossen. *«Extra omnes»* («alle hinaus»), rief er in die leeren Flure. Papst Johannes' Ansprache begann um 13.10 Uhr und dauerte eine halbe Stunde. Mit der nicht ganz stichhaltigen Begründung des «Respekts vor Kardinälen, die nicht dabeisein konnten», wurde der Wortlaut der Rede erst am folgenden Ostersonntag veröffentlicht, und sogar da weicht die offizielle Version beträchtlich von Johannes' tatsächlich gesprochenen Worten ab.

Papst Johannes gab sich große Mühe, in seinem gewohnten persönlichen Ton zu sprechen. Er wollte sein Herz öffnen, vertrauend auf ihre Güte und ihr Verständnis. Er würde sich auf wenige Punkte beschränken, «die durch unsere ersten drei Monate der Berührung mit der römischen kirchlichen Welt aufkamen». Es war eine taktvolle Art zuzugeben, daß er immer noch ein Neuling war, ohne direkte Erfahrung mit der Römischen Kurie. Er redete und redete, wie die Stadt Rom sich seit ihren Studententagen verändert hätte. Das alles hörte man sich ungerührt an.

Doch er war gleichermaßen der Hirte aller wie Bischof von Rom. So ging er logisch den Schritt von der Stadt zur Welt, von der *urbs* zur *orbis*. Aber er zeichnete ein untypisch düsteres Bild der «Welt» mit fahlen und gegensätzlichen Farben. Er freute sich, daß die Gnade Christi noch wirkte und ihre Früchte der «geistigen Erhöhung, Rettung und Heiligkeit» trug. Aber er war betrübt durch jene, die

> menschliche Freiheit mißbrauchen und gefährden, den Glauben an Christus, den Sohn Gottes, verwerfen, den Erlöser der Welt und Gründer der Kirche, indem sie sich ganz den sogenannten irdischen Gütern widmen, unter den Einflüsterungen dessen, den das Evangelium den Fürsten der Finsternis nennt, den Fürsten dieser Welt – wie Jesus selbst ihn in seiner Rede beim Letzten Abendmahl nennt –, der die Konfrontation und den Kampf gegen Wahrheit und Güte organisiert und die Teilung zwischen den zwei Städten des heiligen Augustinus bestärkt und dabei auf immer seine Versuche verfolgt, Verwirrung zu säen, um sogar, wenn das möglich wäre, die Auserwählten zu täuschen und ihre Vernichtung herbeizuführen (Alberigo, S. 276).

Er trug es ganz dick auf. Es brauchte keinen großen Scharfsinn, um zu erraten, daß er hier getreu die manichäische Interpretation des Kommunismus gemäß der Gepflogenheit unter Pius XII. wiedergab. Er hätte diesen Abschnitt leibhaftig aus den Reden Pizzardos und Ottavianis nehmen können, um nur zwei seiner Hörer zu nennen. Auf Johannes' Lippen wirkte es unpassend. Er schien immer noch geliehene Worte zu verwenden, als er fortfuhr und den «Mangel an Disziplin und den Verlust der alten moralischen Ordnung» beklagte, was, behauptete er, die Fähigkeit der Kirche einschränkte, mit Irrtümern umzugehen. Im Lauf der christlichen Geschichte, sagte er, hätten diese Irrtümer – sie blieben erstaunlich verschwommen – zu «fatalen und unglücklichen Spaltungen, zu geistiger und moralischer Dekadenz und zum Ruin von Staaten geführt» (ibid., S. 276f.).

Dieser Pessimismus über den gegenwärtigen Zustand der Welt – versunken im Irrtum und im Griff des Satans – widerspricht so sehr Papst Johannes' üblicher Haltung, daß er eine Erklärung verlangt. Die einfache Erklärung ist, daß diese Ansprache ein exaktes Ziel hatte: die Kardinäle für dieses Projekt eines Konzils auf seine Seite zu ziehen. Um diesen Prozeß zu fördern, gab er ihre Ansichten wieder, die ihm bekannt waren. Die geliehenen Gedanken waren schließlich nicht ganz und gar unsinnig. So folgte er einfach dem Spruch des Ignatius von Loyola: durch ihre Tür hineingehen, um durch die eigene herauszukommen. Er gab mit Sicherheit keine Erklärung ab über die Art des Konzils, die er im Sinn hatte. Er fühlte sich nie verpflichtet, alle Absichten auf einen Schlag aufzudecken. In seinem *Tagebuch* skizziert er das Porträt des klugen Mannes, der «einen Teil der Wahrheit, die zu betonen unangebracht wäre, zu verschweigen weiß» und «das Begonnene zu einem guten Ende bringt» (*Tagebuch*, S. 333). So ist seine kleine List keine Doppelzüngigkeit, sondern eine Sache der Psychologie. Sie lag auf einer Ebene mit der Entsendung Capovillas nach Venedig. Sie war dazu gedacht, die Kardinäle auf den Schock der Ankündigung vorzubereiten. Freilich wirkte es nicht. Es gab keine sichtbare Reaktion. Die Kardinäle behielten ihre *figura di bronzo* (die italienische Entsprechung zu Pokergesicht). Wer schon Bescheid wußte, muß sich gefragt haben, wann er wohl zum Kern käme.

Papst Johannes erhielt die Spannung – oder dehnte die Qual aus – fast bis zum Ende seiner Rede. Er teilte ihnen mit, daß er einen Beschluß gefaßt hatte. Dieser fußte auf der Tradition. Es gab Perioden der Erneuerung *(rinnovamento)*, wenn die Kirche «größere Klarheit in ihrem Denken» (er sagte nicht «Dogma»), «eine Stärkung des Bandes der Einheit und größeren geistigen Eifer» suchte (Alberigo, S. 277). Nachdem er die drei Ziele des Konzils definiert hatte, war endlich der Augenblick gekommen, das Wort auszusprechen: «Ehrwürdige Brüder und geliebte Söhne! Zitternd vor Bewegung und doch mit demütiger Entschlossenheit unterbreiten wir euch den Vorschlag einer doppelten feierlichen Veranstaltung: einer Diözesansynode für Rom und eines Ökumenischen Konzils für die Weltkirche» (ibid.). Das war es. Die natürliche Folge dieser zwei Beschlüsse würden die Revision des kirchlichen Gesetzbuches sein, wenn das auch Zeit kostete. Hierin behielt er recht: Der neue Kodex des Kanonischen Rechts wurde am 25. Januar 1983 veröffentlicht, auf den Tag vierundzwanzig Jahre später.

Papst Johannes fügte nur noch eines hinzu. Er bat jeden zu beten für

> einen guten Anfang, eine erfolgreiche Durchführung und ein glückliches Ergebnis dieser Vorhaben, was schwere Arbeit für die Erleuchtung, die Erbauung und die Freude der Christen bedeuten wird, und *eine freundliche und neuerliche Einladung an unsere Brüder der getrennten christlichen Kirchen, mit uns an diesem Festmahl der Gnade und Brüderlichkeit teilzunehmen*, auf das so viele Seelen in jedem Winkel der Welt hoffen (*Utopia*, ital., S. 322; Kursive vom Autor ergänzt).

Das war es, was die Kardinäle den Papst sagen hörten. Aber es war nicht dasselbe, was in der autorisierten Version der Rede erschien. Der kursiv gesetzte Passus wurde «eine neuerliche Einladung an die Gläubigen in getrennten Gemeinschaften, uns ebenfalls zu folgen, mit gutem Willen, auf dieser Suche nach Einheit und Gnade»

(s. Hales, S. 98). Es gibt hier gleich mehrere Nuancen. Die getrennten Christen sind nicht mehr *Brüder.* Sie dürfen zu Gemeinschaften gehören (was nicht zu leugnen ist), aber nicht zu *Kirchen* (was theologisches Gewicht hat). Und anstatt am «Festmahl der Gnade und Brüderlichkeit teilzunehmen», wurden sie ermahnt, nach Einheit und Gnade *zu suchen,* als hätten sie keine Ahnung davon. Obwohl der Inhalt insgesamt in etwa gewahrt blieb, war die redigierte Version viel weniger freundlich im Ton und ließ andere Christen im Zweifel, ob sie ernst genommen wurden und wozu sie eingeladen waren. Die Spitze der ökumenischen Zielsetzung Papst Johannes' wurde durch ängstliche Zensoren stumpf gemacht. Nicht zum letztenmal.

Die folgende Behandlung, die Papst Johannes' Ansprache anschließend zuteil wurde, trägt zur Erklärung bei, warum sie so schlecht ankam. Die siebzehn Kardinäle zeigten keine Reaktion auf seine dramatische Ankündigung. Sie wirkten nicht anders, als wenn er seinen Zettel für die Wäscherei vorgelesen hätte. Er war bitter enttäuscht. Das sagte er offen: «Menschlich gesprochen hätten wir eigentlich erwartet, daß die Kardinäle, nachdem sie unsere Ankündigung gehört hatten, sich um uns gedrängt hätten, um ihre Zustimmung und ihre guten Wünsche auszudrücken» (Caprile, I, 1, S. 51). Aber sie taten nichts dergleichen. Was sie empfanden, falls sie wirklich etwas empfanden, blieb in ihrem Innern verschlossen. Johannes war verwirrt. Da er selbst eine impulsive Person war, fand er Schweigsamkeit schwer verständlich. Später versuchte er nachsichtig zu erklären, daß sie vor Staunen schwiegen und Zeit brauchten, um ihre Gedanken zu sammeln. Noch später brachte er es fertig, die ganze Szene umzuschreiben. Als er zur Eröffnungssitzung des Konzils am 11. Oktober 1962 sprach, glaubte er, daß die schlichten Worte «ein Ökumenisches Konzil» eine Art Wunder gewirkt hätten: «Sie (die Ankündigung) war völlig unerwartet und wie ein Blitz vom himmlischen Licht, das seine Süße über Augen und Herzen breitete. Zugleich weckten sie einen starken Eifer in der ganzen Welt in Erwartung der Durchführung des Konzils» (Abbott, S. 711f.). Das mag auf die weltweite Reaktion auf das Konzil zutreffen. Aber unter den Kardinälen, die am 25. Januar 1959 wirklich dabei waren, ließ sich kein «Blitz von himmlischem Licht» erkennen. Statt dessen «herrschte frommes und eindrucksvolles Schweigen», wie Johannes damals aufschrieb (Rynne, S. 2).

In dieses eindrucksvolle und dennoch enttäuschende Schweigen sprach Papst Johannes seinen Segen, verließ den Kapitelsaal, ging die Treppe hinunter, stieg in sein Auto mit der Zulassungsnummer VAT 1 SCV 1 und wurde auf seinem Rückweg in den Vatikan umjubelt. Aber das geschah jedesmal, wenn er ausfuhr. Er sagte nichts

über das Ökumenische Konzil. Capovilla fragte ihn, wie er sich fühlte. Er erwiderte: «Es geht nicht um meine persönlichen Gefühle. Wir haben uns auf den Willen Gottes eingelassen ... Jetzt brauche ich Stille und Sammlung. Ich bin jeden und alles müde.» *«Nous sommes embarqués»* war ein Echo von Blaise Pascals Wette: Er war jetzt völlig festgelegt, und es gab kein Zurück. Er tröstete sich mit Psalm 84: «Wie liebenswert ist deine Wohnung, Herr der Heerscharen.» Als das Auto vor San Paolo abfuhr, rief eine einzelne Stimme: «Lang lebe das Ökumenische Konzil» (*Letture,* S. 268). Entweder hatte diese scharfsichtige Person am Transistor Radio Vatikan gehört oder – viel weniger wahrscheinlich, weil Journalisten an Ereignissen, die sie beschreiben, gewöhnlich nicht innerlich beteiligt sind – es war ein Reporter, der Zugang zu den Sendediensten hatte.
Denn trotz Papst Johannes' eindringlichen Hinweises, daß die Kardinäle es als erste erfahren sollten, war die Nachricht schon heraus. Sie war um die Welt geeilt, noch bevor er zu sprechen begonnen hatte. Um 10 Uhr, als Johannes gerade den Aufzug betrat, erhielt das vatikanische Pressebüro eine Erklärung des Staatssekretariats – in Wirklichkeit Tardinis –, die um 12.30 Uhr freigegeben werden sollte. Man ging davon aus, daß der Papst seine Rede bis dahin zumindest begonnen haben würde. Aber wie wir gesehen haben, begann er erst um 13.10 Uhr zu sprechen. So erfuhr es der übliche Trupp von Journalisten, die immer im Vatikan auf der Lauer lagen, als erster. Aber sie mußten das lakonische Kommuniqué sehr sorgfältig lesen, um seine Bedeutung zu entdecken. Der Schlüsselabschnitt lautete:

> Der Heilige Vater kündigte, inspiriert von den jahrhundertealten Traditionen der Kirche, drei Ereignisse von größter Bedeutung an: eine Diözesansynode für Rom, ein Ökumenisches Konzil für die Gesamtkirche und das *aggiornamento* des kirchlichen Gesetzbuches, dem die Veröffentlichung des Orientalischen Kodex vorausgehen soll. Was die feierliche Durchführung des Ökumenischen Konzils betrifft, ist es im Sinn des Heiligen Vaters nicht nur zur Erbauung der Christen gedacht, sondern auch als eine Einladung an getrennte Gemeinschaften, die Einheit zu suchen, die so viele Seelen in allen Teilen der Welt erhoffen (Caprile, I, 1, S. 51).

Daß die Ankündigung des Konzils mit einem Durcheinander im vatikanischen Pressebüro verbunden war, verstand sich von selbst.
Die Presseerklärung erschien am nächsten Tag in *l'Osservatore Romano*. Während die Titelgeschichte auf Seite eins sich mit der antikommunistischen Rede in der Basilika befaßte, wurde die Nachricht über das Konzil auf eine Innenseite verbannt. So begann der Prozeß,

das Konzil herunterzuspielen, noch am selben Tag, an dem es angekündigt wurde. Das war so erfolgreich, daß Kardinal Francis J. Spellman in New York nicht einmal sicher war, ob sein alter Kumpel, der Papst, wirklich ein Konzil wollte. Er sagte: «Ich glaube nicht, daß der Papst ein Konzil einberufen wollte, aber er wurde von Leuten, die seine Worte verdrehten, dazu gedrängt» (Elliott, S. 290). Es dürfte schwierig sein, eine absurdere Interpretation für Papst Johannes' Worte auszudenken; aber da keiner bis dahin einen Wortlaut der Ansprache gesehen hatte, darf man Spellman vielleicht verzeihen. Er schoß aus der Hüfte. Und er war sehr weit weg.

Keine derartigen Entschuldigungen ließen sich für Kardinal Giacomo Lercaro vorbringen, den Erzbischof von Bologna, der gewöhnlich als der «progressivste» unter den italienischen Bischöfen angesehen wurde. Er war skeptisch und kleinmütig:

> Wie kann er es wagen, nach einhundert Jahren und nur drei Monate nach seiner Wahl, ein Konzil einzuberufen? Papst Johannes ist vorschnell und impulsiv. Seine Unerfahrenheit und sein Mangel an Bildung führten ihn zu diesem Schritt, zu diesem Paradoxon. Ein Ereignis wie dieses wird seine ohnehin schon schwache Gesundheit ruinieren und das ganze Gebäude seiner angeblichen moralischen und theologischen Tugenden zusammenstürzen lassen (Gorresio, zitiert von Dreyfus, S. 205).

Es war ganz gut, daß diese Äußerungen erst neun Jahre später veröffentlicht wurden. Bis dahin hatte Lercaro einen ganz hübschen Schadenersatz geleistet. Er wurde der Architekt der Liturgiereform des Konzils und die Hauptzielscheibe der Angriffe von rechts. («Nach Martin Luther», schrieb Tito Cassani im Jahr 1967, «ist die gewaltigste Bedrohung für die Einheit und Unversehrtheit der Kirche Kardinal Lercaro.») 1959 war Lercaro nicht allein, wenn er dachte, Papst Johannes beginge mit der Einberufung eines Konzils einen schmerzlichen Fehler. Es war die gängige Meinung in der Kurie. Es war auch das spontane Urteil Giovanni Battista Montinis in Mailand. Am Abend des Tages, an dem Papst Johannes das Konzil ankündigte, rief Montini seinen alten Mentor an, den Oratorianer Pater Giulio Bevilacqua, und sagte: «Dieser heilige alte Knabe scheint nicht zu merken, in was für ein Hornissennest er da sticht.» «Keine Sorge, Don Battista», erwiderte Bevilacqua, *«lascia fare,* lassen Sie nur, der Heilige Geist ist noch wach in der Kirche» (Fappani-Molinari, S. 171). Wenigstens einer hatte verstanden, was Papst Johannes zu tun versuchte.

15. Kapitel

Der Kampf um das Konzil

«Womit soll ich den Anfang machen, mit Verlaub, Eure Majestät?» fragte er. «Mache den Anfang mit dem Anfang», sagte der König ernst, «und fahre fort, bis du zum Ende kommst: dann höre auf.»

(Lewis Carroll, *Alice im Wunderland*)

Die Ankündigung des Konzils durch Papst Johannes kam als Überraschung. Sie weckte große und übertriebene Hoffnungen. Gerade die Unbestimmtheit des Projektes in seinem Anfangsstadium machte es für alle und jeden zu etwas anderem. Der weitsichtige Kardinal Giovanni Battista Montini überwand bald seine Bedenken, die ihn das aufgewühlte Hornissennest fürchten ließen, und wurde ein begeisterter und unermüdlicher Verteidiger des Konzils. Aber er warnte, daß es «Erwartungen, Träume, Neugier, Utopien, Launen jeder Art und unzählige Phantasien» wecken könnte. Dieser Kommentar sieht ein wenig wie eine kalte Dusche aus. Doch im selben Hirtenbrief für die Diözese Mailand weist Montini darauf hin, daß Papst Johannes' Initiative im wesentlichen richtig war: «Es scheint, als hätte er eine verborgene Erwartung nicht nur seitens des bischöflichen Kollegiums, sondern auch der gesamten katholischen Welt erraten. Eine Flamme der Begeisterung loderte durch die ganze Kirche. Er verstand auf Anhieb, vielleicht aufgrund einer Eingebung, daß er durch die Einberufung eines Konzils Lebenskräfte ohnegleichen in der Kirche freisetzen würde» (*Church,* S. 156).

Doch die Begeisterung und die Energien, die durch die Ankündigung des Konzils erzeugt wurden, mußten erst noch der Plackerei mit der Vorbereitung nutzbar gemacht werden. Dennoch schien sich wenig zu tun zwischen dem 25. Januar 1959 und dem Pfingstsonntag dieses Jahres, als Johannes verkündete, daß Domenico Tardini der Vorsitzende der Ersten Vorbereitenden Kommission würde. Hinter den Kulissen jedoch fand ein heroischer Kampf statt, der den eigentlichen Charakter des Konzils betraf. Sollte es ein Konzil der Erneuerung und Reform werden, wie Papst Johannes wollte, oder sollte es ein defensives Konzil werden, das vor allem Irrtümer der Zeit abwehren wollte, wie das gescheiterte Projekt von 1948/49? Die Kurie war bereit, der Laune des alten Mannes nachzugeben und ein Konzil zu akzeptieren, vorausgesetzt, sie konnte die Vorbereitung fest im Griff

behalten. Jahrhundertealte Kurienweisheit erklärte: Wer die Tagesordnung kontrolliert, der kontrolliert die Sitzung.
Es fiel einem schwer, das Gefühl loszuwerden, daß die Kurie das ernste Geschäft versah, die Kirche zu leiten, während Papst Johannes die Menge mit seinen spaßigen Audienzen erheiterte und die Presse mit seinen Bonmots auf Trab hielt. Die Kardinäle Ottaviani und Pizzardo zum Beispiel verhielten sich weiter wie unter dem vorigen Pontifikat und verstärkten sogar ihre repressiven Aktivitäten. Während Papst Johannes einige Fenster öffnete, verschlossen sie andere fest. Im Dezember 1958 legte Pizzardo der Katholischen Universität vom Heiligsten Herzen Jesu in Mailand einen Riegel vor, als sie Jacques Maritain einen Ehrendoktor verleihen wollte. Der berühmte Neothomist, der auch französischer Botschafter beim Heiligen Stuhl gewesen war, wurde für «unsolide» gehalten. Um sich nicht vom Präfekten der Kongregation für das katholische Unterrichtswesen ausstechen zu lassen, verbot Ottaviani vom Heiligen Offizium Don Lorenzo Milanis Buch *Esperienze pastorali* (Pastorale Experimente), ungeachtet der Tatsache, daß es ein *Imprimatur* von dem ehrwürdigen Kardinal Elia Dalla Costa hatte. Er zensierte eine «progressive» Zeitschrift, *Testimonianze,* und jagte ihren Autor Don Ernesto Balducci aus Florenz. Im Juli 1959 befahl Pizzardo den französischen Bischöfen, die Arbeiterpriester ein für allemal abzuschaffen (s. Magister, S. 239 zu diesen drei Beispielen). Obwohl das Papsttum eine Monarchie ist und sogar in gewissem Sinn eine absolute Monarchie, verfügten diese mächtigen Kardinäle über große Unabhängigkeit und benahmen sich wie englische Barone vor der Unterzeichnung der Magna Charta. Sie fühlten sich dem Papst nicht verpflichtet. Sie hatten ihn schließlich gewählt. Doch Johannes machte ihnen Ärger. Am 25. Februar 1959 gewährte er Don Primo Mazzolari eine Audienz, einem bemerkenswert prophetischen Priester, der erst Probleme mit den Faschisten, dann mit dem Heiligen Offizium gehabt hatte. Johannes nannte ihn unbedachtsam «die Fanfare des Heiligen Geistes in der Poebene» (s. Marco Giudici, *«Il Coraggio della Speranza»,* in *Vita e Pensiero,* Februar 1980). Ottaviani war sehr verärgert. Er erinnerte jeden daran, daß das Heilige Offizium, dem er vorstand, «die höchste Kongregation» sei. Ein Witz machte die Runde: «Tardini herrscht, Ottaviani regiert, Johannes segnet.»
Natürlich gab es auch Personen, die Johannes unterstützten, aber sie waren meist jünger und eher Mitglieder des Päpstlichen Haushalts als der Kurie. Am 18. Februar 1959 hatte Msgr. Igino Cardinale, der Protokollchef, eine lange Unterredung mit Sir John Lawrence, einem Anglikaner und Herausgeber von *Frontier.* Cardinale war Halbameri-

kaner, dreiundvierzig, vielversprechend und der Neffe von Don Giuseppe De Luca, der jetzt fleißig alles von Roncalli veröffentlichte, was er in die Finger bekommen konnte. Cardinales Kommentare verraten, was von Papst Johannes' engsten Verbündeten weniger als einen Monat nach der Ankündigung des Konzils diskutiert wurde. Cardinale glaubte, das Konzil könnte in zwei Jahren beginnen. Dies war übertrieben optimistisch, drückte aber Johannes' Wunsch aus, mit Hochdruck zu arbeiten. Pressereaktionen auf die Ankündigung wurden studiert und würden bei der Planung des Konzils helfen. Ein wichtiger prinzipieller Entschluß war schon gefallen: Dies würde kein «Lehr»-Konzil sein, das mit der Verkündung von Dogmen befaßt war; vielmehr würde es ein «erzieherisches» Konzil sein, womit Cardinale meinte, es würde sich mit praktischen Angelegenheiten befassen, die nicht unwandelbar waren. Aber welche reformierbaren praktischen Dinge würden auf der Tagesordnung erscheinen? In diesem frühen Stadium war das schwer zu sagen. Aber Cardinale gab kühn drei Beispiele möglicher Themen zum besten:

1. *Zölibat des Klerus.* Die Verknüpfung von Priestertum und Zölibat müßte vielleicht nicht in allen Fällen unbedingt beibehalten werden. Das Beispiel der Unierten Kirchen in Gemeinschaft mit Rom bewies, daß ein Zölibat nicht absolut wesentlich für das Priestertum war. Aber es dürfte schwierig werden, das in «lateinischen» Ländern begreiflich zu machen.
2. *Liturgische Reform.* Pius XII. hatte bereits Änderungen an der Liturgie der Heiligen Woche vorgenommen, hatte «Abend»-Messen erlaubt und die strengen Vorschriften des eucharistischen Fastens gemildert. In dieser Richtung müßte noch viel mehr getan werden. Der Gebrauch der Volkssprache und der Platz der Bibel im Gottesdienst müßten erörtert werden.
3. *Ökumenische Belange.* «Der Heilige Vater hat großes Interesse an einer Wiedervereinigung und geht von der Überlegung aus, daß einige Spaltungen der Christenheit auf Nebensächlichkeiten beruhen, die nur aus historischen Gründen wichtig wurden. In solchen Fällen könnte der gesunde Menschenverstand viel ausrichten» (Lawrence, S. 5ff.).

Dies war die Ansicht im päpstlichen Haus im Februar 1959. Mit seiner Vorhersage erzielte Cardinale zwei Treffer von drei möglichen. Nur der Zölibat der Geistlichen konnte nicht auf die Tagesordnung für das Konzil gesetzt werden, aus Gründen, die wir im nächsten Kapitel aufdecken.

Man konnte vernünftigerweise folgern, daß dies eine andere Art von Konzil würde. Es wurde nicht einberufen, um sich mit besonderen Gefahren der Ketzerei oder des Schismas zu befassen. Noch wurde es dem Papst durch Druck von außen aufgezwungen. Der Oratorianer Pater Giulio Bevilacqua, Montinis Mentor, äußerte sich so:

> Dies ist etwas Neues in der Geschichte der Kirche. Das Konzil, das Rom durch die Jahrhunderte fürchtete, weil die Teilnehmer es in eine antipäpstliche Waffe verwandelt hatten, wird plötzlich vom Papst zusammengerufen, ohne Druck seitens des Kaisers, des Klerus oder von Staaten. Noch vor vier Jahrhunderten trat das Konzil mehr auf Geheiß eines mächtigen Kaisers als eines schwachen Papstes zusammen. Und heute kommt das Konzil durch die einfache Einladung eines leutseligen Papstes zustande und wird mit Freude und allgemeiner Zustimmung begrüßt (in *Vita e Pensiero,* 1960, S. 513).

Das Konzil, das vor vier Jahrhunderten zusammentrat, war natürlich das Konzil von Trient. Der dritte völlig neue Punkt am Vatikanum II war, daß es eine starke ökumenische Dimension haben würde, obwohl es praktisch kein «Konzil der Wiedervereinigung» im Sinne des Florentiner Konzils war.

Wie wichtig die ökumenische Bedeutung wirklich sein würde, war eine Streitfrage. Von Pater Charles Boyer SJ, Professor an der Gregorianischen Universität, durfte man eine Meinung erwarten. Mehr als zehn Jahre lang hatte er Konferenzen mit Anglikanern gehalten, abwechselnd in England und in Italien, immer mit Erlaubnis und Diskretion. Lawrence beschrieb ihn als einen «kleinen Franzosen mit einem klugen, sensiblen, vergeistigten Gesicht». Sein Ordensbruder Pater Joseph Gill sagt, er war «ein sehr heiliger Mann, der sich im katholischen Rom gut auskannte» (Brief an den Autor, 29. Januar 1984). Boyer war ziemlich verblüfft. Er betonte, daß das Konzil im wesentlichen ein katholisches Ereignis sei. Das Wort «ökumenisch», das in der offiziellen Bezeichnung verwendet wurde, bedeutet «allgemein» im Unterschied zu «örtlich»; vom Wort her sagte es nichts über zwischenkirchliche Beziehungen. Dennoch wäre es möglich, räumte Boyer ein, «schismatische» oder auch nichtepiskopale Kirchen einzuladen, «Beobachter» zu entsenden. Boyer glaubte, daß die kirchliche Glaubenslehre ganz oben auf der Tagesordnung stehen würde, fuhr aber fort: «Ehe der Papst spricht, weiß eigentlich keiner, was das Konzil tun wird» (Lawrence, S. 4). So wurde der Ball wieder Papst Johannes in den Hof geworfen.

Es gab jedoch noch eine andere inoffizielle ökumenische Gruppe, die glaubte, ihre Stunde sei gekommen. 1952 in Holland von Pater (sehr viel später Kardinal) Jan Willebrands und Pater Frans Thyssen gegründet, suchte die «Katholische Konferenz zu ökumenischen Fragen», wie sie unbestimmt genannt wurde, der Arbeit des Weltkirchenrats in Genf zu «folgen». Willebrands stieß auf viele Mißverständnisse und Hindernisse. Nach herkömmlicher katholischer Ansicht war der Weltkirchenrat nicht genügend «theologisch» in seinem Streben nach Einheit. Willebrands wurde untersagt, an der Konferenz des Weltkirchenrates in Chicago 1953 teilzunehmen (Kaiser, S. 32), und er wurde von Erzbischof Cyril Cowderoy von Southwark in England vor den Kopf gestoßen. Die Beteiligten an der Willebrandsgruppe wechselten, aber es gehörten dazu der Jesuit Augustinus Bea, Rektor des Bibelinstituts, der französische Dominikaner Christophe Dumont und Pierre Dumont, Mönch in Chevetogne, Jean-François Arrighi, Kardinal Tisserants Sekretär, und Msgr. Josef Höfer aus der Diözese Paderborn, theologischer Berater des deutschen Botschafters beim Heiligen Stuhl. Fast allen war es bestimmt, im weiteren Verlauf eine wichtige Rolle zu spielen.

Papst Johannes hatte Arrighi in Paris gekannt und hielt viel von ihm. Die Legende berichtet, daß er Papst Johannes Unterricht in protestantischer Theologie gab. Wahr ist, daß sie viele Gespräche über ökumenische Fragen im Vorfeld des Konzils hatten. Arrighi stellte die Verbindung zu französischen Theologen wie Yves-Marie Vongar her, der immer noch in Ungnade stand. Congar meinte, die katholische Kirche sollte so anständig sein anzuerkennen, daß andere das ökumenische Feld schon eine Weile beackert hätten. Er schrieb: «In dem Augenblick, als der Heilige Stuhl aus seiner halben Abwesenheit auftauchte, fand er den Boden gepflügt und bestellt und mit üppigem hohem Getreide bewachsen» (Congar, *Dialogue between Christians,* S. 41). Arrighi drängte schon im Februar 1959, «ein kleines hochkarätiges Gremium zur Behandlung ökumenischer Fragen» einzusetzen (Lawrence, S. 20). Ökumenismus in Rom, so argumentierte er, wäre eine Freizeitbeschäftigung für Enthusiasten, die schon alle Hände voll mit anderer Arbeit hätten. Bis ein Gremium eingesetzt wäre, das sich speziell mit zwischenkirchlichen Fragen befaßte, würde sich der Fall durch Nichtanwesenheit erledigen. Rom erlaubt nicht die Existenz eines Problems, solange es keinen gibt, der sich damit befaßt. Aber diese Schmetterlingspuppe einer Idee hatte sich noch nicht zu einem endgültigen Vorschlag entwickelt.

Wenn Arrighi, obwohl Korse, die Verbindung zu französischen Theologen herstellte, so kannte Höfer die deutsche ökumenische Szene und war auf Ersuchen seines Bischofs, Lorenz Jaeger, nach Rom gegangen, um sie besser bekannt zu machen (Nash, S. 10). Jaeger, Erzbischof von Paderborn, war der Gründer und Vorsitzende des Adam-Möhler-Instituts, dessen Ziel es war, «Fachleute in lutherischen und ökumenischen Fragen zu bilden und an interkonfessionellen Gesprächen teilzunehmen» (ibid., S. 100). Höfer kannte die Arbeit des dreißigjährigen Schweizer Theologen Hans Küng, der eine Dissertation geschrieben hatte, die nachwies, daß Luthers Verständnis der «Rechtfertigung» nicht unvereinbar mit dem des Trienter Konzils war (*Rechtfertigung,* 1957). Karl Barth schrieb ein bewunderndes, aber etwas verdutztes Vorwort zu Küngs Buch, in dem er eingestand, daß die Reformation, falls Küng recht hatte, auf einem Irrtum beruhte.

Ein Schlüsselwort unter allen diesen katholischen Ökumenikern war «Kollegialität». Es besagte, daß der Papst kein einsamer Atlas war, der die gesamte Welt stützte – wie manche Interpretationen von Vatikanum I nahelegten. Vielmehr war er umgeben, gestärkt und unterstützt von den Bischöfen der ganzen Welt, die mit ihm «die Sorge um alle Kirchen» teilten. Es war bekannt, daß Papst Johannes sich für Kollegialität einsetzte. In Istanbul hatte er immer versucht, nach dem kollegialen Prinzip mit den Bischöfen verschiedener Riten umzugehen, die an seinem Amt teilnahmen.

Die Einberufung eines Konzils war eine Ausweitung desselben Prinzips auf die Gesamtkirche. Auf einer bescheideneren Ebene konnte Kollegialität als ein Beispiel dessen gesehen werden, was die päpstliche Soziallehre «Subsidiarität» nannte: Schiebe nie auf eine höhere Ebene, was auf einer niedrigeren Ebene erledigt werden kann. Johannes praktizierte bereits «Subsidiarität».

Am 23. Februar 1959 erklärte Arrighi:

> Johannes XXIII. wendet das kollegiale Regierungssystem wirklich an und arbeitet mit seinen Bischofskollegen zusammen. Anders als Pius XII. traut er seinen Untergebenen. Zum Beispiel muß ich Ratschläge zu Ehefragen geben, die mit den Unierten Kirchen zusammenhängen. Ich gebe meine Empfehlungen an Kardinal Tisserant, der sie dann dem Papst vorlegt. Er sagt: «Haben Sie das durchgesehen? Ist es in Ordnung?» Wenn der Kardinal ja sagt, unterschreibt der Papst (Lawrence, S. 19).

Arrighi äußerte sich auch scharfsichtig über Papst Johannes' Einstellung zu ökumenischen Angelegenheiten:

> Ihm liegt wirklich an der Einheit. Sein Ansatzpunkt ist die orthodoxe Kirche, aber «wenn man ökumenisch wird, muß man alle hereinnehmen». Er hat eine gewisse Erfahrung mit dem Protestantismus in Frankreich. Der Papst hat den Ausdruck *la ricerca della unità* [die Suche nach Einheit] bei einem privaten Treffen verwendet. Dieser Ausdruck war bedeutungsvoll, und es scheint, daß er ihn auch auf die römisch-katholische Kirche anwenden wollte. Kürzlich rief er die Kongregation für die Ostkirchen zusammen und sagte: «Ich weiß, daß menschlich gesehen

> mein Plan unmöglich ist, aber Gott verlangt die Einheit, und wir müssen etwas dafür tun» (Lawrence, S. 19).

Diese Kommentare kommen von einem, der sich schon für Papst Johannes begeisterte und von der Wichtigkeit des Ökumenismus nicht erst überzeugt werden mußte. Es war eine neuartige Erfahrung für die arg geschundene Schar der katholischen Ökumeniker, mehr an Tritte als an gute Worte gewöhnt, den Papst auf ihrer Seite zu haben. So machten sie das Beste daraus. Jedoch fast alle römischen Ökumeniker und alle bisher Genannten waren Nichtitaliener. Dies verbreiterte die Kluft zu den Wachhunden der Orthodoxie in der Römischen Kurie und führte ein häßliches Element von Fremdenfeindlichkeit in den Zusammenprall der theologischen Meinungen. Die Fremden, *questa gente da fuori* (diese Leute von draußen), hatten wieder etwas vor und mußten aufgehalten werden.

Papst Johannes unternahm keine direkten Schritte, um seine Anhänger zu beruhigen oder seine Absichten zu erhellen. Nachdem er das Konzil angekündigt hatte, schwieg er sich überraschend dazu aus. Er schien sich zurückzulehnen und zu beobachten, was sich tat. Er entdeckte, auf die harte Art, die Grenzen päpstlicher Autorität. «Ich bin bloß der Papst hierherum» war teils ein Scherz, teils eine echte Klage über seine Ohnmacht. Die Barone regierten noch. Am 31. Januar 1959 schrieb er an Don Angelo Pedrinelli, der mit ihm am Bergamasker Seminar gewesen und jetzt schwer krank war. Mit einem Lehrverbot während der «Modernisten»-Krise belegt, wurde er 1911 Gemeindepfarrer in Carica, der Nachbargemeinde von Sotto il Monte. Er blieb dort bis zu seinem Tod neunundvierzig Jahre später. Er muß überrascht gewesen sein, einen Brief mit dem aufgeprägten vatikanischen Siegel zu erhalten, und hocherfreut entdeckt haben, daß der Angelo, den er gekannt hatte, sich kein bißchen geändert hatte: «Ich bin erstaunt zu sehen, daß ich noch derselbe wie immer bin, das heißt einfach und aufrichtig, vor allem ruhig und heiter, ohne Illusionen und voller Demut bereit *ad omnia ut vinctus Christi* [«Euch kommt es zugute, daß ich der Gefangene Christi Jesu bin»; Epheser 3,1] (*Lettere,* S. 94).

Das große Ereignis des Konzils nahm nicht seine gesamte Aufmerksamkeit und Zeit in Anspruch, nachdem es erst einmal beschlossen und angekündigt war. Das hing zum Teil damit zusammen, daß er die Antwort der östlichen Kirchen abwarten mußte – dies war ein weiterer Aspekt der Kollegialität. Aber er mußte auch an so vielen anderen Fronten rege sein. In den ersten sechs Monaten des Jahres 1959 empfing er in Audienz oder auf Staatsbesuch General Charles de Gaulle, Königin Elisabeth II., König Paul und Königin Friederike von Griechenland, König Hussein I. von Jordanien und die Präsidenten der Türkei, Indonesiens und Tunesiens, nicht zu reden vom japanischen Ministerpräsidenten und Fürst Rainier von Monaco und seiner schönen Gattin, Fürstin Gracia Patricia *(Cronologia,* S. 748ff.). Die ganze Welt – mit Ausnahme des Ostblocks – schien in den Vatikan zu ziehen. Cardinale führte die Liste. In siebzehn Jahren hatte Pius XII. zehn Besuche von Staatsoberhäuptern gehabt; Johannes, der in diesem Jahrhundert bis jetzt das kürzeste Pontifikat hatte (abgesehen von der «Sternschnuppe» Johannes Paul I.), hatte vierunddreißig (Cardinale, S. 385f.). Johannes neigte mehr dazu, mit diesen Persönlichkeiten über ihre Kinder als über das Konzil zu sprechen. Jedenfalls galt seine direktere Sorge an der Kirchenfront eher der Synode in der Diözese Rom als dem Konzil der Gesamtkirche. Am 31. Juli 1959 schrieb er an Giuseppe Pattaglia, den Bischof von Faenza, wie gewöhnlich wegen seines rastlosen Priesterneffen, Don Giovanni Roncalli, der nun in eine andere Diözese wechseln wollte. Im letzten Absatz bemerkte Johannes beiläufig: «Hier gehen die Vorbereitungen für die Römische Synode so gut voran, daß ich hoffe, sie wird innerhalb dieses Jahres stattfinden» (*Lettere,* S. 151). Kein Wort über das Konzil.

Doch Papst Johannes hatte schon eine Entscheidung von großer Tragweite getroffen. Er machte den Staatssekretär Tardini zum Vorsitzenden der Ersten Vorbereitenden Kommission, deren Aufgabe es sein würde, die Bischöfe zu befragen. Tardinis Biograph behauptete, daß er auf den Rat des Kardinals Pietro Ciriaci ernannt wurde, der argumentierte, Tardinis breite Erfahrung und seine Fähigkeit, trotz der vielen Bäume den Wald zu sehen, machten ihn zur idealen Person, die vorbereitende Arbeit für das Konzil zu organisieren (Nicoloni, S. 191). Das ist rührend, aber unwahrscheinlich. Johannes zögerte und erwog andere Möglichkeiten, ehe er sich auf Tardini festlegte. Schließlich mag er gemeint haben, es wäre besser, Tardini mit der Vorbereitung des Konzils zu beschäftigen, als ihn von außen seine treffsicheren Kommentare abschießen zu lassen. Johannes gab Tardinis Ernennung am Pfingstsonntag 1959 bekannt. Das war der Tag, an dem die ernsthafte Vorbereitung für das Konzil in Gang gesetzt wurde.

Es war kein Zufall, daß die Bekanntmachung am Pfingstsonntag stattfand. Johannes war aufgefallen, daß Pius IX. den 8. Dezember, das Fest der Unbefleckten Empfängnis (die er 1854 zum Dogma erhoben hatte), gewählt hatte, um die verschiedenen Etappen des Vatikanum I vorzutragen. Johannes fehlte es nicht an Marienfrömmigkeit, aber er betrachtete Pfingsten als das Fest der Kirche. Deshalb versuchte er, es eng mit der Geschichte von Vatikanum II zu verknüpfen. Das war völlig logisch: Da der Heilige Geist ihm die Idee des Konzils eingegeben hatte, würde der Heilige Geist sich um seinen Verlauf und Abschluß kümmern. Im Vorfeld des Konklaves hatte er von der Notwendigkeit eines «neuen Pfingsten» gesprochen (s. oben, S. 355f.). Er verwendete denselben Ausdruck in seinem «Gebet für das Konzil»: «Erneuere deine Wunder an diesem Tag» (Abbott, S. 793). Er sagte ausdrücklich, «es sind der Geist und die Lehre von Pfingsten, woraus das große Ereignis des Ökumenischen Konzils seinen Gehalt und sein Leben erhält» (AAS, 52, S. 517). Das war die Vision.

Es in der Praxis herauszuarbeiten, erwies sich als schwieriger. Seine erste Sitzung mit der Ersten Vorbereitenden Kommission am 30. Juni 1959 gab ihm eine Gelegenheit darzulegen, was er von dem Konzil erhoffte. Sein Zweck sei, sagte er, «die ins Auge fallende Verschiedenheit der Riten zusammen mit der unerschütterlichen Einheit der katholischen Kirche zu demonstrieren». Dies war die Sicht des Konzils als «Schauspiel», die Johannes sehr lieb war. Es würde einfach durch sein Zusammentreten zur Welt sprechen und neue Energien und Schwung in die ganze Kirche tragen. Aber das war alles sehr vage – ein bißchen wie wenn man erklärt, in Zukunft würde alles besser. Ebenso unbestimmt war die Versicherung, das Konzil würde sowohl Bedürfnissen der Zeit entgegenkommen als auch der Vergangenheit treu bleiben:

> Immer treu den geheiligten Prinzipien, auf die sie sich stützt, und der unwandelbaren Lehre, die ihr von dem göttlichen Gründer anvertraut wurde, und immer den Pfaden der alten Überlieferung folgend, schlägt die Kirche vor ... ihren Zusammenhalt zu beteuern und sich vielen Gegebenheiten und Problemen der modernen Zeit zu stellen, indem sie wirksame Richtlinien des Verhaltens und Tuns aufstellt (*Letture,* S. 146).

Was wollte er sagen? Es glich der Rhetorik von Georges Bernanos, von der ein Kritiker sagte: «Sie stachelt einen zum Kampf an, aber sie zeigt einem nicht den Feind.» Es gab freilich keinen Widerspruch zwischen Treue und Befriedigung der Forderungen der zeitgenössischen Welt. *Aggiornamento* und Erneuerung konnten nur von Wert sein, wenn sie aus der echten Tradition erwuchsen. Aber die Betonung lag in dieser Rede vom 30. Juni 1959 mehr auf der Stärkung und Wahrung der Vergangenheit als auf einer Antwort auf die Gegenwart. Was Johannes sagte, stand völlig in Einklang mit der «abwehrenden» Sicht des Konzils, wie Tardini, Ottaviani und Pizzardo sie vertraten.

Johannes' erste Enzyklika *Ad Petri Cathedram* (Zu Petri Stuhl) erschien zum gleichen Zeitpunkt (29. Juni 1959). Sie war gespannt

erwartet worden: Erste Enzykliken sind im allgemeinen programmatisch, und man rechnete damit, sie würde Licht auf das Konzil werfen. Aber diese war ein Kompromiß, ein hybrides Dokument, mit dessenSchlußredaktion Tardini betraut war. Papst Johannes' Fanfare war deutlich gedämpft. Vieles in *Ad Petri Cathedram* war von seinen Vorgängern übernommen. Papst Johannes (oder seine Textschreiber) wiederholten den Gedanken Leos XIII., daß Klasseneinteilungen ein Naturgesetz sind. Die Enzyklika war negativ im Ton, entschieden antikommunistisch, voll von schrecklichen Warnungen vor den Massenmedien, und sie verlangte Gehorsam von allen. Es war schwierig, das alles mit dem «guten Papst Johannes» in Einklang zu bringen, der so eifrig von ebendiesen Medien gezeichnet worden war, die er schalt. Bei dem Versuch, diesen Widerspruch zu lösen, behaupteten Kommentatoren, Johannes habe sich absichtlich von Tardini beeinflussen lassen, um damit die Kurie zu beschwichtigen, die immer noch unter dem Bombenschock durch die Ankündigung des Konzils litt. *Ad Petri Cathedram* bewies, daß er trotz seines «Auflehnungsgeistes» im Innersten ein verläßlicher Traditionalist war.
Aber das war eine schwache Erklärung für die Art, wie *Ad Petri Cathedram* andere Christen behandelte. Konnte das wirklich die Stimme von Papst Johannes sein? Er berief sich auf die Enzyklika von Pius XI. *Mortalium Animos* von 1928, die eine katholische Teilnahme an der internationalen ökumenischen Bewegung ausgeschlossen und vor den Gefahren des Indifferentismus gewarnt hatte. Wir wissen, schrieb Johannes, daß es unter einigen Gemeinschaften, die vom Heiligen Stuhl getrennt sind, «eine gewisse Bewegung der Sympathie zur katholischen Kirche» gegeben hat. Man erwartete, er würde diese ausgestreckte Hand ergreifen. Aber nein. Er fuhr fort: «Jene, die sich Christen nennen, wenn auch von uns abgespalten, haben viele Kongresse abgehalten mit dem Ziel eines engeren Verhältnisses untereinander, und zu diesem Zweck haben sie verschiedene Gremien eingesetzt. Dies zeigt, daß sie von dem Wunsch bewegt werden, irgendeine Art von Einheit zu erreichen» (Nr. 32). Das war ein ziemlich hochmütiger und anscheinend verächtlicher Bezug auf den Weltkirchenrat. Seine recht seichten Versuche, Einheit zu erreichen, wurden der Römisch-katholischen Kirche gegenübergestellt, die schon die «von Christus gewollte Einheit» hat und deshalb nicht zu suchen braucht. Die katholische Kirche verfügt über Einheit des Glaubens, Einheit der Lenkung und Einheit im Gottesdienst (Nr. 33–38). Ganz offensichtlich ist dies «wirkliche» Einheit, und sie unterscheidet sich stark von der verschwommenen «Art von Einheit», die andere anstreben. *Ad Petri Cathedram* macht das mit eleganten

Dreiergruppen klar: «Einheit, verehrte Brüder und geliebte Söhne, sollte nichts Vergängliches, Flüchtiges und Zufälliges sein, sondern eher etwas Festes, Beständiges und Sicheres» (Nr. 34). Festigkeit, Beständigkeit und Sicherheit konnten in der Römisch-katholischen Kirche und nur da gefunden werden. Es war ein Argument, das seinen Platz in Bossuets klassischer *Histoire des Eglises Protestantes* hätte haben können.

Ein Schluß folgte, und Johannes zögerte nicht, ihn zu ziehen, auch wenn er die hohen ökumenischen Hoffnungen, die er auf das Konzil setzte, gefährdete: Wenn das Papsttum der Wächter der von Christus für seine Kirche gewollten Einheit war, dann war die Lösung für den Skandal der christlichen Spaltung, daß alle «zurückkehren» sollten, und zwar reumütig, in den Schafpferch, den sie verlassen hatten. Für Orthodoxe, Anglikaner und Protestanten gleichermaßen war der Begriff verletzend: Er bedeutete, daß eine Wiedervereinigung nur zu dem Preis der Unterwerfung und Kapitulation vor den institutionellen Ansprüchen des Bischofs von Rom möglich war. Er bedeutete auch, daß die Verantwortung für die christliche Spaltung nur auf einer Seite lag – entgegen dem, was Roncalli im September 1957 in Palermo gesagt hatte (s. oben, S. 338). Nach der Lektüre von *Ad Petri Cathedram* war es vernünftig zu fragen, ob nicht, mit Verlaub, der echte Papst Johannes vortreten möchte. Es schien, als habe er mit seiner ersten Enzyklika einen einigermaßen großen ökumenischen Fauxpas begangen.

Hatte er wirklich? Eine sorgfältigere Lektüre von *Ad Petri Cathedram* (vor allem auch im Rückblick) legt den Schluß nahe, daß Papst Johannes zwischen die verwelkten Blumen seiner verehrten Vorgänger vorsichtig den einen oder anderen Samen gelegt hatte, der ökumenische Früchte tragen konnte. Es war unvernünftig zu erwarten, daß er die Überzeugung eines ganzen Lebens fallenlassen und aufhören würde zu glauben, die römisch-katholische Kirche sei «die eine wahre Kirche», von Christus gewollt, und das Papsttum wäre der Kern ihrer Einheit. Aber das bedeutete nicht, daß andere Christen der äußersten Finsternis ausgeliefert werden mußten. Johannes würde Augustinus Bea brauchen, der ihm zeigen würde, wie dies zuwege gebracht werden und wie ein gemeinsamer Glauben an die christliche Taufe die Grundlage für ökumenische Arbeit schaffen könnte. Doch im Juni 1959 war Bea nur ein Name für ihn, und nach dem Arbeitspensum des Mannes zu urteilen, mußte Johannes ihn für zwei Personen halten. Beas Augenblick würde bald kommen.

Die Wahrheit ist, daß *Ad Petri Cathedram* ein Stück für zwei Singstimmen war. Soweit haben wir von Tardini gehört. Papst Johannes beabsichtigte gewiß, daß seine Enzyklika ein ökumenisch freundliches Dokument sein sollte, und glaubte, das sei ihm gelungen. Dies wird sogar in dem berühmten Absatz klar, der das anrüchige Wort «Rückkehr» benutzt. Er richtet sich ausdrücklich an die getrennten Brüder: «Laßt mich euch mit brennendem Verlangen als Brüder und Söhne ansprechen. Laßt uns die Hoffnung auf eure treue Rückkehr *[ritorno]* mit der ganzen Liebe eines Vaters nähren ... Wenn wir euch in Liebe in die Einheit der Kirche einladen, so laden wir euch nicht in ein fremdes Haus ein, sondern in euer eigenes gemeinsames Vaterhaus ... ‹Ich bin Josef, euer Bruder›» (Nr. 39–40). Wir haben schon die Wichtigkeit dieses Textes aus Genesis 45,44 gesehen. Johannes verwendet ihn, um seine Bereitschaft auszudrücken, von einer erhöhten Stellung herunterzusteigen und sich neben seine Partner und auf eine Stufe mit ihnen im Dialog zu stellen. Das Bild des «Vaters», ganz natürlich bei einer Person von achtundsiebzig, wird durch das des «Bruders» eingeschränkt: Und beide Bilder, Vater und Bruder, gehören zu Johannes' *geistlichem* Vokabular. Es ist überhaupt nichts Richtendes daran. Von daher wurden seine Absichten verfälscht, wenn die Geschichte von Josef so gelesen wurde, daß dabei herauskam, ihm wäre früher Unrecht geschehen und seine schuldigen Brüder wären in Verlegenheit. Johannes meinte etwas viel Einfacheres. Er hatte vorher in *Ad Petri Cathedram* gesagt: «Alle sind Brüder, und deshalb müssen alle Fragen in freundlicher Weise mit gegenseitiger brüderlicher Nächstenliebe gelöst werden.» Einer von Johannes' liebenswürdigen Zügen war, daß er solche Klischees glaubhaft klingen lassen konnte.

Darüber hinaus gab er *Ad Petri Cathedram* einige andere persönliche Töne in Form von Lieblingszitaten. Das erste stammt von Augustinus: «Ob sie es wollen oder nicht, sie sind unsere Brüder. Sie werden erst dann aufhören, unsere Brüder zu sein, wenn sie vergessen haben, ‹Vater Unser› zu sagen» (Nr. 40: *In Psalmos* 32, *En.* 29). Es war ein Text, den Bea voll ausschöpfen würde. Johannes' anderer bemerkenswerter Hinweis galt Enrico Giovanni Newman, den er «einen berühmten englischen Schriftsteller» nennt. Er zitiert John Henry Newman (denn um ihn handelt es sich) mit *Difficulties of Anglicans,* um zu erklären, daß Streitgespräche unter Theologen, so lange sie keine Dogmen betreffen, die Einheit der Kirche nicht zerstören und unterstützt werden sollten, da sie zu einem tieferen Verständnis der Lehre führen (Nr. 36). Er paraphrasiert Newman und schreibt optimistisch: «Aus dem Zusammenprall widerstreitender Meinungen strömt immer neues Licht.» Die Bedeutung für das bevorstehende Konzil war eindeutig. Es war unabdingbar, auf der Freiheit der Meinungsäußerung zu bestehen und nicht zuzulassen, daß Diskussionen zwischen theologischen Schulen zu Zank über Unorthodoxie verkämen. Der kurze Hinweis auf Newman war auch dessen Rehabilitation. Die Antimodernistenkampagne hatte ihn als einen «Quasimodernisten» dargestellt, der die Scholastik verachtete und dessen «Entwicklung der Lehre» nicht mehr als eine unzulässige «Evolution der Lehre» war. Johannes bettete diese unglückseligen Geister still zur Ruhe und entschied für Newman und Entwicklung anstatt für Bossuet und Festgelegtheit.

Man könnte einwerfen, daß das hier vorgeschlagene «positive» Lesen von *Ad Petri Cathedram* sich auf haarspalterische Feinheiten stützt und beide Augen zudrückt. Das stimmt. Aber in ökumenischen Dingen hängt viel von Nuancen und befreienden Unterscheidungen ab. Und viel hängt vom Tonfall ab. *Ad Petri Cathedram* brachte dem Bild vom «guten Papst Johannes» keinen Kratzer bei. Aber es war offenbar, daß es ihm nicht gelungen war, einen befriedigenden Ausdruck für sich in der schriftlichen Form einer Enzyklika zu finden. Er stand noch unter der Bevormundung Tardinis, für den Pius XI. der Meister in diesem besonderen Genre gewesen war.

Johannes und seine Mannschaft jedoch produzierten Enzykliken in großer Zahl. Es folgten noch drei weitere vor Ende 1959: *Sacerdotii Nostri Primordia* (1. August 1959, zum hundertsten Todestag des Curé d'Ars, des heiligen Jean-Marie Vianney); *Grata Recordatio* (26. September 1959, über den Rosenkranz); *Princeps Pastorum* (28. November 1959, zur Erinnerung an den vierzigsten Jahrestag von *Maximum Illud,* in der Benedikt XV. die missionarische Arbeit neu organisiert hatte). Sie sind weitgehend vergessen, und man kann ehrlicherweise nicht sagen, daß sie damals viel Aufsehen erregt hätten. Sie schienen zu sehr Spaziergänge in die Erinnerung zu sein. Sie bestätigten den Eindruck, daß Johannes ein Mann von großer Frömmigkeit war, der Begeisterung und den Gewohnheiten seiner Jugend sehr treu und in seinen Gedanken halb in der Vergangenheit lebend. Einen Papst von dieser Sorte hätte er abgegeben, wenn er nicht das Konzil einberufen hätte. Aber er hatte ein Konzil einberufen, wenn es auch niemand nach der Lektüre dieser ehrenswerten Enzykliken erraten hätte.

Tardini besserte inzwischen fleißig die charismatische Verschwommenheit seines Chefs aus. Er war nicht allzu sehr davon angetan, sich das Konzil als ein «neues Pfingsten» vorzustellen, weil das in keine der bekannten juristischen Kategorien paßte. Mit seinen einundsiebzig Jahren immer noch energisch, barsch und offenbar frisch, erledigte in dieser Anfangsphase Tardini das meiste. Am 3. Juli 1959, drei Tage nach *Ad Petri Cathedram,* sprach er vor einer Versammlung von

Rektoren römischer Universitäten und anderer theologischer Institute. Tardini waren Zweifel fremd. Für ihn war der Zweck des Konzils völlig klar. Seine Notizen im Telegrammstil sind erhalten:

> Es ist mehr als wahrscheinlich nach dem, was man jetzt erkennen kann
> (a) daß das Konzil mehr praktisch als dogmatisch sein wird, mehr pastoral als ideologisch, und daß es eher Handlungsnormen geben wird als Verkündigung neuer Dogmen. Jedoch
> (b) räumt das nicht die Tatsache beiseite, daß
> (i) wir die Punkte der Lehre benennen und bekräftigen können (oder sollen), die am wichtigsten und heute am stärksten bedroht sind, oder
> (ii) daß wir rasch von einer schnellen und soliden Zusammenfassung der dogmatischen Prinzipien zu «praktischen Normen» schreiten können (oder müssen) (Nicolini, S. 193).

In Tardinis erstem Punkt – er hakte sie mit den Fingern ab – konnte man recht gut die Eigentümlichkeit dieses Konzils erkennen («mehr pastoral als dogmatisch»), wie Johannes es sich vorgestellt hatte; aber sein zweiter Punkt schien es in eine Übung für Kirchenrechtler zu verwandeln («praktische Normen»), was wahrscheinlich kaum jemanden interessieren und erst recht nicht inspirieren konnte.

Tardinis Ansprache jedoch war die einleitende Kanonade in der Schlacht um das Konzil. Er sprach die Rektoren der römischen Universitäten an, weil er damit rechnete, daß sie die Hauptmasse der «Experten» oder *periti* stellen würden, die man brauchte.

Die Universitäten stellten schon die meisten «Berater» der römischen Kongregationen. Es würde Zeit und Geld sparen, wenn sie an den Vorbereitungen für das Konzil arbeiteten. Somit – Tardini brauchte das nicht auszuführen – bestände keine Notwendigkeit, Experten von andern katholischen Universitäten, seien sie in Washington D.C., Löwen oder Mailand, einzuladen. Tardini sollte bald einen «Sekretär» für die effektive laufende Kontrolle des Unternehmens ernennen. Msgr. Pericle Felici war achtundvierzig, Professor für Kirchenrecht an der Universität des Lateran und Mitglied der Römischen Rota – des Gerichts, das sich mit strittigen Eheschließungen befaßte. Er war, in einem begrenzten Kreis, für die Eleganz seiner lateinischen Verse bekannt. Er wurde später Generalsekretär des eigentlichen Konzils. Tardini hatte mit Bedacht einen Mann ausgesucht, der die gleiche Rechtsauffassung wie er vom Konzil hatte. Seine Kontrolle war in diesem Stadium vollkommen.

Am 30. Oktober 1959 berief Tardini eine Pressekonferenz ein, um der Welt mitzuteilen, was ein Konzil war. Das hatte man noch nicht gehört: Römische Kardinäle hatten nicht die Angewohnheit, die

Presse zu treffen und sich dreisten Fragen der Ignoranten und der Angelsachsen auszusetzen. Aber Tardini blendete sie mit Wissenschaft. Er gab die Pressekonferenz nicht im Vatikan, sondern in seinem Waisenhaus in der Villa Nazareth, was sicherstellte, daß er die Aufmerksamkeit der Öffentlichkeit auf sein Haus zog, und zeigte, was für eine pastoral denkende Persönlichkeit er war. Es gibt viele Berichte über das, was Tardini bei dieser Gelegenheit sagte. Sein Biograph berichtet, daß «er eine historisch-dogmatische Vorlesung über das Wesen Ökumenischer Konzile gab, mit dem Schwung *(brio)* und Humor, die man an ihm gewohnt ist, indem er in seinen Vortrag geistreiche Bemerkungen *(battute)* einstreute» (Nicolini, S. 193). Bernard Wall, ein englischer Schriftsteller, beschreibt es etwas lebendiger:

> Kardinal Tardini kam mit flinkem Schritt in den Saal. Er war ein kleiner Mann, mit einem dicken Schopf von eisengrauem Haar, sehr kurz geschnitten und geschäftsmäßig. Seine Brille war stark und gab ihm einen spähenden Blick, und dies zusammen mit seinem Mund, der keine menschliche Sympathie ausdrückte, ließ ihn wie einen Pedanten oder Schulmeister aussehen, eingetrocknet, fast griesgrämig (Wall, S. 197).

Wall folgerte auch recht zutreffend, daß Tardini nicht an Ökumenismus oder Kirchenreform interessiert war, noch weniger am «Lernen von der Welt». Was war also aus Papst Johannes' großer Idee geworden?

> Bestimmt war es so gegangen, daß Papst Johannes im Überschwang allgemeinen Wohlwollens nach seiner Wahl und mit seinem Interesse an den orthodoxen Christen des Ostens einen großen Plan zur Wiedervereinigung gehabt hatte. Er hatte die vielen Schwierigkeiten im Detail übersehen, und die Schwierigkeiten waren in erster Linie Sache des Details. Und natürlich hatte er nicht genügend an die vatikanischen Ämter gedacht (ibid., S. 198).

Dies war ein scharfsinniges Urteil. Es wirft eine grundsätzlichere Frage auf: Glaubte Tardini eigentlich überhaupt an das Konzil?

Pericle Felici versuchte, das einige Jahre später zu beantworten: «Trotz seiner schroffen Manieren und seines beißenden römischen Witzes war Tardini ein Mann von tiefem Glauben, und er lebte in Aufopferung zum Papst. Was immer die Kirche und den Papst erhob, das erfreute seinen Geist. Die positive Antwort, die er Papst Johannes gab, als er das Konzil ankündigte, wurde von solchen Gefühlen bestimmt» (Felici, S. 120). Obwohl er es verpackt, räumt Felici hier ein, daß Tardini wenig natürliche Sympathie für das Konzilsprojekt als solches hatte, Papst Johannes' Sicht seiner Ziele nicht teilte und

nur aus seinem erhabenen Verständnis vom päpstlichen Amt heraus gehorchte. Aber seine Ansicht von Gehorsam schloß den Versuch nicht aus, die Konzilsvorbereitungen an sich zu reißen und zu seinem eigenen Zweck umzubiegen. In gewissem Sinn war Tardini vermutlich der am wenigsten geeignete Mann, um das Vatikanum II vorzubereiten; aber wenigstens konnte ein von Tardini gefördertes Ereignis nicht der Unorthodoxie oder Neuerung verdächtigt werden.
Während Tardini die Presse mit seinen *battute* oder witzigen Einfällen amüsierte, hielt Capovilla Vorträge in Padua und Bergamo, angeblich um den ersten Jahrestag der Wahl Papst Johannes' zu begehen. Doch in Wirklichkeit versuchte er, die Dinge ins rechte Licht zu rücken. Capovilla gab zu, daß es ungewöhnlich und heikel wäre, «in der Öffentlichkeit über den eigenen Vorgesetzten oder Vater zu sprechen». Aber er schlug vor, sich über diesen Brauch aus dem folgenden Grund hinwegzusetzen, ohne damit das Vertrauen zu verletzen: «Die guten Dinge, die über andere bekannt sind, lassen sich immer am schwersten in Worte fassen. Es ist leicht, schlecht von einem zu reden, genauso wie es leicht ist zu sündigen. Aber von einem Menschen gut zu sprechen ist schon der Anfang der Tugend» (*Letture,* S. vii). Also waren Capovillas Vorträge eine Antwort auf diejenigen, die schlecht von Papst Johannes gesprochen hatten. Wie in der britischen Monarchie sollen auch die Päpste ihren Kritikern nicht direkt antworten.
Aber was sagten die Kritiker, und wer waren sie? In Kurienkreisen in Rom war der Einwand gegen Papst Johannes, daß er ein gefährlicher Neuerer war, dessen Tun eine stillschweigende Kritik an seinen Vorgängern war, besonders an dem großen und gelehrten Pius XII., dem er das Wasser nicht reichen konnte. Es wurde auch angedeutet – Tisserant erging sich gern darin an seiner erlesenen Speisetafel –, daß Johannes kein großes Licht war. Also sagt Capovilla in seinem ersten Vortrag in Bergamo am 20. Oktober 1959, daß Papst Johannes alles andere als ein Neuerer ist, sondern immer noch der gutherzige und traditionalistische Katholik, der an dem ruhmreichen Bergamasker Seminar so gut erzogen worden war. Er gab sicher Papst Johannes' eigene Gefühle wieder in dieser Lobeshymne auf Bergamo:

> Sein [Papst Johannes'] Bergamo – wie er es sieht und empfindet – ist eine gute, kluge und gastliche Stadt; fest in ihrem Glauben, unerschütterlich in ihren Traditionen; besorgt um ihr religiöses und bürgerliches Erbe; manchmal etwas abgesondert scheinend in der strengen Schönheit ihrer Berge und Täler, aber stolz auf ihre natürlichen Schönheiten und ihre Denkmäler. Es ist ein gesegnetes Land. Gesegnet in der Geschichte seiner Märtyrer und Heiligen, im Reichtum seiner Heiligtümer, der

> Fruchtbarkeit seiner religiösen und bürgerlichen Einrichtungen ... (*Letture*, S. 57).

Und so weiter. Johannes war sicher bekümmert, daß er nicht mehr nach Sotto il Monte gehen konnte; bis er Papst geworden war, hatte er fast immer den Jahrestag seiner Priesterweihe, den 10. August, zu Hause verbracht. 1959 konnte er nicht mehr tun, als einen rührenden Brief an die Pfarrkinder von Sotto il Monte zu schreiben (*Lettere*, S. 153f.).

Doch war es kein Heimweh, was Capovilla zu seiner blumigen Rede anregte. Eigentlich sagte er damit, daß ein Mann, der aus einer solchen Umgebung kommt und ihr treubleibt, solide und vertrauenswürdig sein muß. Weiter war Capovillas Vortrag in Bergamo nach Blaise Pascals «drei Graden» gegliedert: Erde, Vernunft, Barmherzigkeit (*Pensées*, Nr. 585). Papst Johannes war in der Provinz Bergamo fest verwurzelt; was sein Denken betraf, so hatte er die Gnade der *sapientia cordis*, der Weisheit des Herzens, empfangen, was ihn auf den «Grad der Barmherzigkeit» erhob und so über die reine Vernunft hinausging (*Letture*, S. 62). Das wischte Tisserants Klage vom Tisch, daß Papst Johannes nicht besonders klug wäre. Es gab andere Prüfungen für eine Person außer dem flinken Verstand. Tisserant, das alternde angebliche *Enfant terrible* der Kurie, war hocherfreut, als er in die Académie Française gewählt wurde, wo er sich unter intellektuell Ebenbürtigen bewegen konnte. Soviel zu Bergamo.

Am 9. November 1959 hob Capovilla in Padua die Kontinuität von Papst Johannes bezüglich seiner Vorgänger hervor. Johannes wird als der wahre Erbe der Päpste seiner Lebenszeit dargestellt und in der Tat als Synthese ihrer Tugenden. Er hat von ihnen allen bestimmte Charakterzüge aufgegriffen: «Den aufgeklärten christlichen Humanismus Leos XIII., die einfache und anziehende Liebenswürdigkeit Pius' X., den ganzen Adel Benedikts XV., Pius' XI. Langmut und von Pius XII. den Herzschlag der allumfassenden Liebe» (*Letture*, S. 78). Diese Urteile gehören eher in die Heiligenlegenden als in die Geschichte. Aber 1959 machten sie deutlich, daß Papst Johannes weit davon entfernt war, von den Pfaden seiner Vorgänger abzuirren und die Kirche in ein wildes und unvorhersehbares Abenteuer zu hetzen, sondern sich vielmehr bewußt in die bewundernswerte päpstliche Tradition des 20. Jahrhunderts einreihte. Er war nicht im geringsten originell oder «revisionistisch». Er verdankte alles den vorausgegangenen Päpsten. Dies war zur Beruhigung gedacht.

Doch in Padua im November 1959 befaßte Capovilla sich auch mit präziseren und sorgenvolleren Fragen. Der Vergleich mit Pius XII.

wurde immer noch gezogen, manchmal zu Johannes' Gunsten, häufiger zu seinem Nachteil. Dem neuen Bischof von Le Mans, der sich sorgte, wie er dem bemerkenswert klugen, guten und gebildeten Kardinal Georges Grente ein würdiger Nachfolger sein könnte, hatte er angeblich gesagt: «Machen Sie sich keine Gedanken. Machen Sie es wie ich: das Gegenteil meines Vorgängers.» Es spielt keine große Rolle, ob Johannes diese Bemerkung wirklich machte. Sie war *ben trovato* und ging in die mündliche Überlieferung ein. Sie war allerdings potentiell sehr schädlich für ihn. Um also solche Geschichten unschädlich zu machen, grub Capovilla eine Äußerung des Patriarchen Roncalli bei Pius XII. aus: «Heiliger Vater, Sie werden jedem Nachfolger, der versucht, Sie in Ihrer Rolle als Lehrer und Meister des Wortes *(maestro della parola)* nachzuahmen, ein schwieriges Erbe hinterlassen» (*Letture,* S. 37). Die Übersetzung: Johannes dachte, Pius XII. wäre unvergleichlich und unnachahmlich. Ein obskurer frommer Artikel über Pius, geschrieben, als Roncalli noch Nuntius war, wurde als weiterer Beweis der grenzenlosen Bewunderung für seinen unmittelbaren Vorgänger angeführt. Dies mußte gesagt werden, denn die Opposition in der Kurie gegen Papst Johannes kam hauptsächlich von den «Männern Pius' XII.». Capovilla versuchte auch, den Gedanken zu zerstreuen, es gäbe auch nur die Spur einer Meinungsverschiedenheit zwischen dem Papst und Tardini. Klatsch verbreitet sich rasch über die geistliche Buschtrommel. Um diesen Punkt zu beweisen, zitierte Capovilla Tardinis Rede in Johannes' Anwesenheit am ersten Jahrestag des Todes von Pius. «Kardinal Domenico Tardini», erzählte er den Paduanern, «rief in bebendem und tief bewegtem Ton aus: ‹Heiliger Vater! Päpste mögen sterben, aber der Papst stirbt nicht!›» (ibid., S. 72). Aber das war eine zweischneidige Bemerkung.

Capovillas Versuch, eine Kontinuität zwischen den zwei Pontifikaten herzustellen, schlug also fehl. Je mehr er die Ähnlichkeit hervorhob, desto mehr wurden einem die Unterschiede bewußt. Seine eigene Beweisführung zeigte, daß ein neuer Geist im Vatikan herrschte und daß der Stil des Papstes Johannes völlig anders war als der seines Vorgängers. Capovilla zitiert zwei von Johannes' Lieblingsmaximen, die über seine Auffassung von seinem Amt Bände sprechen. Die erste ist fast unübersetzbar: *«Fare, saper fare, lasciar fare, dar da fare»* (was nur grob wiedergegeben werden kann: «Tun; wissen, was man tut; die Dinge geschehen lassen; veranlassen, daß die Dinge geschehen») (*Letture,* S. 61). Dies war ein Grundprinzip bei den Vorbereitungen auf das Konzil: Es war wesentlich zu wissen, wann man eingreifen muß und wann nicht. In Johannes' Denken war das mit der dem heiligen Bernhard zugeschriebenen Maxime verknüpft: *«Omnia videre, multa dissimulare et pauca corrigere»* («Alles sehen, vieles übersehen und ein wenig korrigieren»). Das waren keine Grundsätze, die von Pius XII. und Tardini geschätzt oder gar befolgt wurden, die beide gern allwissend und allmächtig sein wollten. Das Prinzip Bernhards, erklärt Capovilla geduldig – und antwortet zugleich auf einen weiteren Einwand –, «ist kein Zeichen der Schwäche oder des Kompromisses; es schließt vielmehr eine genaue Kenntnis von Situationen und die Fähigkeit ein, Hindernisse schrittweise zu überwinden» (ibid.). In anderen Worten, der «gute Papst Johannes» war niemandes Hampelmann und wußte genau, was hinter seinem Rücken gemunkelt wurde. Er sah alles *(omnia videre)*. Das Signal aus Padua an die Römische Kurie war klar: Johannes ließ sich nicht herumschubsen oder von irgend jemandem manipulieren. Er war sein eigener Herr.

Johannes' Tagebuch bestätigt, daß Capovilla, wenn er sich nicht zu rhetorischen Übertreibungen hinreißen ließ, getreu seine Einstellung wiedergab. *Pauca corrigere* (ein wenig korrigieren) bedeutete, daß er eine Art Reformer sein würde. Nach einem Jahr urteilte Johannes, daß er keinen so schlechten Anfang gemacht hatte: «Ein Jahr der Erfahrung gibt mir Licht und Kraft, zu ordnen, zu verbessern und leichte Anstöße zu geben, ohne ungeduldig in allem das Vollkommene zu erwarten» (*Tagebuch,* S. 322: datiert November-Dezember 1959). In allem? Das Feld war weit. Es gab eine besondere Reform, die er für dringend hielt. Bei den Mahlzeiten während seiner Einkehrtage hatte Johannes sich von Capovilla *De Consideratione* des heiligen Bernhard vorlesen lassen, was er für eine «lohnende Lektüre für einen Papst zu jeder Zeit» hielt. Warum? «Manches, was dem Klerus von Rom im 12. Jahrhundert nicht zur Ehre gereichte, ist noch immer vorhanden. Darum heißt es ‹wachsam sein, verbessern› und ertragen» (ibid., S. 321). Bernhards Schmährede befaßte sich mit Nepotismus – Begünstigung der Verwandten – und Pluralismus, der Brauch, mehrere Ämter oder Pfründen gleichzeitig zu besitzen. Johannes verabscheute Nepotismus, wie sein Neffe Don Battista schon entdeckt hatte. Nepotismus war in seinem Pontifikat kein Problem.

Pluralismus war eines. Römische Kardinäle hatten oft mehrere Spitzenposten zur selben Zeit. Pizzardo zum Beispiel war sowohl Präfekt der Kongregation für das katholische Unterrichtswesen als auch Sekretär des Heiligen Offiziums (*Lettere,* S. 173). Tisserant war vatikanischer Bibliothekar und Präfekt der Kongregation für die Ostkirchen, seit er 1936 Kardinal geworden war; er hatte sich genügend eingearbeitet, um sich für unersetzbar zu halten. Zuerst versuchte es Papst Johannes mit leisen Andeutungen. Bei dem geheimen Konsistorium am 15. Dezember 1958 erklärte er, daß er deswegen so viele Kardinäle ernannte, damit die Arbeitsbelastung gleichmäßiger verteilt werden könnte (*Lettere,* S. 173; Brief an Pizzardo vom 12. Oktober 1959). Vielleicht war dies zu leise. Pizzardo und Tisserant blieben hartnäckig auf ihren sämtlichen Posten und zeigten nicht die geringste Neigung, sich zu rühren. Obwohl es gegen sein Temperament war, mußte Johannes ihnen befehlen auszuscheiden. Sie konnten nur mit stärkstem Druck abgesetzt werden. Daran gewöhnt, sein Leben lang zu gehorchen, fiel es Johannes schwer, Ungehorsam zu begreifen.

Er schrieb einen offiziellen Brief an beide, veröffentlicht in *l'Osservatore Romano,* in dem er ihnen dankte, daß sie spontan ihren Rücktritt angeboten hätten. Das war eine Notlüge, aber es war die übliche Form. Freilich war er betrübt, zu solchen Mitteln Zuflucht nehmen zu müssen. «Sie haben den Papst abgewiesen», sagte er traurig und wollte es nicht glauben, «sie haben den Papst abgewiesen» (Trevor, S. 271). Kardinal Montini in Mailand interessierte sich ebenfalls für die Reform der Kurie. Er war nicht einmal Mitglied der Ersten Vorbereitenden Kommission, aber er schrieb Tardini, es wäre eine gute Sache, «wenn die Römische Kurie gewisse ehrende oder rituelle oder nur juristische Verhaltensformen aufgeben würde, um so ein Beispiel christlicher Brüderlichkeit und evangelischer Demut zu bieten» (Monaco, S. 61). Er war schon auf eine Kurienreform eingestellt.

Tisserant versuchte, Öl auf die Wogen zu gießen. Er war immer noch vatikanischer Bibliothekar und Bischof von Ostia, Porto und San Rufino. In letzterer Eigenschaft schrieb er einen Hirtenbrief, datiert auf den 4. November 1959, den ersten Jahrestag der Krönung *unseres* Heiligen Vaters, Johannes XXIII. «Er war von Anfang bis Ende voller Gefühle der Bewunderung für beide Päpste», bemerkte Capovilla erstaunt (*Lettere,* S. 191). Johannes dankte Tisserant für diesen Hirtenbrief und schenkte ihm ein *rocchetto* oder Chorhemd (ibid., S. 190). Es war Weihnachtszeit, und überall brach für kurz *Pax in terris* aus. Papst Johannes schrieb in sein Tagebuch: «Ich betrachte mich in allem als gehorsam und stelle fest, daß diese meine Haltung im ‹Großen und Kleinen› meiner Kleinheit so viel Kraft kühner Einfachheit verleiht, daß sie, ganz im Geiste des Evangeliums, allgemeinen Respekt verlangt und erhält und überdies für viele Anlaß zur Erbauung ist» (*Tagebuch,* S. 322). Die «Kraft kühner Einfachheit», die weit von Verkleinerung entfernt ist, wuchs im Laufe des Pontifikats. «Meine Familie ist die ganze Welt», schrieb er in sein Tagebuch (ibid.). Papst zu werden hatte es Johannes endlich ermöglicht, ganz er selbst zu werden. Es stößt das gewohnte Gesetz um, nach dem die Alten noch vorsichtiger und gesetzter werden. Im neuen Jahr, 1960, würde die Synode der Diözese Rom stattfinden. Er fing in der Tat mit dem Anfang an, zu Hause und in Rom.

16. Kapitel

Zu Hause und in Rom

> Kann Rom sich selbst treu bleiben, wenn es bloß eine Landeshauptstadt bleibt? Nein, denn ein anderes Rom besteht auf einer anderen Ebene fort, das Rom des katholischen Glaubens ... *Roma patria communis:* in Rom ist keiner ein Fremder.
>
> (Kardinal Giovanni Battista Montini, Rede auf dem Kapitol, 11. Oktober 1962, der Eröffnungstag des Konzils)

Nach der Beschreibung im offiziellen vatikanischen Handbuch gehört die unmittelbare Umgebung des Papstes zu einem Haus *(casa)* und einem Haushalt oder einer Familie *(famiglia).* Diese uralten Worte lassen sich der *curia* gegenüberstellen, die an Königshöfe erinnert und folglich an Höflinge und, in der Tat, Lakaien. Der Papst hat beides, eine *casa* und eine *curia.*

Wie seine unmittelbaren Vorgänger wohnte Papst Johannes im Apostolischen Palast an der rechten Seite des Petersplatzes, auf demselben Stockwerk (der sogenannten *terza loggia*), auf dem sich das Staatssekretariat befindet. Die Zeitschrift *Time* irrte sich, als sie sich vorstellte, er wäre hineinmarschiert und hätte angefangen, die Möbel zu rücken. Er versuchte etwas Radikaleres: eine familiäre Atmosphäre in diesen vornehmen Salons mit ihren Marmorböden zu schaffen. Über dem Altar seiner Privatkapelle hing eine Heilige Familie eines Malers aus der Schule des Paolo Veronese, ein Geschenk des römischen Fußballvereins Lazio (Capovilla: Brief vom 31. Januar 1984; das Bild ist in *Secolo* gegenüber S. 48 abgebildet). Zweifellos erinnerte es ihn an seine eigene Familie und an das Heilige Haus in Loreto. Es war kein sehr modisches Thema. Papst Johannes faßte es als Hinweis auf, wie er sich verhalten sollte. Er wurde der Vater des Haushalts und nicht der Monarch, der auf dem Thron sitzt.

Aber es gab nicht viel Zeit zum Plaudern. Die fünf Schwestern aus Bergamo kümmerten sich um die Küche und die häuslichen Dinge, aber sie blieben, gewarnt durch das Schicksal der Schwester Pascalina, im Hintergrund, diskret, fast unsichtbar. Giampaolo Gussi kam aus Venedig her, um seinem Bruder Guido beizustehen. Sie bedienten bei Tisch, und nach dem Tod Angelino Stoppas, des Fahrers von Pius XII., den man taktvoll beibehalten hatte, übernahmen sie abwechselnd das Chauffieren (Capovilla, ibid.). Sie waren beide verheiratete Männer mit Kindern, aber sie lebten im Vatikan, nicht im Apostolischen Palast. Einer von beiden war zu Papst Johannes' Frühmesse um sieben Uhr immer da.

Ein Mitglied des päpstlichen Haushalts beschrieb James W. Spain, dem Mann vom CIA, wie man dort lebte:

> Es ist schwierig für einen Amerikaner zu verstehen, wie der Heilige Vater von uns denkt und wir von ihm. Keiner von uns hat eine Frau, Kinder oder gesellschaftliche Verpflichtungen. Wir führen auch kein vorgeschriebenes gemeinsames Leben wie Mönche. Hier in Rom sprechen wir oft miteinander, lesen oder hören gemeinsam Musik ... Der Heilige Vater ist unser richtiger Vater; für ihn sind wir buchstäblich Söhne. Manchmal berichten wir ihm von neuen Dingen, die ihn interessieren, und er ist stolz auf uns. Manchmal sagt er uns, wir sollen aufhören, Unsinn zu reden, und fortgehen und klug werden (Spain, S. 5).

Unglücklicherweise ist dieses idyllische Bild, Capovilla zufolge, nicht ganz wahr. Johannes hatte diese vor Spain geschilderte Beziehung tatsächlich zu einer gewissen Zahl von Personen, an denen er gern Ideen ausprobierte. Aber sie bildeten keine Gemeinschaft in ihrer Arbeit, und sie saßen nicht am Abend zusammen und hörten Musik. Manchmal hörte Johannes gern Musik während des Abendessens, aber das war alles. Sonst war seine einzige Entspannung ein Spaziergang in den vatikanischen Gärten am Nachmittag.

Das war auch die Gelegenheit, bei der er, wenn das Wetter es erlaubte, Bücher las oder durchblätterte, die nicht strenggenommen mit seiner unmittelbaren Arbeit zu tun hatten, oder sie, das war üblicher, von Capovilla vorlesen ließ. Der gewissenhafte Sekretär schrieb danach auf, was man gelesen hatte. So hatte er über Nikolaj Gogols *Lettres Spirituelles* geschrieben: «Ich las einige Male Papst Johannes *in hortis* aus diesem Buch vor, zum Beispiel die Seiten 76–79 während der Wintermonate 1962/63» (Brief vom 31. Januar 1984). Ein Abschnitt hinterließ einen starken Eindruck bei Papst Johannes:

> Intelligenz ist nicht die höchste Anlage. Sie handelt eher als eine Art Polizei für das Denken: Sie muß die Ordnung wiederherstellen und die

Dinge an ihren Platz rücken ... Die Vernunft steht unvergleichlich höher, aber sie ist nur durch ständige Siege über unsere Leidenschaften zu erreichen. Dennoch erlaubt es die Vernunft allein den Menschenwesen nicht, nach Ewigkeit zu trachten (*Letture,* S. 384f., Zitat aus *Lettres spirituelles et familières,* Paris 1957, S. 76).

Johannes kommentierte: «Ein Volk, das mystische Seelen hat wie diese, ist nicht völlig am Ende.»
Capovillas Anmerkungen lassen einen verfolgen, was Papst Johannes las. Er blieb den lateinischen und italienischen Klassikern treu. Er schrieb ein Zitat von Ciceros Abhandlung über das Greisenalter, *De Senectute,* ab, das ausdrückte, wie er über seine «Familie» dachte: «Was ist gefälliger, als einen alten Mann zu sehen, um den sich lernwillige junge Männer drängen?» Die Tatsache, daß seine «jungen Männer» größtenteils in den Vierzigern waren, ändert nichts an dem wesentlichen Punkt. Er notierte auch eine schärfere und zweideutigere Maxime: «Das Greisenalter ist wie der letzte Akt eines Schauspiels – am Ende nehmen wir erleichtert davon Abschied, besonders wenn wir glaubten, es hätte zu lange gedauert» (*Vent' Anni,* S. 64; klassisch Gebildete interessiert es vielleicht, daß er die 1952 bei Garzanti erschienene Ausgabe von *De Senectute* benutzte). Johannes war seit seiner Jugend mit Dante, Petrarca, Tasso und seinem Lieblingsdichter Manzoni vertraut gewesen. Er hätte sich nicht mit Ezra Pound gestritten, der meinte: «Alle großen Schriftsteller sind Zeitgenossen.» Manzonis Gedicht *La Pentecoste* von 1822 bekräftigte seine Vorstellung vom Konzil als einem «neuen Pfingsten». Es spricht vom «Geist der Erneuerung» und betet, der Heilige Geist möge «das kecke Talent der ungestümen Jugend mäßigen und die weißen Haare derer zieren, die freudig Heiligkeit suchen» (*Tutte le Poesie di Alessandro Manzoni,* S. 206). Nun, Papst Johannes hatte immer noch ein paar weiße Haare; und Hans Küng veröffentlichte 1960 sein *Konzil und Wiedervereinigung.*
Es ist bewiesen, daß Papst Johannes wenigstens einen zeitgenössischen Roman las, *La Messa dei Villeggianti* von Mario Soldati. Aber da dieser ihn selbst betraf, ist das nicht erstaunlich. Besonders fesselte ihn der folgende Abschnitt, der eine sehr typische «italienische» Reaktion auf sein Pontifikat wiedergibt. Die Stelle hat die Form eines Briefes an den Pfarrer der Landgemeinde, wo die Soldatis ihre Ferien verbrachten:

Viele lassen sich von der Kirche wegtreiben oder schließen sich ihr nicht so eng an, wie sie sollten, weil sie den Klerus falsch verstehen. Aber es steckt ein Korn von Wahrheit in ihrem Irrtum. Manche unter unseren

Priestern wollen sich vom Rest der Menschheit abheben, als wären sie keine gewöhnlichen Sterblichen, sondern Menschen im Besitz magischer Kräfte. Aber der Herr selbst wurde aus Liebe zu den Menschen menschlich ... Dann sehen wir eines Abends im vergangenen November an unseren Fernsehschirmen die Krönung des Papstes. Etwas in meinem Inneren rebelliert dagegen. Ich war zugleich fasziniert und entsetzt von dem, was ich sah. Ich fragte mich besorgt, was meine Reaktion bedeutete und ob sie begründet war.

Nachdem ich eine ganze Weile hin und her überlegt hatte, wagte ich eine erste Antwort: Was mich beleidigte, was mich traf an diesen Riten ... war ihr Anspruch, das Heilige zu kodifizieren, das religiöse Element auf immer festzulegen und zu formulieren. Doch läßt der erste Instinkt der Menschheit schließen, daß das Religiöse oder das Heilige das Unaussprechliche, das Spontane, das Individuelle, das Geistige, die momentane Verkörperung des Geistigen einbezieht. Versucht der Katholizismus nicht, diese Einsicht zu leugnen? Einige Tage später, als ich Papst Johannes' Rede an die Pilger aus Venedig und Bergamo las, begannen meine Zweifel plötzlich zu schwinden, und mein Geist erwachte zu neuer Hoffnung. Denn der Papst selbst zeigte, daß er müde und bedrückt war vom Ritual. Der Papst selbst scherzte gutmütig über die *sedia gestatoria,* auf der er herumgetragen wurde: Es erinnerte ihn an die Zeit, als er als kleiner Junge auf den Schultern seines Vaters getragen wurde. «Wir müssen uns vom Herrn tragen lassen», sagte er, «und so den Herrn zu anderen tragen.» Ich war bewegt und von ihm eingenommen. Johannes XXIII. verstand, daß für den Stellvertreter des Einen, der Mensch geworden war, die erste Pflicht ist, menschlich zu bleiben (*Transizione,* S. 121f.).

Das war eine Abwechslung zu dem üblichen Urteil, er wäre Pius XII. nicht gewachsen.

Aber nicht jeder in der Römischen Kurie schätzte den Erfolg von Papst Johannes beim «Volk». Der CIA-Bericht liefert einen wichtigen Schlüssel, wie Johannes' Haushalt leitende Angehörige der Kurie sah. «Kardinal Ottaviani» sagte der anonyme Informant, «ist kein Feind. Für den Heiligen Vater ist er ein Onkel, der oft schwierig ist und umgangen werden muß, aber dennoch geachtet wird» (Spain, S. 6). Das trifft es in etwa. Johannes sagte einmal von Ottaviani: «Alfredo ist ein sehr lieber Freund. Es ist schade, daß er halb blind ist und ein Doppelkinn hat, das schwappt wie die Lagune von Venedig im Scirocco» (Andreotti, S. 70). Bei Tardini wußte Johannes' Haushalt, was man erwarten durfte: Jeder, der in den letzten dreißig Jahren im Staatssekretariat gearbeitet hatte, war durch seine Hände gegangen. Es fehlte Tardini auch nicht an Selbsterkenntnis. So beschrieb er einmal seine eigentümliche Methode im Umgang mit Vorgesetzten: «Ich platzte manchmal mit einem Satz heraus, einer Frage oder einem Scherz, die meinen Gesprächspartner verwirrten, entsetzten, in Verlegenheit brachten oder manchmal am Boden zerstörten» (Nicolini, S. 229). Tardini war ganz klar ein weiterer schwieriger Onkel, der behutsame Behandlung verlangte. Wie Ottaviani jedoch war er kein Mitglied der päpstlichen Familie. Er mußte an der Tür anklopfen.

Aber Johannes hielt immer noch eine Leitung frei zu beiden Männern. Obwohl Ottaviani in jeder Beziehung konservativ war, erklärte er als einer der ersten Kernwaffen für unmoralisch. Er griff zu der sehr traditionellen Theorie des «gerechten Krieges» und stellte fest, daß sie nicht mehr paßte. Tardinis Quertreiberei war ein Ärgernis, und seine Ausbrüche waren anstrengend, aber wenigstens konnte er ganze Absätze aus Manzonis *I Promessi Sposi* auswendig (Nicolini, S. 221), was in Johannes' Augen eine Menge Fehler aufwog. Die neuesten Witze wurden Papst Johannes berichtet. Wir wissen das, weil er einige davon aufschrieb. Humor im Vatikan liegt in der italienischen Tradition und ist nicht besonders lustig: er ist sehr sparsam mit seinen Pointen. Einmal schrieb Johannes die Bemerkung auf: *Angelo regna, Carlo informa, Alfredo sorveglia, Domenico governa, Giovanni benedice* (*Lettere*, S. 518). Es war eine kunstvollere Version des schon erwähnten «Spaßes». Er bedeutete mit den vollen Namen und Funktionen:

> Angelo (Dell'Acqua, Substitut) herrscht, Carlo (Confalionieri, Sekretär der Kongregation für das katholische Unterrichtswesen) spioniert, Alfredo (Ottaviani, Propräfekt des Heiligen Offiziums) überwacht, Domenico (Tardini, Staatssekretär) regiert, Johannes segnet bloß.

Obwohl das nicht gerade vor Witz sprüht, läßt die Tatsache, daß es in das persönliche Notizbuch des Papstes einging, darauf schließen, daß er wußte, wie in Rom das Gleichgewicht der Kräfte innerhalb seiner Kurie gesehen wurde.

Johannes versuchte, eine persönliche Note in seine gesamte Arbeit einzubringen. Ein Großteil bestand darin, Dokumente oder Briefe vorzubereiten. Wie in allen Verwaltungen wurde ein Entwurf gewöhnlich von einem anderen erstellt. Johannes' häufigste Randbemerkungen waren «neu fassen» oder «ich kann das so unmöglich unterschreiben» oder «ich kenne diesen Prälaten persönlich, und es ist mir sehr wichtig, daß Sie das durchscheinen lassen» (*Lettere*, S. 23). Natürlich war es ihm nicht möglich, jeden Bischof der Welt zu kennen. Aber er betete für sie alle. Dieser Absatz aus einem Brief an Kardinal Montini war mehr als ein leeres Kompliment:

> Ich sollte an alle schreiben – Bischöfe, Erzbischöfe und Kardinäle überall in der Welt –, so wie ich jeden einzelnen von ihnen in mein demüti-

ges Gebet an den Herrn einschließe. Doch um sie alle zu erreichen, gebe ich mich damit zufrieden, an den Erzbischof von Mailand zu schreiben, weil ich durch ihn sie alle im Herzen habe, genauso wie er sie alle für mich darstellt (*Saggio,* S. 126; Brief vom 4. April 1961).

Dies war ein bemerkenswertes Geständnis: Montini als ein repräsentativer Bischof, der in seiner Person der Inbegriff des gesamten Episkopats war. Viele verschiedene Fäden liefen zusammen, daß es zu diesem Urteil kam: die historische Bedeutung des bischöflichen Stuhles von Ambrosius und Karl Borromäus, eine Freundschaft, die bis 1925 zurückreichte, die Hoffnung, daß Montini eine wichtige Rolle beim Konzil spielen würde, die Überzeugung – die später zur Gewißheit wurde –, daß Montini sein Nachfolger würde.
Doch Papst Johannes schrieb nicht nur an Kardinäle und Bischöfe und an Montini. Er schrieb an alle alten Freunde, und wenn es nur darum ging, ihnen zu sagen, daß sie nicht damit rechnen könnten, wieder von ihm zu hören. Aus seiner streng persönlichen Korrespondenz ragt ein bisher unveröffentlichter Brief heraus. Er war an Adelaide Coari gerichtet, der wir zuletzt 1929 (s. oben, S. 162f.) begegnet sind. Es gibt nicht viele Briefe von Päpsten an Frauen, die nicht königlichen Ranges sind:

Liebes Fräulein Adelaide Coari,
Sie werden nicht allzu schlecht von mir denken, wenn die Lebensumstände, in die mich die Vorsehung gebracht hat, mir nicht erlauben, sehr ausführlich zu sagen, wie teuer mir die Erinnerung an Ihre Tätigkeit vor einem halben Jahrhundert sind ...
Es gibt ein Wort des heiligen Gregor von Nazianz, das ich gern wiederhole: *voluntas Dei pax nostra* – Gottes Wille ist unser Friede. Dieses Wort folgt mir wie der Stern der Weisen aus dem Morgenland. Von seinem Licht geführt, gehen wir auf Christus zu, mit Einfalt und Mut, und greifen nach der Gewißheit ewiger Güte. Ich schreibe dies am Vorabend des Festes der heiligen Katharina, auf der Schwelle zu meinem achtundsiebzigsten Jahr. Ich bin bei guter Gesundheit und zu allem bereit, bereit, der Kirche hier unten zu dienen oder weiter in der Kirche zu leben im Triumph mit unseren Heiligen. Ich bemerkte mit Erbauung, wie treu Sie dem verstorbenen Don Rebora von den Rosminianern waren, und Ihre Anhänglichkeit an Msgr. Radini. *Sancti tui, Domine, nos ubique laetificant* [Deine Heiligen, Herr, erfreuen uns überall]. Sie stehen uns bei, ermutigen und beschützen uns, bis zum Tag unserer endgültigen Wiedervereinigung.
Sie werden weiter für mich beten, und ich segne Sie von ganzem Herzen. Bitten Sie die Heiligen Petrus und Paulus, mich nie von den beiden Johannes zu trennen, die das vom Alten und Neuen Testament

gebrachte Licht in sich schließen, *Lumen et Pax Christi* [Licht und Frieden Christi] (Archiv, Bologna: Brief vom 25. November 1959).

Don Rebora war ein Dichter, zu dessen Bekehrung Adelaide beigetragen hatte. Die achtundsiebzig Jahre alte Dame, die diesen unerwarteten höflichen Brief in Mailand erhielt, überlebte Papst Johannes um drei Jahre. Der Tag der «endgültigen Wiedervereinigung» kam 1966.
Papst Johannes beließ die päpstlichen Wohnräume weitgehend so, wie sie waren, versuchte aber, einen neuen familiären Geist hineinzutragen. Als einzige greifbare Veränderung, die er in seinem winzigen Staat vornahm, ließ er die Torre San Giovanni, den Turm des heiligen Johannes, wiederherstellen, der 848 gebaut worden war, um die marodierenden Sarazenen abzuwehren. Johannes verwandelte ihn in eine vierstöckige Wohnung mit Aufzug. Er wünschte einen Ort, wohin er sich zu Gebet und Besinnung zurückziehen konnte. Es war seine «Wüste», wenn auch zugegebenermaßen eine gemütliche. Er hatte das anscheinend schon lange ins Auge gefaßt. Die Geschichte des Turms in seinen eigenen Worten ist ein gutes Beispiel für Papst Johannes' Tischgespräche:

Zur Zeit Papst Leos wurde der Turm restauriert, den Radio Vatikan jetzt benutzt. Damit blieb der andere Turm an der Südecke der Gärten übrig. Bis 1926 diente er als Observatorium. Er gehörte zu den Befestigungen, die das sogenannte Pertusa-Tor schützten. Pius XI. dachte daran, ihn in einen Ort der Einkehr und Sammlung zu verwandeln, und Pius XII. hatte den gleichen Gedanken. Aber die Arbeit, die in Castelgandolfo gemacht wurde, und dann der Krieg führten dazu, daß der Plan beiseite gelegt wurde. Der verlassene Turm verdarb diesen Teil der Gärten. Also prüfte 1960 die Kommission für die Vatikanstadt einen Plan für die Neuordnung des ganzen Bereichs, einschließlich der massigen und ziemlich baufälligen Lourdes-Grotte. Die Kommission hatte schon das Geld bereitgestellt. Ich ließ mich von einigen Personen beraten und war glücklich, das Startsignal zu geben. Aber als diese Arbeit begann, kam es da und dort zu Gerede, also fragte ich Kardinal Tardini, was man tun sollte. Er sagte: «Die Restaurierung des Nikolaus-V.-Turmes ist notwendig, seine Erhaltung ist eine Pflicht, und seine Verwendung ist ein Gewinn, für den Ihre Nachfolger Ihnen dankbar sein werden.» Er bekam den Namen des heiligen Johannes zur Erinnerung an Sotto il Monte, woher ich komme und wo es auch eine Torre San Giovanni auf dem gleichnamigen Berg gibt (*Letture*, S. 470f.).

Wenn zukünftige Historiker fragen, was das Pontifikat von Papst Johannes im Vatikan und der Kirche veränderte, kann man immer antworten: Er verwandelte einen verfallenen Festungsturm in eine Stätte des Gebets.

Johannes hatte allerdings nicht viel Zeit, um in seinem Turm zu weilen. Er war Bischof von Rom und nahm dies, das Fundament seiner vornehmeren Titel, ernst. Aber was bedeutete das in der Praxis? Die Verwaltung der Diözese war einem Kardinalvikar anvertraut. Johannes erbte von Pius XII. den achtzigjährigen Clemente Micara, einen bärbeißigen alten Herrn, dessen Jahre sich allmählich bemerkbar machten. Er war nicht immer einer Meinung mit Papst Johannes, vielleicht weil er glaubte, daß dieser sich um die Leitung der Gesamtkirche kümmern und Rom dem Mann mit Erfahrung, ihm selbst, überlassen sollte (s. den Hinweis bei Caprile, «Ancora su Giovanni XXIII», S. 52). Micara stand jedoch ein jüngerer und zugänglicherer Provikar zur Seite, Luigi Traglia, der mehr und mehr die Arbeit übernahm und auf dem Konsistorium vom 28. März 1960 zum Kardinal erhoben wurde.

Es gab vieles in der Diözese Rom, was Aufmerksamkeit verdiente. In seinem letzten Lebensjahr spürte Pius XII., daß manches sehr im argen lag. Sein Leben lang hatte er die rhetorische Floskel vom «ewigen Rom» verwendet, der heiligen Stadt, dem zweiten Jerusalem, Heimat der Päpste, Zentrum des Katholizismus und Vorbild für die gesamte Kirche. Aber als er im Februar 1958 zum letztenmal zu den Fastenpredigern sprach, räumte er in der Tat ein, daß Rom nicht mehr beispielhaft war – es war nur noch typisch:

> Der erste Schritt ist, die Dinge so zu sehen, wie sie wirklich sind. Es ist Ihnen nicht entgangen, daß viele Ihrer Gemeindemitglieder in einen Zustand der geistigen Erstarrung verfallen sind ... Kann man also sagen, daß Rom seine dunklen Gegenden hat, seine Inseln, die Evangelisation nötig haben, und daß es Missionsgebiet ist? Wer von denen, die, wie Sie, Rom kennen, kann sich diesem Eingeständnis verschließen? (zitiert in: Andrea Riccordi, «La Chiesa a Roma dalla Seconda Guerra Mondiale al postconcilio», in *Il Regno,* 5, 1982, S. 183).

Rom als *pays de mission* genau wie Paris? Die Vorstellung war neu und undenkbar.

Dennoch traf sie zu, und Johannes wußte das. Als er am 25. Januar 1959 die Synode für die Diözese Rom ankündigte, beschrieb er auf seine eigene forsche Art die Veränderungen, die die Stadt erfahren hatte, seit er nicht mehr dort gelebt hatte, seit 1925: «In den Vororten sind Häuser über Häuser gebaut worden, in denen Familien über Familien sich auf die Füße treten, Familien, die aus allen Gegenden der Halbinsel kommen, von den Inseln und – wir können sagen – aus der ganzen Welt» (Alberigo, S. 274). Es wäre lächerlich, hier von «Soziologie» zu reden. Aber Johannes vermied wenigstens die moralisierende Betrachtungsweise und versuchte, die Tatsachen zu sehen. Das «historische Zentrum» Roms war jetzt auf allen Seiten von weitläufigen Schuhschachteln von Mietblocks umgeben. Hinter diesen lagen die Slumviertel, provisorische Hütten für die Ärmsten. 1939 hatte Rom nur 700 000 Einwohner in 62 Pfarrgemeinden gehabt. Als Johannes Papst wurde, betrug die Bevölkerung über zwei Millionen, die Zahl der Pfarrgemeinden war auf 190 gestiegen, und der Bauboom zeigte keine Anzeichen abzuflauen. Rom hatte es nie an Priestern gemangelt. Es gab über 3 000. Aber die meisten arbeiteten in der Kurie oder waren Ordensgeistliche, die den römischen Universitäten zugeteilt waren. Sehr wenige standen in der seelsorgerischen Arbeit. Bei der römischen Synode machte Johannes selbst die statistischen Angaben. Es gab 220 Diözesanpriester und 370 Ordenspriester, was insgesamt 590 Priester ergab (Alberigo, S. 310). Es war klar, daß Rom einen Bischof brauchte, der ernsthaft über die Probleme der Seelsorge in der Stadt nachdachte.

Fast genau ein Jahr nach Pius' XII. verspäteter Stunde der Wahrheit sprach Papst Johannes zu den Fastenpredigern, die wieder einmal aufbrachen, um dem Volk von Rom die Frohe Botschaft zu verkünden. Er gab ihnen einige einfache Ratschläge über das Predigen. Es sollte sorgfältig sowohl durch Lektüre als auch Gebet vorbereitet sein. Es sollte vernünftigen pädagogischen Prinzipien gehorchen. Sie sollten die Versuchung meiden, mit poetischen oder brillanten Passagen zu prahlen – es war eine Versuchung, die er selbst nicht immer gemieden hatte. «Einfachheit», erklärte er, «ist die größte Gabe des Predigers und die lauterste Art, die Herzen und Gewissen anzurühren.» Er warnte sie davor, Beifall zu suchen, weil er «die Regung der Gnade in den Seelen behinderte». Dies spiegelte seine eigene Praxis wider. Er verabscheute Beifall in der Kirche und versuchte, ohne viel Erfolg, ihm ein Ende zu machen. Endlich mußte das Verkünden der Wahrheit Hand in Hand mit Barmherzigkeit gehen, oder es würde scheitern. «Ihr müßt daran denken», ermahnte er seine Priester, «daß Ihr aufgerufen seid, eure Brüder zu stärken und nicht» – rhetorische Pause – «zu terrorisieren» (Alberigo, S. 278ff.; die Rede war am 10. Februar 1959).

Doch Johannes ermahnte nicht nur andere, gut zu predigen. Er schloß sich ihnen an im Durcheinander der Pfarrgemeinden Roms, indem er 1959 im Stadtzentrum begann und dann allmählich nach außen in die wie Pilze aus dem Boden wachsenden Vorstädte vordrang. Dies war eine der Ursachen seiner Beliebtheit beim Volk von

Rom. Sie brauchten nicht zum Petersplatz zu gehen, der Papst war zu ihnen gekommen.

Sein ausgewähltes Instrument für die Erneuerung der Diözese Rom waren jedoch nicht die Gemeindebesuche, sondern die Synode. Während des ganzen Jahres 1959 widmete er der Vorbereitung der Synode mehr Zeit als der Vorbereitung des Konzils. Von Rechts wegen muß man dazusagen, daß es in diesem Stadium nicht viel für das Konzil zu tun gab, außer sich hinzusetzen und auf die Reaktion der Bischöfe aus aller Welt zu warten. Er sah die Synode als Antwort auf die veränderte Situation in Rom und als Möglichkeit, die Tatsache zu bewältigen, daß diese «neuen Römer» oft entwurzelte Bauern waren, deren Bindungen und Verwandte anderswo waren. In einem Brief an Erzbischof Traglia, den Vorsitzenden der Synodenkommission, sagte er: «Die neuen geistigen Forderungen *(nuove esigenze spirituali),* die sich aus der gegenwärtigen Ausdehnung und Entwicklung ergeben, rechtfertigen die Abhaltung einer Synode und machen etwas, das in der Vergangenheit überflüssig erschienen sein mochte, jetzt nicht nur legitim, sondern notwendig» (*Lettere,* S. 178; 25. Oktober 1959). Woraus wir getrost folgern können, daß einige in der Kurie argumentierten, eine Synode wäre nicht notwendig und – etwas kühner – sie wäre eine Verschwendung von Zeit und Mühe.

Es ist angedeutet worden, daß die Synode ein «Bissen» war, den Papst Johannes hinwarf, um die Kurie zufriedenzustellen, während er auf das Konzil wartete, das eigentliche und entscheidende «Ereignis des Heiligen Geistes». Giuseppe Alberigo bringt eine differenziertere Version dieses Arguments. Er sagt, daß die Kurie das Konzil zu verzögern suchte, indem sie sich auf die römische Synode und die Revision des kirchlichen Gesetzbuches konzentrierte. Nimmt man das hohe Alter des Papstes und die kirchenrechtliche Tatsache, daß sein Nachfolger nicht verpflichtet wäre, irgendeinen von seinen Plänen auszuführen, dann könnte diese Verzögerungstaktik dazu führen, die ganze Idee über Bord zu werfen (Alberigo, S. 74; er sagte jedoch «vielleicht», *«forse»*).

Das ist fast genau das Gegenteil der Wahrheit. Papst Johannes wünschte die Synode sehr aus den schon genannten Gründen. Sie wurde ihm nicht von jemandem aufgedrängt. Es ist wahr, daß die Synode nicht zu seiner ursprünglichen «Eingebung» gehört hatte; aber sobald der Gedanke ihm erst einmal vorgetragen war, griff er ihn eifrig auf. In seiner Eröffnungsansprache an die Synode am 24. Januar 1960 «verriet» er, daß «jemand» (höchst wahrscheinlich Dell'Acqua) zu ihm gesagt hatte: «Ein Ökumenisches Konzil ist ein schöner Gedanke, aber warum nicht erst einmal an die unmittelbaren

Bedürfnisse Roms denken und eine Diözesansynode halten. Innerhalb von fünfzig Jahren ist die Bevölkerung von 400 000 im Jahr 1900 auf über zwei Millionen heute gestiegen» (Alberigo, S. 306). Dies war die Überlegung, auf die er immer zurückkam: Die Bedürfnisse der Diözese Rom waren dringend und mußten befriedigt werden.
Doch die Synode sprach ihn auch an, weil sie Teil der nachtridentinischen Tradition war. Es war der verfassungsmäßige Weg zur Reform einer Diözese gemäß Trient und Karl Borromäus. Erfahrung, durch die Geschichte gestützt. Radini Tedeschi, sein Bischof, hatte 1911 eine Synode in Bergamo gehalten; er selbst hatte 1957 eine Synode in Venedig organisiert. Es hatte Synoden in vielen italienischen Diözesen und überall in der Welt gegeben; doch Rom hinkte hinterher. Der Gedanke gefiel ihm, daß dies die *erste* Synode der Diözese Rom sein würde. Er freute sich, sie im Lateran zu eröffnen, als Kathedrale der Diözese der geeignete Ort, genau ein Jahr nach ihrer Ankündigung. Das bewies auch, daß er die Dinge rasch vorantreiben konnte.
Und es war die Verbindung mit dem Konzil. Die Synode war ein Probelauf. Sie sollte die Frage beantworten: Können Seelsorger und Theologen harmonisch und mit Tempo zusammenarbeiten? Die Antwort schien «ja» zu heißen. Die acht Unterkommissionen hatten gut gearbeitet; die Ordens- und Diözesanpriester kamen gut miteinander zurecht. Johannes war froh. Am 18. Juni 1959 empfing er alle Kommissionsmitglieder und grüßte sie mit Augustinus' Worten: *«Tales inveni quales desideravi»* («Ich habe in euch genau die gefunden, die ich wünschte»; *Lettere,* S. 182). Am 31. Juli 1959 schrieb er an Giuseppe Battaglia, den Bischof von Faenza: «Die Aufteilung der Arbeit erweist sich als äußerst wirkungsvoll, und der auf allen Seiten gezeigte gute Willen übertrifft meine Erwartungen» (ibid., S. 151). Johannes hatte präzise Anmerkungen zu den Textentwürfen zu machen und lobte die Art, in der die Unterkommission für das Magisterium sich damit befaßt hatte, wie wünschenswert die Lektüre der katholischen Presse sei:

> Zwischen der alten Tradition, daß Kleriker nur Zeitungen oder Bücher lesen sollten, die den reinen Gehalt des katholischen Dogmas enthalten, und der Gewohnheit, ausschließlich weltliche oder gefährliche Veröffentlichungen zu lesen, muß der Priester eine gewissenhafte Wahl treffen und dabei den Grundsatz *nec prope, nec procul* (weder zu nahe, noch zu fern) bedenken (*Lettere,* S. 488).

Er hegte starke Hoffnungen, daß die Synode dem Konzil einen Weg bahnen würde.
Aber nichts dergleichen passierte. Zwischen den optimistischen

Erwartungen von Papst Johannes und dem tatsächlichen Ereignis klaffte eine Lücke. Seine theologischen und theoretischen Vorstellungen von einer Synode waren schön, aber ihre Leistungen waren dürftig. Als die 755 im voraus abgepackten Artikel, die die Beschlüsse der Synode waren, verlesen wurden, ohne Diskussion oder Debatte, war der «gute Willen» auf allen Seiten, den er einen Sommer vorher entdeckt hatte, vergangen. Die einzige Funktion der Teilnehmer an der Synode war, dem vorher Beschlossenen zu applaudieren. Die Maßnahmen der Synode sahen außerdem im einzelnen wie der Versuch aus, die Flut der Modernität einzudämmen; sie ließen keinen Hauch einer neuen pfingstlichen Frühlingszeit erkennen.

Römische Priester wurden angewiesen, die schwarze Soutane jederzeit zu tragen. Auf der Tonsur, dem Haarausschnitt, wurde bestanden. Weltliche Ereignisse, wie die Oper oder Pferderennen, blieben Klerikern verboten. Priester sollten kein Auto benutzen außer im Notfall und unter keinen Umständen allein mit einer Frau *(solus cum sola).* Sie wurden vor Gesundbetern und Psychoanalytikern gewarnt. Sie sollten sehr besonnen in ihrem Umgang mit Kommunisten, Freimaurern und Ketzern sein (*Prima Romana Synodus,* 1960). Wer gehofft hatte, das Konzil würde ein großes ökumenisches Ereignis, fühlte sich angeführt und entsetzt von der römischen Synode. Es sah so aus, als wären alle ihre Hoffnungen zunichte gemacht. Umgekehrt rieben jene in der Römischen Kurie, die den Gedanken an ein Konzil nicht mochten – es bedeutete Fremde in Rom –, schadenfroh die Hände über die Synode. «Wenn das Konzil so ähnlich wie die Synode wird», sagte einer von ihnen, «wird es das harmloseste Konzil in der Kirchengeschichte» (s. *L'uomo che non divenne papa,* S. 272). Man brauchte sich nicht mehr mit dem Konzil abzugeben. Die Kritiker in der Kurie hatten recht gehabt, und Papst Johannes war widerlegt worden, wenigstens in einem rechtlichen Sinn. Es war unlogisch, die Synode dem Konzil vorausgehen zu lassen, da ihre sämtlichen Dekrete im Licht des Konzils umgeschrieben werden müßten. In diesem Fall wäre es besser zu warten. Die Dekrete der Synode waren deshalb fast von dem Tag an, an dem sie feierlich verkündet wurden – am 29. Juli 1960 –, überholt. Sie waren tot geboren. Sie wurden größtenteils nicht zur Kenntnis genommen.

War Papst Johannes enttäuscht über die weltweite feindselige Reaktion auf die römische Synode? Er fühlte gewiß, daß sie mißverstanden worden war. In einem offiziellen Brief an Kardinal Micara dankte er dem alten Mann, daß er Platz gemacht und ihm erlaubt hatte, als Bischof von Rom zu handeln, eine gekünstelte und unnötige Höflichkeit. Aber dann erklärt er im weiteren, daß die synodalen

Dekrete zwar ein wenig nüchtern oder schwer erscheinen mögen, aber als Ganzes gelesen «ihre Schönheit und innere Zusammengehörigkeit erschließen, mit gelegentlichen zarten Klängen, die eine unerwartete Poesie bewirken und dem Kopf Klarheit und dem Herzen Würze bringen» (*Lettere,* S. 211f.: Brief vom 29. Juni 1960). Er glaubte auch, die Dekrete wären in ausgezeichnetem Latein geschrieben. Demnach hielt er viel von seiner Synode und verteidigte sie. In einer Rede an den römischen Klerus wandte er sich gegen seine Kritiker und tat sie als so viele «ungläubige Thomasse» ab. Es war eine Vorwegnahme der Art, wie er die «Propheten der Finsternis», in seiner Eröffnungsrede des Konzils brandmarken würde (s. Abbott, S. 712). Es zeigte auch seine Hartnäckigkeit oder, nicht so negativ ausgedrückt, seine Entschlossenheit. Aber er wußte, daß die Synode nicht mit allgemeinem Beifall aufgenommen worden war. Privat tröstete er sich mit dem Gedanken, daß «nichts in dieser Welt vollkommen ist. Falls es Unzulänglichkeiten oder Nichtigkeiten gibt, kann mein Nachfolger das jederzeit richtigstellen, indem er eine *zweite* römische Synode abhält. Es wird immer der demütige Papst Johannes bleiben, der die *erste* einberief» (*Lettere,* S. 182; an Capovilla). Papst Johannes war vielleicht zu zuversichtlich, daß die Geschichte ihn hinsichtlich der Bedeutung der römischen Synode rechtfertigen würde. Aber man muß zwei weitere Dinge feststellen, ehe die Synode als völliger Mißerfolg abgeschrieben wird.

Das wichtigste ist, daß Johannes sehr wohl der Unterschied zwischen einer Synode und einem Konzil klar war. Das war ein elementares Thema für eine Proseminararbeit. Daß es keine Debatte auf der Synode gab, regte Roncalli anscheinend nicht auf; 1911 hatte in Bergamo Radini Tedeschi, von seinem Rang als Kirchenrechtler überzeugt, alle Dekrete im voraus geschrieben. Aber es ergab sich daraus nicht, daß das Konzil nach dem Muster der Synode gestaltet würde. Im Gegenteil. Eine Synode ist kein lehrendes Gremium. Sie ist eine Konferenz einer Diözese und zielt auf ihre disziplinarische Reform. Nur wenn mehrere Diözesen zusammenkommen, spricht man von einem örtlichen Konzil, und nur wenn sich die ganze Kirche zu einem Konzil mit dem Papst trifft, trägt die Kirche die vollständige Rüstung ihres *Magisteriums* oder Lehramtes. Eine Synode muß nicht lehren; die Lehre ist das Wesentliche eines Konzils, und die einzige Möglichkeit, zu dogmatischer Wahrheit zu gelangen, ist, sie durch Argumente herauszuarbeiten, aber immer im Zusammenhang mit der Nächstenliebe. Eine Synode ist deshalb ein voraussagbares Ereignis, und ihre Beschlüsse sind schon vorher gefallen. Niemand weiß, was bei einem Konzil geschehen wird. Seine Beschlüsse können nicht vorher programmiert werden. Johannes wußte, daß Pius IX. versucht hatte, die Vorbereitungen zum Vatikanum I zu manipulieren – und gescheitert war. Er hatte nicht die Absicht, diesen Fehler zu machen. Er – und wir – würde erst entdecken, worum es bei dem Konzil wirklich ging, wenn es richtig begonnen hätte.

Zweitens muß man feststellen, daß Johannes' persönlicher Beitrag zur römischen Synode, so direkt er war, sie streng auf die Linie der seelsorgerischen Barmherzigkeit verpflichtete. Er legte großen Wert auf die Art, wie «Expriester» (der Begriff ist theologisch unrichtig, und er vermied ihn) behandelt wurden. Die Kirche sagte, sie sollten gemieden werden *(vitandi),* während das Konkordat bestimmt hatte, daß sie keine staatliche Anstellung erhalten sollten. Dies schloß eine Lehrtätigkeit aus, wofür sie recht gut geeignet gewesen wären, und auch den Postdienst, zu dem es sie in ihrer Verzweiflung vielleicht gezogen hätte. Altersgefährten von Johannes am Römischen Seminar waren in dieser Falle gefangen worden. Das Problem war besonders akut in Rom, wo so viele «Expriester» ihre Ausbildung erhalten hatten und wohin es sie in Hoffnung und Anonymität trieb. In diesem Zusammenhang stellte Dekret 35 der römischen Synode, von Papst Johannes persönlich geschrieben und der Synode undemokratisch vorgelegt (wie alles andere auch), einen dramatischen neuen Anfang dar:

> Priester, die unter einer Zensur oder anderen Strafen leiden oder vielleicht unglücklicherweise die Kirche verlassen haben, sollen nie aufhören, auf die Gnade des Herrn oder die Menschlichkeit und den Anstand kirchlicher Vorgesetzter zu vertrauen. Andere Priester, besonders ihre Freunde, sollten bewegt von himmlischer Barmherzigkeit streben, dieses Vertrauen aufzubauen. Keinem soll die Freundschaft seiner Mitpriester oder Trost in seinen Schwierigkeiten verweigert werden, oder auch materielle Hilfe, falls sie gebraucht wird (*Prima Romana Synodus,* 1960, S. 21).

Daß «Expriester» Geld bekommen sollten, war ein genauso schockierender Gedanke wie der, daß Rom Missionsgebiet sei.

Johannes praktizierte innerhalb der von seinem Amt gesetzten Grenzen, was er predigte. Sein Beichtvater, Msgr. Alfredo Cavagna, und sein Sekretär, Msgr. Loris Capovilla, wurden von Ersuchen von Priestern, die wegen der Verzögerungstaktik der Kurie ungeduldig waren und wünschten, daß der Papst sich für sie verwendete, nur so bombardiert. Johannes' Anweisungen waren klar: Festigkeit in den Prinzipien, Nachgiebigkeit in ihrer Durchführung. Seine beiden Gehilfen wurden angewiesen, sie müßten diesen Männern versichern, daß ihre

Bitten den Papst erreicht hätten, aber daß die «richtigen Kanäle» beachtet werden müßten (*Lettere,* S. 532). Manchmal kommentierte Papst Johannes diese Hilferufe. Hier ist ein Fall:

> X ist ein unglücklicher Mann, den man nicht hätte weihen sollen. Sein seelischer Zustand rechtfertigt eine Befreiung von den priesterlichen Pflichten und auch finanzielle Unterstützung, die ihm helfen wird, sich zurückzuziehen, ohne einen Skandal oder Schock zu verursachen [*admiratio*]. Er verdient Gnade *coram Deo et hominibus* [vor Gott und den Menschen] (*Lettere,* S. 531; 1. Mai 1962).

So dürfte X eine «Annullierung» seiner Weihe erhalten haben. Y hatte weniger Glück: «Ich habe die Notiz zu dem unglücklichen Y gelesen. Offenbar ist dies ein pathologischer Fall, und es tut mir leid, daß der Akt der Gnade, der ihn vor Verzweiflung retten würde, dem Papst nicht empfohlen wird» (ibid.; 6. August 1962). Er war «nur der Papst». Er konnte sich nicht dazu bringen, die Regeln umzubiegen oder Bocksprünge über seine Untergebenen zu machen – er war angehalten, ihnen zu vertrauen. Wie er aber der römischen Synode sagte, war in seinem Pontifikat nichts schmerzlicher für ihn, als «das Stöhnen priesterlicher Seelen, das nicht nur aus Rom, sondern aus allen Teilen der Welt zu mir dringt, hören zu müssen» (ibid., S. 533). Johannes tat, was er konnte. Doch Bonnot malt ein zu rosiges Bild, wenn er sagt, daß in diesem Pontifikat «Ehen gesegnet, Gegebenheiten normalisiert, Anstellungen gesichert werden» (Bonnot, S. 77).
Bei allem Mitgefühl hatte Johannes nicht die leiseste Absicht, die Vorschrift des Zölibats in der westlichen Kirche zu lockern. Wir haben schon gesehen, daß Kardinal Igino Cardinale im Februar 1959 dachte, die Abschaffung des verpflichtenden Zölibats könnte auf der Tagesordnung des Konzils stehen. In Kenntnis dieser Öffnung für die Zukunft hatte ein italienischer Dominikaner, Pater Raimondo Spiazzi, einen «sensationellen» Artikel für die strengen Seiten des *Monitor Ecclesiasticus* (Bd. Nr. 84, 1959) geschrieben. Sein Argument war banal, aber für die Medien verblüffend: Der historische Nachweis für die gegenwärtige Disziplin des geistlichen Zölibats stand auf äußerst schwachen Beinen. Dies war ein Tabuthema. Doch Spiazzi brachte ein gutes Argument. Nicht einmal die Väter des Trienter Konzils dachten, daß der geistliche Zölibat eine Sache des «göttlichen positiven Rechts» sei, und sie konnten es auch gar nicht denken, da es gültig geweihte verheiratete Priester in Gemeinschaft mit Rom gab. Reporter, die nicht gewohnt waren, den *Monitor Ecclesiasticus* zu lesen, stürzten wie elektrisiert von diesem aufregenden Thema an ihre Telefone und teilten ihren Nachrichtenredakteuren mit, daß Papst

Johannes, dieser Radikale, nicht abgeneigt wäre, die Zölibatsregelung fallenzulassen.

Sie waren voreilig und lagen falsch. Es hatte in Johannes' Lebenszeit eine Reihe von Versuchen gegeben, die Frage des priesterlichen Zölibats anzuschneiden. 1898 wurde eine gefälschte Rede in Umlauf gebracht, nach der Papst Leo XIII. das Verbot der Priesterehe gelokkert haben soll, besonders für Lateinamerika. Die Auswirkungen waren katastrophal, doch die Tatsache, daß diese Fälschung Glauben fand, bewies, daß die Vorstellung nicht absurd war. 1911 – ein schlechtes Jahr für Autoren – wurde eine Arbeit des französischen Abbés J. Claraz, *Le mariage des prêtres,* auf den Index der verbotenen Bücher gesetzt. Der gekränkte Autor setzte sein Buch in die Tat um und verschwand von der Bildfläche der Theologie. Es sollte noch schlimmer kommen. 1920 warb eine unter dem Namen *Jednota* bekannte Gruppe für die Priesterehe (Schillebeeckx, *Clerical celibacy,* S. 41). Roncalli hatte von *Jednota* gehört. Wir wissen das, weil er ein Zitat aus einem Brief Benedikts XV. an den Erzbischof František Kordac von Prag aufbewahrte: «Das Gesetz des kirchlichen Zölibats als die oberste Ehre des katholischen Priestertums und der eigentliche Quell seiner Tugend muß heilig und unversehrt erhalten werden. Zu keinem Zeitpunkt in der Zukunft wünscht der Vatikan dieses Gesetz abzuschaffen oder abzuschwächen» (*Lettere,* S. 532; der Text kam aus AAS, 1920, S. 33f.).

Das alles hatte Papst Johannes im Sinn, als er am 27. Januar 1960 vor der römischen Synode sprach. Der Streit über die Spiazzi-Artikel war eine Aufforderung, seine Karten aufzudecken. Schweigen wäre als Schwäche ausgelegt worden, besonders da Ottaviani inzwischen die moralische Hinrichtung von Pater Spiazzi verlangte. Andere sagten, der Papst hätte in einer so wichtigen Frage nicht das Urteil des Konzils vorwegnehmen sollen. Aber er mag gefühlt haben, daß jedes Zögern in der Frage des priesterlichen Zölibats gefährliche Erwartungen geweckt hätte. Dennoch war er auch Reformer. Im 11. Jahrhundert, behauptete er, waren die echten Reformer diejenigen, die dem Klerus nach einer Periode skandalöser Verdorbenheit den Zölibat *auferlegten.* Also war Johannes' Schlußfolgerung: «Das Gesetz des kirchlichen Zölibats und die Sorge, daß er sich behauptet, bleiben eine ständige Erinnerung an das heroische Zeitalter, als die Kirche Christi kämpfen mußte und so großen Erfolg hatte, daß sie den dreifachen Titel errang, der das Symbol ihres Sieges ist: ‹Die Kirche Christi, frei, keusch, katholisch›» (*Lettere,* S. 133). Strategisch war das ein schlaues Argument. Es ist nicht zu leugnen, daß die Gregorianische Reform «der Ausgangspunkt einer der aufregendsten geistigen und mystischen Bewegungen wurde, die der Westen erlebt hat» (Schillebeeckx, *Clerical celibacy,* S. 36). Aber Papst Johannes' Berufung auf das heroische Zeitalter konnte die theologische Debatte nicht beenden.

In seiner zweiten Rede an die Synode am 27. Januar 1960 befaßte sich Johannes mit vielen anderen Aspekten des Priesteramtes. Er drängte seine Priester, ein geeignetes Gleichgewicht zwischen dem «direkten» und dem «indirekten» Amt zu erreichen: Es war nicht gut, seine ganze Zeit mit der Herausgabe der Gemeindezeitung oder dem Zählen der Kollekte zu verbringen, wenn dies Alibis waren, damit man nicht die Menschen treffen mußte. Diese Warnung war besonders in Rom von Bedeutung, wo Mitglieder der Kurie so im «indirekten» Amt untergehen konnten, daß sie den Kontakt zum «direkten» Amt völlig verloren. Im 16. Jahrhundert bestand die Hoffnung darin, daß die Kuriengeistlichen ihre Wochenenden im Dienst für Galeerensklaven verbringen würden; im 20. Jahrhundert war ein Erzbischof in der Kurie davon überzeugt, daß er immer noch ein «direktes» Amt ausübte, weil er einmal in der Woche zu Schwestern predigte. Johannes drängte seine Priester, die gleiche seelsorgerische Auffassung in ihr Amt zu tragen wie er selbst. Er hatte sein ganzes Wissen um die Seelsorge, sagte er ihnen, von Gregors des Großen *Regula Pastorialis* (Seelsorgerischer Leitfaden), «der mir seit fast einem halben Jahrhundert gute Gesellschaft geleistet und mir so viele Male in meinem Leben unsägliche Freude bereitet hat» (Alberigo, S. 313). Alle großen Schriftsteller sind Zeitgenossen.

In seiner Krönungspredigt hatte Papst Johannes klargemacht, daß er ein pastorales und geistliches Verständnis von seinem Amt hatte. Die «weltliche» Macht des Papsttums war für immer dahin, und er hatte keine Sehnsucht nach ihr. Dies gestattete ihm eine neue Art von Beziehung zur Stadt Rom und ihren bürgerlichen Behörden. Sie standen nicht mehr im Wettstreit miteinander. Das Rom des Katholizismus und Rom als Hauptstadt Italiens konnten in Frieden zusammen leben, in einer Gemeinschaft, die Papst Johannes immer mit dem fast unübersetzbaren Wort *convivenza* (harmonisches Zusammenleben) beschrieb. Den Menschen machte es keine Probleme, zwischen den beiden Roms zu unterscheiden. Johannes schrieb in sein Tagebuch:

> Was auffallend und providentiell erscheint, ist der klare Trennungsstrich, den diese Menschenmengen, Italiener und noch mehr Ausländer, die in Rom zusammenströmen, alsbald zwischen dem Heiligen und dem Profanen zu ziehen wissen. Hier das Rom als Metropole der katholischen Kirche, Sitz des universalen römischen Pontifikats, und dort das Rom der antiken Denkmäler, im Wirbel des bürgerlichen und ... mon-

dänen Lebens, das auch an den Ufern des Tiber herrscht. All das jedoch mit dem Vorzug eines gegenseitigen Respekts vor der Verschiedenheit der menschlichen Elemente und ohne Härten in den Beziehungen zwischen Italienern und Nichtitalienern (*Tagebuch,* S. 345; datiert Juli–August 1962).

Der Text zeigt, daß die 1929 verkündete «Aussöhnung» jetzt Wirklichkeit geworden war. Es gab keinen hochtrabenden Disput mehr wie in den dreißiger Jahren, welches Rom der wahre Erbe des antiken Rom wäre. Auch ahmte Johannes Pius XII. nicht nach, indem er jede Wahl zu einer Schlacht um die «Seele» Roms machte. So glaubte Johannes neben allem anderen auch, daß das Konzil eine günstige Gelegenheit wäre, der Welt vorzuführen, daß die *convivenza* sich durchgesetzt hatte: «Regierung und Stadtverwaltung arbeiten nach bestem Vermögen zusammen in der doppelten Absicht, daß das Konzil der Stadt Rom würdig sei, in Anbetracht ihrer geistigen Weltherrschaft, und daß andererseits Rom hinsichtlich der Unterbringung, Verpflegung, der urbanen Gastfreundschaft und Ehre, die man den Gästen aus aller Welt erweisen will, die Rekorde der Vergangenheit übertreffe» (ibid.). So konnte man es auch sagen.

Die Geschichte des Verhältnisses von Papst Johannes zu Rom wäre unvollständig, wenn man eine Hauptsorge seines letzten Lebensjahres übersähe. Er drückte Rom nicht seinen Stempel durch neue Bauwerke auf. Aber er verlegte die Diözesankurie an ihren angemessenen Platz, in den Lateranpalast neben seiner Kathedrale. Johannes schien fast durch einen Zufall in diese Entscheidung gestolpert zu sein. Die Protokolle der Kommission, die zur Planung der Verlegung eingesetzt wurde, sind veröffentlicht worden (*Lettere,* S. 408f.). Hier kann man Papst Johannes bei der Arbeit sehen, wie er eine Gruppe von Kardinälen herumkriegte, seine Anordnung auszuführen und – noch besser – den Sinn seiner Entscheidung einzusehen. Johannes erinnerte sich, daß die bischöflichen Büros, als er Seminarist war, in einigen wenigen schäbigen und dunklen Räumen mit Blick auf die Piazza Sant'Agostino untergebracht waren. Später zogen sie in den etwas vornehmeren Palazzo Marescotti an der Piazza della Pigna um. Aber auch das erwies sich als ungeeignet für eine Diözese, die so schnell gewachsen war – jetzt zählte sie über drei Millionen Menschen. Johannes überblickte das Zimmer über seinen Brillenrand. Der greise Kardinal Clemente Micara, der Vikar für Rom, und Kardinal Luigi Traglia, sein Vertreter, waren da. Sie hatten ihm etwas verheimlicht. Johannes sagte: «Eben ist mir die Neuigkeit zu Ohren gekommen, daß man beschlossen hat, die bischöfliche Kurie nach San Callisto zu verlegen und daß Möbel und Arbeitszeug schon dortin gebracht worden sind» (ibid., S. 408). Es war die vertraute Klage: «Ich bin hier nur der Papst, keiner sagt mir etwas.» Der Unterschied war diesmal, daß man seine Position als Bischof von Rom an sich gerissen hatte.

Die Protokolle teilen uns nicht mit, warum Johannes sich dem Umzug in den Palazzo San Callisto widersetzte, aber man kann es unschwer erraten. San Callisto ist die monumentale, riesige neubarocke Kaserne aus den 1930ern im Herzen von Trastevere. Es wäre zweifellos eine bequeme Lage für die Diözesanbüros gewesen. Aber symbolisch wäre es grundverkehrt gewesen, denn es hätte die Ämter der römischen Diözese zu einem bloßen Anhängsel der Römischen Kurie gemacht. Johannes hatte seinen Gegenvorschlag parat: Verlegt die bischöflichen Ämter nach San Giovanni in Laterano. Das würde den Ort neu beleben und ihn zu dem machen, was er sein sollte, das wahre und lebendige Zentrum der Diözese Rom. Er war am 24. Juni 1962, am Fest Johannes des Täufers, in San Giovanni in Laterano gewesen und hatte ausführlich als *Romanae ecclesiae episcopus* (Bischof der Kirche von Rom) über seinen Wunsch gesprochen, diese Kathedrale zum Herzstück des Lebens der Diözese zu machen. «Von nun an», erklärte er, «liegt der Lateran nicht mehr am Rand der Stadt, sondern in ihrem lebendigen Mittelpunkt» (*Lettere,* S. 408). Historische, theologische und vor allem pastorale Gründe veranlaßten Johannes, die Wiederbelebung der Kathedrale und des Palazzo von San Giovanni in Laterano einzuläuten.

Deshalb kann man wirklich nicht sagen, «Roncalli beschäftigte sich viel weniger mit Rom» als seine Vorgänger (Hales, S. 86). Aber er beschäftigte sich auf andere Art und aus anderen Gründen damit. Rom interessierte ihn, weil er sein Bischof war. Er erkannte an, daß andere Menschen andere Verbindlichkeiten hatten. So sagte er zum Präsidenten Italiens, Antonio Segni, der ihn am 3. Juli 1962 besuchte:

> Dieses Rom, unser Rom, ist gewiß eines Vaters Haus, in dem es «viele Wohnungen» gibt; «viele Wohnungen» in der Tat, deutlich unterschieden durch Natur und Gnade. Aber auf beide fällt das Licht aus einer gemeinsamen Quelle, das Licht einer liebenden und göttlichen Vorsehung ... Die Aufgaben eines jeden sind genau beschrieben. Der Papst im Vatikan ist eine Sache, der Präsident im Quirinal ist eine andere.

So verlassen wir Rom, um die italienische Politik von Papst Johannes zu betrachten.

17. Kapitel

Die italienische Schiene

> Es geschah, daß Italien die einst vom Kirchenstaat besetzte Rolle übernahm. Aber Italien stellte immer noch die von der Vorsehung bestimmte irdische Basis des Heiligen Stuhles und seinen Ansatzpunkt in der Welt zur Verfügung. Dies ist die Verknüpfung von 1848 und heute.
> (Arturo Carlo Jemolo, in *Chiesa e Stato in Italia negli ultimi cento anni,* 1963, S. 540)

Kein Papst kann ohne eine Italienpolitik auskommen. Er muß sich darüber klar werden, wie sehr – oder wie wenig – er sich um die Angelegenheiten des Landes, das er von seinem Fenster aus sieht, kümmern will. Die Einmaligkeit von Papst Johannes bestand darin, daß er sich von Anfang an als ein geistlicher Papst darstellte, ein Hirte, der eine klare Unterscheidung zwischen dem Papsttum und der Republik Italien traf. Nicht mehr miteinander konkurrierend, konnten sie in jenem Geist harmonischer Zusammenarbeit leben, den er *convivenza* nannte. Die Folge dieser getroffenen Unterscheidung war, daß Johannes' Italienpolitik durch «Abrücken» *(disimpegno)* und «Zurückhaltung» *(riserbo)* gekennzeichnet war. Das sind die Begriffe, die er spontan verwendet, wenn er über die Beziehung zwischen Kirche und Staat nachdenkt. Er wollte, daß die Kirche sich von dem direkten parteipolitischen Schlachtfeld zurückzöge.

Doch das heißt nicht, daß er mit italienischen Angelegenheiten nichts zu tun haben wollte oder die Torre San Giovanni in einen Elfenbeinturm verwandelte. Er dachte, sobald die Kirche sich von dem Hickhack der Tagespolitik gelöst hätte, wäre sie besser in der Lage, über die Rechte und Pflichten von Christen im sozialen und politischen Bereich zu sprechen. So machte sein «Abrücken» *Mater et Magistra,* seine erste große Sozialenzyklika, möglich. Obwohl dieses Kapitel sich vorwiegend mit Italien befaßt, ist seine Bedeutung folglich allgemein gültig.

Johannes' Italienpolitik stieß jedoch bald auf Schwierigkeiten und mußte erkämpft werden. Sie war so völlig anders als die Politik von Pius XII., der die Katholische Aktion und die Christdemokraten offen ausgebeutet hatte, um Italien vor dem Kommunismus zu bewahren (s. oben, S. 311f.). Doch die «Männer Pius' XII.» waren noch auf ihren Posten. Ottaviani drohte und polterte weiterhin im

Heiligen Offizium. Ruffini herrschte in Sizilien. Kardinal Giuseppe Siri, der Erzbischof von Genua, hatte die italienischen Bischöfe völlig unter Kontrolle. Er war Vorsitzender der Bischofskonferenz (CEI), Vorsitzender ihres Komitees für die Katholische Aktion, Vorsitzender der italienischen sozialen Wochen und vieles andere mehr. Er zog die Genauigkeit einer Verpflichtung der Unbestimmtheit eines «Abrükkens» vor. Er war der Ansicht, daß durch die Christdemokraten der Vatikan und die Kirche für alle Zeiten einen mächtigen Einfluß auf die italienische Gesellschaft ausübten, auf den zu verzichten eine handgreifliche Dummheit wäre. Seine Freunde in der Römischen Kurie waren Tardini und Ottaviani.

Ein anderer Günstling Pius' XII., Pater Riccardo Lombardi SJ, pfiff immer noch die alten Melodien, ohne zu merken, daß da ein neuer Dirigent stand. Sein Antikommunismus stützte sich auf die Voraussetzung, daß «Kommunismus ein Ganzes bildet, in dem es unmöglich ist, Unterscheidungen zwischen Ideologie, Programmen und Taktik zu machen» (zitiert in Magister, S. 62). In *Pacem in Terris* traf Papst Johannes genau die Unterscheidungen, die Lombardi für unmöglich erklärt hatte. Außerdem stellte Lombardi den Papst weiter als den Achsnagel des gesamten italienischen politischen Systems hin. «Nur der Papst», erklärte er, «zählt die Geschichte in Jahrhunderten, nicht in Jahren, und ist deshalb den Leidenschaften der Stunde entrückt» (ibid., S. 84). Johannes war durchaus bereit, Geschichte in der langen Perspektive von Jahrhunderten zu betrachten, aber gerade aus diesem Grund war er auch offen für die Möglichkeit, daß etwas Neues geschehen könnte. So war es Ende 1960 zu einer seltsamen Situation gekommen, in der italienische Geistliche, die scheinbar im Namen des Papstes handelten, weiterhin für eine Politik eintraten, die der Papst entschieden mißbilligte. Aber da Papst Johannes zu solchen Streitfragen meistenteils schwieg, war es verständlich, daß sie aus Gewohnheit so weitermachten wie bisher, überzeugt, es habe sich nichts geändert.

Johannes' Mißbilligung war offenkundig, aber sie beschränkte sich anfangs auf seinen Haushalt und die Seiten seines Tagebuchs. Am 13. August 1961 beklagte er die Art und Weise, wie Bischöfe von ihrer eigentlichen Aufgabe, das Evangelium zu predigen, abgelenkt wurden:

> Die Behinderung kann vor allem kommen aus den Meinungen der Menschen in den Fragen der Politik, in denen man durch unterschiedliches Fühlen oder Denken in Gegensatz zueinander geraten kann. Über alle Meinungen und Parteiungen, die die Gesellschaft und die ganze Menschheit erregen und erschüttern, erhebt sich das Evangelium. Der Papst liest und interpretiert es gemeinsam mit den Bischöfen. Er wie auch sie tun das nicht als Parteigänger weltlicher Interessen im Dienste

von irgend jemandem, sondern als Bewohner jener Stadt des ungestörten und glücklichen Friedens, aus der das göttliche Gesetz heruntersteigt, das der irdischen Stadt und der ganzen Welt die rechte Ordnung zu geben vermag. Das ist es, was die einsichtigen Menschen von der Kirche erwarten, nichts anderes (*Tagebuch,* S. 331).

Wie üblich in Johannes' Wörterbuch werden die «einsichtigen Menschen» *(saggi)* den Eiferern *(zeloti)* gegenübergestellt. Seine Überlegungen zur Rolle von Bischöfen in der Politik mag banal scheinen. Aber sie bedeuteten einen Bruch mit der Vergangenheit und waren ein *cri de cœur,* der sich ihm entrang, als er das Verhalten der Italienischen Bischofskonferenzen mit ihrem Vorsitzenden Siri an der Spitze beobachtete. Siri war ohne jeden Zweifel ein «Eiferer». Ganz bestimmte, sehr schmerzliche Ereignisse lagen direkt unter der Oberfläche von Papst Johannes' anscheinend gelassen heiteren Gedanken zur Besinnung im Sommer 1961. Die ganze Geschichte kann nun dank dem bisher unveröffentlichten Material, das sich in Giancarlo Zizolas zwei Artikeln *«Rapporti tra Moro e Giovanni XXIII»* (*Panorama,* 10. und 17. Mai 1982) findet, berichtet werden.

Am 18. Mai 1960 veröffentlichte *l'Osservatore Romano* einen Artikel unter der Überschrift *Punti fermi* (Standorte). Er war nicht gezeichnet, aber die Kardinäle Tardini, Ottaviani und Siri hatten daran gearbeitet. Der Artikel unterstrich nochmals Recht und Pflicht der Hierarchie, Befehle im politischen und sozialen Bereich zu erlassen. Die Bischöfe, erklärte er, waren allein kompetent, die Legitimität von «Koalitionen» oder «Bündnissen» zu beurteilen. Dies war ein *moralisches* Urteil, das nicht den Launen der Gläubigen überlassen bleiben konnte. *Punti fermi* erinnerte daran, daß es «einen unüberwindlichen Gegensatz zwischen dem christlichen Dogma und dem marxistischen System» gäbe, und verbot Katholiken, «jenen, die die marxistische Ideologie und ihre Anwendungen annehmen und befolgen, anzugehören, sie zu unterstützen oder mit ihnen in irgendeiner Weise zusammenzuarbeiten». Im Pontifikat Pius' XII. wäre so ein Artikel wegen seiner Voraussagbarkeit langweilig gewesen; in Papst Johannes' Pontifikat wirkte er enttäuschend und sogar ein wenig erschreckend. Wo blieb der «gute Willen gegenüber allen Menschen»? Man konnte nicht gleichzeitig für sich beanspruchen, ein «geistlicher Papst» zu sein, und in so krasser Weise in die Politik eingreifen. Es war nicht bekannt, wer den Artikel geschrieben hatte. Aber man setzte voraus, daß der Papst billigte, was in seiner offiziellen Zeitung erschien.

Zu denen, die von *Punti fermi* enttäuscht waren, gehörte Aldo Moro, Führer der Christdemokraten. Seit geraumer Zeit hatte er versucht,

die Grundlage seiner Regierung durch ein Bündnis mit den Sozialisten (PSI) zu verbreitern. Dies war die als «Öffnung nach links» *(apertura a sinistra)* bekannte Strategie. Papst Johannes hatte schon in Venedig vor diesem Problem gestanden und war nicht ohne Sympathie für Moros Sache.
Was vermutlich 1956 stimmte, war 1960 selbstverständlich geworden. Komme, was da wolle, die Christdemokraten würden an der Macht bleiben. Ausländer mochten spotten, wenn die Minister ihr jährliches Gesellschaftsspiel «Reise nach Jerusalem» spielten, aber in Wirklichkeit war das politische Leben Italiens sehr stabil. Doch diese Stabilität war bedroht. Moros Gedanke war, daß durch die «Öffnung nach links» die Christdemokraten aufhören würden, nur die Partei von Kirche und Confindustria, der Arbeitgeberorganisation, zu sein, und ihr Abtriften nach rechts, wo die Neofaschisten lockten, würde gestoppt. Die Christdemokratische Partei würde neu belebt, indem sie an ihre Ursprünge erinnert würde, als sie auf soziale Gerechtigkeit und Reform verpflichtet und alles andere als die italienische konservative Partei gewesen war. Die italienische Demokratie, auch 1960 noch ein zartes Pflänzchen, würde kräftig gestärkt, wenn ein friedlicher und demokratischer Wandel als möglich dargestellt würde. Dann würden die Sirenenstimmen von Totalitarismen zur Linken und zur Rechten ihren lockenden Reiz verlieren. Solche Gefahren waren keine Einbildung. Der Chef des Geheimdienstes (SIFAR), General Giovanni De Lorenzo, baute bereits sein Netz in Confindustria auf, was zu dem mißlungenen Coup von 1964 führte (s. Richard Collin, *The De Lorenzo Gambit* oder, in volkstümlicherem Stil, Morris West, *The Salamander*). Die «Öffnung nach links» bot schließlich noch einen greifbareren Vorteil: Man hoffte, daß die Christdemokraten im Bündnis mit den Sozialisten die erschreckenden Verluste wiedergutmachen könnten, die sie bei den Kommunalwahlen vom 6. November 1959 erlitten hatten, als sie über eine Million Stimmen verloren.
Doch so groß war die Macht der Kirche in Italien, daß Moros ganzer Plan scheitern würde, wenn sich die Bischöfe widersetzten. *Punti fermi* machte deutlich, daß sie sich dagegenstellen würden, und zwar heftig. Der Artikel sprach von Marxisten anstatt von Kommunisten. Damit sollte verdeutlicht werden, daß die Sozialisten als marxistische Mitläufer angesehen wurden. Ebenfalls strittig – und in der Tat war das der eigentliche Punkt – war die Selbstbestimmung der Laien in der Politik. Wenn den Christdemokraten nicht gestattet würde, ihre eigenen Entscheidungen über Bündnisse und Koalitionen zu fällen, dann würden sie immer am bischöflichen Rockzipfel hängen und nie

den Grad von politischer Reife erlangen, der für französische und amerikanische Katholiken als normal angesehen wurde. Wo stand Papst Johannes?

Es ist ganz klar, wo die offiziellen Sprecher der italienischen Bischöfe standen. Die katholischen Lokalzeitungen, fast ausnahmslos von der Diözesankurie herausgegeben, griffen Aldo Moro als Ketzer und als Verräter an. *Verona Fedele* versicherte seinen Lesern, der Herr hätte Moro schon zum Höllenfeuer verurteilt (ein ironisches Urteil im Hinblick auf seinen späteren Tod 1978, gefoltert und ermordet von den Roten Brigaden). Kardinal Siri regte einen Artikel in seiner eigenen Zeitung an, *Il Nuovo Cittadino,* der sich «Ein offener Brief an Moro» nannte und eine Litanei von Beleidigungen und Schmähungen war. Er schob einen persönlichen, bald veröffentlichten Brief nach, der Moro ins Bild setzte, falls er nicht wissen sollte, daß sich die Einstellung der Kirche zum Kommunismus nicht geändert hatte. Er endete: «Was geschehen ist, läßt einen Schlimmes für die Zukunft fürchten. Im Namen Gottes bitte ich Sie, über Ihre Verantwortung und die Folgen Ihres Tuns nachzudenken» (*Panorama,* 10. Mai 1982, S. 251).

Aber so angestrengt er auch in seinem Büro an der Piazza del Gesù nachdachte, konnte man Moro verzeihen, wenn er das Gefühl hatte, diese Angriffe richteten sich an die falsche Adresse. Er schlug 1961 kein Bündnis mit den Kommunisten vor. Sein christliches Gewissen war rein. Wie er die katholische Soziallehre durch seinen alten Mentor, Kardinal Montini, verstand, war ihr Leitprinzip eher das Gemeinwohl als die Verteidigung von Gruppeninteressen.

Außerdem waren die «Bündnisse» und «Koalitionen», die von *Punti fermi* gegeißelt wurden, nicht mehr bloß eine theoretische Möglichkeit. Sie wurden tatsächlich in Mailand, Florenz, Genua (Siris eigenem Lehen) und vierzig anderen großen italienischen Städten gebildet. Doch das verstärkte noch das Gift in den Angriffen auf Moro. Er brauchte dringend eine gewisse kirchliche Unterstützung. In Mailand hatte sich die von der Kurie beeinflußte Zeitung *Italia* der Meute angeschlossen, die ihn verurteilte. Doch Kardinal Montini feuerte umgehend ihren geistlichen Herausgeber und ersetzte ihn durch einen hervorragenden nichtgeistlichen Historiker, Giuseppe Lazzati, dessen demokratische Glaubwürdigkeit unanfechtbar war. Das war ermutigend. Noch ermutigender war die absolute Stille des *Osservatore Romano,* der so tat, als wüßte er überhaupt nichts von den Vorgängen. Man nahm zu Recht an, daß Papst Johannes für dieses diplomatische Schweigen verantwortlich war.

Doch Moro brauchte mehr als schweigende Einwilligung. Er brauchte Papst Johannes auf seiner Seite. Sein Vertreter, Giovanni

Battista Scaglia, war Bergamaske und Herausgeber von *Studium,* einer Zeitschrift für katholische Hochschulabsolventen, die Kardinal Montini gegründet hatte. Scaglia hatte Verbindung mit Msgr. Andrea Spada, seit 1938 Herausgeber des *Eco di Bergamo,* der einzigen Zeitung, die Roncalli als Erwachsener täglich las. Spada war ein Freund des Papstes, der einmal mit dem Gedanken gespielt hatte, ihn als Herausgeber des *Osservatore Romano* nach Rom zu holen (*Lettere,* S. 176), ihn aber dann zum Vorsitzenden der neugegründeten Konferenz katholischer Herausgeber gemacht hatte. Spada traf Moro am 27. Januar 1961 und schlug vor, er solle seinen Fall in einer persönlichen Denkschrift für den Papst darlegen. Moro schrieb seinen Bericht, Spada übergab ihn Papst Johannes und sagte ihm, daß man seiner Beurteilung nach der christdemokratischen Führung trauen sollte und daß die ungerechten Angriffe auf sie aufhören müßten.
Moros Schreiben und Spadas Audienz hatten jedoch keine direkten oder wahrnehmbaren Auswirkungen. Das Projekt einer Koalition *(giunta)* in Sizilien löste eine donnernde Verurteilung durch Kardinal Ruffini aus. Siri schickte ihm ein Telegramm mit den «herzlichsten Glückwünschen». Man war anscheinend in eine Sackgasse geraten, die Papst Johannes nicht aufbrechen konnte.
Aber obwohl Johannes in der Streitfrage der «Öffnung nach links» nicht direkt intervenierte, war er doch nicht untätig. Er versuchte, die Ebene der Debatte über die fruchtlose Polemik hinauszuheben. Am 11. April 1961 empfing er den Ministerpräsidenten Amintore Fanfani und machte seine bis dahin klarste Äußerung zu dem Verhältnis von Kirche und Staat. Das *Risorgimento,* das Italien zum Preis der Abschaffung des Kirchenstaates geeint hatte, war ein Ereignis der Vorsehung. Kein Papst hatte das bisher zu sagen gewagt:

> Die Feier des hundertsten Jahrestages der Einigung Italiens in diesem Jahr ist ein Grund zu großer Freude in Italien, und wir beide, auf beiden Ufern des Tibers, hegen das gleiche Gefühl der Dankbarkeit gegenüber der Vorsehung, die ungeachtet der Schicksalsschläge und Konflikte, welche Leidenschaften aufflackern ließen, wie das zu jeder Zeit geschieht, diesen erwähltesten Teil Europas *(questa porzione elettissima)* in eine Stellung geführt hat, die ihm Achtung und Ehre im Konzert der Völker verschafft ... Wenn wir in Gelassenheit die Geschehnisse einer mehr oder weniger fernen Vergangenheit betrachten, erweist sich die Wahrheit der Maxime: Geschichte verbirgt und enthüllt alles (DMC, III, S. 205).

Johannes erinnerte an die Leistung Pius' XI., die Lateranverträge zu unterzeichnen, und betonte, daß sie den Weg bereitet hätten für «die wahre und vollkommene Einheit von Volk, Sprache und Religion, die lange die Hoffnung der besten Italiener gewesen war». Jedoch bedeutete das nicht, wie er sich zu sagen beeilte, daß es über die Rolle von Kirche und Staat Unklarheiten gäbe:

> Die besondere Situation der katholischen Kirche und des italienischen Staates – zweier Organismen, die in Struktur, Charakter, Ebene und Zielen voneinander abweichen – setzt eine gewisse Zurückhaltung *[riserbo]* in der Beziehung voraus, die, gegründet auf Höflichkeit und Achtung, die Gelegenheiten, bei denen sich ihre Vertreter von Zeit zu Zeit treffen, um so angenehmer macht (ibid.).

Die Rede war ein Markstein. Sie wurde bekannt als die Rede vom «breiteren Tiber» *(Tevere più largo).*

Da Ministerpräsident Fanfani die Linie von Moro und Scaglia hinsichtlich der Notwendigkeit einer «Öffnung nach links» voll unterstützt hatte, bedeutete Papst Johannes' «Zurückhaltung» in Wirklichkeit, daß er nicht beabsichtigte, in politische Entscheidungen einzugreifen, die gerechterweise den Wählern und ihren gewählten Vertretern zukamen. Er war enthaltsam. Er würde nicht versuchen, in politischen Angelegenheiten Recht zu sprechen. Er lehnte *Punti fermi* ab. Daraus ergab sich, daß Siri und seine Anhänger in der Römischen Kurie vom Papst, wenn auch sanft, fallengelassen wurden.

Dieser Zusammenhang hilft die Bedeutung von *Mater et Magistra* erklären. Zur Erinnerung an den siebzigsten Jahrestag von Leos XIII. *Rerum Novarum* für den 15. Mai 1961 geplant, erschien sie tatsächlich erst am 15. Juli. Diese Verzögerung läßt auf einen Streit hinter den Kulissen schließen, ob sie angebracht wäre. Sie bedeutete auch, daß die Enzyklika gerade dann erschien, als die Römische Kurie *ad aquas* (das heißt, in die Ferien) ging, so daß es weniger Gelegenheit zu abgestimmten Aktionen geben würde. *Mater et Magistra* wurde eifrig von italienischen Bischöfen und Politikern abgeklopft, um festzustellen, nach welcher Seite Papst Johannes ausgeschlagen hatte. Im großen und ganzen fühlten sich Moro und seine Freunde ermutigt, während Siris Lager fassungslos war.

Mater et Magistra akzeptiert den «Wohlfahrtsstaat» gelassen als einen Ausdruck des «Gemeinwohls». Das mag belanglos klingen, doch war Pius XII. vor der Vorstellung von «kommunalen Küchen, kostenlosem Gesundheitswesen und kostenlosem Bildungswesen» zurückgeschreckt (s. Hales, S. 45). Johannes dagegen begrüßte die Tatsache, daß «ein Zuwachs an sozialen Beziehungen» und «eine Entwicklung im sozialen Leben des Menschen» stattgefunden hatten. Er nannte diesen Prozeß «Sozialisierung», einen bei Teilhard de Chardin entliehenen Begriff. Teilhard vertrat die Ansicht, daß die

Verknüpfung menschlicher Schicksale durch technische Entwicklungen eine Form des geistigen Prozesses sei, da sie dem christlichen Wert wechselseitiger Abhängigkeit Geltung verschaffe. Das Gefühl der Zugehörigkeit zu einer Welt, zum Raumschiff Erde, wuchs. Kommentatoren, die «die Kontinuität der katholischen Soziallehre» betonen wollten, verwickelten sich selbst in semantische Knoten, als sie zu erklären versuchten, daß «Sozialisierung» nicht «Sozialismus» hieß und unmöglich heißen konnte, da «Sozialismus» von früheren Päpsten verurteilt worden war. Das Wort «Sozialisierung» erschien nicht einmal im lateinischen Text, der Wendungen wie *socialium rationum incrementa* oder *socialium rerum progressus* benutzte (s. Campbell-Johnston, S. 382). Aber es *fand* sich in den Übersetzungen.

Ob «Sozialisierung» stillschweigend «Sozialismus» einbezog, war im großen und ganzen eine Frage der Definition. Aber falls «Sozialismus» den Wohlfahrtsstaat meinte, dann war es klar, daß Papst Johannes ihm guthieß: «Sie (die Sozialisierung) ist eine Wirkung und eine Ursache der wachsenden Einmischung des Staates selbst in Dinge von einem so persönlichen Interesse des einzelnen wie Gesundheit und Bildung, die Wahl eines Berufes und die Pflege und Rehabilitation der körperlich und geistig Behinderten» (*Mater et Magistra*, Nr. 48). Aber, würde Kardinal Siri bald fragen, unterwarf das nicht den einzelnen der amorphen Masse, dem ungeheuerlichen Leviathan, den Pius XII. in seiner Rundfunkansprache an österreichische Katholiken am 14. September 1952 beschworen hatte? Hatte dieser bedeutende Papst sie nicht gerade davor gewarnt, sich nicht der «allumfassenden Sozialisierung» zu unterwerfen? Doch, er hatte (s. AAS 44, 1952, S. 792).

Papst Johannes sah diesen Einwand voraus und ging in seiner Enzyklika darauf ein: «Müssen wir dann schließen, daß verstärktes soziales Handeln die Menschen auf den Zustand reiner Automaten reduziert? Keineswegs» (Nr. 48). Der Schutz vor den potentiellen Übeln staatlicher Kontrolle und übermächtiger Bürokratie war zweifach. Erstens – «eine gesunde Ansicht vom öffentlichen Wohl muß in den mit öffentlicher Autorität ausgestatteten Männern gegenwärtig und wirksam sein» (Nr. 52). Zweitens – «die zahlreichen gemischten Körperschaften und körperschaftlichen Unternehmen» sollten echte Autonomie genießen (Nr. 52). Es war die klassische «liberale» Verteidigung gegen den totalitären Staat. Die «zahlreichen gemischten Körperschaften» – politische Parteien, Gewerkschaften, das Gerichtswesen, Rundfunk, Presse – sollten wirklich unabhängig sein, und durch ihr anregendes Wechselspiel würde dem Allgemeinwohl gedient.

Doch die Billigung des Wohlfahrtsstaates war nicht das einzige Originelle an *Mater et Magistra*. Obwohl sie sich unaufrichtig als bloße «Bekräftigung und Präzisierung der Lehre unserer Vorgänger» darstellte, war ihr ganzer Ansatzpunkt etwas Neues. Sie bezieht sich klar auf die reale Welt von 1961. Verschwunden ist die halbfeudale Welt, die Leo XIII. beschwor, in der «der einfache Arbeiter, umgeben von seiner Familie, sich zu seinem frugalen, aber ausreichenden Mahl, dem gerechten Lohn für seine Arbeit, niederläßt» (Hales, S. 45). Johannes' Welt ist die der Einrichtungen, die höhere Bildung vermitteln, der Europäischen Wirtschaftsgemeinschaft (der Italien von Anfang an angehörte) und der Vereinten Nationen. Er sah sie alle optimistisch. Dies bezeichnete einen neuen Ton in der «katholischen Soziallehre». Johannes schimpft nicht. Er heißt die Guten willkommen, wo immer er sie findet. Bei Pius XI. und Pius XII. hatte man manchmal den Eindruck, daß die Welt von außen belehrt und gezüchtigt wurde, von einem gereizten Volksschulrektor, der es besser wußte. Die «katholische Soziallehre» in den 1930ern und 1940ern kam den römisch-katholischen Diktatoren wie Franco in Spanien und Salazar in Portugal entgegen, die beide für sich in Anspruch nahmen, ihr Prinzip des *interclassismo* durchzuführen, die harmonische Zusammenarbeit aller, was die katholische Antwort auf den marxistischen Klassenkampf war. Johannes sprach nicht von außen und maßte sich keinen überlegenen Ton an. Die Kirche war *Mater* (Mutter) und *Magistra* (Lehrmeisterin). Johannes verriet schließlich, daß er den Ausdruck *Mater et Magistra* der Ansprache Papst Innozenz' III. an das Vierte Laterankonzil entnommen hatte (Alberigo, S. 348). Nicht viele konnten es hierin mit ihm aufnehmen, in «Jahrhunderten zu denken» und dabei immer den Blick auf der Gegenwart zu haben.

Mater et Magistra interessierte den CIA, der sich Sorgen machte, wohin die «Öffnung nach links» führen könnte. Ein gründlicher Leser hätte entdeckt, daß die Enzyklika vieles der *47. Semaine Sociale* verdankte, die im Juli 1960 in Grenoble stattgefunden und unter dem Thema *«Socialisation et Personne Humaine»* gestanden hatte (Campbell-Johnston, S. 383). So konnte man hinter *Mater et Magistra* die Dominikaner von *Economie et Humanisme* und die Jesuiten der *Action Populaire* entdecken. Zwar ist James W. Spains Bericht für den CIA später geschrieben, doch er gibt recht genau das Denken der engsten Berater von Johannes zu jener Zeit wieder. Pater Roberto Tucci, Sohn eines neapolitanischen Vaters und einer schottischen, der Episkopalkirche angehörigen Mutter, war der junge Herausgeber von *Civiltà Cattolica*. Er sagte zu Spain: «Sie interessieren sich sehr dafür, was unsere Veränderungen gegenüber den Kommunisten bedeuten werden. Ich interessiere mich mehr dafür, was sie in Spanien und

Portugal bedeuten werden» (Spain, S. 7). Msgr. Pietro Pavan, Professor der Soziologie an der Lateran-Universität (Johannes hatte sein altes Seminar am 17. Mai 1959 in diesen Rang gehoben), lenkte das Gespräch auf Italien zurück: «Wenn in der Vergangenheit jemand für die Kirche war, dann war er auch für die Christdemokratische Partei. Aber jetzt gibt es gute Männer, die gegen die Christdemokraten sind, doch das bedeutet nicht, daß sie gegen die Kirche sein müssen» (ibid., S. 10). Und das war paradoxerweise eine Behauptung, die intelligente Christdemokraten wie Moro guthießen.
Also war es in Italien, wo *Mater et Magistra,* obgleich an die ganze katholische Welt gerichtet, ihre unmittelbarste Anwendung fand. Zwar legte sie nicht alle Meinungsverschiedenheiten bei. Das menschliche Hirn ist unendlich einfallsreich, wenn es etwas ablehnen will, was ihm nicht zusagt. Kardinal Siri setzte seine Kampagne gegen Moro fort, aber er schien mehr und mehr ins Leere zu schlagen. Wenn man um den Buchstaben von *Mater et Magistra* stritt, konnte einem leicht ihr Geist entgehen.
Nach dieser langen Rückblende können wir jetzt zu Papst Johannes' Tagebuchaufzeichnung vom 13. August 1961 zurückkehren und nun auch ihre wahre Bedeutung und Fülle anerkennen:

> Es ist sehr wichtig, die Bischöfe zu drängen, daß sie alle ebenso handeln. Das Beispiel des Papstes möge eine Schule und eine Ermutigung für alle sein. Die Bischöfe finden sich mehr der Versuchung ausgesetzt, sich über Gebühr einzumischen, und darum hat der Papst sie anzuleiten, daß sie davon Abstand nehmen, in irgendwelchen politischen Auseinandersetzungen Partei zu ergreifen oder sich für die eine oder andere Seite zu entscheiden. Sie sollen allen in gleicher Weise die Gerechtigkeit, Liebe, Demut, die Milde und Sanftmut und die anderen evangelischen Tugenden predigen und die Rechte der Kirche, wo sie verletzt oder beeinträchtigt werden, mit Umsicht verteidigen (*Tagebuch,* S. 332).

Hieraus dürfen wir schließen, daß Johannes die italienischen Bischöfe «ermahnt» hatte und zweifellos auch ihren Präsidenten, Kardinal Siri, allerdings mit geringem Erfolg. Die theokratischen Gewohnheiten, die Pius XII. eingeimpft hatte, ließen sich nicht so leicht ausrotten. Was Papst Johannes als «Einmischung über Gebühr» beschrieb, betrachtete Siri als seine normale, alltägliche und – so hätte er ergänzt – *geheiligte* Pflicht. Da war nicht viel Platz für Kompromisse.
Papst Johannes hatte noch einen Einwand gegen das Verhalten der italienischen Bischöfe. Ihre leidenschaftliche Verwicklung in die Politik verleitete sie nicht nur zu heftigen und zügellosen Reden, sondern auch zum Versuch, den Drahtzieher zu spielen, und zu Intrigen.

> Immer, besonders aber in unserer Zeit, muß der Bischof den Balsam der Güte in die Wunden der Menschheit gießen. Er muß sich also vor jedem voreiligen Urteil hüten und vor jedem beleidigenden Wort gegen wen auch immer, vor jeder von der Furcht eingegebenen Schmeichelei, vor jedem Kompromiß mit dem Schlechten, den ihm die Hoffnung, dadurch jemandem zu nützen, eingeben könnte. Er muß eine ernste, umsichtige und feste Haltung bewahren. Er muß darauf achten, im Umgang mit allen liebenswürdig und freundlich zu sein ... Intrigen oder jeder rein menschliche Einsatz nützen auch in weltlichen Angelegenheiten sehr wenig (*Tagebuch,* S. 332).

«Ernst, umsichtig und fest», aber gleichzeitig «liebenswürdig und freundlich».

So bedeutete das «Abrücken» nicht nur, die Einmischung in politische Angelegenheiten zu meiden, sondern auch die Intrigen aufzugeben, die *combinazioni* und *astuzie,* zu denen die Prälaten im Land Niccolò Machiavellis besonders neigten. Johannes hatte nie zuvor so starke Worte gebraucht. «Jeder Kompromiß mit dem Schlechten, den ihm die Hoffnung, dadurch jemandem zu nützen, eingeben könnte.» Wovon sprach er?

Ein unbezweifelbarer Zug des italienischen Lebens ist der *«clientalismo»,* was besagt, daß Höherstehende Freunden oder den Freunden von Freunden einen Gefallen tun. Geflechte von Beziehungen werden aufgebaut, die im Extremfall schlicht kriminell werden: die Mafia im Süden und die Camorra in Neapel sind die bekanntesten. Kleriker geraten durch die Verwendung der *«raccomandazione»* in dieses System. Ein sizilianischer Arbeiter, der auf Arbeitssuche nach Turin geht, hatte zum Beispiel eine «Empfehlung» oder ein Zeugnis von seinem Gemeindepfarrer; ein bekannter Kommunist würde nichts bekommen. Eine «Empfehlung» von einem Bischof und erst recht von einem Kardinal konnte die Karriere eines Beamten oder Bankangestellten oder Polizisten erleichtern, die dann aus Dankbarkeit «Gefälligkeiten» erweisen würden. Die deutliche Gefahr ist, daß die Grenze zwischen dem Gesetzlichen und dem Ungesetzlichen sich verwischen kann. Dunkle Geschäfte und die helfende Hand der Nächstenliebe gingen Seite an Seite. Kardinal Siri war zwar persönlich sehr streng, aber tatsächlich war er der Landeskaplan von *Confindustria,* des Unternehmerverbandes, und als solcher in besonderem Maß Versuchungen ausgesetzt.

Es wäre falsch, wenn man andeutete, die ganze italienische Kirche wäre in Korruption versunken; aber es wäre gleichermaßen falsch, wenn man sich vorstellte, solche Versuchungen wären nicht auch in den Vatikan selbst eingedrungen. Johannes wußte, was um ihn herum vor sich ging, wie die folgende Geschichte, aus einer einwandfreien Quelle, illustriert. Jede Unbestimmtheit in dem Bericht ist beabsichtigt.

Etwa zu dieser Zeit, im Sommer 1961, lag ein bestimmter Kardinal aristokratischer Herkunft auf dem Sterbebett. Er hatte viele Jahre lang mit den finanziellen Transaktionen des Vatikans zu tun gehabt. Papst Johannes sorgte sich plötzlich, der greise Kardinal könnte ohne Absolution sterben, seine Seele ebensolchen Qualen ausgeliefert wie sein Körper. Deshalb schickte er einen Mönch zu ihm (in der Hagiographie gewöhnlich als «ein demütiger Mönch» beschrieben), um die letzte Beichte des Kardinals zu hören. Der Mönch kehrte hängenden Kopfes zurück und berichtete, daß die Verwandten das Vorzimmer blockierten und sich weigerten, ihn durchzulassen. «Wie ich dachte», sagte Papst Johannes, mittlerweile ärgerlich, «suchen Sie einen Erzbischof, sie werden sich bestimmt nicht einem Erzbischof in den Weg stellen.» Aber sie taten es. Das war Arbeit für einen Kardinal. Ein Kardinal wurde gefunden, der seinen Rang in die Waagschale werfen konnte, sich einen Weg durch die Verwandtschaft bahnte und die Beichte des Sterbenden entgegennahm. Der springende Punkt an dieser verblüffenden Geschichte ist, daß die Neffen und Nichten des Kardinals fürchteten, sein Gewissen könnte sich regen, wenn er eine letzte Beichte ablegte, und er könnte sich verpflichtet fühlen, sein Testament zu ändern. Johannes' eigenes Testament war schon sorgfältig abgefaßt. Um sein Bett würden sich keine Verwandten sammeln: «Arm geboren», schrieb er, «bin ich besonders froh, arm zu sterben» (*Tagebuch,* S. 365). «Abrücken» hatte moralische wie politische Folgerungen.

Aber es bedeutete nicht, daß er an den Einzelheiten der praktischen Politik nicht interessiert war. Im Gegenteil. Im Februar 1962 bat er um Aldo Moros weitschweifigen Bericht an den achten christdemokratischen Kongreß, der gerade in Neapel zusammengetreten war, und studierte ihn gründlich. Er setzte sich für die «Öffnung nach links» ein. Andreotti scherzte, es sei Moros Enzyklika *Cauti Connubii* («vorsichtige Heirat», Magister, S. 275). Papst Johannes hielt Moros Bericht für «einheitlich». In anderen Worten, er ergab einen Sinn. Aber um ganz sicherzugehen, legte er ihn zur Beurteilung Fachleuten vor, die zu dem Schluß kamen, er befände sich «nicht nur in Einklang mit der Offenbarung, sondern auch mit der Soziallehre der Kirche von *Rerum Novarum* bis *Mater et Magistra*» (*Panorama,* 17. Mai 1982, S. 246). Das war ein Lob. Moro wurde dieses *nihil obstat* mitgeteilt. Er schrieb an Papst Johannes und dankte ihm für sein «väterliches Interesse und Verständnis». In Moros gewohntem komplexem und indirektem Stil geschrieben (er erfand später «parallele Konvergenzen»), trotzt sein Brief allen Übersetzungsversuchen. Der Hauptpunkt war, daß Moro dem Papst, der Hierarchie und der Soziallehre der Kirche Loyalität gelobte, erklärte, unter seiner Führung würden die Christdemokraten sich immer bemühen, für den wahren Vorteil Italiens zu arbeiten, und um einen Segen für sich, seine Familie und seine Partei bat (ibid., S. 257). Aber er erbat in diesem Stadium keine Audienz. Das wäre von seinen Kritikern sofort aufgegriffen worden. Vorerst blieb «Zurückhaltung» die beste päpstliche Politik. Und Moro verstand voll und ganz, warum.

Moro schrieb diesen Brief an Papst Johannes am 3. Februar 1962. Am selben Tag veröffentlichte Johannes das Motuproprio, das den Beginn des Ökumenischen Konzils auf den 11. Oktober dieses Jahres festsetzte. Dies hätte die Gedanken Kardinal Siris eigentlich auf das drohende «Ereignis» lenken sollen. Weit gefehlt. Er stürzte sich bald in eine neue politische Schlacht. Am 2. März 1962 stellte Amintore Fanfani dem italienischen Parlament sein reformistisches Programm vor. Diesmal war er der Ministerpräsident einer «Mitte-links»-Regierung, was bedeutete, daß er dank der Enthaltung der Sozialisten an der Macht war; sie würden nicht für ihn stimmen, aber sie würden ihn auch nicht zu Fall bringen. Fanfanis Hauptvorschlag war die Verstaatlichung der Stromerzeugung. Siri roch die finstersten Begleiterscheinungen in dieser Maßnahme. Er stellte seine Sorgen in einer Denkschrift zusammen, die im Juni 1962 auf Papst Johannes' Schreibtisch landete.

Es war ein leidenschaftliches Dokument. Siri tadelte Verstaatlichungen im allgemeinen als unmoralisch, weil sie die Freiheit einschränkten und der Tyrannei und Diktatur Tür und Tor öffneten. Diese Übel würden unausweichlich folgen, wenn politische und wirtschaftliche Macht in denselben Händen konzentriert würden. Der Leviathan erhob sich wieder bedrohlich. Siri beschuldigte Moro, «katholisches soziales Lehren» zu verraten, indem er eine Gesellschaftsklasse einer anderen vorzog. Dies war die Sünde des *«filoclassismo»,* und sie wurde der gesunden Lehre des *«interclassismo»,* dessen Bedeutung wir schon gesehen haben (s. oben, S. 460), gegenübergestellt. Es war nicht ohne weiteres klar, warum die Verstaatlichung der Elektrizität mit solchen verheerenden Wirkungen verbunden sein sollte, aber jetzt war es zu spät, Siri noch zu stoppen. Insoweit als die Christdemokratische Partei die katholische Soziallehre aufgegeben hätte, wäre sie des Rechts auf die Bezeichnung «christlich» verlustig gegangen. Dies war eine kaum verschleierte Drohung, die Christdemokraten zu spalten und eine rechte Alternative zu gründen, der sich gute Katholiken mit ruhigem Gewissen anschließen könnten. In der Praxis bedeutete das, zu den Neofaschisten überzulaufen. Zwei andere Faktoren machten Siris Standpunkt noch bedrohlicher. Er spiegelte deutlich die Ansichten von *Confindustria* wider, und sie war eine Kraft im Land, wenn nicht gar eine heimliche Macht und alternative Regierung. Und die Streitfrage war eine weitere Episode in dem endlosen Vergleich zwischen Pius XII. und Johannes. Pius XII., so wurde einem zu verstehen gegeben, hätte den Christdemokraten diese Frechheit nie durchgehen lassen.

Johannes überlegte, was er mit Siris Denkschrift anfangen sollte, und holte, wie gewohnt, eine zweite Meinung ein. Diesmal beriet er sich mit Msgr. Agostino Ferrari Toniolo, der an *Mater et Magistra* mitgearbeitet hatte, und mit Msgr. Pietro Pavan, der – aber das sollte erst noch kommen – beim Entwurf von *Pacem in Terris* helfen würde. Die beiden Fachleute lehnten Siris Argument rundweg ab: «Es besteht kein Zweifel, daß elektrische Energie eines der Wirtschaftsgüter ist, dessen Verstaatlichung Gründe des Gemeinwohls nahelegen oder sogar erfordern.» Sie konnten nicht erkennen, wie die Verstaatlichung der Elektrizität der Freiheit schaden könnte, und gingen zum Gegenangriff über, indem sie darauf hinwiesen, daß ein Monopol in Privatbesitz die Regierung an der Verwirklichung des Gemeinwohls hinderte. Was die angebliche Untreue der christdemokratischen Führung zur katholischen Soziallehre betraf, antworteten Toniolo und Pavan: «Eine Partei respektiert ihre christliche Beeinflussung nicht einfach durch die Aneignung verschiedener sozialer Kategorien, sondern indem sie sicherstellt, daß ihre politischen Entscheidungen auf der ständigen Sorge um das Wohl des ganzen Landes und nicht nur auf Gruppeninteressen beruhen» (*Panorama,* 17. Mai 1982, S. 256). Papst Johannes war mit diesem Urteil einverstanden, und bei seiner Begegnung mit Präsident Antonio Segni am 3. Juli 1962 wiederholte er seine Äußerungen über die spezifischen Unterschiede zwischen Kirche und Staat: «Der Papst im Vatikan ist eine Sache, der Präsident im Quirinal ist eine andere» (s. oben, S. 451). Es ist gut zu wissen, daß der Quirinal im Herzen Roms der päpstliche Sommerpalast gewesen war und viele Konklaven dort stattgefunden hatten.

Aber Siri war noch nicht fertig. Bekümmert, den Papst selbst nicht überzeugen zu können, versuchte er es auf dem indirekten Weg. Am 7. Juli 1962 erhielt Capovilla einen Brief vom Präsidenten von *Confindustria,* Furio Cigogna, der um eine Audienz für sich und seinen Vertreter, Angelo Costa, bat. Sie waren beide Venezianer, was ein Grund war, sich an Capovilla zu wenden, der nicht nur der Sekretär des Papstes, sondern auch Venezianer ehrenhalber war. Sie brauchten nicht zu sagen, warum sie eine Audienz wünschten. Es war allzu deutlich, daß sie gegen die Gesetzesvorlage über die Verstaatlichung der Elektrizität protestieren wollten. Papst Johannes verweigerte ihnen die Audienz. Am 9. Juli 1962 schrieb er eine Notiz, die Capovilla an Cicogna übermitteln sollte. Sie ist eine klassische – und bisher unveröffentlichte – Äußerung von Papst Johannes' politischer «Zurückhaltung»:

> Der Heilige Vater möchte sich aus Konflikten politisch-sozialer Natur zwischen Söhnen, die er mit einem gleichen Maß an Verständnis respektiert und liebt, heraushalten. Der Herr ist es, der unsere Herzen erforscht. Deshalb werden Sie das Schweigen des Papstes zu den Diskussionen verstehen, die in den letzten Monaten stattgefunden haben, Diskussionen unter Brüdern, die dem Vater gleich lieb sind . . .
> In den vier Jahren, die Papst Johannes sein Amt nun ausübt, hat er niemals eine Begegnung mit Ministern der Regierung, Gewerkschaftern oder irgendeiner anderen betroffenen Partei gehabt, gesucht oder genutzt, um aus seiner Zurückhaltung herauszutreten [uscire dal su riserbo]. Hierin folgt er dem Patriarchen Jakob, der inmitten seiner streitenden Söhne sich darauf beschränkte, zuzusehen, zu leiden und zu schweigen. Diese Erklärungen stellen auch eine Bitte dar, daß der Präsident und der Vizepräsident von *Confindustria* auf eine Audienz beim Papst verzichten möchten, die nicht vertraulich bleiben könnte und zwangsläufig Anlaß zu verschiedenen Spekulationen gäbe (*Panorama,* 17. Mai 1982, S. 256f.).

Johannes blieb stets höflich, auch wenn er nein sagen mußte.
Jakob, der Patriarch des Alten Testamentes, war eine Gestalt, mit der er sich zunehmend identifizierte. Es war ein Gedanke, mit dem er seit langem vertraut war. Er hatte Genesis 37,11 über den schweigenden Vater zitiert, um sich während des Krieges in der Türkei zu ermahnen, neutral zu bleiben (s. oben, S. 227). Jetzt, im Juli 1962, glaubte er, es sei ihm gelungen, «sich aus Fragen politischer Natur herauszuhalten», und er kehrte zum selben Genesis-Text zurück:

> Die Worte der Bibel über das reservierte Verhalten des alten Patriarchen zwischen seinen Söhnen links und rechts hatte eine gute Wirkung: *Pater autem rem tacitus considerabat* (Aber der Vater bedachte die Sache im stillen). Jeder muß an seiner eigenen Rolle festhalten. Es war gegen jede Vorhersage, daß der Präsident der Republik, Segni, täglich die Kommunion empfängt, und daß der Bürgermeister von Rom, La Porta, einer der besten Schüler der Jesuiten am Collegio Massimo war (vom Autor aus *Giornale,* S. 354, übersetzt; unvollst. in der englischen und deutschen Übersetzung).

Johannes dachte an den Beginn des Jahrhunderts, als die «Römische Frage» noch die Gemüter erhitzte und ein frommer Präsident so unvorstellbar war wie ein bei den Jesuiten zur Schule gegangener Bürgermeister von Rom (dessen Namen, Glauco Della Porta, er typischerweise falsch schreibt). Dies waren die Zeichen des «geistigen Fortschritts», von dem er gesprochen hatte, als er zum erstenmal in den Lateran gegangen war.

Doch der patriarchalische Papst war nicht ganz so neutral, wie er erschien. Am 3. August 1962 gewährte er Aldo Moro die Audienz, die er den Industriekapitänen erst einen Monat vorher verweigert hatte. Es war eine Begegnung, die beide Männer seit langem gewünscht hatten. Sie fand in Castelgandolfo statt, was diskreter und weniger von den Medien beobachtet war, und dauerte ungefähr eine Stunde. Es gab keine Reden, und das Protokoll wurde auf ein Minimum reduziert. In der später am selben Tag geschriebenen Notiz schilderte Papst Johannes Moro als «einen hervorragenden Katholiken, einen Staatsmann, einen Mann mit starkem sozialem Empfinden» (Capovilla, Brief an den Autor vom 13. Mai 1983). Diese Begegnung am Vorabend des Konzils mit einem Mann, der immer noch von Siri öffentlich angegriffen wurde, sprach für sich selbst. Sie bedurfte keines ausführlichen Kommentars. «Es war», bemerkte Giancarlo Zizola, «sinnbildlich für die Anerkennung der politischen Freiheit italienischer Katholiken durch den Papst» (*Panorama,* 17. Mai 1982, S. 259). Es könnte auch so beschrieben werden, daß der Patriarch Jakob endlich seinen Sohn Josef anerkannte. Sie konnten sich offener am 17. Oktober 1962 wiedertreffen, als das Konzil begonnen hatte.

Was hatte Kardinal Siri inzwischen angestellt? Siri war, um ein ausdrucksvolles Wort von Carlo Falconi zu borgen, «limboisiert» worden, dem Limbus anheim gegeben worden, wo er weder Schaden erleiden noch anrichten konnte (*L'uomo che non divenne Papa,* S. 249). Dies wurde durch den einfachen Trick erreicht, die Satzung der Italienischen Bischofskonferenz (CEI) neu zu fassen. Von jetzt an sollte sie einen gewählten und nicht vom Vatikan bestellten Vorsitzenden haben. Andere Verpflichtungen würden gerecht aufgeteilt. Siris Machtmonopol war gebrochen. Was Wunder, daß man ihn klagen hörte, Papst Johannes' Pontifikat wäre «die größte Katastrophe der jüngeren Kirchengeschichte», wobei er erklärte, mit «jünger» die letzten fünfhundert Jahre zu meinen. (In seinem Zeugnis zum Seligsprechungsprozeß von Papst Johannes nahm Siri dieses Urteil zurück und sagte, er hätte sich geirrt.)

Die Reform des italienischen Episkopats durch Johannes war nicht seine geringste Leistung. In Wirklichkeit wurden die Bischöfe an andere Bischofskonferenzen angepaßt, die kein «besonderes Verhältnis» zum Vatikan hatten. Natürlich würde das Verhältnis, da der Heilige Stuhl in Italien war, immer noch einmalig bleiben, aber die Nabelschnur war durchtrennt worden, und die italienischen Bischöfe konnten wachsen und erwachsen werden. E.E.Y. Hales' Schlußfolgerung zu der Art, wie Papst Johannes die Italienpolitik anpackte, ist wohl berechtigt: «Er war im großen und ganzen frei von dem Renaissancebrauch, die Politik zur Stärkung der päpstlichen Stellung in Italien zu gebrauchen, und von dem mittelalterlichen Brauch, die Politik zum Errichten der päpstlichen Vorherrschaft in Europa zu benutzen» (Hales, S. 63). Dies hatte offenbar eine tiefere Bedeutung für die übrige Welt. Was *Gaudium et Spes* zur Politik zu sagen hat, gibt die Praxis von Johannes ebenso wieder wie seine Theorie. Kleriker sind nicht für alles zuständig (Nr. 43), Laien haben die «Freiheit des Forschens und Denkens» (Nr. 62), die Kirche ist bereit, «Privilegien» zu verwerfen, die einmal durch Konkordate sanktioniert wurden (Nr. 76), und es ist im tiefsten Sinn «die Kirche der Armen» (Nr. 1). Das Konzil hätte aus sich heraus zu diesen Schlüssen kommen können, aber es war hilfreich, das Beispiel Papst Johannes' zu haben, als Beweis, daß solche Haltungen auf der höchsten Ebene der Kirche zu finden waren. In diesem Sinn war das Beispiel von Papst Johannes einflußreicher als seine Enzyklika *Mater et Magistra*.

Aber es ist Zeit, die Fäden des Konzils aufzunehmen. Die Vorbereitungen liefen auf Hochtouren. Viele Akteure, die wir bereits in diesem Kapitel getroffen haben, waren damit beschäftigt, aber andere waren neu.

18. Kapitel

Augustinus Bea betritt die Szene

> Die erste Meinung von der Klugheit eines Herrschers bildet man sich aufgrund der Männer, die er um sich hat.
>
> (Niccolò Machiavelli, *Der Fürst*)

Das Konzil in Gang zu bringen war vergleichbar mit dem Aufziehen einer riesigen Maschine. Die Erste Vorbereitende Kommission war Pfingsten 1959 gebildet worden. Von 2821 angesprochenen Geistlichen oder Institutionen (wie katholischen Universitäten) antworteten 2150. Das waren 76,4 Prozent – eine gute «Marktreaktion». Ihre Antworten werden unschätzbar sein für künftige Historiker, die ein Schaubild für katholische Führermentalitäten 1960 haben wollen. Eine Auswahl legt den Schluß nahe, daß sie die Möglichkeiten, die das Konzil in ihre Reichweite rückte, noch nicht begriffen hatten. Sie beschränkten sich auf kleinere Reformen: der Heilige Stuhl sollte den Bischöfen mehr «Befugnisse» überlassen, und eine überraschend große Zahl von Italienern wünschte die religiöse «Exemtion» abzuschaffen oder zu beschneiden (Rouquette, I, S. 88). Ein englischer Bischof teilte seine Ansprüche an das Konzil mit seinen Leuten. Er versicherte ihnen, daß «es starke Hoffnungen auf neue Definitionen» gäbe, zum Beispiel Unserer Lieben Frau als «Mittlerin aller Gnaden» (Pawley, S. 430). Es dürfte schwerfallen, sich noch stärker zu irren. Alle diese Vorschläge und Bitten, die man *voti* nannte, wurden später von der vatikanischen Druckerei in fünfzehn dicken Bänden veröffentlicht *(Acta et Documenta Concilio Oecumenico Vaticano Secondo apparando)*. Aber weil damals das ganze Material vertraulich war, wußte niemand, was die Bischöfe gesagt hatten. Die Kurie überging die Vorgefühle auf das «neue Pfingsten», das dem Papst vorschwebte, und bog sie in eine juristische Form um. Dennoch gab es viele «prophetische» Texte unter den vorgelegten, die den tatsächlichen späteren Verlauf des Konzils vorwegnahmen (s. Michel van der Pals, *Brieven aan Paus Joannes,* Villa Weesp, 1984).

Obwohl Johannes den Vorabend von Pfingsten, den 5. Juni 1960, wählte, um die Einsetzung der eigentlichen Vorbereitenden Kommission bekanntzugeben, machte man sich erst am 13. November 1960 an die Arbeit. Es kam ein Verdacht auf, daß Kardinal Domenico Tardini bewußt die Vorbereitungen, aus welchen Gründen auch immer, hinauszog; falls er dachte, daß Johannes nicht mehr lange leben würde, wurde er Opfer einer göttlichen Ironie, da er selbst am 30. Juni 1961 starb, fast zwei Jahre vor dem Papst. Selbst für eine Institution, die «in Jahrhunderten denkt», war die Verzögerung beunruhigend, wenn man an die vielen alten Männer dachte. Noch beunruhigender war, daß die zentrale theologische Kommission und ihre zehn Unterkommissionen weitgehend unter der Kontrolle der Kurie standen.

Dies war die Folge einer päpstlichen Entscheidung von Papst Johannes. Er bestimmte, daß der Vorsitzende jeder Unterkommission der Präfekt der entsprechenden römischen Kongregation (oder eines Dikasteriums) war. So war Kardinal Gaetano Cicognani von der Ritenkongregation für die Liturgie verantwortlich, während Kardinal Marcello Mimmi von der Konsistorienkongregation sich mit Angelegenheiten der Bischöfe befaßte – von entscheidender Bedeutung, falls Vatikanum I «vollendet» und die «Kollegialität» durchgesetzt werden sollte. Kardinal Alfredo Ottaviani stand der theologischen Kommission vor und vertrat den Standpunkt, daß diese ein Vetorecht bei allen anderen hätte, weil die ihr entsprechende Kongregation, das Heilige Offizium, traditionell als «die *oberste* Kongregation» bekannt war. (Ottaviani war strenggenommen Propräfekt, weil der Papst persönlich ihr Präfekt war: aber das war eine Unterscheidung, die nichts änderte.) Die Wirkung dieser Vereinbarungen war, daß die Kontrolle der Vorbereitungen für das Konzil fest in den Händen der Römischen Kurie lag.

Dies wurde vollends klar, als die Namen der Mitglieder der vorbereitenden Kommissionen bekanntgemacht wurden. Es waren mehr als 800. Verallgemeinerungen sind bei einer so umfangreichen Gruppe nicht leicht, aber Kritiker behaupteten bald, daß sie hauptsächlich die «römische Schule» repräsentierten, für die Theologie eher die Darlegung und Verteidigung bekannter Wahrheit war als eine Entdeckungsreise an den Grenzen des Wissens. Es gab jedoch eine Fülle von einzelnen Ausnahmen. Kardinal Giovanni Battista Montini gelang es, seinen Mentor, den Oratorianerpater Giulio Bevilacqua, in die Liturgiekommission einzuschmuggeln (für die er eine Abhandlung im Stil Montinis über «das Geheimnis der heiligen Liturgie und ihre Beziehung zum ganzen Leben in der Kirche» schrieb; Bugnini, S. 27). Doch Montini selbst war in diesem Stadium immer noch ausgeschlossen. Johannes hatte seine eigene offizielle Verbindung zur zentralen Vorbereitungskommission durch seinen Beichtvater Msgr. Alfredo Cavagna (Bonnot, S. 76). Doch die Namen derer, die nicht zum Dienst gerufen waren, stellten eine Liste «der Bedeutenden und

Guten» der Zeit dar. Nicht eingeladen waren die Jesuiten John Courtney Murray und John L. McKenzie aus den Vereinigten Staaten, die Brüder Karl und Hugo Rahner aus Bayern und die Franzosen Henri de Lubac und Jean Daniélou; ebenfalls abwesend waren die französischen Dominikaner Yves-Marie Congar und Marie-Dominique Chenu. Kurz, wer auch nur leicht von dem Niederschlag von *Humani Generis* berührt worden war oder ansonsten Probleme mit dem Heiligen Offizium gehabt hatte, wurde rigoros ausgeschlossen.
Außerdem gaben Johannes' Anweisungen nur einen zarten Ansporn, Hilfe von außen zu suchen. Die Tatsache, daß die Kurie für die Organisation des Konzils verantwortlich ist, erklärte er am 5. Juni 1960, «schließt nicht die Zusammenarbeit von Fall zu Fall *(volta a volta)* mit aufgeklärter Weisheit von Kirchenleuten aus, die in Hinblick auf ihre anerkannte persönliche Kompetenz eingeladen werden». Man beachte die Abwesenheit von Laien und Frauen. Man setzte voraus, daß männliche Kirchenleute das Monopol auf «aufgeklärte Weisheit» besäßen. Es wäre leicht, aber ungerecht, Tardini allein zum Sündenbock für diese Anordnungen zu machen. Papst Johannes trug seinen Teil an Verantwortung. Heraus kam dabei, daß viele fürchteten, das Konzil würde eine gedrängt volle Versammlung, der die besten zur Verfügung stehenden Gelehrten und die wesentliche Eigenschaft der Freiheit fehlte.
Hatte Johannes einen schlimmen Fehler gemacht? Hätte er voraussehen sollen, was geschehen würde? Es scheint, daß er es halb voraussah, den schlimmsten Auswirkungen vorzubeugen versuchte, aber aus Gründen, die er für gut hielt, darauf beharrte. Die Ansprache am 5. Juli 1960 enthielt diesen weiteren Schlüssel:

> Das Ökumenische Konzil hat seine eigenen Strukturen und seine eigene Organisation und sollte nicht mit den gewöhnlichen charakteristischen Funktionen der verschiedenen Dikasterien und Kongregationen der Römischen Kurie vermengt werden. Diese werden ihre Routineaufgaben während der ganzen Vorkonzilszeit weiter ausüben ... Es gibt somit eine klare Unterscheidung: die gewöhnliche Leitung der Kirche ist eine Sache, das Konzil eine andere (*Letture,* S. 147).

Die Männer der Kurie wurden, in anderen Worten, aufgefordert, zwei Hüte zu tragen. Auf diese Weise, hoffte Papst Johannes, würden sie in die Arbeit des Konzils einbezogen und so daran gebunden werden. Es würde nicht wie eine Gefahr, der man Widerstand leisten mußte, oder eine fremde Invasion, die zurückgeschlagen werden mußte, über sie hereinbrechen. Dieser Teil von Johannes' Vorhaben schlug nicht ganz fehl. Msgr. Dell'Acqua behauptete, es herrsche ein neuer Geist in der Kurie:

> Im Staatssekretariat hat keiner mehr das Gefühl, er müsse hinausgehen und seelsorgerische Arbeit tun, um sich gesund zu halten. Sie merken, daß ihre Arbeit im Staatssekretariat selbst seelsorgerisch ist. Papst Johannes hatte die Blickrichtung der zentralen Verwaltungsbehörde der Kirche verändert, während ihre rechtliche Position unverändert blieb (*L'Uomo che non divenne Papa,* S. 265).

Schön und gut. Aber es scheint ziemlich seltsam, daß die Arbeit an der Vorbereitung eines angeblich «pastoralen» Konzils dazu führen sollte, die pastorale Arbeit draußen aufzugeben, und was Dell'Acqua sagte, war nur stellenweise wahr. Bürokratische Einrichtungen haben ihre eigene eingebaute Trägheit und Widerstandsfähigkeit gegen Veränderung.

Ein Grund allerdings, warum Papst Johannes sich in diesem Stadium nicht besonders sorgte, war, daß neben der mühsamen offiziellen Vorbereitung des Konzils, die so scharf von der Kurie kontrolliert wurde, eine andere Form der Vorbereitung existierte, die frei, inoffiziell, unabhängig und vor allem öffentlich war. Anders als die offiziellen Vorbereitungen, die geheim und deshalb unsichtbar waren, trugen Bücher, Artikel und Fernsehinterviews über das Konzil die Diskussion zu jedem in der Kirche und darüber hinaus. Diese Regsamkeit der Medien schuf Erwartungen, ließ Streit über den Zweck des Konzils aufkommen und spiegelte, wie grob auch immer, den *sensus fidelium* wider, jenen instinktiven Sinn für die richtige Lehre, den alle Gläubigen im Herzen trugen. Aus diesem breiten Angebot darf man zwei gegensätzliche Werke auswählen, weil sie auf unterschiedliche Weise das Konzil direkt beeinflußten. Sie erhellten auch die Wahrheit der Maxime von Papst Johannes, *historia magistra veritatis,* Geschichte ist die Lehrerin der Wahrheit.

Lorenz Jaeger, der Erzbischof von Paderborn, ist schon als Gründer des Adam-Möhler-Instituts erwähnt worden (s. oben, S. 417). Sobald das Konzil am 25. Januar 1959 angekündigt worden war, nahm er eine historische Untersuchung in Angriff, erschienen unter dem Titel «Das ökumenische Konzil, Kirche und Christentum». Es war, als wäre Papst Johannes' Ankündigung in Paderborn lange erwartet, wenn nicht erhofft gewesen. Jaegers solides und zuverlässiges Buch hatte einen beträchtlichen Einfluß. Es erhellte die Fragen und änderte einige Vorstellungen. Er machte deutlich, daß es kein festgelegtes oder historisches «Modell» für ein Konzil gab. Sie waren alle zeitbedingte Ereignisse gewesen, die von allen möglichen äußeren Faktoren abhingen, zum Beispiel vom Kaiser. Eine andere Variable bei einem Konzil war das eigene Selbstverständnis der Kirche zu der Zeit; denn es konnte gar kein Konzil geben ohne eine stillschweigend einbegriffene Ekklesiologie oder Lehre von der Kirche.

Dies war Sprengstoff, denn die Art, wie das Konzil tatsächlich organisiert wurde, offenbar auf Papst Johannes' Geheiß, spiegelte ein zentralisierendes, autoritäres, klerikales, juristisches, un- oder antiökumenisches und weltverachtendes Verständnis von der Kirche wider, das die entsetzlichsten Folgen haben konnte. Es hätte überhaupt keinen Sinn, wenn man sich nur treffen wollte, um den «Syllabus der hauptsächlichen Irrtümer» zu wiederholen. Vatikanum I, fuhr Jaeger fort, war ein monarchisch geführtes Konzil gewesen, das den autokratischen Geist der Zeit spiegelte, und es wirkte allen zeitgenössischen Bewegungen entgegen. Vatikanum II würde die mehr «demokratische» oder – falls dieses Wort erschreckend und unangemessen wäre – «kollegiale» Stimmung der Mitte des 20. Jahrhunderts wiedergeben. Daraus folgte, daß es eine «freie und eingehende Diskussion aller Einwände und Schwierigkeiten» geben müßte (Jaeger, S. 86). Das zielte auf Kardinal Ottaviani, der meinte, kontroverse Angelegenheiten sollten auf dem Konzil nicht diskutiert werden, damit die Gläubigen nicht demoralisiert würden; und ganz offenbar sollte kirchliche Wäsche nicht in der *aula*, dem Konzilssaal, gewaschen werden. Jaeger argumentierte auch, daß es eine Art von «Beteiligung der Laien» beim Konzil geben sollte, als Erinnerung daran, daß letzten Endes das Lehren der Kirche auf dem *sensus fidelium* beruhte. Kurz, Jaeger versuchte, die Züge zu bestimmen, die dieses Konzil *anders* machen würden, und er lud Papst Johannes ein, die Vision und das organisatorische Geschick beizutragen, damit dies geschehen könnte. Er wurde nicht ersucht, im voraus zu diktieren, was es tun sollte – das wäre eine Wiederholung der Fehler von Pius IX. gewesen; aber er würde dafür sorgen müssen, daß es im richtigen Geist in Gang käme. Johannes mochte kleinlaut klagen: «Ich bin nur der Papst hier herum.» Aber es gab einige Dinge, die nur der Papst tun konnte.

Ein anderer deutschsprachiger Theologe, der Schweizer Hans Küng, reagierte mit dem gleichen Eifer auf die Ankündigung des Konzils. Die deutsche Ausgabe von *«Konzil und Wiedervereinigung. Erneuerung als Ruf in die Einheit»* erschien 1960. Im selben Jahr erhielt Küng im bemerkenswert jungen Alter von zweiunddreißig Jahren einen Ruf als Professor für Theologie in Tübingen. Anders als Jaegers ziemlich schwerer Wälzer war Küngs Buch lebendig und lesbar. Außerdem wagte er es, eine Tagesordnung für das Konzil aufzustellen. Es erübrigt sich zu sagen, daß es nicht ganz das Programm war, das die Römische Kurie im Sinn hatte – und sein Buch mußte bis

1965 auf eine italienische Übersetzung warten. Für Küng war der einfache Zweck des Konzils die Reform der Kirche. Falls diese Reform konsequent durchgeführt würde, dann würde sie zur Wiedervereinigung der «getrennten Brüder» auf einer gleichberechtigten Grundlage führen. Küng katalogisierte die Schritte, die man tun müßte, um den *begründeten* Forderungen der protestantischen Reformation zu entsprechen: eine Beurteilung der Reformation als *religiöses* Ereignis (nicht reduzierbar auf politische Faktoren oder psychologische wie Luthers Libido); wachsende Würdigung der Bibel und ihr verstärkter Gebrauch in Theologie und Gottesdienst; die Entwicklung einer «Volksliturgie», natürlich in der Landessprache; eine Anerkennung des «allgemeinen Priestertums» aller Gläubigen; Dialog zwischen der Kirche und anderen Kulturen; die Befreiung des Papsttums von politischen Verwicklungen; die Reform der Römischen Kurie und die Abschaffung des «Index der verbotenen Bücher». Küng erwies sich als genauer und weitsichtiger Prophet: Alle sieben Forderungen waren, wenn auch in modifizierter Form, in den Schlußdokumenten des Konzils enthalten.

Außerdem appellierte Küng geschickt an Papst Johannes, der seine Begeisterung für alle diese Punkte teilte, wie er ein wenig unbegründet voraussetzte. Er übersah, daß Johannes die Ökumene im großen und ganzen im Umgang mit den Orthodoxen erfahren hatte. Aber das machte nichts. «Habe immer den Papst auf deiner Seite» ist eine handfeste Regel für einen katholischen Theologen. Küng setzte den hellwachen Papst in Gegensatz zur schlummernden Christenheit:

> Die Kirchenspaltung ist ein Ärgernis. Aber vielleicht ist es ein noch größeres Ärgernis, daß noch heute einem Großteil der Christen beider Konfessionen – auch der Theologen und Seelsorger – dieses Ärgernis im Grunde recht gleichgültig ist; daß sie die Spaltung der Christenheit bestenfalls als einen bedauerlichen Schönheitsfehler, nicht aber als unbedingt heilende abgrundtiefe Wunde von unermeßlichem Schaden empfinden; daß sie sich um tausend religiöse Belanglosigkeiten kümmern, nicht aber um den Wunsch unseres Herrn vor seinem Tode: «daß alle eins seien!» Werden die Worte und Taten des Papstes diese Schlafenden wecken können? (*Konzil und Wiedervereinigung,* S. 56).

Es war, im wahrsten Sinn des Wortes, Zündstoff. Besonders wenn es vor überfüllten Hörsälen überall in Europa und in den Vereinigten Staaten wiederholt wurde.

Ebenfalls schlau und gut berechnet, an Papst Johannes zu appellieren, war Küngs Darstellung des Konzils von Trient im 16. Jahrhundert als ein im wesentlichen *reformierendes* Konzil. Er beging nicht den Fehler jener, die Trient als Popanz benutzten und seiner bigotten Beschränktheit die Schuld an allem Korrupten gab. Küng erklärte, daß es einige gute Auswirkungen hatte: «Es braucht hier nicht ausgeführt zu werden, daß diese Restaurationen trotz ihrer Beschränktheit unermeßlich viel Gutes gebracht haben; ihnen verdankt es die katholische Kirche, daß die Kirche der Barockzeit sich in einer ganz anderen Reinheit und Kraft darstellt als die Kirche der Renaissance» (*Konzil und Wiedervereinigung,* S. 107). Das entsprach genau der These, die Roncalli in seiner Ausgabe der *Acta* des heiligen Karl Borromäus aufgestellt hatte. Gut, Küng sagte im weiteren, daß nach Paul IV. die polemische Atmosphäre und politische Manöver zu einer inquisitorischen Unterdrückung von Irrtümern geführt hatten, was weniger bewundernswert war. Aber Johannes als Historiker konnte das auch nicht bestreiten.

Er äußerte sich nie öffentlich über Küng. Es gab keinen Grund, warum er das tun sollte. Aber es war bereits im Gang, was man «Küngs erste Schlacht» nennen könnte. Die Kurie war wütend über die Art, wie dieser arrogante junge Mann das Heilige Offizium rügte und in der Presse und im Fernsehen mit seinem persönlichen Programm für das bevorstehende Konzil wirkte, während gestandene Theologen und ernsthafte Personen wie sie selbst anständige lateinische Denkschriften über die Grenzen von religiöser «Exemtion» austauschten. Es war unerträglich. (Um die Wahrheit zu sagen – es gab manch einen in der Kurie, der hocherfreut war bei dem Gedanken, daß Ottaviani endlich einem begegnet war, der sich ihm gewachsen zeigte.) Aber Küng hatte viel Unterstützung. Kardinal Franz König, der Erzbischof von Wien, ein Gelehrter, mit dem wenige im Kardinalskollegium mithalten konnten, leitete die deutsche Ausgabe ein und nannte das Buch ein «erfreuliches Zeichen». Kardinal Achille Liénart aus Lille hob in seiner Einführung die ökumenische Bedeutung hervor (s. Nowell, S. 82). Es war vernünftig, den Schluß zu ziehen, daß Küng, ganz gleich was die Vorbereitende Kommission tun würde, die richtige Tagesordnung für das Konzil geliefert und die Schlachtordnung für seine erste Sitzungsperiode aufgestellt hatte. Nie wieder würde ein einzelner Theologe solchen Einfluß haben.

Es schien sich kein leichter Weg anzubieten, in den die verschiedenen Ströme der Vorbereitung münden konnten. Doch wenn das nicht gelänge, würde es das Konzil nicht fertigbringen, den von Theologen wie Jaeger und Küng geweckten Erwartungen zu entsprechen. Gab es einen Menschen in Rom, der die deutsche Theologie kannte und der sich im Vatikan auskannte? Da gab es Pater Augustinus Bea SJ, den Rektor des Bibelinstituts. Aber er war sechs Monate älter als Papst

Johannes und sah schon so gebrechlich aus, daß es schien, ein Windstoß könnte ihn umblasen. Er ging gebeugt, und sein schildkrötenhaftes Gesicht war tief gefurcht. Als Jesuit mußte er einen Kardinalshut zunächst ablehnen, aber falls Papst Johannes auf Gehorsam bestände, dann würde er ihn ohne Begeisterung annehmen. Bea wurde am 28. Januar 1960 zum Kardinal ernannt, obwohl seine genaue Rolle noch nicht feststand. Aber er sah nicht aus wie ein Mann, der die Kirche auf einen radikal neuen Kurs bringen würde. Dennoch ist es unwahrscheinlich, daß Papst Johannes ohne Bea das Konzil, das er wünschte, bekommen hätte.

Die Vorstellung von einem «kleinen potenten Gremium, das sich ausschließlich mit ökumenischen Fragen befaßte», war schon früher geprüft worden (s. oben S. 417). Aber dann war es Jaeger, der einen ausgearbeiteten Plan aufstellte, den Kardinal Bea dem Papst in einem Brief vom 11. März 1960 vorstellte. Johannes versah den Brief mit Anmerkungen:

> Hörte die Ansichten des Kardinal-Staatssekretärs Tardini und des Kardinals Bea (12. und 13. März). Das Projekt ist gebilligt. Bea wird Vorsitzender der vorgeschlagenen Päpstl. Komm. sein. Antworten und zu einer Übereinkunft mit dem Bischof von Paderborn [Jaeger] kommen. Alles vorbereiten, aber bis nach Ostern mit der offiziellen Veröffentlichung warten: das bringt sie in Einklang mit den anderen Kommissionen, die für verschiedene andere Angelegenheiten ernannt werden. *Ita. Die XIV Martii 1960* (*Lettere,* S. 495f.).

Ita, schrieb Johannes, ja, so sei es. Wurde ihm bewußt, daß er gerade die wichtigste Ernennung seines Pontifikats gemacht hatte? Er scheint sie ohne Schwierigkeiten getroffen zu haben, als eine seiner «stillen Eingebungen von dem Herrn». Obwohl er die Zukunft dem Herrn anvertraute und es ablehnte, «Phantasie und Sorge auf Zukunftsgebäude zu verwenden» (*Tagebuch,* S. 337), war er durchaus fähig, vorauszudenken und vorauszuplanen.

Sein Motuproprio *Superno Dei Nutu,* mit dem das «Sekretariat zur Förderung der Einheit der Christen» eingerichtet wurde, definierte seinen Zweck in klarem und herzlichem Ton:

> Um auf besondere Weise unsere Liebe und unseren guten Willen gegenüber jenen zu zeigen, die Christi Namen tragen, aber von diesem Apostolischen Stuhl getrennt sind, und um ihnen zu ermöglichen, die Arbeit des Konzils zu verfolgen und bereitwilliger den Weg zu finden, jene Einheit zu erlangen, die Jesus von seinem himmlischen Vater erflehte, haben wir dieses besondere Büro oder Sekretariat eingerichtet (*Unity of Christians,* S. 166).

Das setzte ein Signal. Es ließ die getrennten Brüder wissen, daß auch sie offiziell eingeladen waren, an dem teilzunehmen, was Karl Barth bald «das Ereignis» (des Heiligen Geistes) nennen sollte. Johannes' ursprüngliche Notiz sprach von einer päpstlichen Kommission; es ein «Sekretariat» zu nennen, bedeutete, es auf die gleiche Stufe wie das schwache Gremium, das sich den Massenmedien widmete, zu stellen und somit zu degradieren – und diese Interpretation wurde gelegentlich von der Kurie verbreitet. Es war «nur» ein Sekretariat und deshalb unbedeutend. Bea jedoch gab sich, mit Johannes' Rückendeckung, nicht mit Titeln ab und behauptete, daß «kein Unterschied im Status gemeint ist, lediglich ein Unterschied in der Organisation» (ibid., S. 162). Dies war Beas typische besänftigende Art zu sagen, daß das Sekretariat für die Einheit der Christen etwas völlig Neues war. Denn, so fuhr er mit einer weiteren enormen Untertreibung fort: «Unsere vielen unterschiedlichen Kontakte mit nichtkatholischen Christen bringen ein Element herein, daß sich in den anderen vorbereitenden Kommissionen nicht findet» (ibid.).
Das konnte er wiederholen. Keine andere Kommission hatte das geringste Interesse daran, was andere Christen dachten. Beas Sekretariat hatte also von Anfang an eine neue Methode, und es brauchte neue Männer. Bea klapperte die Universitäten und Seminare nach Mitarbeitern und Beratern ab, die nach ihrer Kompetenz auf biblischem, ökumenischem und patristischem Gebiet ausgewählt wurden. Einige, zum Beispiel Pater Maurice Bévenot SJ vom Heythrop College in England, hatten ein tadelloses Leben geführt, das ganz dem Studium der Überlieferung der Schriften des heiligen Cyprianus gewidmet war. Andere waren zu jung, um das Mißvergnügen des Heiligen Offiziums auf sich gezogen zu haben. Bea machte zum Beispiel den siebenunddreißigjährigen kanadischen Augustiner Gregory Baum ausfindig, der 1956 in Freiburg in der Schweiz mit dem Thema *Daß alle eins seien* promoviert und dann über den Antisemitismus der Evangelien gearbeitet hatte. So waren Organisation, Arbeitsweise, Personal und Geist des Sekretariats für die Einheit der Christen etwas durch und durch Fremdes für die Römische Kurie. Sie sprachen sogar verschiedene Sprachen und zogen Deutsch, Englisch und Französisch dem Italienischen vor. Das lag nicht an einem antiitalienischen Vorurteil, sondern einfach daran, daß wenige geborene Italiener eine gewisse Erfahrung mit Ökumenismus vorweisen konnten. Die wenigen italienischen Protestanten, meistens Waldenser, hielten auf Abstand und hüteten eifersüchtig ihre Identität.
Dieses ökumenische «Kuckucksei» war der Römischen Kurie deshalb nicht willkommen. Damit hatte Papst Johannes die Kurie, die das

Konzil eigentlich vorbereiten sollte, um- und übergangen. Er hatte ein gänzlich neues Kriterium in die Diskussion vor dem Konzil eingeführt: Was werden andere Christen denken? Dies würde zu einem Programm führen, das viel näher bei Hans Küng lag als bei Kardinal Ottaviani, und beide wußten es: Übereinstimmung mit dem Evangelium war die erste Glaubensregel. Das Monopol der Kurie auf die Vorbereitungen zum Konzil war gebrochen worden. Johannes hatte seinen ursprünglichen Fehler «ausgeglichen». Zum erstenmal waren die Konzilsvorbereitungen auf dem richtigen Kurs und zielten in die Richtung, die Papst Johannes sich von Anfang an erhofft hatte.

Der Zweck des Konzils wurde deutlicher sichtbar. Johannes hatte immer gewußt, daß das Vatikanum II kein «Konzil der Wiedervereinigung» sein würde in dem Sinn, wie Lyon im 13. und Florenz im 15. Jahrhundert das angestrebt hatten. Zweifellos würde das zu einem späteren Zeitpunkt kommen. Aber die Zeit war noch nicht reif. Doch bedeutete das nicht, daß es überhaupt keine ökumenische Dimension gehabt hätte. Im Gegenteil, in einem seiner unzähligen Interviews erklärte Kardinal Bea sehr deutlich, was Papst Johannes im Sinn hatte:

> Der Heilige Vater hofft, daß das bevorstehende Konzil so etwas wie eine Einladung an unsere getrennten Brüder sein möge, indem es sie in seinen tagtäglichen Verhandlungen die Aufrichtigkeit, Liebe und Eintracht sehen läßt, die in der katholischen Kirche herrschen. So dürfen wir freilich sagen, daß das Konzil einen indirekten Beitrag zur Einheit leisten sollte, indem es in einer langfristigen Politik der Vorbereitung den Boden für die Einheit bereitet (*Unity of Christians,* S. 158).

Diejenigen, die Tardini vor neun Monaten als «Dissidenten» bezeichnet hatte, wurden nun in «getrennte Brüder» verwandelt. Anstatt sie durch Verdammungen fernzuhalten, wurden sie mit einem «Kommt und seht!» (Joh 1,39) eingeladen. Auch wenn sie nicht das Idyll vorfänden, das Bea sich ausmalte, könnten sie dennoch lernen. Und ihre Antworten und Erwartungen würden dazu beitragen, nicht nur Wesen und Ausmaß ihrer eigenen Teilnahme zu formen, sondern die Tagesordnung selbst. Bea und sein Sekretär, Msgr. Jan Willebrands, stürzten sich in ein umfangreiches Korrespondenz- und Reiseprogramm, um die Antworten auf diese Fragen zu entdecken und ihre Mannschaft aufzubauen. Bea verjüngte sich. Es gab viele Geschichten von alten Männern, die sich verwandelten und ihre Krücken wegwarfen, wenn sie Kardinäle wurden. In Augustinus Bea wurde eine außerordentliche Energie freigesetzt. «Seht die Welt mit BEA», kursierte damals als Witz in Rom (BEA ist die geläufige Abkürzung für British European Airways).

Aber wenn sie von der Stubenhocker-Kurie Pius' XII. kamen, hinterließen solche Witze eher einen bitteren Geschmack auf der Zunge. Diese ganze Umtriebigkeit war unnötig und noch nie dagewesen. Mitten in den Beratungen, die zur Einrichtung des Sekretariats für die Einheit der Christen führten, zeigte Kardinal Francis Spellman, der Erzbischof von New York, Militärvikar, daß ihm sein Gefühl für den richtigen Zeitpunkt abhanden gekommen war. Er bat Papst Johannes, die historische Untersuchung einzuleiten, die schließlich zur Seligsprechung und Heiligsprechung von Papst Pius XII. führen könnte (*Lettere,* S. 499). Johannes versuchte zu antworten, fand es aber schwierig. «Die Gefühle frommer Hochachtung und Bewunderung», begann er tapfer, «die so viele in der Kirche für Pius XII. hegen, sind allgemein bekannt.» Aber hier legte er die Feder aus der Hand. Er überließ die Angelegenheit seinem Nachfolger. Er glaubte nicht, daß die Heiligsprechung von Päpsten eine große Hilfe für die Masse der Christen wäre. Bei dieser Gelegenheit konnte er keine Floskel finden, um «nein» zu Spellman zu sagen, ohne ihn vor den Kopf zu stoßen. Aber die Petition hatte einen pharisäischen Aspekt. Der Vergleich zwischen Johannes und seinem Vorgänger wurde weiter angestellt. Er wurde nach der Schaffung des Sekretariats für die Einheit der Christen und Beas Ernennung zu seinem ersten Vorsitzenden noch schärfer gezogen. Denn durch diesen Akt – so flüsterte man – wurden die ökumenischen Regeln, die Pius in seiner Weisung *Ecclesia Catholica* (20. Dezember 1949) niedergelegt hatte, handgreiflich verspottet. Und das war das Werk von Papst Johannes. Er war verantwortlich. Weil es jedoch kein guter Stil war, den Papst direkt anzugreifen, wurde Bea das Ziel.

Doch trotz seiner zerbrechlichen Schultern war Bea ein zäher Gegner. Er hatte seit 1924 in Rom gelebt und kannte die Schliche. Es war besonders schwierig, zwischen ihn und Pius XII. einen Keil zu treiben, weil er der Beichtvater des Papstes gewesen war. Tatsächlich alarmierte das sogar manche Anhänger des Ökumenismus, als sie von seiner Ernennung zum Vorsitzenden des Sekretariats für die Einheit der Christen hörten: Er schien zu sehr ein «Mann Pius' XII.» zu sein, ein weiterer ehrwürdiger Überlebender des *ancien régime.* Dies war ein Grund, warum er für Papst Johannes nützlich sein konnte. Bea bildete eine Brücke zwischen den beiden Pontifikaten. Er konnte zu Recht Kontinuität geltend machen, auch wenn es, wie man vernünftigerweise denken mochte, neue Entwicklungen gab. Der Jesuit Bea war jesuitisch.

Man kann ihn am Werk sehen in einem Interview, das er im Februar 1961 Giorgio Berlutti gab, dessen Bewunderung für Pius XII. grenzenlos war. Wieder betreten wir das Reich der Untertreibung und der Nuancen. Bea sagte nie etwas, das auch nur entfernt nach Kritik an Pius aussah: Aus dem Munde seines Beichtvaters wäre das ungehörig gewesen. Tatsächlich zog er die umgekehrte Richtung vor. Er stellte Pius als einen Pionier der ökumenischen Bewegung dar und sagte: «In seiner Enzyklika über den Mystischen Leib *(Mystici Corporis)* drückte Pius XII. eine solche zärtliche Liebe zu unseren getrennten Brüdern aus, die uns aus dem Munde eines Juristen überraschen mag» (*Unity of Christians,* S. 182). Beas «Überraschung» ist verständlich, weil es gerade die Enzyklika *Mystici Corporis* (1943) war, die die römisch-katholische Kirche mit dem mystischen Leib identifizierte und somit eine hohe ökumenische Schranke errichtete. Aber vielleicht wollte Bea das Wort «Jurist» hervorheben: Die Überraschung war, daß eine ökumenische Gesinnung von einem Kirchenrechtler kommen sollte. Bea war ein Meister des diplomatischen Spiels, das darin bestand, durch die Verwendung von feinen Abstufungen einen Freiraum zu schaffen.

Berlutti, ein hartnäckiger Interviewer, ließ Bea nicht so leicht von der Angel. «Sind denn nicht die zwanzig Bände von Papst Pius XII.», fragte er ungeduldig, «ein wirksamer Beitrag zur Lösung der Probleme, die auf dem Konzil untersucht werden?» (ibid.). Das war wahrlich eine scheinheilige Frage. Denn wenn Bea «ja» sagte, akzeptierte er die Ansicht der Kurie, daß das Konzil einfach die Anwendung von Pius' zwanzig Bänden auf die derzeitige Lage wäre; falls er «nein» sagte, sähe es so aus, als lehnte er diesen bedeutenden Papst und seine maßgebende Lehre ab. Bea erwiderte fest:

> Zweifellos. Aber ich meine nicht, daß das Konzil mechanisch dem ganzen von Pius XII. aufgestellten Programm folgen sollte oder folgen wird. Jedes Pontifikat hat sein eigenes Wesen, das der Persönlichkeit des Papstes entspricht, den Bedürfnissen der Zeit und vor allem den geheimnisvollen Plänen und Absichten des Heiligen Geistes, der die Kirche immer mit Leben erfüllt und lenkt. Der letzte, dieser so hervorragende Papst hinterließ zwanzig Bände, die einen Reichtum an wertvollem dogmatischem Material enthalten. Unter diesen Schriften wird man, zumindest in allgemeinen Zügen, Lösungen für viele moderne Probleme finden, die selbstverständlich niemand, der sich um die Erneuerung der Kirche sorgt, außer acht lassen kann (ibid.).

Bea verzog keine Miene während des ganzen Interviews. Er war ein sehr ernster Mann. Das war auch Kardinal Giuseppe Siri, der viele Jahre später «enthüllte», daß Papst Johannes zu ihm gesagt hatte: «In seinem Pontifikat stellte Pius XII. eine wahre theologische Enzyklopädie fertig» (Siri, Rede an die Synode, 8. Oktober 1983). Siri hatte nicht das geringste Gespür für die möglichen ironischen Bedeutungen dieser Bemerkung: Enzyklopädien, seien sie noch so wertvoll, neigen dazu, als Staubfänger in Regalen zu stehen, und werden nur in Notfällen konsultiert. Sie sind keine Alltagskost. Aber auch Bea hatte keinen ausgeprägten Sinn für Ironie. In seinem geistlichen Tagebuch notiert er, daß er einmal sein berühmtes Beichtkind, Pius XII., fragte, warum er soviel Zeit auf die Vorbereitung seiner Reden und Predigten verwende. Pius antwortete erhaben: «Weil es immer der Papst ist, der spricht» (*è sempre il Papa che parla; Spiritual Profile,* S. 66).

Niemand also konnte Bea fehlender Loyalität gegenüber Pius XII. beschuldigen. Er würde deshalb auf anderen Gebieten angegriffen werden müssen. Ottaviani trat als sein Hauptgegner hervor. Nicht gerade mit Skrupeln behaftet, wenn es zum Nahkampf kam, suchte Ottaviani nach Schwächen und variierte die Angriffspunkte während der folgenden drei Jahre je nach Gelegenheit. Bea wurde für nicht recht bei Trost gehalten, weil er zu Pius' XII. Enzyklika *Divino Afflante Spiritu* (1943) beigetragen und sie sogar verfaßt hatte, in der eingeräumt wurde, daß die sorgfältige Lektüre antiker literarischer Gattungen zum Verständnis der Bibel beitragen könnte: Von diesem harmlosen Vorschlag glaubte man, er «unterwerfe sich Formkritik», wie Rudolf Bultmann sie praktizierte. Beas zweite Schwäche war, daß man glaubte, er halte sich nicht an die bereits erwähnte Weisung des Heiligen Offiziums von 1949, *Ecclesia Catholica,* die auf die gebotene große Behutsamkeit in ökumenischen Zusammenhängen (damals scherzhaft als «gemischtes Baden» bezeichnet) hinwies und die Gefahr von Initiativen betonte, welche «die offenbarte Lehre der Kirche kompromittieren» könnten. Da *Ecclesia Catholica* nicht widerrufen worden war, nahm man mit makelloser Logik an, daß sie noch in Kraft wäre. Nuntien und Apostolische Delegaten hielten Ausschau nach vorschnellen oder kritiklosen Badenden in ökumenischen Gewässern. Diese beiden Anklagepunkte gegen Bea sollten bis zur Langeweile wiedergekäut werden. Natürlich war der Haupteinwand einfach, daß er ein Außenseiter war, den man hereingeholt hatte, um ein gänzlich neues Unternehmen mit einer völlig anderen Arbeitsmethode zu führen.

Bea blieb ständig lästigen Nadelstichen ausgesetzt. Zum Beispiel bat er im Herbst 1960 Papst Johannes um Erlaubnis, in Gazzada zu sprechen, wo die Katholische Konferenz über ökumenische Fragen vom 19. bis 23. September stattfinden sollte. Es scheint ungewöhnlich, daß Ottaviani – denn um ihn handelte es sich – das Recht beanspruchte, in die Redeplanungen eines Kardinalskollegen einzugreifen. Aber er tat es aufgrund seiner Treue zu *Ecclesia Catholica.* Das Schreiben von Papst Johannes an Bea in dieser Sache gab ihm zwar die Erlaubnis, war aber nicht besonders ermutigend:

> Es ist gut, daß Eure Eminenz in Gazzada spricht, sei es auch nur kurz. Ein Problem stellt sich hinsichtlich des Umfangs, den das Sekretariat verglichen mit der Zentralkommission annehmen soll, wenn man von dem Interesse ausgeht, das die getrennten Brüder äußerten, schnell voranzukommen, und von ihrem Wunsch nach Kontakten, die die Väter des Konzils ablenken und Unordnung oder Verzögerung in ihre eigene spezifische Arbeit tragen könnten. Was die Erlaubnis für Katholiken betrifft, an Konferenzen mit Nichtkatholiken teilzunehmen, wenden Sie sich an das HO (*Lettere,* S. 504; 14. September 1960).

HO stand für Heiliges Offizium. In diesem Stadium stand Papst Johannes näher bei Ottaviani im Heiligen Offizium als bei Bea im Sekretariat für die Einheit der Christen. Er scheint beide Argumente des Heiligen Offiziums gegen das Sekretariat geschluckt zu haben: daß es in Größe und Bedeutung mit der Zentralen Kommission rivalisieren würde und daß übertriebene Aufmerksamkeit für die getrennten Brüder das Konzil als innerkatholisches Ereignis gefährden würde. Johannes unternahm keinen Versuch, Ottaviani an die kurze Leine zu nehmen. So gab Bea endlose Interviews und schrieb Artikel, vorzugsweise in *Civiltà Cattolica.*

Diese beachtenswerte vierzehntägig erscheinende jesuitische Zeitschrift war gegründet worden, um den Ultramontanismus und den Syllabus der Irrtümer zu verteidigen. Im 19. Jahrhundert hatte sie erbauliche Romane in Fortsetzungen gebracht. Im 20. Jahrhundert war sie sozusagen die Erwachsenenversion des *Osservatore Romano* geworden. Die Regel war, daß kein Nichtjesuit darin schreiben konnte, und sie wurde vom Staatssekretariat zensiert. Johannes wollte diese Zensur aufheben. Er teilte dem neuen Herausgeber Roberto Tucci mit, daß jeder seiner eigenen Arbeit nachgehen sollte, er als Papst, Tucci als Herausgeber von *Civiltà Cattolica.*

Anfang 1961 veröffentlichte Bea einen Artikel mit dem Titel «Die katholische Haltung zum Problem der christlichen Einheit» (*Civiltà Cattolica,* I, 1961, S. 113–29; *Unity of Christians,* S. 19 – 46). Es war eine Rechtfertigung des Sekretariats und außerdem des Pontifikats Papst Johannes'. Doch war es ein ermüdender und ziemlich konventioneller Artikel, der seine Aussage nicht direkt preisgab. Er begann mit der Empfehlung von Augustinus, daß man den Irrtum hassen, aber die Irrenden lieben sollte *(Odisse errorem, diligere errantes).* Dies wurde einer der Schlüsselsätze in *Pacem in Terris.* Bea ging dialektisch vor.

Zuerst sollte man den Irrtum hassen, entschieden und unzweideutig. Das Neue Testament, legte er dar, zeigt große «Strenge» gegen Ketzerei und Schisma. Er zitiert ein Bündel von kräftigen paulinischen Texten, um zu illustrieren, was mit dem blutschänderischen Korinther geschah (er wurde «dem Satan übergeben»; 1 Kor 5,4-5) und denen, die «im Glauben Schiffbruch erlitten» (1 Tim 1,19-20). Bea bemerkt gütig, daß es, «wie immer man dieses ‹dem Satan übergeben› deuten mag, keinen Zweifel geben kann, daß eine Bestrafung von äußerster Strenge gemeint ist» (*Unity of Christians,* S. 22). Moralische Verderbtheit und Abweichungen vom Glauben werden bei Paulus gleichermaßen hart behandelt. Und in beiden Fällen ist die Autorität der Kirche einbezogen, wie aus dem «kirchlichen Kapitel» des Matthäusevangeliums deutlich wird, wo es von dem Unbotmäßigen heißt: «Hört er aber auch auf die Gemeinde nicht, dann sei er für dich wie ein Heide oder ein Zöllner» (Mt 18,17).
Man kann sich leicht vorstellen, wie Ottaviani diesen Abschnitt las und irgendwo eine Falle witterte. Vielleicht kam sie bei dem bekanntermaßen obskuren Paulus. Von Ottaviani wird zuverlässig berichtet, er habe im Scherz gesagt, Paulus sei zwar zweifellos inspiriert gewesen, aber so verworren, daß seine Schriften nicht die Zensur des Heiligen Offiziums passiert hätten. Daß Bea Ottavianis Arbeit für ihn erledigte und die Strenge des Neuen Testaments rühmen sollte, mußte mißtrauisch machen. Und das tat es. Dies war nur der erste Teil der Dialektik, die These, der die Antithese folgen sollte.
Wieder half Augustinus bei der Überleitung. In *Ad Petri Cathedram* hatte Papst Johannes seine Bemerkungen über die getrennten Brüder zitiert: «Ob sie es wollen oder nicht, sie sind unsere Brüder. Sie werden erst dann aufhören, unsere Brüder zu sein, wenn sie vergessen haben, ‹Vater Unser› zu sagen» (s. oben, S. 424). Außerdem, fuhr Bea fort, traf die Strenge des Neuen Testaments, die er so lebhaft ausgemalt hatte, *nur* auf jene zu, die sich persönlich und bewußt vom wahren Glauben entfernt hatten. Strenge ist deshalb nicht die richtige Haltung gegen die «große Mehrheit, die ihren Glauben von ihren Vorvätern ererbt hat». Der alte Spruch, der in Deutschland so wichtig ist, *cuius regio eius religio* (die Religion hängt davon ab, in welchem Territorium man lebt), legte Bea den folgenden Schluß nahe: «Wie es nicht unser Verdienst ist, daß wir in einer zur katholischen Kirche gehörigen Familie geboren und aufgewachsen sind, so ist es nicht ihr Fehler, daß sie die Kinder von Eltern sind, die von unserer Kirche getrennt sind. Da sie in gutem Glauben das Erbe anerkennen, das von ihren Eltern an sie weitergegeben wurde, können diese Nichtkatholiken aufrichtig glauben, daß sie auf dem rechten Weg sind»

(*Unity of Christians,* S. 27). Der Rest von Beas Artikel befaßte sich mit dem gemeinsamen Glauben, den alle Christen teilten. Die Grundlage des Ökumenismus war die Taufe: «Nichtkatholische Christen dürfen deshalb nicht auf dieselbe Stufe wie die Ungetauften gestellt werden; denn sie tragen immer nicht nur den Namen Christi auf ihrer Stirn, sondern auch sein wirkliches Abbild in ihren Seelen, das tief und unauslöschlich durch die Taufe eingeprägt ist» (ibid., S. 32). Mehr als zwanzig Jahre später sind dies Banalitäten, stumpf geworden durch die endlose Wiederholung. Anfang der sechziger Jahre waren sie befreiende Entdeckungen, aufklärende Wahrheiten. Sie zeigten, was geschehen konnte, wenn getrennte Christen die abwehrende Mentalität von Ottavianis Heiligem Offizium aufgäben und einander mit den Augen der Liebe sähen.

Aber Ottaviani war noch nicht am Ende. Er hatte noch zwei Karten auf der Hand. Die erste war *Ecclesia Catholica,* das Dekret des Heiligen Offiziums von 1949. Bea geht mit größtem Respekt damit um, weil er weiß, daß Ottaviani daran mitgearbeitet hatte und stolz darauf war. Bea lenkt geschickt die Aufmerksamkeit auf den Satz in *Ecclesia Catholica,* der feststellt, daß ein wachsender Wunsch nach Einheit «äußeren Faktoren und der sich wandelnden Geisteshaltung der Menschen unter dem Heiligen Geist zugeschrieben werden mag, aber vor allem den vereinten Gebeten der Gläubigen» (ibid., S. 28). Wenn die Betonung auf die richtigen Worte gelegt wurde, konnte dies so aufgefaßt werden, daß der Heilige Geist der große Anreger der ökumenischen Bewegung war, was die christliche Art und Weise ist zu sagen, daß es eine gute Sache war. Und man sollte sich nicht «dem Heiligen Geist widersetzen» – tatsächlich ist es zwecklos, das zu versuchen. Dieser Stich ging an Bea.

Doch Ottaviani hatte noch die Karte mit dem Abschnitt in Pius' XII. Enzyklika *Mystici Corporis,* der die Gültigkeit der häretischen und schismatischen Taufe in Frage zu stellen schien:

> Nur diejenigen können wirklich als Mitglieder der Kirche gerechnet werden, die im Wasser der Taufe wiedergeboren sind und sich zum wahren Glauben bekennen und sich nicht selbst von den Strukturen ihres Leibes abgeschnitten haben durch ihren eigenen unseligen Akt oder wegen sehr schwerer Verbrechen durch die legitime Autorität abgetrennt worden sind ... Daraus folgt, daß jene, die voneinander im Glauben und in der Leitung getrennt sind, nicht in dem einen so beschriebenen Leib und durch den einen göttlichen Geist leben können (*Mystici Corporis,* Nr. 21).

Diese Lehre, bemerkt Bea fast ohne mit der Wimper zu zucken, erinnert an die Strenge des Neuen Testaments und betont, «was für eine schreckliche Sache die durch Ketzerei und Schisma verursachte Teilung ist» (*Unity of Christians,* S. 31).
Nachdem er das eingeräumt hat, leugnet er allerdings, daß der Abschnitt die Folgen hat, die oft daraus gezogen wurden. Noch einmal unterscheidet er eindringlich zwischen denen, die für Häresie und Schisma verantwortlich sind, und denen, die sie nur geerbt haben. Dann zitierte er die Ansprache von Papst Johannes an die Vorbereitende Kommission am 13. November 1960: «Ein wichtiger Punkt, den jeder Getaufte beachten sollte, ist, daß die Kirche auf immer sein mystischer Leib bleibt. Er ist das Haupt, mit dem jeder von uns Gläubigen verbunden ist, zu dem wir gehören» (*Unity of Christians,* S. 32f.). Die Syntax war gequält, aber die Bedeutung klar: Dies war ein entscheidender Schritt von einer Auffassung der Kirche, die andere Christen ausschloß, zu einer, die sie einbezog; er stützte sich auf eine ältere Tradition, die die Taufe als das gemeinsame Band zwischen allen ansah, die den Namen Christi anriefen; das umging *Mystici Corporis* und ließ es als Strandgut in den Seiten von Denzinger zurück, ein eigenartiges historisches Denkmal von 1943.
Innerhalb von zwei Wochen nach dieser befreienden Erklärung empfing Papst Johannes Geoffrey Fisher im Vatikan. Es war der 2. Dezember 1960, als ein Papst und ein Erzbischof von Canterbury zum erstenmal seit der Reformation zusammenkamen. Es war auch die erste Frucht von Beas unermüdlichem Briefeschreiben und die erste Reaktion auf Papst Johannes' Einladung des «Kommt und seht!». Die Kurie stand diesen engen Kontakten mit «Dissidenten» feindselig gegenüber. Tardini gab sich kaum Mühe, seine Feindseligkeit zu verbergen, und tat alles, um den Besuch herabzuwürdigen. Bea bekam nicht einmal die Erlaubnis, bei der Audienz anwesend zu sein. Tardini schickte ein relativ junges Mitglied seiner Mannschaft hin, Msgr. Antonio Samorè, der auf Papst Johannes aufpassen und hinterher berichten sollte. Kein kirchlicher Titel wurde Fisher zuerkannt, und er wurde durchweg als *Dottore* angeredet, als wäre er eine Art Universitätsprofessor (diese Einzelheiten alle nach Robert Hornby in einem Brief an den Autor vom 23. Februar 1982. Er war Fishers Pressereferent). Peter Nichols sagt es so: «Der Besuch wurde wie ein schuldbewußtes Geheimnis behandelt. Keine Fotografie war erlaubt, und jede Anstrengung wurde gemacht, das Ereignis so unauffällig wie möglich hinter sich zu bringen» (*Politics,* S. 314). «Hinter jenen Mauern», blieb einem frustrierten Fernsehkommentator nur zu sagen übrig, «wird Geschichte gemacht.»

Wenn auf der römischen Seite – Papst Johannes ausgenommen – offizielle Kühle herrschte, legte Erzbischof Fisher ein gewisses Maß an anglikanischem Barbarentum an den Tag. Geoffrey Fisher war, im Urteil von John Carmel Heenan, dem damaligen Erzbischof von Liverpool, ein komplexer Charakter: «In keinerlei Hinsicht unaufrichtig, war sein Auftreten häufig eine Mischung aus Zuneigung und Tadel» (*Crown of Thorns,* S. 262). So war auch sein Auftreten bei dieser Gelegenheit. Er bezog seinen Besuch in Rom angelegentlich in eine Reise ein, die ihn nach Istanbul führte, wo er den Ökumenischen Patriarchen treffen wollte. Nachdem er in Rom angekommen war, hielt er dann eine Predigt in der anglikanischen Kirche, in der er die «anglikanische» Auffassung von «Kollegialität» der «römischen» Vorstellung von der päpstlichen Monarchie gegenüberstellte. Kollegialität, erklärte er, spiegelte sich bewundernswert in der Einheit und Vielfalt, die sich im Britischen Commonwealth fand, während die päpstliche Monarchie, wenn sie nicht kontrolliert wurde, geradewegs in die Diktatur führen könnte. Außerdem war es Fishers volle Absicht, Papst Johannes über die Unmöglichkeit der «Zurück-nach-Rom»-Theorie zu belehren, die in *Ad Petri Cathedram* vom vergangenen Sommer enthalten war. Er hielt Papst Johannes vor, daß dies eine veraltete Vorstellung von der Kirche wäre und daß «die zwei Kirchen parallel nebeneinander bestehen – vielleicht sind sie zwei Geraden, die sich im Unendlichen treffen» (Hornby, wie oben). Papst Johannes sagte Giuseppe De Luca, daß sie über Gregor den Großen und Augustinus' Mission nach Canterbury sprachen (*Lettere,* S. 165). Das war eigentlich voraussagbar.

Kardinal Bea schüttelte alle Demütigungen als Teil des ökumenischen Kreuzes ab und freute sich, daß der Besuch überhaupt stattgefunden hatte. Er wurde offiziell als «Höflichkeitsbesuch» bezeichnet, und es hatte keine «Verhandlungen» gegeben. Nach vier Jahrhunderten war das Eis gebrochen, und der Kontakt war wiederhergestellt. Es war Beas erster größerer Erfolg – aber es sollten keine weiteren Besuche mehr stattfinden bis nach Tardinis Tod. In *Civiltà Cattolica* interpretierte Bea die Bedeutung des «lebendigen Gleichnisses»: Wenn wir mit einer Begegnung zwischen den Leitern christlicher Gemeinschaften zu tun haben, einer Begegnung, die nicht nur von Freundschaft oder rein menschlicher Barmherzigkeit inspiriert ist, sondern darüber hinaus von einem grundsätzlich christlichen Geist, das heißt Treue zu der Person Christi, müssen wir uns im klaren sein, daß wir den heiligen Boden betreten» (*Unity of Christians,* S. 69).

Auch für Fisher war der Besuch ein unstreitiger Erfolg. Er war angetan von Papst Johannes' offensichtlicher Güte, aber er hatte an seinen anglikanischen Prinzipien festgehalten und seine Flanken geschützt. Er konnte nach Hause zurückkehren und, wie er bereits beschlossen hatte, sich in die Brust werfen. Eine sechsstündige Debatte im Oberhaus zeigte, daß die anglikanischen Peers in der Mehrheit sehr wohlwollend zur ökumenischen Sache standen, wie sie sie begriffen, und religiösen Fanatismus geächtet sehen wollten. Der Besuch trug in starkem Maße dazu bei, die Anglikanische Gemeinschaft als eine eigenständige Institution darzustellen, die sich sowohl von den Orthodoxen als auch von den Protestanten unterschied. Um das deutlich zu machen, ernannten die Erzbischöfe von Canterbury und York den Kanoniker Bernard Pawley zu ihrem «persönlichen Vertreter» beim Vatikan. Er wurde am 12. Juli 1961 von Papst Johannes empfangen. Keine andere Kirche oder Glaubensgemeinschaft besaß die Wendigkeit, ihren eigenen Botschafter in Rom zu haben.

Das Fisher-Roncalli-Treffen hatte noch eine Folge: eine Anekdote. Am 4. Januar 1961 schrieb Evelyn Waugh, der meisterhafte Schriftsteller, an Elizabeth Pakeham (jetzt Lady Longford): «Wußten Sie, daß Erzbischof Roberts eine Audienz beim Papst hatte, eine Woche nachdem Dr. Fisher weggegangen war und laut gerufen hatte: ‹Eure Heiligkeit, wir machen Geschichte›? Der Papst sagte zu Roberts: ‹Da war neulich ein anderer Erzbischof aus Ihrem Land hier. Wer war das doch noch?›» (*Letters,* S. 558; auch, weniger ausgearbeitet, in *Diaries,* S. 777). Jeder, der Thomas d'Esterre Roberts, den früheren Erzbischof von Bombay, kannte, dürfte sich im klaren sein, daß die Erfindung einer solchen Geschichte ihm genausoviel koboldhafte Freude gemacht hätte, wie Waugh aus der Wiederholung zog. Aber die Geschichte ist *ben trovato.* Roberts hatte in der Tat eine stundenlange Audienz bei Papst Johannes am 6. Dezember 1960, genau vier Tage nach Fishers Besuch. Er wollte sich darüber beklagen, daß der Apostolische Delegat in London, Erzbischof Gerald P. O'Hara ihn bei mehreren Gelegenheiten verleumdet hätte. Sie unterhielten sich französisch. Der Bericht, den Roberts dem Papst vorlegte, schloß mit einem Hinweis auf seine Arbeit in der Friedensbewegung Pax Christi: «In der Kernfrage des Krieges werden meine Maßnahmen der Selbstverteidigung in Rom, so hoffe ich, mich von jedem Verdacht des nachgiebigen Pazifismus im Widerstand gegen Tyrannei gleich von welcher Seite befreien.» Ganz offenbar fand Papst Johannes die ganze Begegnung verwirrend und konnte nicht ganz verstehen, wogegen Roberts protestierte. Roberts' Bericht über die Audienz schließt: «Am Ende des Gesprächs fügte Papst Johannes, recht typisch für ihn, ein Versprechen hinzu, mir eine signierte Fotografie von sich zu schicken, sobald die Sache abgeschlossen sei. Er starb zweieinhalb

Jahre später – ohne weitere Nachfrage und ohne die Fotografie zu schicken» (Hurn, S. 107). Vom Erzbischof von Canterbury war nicht die Rede.
In der Erfindung Evelyn Waughs kann man jedoch die Anfänge der konservativen Legende sehen, die Papst Johannes als liebenswerten, aber vertrottelten alten Burschen darstellt, der sich vom einen auf den anderen Tag nicht mehr erinnern kann, mit wem er gesprochen hat. Von da ist es nur ein Schritt zu sagen, daß er von Capovilla oder Bea für ihre schändlichen Ränke manipuliert wurde. Alle Beweise sprechen für das Gegenteil. Johannes war bei diesen großen Gelegenheiten vollkommen klar und rege. Mit Sicherheit war er nicht die Marionette von Bea oder Capovilla oder sonst jemandem. Umgekehrt versuchte Bea, der ganz genau die Rolle kannte, die nur er in diesem Pontifikat spielen konnte, nie, den Papst in den Hintergrund zu drängen. So wurde auch der CIA-Mann informiert: «Bea ist der gelehrte Vetter, auf den man immer hören muß» (Spain, S. 6). Aber Johannes hatte sein eigenes Leben zu leben und sein eigenes Pontifikat zu erfüllen. Er ging auf achtzig zu, und das macht jeden nachdenklich.

19. Kapitel

Der Achtzig entgegen

Ein Konservativer in allem, außer in den wesentlichen Dingen.
(A. J. Balfour über Mr. William E. Gladstone, zitiert von Paul Johnson in *Pope John XXIII*, S. 53)

Der Sommer 1961 bezeichnet einen Wendepunkt in Papst Johannes' Pontifikat. Er war an Selbstvertrauen und Stilsicherheit gewachsen, und er hatte in Amleto Cicognani einen neuen Staatssekretär. Der «neue Ton», den er in *Mater et Magistra* angeschlagen hatte, war ein Erfolg gewesen. Er hatte seinen persönlichen Tonfall gefunden. Im Juni 1961 sprach er vor der ersten Sitzung der Zentralen Kommission und setzte so die unmittelbaren Vorbereitungen für das Konzil in Gang. Im Juli schickte er eine Botschaft an Pax Christi, ein erstes

Signal an die Sowjetunion, das um so notwendiger war, als die Beziehungen zwischen Nikita Chruschtschow und dem neuen amerikanischen Präsidenten John F. Kennedy zunehmend belastet waren. Den schönen Reden bei Kennedys Amtsantritt war das Desaster in der Schweinebucht gefolgt. Während Johannes seinen Sommer in Castelgandolfo verbrachte und über sein Pontifikat nachdachte, gab es Aufregung um Berlin, Tausende strömten täglich in den Westen herüber, und am 13. August wurden Schottersteine und Stacheldraht in den verlassenen Straßen Ostberlins abgeladen. Vier Tage später war die «Berliner Mauer» fertig. Von jetzt an kontrapunktierten internationale Ereignisse das Pontifikat.

Die Sitzung der Zentralen Kommission im Juni 1961 markierte den Beginn der letzten Vorbereitungsphase für das Konzil. In seiner Rede vom 20. Juni zählte Johannes die praktischen Dinge auf, die zu lösen wären, bevor es anfangen konnte: die Auswahl der Theologen und Kirchenrechtler, die als Experten fungieren sollten, die Regeln der Diskussionen, die Abstimmungsprozeduren. Eine Frage war schon erledigt: «Es ist klar, daß Latein die offizielle Sprache des Konzils sein soll; aber gelegentlich und wo es nötig erscheint, ist der Gebrauch moderner Sprachen bei Reden zulässig» (DMC, 3, S. 574f.). Er meinte, daß Dokumente lateinisch sein müßten. Die Vorstellung, daß Latein «die amtliche und gewöhnliche Sprache der Kirche» ist, war in *l'Osservatore Romano* fast unmittelbar nach der Ankündigung des Konzils gebracht worden. Kardinal Antonio Bacci, der Latinist, kündigte einen vorsorglichen Streik gegen jene einsprachigen Angelsachsen an, die zweifellos Einrichtungen zur Simultanübersetzung verlangen würden. Später bot Kardinal Richard J. Cushing, Erzbischof von Boston, an, sie selbst zu bezahlen. «Auf Latein», soll er gesagt haben, «repräsentiere ich die Kirche des Schweigens.» Msgr. Alfredo Cavagna, der Beichtvater von Papst Johannes, setzte sich für die Verwendung moderner Sprachen ein, aber er wurde in der Zentralen Kommission überstimmt (Alberigo, S. 85; auch Rynne, S. 101).

Das starke Interesse, das die Welt am Konzil nahm, fuhr Johannes fort, bedeutete, daß die Medien in großer Besetzung zur Berichterstattung nach Rom kommen würden. Wie sollte man mit der Presse und den elektronischen Medien umgehen? Vatikanum I bot keine hilfreichen Präzedenzfälle: 1870 geschah es bestenfalls einmal, daß ein Reporter mit guten Beziehungen mit einem Bischof speiste oder einen Monsignore im Feuerwehrraum des Apostolischen Palastes festnageln konnte. Johannes sprach einen einfachen Grundsatz aus, der viele Frustrationen abgewendet hätte, wäre er großzügig ausgelegt worden: «Nichts, was den Seelen hilft, sollte verborgen werden. Aber im Umgang mit schwerwiegenden und ernsten Angelegenheiten haben wir die Pflicht, sie mit Klugheit und Schlichtheit darzustellen, weder vager Neugier zu schmeicheln noch der Versuchung zu Polemik nachzugeben» (ibid.). Der Haken war, daß der Grundsatz «Nichts, was den Seelen hilft, sollte verborgen werden» zweideutig war: Wer sollte entscheiden, was erbaulich war und was nicht? Woher wußte man, ob man es mit «vager Neugier» zu tun hatte? Es gab schon manche, die meinten, die beste Möglichkeit, wie die Presse Seelen helfen könnte, wäre Stillschweigen.

Bedeutsamer als diese praktischen Fragen war Johannes' deutliche Erklärung, daß der Zweck des Konzils das *aggiornamento* der römisch-katholischen Kirche wäre, die Anpassung an die Gegenwart. Dies für sich genommen würde ökumenische Erschütterungen hervorrufen. Er erinnerte die Zentrale Kommission daran, daß «das Konzil keine spekulative Versammlung ist, sondern ein lebendiger pulsierender Organismus, der alle im Licht und der Liebe Christi umarmt» (DMC, 3, S. 575). Es war kein Konzil der Wiedervereinigung, aber es konnte als Konzil *für* die Wiedervereinigung bezeichnet werden, das zur «erneuten Zusammenführung der ganzen mystischen Herde Christi» führe. Er räumte freimütig ein, daß «eine Veränderung von Mentalitäten, Denkweisen und Vorurteilen, die alle eine lange Geschichte haben» dazugehören müßte, um dieses große Ziel zu erreichen. Er sah also voraus, daß manche sich bedroht und verwirrt fühlen würden. Schließlich spielte er auf ein Prinzip von äußerster Wichtigkeit an: «Die Sprache, der wir uns auf dem Konzil bedienen, sollte gelassen und ruhig sein, sie sollte Mißverständnisse erhellen und aus dem Weg räumen, und sie sollte *Irrtümer durch die Kraft der Wahrheit zerstreuen*» (ibid.; Kursive vom Autor). Es würde mehr als das brauchen, um Kardinal Alfredo Ottaviani, den Vorsitzenden der Zentralen Kommission, davon zu überzeugen, daß dieser sanfte und unvoreingenommene Zugang der richtige Weg wäre, mit «Irrtümern» zu verfahren.

Aber da er dieses Prinzip in einem ökumenischen Zusammenhang gelernt hatte, dehnte Johannes es jetzt auf die ganze Welt aus. Als er am 26. Juli 1961 Pax Christi, die katholische Friedensbewegung, ansprach, auf Französisch und mit Blick auf die sich verschlechternde Situation in Berlin, sagte er:

> Allzuoft erreichen uns Nachrichten von Spannungen zwischen Menschen, von Drohungen und – leider – von Konflikten. Die Sorgen von Vätern und Müttern finden ein Echo in unserem Herzen. Für unseren Teil stehen wir entschlossen und treu zu der friedvollen Lehre unseres Herrn, und wir versuchen, ein Mann des Friedens in der tiefsten Bedeutung des Wortes zu sein. Und während wir unter den Ereignissen leiden,

ziehen wir es vor, das Verbindende hervorzuheben und die Straße mit jedem so weit wie möglich gemeinsam zu gehen, ohne die Gerechtigkeit oder Wahrheit zu verraten (*Lettere*, S. 335f.).

Genau das fehlte im Sommer 1961. Brücken wurden zerstört und Mauern errichtet. Geschriene Parolen ersetzten den Dialog.
Zu diesem Zeitpunkt erlitt Kardinal Domenico Tardini, Staatssekretär und wichtigstes Bindeglied zu dem vorherigen Pontifikat, einen schweren Herzanfall. Er starb am 30. Juli 1961 und wurde im Karmeliterkloster in Vetralla beigesetzt. Der Tod Kardinal Nicola Canalis, lange Zeit das Finanzgenie des Vatikans, am 3. August 1961 verstärkte das Gefühl, daß eine Ära zu Ende gegangen war. Doch war es nicht nur eine Sache, die man bedauern mußte. Johannes erinnerte sich an die Zeit Anfang 1960, als Tardini versuchte, Msgr. Angelo Dell'Acqua durch «Beförderung» in die Pariser Nuntiatur loszuwerden. Als das nicht gelang, berief Tardini eine Pressekonferenz in seiner Wohnung ein und gab bekannt, daß entweder Dell'Acqua oder er gehen würde. «Wenn man begreift, daß man nicht mehr nützlich ist», sagte Tardini in seiner gewohnten offenen Art, «dann geht man weg» (Magister, S. 254; das Datum war der 16. März 1960). Nun, jetzt war Tardini endgültig «weggegangen». Johannes nahm an beiden Beerdigungen teil, aber sie erfüllten ihn nicht mit Gedanken an die Sterblichkeit. In Wirklichkeit beklagte er sich bei Cavagna, seinem Beichtvater, daß sie ihm beinahe die Einkehr verdorben hätten, die er als Vorbereitung auf seinen achtzigsten Geburtstag halten wollte: «Leider haben uns auch bei dieser Gelegenheit die Umstände nicht erlaubt, unsere allgemeine Absicht und Sehnsucht nach vollkommener und stiller Einsamkeit zu verwirklichen. Der Fortgang zweier Kardinäle in die höchste Sphäre, beide die ausgezeichnetsten Diener des Heiligen Stuhles, hat mir viele ernste Verpflichtungen auferlegt.» Bei ihm klingt es, als wären die zwei Kardinäle in irgendein himmlisches Oberhaus aufgestiegen.
Der Vorgang der Ernennung eines neuen Staatssekretärs konnte nicht lange aufgeschoben werden; doch war es eine Ablenkung, und Johannes wollte es rasch erledigen. Hier ist ein verläßlicher Bericht, wie Amleto Cicognani die Stelle bekam:

Am Abend des Tages, an dem Kardinal Tardini begraben wurde, am 2. August, telefonierte der Sekretär des Papstes mit Amleto Cicognani und bat ihn, den Papst aufzusuchen. Der Kardinal war nicht froh darüber, zu dieser späten Stunde aus dem Haus zu gehen (Johannes blieb oft bis tief in die Nacht wach), aber unter den gegebenen Umständen blieb ihm kaum etwas anderes übrig. Johannes erklärte, daß er, als sich die Mitglieder des heiligen Kollegiums zum Begräbnis des verstorbenen Kardinals versammelten, jeden einzelnen betrachtet habe, um zu sehen, wer Tardinis Nachfolger werden könnte. Und er hätte sich für Cicognani entschieden. Letzterer erhob Einwände, wies darauf hin, daß er alt sei, nicht bei bester Gesundheit und gerne etwas Zeit haben möchte, um darüber nachzudenken. Johannes redete anscheinend über andere Dinge (er konnte immer die Zeit mit Reden füllen, wenn die Situation es verlangte, manchmal amüsant, manchmal ohne besondere Bedeutung). Dann erklärte er, der Kardinal hätte Zeit zum Nachdenken gehabt und würde natürlich die Stelle annehmen. Und das tat Cicognani dann eben (*Politics*, S. 117f.).

Peter Nichols greift diese Geschichte auf, um Papst Johannes' offensichtliche Unbekümmertheit und seinen Mangel an Voraussicht zu verdeutlichen: «Er hatte über das Problem eines Staatssekretärs nicht nachgedacht, bis Tardini buchstäblich in seinem Grab war.» Mit Sicherheit beruhte die Entscheidung auf einer plötzlichen Eingebung. Es ginge zu weit, wenn man sagte, daß Cicognanis Ernennung in irgendeinem Sinne des Wortes «inspiriert» gewesen wäre. Johannes wählte ihn, weil er einen wollte, dessen Hände rein waren von dem anhaftenden Morast italienischer Politik. Amleto Cicognani war zwei Jahre jünger als Papst Johannes und wie er ein Junge vom Land aus einem norditalienischen Dorf. Ihre Wege kreuzten sich 1928–33, als Cicognani in der Kongregation für die Ostkirchen arbeitete und manchmal mit den verwickelten bulgarischen und unierten Angelegenheiten zu tun hatte. 1933 wurde Cicognani Apostolischer Delegat in Washington, wo er fünfundzwanzig Jahre blieb, was noch nie dagewesen war. Roncalli verstand das Problem, der «vergessene Mann» des vatikanischen diplomatischen Dienstes zu sein, und hatte zweifellos die Gerüchte gehört, daß Pius XII. unzufrieden mit Cicognani war. Auf jeden Fall schien seine Karriere endgültig blockiert, als 1953 sein Bruder Gaetano zum Kardinal erhoben wurde. Nach dem Kirchenrecht schloß dies einen roten Hut für Amleto aus. 1958 setzte sich Papst Johannes fröhlich über diese Antinepotismusvorschrift hinweg und machte Amleto auf seinem ersten Konsistorium zum Kardinal. Sobald der mächtige Tisserant ausquartiert werden konnte, wurde Amleto Cicognani die Kongregation für die Ostkirchen anvertraut. Sein Rad hatte seinen Kreis vollendet. Zwar kein glänzender Mann und inzwischen über seine besten Jahre hinaus, war Cicognani loyal, man glaubte von ihm, daß er die englische Sprache, die Vereinigten Staaten und sogar die Kennedys kannte, und da er weniger eigene Ideen hatte, konnte man viel bequemer mit ihm arbeiten als mit Tardini. Der CIA-Bericht sagt, man betrachtete ihn «als

alten Freund mit großer Erfahrung, der ein Familienmitglied geworden war wie ein vertrauter Arzt» (Spain, S. 6).
Ein neuer Staatssekretär bedeutete die Möglichkeit zu einem neuen Aufbruch. Ein anderer Grund, warum der August 1961 einen Wendepunkt bezeichnete, war, daß Johannes endlich in der Lage war, eine gewisse geistige Bestandsaufnahme zu machen. Er wendet sich immer noch der Zukunft zu und kann sich jetzt über die Theorie beklagen, er würde ein «Lückenbüßer»-Papst sein:

> Als die Kardinäle der Heiligen Römischen Kirche am 28. Oktober 1958 mich im Alter von 77 Jahren zum Oberhaupt der ganzen Erde Christi erwählten, verbreitete sich die Meinung, ich würde ein Papst des provisorischen Übergangs sein. Und jetzt stehe ich bereits vor dem vierten Jahre meines Pontifikats und habe ein gewaltiges Programm abzuwickeln, auf das die ganze Welt erwartungsvoll blickt (*Tagebuch*, S. 326).

Er war auch mit dem Stil seines Pontifikats zufrieden. Was immer der Klatsch meinen mochte – er versuchte nicht einmal, mit dem vornehmen Gebaren Pius XII. zu wetteifern: «Man glaubt gewöhnlich und hält es für richtig, daß selbst die alltägliche Redeweise des Papstes voll von Geheimnis und Tiefsinn sei. Dem Beispiel Jesu ist aber viel näher eine gewinnende Einfachheit» (*Tagebuch*, S. 333). «Einfachheit» jedoch darf nicht mit Naivität verwechselt werden: «Die Einfachheit hat nichts, was der Klugheit widerspricht, noch auch umgekehrt. Die Einfachheit ist Liebe, die Klugheit ist Denken. Die Liebe betet, der Verstand wacht» (ibid.).
Aber Johannes' Befriedigung über seinen Stil als Papst ging nicht in Eigenlob und Selbstgefälligkeit auf. Er hätte immer noch mehr tun, es immer noch besser machen können. Seine Meditation über die Evangelien ließ ihn noch tiefer empfinden, was «eine Spiritualität des päpstlichen Dienstes» genannt werden muß. Er hatte sich immer die Spiritualität angeeignet, die seinen Lebensumständen angemessen war, zuerst als Seminarist, später als Priester und Bischof. Er erinnert sich an die Lehre Thomas von Aquins, daß «Christus die Quelle jeglichen Priestertums» ist, und natürlich sind Priestertum und Bischofsamt im päpstlichen Dienst mit eingeschlossen. Aber jetzt hat er den zusätzlichen Titel «Stellvertreter Christi», ein Begriff, den er nie ohne Furcht und Zittern verwendet. Für Johannes jedoch bedeutet das nicht die blasphemische Ansicht, daß er sich selbst an die Stelle des abwesenden Christus setzte, sondern es bedeutet eher, daß er erst recht Christus in Liebe gehorsam sein muß: «Der Stellvertreter Christi weiß, was Christus von ihm will; es ist nicht nötig, daß er ihm mit Ratschlägen zuvorkommt oder ihm fertige Pläne vorlegt» (*Tagebuch*,

S. 337). Nun sieht er die Hinweise des Neuen Testaments auf Petrus nicht als «Belegtexte», die die Lehre von Vatikanum I bekräftigen, sondern als eine Aufforderung zu stärkerer Liebe:

> Welche Ehre und welche Freude ist es für mich, an dieses Geheimnis innigster Liebe zwischen Christus und seinem Stellvertreter zu denken, aber zugleich wieviel Anlaß zur Beschämung über die Armseligkeit und das Nichts, das ich bin! Mein Leben muß ganz Liebe zu Christus sein und zugleich ganz ausstrahlende Liebe und Hingabe für die einzelnen Menschen und für die ganze Welt. Von der Begebenheit aus dem Evangelium, die die Liebe des Papstes zu Jesus und durch Jesus zu den Menschen verkündet, ist es nur ein kurzer Schritt zur harten Realität des Verzichts (ibid. S. 341).

Er bezieht sich auf Johannes 21,15-19, wo nach Petrus' Beteuerungen der Liebe die Voraussage seines Todes folgt. Die «Realität des Verzichts» hat nun eine sehr genaue Bedeutung für ihn. Er ist neunundsiebzig, und obwohl er noch nicht «ein hilfloses hohes Alter» erreicht hat, weiß er, daß «die große Drangsal» des Sterbens nicht weit sein kann (ibid., S. 336).

So treffen ihn die Worte Jesu zu Petrus mit besonderer Eindringlichkeit: «‹Wenn du aber alt wirst, wirst du die Hände ausstrecken, und ein anderer wird dich gürten und wird dich führen, wohin du nicht willst› ... O Jesus, siehe, ich bin bereit, meine bereits zitternden und schwachen Hände auszustrecken, damit ein anderer mich gürte und mich auf den Weg führe» (ibid., S. 342). «Stellvertreter Christi» zu sein bedeutet nicht Macht und Beherrschung, sondern eine engere Identifizierung mit der lebenspendenden Passion Christi. Im Alter wurde Johannes' Spiritualität einfacher. Er kehrt zu dem kühnen, aber überlieferten Verständnis Gottes als einer Mutter zurück. «Immer hat mich dieser kurze Psalm 131 beeindruckt», notiert er. Er schließt: «Schweigen lehrte ich meine Seele, und ich schaffte ihr Frieden. Wie ein Kind auf dem Schoß der Mutter, wie ein Kind, so ruht meine Seele in mir» (ibid., S. 336).

Aber Johannes' geistliche Bestandsaufnahme schloß nicht Empfänglichkeit für die Welt um ihn herum aus. Während dieser Einkehr skizziert er sein Porträt des «klugen Mannes», der «in jeder Sache das Wesentliche erkennt und sich vom Nebensächlichen nicht hinhalten läßt» (ibid., S. 332). Und hier verwarf er auch Kardinal Siris Standpunkt von der politischen Rolle des Bischofs (s. oben, S. 461). Er unterbrach seine Einkehr am 15. August wegen bestimmter Ereignisse, die ihm Anlaß gaben, «um den Frieden zu bangen». Er feierte die Messe in der Pfarrkirche von Castelgandolfo und bat alle ein-

dringlich, in sein Gebet an Maria, die «Königin und Fürsprecherin für den Frieden auf der ganzen Welt», einzustimmen (ibid., S. 339).
Während Papst Johannes im Schatten der Zedern von Castelgandolfo saß, «entdeckte» er erneut Antonio Rosmini, den großen Propheten eines erneuerten Katholizismus aus dem 19. Jahrhundert. Er schrieb Abschnitte aus Rosminis asketischen Schriften ab, aber noch mehr interessierte ihn als Historiker ein Brief, den Rosmini aus Rom geschrieben hatte, am 23. November 1848, am Vorabend von Pius'IX. Flucht vor der Revolution. Da er sich im Kirchenstaat, dessen weltlicher und geistlicher Souverän er war, nicht behaupten konnte, suchte Pius in Gaeta im Königreich Neapel Zuflucht. Obwohl es nicht viel Gemeinsames zwischen 1848 und 1961 gab, war Johannes froh, bei Rosmini das für die damalige Zeit äußerst ungewöhnliche Urteil zu finden, daß die religiöse Unterweisung der Gläubigen mehr für Italien tun könne als alle päpstlichen Soldaten (ibid., S. 332). Das Prinzip hatte sich nicht geändert: 1961 war eine «gute religiöse Unterweisung» für Italien wichtiger, als dafür zu sorgen, daß die Christdemokraten die nächsten Wahlen gewännen. Die Rückkehr zu Rosmini war eine weitere Rückkehr zu seiner Jugend und der reformerischen Tradition des norditalienischen Katholizismus. Johannes wußte auch, daß Rosmini aufgrund jesuitischer Intrigen auf den Index der verbotenen Bücher gesetzt worden war. Er tat diese tote und fruchtlose Kontroverse mit der Bemerkung ab, daß Rosminis Ideen über das Opfer «ganz der Methode der geistlichen Exerzitien des heiligen Ignatius, dessen wunderbares Buch Rosmini immer bei sich trug», entsprechen (ibid., S. 330). So «rehabilitierte» er Rosmini, lange bevor das Heilige Offizium sich förmlich dazu entschloß.
Eine letzte Besonderheit der Besinnungstage von Papst Johannes in Castelgandolfo im August 1961 muß angemerkt werden. Nie zuvor waren seine Einkehrüberlegungen so umfassend und weitreichend gewesen; sie nehmen achtzehn Seiten in der deutschen Übersetzung ein. (Manuskriptvergleiche helfen nicht weiter, da die Seiten nicht gleich groß sind.) Seine längsten Einkehrnotizen davor waren gewesen: im Römischen Seminar 1902 dreizehn Seiten, Istanbul 1942 fünf, Algier 1950 fünf. Allein die Länge sagt noch nichts. Es verhielt sich auch nicht so, daß Papst Johannes im Alter geschwätzig wurde und nicht aufhören konnte. Seine Weitschweifigkeit – oder besser seine Mitteilsamkeit – ist Teil des Versuchs, während er auf seinen achtzigsten Geburtstag zugeht, sein vergangenes Leben und sein gegenwärtiges Amt im Licht der göttlichen Berufung, die ihn ganz erfüllt, zu sehen. Nach einem «halben Jahrhundert des Lebens mit der Feder in der Hand» war ihm klar, daß er vielleicht nicht noch einmal die Mög-

lichkeit haben würde, es aufzuschreiben. Seine Bestandsaufnahme hatte etwas von einem Abschiednehmen.

Er skizzierte auch ein Verständnis des Amtes Petri, das große ökumenische Bedeutung haben sollte. Er strebte das wahrscheinlich nicht bewußt an: Soweit er betroffen war, sann er nur über seine eigene Erfahrung nach. Doch seine eigene Erfahrung bot ein einmaliges Bild des päpstlichen Amtes von innen gesehen – es erwies sich als ein zutiefst christliches Amt, dessen sich kein «evangelischer» Christ schämen müßte. Diese Einkehr faßte die Vereinfachung zusammen, die sein geistiges Leben erfahren hatte; sie war auch eine Synthese seines ganzen Amtes:

> Worauf es ankommt, ist, mit Gott für das Heil der Seelen und der ganzen Welt zusammenzuarbeiten. Darin findet die Aufgabe des Papstes ihren höchsten Ausdruck. «*In omnibus respice finem* – Sieh in allem auf das Ende.» Hier handelt es sich nicht um den Schlußpunkt des menschlichen Lebens, sondern um das Ziel, die himmlische Berufung, zu welcher der Papst durch eine geheimnisvolle Anordnung der Vorsehung erhoben wurde. Die Berufung zeigt sich in einem dreifachen Licht: persönliche Heiligkeit des Papstes, die sein Leben glorreich macht; die Liebe zur gesamten heiligen Kirche, nach dem Maß der göttlichen Gnade, die allein ihre Glorie herbeiführen und sichern kann; schließlich der bestimmte Wille Jesu Christi, der allein durch den Papst nach seinem Wohlgefallen die Kirche regiert, im Blick auf jene Glorie, in der alles gipfelt auf Erden und im Himmel. Die hochheilige Pflicht des demütigen Papstes ist es, in diesem Licht der Glorie alle seine Absichten zu läutern, in Übereinstimmung mit der Lehre und der Gnade zu leben (*Tagebuch*, S. 334).

Glorie, Herrlichkeit, Ehre: das Wort kommt mehrfach in diesem Abschnitt vor. Es verweist nicht auf den Klang himmlischer Trompeten oder Hosiannas, sondern auf Gott selbst im Glanz seiner Gegenwart und der Kraft seines Lichts. Im Neuen Testament gehört es zum auferstandenen Christus, in dessen Fleisch «die Herrlichkeit des einzigen Sohnes vom Vater» wohnt (Joh 1,14,18). Herrlichkeit ist die «Epiphanie» oder Erscheinung Gottes. Wenn Papst Johannes als «Mystiker» bezeichnet werden soll – ein Begriff, den er als anmaßend mied –, dann deshalb, weil er begonnen hatte, ganz in Gottes Herrlichkeit zu wohnen, worauf Gnade ein Vorgeschmack und eine Andeutung waren. Wie man *Ad maiorem Dei Gloriam*, zur größeren Ehre Gottes, lebt, war die erste Lektion seiner Seminarzeit; es war der letzte Schlüssel zu seinem Leben. Indem er dem Tod nähergebracht wurde, wurde er der Herrlichkeit nähergebracht.

Er blieb bis Ende September 1961 in Castelgandolfo. Von da schickte er am 10. September eine Botschaft des Friedens und guten Willens an die Konferenz der blockfreien Staaten, die damals in Belgrad in Jugoslawien tagte. Er erinnerte die Führer der Welt an ihre «ehrwürdige Verpflichtung vor der Geschichte und, noch wichtiger, vor Gottes Urteil» (Stehle, S. 302). Diese Botschaft weckte in Moskau soviel Interesse, daß am 21. September 1961 die *Prawda* ein Interview mit Chruschtschow veröffentlichte, der sagte:

> Johannes XXIII. zollt der Vernunft Tribut. Aus allen Teilen der Welt erhebt sich ein Wunsch nach Frieden, den wir nur gutheißen können ... Nun fürchten wir nicht Gottes Urteil, woran ich als Atheist nicht glaube, aber wir begrüßen den Appell zu verhandeln, ganz gleich woher er kommt. Werden eifrige Katholiken wie John F. Kennedy, Konrad Adenauer und andere die Warnung des Papstes beachten?

Ein marktschreierisches Element von Propaganda lag in dem Kontrast zwischen dem «friedliebenden» Papst und den «kriegstreiberischen» katholischen Laien (die ein bißchen weniger «eifrig» waren, als Chruschtschow sich vorstellte). Aber es war eine historische Erklärung: Zum erstenmal seit der Revolution hatte ein führender Russe sich durchgerungen, etwas Gutes über den Papst zu sagen. Die *Prawda* hatte Pius XII. als «Papst des atlantischen Bündnisses» abgetan, und Stalin hatte verächtlich gefragt, wie viele Divisionen er stationieren könne. Chruschtschows Interview hatte eine breitere internationale Bedeutung. Es war ein Signal, daß er bei all seinem Gepolter nicht bereit war, die Welt an den Rand eines Atomkrieges zu bringen, nur um die Alliierten aus Berlin hinauszudrängen. Am 17. Oktober 1961 teilte er dem Kommunistischen Parteitag mit, daß «die Westmächte ein gewisses Verständnis für die Situation zeigen», und deshalb würde er nicht auf dem 31. Dezember als letztem Termin für ihren Abzug aus Berlin bestehen. Dies war ein größeres Zugeständnis.

Die Kunst der Diplomatie besteht darin, aus der kleinsten Veränderung des Windes Nutzen zu ziehen. Johannes ergriff eine diskrete Initiative. Er wußte, daß Palmiro Togliatti, der Sekretär der Kommunistischen Parteil Italiens, nach Moskau reisen sollte. Er ermächtigte Don Giuseppe De Luca, Togliatti heimlich in der Wohnung von Franco Rodano zu treffen, der bis zum Ende seiner Tage (21. Juli 1983) behauptete, daß er Kommunist und Katholik sei. De Lucas Auftrag war, zu erörtern, wie die Beziehungen zwischen Moskau und dem Vatikan verbessert werden könnten. Er schlug vor, und Togliatti stimmte zu, daß ein Glückwunschtelegramm zum achtzigstem Geburtstag von Johannes ein wirkungsvolles und unverbindliches

Zeichen wäre. Es würde vom Vatikan gut aufgenommen werden und brauchte für Chruschtschow nicht kompromittierend zu sein: Achtzig zu werden und immer noch aktiv zu sein war eine beachtliche menschliche und nicht ideologische Leistung (Magister, S. 272). De Luca jedoch wurde buchstäblich zerrissen von einem Dilemma: Er mußte sich zwischen seiner schon lange bestehenden Freundschaft mit Ottaviani, der solchen Ouvertüren entschieden abgeneigt war, und der Loyalität gegenüber Papst Johannes, der ihm vertraute und seine Jugendschriften zur Veröffentlichung gab, entscheiden. Er entschied sich für Papst Johannes, aber es brachte ihn innerhalb des Jahres um (Guarnieri, S. 82f.).

Chruschtschows Telegramm war daher kein Blitz aus heiterem Himmel – obwohl man das die Welt glauben ließ. Es traf pünktlich ein, auf russisch mit einer inoffiziellen italienischen Übersetzung, um 13.30 Uhr an Papst Johannes' achtzigstem Geburtstag am 25. November 1961. Der sowjetische Botschafter bei der Republik übergab es dem päpstlichen Nuntius in Italien, der es in das Staatssekretariat brachte. Dieser pedantische Respekt vor dem Protokoll war typisch für die sowjetische Diplomatie, wenn sie vor eine neue Situation gestellt wurde. «Nun, es ist besser als ein Schlag ins Gesicht», sagte Johannes zu Capovilla, als er zum Beten wegging. Später sagte er: «Es geht etwas vor in der Welt ... Heute haben wir ein Zeichen der Vorsehung erhalten» (Stehle, S. 300ff., bestätigt von Capovilla). Zweifellos wäre Chruschtschow überrascht gewesen, sogar entrüstet, als anonymer Handlanger der Vorsehung betrachtet zu werden. Aber das glaubte Papst Johannes. Sein Antworttelegramm an Chruschtschow lautete: «Seine Heiligkeit Papst Johannes XXIII. dankt Ihnen für Ihre guten Wünsche und sendet seinerseits dem ganzen sowjetischen Volk herzliche Wünsche für die Zunahme und Stärkung des allgemeinen Friedens durch Verständigung, die auf menschlicher Brüderlichkeit beruht. Um dieses Ziel betet er inständig» (*Lettere*, S. 336). Es nahm den umgekehrten Weg wie Chruschtschows Telegramm und war italienisch mit einer russischen Übersetzung.

Papst Johannes' Tagebuch zu diesem 25. November 1961 bietet einen faszinierenden Einblick in seinen Geisteszustand. Chruschtschows Telegramm war ihm nicht einmal eine Erwähnung wert:

> Genau achtzig Jahre: 1881—1961. *Deo Gratias* [Dank sei Gott]. Tag heiterer Ruhe und Gnade. Am Morgen Brevier der heiligen Katharina in der Kapelle bis zur Non. Heilige Messe um acht in der Kapelle von Propaganda Fide mit einigen Worten von Kardinal Agagianian und mir: Erinnerungen und Erbauung. Es folgte der Besuch des neuen oberen Stockwerks des großen Gebäudes mit einer prächtigen Aussicht rings-

herum. Am Morgen Audienz mit Kardinal Confalonieri über die Angelegenheiten des Konsistoriums [das ist die Kongregation, die Bischöfe ernennt]. Im Klementinischen Saal eine prächtige Audienz mit österreichischen Pilgern und Kard. König: unser Gespräch sehr geschätzt; unter den Anwesenden waren zwölf Scalabrini-Priester, die im Begriff waren, in die Mission zu gehen. Mittagessen mit Msgr. Loris. Am Nachmittag ein gutes Schläfchen, um mich zu erfrischen, wie gewohnt im Lehnsessel. Um 4 Uhr ein kurzer Gang im Garten. Von 6 bis 8 Fortsetzung des schwierigen Geschäfts mit Kard. Confalonieri. Dann Rosenkranz und *Te Deum* einschließlich Segen mit dem heiligen Sakrament in der Kapelle. Abendessen. Hörte eine bewegende Rundfunksendung, die an den Papst und seine LXXX Jahre erinnerte. Letzte Gebete in der Kapelle: in langer und zuversichtlicher Hingabe *in Domino, et in sinu Matris Jesu, et matris mei dulcissimae* [im Herrn und an der Brust der Mutter Jesu, meiner süßesten Mutter] (*Gran sacerdote*, S. 83; Abkürzungen wie in Ms, N 6/a, Archiv Capovilla).

So verbrachte Papst Johannes seinen achtzigsten Geburtstag damit, routinemäßig Bischöfe zu nominieren.
Derselbe Geist der Dankbarkeit scheint in einem offiziellen Brief durch, den er am nächsten Tag an Cicognani schrieb und in dem er allen für die erhaltenen Geburtstagsgrüße dankte. Er erinnerte an das, was er «mit solcher Verzagtheit» an dem Tag gesagt hatte, als er von seiner Kathedrale Besitz ergriff:

Der Christ ist gehalten, den Herrn «jeden Tag seines Lebens» zu preisen. Aber es gibt besonders feierliche Umstände, wo das Preisen des Herrn eine weitere Bedeutung annimmt. Die umfassende Art der Geburtstagsgrüße, die wir erhalten haben, erlaubt uns, mit einer einzigen Geste der Zuneigung die geliebten Söhne der katholischen Kirche und die gesamte Familie der Menschen zu umarmen und für jeden die ersehnten Gaben des Friedens, des heiteren und konstruktiven Wohlstands, der gegenseitigen Verständigung und Zusammenarbeit im Überfluß des unerschöpflichen Segens des Herrn zu erflehen (*Lettere*, S. 335).

Doch nicht alle «geliebten Söhne der katholischen Kirche» waren bereit, in das *Te Deum* mit einzustimmen. Ottaviani war wütend. Das hatte ja so kommen müssen, jetzt, wo Tardini nicht mehr da war und Dell'Acqua tatsächlich die Verantwortung trug. Wenn der Papst so ungezwungen mit höchsten kommunistischen Führern reden konnte, was für eine Hoffnung gab es da noch, die antikommunistische Linie in Polen durchzuhalten oder, was näherlag, in Italien? Ottaviani stand nicht allein. *L'Osservatore Romano* tat so, als wüßte er nichts von dem Telegrammaustausch – bis zum 17. Dezember, drei Wochen später.

Papst Johannes wußte, was geredet wurde. Er schrieb eine kurze Notiz in sein Tagebuch: «Ziemlich lange Kommentare in der Presse in allen Richtungen über diese unerwartete Neuigkeit. Natürlich ergreifen die Eiferer die Gelegenheit, sich davon abzuheben» (*Gran Sacerdote*, S. 84). Da er seinen Kritikern nicht direkt antworten konnte, regte er einen Artikel in *l'Eco di Bergamo* an. Er war mit *Gladius* gezeichnet, einem ziemlich durchsichtigen Pseudonym seines alten Freundes Msgr. Andrea Spada. Er war abschweifend und langatmig und enthielt die außergewöhnliche und unzutreffende Information, daß die «Anglikaner» bis zur Zeit Papst Johannes' am 5. November (dem Tag des Anschlags katholischer Edelleute 1605 auf Jakob I. und das englische Parlament, als Guy-Fawkes-Day gefeiert; Anm. d. Übers.) ein Abbild des Papstes verbrannten. Spada brachte einige ernste Gedanken: Chruschtschows Telegramm war die «moralische Anerkennung» einer «geistigen Autorität», die sich nicht auf militärische Stärke stützte; es war ein Akt der Höflichkeit und guter Manieren und sollte als solcher als ein neuer Faktor in internationalen Beziehungen akzeptiert werden; und ungeachtet «sonstiger Motive» Chruschtschows – keine Naivität hier – sollte es begrüßt werden (*Lettere*, S. 337; der Artikel in *l'Eco di Bergamo* am 2. Dezember 1961). Spada war ein so getreuer Interpret seiner Gedanken, daß Johannes wieder einmal daran dachte, ihn als Herausgeber des *Osservatore Romano* nach Rom zu holen. Aber das würde für weiteren Aufruhr in der Kurie sorgen. Er ließ es sein und zog sich zu einer kurzen Adventseinkehr mit dem Kapuzinerpater Ilario de Milano zurück, den er «schwer zu verstehen» fand (*Gran Sacerdote*, S. 83).

Keine seiner kurzen Notizen spiegelt irgendeine Aufregung über das wider, was sich gerade abspielte. Mit Gewinn las er erneut seine Erwägungen vom Sommer. Zum erstenmal bekennt er, daß er sein Alter zu fühlen beginnt: «Ich bemerke in meinem Körper den Anfang irgendeiner Störung. Das ist in meinem Alter wohl ganz natürlich. Ich ertrage sie in Frieden, wenn sie mir auch bisweilen lästig wird, auch weil ich fürchte, sie könnte sich verschlimmern. Es ist nicht gut, darüber zu viel nachzudenken. Aber trotzdem fühle ich mich zu allem bereit» (*Tagebuch*, S. 343). War er schon vom Magenkrebs befallen? Trotz dieser Sorgen wegen seiner Gesundheit beschloß er, mehr zu lesen, damit seine Ansprachen «gehaltvoll und kein leeres Gerede» sind. Und weiter: «In diesen Monaten werden mir der heilige Leo der Große und Innozenz III. wieder vertraut. Leider beschäftigen sich nur wenige Geistliche mit ihnen, obwohl sie so reich sind an theologischen und pastoralen Lehren. Ich werde nicht müde werden, aus diesen so kostbaren Quellen theologischer Weisheit und hoher und

schöner Poesie zu schöpfen» (ibid.). Warum Poesie? In Johannes' Wortschatz bezeichnet «Poesie» jeden Prosatext oder Vers, den er für beredt und erinnernswert hält (s. zum Beispiel: «Was ist mein bescheidenes Leben von fünfzig Priesterjahren? Ein schwacher Abglanz dieses Gedichts: ‹*Meritum meum, miseratio Domini* – Mein Verdienst, das ist die Barmherzigkeit des Herrn›»; *Tagebuch*, S. 459).
Aber warum Leo der Große und Innozenz III.? Päpste sind dafür bekannt, daß sie die Wichtigkeit ihres eigenen Amtes übertreiben: *«Il croit trop à la papauté»* (Er glaubt zu sehr an das Papsttum), sagte ein witziger Franzose von Paul VI.; und wenn sie wie Papst Johannes einen Sinn für Geschichte haben, werden sie natürlich zu ihren Vorgängern – und ihresgleichen – hingezogen. Johannes behandelte die Päpste der Vergangenheit nicht wie tote Schmetterlinge, die auf die Seiten eines Buches geklebt sind, sondern wie lebendige Stimmen, die ihn aus der Buchseite ansprachen und die Kontinuität des Petrinischen Amtes bezeugten. Es lohnt sich nachzufragen, warum Johannes über die Renaissance und sogar über die mittelalterlichen Päpste hinaus zurückging zu einem aus der Zeit der Kirchenväter, der sein Amt von 440 bis 461 ausgeübt hatte. Wir bleiben nicht ohne Antwort, denn Johannes schrieb eine seiner kleineren Enzykliken, *Aeterna Dei*, auf den Tag zum fünfzehnhundertsten Todestag Leos, dem 11. November 1961.
Papst Johannes erklärt, daß die wahre Größe Leos nicht in seiner dramatischen Konfrontation mit dem Hunnen Attila am Ufer des Po im Sommer 452 liegt. (Dies war früher ein exemplarischer Essay für italienische Historiker.) Leo zwang Attila durch die pure Kraft der Persönlichkeit oder Geistlichkeit zur Umkehr. Es ist nicht bekannt, was er dem Barbaren sagte. Johannes rückt diese Episode nicht zu stark in den Vordergrund, weil es allzu leicht für Ottaviani gewesen wäre, seine Unentschlossenheit gegenüber Chruschtschow der Standfestigkeit Leos vor Attila gegenüberzustellen. Johannes' Interesse ist, daß jener zu einer Zeit Papst war, als die Spaltung zwischen der östlichen und der westlichen Kirche noch sechs Jahrhunderte auf sich warten ließ. Außerdem wurde seine Autorität als Lehrer in der ganzen ungeteilten Kirche anerkannt. Sein *Tomos* wurde 449 in Konstantinopel anerkannt und beeinflußte zwei Jahre später das Konzil von Chalcedon. Als die Anglikanisch-Römisch-katholische Internationale Kommission ein Beispiel suchte, wie der Bischof von Rom als «allgemeiner Primas» half, die Kirche vor Irrtümern zu bewahren, griff sie auf dieses Ereignis in Chalcedon zurück: «Petrus hat durch Leo gesprochen» (ARCIC, S. 94). Also war die Erkenntnis von Papst Johannes über die Bedeutung Leos scharfsichtig in einem ökumenischen Sinn.

Es ist weniger leicht zu erklären, was er von Innozenz III. zu lernen hoffte. Innozenz regierte von 1198–1216. Er benutzte jede geistliche Waffe im päpstlichen Arsenal. Er exkommunizierte die Venezianer, weil sie mit ihrem Kreuzzug gegen die Sarazenen nicht vorankamen, belegte England mit einem Interdikt, erklärte die Magna Charta für ungültig und setzte einen schrecklichen Feldzug in Gang, um die Katharer in Südfrankreich auszurotten. Keine dieser Taten bot ein Beispiel für etwas, das Johannes tun wollte. Innozenz war auch der erste Papst, der «Stellvertreter Christi» genannt wurde, eine Neuerung, die allmählich das herkömmlichere «Stellvertreter Petri» ersetzte (s. Tillard, S. 100). Dies war nicht sehr versprechend. Innozenz interessierte Johannes aus anderen Gründen. 1215 berief er das Vierte Laterankonzil in Rom ein, an dem 2283 Vertreter der katholischen Welt teilnahmen. Das lag nicht viel unter der Zahl, die sich zu Johannes' eigenem Konzil versammeln würde. Aber die Teilnehmer an Innozenz' Konzil waren viel unterschiedlicher und viel weniger geistlich als jene, die Johannes 1962 zu treffen hoffte. Außerdem stammen von Innozenz wenigstens zwei berühmte Zitate. Er lieferte den Titel *Mater et Magistra* (Mutter und Lehrerin) und sprach von den «fünf Wunden der Kirche».

Das Durchforsten der «alten Päpste» durch Johannes war also nicht nur das Sichgehenlassen eines Historikers; es ergänzte die Vorbereitung des Konzils um eine Dimension, und es trug zur Begriffsbestimmung bei, was ein Papst war. Das Konzil beanspruchte ihn nun zeitlich am stärksten. Am 2. Dezember 1961 notiert er lakonisch:

> Die Erwartung des Zweiten Ökumenischen Vatikanischen Konzils beansprucht einen großen Teil meiner täglichen Arbeiten. In meinem Geiste leuchtet der Gedanke und der Wunsch auf, um mein tägliches Gebet den gesamten Welt- und Ordensklerus mit den Frauenorden in einer amtlichen allgemeinen Form zu versammeln. Ich warte auf eine glückliche Eingebung, um einzuladen ... (*Tagebuch*, S. 344).

Der Satz bricht hier ab. Seine einleitende Bemerkung ist die Untertreibung seines Lebens: Das Arbeitsprogramm, das er vor sich hatte, war immens und hätte einen jüngeren Mann in seiner Blüte entmutigt. Es war erstaunlich, daß ein Achtzigjähriger es überhaupt schaffen konnte. Aber Johannes' methodische Gewohnheiten zahlten sich aus: eins nach dem anderen, in der richtigen Reihenfolge, das half ihm durch.

Und seine Bitte um Gebete wurde in *Humanae Salutis*, dem feierlichen apostolischen Rundschreiben, mit dem Vatikanum II einberufen wurde, auf die gesamte katholische und tatsächlich auf die gesamte christliche Welt ausgedehnt. Es erschien am Weihnachtstag 1961. Er arbeitete an *Humanae Salutis* Anfang Dezember 1961. Wenigstens drei Entwürfe in seiner Handschrift sind nachweisbar: Die Geschicke eines einzelnen Satzes können in *Lettere* (S. 522) nachgelesen werden. Das wichtigste Merkmal von *Humanae Salutis* ist die Art, wie es klarer als jemals zuvor den Gedanken herausstreicht, daß das Konzil *der Welt zu Diensten* sein wird. Es wird kein Ereignis innerkirchlicher Nabelschau sein, sondern ein Versuch, «die in der Gesellschaft bestehende Krise» anzusprechen (Abbott, S. 704). Dieses Interesse an den Problemen der Welt – nämlich technischer Fortschritt ohne geistigen Fortschritt und blutige Kriege – schreibt den Aufbau von *Humanae Salutis* vor. Es befaßt sich zuerst mit der «Welt» und erst dann mit der Kirche, die, sagt Johannes, «immer lebendig und immer jung, den Rhythmus der Zeiten spürt» (ibid., S. 706).

Schön als Rede, aber was heißt das? Hier an dieser Stelle lieferte Papst Johannes mit einem einzigen Satz seinem Konzil eine Methode und Kommentatoren Stoff für ein ganzes Leben. Er sprach von der Notwendigkeit, «die Zeichen der Zeit zu erkennen»: «Wir sollen uns Jesu Rat zu eigen machen, damit wir wissen, wie man ‹die Zeichen der Zeit› beurteilt (Mt 16,1-4), und wir scheinen jetzt, mitten in soviel Dunkelheit, einige Hinweise zu sehen, die ein gutes Omen für das Geschick der Kirche und der Menschheit bedeuten» (Abbott, S. 704). Bei Matthäus und den parallelen Stellen zitiert Jesus Sprichwörter über Wettervorhersagen. Sie entsprechen den Sprichwörtern, nach denen sich der Schäfer bei Abendrot auf einen schönen nächsten Tag freuen kann, während Morgenrot ihn vor schlechtem Wetter warnt. Jesus sagt dann zu den Leuten: «Das Aussehen der Erde und des Himmels könnt ihr deuten. Warum könnt ihr dann die Zeichen dieser Zeit nicht deuten?» (Lk 12,56). Die meisten Exegeten meinen, daß «die Zeit» das neue messianische Zeitalter, das Jesus anbrechen läßt, bedeutet und daß die «Zeichen» seine Wunder sind. Papst Johannes gab dem eine angeglichene Bedeutung, um seine Zuversicht auszudrücken, daß der Heilige Geist immer noch in der Welt wirkt. Er handelt durch die Männer und Frauen, die Richtungen und Bewegungen des gegenwärtigen Zeitalters. Das Heil liegt immer in der Gegenwart.

Papst Johannes leugnete nicht die negativen Faktoren. Es gab genug Finsternis und Dunkelheit in der Welt gegen Ende 1961, um jeden pessimistisch zu stimmen: die Berlinkrise war ungelöst, Kernwaffen wurden weiter erprobt, und Standorte dafür wurden bereits in Kuba vorbereitet. Jürgen Moltmann beschuldigte Papst Johannes und Marie-Dominique Chenu OP, der ihn beeinflußte, die apokalyptischen Zeichen des Unheils zu mißachten und sich auf solche zu konzentrieren, die man optimistischer verstehen konnte (*Church in the Power of the Spirit*, S. 368, Anm. 64). Es ist wahr, daß Johannes sich nicht sehr für die Zeichen eines nahen Endes interessierte: Es gab nicht viel zu tun für ihn oder sonst jemanden angesichts eines Endes der Welt. In der Zwischenzeit befaßte er sich mit dem, was der Heilige Geist zu den Kirchen sagte.

Dazu gehörte auch eine andere Art, das Verhältnis zwischen der Kirche und der «Welt» zu beschreiben. Johannes machte Schluß mit der falschen Zweiteilung zwischen der Kirche (heilig) und der Welt (sündig), zwischen Gnade und Natur, zwischen ewigem Heil und irdischer Bindung. Man darf zwischen ihnen unterscheiden, aber sie sind verschiedene Aspekte einer Realität. Er machte diesen Punkt deutlich:

> Obwohl sie keine direkten irdischen Ziele hat, kann die Kirche nicht umhin, sich mit den Problemen und Sorgen hier unten zu befassen. Sie weiß, wie hilfreich für das Wohl der Seelen solche Mittel sind, die dazu gereichen, die einzelnen Menschen, die der Rettung bedürfen, menschlicher zu machen. Sie weiß, daß durch die Belebung der irdischen Ordnung mit dem Licht Christi sie die Menschen sich selbst offenbart; so führt sie dahin, daß sie in sich selbst ihre wahre Natur, ihre Würde und ihr Ziel entdecken (Abbott, S. 707).

Das nahm den Geist und die Sprache von *Gaudium et Spes* vorweg. Papst Johannes' Weihnachtsbotschaft 1961 sagte, daß «Ehre sei Gott in der Höhe» der sicherste Weg zu «Frieden auf Erden» wäre.

Humanae Salutis bezeichnete einen Sieg für Kardinal Bea. Papst Johannes betete nicht mehr für die Rückkehr der getrennten Brüder unter die römische Autorität, sondern für «die Rückkehr von Einheit und Frieden, gemäß dem Gebet Christi an den Vater». Das beließ das *Wie* der Einheit in Gottes Hand. Wieder bemerkte Johannes, daß andere christliche Kirchen das Konzil begrüßt hatten und «hoffen, Vertreter ihrer Gemeinschaften zu schicken, damit sie seine Arbeit aus nächster Nähe *(da vicino)* verfolgen können» (Abbott, S. 709). Dies war die erste diskrete, doch offizielle Anerkennung der Tatsache, daß es nichtkatholische «Beobachter» bei dem Konzil geben würde. Bea war einen langen Weg in kurzer Zeit gegangen. Es war erst ein Jahr her, daß seine erste Begegnung mit Willem Visser't Hooft, dem Generalsekretär des Weltkirchenrates, geheim und in einer verschwörerischen Atmosphäre stattgefunden hatte (Nash, S. 108). Seit Tardinis Tod bestand keine Notwendigkeit mehr für solche Vorsichtsmaßnahmen, und fünf römisch-katholische «Beobach-

ter» konnten die Dritte Generalversammlung des Weltkirchenrates in Neu-Delhi besuchen. Die freundliche Aufnahme, die ihnen zuteil wurde, und der Zugang, der ihnen zu Dokumenten und Debatten gewährt wurde, ermutigte Bea, vergleichbare Vorkehrungen für das Konzil zu treffen.
Die einzige Sache, die *Humanae Salutis* zu klären versäumte, war das Datum für das Konzil. Es sollte vage «irgendwann 1962» stattfinden. Aber Johannes, nun jenseits der Achtzig, war fast am Ziel. «Drei Jahre sind vergangen», schrieb er, «während deren wir gesehen haben, wie der kleine Samen sich Tag für Tag entwickelte und mit Gottes Segen ein mächtiger Baum wurde» (Abbott, S. 707). Es war ein mächtiger Baum, und er hatte einige ziemlich verworrene Äste.

20. Kapitel

Die Kostümprobe

> Die Treffen der Zentralen Vorbereitenden Kommission des Konzils werden wichtiger sein als die Sitzungen des eigentlichen Konzils, weil man bei ihnen größere Freimütigkeit und Aufrichtigkeit erwarten darf.
> (Kardinal Bernard Alfrink, Erzbischof von Utrecht, in: *Herder-Korrespondenz,* XVI, 2, 1962)

Nur wenige konnten damals erkannt haben, wie tief empfunden Kardinal Alfrinks Worte Anfang 1962 waren. Denn die Sitzungen der Zentralen Kommission fanden hinter verschlossenen Türen statt. Sie waren so undurchdringlich geheim, daß die Berichte darüber in *l'Osservatore Romano* im voraus geschrieben wurden, damit nichts Ungünstiges durchsickern könnte. Sie hatten eine Eigenschaft, die sie damals und später mit vielen Erklärungen der vatikanischen Presse teilten: Sie waren groß in nichtssagenden Einzelheiten. Die Zentrale Kommission, so erfuhr die Welt, bestand aus 102 Mitgliedern und 29 Beratern, darunter waren 60 Kardinäle, 5 Patriarchen, 27 Erzbischöfe, 6 Bischöfe und 4 Generalobere religiöser Orden. Sie kamen aus 59 Ländern (es folgte die komplette Liste). Der Kongregationssaal, wo die Zentrale Kommission sich versammelte, war renoviert worden. Er wurde in allen Einzelheiten beschrieben, angefangen beim Kronleuchter, einem Geschenk der venezianischen Glasbläser auf Murano an Pius IX. von 1877, bis zum mittleren Wandteppich, der 9 x 5,30 Meter maß und das Letzte Abendmahl darstellte: Er befand sich hier, weil Pius VI. in diesem Saal zu Gründonnerstag die Füße der Armen gewaschen hatte (Caprile, I, 2, S. 225).

Doch das war 1780 gewesen. Die Berichte in *l'Osservatore Romano* 1961 und 1962 waren weniger erschöpfend. Sie stellten ein Bild von den Sitzungen der Zentralen Kommission vor, das ganz einschläfernde Milde und Licht war. Es erübrigt sich zu sagen, daß dies Unsinn war. Für diejenigen, die daran teilnahmen, stellten die Sitzungen der Zentralen Kommission eine Art «kleines Konzil» dar und waren eine Kostümprobe für die eigentliche Sache. 1965 erklärte Kardinal Lercaro, daß die Zeit für eine gründliche historische Untersuchung der Vorbereitungen des Konzils gekommen wäre: Er glaubte, sie würde den Gegensatz zutage fördern zwischen dem, was Papst Johannes beabsichtigte, und dem, was die Vorbereitungen der Kurie tatsächlich leisteten (*Linee*, S. 20). Zehn Jahre später begann Philippe Levillain unter Berufung auf nicht genannte «unveröffentlichte Quellen», Lercaros *desideratum* zu beantworten. Aber da er von einem begrenzt «französischen» Standpunkt aus schrieb, wird seine Arbeit mit anderen, ebenso anonymen Quellen aufgefüllt werden müssen.

Daß die Zentrale Kommission eine so wichtige Rolle einnehmen würde, war nicht vorausgesehen worden. Beschäftigte Kardinäle mit vollem Terminkalender dachten, sie könnten sich von der Teilnahme entschuldigen. Aber sie wurden «aufgestöbert» (wie einer von ihnen sagte) von Pericle Felici, dem Generalsekretär des Konzils, der sich als ein äußerst tüchtiger Mann erwies und das Papier – oder besser die dicken, rot gebundenen Bände – in Bewegung hielt. Die Mitglieder wurden bald von dem irrigen Gedanken befreit, die Zentrale Kommission wäre eine Art Ehrenkomitee für Würdenträger, das die ganze schwere Arbeit der Entwürfe den Unterkommissionen überließ. Diese angenehme Vorstellung wurde als erstes zerstört, weil Kardinal Alfredo Ottaviani, der seit dem Tod von Kardinal Domenico Tardini sich den Mantel eines Führers der Konservativen umgelegt hatte, für die Zentrale Kommission das Vetorecht über die Arbeit aller anderen Kommissionen beanspruchte. Es hätte die gleiche Funktion bei den Konzilsvorbereitungen, wie die oberste Kongregation des Heiligen Offiziums in der Kurie allgemein hatte.

Außerdem war es die wichtigste unmittelbare Aufgabe der Zentralen Kommission, zu beurteilen, ob das eingehende Material aus den anderen Kommissionen «konzilswürdig» war. Es war nicht leicht, dafür ein Kriterium zu finden. Einmal befanden sie sich in der Diskussion eines Entwurfs zu einem Dekret über Diözesanarchive und Seminarbibliotheken (Caprile, I, 2, S. 234), eine Sache, die Papst Johannes am Herzen lag. Ein anderes Mal debattierten sie ernsthaft, ob die Soutane oder ein grauer Anzug, hell oder dunkel, die angemessene Tracht für einen Priester wäre. Die Sitzungen wurden lang und länger. Sie begannen um 9.30 Uhr und dauerten oft länger als vier Stunden. Bei der Sitzungsperiode im Mai brach Kardinal Pietro Ciriaci, der dem französischen Komiker Fernandel auffallend ähnlich sah, die Sitzung um 13.50 Uhr ab, indem er geräuschvoll seine Papiere zusammenraffte und zu dem geschäftsführenden Vorsitzenden Pizzardo sagte: «Es ist Zeit. Mittagessen. Schluß für heute.» Wenn römische Kardinäle die Gangart schon schwer erträglich fanden, so war es noch anstrengender für diejenigen, die fast jeden Monat einmal über den Atlantik oder Pazifik hin und her jetten mußten.

Die «Fremden» murrten, wenn sie merkten, daß die Kurienkardinäle nur zu Sitzungen kamen, wenn die vorliegende Sache sie betraf. Dies bereitete das Feld für den dramatischen Zusammenstoß im November 1961. Die Frage, wozu dient das Konzil, war immer noch nicht vollständig beantwortet worden. Noch im September 1961 glaubte Felici, die Funktion des Konzils könnte sein, «die schwersten Irrtümer unserer Zeit zu verurteilen und die Hauptpunkte der katholischen Lehre zu bekräftigen» (Rouquette, I, S. 104). Felici räumte jedoch ein, daß «andere» (und das schloß Papst Johannes ein) das Konzil «pastoral» wünschten. Unglücklicherweise bot er weiter keinen Hinweis an, was diese schlüpfrige Vorstellung nach sich ziehen könnte, außer daß das Konzil «jene zurückbringen würde, die der Kirche fern waren, jene einsammeln würde, die verstreut waren, und jene zum Leben erwecken würde, die unempfänglich für die Gnade waren» (ibid.). Es gab kaum einen Unterschied zwischen Felicis Verurteilungen und einem Zucken seines Hirtenstabs. Und doch war Felici Generalsekretär des Konzils. Er hätte wissen müssen, wofür es gedacht war.

Felicis Vorstellung von dem Konzil fand ein lautstarkes Echo in einem Vorschlag, den Ottaviani auf der Novembersitzung 1961 der Zentralen Kommission vorlegte. Mit einer Naivität, die die angeblich von Papst Johannes an den Tag gelegte weit in den Schatten stellte, schlug er ein neues «Glaubensbekenntnis» für das bevorstehende Konzil vor, das den Antimodernisteneid wiederholen würde, die von *Humani Generis* verurteilten Irrtümer ebenso wie die später über die

Jungfräulichkeit Marias zirkulierenden ablehnen würde, feierlich bekräftigen würde, daß es einen wesentlichen (und nicht nur einen graduellen) Unterschied zwischen der hierarchischen Priesterschaft und dem allgemeinen Priestertum aller Gläubigen gäbe, und schließlich jene tadeln würde, die «mit übertriebenem Nachdruck von der Schuld und Sündhaftigkeit der Kirche etc.» sprächen (Caprile, I, 2, S. 229). Ottaviani hatte einfach seine alten Aktenordner von 1948 abgestaubt (s. oben, S. 396f.).

Ottaviani gelang es, eine Mehrheit von Diözesankardinälen und -bischöfen gegen sich zu vereinigen. Das lag gar nicht so sehr daran, daß sie nicht mit ihm übereingestimmt hätten; sie konnten nur einfach keinen Sinn darin sehen, dies alles noch einmal bei einem Konzil aufzusagen, das eigentlich der «Erneuerung» und dem *aggiornamento* gewidmet war. In welche Richtung man diese Begriffe auch dehnen mochte, konnte Ottavianis Vorschlag nicht für ein zündendes Moment in ihnen gehalten werden. Ottaviani, seit über fünfzehn Jahren gewohnt, im Namen des Heiligen Vaters zu sprechen, machte die unangenehme Erfahrung, angegriffen zu werden. Überdies wurde er, der gewohnheitsmäßig als einer sprach, der über Autorität verfügte, nun als gleichrangig behandelt, als ein Mitglied des Kollegiums. Kardinal Bernard Alfrink aus Utrecht in den Niederlanden führte den Angriff an. Er erhielt sofort Rückendeckung von den Deutschen und von Kardinal Franz König aus Wien; die Franzosen verhielten sich abwartend; die Amerikaner, die nach und nach eintrafen, fanden es schwierig, den lateinischen Debatten zu folgen, und neigten dazu, sich auf Kardinal William Godfrey aus Westminster zu verlassen, der ein ausgezeichneter Latinist, aber jetzt ein sehr kranker Mann war. Da ihm alles Neue oder Fremde verdächtig war, war er eher geneigt, in den strittigen Fragen Ottavianis Partei zu ergreifen.

Es gab so viele strittige Fragen bei dieser Sitzung vom November 1961. Kardinal Augustinus Bea stellte einen Plan vor, nichtkatholische Beobachter beim Konzil dabeizuhaben (Caprile, I, 2, S. 229). Er meinte, die Reaktion auf die Ankündigung des Konzils sei so erfreulich gewesen, daß es eine Torheit wäre, keinen Nutzen aus dem offenkundigen guten Willen, den sie geweckt hatte, zu ziehen. Ottaviani versuchte sicherzustellen, daß diese «Beobachter», vorausgesetzt sie kämen, so wenig wie möglich über die Vorgänge erfahren sollten. Das Konzil wäre im wesentlichen ein *katholisches* Ereignis. *Per se* ging es keinen anderen etwas an. Aber da sowieso alle mit einer Zweidrittelmehrheit von der Zentralen Kommission gefaßten Beschlüsse lediglich «beratend» waren, hing letzten Endes alles davon ab, wie der Papst entschied. In der Streitfrage der «Beobachter» war Johannes auf Beas Seite. Bei dieser Sitzung im November 1961 war es auch, daß Ottaviani die erste Fassung seines unseligen *schema* (Entwurfes) über «Die zwei Quellen der Offenbarung» vorlegte. Ein Jahr später würde es auf dem Konzil unter schweren Beschuß geraten und zusammen mit den meisten anderen vorbereiteten Texten zurückgezogen werden. Das Konzil sollte bestätigen, was sich bei den Sitzungen der Zentralen Kommission schon angedeutet hatte: Die Römische Kurie konnte der Kirche als Ganzem nicht mehr ihren Willen aufzwingen. Die Kostümprobe fand nicht öffentlich statt, aber die auftretenden Personen hatten schon ihre zugewiesenen Rollen; ein Jahr später spielten sie vor den Augen der Welt.

Hatte Papst Johannes schon erraten, was auf dem Konzil passieren würde? Msgr. Alfredo Cavagna hielt ihn über die Debatten in der Zentralen Kommission auf dem laufenden. Aber es gibt keinen Beweis, daß er erwartete und erst recht nicht hoffte, die Entwürfe der Kurie würden verworfen, wenn das Konzil zusammenkäme. Das jedoch setzt der liberale oder «progressive» Mythos voraus. Er setzt voraus, daß Papst Johannes mit seiner Bauernschläue die Kurie austrickste, indem er ihr listig die Illusion der Kontrolle ließ, während er genau wußte, daß sie binnen kurzem vernichtend geschlagen würde. Alle Beweise deuten in die entgegengesetzte Richtung. Es läßt sich kein Keil zwischen Papst Johannes' Vorbereitungen auf das Konzil und die Vorbereitungen der Kurie treiben. Sie gingen in jedem Stadium Hand in Hand. Er sah den Generalsekretär Felici mit Sicherheit wöchentlich und manchmal öfter (Caprile, *«Ancora su Giovanni XXIII»*, in *Civiltà Cattolica*, 5. April 1980, S. 54). Er beklagte sich nie über Felicis Methoden – obwohl es Gründe zu Klage gegeben haben könnte. Er zeigte auch nie eine größere Unzufriedenheit über den Fortgang der Arbeit. Er las alle Entwürfe persönlich und versah sie mit Anmerkungen. Seine Bemerkungen betreffen gewöhnlich nebensächliche Punkte oder stellen einfach fest, daß er sie aufmerksam und manchmal mit Freude gelesen hatte: *«Lectum maxima cum attentione»* und *«lectum attente et laetanter»*, um zwei zu zitieren (s. Vincenzo Carbone, *«Genesi e criteri della pubblicazione degli Atti del Concilio Vaticano II»*, in *Lateranum* XLIV, 1978, S. 579ff.). Das sind keine Kommentare eines Mannes, der meinte, die Entwürfe gingen in die falsche Richtung oder wären geeignet, das Konzil hinters Licht zu führen.

Außerdem legte Papst Johannes Wert darauf, der Zentralen Kommission jedesmal zu danken, wenn sie zusammenkam. Am 23. Januar 1962 lobte er die Entwürfe ziemlich freigiebig. Bei ihrer letzten Sitzung am 20. Juni 1962 war er noch überschwenglicher: «Drei Jahre glänzender, erbaulicher und höchst hingebungsvoller harter Arbeit.» Wenn der progressive Mythos zutraf, war das alles machiavellistische Täuschung. Gut, es hätte eine schlechte Wirkung nach außen gehabt, wenn er ihnen gesagt hätte, sie hätten ihre Zeit vergeudet. Aber war er wirklich fähig, das eine zu sagen, während er das andere dachte? Das Wort dafür ist Heuchelei.

Das Problem vertieft sich, wenn wir die unerwartete Bombe von *Veterum Sapientia* (Die Weisheit der Alten) betrachten, die am 22. Februar 1962 in eine erstaunte Welt einschlug. Es war eine Lobpreisung der lateinischen Sprache, die als *die* Sprache der Kirche bezeichnet wurde. Sie wurde deshalb in den Seminaren als Unterrichtssprache der Philosophie und Theologie vorgeschrieben oder wieder vorgeschrieben. Es war gewiß das wirkungsloseste Dokument, das jemals von Papst Johannes herausgegeben wurde. Für den Rest des akademischen Jahres – kaum länger – übten angelsächsische Professoren mit schwerer Zunge ihr eingerostetes Latein an verwirrten und manchmal verständnislosen Studenten. Dies alles geschah im Namen des «guten Papstes Johannes», der trotz seines liberalen Rufes jetzt dabei war, «die Uhr zurückzustellen». Seine Bewunderer hatten es schwer, einen Sinn darin zu finden. Manche behaupteten, es wäre ihm von der Römischen Kurie aufgezwungen worden – eine Behauptung, die Papst Johannes heftig ableugnete, wann immer er Gelegenheit dazu hatte; andere verwendeten es, um den Unterschied zwischen der «römischen» und der «angelsächsischen» Einstellung zum Gesetz zu erläutern – die Autoren des Dokuments hätten nicht erwartet, daß es wörtlich verstanden würde, während die Empfänger das taten (Trevor, S. 295).

Mit Sicherheit war *Veterum Sapientia* ein Triumph für Kardinal Antonio Bacci, den berühmten Latinisten, dessen Hobby war, neue lateinische Wörter für Begriffe wie «Düsenflugzeug» und «Transistorradio» zu erfinden. Er schrieb es für Kardinal Pizzardo, den Präfekten der Kongregation für das katholische Unterrichtswesen. Papst Johannes interessierte sich eher für das Lateinische, weil es die Sprache der «alten Väter» war, die er gern las, um «leeres Gerede» zu vermeiden (*Tagebuch*, S. 343). Da außerdem entschieden worden war, daß Latein die Sprache des Konzils sein würde, hielt er es nicht für unvernünftig, daß zukünftige Priester und Bischöfe es wenigstens fließend lesen könnten. Er selbst fand die Unterhaltung auf latein durchaus nicht leicht und natürlich, und als das Konzil näherkam, übte er zweimal täglich mit Pater Luigi Ciappi OP, dem hageren Meister des Apostolischen Palastes, und Msgr. Alfredo Cavagna, seinem Beichtvater (*Tagebuch*, S. 346 und 348).

Der Zeitpunkt des Erscheinens von *Veterum Sapientia* ergibt eher einen Sinn, wenn wir es mit dem Kampf um die Liturgie innerhalb der Kurie in Beziehung setzen. Die Liturgiekommission war viel besser organisiert und auf eine breitere Grundlage gestellt als alle anderen Kommissionen. Sie entzog sich der Kontrolle durch die Kurie und erzeugte in ihren Mitgliedern ein gewisses Maß an Reformeifer. Nach ihrer Frühjahrssitzung 1961 bemerkte Msgr. Annibale Bugnini: «Man spürte den Beitrag verschiedener Kulturen und Erfahrungen; örtliche Bedingungen färbten und verfeinerten unser Denken und unsere Art, uns auszudrücken. Wir bildeten eine echte Familie, in der ‹der Sinn der Kirche› intensiv lebendig war» (Bugnini, S. 29). Bugnini erfand das nicht: In der Liturgiekommission machten sie wirklich die Erfahrung des «Konzils vor dem Konzil», und ihr Entwurf war der einzige – von siebzig –, der durchkam. Aber ihre Vorschläge lösten in der Kurie schon Alarm aus.
Das eigentliche Drama ereignete sich am 22. Januar 1962, als der greise Kardinal Gaetano Cicognani, Vorsitzender der Liturgiekommission, weil Präfekt der Ritenkongregation, den Text überreicht bekam, der dem Konzil vorgelegt würde. «Er begrüßte ihn», sagte Bugnini, der Sekretär der Kommission war, «mit Freude und Ängstlichkeit» – Freude, weil die Arbeit vollbracht war, Ängstlichkeit, weil er immer, wenn er sich für etwas einsetzen sollte, nervös, zaudernd und furchtsam wurde und mehr Zeit wünschte, um es noch einmal zu lesen und um Rat zu fragen. Aber er wagte den Sprung, unterschrieb am 1. Februar 1962 und starb vier Tage später, am 5. Februar. Bugnini schließt seinen Bericht: «Wenn Kardinal Cicognani dieses Dokument nicht unterschrieben hätte, wäre es, menschlich gesehen, eine Katastrophe gewesen, denn alles hätte noch einmal in den Schmelztiegel geworfen werden müssen. Aber wer kennt Gottes Wege?» (Bugnini, S. 37). Bugninis Frage enthält eine Note persönlichen Mitleids. Von der Kurie als gefährlicher Bilderstürmer betrachtet, fiel er innerhalb des Jahres in Ungnade und erhielt Lehrverbot (Rouquette, I, S. 234). Paul VI. rehabilitierte ihn 1967, indem er ihn zum Sekretär des Konzils machte, um die liturgischen Reformen zu Ende zu führen.
Sobald Gaetano Cicognani seine letzte und schicksalhafteste Unterschrift am 1. Februar hinzugefügt hatte, war der Weg offen für die Freigabe des Motuproprio *Consilium Dei Nostra*, das den Beginn des Konzils auf den kommenden 11. Oktober festlegte. Zwanzig Tage später erschien *Veterum Sapientia*. Es war daher ein Zugeständnis an jene mächtigen Kräfte in der Kurie, die die Arbeit der Liturgiekommission für äußerst gefährlich hielten. Papst Johannes übte sich in

dem Balanceakt, den er so oft würde tun müssen, sobald das Konzil begonnen hatte. Nicht daß er hierin unaufrichtig sein mußte: Er schätzte Latein wirklich. Aber er zog es immer vor, sich zu beugen, anstatt zu brechen.

Auf einer anderen Ebene jedoch hatten die Meinungsverschiedenheiten wegen *Veterum Sapientia* überhaupt nichts mit Latein zu tun. Es ging darum, wer das Konzil kontrollierte. Der Gebrauch des Lateinischen gab der Kurie einen eingebauten Vorteil. Felici, der Generalsekretär, war im Lateinischen bestens zu Hause, konnte Eindruck schinden und Späßchen machen, was zumindest seine Busenfreunde schätzten. Umgekehrt mußte Kardinal William Godfrey aus Westminster, nachdem er mit großer Anstrengung den Satz *«Debemus levare Latinam»* (womit er meinte, den Rang des Lateinischen anheben) herausgebracht hatte, zu seinem Staunen am nächsten Tag in *Il Tempo* lesen, er hätte die Abschaffung von Latein verlangt (*levare* bedeutet im Italienischen «wegnehmen»; s. Rynne, S. 101).

Auf einer noch tieferen Ebene ging es bei *Veterum Sapientia* um das Verhältnis von Sprache und Glauben. Es pries Latein als eine «unveränderliche» Sprache, die nicht der zufälligen Labilität moderner Sprachen ausgesetzt ist, wo die Worte wechseln und sich verändern. Gerade weil Latein eine tote Sprache ist, behauptet *Veterum Sapientia*, ist sie «festgelegt und unveränderlich» (Nr. 8). Kurz, es ist die vollkommene Sprache für eine scholastische Theologie, bewahrt – so glaubt man – vor den Zerstörungen der Zeit und Geschichte. Aber das war nicht das letzte Wort von Papst Johannes zu diesem Thema. In seiner Eröffnungsrede an das Konzil sagte er, «die Substanz des alten anvertrauten Glaubensgutes ist eine Sache und die Art, wie es dargestellt wird, eine andere». Ohne eigentlich *Veterum Sapientia* zu widersprechen, ist diese Behauptung schwer damit zu vereinbaren. Johannes' Denken konnte solche verwirrenden Widersprüche in Übereinstimmung bringen: Wichtig ist es, zu wissen, was er sagt, wenn es wirklich eine Rolle spielt, wenn es hart auf hart geht.

Papst Johannes' Nachdenken über das Konzil bewegte sich auf vielen Ebenen – der spirituellen, der persönlichen und der politischen – und war nie die Verwirklichung eines klar umrissenen und gut formulierten Planes. Seine wesentliche Rolle bestand darin, ein Möglichmacher und Improvisator zu sein. Er war glücklich, wenn er die Kurienpläne annehmen konnte – bis etwas Besseres auf dem Tisch lag. Wenn etwas Besseres kam, stürzte er sich darauf und machte es sich zu eigen und behauptete manchmal – vollkommen glaubhaft –, daß es das war, was er die ganze Zeit gewollt hatte. Beas Arbeit im Sekretariat für die Einheit der Christen ist ein deutliches Beispiel.

Bea half Papst Johannes, er selbst zu werden und seine Vision zu verwirklichen. Die Begegnungen mit Kirchenführern waren eine Erziehung in sich, aber sie waren auch ein Hinweis, was beim Konzil passieren würde: Es war schwieriger (wenn auch nicht unmöglich), Karikaturen oder Strohmänner anzugreifen, wenn Repräsentanten der Strohmänner einem zuhörten.

So wurde Papst Johannes veranlaßt, weit über die kurialen Vorbereitungen auf das Konzil hinauszugreifen, die er in seinen hoffnungsvolleren Momenten für zufriedenstellend hielt. Daß er ein Improvisator war, erweist sich als zutreffend, wenn wir betrachten, wie eifrig er Gedanken aufgriff und übernahm, die von den Kardinälen Wyszyński aus Warschau, Suenens aus Mecheln-Brüssel, Bengsch aus Berlin und – nicht zu vergessen – Montini aus Mailand vorgebracht wurden. Was sie an ihn herantrugen, wird im weiteren das Thema dieses Kapitels sein.

Es gab zwei Hauptprobleme. War es die Aufgabe des Konzils, Irrtümer der Gegenwart zu verurteilen? Und wie könnte die reine, entmutigende Masse des Stoffes – siebzig *Schemata* oder Entwürfe wurden vorbereitet – auf ein zu bewältigendes Maß zurückgeführt werden, ohne dabei die Ziele des Konzils zu mißachten?

Am 17. Februar 1962, am Vorabend von *Veterum Sapientia*, gewährte Johannes Kardinal Wyszyński eine Audienz und besprach mit ihm, was man wegen Msgr. Josef Slipyi, dem Groß-Erzbischof der Ukrainer, tun könnte, der nach der gewaltsamen Zerstörung seiner Kirche 1948 in einem sowjetischen Arbeitslager verschwunden war. Johannes hatte festgestellt, daß es Slipyis siebzigster Geburtstag war. Beim Abendessen sagte er zu seinem Sekretär, Msgr. Loris Capovilla:

> Das Konzil rückt näher. Ich habe über die Bischöfe nachgedacht, die im Gefängnis oder im Exil sind und nicht kommen können. Wir müssen versuchen, etwas für sie zu tun ... Natürlich müssen wir Wahrheit, Freiheit und Gerechtigkeit verteidigen und nicht vor den Mächtigen zurückweichen; aber vor allem anderen muß man denen väterliches und brüderliches Mitgefühl zeigen, die versucht sein könnten, sich verlassen zu fühlen oder zu denken, sie seien vergessen worden.
>
> Der Austausch von Grüßen am 25. November 1961, meinem achtzigsten Geburtstag, sollte vernünftige Menschen nicht zu phantastischen Folgerungen verleiten; aber es war ein Schritt auf einen klugen Kontakt hin. Wir sollten die Osteuropäer das wissen lassen: Sie haben dem Papst als dem Oberhaupt der katholischen Familie Respekt erwiesen, und zum erstenmal haben sie seiner Arbeit für den Frieden ihre Hochachtung erwiesen. Die Reaktion war rasch und aufrichtig und versetzte dem ehe-

> maligen vatikanischen Diplomaten, der sich an seine herzlichen Beziehungen zu den slawischen Völkern erinnert, einen Stich von Heimweh. Deshalb wäre es ohne Anwendung des Protokolls und strenger diplomatischer Formen gut, sie wissen zu lassen, wie bekümmert der Papst ist, die Bischöfe aus gewissen Ländern nicht willkommen heißen zu können; und sie sollten auch merken, daß es deshalb für den Papst schwierig ist, einige von diesen Prälaten zu Kardinälen zu ernennen (IME, S. 170).

Also schlug er vor, die Aussicht auf einen roten Hut als Köder zu benutzen. Dieses Tischgespräch erschien erst 1983. Früher veröffentlicht, hätte es manche Mißverständnisse über die «Ostpolitik» von Papst Johannes aufklären können, ein Begriff, nebenbei bemerkt, den er nie verwendete.

Aber wer sollte inoffiziell angesprochen werden? Und durch wen? Es gab keine normalen diplomatischen Beziehungen zwischen dem Vatikan und irgendeinem kommunistischen Land. Papst Johannes erkannte, daß Chruschtschow den Schlüssel zur Religionspolitik des gesamten Ostblocks hatte. Sein Staatssekretär, Amleto Cicognani, erinnerte ihn an Msgr. Francesco Ladrone, der an der Katholischen Universität von Washington Professor und Beichtvater der Apostolischen Delegatur in der Massachusetts Avenue 3339 gewesen war. Ursprünglich aus Piemont in Norditalien kommend, befand sich Ladrone jetzt auf Papst Johannes' altem Posten in Istanbul. Er war in den Rang einer Pronuntiatur erhoben worden und war immer noch ein gutes Fenster zum Osten. Ein aufrichtiger Mann von jetzt sechsundsiebzig, hatte Ladrone einen ungewöhnlichen Werdegang für einen Diplomaten. Als er im Februar 1962 eingeladen wurde, Urlaub in Rom zu machen, antwortete er, er habe in Ankara Arbeit und brauche keinen Urlaub. Ein Telefonanruf teilte ihm mit, daß er dringend gebraucht würde. Er kam ziemlich gleichgültig Mitte März an. Einige kostbare Wochen waren verloren.

Papst Johannes überraschte Ladrone, als er ihn nicht in seiner Bibliothek, sondern in den vatikanischen Gärten empfing. Dort war es leichter, sich zu unterhalten. Bei ihrem Spaziergang sagte Papst Johannes: «Für mich sind Sie der Spitzendiplomat des Heiligen Stuhles» (*Utopia*, ital., S. 249). Dann entdeckte Ladrone, was seine Aufgabe sein sollte: Über den sowjetischen Botschafter in der Türkei sollte er versuchen herauszubekommen, ob es irgendeine Hoffnung gäbe, daß Bischöfe aus Osteuropa zum Konzil kommen könnten. Dieser Gang in den vatikanischen Gärten blieb nicht unbemerkt im Staatssekretariat, wo man Verdacht schöpfte, daß etwas im Gange wäre, und sich genau diesen Augenblick aussuchte, um Ladrone den angesehenen Posten des Nuntius in Brüssel anzubieten. Papst Johannes sagte ihm, er solle das Angebot ablehnen. Er hatte etwas anderes im Sinn (ibid., S. 247f.).

Wieder in der Türkei, nahm Ladrone Verbindung mit dem sowjetischen Botschafter Nikita Ryjow auf, der umgänglich war und innerhalb einer Woche berichtete, er habe eine Antwort aus Moskau: genehmigt. Ladrone überreichte dann die offiziellen Einladungen an die katholischen Bischöfe in der Sowjetunion, die größtenteils in den baltischen Republiken lebten. Der Botschafter brachte sie persönlich nach Moskau – damit sie nicht bei der Post verlorengingen, erklärte er, was vielleicht ein Scherz sein sollte. Ermutigt durch diesen Erfolg machte Ladrone den anderen Botschaftern des Ostblocks seine Aufwartung und lud ihre Bischöfe zur Teilnahme am Konzil ein. Sie stimmten alle zu, die Bitte des Papstes weiterzuleiten. Chruschtschows Beispiel war der entscheidende Faktor.

Am 2. Juni 1962 war Ladrone wieder in Rom, um von dem offensichtlichen Erfolg seiner Mission zu berichten. Obwohl die Audienz auf den nächsten Tag festgesetzt war, empfing Johannes seinen «Spitzendiplomaten» sofort und erklärte: «Dieses Mal haben Sie die Stelle von Prinzessin Maria Gabriella eingenommen. Und das war so. Während ich mich rasierte, hörte ich diesen Morgen in den Nachrichten, daß heute Italiens Nationalfeiertag ist, und ich dachte, es wäre nicht passend, eine Prinzessin aus dem Haus Savoyen am Feiertag der Republik zu empfangen» (*Utopia,* ital., S. 248). Dies war ein Beispiel von Bergamasker Humor: trocken, aber mit einem Augenzwinkern. Doch die Hauptsache der ganzen Ladrone-Geschichte ist, daß Papst Johannes nicht nur bereit war, sondern sich sogar freute, die offiziellen Kanäle – in diesem Fall das Staatssekretariat – zu verlassen, wenn es ihm paßte. Er hatte eine gewisse verschwörerische Freude daran, seine Beamten zu überlisten.

Für das Inoffizielle war er ebenso offen, als es an die Vorbereitungen des Konzils ging. Wenn der Hirtenbrief eines Bischofs den Geist des Konzils zusammenzufassen schien, schrieb er ihmsofort und bat um Rat. Das kam zweimal vor. Der erste Hirtenbrief, der ihm auffiel, war von Kardinal Léon-Joseph Suenens aus Mecheln in Belgien geschrieben worden. Er fand ihn so gut, daß er Suenens bat, ein Memorandum darüber abzufassen, wie die Arbeit des Konzils organisiert werden sollte (De Riedmatten, S. 53). Das wurde allmählich eine dringliche Frage. Wenn nicht etwas getan würde, und zwar bald getan würde, dann würde das Konzil sich in den überkreuzenden und endlos verzweigenden Ästen des Riesenbaumes wie in einem Netz verfangen. Suenens tat ihm umgehend den Gefallen mit einem klaren

Dokument in zwei Teilen: (i) was das Konzil nicht versuchen sollte zu tun; (ii) was das Konzil tun sollte. Suenens argumentierte, daß ein Konzil, das von innerkirchlichen Angelegenheiten besessen schien, die Erwartungen der Welt enttäuschen würde. Es würde sich ehrlich den Fragen von Krieg und Frieden stellen müssen, der Moral des Atomkriegs, der Geburtenkontrolle und der «Bevölkerungsexplosion». Suenens glaubte nicht, daß Fragen von Kollegialität und Ökumenismus nicht wichtig wären. Aber er wollte das innere Leben der Kirche *(ad intra)* und die Kirche in der Beziehung zur Welt und ihren Problemen gesehen *(ad extra)* unterscheiden und im Gleichgewicht halten. Das drückte treffend aus, was Papst Johannes in *Humanae Salutis* zu sagen versucht hatte (s. oben, S. 503), und es wirkte auf alle späteren Erklärungen. Von nun an wurde Suenens einer von Papst Johannes' Vertrauten. Und die Tatsache, daß er die katholische Universität von Löwen im Rücken hatte, deren Prorektor er war, lenkte den Blick auf eine Expertengruppe, die ein Gegengewicht zu den vorwiegend in Rom Geschulten bilden konnte. Die kleine Kommission aus sechs Männern, drei Priestern und drei Ärzten, die später diskret eingesetzt wurde, um über «Bevölkerungsprobleme» nachzudenken, hatte drei Belgier und keinen Italiener dabei (St. John-Stevas, S. 106).

Kardinal Montinis Fastenbrief, von Rom aus geschrieben, war eine Epistel an die Mailänder. Sie hieß *Pensiamo al Concilio*, Laßt uns an das Konzil denken. Obwohl er sie bescheiden als «schlichten Hirtenbrief» bezeichnete, hatte sie die Reichweite und den Horizont einer Enzyklika. Er hatte offenbar die gesamte Literatur gelesen und sich angeeignet und wurde, wie Suenens, von einer katholischen Universität gestützt, der Mailänder Universität vom Heiligsten Herzen Jesu. Er stellte sich die Aufgabe, eine einfache Frage zu beantworten: «Was sind die Absichten des Papstes hinsichtlich des bevorstehenden Konzils?» Obwohl er nicht behauptete, über Insiderinformationen zu verfügen, war es für alle klar, daß er die Gedanken von Papst Johannes kannte und betonte, was dieser betont wissen wollte. Er sagte, das zentrale Thema des Konzils würde das Mysterium der Kirche sein. Das war nicht im mindesten abgedroschen, da es bedeutete, daß die Kirche nicht als eine juristische Institution gesehen würde, wie es in den vorbereiteten Dokumenten der Fall war; und es bedeutete, daß das Kriterium für das Behalten oder Fallenlassen sein würde, ob er Christus in den Mittelpunkt stellte oder nicht. «Es ist die ganze Kirche, die sich im Konzil ausdrückt», sagte Montini, als er erklärte, warum die Mailänder damit zu tun hätten, «und wir sind die Kirche.» Obwohl er den größten Teil seines Lebens in Rom verbracht hatte, wie er sie erinnert, verstand Montini, warum die katholische Welt empfindlich auf die zentralisierenden Tendenzen der Kurie reagierte. Natürlich ist Rom der Mittelpunkt, und was es sagt, wird mit Freude aufgenommen. Doch dann, fast unter dem Wortreichtum versteckt, kommt die Spitze:

> Die Kirche in der ganzen Welt empfing Befehle und Weisungen, denen sie recht willig gehorchte, obwohl sie manchmal bedauerte, daß es keine Möglichkeiten für den Dialog gab und sie nicht zur Mitarbeit aufgefordert worden war; das Ergebnis war, daß Einheit eher in passiver Hinnahme gelebt werden mußte als in Brüderlichkeit gefeiert werden konnte (*Pensiamo al Concilio*, Nr. 9).

Das Konzil würde die Unausgewogenheit berichtigen müssen.

Wo Felici unsicher über den Zweck des Konzils gewesen war, da war Montini kristallklar. Er sagt ganz offen, «das Konzil wird wahrscheinlich kein neues Dogma als Teil der Offenbarung definieren» (*Pensiamo al Concilio*, Nr. 46). Seine hauptsächliche Beschäftigung wird Erneuerung und *aggiornamento* sein. Wie Suenens wollte er, daß das Konzil zur Welt nur als «Mutter und Schwester» spräche. Es sollte «in einen Dialog mit der Geschichte eintreten» (ibid., Nr. 54). Er fand eine Metapher für *aggiornamento*, die gewissermaßen zusammenfaßte, was Papst Johannes' Pontifikat bereits erreicht hatte: «Die Kirche wird, wenn es sein muß, jeden königlichen Umhang ablegen, der noch auf den Schultern ihres Souveräns liegt, damit sie sich die einfacheren Formen anlegen kann, die der moderne Geschmack verlangt» (ibid., Nr. 55).

Montini nahm schließlich auch klar Stellung zu der sehr umstrittenen Frage, wie man mit Irrtümern verfahren sollte. Er schrieb: «Wir werden ein Konzil der positiven anstatt der strafenden Reformen haben und der Ermahnungen anstatt der Bannflüche» (ibid., Nr. 37). Außerdem verband er diese positive Einstellung mit Papst Johannes' «Optimismus», der, behauptete er, «sich über die ganze Kirche verbreitet und unsere Empfänglichkeit vertieft hat» (ibid., Nr. 39). Der Optimismus von Papst Johannes war ansteckend. Aber Montini sieht ihn zu Recht nicht als eine Form von Naivität, sondern als eine erhöhte Empfindlichkeit für das Tätigsein des Heiligen Geistes in der Welt. Hier also gab es eine tiefe Verbindung zwischen Papst Johannes' Verurteilung der «Propheten der Finsternis» und seiner Bevorzugung der «Arznei der Barmherzigkeit» vor Verdammungen. Er hatte allen Grund zu fühlen, daß Montini ihn verstanden hatte, vielleicht tiefer noch als Suenens. Montini – aber das war zufällig – hatte auch seinen Anspruch umrissen, Papst Johannes nachzufolgen, wenn sich diese Frage stellte. Montini und Suenens würden eine diskrete, aber maßgebliche Rolle spielen, wenn das Konzil sechs Monate später beginnen würde.

Optimismus im eben definierten Sinn, Empfindsamkeit für den Heiligen Geist, gewann im ökumenischen Bereich an Boden. Da Tardini nicht mehr im Weg stand, konnte Bea für jeden Kirchenführer, der kommen wollte, Audienzen vereinbaren. Hier ist die komplette Liste der ökumenischen Begegnungen vor dem Konzil: Arthur Lichtenberger, Vorsitzender der amerikanischen Episkopalkirche (15. November 1961); Joseph Jackson, Vorsitzender der Nationalen Baptistenkonvention der Vereinigten Staaten (20. Dezember 1961); Archibald C. Craig, Moderator der Generalversammlung der Kirche von Schottland (28. März 1962); Mervyn Stockwood, anglikanischer Bischof von Southwark, London (7. April 1962); Professor Edmund Schlink von der Universität Heidelberg, der den Rat der Evangelischen Kirche in Deutschland vertrat (27. April 1962); Arthur Morris, anglikanischer Bischof von St. Edmundsbury und Ipswich (10. Mai 1962); Metropolit Damaskinos aus Volos in Griechenland (17. Mai 1962); Joost de Blank, anglikanischer Bischof von Kapstadt in Südafrika (20. Juni 1962; aufgeführt in *Natale, 1975*, S. 51ff.).

Beas damaliger Sekretär, Jan Willebrands, erklärte, warum diese Begegnungen wichtig waren. Sie entsprachen dem Stil von Johannes. Er hatte lieber Menschen als Bücher und strahlte Güte und Freundlichkeit aus. Er ist manchmal als antiintellektuell und mißtrauisch gegenüber Spitzfindigkeiten der Theologen dargestellt worden. Aber dieses Urteil stützte sich auf die falsche Voraussetzung, daß er ein schlauer, aber unwissender alter Bauer wäre. Wahr ist allerdings, daß er glaubte, der theologische Dialog allein sei unzureichend. Er brauchte diesen persönlichen Kontakt mit Kirchenführern, um allmählich den historischen Zusammenhang, in den sie hineingewachsen waren, und ihre gegenwärtigen Standpunkte zu verstehen. Geschichte enthielt den Schlüssel zum Verstehen. Von seiner früheren Erfahrung her wußte Papst Johannes viel über die orthodoxen Kirchen, aber jetzt lernte er rasch über Canterbury, Genf, Moskau, Kairo und so viele andere Orte dazu.

Man könnte aus dem allem schließen, daß Bea Oberwasser hatte. Er erzog den Papst und gestaltete den Verlauf des Konzils. Genau aus diesem Grund verstärkten sich die Angriffe der Kurie auf Bea. Eine an sich ziemlich langweilige Episode ist es wert, erwähnt zu werden, weil sie zeigt, wie die Schlachtlinien gezogen wurden. Papst Johannes hatte sein eigenes Seminar, den Lateran, in eine Universität umgewandelt, die von Weltgeistlichen geleitet wurde. Dieser Gunstbeweis hatte einige von ihnen gedrängt, mit den Jesuiten abzurechnen, die im Pontifikat Pius' XII. besonders einflußreich gewesen waren. Im Dezember 1960 ließ *Divinitas*, die gelehrte Zeitschrift, die vom Lehrkörper des Laterans herausgegeben wurde, einen maßlosen Angriff auf das Bibelinstitut (das «Biblicum») vom Stapel und deutete an, daß in Kürze Disziplinarmaßnahmen gegen zwei seiner Professoren, die Patres Stanislaus Lyonnet und Maximilian Zerwick, ergriffen würden. Sie wurden beschuldigt, die Heilige Schrift über die Überlieferung zu stellen. Man warf ihnen vor zu glauben, daß «das Studium der literarischen Gattungen der alten orientalischen Literatur» wesentlich für das Verständnis des Alten und des Neuen Testamentes sei. Auf diese Art forderten sie jene «dogmatischen Theologen» heraus, die seit Jahrhunderten die Bedeutung der Schrift ausgelegt hatten, ohne über die geringste Kenntnis antiker literarischer Gattungen zu verfügen. Es wäre ein leichtes, diese Position lächerlich zu machen. Aber ihre Verfechter liefern ihre eigenen Karikaturen. Hier ist zum Beispiel Kardinal Ernesto Ruffini, ehemaliger Professor für Bibelkunde, «Freund» von Papst Johannes, der im Juni 1961 in *l'Osservatore Romano* schreibt:

> Wie kann einer annehmen, daß die Kirche das göttliche Buch ihren Kindern neunzehn Jahrhunderte lang präsentiert hat, ohne die literarische Gattung zu kennen, in der es verfaßt ist, und dennoch soll dies der Schlüssel zur exakten Interpretation sein? Eine solche Behauptung wird um so absurder, wenn man in Erwägung zieht, daß diese geistig überlegenen Kritiker ... und so weiter (Rynne, S. 55).

Man reibt sich die Augen und fragt, was das mit Gelehrsamkeit und Verständnis der Bibel zu tun hat. Die Wahrheit ist, daß Ruffini und Msgr. Antonio Romeo, der Autor des Artikels in *Divinitas*, sich mehr wie Inquisitoren als wie Bibelgelehrte benahmen. Es war höchst ungewöhnlich und gegen alle Konventionen für eine angeblich «gelehrte Zeitschrift», Disziplinarmaßnahmen vorherzusagen und zu empfehlen. Dennoch wußte Romeo eindeutig, was er tat. Er hatte eine Vorausinformation, was nicht überrascht, denn er war Sekretär der Kongregation für das katholische Unterrichtswesen. Romeo hätte so einen Artikel nicht ohne die Billigung seines Vorgesetzten, Kardinal Giuseppe Pizzardos, geschrieben. So kam man der Verschwörung auf die Schliche. Der Angriff war von Pizzardo angeregt und zielte, wenn er sich auch gegen die zwei glücklosen Jesuiten vom Biblicum zu richten schien, auf Bea, dessen langjährigen Rektor, und hinter ihm gegen Papst Johannes, der so töricht war, auf solche fehlgeleitete Ratgeber zu hören. *Odium theologicum* (Abscheu vor anderen theologischen Ansichten) ist nicht sehr gründlich untersucht worden. Es hat

etwas mit dem Zölibat zu tun, der eine zielstrebige Konzentration auf eine Blutrache ermöglicht, die nicht von familiären Rücksichten begrenzt ist. Pizzardo war wie Bea, sein erwählter Feind, über achtzig.
Papst Johannes bekam die Kampagne gegen Bea und gegen das Biblicum nur durch Zufall mit. Alle vierhundert italienischen Bischöfe – außer dem Bischof von Rom – hatten eine Kopie von Msgr. Antonio Romeos berühmtem Artikel, der die Schandtaten des Biblicums bloßstellte, zugeschickt bekommen. Einer der Bischöfe erwähnte zufällig den Artikel in einer Audienz bei Papst Johannes. Bibelgelehrte höhlten den Glauben aus, erklärte er, als gebe er eine auf der Hand liegende Wahrheit wieder. So flog die ganze Geschichte auf. Papst Johannes war sehr ärgerlich. Er wies Capovilla an, den Rektor des Biblicum sofort anzurufen und ihm zu versichern, daß «der Papst volles Vertrauen in die Rechtgläubigkeit des Biblicum hat». Dann befahl Johannes Pizzardo, einen Entschuldigungsbrief an Bea zu schreiben, in dem er jedes vorherige Wissen von Romeos Artikel abstritt. Pizzardo fügte sich, aber das änderte nichts an seinem Verhalten. Das hauptsächliche Instrument der «Fundamentalisten» war die Bibelkommission, der Kardinal Eugène Tisserant vorstand. Obwohl Bea eines der zwölf Kardinalsmitglieder war, wurde der Ton von dem Trio Pizzardo, Ruffini und Ottaviani angegeben, dem sich gerade der frühere Ordensmeister der Dominikaner, Michael Browne, angeschlossen hatte, ein Ire, der sich selbst als Konservativen bezeichnete und stolz darauf war.
Am 21. Mai 1962 entschied Papst Johannes, daß es nun endgültig reichte. Er ließ es auf eine Kraftprobe mit der Bibelkommission ankommen. Er schrieb ein Memorandum an Staatssekretär Cicognani, aus dem einem der Unmut entgegenspringt: «Die Zeit ist reif, diesem Unsinn ein Ende zu machen. Entweder die Bibelkommission sputet sich, leistet ordentliche Arbeit und trägt durch ihre Vorschläge an den Heiligen Vater Nützliches zu den Bedürfnissen der Gegenwart bei, oder es wäre besser, sie abzuschaffen und von der obersten Autorität durch etwas anderes im Herrn ersetzen zu lassen» (*Lettere*, S. 536). Dies war die schroffste Ausdrucksweise, die Papst Johannes jemals benutzte, und das einzige Mal, daß er eine Drohung äußerte. Eine unreformierte Bibelkommission war schlimmer als wertlos. Ihre Intoleranz erzeugte nutzlose Ängste, Ungewißheiten und Ungereimtheiten. Obwohl er es vorzog, als Förderer zu wirken, würde er eingreifen müssen. «Reformen müssen von oben beginnen», notierte er am Gründonnerstag 1962 (Alberigo, S. 87). Überdies verlangte die ökumenische Dimension des Konzils, die sich mehr und mehr abzeichnete, die beste katholische biblische Gelehrsamkeit, die verfügbar

war. Andernfalls würden die Protestanten das Konzil nicht ernst nehmen können. Das grimmige Memorandum fuhr fort:

> Diejenigen, die die Verantwortung – besser, die Ehre – haben, die Bibel zu fördern als den heiligsten Schatz der Kirche, neben und nach der apostolischen Tradition, sollten sorgsam darauf achten, ihre Berufung nicht zu vernachlässigen. Es wäre sehr tröstlich für den Knecht der Knechte Gottes, wenn es bei der Vorbereitung des Konzils eine Bibelkommission von einem solchen Ruf und solcher Integrität gäbe, daß es eine Quelle wäre, auf die sich unsere getrennten Brüder verlassen und die sie respektieren könnten (*Lettere,* S. 537).

Papst Johannes' persönlicher Gebrauch der Heiligen Schrift war eher frommer als kritischer Natur. Er stellte sich nie als Bibelwissenschaftler hin. Aber er konnte sehen, wie schädlich diese Streitereien sowohl für einzelne Personen als auch für die Aussichten des Konzils waren. Papst Johannes machte seine Drohung wahr. Die Bibelkommission bekam im Juli 1962 einen neuen Sekretär und so namhafte «Berater» wie Rudolf Schnackenburg, Bernard Rigaux und Xavier Léon-Dufour. Aber die «Schlacht um das Biblicum» war noch nicht endgültig gewonnen. Ihr Höhepunkt würde während der ersten Sitzungsperiode des Konzils kommen.

Das Konzil in Gang zu bringen war Schwerarbeit. Die vorbereiteten Texte in diesem späten Stadium zu zerreißen würde bedeuten, das Konzil fallenzulassen. Papst Johannes konnte keinen weiteren Aufschub dulden, der mit einer Neufassung von Entwürfen verbunden gewesen wäre. Er wollte sein eigenes Konzil nicht versäumen. Er war mit der geleisteten Arbeit auch nicht unzufrieden. Am 23. Mai 1962 beschloß er, Msgr. Pericle Felici zum Generalsekretär des Konzils zu ernennen. Als Sekretär der Vorbereitenden Kommission hatte er «seine Klugheit und Diskretion reichlich bewiesen» (*Lettere*, S. 538).

Gleichzeitig befahl Papst Johannes, daß die Schemata (Entwürfe) nicht wie vorgesehen im September, sondern im Juli und August an alle Mitglieder des Konzils in Umlauf gebracht werden sollten. Das würde den Bischöfen mehr Zeit lassen, während der Sommerferien ihre Hausaufgaben zu machen. Aber Johannes hatte andere Beweggründe. Einige Bischöfe beklagten sich, daß sie im unklaren gehalten und unwissend zum Konzil kommen würden. Andere hatten den Eindruck, daß die Zentrale Kommission – bestehend aus 102 Mitgliedern und 19 Beratern, wenn vollzählig – alles im voraus beschlossen hatte und daß das Konzil nichts mehr zu tun hätte als abzustempeln, was vorgelegt wurde. Das könnte Anlaß für Lob oder Tadel sein. Der gutherzige Kardinal Sir Norman Gilroy aus Sydney in Australien erklärte, die Männer in der Kurie wären so erfahren im Vorbereiten von Dokumenten, daß er ihnen gern die Arbeit überließe.

Der erfahrenere Kardinal Montini ging so weit zu sagen, daß «niemals ein Konzil so gründlich und sorgsam vorbereitet worden war» (*Pensiamo al Concilio*, Nr. 32). Ein kurzer Vergleich mit Vatikanum I zeigt, wie sehr das zutraf. Die Vorbereitung auf Vatikanum I war neun Kurienkardinälen und acht Beratern von römischen Universitäten anvertraut gewesen. Papst Johannes hatte also allen Grund, mit der umfassenden internationalen Beratung zufrieden zu sein, die sein Konzil so anders gestalten würde. Deshalb wollte er diese guten Sachen mit den Bischöfen teilen: «Es wäre gut, sie möglichst bald wissen zu lassen, daß sie dieses Material früher erhalten werden. Das wird bestimmte Reaktionen unterbinden, die man hier und da bemerkt hat. Es wird unnützes, ermüdendes und schädliches Geschwätz verhindern, das nur zu Zeitverschwendung und vergeudeter Energie führt» (*Lettere*, S. 536; 20. Mai 1962). So redete kein Mann, der erwartete, und erst recht nicht einer, der hoffte, die Bischöfe würden die Entwürfe ablehnen, wenn sie sie sähen.

Im Gegenteil, am Ende der fünften Sitzungsperiode der Zentralen Kommission im April 1962 bemerkte Papst Johannes, daß «die Zustimmung der Bischöfe nicht schwer zu erhalten und ihre Billigung einhellig sein wird» (Rouquette, I, S. 114). Diese Zuversicht warf ein anderes Problem auf. Man war die ganze Zeit über davon ausgegangen, daß das Konzil seine Arbeit auf einer einzigen Sitzungsperiode erledigen würde, vom 11. Oktober, dem Fest der Mutterschaft Mariä, bis zum 8. Dezember, dem Fest der Unbefleckten Empfängnis. Doch die Schemata stapelten sich höher: Das Kunststück, innerhalb von zwei Monaten siebzig zu diskutieren, zu verbessern und umzuschreiben, ließ das Umfüllen einer Literflasche in ein Schoppenglas vergleichsweise einfach erscheinen. Es war einfach nicht zu schaffen. Es gab Hinweise, daß man eine weitere Sitzungsperiode brauchen würde. *La Croix* berichtete, daß der Papst Johannes selbst dies bei seinem Fastengottesdienst in Santa Maria in Traspontina geäußert hätte; aber *l'Osservatore Romano* hatte es gestrichen. Die Kurie wollte ein kurzes, straffes Konzil, nach dem die Fremden *(questa gente da fuori)* abreisen würden und die Normalität wieder einkehren würde. Papst Johannes jedoch ermutigte und drängte die nicht aus Rom Kommenden, die regelmäßigen Treffen der Zentralen Kommission nicht zu versäumen, auch wenn manche alle sechs Wochen um die halbe Welt reisen müßten. Sie sollten «am Ball bleiben» und die Kurie nicht alles machen lassen. Kardinal Franz König aus Wien dachte, daß «mehrere Sitzungsperioden» gebraucht würden. Er behielt recht. Aber für Papst Johannes persönlich gab es ein Dilemma: So sehr er das Konzil zu Ende zu führen wünschte, war das Konzil selbständig und mußte die Freiheit haben, sich Zeit zu lassen, auch wenn das bedeutete, daß er das Ende nicht erleben würde.

Doch die allgemeine Zufriedenheit mit der Vorbereitungsarbeit schloß nicht den Wunsch aus, die Entwürfe zu verbessern. Papst Johannes war besonders von einem vertraulichen Dokument beeindruckt, datiert auf den 4. Mai 1962, das von Kardinal Alfred Bengsch, der in Ostberlin lebte, verfaßt war. Es war eine vernichtende Kritik an *De Animarum Cura in Particulari* (Über die Seelsorge in besonderen Gruppen). Bengsch richtete sich gegen den Abschnitt über «die Seelsorge für solche, die unter dem Kommunismus leiden» *(de cura pro Christianis communismo infectis)*. Er hielt ihren Ton und Ansatzpunkt für katastrophal. Er bot eine Liste von Begriffen an, die in Konzilsdokumenten vermieden werden sollten. Sie sollten nicht von «Angst vor der Sowjetmacht», von der «freien Welt», dem «Haß auf den Kommunismus» oder dem «Eisernen Vorhang» sprechen (Stehle, S. 444, wo Bengschs Text zum erstenmal vollständig veröffentlicht ist). Er verwarf auch den Schlüsselbegriff «die Kirche des Schweigens», aus dem einfachen Grund, weil er nicht zutraf. Die beste Art, den Christen in Osteuropa zu helfen, bemerkte er in einem Epigramm, das auf Latein besser klang, wäre, «zu schweigen von der Kirche des Schweigens» (ibid.). Da Bengschs Post zensiert wurde, behauptete Stehle, daß dieses Dokument, «das einen Eindruck von Wandlungen im katholischen Antikommunismus vermittelte, bewußt durch ostdeutsche Kanäle geschleust wurde und in Moskau landete» (ibid., S. 304). Damit schriebe man Papst Johannes machiavellistische List zu.

Es ist viel wahrscheinlicher, daß es die unbeeinflußten Überlegungen Bengschs zu einem Dokument waren, das ihn geärgert hatte, und daß Papst Johannes anschließend bemerkte, dies wäre eine Möglichkeit, «ein Signal nach Moskau zu senden». Aber Bengschs Äußerungen waren zuallererst an die Zentrale Kommission gerichtet. Er konnte nicht verdächtigt werden, «nachgiebig gegenüber dem Kommunismus» zu sein, und deshalb hatten seine Worte größeres Gewicht. Sie stützten sich auf die vernünftige Ansicht, wenn die Beschlüsse des Konzils in Osteuropa angewendet werden sollten, wäre es besser, die Regierenden nicht von Anfang an zu entfremden und zu beleidigen. Aber das tat man jedesmal, wenn man zum Beispiel von der «freien Welt» redete. Es war eine Frage des Taktes und keine philosophische Diskussion über verschiedene Arten von Freiheit.

Außerdem gehörte ein allgemeineres Prinzip von äußerster Wichtigkeit für das Konzil dazu: Es wäre unmöglich, «in einen Dialog mit der Geschichte einzutreten», wenn man mit Verurteilungen begann. Soweit die vorläufigen Entwürfe Verurteilungen zu ihrem Hauptthema gemacht hatten, würden sie vermutlich weggeworfen werden müssen. Dieses Kriterium hätte auch den Vorteil, daß es die Zahl der Entwürfe auf ein überschaubares Maß drücken würde. An diesem Punkt begann Papst Johannes tatsächlich, von einigen vorläufigen Entwürfen abzurücken. Eines Tages maß er eine Seite mit seinem Lineal und sagte: «Sieben Zoll Verurteilungen und nur einer voll Lob. Ist das die Art, mit der modernen Welt zu reden?» Es war Kardinal Montini, der die Aufgabe bekam, dies bei dem entscheidenden letzten Treffen der Zentralen Kommission im Juni 1962 deutlich zu machen. Bannflüche und Verurteilungen, sagte Montini, wären keine Antwort auf zeitgenössische Irrtümer. In der modernen Welt waren Gnade, Barmherzigkeit und das Zeugnis eines christlichen Lebens die Mittel gegen Irrungen. Nach dieser Rede hörte man Kardinal Ottaviani murmeln: «Ich bete zu Gott, daß ich vor dem Ende des Konzils sterben möge – so kann ich als Katholik sterben» (*Panorama*, S. 257). Ottaviani hatte demnach bemerkt, daß Montini mit der Billigung von Papst Johannes gesprochen hatte.

Dann war es Zeit, noch einmal in die Ferien (*ad aquas* in der Sprache des Vatikans) zu gehen. Papst Johannes konnte vor dem 31. Juli, dem Fest des heiligen Ignatius, nicht fort. Bevor er nach Castelgandolfo ging, das in den Albaner Bergen südlich von Rom liegt, wandte er sich nach Norden, nach Vetralla, um am Grab Domenico Tardinis am ersten Jahrestag seines Todes zu beten. Zwei Episoden aus dieser Zeit offenbaren seine innere Verfassung zwei Monate vor dem Beginn des Konzils.

Am 30. Juli 1962 empfing er Shizuka Matsubara, den Leiter des shintoistischen Tempels in Kioto in Japan, zusammen mit Mitgliedern seiner Familie. Oberflächlich war es nur eine weitere von jenen nicht recht passenden exotischen Szenen, die das Leben im Vatikan so abwechslungsreich machen. Johannes sah es anders. Die ganze Welt war jetzt seine Familie. Er schrieb in sein Tagebuch:

> Es bereitet mir große Freude, einen Besuch zu empfangen, der gut und höflich ablief. Es gelang mir, so ermüdend es war, auf die Übersetzung zu warten, ihm meine guten Wünsche für seine Familie mitzuteilen, die er mir vorstellte: seine gute Mutter, seine geliebte Tochter mit ihrem Baby und seinen Schwiegersohn. Ich sprach mit Vergnügen von der Sympathie, die ich in meiner Jugend für Japan empfand, und erinnerte an General Nobunaga Oda, jenen hervorragenden Beschützer der Chri-

sten im Japan des 16. Jahrhunderts. Und ich drückte meinen Wunsch aus, daß diese alten Tugenden der Freundschaft weiterleben und sich immer mehr entfalten mögen und Licht, Wohlstand und Frieden unter den Augen und der Gnade des allmächtigen Gottes bringen.
Der Papst liebt es, mit allen ehrlichen und aufrechten Seelen vereint zu sein, wo immer sie sind, zu welcher Nation sie auch gehören, im Geiste der Achtung, des Verstehens und des Friedens. Er bittet den Herrn, ihren guten Willen zu segnen, damit jeder kommen möge, ihm zu dienen, ihn kennenzulernen und ihn zu lieben im Streben nach weltweiter Brüderlichkeit und der Erwartung des ewigen Lebens.
Schließlich dankte ich ihm für die kostbare Robe in leuchtendem Rot, die im Vatikan als eine Erinnerung an seinen Besuch aufbewahrt wird (IME, S. 188).

Dieser weltumfassende Impuls und Blickwinkel war es, was ihn veranlaßte, *Pacem in Terris* zu schreiben.
Kardinal Suenens ist die Quelle für die folgende Geschichte. Papst Johannes hatte den Tag im Park von Castelgandolfo verbracht, wo er mit dem Füllfederhalter in der Hand die Textentwürfe für das Konzil durchgesehen hatte. Es war die Aufgabe, die er den Bischöfen aufgetragen hatte, und er mußte ihnen ein Beispiel geben. Suenens begegnete ihm, und Papst Johannes probierte einige seiner Randbemerkungen an ihm aus. Aber dann unterbrach sich Johannes plötzlich und sagte: «O, ich weiß, was mein persönlicher Anteil bei der Vorbereitung des Konzils sein wird . . .» Nach einer Pause fügte er hinzu: «Es wird Leiden sein» (Novak, S. 19; aus Suenens' Huldigung an Papst Johannes in der Peterskirche am 28. Oktober 1963).
Wie gewohnt unterschätzte sich Papst Johannes. Es ist nun Zeit, *ad aquas* zu gehen.

21. Kapitel

Am Fuße des heiligen Berges

> Nach drei Jahren gewiß mühevoller, aber auch glücklicher und ruhiger Vorbereitung sind wir nun am Fuße des heiligen Berges angelangt.
> (Papst Johannes, *Geistliches Tagebuch,* S. 350, September 1962)

Trotz aller dringlichen Bitten von Papst Johannes waren nur sieben Textentwürfe fertig, um im August 1962 an die Bischöfe geschickt zu werden. Vier kamen aus Kardinal Alfredo Ottavianis Theologischer Kommission: Die Quellen der Offenbarung, Die moralische Ordnung, Das anvertraute Glaubensgut und Die Familie. Alle würden vom Konzil abgelehnt werden. Die Liturgiekommission hatte gut gearbeitet, und obwohl ihr Entwurf die ergebenen Anhänger des Lateinischen verärgerte, präsentierte sie ihre Vorschläge geschickt als eine Fortsetzung der von Pius X. und Pius XII. begonnenen liturgischen Reformen. Blieben noch ein lächerlicher Entwurf über «die sozialen Kommunikationsmittel», vorgelegt vom Sekretariat gleichen Namens, und ein Entwurf über die «Einheit der Kirche», seltsamerweise, so dachten manche, von der Kommission für die Ostkirchen vorbereitet.

Papst Johannes verbrachte seinen Sommer in Castelgandolfo. Aber es war eigentlich kein Urlaub. Er arbeitete immer noch die vorbereiteten Texte durch; und sogar noch in dieser elften Stunde mußte er das Konzil gegen Kardinal Joseph Frings aus Köln und Kardinal Julius Döpfner aus München verteidigen, die ihn baten, es aufzuschieben. Aber Johannes wollte sich in diesem späten Stadium nicht um sein Konzil bringen lassen. Das «Leiden», von dem er zu Kardinal Suenens gesprochen hatte, war ein Vorgefühl der Krankheit, die zu seinem Tode führen würde. Er hatte schon im vergangenen Sommer seinen letzten Willen und sein Testament überarbeitet. «Gelassen und ruhig warte ich auf den Bruder Tod», hatte er geschrieben, «und werde ihn so aufnehmen, wie der Herr ihn mir senden will» (*Tagebuch,* S. 367, 12. September 1961; im Original heißt es «Schwester Tod», Anm. d. Übers.). Am 2. August 1962 vervollständigte er die Vorbereitungen auf seinen Tod mit der Abfassung eines Motuproprio, das sich mit der *sede vacante*-Periode befaßte, wenn Petri Stuhl leer sein würde. Seine Hauptsorge war, jede Wiederholung der schauerlichen Szene nach dem Tod Pius' XII. zu vermeiden. Es sah in erster Linie vor, daß keine Fotos des Papstes auf seinem Sterbebett gemacht werden sollten, daß nur diejenigen in die Krypta gehen durften, die unbedingt für die Beisetzung gebraucht würden, und daß überhaupt niemand zu dieser Zeit in den päpstlichen Räumen wohnen sollte (*Lettere,* S. 549f.). Alle drei Punkte waren in dem Motuproprio *Summi Pontificis Electio* (Die Wahl eines Papstes) vom 5. September 1962 enthalten (AAS, 56, n. 11, S. 632ff.) und wurden in Pauls VI. Motuproprio vom 1. Oktober 1975 *Romani Pontificis Eligendo* (Über das Wählen des römischen Bischofs) beibehalten.

Aber obwohl Papst Johannes die Aussicht auf Leiden und Tod hinnahm, bedeutete das nicht, daß er untätig gewesen wäre. Vielmehr übernahm er persönlich die letzten Vorbereitungen für das Konzil in der wirkungsvollsten Art, die ihm möglich war: Er arbeitete hart an den zwei Reden, die dem Konzil Antrieb und Richtung geben sollten. Er wußte, daß seine Rede am 11. Oktober die wichtigste seines Lebens sein würde. Als er sich zur Einkehr in seine geliebte Torre San Giovanni zurückzog, erklärte er, warum dies keine normalen Einkehrtage waren: «Hier ist alles Vorbereitung der Seele des Papstes auf das Konzil: alles, auch die Vorbereitung der Eröffnungsansprache, die alle Welt, die in Rom zusammenströmt, erwartet» (*Tagebuch,* S. 346). Aber da die internationale Lage so bedrohlich war, fiel es schwer, sich zu konzentrieren. Die Aufmerksamkeit wanderte von Berlin nach Kuba, wo nach Aussage von Flüchtlingen sowjetische Offensivwaffen schon in Position waren oder in Kürze sein würden. Papst Johannes bekam einen Bericht aus erster Hand von Vizepräsident Lyndon B. Johnson, der am 7. September 1962 eine Audienz hatte.

Es gab auch keinen rechten Urlaub für Kardinal Bea, der das ökumenische Feld am Heythrop College bestellte, damals ein geistlicher Einkehrort, gut zwanzig Meilen von Oxford entfernt an der Straße nach Stratford-upon-Avon. Kardinal Gustavo Testa, jetzt Präfekt der Kongregation für die Ostkirchen, und sein Vorgänger, Kardinal Eugène Tisserant, waren mit geheimen Verhandlungen mit der russisch-orthodoxen Kirche über die strittige Frage von «Beobachtern» beschäftigt. Die Kurie war inzwischen auch nicht faul, aber sie hatte andere Prioritäten. Im Juni 1962 sorgte Kardinal Giuseppe Pizzardo für die Suspendierung der Jesuiten am Biblicum Stanislaus Lyonnet und Maximilian Zerwick vom Lehramt (s. oben, S. 519). Im August heimste Kardinal Alfredo Ottaviani einen noch größeren Preis für das Heilige Offizium ein: Er veröffentlichte ein *monitum* (eine Warnung), daß die Lektüre der Werke des verstorbenen Teilhard de Chardin SJ sich für katholische Köpfe als schädlich erweisen könnte. Unter dem Strich kam bei diesen Sommermanövern vermutlich ein achtbares

Unentschieden heraus. Aber es bildete sich allmählich eine klare Unterscheidung heraus zwischen denen, die «die Woge der Zukunft» repräsentierten, und denen, die eifrig im letzten Graben das falsche Gefecht ausfochten. Verlassen wir also Papst Johannes für eine Weile im Park von Castelgandolfo und sehen uns an, was seine Verbündeten und Gegner vorhatten.

Es war Kardinal Beas erster Besuch in England. Er kam auf Einladung von John Carmel Heenan hin, damals Erzbischof von Liverpool, der sich selbst zur Arbeit für die Einheit in England und Wales verpflichtet hatte. Kardinal William Godfrey, Erzbischof von Westminster, war ein kranker Mann und «offen mißtrauisch gegenüber der ganzen ökumenischen Bewegung» (*Crown of Thorns,* S. 324). Er fühlte sich nicht imstande, Kardinal Bea im Erzbischofssitz zu empfangen. Er war aufgebracht, weil Bea zuerst Michael Ramsay, den Erzbischof von Canterbury, im Londoner Lambeth Palace aufgesucht hatte. Später wurde die Geschichte verbreitet, daß Ramsay, der gerade aus Moskau zurückgekommen war, als Vermittler zwischen Kardinal Bea und Patriarch Alexis fungiert hatte (s. Rouquette, I, S. 214, der nach *Herder-Korrespondenz* berichtet). Dazu befragt, antwortete Ramsay: «Hinsichtlich meines Besuches beim Patriarchen im Juli 1962 kann ich mich nicht erinnern, als Vermittler für Kardinal Bea gehandelt zu haben, und es ist höchst unwahrscheinlich, daß ich das tat. Beweise? Ich kannte Kardinal Bea damals gar nicht. Bea brannte wegen seines Verlangens nach Beziehungen zur anglikanischen Kirche darauf, mich zu besuchen, als er nach England kam» (Brief an den Autor vom 25. Februar 1984).

Das war der einfache und wahre Grund, warum Bea bei den meisten englischen Bischöfen *persona non grata* war. Heenan stellte sich vor Bea, indem er erklärte, er kenne die Situation in England nicht («Wie die meisten Ausländer machte er sich ein Bild vom typischen Anglikaner, das nur auf Männer der Hochkirche zutrifft»; *Crown of Thorns,* S. 325) und auch nicht die Sprache («Sein Englisch ist kaum verständlich»; ibid., S. 329). Bea machte es nichts aus, wegen seiner Englischkenntnisse aufgezogen zu werden. Sein Vortrag in Heythrop über das sorgfältig ausgewählte Thema «Der Priester, Werkzeug der Einheit» begann mit einem Satz, den man, hätte ihn einer verstanden, für einen guten Scherz hätte halten können: «Es wurde angekündigt, daß diese Konferenz auf Latein sein sollte, aber ich dachte, es wäre leichter, diese moderne Angelegenheit in einer modernen Sprache auszudrücken. Ich hoffe nur, daß mein Englisch Ihre Ohren nicht zu sehr beleidigt» (*Unity of Christians,* S. 73). Es war erst sechs Monate her, seit *Veterum Sapientia* Latein erneut zur Unterrichtssprache bestimmt hatte.

Ausgesuchte Priester aus jeder Diözese und jedem geistlichen Orden waren nach Heythrop geschickt worden, um von der neuen Einstellung zu hören. Wie Heenan mit typischer Untertreibung bemerkt, «waren sie nicht alle begeisterte Ökumeniker» (*Crown of Thorns*, S. 328). Bea wußte das und wußte auch, daß er sie auf seine Seite ziehen mußte. Er beschränkte sich auf wenige einfache Punkte: Spaltungen zwischen christlichen Theologen werden durch die Tatsache vertieft, daß Katholiken weitgehend auf der Grundlage der «immerwährenden Philosophie» arbeiteten, während Protestanten im Dialog mit modernen Philosophien standen. Weiterhin haben sich theologische Positionen auf allen Seiten «entwickelt»: «Die Mentalität unserer getrennten Brüder ist gegenwärtig nicht mehr einfach die des 16. Jahrhunderts und auch nicht des 19. Jahrhunderts» (*Unity of Christians*, S. 77). Wo Katholiken schließlich einst nur «Feinde» sahen, die vernichtet werden mußten, «wird die priesterliche Autorität uns Brüder in Christo offenbaren, irrende Brüder zwar, aber dennoch Brüder» (ibid.). Bea sagte nichts, was einem, der die Literatur über Ökumenismus verfolgt hatte, nicht vertraut gewesen wäre. Aber für viele unter seinen Zuhörern klang es neu, was er sagte. Ein Teilnehmer beschrieb Beas Wirkung:

> Wir hatten alle in Radiointerviews und so weiter immer erklärt, daß das Wort «ökumenisch» im Namen des Konzils einfach «allgemein» bedeutete, im Unterschied zu «örtlich» oder «regional», und daß es deshalb als solches nichts mit zwischenkirchlichen Beziehungen zu tun hätte. Und da stand nun Kardinal Bea und erzählte uns, daß wir uns irrten und in dieser Sache die Anglikaner die ganze Zeit recht gehabt hätten (Erzbischof Derek Worlock, Gespräch am 29. April 1983).

Was am Heythrop College Anfang August 1962 geschah, war wichtig, weil es symbolisch war für das, was sich auch anderswo am Vorabend des Konzils abspielte: «Liberale» und «progressive» Angelegenheiten wurden gehorsam akzeptiert, weil man meinte, das sei es, was Papst Johannes wünschte. So bemerkte Heenan, daß Kardinal Godfrey, der schwerwiegende Zweifel hinsichtlich der Ökumene hatte, auch «mit ganzem Herzen dem Heiligen Stuhl ergeben» war und «entschlossen, dem ökumenischen Vorbild von Papst Johannes zu folgen» (*Crown of Thorns*, S. 324). Es darf bezweifelt werden, daß Gehorsam ohne Verständnis der Sache des Ökumenismus wirklich half. Aber Bea ließ es nicht darauf ankommen. Er traf in Heythrop mit einem Brief des Staatssekretärs Cicognani ein, der Papst Johannes' Segen für die

Konferenz übermittelte (Text ibid., S. 329). «Wenn Papst Johannes bei uns wäre», schloß Heenan elegant, «wäre alles gut» (ibid., S. 328). Überdies schien etwas von Papst Johannes' charismatischer Autorität an Bea hängengeblieben zu sein, und seine Heiligkeit beeindruckte Heenan: «Kardinal Bea ähnelte Papst Johannes in der ruhigen Heiterkeit der Seele, die aus seinem Gesicht strahlte» (ibid., S. 330). Falls also Erzbischof Heenan von den Angriffen auf Bea in Rom wußte, verhielt er sich hierzu still und ließ nicht zu, daß ein Keil zwischen Papst Johannes und Bea getrieben wurde. Das war beruhigend.

Aber weniger beruhigend, in Wirklichkeit ernstlich alarmierend, war das «Image», das Heenan von Papst Johannes konstruierte. Es scheint vernünftig anzunehmen, daß Kardinäle, die dem Papst von Angesicht zu Angesicht gegenüberstehen, einen gewissen Einblick in seinen Charakter und einen Außenstehenden nicht zugänglichen Eindruck haben. Heenans Urteil zerstört solche zuversichtlichen Erwartungen:

> Papst Johannes' Vorstellung von Ökumenismus war unvollkommen. Man hat ihm den Ruf beigelegt, ein liberaler, wenn nicht radikaler Geistlicher zu sein, ein über die Stränge schlagender Nonkonformist, ein kirchlicher Chruschtschow. Historiker, die sich von seinen Worten und Taten führen lassen, werden ein ganz anderes Bild vom guten Papst Johannes präsentieren. Ökumenismus in seiner Sicht bedeutete, freundlich und liebevoll zu getrennten Christen zu sein, um so ihre Rückkehr zur Mutter Kirche zu erleichtern (ibid., S. 323).

In seinem Eifer, Journalistenmythen zu widerlegen, fällt Heenan in das andere Extrem und zeichnet Papst Johannes als unwissenden, wenn auch frommen Traditionalisten und Einfaltspinsel:

> Papst Johannes war der altmodische «Garten-der-Seele»-Typ des Katholiken ... Er war kein origineller Denker. Es war Pius XII., nicht Papst Johannes, der verheirateten Männern erlaubte, Priester zu werden, die Vorschriften für das eucharistische Fasten revidierte und die Abendmesse einführte. Papst Johannes war kein Neuerer ... Der Papst, den ich kennenlernte, war nicht im geringsten dieser mythische Johannes. Mein Papst Johannes war mehr wie ein wohlwollender Gemeindepfarrer. Ich bezweifle, daß er viele Bücher von zeitgenössischen Theologen gelesen hatte (Hales, S. 3; ursprünglich in *Westminster Cathedral Chronicle,* Juli 1964).

Man beachte den ungünstigen Vergleich mit Pius XII., der vermutlich «ein origineller Denker» und ein «Neuerer» war. Richtig, aber er berief kein Konzil ein.

Während Bea versuchte, die Engländer und Waliser zum Ökumenismus zu bekehren, waren seine Kollegen mit geheimen Verhandlungen beschäftigt, deren Ziel es war, «Beobachtern» der russisch-orthodoxen Kirche zu erlauben, am Konzil teilzunehmen. Dies war etwas, das Papst Johannes mehr als alles andere wünschte. Da die russisch-orthodoxe Kirche dem Sowjetstaat unterstand, wäre die Anwesenheit von russisch-orthodoxen Beobachtern ein Zeichen nicht nur des verbesserten ökumenischen Klimas, sondern auch der Ost-West-Entspannung – und es könnte vielleicht Slipyi aus seinem Arbeitslager in Sibirien herausholen. Die Vereinigten Staaten und die UdSSR beäugten sich bereits finster wegen Kuba. Falls Beobachter anwesend wären, könnte das Konzil wenigsten *ein* Forum sein, auf dem Ost und West noch miteinander sprachen. Wenn es hilfreich wäre, war Papst Johannes sogar bereit, mit Chruschtschow persönlich zusammenzukommen. Capovilla erinnert sich an ein Gespräch über Pius XI. und Hitler. Obwohl es stimmte, daß Pius lieber nach Castelgandolfo gereist war, als gleichzeitig mit dem verhaßten deutschen Diktator in Rom zu sein (s. oben, S. 202f.), bedeutete das nicht, daß er ein Treffen mit ihm abgelehnt hätte. Pius, erinnerte sich Johannes, handelte immer nach dem Prinzip, daß er «mit dem Teufel speisen würde, falls es das Heil der Seelen erforderte». Also war Papst Johannes, vorausgesetzt er hätte einen genügend langen Löffel, bereit, Chruschtschow zu treffen: «Wenn dieser gute Mann *[bravo signore]* nach Rom käme und mich zu sehen wünschte, warum sollte ich ablehnen? Ich würde ihm zuhören und ihm dann ruhig und höflich meine Gedanken über die Ansprüche der Kirche in der heutigen Zeit mitteilen: Wir wollen keinen Schutz und keine Privilegien, sondern wir wollen einfach Freiheit, das Evangelium zu predigen» (IME, S. 68). Dieser Text wurde 1983 eröffentlicht. Wäre er früher erschienen, hätte er Mißverständnisse hinsichtlich Papst Johannes' angeblicher «Kotaus» vor Chruschtschow aufgeklärt.

Doch wenn er auch Chruschtschow nicht treffen konnte, so konnte er wenigstens versuchen, einige russisch-orthodoxe Beobachter nach Rom zu locken. Die Zeitung des Moskauer Patriarchats hatte den Gedanken immer von sich gewiesen und das damit begründet, daß das Konzil nur ein weiteres Beispiel des römisch-katholischen Imperialismus wäre. Johannes, der alte Diplomat, betrachtete dies als einen vorhersehbaren ersten Zug. Kardinal Gustavo Testa und Beas Nummer Zwei, Msgr. Jan Willebrands, wurden angewiesen, alles denkbar Mögliche zu versuchen, um die Frage offenzuhalten. Testa war eine schlaue Wahl: Er war ein alter und vertrauter Freund von Papst Johannes und wie er dick und Bergamaske. Sein bischöfliches Motto war *Sola gratia tua* (Allein durch deine Gnade), was er, mit einem Augenzwinkern, so zu deuten pflegte, daß er ohne die Gunst *(gratia)* von Papst Johannes niemals Kardinal geworden wäre. Das stimmte vermutlich. Kardinal Eugène Tisserant, dem es nun verziehen war, daß er sich früher so an die Macht geklammert hatte, wurde zur Hilfe hinzugezogen, weil er über sehr große Erfahrung mit dem Osten verfügte. Er entwickelte allmählich eine gewisse Begeisterung für das Pontifikat.

Viele Wochen lang tat sich nichts. Dann ließ im August der Metropolit Nikodim in Leningrad, der offiziell für die «auswärtigen Beziehungen» der russisch-orthodoxen Kirche verantwortlich war, verlauten, daß er ein vertrauliches Treffen mit maßgeblichen Beamten des Vatikans wünschte. Willebrands traf ihn in Paris, und Tisserant sah ihn in Metz: Begegnungen in Frankreich entgingen den scharfen Augen der römischen Presse. Der Kern der Botschaft Nikodims war, daß die russisch-orthodoxe Kirche erwägen wollte, Beobachter zum Konzil zu schicken, vorausgesetzt sie bekäme eine Versicherung im voraus, daß es ein streng unpolitisches Ereignis würde (das heißt, daß es nicht den atheistischen Kommunismus verurteilen würde). Da das Prinzip «Keine Verurteilungen» schon als eine der Grundregeln des Konzils festgestellt worden war, konnte diese Versicherung gegeben werden. Nikodim wollte die Einladungen selbst überbringen.

Aber hier hatte Papst Johannes Skrupel. Er brauchte nicht den schlauen Tisserant, um ihn darauf hinzuweisen, daß Einladungen an *alle* orthodoxen Kirchen über den Ökumenischen Patriarchen in Konstantinopel, Athenagoras, laufen sollten. Es bestand eine ernste Gefahr, in einen innerorthodoxen Streit verwickelt zu werden. Ende September schickte er Willebrands nach Moskau. Sein Auftrag war, Patriarch Alexis und den Heiligen Synod zu informieren, daß das Konzil keine politischen Ziele hätte und keine Bannflüche aussprechen würde (*Utopia,* ital., S. 184). Willebrands brach am 28. September auf, aber seine Reise wurde geheimgehalten. So kam es, daß am 8. Oktober, drei Tage vor dem Beginn des Konzils, Athenagoras bekanntgab, daß die orthodoxe Kirche keine Beobachter zum Vatikanischen Konzil schicken würde, da er keine Nachricht aus Moskau erhalten hatte. Athenagoras war darüber sehr traurig. Er war der Mann, der Kardinal Gustavo Testa mit den Worten begrüßt hatte: «Da ist ein Mann, von Gott gesandt, dessen Name Johannes ist.» Aber obwohl er den Ehrenvorrang innerhalb der orthodoxen Kirche hatte, mußte er sich doch der russisch-orthodoxen Kirche beugen, «der größten und am wenigsten freien» (um Stehles ausgezeichneten Ausdruck zu gebrauchen; S. 303). So sah es am Vorabend des Konzils ganz danach aus, als hätten alle diese Bemühungen zu nichts geführt.

Trotzdem gab es noch eine gewisse Verbindung zu den Russen. Dagegen erwies sich zu Papst Johannes' großer Enttäuschung China, die andere große kommunistische Macht, als völlig undurchdringlich. Dennoch hatten die «chinesischen Katholiken» – es gab 1949 zwei Millionen – ihm zum ersten Jahrestag seiner Wahl einen Altar geschenkt. Er hatte ihn in der neuen Kapelle in der Torre San Giovanni aufstellen lassen. Er nannte ihn «meinen chinesischen Altar» und sagte, «dieser Altar wird mich immer an das missionarische Geheimnis, das im Leben des Papstes waltet, erinnern» (*Tagebuch*, S. 347; 10. September 1962). Der Altar war auch eine Erinnerung daran, wie wenig er für die Katholiken in China tun konnte. 1962 war kaum etwas über sie bekannt.

Die meisten der rund zwanzig Bischöfe, die lebten, als Mao 1949 die Macht übernahm, waren verschwunden. 1956/57, während der «Hundert-Blumen-Bewegung» («Laßt hundert Blumen blühen», erklärte Mao, «laßt hundert Schulen miteinander wettstreiten») waren zweiundvierzig «patriotische» Bischöfe mit Billigung der Regierung ernannt worden. Pius XII. verkündete umgehend, daß sie sich im Schisma befänden. Zunächst wiederholte Papst Johannes diesen Sprachgebrauch, was in China schmerzlich und in Taiwan freudig aufgenommen wurde. Dann hatte er am 26. Feburar 1960 eine Begegnung mit Charles Joseph van Melckebeke, der Bischof in Ning-sia in der Äußeren Mongolei gewesen war. Nach der Revolution hatte er den Kirchenbesitz verteilt und auf einem Bauernhof gearbeitet. Er sagte Papst Johannes, daß der Begriff «Schisma» im strengen Sinn nicht auf die chinesischen Bischöfe anwendbar sei, da sie nicht *volenter et pertinaciter* (absichtlich und hartnäckig) mit der römischen Kirche gebrochen hätten. Und sie waren ohne Anhörung verurteilt worden. Sie hatten nie die Möglichkeit erhalten, ihren Standpunkt und den Druck, unter dem sie standen, zu erklären (*Utopia*, engl., S. 191). Nach dieser Unterredung verwendete Papst Johannes den Begriff «Schisma», wenn er von China sprach, nie mehr. Aber das reichte nicht aus, um Maos Regierung zu erlauben, chinesische Bischöfe zum Konzil reisen zu lassen. Sie wußten, daß es stattfand (s. Giovanni Caprile, in *Civiltà Cattolica*, 16. Februar 1974). Aber keiner kam. Statt dessen kamen zehn Bischöfe aus Taiwan und der Diaspora in letzter Minute am 11. Oktober. Papst Johannes löste das Problem der «zwei Chinas» nicht.

Papst Johannes' Denken und Gebet gingen aus, die ganze Welt zu umfassen. Von Zeit zu Zeit wurde er auf unsaubere Manöver aufmerksam gemacht, die unter seinen Augen stattfanden. Er folgte dem oben zitierten Grundsatz des heiligen Bernhard: «Alles sehen, vieles übersehen und ein wenig korrigieren.» Sein Sichverlassen auf Untergebene bedeutete, daß er die Suspendierung der Patres Lyonnet und Zerwick nicht ungeschehen machen konnte. Doch er fand eine diplomatische Lösung, indem er Lyonnet erlaubte, weiterhin als stellvertretender Dekan des Biblicum zu fungieren, und Zerwick ermutigte, seinen Unterricht in biblischem Griechisch (seinem Spezialgebiet) fortzusetzen. Aber er hatte nie Teilhard de Chardin gelesen und konnte deshalb nicht beurteilen, ob das *monitum* des Heiligen Offiziums berechtigt war oder nicht. Doch seltsamerweise schlichen sich «Teilhardsche» Wendungen in die Reden, an denen er zu dieser Zeit arbeitete. Der Optimismus in seiner Eröffnungsansprache an das Konzil, seine Faszination von der Raumfahrt, die es erlaubte, die Welt als «einen Planeten» zu sehen, und sein Bezug auf «eine neue Ordnung menschlicher Beziehungen» (Abbott, S. 712) ließen alle Teilhardsche Themen anklingen.

Am 11. September 1962, genau einen Monat bevor das Konzil beginnen sollte, hielt er eine Rundfunkrede über Radio Vatikan, in der er endlich anzeigte, welche Richtung das Konzil nach seinem Wunsch nehmen sollte. Den progressiven Mythen zufolge war das der Augenblick, als er die Maske wegwarf und die gesamte Vorbereitungsarbeit zurückwies. Dieses Urteil ist angesichts der einleitenden Bemerkung von Papst Johannes überraschend.

> Im Verlauf von drei Jahren vorbereitender Arbeit hat eine große Schar von hervorragenden Köpfen, ausgewählt aus jeder Nation und Sprache, vereint in Zuneigung und Entschlossenheit, eine überreiche Fülle an dogmatischem und pastoralem Material zusammengetragen, das es wert ist, den Bischöfen der ganzen Welt vorgelegt zu werden, die, versammelt unter der Kuppel der Peterskirche, Grundlagen finden werden für die weiseste Anwendung des evangelischen Magisteriums Christi, das seit zwanzig Jahrhunderten die durch sein Blut erlöste Menschheit erleuchtet hat (Alberigo, S. 354).

Es ist wahr, daß diese Lobrede auf die Vorbereitungsarbeit mit Bedacht verschwommen ist. Keine Beispiele für die «Fülle an dogmatischem und pastoralem Material» werden genannt. Er verwirft durch gleichgültige Aufnahme. Doch es wäre nicht passend gewesen, wenn er dem Konzil in kontroversen Punkten vorgegriffen hätte, und Papst Johannes hatte ein ausgeprägtes Gespür dafür, was passend war.

Jedoch hatten die «Progressiven» recht, in dieser Rede eine Sicht des Konzils zu erkennen, die in den Entwürfen soweit nicht artikuliert worden war. Sie nahm Kardinal Suenens' Unterscheidung zwischen der Kirche *ad intra* und der Kirche *ad extra* auf, der Kirche an sich und in Beziehung zu den Problemen der Welt. Suenens hatte gefordert, daß zwischen beiden ein Gleichgewicht gehalten werden sollte. Doch von den siebzig Schemata, an denen noch gearbeitet wurde, hatten nur zwei mit Problemen der Welt zu tun. Als Reaktion auf eine besondere Bitte von Papst Johannes versuchte Ottavianis Theologische Kommission *De Ordine Morali et Sociali* (Über die moralische und soziale Ordnung) und *De Communitate Gentium* (Über die Völkergemeinschaft) fertigzustellen (De Riedmatten, S. 49). Aber ein Verhältnis von achtundsechzig zu zwei war kein Gleichgewicht.

Es ist schade, daß die Übertragung am 11. September nicht unter ihren einleitenden Worten bekannt geworden ist: *Lumen Christi Ecclesia Christi* (Die Kirche Christi ist das Licht Christi). Papst Johannes sah das Konzil als eine Möglichkeit, bei der die ganze Kirche der Osterkerze oder Christus als Licht zujubeln würde (s. 11. Kapitel zum selben Thema am Himmelfahrtstag in Venedig). «Hat es jemals ein Ökumenisches Konzil gegeben», fragt er, «das nicht ein Weg zur Selbsterneuerung war durch die Begegnung mit dem auferstandenen Jesus, dem glorreichen und unsterblichen König, dessen Licht die ganze Kirche erhellt zum Heil, zur Freude und zum Ruhm aller Völker?» (Alberigo, S. 355). Es war eine rhetorische Frage. Sie stellte das Konzil in die richtige geistige Perspektive. Es war eine andere Art zu sagen, daß es keine Verurteilungen geben werde, denn «Erleuchtung» wurde in Johannes' Wortschatz gleichbedeutend mit «hilfreich». So wird es erleuchten, sagt er, um die Kirche «in den unterentwickelten Ländern als die Kirche aller und besonders der Armen» zu präsentieren (ibid., S. 357). Die «Kirche der Armen» war kein Thema, auf das irgendeiner der Entwürfe, fast ausschließlich von Theologen der «Ersten Welt» verfaßt, auch nur angespielt hätte.

Ebenfalls «erleuchtend» im Sinn von hilfreich war der Gedanke, daß dieses Konzil, das siebzehn Jahre nach dem Ende des Zweiten Weltkrieges zusammentrat, stärker als sämtliche Konzile, die jemals stattgefunden hatten, mannigfaltig, breit angelegt, «universal» und deshalb wahrhaft «katholisch» war. «Von jedem Volk», sagte Papst Johannes, «erwarten wir einen auf Kenntnis und Erfahrung bauenden Beitrag, der helfen wird, die *Narben* der zwei Weltkriege zu heilen, die das Gesicht aller unserer Länder so gründlich verändert haben» (Alberigo, S. 357; Kursive im Original). Genauso wie Mütter und Väter den Krieg verabscheuen, fuhr er fort, so «wird die Kirche, die Mutter aller ohne Ausnahme, noch einmal die Verkündung wiederholen, die durch die Jahrhunderte aus Bethlehem widerhallt, *pacem in terris,* Friede auf Erden» (ibid.). Und Frieden war nicht zu trennen von Gerechtigkeit.

Schließlich dachte Papst Johannes über die Erfahrung der Konzilsvorbereitung nach. Er sah sie durchaus nicht negativ. In Wirklichkeit war er hier unrealistisch. Die Bande der Liebe, welche die Kirche in Europa und der bekannten Welt in den ersten Jahrhunderten zusammengehalten hatte, waren später schwächer geworden oder sogar zerrissen. Aber der Plan des Konzils hatte fast alle in brüderlichem Wiedererkennen in den Armen ihrer gemeinsamen Mutter, *sancta et universalis Mater Ecclesia,* zusammengeführt (Alberigo, S. 359). Das Thema von der Kirche *ad intra* und *ad extra* wurde anschaulich zusammengefaßt im Gegensatz zwischen Petrus, der sich der Ordnung und Stabilität widmete, und Paulus, der sich mit missionarischen Aufgaben befaßte und denen die Hand hinstreckte, «die noch nicht das Evangelium empfangen hatten» (ibid.). Das Konzil würde petrinisch und paulinisch zugleich sein müssen.

Aber schrieb Papst Johannes diese Rede selbst? Die Frage wurde manchmal von seinen «Gegnern» in der Kurie gestellt, die andeuten wollten, daß er unfähig wäre, ohne Hilfe auf solche Gedanken zu kommen, und sich deshalb unkritisch den unsicheren Händen von «Außenseitern» wie Kardinal Suenens ausgeliefert haben mußte. Aber sie wurde auch von «Freunden» gestellt, die seine «Offenheit» gegenüber neuen Gedanken, wo immer sie herkamen, zeigen wollten. Henri de Riedmatten OP, seinen Ordensbrüdern wegen seines Geschicks, mit den aufgewühlten vatikanischen Wassern fertig zu werden, als «Heinrich der Seefahrer» bekannt, sagte 1967 offen: «Es ist nicht mehr indiskret, zu sagen, daß die Rede vom 11. September 1962 weitgehend angeregt wurde *(s'inspirait largement)* von dem zweiten Memorandum Kardinal Suenens', und zwar so sehr, daß Papst Johannes noch am nächsten Tag Kardinal Suenens ein Geschenk seiner Werke als Zeichen seiner Zustimmung und Dankbarkeit übergab» (De Riedmatten, S. 53). Da alle Versuche, von Kardinal Suenens einen Kommentar zu diesem Abschnitt zu erhalten, gescheitert sind, muß man annehmen, daß es stimmt. (Wäre es falsch, hätte er es umgehend verneint.)

Aber «sehr weitgehend inspiriert von» heißt nicht, daß Papst Johannes einen Suenens-Text abschrieb: Wie es seine Gewohnheit war, wenn ihm ein Entwurf gefiel, dachte er ihn durch, machte ihn sich zu eigen und fügte seine persönlichen Bemerkungen hinzu. Eine Auswirkung dieser Zusammenarbeit war, daß von nun an Kardinal Suenens ein noch engeres Verhältnis zu Papst Johannes hatte. Es gab sogar ein Projekt, ein Sekretariat für die Kirche *ad extra* einzurichten, das heißt für die Beschäftigung mit der Kirche in ihrem Verhältnis zu Problemen der Welt, gestützt auf das erfolgreiche Modell von Beas Sekretariat für die Einheit der Christen. Zu denen, die diesen Gedanken diskutierten, gehörten die Kardinäle Suenens, Montini und Siri (s. Caprile, II, 1, S. 264).

Papst Johannes' Einkehrtage in der Torre San Giovanni in den vatikanischen Gärten endete am 15. September, dem Fest des heiligen Nikomedes. Er beklagte sich nachsichtig: «Meine Einkehr ... geht heute zu Ende, wenn sie auch nicht ganz und ausschließlich zu dem Ziel gelangte und in dem Sinn vonstatten ging, wie ich es gewünscht hatte» (*Tagebuch,* S. 349). Aber er hatte die meisten dienstlichen Ablenkungen ausgeschaltet, und es war «ein inständiges Trachten nach der Vereinigung mit dem Herrn im Beten, im Denken und in stillem und festem Wollen» (ibid.). Er war bereit für das Konzil und würde nicht in Panik geraten, falls es eine unvorhergesehene Wendung nähme.

Er brauchte alle Ruhe, die er aufbringen konnte, denn während der folgenden Woche unterzog er sich einem Beschuß von Röntgenstrahlen und medizinischen Untersuchungen durch Spezialisten und seine Ärzte. Ihr Bericht war am folgenden Sonntag, dem 23. September, fertig. Er ist nie veröffentlicht worden. In seiner 1970 erschienenen Chronologie notierte Capovilla unter dem 23. September 1962 knapp: «Die erste Offenbarung der ernsten Krankheit, die seine Gesundheit bedrohte» (*Cronologia,* S. 760). In einem Brief an den Autor sprach Capovilla von der «unerwarteten und beunruhigenden Nachricht von der Krankheit, die das Leben des Papstes bedrohte» (Capovilla, Brief vom 2. Februar 1983). Also war nicht nur Johannes' Gesundheit bedroht, sondern sein Leben. Capovilla fährt fort: «Der Papst wirkte sehr ruhig, als er um Erklärungen zur Röntgenuntersuchung und den Magenschmerzen, die ihn quälten, bat.» An diesem selben Sonntag stieg Papst Johannes hinunter in die Krypta der Peterskirche, um an den Gräbern seiner unmittelbaren Vorgänger zu beten, da er nun wußte, daß er innerhalb von sechs Monaten oder einem Jahr zu ihnen kommen würde. Man beschloß jedoch, über seinen Gesundheitszustand nichts öffentlich zu sagen, weil das Spekulationen in bezug auf ein Konklave auslösen und eine Ablenkung vom Konzil bedeuten würde. Papst Johannes wollte sich benehmen, «als ob» nichts wäre.

Die Bemerkung von Papst Johannes, daß sein Beitrag zum Konzil Leiden wäre, nahm eine tiefere und bittrere Bedeutung an. Von jetzt an würde er mit geborgter Zeit leben. Er hatte von Pius XII. gesagt, daß «Schwester Tod schnell zu ihm kam». Diese Erfahrung würde er nicht machen. Er ging auf einundachtzig zu, und im Alter schreitet Magenkrebs langsam fort, schmerzhaft und unentrinnbar. Er wußte jetzt, was seine Schwestern Ancilla und Maria in den 1950er Jahren durchgemacht hatten. Sein Todesurteil bedeutete, daß jeder Tag, den er erlebte, als ein Geschenk des Herrn erfahren wurde, als eine Gnade, die zu einem Zweck gewährt wurde. Dies verschärfte zusätzlich die Dringlichkeit aller Vorhaben. Es gab ihm auch die Freiheit, die aus dem Wissen kommt, daß er menschlich gesehen nichts mehr zu verlieren hatte. Stolz, Eigensinn, selbst Eitelkeit bedeuteten nicht mehr viel.

Gestärkt durch seine neue Erkenntnis beschloß er, sich am 4. Oktober 1962 auf eine Wallfahrt nach Loreto und Assisi zu begeben. Abgesehen von Besuchen seines eignen Besitzes in Castelgandolfo war dies das erste Mal seit 1870, daß ein Papst Rom offiziell verlassen hatte. Er bestieg den Präsidentenzug um 6.30 Uhr am neobarocken Bahnhof des Vatikans. Normalerweise hat er keine Fahrgäste. Am Bahnhof Trastevere stieg Ministerpräsident Amintore Fanfani zu ihm ein. Ein steter Regen fiel. Präsident Antonio Segni erwartete und begrüßte ihn in Loreto. So hatte das Ereignis auch eine politische Bedeutung in Italien. Es war das letzte Siegel, das auf die Aussöhnung von 1929 gedrückt wurde. An jedem Halt entlang der Route – in Orte, Narni, Terni, Spoleto, Foligno, Fabriano, Iesi, Falconara und Ancona – grüßten begeisterte Menschenmengen Papst Johannes mit Hochrufen. Er hatte Tränen in den Augen. «Dieses Gespräch ohne Mittler zwischen einem Vater und seinen Kindern offenbarte, daß die italienische Einstellung sich in der Tat zum Besseren gewandelt hatte» (Capovilla, Brief an den Autor vom 2. Februar 1983).

Aber für die Nichtitaliener hatte Papst Johannes' Wallfahrt eine andere Bedeutung. Daß er nach Assisi ging, um für das bevorstehende Konzil zu beten, war verständlich. Wenn das Konzil die «Kirche der Armen» besonders herausstellen würde, wie er es in seiner Rundfunkansprache am 11. September angedeutet hatte, dann wäre der heilige Franziskus, der arme Mann aus Assisi, ein passender Schutzpatron. Überdies verknüpfte Johannes in seiner Predigt in Assisi Armut und Frieden: Nur wenn «die guten und schönen Dinge, die die Vorsehung in diese Welt gestellt hat», gerecht verteilt würden, könnte es wahren Frieden geben. Wenige konnten daran etwas aussetzen. Und jeder liebte Franziskus.

Aber Loreto war eine andere Sache. Die zweifelhafte Geschichte von dem heiligen Haus aus Nazareth, das von engelhaften Spediteuren auf eine Felsenhöhe über der Adria transportiert worden war, gab den

Skeptikern Gelegenheit zum Spott. Einige der «Beobachter», die schon in Rom waren, hielten es für einen taktlosen Schnitzer, am Vorabend eines Konzils, auf das so hohe ökumenische Hoffnungen gesetzt wurden, die Mariologie zu betonen.

Es wäre jedoch gefühllos gewesen, einem alten Mann – niemand wußte, daß er todkrank war – das Recht abzusprechen, zu einem Ort, den er zum erstenmal vor sechzig Jahren, am 22. September 1900, besucht hatte, zurückzukehren. Und jeder, der wirklich las oder besser hörte, was er sagte, müßte entdeckt haben, daß er das angebliche Wunder, auf dem Loreto gründete, nicht erwähnte. Weit davon entfernt, mariologische Übertreibungen zu ermutigen, sprach er sehr einfach und direkt über drei Punkte: die Inkarnation, die Familie und die Arbeit. Alles, was er sagte, richtete sich auf das Konzil. Das Angelus-Gebet, sagte er, fordert uns auf, über «das Zusammenkommen von Erde und Himmel, die das Ziel der Fleischwerdung und Erlösung ist» nachzudenken. Doch dieses «Zusammenkommen von Erde und Himmel» ist genau das Ziel des Konzils, das «Gesundheit und Licht in alle Formen des Lebens der Gesellschaft» bringen wird. Dies erinnerte ihn an die «sozialen Bestrebungen» Leos XIII., des Papstes seiner ersten zweiundzwanzig Lebensjahre. So fand er leicht den Übergang zu den Themen des Familienlebens und der Würde der täglichen Arbeit, beide illustriert durch Erinnerungen an seine eigene Familie in Sotto il Monte.

Sein Gebet für das Konzil schließlich lautete, daß es eine «frohe Verkündung des Evangeliums» werden sollte, die zu «brüderlicher Harmonie *(convivenza)* zwischen allen Völkern und noch großzügigerer Gerechtigkeit führt, damit das Licht der Gnade Gottes auf jeden scheinen möge» (*Rosario,* S. 141). Selbst die strenggläubigsten Protestanten konnten dagegen nichts einwenden – außer vielleicht, daß es in Loreto gesagt wurde. Aber Johannes' persönliche Gründe, dorthin zu gehen, wurden nicht voll gewürdigt, und es war damals auch nicht möglich.

In Scharen kamen jetzt die Bischöfe nach Rom. Es kamen 217 aus den Vereinigten Staaten, die sich größtenteils in den Grandhotels an der Via Veneto einmieteten. Das Hilton in Rom war noch nicht gebaut. Nach Robert Kaiser von der Zeitschrift *Time* wurden sie von «zwei oder drei geistlichen Busenfreunden, die sie ‹Theologen› nannten» begleitet (Kaiser, S. 76). Die 531 Lateinamerikaner waren sparsam und wohnten in ihren eigenen Kollegien. Die Europäer waren immer noch die stärkste Gruppe. Über 400 Italiener, die einander kaum kannten, verteilten sich über die ganze Stadt, außer Kardinal Montini, dem ein Zimmer im Apostolischen Palast zugewiesen wurde, wie man bemerkte; 159 Franzosen, die behaupteten, Papst Johannes aus erster Hand zu kennen; 95 aus Spanien, die sich immer noch fragten, was *Mater et Magistra* für die Franco-Diktatur bedeutete; 68 Deutsche, die sich ihrer Verantwortung für Theologie und Wissenschaft bewußt waren; 42 aus England und Wales, die sich fühlten, als wären sie wieder am Ehrwürdigen Englischen Kolleg; 33 aus dem katholischen Irland; 27 aus Portugal, die anscheinend zufrieden unter Salazar und Unserer Lieben Frau von Fatima lebten (andersdenkende Bischöfe wurden ins Exil auf die Azoren geschickt). Es gab viele Überraschungen. Obwohl die Niederlande nur 9 Bischöfe hatte, kam die Liste der holländischen Bischöfe auf 76, wenn die Missionare dazugerechnet wurden. Sie hatten eifrig an den vorbereitenden Dokumenten gearbeitet und Edward Schillebeeckx OP beauftragt, einen theologischen Kommentar dazu zu schreiben. Seine *Animadversiones* waren vernichtend; der einzige Entwurf, für den er ein gutes Wort hatte, war der zur Liturgie. Auch die Liste der Belgier enthielt 59 Namen, obwohl Belgien selbst nur 15 Bischöfe hatte. Alles in allem kam die Zahl der Missionsbischöfe auf über 800 bei einer Gesamtzahl von 2 449. Wenn die nordeuropäischen Bischöfe den intellektuellen Beitrag in das Konzil einbrachten, so sollten die Missionare sein Gewissen darstellen.

Es waren 296 Bischöfe aus Afrika da, 93 von den Philippinen, aus Japan und Indonesien und 84 aus Indien, die ihr Land im Frieden verließen und zurückkamen, um es im Krieg mit China zu finden. Zusätzliche Farbe kam durch die Unierten herein: Maroniten aus dem Libanon, angeführt von ihrem Patriarchen Meouchi von Antiochia, stolz auf ihren siebenhundertjährigen Widerstand gegen Türken und Araber; ihre Nachbarn, die Melkiten, unter dem vierundachtzigjährigen Patriarchen Maximos IV. Saigh, der sich weigerte, Lateinisch zu sprechen, weil Arabisch die Sprache seiner Kirche war – er sprach statt dessen Französisch; und die bärtigen Vertreter der Malankarischen Kirche, der Kopten, der Chaldäer und der Armenier – die alle auf die Lateiner exotisch wirkten und Papst Johannes dennoch vertraut waren wegen seiner Zeit im Osten. Bevor noch ein einziges Wort gesprochen war, sagte die Versammlung etwas über die wahre Natur des Katholizismus aus. Er konnte nicht auf die einfarbige Einheitlichkeit gebracht werden, die von der Kurie gefordert wurde.

Aber ein Element im Spektrum des Katholizismus fehlte immer noch. Wo waren die Osteuropäer? Am Sonntag, dem 7. Oktober, bedauerte Papst Johannes die Abwesenheit von Stefan Kyrill Kurtev, den er vor vierzig Jahren ernannt hatte und der immer noch Exarch von Bulgarien war, und einen weiteren bulgarischen Bischof, den er fälschlich als Popov in Erinnerung hatte (richtig Simeon Kokov; *Lettere,* S. 352). Johannes war an diese alten Freunde durch Exkönig Simeon von Bulgarien erinnert worden, dem wir zuletzt als Sechsjährigem 1943 begegnet sind (s. oben, S. 245) und der jetzt eine Karte für die Eröffnungsmesse wünschte. Natürlich sollte er eingelassen werden, bemerkte Johannes, vorausgesetzt, er erinnerte nicht jeden an seinen früheren Titel.

Am nächsten Tag, dem 8. Oktober, kam Kardinal Wyszyński mit 13 polnischen Bischöfen, darunter Karol Wojtyla aus Krakau. Neun weitere sollten später eintreffen. Papst Johannes freute sich, sie zu sehen. Seine «Ostpolitik» zahlte sich allmählich aus. In einer Rede, die man damals nicht veröffentlichte, die aber nach Moskau übermittelt wurde, erwähnte Papst Johannes fast beiläufig «die nach Jahrhunderten wiedergewonnenen polnischen Westgebiete», was eine verschlüsselte Anerkennung der Nachkriegsgrenzen Polens und Deutschlands war (Stehle, S. 304). Am nächsten Tag kamen drei Ungarn und zwei Jugoslawen an, und, was noch bemerkenswerter war, am Mittwoch, dem 10. Oktober, konnte Papst Johannes drei tschechische Bischöfe und Petras Mazelis, den Apostolischen Administrator von Telsiai in Litauen, das nun eine Republik der Sowjetunion war, in die Arme schließen. Das alles waren Zeichen der besser werdenden Beziehungen zum kommunistischen Block. Auf der anderen Seite war Willebrands am 4. Oktober mit anscheinend leeren Händen aus Moskau zurückgekommen.

Somit war jetzt am 10. Oktober 1962, am Vorabend des Konzils, der größte Teil der Besetzung versammelt. Nicht alle von ihnen waren sicher, weshalb. Erzbischof Aston Chichester SJ, immer als «Chick» bekannt gewesen, ein Engländer, der meist im damaligen Südrhodesien (heute Zimbabwe) gelebt hatte und jetzt mit dreiundachtzig nicht nur älter als Papst Johannes, sondern auch dicker war, wurde beobachtet, wie er durch die jesuitische Kurie wanderte und sich erkundigte: «Wer ist bloß dieser Bursche Otto... Ottoviani?» (Kaiser, S. 76; ergänzt durch mündliche Überlieferung). Er hatte nicht viel Zeit, das herauszubekommen, denn er starb beim Betreten der Peterskirche am 24. Oktober und blieb so vor einem Konzil verschont, das er vielleicht nur schwer verstanden hätte.

Es nieselte am Morgen des 11. Oktober 1962, dem ersten Tag des Konzils. Jemand erinnerte an das heftige Gewitter, das den Schluß des Vatikanum I untermalt hatte. Doch der 11. Oktober wurde das Datum, das der Inbegriff des schwer faßbaren «Geistes des Konzils» wurde. Italiener verwenden Daten als Codewörter und benennen Straßen danach. Peter Nichols zitierte eine nicht untypische politische Erklärung: «Während wir weit davon entfernt sind, einen 18. April zu erwarten, bieten wir im Geist des 22. September, erneuert durch den 25. April, Fortschritt ohne Wagnis an» (*Italia, Italia,* S. 240). Die Eröffnungsansprache von Papst Johannes an das Konzil machte den 11. Oktober zu dem Datum, unter dem man sich daran erinnerte. Es diente als Kriterium oder Maßstab: Dies oder jenes muß verworfen werden, weil es nicht dem Geist des 11. Oktober entspricht. Erzbischof Thomas Roberts sagte einmal: «Immer wenn ich während des Konzils deprimiert werde, lese ich erneut die Eröffnungsansprache von Papst Johannes, und meine Stimmung hebt sich.» In dieser Rede wies Papst Johannes, nachdem er mühsam die oberen Hänge des heiligen Berges erreicht hatte, auf das verheißene Land dahinter.

Doch Papst Johannes' Rede kam erst nach einer langen Zeremonie, die um 8 Uhr begann. Bis er zu sprechen begann, bedeutete der 11. Oktober einfach eine barocke Geduldsprobe. Kardinal William Godfreys Schleppenträger stellt die Szene dar:

> Der Kontrast zwischen dem grandiosen Zeremoniell der Vergangenheit und neuen Forderungen des Konzils war offenkundig, als die Prozession der Bischöfe die Peterskirche betrat. Die gesamte Länge der Basilika bis zum Papstaltar unter der Kuppel war in einen riesigen Konzilsraum verwandelt worden, mit nach beiden Seiten ansteigenden Sitzreihen und mit Tribünen oben für Ordensvorsteher und *periti.* Dies stellte ein unvorhergesehenes praktisches Problem dar: wohin mit den Sekretären und Schleppenträgern der Kardinäle, die nicht mehr ihren privilegierten Sitzplatz auf dem Boden zu Füßen ihrer Herren einnehmen konnten. Denn es gab keinen Boden mehr.
>
> Als wir an den Türen der Basilika ankamen, legten päpstliche Zeremonienmeister rote Seidenschleppen über Kardinalsarme und klatschten dann in die Hände, in der vergeblichen Hoffnung, daß wir verschwinden würden. Wir wurden eilends hinter den Sitzreihen herum und hinauf auf die Tribünen getrieben, von denen wir umgehend von den selbstgerechten *periti* verjagt wurden. Dann wurden wir in eine Ecke gestopft, in der Nähe des diplomatischen Korps und ökumenischer Beobachter, die einen phantastischen Tag hatten mit ihren Kameras ... Dann kam Msgr. Willebrands vorbei, schüttelte mir die Hand und rief der Schweizergarde zu: «Sie können hier nicht bleiben.» So wurden die Schleppenträger der Kardinäle bezeichnenderweise die ersten Opfer der Erneuerung und des Ökumenismus ... Wir gesellten uns zu den anwesenden Mitgliedern des päpstlichen Haushalts, und die nächsten Stunden standen wir dann bereit, ohne etwas zu sehen (Erzbischof Derek Worlock, «The Sharing Church», in *The Tablet,* 9. Oktober 1982, S. 1005f.).

Geschichte im Werden hat immer die Neigung, ungemütlich zu sein. Die weniger Beherzten konnten jederzeit am Fernseher zusehen, wie

Papst Johannes aus seiner schwankenden *sedia gestatoria* stieg, nachdem er an der Tür der Basilika angekommen war, und *zu Fuß* durch den Mittelgang ging, wobei er einen Blick auf die Petrusstatue auf der rechten Seite warf.

Nach dem *Veni Creator* zelebrierte Kardinal Eugène Tisserant die Messe. Ein Teil davon war auf griechisch. Der Sixtinische Chor sang Palestrinas *Missa Papae Marcelli* mit dem gewohnten *vibrato:* die Gegenreformation in bester Form. Die Bischöfe beteiligten sich weder an der Messe noch kommunizierten sie: Liturgie als Schauspiel. Nach der Messe erwiesen die Kardinäle dem Papst ihre Huldigung: glänzende Prunkentfaltung, aber nicht direkt eine Szene evangelischer Einfachheit. Dann verlas Papst Johannes, wie es das kanonische Recht vorschreibt, das kraftvolle, gewaltige Glaubensbekenntnis Pius' IV. Es stammte von 1564 und verriet die polemische Atmosphäre jener Zeit. «Ich bekenne und wahre den katholischen Glauben», schwor Papst Johannes feierlich, «außerhalb dessen keiner erlöst werden kann.» 1887 hatte Pius IX. die Anerkennung «des Primats und der unfehlbaren Lehrautorität des römischen Bischofs» hinzugefügt, worüber sich Trient bedauerlicherweise ausgeschwiegen hatte (Text in ASCV, I, 1, S. 158). Msgr. Pericle Felici trug dann den Eid im Namen aller Konzilsteilnehmer vor. Es hieß, daß die «Beobachter» zutiefst schockiert waren von diesem Eid; aber meistens waren es katholische Theologen und Reporter, die an ihrer Stelle schockiert waren. Die Kinder des Haushalts konnten ungezwungener die Wahrheit aussprechen. Es spielte sowieso keine Rolle, denn Papst Johannes' Rede zerstreute jeden entstandenen schlechten Eindruck.

Aber stimmte das denn? Auch hier spielt der Rückblick dem Gedächtnis einen Streich. Die Rede stand am Ende eines sehr langen Morgens. Sie dauerte 37 Minuten. Sie war lateinisch. Nicht jeder erfaßte auf Anhieb ihre Bedeutung. Sie kam erst richtig zur Wirkung, als sie übersetzt und in der Presse veröffentlicht wurde. Aber für diejenigen, die verstehen konnten, war sie eine bemerkenswerte Leistung, eine *tour de force*. Mit seiner «kräftigen und wohlklingenden Stimme» (Falconi) schien Papst Johannes seine Jahre und seine Leibesfülle abzuwerfen und ein jugendlicher Prophet zu werden, der die Kirche in ein großartiges Abenteuer des Geistes stürzte.

Aber – die Frage stellt sich immer wieder – war das alles sein Werk? Capovilla versichert uns dies. Er zitiert Papst Johannes, der sagte: «Ich möchte gern, daß der erste italienische Entwurf dieser Rede veröffentlicht wird, nicht weil ich dafür gelobt werden möchte, sondern weil ich die Verantwortung dafür übernehmen möchte; es sollte bekannt werden, daß sie vom ersten bis zum letzten Wort mir gehört»

(*Letture,* S. 197). Man konnte es kaum deutlicher sagen. Also ist die Vorstellung, Bea oder Suenens hätten sie geschrieben, Unsinn. Aus «technischen Gründen» (das heißt, um zu garantieren, daß sie keine Ketzerei oder Torheit enthielt) wurde sie von dem hageren Pater Luigi Ciappi OP, dem päpstlichen Theologen, und Msgr. Angelo Dell'Acqua, dem Substitut, geprüft. Aber das war Routine. Papst Johannes schrieb sie selbst und war von der Unterstellung, er hätte es nicht getan, ziemlich verletzt (Capovilla, Gespräch am 23. April 1981). Aber auch wenn wir dieses äußerliche Zeugnis nicht hätten, bestätigte der innere Beweis, daß sie Papst Johannes' eigenes Werk war. Die Gedanken, die sie enthält, waren ihm seit langem vertraut. Sie war tief in seine eigene Lebens- und Geschichtserfahrung eingebettet. Da diese Rede sein ganzes Leben zusammenfaßte, kann der größte Teil dieses Buches als ein stillschweigender Kommentar dazu betrachtet werden. Aus diesem Grund können wir uns jetzt zu diesem Punkt relativ kurz fassen (s. Giuseppe Alberigo, *«Dal bastone alla misericordia»,* in *Christianesimo nella storia,* Oktober 1981, S. 487–521, die beste Untersuchung ihrer Bedeutung und Originalität).

Die Rede vom 11. Oktober enthielt vier Hauptthemen, die sie über die Banalität hinaushoben und den zukünftigen Verlauf des Konzils umrissen: die Vorstellung von einem Konzil als Feier eines uralten, ewig jungen Glaubens; ein optimistisches Vertrauen auf den Heiligen Geist, was eine Brandmarkung der «Propheten des Unglücks» (gewöhnlich unterschiedslos als «Propheten der Finsternis» oder «des Verderbens» übersetzt) einschloß; eine klare Erklärung, wofür das Konzil gedacht war und wofür nicht; eine neue Einstellung zu «Irrtümern».

Das Konzil sollte eine Feier des katholischen Glaubens sein. Wieder einmal mag man bedauern, daß diese Rede nicht unter ihrem herrlichen Eröffnungsakkord bekannt wurde, *Gaudet Mater Ecclesia,* es freut sich Mutter Kirche. Das Konzil feierte den katholischen Glauben einfach durch sein Zusammentreten, und es erneuerte die Feier des Glaubens in seinen täglichen Liturgien, welche die Tatsache widerspiegelten, daß der Katholizismus mehr «ausgesöhnte Verschiedenartigkeit» war als gesichtslose Einheitlichkeit. Dies würde man während der ganzen unerbittlich scharfen Debatte im Sinn behalten müssen. Katholischer Glaube und christlicher Glaube waren nicht in ihrem Gegenstand verschieden, aber der christliche Glauben drückte eine Treue zum Evangelium aus, während der katholische Glauben die Aufmerksamkeit auf den ununterbrochenen Zusammenhang mit der Vergangenheit lenkte («Überlieferung»). So standen sie nicht in einem Gegensatz und erst recht nicht im unvereinbaren Widerspruch zueinander. Dies ermöglicht sowohl die Erneuerung der katholischen Kirche als auch einen Geist ökumenischer Offenheit. Es klang mehr wie eine «aus einer Quelle» gespeiste Sicht der Offenbarung als eine «aus zwei Quellen» (in der Schrift und Überlieferung getrennt waren). Papst Johannes' Zuhörer begannen erst aufzuwachen, als er direkt von der Römischen Kurie sprach:

> In der täglichen Ausübung unseres seelsorglichen Amtes müssen wir manchmal, zu unserem großen Kummer, auf jene hören, die zwar vom Eifer verzehrt sind, aber nicht sehr viel Urteilsvermögen *[discrezione]* oder Ausgewogenheit besitzen. Für sie ist die moderne Welt nichts als Verrat und Zerstörung. Sie behaupten, daß dieses Zeitalter weitaus schlechter als frühere Zeitalter ist, und sie verhalten sich, als hätten sie überhaupt nichts aus der Geschichte gelernt – und doch ist die Geschichte die große Lehrerin des Lebens *[maestra di vita]*. Sie benehmen sich, als hätten sich in den ersten fünf Jahrhunderten die christliche Idee und die christliche Sache vollkommen behauptet und als sei die religiöse Freiheit in der Vergangenheit nie einer Gefahr ausgesetzt worden. Wir fühlen uns verpflichtet, diesen Propheten des Unglücks *[sventura]* zu widersprechen, die auf ewig Unheil vorhersagen – als stünde das Ende der Welt unmittelbar bevor. Und doch führt uns die Vorsehung auf eine neue Ordnung menschlicher Beziehungen hin, die uns dank menschlichen Bemühens, jedoch seine Hoffnungen übersteigend, zur Verwirklichung noch höherer und ungeahnter Erwartungen bringt; auf diese Weise können selbst menschliche Gegensätze zum Guten der Kirche führen (*Lettere,* S. 426; nach einer Neuübersetzung aus dem italienischen Text Papst Johannes' durch den Autor).

Papst Johannes' «Sinn für Geschichte» war jedoch nicht bloß eine Strategie des Umgangs mit den in Schlachtordnung angetretenen Misanthropen, die Sicherheit durch Rückkehr zur Vergangenheit und Verunglimpfung der Gegenwart suchten. Dieser Sinn ließ ihn auch erkennen, wie wichtig es war, auf den Heiligen Stuhl *heute* zu reagieren. Dies definierte den Zweck des Konzils, im negativen und im positiven Sinn.

> Unsere Aufgabe ist nicht bloß, diesen kostbaren Schatz gleichsam besessen von der Vergangenheit zu hüten, sondern uns eifrig und ohne Furcht der Aufgabe zu widmen, die das gegenwärtige Zeitalter an uns stellt – und wenn wir das tun, werden wir dem treu bleiben, was die Kirche in den letzten zwanzig Jahrhunderten getan hat. So wird der eigentliche Sinn des Konzils nicht sein, diesen oder jenen Artikel des grundlegenden kirchlichen Dogmas, die wiederholt gelehrt worden sind und die wir als bekannt voraussetzen dürfen, zu diskutieren. Dazu braucht man kein Konzil. Aber um von einer erneuerten, heiteren und ruhigen Annahme

der gesamten Lehre der Kirche in ihrer ganzen Breite und Vielfalt, wie sie im Tridentinum und Vatikanum I zu finden ist, auszugehen, erwarten Christen und Katholiken apostolischen Geistes überall in der Welt einen Sprung *[balzo]* nach vorn in dogmatischer Durchdringung *[penetrazione]* und der Formung der Gewissen *[la formazione delle conscienze]* in noch größerer Treue zur authentischen Lehre. Aber dieses authentische Dogma muß untersucht und gedeutet werden im Licht der Forschungsmethoden und der Sprache *[formulazione letteraria]* des modernen Denkens. Denn die Substanz des uralten anvertrauten Glaubensgutes ist eine Sache, und die Art und Weise, wie es dargestellt wird, ist eine andere *[Altra è la sostanza dell'antica dottrina del* depositum fidei, *ed altra è la formulazione del suo rivestimento]* (*Lettere,* S. 427: s. Abbott zum Vergleich).

Der letzte Satz wurde verständlicherweise Gegenstand der Kontroverse. Diejenigen, die eine «unbewegliche» Sicht der Sprache hatten, betrachteten ihn als verderblichen Neomodernismus; dagegen fanden ihn andere, die Geschichte für eine notwendige Dimension jeder Theologie hielten, befreiend.

Es ist kein Zweifel möglich an dem, was Papst Johannes sagte und meinte. Die obige Übersetzung beruht auf der lateinischen Abschrift, die Radio Vatikan lieferte, und kann in dessen Archiv eingesehen werden. Doch als die lateinische Version der Eröffnungsrede in den *Acta Apostolicae Sedis,* der amtlichen Sammlung päpstlicher Dokumente, erschien, war der Text abgeändert und zensiert worden. Die Vorstellung von der «Substanz» war verschwunden, und vorsichtige Einschränkungen waren eingefügt worden. Sie sind im folgenden Text und der unmittelbar anschließenden Übersetzung kursiv gesetzt:

> Est enim aliud depositum fidei, *seu veritates, quae veneranda doctrina nostra continentur,* aliud modus quo eadem enunciantur, *eodem tamen sensu eademque sententia* (AAS, 26. November 1962, S. 786–795 zur ganzen Rede; ASCV, I, 1, S. 172 zu diesem Satz).
>
> Denn ... das anvertraute Glaubensgut *oder die Wahrheiten, die in unserer ehrwürdigen Lehre enthalten sind,* ist eine Sache, und die Art und Weise, wie sie dargestellt werden, ist eine andere, *die jedoch den gleichen Sinn und Inhalt behält.*

Der letzte Satz kommt nicht zufällig vom Antimodernisteneid von 1910, der ebenfalls davon spricht, «die absolute und unwandelbare Wahrheit» festzuhalten (Daly, S. 235f.). Somit konnte die Zensur an Papst Johannes getrost den Autoren von *Veterum Sapientia* zugeschrieben werden, die immer noch versuchten, die Sprache in Aspik einzumachen und die Geschichte zu leugnen.

Dies war nicht der einzige Satz in der Rede von Papst Johannes, der

gereinigt und entstellt wurde. Der vorhergehende Satz wurde der gleichen Behandlung unterzogen. In der lateinischen Version findet sich kein «Sprung nach vorn» und in Wirklichkeit überhaupt keine Bewegung. Wieder werden die Ergänzungen kursiv angezeigt, aber diesmal sind die Auslassungen noch schwerwiegender: «Oportet ut haec doctrina *certa et immutabilis, cui fidele obsequium praestandum est,* ea ratione pervestigetur, quem tempora nostra postulant.» «Diese *sichere und unwandelbare Lehre, der treuer Gehorsam geschuldet wird,* sollte in der von unserer Zeit geforderten Art und Weise untersucht werden.» Was passierte mit den «Forschungsmethoden und der Sprache des modernen Denkens»? Als Papst Johannes diese unerhörten Änderungen Ende Nobember 1962 entdeckte, war er zu klug, um den Herausgeber der *Acta Apostolicae Sedis* zu feuern. Er zitierte sich einfach selbst in wichtigen Reden in der unredigierten Originalversion. (Die Zeitschrift *Time* vom 5. Oktober 1962 zitierte einen anonymen Redakteur des *Osservatore Romano,* der freimütig zugab, daß «er die Worte des Papstes änderte, wann immer er etwas sagte, das für entrüstete Geschichten sorgte». Zweifellos stimmte das. Aber wie Robert Rouquette bemerkt, ist es absolut unwahrscheinlich, daß irgendein Römer so ein Geständnis ablegen würde, zuallerletzt gegenüber *Time;* Rouquette, I, S. 218).
Wenn Kurientheologen durch den offenkundigen «Relativismus» von Papst Johannes' Äußerungen über Sprache und Glauben aufgeschreckt waren, so lief es bei seinen Bemerkungen über den Umgang mit Irrtümern den stärker politisch Orientierten kalt über den Rücken. Kein noch so einfallsreiches Redigieren konnte die Tatsache ändern, daß er durch seine Enthaltung von Verurteilungen mit einer wenigstens vierhundert Jahre alten Tradition gebrochen hatte. Doch Papst Johannes tat es mit großem Takt und Geschick. Er leugnete nicht, daß Irrtümer in der gegenwärtigen Welt existierten; in der Tat gab es durchaus sehr viele. Mit einem charakteristischen Bild sagte er, daß «Irrtümer oft so schnell verschwinden, wie sie entstehen, wie der Nebel vor der Sonne». Es war ein Erlebnis, das er oft gehabt hatte, wenn er auf seinem Balkon in Sotto il Monte saß. Es steckte ein verschrobener Humor in der Vorstellung, daß die in Schweiß gebadeten Häresienjäger am Ort des Irrtums ankommen, wenn ihre Beute gerade entschwindet. Also wurde das Konzil nicht einberufen, um Irrtümer zu verurteilen: «Heute zieht die Braut Christi es vor, die Arznei der Barmherzigkeit anzuwenden anstatt der Strenge. Sie meint, daß sie den Bedürfnissen der Gegenwart besser gerecht wird, indem sie die Gültigkeit ihrer Lehre zeigt, als durch Verurteilungen» (Abbott, S. 716; nach der revidierten Übersetzung durch den Autor).

Papst Johannes beschrieb diese neue Einstellung bescheiden als «Bevorzugung». Aber er wußte ganz genau, daß es, betrachtete man die Geschichte des päpstlichen Magisteriums in den letzten hundertfünfzig Jahren, fast «revolutionär» war.

Johannes wußte, daß er die Dinge auf den Kopf stellte. In einer lakonischen Randbemerkung sagte er, daß «die Kirche häufig diese Irrtümer mit der größten Strenge verurteilt hat». 1832 hatte Papst Gregor XVI. – zufällig der letzte Theologe von Beruf, der Papst wurde – die Notwendigkeit von «Strenge» in seiner Enzyklika *Mirari Vos* (Ihr seid erstaunt) verteidigt. Die Zeiten waren schlecht, sagte Gregor (wie die Propheten des Unglücks). Europa hatte gerade die Französische Revolution überstanden, «diese große Verschwörung der Bösen». Gregor verwendet einen ironischen Text von Paulus, um seine grundsätzliche Strenge zu rechtfertigen: «Soll ich mit dem Stock zu euch kommen oder mit Liebe und im Geist der Sanftmut?» (1 Korinther 4,21). Gregor schwang kräftig den Stock, Pius IX. – es gab hirnverbrannte Reden, daß man ihn seligsprechen sollte – folgte seinem Beispiel, und das Pontifikat des heiligen Pius' X. widmete sich zielstrebig dem Theologenprügel. Papst Johannes legte die Zuchtrute beiseite.

Die Folgen würden sehr bald zu sehen sein. Die neue Einstellung bedeutete, daß die immer noch *mordicus* (bis aufs Messer) von Kardinal Alfredo Ottaviani verteidigte These des 19. Jahrhunderts, daß Irrtum keine Rechte hat, revidiert werden müßte. Katholiken konnten tolerant sein ohne Konzession. Was das Weglegen der Zuchtrute für die kommunistische Welt bedeuten würde, müßte die Zeit zeigen. Aber die Behandlung des Irrtums in *Gaudet Mater Ecclesia* ist ein ausreichender Beweis, daß Papst Johannes diese Rede wirklich selbst schrieb. Und er konnte die Worte sagen, die Sir Edward Elgar auf die fertige Partitur von *The Dream of Gerontius* schrieb: «Das ist mein Bestes.»

Zwei Ereignisse, grundverschieden in ihrer Art, fassen den «Geist des 11. Oktober» zusammen. Schleppenträger Derek Worlock machte sich auf die Suche nach seinem Kardinal und fand ihn unter der Petrusstatue mit ihrer vom vielen Anfassen blanken Zehe. Auch Kardinal Pietro Ciriaci war dabei. «Wenn das Konzil vorbei ist», verkündete Kardinal Godfrey, der wie Papst Johannes auf den Tod an Krebs erkrankt war, «wird Petrus noch hier stehen, heiter und wahr.» «Ja», erwiderte Ciriaci, Präfekt der Kongregation für die Disziplin des Klerus und der Gläubigen – ein unheilvoller Name –, «aber wir sind nicht alle aus Bronze gemacht.» Am nächsten Tag trafen zwei Beobachter von der russisch-orthodoxen Kirche in Rom ein, Archimandrit

Wladimir Kotljarow und Witalij Borowoj aus Leningrad. Diesmal war das überstrapazierte Wort berechtigt: Es war eine «sensationelle» Nachricht. Sie bedeutete, daß Papst Johannes' Olivenzweig aufgehoben worden war. Das Konzil konnte nun beginnen.

22. Kapitel

Sechzig Tage, die die Welt verändern

> Als die Väter des Tridentinum sich unter der Führung des Heiligen Geistes zu ihrem Konzil trafen, unterdrückten sie nicht ihre Meinungsverschiedenheiten und brachten Einwände nicht zum Schweigen, sondern ließen jede Meinung mannhaft oder sogar grob zu Wort kommen, in einer Art, die man mit Recht als eine Kraftprobe bezeichnen kann.
> (Lord Acton, *Essays on Church and State,* S. 170, geschrieben 1863)

Alles – fast alles –, was öffentlich gesagt oder getan wurde bei diesem später als «erste Sitzungsperiode» des Vatikanum II bezeichneten Abschnitt des Konzils, findet man in den vier umfangreichen Bänden *Acta Synodalia Concilii Vaticani II* (ASCV im weiteren) oder bei Giovanni Caprile *Il Concilio Vaticano II, Primo Periodo* (Caprile II).
Der erfreulichste Artikel ist das Gespräch – es eine Rede zu nennen wäre großspurig und falsch –, das Papst Johannes mit der auf dem Petersplatz versammelten Menge am Abend des 11. Oktober 1962, dem Datum der Konzilseröffnung, hatte. Die Polizei schätzte, daß eine halbe Million Menschen versammelt war. Die Jugendlichen von der Katholischen Aktion, die Fackeln trugen, bildeten ein riesiges Kreuz um den Obelisken in der Mitte. Es gab Sprechchöre, und man sang. Der Zweck der Übung war, Papst Johannes dazu zu bewegen, an diesem wichtigsten Tag seines Lebens an seinem Fenster zu erscheinen. Es wirkte. Johannes erschien an seinem Fenster und rief: «Liebe Kinder, liebe Kinder, ich höre eure Stimme.» In den einfachsten Worten erzählte er ihnen, was er vom Konzil erhoffte. Er machte darauf aufmerksam, daß der Mond dort oben das Schauspiel beobachtete. «Meine Stimme ist eine einzelne», sagte er, «aber sie ist ein

Echo auf die Stimme der ganzen Welt. Hier ist wirklich die ganze Welt vertreten.» Zum Schluß sagte er: «Nun geht nach Hause und gebt euren kleinen Kindern einen Kuß – sagt ihnen, er kommt von Papst Johannes» (ASCV, I, 1, S. 202). Man kann die Gefühlsbewegung fast mit Händen greifen. Der «Patriarch» gab und erzeugte Liebe mit seinem ganzen Wesen.

Die Römer hatte er auf seiner Seite, und so wandte Papst Johannes am nächsten Tag seine Aufmerksamkeit den Diplomaten zu, die zur Konzilseröffnung nach Rom gekommen waren. Neunundsiebzig Nationen waren in der einen oder anderen Form vertreten. Er äußerte ihnen gegenüber die Hoffnung, daß das Konzil, obwohl ein religiöses Ereignis, zum Frieden in der Welt beitragen würde, «einem Frieden, der auf wachsender Achtung vor dem Menschen gründet und so zur Freiheit von Religion und Gottesdienst führt». Am vorhergehenden Tag hatte er von «einer neuen Ordnung menschlicher Beziehungen» gesprochen. Jetzt erklärte er, was dazugehörte:

> Liebe zueinander, Brüderlichkeit, das Ende des Haders zwischen Menschen verschiedener Rassen und verschiedener Mentalität. Die Hilfe, die Entwicklungsländer so dringend in ihrem Streben nach Wohlstand brauchen, würde somit rascher bereitgestellt, aber «ohne jeden Versuch, Macht über sie zu gewinnen.» Es ist an der Zeit, daß etwas Entscheidendes getan wird ... Denn alle Menschen sind Brüder, und, wir sagen es aus vollem Herzen, alle sind Söhne desselben Vaters (Caprile, II, S. 10).

Das Zitat war aus *Mater et Magistra,* aber die Rede als Ganzes war ein Entwurf für *Pacem in Terris*. Nur der US-Botschafter, G. Frederick Reinhardt, wußte oder ahnte vielleicht, daß innerhalb einer Woche die Kubakrise die Welt an den Rand des Abgrunds bringen würde.

Am nächsten Tag, dem 13. Oktober, traf Papst Johannes die «Beobachter» in der Konsistorienhalle und die Journalisten – damit die ehrfurchtgebietende Verantwortlichkeit an der richtigen Stelle ankäme – in der Sixtinischen Kapelle. Gemeinsam sollten Journalisten und Beobachter sicherstellen, daß dieses Konzil anders würde und daß es bekannt würde.

Alle diese Reden wurden französisch gehalten, in der Sprache, die Johannes ausnahmslos bei «internationalen» Anlässen benutzte. *Chers messieurs,* begann er seine Ansprache an die Beobachter. Es war eine seltsam kühle Einleitung für eine Rede von großer Herzlichkeit: «*Portat onera nostra Deus* – Gott trägt unsere Bürde. Er trägt uns durchs Leben. Er trägt uns, wie wir sind und mit dem, was wir haben, mit seinen Reichtümern und mit unserer Armut ... Was mich betrifft, so möchte ich keine besondere Eingebung für mich in Anspruch nehmen. Ich halte an dem verläßlichen Satz fest: Alles kommt von Gott» (*tout vient de Dieu;* ASCV I, 1, S. 197). Das bestätigt übrigens die Ansicht von «Eingebung», die im 14. Kapitel erörtert wurde. Es deutet auch an, daß Spiritualität eine gemeinsame Grundlage zwischen getrennten Brüdern bilden könnte. Dann sprach Johannes über seine Gefühle am Morgen des 11. Oktober: «Meine Pflicht war es, gefaßt zu sein, zu beten und dem Herrn zu danken. Doch von Zeit zu Zeit konnte ich nicht anders, als mich umzusehen nach so vielen Söhnen und Brüdern. Und als meine Augen auf Ihre Gruppe und jeden einzelnen von Ihnen fielen, fühlte ich mich getröstet durch Ihre Gegenwart» (ibid.).

Die Beobachter waren von ihm eingenommen. Joseph Jackson, Vorsitzender der Nationalen Baptistenkonvention aus Chicago, ein schwarzer Geistlicher, der hier war, weil Papst Johannes ihn kennengelernt und eingeladen hatte, entdeckte «guten Willen auf beiden Seiten». John Moorman, anglikanischer Bischof von Ripon, sagte: «Wir hatten das Gefühl, Mitglieder einer Familie zu sein.» Max Thurian aus Taizé äußerte sich über Johannes' «Einfachheit und Herzlichkeit – wie er diese Dinge sagte, sprach er wie ein Priester» (Caprile, II, S. 15). Nach ihren Eindrücken befragt, erwiderten die russisch-orthodoxen Beobachter freundlich – wie ihre Antwort auf die meisten Fragen lautete – «nichts».

Geleitet und beschützt von Kardinal Beas Männern blickten die Beobachter bald durch und schnappten die Fachausdrücke von der *aula* (dem Konzilssaal) und den *schemata* (den Textentwürfen) auf. Sie machten manchmal die schmerzliche Erfahrung, in den Schemata falsch dargestellt und in der Aula gekränkt zu werden. Kardinal William Godfrey zum Beispiel trat gegen die Verwendung der Landessprache mit der Begründung ein, daß die Anglikaner es versucht hätten und trotz der Schönheit ihres Gottesdienstes «ihre Kirchen leer sind, während unsere voll sind» (ASCV, I, 1, S. 374; 23. Oktober 1962). Er versuchte, verlorenen Boden wiedergutzumachen, und erklärte am 4. Dezember, daß es ganz falsch war zu sagen, daß englische Katholiken «kalt wären und es ihnen an Sympathie für die getrennten Brüder fehlte». Sie liebten sie sehr, aber sie wollten sie nicht täuschen. Es wäre «falsche Irenik», wenn man in Umlauf setzte, daß «alle nichtkatholischen Gläubigen uns im Glauben nahe sind» (ASCV, I, 4, S. 221). Offen gesagt, wäre es besser gewesen, wenn Godfrey, der totkrank war, zu Hause geblieben wäre. Sein späterer Nachfolger, Erzbischof John Carmel Heenan, bemerkte in seinem Tagebuch: «Der Kardinal leidet noch an den Folgen einer Operation im letzten Jahr, und es ist schwer, etwas so auszudrücken, daß er es klar und schnell begreifen kann» (*Crown of Thorns*, S. 347). Beas Leute trösteten die Beobachter mit dem Gedanken, daß beim Vatikanum I alles viel schlimmer gewesen wäre: Als Bischof Joseph Strossmayer aus Bosnien sagte, es gäbe viele Protestanten, die «in gutem Glauben fehlgingen», wurde er mit Rufen wie «Schande, Ketzer, herunter von der Kanzel! *Anathema sit!*» niedergeschrien (McGregor, S. 36). Die Dinge waren also besser geworden. Die Beobachter glaubten, sie hätten Papst Johannes auf ihrer Seite, und wußten, daß sie durch Bea und Bischof Emile Josef de Smedt aus Brügge ihre Ansichten sogar in der Aula selbst bekanntgeben konnten. Ihre Bezeichnung «Beobachter» deutete eine Passivität an, die ihre wirkliche Rolle nur ungenau beschrieb. Sie entfaltete sich enorm bei späteren Sitzungsperioden.

Dann kamen die Journalisten! Über 1 200 waren zur Eröffnungssitzung zugelassen worden, aber nur ungefähr 200 hielten die ganze Sitzungsperiode durch. Selbst für einen, der eine theologische Ausbildung genossen hatte, war es schwierig, über das Ereignis zu berichten; für die theologisch nicht Vorgebildeten war es äußerst verwirrend. Da war – zunächst einmal – eine große Kluft zwischen denen, die Bescheid wußten und auf Stillschweigen eingeschworen waren, und denen, die wissen wollten. Die eifrigen Wahrheitssucher mußten sich mit «Quellen» zufriedengeben, die sich oft als der Mann am nächsten Schreibtisch oder der Kastanienverkäufer vor dem Heiligen Offizium erwiesen.

Papst Johannes sprach zu dieser bunten und rastlosen Mannschaft am 13. Oktober. «Sie können zu verstehen geben», sagte er, «daß es hier keine politischen Machenschaften gibt» (ASCV, I, 1, S. 201). Das stimmte in dem Sinn, wie er es meinte; aber auch Papst Johannes konnte das politische Element nicht ausschließen, das mit jeder umfassenden internationalen Versammlung verbunden ist. «Sie können bezeugen», fuhr er lächelnd fort, «daß die Kirche nichts zu verbergen hat.» Diese Äußerung bewirkte entrüstete Blicke, wenn man sich später daran erinnerte. Wenn es nichts zu verbergen gab, warum verfuhr man dann so, daß Reden auf dem Konzil knapp zusammengefaßt und nie namentlich belegt wurden? «Die folgenden Meinungen wurden geäußert», war die entmutigende Formel, die man sich für amtliche Erklärungen zurechtgelegt hatte. Und warum wurde alles annähernd Interessante mit dem sogenannten «päpstlichen Geheimnis» belegt, was ein Supergeheimnis war? So antwortete Pater Sebastian Tromp SJ, ein Holländer und Kardinal Ottavianis bevorzugter Theologe, entsetzt, wenn man ihn nach dem Verhältnis zwischen dem

Heiligen Offizium und dem Sekretariat für die Einheit der Christen fragte: «Das ist eine sehr heikle Sache; ich dachte, es sollte ein Geheimnis bleiben» (*De Gelderlander Pers,* 18. Dezember 1962).

Manche Reporter fielen in einen arroganten Stil hinsichtlich der Hindernisse, die man ihnen in den Weg stellte. Hier ist zum Beispiel das Zeugnis des höchst achtbaren Christopher Hollis, früheres Parlamentsmitglied, Schriftsteller, Sohn eines anglikanischen Bischofs, Bruder eines britischen Geheimdienstchefs, der später angeblich ein sowjetischer «Maulwurf» wurde:

> Die Presseverbindungen des Konzils waren in den Händen von Kurienbeamten. Es wäre vielleicht eine unhöfliche Übertreibung, wenn man sagte, das wäre genauso, wie wenn man einen Gefangenen auf der Anklagebank bäte, über seinen eigenen Prozeß zu berichten, aber es ist gewiß wahr, daß diese erste Sitzungsperiode des Konzils ... die Existenz einer ungeheuer großen Unzufriedenheit mit dem Mangel an Wissen und Vorstellungskraft der Bürokratie enthüllte, die in ihren Händen die Leitung der Kirchenverwaltung hat. Die Stärke dieser Unzufriedenheit kam für die meisten Beamten völlig überraschend. Sie können es nicht verstehen und sind nicht die geeignetsten Menschen, auszulegen, was sie nicht verstehen können (*The Critic,* Chicago, Februar – März 1963).

Erfinderische Reporter lösten ihre Probleme auf jeweils typische Art und Weise. Patrick O'Donovan vom Londoner *Observer* scheute die Theologie und schrieb intuitiv. Er musterte die Bischöfe, wenn sie in die Peterskirche eintraten, und sah «praktische Gesichter und gütige Gesichter und herrische Gesichter und asketische Gesichter und Gesichter, die Tafelfreuden kennen» – wozu zweifellos sein eigenes gehörte. Andere wußten, daß sie an einem Buch arbeiteten. Bob Kaiser von der *Time* freundete sich mit Erzbischof «Tommy» Roberts an, der in seiner Wohnung vertrauliche Papiere herumliegen ließ. Antoine Wenger, ein französischer Assumptionist und Herausgeber von *La Croix,* war im Konzil wirklich ein Fachmann für Kommunikation. Dies stürzte ihn in quälende Haarspaltereien, was er sagen konnte und was nicht. Die Faustregel war, daß Wenger glaubte, er könne die Wahrheit sagen, so wie er sie sah, wenn zuvor irgendein Italiener dasselbe gesagt hatte.

Komisch war, daß anscheinend die Geheimhaltungsvorschrift im Fall der italienischen Presse nicht zutraf oder jedenfalls nicht beachtet wurde. Die professionellen *Vaticanisti* oder «Vatikanologen» verfügten über Quellen, die keinem sonst zugänglich waren. Gleichzeitig waren die meisten von ihnen in erschreckend hohem Maße ideologisch festgelegt. Der für *Il Tempo* schreibende, in Cambridge gebildete Fürst Guglielmo («Bill») Rospigliosi sah Papst Johannes verhängnisvoll nach links driften und läutete die Alarmglocken. Mario Tedeschi, Herausgeber des skurrilen *Il Borghese,* bekam Hinweise von Kurialen des rechten Flügels zugespielt, daß das Konzil unnötig wäre. Kardinal Bea war das Hauptziel des Zorns von rechts: Er war angeblich bereit, Protestanten, Orthodoxen, Juden, Freimaurern und sogar Moslems die Hand zu geben, während er unfähig war, Eintracht in der Kirche herzustellen (s. Kaiser, S. 77f.). Die einzige verläßliche italienische Quelle war *Civiltà Cattolica,* die jesuitische Zweiwochenschrift. Die Jesuiten wußten alles, und manchmal teilten sie ihr Wissen mit. Sie waren unverrückbar auf der Seite Beas und Papst Johannes'.

Zu jenen, die sich aus den journalistischen Problemen nichts machten, gehörte der geheimnisvolle «Xavier Rynne», der ausgiebig für *The New Yorker* schrieb. Mit bewundernswerter Offenheit machte «Rynne» keine Insiderkenntnisse geltend und bekannte, daß sein späteres Buch sich auf «dem allgemeinen Publikum zugängliche Quellen» stützte (Rynne, S. xi). Pater Francis Xavier Murphy CSSR, der mit einem Augenzwinkern leugnet, daß er «Xavier Rynne» war, schrieb 1984: «Jeder Journalist, der nicht fähig ist, ein vatikanisches Geheimnis zu knacken, nachdem er fleißig die italienische Presse gelesen, *l'Osservatore Romano* gründlich geprüft und an einem oder zwei Botschaftsempfängen teilgenommen hat, sollte seinen Beruf wechseln» (F. X. Murphy, «Vatikanologie: Tatsachen und Erfindung trennen» in *National Catholic Reporter,* 24. Februar 1984, S. 7). Das stimmt aufs i-Tüpfelchen. Aber es läßt einen auch endgültig Murphy mit «Rynne» gleichsetzen. Denn Murphy hat «Rynne»-Material zwei Jahrzehnte lang wieder aufbereitet. Zum Beispiel fragte er 1984: «Warum Geheimnisse auf dem Konzil? Antwort: Weil Geheimnisse schneller reisen.» Dieser Witz kursierte zum erstenmal 1963. Also hat Murphy entweder geistige Anleihen bei «Rynne» gemacht, oder sie sind ein und dieselbe Person.

Alle diese Schreiber berichteten eingehend von den dramatischen Ereignissen des 14. Oktober, des ersten Arbeitstages des Konzils. Das Konzil brachte sich zur Geltung, indem es beschloß, seine eigenen Kommissionsmitglieder zu wählen, anstatt fromm die 180 von der Kurie genannten Namen zu akzeptieren. Die Kardinäle Achille Liénart von Lille und Joseph Frings von Köln versahen Kardinal Alfredo Ottaviani mit diesem doppelten Schlag. Er war sichtlich erschüttert, wie man in den Fernsehnachrichten sehen konnte, die Bilder ohne Ton brachten (Wenger, S. 59). Die politisch Denkenden sagten, das Konzil habe sich um Unabhängigkeit bemüht; Theologen sagten lieber, daß dies die Bedeutung von «Kollegialität» beleuchtete und jedenfalls eine offensichtliche Bewegung wäre. Es machte bestimmt Spaß. Diese Stimmung fast schuljungenhafter Fröhlichkeit wurde in Heenans Tagebuch eingefangen:

> Der Rest des Tages wurde mit Gesprächen vor den Türen verbracht. Bischof de Smedt aus Brügge war am Telefon und kam zum zweitenmal vorbei. Seine Geschichte war, daß der Vorsitzende, Kardinal Tisserant, ablehnte, als Liénart ums Wort bat... Kardinal Liénart bat erneut nach der Messe. Wieder wurde ihm die Erlaubnis verweigert. Deshalb griff er einfach zum Mikrophon und sprach. Seinem Beispiel folgte Kardinal Frings. Zusammenbruch einiger italienischer Kardinäle: *Scandalo! Che spettacolo davanti del mondo!* Skandal! Was für ein Anblick vor der ganzen Welt! (*Crown of Thorns,* S. 349).

Da bedauert man, daß Heenans Tagebuch an dieser Stelle versiegt. Aber es gab so vieles andere zu tun. Es kam Heenan nicht in den Sinn, sich zu fragen, ob Liénarts Einschreiten lange geplant oder die Eingebung des Augenblicks gewesen war. Es war wahrscheinlich weder das eine noch das andere. Während der Sommerferien hatte der Erzbischof von Toulouse, Gabriel-Marie Garrone, sorgfältig das *regolamento* (die Verfahrensregeln) des Konzils studiert. Er merkte schnell, daß die Zusammensetzung der Konzilskommissionen eine Sache von höchster Wichtigkeit war. Denn wenn die Textentwürfe zurückverwiesen werden sollten – und es sah sehr danach aus, daß das geschehen würde –, dann wäre es nicht sehr sinnvoll, sie an dieselben Leute zurückzuschicken. Yves-Marie Congar bemerkte trokken: «Ein Apfelbaum trägt Äpfel, ein Kirschbaum Kirschen.» Bei seiner Ankunft in Rom testete Garrone seine Theorie bei seinen Kontakten: Einige versicherten ihm, es gäbe nichts zu befürchten; Kardinal Paul Emil Léger aus Montreal fühlte sich «schlecht und pessimistisch», wenn er an das Ganze dachte (Levillain, S. 190). Schließlich war es ein zufälliges Treffen mit Liénart, bei dem es Garrone gelang, Gehör für seine Ansicht zu finden. Also wurde der Einspruch am Vorabend der entscheidenden Sitzung geschrieben, und Liénart lernte ihn im Auto auf dem Weg zur Peterskirche an diesem Morgen auswendig (ibid.). Philippe Levillains Bericht ist zugegebenermaßen ziemlich gallozentrisch, und die Deutschen scheinen dabei keine Rolle zu spielen. Liénart selbst berichtete, daß er beim Verlassen der Basilika Pater C. Balit traf, den kroatischen Mariologen, der sarkastisch bemerkte: «Ihr Franzosen! *Allons enfants de la patrie, le jour de gloire est arrivé*» (ibid., S. 191). An diesem selben 14. Oktober trieb Papst Johannes sich weder in der Lobby herum, noch telefonierte er. Er schrieb eilig einen Brief an den Dompropst in Bergamo,

Msgr. Guglielmo Scattini, wegen Don Battista Roncalli, seinem unruhigen Neffen, der mit dem Segen seines Onkels 1961 in seine heimatliche Diözese zurückgekehrt war (*Lettere,* S. 151). Johannes dankte dem Propst, daß er ihn über die Reaktion Bergamos auf die Eröffnung des Konzils, die «in der ganzen Welt Widerhall fand», informiert hatte. Dann fuhr er fort:

> Danken wir dem Herrn, daß der höchst unwürdige Bischof von Rom soviel Licht und Stärke empfangen hat, aber ein gesegnetes Kreuz *[una buona croce]* für ihn wie für jene um ihn herum kann nicht vermieden werden, ein Kreuz, welches das Ökumenische Konzil gewiß zu tragen lernen muß, damit es als ein *opus perfectum* [ein vollkommenes Werk] erstehen kann (*Lettere,* S. 424).

Woran dachte er? War Ottaviani bei ihm gewesen, um über die Unhöflichkeit der Ausländer zu klagen? Hatte Papst Johannes schon gespürt, was geschehen würde? Capovilla bemerkt, daß diese Äußerung jeden «oberflächlichen Optimismus» ausschließt (ibid., S. 425). Wie wahr. Aber das «gute Kreuz» bedeutet auch, daß das Konzil für ihn als eine geistliche Erfahrung miterlebt würde. Es könnte sehr schmerzlich sein. Aber es lag in den Händen des Herrn. Es würde sich schließlich als gut erweisen. Sein Konzil fand in einer anderen Dimension statt.

Bei der zweiten allgemeinen Kongregation (wie die Sitzungen genannt wurden) am 16. Oktober versuchte Kardinal Ottaviani verlorenen Boden wiedergutzumachen. Sein Motto war *Semper idem* (immer derselbe), und ein Band mit seinen gesammelten Reden wurde unter dem Titel *Il Baluardo,* die Bastion oder das Bollwerk, veröffentlicht. Er nahm also bereitwillig die Rolle eines Führers der Konservativen an. Aber jetzt benahm er sich vernünftig. Er sprach recht lange über eine anscheinend belanglose Verfahrensfrage. Für eine gültige Wahl (zum Beispiel ein päpstliches Konklave) verlangte das Kirchenrecht gewöhnlich eine Zweidrittelmehrheit. Er schlug vor, daß bei der Wahl der Konzilskommissionen eine einfache Mehrheit genügen sollte. Dies würde «Zeit sparen» und langwierige «Wahlspielchen» *(ludi electorales)* verhindern. Es würde auch ein Breittreten der Peinlichkeiten für die Kurie umgehen, denn Ottaviani merkte, daß seine Leute in einem offenen Wettbewerb zwangsläufig unterliegen würden. Er stellte sich dem Konzil als einer vor, der mit der vorliegenden Aufgabe möglichst schnell weiterkommen wollte. Er wendete ein bißchen Erpressung an – oder sollen wir sagen, moralischen Druck? Er erinnerte die Bischöfe daran, daß der Schaden für die Gläubigen desto größer wäre, je länger sie von ihren Diözesen fern waren. Außerdem könnten die Lebenshaltungskosten in Rom eine arme Diözese auf die Dauer ruinieren. Die Sorge war nicht gänzlich selbstlos. Es war das letzte Aufflackern des «Blitzkonzils», das man 1948 ins Auge gefaßt (s. oben, S. 396f.) und an dem Ottaviani gearbeitet hatte. Je länger das Konzil dauerte, desto eher wäre es in der Lage, die Verantwortung für seine Tagesordnung, für Kommissionen, Verfahren und Dokumente selbst in die Hand zu nehmen. Ottaviani wünschte ein kurzes, schnelles Konzil.

Aber dann stand sein alter Freund und Kollege Kardinal Ernesto Ruffini auf und bestand darauf, daß die Regeln eingehalten werden müßten: Sie müßten so lange wählen, bis jeder die notwendige Zweidrittelmehrheit hätte. Das war nicht das letzte Mal, daß die selbsternannten Konservativen einen Mangel an Kooperation zeigten. Eine Regelung wurde gebraucht. Wer sollte sie geben? Die Frage wurde Papst Johannes vorgetragen, der vier Tage brauchte – bis zum 20. Oktober –, um die Forderung des Kirchenrechts aufzugeben und die Methode der einfachen Mehrheit ohne Notwendigkeit eines zweiten Wahlgangs zu bestimmen.

Diese Episode wirft die Frage auf: Wer organisierte eigentlich das Konzil? Theoretisch lag seine tägliche Organisation in den Händen des angeblich angesehenen «Rates der Vorsitzenden». Alle waren Kardinäle. Vier von ihnen haben wir bereits kennengelernt: Tisserant, Ruffini, Liénart und Frings. Die anderen waren Francis Spellman aus New York, Sir Norman Gilroy aus Sydney, Enrique Pla y Deniel aus Toledo in Spanien (krank und während der Sitzungsperiode meist abwesend) und Bernard Alfrink aus Utrecht in Holland, ein Bibelwissenschaftler und ehemaliger Schüler Ruffinis. Soweit feststellbar war die einzige Entscheidung von einiger Bedeutung, die vom Rat der Vorsitzenden getroffen wurde, daß das erste zu prüfende Schema das über die Liturgie sein sollte. Liénart erklärte: «Wir beschlossen, mit der Liturgie zu beginnen. Wir hätten eigentlich mit einem dogmatischen Schema anfangen sollen, aber wir dachten, ein einfacheres Schema würde uns erlauben, uns einzuspielen *(‹roder›)*» (Jan Grootaers, *«L'attitude de l'Archevêque Montini au cours de la première periode du concile»,* ein Aufsatz, der dem Kolloquium über Paul VI. in Mailand, 23.–25. September 1983, vorgelegt wurde). Man ging von der Vorstellung aus, daß jeder, sei er noch so beschränkt, etwas über den Gottesdienst zu sagen wüßte.

Aber der Rat der Vorsitzenden war ein wirkungsloses und weitgehend nur den Namen nach bestehendes Gremium. Er trat nicht regelmäßig zusammen. Er traf sich «auf einer Ad-hoc-Basis, wenn eine Frage zur Entscheidung vorlag» (Grootaers, S. 3, der Liénart zitiert). Es gab wenig Gemeinsames unter den Mitgliedern, und sie hatten keinen Plan. Obwohl nur sehr wenige von ihrer Existenz wußten, wurde Autorität bei dem Konzil den sieben Kardinälen übertragen, die im Sekretariat für außerordentliche Angelegenheiten saßen. Artikel 7 der Konzilsregeln besagte, daß seine Funktion war, «die neuen, von den Vätern gestellten Fragen zu prüfen und falls nötig dem Heiligen Vater zu unterbreiten». Aber in einer neuartigen Situation war alles eine neue Frage. Theoretisch war das Sekretariat wichtig, weil es das Stundenglas war, das Papst und Konzil verband. Seine Existenz war nicht völlig unbekannt. 1963 bemerkte Wenger, daß Staatssekretär Amleto Cicognani sein Vorsitzender war, und erklärte zuversichtlich, daß «die Direktiven dieses Gremiums den Willen oder die Gefühle des Papstes ausdrücken» (Wenger, S. 74). Wir kennen schon drei seiner sieben Mitglieder: Montini, Suenens und Wyszyński. Die anderen waren Carlo Confalonieri, ein Kurialer, der sich seines unabhängigen Denkens rühmte, Albert Meyer aus Chicago, ein Bibelkenner, der die Wertschätzung von Pater Andrew Greeley gewann, Julius Döpfner aus München, der ein Gegengewicht zu Giuseppe Siri aus Genua bildete, der später als «der Konservative der Erzkonservativen» beschrieben wurde. Aber es gibt nicht viele Hinweise, daß dieses Gremium sehr oft zusammentrat oder etwas Wichtiges entschied. Viel einflußreicher war eine inoffizielle Gruppe mit Montini und Suenens an der Spitze, die keinen Namen hatte. Wenn man ihr ein Etikett verpassen müßte, könnte man sie «die Freunde von Papst Johannes» nennen.

Sie waren vom Beginn des Konzils an besorgt, weil es anscheinend ohne Ziel und Plan war. Am 18. Oktober 1962 drückte Montini seine Sorgen schriftlich in Form eines an Cicognani adressierten Briefes aus. So forderte es das Protokoll, aber er war für die Augen von Papst Johannes gedacht. Er fügte Suenens' Versuch an, der sich auf die Unterscheidung zwischen der Kirche an sich und ihrer Mission stützte und die Textentwürfe verbinden wollte. Er kritisierte den Rat der Vorsitzenden. «Die Entscheidung für die Liturgie als erstes Diskussionsthema», schrieb Montini, «obwohl sie in den an uns verteilten Bänden nicht an erster Stelle steht und keine Notwendigkeit bestand, sie zuerst zu behandeln, verstärkt die Furcht, daß es keinen vorher festgestellten Plan gibt» (*l'Osservatore Romano,* 26. Januar 1984). Es war eine Frage, die ihn lange beschäftigt hatte. Man könnte nicht das Gebet der Kirche diskutieren, ohne zu wissen, was die Kirche ist. Deshalb wäre die Kirche der einzig logische Ausgangspunkt. Er hatte das energisch *(«vivamente»)* Felici nach einer Sitzung der Vorbereitungskommission klargemacht (Caprile, II,

S. 251). Der Streit zwischen der Kurie und den Ausländern könnte die unwissenden Presseleute ablenken, aber die ernste Frage blieb bestehen: Welche Absicht hatte das Konzil wirklich?
Denn das Konzil, bekräftigte Montini, sollte nicht «ein bloßer Haufen von ungleichartigen Bauklötzen sein, sondern ein umsichtig konstruiertes Monument». Das war eine andere Art zu sagen, daß die vorbereitende Arbeit größtenteils nutzlos war. Wenn man einen Monat lang über die Liturgie debattierte, könnte diese Tatsache verschleiert werden, aber bald müßte man den Tatsachen ins Auge sehen. Daraus folgte, daß die Hoffnung, das Konzil in einer einzigen Sitzungsperiode abzuschließen, illusorisch wäre und aufgegeben werden müßte. Montini dachte, daß *drei* Sitzungsperioden benötigt würden, um Ordnung in das Chaos zu bringen. Das war eine schlechte Nachricht für Papst Johannes. Er wußte schon, daß er auf den Tod krank war. Aber er mußte zugeben, daß Montinis Plan, den Suenens unterstützte, sinnvoll war. Und *es gab keinen anderen.*
Montinis Programm für das Konzil, wie er es in seinem Brief vom 18. Oktober 1962 umriß, kann folgendermaßen zusammengefaßt werden:
1. Das Konzil sollte sich auf ein Thema konzentrieren: das Wesen der Kirche. Warum? Weil es eine Vervollständigung des Vatikanum I war, das sich zum Teil mit ekklesiologischen Fragen befaßt hatte, und weil es im 20. Jahrhundert eine Erneuerung des kirchlichen Selbstverständnisses gegeben hatte, was durch die Enzyklika *Mystici Corporis* unterstrichen wurde.
2. Aber während es sich mit der Kirche befaßt, sollte das Konzil nicht der Selbstbespiegelung dienen. «Christus der Herr ist das Prinzip der Kirche, die eine Folge und Fortsetzung Christi ist. Das Bildnis Christi sollte wie der Pantokrator in den antiken Basiliken über die Kirche herrschen, die sich um ihn und in seinem Namen versammelt.»
3. Das Konzil sollte die «erworbene Gewißheit» über den Primat Petri und seiner Nachfolger anerkennen. «Nach der Verkündung des Dogmas vom päpstlichen Primat und der Unfehlbarkeit gab es einige Abwendungen [er meint die Altkatholiken unter Ignaz Döllinger] und einige Vorbehalte, aber jetzt herrscht fügsame Ergebung.» Da sie, um Vatikanum I zu «vollenden», Kollegialität und die Rolle der Bischöfe diskutieren müßten, warum sollten sie dann nicht «kurz, deutlich, feierlich und in tiefempfundener Weise» sagen, daß das päpstliche Amt nicht in Zweifel gezogen würde?
4. Dann sollte sich das Konzil auf das «Mysterium der Kirche» konzentrieren. Es müßte sich mit verschiedenen Aufgaben und Rollen im

Licht des erneuerten Selbstverständnisses der Kirche befassen: Bischöfe, Priester, Ordensleute, Laien. Das Ziel war eine Sicht der Kirche, die nicht rein juristisch war – indem sie die Kirche als eine «vollkommene Gesellschaft» sah –, sondern sie eher zu sehen als «Menschheit, die im Glauben und in Liebe lebt, erfüllt vom Heiligen Geist als der Braut Christi, einzig und katholisch, heilig und heiligmachend. Es scheint mir, daß dies die ursprüngliche Absicht des Papstes war, als er das Konzil einberief.»

5. Die *zweite Sitzungsperiode* sollte die Mission der Kirche betrachten oder was die Kirche tut. «*Operatio sequitur esse:* Handeln hängt von der Natur ab.» Montini schlägt vor, daß das der richtige Platz sei, um sich mit der Liturgie (der Kirche im Gebet) oder den «jungen Kirchen» (der Kirche als Mission) zu befassen.

6. Schließlich würde eine *dritte Sitzungsperiode* benötigt, um die Beziehungen der Kirche zu anderen menschlichen Gruppen zu behandeln. Dazu würde gehören:

(i) «Beziehungen zu den getrennten Brüdern – zu versuchen, sich zu Beginn des Konzils damit zu befassen, scheint mir jede Lösung unmöglich zu machen.»

(ii) Beziehungen zur bürgerlichen Gesellschaft (Frieden und Krieg, Beziehungen zu Staaten usw.).

(iii) Beziehungen zur Welt der Kultur, der Kunst und Wissenschaft.

(iv) Beziehungen zur Welt der Arbeit, Wirtschaft usw.

(v) Beziehungen zu den Feinden der Kirche.

An dieser Stelle fügte Montini hinzu, daß die Texte für die «dritte Sitzungsperiode», die er ins Auge faßte, in einem anderen Stil geschrieben werden müßten. Sie müßten eher sein wie «prophetische Botschaften, die sich an unsere Zeitgenossen richten, ob sie Gläubige sind oder nicht» (*l'Osservatore Romano,* 26. Januar 1984; Brief vom 18. Oktober 1962). Montinis Brief ist das mit Abstand wichtigste Dokument für das Verständnis nicht nur der ersten Sitzungsperiode, sondern des ganzen Vatikanischen Konzils. Die Tatsache, daß es faktisch unbekannt war, bis Suenens im September 1983 eine Kopie dem Paul-VI.-Archiv in Brescia übergab, bedeutet, daß bis dahin Historikern der Schlüssel fehlte, der das Konzil geöffnet hätte. Es sollte mehr oder weniger verlaufen, wie Montini schon eine Woche nach dem Beginn vorgeschlagen hatte. Gewiß, es brauchte vier Sitzungsperioden anstatt der drei, die er für nötig gehalten hatte – aber das war ein belangloser Irrtum, da Papst Johannes und die Mehrheit der Väter des Konzils optimistisch geglaubt hatten, das Konzil wäre bis zum nächsten Weihnachtsfest vorbei. Der Brief war dazu gedacht, das «Führungsvakuum» zu füllen. Suenens erinnerte sich an ein Gespräch mit Papst Johannes im vorigen März. «Wer organisiert das Konzil?» fragte Suenens. «*Nessuno* (niemand)», erwiderte Johannes. Freiheit war zweifellos eine gute Sache, aber ungezügelte Freiheit führte zu Verwirrung. Papst Johannes begriff das Ende November, als er Montini und Suenens bat, in der Aula zu sagen, was sie privat im Oktober geäußert hatten. Sie kamen dem ordnungsgemäß nach. Papst Johannes sah es nicht als seine Aufgabe an, detailierte Pläne zu entwerfen. Er war kein Mann für Projekte. Aber er erkannte die Notwendigkeit eines Plans. Seine eigene Rolle als Ermöglicher und Initiator stand nicht in Frage. Er sagte Kardinal Gabriel-Marie Garrone mit einer Metapher, die Erzbischof Roberts entzückt hätte, daß es seine Aufgabe wäre, dieses große schwere Schiff vom Stapel laufen zu lassen. «Ein anderer», sagte er traurig und prophetisch, «wird die Aufgabe haben, es aus dem Meer zu holen» (*l'Osservatore Romano*, engl. Ausg., 1. Februar 1982).

So gab es am 18. Oktober 1962, gerade eine Woche nach Papst Johannes' Eröffnungsrede, zwei Szenarien für das Konzil. Ottaviani stellte sich ein schnelles Konzil mit einer einzigen Sitzungsperiode vor, das alle vorbereiteten Texte ratifizieren würde, nachdem es kleinere Korrekturen angebracht hätte. Montini und Suenens sahen ein langwieriges Konzil voraus, das wenigstens drei Sitzungsperioden erforderte und mit dem zweifellos ein gewisser Aderlaß verbunden wäre (Johannes' «gutes Kreuz»). Eine Frage pro Sitzungsperiode zeigte ihnen ihren Plan: Was ist die Kirche? Was sollte sie tun? Wie steht es mit ihrem Beziehungsfeld? Niemand sonst sah die Kernfragen damals mit solcher Klarheit. Es gehörte nicht viel Vorstellungskraft dazu, um zu verstehen, daß Montini der von Papst Johannes bevorzugte Nachfolger war. Er wäre der Steuermann, der das große Schiff an Land bringen würde.

Zwei Tage später gab es einen weiteren Beweis von unvernünftiger Planung, als der Rat der Vorsitzenden, der «im Namen des Heiligen Vaters handelte», das Konzil einlud, eine «Botschaft an die Welt» zu bekräftigen. Es schien ziemlich anmaßend, die ganze Welt anzusprechen, bevor sie tatsächlich etwas geleistet hätten. Erzbischof John Carmel Heenan sprach sich energisch dagegen aus: «Ich glaube, es ist noch nicht an der Zeit, eine Botschaft an alle Menschen zu schicken, und es stimmt mich traurig, eine erste Botschaft zu sehen, die so schal und langatmig ist. Ich bin ganz sicher, daß die Presse ihr sehr wenig Aufmerksamkeit schenken wird» (ASCV, I, 1, S. 237). Heenan behielt recht. Die Botschaft hinterließ keine Spur in der Geschichte und fiel schnell dem verdienten Vergessen anheim. Die Debatte darüber bestand darin, daß Redner auf Redner das Fehlen seines Lieblingsthemas bedauerte, sei es Unsere Liebe Frau, die «Kirche des Schweigens» oder Beziehungen mit den Orthodoxen.

Doch der Blindgänger von Botschaft gewann aus zufälligen Gründen Bedeutung. Die ursprüngliche Idee einer Botschaft an die Welt kam von Yves-Marie Congar und Marie Dominique Chenu, zwei französischen Dominikanern, die immer noch ein wenig in Ungnade standen (s. 10. Kapitel). Ohne fremde Hilfe erstellten sie einen Text, der an alle Menschen gerichtet war, und legten ihn sechs wohlmeinenden Kardinälen vor. Er gefiel ihnen, aber sie dachten, in dem lobenswerten Wunsch, zu allen Menschen zu sprechen, übersähe er das Evangelium und verlasse sich zu sehr «auf das Naturgesetz». Dies könne einem Konzil keinesfalls genügen, das einen «christlichen» Text verlangte. So machten sich vier französische Bischöfe, Liénart, Garrone, Emile Guerry von Cambrai und Alfred Ancel, Weihbischof von Lyon, an die Arbeit, um ein Dokument aufzusetzen, das mit Gottes Liebe und seinem Erlösungsplan begann (Näheres bei Rouquette, I, S. 232, der Guerry zitiert; Guerry schrieb einen Hirtenbrief darüber). So lag die Bedeutung der Botschaft darin, daß sie die stillschweigende Rehabilitierung von Congar und Chenu einleitete und in Papst Johannes' Gedanken den Traum von einem Text, der sich nicht nur an Katholiken, sondern an alle Menschen wandte, heimisch werden ließ.

Ein solcher Text wurde dringend benötigt. Denn die Welt war plötzlich auffallend unsicher geworden. Am 15. Oktober bewiesen Aufklärungsfotos zweifelsfrei, daß sich sowjetische Raketen auf Kuba befanden, in bequemer Reichweite der Vereinigten Staaten (Schlesinger, S. 506). Am 20. Oktober, dem Tag, an dem das Konzil seine wirkungslose «Botschaft» diskutierte, kündigte Präsident John F. Kennedy eine Blockade für die sowjetischen Schiffe an, die Kuba ansteuerten, wie man wußte. Es folgte eine hektische Woche, in der es nicht unwahrscheinlich schien, daß ein Atomkrieg die Welt verschlingen würde. Familienangehörige von Politikern wurden aus Washington evakuiert. In Rio de Janeiro verkündete Billy Graham das Ende der Welt, voreilig, wie sich herausstellte, aber nicht unsinnig.

Papst Johannes spielte eine wichtige ausgleichende und versöhnende Rolle in dieser schicksalhaften Woche. Chruschtschow erkannte das später an. «Was der Papst für den Frieden getan hat», sagte er Norman Cousins, Herausgeber der *Saturday Review,* am 13. Dezember 1962, «wird in die Geschichte eingehen» (Stehle, S. 306). Aber was Papst Johannes tat, ist nicht in die Geschichte der Ära Kennedy eingegangen. Man sucht vergebens nach einer Erwähnung Papst Johannes' in den Biographien John F. Kennedys oder den Berichten über die Kubakrise. Man kann nur mutmaßen, daß es amerikanischen Historikern widerstrebte, da sie überhaupt zum erstenmal einen katholischen Präsidenten hatten, zuzugeben, der Papst könnte womöglich einen gewissen Einfluß auf ihn gehabt haben. Am anderen Rand des Spektrums übertreiben *Vaticanisti* die Rolle von Papst Johannes. Sie stellten ihn als Vermittler in höchster Not dar, als alle anderen diplomatischen Kanäle zusammengebrochen waren. Aber seine Rolle aufzublähen ist genauso schlecht, wie sie zu unterschätzen.

Der entscheidende Tag in dieser Geschichte war der 23. Oktober 1962. Nachdem er seine Stärke demonstriert hatte und die Blokkade verhängt hatte, versuchte John F. Kennedy es mit Milde. Sein Bruder Robert hatte eine freundschaftliche Beziehung zum russischen Botschafter Anatolij Dobrynin aufgebaut. Der Präsident schickte seinen Bruder zu ihm, um zu erläutern, wie er Chruschtschows Absichten deutete. Es wurden keine Drohungen geäußert. Robert erklärte, daß John F. weitaus weniger Falke wäre als andere in der Regierung; wenn auch er und Chruschtschow in vielen Streitfragen nicht übereinstimmten, «gäbe es nun ein Maß von gegenseitigem Vertrauen zwischen ihnen, auf das er sich verlassen könne» (Schlesinger, S. 514). Am selben Tag versuchte der Präsident, mit allen Mitteln den Frieden zu retten, rief Norman Cousins an und sagte, er wollte Kontakt mit dem Vatikan aufnehmen. Warum Cousins? Warum der Vatikan? Cousins war ein bekannter Mann. Er hatte 1945 ein Buch herausgebracht, *Der moderne Mensch ist veraltet,* in dem er argumentierte, daß die Erfindung der Atombombe den Verlauf menschlicher Konflikte verändert habe. Er hatte versucht, mit den Russen in Verbindung zu bleiben. Er hatte auch argumentiert, daß die einzige «dritte Kraft» in einer bipolaren Welt das Papsttum wäre. Außerdem stand Cousins in ebendiesem Augenblick im Gespräch mit sowjetischen Schriftstellern und Wissenschaftlern in Andover, Massachusetts. Ebenfalls in Andover anwesend war der rätselhafte belgische Dominikaner Pater Félix Morlion, der im Februar 1960 von Kardinal Pizzardo aus Rom hinausgeworfen worden war. Er wurde in weiten Kreisen als CIA-Agent angesehen (Magister, S. 252). Aber jetzt erwiesen sich seine Kontakte im Vatikan als nützlich. Er kam schließlich am Abend (römischer Zeit) des 23. Oktober durch und sprach mit Msgr. Igino Cardinale, dem Protokollchef, der ihm versicherte, Papst Johannes wäre willens und bemüht, in jeder ihm möglichen Weise zu helfen.

Die Russen in Andover waren besorgt und wollten nach Hause fahren. Cousins überredete sie, mit Moskau zu sprechen. Mit einem Priester zu reden war für sie eine neue Erfahrung. Sie kannten Chruschtschow persönlich und übermittelten Teile eines kodierten Telegramms: «Wir glauben wirklich, daß Sie ein Freund des Friedens sind und nicht den Tod von Millionen wünschen.» Im Vatikan hatte Papst Johannes inzwischen Morlions Bitte um ein Eingreifen erhalten. Mit Dell'Acqua arbeitete er die ganze Nacht über an einer Botschaft, die am nächsten Tag gesendet werden sollte. Von Zeit zu Zeit ging er in seine Privatkapelle, um zu beten. Er wußte genau, was von ihm erwartet wurde. Was hatte er am Abend des 11. Oktober gesagt? «Meine Stimme ist eine einzelne, aber sie ist ein Echo auf die Stimme der ganzen Welt.» Ein öffentliches Zeichen der päpstlichen Wertschätzung würde es Chruschtschow erleichtern, die Falken im Kreml davon zu überzeugen, daß Frieden der klügere Kurs war. Johannes' früheres Taktgefühl kam ihm nun gut zustatten. Er hatte aufgehört, von der «Kirche des Schweigens» zu sprechen; er hatte den kubanischen Botschafter in Italien, Amado Blanco, empfangen; er hatte deutlich gemacht, daß das Konzil keine Verurteilungen aussprechen würde. In anderen Worten, er hatte das Recht erworben, daß man auf ihn hörte.

Am folgenden Tag, Mittwoch, dem 24. Oktober, war die übliche wöchentliche Audienz. Am Ende seiner Rede fügte Papst Johannes einen lose verbundenen Satz über den guten Willen von Staatsmännern an: «Der Papst spricht immer gut von solchen Staatsmännern, auf welcher Seite auch immer, die bestrebt sind zusammenzukommen, um Krieg zu vermeiden und der Menschheit Frieden zu bringen.» So banal das war, stellte es doch ein erstes Signal an Chruschtschow dar. Das zweite Signal war Papst Johannes' Botschaft, die der sowjetischen Botschaft in Rom zur Weiterleitung nach Moskau übergeben wurde. Sie lautete:

> Ich flehe die Staatsoberhäupter an, sich dem Schrei der Menschheit, Frieden, Frieden, nicht zu verschließen. Mögen sie alles tun, was in ihrer Macht steht, um den Frieden zu retten; auf diese Weise werden sie die Schrecken eines Krieges vermeiden, dessen entsetzliche Folgen niemand voraussagen könnte. Mögen sie weiter verhandeln. Die Geschichte wird diese loyale und offene Haltung als ein Zeugnis des Gewissens sehen. Verhandlungen zu fördern, zu ermutigen und zu akzeptieren, immer und auf jeder Ebene, ist eine Regel der Klugheit, die sowohl himmlische als auch irdische Segnungen auf sich zieht (DMC, S. 614f.).

Johannes strahlte seine Botschaft an jenem Nachmittag über Radio Vatikan aus. Am Freitag, dem 26. Oktober, kam sie auf die Titelseite der *Prawda* unter der über die ganze Seite laufenden Schlagzeile: «Wir bitten alle Regierenden, nicht taub zu sein für den Schrei der Menschheit.» Das war beispiellos. Es bedeutete, daß Chruschtschow seinen Rückzug vorbereitete. Papst Johannes' Eingreifen half ihm aus der Klemme. Er konnte als friedliebender Mann auftreten. «Die Botschaft des Papstes», sagte er später zu Cousins, «war der einzige Hoffnungsschimmer» (Stehle, S. 305).

Am Sonntag, dem 28. Oktober, antwortete Chruschtschow Kennedy. Er erklärte, daß die Arbeit an den Raketenbasen eingestellt würden, daß die Waffen in die Sowjetunion zurückgeschickt würden und daß er im Rahmen der Vereinten Nationen Verhandlungen aufnehmen würde. Die sowjetischen Schiffe hatten schon kehrtgemacht. In seiner Privatkapelle feierte Papst Johannes eine Messe für den Frieden. Bald darauf brachte Dell'Acqua, Substitut im Staatssekretariat, ihm eine Botschaft, die soeben von Präsident Kennedy angekommen war. Er dankte Papst Johannes für seine Hilfe. Nicht nur war die unmittelbare Krise gelöst, Chruschtschow wünschte auch weiter Kontakte, um Abrüstung und Entspannung zu diskutieren (*Utopia*, engl. S. 9). Es war der vierte Jahrestag der Wahl Johannes' und das Christkönigsfest.

Die römischen Zeitungen an jenem Sonntagmorgen hatten die letzten Nachrichten noch nicht und klangen noch beunruhigend. So brachten Johannes' Worte einer ängstlichen Menge beim Angelus die Neuigkeit und Hoffnung:

> Verstrichen sind vier Jahre des Gebetes und Dienstes, der Begegnungen und Gespräche, der Freude, aber auch gewissen Leides; aber jeder Tag wurde in der Bereitschaft gelebt, den göttlichen Willen zu erfüllen, und in der Zuversicht, daß alle Dinge zur Erbauung aller zusammenwirken.
>
> Am heutigen Christkönigsfest fühle ich mich tief bewegt, und mein Geist erhebt sich in Heiterkeit und Ruhe. Das Wort des Evangeliums hat sich nicht gewandelt; aber es klingt hinaus an alle Enden der Erde und findet seinen Weg in Menschenherzen. Gefahren und Leiden, menschliche Klugheit und Weisheit – das alles sollte in einem Lobgesang der Liebe zusammenströmen und in eine erneute Bitte, an alle Menschen gerichtet, das Reich Christi zu suchen und wiederherzustellen ... Ein neuer Geist bemächtigt sich allmählich der Gedanken von Politikern und Ökonomen, Wissenschaftlern und Schriftstellern (AAS, 54, 1962, S. 860).

Capovilla datiert den Ursprung von *Pacem in Terris* auf den 25. Oktober 1962, als Papst Johannes an seiner Botschaft arbeitete. Das Konzil überlegte, wie der moderne Mensch anzureden war. Johannes sprach von dem, was die meisten Menschen anging – Krieg und Frieden. So wurde die Enzyklika auf dem Höhepunkt der Kubakrise erdacht. Seine «Bereitschaft, den göttlichen Willen zu erfüllen», veranlaßte ihn zu einer Zeit dazu, als Krankheit und Beschäftigung mit dem Konzil ihn von einer zusätzlichen Anstrengung freigesprochen hätten.

Niemand hätte ihm einen Vorwurf gemacht, wenn er *Pacem in Terris* nicht geschrieben hätte. Er hatte ohnehin genug zu tun. Aber er wollte, ehe es zu spät war, seinen letzten Willen kundtun. Seine diplomatischen Gewohnheiten regten sich wieder: Wenn du eine Öffnung siehst, beeile dich, sie auszubeuten. Chruschtschow und Kennedy, die zwei mächtigsten Männer der Welt, waren ihm und, relativ, sogar einander wohlgesonnen. Also sollte man im Drängen nach Frieden nicht nachlassen. Es herrschte eine Stimmung, in der diese Arbeit wichtiger war als das Konzil. Dessen Debatten über die Liturgie schleppten sich mit Wiederholungen und ohne Ende hin. Kardinal William Godfrey brachte das «Argument vom Lippenstift» *(labia tincta rubri coloris)* gegen das Zugeständnis des Kelches an die Laien vor. Das «Argument des Tourismus» gegen die Verwendung der Landessprache zog sich mühsam hin. Es war bereits zu einigen heftigen Zusammenstößen in der Aula gekommen. Dies war ein zusätzlicher Grund, an *Pacem in Terris* zu arbeiten: Es wäre ein Hinweis an das Konzil, daß die Kirche existierte, und nicht um ihren Nabel zu beschauen, sondern um der Welt zu dienen. So hielt es Papst Johannes nicht für nötig, alles zu verfolgen, was in der Peterskirche gesagt wurde. Er hatte natürlich immer das Bild auf seinem Fernseher, aber er stellte den Ton nur an, wenn jemand erschien, der ihn interessierte.

Doch Papst Johannes' physische Abwesenheit von der Aula bedeutete nicht, daß er dort ohne Einfluß war. Während der Debatte über die Liturgie wurde seine Rede vom 11. Oktober immer wieder von denen zitiert, die Freiheit, Anpassung und Veränderungen wollten. Seine Schlüsselworte und Einstellungen wurden wiederholt nachgesprochen: Erneuerung und Optimismus, pastoral und ökumenisch. Dies war, was Papst Johannes die Bischöfe gelehrt hatte. Diejenigen, die sich einem Wandel nicht widersetzten, konnten dagegen die Rede vom 11. Oktober nicht zitieren. Kardinal James F. McIntyre aus Los Angeles griff sie direkt an, als er behauptete, «der Angriff auf die lateinische Sprache in der Liturgie ist indirekt, aber nicht weniger wirklich, ein Angriff auf die Festigkeit heiliger Dogmen» (ASCV, I, 1, S. 370). Dies war nicht die mehrheitliche Ansicht unter den Bischöfen aus den Vereinigten Staaten. Kardinal Joseph Ritter aus St. Louis ging so weit zu sagen, daß «sobald man die Notwendigkeit und Nützlichkeit einer Erneuerung anerkannt hat, nichts *a priori* von einer genauen Prüfung ausgeschlossen werden kann, außer dem Wesen des Mystischen Leibes und seines göttlichen Ursprungs ... und aus diesem Grund kann das Konzil in der Frage der Reform und Erneuerung der Liturgie nicht gleichgültig bleiben» (ASCV, I, 1, S. 351). Der Unterschied zwischen den beiden amerikanischen Kardinälen war, daß McIntyre sich auf Pius XII. berief, während die «Liberalen» sich auf Papst Johannes beriefen. In gewissem Sinn war es eine Fortsetzung der Debatte, die während des ersten Jahres seines Pontifikats im Gang war: War er würdig, mit dem wahrhaft phänomenalen und autoritativen Pius XII. verglichen zu werden? Aber nun wurde über die Kernfrage nicht in privaten Vorzimmern, sondern im grellen Licht der Öffentlichkeit diskutiert.

Die Reformer waren jedoch weder plump noch töricht. Sie verfolgten die Strategie, zu behaupten, daß sie lediglich die liturgischen Reformen fortsetzten, die mit dem heiligen Pius X. begonnen hatten und von Pius XII. weiter ausgedehnt worden waren. Das Argument hatte das Verdienst, im großen und ganzen wahr zu sein. Aber es veranlaßte Ottaviani, gegen die Art zu protestieren, wie Pius' XII. Autorität mißbraucht würde. Er billigte zu, daß Pius XII. liberal und großzügig war, indem er Anpassungen und den Gebrauch der Landessprache bei gewissen Sakramenten zuließ. Aber diejenigen, die ihn zugunsten der Landessprache zitierten, mußten vergessen haben, was Pius XII. dem 1956 in Assisi veranstalteten liturgischen Kongreß gesagt hatte. Ottaviani war in Fahrt: «Papst Pius XII. sagte: ‹Die Kirche hat schwerwiegende Gründe, fest und bedingungslos› – man achte auf jene Worte, ‹fest und bedingungslos› – ‹den Gebrauch der lateinischen Sprache im lateinischen Ritus beizubehalten.› Wenn Sie also die Autorität Pius' XII. benutzen wollen, benutzen Sie sie nicht nur, wenn es Ihnen genehm ist. Benutzen Sie sie ehrlich» (ASCV, I, 2, S. 20). Ottaviani sah sich selbst als treuen Hüter des Andenkens Pius' XII. Allerdings unterlief ihm in derselben Rede ein taktischer Schnitzer, als er sagte, daß Priester bald ihre Begeisterung für diese »überspannten Konzelebrationen» verlieren würden, wenn sie erführen, damit ihrer Meßstipendien verlustig zu gehen. An diesem Punkt wurde er von Kardinal Bernard Alfrink unterbrochen, aber nicht, weil er eine lächerliche und dumme Bemerkung gemacht hatte, sondern weil er die ihm zustehenden fünfzehn Minuten überschritten hatte. *«Iam finivi, iam finivi!»* rief er im Weggehen, mit bebendem Doppelkinn, ließ aber seine Zuhörer im unklaren, ob er meinte, er habe gesagt, was er wollte, oder er habe einfach genug. Er wurde in den nächsten zwei Wochen in der Aula nicht gesehen. Obwohl Alfrink nur seine Pflicht tat, gab die Tatsache, daß ein holländischer Kardinal Ottaviani die Rede abschnitt, eine symbolische Vignette ab, wie sehr sich die Kirche wandelte. Dies ereignete sich am 30. Oktober 1962.

Der mutmaßlichen Zustimmung des *herrschenden* Papstes beraubt, waren die Konservativen in Verlegenheit, was sie als nächstes tun sollten. Ungeschickt schossen sie ein Eigentor. Kardinal Antonio Bacci, der von weitem so beeindruckend gewesen war als der vielgepriesene Latinist, offenbarte nun, daß er so gut wie unfähig war, ein vernünftiges Argument zu begreifen. Antonio Rosmini, sagte er, habe in *Die fünf Wunden der Kirche* versichert, daß «der Gebrauch von Latein eine Schranke zwischen Priester und Volk errichtete». Ein interessanter Gedanke, wert, untersucht zu werden. Aber, sagte Bacci, «Rosminis Buch wurde von der Kirche verworfen!» Keinem Studenten im ersten Semester hätte man so ein fadenscheiniges Argument durchgehen lassen. Bacci erklärte auch, daß manche Abschnitte der Bibel, zum Beispiel die Geschichte von der keuschen Susanne und den lüsternen alten Männern, nicht zu reden vom Hohelied Salomons, am besten in der schicklichen Dunkelheit des Lateinischen belassen würden (ASCV, I, 1, S. 408).

Bacci auf den Fersen folgte Erzbischof Pio Parente, Sekretär des Heiligen Offiziums. Strenggenommen hätte er überhaupt nicht reden dürfen, weil Papst Johannes verfügt hatte, daß vatikanische Diplomaten und Sekretäre der römischen Dikasterien nicht zum Konzil sprechen sollten (Wenger, S. 97). Die Absicht dahinter war, ihre «Objektivität» in kontroversen Dingen zu bewahren. Parente mag es noch bedauert haben, daß er diese kluge Regel nicht befolgte. Seine ganze Rede war eine tränenreiche Rechtfertigung des Heiligen Offiziums, dessen Mannschaft sich wie Stachanowarbeiter abrackerte und es nicht gedankt bekam:

> Wir sind wahre Märtyrer im Heiligen Offizium. Wir wissen, wieviel Geduld, wieviel Arbeit, wieviel Klugheit benötigt werden, um *monita* (Mahnungen), Dekrete usw. auszuarbeiten. Es ist sehr harte Arbeit. Sie machen sich keine Vorstellung Und diese ganze Arbeit wird auf latein erledigt, und das ist auch gut. Ihr Neuerer alle solltet vom Heiligen Offizium lernen, das zu Recht an der Tradition festhält und sich nur mit der größten Umsicht, einem heiteren Herzen und ruhigen Nerven *(pacatis nervis)* auf neue Pfade begibt. So wäre ein Angriff auf die lateinische Sprache eine sehr ernste Angelegenheit, denn damit würde man riskieren, die Einheit der christlichen Familie wenigstens im größeren Teil der Welt zu spalten (ASCV, I, 1, S. 425).

Dieser Ausbruch hatte wenigstens den Vorteil der Spontanität. Er enthüllte einige ziemlich offene Wunden. Aber er vermochte zähe

Missionare nicht zu beeindrucken, und auch andere nicht, die einfach nicht glauben wollten, daß Büromenschen so ein hartes Leben führten. Parente war sichtlich einer von den «Propheten des Unglücks», die Papst Johannes in seiner Eröffnungsrede erwähnt hatte. Wie sein Meister Ottaviani machte er sich die Diagnose zu eigen, nach der die Misere mit der Kirche die «Sucht nach Neuerungen» war, auf Latein als *pruritus innovationum* bekannt, was es wie eine besonders widerwärtige Krankheit klingen ließ, äußerst ansteckend, besonders verbreitet in den Niederlanden und durch Kontakt mit den Arbeiten von Edward Schillebeeckx OP übertragen, dessen Kritik an den Textentwürfen vernichtend gewesen war und übel vermerkt wurde.

Jeder im Konzil mußte also auf die von Papst Johannes für sein Konzil gesetzten Ziele reagieren, positiv oder negativ. Allerdings äußerte sich Papst Johannes zu den Einzelheiten der Debatten, die die Väter in der Aula beschäftigten, nicht öffentlich. Er unterließ es auch privat. Als er die französischen Bischöfe am 19. November traf, zum kritischsten und polemischsten Zeitpunkt der Sitzungsperiode, beschrieb er sich wiederum als Patriarch Jakob, der sich weigerte, sich von seinen streitenden Söhnen auf eine Seite ziehen zu lassen. *Pater autem rem tacitus considerabat,* zitierte er, «der Vater aber betrachtete die Sache mit Schweigen». Diese fast täglichen Begegnungen mit Gruppen von Bischöfen waren sein Mittel, sich an der Arbeit des Konzils zu beteiligen. Erzbischof Franjo Šeper aus Zagreb in Jugoslawien beschrieb sie in der Aula als «persönliche und vertrauliche Gespräche» (Caprile, II, S. 246). Johannes hatte gerade die erste Runde von Audienzen hinter sich und war im Begriff, eine zweite zu beginnen – bei der er mit den Osteuropäern anfangen wollte –, als Krankheit ihn zwang abzubrechen. Es waren im wesentlichen Sitzungen zur moralischen Aufrüstung. Sie waren sehr locker. Johannes benutzte sie, um Meinungen zu hören, zum Beispiel, ob und wann eine zweite Sitzungsperiode stattfinden sollte. Typisch war die Begegnung mit den französischen Bischöfen – er kannte von ihnen genauso viele wie von seinen italienischen Kollegen –, zu denen er sagte: «Ja, darüber streitet man. Das ist in Ordnung. Es muß sein. Aber es sollte in brüderlichem Geist geschehen. Es wird sich zeigen. *Moi, je suis optimiste*» (Wenger, S. 114).

Papst Johannes war also «gegenwärtig» beim Konzil, auch wenn er nicht in der Peterskirche war. Und obwohl seine Ansichten zur Liturgie in der Landessprache oder der Kommunion in beiderlei Gestalten offiziell «unbekannt» waren, wußte jeder, daß der Patriarch Jakob einige Lieblingssöhne hatte. Montini oder Josef erinnerte das Konzil

am 22. Oktober daran, warum liturgische Veränderungen vorgeschlagen wurden: damit das Gebet der Kirche pastoral wirksamer würde. Dies war die goldene Regel. Montini steuerte einen mittleren Kurs – wie er es in seinem Pontifikat tun sollte – zwischen «willkürlichen Neuerungen» und bloßem Nichtstun. Er hatte einen Maßstab der Erneuerung. Er zitierte treffend Augustinus: «Es ist besser, wenn wir von literarischen Kritikern schlecht behandelt werden, als daß wir nicht vom Volk verstanden werden» (ASCV, I, 1, S. 314f.). Nachdem er das am 22. Oktober gesagt hatte, verstummte Montini, der – das darf nicht vergessen werden – Liturgie für den falschen Ansatzpunkt hielt, bis zum 5. Dezember in der Aula.
Selbst für einen Patriarchen war es schwierig, Augustinus Bea in einen «Sohn» zu verwandeln. Sie waren beide 1881 geboren. Aber am 30. Oktober 1962, dem Tag, an dem Ottaviani verärgert hinausmarschiert war, begann man zu verstehen, warum Papst Johannes Bea so schätzte. Johannes hatte gesagt: «Geschichte ist die Lehrerin des Lebens». Jetzt erläuterte Bea den Gedanken vollendet. Ruffini war auf die Verurteilung Martin Luthers 1520 zurückgekommen, um zu beweisen, daß für Katholiken die Kommunion in beiderlei Gestalten ausgeschlossen wäre. Bea rückte den historischen Bezug gerade. Die Behandlung dieses Themas in Trient, erklärte er, war eher als *disziplinarische* denn als *dogmatische* Angelegenheit dargestellt worden. Deshalb gäbe es (aber er machte sich nicht die Mühe, es auszuführen) daran nichts Absolutes. Außerdem hatten die zwei Gesandten des Papstes in Trient, betraut mit der Aufgabe, seine Gedanken *(mens)* darzulegen, dafür gestimmt, den Kelch auch Laien zu gewähren. Darüber hinaus hatte Pius IV. persönlich nur zwei Jahre nach dem Konzil zugestanden, daß in bestimmten deutschen Diözesen der Kelch an Laien gereicht werden durfte. Als Pointe zeigte Bea, wie knapp die Abstimmung in Trient gewesen war: 79 für den Kelch, 87 dagegen (ASCV, I, 2, S. 23f.). Er verkniff sich zu sagen, daß nach dem gültigen Kirchenrecht eine solche Mehrheit ungenügend gewesen wäre. Er zog einfach seine bejahrten Augenbrauen hoch. Es war eine Erleichterung, Informationen zu bekommen anstatt Leidenschaften und Polemik.
Und es gefiel Papst Johannes. Es gefiel ihm nicht, wenn das Konzil von Trient zu einem Inbegriff von Obskurantismus gemacht wurde. Abgesehen von seiner Arbeit über Karl Borromäus hatte er das Leben von Gerolamo Raggazoni erforscht, der Nuntius in Frankreich gewesen war, bevor er Bischof von Bergamo wurde (zwei ausgezeichnete Gründe für Roncallis Interesse an ihm). Mitten im Konzil schickte Papst Johannes, von Gewissensbissen überkommen, ein Buch über

Raggazoni an die Seminarbibliothek in Bergamo zurück, das er 1921 «ausgeliehen» hatte (*Lettere,* S. 556; Notiz auf den 7. November 1962 datiert). Raggazoni war ihm wichtig, weil er beim Konzil von Trient die Schlußrede gehalten hatte, und sie war voll von ökumenischem Geist gewesen. Er sagte tatsächlich: «Wir kamen nach Trient, um den Protestanten näher zu sein. Hier schüttelten wir eine gewisse Abwehrhaltung ab; wir trauten den Protestanten und blickten versöhnlich zu ihnen hin» (*Lettere,* S. 195; Capovilla zitiert eine Ausgabe der Regeln und Dekrete von Trient von 1854). Dies war eine recht abweichende Version von dem in der Presse dargestellten Trient (Ottaviani zu Taxifahrer: «Fahren Sie mich zum Konzil.» Der Taxifahrer fährt ihn nach Trient). So war es nicht völlig absurd, wenn Papst Johannes dachte, daß der 400. Jahrestag des Abschlusses von Trient, der in das Jahr 1963 fallen würde, ein gutes Zeichen für sein eigenes Konzil, Vatikanum II, wäre.

Es gab noch eine andere Möglichkeit, wie Papst Johannes das Konzil beeinflussen konnte: Er konnte Winke geben. Einen Wink mit dem Zaunpfahl gab er am 4. November 1962, dem Fest des heiligen Karl Borromäus und dem vierten Jahrestag seiner Krönung. Er fiel passend auf einen Sonntag. Die Messe wurde im alten Ambrosianischen Ritus von Mailand von Kardinal Giovanni Battista Montini gefeiert. Aber Papst Johannes hielt selbst die Predigt. Er spendete dem Ambrosianischen Ritus reichlich Lob als Beispiel der liturgischen Vielfalt, die die Kirche sehr bereicherte. Er zitierte die lateinische Redensart *ars una, species mille* – was bedeutet, daß der schöpferische Impuls nur ein einziger ist, aber mannigfache Formen hervorbringt. Er sprach mit Autorität über Karl Borromäus, der «zur Erneuerung des kirchlichen Lebens durch die Veranstaltung von Provinzialkonzilien und Diözesansynoden beitrug ... und dies, Dank sei Gott, gibt uns Hoffnung für die Zukunft» (DMC, V, S. 13). Diesmal muß es allen bis auf den letzten stumpfsinnigen Konzilsteilnehmer offenbar gewesen sein, daß Papst Johannes sagte, er begünstige einen gemäßigten liturgischen Wandel. Er benutzte das Beispiel des Ambrosianischen Ritus, um sich für Vielfalt einzusetzen und so die von der Kurie geforderte Einheitlichkeit abzulehnen. Ähnlich war sein Beschluß, den Namen des heiligen Josef den im Kanon der Messe genannten Heiligen hinzuzufügen, am 13. November verkündet und meistens als ein schlichter Akt der Frömmigkeit gegenüber seinem Schutzpatron, auch ein Signal, daß die Liturgie nicht unveränderlich war.

Die Predigt von Papst Johannes am Fest des heiligen Karl Borromäus war sein wichtigstes Eingreifen in die Debatte, die in Wirklichkeit in der Aula stattfand. Der Ambrosianische Ritus, behauptete er, sei dem ursprünglichen römischen Ritus am nächsten, und deshalb sei es passend, daß er während des Konzils zusammen mit allen anderen Riten gefeiert würde. Doch die Kopten und Chaldäer hatten die Messe ohne die Anwesenheit des Papstes gefeiert. (Als man eines Tages Trommelschläge aus der Peterskirche hörte, fragte jemand, was dort los wäre. Antwort: «Ich weiß nicht, aber ich glaube, sie bereiten alles vor, um einen Kardinal garzukochen.») Außerdem erklärte Papst Johannes, daß Rom von Mailand gelernt hätte. Die Fußwaschung am Gründonnerstag war ursprünglich keine römische Sitte; sie kam aus Mailand, wie Ambrosius in seinem *De Sacramentis* (Über die Sakramente, 3,1,5; DMC, V, S. 10) bezeugt. Zu sagen, daß Rom von irgendwo gelernt hätte, erschütterte die kuriale Selbstgefälligkeit. Das war wieder einmal «Geschichte als Lehrerin des Lebens». Schließlich schien es fast, als bestimmte Papst Johannes durch seine Anwesenheit und seine herzlichen Worte über «den ersten Kardinal, den wir ernannt haben» Montini zu seinem Nachfolger. Er wußte, daß er dazu kein Recht hatte. Aber wenn man seine Krebserkrankung bedenkt, war es natürlich, daß die zwei Fragen, wie das Konzil weitergehen und wer ihm nachfolgen sollte, ihm durch den Kopf gingen. Denn Montini hatte einen Plan. Dennoch schwieg er in der Aula.

Montini wartete, daß die Krise reifte. Die Debatte über die Liturgie stellte widersprüchliche Positionen heraus. Eine klare Mehrheit zeichnete sich für Wandel ab. Die Debatte über die zwei Quellen der Offenbarung würde wahrscheinlich noch schärfer werden, und es war schon klar, daß Ottavianis Entwurf vermutlich verurteilt würde. Montini hielt seine Diözese durch Artikel in der Mailänder Zeitung *l'Italia* auf dem laufenden. Am Vorabend der Debatte machte er klar, daß die Zerreißprobe gekommen war: «Nur wer vertraut ist mit der Entwicklung der Theologie, dem Fortschritt, der in den biblischen Studien erzielt wurde, und der kontroversen Leidenschaft, die durch diese Fragen erzeugt wurden, kann die Sorgen, Hoffnungen und Ängste ermessen, die dieses neue Thema in das Konzil bringt» (nach Kaiser, S. 157).

Die Debatte über die «zwei Quellen» begann am 14. November und dauerte eine Woche. Im Mittelpunkt stand die Frage: Ist die in Christus gemachte Offenbarung in der Schrift oder in der Überlieferung oder teilweise in beiden enthalten? Der Entwurf griff die Vorstellung von *Humani Generis* auf und behauptete, daß das Magisterium *proxima norma veritatis* (das nächste Kriterium der Wahrheit) wäre und deshalb sowohl Schrift als auch Überlieferung ihm unterworfen wären. Die meisten Theologen hielten das für einen verfehlten Einstieg, für ökumenisch katastrophal und auf jeden Fall für die falsche Art, an das Problem heranzugehen. Aber viele andere Themen konnten in die Debatte über die Offenbarung eingearbeitet werden. Die «Progressiven» attackierten die Ansicht, daß die Offenbarung eher in Aussagen als in der Person Jesu verkörpert wäre. Die «Konservativen» ließen einen bösartigen Angriff auf Bibelwissenschaftler los, die angeblich das Herz aus dem Evangelium herausrissen; im Hintergrund zeigte sich drohend der Streit des Laterans mit dem Biblicum und Bea.

Ottaviani, nach seinen zwei Wochen Urlaub – soviel Arbeit zu erledigen – wieder beim Konzil, war von Anfang an in der Defensive. Er wußte, was geschehen würde. Man würde den Entwurf ablehnen. Die Konservativen kämpften ein Rückzugsgefecht. Der redselige Ruffini – er sprach bei dieser ersten Sitzungsperiode doppelt so oft wie alle anderen – verteidigte das Schema mit der Begründung, sehr fähige Theologen hätten es vorbereitet. Es könnte nicht verworfen werden, weil nichts da wäre, um es zu ersetzen. «Es wäre», erklärte er mit einer verräterischen Metapher, «wie wenn ein verhängnisvolles Unwetter plötzlich die Fundamente eines großen Gebäudes wegrisse» (ASCV, I, 3, S. 37). Kardinal Valerian Gracias aus Bombay, gerade aus Indien und dem Krieg zurück, erwiderte ein paar Tage später, daß es oft wirtschaftlicher wäre, ein altes Haus abzureißen und ein völlig neues zu bauen, als das alte mit Flickwerk auszubessern. Von architektonischen Überlegungen abgesehen, war das Argument «ihr habt nichts an seine Stelle zu setzen» riskant, da es damals Dutzende von Theologen in Rom gab, die zu jeder passenden und unpassenden Gelegenheit einen Alternativtext produzieren konnten. Ohne auf eine Einladung zu warten, hatte Karl Rahner das bereits getan. Bevor es zur «im Verkündigen der Kirche offenbarten Gegenwart Gottes» kam, gab es eine typische Passage über «die verborgene Gegenwart Gottes in der Geschichte der Menschheit», was seine Theorie der «anonymen Christen» vorwegnahm. Ein wütender Ottaviani hielt eine bombastische Rede an die Theologische Kommission über «unautorisierte Dokumente, die gegen die Vorschriften waren und nur Ärger verursachten» (Wenger, S. 106). Es war gerade genug, daß das Verbrennen von Dissidenten aus der Mode gekommen war.

Die einzige verbliebene Verteidigung des Entwurfes war das Argument der Autorität. Eine Ablehnung wäre eine Beleidigung der Vorbereitenden Kommission, die sich soviel Mühe gegeben hatte, und eine Beleidigung des Heiligen Vaters, der ihn gebilligt hatte. Es war tragisch, mit anzusehen, wie Giuseppe Battaglia, Bischof von Faenza und ein alter Vertrauter von Papst Johannes, alles so falsch verstand.

Er erhob Anspruch auf einen besonderen Einblick in die Überlegungen von Papst Johannes. Von seinem somit günstigen Ausgangspunkt aus erklärte er, daß «die Aufgabe des Ökumenischen Konzils ist... die Gläubigen vor Irrtümern und Gefahren für ihren Glauben zu warnen» (ASCV, I, S. 98). Battaglia – Papst Johannes hatte ihm am Vorabend seiner Wahl geschrieben (s. oben, S. 356) – wußte, daß seine Äußerungen unpopulär waren. Er sagte, er fühlte sich wie Daniel in der Löwengrube. Er zeigte Mut. Aber er behauptete immer noch, im Namen des Papstes zu sprechen, als er die Beschuldigung abwehrte, der Entwurf sei zu scholastisch, zu antiökumenisch und nicht genügend pastoral. Aber weder er noch seine Freunde stellten sich ernsthaft die Frage: Wäre die Ablehnung dieses Schemas wirklich eine Beleidigung für den Papst?

Es gibt keinen Beweis, daß Papst Johannes es so sah. Eine Ablehnung wäre eine Enttäuschung, gewiß, aber nicht das Ende der Welt. Das Konzil würde sich selbst entscheiden müssen. Die päpstliche Rolle bestand nicht darin, in dem Streit Partei zu ergreifen, sondern eine Lösungsmöglichkeit zu finden, ohne das Konzil zu spalten. Als Ruffini, Ottaviani und Bacci mit ihren Nörgeleien über das angeblich ungeheuerliche Benehmen der «Progressiven» zu ihm kamen, tröstete er sie mit der Geschichte. Die Dinge waren in Trient viel schlimmer gewesen, wo ein zorniger lateinischer Bischof einem Griechen den Bart abriß. Und Vatikanum I bot einen Präzedenzfall für eine Ablehnung an. Am ersten Tag seiner Debatte wurde ein von Pater Franzelin SJ vorbereitetes Schema als «zu lang, zu unbestimmt und zu akademisch» beschrieben (Butler, I, S. 160). Seine Studenten am Gregorianum waren hocherfreut, ihr spontanes Urteil von einem Konzil bestätigt zu bekommen. Franzelins Schema wurde abgelehnt. Es gab also keinen Grund zur Aufregung. Papst Johannes würde nicht seine Autorität ins Spiel bringen, um das Schema vor der Niederlage zu retten, aber er würde sie nutzen, um die Autoren vor einer Demütigung zu verschonen.

Dennoch war die Stimmung beim Konzil noch düster genug. Am 12. November wurde angekündigt, daß es eine zweite Sitzungsperiode 1963 vom 12. Mai bis zum 29. Juni geben werde. Es schien wahrscheinlich, daß die erste Sitzungsperiode in einem Chaos enden würde, ohne etwas vorweisen zu können. Alfred Ancel, Weihbischof von Lyon und ehemaliger Arbeiterpriester, faßte die pessimistische Stimmung am 19. November zusammen: «Wenn ich höre, was gesagt wird, erfüllt mich Sorge. Ich sehe nicht, wie wir uns voranbewegen können. Ich kann überhaupt keinen Ausweg erkennen» (ASCV, I, 3, S. 203). Den gleichen Ton schlug Bischof James H. Griffiths an, ein

Weihbischof aus New York: «Herr, wir haben uns die ganze Nacht abgemüht und nichts gefangen, aber in deinem Namen werden wir unsere Netze hinlegen» (ibid., S. 181). Er rechnete offensichtlich nicht damit, etwas in den Netzen zu finden. Dennoch war dies der Tag, an dem Papst Johannes zu den französischen Bischöfen, darunter Ancel, sagte: *«Je suis optimiste.»*

Johannes' Optimismus war nicht von der Art, daß er hoffte, auch ohne sein persönliches Zutun würde schon alles werden. Am 14. November hielt Suenens eine Rede, die sich ausschließlich Fragen des Prozedere widmete. Er zeigte auf, was der Entschluß zu einer zweiten Sitzungsperiode bedeutete: Sie würden vielleicht in der Tat nach dem 8. Dezember mit sehr wenig zum Vorzeigen nach Hause gehen, aber sie hätten ihre Zeit nicht vergeudet, vorausgesetzt, sie gäben klare Anweisungen heraus, was in der Zeit zwischen den Sitzungsperioden geschehen sollte. Suenens hatte noch andere Vorschläge, um die Dinge zu beschleunigen und Wiederholungen zu vermeiden. Aber sein wichtigster Vorschlag war die Einführung eines Antrags auf Schluß der Debatte: Nach einer ausreichenden Erörterung der Ansichten zu einem vorgelegten Schema sollte darüber abgestimmt werden, um herauszufinden, ob es allgemein als Grundlage zukünftiger Arbeit angenommen würde. Falls ja, ginge die Debatte weiter, falls nein, käme das Schema in den Papierkorb.

Suenens' Guillotine fiel am 20. November unerwartet auf das «Zwei-Quellen»-Schema (so ist vielleicht Papst Johannes' «Optimismus» vom Vortag erklärt). Felici stellte die Frage auf latein, und sie wurde dann in fünf andere Sprachen, darunter Arabisch, übersetzt. Msgr. John J. Krol, Untersekretär, verlas sie englisch: «Sollte die Diskussion über *De Fontibus Revelationis* (Über die Quellen der Offenbarung) nicht weitergeführt, beendet werden?» Dies war sehr eigenartig. Denn in der üblichen Terminologie des Konzils bedeutete eine *placet*-Stimme, daß man für einen Text eintrat, während ein *non placet* bedeutete, daß man dagegen war. (Es hatte einen Vorschlag gegeben, ein grünes Licht für *placet,* ein rotes Licht für *non placet* und ein gelbes Licht für *placet iuxta modum* – gebilligt mit Abänderungen – an jedem Pult anzubringen.) Aber hier wurde diese vernünftige Art, Fragen zu stellen, auf den Kopf gestellt. Es gab große Verwirrung, und die reine Müdigkeit drängte manche, für ein Ende der Diskussion zu stimmen. Mitten in dem Durcheinander griff Ruffini zum Mikrophon und versuchte zu erklären, was auf dem Spiel stand. Man muß es mehrmals lesen, auch heute noch, um zu verstehen, was er wirklich sagte. «Unterbrochen», sagte Ruffini, «bedeutet eigentlich ‹wieder aufgenommen›. Wenn Sie mit *placet* stimmen, bedeutet es, daß über dieses Schema nicht mehr gesprochen wird.» Elf Minuten verstrichen, während dieses Rätsel ausgedeutet wurde, und in dieser Zeit wimmelten gewiefte Konzilsangehörige um den Tisch des Sekretärs und verlangten eine Erklärung. Eine ähnliche Sitzung muß es in Trient gewesen sein, als der Grieche seinen Bart verlor.

Wer hatte diese seltsame Formel ausgedacht? Gab es eine Verschwörung? Falls ja, was sollte damit erreicht werden? Bischof Wilhelm Kempf, der deutschsprachige Untersekretär, berichtet von einem Telefongespräch zwischen Ruffini und Frings am Vorabend des 20. November. Ruffini formulierte die Frage, und Frings schrieb sie auf. Aber am nächsten Tag ließ Frings, der schlechte Augen hatte, die Erklärung aus, daß die Abstimmung mit *placet* bedeutete, «die Debatte zu unterbrechen, *damit ein neuer Entwurf vorbereitet werden kann* (*ut novum schema praeparetur;* Caprile, II, S. 176). Es ist ein Jammer, daß das damals keiner sagte.

Als Felici endlich mit seinem gewohnten Ruf «*Audiant omnes* (Alle herhören)» wieder ans Mikrophon kam, räumte er ein, daß viele Väter immer noch verwirrt waren, was eine Untertreibung war. Aber er tat kaum mehr, als die Frage in ihrer ursprünglichen Form zu wiederholen, fügte allerdings den wesentlichen Punkt hinzu, daß «die Debatte zu unterbrechen» nicht bedeutete, sie für den Augenblick abzubrechen, sondern «für immer» (wenn *sine die* das wirklich besagte, und so war es). Es muß viele Väter gegeben haben, die sich vorkamen, als würden sie wie Kreisel herumgedreht. Aber dann kam es noch erstaunlicher. Während die Stimmen mühsam durch Studenten von Propaganda Fide gezählt wurden, ging die nun verurteilte Debatte weiter, nur konnte Bischof Antonio Quarracino von San Domingo in Argentinien, der als nächster an der Reihe war, nicht gefunden werden. An diesem Tag ging alles schief. Elf Reden später und nach einigen Klagen über die Verzögerung verkündete Felici mit einem neuen *Audiant omnes* das Ergebnis: anwesend und abgestimmt 2209; *placet* 1368; *non placet* 822; ungültig 22. Die Jubelrufe der «Progressiven» schlugen in Stöhnen um, als Felici erklärte, daß die Diskussion fortgesetzt würde, da die erforderliche Zweidrittelmehrheit – dazu hätten es 1437 sein müssen – nicht erreicht worden war.

Sie ging in der Tat am nächsten Tag weiter, als der zweiundvierzigjährige Bischof von Krakau, Karol Wojtyla, seine Jungfernrede hielt. Er erklärte, daß ein frischsprudelndes Wasser eine «Quelle» im strengen Sinn wäre und daß Brunnen und Zisternen nur unzutreffend analog «Quellen» genannt würden. Auf diese Weise versuchte er, das Problem, über das beim Konzil gestritten wurde, aus der Welt zu schaffen. Die einzige wahre und richtige «Quelle» wäre Gottes

Stimme. Überlieferung und Schrift wären nicht «Quellen» im strengen Sinn. Deshalb müßte seine Überschrift geändert werden, falls das Dokument beibehalten werden sollte (ASCV, I, 3, S. 294). Man kann nicht glaubhaft sagen, daß die Väter des Konzils, als sie diese Barthsche Minilektion hörten, einander in die Rippen stießen und sagten: «Eines Tages wird Krakau Papst.» Aber zumindest konnten sie ihn von seinem polnischen Kollegen unterscheiden, dem Weihbischof von Gnesen, der das Glaubensbekenntnis ändern wollte in «Ich glaube an die Heilige, Katholische und Petrinische Kirche» (Caprile, II, S. 240).

Doch die eigentliche Tätigkeit des Konzils fand jetzt privat statt. Größtenteils entzog sie sich der Einsicht. Aber ein Treffen fand am Abend des 20. November statt, von dem wir doch wissen. Kardinal Paul-Emile Léger aus Montréal wurde hochgeschätzt von Papst Johannes, der ihn aus seiner Pariser Zeit kannte. Am 21. November schrieb Johannes: «Ich habe über unsere Begegnung gestern abend nachgedacht und über Ihren freundlichen Brief* und das sich anschließende vertrauliche Gespräch» (*Lettere,* S. 434; *Capovilla ist nicht sicher, ob er *lettere,* Brief, oder *letture,* Vortrag, lesen soll). Dann erinnerte er an die Madonna della Salute in Venedig, wo es eine traditionelle Wallfahrt am 20. November gab. Er schloß: «Und in dieser heiteren Ruhe welche Freude und welcher Frieden! Damit eine Erinnerung an unsere Begegnung und meine Zuneigung zu Ihnen bleibt, lieber Kardinal, schenke ich Ihnen dieses Bischofskreuz» (ibid., S. 434 f.). Warum machte dieses Treffen so einen starken Eindruck auf Papst Johannes? Heenan hielt Léger für «quecksilbrig» (*Crown of Thorns,* S. 257). Er war immerhin so quecksilbrig, daß er sich 1967 in eine Leprakolonie nach Afrika begab.

Mehr als zwanzig Jahre später erinnerte sich Léger noch an diese Begegnung. Er wurde spät am Abend von Papst Johannes gerufen. Die Schweizergardisten wollten ihn nicht durch das Bronzetor lassen. Schließlich wurde Capovilla angerufen und kam heruntergeeilt, um ihn zur päpstlichen Wohnung zu führen (Gespräch in Montreal, 14. November 1984). Um einen Hinweis auf Einzelheiten von Légers «vertraulichem Gespräch» mit Papst Johannes zu bekommen, müssen wir uns an ein früheres Fernsehinterview halten:

> Ich erinnere mich an die tragische Abstimmung über *Offenbarung* in einem früheren Stadium des Konzils, als die Väter zwei gegnerische Parteien bildeten. An ebendiesem Abend schüttete ich Papst Johannes während einer Audienz mein Herz aus. Ich sagte ihm, daß ich glaubte, stechende Dornen quälten meine Seele, aber er antwortete: «Gehen Sie

voran. Tun Sie, was Ihr Herz Ihnen sagt» (Roy Bonisteel, *Man Alive: the Human Journey,* S. 180).

Drei Tage später öffnete Léger, ermutigt durch Johannes' Worte, dem Konzil sein Herz. Am 24. November, dem Tag vor dem einundachtzigsten Geburtstag von Papst Johannes, intervenierte Léger über die Massenmedien. Obwohl es eine mittelmäßige Debatte über einen mittelmäßigen Text war, paßten Légers Worte auf das Konzil als Ganzes und auf den Geist, in dem es geführt werden sollte. Er glaubte, das Schema drückte die Mission der Kirche in einer zu juristischen Art aus. Es sollte eher pastorale Sorge vermitteln als Recht bekräftigen, und die Kirche sollte mehr eine Mutter sein, die in Barmherzigkeit eine Lehre vorschlägt, als eine Institution, die Drohungen ausstößt (ASCV, I, 3, S. 465). Dies war, was Papst Johannes hören wollte. Ohne ein Bote von Suenens oder Montini zu sein, stand Léger in engem Kontakt zu ihnen. Mit Hilfe dieser Gruppe faßte Johannes nun einige Beschlüsse von entscheidender Bedeutung für die Zukunft.

Erstens würde die Abstimmung über die «zwei Quellen» als eine Ablehnung des Schemas gewertet werden: Obwohl die notwendige Zweidrittelmehrheit dafür fehlte, war es eindeutig kein Text, der einhellige Zustimmung finden konnte. Zweitens wurde das Thema der Offenbarung einer «gemischten Kommission» anvertraut. Dies wurde am 24. November in *l'Osservatore Romano* bekanntgegeben. Ihre gemeinsamen Vorsitzenden waren Bea und Ottaviani, ihre gemeinsamen stellvertretenden Vorsitzenden waren Liénart und Kardinal Michael Browne, und ihre gemeinsamen Sekretäre waren Pater Sebastian Tromp SJ und Msgr. Jan Willebrands. Diese Symmetrie wurde durch die ganze Liste durchgehalten. Dies, sagte Heenan in seinem Seeräuberstil, «war die Art von Papst Johannes, uns die Köpfe zusammenzustoßen. Er vermutete schlau, daß Männer, die flammende und unnachgiebige Reden in der Aula schwangen, sich vielleicht privat vernünftiger verhielten» (*Crown of Thorns,* S. 356). Aber nichts, was Bea bis dahin gesagt hatte oder in Zukunft sagen würde, konnte «flammend und unnachgiebig» genannt werden. Vielleicht wußte Heenan, daß Ottaviani am Abend des 25. November abgelehnt hatte, Bea zu treffen, um über eine Verschmelzung der drei Schemata über die Natur der Kirche zu diskutieren (Caprile, II, S. 203f.). Der eigentliche Kern der Entscheidung von Papst Johannes bestand darin, daß das Monopol des Heiligen Offiziums gebrochen war. Achtung vor anderen Schulen des Denkens und Rücksicht auf das, was die getrennten Brüder schätzten, würde von jetzt an in die

Texte eingebaut werden müssen und nicht als belangloses Postskriptum angeklammert werden.

Die letzten zwei Wochen der Sitzungsperiode bekräftigten die Notwendigkeit und Klugheit, die Rolle des Sekretariats für die Einheit der Christen auszudehnen. Zuerst wurde das von der Ostkirchenkommission vorgelegte Schema *Ut Omnes Unum Sint* (Daß alle eins seien) zurückgewiesen, ungeachtet der Tatsache, daß Johannes seinen Staatssekretär Amleto Cicognani überredet hatte, es vorzulegen. Dann wurde Ottavianis *De Ecclesia* abgelehnt. Von Papst Johannes' Standpunkt aus war der Haken, daß das ganze Überarbeiten Zeit kosten würde; und doch lag gar nicht viel Zeit zwischen dem 8. Dezember und dem 12. Mai, an dem die zweite Sitzungsperiode beginnen sollte. Papst Johannes beriet sich fast mit jedem darüber. Bei seinem Treffen mit den englischen und walisischen Bischöfen sagte Kardinal Godfrey zum Papst, daß er persönlich den Beginn der Sitzungsperiode «so bald wie möglich» wünschte, aber das war, weil er damit rechnete, nicht mehr lange zu leben – und in der Tat starb er am 22. Januar 1963. Godfrey war im vatikanischen diplomatischen Dienst gewesen. Dies veranlaßte Heenan zu der Bemerkung: «Der gute Diplomat ist anonym, und Kardinal Godfrey bereitete es nie Schwierigkeiten, sich still zu verhalten» (*Crown of Thorns,* S. 359). Aber Papst Johannes waren Diplomaten lieber als Vorwitzige, und er entdeckte darüber hinaus, daß er mit Godfrey nicht nur die gleiche Krankheit gemeinsam hatte, sondern auch die gleiche Hingabe zum Kostbaren Blut. Godfreys Sekretär vermutet, daß sie mehr Zeit über diesen Themen verbrachten als über der Erörterung des Konzils (Worlock, Gespräch am 29. April 1983). Erzbischof Heenan jedoch trat für einen Beginn im September 1963 ein: «Für nur wenige Wochen nach Hause zu fahren erschien nutzlos. Die Bischöfe hätten kaum ihr seelsorgerisches Programm wieder aufgenommen, bis es Zeit wäre zurückzukehren. Viele von uns ließen den Papst wissen, daß wir es für unbefriedigend hielten, nur über Weihnachten und Ostern in unsere Diözesen zurückzukehren» (*Crown of Thorns*, S. 373).

Die Ansicht Heenans überwog, wenn auch nicht unbedingt aus seinen Gründen. Am 27. November kündigte Felici an, daß «viele Bischöfe aus pastoralen Gründen darum gebeten haben, die zweite Sitzungsperiode nicht im Mai, sondern im September beginnen zu lassen. Also hat der Heilige Vater in einer Audienz mit dem Staatssekretär gestern geruht, diese Bitte aufzunehmen, und hat das Fest Mariä Geburt, Sonntag, den 8. September 1963, als Beginn der zweiten Sitzungsperiode festgesetzt.» Diese Ankündigung wurde mit starkem Beifall begrüßt – obwohl Ruffini am 10. November versucht hatte, jeglichen Beifall zu verbieten. Wenn Zustimmung ausgedrückt werden durfte, so war seine Begründung, könnte man nicht die Bekundung abweichender Meinungen (Buhs? Pfeifen? Zischen?) verbieten, was aber in der erhabenen Aula unpassend wäre.

Obwohl sie die Zustimmung des Konzils fand, muß diese Entscheidung Papst Johannes sehr viel gekostet haben. Sie bedeutete, daß er praktisch sicher sein konnte, die zweite Sitzungsperiode nicht zu erleben. Genau zu diesem Zeitpunkt gab *l'Osservatore Romano* zum erstenmal zu, daß Papst Johannes' Gesundheit Sorgen machte. Es konnte nicht mehr verheimlicht werden. Am 29. November enthüllte die vatikanische Zeitung, daß Papst Johannes auf ärztlichen Rat Audienzen hatte absagen müssen, weil «die Symptome von Magenbeschwerden schlimmer wurden; seit einiger Zeit ist der Heilige Vater auf Diät gesetzt und hat sich einer ärztlichen Behandlung unterzogen, was zu einer ziemlich schweren Anämie geführt hat». Dies war sehr unvollständig. Es vermied das gefürchtete Wort «Krebs». Die Wahrheit war, daß Johannes' Arzt Pietro Valdoni ihn am 16. November einem neuen Arzt vorgestellt hatte, Pietro Mazzoni, der eine Kobaltbestrahlung empfohlen hatte, damals das Allerneueste. Aber eine der Nebenwirkungen war Blutarmut. «Aus den Worten des Arztes», schrieb Giancarlo Zizola, «konnte Papst Johannes entnehmen, daß der inoperable Krebs ihm weniger als ein Jahr zu leben ließe» (*Utopia,* engl., S. 11). Die bemerkenswerte Folge war, daß Johannes mehr denn je entschlossen war, die Enzyklika über den Frieden zu schreiben, die er am 25. Oktober ins Auge gefaßt hatte. Wenn er schon die zweite Sitzungsperiode des Konzils verpassen würde, könnte er wenigstens *Pacem in Terris* vollenden. Den Namen hatte sie noch nicht.

Kaum war Papst Johannes' Krankheit bekanntgegeben worden, hieß es, sie wäre schon im Abklingen. Er nahm alle Kräfte zusammen und erschien am 2. Dezember zum Angelus an seinem Fenster. Diejenigen, die ihn sahen, waren nicht beruhigt. Ottaviani legte mittlerweile sein drittes Schema vor, das den bezeichnenden Titel *De Ecclesiae Militantis Natura* (Über die Natur der streitenden Kirche) und grimmige Kapitel über Autorität und die absolute Notwendigkeit der römischen Kirche für die Erlösung enthielt. Aber dies war ein anderer Mann als der zuversichtliche und selbstbewußte Ottaviani, der am 14. Oktober zum erstenmal gesprochen hatte. Er war nun gedemütigt und betrübt. Es war schwer und unchristlich, nicht ein gewisses Mitgefühl mit ihm zu haben. Schon halb erblindet, die Zielscheibe der grausamsten Pamphlete, eine Vorstellung von der Kirche verteidigend, die er für die einzige rechtgläubige hielt, wußte der Bäckersohn aus Trastevere, daß er geschlagen war. Papst Johannes hatte ihn überredet, sich nicht zurückzuziehen, und würde ihn überreden, mit Bea zusammenzuarbeiten, aber das war die Grenze der Zugeständnisse, zu denen er bereit war. Ottaviani beschloß stilvoll unterzugehen. Als Einleitung seines hoffnungslosen Schemas sagte er:

> Ich erwarte, von Ihnen allen die üblichen Litaneien zu hören: Es ist nicht ökumenisch, und es ist zu scholastisch, es ist nicht pastoral, und es ist zu negativ und ähnliche Beschuldigungen. Dieses Mal werde ich Ihnen ein Geständnis machen: Diejenigen, die gewohnt sind, zu sagen ‹Nimm es weg und ersetze es› *[tolle, tolle, substitue illud]*, sind schon zur Schlacht bereit. Und ich will Ihnen etwas verraten: Noch ehe dieses Schema vereitelt wurde, hatte man ein alternatives Schema vorbereitet. So bleibt mir nur übrig zu verstummen, denn, wie die Bibel sagt, wo niemand zuhört, ist es zwecklos zu reden *[ubi non est auditus, noli effundere sermonem]* (ASCV, I, 4, S. 9. Kardinal Lawrence Shehan aus Baltimore dachte, Ottaviani hätte gesagt, «Führt ihn weg! Führt ihn weg! Nieder mit ihm: *Tolle, tolle, subicite eum*»; *Blessing of Years,* S. 148).

Ottaviani verließ das Mikrophon strahlend unter allgemeiner Heiterkeit.

Aber sein Lächeln kann nicht lange angehalten haben. Denn am selben Morgen wurde sein Schema in einer einzigen Rede vernichtet, die Kenner als die wirkungsvollste der ersten Sitzungsperiode betrachteten. Sie wurde von Bischof de Smedt aus Brügge gehalten, aber er sprach im Namen des Sekretariats für die Einheit der Christen, was ihr zusätzliche Durchschlagskraft gab. De Smedt rügte drei Haltungen: «Triumphalismus» (das Gefühl, «wir haben es in der Tasche», wie H. V. Morton es von den Heiligen an der Fassade der Peterskirche sagte), «Klerikalismus» (die Vorstellung von der Kirche als Pyramide mit dem Papst an der Spitze), der de Smedt die Kirche des Volkes Gottes gegenüberstellte, erfüllt mit den Gaben des Heiligen Geistes und von Grund auf in gleicher Gnade, und «Juridizismus» oder den legalistischen Geist. «Keine Mutter hat jemals so gesprochen», sagte er, indem er Léger aufgriff (ASCV, I, 4, S. 142). Diese Fehler wären gebannt worden, gab de Smedt zu verstehen, wenn man dem Sekretariat für die Einheit der Christen erlaubt hätte, an dem Text mitzuarbeiten.

Dank eines jener ironischen Momente, an denen die Konzilsgeschichte so reich ist, war der nächste Redner nach de Smedt dann Erzbischof Marcel Lefebvre, damals Generaloberer der «Väter vom Heiligen Geist», aber in späteren Jahren Führer einer abweichlerischen Sekte von Traditionalisten mit dem Hauptsitz in Ecône in der

Schweiz. Sein wichtigster Punkt war im Dezember 1962, daß das Konzil Gefahr liefe, sich zu verzetteln, weil es zu viele Ziele verfolgte:

> Zu ein und derselben Zeit müssen wir das wahre Dogma vertreten, Irrtümer ausrotten, die Ökumene ermutigen und allen Menschen die Wahrheit künden. Wir sind Seelsorger, und wir wissen ganz genau, daß wir nicht dieselbe Sprache wie jene benutzen, die die Theologie kennen, und wie die Laien. Wie können wir also in ein und demselben Dokument das Dogma so definieren, daß gegenwärtige Irrtümer widerlegt sind, und doch den Glauben für jeden verständlich erläutern, auch denen, die nichts von theologisc er Wissenschaft verstehen (ASCV, I, 4, S. 144f.).

Was Lefebvre 1962 für eine verworrene Methode hielt, wurde bis 1975 ein Ausfall gegen die «neomodernistischen und neoprotestantischen Tendenzen, die sich beim Zweiten Vatikanischen Konzil offenbarten» («Glaubensbekenntnis», in: Congar, *Challenge to the Church,* S. 77). Wie Thomas von Aquin sagte, führt ein kleiner Irrtum am Anfang zu einem großen Irrtum in der Schlußfolgerung.

Wenn auch nur wenige Lefebvre für einen Propheten hielten, hatte er seine Finger doch auf ein wirkliches Problem gelegt: Wie spricht man gleichzeitig zu den Gläubigen und zu «allen Menschen guten Willens»? Emile Guerry, Erzbischof von Cambrai, ein anderer Freund von Papst Johannes, versuchte es am 4. Dezember anzugehen. Guerry argumentierte, es wäre tödlich, wenn man dogmatische und pastorale Theologie einander gegenüberstellte. «Es ist die erste Pflicht unseres Hirtenamtes», sagte er, «unsere Menschen das ganze und reine Dogma zu lehren, aber so, daß sie das Wort Gottes hören, es gläubig annehmen und in jeden Winkel *(spatium)* ihres Lebens tragen können.» Dann traf er eine Unterscheidung hinsichtlich der «Anpassung» oder des *aggiornamento.* Wenn es einen Kompromiß mit dem Geist der Zeit und ein Wegdeuten aller Dinge, die der heutige Mensch nicht mag, bedeutet, dann ist es ein Verrat am Hirtenamt. Was wirklich Anpassung braucht, fuhr er fort, ist nicht das Dogma, sondern die Art und Weise, wie es dargestellt wird. Wir brauchen ein gründliches Studium der Vergangenheit, damit vertraute Wahrheiten mit frischer Klarheit hervorscheinen können und sich somit als erleuchtend erweisen, als lebenserweiternd und anziehend, Gottes unermeßliche Liebe enthüllend (ASCV, I, 3, S. 101). Das war ein typisch französischer Versuch, den gemeinsamen Boden zwischen Pastoren und Doktoren in der Kirche abzustecken. Papst Johannes vernahm es an seinem Fernseher, und es gefiel ihm so gut, daß er am selben Nachmittag die drei Bände seiner venezianischen Schriften an Guerry schickte und die Seite kennzeichnete, wo er den Erzbischof von Cambrai im Zusammenhang mit «väterlicher Fürsorge» und «autoritärem Verhalten» zitiert hatte (Caprile, II, S. 249; s. oben S. 339).

So endete das Konzil nicht als vollkommener Fehlschlag. Am 2. Dezember schrieb Montini, der in der Aula immer noch stumm war, in *l'Italia:* «Eine ungeheure Menge von ausgezeichnetem Material ist zusammengetragen worden, aber es ist zu ungleichartig und unausgewogen ... eine zentrale und kontrollierende Vorstellung wird gebraucht, um dieses immense Material zu koordinieren» (Grootaers, S. 25). Alles, was Montini in seinem Artikel vom 2. Dezember sagte, blickte zurück auf seinen Brief an Cicognani vom 18. Oktober und voraus auf seine Rede in der Aula drei Tage später:

> Manche befürchten, daß die Diskussion des Konzils endlos sein wird und daß sie die Menschen noch mehr spalten wird, anstatt sie zusammenzubringen. Aber das wird nicht geschehen. Die erste Sitzungsperiode ist ein Probelauf gewesen. Die zweite wird viel rascher vorankommen, und man spricht bereits davon, das Material in knapperen Entwürfen (Schemata) zu konzentrieren und dem Konzil nur Fragen vorzulegen, die durch heutige pastorale Bedürfnisse gerechtfertigt und von allgemeinem Interesse sind (Grootaers, S. 26).

Mit diesem Grundsatz gerüstet, konnte man eine breite Garbe durch einen Großteil des Konzilstoffes schneiden und beiseite werfen. Montini schloß: «Somit kommt das Konzil, erfüllt mit dem Atem des Heiligen Geistes, bei seinem zentralen Thema an: der Kirche» (ibid.). Aber ebendies hatte Montini immer geglaubt. Es war schwer zu sagen, was mehr Einfluß hatte: ein Artikel in einer Zeitung oder eine Rede in der Aula, der Appell an die öffentliche Meinung oder der Appell an seinesgleichen. Montini arbeitete auf allen Ebenen. Die Wirkung seiner Schritte war, daß er als der natürliche Nachfolger von Papst Johannes erschien. Er war nicht bloß *papabile,* er war *der papabile.* Er zeigte Führungsqualitäten. Er legte die Tagesordnung für den Rest des Konzils fest.

Montini handelte natürlich nicht allein. Das «Gespräch, das Material in knapperen Entwürfen zu konzentrieren» fand bei Begegnungen gegen Ende November 1962 statt. Jan Grootaers beschrieb eine davon im Belgischen Kolleg, die der Rektor bezeugte. «Der Hauptzweck dieser mit Papst Johannes' Segen organisierten Begegnung war, die Tagesordnung des Konzils neu zu planen. Außer Montini waren auch die Kardinäle Lercaro, Döpfner, Léger und Suenens anwesend» (Grootaers, S. 25). Aber kein Mensch konnte damit rechnen, das Konzil an einem einzigen Abend neu durchzuplanen. Giovanni Caprile spricht von weiteren Begegnungen und weist Papst Johannes eine aktivere Rolle zu, als sie alle nur zu segnen. Er sagt, Papst Johannes *bat* Suenens, mit Montini und anderen Kollegen privat den Gedanken an ein Sekretariat für die Tätigkeit der Kirche *ad extra* zu diskutieren. Dies bezog sich auf alle Fragen, die sich stellten, wo die Kirche und die «Welt» sich überschnitten. Es gab «ein paar Begegnungen», bei denen Suenens' Neugliederung aller siebzig Schemata angenommen wurde. Das war der Gesamtplan, der *plan d'ensemble,* den Suenens Papst Johannes «einige Tage vor dem 4. Dezember» unterbreitete. Johannes, immer noch auf dem Weg der Genesung, machte einige Randbemerkungen mit Dell'Acquas Unterstützung. Er schlug vor, daß Suenens eine Möglichkeit finden sollte, Pius XII. «einzubeziehen», und meinte, es wäre besser, nicht von einem Sekretariat *ad extra* zu reden, sondern lieber von einer Unterkommission, um alle Möglichkeiten offen zu lassen und die Leute nicht über Gebühr zu beunruhigen. Als Suenens am 4. Dezember in der Aula sprach, folgert Caprile, von dem diese Einzelheiten stammen, wußte er somit, daß er die Unterstützung des Papstes sowie Montinis und seiner Freunde hatte (Caprile, II, S. 264).

Es dürfte inzwischen klar sein, daß die erste Sitzungsperiode des Konzils mehr und mehr nicht vom Rat der Vorsitzenden organisiert wurde, sondern von einer locker zusammengefügten Gruppe um Suenens und Montini. Aber nichts geschah hinter Papst Johannes' Rücken. Er trug immer noch die letzte Verantwortung und griff mit Vorschlägen und Entscheidungen ein, wo sie verlangt wurden. Vielleicht war seine wichtigste Einzelentscheidung, das Inoffizielle offiziell zu machen. Um eine Wiederholung des offenen Spiels bei den Vorbereitungen vor dem Konzil zu vermeiden, wurde eine Koordinierende Kommission eingesetzt, um die Fortführung in das Jahr 1963 hinein zu beaufsichtigen. Unter dem Vorsitz von Cicognani, Papst Johannes' treuem Statthalter, waren ihre Mitglieder Liénart, Spellman, Urbani, Confalionieri, Döpfner und Suenens (Caprile, II, S. 259). Aber das wurde erst am 17. Dezember bekanntgegeben, als die meisten Väter nach Hause gegangen waren. Die offenkundigen «Konservativen» wie Spellman aus New York und Urbani, Papst Johannes' Nachfolger in Venedig, waren da, damit sie ihre riesigen Bischofskonferenzen voranbringen konnten. Confalonieri war, wie wir schon gesehen haben, ein aufgeschlossenes Kurienmitglied. Frankreich, Deutschland und Belgien würden in Person von Liénart, Döpfner und Suenens das Konzil organisieren. Es war das «goldene» Dreieck von Lille, Brüssel und München. Montini war nicht da, weil

er Papst werden würde. Ottaviani und Ruffini hatten endgültig die Kontrolle verloren. Von Pizzardo, der immer noch der Kongregation für das katholische Unterrichtswesen vorstand, hörte man nichts. Vom Bayerischen Rundfunk nach seinen Hoffnungen für die Zukunft des Konzils befragt, antwortete Ottaviani: «Diese Frage ist zu heikel» (Caprile, II, S. 292).
Es ist schwer zu sagen, wieviel genau davon zu jener Zeit bekannt war. Es gab Augenblicke, wo man Geheimnisse einfach platzen ließ. In einer Predigt bei einer Messe für Presseleute am 25. November bemerkte Dom Helder Pessôa Câmara, damals Weihbischof in Rio de Janeiro, daß «inoffizielle Begegnungen, zu denen sich Bischöfe aus allen Kontinenten brüderlich treffen und miteinander reden» genauso wichtig seien wie die förmlichen Verhandlungen in der Peterskirche. Weiter sagte er:

> Sie wissen sicher, daß ein Ergebnis solcher Begegnungen der Gedanke gewesen ist, ein Gremium einzusetzen, das *Mater et Magistra* ergänzt. Es ist vorgeschlagen worden, daß es eine spezielle Kommission geben sollte, mit der Aufgabe, die von der modernen Welt hervorgebrachten Probleme zu untersuchen, besonders den Weltfrieden und die Beziehungen zwischen den Industrienationen und den Entwicklungsländern (De Riedmatten, S. 60f.).

Dies war offenbar Suenens' Sekretariat *ad extra*. Câmara war optimistisch, wenn er glaubte, jeder wüßte bereits von diesem hoffnungsvollen Funken, der abwechselnd Kommission für Barmherzigkeit, für Frieden oder für die Armen genannt wurde. Gut vier Jahre später, am 6. Januar 1967, wurde sie tatsächlich als Kommission für Gerechtigkeit und Frieden eingerichtet. Es war ein weiteres Beispiel dafür, wie das Konzil seine eigene Organisation aufbaute und seine eigene Tagesordnung bestimmte.
Helder Câmara gehörte zu einer anderen inoffiziellen Gruppe, der Kardinal Pierre-Marie Gerlier aus Lyon vorstand. Sie befaßte sich mit der «Kirche der Armen» (s. Congar, *Power and Poverty in the Church*, S. 12). Sie schöpfte Mut aus Papst Johannes' Rundfunksendung vom 11. September und zitierte sie ständig. Er hatte gesagt: «Angesichts der Entwicklungsländer stellt sich die Kirche dar, wie sie ist und wie sie zu sein wünscht, als die Kirche aller und besonders die Kirche der Armen» (Alberigo, S. 357). Dies hatte theologische Folgen für die Ausübung von Autorität in der Kirche. Sie wurden von Yves-Marie Congar in einem Vortrag über «Die historische Entwicklung der Autorität» dargelegt (*Power and Poverty*, S. 40–79). Während also bei den Vormittagssitzungen des Konzils die Konservativen die

gegenreformatorische Trommel rührten, sagte am Nachmittag Congar allen, die es hören wollten, daß jegliche Autorität in der Kirche eine dienende sei. Obwohl immer noch keine offiziellen *periti* beim Konzil, arbeiteten sich Congar und Chenu wieder nach vorn und ließen ihre Anwesenheit spüren. Nach einer erzwungenen Abwesenheit von zehn Jahren hielt Congar seine erste Vorlesung vor seinen Dominikanerbrüdern in Le Saulchoir bei Paris im Januar 1963. Sie befaßte sich mit der ersten Sitzungsperiode des Konzils.

Es mußte nur noch öffentlich im Konzil (das heißt in der Aula) verkündet werden, was bereits privat geflüstert worden war. Es war eine gut koordinierte Kampagne, die die Konservativen fassungslos sitzenließ. Am 4. Dezember hielt Suenens die Rede, die zuvor von Papst Johannes auf Herz und Nieren geprüft worden war. Er griff die Unterscheidung zwischen der Kirche *ad intra* und der Kirche *ad extra* wieder auf. Er führte vier Themen unter der Überschrift *ad extra* an, die nach Aufmerksamkeit schrieen: alles, was mit der Menschenwürde zu tun hat – und das schloß die «Bevölkerungsexplosion» ein; soziale Gerechtigkeit; die Kirche der Armen; Krieg und Frieden. Die ordentliche Behandlung dieser Themen, fuhr Suenens fort, «verwikkelt uns in einen dreifachen Dialog: mit den Gläubigen, mit unseren getrennten Brüdern und mit der Welt». «In diesem Programm», schloß Suenens unter ungeheurem Beifall, «steckt nichts, was nicht schon in der bereits erwähnten Rede enthalten war» (Caprile, II, S. 247). Dies war ein kleiner Versprecher. Er hatte nur die Sendung vom 11. September erwähnt, zu der er selbst Wichtiges beigetragen hatte. Aber das machte nichts. Er wurde so verstanden, daß er sich auch auf die Rede vom 11. Oktober bezog. Der Beifall bedeutete, daß die große Mehrheit der Konzilsteilnehmer Suenens' Analyse der Ereignisse bei dieser ersten Sitzungsperiode gelten ließ: Dank der Eröffnungsrede von Papst Johannes begann es gut; dann verlief es sich im Zickzackkurs in Frustration und Stillstand; im letzten Augenblick wurde es durch eine Rückkehr zu Papst Johannes' ursprünglichen Absichten gerettet. Suenens beachtete Johannes' Rat und sagte, daß er nur «das glänzende Magisterium» *(magisterium fulgens)* von Pius XII. fortsetzte. Aber im weiteren empfahl er die Einrichtung «eines *Sekretariats* für die Probleme der gegenwärtigen Welt» (ASCV, I, 4, S. 224). Dieses befaßte sich mit der Kirche *ad extra*.

Am nächsten Tag, dem 5. Dezember, sprach Montini über die Kirche *ad intra*. Man braucht ihn nicht zu zitieren: Er nahm einfach den Stoff aus seinem Brief vom 18. Oktober und verschiedene Artikel in *l'Italia* auf. Die abgestimmten Schritte wurden am 6. Dezember von Lercaro fortgesetzt, der für «die Kirche der Armen» eingeteilt worden war. Er holte sich sein Schlüsselwort aus Papst Johannes' Rede vom 11. Oktober, in der er Petrus in der Apostelgeschichte zitiert hatte: «Silber und Gold besitze ich nicht. Doch was ich habe, das gebe ich dir.» Lercaro, der seinen bischöflichen Palast in Bologna in ein Waisenhaus umgewandelt hatte, ermahnte die ganze Kirche, Christus zu folgen, der «obwohl reich, für uns arm wurde» (ASCV, I, 4, S. 330).

Am 5. Dezember schleppte sich Papst Johannes um Mittag an sein Fenster – das Konzil endete früh, so daß die Bischöfe ihn sehen konnten – und stellte sich tapfer den Dingen: «Wie ihr seht, meine Kinder, ist die Vorsehung auf unserer Seite. Man kommt voran, von einem Tag zum anderen, *piano, piano* (langsam, langsam). Krankheit, dann Genesung. Jetzt genesen wir.» Beim Anblick der Menge fühlte er sich besser, und in einigen wenigen stockenden Worten faßte er das Wesentliche dessen zusammen, was später seine «Revolution» genannt wurde: «Was für ein Schauspiel sehen wir heute hier – die gesamte Kirche in ihrer ganzen Fülle: Seht ihre Bischöfe! Seht ihre Priester! Seht ihr Christenvolk! Eine ganze Familie ist hier, die Familie Christi.»

Papst Johannes hatte das Konzil mit einem mächtigen Schiff verglichen. Jetzt steuerte es den Hafen an – oder eher ein Trockendock, denn Johannes bestand in seiner Schlußansprache am 8. Dezember darauf, daß die neun Monate bis zum September 1963 keine Ferien vom Konzil wären: Seine Arbeit würde weitergehen, und durch die modernen Kommunikationsmittel (Telefon und Düsenflugzeuge) würden sie in Verbindung bleiben. Die erste Sitzungsperiode, sagte er, «war wie eine langsame, feierliche Einführung in das Konzil gewesen – eine großzügige Bereitschaft, in das Herz und Wesen des göttlichen Planes einzutreten» (Caprile, II, S. 270). Dies war die Antwort von Johannes an jene, die meinten, die erste Sitzungsperiode sei ein Fehlschlag gewesen. Im Wirken Gottes «sind quantitative Urteile nicht angebracht», und die Seligpreisungen kehren die üblichen Kriterien von Erfolg und Scheitern um. Was Gott wünschte, mußte mit Geduld gesucht werden.

> Der mühsame Beginn war eine Übung in Gruppendynamik gewesen: Brüder, die von weither kamen, brauchten Zeit, um einander kennenzulernen; sie mußten einander in die Augen sehen, um das Herz des anderen zu verstehen; sie brauchten Zeit, um ihre eigenen Erfahrungen zu beschreiben, welche die Unterschiede des Apostelamtes unter den mannigfaltigsten Gegebenheiten widerspiegeln; sie brauchten Zeit, um sich nachdenklich und mit Gewinn über pastorale Dinge auszutauschen (Caprile, II, S. 270).

Papst Johannes versuchte nicht unklug, den Zusammenprall der Meinungen beim Konzil zu verdecken. Er glaubte, daß die «scharf auseinandergehenden Ansichten», die vorgebracht worden waren, «die heilige Freiheit, die die Kinder Gottes in der Kirche genießen» illustrierten. Erzbischof Roberts drückte das gleiche anschaulicher aus: Die Kinder Gottes durften das Treppengeländer im Oberhaus hinunterrutschen. Papst Johannes' Urteil über die erste Sitzungsperiode war also positiv. Es mochte sich nicht entwickelt haben, wie er erwartet hatte, aber sie waren alle in den Händen des Herrn und mußten mit den Überraschungen des Heiligen Geistes rechnen.

Aber trotz dieses geistigen Optimismus war die Atmosphäre beim Abschluß der ersten Sitzungsperiode bedrückend, «fast bußfertig».Was Papst Johannes sagte, wurde von Sorgen um seine Gesundheit überschattet. Das war nicht der Mann, der am 11. Oktober so zuversichtlich durch den Mittelgang der Peterskirche gegangen, ja gewatschelt war. Johannes war jetzt ein kranker Mann. Sein Gesicht war eingefallen, seine Haut aschgrau, seinen Augen sah man die schmerzstillenden Mittel an. Viele glaubten, sie sähen ihn beim Konzil zum letztenmal. «Was als *au revoir* gedacht war, stellte sich als ein *adieu* heraus», sagte Karol Wojtyla, als er als Papst Johannes Paul II. den Geburtsort von Johannes besuchte. Es herrschte Traurigkeit.

Doch diese letzte Rede hatte eine sehr wichtige Funktion: Sie war bestimmt, diejenigen zu trösten, die sich verletzt und geschlagen fühlten. Papst Johannes frohlockte nicht über die Niederlage eines andern, und er wußte, daß Ottaviani und Ruffini, die zu seinen ältesten Freunden zählten, schlimme Wunden davontrugen. Er bot ihnen einen heilenden Olivenzweig mit mehreren ganz unnötigen Hinweisen auf Pius IX. an, der nicht nur das Dogma von der Unbefleckten Empfängnis verkündet hatte, das Fest des Tages, sondern auch an ebendiesem Tag im Jahr 1869 das Erste Vatikanische Konzil eröffnet hatte. Außerdem würde sein Konzil 1963 enden, ein weiteres bedeutsames Zusammentreffen, weil es der 400. Jahrestag des Abschlusses des Konzils von Trient war. Er ging sogar so weit, Pius IX. zu zitieren, der auf dem Vatikanum I gesagt hatte: «Seht, Brüder, was für eine gesegnete und frohe Sache es ist, voranzuschreiten in Harmonie in das Haus Gottes ... Wie unser Herr Jesus Christus seinen Aposteln Frieden gab, so gebe auch ich, sein unwürdiger Stellvertreter, euch Frieden in seinem Namen. Frieden, wie ihr wißt, vertreibt die Furcht; Frieden verschließt die Ohren vor dem, was ohne wirkliches Wissen gesagt wird» (Caprile, II, S. 272). Für Ironie war Papst Johannes zu krank, und die Situation war zu ernst. Aber er muß gewußt haben, daß es nicht viel «heilige Freiheit für die Kinder Gottes» beim

Vatikanum I gegeben hatte und der Satz über das Verschließen der Ohren «vor dem, was ohne wirkliches Wissen gesagt wird» die Ablehnung von allem, womit der Papst nicht einverstanden war, bedeutete. Die Wahrheit ist, daß Pius IX., der achtundsiebzig war, als Vatikanum I begann, oft für Verlegenheit sorgte und von manchen Vätern des Vatikanum I für senil gehalten wurde.

Was konnte das alles bedeuten? «Lächelte» Papst Johannes, in Gregory Baums Worten, «in zwei Richtungen?» (Kaiser, S. 70). Nahm er das Projekt ernst, Pius IX. seligzusprechen und eventuell heiligzusprechen? In der Römischen Kurie gab es eine Gruppe, die dieses Ziel förderte. Capovilla zufolge wehrte Papst Johannes ihre Forderungen nach sofortigem Handeln gewöhnlich mit den Worten ab: «Berichtet mir, welche Einwände es gegen den Abschluß dieser Sache gibt und ob sie überwunden werden können» (Capovilla, Archiv). Diejenigen in der Kurie, die eine Neuauflage von Pius' IX. Syllabus der hauptsächlichen Irrtümer wünschten, mochten gerade das ermutigend finden. Aber trotz solcher lindernden Umschläge für die Verwundeten fuhr Papst Johannes fort, von Vatikanum II als einem «neuen Pfingsten» zu sprechen, und sein innerster Optimismus war nicht verdüstert. Als sein letztes Wort am 8. Dezember malte er ein Bild, wie ihm die Wirkung des Konzils erschien: «Die Himmel haben sich über unseren Köpfen aufgetan, und die Herrlichkeit des himmlischen Hofes scheint auf uns herab» (Caprile, II, S. 272). Es war die Vision der *Geistlichen Übungen*. Ihre hauptsächlichen Meditationen versetzten einen in «den himmlischen Hof», das heißt in die Gemeinschaft der Heiligen.

Erzbischof Heenan zeigte sich erstaunt, weil Papst Johannes bei dieser letzten Sitzung die Ökumene nicht erwähnte und den «Beobachtern» nicht Lebewohl sagte (*Crown of Thorns,* S. 378). Das Rätsel ist gelöst, wenn wir erst begriffen haben, daß er zu den geschlagenen Konservativen sprach. Auf jeden Fall hatte er geplant, die sechsundvierzig Beobachter am selben Nachmittag zu treffen. In letzter Minute war er gezwungen, zu telefonieren und sich für sein Fehlen zu entschuldigen. Kardinal Cicognani vertrat ihn. Es war keine Unhöflichkeit. Jeder hat Verständnis für Krankheit. Lukas Vischer, der für den Weltkirchenrat als Beobachter da war, hielt eine Rede, in der er dem gezwungenermaßen abwesenden Papst Johannes für sein Willkommen dankte. «Vom ersten Tag des Konzils an», sagte er, «wurden wir gewahr, wie wichtig dem Heiligen Vater die Anwesenheit der Beobachter aus den von Rom getrennten Kirchen war» (Caprile II, S. 34). Nichts war vor ihnen verborgen worden. Sie hatten offen zu allem ihre Meinung sagen können. Sie waren ein bißchen auf dem

Treppengeländer gerutscht. Sie hatten Freundschaften geschlossen, die ein Leben lang halten würden. Schwierigkeiten blieben – jede ökumenische Rede muß diese Binsenwahrheit erwähnen –, aber sie konnten jetzt in einer anderen Perspektive gesehen werden.
Das war nicht das unbedeutendste Ergebnis der ersten Sitzungsperiode des Vatikanum II. Es war erstaunlich, daß sie nur sechzig Tage gedauert hatte. Alles geschah so schnell, sagte Karl Rahner danach, daß es schwer war, sich zu erinnnern, wer was gesagt hatte oder woher eine bestimmte Idee gekommen war. Schwer, aber nicht unmöglich.

23. Kapitel

Letzter Wille

Ich wagte nie, als Jüngling, radikal zu sein.
Aus Furcht, es machte mich konservativ im Alter.
(Robert Frost, *Precaution,* in *Complete Poems,* S. 337)

Genesung, Weihnachten und eine Botschaft von Chruschtschow kamen ungefähr gleichzeitig.
In der Aufregung des Konzils hatte Papst Johannes den Metropoliten Josef Slipyi, der immer noch in einem sowjetischen Zwangsarbeiterlager war, nicht vergessen. Das Problem war, eine Möglichkeit zu finden, um mit Chruschtschow in Verbindung zu treten. Die russisch-orthodoxen Beobachter beim Konzil brachen schließlich am 20. November 1962 das Schweigen. Witalij Borowoj sagte einer sowjetischen Nachrichtenagentur, daß Papst Johannes und das Sekretariat für die Einheit der Christen «eine Liebe zu unserer Kirche und unserem Patriarchen hegen und auch Respekt und Freundschaft für unser Volk in seinem Kampf für den Frieden» (Novosti; Caprile, II, S. 343). Das war ermutigend, wenn auch klischeehaft. Aber die Beobachter waren nicht bereit, ihren Kopf für Slipyi hinzuhalten. Der italienische Kommunistenführer, Palmiro Togliatti, versprach, Chruschtschow auf den Fall aufmerksam zu machen, aber er erreichte

nichts. Norman Cousins war es, dem der Durchbruch gelang. Als die erste Sitzungsperiode des Konzils ihrem Ende entgegenging, überraschte er Dell'Acqua und Cardinale mit der Nachricht, daß er ein Treffen mit Chruschtschow für den 13. Dezember um 11.30 Uhr festgemacht habe. Sie sagten Cousins, daß Papst Johannes die Freilassung Slipyis als ein deutliches Zeichen guten Willens betrachten würde.

Innerhalb weniger Tage lag Cousins' Zwanzig-Seiten-Bericht über sein Gespräch auf Papst Johannes' Schreibtisch. Chruschtschow, der auch aus der Ukraine stammte, sagte Cousins, daß er Slipyi kannte und bei der Beerdigung seines Vorgängers dabeigewesen war, der, so deutete er an, ermordet worden sei. Er wußte nicht, wo Slipyi jetzt war. Aber er sagte: «Ich werde den Fall untersuchen lassen, und wenn es Versicherungen gibt, daß daraus kein politischer Fall gemacht wird, will ich eine Befreiung nicht ausschließen. Ich habe andere Feinde gehabt, und einer mehr oder weniger auf freiem Fuß regt mich nicht auf» (*Utopia,* engl., S. 140). Chruschtschow schien aufrichtig dankbar für das Eingreifen von Papst Johannes in der Kubakrise und probierte sich an einem geselligen Vergleich zwischen sich und dem Papst: «Wir kommen beide aus einfachen Verhältnissen und haben in unserer Jugend auf dem Land gearbeitet.» Als neues Element zeigte sich, daß Chruschtschow regelmäßige, wenn auch private Kontakte mit dem Vatikan wünschte; der kubanische Ernstfall hatte gezeigt, wie notwendig das war. Es sollte ein Geben und Nehmen in dieser neuen Beziehung sein: Der Vatiken sollte die Trennung von Kirche und Staat anerkennen, und die Sowjetunion sollte anerkennen, daß die katholische Kirche allen Menschen zu dienen wünschte. Cousins stellte den letzten Punkt der Übereinkunft so dar: «Chruschtschow erkennt an, daß es sehr mutig von Papst Johannes war, so zu handeln, wenn man bedenkt, daß er Probleme innerhalb der Kirche hat, so wie Chruschtschow sie in der Sowjetunion hat» (ibid., S. 139).

Am 19. Dezember hatte der unermüdliche Cousins eine vierzigminütige Audienz bei Papst Johannes. Er übergab eine persönliche Botschaft von Chruschtschow:

> Seiner Heiligkeit Papst Johannes XXIII. Anläßlich der Festzeit zu Weihnachten bitte ich Sie, gute Wünsche für Ihre Gesundheit und Energie entgegenzunehmen, damit Sie Ihre Bemühungen um Frieden, Wohlergehen und Gedeihen der ganzen Menschheit fortsetzen können.
> N. Chruschtschow (*Lettere,* S. 439).

Johannes sagte zu Cousins:

> Ich bekomme in diesen Tagen viele Botschaften von Menschen, die beten, daß meine Krankheit mir keine Schmerzen bereiten möge. Aber Schmerzen sind nicht mein Feind. Ich habe Erinnerungen, so viele wunderbare Erinnerungen. Diese Erinnerungen bereiten mir große Freude und füllen mein Leben, so daß kein Platz für Schmerzen ist. Als ich jung war, war ich Apostolischer Delegat in Bulgarien. Ich begann, die slawischen Völker zu verstehen und zu lieben. Ich versuchte, slawische Sprachen zu lernen, auch Russisch. Können Sie Russisch?

Cousins konnte kein Russisch. Johannes fuhr fort:

> Schade. Sie sollten es lernen. Sie sind viel jünger als ich. Sie dürften nicht so lange dazu brauchen. Es ist eine sehr wichtige Sprache. Das russische Volk ist ein wunderbares Volk. Wir dürfen sie nicht verurteilen, weil wir ihr politisches System nicht mögen. Sie haben ein tiefes geistiges Erbe, das sie nicht verloren haben. Wir können mit ihnen sprechen. Wir müssen immer versuchen, die Güte anzusprechen, die in den Menschen ist. Nichts ist bei einem Versuch verloren. Alles kann verloren sein, wenn die Menschen keinen Weg zur Zusammenarbeit finden, um den Frieden zu retten (*Utopia*, engl., S. 141f.; zitiert Norman Cousins, «The Improbable Triumvirat», in *The Saturday Review*, 30. Oktober 1971).

Cousins übergab auch eine Botschaft von Präsident John F. Kennedy und demonstrierte so – falls es nicht schon offenbar war –, daß er nicht einfach ein freischaffender Vermittler war, sondern eine nachrichtendienstliche Rolle spielte. Er war eine Taube der Entspannung.
Wieder in New York sorgte Cousins dafür, daß Papst Johannes der «Mann des Jahres» der Zeitschrift *Time* wurde. Eine geschmackvolle Zeichnung von Lawrence Shehan zierte das Titelblatt, und der dick auftragende Artikel verkündete: «Der ganzen Welt hat Papst Johannes gegeben, was weder Diplomatie noch Wissenschaft geben konnten: ein Gefühl für die Einheit der menschlichen Familie» (*Time*, 31. Dezember 1962). Robert Kaiser, für *Time* in Rom während der ersten Sitzungsperiode, schrieb an einem Buch, um alles zu erklären und den Papst zu preisen (*Lettere*, S. 569; Capovilla nennt ihn korrekterweise Robert B. Piser – ein Name, den er aus begreiflichen Gründen wechselte, als er nach Italien kam). Im Februar lud *Time-Life* Papst Johannes zu einem spektakulären Gipfelessen in New York ein, bei dem unter anderen Gästen Kennedy, Chruschtschow, de Gaulle, Adenauer, Karl Barth und Pablo Picasso wären. Es sollte äußerst exklusiv sein: Nur wer es bis zu einem Titelbild der *Time* gebracht hätte, wurde gebeten. Johannes lehnte den Gedanken nicht

auf der Stelle ab, meinte aber, das brauche Zeit, um zu «reifen» (*Lettere,* ibid.). Und ein Besuch Kennedys im Vatikan im selben Mai wurde ebenfalls provisorisch vereinbart. Wenn man vielleicht auch nicht sagen kann, Norman Cousins und *Time* hätten Papst Johannes' amerikanisches Image «erschaffen», so taten sie gewiß ihr Bestes, um es weiterhin bekannt zu machen.

In der Zwischenzeit überlegte Papst Johannes, wie er auf Chruschtschows Botschaft antworten sollte. Er verwarf den frostigen, leblosen Entwurf, den das Staatssekretariat vorgeschlagen hatte, und tippte die Botschaft persönlich:

> Herzlichen Dank für die verbindliche Glückwunschbotschaft. Wir erwidern sie aus ganzem Herzen mit Worten, die aus der Höhe kommen: Friede auf Erden den Menschen guten Willens. Wir machen Sie auf zwei Weihnachtsdokumente aus diesem Jahr aufmerksam, die nach der Festigung des Friedens zwischen den Völkern rufen.
> Möge der gütige Herr die Inständigkeit und Aufrichtigkeit unserer Mühen und Gebete erhören und darauf antworten. *Fiat pax in virtute tua, et abundantia in turribus tuis* [«Friede wohne in deinen Mauern, in deinen Häusern Geborgenheit», Psalm 122,7]. Frohe gute Wünsche für das Wohlergehen des sowjetischen Volkes und aller Völker der Welt (*Lettere,* S. 438).

Er legte seine Weihnachtsansprache, die am nächsten Tag, dem 22. Dezember, gesendet werden sollte, und seine Ansprache an das diplomatische Korps bei. Das Staatssekretariat hielt es für einen Fehler, so einen herzlichen Ton anzuschlagen und die Bibel – auf Latein – zu zitieren, wenn man einen atheistischen Diktator anredete. Deshalb mußte Papst Johannes Kardinal Beas Sekretär, Pater Stjepan Schmidt SJ, beauftragen, sein Päckchen dem sowjetischen Botschafter zu übergeben. Papst Johannes versiegelte es mit einem Marienbild von Tiepolo und dem Gebet *«Ave, mundi spes, Maria; ave mitis, ave pia; ave Dei amore plena, virgo dulcis et serena»* («Gegrüßt seist du, Maria, Hoffnung der Welt; gegrüßt seist du, heilige und holde Jungfrau, erfüllt von Gottes Liebe, mild und heiter»). Chruschtschow konnte nicht wissen, daß dieses Gebet, das Papst Innozenz III. zugeschrieben wurde und rhyythmisch wie ein Mantra ist, von Johannes seit seiner Seminaristenzeit verwendet wurde (*Rosario,* S. 5f.). Für Chruschtschow war ein Gebet eine tätliche Beleidigung.

Am 22. Dezember wurde Papst Johannes' Weihnachtsbotschaft übertragen, die er gerade an Chruschtschow geschickt hatte. Ihr Thema war *Gloria in excelsis Deo* (Ehre sei Gott in der Höhe). Diese Worte, sagte er, waren während des Konzils in so vielen verschiedenen Sprachen gesungen worden – griechisch und slawisch, armenisch, koptisch, syrisch, lateinisch –, und diese Vielfalt in der Einheit faßte die Erfahrung des Konzils zusammen (Caprile, II, S. 273). Wie wunderbar war es, fuhr er fort, über zweitausend bischöfliche Kehlen bei der Schlußmesse am 8. Dezember das *Gloria* singen zu hören. Er wollte damit nicht sagen, daß es eine beeindruckende musikalische Aufführung war: Doch nach der Eröffnungsmesse am 11. Oktober, als die Bischöfe passiv Palestrina gehört hatten, war das Singen der *Missa de Angelis* ein Schritt auf jene «aktive Teilnahme» hin, die vom liturgischen Schema als so wichtig bezeichnet wurde. Der Tod war seinen Gedanken in jenen Tagen nie fern. «Am Tag des Gerichts», erklärte er, «werden wir nicht gefragt werden, ob wir die Einheit erreicht, sondern ob wir dafür gebetet, gearbeitet und gelitten hätten» (ibid., S. 274). Dann führte ihn die «Ehre Gottes» naturgemäß zum «Frieden auf Erden» *(pacem in terris)*. Von nun an sah Johannes den Abschluß des Konzils und die Arbeit für den Frieden als zwei einander ergänzende Aufgaben. Was in einem bestimmten Augenblick vorrangig war, würde teilweise von den Ereignissen abhängen. Er wollte frei sein, auf den Heiligen Geist zu reagieren.

Die Kritiker im Staatssekretariat, die zunehmend von Papst Johannes' Naivität verärgert waren, hatten in einem recht: Das Vorkommen eines lateinischen Zitates aus der Bibel in der Botschaft an Chruschtschow war unpassend. Aber es läßt sich leicht erklären. Als Papst Johannes beschloß, eine Enzyklika über den Frieden zu schreiben, notierte er eine Sammlung von Bibeltexten zum Thema des Friedens. So hatte er Notizen über den «dauerhaften Frieden» (Jesus Sirach, 50,23-24) und über die «Heilige Stadt», die im Frieden lebte, weil ihre Bewohner die Gesetze hielten (2 Makkabäer 3,1-3). Die lateinische Bibel war für Johannes etwas Lebendiges. Giacomo Manzù, der viele Stunden mit ihm verbrachte, während er ihn modellierte, erzählt, daß Johannes oft poetische Abschnitte aus dem Alten Testament vortrug. Als Manzù ihn darauf aufmerksam machte, daß er kein Latein konnte und – etwas schüchterner – daß er Kommunist sei, übersetzte Johannes es mit gleichem Genuß ins Italienische. Es gab keinen Grund, warum Manzù – oder Chruschtschow, was das betraf – keine Freude an Poesie haben sollten.

Die Arbeit an *Pacem in Terris* machte gute Fortschritte. Johannes hatte eine kleine Redaktionsmannschaft zusammengestellt, geleitet von Msgr. Pietro Pavan, Professor für Soziallehre am Lateran. Der jetzt achtundfünfzigjährige Pavan war der Sohn eines venezianischen Ladenbesitzers und Antifaschisten. Sein 1952 erschienenes Buch über «Christentum und Demokratie» folgte Jacques Maritain in der Herausarbeitung der Ähnlichkeiten zwischen beiden Begriffen – eine ungewöhnliche Stellungnahme für einen italienischen Kleriker. Um Pavan die Richtung zu zeigen, hatte Johannes einen Abschnitt aus Augustinus' Gottesstaat getippt:

> Friede ist Ruhe in der Ordnung der Dinge,
> geordneter Gehorsam in Treue zum ewigen Gesetz.
> Ordnung bedeutet, jedem Ding seinen Platz zuweisen.
> Der Friede der Menschheit ist geordnete Harmonie im Haus, in der Stadt, im Menschen.
> Elend ist deshalb das Volk, das sich von Gott abgewendet hat (*Utopia*, engl., S. 12; der Bezug auf Augustinus ist zu vage, um überprüft zu werden; vermutlich hat Johannes mehrere Texte verschmolzen).

Von Anfang an bestand Johannes darauf, daß es keine Verurteilungen in seiner geplanten Enzyklika geben sollte. «Ich kann nicht der einen oder anderen Seite bösen Willen nachsagen», sagte er zu Pavan, «wenn ich das tue, gibt es keinen Dialog, und alle Türen werden zugeschlagen» (ibid., S. 26). Pavan tauchte aus der päpstlichen Bibliothek auf und sagte zu Capovilla: «Was für eine wunderbare Klarheit des Geistes er hat.» Gleichzeitig bemerkte Pavan, daß der «Optimismus» von Papst Johannes die Theologie des Gottesstaates radikal verwandelte: Die «himmlische Stadt» konnte nicht mehr über die «irdische Stadt» gestellt werden, und Johannes war nicht fähig, die Barbarenhorden, die an die Pforten pochten, als *massa damnata,* als einen verdammten Haufen, abzutun.

Das bedeutete jedoch keineswegs, daß Papst Johannes nachgiebig gegenüber Irrtümern war oder «den Unterschied zwischen richtig und falsch verwischte» oder «naiv in Chruschtschows Falle fiel» – um die verbreitetsten Vorwürfe gegen ihn zu zitieren. Hätten Johannes' Kritiker sein Tagebuch zum Tag des heiligen Stephan 1962 gelesen, wären sie überrascht gewesen, daß er ebenso besorgt um die «Bekehrung Rußlands» war wie Pius XII.:

> 26. Dezember. Ein ruhiger Stephanstag. Die Liturgie machte starken Eindruck auf mich. Mein Geist beschäftigt sich fortwährend damit, was das geheimnisvolle Wirken des Herrn sein mag. Hält nicht dieser Kroucheff – oder Nikita Khrushchev, wie er selbst unterschreibt – einige Überraschungen für uns bereit? Nach einer langen Meditation letzte Nacht und nach der Lektüre der Einleitung zu Ettore Lo Gallos *Russischer Grammatik,* die Msgr. Capovilla mir zu Weihnachten schenkte, stand ich vom Bett auf und weihte, vor dem gekreuzigten Herrn kniend, mein Leben und das letzte Opfer meines ganzen Seins meinem Anteil an diesem großen Unternehmen, der Bekehrung Rußlands, zur katholischen Kirche. Ich wiederholte es im selben Geist bei der heiligen Messe. Zu Mittag während der allgemeinen Audienz in der Sala Clementina

> legte ich, immer noch unter derselben Inspiration, große Inbrunst des Herzens und der Lippen in die Worte *Domine, tu scis quia amo te* [Herr, du weißt, daß ich dich lieb habe, Joh 21,17] (*Lettere,* S. 453f.).

Diese «Inspiration» oder Gnade blieb bei ihm bis zu seinem Tod.
Aber um die Jahreswende galt seine unmittelbare Sorge dem Konzil. Am 1. Januar 1963 war er «wie gewohnt» um vier Uhr auf und arbeitete an seinem Brief an «die Bischöfe des Konzils» (Caprile, II, S. 300). Er freute sich über diesen neuen kollegialen Titel: «Bischöfe des Konzils». Am 4. Januar notierte er, daß er die Abfassung ziemlich mühsam fand. Als der Brief fertig und abgeschickt war, überlegte er, daß er «mich ziemlich viel gekostet hat. Aber ich wollte, daß er ganz aus dem persönlichen Gedanken, dem Herzen und der Feder des Papstes kommt, und ich danke dem Herrn, daß es mir gelungen ist» (ibid.). Der Zweck des Briefes war, die Bischöfe daran zu erinnern, daß das Konzil nicht vorbei war, auch wenn sie jetzt eine Pause hatten, und daß sie bald einige Dokumente bekommen würden. Die Arbeiten an Konzilsdokumenten sollte Vorrang vor allen anderen Arbeiten haben. Sie sollten «ihr Augapfel» sein. Nicht einmal der Einwand «dringender pastoraler Arbeit» könnte als Entschuldigung gelten, die Bitten um Kommentare zu Textentwürfen schnell zu beantworten. Nach einem wankelmütigen Auftakt hätte das Konzil nun Tritt gefaßt. Es hätte nun einen guten *modus operandi,* eine Methode. Er beschrieb die Rolle der Koordinierenden Kommission: Sie sollte der Dynamo des Konzils sein. Er erinnerte daran, daß die Entscheidungen des Konzils zwar die päpstliche Billigung brauchten, um gültig zu sein, daß aber die Bischöfe nicht einfach dasitzen und auf einen Fingerzeig des Papstes warten sollten, bis dieses endgültige Stadium erreicht wäre. «Es steht den Bischöfen zu», schrieb er, «die freie Entfaltung des Konzils gemäß den Vorschriften zu überwachen» (*Lettere,* S. 443). Er erklärte nicht, daß sie auf diese Weise jedem Versuch der Römischen Kurie, die verlorene Kontrolle wieder an sich zu reißen, vorbeugen würden. Er empfahl ihnen, über Kapitel 15 der Apostelgeschichte zu meditieren, wo das Apostelkonzil zu Jerusalem beschrieben wird: «In dieser einfachen Erzählung», schrieb er, «die zwanzig Jahrhunderte alt ist, liegt das vollkommene Modell eines Konzils» (ibid.). Wie man sehen kann, kam der Brief aus dem Herzen.
Johannes' Schlußfolgerung war sehr typisch: Das vom Konzil unter den Katholiken geweckte Interesse hatte alle Erwartungen übertroffen. Aber dank den Beobachtern – «ein sehr seltenes Ereignis in der Konzilsgeschichte», formuliert er, wohl wissend, daß es einmalig ist –

war das Interesse der getrennten Brüder gleichermaßen gefesselt. Schließlich richtete sich das Konzil an «alle Menschen», die inzwischen keine anonyme Masse mehr waren (obwohl er das nicht sagte), sondern Individuen mit Namen wie Kroucheff (er tat sich immer schwer mit der Umschrift). Er verdeutlichte es mit einem Zitat von Johannes Chrysostomus: «Denkt daran, Brüder, daß ihr nicht nur über euer eigenes Leben Rechenschaft ablegen müßt, sondern über eines jeden Leben» (*Lettere,* S. 448; Fünfzehnte Homilie über Matthäus). Sein eigener Tag der Rechenschaft kam näher. Der Brief an die Bischöfe des Konzils wurde am 6. Januar, zu Epiphanie, dem Fest Christi als Licht der Völker, *Lumen Gentium,* veröffentlicht. Er ist getränkt von Licht und Vernunft. Er wurde nicht von einem Mann geschrieben, der des Konzils überdrüssig oder von ihm enttäuscht war.

Pavan hatte schnell gearbeitet. Er gab den ersten Entwurf von *Pacem in Terris* am 7. Januar 1963 ab. Johannes bemerkt dazu: «Wichtige Nutzanwendungen pastoraler Natur» (*Utopia,* ital., S. 30). Das war scharfsinniger, als es scheinen mag. Papst Johannes merkte, daß die theoretischen Abschnitte der Enzyklika vermutlich ohne allzu große Schwierigkeiten bei seinen Zensoren durchgehen würden, obwohl sie die Reichweite und Zahl der «Menschenrechte» beträchtlich ausdehnte und – wie er es gewünscht hatte – nach einer Deutung von drei neuen «Zeichen der Zeit» gegliedert war. Es war der fünfte und letzte Abschnitt, den Umgang mit Nichtgläubigen (ein Euphemismus für Kommunisten) betreffend, der an den Fundamenten rütteln würde. Johannes wollte die Möglichkeit «kluger Zusammenarbeit» mit Andersdenkenden offenhalten (*Pacem in Terris,* Nr. 100).

Eine frische Erfahrung Kardinal Augustinus Beas ließ Papst Johannes erkennen, wie schwer es sein würde, das annehmbar zu machen. Am 13. Januar 1963 leitete Bea eine Agape (Liebesmahl), die von *Pro Deo* (Félix Morlions Stiftung und deshalb nicht ohne Beziehung zur Arbeit von Norman Cousins) organisiert war. Mehr als siebzig Länder und einundzwanzig Religionen waren vertreten. Bea war bestens in Form. Das Thema seines Vortrags lautete «Wahrheit in Barmherzigkeit». Es war ein beredter Appell an gegenseitige Toleranz und religiöse Freiheit. Er verurteilte Religionskriege als Übel. Er erklärte, daß der Grundsatz «Irrtum hat keine Rechte», der so zungenfertig im 19. Jahrhundert benutzt wurde, handgreiflicher Unsinn wäre, da «Irrtum» als solcher ein abstrakter Begriff sei, der weder Rechte noch keine Rechte haben könne. Nur Personen können Rechte haben, und diese Rechte verschwinden nicht einfach, weil sie sich im Irrtum befinden (Caprile, II, S. 367ff.; auch Rynne, S. 248).

Die Rechtsaußen waren wütend. «Irrtum hat keine Rechte» war nicht einfach ein musealer Grundsatz aus dem 19. Jahrhundert. Er wurde noch von Kardinal Ottaviani im Heiligen Offizium vertreten. *L'Osservatore Romano* tat so, als habe der Vortrag gar nicht stattgefunden. Es blieb *Il Tempo* überlassen, Bea mit der Begründung anzugreifen, daß er «die Wahrheit der Barmherzigkeit geopfert» hätte und bis zur Gleichgültigkeit tolerant wäre. *Il Tempo* deutete auch an, daß dieses Urteil mit dem Heiligen Offizium übereinstimmte. Allerdings.

> Bea antwortete auf diese Anklage in einer Notiz:
> Es sollte eigentlich klar sein, daß Kardinal Bea nicht vorschlug, Gottes Souveränität auszuhöhlen oder vollständige menschliche Autonomie zu bekräftigen, als er von der Freiheit sprach, seinem Gewissen zu folgen. Er sprach nicht von einer beliebigen Freiheit, sondern von der Freiheit, dem eigenen *Gewissen* zu folgen. Das Wort Gewissen schließt richtig verstanden auch das moralische Gesetz ein, das Gott in die Herzen aller Menschen gelegt hat und ohne das Freiheit zu Zügellosigkeit wird. Daraus ergibt sich, daß der Mensch verpflichtet ist, danach *zu streben, dieses Gesetz kennenzulernen,* und sich bemühen muß, sein Gewissen zu formen (Caprile, II, S. 368).

Obwohl bis dahin noch eine lange steinige Straße zurückzulegen war, lag hier der Keim zu der Erklärung des Konzils *Über religiöse Freiheit (Dignitatis Humanae).* Das gleiche Prinzip regte den Abschnitt in *Pacem in Terris* an, der von Papst Johannes persönlich geschrieben ist (*Utopia,* ital., S. 35), doch wird hier unterschieden zwischen dem «Irrtum», der immer abzulehnen ist, und der «Person, die dem Irrtum verfällt», die immer zu achten ist. Es war eine der unmittelbarsten und eindringlichsten Passagen der Enzyklika: «Ein Mensch, der dem Irrtum verfällt, hört nicht auf, ein Mensch zu sein. Er verliert nie seine persönliche Würde; und dies muß immer in Rechnung gestellt werden» (*Pacem in Terris,* Nr. 158). Dieser Gedanke war wesentlich, wenn die ökumenischen Ziele des Konzils erreicht werden sollten. Um es noch einmal zu sagen: Die Erfüllung des Konzils und die Verwandlung der Welt in einen friedlicheren Planeten waren zwei Tafeln desselben Diptychons.

Deshalb maß Papst Johannes der ersten Sitzung der Koordinierenden Kommission vom 21. bis 27. Januar 1963 soviel Gewicht bei. Es würde sich erweisen, ob eine neue und wirksame Methode gefunden worden war, um die zukünftige Arbeit des Konzils zu lenken und – dies war immer noch Johannes' Hoffnung – bis zur folgenden Weihnacht abzuschließen. Indem er Occams Kriterium (*schemata non multiplicanda praeter necessitatem* – Entwürfe sollten nicht ohne Notwendigkeit vervielfacht werden) und kartesische Logik anlegte, konnte Kardinal Suenens die Zahl der Entwürfe von siebzig auf zwanzig reduzieren. Er ordnete die verbliebenen nach den von Kardinal Montini aufgestellten Prinzipien und seiner eigenen Unterscheidung in die Kirche *ad extra* und die Kirche *ad intra*. Insbesondere schlug er vor, daß das alte Schema über «Die Gemeinschaft der Völker» in einen weitergehenden Entwurf einbezogen werden sollte, der sich befaßte mit 1) der menschlichen Person in der Gesellschaft, 2) der Ehe, der Familie und Bevölkerungsproblemen, 3) Kultur, 4) der wirtschaftlichen Ordnung und sozialen Gerechtigkeit, 5) der Gemeinschaft der Völker und dem Frieden (Caprile, II, S. 329). Suenens griff sein Projekt für ein Sekretariat für die Probleme der gegenwärtigen Welt nicht wieder auf. Aber er schlug vor, daß echte Experten, einschließlich Laien, in die Arbeit einbezogen werden sollten. Einige der *periti* während der ersten Sitzungsperiode waren Attrappen gewesen. Kardinal Spellmans Chauffeur hatte dazugehört, weil man «Jack doch nicht draußen warten lassen konnte». Suenens' Vorschlag wurde angenommen. Es war die Entstehung der Pastoralkonstitution *Gaudium et Spes*. Es bestand eine leichte Überschneidung mit dem, was Papst Johannes in *Pacem in Terris* vorhatte, aber das hatte nichts zu bedeuten: Die ordentliche Lehrautorität des Papstes und die außerordentliche des Konzils würden sich gegenseitig bestärken. Johannes hatte das in seiner Eröffnungsrede an das Konzil am 11. Oktober 1962 gesagt. Der Papst hatte nicht abgedankt, nur weil das Konzil tagte.

Am selben Tag, am 28. Januar, schrieb Papst Johannes einen Brief an seinen Sekretär Loris Capovilla. Der Grund, warum er einem schrieb, den er fast stündlich sah, liegt auf der Hand: Er betraute Capovilla mit einer Aufgabe, und dafür mußte es einen schriftlichen Beleg geben:

> Lieber Monsignore,
> Um vier Uhr heute morgen war ich wach und sah Papiere des Konzils durch, als mir einfiel, es wäre gut, an einen künftigen «Historiker» des großen im Gang befindlichen Ereignisses zu denken und daß er mit Bedacht gewählt werden muß.
> Ich glaube, daß der naheliegende Zeuge und pflichttreue Erläuterer von «Vatikanum II» wirklich Sie sind, lieber Monsignore, und soweit ein Mandat von mir – dem Papst des Konzils, lebend oder tot – kommen kann, sollten Sie autorisiert werden, diese Aufgabe als Gottes Willen anzunehmen und ehrenvoll zu erfüllen, was auch eine Ehre für die heilige Kirche sein würde, ein Pfand auf Segnungen und einen besonderen Lohn für Sie auf der Erde und im Himmel (*Lettere*, S. 453).

In einer rätselhaften Fußnote sagt Capovilla, daß «dies nicht der Ort ist zu verraten, wie es zu diesem Brief kam» (ibid). Aber dann deckt er seine Karten auf, indem er den Brief in den Zusammenhang mit

Papst Johannes' internationalen Beschäftigungen stellt. Es läßt sich unschwer folgern, daß Johannes seine Seite des Streits um *Pacem in Terris* und das neu gefundene gute Verhältnis zu Chruschtschow von Capovilla vertreten haben wollte. Obgleich kein Historiker von Beruf, darf man sagen, daß Capovilla sein «Mandat» erfüllte, wenn auch ohne eine Geschichte des Konzils zu schreiben.

Die Sowjetunion beschäftigte in diesem besonderen Augenblick seine Gedanken, weil Msgr. Jan Willebrands auf dem Weg nach Moskau war, um über die Freilassung des Metropoliten Slipyi zu verhandeln. Dazu gehörte die Annahme der Bedingung, daß seine Befreiung nicht zu antisowjetischer Propaganda ausgenutzt werden sollte. Die Rechten würden dies unweigerlich als ein weiteres Beispiel für Papst Johannes' «Schwäche» halten. Er gab vor dem Kommunismus klein bei wie das Lamm vor dem Löwen. Außerdem stand fest, daß die politische Rechte in Italien mit der «Opposition» in seiner eigenen Kurie verbündet war. Sie redeten über ihn, als wäre er schon tot, und dachten über einen Nachfolger nach. Johannes wußte allzu gut, was hinter seinem Rücken geredet wurde, und sprach offen mit Roberto Tucci SJ, dem Herausgeber von *Civiltà Cattolica,* am 9. Februar 1963 darüber: «Sehen Sie, lieber Pater, ich weiß, daß ich nicht mehr lange zu leben habe. Ich muß deshalb in allem meinem Tun sehr behutsam sein, um zu verhindern, daß das Konklave nach meinem Tod ein Konklave ‹gegen mich› wird, weil es dann eine Wahl treffen könnte, die alles, was ich erreichen wollte, zerstören würde» (Magister, S. 294). In diesem Licht kann der Brief an Capovilla im Zusammenhang mit Johannes' Ordnungmachen vor seinem Tod gesehen werden. Sein Tagebuch für diesen Tag berichtet einfach: «9. Februar, Samstag. Gott sei Dank nur zwei Besucher, Msgr. Bafile, Nuntius in Deutschland, und Pater Roberto Tucci, Herausgeber von *Civiltà Cattolica,* einer Zeitschrift, die mit zunehmendem Alter immer jünger wird. Sie wurde 1849 gegründet und steht somit in ihrem 114. Jahr» (Caprile, II, S. 424). Was immer in der Kurie geschehen mochte, Johannes wußte, daß er hinsichtlich intelligenter Unterstützung auf *Civiltà Cattolica* zählen konnte. Tuccis Kollege, Giovanni Caprile, wurde der halbamtliche Historiker des Konzils.

Papst Johannes schloß eine weitere noch unvollendete Angelegenheit am nächsten Tag, dem 10. Februar, ab, als er offiziell den Prozeß einleitete, der zur Seligsprechung von Kardinal Andrea Carlo Ferrari, dem Mailänder Erzbischof, führen sollte. Er hatte sich lange Zeit gelassen. Doch jüngste historische Forschungen in Mailand – in keiner Weise von Montini entmutigt – hatten klargemacht, daß Ferrari durch die Römische Kurie des Pius X. schäbig behandelt worden war. Mit der Einleitung des Prozesses ehrte Johannes also teilweise seinen alten Freund und Mentor, machte aber auch eine der Diözese Mailand angetane Ungerechtigkeit wieder gut. Johannes sprach mit ungewohnter Offenheit. Es hatte zweiundvierzig Jahre gedauert, bis der Prozeß in Gang gesetzt wurde: «Aber jeder Heilige muß seinen eigenen Weg gehen; und dieser Weg erscheint nur denen lang, die nicht erkennen, welche geheimen Pläne Gott hegt, der oft bittere Umstände entstehen läßt – die Verantwortlichen irrten sich schwerwiegend –, die nichts mit den persönlichen Verdiensten der Heiligen selbst zu tun haben» (*Dodicesimo anniversario,* S. 114). Dies wurde in Gegenwart Kardinal Giovanni Battista Montinis gesagt, der auch «bittere Umstände» kennengelernt hatte. Aber der bemerkenswerteste Zug dieser Rückkehr zu seiner Vergangenheit ist, daß er anders als die historische *Disquisitio* zu Pius X., die er 1959 sorgfältig durchlas, nicht die Tatsache wegdeutet, das «die Verantwortlichen schwerwiegend irrten».

Ferrari war 1921 am Abend vor Mariä Lichtmeß, als der Angelus ertönte, gestorben. Aber er war wenigstens als Kardinal gestorben. Ernesto Buonaiuti, des Priesteramtes beraubt, dreimal exkommuniziert, Opfer der Faschisten, lag am Ostersonntag, dem 20. 4. 1946, auf seinem Sterbebett und bat, man möge die Fenster öffnen, damit er das Ostergeläut hören könnte. Papst Johannes schrieb diese Einzelheiten alle auf, auch die genaue Todeszeit, 13.15 Uhr. Buonaiuti hatte bei seiner ersten Messe vor neunundfünfzig Jahren neben ihm gestanden. Papst Johannes' letzte Worte über seinen alten Kollegen sind mitfühlend, sogar zärtlich:

> So starb er mit 65, *sine luce et sine cruce* [ohne Kerzen und ohne Kruzifix]. Seine Bewunderer haben geschrieben, daß er ein tief und intensiv religiöser Geist war, der dem Christentum mit jeder Faser seines Wesens anhing, mit unzerreißbaren Banden an seine geliebte katholische Kirche gebunden. Natürlich war kein Priester da, um seinen Leib zu segnen, und keine Kirche empfing ihn zu seinem Begräbnis. Worte aus seinem geistlichen Testament zwischen dem 18. und 19. März 1946: «Ich mag Fehler gemacht haben. Aber in der Substanz meiner Lehre kann ich nichts finden, das ich zurücknehmen oder in Abrede stellen müßte.» *Dominus parcat illi* [Der Herr sei ihm gnädig] (*Dodicesimo anniversario,* S. 121; nicht datiert).

Johannes nannte Buonaiuti immer bei seinem Priestertitel. Er blieb *Don* Ernesto. Katholische Forscher schrieben bereits die Geschichte des Modernismus neu, und es würde bald möglich werden, Buonaiuti als einen «Propheten der Erneuerung» darzustellen (s. Lorenzo Bedeschi, *Buonaiuti, il Concordato e la Chiesa,* 1970). Johannes hätte diese

Richtung begrüßt. Seine letzten Worte an Buonaiuti waren eine Absolution.

Metropolit Slipyi war im September 1917 zum Priester geweiht worden, am Vorabend der Russischen Revolution. Jetzt, im Februar 1963, wurde er plötzlich und ohne Erklärung aus seinem Gefangenenlager herausgeholt und unter Bewachung nach Moskau geschickt. Bei seiner Ankunft brachte man ihn ins Hotel Moskwa, wo er zu seinem Erstaunen Msgr. Willebrands antraf, der ihm mitteilte, er sei frei. Aber Slipyis Gefühle der Erleichterung schlugen in Entsetzen um, als er begriff, daß es Bedingungen gab. Man würde ihm nicht gestatten, in sein geliebtes Lwiw (Lemberg) in der Ukraine zurückzukehren, und er müßte den Rest seiner Tage im Exil verbringen. Die Verhandlungen schleppten sich hin, unterbrochen von peinlichen Pausen. Slipyi hatte die bittere Wahl: Exil auf Dauer oder wieder ins Arbeitslager. Er hielt das Schicksal der «Ostpolitik» von Papst Johannes in der Hand. Schließlich fiel Slipyi auf die Knie und willigte ein. «Gut», sagte Willebrands, «wir fahren morgen zum Flugplatz.» Slipyi konnte Flugzeuge nicht ausstehen, und sie setzten sich in einen Zug und kamen über Wien und Venedig zurück. Der letzte Dolchstich war, daß Slipyis Bitte, mit einem über Lwiw gehenden Zug zu fahren, abgelehnt wurde (Benedict Lomax, Pope John's Ostpolitik», in *The Month,* September 1974, S. 691ff.).

Um der Presse auszuweichen, wurde vereinbart, daß der Alpen-Expreß in Orte, 80 Kilometer nördlich von Rom, halten sollte. Protokollchef Cardinale und Capovilla, der ein Brustkreuz als Geschenk dabei hatte, bildeten das Empfangskomitee. Der Zug sollte um 21.40 Uhr dasein, kam aber erst um 22.15 an. Slipyi wurde begrüßt und in die nahegelegene Abtei in Grottaferrata gebracht, begleitet von Cardinale, während Capovilla nach Rom eilte, um Papst Johannes zu berichten. Sein Licht war aus, deshalb schrieb Capovilla rasch einen Zettel und schob ihn unter der Tür durch:

> Heiliger Vater! Ich kam um Mitternacht zurück. Metropolit Slipyi kam sicher an. Er ist Eurer Heiligkeit sehr dankbar. Er bewundert Eure Gaben. Er sagte: «Wenn Papst Johannes in seiner Güte das nicht fertiggebracht hätte, dann hätte ich nicht mehr sehr lange gelebt. Der Krebs wollte mich schon unterkriegen.» Er macht den Eindruck eines klugen Mannes, stark und sanft zugleich. Er ist im Italienischen zu Hause. Als sie bei Venedig waren, unterbrachen sie die Fahrt, um für Euch in der Basilika zu beten – vor den Reliquien des heiligen Markus und der Madonna von Nicopeia. Don Loris (IME, S. 172).

Capovilla rief den stellvertretenden Herausgeber des *Osservatore Romano,* Cesidio Lolli, wegen der großen Neuigkeit an. Durch ihn erschien es am folgenden Tag in den Zeitungen. Aber niemand erriet, wo Slipyi angekommen war.

An jenem Morgen segnete Johannes den Grundstein für das neue Lombardische Kolleg. Montini war anwesend. Am Ende seiner vorbereiteten Rede über Kardinal Ferrari fügte er einige improvisierte Bemerkungen hinzu. An diesem Tag, dem 10. Februar, war der Todestag Pius' XI., «des Vaters meines Episkopats» und eines bedeutenden Mailänders. Es war Pius XI., der ihn «in den Osten» geschickt hatte. Das war der Übergang, den er brauchte:

> Aus Osteuropa kam letzte Nacht eine bewegende und tröstliche Gnade, für die ich dem Herrn demütig danke, ein Ereignis, das in den geheimen Absichten Gottes der Kirche und allen ehrlichen Menschen helfen kann, in aufrichtigem Glauben und dem Apostolat des Friedens zu wachsen. Laßt uns nicht den geheimnisvollen Plan zerstören, an dem mitzuwirken uns Gott einlädt, indem er die Fäden eines Tuches, das seine Gnade gewoben hat, und die Bereitschaft unschuldiger, demütiger und großzügiger Seelen, ihm zu dienen, zu einer Einheit bringt (DMC, V, S. 123).

So sah Johannes Slipyis Befreiung als etwas Bedeutsames: Es war eine Antwort auf das Gebet, ein Zeichen der Zeit, eine Offenbarung.

Sie trafen sich am selben Abend. Johannes ging mit ausgestreckten Armen auf ihn zu, um ihn zu umarmen, aber Slipyi fiel auf die Knie und bestand darauf, die Füße des Papstes zu küssen. Johannes hob ihn auf und gab ihm den Friedenskuß. «Danke, Heiliger Vater», sagte Slipyi, «für alles, was Ihr getan habt, um mich aus dem Brunnen zu ziehen.» Was soll man sagen, wenn man plötzlich aus einer Blockhütte in Sibirien in den Vatikan verfrachtet wird? Sie gingen in Johannes' Privatkapelle und rezitierten das *Magnificat* zusammen. Wahrlich, so schien es, «er, der allmächtig ist, hat große Dinge getan». Dann hatten sie ein Gespräch, das eine Stunde und zwanzig Minuten dauerte. Johannes wollte etwas über die Arbeitslager erfahren – Slipyi hatte seine Lagerkleidung mitgebracht – und über andere Priester und Bischöfe, die es dort gab. Slipyi gab ihm eine Karte der Sowjetunion, auf der alle Lager gekennzeichnet waren – ein Führer zu dem, was Alexander Solschenizyn bald den «Archipel Gulag» nennen sollte. Johannes hatte sie bei sich, bis er starb. Er schrieb an den Rand: «Das Herz ist näher bei denen, die ferner sind; das Gebet beeilt sich, die aufzusuchen, die die größte Sehnsucht haben, sich verstanden und geliebt zu fühlen» (IME, S. 173).

Die Freilassung des Metropoliten Slipyi kam gerade, als die Arbeit an *Pacem in Terris* ein entscheidendes Stadium erreicht hatte. Sie schien die Analyse zu bestätigen, daß die Sowjetunion sich unter

Chruschtschow tatsächlich änderte. Der CIA-Bericht vom Mai 1963 sagt, daß der Papst und seine Freunde glaubten, der Marxismus in der Sowjetunion sei im Niedergang begriffen und religiöse Gefühle würden durchaus nicht ausgerottet, sondern erwachten neu. Msgr. Pietro Pavan erklärte, daß der Vatikan die russisch-orthodoxe Kirche stärken wollte, weil «sie auf lange Sicht in einer besseren Position sein wird, diesen Gefühlen zu dienen als wir» (Spain, S. 13). Chruschtschow wurde als Urheber dieser Liberalisierung gesehen. Er hatte den Falken um ihn die Stirn geboten, als er erlaubte, daß Solschenizyns *Ein Tag im Leben des Iwan Denissowitsch* herauskam, und als er Slipyi freiließ. Der CIA-Mann berichtete:

> Viel wird in die angebliche Tatsache hineingelegt, daß Chruschtschow bei seinem Eintreten für die Freilassung Slipyis darauf beharrte, daß es nicht wegen des propagandistischen oder politischen Wertes getan werden müßte, sondern weil der Sowjetstaat zivilisiert und moralisch ist. Chruschtschow soll den Standpunkt vertreten haben, daß Slipyi ein Verbrecher ist, die UdSSR ihn aber nicht einfach umbringt, wie Hitler es getan hätte. Man ließ ihn seine Schuld gegenüber dem Staat in einem Arbeitslager abarbeiten. Die Schuld ist jetzt bezahlt, behauptete Chruschtschow, und Slipyi hat ein Recht zu gehen. Der Papst soll privat Chruschtschows Tat als einen Akt «größten politischen Mutes» bezeichnet haben (Spain, S. 13f.).

Johannes hatte das gesagt.

Diese Interpretation des Geschehens in der Sowjetunion hinterließ ihre Spuren in *Pacem in Terris*. Die Enzyklika erklärt, «in der Natur des Menschen liegt eine unsterbliche Fähigkeit, die Fesseln des Irrtums zu sprengen und den Weg der Wahrheit zu suchen» (Nr. 158). Diese Grundüberzeugung war die Ursache, warum *Pacem in Terris* wagen konnte, «alle Männer und Frauen» anzusprechen, wer immer sie sein mochten, im Namen des «natürlichen Gesetzes», das ihnen ins Herz geschrieben ist (s. Römer 2,15). Nachdem sie unterschieden hatten zwischen einer falschen Philosophie und dem ökonomischen, sozialen, kulturellen oder politischen Programm, das darauf gründete, beschwor *Pacem in Terris* die oben beschriebene Analyse der Sowjetunion:

> Es ist wahr, die philosophische Formulierung ändert sich nicht, sobald sie in präzisen Begriffen festgeschrieben ist, aber das Programm muß sich zwangsläufig in einem gewissen Maß von den sich wandelnden Bedingungen, in denen es ausgearbeitet werden muß, beeinflussen lassen. Wer kann überdies das mögliche Vorhandensein von guten und empfehlenswerten Elementen in diesen Programmen leugnen, Elemente,

> die in der Tat den Geboten des richtigen Grundes entsprechen und ein Ausdruck legitimer menschlicher Hoffnungen sind? (Nr. 159).

Aber diejenigen, die die Enzyklika «empfingen», ohne ihren Hintergrund zu kennen, standen vor einem Rätsel, was diese «guten und empfehlenswerten Elemente» sein könnten. Oder sie betrachteten die Wandlungen in der Sowjetunion unter Chruschtschow als rein kosmetisch. Johannes war enttäuscht zu hören, das dies das Urteil Eugen Gerstenmaiers war, des deutschen Bundestagspräsidenten, der die Ansicht seines Kanzlers Konrad Adenauer wiedergab.

Doch *Pacem in Terris* durfte nicht seine gesamte Zeit in Anspruch nehmen. Am 25. Februar 1963 empfing Johannes Père Roger Schutz, Gründer und Prior von Taizé in Burgund. Schutz war nicht nur ein Beobachter bei der ersten Sitzungsperiode gewesen, sondern brachte auch Mitglieder seiner Gemeinschaft mit, um für das Konzil zu beten. Ihre bescheidene Wohnung in der Via del Plebiscito 107 wurde ein inoffizielles ökumenisches Zentrum, in dem die Lateinamerikaner, die sich für «die Kirche der Armen» interessierten, besonders willkommen waren (Caprile, II, S. 340). Das mag der Hintergrund zu der Äußerung gewesen sein, mit der Schutz Papst Johannes überraschte, daß nämlich «evangelisch gesinnte Menschen» offengesagt schockiert wären vom Pomp und Gepränge des Vatikans. Er behauptete, diese anscheinend kleineren Probleme der Sensibilität wären wichtiger als dogmatische Unterschiede. Johannes war verstimmt: «Ah! *Monsieur le pasteur,* bedenken Sie doch, mit wem Sie sprechen. Unsere Familie ist eine arme Familie. Glauben Sie, daß ich hier im Vatikan nicht leide? Aber eine Reform braucht viel Zeit, und ich kann nicht alles in wenigen Jahren ändern» (Guitton, S. 16). Aber am Ende der Audienz hatte Johannes völlig vergessen, daß er mit einem Protestanten redete. Er behandelte Schutz wie einen seiner eigenen Priester und drängte ihn, zur Muttergottes zu beten. Nicht daß es Schutz gestört hätte.

Zwei Tage später begann Papst Johannes die Feier der Fastenzeit und begab sich zum Aschermittwoch nach Santa Sabina, dem Zuhause des Ordensmeisters der Dominikaner. Obwohl er zunehmend unter Atemnot litt, bestand er darauf, seine übliche Runde von Gemeindebesuchen während der Fastenzeit zu machen. Es waren fröhliche chaotische Ereignisse, die mehr an Abschiedsfeste als an sonst etwas erinnerten. Der alte *nonno* (Großvater) besuchte sein Volk. Sie liebten ihn. Jeder wollte den «guten Papst Johannes» noch einmal sehen, ehe es zu spät war. Als er Ostia, Borgata die San Basilio und Quarto Miglio besuchte, war der allgemeine Wahlkampf schon richtig in Gang gekommen. Aber alle politischen Parteien waren einverstanden, ihre Plakate zu entfernen und Versammlungen abzusagen, wenn Papst Johannes sich unter sie mischte. Es war, als reichte allein seine Anwesenheit aus, einen Waffenstillstand herbeizuführen, einen Augenblick der *convivenza,* des harmonischen Zusammenseins. In dieser Weise rührte er «alle Menschen guten Willens».

Aber es war leichter, das auf den Straßen und Plätzen Roms zu tun als im Vatikan, wie Johannes bald entdecken sollte. Am 1. März 1963 wurde bekanntgegeben, daß ihm der Balzan-Preis verliehen worden war, für «seinen Einsatz zugunsten der Brüderlichkeit unter allen Menschen und allen Völkern und seine Appelle für Frieden und guten Willen in seiner jüngsten diplomatischen Intervention», wie es in der Begründung hieß (*Lettere,* S. 456). Der letzte Satz bezog sich auf seine Rolle in der Kubakrise. Einige im Staatssekretariat mißbilligten entschieden, daß Papst Johannes den Preis annahm. Viele Jahre später erklärte Msgr. Igino Cardinale, warum:

> Sie hielten den Balzan-Preis für ziemlich obskur und nicht sehr bedeutend. Sie meinten, es sei für einen Papst überhaupt unwürdig, einen Preis anzunehmen – er sollte sich auf einem anderen Niveau bewegen und nicht mit anderen in Wettstreit treten. Jedenfalls tat er nur seine Pflicht, wenn er für den Frieden arbeitete. Es bestand auch die Gefahr, daß sich ein «Persönlichkeitskult» entwickelte. Und im Hintergrund stand die Drohung durch verschiedene Finanzskandale (Cardinale, 30. März 1980 in der Nuntiatur in Brüssel).

Dazu sollte gesagt werden, daß Cardinale diese Argumente zwar zurückwies, aber auch ihre Kraft anerkannte.

Aber dann erschwerte und vergiftete ein anderer Faktor die ganze Angelegenheit. Chruschtschows Schwiegersohn Alexis Adschubej, der achtunddreißigjährige Herausgeber der *Iswestija,* traf am 28. Februar mit seiner Frau Rada in Rom ein. Er ließ wissen, daß er ein Geschenk seines Schwiegervaters für Papst Johannes hätte und eine Audienz wünschte, um es zu überreichen. Papst Johannes war bekümmert über die Art, wie das Staatssekretariat ihm die Hilfe verweigerte, wollte aber immer noch auf jeden Fall durch die «richtigen Kanäle» gehen und fragte also bei Kardinal Ottaviani im Heiligen Offizium an, ob es klug wäre, Adschubej zu empfangen. Ottavianis Antwort war ein unverzügliches «Nein». In seinem Urteil war das Ansinnen ein Propagandazug: Es würde die Vermutung aufkommen lassen, daß Abkommen ausgehandelt würden, würde endlose Spekulationen auslösen und unrealisierbare Hoffnungen wecken. Ottaviani

vertrat die Ansicht, daß der Ehre genügt würde, wenn Adschubej von Augustinus Bea im Sekretariat für die Einheit der Christen oder von Gustavo Testa bei den Ostkirchen empfangen würde. Da Adschubej eindeutig kein Christ war, schien dieser Gedanke ziemlich phantastisch, und Papst Johannes war damit nicht zufrieden. Dann half ihm Adschubej heraus. Bei einer Pressekonferenz sagte er: «Ich bin nicht nach Rom gekommen, um diplomatische Beziehungen zum Vatikan herzustellen.» Warum war er also gekommen? «Ich möchte die Peterskirche besuchen. Ich habe gehört, sie ist ein großartiges Kunstwerk.» Adschubej betonte auch schlagfertig, daß er zwar gern Papst Johannes treffen möchte – als Journalist nahm man alles mit –, aber den Papst nicht unter Druck setzen würde und gewohnt war, den rechten Augenblick abzuwarten (*Utopia,* engl., S. 152).
Adschubej war offensichtlich das sowjetische Gegenstück zu Norman Cousins. War es Vermutung oder eine undichte Stelle, was ihn so über kuriale Einwände ins Bild setzte? Sein insgesamt korrektes Benehmen ließ Papst Johannes Zeit, eine Formel zu ersinnen. Johannes schrieb ein Memorandum:

> Ich würde mein Wort brechen und mein ganzes früheres Verhalten verurteilen, wenn ich es ablehnte, jemanden zu empfangen, der höflich und aufrichtig gebeten hat, mich zu sehen, um mir eine Botschaft und ein Geschenk zu bringen. Man sollte sich erinnern, daß die Russen ohne irgendeine Initiative meinerseits dreimal dem Papst höfliche Gesten gemacht haben: zu seinem 80. Geburtstag, letzte Weihnachten und zu seiner Nominierung für den Balzan-Friedenspreis (einen Preis, den ich annahm, um Kardinal Montini einen Gefallen zu tun) (*Utopia,* engl., S. 154).

Demnach vertraute er jetzt mehr Montini als dem Staatssekretariat. Die diplomatische Lösung sah vor, daß Adschubej, der schließlich der Herausgeber einer wichtigen Zeitung war, bei der Bekanntgabe der Verleihung des Balzan-Friedenspreises unter den Reportern sein und anschließend den Papst privat treffen könnte. Aber dieser Entschluß wurde erst am 6. März, dem Tag vor der Feier, bekanntgegeben.
An diesem Punkt begannen einige Angehörige des Staatssekretariats, jegliche Zurückhaltung fallenzulassen. Die tägliche Presseschau meldete eine Geschichte nach der anderen, die beweisen sollten, daß die Sowjetunion immer noch die gespenstische Hölle auf Erden war, die sie unter Stalin gewesen war, daß es eine neue Verfolgungswelle gegen Katholiken in Litauen gegeben hatte und es ausschließlich propagandistischen, politischen und wirtschaftlichen Zwecken

diente, wenn Chruschtschow bessere Beziehungen zum Heiligen Stuhl wünschte. Privat rümpfte man die Nase über Slipyis Freilassung: Sie lenkte nur die Aufmerksamkeit auf die Millionen, die immer noch rechtswidrig in den Zwangsarbeitslagern festgehalten wurden (*Utopia,* engl., S. 155). Papst Johannes tappte, in anderen Worten, unüberlegt in eine sorgfältig vorbereitete Falle. Er wurde von seiner Güte fehlgeleitet, von seiner politischen Naivität verraten.

Am Morgen des 7. März 1963 wurde der blonde Kettenraucher Alexis Adschubej von Fotografen bedrängt, als er über den Petersplatz ging und den Vaktikan durch das Bronzetor betrat. Im Thronsaal traf er Pater Alexander Koulic SJ vom orientalischen Kolleg, der als Dolmetscher fungieren sollte. Adschubej fragte nach der Bedeutung des Mottos, das auf den päpstlichen Thron gestickt war: *«Ubi Petrus, ibi ecclesia.»* Koulic erklärte, was es bedeutete: «Wo Petrus ist, da ist die Kirche.» In der zweiten Reihe der roten Sessel hörte Adschubej aufmerksam auf Koulics geflüsterte Übersetzung der Worte des Papstes über «aktive Neutralität» und neigte feierlich den Kopf zum päpstlichen Segen am Ende. Dann wurden die anderen Journalisten dem Papst vorgestellt, während Adschubej und seine Frau geduldig warteten. Papst Johannes begrüßte Giancarlo Zizola, der durch das Alphabet verurteilt war, als letzter an die Reihe zu kommen, plauderte liebenswürdig über seine Lieblingszeitung *l'Eco di Bergamo* und sagte dann: «Ich würde gern noch ausführlicher mit Ihnen reden, aber ich habe noch eine andere Audienz vor mir.» Er gab seinen Segen und fügte ironisch hinzu: «Da sieht man, wieviel Freiheit und Souveränität der Papst hat» (*Utopia,* engl., S. 157). Er verschwand in seiner Privatbibliothek, wo das russische Paar auf ihn wartete. Die Türen schlossen sich. Soweit Presse und Öffentlichkeit betroffen waren, hatte es damit sein Bewenden. Nichts würde berichtet werden. Natürlich war die Wirkung, daß die Spekulationen über den Inhalt des Gesprächs wild wucherten.

Die Geheimhaltung war völlig überflüssig. Papst Johannes hatte Capovilla, seinem «Historiker», einen vollständigen Bericht von der Audienz gegeben, in der Absicht, ihn in *l'Osservatore Romano* erscheinen zu lassen. Aber die vatikanische Zeitung hielt es nicht für passend, ihn zu veröffentlichen. Doch wurde die inhaltliche Genauigkeit durch Pater Koulics Bericht bestätigt, der dem Staatssekretariat am nächsten Tag, dem 8. März 1963, zugestellt wurde. Betrachtet man beide zusammen, kann man sich eine ziemlich genaue Vorstellung von dem Ereignis machen.

Rada Chruschtschowa machte eine tiefe Verbeugung; ihr Mann beugte seinen Kopf über die Hand des Papstes, wobei er sie mit seiner Stirn berührte, aber nicht ganz die Huldigung eines Kusses fertigbrachte. Rada verstand Französisch, deshalb schwatzte Johannes auf französisch drauflos und erklärte die Gemälde und Wandteppiche, die seine Bibliothek schmückten. Dann ließ er sie zu beiden Seiten neben sich Platz nehmen. Als das Eis gebrochen war, zog Alexis Adschubej eine Parallele zu seinem Schwiegervater Chruschtschow, der als Reformer in der kommunistischen Welt angesehen wurde, und Papst Johannes, einem Neuerer in der katholischen Welt (Koulic in *Utopia,* engl., S. 159; Capovilla läßt dieses Detail aus). Chruschtschow wünschte (nach Capovilla) direkte Kontakte zur Lösung von Problemen, wenn sie sich ergaben, oder (nach Koulic) überlegte, ob es ein guter Gedanke wäre, diplomatische Beziehungen herzustellen, eine ganz andere Sache. Wie auch immer die Frage war, stimmen beide Quellen in Papst Johannes' Antwort überein:

> Sie sind Journalist, und als solcher kennen Sie die Bibel und die Schöpfungsgeschichte. Die Bibel sagt, daß Gott die Welt erschuf, und am ersten Tag schuf er das Licht. Dann ging die Schöpfung sechs Tage lang weiter. Aber die Tage der Bibel sind, wie Sie wissen, ganze Epochen, und diese Epochen dauern sehr lange Zeit. Wir schauen einander in die Augen, und wir sehen da ein Licht. Heute ist der erste Tag der Schöpfung, der Tag des Lichts, der Tag des *fiat lux*. Es braucht alles seine Zeit. Lassen Sie es mich noch einmal sagen: Das Licht ist in meinen Augen und in Ihren Augen. Wenn der Herr es will, wird er uns einen Weg weisen (*Utopia,* engl., S. 158).

Bis hier Capovilla. Koulic fügt die Bemerkung hinzu: «Wir müssen behutsam, Schritt für Schritt, gehen in diesen Dingen und die Köpfe vorbereiten. Im Augenblick wäre so ein Schritt nicht günstig» (ibid., S. 159).

Dann wurde das Gespräch vertraulicher. Johannes sprach von Bulgarien, der Schönheit der slawischen Musik und den «geistigen Reichtümern» Rußlands. Er erklärte, daß der Papst alle als Brüder sah, ohne Unterscheidung der Rasse, Nationalität oder Farbe (*Lettere,* S. 455). Er sprach vom Leben in seinem Dorf Sotto il Monte, mit der großen, vereinten Familie, die nicht gern ihre Gefühle zeigte *(effusioni esteriori).* Rada wagte sich auf französisch vor: «Wir kommen auch aus einer Bauernfamilie. In Rußland heißt es, daß Sie vom Land kommen. Sie haben Hände, die durch mühselige Arbeit gehärtet sind, wie mein Vater» (*Lettere,* S. 456). War ihr das eingetrichtert worden?

Schließlich kam der Austausch der Geschenke. Johannes sagte, daß nichtkatholische Besucherinnen gewöhnlich Münzen oder Briefmarken oder Bücher bekämen. Aber er wollte lieber einen Rosenkranz schenken, «weil er mich an den Frieden im Haus erinnert und an meine Mutter, die ihn am Herd beim Suppekochen aufsagte, als ich ein Kind war.» Rada nickte immerzu mit dem Kopf. Johannes fuhr französisch fort und verzichtete auf Pater Koulic: «Madame, ich weiß, Sie haben drei Kinder, und ich kenne ihre Namen. Aber ich hätte gern, daß *Sie* mir ihre Namen sagen, denn wenn eine Mutter die Namen ihrer Kinder ausspricht, geschieht etwas ganz Besonderes.» Rada sagte leise und bebend: «Nikita, Alexej, Iwan.» Johannes hatte das geplant und seine kleine Rede vorbereitet. Im Westen hieß Nikita Nikephorus, der besonders in Venedig verehrt wurde. Alexej war Alexander, dem so viele Kirchen in Bulgarien geweiht waren. Iwan war natürlich einfach Giovanni, «der Name meines Großvaters, meines Vaters, der Name, den ich für mein Pontifikat wählte, der Name des Hügels über meinem Geburtsort, der Name der Basilika, deren Bischof ich bin.» Zum Schluß sagte er: «Wenn Sie nach Hause kommen, Madame, drücken Sie alle Ihre Kinder an sich, aber Iwan ganz besonders herzlich – die anderen werden nichts dagegen haben» (*Utopia,* engl., S. 158). Es gab auch Briefmarken für die Jungen, Münzen für Alexis und für den «Großvater» Chruschtschow von Giacomo Manzù entworfene Medaillen, «von einem der berühmtesten italienischen Bildhauer». (Es war die Medaille zur Eröffnung des Konzils, und sie trug die Worte *Una, Sancta, Catholica, Apostolica* – die Eine, Heilige, Katholische, Apostolische.) Er verriet nicht, daß Manzù Kommunist war, aber das wußten sie wohl ohnehin. Er zeigte ihnen Muranos Gemälde von der Geburt Christi. Koulic fügt hinzu, daß Adschubej Papst Johannes fragte, ob er etwas über ihre Begegnung veröffentlichen könnte, wenn es auch nur ein paar Zeilen wären. Johannes sagte «nein». Wenn die Presse hineinkommt, werden die Dinge zu kompliziert.

Aber wenn nichts aufgedeckt wird, füllen Spekulation und Raterei das Vakuum. Was während des Adschubej-Besuches gesagt wurde, blieb bis zum kommenden August ein Geheimnis, und bis dahin war Papst Johannes tot. Die Geheimhaltung war nicht seine Absicht gewesen. Er wollte, daß Capovillas Artikel und Koulic' Memorandum veröffentlicht würden, um seinen Namen zu entlasten. Aber die «erste Sektion» des Staatssekretariats wollte nichts davon wissen. Johannes' Bemerkung gegenüber Zizola – «Da sieht man, wieviel Freiheit und Souveränität der Papst hat» – wurde jetzt grausame Wahrheit. Seine Befehle wurden einfach nicht befolgt.

Am 20. März 1963 schrieb Johannes eine Anmerkung «für die Geschichte». Daraus geht hervor, daß Ungehorsam auf dieser Ebene ihm unbegreiflich war:

> Die unbedingte Klarheit meiner Worte, zuerst öffentlich und dann in meiner Privatbibliothek, verdient es, bekannt und nicht unter einem Vorwand zurückgehalten zu werden. Es sollte deutlich gesagt werden, daß der Papst sich nicht zu verteidigen braucht. Ich habe Dell'Acqua und Samorè wiederholt gesagt, daß der von Pater Koulic, dem einzigen Zeugen meiner Begegnung mit Rade und Alexis Adschubej, aufgeschriebene Bericht veröffentlicht werden sollte. Aber die erste Sektion [des Staatssekretariats] stimmt nicht zu, und ich bin darüber unglücklich *[me ne dispiace]*. Ein Wunsch des Papstes ... Als ich Nuntius oder Patriarch war ... Wenn es bekannt wird, was ich sagte und was er sagte, glaube ich, werden die Menschen den Namen des Papstes Johannes segnen. Alles sollte sorgfältig aufgeschrieben werden. Ich beklage und bedaure diejenigen, die sich in den letzten Tagen zu unaussprechlichen Manövern *[giochi innomabili]* haben hinreißen lassen. *Ignosco et dimitto* [Ich vergebe und denke nicht mehr daran] (*Utopia,* ital., S. 222f.: engl., S. 162f.).

Ignosco et dimitto kam in einem Gebet vor, das ein Bischof beim Ankleiden zur Messe sagte. Zu den «unaussprechlichen Manövern» gehörte das Verbot für *l'Osservatore Romano* und Radio Vatikan, zu erwähnen, daß Adschubej eine besondere Behandlung zuteil geworden war, und das Verbot für Caprile bei *Civiltà Cattolica,* das Treffen überhaupt zu melden oder auch nur Adschubejs Namen auf der Liste der anwesenden Journalisten zu nennen.

Papst Johannes' «Bemerkung» – enttäuscht im Ton, wenn sie auch mit Verzeihung endete – wurde gerade drei Tage, bevor *Pacem in Terris* in Druck gegeben wurde, geschrieben. Selbst die erste Sektion des Staatssekretariats konnte eine Enzyklika nicht unterdrücken. Johannes hatte es eilig. Er wollte, daß *Pacem in Terris* am Gründonnerstag erschiene, nicht nur aus symbolischen Gründen – es war die Nacht, in der Jesus verkündete, daß er für alle sterben sollte und die Bedeutung seines Leidensweges deutete –, sondern weil er sichergehen wollte, daß sie veröffentlicht würde. Beim Tod eines Papstes kommen alle seine Projekte zum Stillstand. Ein Papst hat keine Autorität über das Grab hinaus. Manche unter Johannes' Gegnern wünschten, er wäre schon dort.

Johannes' Gegner waren keine dummen oder bösen Menschen. Historiker streiten immer noch darüber, wie weit Chruschtschow die sowjetische Gesellschaft und Außenpolitik wirklich verändert hat. Roy Medwedjew glaubt, daß Chruschtschow «nicht nur den Mythos Stalins, sondern auch den Mythos der Unfehlbarkeit der Partei und ihrer Führer zerstört hat». Die Tatsache, daß er autoritäre Methoden gebrauchte, um seine Veränderungen durchzudrücken, war unvermeidlich und bewies, daß ein Wandel nur von der Spitze ausgehen konnte. Auf der anderen Seite erwiesen sich Chruschtschows außenpolitische Abenteuer und Besuche im Ausland schließlich als sein Verderben: Sie legten denen, die er zur Führung der Geschäfte zu Hause ließ, mehr Macht in die Hände (Roy Medwedjew, *Khrushchev*, 1983). Aber dies ist das spitzfindige Urteil eines Insiders aus dem nachträglichen Wissen heraus. Für die Männer der Kurie, die gegen Papst Johannes eingestellt waren, stellte sich die Kernfrage viel einfacher dar: die italienischen allgemeinen Wahlen waren am 28. April. Wenn man den «guten Papst Johannes» freundlich mit einem kommunistischen Führer wie Adschubej reden sah, wäre es unmöglich, italienische Katholiken daran zu hindern, kommunistisch zu wählen. Denn Papst Johannes hatte sie gelehrt, daß Kommunisten «Männer guten Willens» sein konnten.

Man kann das Staatssekretariat für seine Interpretation der Ereignisse nicht tadeln. Aber Johannes war zutiefst verletzt. Sie dachten an kurzfristige politische Konsequenzen; er dachte in Epochen, Jahrhunderten ... Sie berechneten; er malte sich Dinge aus, träumte von Utopia ... Aber Utopia, wenn das Wort auch «nirgendwo» bedeutet, ist nicht nur eine Illusion: Es erweitert die Vorstellungskraft, läßt die Menschen Möglichkeiten sehen, an die sie kaum zu denken gewagt hätten. Deshalb machte *Pacem in Terris* so einen gewaltigen Eindruck auf die öffentliche Meinung. Es war das, was Papst Johannes die ganze Zeit hatte sagen wollen. Es war die Zusammenfassung seines langen Lebens. Die Mißverständnisse jener, die seine Mitarbeiter hätten sein sollen, und seine körperlichen Leiden – die ganze Zeit wuchs dieser Klumpen in seinem Leib – machten es mehr denn je nötig, zu sprechen, bevor es zu spät wäre. So wurde *Pacem in Terris* sein letzter Wille, sein Testament.

Papst Johannes ging der Mund über, und er kündigte die Enzyklika am 31. März 1963 an. Er unterschrieb die ersten fünf Exemplare von *Pacem in Terris* in seiner Privatbibliothek vor den Fernsehscheinwerfern am Dienstag der Heiligen Woche. Er trug eine Stola, um anzuzeigen, daß es ein religiöses Ereignis war. Die Presse hatte den Text am nächsten Tag, und sie wurde, wie Johannes gewünscht hatte, auf Gründonnerstag, den 11. April 1963, datiert. Dies ist nicht der Ort, um einen Kommentar zu *Pacem in Terris* zu schreiben. Wir haben schon einige der Schlüsselabschnitte gesehen. Es bleibt zu fragen, welches Erbe Johannes der Kirche und der Welt hinterließ und wie es in die Zukunft wirkte.

Pacem in Terris vollendet und führt den mit *Mater et Magistra* begonnenen Prozeß fort (s. oben, S. 458ff.). Nun, da die hemmende Hand

Tardinis ihn nicht mehr zügeln konnte, fühlte sich Papst Johannes frei, die moderne Welt ernst zu nehmen und positiv einzuschätzen. Obgleich er seine Enzyklika auf dem Gegensatz zwischen der von Gott gewollten «Ordnung» und der «Unordnung», die die Sünde ist, aufbaut, findet er viel Lobenswertes in der gegenwärtigen Welt. Er beginnt zum Beispiel mit einem Bekenntnis des Glaubens an die Wissenschaft, das eines Teilhard de Chardin würdig ist: «Daß eine wunderbare Ordnung in der Welt der Lebewesen und in den Naturkräften herrscht, ist die klare Lektion, die sich aus der fortschrittlichen modernen wissenschaftlichen Forschung ergibt» (Nr. 2).

Dann entwickelte Johannes in dem «Ordnung unter Menschen» überschriebenen Abschnitt (Nr. 8–38) den Gedanken, daß Achtung vor der Würde des Menschen die Norm für die Moral liefert. Der Mensch hat Rechte und entsprechende Pflichten. Was dem Menschen zum Wachsen verhilft, ist gut; was das Wachsen des Menschen hemmt oder zerstört, ist schlecht. *Pacem in Terris* zeigt den Unterschied zwischen dem Einfachen und dem Vereinfacher. Papst Johannes ist stilistisch so direkt und einfach wie möglich, weil er sich mitteilen möchte; aber es ist die Einfachheit dessen, was grundlegend, wesentlich ist. Wenn man seine Gedanken abklopft, dann wiegen sie schwer.

Daß die Menschenwürde geachtet werden sollte, war wenigstens seit *Rerum Novarum* 1891 ein Grundsatz der katholischen Soziallehre gewesen. Johannes' Originalität lag in der Reichweite und in der Zahl der Rechte, die er daraus ableitete. Als Johannes erklärte, «jedes Menschenwesen hat das Recht, Gott im Einklang mit den Rechten seines eigenen Gewissens zu verehren und seine Religion privat wie öffentlich zu bekennen» (Nr. 14), sagte er etwas *Neues:* Im 19. Jahrhundert wurde Protestanten solche Freiheit nicht zugestanden. Als er das Recht von Entwicklungsländern verteidigte, ihre Zukunft selbst zu bestimmen, sagte er wieder etwas *Neues:* Im 19. Jahrhundert wurde dem katholischen Polen und dem katholischen Irland vom Papsttum befohlen, der legitimen Obrigkeit zu gehorchen, mochte sie noch so fremd und unerfreulich sein. *Pacem in Terris* räumte auch der Demokratie eine Vorzugsstellung ein, die neuartig war: Menschen haben ein Recht, aktiv am öffentlichen Leben teilzunehmen (Nr. 73).

Johannes' Originalität kann so dargestellt werden: Während im 19. Jahrhundert die Kirche ihre institutionellen Rechte gegen einen als feindlich begriffenen Staat verteidigte, räumt *Pacem in Terris* den Rechten des einzelnen Menschen, wer immer er sein mag, den Vorrang ein. Sie spricht deshalb für Minderheiten (Nr. 95–97) und Flüchtlinge (Nr. 103–108). Während auch hier das 19. Jahrhundert dem Wort «Menschenrechte» als einem Schlagwort der Französischen Revolution mißtraute («Nur Gott hat Rechte», wie Erzbischof Marcel Lefebvre uns erinnert), sah Johannes Menschenrechte als wesentlich für die Verkündigung des Evangeliums an. Denn der Akt des Glaubens ist frei. Und während die Lehrautorität des 19. Jahrhunderts glaubte, der Katholizismus sollte ohne Scham den Staat benutzen, um seine dominierende Stellung zu wahren, wo es ging, stellte sich Johannes eine pluralistische Gesellschaft vor, in der Kirche und Staat unterschieden sind und deshalb einander wohlgesonnen sein können. Aber wenn er von der Würde des Menschen ausging, führte er damit noch kein neues Element in die «katholische Soziallehre» ein; das Neuartige lag in der Art und Weise der Anwendung.

Die wirkliche Originalität von Pacem in Terris und ihren wahren Ausgangspunkt findet man in Nr. 39–45. Es fängt wenig aufregend an: «Es gibt drei Dinge, die für unser modernes Zeitalter charakteristisch sind.» In früheren Enzykliken wäre dies ein Auftakt zur Geißelung von drei Übeln (wie Laizismus, Materialismus und Szientismus) gewesen. Johannes' drei Charakteristika sind jedoch alle positiv. Zuerst bemerkte er «eine fortschreitende Verbesserung in den wirtschaftlichen und sozialen Bedingungen der Arbeiter», die darauf bestehen, als Menschen behandelt zu werden (40). Als nächstes: «Die Rolle, die Frauen jetzt im politischen Leben spielen, ist überall ersichtlich», und «Frauen werden sich in steigendem Maße ihrer natürlichen Würde bewußt» (Nr. 41). Drittens: «Der Imperialismus entwickelt sich rasch zu einem Anachronismus», da «alle Völker entweder politische Unabhängigkeit erlangt haben oder im Begriff sind, sie zu erhalten» (Nr. 42). Das alles waren Beispiele der Emanzipation oder Befreiung.

Aber es war nicht genug, nur zu registrieren, was geschah. Johannes gab eine positive Bewertung dieser drei Züge des modernen Zeitalters, weil er sie für «Zeichen der Zeit» hielt (s. oben, S. 503). Der Heilige Geist muß in den Richtungen und Tendenzen der Zeit am Werk gesehen werden. Es wäre müßig, so zu tun, als hätte die Kirche allein den sozialen Fortschritt der Arbeiterklasse oder die Frauenemanzipation oder die Entkolonialisierung vorangetrieben. Die Kirche mußte also zugeben, daß manchmal die Welt voraus war und die Kirche belehren konnte. Die Pastoralkonstitution des Vatikanum II *Gaudium et Spes* übernahm die Haltung von Papst Johannes zu den «Zeichen der Zeit» ausdrücklich: «Mit der Hilfe des Heiligen Geistes ist es die Aufgabe des ganzen Volkes Gottes, besonders der Pfarrer und Theologen, die vielen Stimmen unserer Zeit zu hören, zu unterscheiden und zu deuten und sie im Licht des göttlichen Wortes zu beurteilen» (*Gaudium et Spes*, 44). Pacem in Terris lehrte das Konzil, wie die Probleme der gegenwärtigen Welt, für die Kardinal Suenens ein besonderes Sekretariat gewollt hatte, anzupacken waren. Sie zeigte auch, wie man die Tradition achten und zugleich für das Tun des Heiligen Geistes im Jetzt der Geschichte offen sein konnte. Dies war Papst Johannes' Vermächtnis.

Zwei weitere Punkte müssen erwähnt werden. *Pacem in Terris* wurde nicht als ein kasuistisches Dokument zur Lösung moralischer Probleme vorgelegt. Aber in einer wichtigen Frage ging sie weiter als frühere päpstliche Lehren. Pius XII. hatte viel vom Frieden geredet. Graham Greene sagte einmal: «*Pax, pacem, pacis, pace* – das tröstliche Wort läutet in allen seinen Deklinationsformen wie eine Glocke durch sein langes Pontifikat» («Pius XII.», in *The Month*, Dezember 1951, S. 329). Aber der augustinischen Tradition folgend hatte Pius immer nachdrücklich erklärt, daß es «keinen Frieden ohne Gerechtigkeit» geben könnte; und da er glaubte, daß das Abkommen von Jalta und die Nachkriegsregelung in Europa zutiefst ungerecht waren, schien er manchmal «Befreiungskriege gegen den Kommunismus» zu legitimieren. Er brandmarkte die sowjetische Invasion Ungarns 1956, war empört, daß der Westen nicht einschritt und wetterte gegen eine «Koexistenz».

Dies ist der Hintergrund zum Verständnis der Bemerkungen von Papst Johannes über Kernwaffen: «In diesem Zeitalter, das sich seiner Atommacht rühmt, ist es nicht mehr sinnvoll, zu behaupten, der Krieg sei ein geeignetes Mittel, um die Verletzung der Gerechtigkeit wiedergutzumachen» (Nr. 127). Papst Johannes sagte nicht, daß ein Atomkrieg schwer vorstellbar wäre; er sagte, er wäre *«alienum a ratione»*, das heißt vernunftwidrig oder sogar irrsinnig. Natürlich war Papst Johannes nicht weniger als sein Vorgänger davon überzeugt, daß Frieden auf Gerechtigkeit gebaut werden mußte, und er zitiert Augustinus genau zu diesem Punkt: «Nimm ihnen die Gerechtigkeit, und was sind Königreiche dann anderes als mächtige Räuberbanden?» (Nr. 92). Aber er glaubte, daß die Räuber gezähmt, in die Reichweite des zivilisierten Gesprächs gebracht, an ihre Menschlichkeit erinnert werden konnten. Im nuklearen Zeitalter hatte man die Wahl zwischen Dialog oder Katastrophe oder andauernder internationaler Spannung.

Ein letzter Einwand gegen *Pacem in Terris* von der äußersten Rechten ist, daß sie kein «christliches» Dokument sei. Indem er sich in dem lobenswerten, aber unmöglichen Versuch, zu allen gleichzeitig zu sprechen, auf das «Naturgesetz» berufe, gelänge es Papst Johannes nicht, die volle Stärke der christlichen Sache zu entfalten. Dies ist eine Halbwahrheit. *Pacem in Terris* ist vom Geist der Selbstverleugnung geprägt. Es bleibt jedoch ein zutiefst christlicher Text, weil er sich mit der Art befaßt, wie Gott in der heutigen Welt am Werk ist («Zeichen der Zeit»). Außerdem spricht Johannes im Schlußabschnitt der Enzyklika vom Frieden als der freien Gabe oder Gnade Christi, «des Friedensfürsten» (Nr. 167). Frieden ist nicht durch menschliche Anstrengungen allein erreichbar, sie sind allerdings wesentlich. Johannes kannte den Grundsatz, der dem Ignatius von Loyola zugeschrieben wird: «Tue alles, als hinge es von dir ab, wissend, daß es auf Gott ankommt.» *Pacem in Terris* ist überdies «christlich» in ihrer Herausforderung an herkömmliche Klugheit. Daß das «Gleichgewicht des Schreckens» die einzige Möglichkeit wäre, den Frieden zwischen den Supermächten zu erhalten, wurde 1963 bereits weithin akzeptiert. Sie wurden Spiegelbilder für einander. Jede Seite projizierte ihre eigenen Aggressionen und Verdächtigungen auf die andere. Diesem auf Hobbes zurückgehenden Gedanken, daß der Mensch des Menschen Wolf sei *(«Homo homini lupus»)*, stellt Johannes das Evangelium gegenüber, das Christen auffordert, «wie Schafe mitten unter die Wölfe» zu gehen (Mt 10,16). Wenn einer ihn bat, eine Meile zu gehen, dann ging er zwei Meilen (Mt 5,41). *Pacem in Terris* beschäftigte die Vorstellungskraft der Welt, weil sie von einem kam, der keine Macht im herkömmlichen Sinn hatte. So kam jede Autorität, die sie besaß, aus der Überzeugungskraft ihrer Aussage und der Hoffnung, die sie weckte. Sie bleibt die einzige Enzyklika, die vertont worden ist – von dem französischen Komponisten Darius Milhaud.

Für Papst Johannes war *Pacem in Terris* eine äußerste Anstrengung. Sie kostete ihn viel. An Gründonnerstag sprach er zum diplomatischen Korps über die Enzyklika und mußte gegen seine Schmerzen ankämpfen. Durch den Schmerz, das Leiden, erreichten seine Worte eine neue Stufe der Einfachheit:

> Ich bin froh, daß die Enzyklika heute erschienen ist, an dem Tag, an dem die Lippen Christi die Worte aussprachen, «Liebet einander» [Joh 13,34]. Denn was ich vor allem tun wollte, das war, einen Appell der Liebe an die Menschen dieser Zeit zu richten. Laßt uns den gemeinsamen Ursprung anerkennen, der uns zu Brüdern macht, laßt uns zusammenkommen! (DMC, V, S. 196).

Die langen Zeremonien der Heiligen Woche waren eine Tortur. Am Karfreitag standen die Ärzte in der Peterskirche während der Anbetung des Kreuzes in Bereitschaft, weil sie erwarteten, daß er jeden Moment zusammenbrechen würde (IME, S. 194). Aber irgendwie

kam er durch. Er wurde von einem Brief von Josef Beran, dem Erzbischof von Prag, getröstet und schickte ein Telegramm an Präsident Kennedy, in dem er sein Mitgefühl zu dem Verlust des atomaren U-Bootes *Thresher* mit seiner ganzen Mannschaft ausdrückte.
An Karsamstag um Mittag gewährte Johannes Giacomo Manzù eine Audienz. Der Bildhauer war einigermaßen mit vier seiner Bronzen zufrieden – die ihm nicht gefielen, vernichtete er –, und sie wurden wie Soldaten zum Appell aufgestellt, damit Johannes sie betrachten konnte. «So viele Päpste Johannes», sagte der Gegenstand der Bronzen, «ist einer nicht genug?» Aber wo war die eine, die ihm wirklich gefiel, die eine, in der er das Gesicht seiner Mutter erkennen konnte? Manzù hatte nicht das Herz, ihm zu sagen, daß es inzwischen hundert Gipsbrocken waren, irgendwo auf einem römischen Schuttabladeplatz. Aber Johannes gefielen die Bronzen und er sagte: «Sie haben mehr getan, als mir ein Porträt geschenkt – Sie haben meinem Pontifikat eine Chronik in Bronze gegeben.» Sie lachten. Aber Manzù mit seinem Bildhauerblick für das körperliche Detail war entsetzt und todtraurig. Das Gesicht, das er festzuhalten versucht hatte, war nicht mehr da. «Es war ganz eingefallen, außer der großen Hakennase und den übergroßen Ohren, die geblieben waren, um über allem wie eine beunruhigende Schildwache zu stehen, unheimliche Türme einer zerfallenen Burg» (Pepper, S. 212f.). Dieses entstellte Gesicht war am nächsten Morgen, an Ostersonntag, auf dem Balkon der Peterskirche zu sehen, der Stadt und der Welt den Segen erteilend.

24. Kapitel

Osterzeit

> Auf der natürlichen Ebene ist der Tod eines Menschen ein absurdes Phänomen, etwas, das die ganze Verheißung leugnet, die der Mensch in seinem irdischen Leben in sich birgt, und seine innersten Hoffnungen zerstört.
> (Edward Schillebeeckx OP, «The Death of a Christian», in *Vatican II, a Struggle for Minds,* S. 65)

14. April, Ostersonntag. Messe um 7 Uhr. Ein schlechter Vormittag. Sehr müde. Schleppt sich zur Mittagsstunde an sein Fenster und sagt: «Die Osterbotschaft ist voller Licht – nicht Tod, sondern Leben, nicht Streit, sondern Friede, nicht Lügen, sondern Wahrheit, nicht, was betrübt macht und entmutigt, sondern der Triumph des Lichts, der Reinheit, der gegenseitigen Achtung» (DMC, V, S. 212f.). Er blickt auf die Kinder und sagt: «Hier ist das Rom von morgen! Ich strecke meine Hände aus, um euch zu umarmen, aber meine Worte können kaum ausdrücken, was mein Herz fühlt.» Sieht am Nachmittag John Casserlys Fernsehfilm über den Vatikan. Kein Kommentar. Er schreibt in sein Tagebuch:

> Ich habe Ostern recht gut überstanden, wenn auch mit beträchtlichen Schmerzen ... Eine friedvolle Messe zu Hause, dann Hingabe an Gott. Der Petersplatz war einfach triumphal, wie immer zu besonderen Anlässen ... Zum Schluß Grüße in sechsundzwanzig Sprachen: Frieden und Freude verbreiteten sich sichtlich in der Menge. Die Enzyklika *Pacem in Terra [sic]* mehr denn je bejubelt ... Unablässiger Schmerz, der mich ernsthaft fragen läßt, wie meine Aussichten sind (IME, S. 195).

16. April, Dienstag. Messe um 7 Uhr. Empfängt die Kardinäle Bea und Cicognani. Fühlt, daß er im Garten Gethsemane ist (IME, S. 196).

19. April, Freitag. Anne Franks Vater hat eine Audienz und überreicht ihm ein Exemplar des Tagebuches seiner Tochter und ihre Kindergeschichten, die er sehr gern hat.

20. April, Samstag. Erschöpft. Die Audienzen beginnen um 10 Uhr, und es ist ihm unmöglich, sich an die jeweils zugestandenen zehn Minuten zu halten. Erst um 13.45 Uhr fertig. Um 17 Uhr das jährliche Konzert des RAI-Orchesters. Was eigentlich ein Vergnügen sein sollte, wird zu «fünfundsiebzig Minuten der Qual». Aber Rimskij-

Korssakows *Russische Ostern* erinnerte ihn an die Kirchenmusik, die er in den zwanziger Jahren in Bulgarien gehört hatte. Er geht gleich zu Bett, sobald es zu Ende ist.

22. April, Montag. Fühlt sich viel besser. Zieht sich am Nachmittag in die Torre San Giovanni in den vatikanischen Gärten zurück. Blättert *Jadis, avant la première guerre mondiale* durch, die Memoiren von Edouard Herriot, dem früheren Bürgermeister von Lyon und Präsidenten der Nationalversammlung. Bleibt in der französischen Stimmung, indem er die Fahnen seiner eigenen *Souvenirs d'un Nonce* («Erinnerungen eines Nuntius») korrigiert. Gesundheitszustand entschieden besser.

25. April, Donnerstag. Messe um 7 Uhr. Betet kniend die Allerheiligenlitanei. Arbeitet mit Hilfe seines Beichtvaters Msgr. Alfredo Cavagna an den neuen Entwürfen, die für die zweite Sitzungsperiode des Konzils vorbereitet wurden. Erscheint zu Mittag am Fenster, zum Angelus und um die Bersaglieri zu grüßen, das sympathische Regiment, das Federbüsche an den Hüten trägt und läuft, anstatt zu marschieren. «Ich habe keinen so schlechten Feldwebel abgegeben», sagt er ihnen.

26. April, Freitag. Etwas ärgerlich, als er den Vorschlag ablehnt, den Balzan-Friedenspreis in der Peterskirche entgegenzunehmen. «Ich werde nicht hinunter in die Peterskirche gehen», sagt er entschlossen, «es ist nicht recht, einen Papst über dem Grab des gekreuzigten Petrus zu ehren» (*Utopia,* engl., S.112).

28. April, Sonntag des Guten Hirten und Wahltag. Wacht um 2 Uhr nachts auf und betet bis 6.30 Uhr. Trifft Kardinal Gustavo Testa und Metropolit Slipyi. Es scheint eine schwache Hoffnung zu geben, Kardinal József Mindszenty aus der US-Botschaft in Budapest zu retten, wo er seit 1956 eingesperrt ist. Gibt Pericle Felici, dem Sekretär des Konzils, eine Audienz, der später diese letzte Begegnung beschreibt.

> Er wollte mir sein Buch über Radini Tedeschi schenken und las Auszüge daraus vor. Er sagte: «Mein Bischof Radini Tedeschi wäre ein sehr guter Sekretär für das Ökumenische Konzil gewesen.» Dann gedachte er mit Tränen in den Augen des Todes von ‹Meinem Bischof›. Es war ein vorweggenommener Bericht über seinen eigenen Tod wenig mehr als einen Monat später ... Als ich die Widmung betrachtete, war ich bewegt von dem, was er geschrieben hatte: *Ubi patientia, ibi laetitia* [Wo Geduld ist, da ist Freude] (Felici, S. 61).

Er vermachte Felici auch seine zerlesene Ausgabe des Katechismus des Konzils von Trient (Caprile, II, S. 374).30. April, Dienstag. Die Wahlergebnisse zeigen, daß die Kommunisten verglichen mit der

Wahl vor fünf Jahren über eine Million Stimmen gewonnen haben. Sie verfügen jetzt über beachtliche 7 700 000 Stimmen, was es schwierig macht, sie völlig zu übersehen. Die wildesten Theorien kursieren, um diese Zahlen zu erklären. Die Rechten sagen, daß Aldo Moros Christdemokraten von den Wählern wegen ihrer «Öffnung nach links» bestraft werden. Aber nach manchen Zeitungen ist der wahre Schuldige Papst Johannes mit seiner Enzyklika. Eine Abendzeitung in Mailand änderte ihren Titel in *Falcem in Terris* («Die Sichel auf Erden»). In Deutschland veröffentlichte *Die Welt* einen offenen Brief von einem deutschen Katholiken, der den Papst mit der Anklage anredet: «Sie haben den Stuhl Petri mißbraucht.» Es gibt noch viel mehr in der gleichen Tonlage. Cardinale und Roberto Tucci trösten ihn mit dem Gedanken, daß der Trend gegen die Christdemokraten lange vor *Pacem in Terris* eingesetzt hatte. Johannes beschränkt sich darauf, die Wählerzahlen für Sotto il Monte 1958 und 1963 aufzuschreiben (IME, S. 199). Morgen hat er eine Audienz mit John McCone, Direktor des CIA und Malteserritter. Gleichsam um sich gegen das zu wappnen, was gewiß auf ihn zukommt, schreibt er auf einen Papierfetzen: *«Cum enim infirmor, tunc potens sum»* [«Denn wenn ich schwach bin, dann bin ich stark»; 2 Korinther 12,10]. Gebe der Himmel, daß diese Worte meine körperlichen und seelischen Leiden mit der Gabe der geistigen Früchte für mein Amt und zum Guten der heiligen Kirche in so einer gefährdeten Zeit krönen» (IME, S. 199f.).

1. Mai, Mittwoch. Verheddert sich während der Messe. Nachlassendes Gedächtnis. Msgr. Martin O'Connor, Rektor des Nordamerikanischen Kollegs, dolmetscht für den Topspion John McCone. Es findet keine Begegnung der Gedanken statt. McCone versucht ihn vor Chruschtschow zu warnen, dem man nicht trauen darf. Der Erfolg der Kommunisten bei der italienischen Wahl ist Wasser auf seine Mühle (und der Grund seines Hierseins). Danach bemerkt Johannes unverbesserlich: «Ich werde meinen Stil nicht wegen der ungehörigen Aufregung ablegen, mit der manche Leute Kirchenmänner zu beeindrucken suchen. Ich segne alle Völker und enthalte keinem mein Vertrauen vor» (IME, S. 200).

2. Mai, Donnerstag. Messe um 8 Uhr. Ein ungewohnter Ausbruch frischer Energie hilft ihm durch die neuen Konzilstexte. Cavagna ist immer an seiner Seite. Die Liturgiekommission tagt. Sie hat am 28. April begonnen und wird bis zum 10. Mai dauern. Johannes billigt ihre demokratischen Methoden und die Anrufung eines breiten Spektrums wirklicher Experten (Caprile, II, S. 406). Aber zwölf weitere Schemata waren so weit gediehen, daß sie Mitte Mai an die

Bischöfe geschickt werden könnten. Dazu gehörten die drei heiklen, mit denen Bea und Ottaviani zu tun hatten: Offenbarung, die Kirche und Ökumenismus. Die Schlachten vom November des vergangenen Jahres scheinen um Lichtjahre entfernt zu sein. Johannes notiert: «Diese Schemata sind alle *persönlich* mit großer Aufmerksamkeit vom Heiligen Vater durchgesehen worden, der sich das Recht vorbehält, sie noch einmal einzusehen, bevor sie endgültig gebilligt werden» (*Lettere,* S. 575). Als Cicognani sie einige Tage später wegschickte, zitierte er diese Anmerkung. Es wird deutlich, daß Papst Johannes sehr stark wünscht, dieses Konzil abschließen zu können. Die Vorstellung, daß er davon desillusioniert wurde, ist grundloses Wunschdenken der Rechten. Zwanzig Jahre nach dem Ereignis wird Malachi Martin dies in klassischer Form behaupten: «Roncalli änderte seine Meinung vor dem Ende. Schon im Frühjahr 1963, als ein inoperables Krebsleiden ihn langsam umbrachte, gelangte er zu der Überzeugung, daß alles ein Fehler gewesen war» (Malachi Martin, S. 243). Johannes änderte seine Ansichten über das Konzil nicht. Es führte ihn auf unerwartete Pfade, aber das ist eine andere Frage.

5. Mai, Sonntag. Messe um 8.30 Uhr. Verbringt den Nachmittag im Turm und empfängt den venezianischen Architekten Lorenzo Barbato mit seiner Frau, die ihren zehn Monate alten Sohn Luca mitbringen. Johannes scherzt: *«Lucas, medicus carissimus»* [«Der Arzt Lukas, unser lieber Freund», Kolosser 4,14]. Möchten Sie, daß er Arzt wird? Oder Rechtsanwalt? Oder ... Evangelist?» (IME, S. 201).

6. Mai, Montag. James W. Spain fliegt nach drei arbeitsreichen Tagen in Rom nach Frankfurt zu einer Konferenz der CIA-Experten für Europa und den Nahen Osten. Er kommt zu spät und rutscht auf den letzten freien Stuhl – neben John McCone, den Direktor des ganzen Unternehmens. McCone spielt auf seine Begegnung mit Papst Johannes an, aber in «neutralem» Ton. Als die Konferenz zu Ende ist, spricht Spain mit seinem Chef über einige Dinge, die er in Rom erfahren hat, und wie ihm Papst Johannes' Politik jetzt in einem neuen Licht erscheint. McCone sagt: «Das wird den Präsidenten interessieren – schreiben Sie einen Bericht.» Spain stimmt zu. Wir wissen, daß Spains Bericht zum Präsidenten gelangte, denn er versah ihn eigenhändig mit Notizen (Brief von Spain an den Autor, 8. April 1984). So war also der CIA-Bericht das Ergebnis der privaten Initiative eines Katholiken aus Chicago, der von Msgr. George Higgins, einem Bekannten von Washington her, mit römischen Adressen versorgt war.

7. Mai, Dienstag. Verletzt von den Kommentaren der italienischen und internationalen Presse über die Wahl vom 28. April. Kann es

kaum verstehen, warum Katholiken nicht die pastoralen Anweisungen in Teil V von *Pacem in Terris* akzeptieren können. Empfindet noch schmerzlicher, wie die Enzyklika und der Besuch Adschubejs zusammengespannt werden, um die Zunahme der kommunistischen Stimmen zu erklären. Als Capovilla fragt, ob es besser gewesen wäre, die Veröffentlichung von *Pacem in Terris* bis nach der Wahl zu verschieben, erwidert Johannes:

> Die in der Enzyklika entfaltete Lehre steht in Einklang mit dem Evangelium des Herrn und in Harmonie mit dem päpstlichen Magisterium der letzten sechzig Jahre. Das Treffen mit Adschubej paßte in die globale Linie meines Amtes. Ich habe es klar genug gesagt, bereits mehrfach, daß man den Text unseres Gespräches in vollkommener Ruhe veröffentlichen könnte (IME, S. 202).

9. Mai, Donnerstag. Messe um 7 Uhr. Um 8 Uhr Konsultation Professor Antonio Gasbarrinis, eines Spezialisten aus Bologna. Empfängt François Marty, Erzbischof von Reims, zu dem er sagt:

> Viele Leute waren über den Besuch Adschubejs überrascht, und manche waren empört darüber. Warum? Ich muß jeden willkommen heißen, der an meine Tür klopft. Ich hatte sie bei mir, und wir sprachen über die Kinder ... man sollte immer über Kinder sprechen ... Ich sah, daß Madame Adschubej Tränen in den Augen hatte. Ich schenkte ihr einen Rosenkranz und erklärte, daß sie vermutlich nicht wisse, wie man ihn benutzt, und daß ich sie natürlich auch nicht darum bäte. Ich sagte ihr, wenn sie ihn betrachtete, würde er sie daran erinnern, daß es einmal eine vollkommene Mutter gab (*Gran Sacerdote,* S. 117).

Von 17 bis 18.45 Uhr spricht er mit Kardinal Stefan Wyszyński in der Torre San Giovanni. Die polnischen Bischöfe haben vorgeschlagen, daß geeignete Laien am Konzil als *socii Concilii* (Beigeordnete des Konzils) teilnehmen sollten. Schließlich wurden sie als *auditores* (Hörer) bekannt (Caprile, II, S. 413). Erörtert die gute Aufnahme, die *Pacem in Terris* in Osteuropa gefunden hat. Johannes ist gut aufgelegt und denkt sich einige abstruse lateinische Namen für seinen Turm aus, «*oppidulum, casula, tugurium, gurgustium* [etwa Dorf, Hütte, Bruchbude, Schuppen]» (IME, S. 203).

10. Mai, Freitag. Balzan-Friedenspreis. Johannes besteht darauf, den Preis «privat» in der *Sala Regia,* dem Thronsaal, zu empfangen. Auf diese Weise wird die ihm erwiesene Ehre scharf von der religiösen Zeremonie in der Peterskirche getrennt, die später kommen und im Grunde dem Gebet für den Frieden gewidmet sein wird.

In seiner Rede im Thronsaal tut Johannes alles ihm Mögliche, um die Aufmerksamkeit von seiner Person abzulenken, indem er sagt, der

Preis gilt genauso wie ihm selbst seinen Vorgängern. Die fünf Päpste seiner Lebenszeit, von Leo XIII. bis zu Pius XII., waren alle «wahre Freunde der Menschheit, kluge und mutige Friedensstifter, die unermüdlich dafür arbeiteten, den Frieden unter den Menschen zu erhalten, zu entwickeln und zu festigen» (IME, S. 203). Wohl wahr, aber so hat man es nicht immer verstanden. Mit einem Blick auf die Fresken von Vasari und Salviati, die die Wände schmücken, erinnert er den italienischen Präsidenten Antonio Segni, daß im selben Raum sich einst Könige und Kaiser dem Papst zu Füßen warfen. Aber dann, mit dem Verlust der weltlichen Macht des Papsttums, waren es die Arbeiter, nicht die Großen der Welt, die allmählich hierherkamen. Die billige Eisenbahnfahrt machte es im Pontifikat Leos XIII. möglich. «So fanden», schließt Johannes, «die Söhne des Volkes wieder den Weg in den Vatikan, und der Wunsch nach einem gerechten Frieden ist in die Gedanken und Herzen aller ohne Unterschied eingezogen, aber auffälliger, so scheint es, in die der Arbeiterklasse.»
Dann ging es in der Peterskirche weiter, mit den silbernen Trompeten und dem *Tu es Petrus* und einer Prozession von Kammerherren und Nobelgardisten in leuchtend roten Röcken und Helmen mit Pferdmähne. Unter den dreißig Kardinälen fällt die weiße Kopfbedeckung des Metropoliten Slipyi auf – es ist sein erster öffentlicher Auftritt, seit er aus dem Archipel Gulag aufgetaucht ist. Sergej Romanowskij, der die Sowjetunion vertritt, betrachtet eingehend die Deckengemälde Michelangelos. Johannes hält eine weitere optimistische Rede. Er ist überzeugt, daß in den kommenden Jahren «eine gerechte und objektive Bewertung dessen, was die Kirche über den Frieden zu sagen hat, bedeuten wird, daß die Lehre, die sie anbietet, durch ihre Klarheit an Autorität zunehmen wird». Sie wird die Zahl der Friedensstifter in der Welt wachsen lassen. Er steigt auf die *Sedia gestatoria* und legt den Kopf in die Hände, taub von den Wogen des Beifalls, der um ihn aufbrandet, während er leise schaukelnd hinausgetragen wird.
In der Torre an diesem Nachmittag schneidet er einen Artikel aus einer italienischen Zeitung aus, die *The Baltimore Sun* abdruckt. Das amerikanische Blatt zitiert einen «Mitarbeiter des Vatikans, in einer Position, daß er es wissen muß» und sagt, daß «in letzter Zeit der Papst nachts aufgewacht ist und um Sedativa gebeten hat». Das ist falsch. Johannes hat weder nach Sedativa gefragt noch welche eingenommen. Er fragt sich, wer dieser vatikanische «Mitarbeiter» ist oder ob es ihn gibt. Er ist nicht verärgert, daß seine stoische Ruhe nicht anerkannt wird. «Heften Sie es ab», sagt er mit einem Lächeln, «jede Kleinigkeit trägt dazu bei, die Situation und die Bewegung der

Gedanken zu dokumentieren» (IME, S. 202). Akteure der Geschichte wissen nie, was einmal wichtig wird.
11. Mai, Samstag. Johannes verbringt am Nachmittag zwei Stunden auf den Knien. Er sagt: «Ein äußergewöhnliches Ereignis steht bevor – wir müssen beten.» Das «außergewöhnliche Ereignis» ist ein Besuch bei Präsident Segni im Quirinalspalast, der auf 17.30 Uhr festgesetzt ist. Seine Krankheit entbindet ihn von der Verpflichtung zu einem Gegenbesuch, aber Johannes besteht auf diesem letzten Akt des Respekts gegenüber Italien. Das ganze Ereignis ist zutiefst symbolisch. Der Quirinal ist der Sommerpalast des Papstes gewesen. Konklaven haben hier stattgefunden. Dann haben «die Usurpatoren», wie Pius IX. sie immer nannte, ihn übernommen, und er wurde königlicher Palast und schließlich die Residenz des Präsidenten der Republik. Pius XII., in seinem Innersten ein Monarchist, hätte sich nicht überwunden, einen einfachen Präsidenten im Quirinal zu treffen.
Johannes hat im Auto starke Schmerzen. Er sagt Capovilla, er begibt sich dorthin «als Akt der Hochachtung vor meinem Land, weil ich nicht nur Bergamo, sondern auch Italien so viel schulde». Als er am Grab des Unbekannten Soldaten an der Piazza Venezia vorbeifährt, hebt er die Hand, um die Männer zu grüßen, denen er vor über vierzig Jahren beigestanden hat, damit sie in Frieden sterben konnten. Präsident Segni begrüßt ihn und führt ihn taktvoll zuerst in die Paulinische Kapelle. Dann gehen sie hinaus auf den Balkon, von dem aus man die Kuppel der Peterskirche sehen kann. Johannes grüßt die anderen Preisträger, zu denen der Komponist Paul Hindemith, dessen Musik von den Nazis verboten wurde, der russische Mathematiker Andrej Kolmogorow und der amerikanische Historiker Samuel Eliot Morison gehören (IME, S. 204). Johannes sitzt zusammengesunken auf einem Sessel, als Präsident Segni ihn begrüßt, mit einem seltsamen Lächeln auf den Lippen, wie Zuschauer meinen. In Wirklichkeit versucht er, den Schmerz zu beherrschen. Er hält als Erwiderung eine einfache Rede und drückt seine Freude über das Willkommen «an diesem historischen Ort» aus, ein Willkommen, das «nur das Echo der öffentlichen Meinung ist». Segni ist tief bewegt und fällt auf die Knie. Johannes hebt ihn auf und umarmt ihn mit den Worten: «Für Sie und für Italien» *(«A lei e all'Italia»).* Mit dieser Umarmung ist die Aussöhnung zwischen dem Heiligen Stuhl und Italien endgültig besiegelt.
Auf dem Rückweg fühlt er sich am Ende seiner Kräfte. Er hat sich bis an die Grenze getrieben. Wieder im Vatikan erholt er sich so weit, daß er sich im Fernseher sehen kann. Er bemerkt zu dem Gegensatz: «Vor ein paar Stunden wurde ich gefeiert und beglückwünscht, und

jetzt bin ich hier allein mit meinem Schmerz. Aber das ist ganz recht: Die erste Pflicht eines Papstes ist beten und leiden» (IME, S. 205). Er hat starke Schmerzen und kommt immer wieder wie unter Zwang auf diesen Gegensatz zurück: «Dort draußen preist mich die Welt, während der Herr mich hier an dieses Bett fesselt.»

12. Mai, Sonntag. *Regina Coeli* am Mittag von seinem Fenster aus: Frohlocke, Himmelskönigin. Geht am Nachmittag im Garten spazieren. Gesicht bleicher denn je. Eine neue Art von Schmerzen befällt ihn: Zahnfleischentzündung. Dennoch schreibt er Anmerkungen zu den Schemata des Konzils und bespricht sie mit Cavagna (*Lettere,* S. 575).

13. Mai, Montag. Ein geschäftiger Morgen. Es ist der elfhundertste Jahrestag der Mission der Heiligen Kyrill und Method. Johannes begrüßt die Angehörigen der Ostkirchen, die in Rom leben, und segnet den Grundstein für ein neues Slawisches Kolleg, das an der Via Cassia gebaut wird. Er erinnert daran, was er 1927 an eine ökumenische Versammlung in Velehrad geschrieben hatte:

> Ich hoffe, daß mein Aufenthalt in Bulgarien nicht nur dazu beitragen wird, den Katholizismus in dieser Region zu beleben, sondern auch, da wir auf halbem Weg zwischen Rom und Konstantinopel sind, daß er dazu beitragen möge, einige tröstliche Überraschungen vorzubereiten und so zu einer Erneuerung der Brüderlichkeit unter den Kirchen und Einigkeit um den Apostelfürsten zu führen (Caprile, II, S. 400).

Drüben in New York überreicht Kardinal Suenens dem Generalsekretär der Vereinten Nationen U Thant ein Exemplar von *Pacem in Terris.* Er spricht vor einem vollbesetzten Saal über eine Stunde lang. Er nennt die Enzyklika einen «offenen Brief an die Welt». Er faßt sie mit sparsamen Worten zusammen: Ihr Thema ist Frieden, und Frieden braucht Wahrheit als Grundlage, Gerechtigkeit als Norm, Liebe als Triebkraft und Freiheit als Rahmen. Suenens zitiert Antoine de Saint-Exupéry: «Wenn Achtung vor dem Menschen in unseren Herzen wohnt, können wir ein soziales, politisches und ökonomisches System ersinnen, das Achtung in sich schließen wird.» Noch kühner sagt er, wie Beethovens Neunte möge *Pacem in Terris* eine «Symphonie des Friedens» genannt werden. An Suenens wird die deutliche Frage gestellt: «Segnet Papst Johannes den Kommunismus?» Er antwortet mit den Unterscheidungen, die in der Enzyklika gemacht werden: Als Doktrin ist der Kommunismus falsch, aber «Menschen verdienen immer Achtung und haben einen Wert weit über ihren Ansichten. Papst Johannes würde mit Freude jeden aufrichtigen Menschen segnen» (Elizabeth Hamilton, *Cardinal Suenens, a Portrait,* S. 90ff.).

Aufgrund eines interessanten Zufalls ist heute der Tag, an dem James

W. Spain sein Memorandum 27–63 dem CIA übergibt. Wir haben das meiste davon schon gesehen. Bedeutsam ist ein hier nicht näher bestimmter Kommentar zu den Wahlergebnissen: «Während viele im Klerus vom Anwachsen der kommunistischen Stimmenzahl tief bestürzt waren, taten andere es mit einem Schulterzucken ab. Einer sagte: ‹Selbst wenn es doppelt so hoch wäre, würden wir uns keine Sorgen machen. Wir sind jetzt in der Offensive. Wenn wir den Menschen wahre christliche Lehre und soziale Gerechtigkeit vermitteln, wird es in einem Jahrzehnt keine kommunistische Stimme mehr in Italien geben›» (Spain, S. 10f.). Roberto Tucci äußert eine ähnliche Meinung: «Sie interessieren sich dafür, was unsere Veränderungen gegenüber den Kommunisten bedeuten. Ich interessiere mich mehr dafür, was sie für Spanien und Portugal bedeuten werden» (ibid., S. 7). Tucci war der bessere Prophet.

14. Mai, Dienstag. Messe um 7 Uhr. Als er das Schultertuch anlegt, zuckt er zusammen und wird blaß. Capovilla fragt, wie er sich fühlt. «Wie der heilige Laurentius auf dem Rost», sagte er. Aber nach der Messe geht es ihm etwas besser. Er hört die Bamberger Symphoniker mit Beethovens Sechster Symphonie in der Sala Clementina. Er unterhält sich ausführlich mit Emile-Joseph de Smedt, dem Bischof von Brügge, dessen Rede gegen «Triumphalismus» die Wende bei der ersten Sitzungsperiode bewirkt hat.

15. Mai, Mittwoch. War den größten Teil der Nacht auf und las das «Tagebuch des Vatikanum I», geführt von Giulio Arrigoni, Bischof von Lucca. Das Manuskript ist gerade entdeckt worden, es lag unbeachtet und unkatalogisiert in der Seminarbibliothek. Arrigoni stammt aus Bergamo, ein Punkt für ihn; aber es war sein lebhafter Stil und seine Einsichten, was Johannes veranlaßte, die Publikation anzuordnen. (Es wurde von Michele Maccarone, dem Vorsitzenden des Päpstlichen Komitees für die historischen Wissenschaften, herausgegeben und erschien am dritten Todestag von Papst Johannes; Caprile, II, S. 403.) Dies war seine letzte wirksame Entscheidung.

16. Mai, Donnerstag. Seine frisch verheiratete Nichte Maria und ihr Mann Luigi Gotti sind bei der Messe dabei. Empfängt die Rektoren der Päpstlichen Missionsgesellschaft, für die er 1921 bis 1925 gearbeitet hatte. Kardinal Agagianian hält die Würdigungsrede. In seiner Antwort teilt Johannes sein Leben in zwei Perioden: zuerst im Dienst der Diözese Bergamo und dann «vierzig Jahre im Dienst von Propaganda Fide» (IME, S. 207). Er behauptete, er wäre im Innersten immer ein «Missionar» gewesen. Er war froh, daß die Italienische Missionsgesellschaft ihr neues Seminar in Sotto il Monte baute. Sein Geburtshaus ist im Garten des Seminars.

Am Abend hat er ein zweistündiges Gespräch mit Msgr. Agostino Casaroli, Untersekretär im Staatssekretariat, der gerade aus Ungarn und der Tschechoslowakei zurück ist. Viel später sagt Casaroli von dieser Reise:

> Eins ist mir bei meinen Begegnungen in Prag und Budapest aufgefallen: Es war ganz offensichtlich, daß diese kommunistischen Führer davon überzeugt waren, daß der Papst aufrichtig und vertrauenswürdig war und auch sie liebte. Diese Gefühle von Herzlichkeit und Zuneigung schmolzen die Meilen von Eisfeldern, die uns so lange getrennt haben. Ihr Urteil über Papst Johannes war immer positiv (Casaroli in *Famiglia Christiana*, 4. April 1971).

Nachdem er Casaroli zugehört hatte, sagte er: «Monsignore, die Kirche mag viele Feinde haben, aber sie ist keines Feind» (IME, S. 207). Als Kommentar zu diesem Gespräch schreibt er den Satz auf, den Augustinus Johannes dem Täufer zuschreibt: *«Tam infirmi sumus, per lucernam quaerimus diem»* [«Wir sind so schwach, daß wir Tageslicht in einer Lampe suchen»; Migne P. L. IV, 198]. Es war ein passender Kommentar zu seiner «Ostpolitik» und zeigt, daß er selbstkritisch sein und Grenzen erkennen konnte.
17. Mai, Freitag. Um 7.30 Uhr zelebriert Johannes seine letzte Messe und weiß, daß es seine letzte Messe ist. Empfängt Thomas Ryan, den langen, dürren Iren, der 1943/44 sein Sekretär in Istanbul war. Er sagt: «Ich habe es nie geschafft, Englisch so zu sprechen, wie ich in jenen fernen Tagen wollte, als Sie mir meine erste Stunde gaben, aber Sie haben es mir möglich gemacht, diese Sprache zu lesen und zu verstehen. Ich hoffe, daß man sich meiner Anstrengung als Akt der Verehrung gegenüber allen englischsprechenden Menschen erinnern wird» (IME, S. 208). Man wird.
18. Mai, Samstag. Eine sehr unruhige Nacht. Übergab sich. Bleibt im Bett, und von jetzt an wird Msgr. Capovilla die Messe für ihn lesen und ihm die Kommunion im Zimmer nebenan erteilen; es hat das «Fenster des Angelus». Blättert den Presseüberblick des Staatssekretariats durch. Die Angriffe auf ihn als den von den Kommunisten hereingelegten Naivling halten an und fügen seinen schon heftigen körperlichen Leiden noch moralische Leiden hinzu. Aber er will die Urheber der Verleumdung, wie er es sieht, nicht verurteilen. *Ignosco et dimitto,* wiederholt er, ich vergebe und denke nicht mehr daran. Jedoch findet er starken Trost in einer Botschaft von Präsident John F. Kennedy. Durch Kardinal Richard J. Cushing, den Erzbischof von Boston, sagt Kennedy: «Der Papst sollte wissen, daß die Regierung der USA die Andeutungen, die in der Presse und in gewissen politi-

schen Kreisen gemacht werden, bedauert und für unbegründet hält.» Der Spain-Bericht ist vom Präsidenten persönlich mit Anmerkungen versehen.

19. Mai, Sonntag. Die ganze Nacht gut durchgeschlafen. Sieht die Druckfahnen seines Apostolischen Schreibens *Novem per dies* durch, in dem die ganze Kirche zu einer Gebetsnovene für das Konzil in den Tagen vor Pfingsten aufruft. Die Ärzte sind von seinem Wunsch verwirrt, sich morgen in die Torre San Giovanni zurückzuziehen. Sie sagen, es geht nicht. Er erscheint zum Angelus an seinem Fenster und wirft der Menschenmenge unten väterliche Küsse zu (*«porta la destra alle labbra e fa scendere il suo bacio paterno sui diletti fedeli»;* Capovilla, IME, S. 209).

20. Mai, Montag. Erschöpft. Auf dem Kalender steht eine Audienz für Kardinal Wyszyński und vier polnische Bischöfe. Dell'Acqua sagt: «Sie könnten Sie ohne weiteres in Ihrem Schlafzimmer empfangen – sie würden durch dieses Zeichen des Vertrauens geehrt.» Johannes antwortet: «Wir sind noch nicht so weit. Und außerdem, wenn ich während der Audienz sterben sollte, was für eine wunderbare Art wegzugehen» (IME, S. 209). Er besteht darauf, aufzustehen und seinen alten Freund in der Bibliothek einen Stock tiefer zu empfangen. Er hat eine Rundfunksendung für die polnischen Arbeiter vorbereitet, die während ihrer jährlichen Wallfahrt nach Piekary am 26. Mai übertragen werden soll. Wyszyński bewundert seine visionäre Kraft und seinen Sinn für Geschichte. «Auf Wiedersehen bis September», sagt Wyszyński. Johannes läßt sich nicht täuschen. «Im September finden Sie mich oder ... einen anderen. Das schafft man in einem Monat, wissen Sie, das Begräbnis des einen und die Wahl eines anderen ... Wenn dieses verwünschte Protokoll nicht wäre, würde ich Sie bis zum Bronzetor begleiten» (ibid., S. 210).

Kleinere Blutungen am Nachmittag, aber er spricht auf die Behandlung an, und am Abend macht er Pläne für die Zukunft. Er sagt: «Wenn der Herr mir mein Leben läßt, möchte ich nach dem Konzil alle Kirchengemeinden Roms und auch alle kommunalen Ämter besuchen» (ibid.). «Nach dem Konzil» ist sein Horizont, seine Fata Morgana. Es ist der Tag des heiligen Bernhardin von Siena, den er zu einem Kirchenlehrer machen wollte. Das war jetzt vermutlich nicht mehr möglich, deshalb spricht er den heiligen Bernhardin in seiner Notiz an:

> Zugleich mit der Süße der Erinnerung an dich kamen Anzeichen eines großen körperlichen Schmerzes, der einfach nicht von mir lassen will. Er läßt mich denken und leiden. Heute morgen mußte ich zum drittenmal

> zufrieden sein mit der Kommunion im Bett, anstatt die Messe selbst feiern zu können: Geduld, Geduld. Aber ich konnte es mir nicht entgehen lassen, Kardinal Wyszyński zu sehen, der mit vier Bischofskollegen nach Hause reist. Der Rest des Tages wurde im Bett verbracht, mit neuerlichen Anfällen noch heftigerer Schmerzen. Mein Haushalt sorgt für mich mit großer Barmherzigkeit . . . (IME, S. 210).

21. Mai, Dienstag. Eine ruhelose Nacht. Kommunion um 6 Uhr, danach sagt er:

> Ich bin bereit zu gehen. Ich habe mein ganzes Brevier und den Rosenkranz aufgesagt. Ich habe für die Kinder gebetet, für die Kranken, für Sünder . . . Werden die Dinge anders getan werden, wenn ich nicht mehr bin? Das ist nicht meine Sache. Ich empfinde Freude in der Betrachtung der Wahrheit und in der getanen Pflicht. Ich bin froh, daß ich in der Lage war, jedem Impuls der Gnade zu entsprechen . . . Es ist alles ohne übertriebene Mühe geschehen: Audienzen, Reisen, die Wiederbelebung der Bußpraxis und Pastoralvisitationen in Rom, die Synode, das Konzil (IME, S. 210).

Doch Dr. Pietro Valdoni meint nicht, daß das Ende nahe ist. Er glaubt sogar, daß eine vorübergehende Besserung eintreten könnte.
22. Mai, Mittwoch. Audienzen abgesagt.
23. Mai, Donnerstag, Himmelfahrt. Eine viel bessere Nacht. Steht auf, um seinen Neffen Flavio Roncalli zu empfangen. Das Rot seiner Pelerine läßt sein Gesicht noch blasser aussehen. Um Mittag stimmt er an seinem Fenster das *Regina Coeli* an, mit einer Stimme, die immer noch melodisch und kräftig ist. Der Beifall der Menge läßt ihn beinahe nicht dazu kommen, seinen Segen zu erteilen. Heute ist der Tag, an dem er geplant hatte, die Benediktinerabtei Montecassino zu besuchen. Natürlich mußte er den Gedanken aufgeben, aber nicht ohne Gegenwehr. «Sie können nicht gehen», meinte Capovilla, «was wäre, wenn Sie eine Blutung hätten?» Johannes sagte: «Ich würde mich hinlegen. Ich würde in eine Zelle in der Abtei gehen. Denken Sie nur: in Montecassino zu sterben, in der Wiege des Mönchtums!» (Pepper, S. 223). Um 18.30 Uhr empfängt er Kardinal Gustavo Testa, der ihm 1905 mit neunzehn Jahren «anvertraut» worden war. Als er Johannes' Zustand sieht, beginnt Testa hemmungslos zu weinen wie ein Kind. Johannes sagt:

> Lieber Don Gustavo, wir müssen die Dinge nehmen, wie sie sind. Ich habe ein langes Leben gehabt und der Kirche gedient und eine bestimmte Spur in der Geschichte hinterlassen. Durch Gottes Gnade habe ich mich nicht schlecht geschlagen: so, kein Tag mehr. Wenn der

> Herr mich ein wenig länger bleiben lassen will, schön und gut, andernfalls – gehen wir fort (IME, S. 212).

Aber die Folterbank der Schmerzen wird noch einmal eine Kerbe weiter geschraubt. «Ich wollte, ich könnte die Messe zelebrieren», sagt er zu dem Augustinermönch Frederico Belotti aus der Nähe von Sotto il Monte, der als Nachtpfleger bei ihm wacht. «Aber dieses Bett ist Ihr Altar», sagt Bruder Frederico (der sich an die Episode sehr gut erinnert; Brief von Pater Thomas A. Hunt OSA, 19. Juni 1983). Das gefiel Johannes:

> Lieber Bruder Frederico! Auf der Schwelle meines Priesterlebens inspirierte mich ein Laienbruder der Passionisten durch sein Beispiel der großmütigen Selbsthingabe [s. *Tagebuch* für 2.–10. August 1904]; jetzt, am Ende meines langen Lebens, bringt mir ein anderer Laienbruder den Satz, auf den ich vom Herrn gewartet habe. Sie haben recht: Dieses Bett ist ein Altar, der Altar braucht ein Opfer, und ich bin bereit. Ich hätte nichts dagegen, heute abend am Himmelfahrtsfest zu gehen (IME, S. 212).

24. Mai, Freitag. Fühlt seine Kräfte schwinden. Doch in Gegenwart von Kardinal Amleto Cicognani und Msgr. Angelo Dell'Acqua richtet er sich im Bett auf, um die Botschaft abzugeben, die sein ganzes Leben zusammenfaßt:

> Heute mehr denn je, gewiß mehr als in früheren Jahrhunderten, sind wir aufgerufen, dem Menschen zu dienen, nicht nur dem Katholiken; vor allem und überall die Rechte des Menschen zu verteidigen und nicht nur die der katholischen Kirche. Die Welt von heute, die Bedürfnisse, die in den letzten fünfzig Jahren offenbar wurden, und ein tieferes Verständnis des Dogmas haben uns in eine neue Situation gebracht, wie ich in meiner Eröffnungsrede zum Konzil sagte. Das Evangelium hat sich nicht etwa gewandelt: Es ist nur so, daß wir begonnen haben, es besser zu verstehen. Die Menschen, die so lange gelebt haben wie ich, wurden am Anfang des Jahrhunderts mit neuen Aufgaben in der sozialen Ordnung konfrontiert; Menschen, die wie ich zwanzig Jahre im Osten und acht in Frankreich waren, konnten verschiedene Kulturen und Traditionen vergleichen und wissen, daß der Augenblick gekommen ist, die Zeichen der Zeit zu erkennen, die Gelegenheit zu ergreifen und weit nach vorn zu blicken (IME, S. 212).

Das sind nicht die Worte eines geschlagenen oder enttäuschten Mannes. In dem endlosen Widerstreit zwischen den «Realisten» und den «Propheten» rückt Johannes auf seinem Sterbebett auf die Seite der Propheten. Er setzt auf eine Utopie.

25. Mai, Samstag. Ein schlechter Tag. Starke Schmerzen zwischen 10

und 17 Uhr. Dann erholt er sich wieder und läßt Capovilla die *Nachfolge Christi,* drittes Buch, Kapitel 48, vorlesen: «Guter Jesus, wann erhebe ich mich, um dich zu schauen? Wann betrachte ich die Glorie deines Reiches? Wann bedeutest du mir alles in allem?» Johannes bemerkt:

> Der Herr weiß, daß ich krank bin. Das Schiff durchpflügt weiterhin stetig die Wellen. Das ist der Beweis, daß der unsichtbare Steuermann Christus ist . . . Und alle diese Beweise der Zuneigung um einen sterbenden alten Mann, sind sie nicht vielleicht ein *Zeichen der Zeit?* Zu Anfang des Jahrhunderts nahm das amtliche Rom den Todeskampf Leos XIII. nicht zur Kenntnis. Als ich als junger Seminarist auf meinem Weg zum Vatikan war, um Nachrichten vom Papst zu erfahren, kann ich mich erinnern, daß ich respektlose und verletzende Bemerkungen auf den Straßen hörte . . . Die Zeiten haben sich zum Besseren geändert (IME, S. 213).

26. Mai, Sonntag. Weitere Blutungen. Aber er steht auf. Die Ärzte verbieten ihm, sich am Fenster zu zeigen, und das *Regina Coeli* der Himmelfahrt wird statt dessen über Lautsprecher übertragen. Das ärztliche Bulletin spricht weiter von «Magenbeschwerden». Aber nur wenige glauben es. Antoine Wenger schreibt einen gefühlvollen Artikel für *La Croix* mit dem Titel *«Notre Prière»*. Sein Gebet ist, daß Gott unseren Vater noch lange erhalten möge. Johannes ist gerührt über die Studenten des Centre Richelieu in Paris, die für ihn beten. Er hatte sie an Ostersamstag getroffen, mit ihrem Kaplan Jean-Marie Lustiger, der zwanzig Jahre später Erzbischof von Paris werden wird. Er war polnisch-jüdischer Herkunft, und seine Eltern kamen in Konzentrationslagern um. Aber jeder betet für Papst Johannes, einschließlich Paul Tillich, wie *Time* weiß.

27. Mai, Montag. Schlaflosigkeit, aber ruhig. Am Nachmittag kommt sein Neffe, jetzt Msgr. Giovanni Battista Roncalli, an. Johannes bittet ihn, der ganzen Familie zu versichern, daß seine Liebe zu ihnen allen unverändert ist. Battistas andere Pflicht wird es sein, ihnen über Johannes' letzte Anordnungen und sein Testament zu berichten: «Ich wurde arm geboren, ich bin immer arm gewesen, und ich möchte arm sterben» (IME, S. 215). Er hatte ziemlich viel über sein Testament nachgedacht. Verschiedene Fassungen davon finden sich in seinem *Geistlichen Tagebuch* (S. 363–378). Seine Besitztümer sollten als Erinnerungsgeschenke weggegeben werden. Aber er hat die Hoffnung noch nicht aufgegeben und sagt zu Battista: «Du kommst also her und triffst mich im Bett an . . . Aber hoffen wir, daß ich es bald überstanden habe und mich wieder an die Arbeit für das Konzil machen kann» (Caprile, II, S. 419).

28. Mai, Dienstag. Eine qualvolle Nacht. Die inneren Schmerzen sind schlimmer denn je. Johannes' Zustand versetzt seinen Haushalt in Alarm, aber die Ärzte meinen, er könnte die Krise doch noch überstehen. Um 10 Uhr fühlt er sich viel besser und plaudert vertraulich mit Cavagna und Dell'Acqua, während sie ihm eine Auswahl der zahllosen Genesungsbotschaften, die er erhalten hat, vorlesen. Sie kommen von den Berühmten und den Namenlosen. Cicognani kommt um 12.15 Uhr, und Johannes, immer noch eine öffentliche Gestalt, diktiert eine Antwort an alle, die ihm Gutes wünschen:

> Da jeder für den kranken Papst betet, ist es nur natürlich, wenn sie eine Absicht haben: Wenn Gott das Opfer meines Lebens wünscht, möge es dazu nutzen, reichen Segen auf das Ökumenische Konzil, die Kirche und auf die Menschheit, die sich so nach Frieden sehnt, herabzurufen; aber wenn es dem Herrn gefällt, mein päpstliches Amt zu verlängern, dann möge es für die Heiligung meiner Seele und aller jener sein, die mit mir arbeiten und leiden, um das Reich unseres Herrn zu erweitern (IME, S. 216).

Diese Worte werden heute abend in *l'Osservatore Romano* erscheinen. Wenn sie etwas zu vollkommen für spontane Äußerungen auf einem Sterbebett wirken, so liegt die Erklärung vielleicht darin, daß sie redigiert wurden. Nicht zum erstenmal.

29. Mai, Mittwoch. Gut geschlafen. Hat nach der Messe Bluttransfusionen. Am Nachmittag möchte er nicht allein gelassen werden und möchte auch nicht reden. Versunken ins Gebet. Versucht, mit den Ärzten zu scherzen. Die Plasmafläschchen werden «meine stillen Kirchenglocken»; als ihm eine Arznei verabreicht wird, bemerkt er: *«Liquida non frangunt»* (Flüssigkeiten brechen nicht), eine Maxime, die vermutlich von seinem Knabenseminar herkommt. Er diktiert weitere erbauliche Sätze für *l'Osservatore Romano.* Er läßt Capovilla bei Clemente Micara, Generalvikar von Rom und nicht sein allerbester Freund, anrufen, um dem Volk von Rom für seine Gebete zu danken. Bis zum Ende behält er seine Achtung vor den «richtigen Kanälen».

30. Mai, Donnerstag. Endlich eine gute Nacht, «die friedvolle Nacht und das ruhige Ende», die er so oft zur Komplet erfleht hatte. Nacht und Tod. Dämmerung und Licht. Er hatte einmal Don Giuseppe De Luca – der viel jünger als er selbst starb – eine Ansichtskarte mit dem «Fenster des Angelus» geschickt. Auf die Rückseite schrieb er zwei Zeilen: *«Donec dies elucescat»* (2 Petrus 1,19) und Dantes *«pur che l'alba nasca»* (III, V, 76). Er hatte gerade entdeckt, daß Dante Petrus zitiert, und wollte den Satz zu seinem Motto machen: «Bis der Tag

anbricht» – und Petrus fährt fort – «und der Morgenstern aufgeht in eurem Herzen». Johannes wird daran erinnert, weil er De Lucas Evangelienkommentar liest. Und das «Angelusfenster» ist zu seiner Qual außer Reichweite.

Diese Grübeleien werden unterbrochen, weil er um 11.30 Uhr von heftigen Schmerzen im Unterleib überfallen wird. Dr. Piero Mazzoni glaubt, es könnte ein Durchbruch des Tumors sein, und in diesem Fall ist eine Operation unmöglich. Johannes' Tage sind gezählt. Er gibt Sedativa. Es ist ziemlich ironisch, daß nichts davon in das ärztliche Bulletin um 13 Uhr gelangt, das versichert, daß der Papst auf die Behandlung anspricht. Antonio Gasbarrini, der Spezialist aus Bologna, ist so fest vom Ende seiner Aufgabe überzeugt, daß er nach Hause fährt. Die ganze Nacht über folgen die Zeitungen dem optimistischen Beispiel des ärztlichen Bulletins.

31. Mai, Freitag. Die Ärzte beraten sich. Sie können nichts mehr tun. Wie sie vorher übereingekommen sind, hat Capovilla die Aufgabe, die Nachricht zu überbringen. «Heiliger Vater», beginnt er feierlich und kämpft gegen die Tränen an, «ich halte mein Versprechen. Ich muß für Sie tun, was Sie für Msgr. Radini am Ende seines Lebens taten. Die Zeit ist gekommen. Der Herr ruft Sie.» Johannes ist nicht im geringsten fassungslos, überlegt eine Weile und sagt: «Es wäre gut, das Urteil der Ärzte zu hören.»

«Ihr Urteil ist, Heiliger Vater, daß es das Ende ist. Der Tumor hat sein Werk getan.»

«Wie bei Msgr. Radini also ... wird es eine Operation geben?»

«Es ist zu spät. Der Krebs hat schließlich Ihren langen Widerstand überwunden.» Capovilla fällt auf die Knie und verbirgt weinend sein Gesicht in der Bettdecke, während Johannes ruhig Anweisungen für seine letzten Stunden gibt. Wenn der Ausdruck nicht leicht zu Mißverständnissen führen würde, könnte man sagen, daß er seinen Tod inszenierte. Die Richtlinien waren im *Caerimoniale Episcoporum* zu finden. Er sagt einfach: «Helft mir zu sterben, wie ein Bischof oder Papst sterben sollte» (IME, S. 218). An dem Tag, als er gewählt wurde, hatte er an «die vielen Kameras und Scheinwerfer, die von nun an, in jedem Augenblick, auf mich gerichtet sein würden» gedacht (s. oben, S. 367).

Um 11 Uhr empfängt er im Beisein von Cicognani, Dell'Acqua und Samorè (die das Staatssekretariat vertreten), des päpstlichen Haushalts, der Ärzte, der Pfleger und der fünf Nonnen aus Bergamo, die seine Haushälterinnen gewesen waren, das Viatikum, Speise für die letzte Reise, von Msgr. Alfredo Cavagna. Johannes sitzt aufrecht, mit weißem Hemd und weißer Stola. Der päpstliche Sakristan, Bischof

Peter Canisius von Lierde OSA, will ihm die Krankensalbung geben, als Johannes spricht:

> Das Geheimnis meines Amtes ist das Kreuz, das ihr gegenüber von meinem Bett seht. Es ist da, damit ich es in meinem ersten wachen Augenblick und bevor ich einschlafe sehen kann. Es ist auch da, damit ich während der langen Abendstunden mit ihm reden kann. Schaut hin, seht es, wie ich es sehe. Diese offenen Arme sind das Programm meines Pontifikats gewesen: Sie sagen, daß Christus für alle starb, für alle. Niemand ist ausgeschlossen aus seiner Liebe, seiner Vergebung.
> Was hinterließ Christus seiner Kirche? Er hinterließ uns *«ut omnes unum sint»* «daß alle eins seien», Joh 17,21 . . .
> Ich hatte die große Gnade, in eine christliche Familie geboren zu werden, bescheiden und arm, aber mit Ehrfurcht vor dem Herrn. Ich hatte die Gnade, als Kind von Gott gerufen zu werden: Ich dachte nie etwas anderes, ich hatte nie einen anderen Ehrgeiz. An meinem Weg bin ich heiligen Priestern und guten Vorgesetzten begegnet. Oh! Don Francesco Rebuzzini, Monsignore Radini, Kardinal Ferrari . . . alle halfen mir und liebten mich. Ich hatte viele Ermutigungen.
> Für meinen Teil bin ich mir nicht bewußt, jemanden beleidigt zu haben, aber wenn ich es getan habe, bitte ich um seine Vergebung; und wenn ihr jemanden kennt, der nicht aufgerichtet wurde durch meine Haltungen und Handlungen, bittet ihn, Mitleid mit mir zu haben und mir zu vergeben. In dieser letzten Stunde fühle ich mich ruhig und sicher, daß mein Herr in seiner Gnade mich nicht zurückweisen wird. So unwürdig ich bin, wollte ich ihm dienen, und ich habe mein Bestes getan, um Wahrheit, Gerechtigkeit, Barmherzigkeit und dem *cor mitis et humilis* [dem sanften und demütigen Herzen] des Evangeliums zu huldigen.
> Meine Zeit auf Erden neigt sich dem Ende zu. Aber Christus lebt weiter, und die Kirche setzt sein Werk fort. Seelen, Seelen. *Ut unum sint! ut unum sint!* (Zusammengesetzt aus vielen Zeugnissen, einschließlich IME, S. 218f., Pepper, S. 228f.).

Van Lierde salbt dann seine Augen, Ohren, Nase, Mund, Hände und Füße. Von Erschütterung überwältigt, vergißt er die richtige Reihenfolge. Johannes hilft ihm.
Danach hat Johannes ein persönliches Wort für alle Anwesenden. Es sind ungefähr zwanzig. Einige weinen. Er spricht mit jedem über eine gemeinsame Erinnerung, als ginge er sein ganzes Leben ein letztes Mal durch. Von 16.30 Uhr an ziehen römische Kardinäle und Mitglieder der Kurie durch sein Zimmer, und die Abschiedsaudienzen gehen in dieser Weise weiter. Er spielt kurz auf das bevorstehende Konklave an: «Ich bin sicher, das heilige Kollegium wird ohne Schwierigkeit für die Nachfolge sorgen, und ich bin sicher, die Bischöfe werden das Konzil zu einem glücklichen Ende bringen»

(IME, S. 220). Das Konklave würde also nicht «gegen ihn» sein, wie er im Februar befürchtet hatte. Es würde ein Konklave der Kontinuität werden. Aber er gab noch eine genauere Vorhersage ab: «Nach meiner Meinung wird Montini mein Nachfolger sein. Die Stimmen des heiligen Kollegiums werden auf ihn fallen» (ibid.).

Montini ist gerufen worden, aber noch nicht aus Mailand eingetroffen. Um 18 Uhr ist die zweite Serie der Audienzen beendet. Er sagt zu Capovilla, seinem Sekretär in den letzten zehn Jahren: «Wir haben zusammen gearbeitet und der Kirche gedient, ohne stehenzubleiben und die Steine, die manchmal unseren Weg gehemmt haben, aufzuheben und zurückzuwerfen. Sie sind mit meinen Schwächen ausgekommen, und ich bin mit Ihren ausgekommen. Wir werden immer Freunde sein ... Wir haben viele Freunde, und jetzt werden Sie sehen, wir haben noch mehr ... Ich werde Sie vom Himmel aus beschützen» (IME, S. 221). Johannes weiß, daß der Sekretär eines verstorbenen Papstes keine weitere Rolle im Vatikan hat. Er vertraut Capovilla seine Familie in Sotto il Monte an. «Wenn dies alles vorbei ist», rät er, «ruhen Sie sich etwas aus und besuchen Sie Ihre Mutter.» Draußen auf dem Petersplatz betet eine riesige Menschenmenge.

Um 19 Uhr weitere Anfälle von Schmerzen. Er bekommt ein Beruhigungsmittel und schläft, als Montini Johannes' Brüder Zaverio, Alfredo, Giuseppe und seine Schwester Assunta hereinführt. Sie knien neben seinem Bett, wachen und beten.

1. Juni, Samstag. Gleich nach Mitternacht feiert Capovilla die Messe für die Familie Roncalli. Um 3 Uhr wacht Johannes auf und denkt, er sei in Frankreich. Er beginnt, französisch zu sprechen, als rede er mit seinem Pariser Arzt. Dann reißt er sich zusammen und begrüßt seine Familie. Er setzt sich auf, trinkt eine Tasse Kaffee, ist erfrischt. «Ich bin noch da», sagt er aufgeräumt, «als ich gestern dachte, ich wäre gegangen ... Ich weiß nicht, was geschehen wird. Es könnte mir wieder besser gehen. Wir sind gemacht zu leben ... falls es mir schlechter geht, was für eine Enttäuschung für euch.» Dann spricht er in einem anderen Ton über Jesu Frage an Martha: «Ich bin die Auferstehung und das Leben. Glaubst du das?» [Joh 11,25-26]. Er nickt wieder ein. Um 3.45 Uhr wacht er auf, und es gibt weitere kurze Begegnungen mit dem Bischof und dem Bürgermeister von Bergamo und Andrea Spada, dem Herausgeber von *l'Eco di Bergamo,* und dann mit dem Gemeindepfarrer und dem Bürgermeister von Sotto il Monte. Der Kreis seines Lebens ist vollendet. Obwohl seine eigene Welt sich einengt, kommen Botschaften des guten Willens aus den fünf Kontinenten herein. Eine ist von Chruschtschow. Eine kommt aus Plovdiv in Bulgarien von einem, der sich an ihn vom Erdbeben

im Jahr 1928 her erinnert. Aber er hat wieder das Bewußtsein verloren. Zwei von amerikanischen Kindern: «Lieber Papst Johannes, wir lieben dich.» Von Anglikanern: «Unsere australischen Herzen sind mehr denn je bei Ihnen.» Von einem Buddhisten: «Möge Gott Sie lieben.» Von einem Atheisten: «Soweit ein Atheist beten kann, bete ich für Sie» (IME, S. 222).

2. Juni, Pfingstsonntag. Die Gebetsnovene für das Konzil ist eine Gebetsnovene für den «Papst des Konzils», wie er sich gern bezeichnete, geworden. Die ganze Nacht über beten 20 000 Jugendliche im Dom von Mailand. Kardinal Montini ist bei ihnen. Er spricht voller Trauer und Zärtlichkeit. Wir müssen, sagt Montini, «sein Erbe und seine letzte Botschaft des Friedens aufnehmen». «Vielleicht niemals zuvor in unserer Zeit», sagt Montini, «ist ein menschliches Wort – das Wort eines Lehrers, eines Führers, eines Propheten, eines Papstes – so laut erklungen und hat solche Liebe überall in der Welt gewonnen» (IME, S. 225). Niemand hält das für eine Übertreibung. Er hätte das vorsichtige «vielleicht» nicht verwenden müssen.

Der Prophet schläft. Bis 10 Uhr ist seine Temperatur beunruhigend angestiegen. «Wie spät ist es?» fragt er Punkt 12 Uhr, der Zeit des Angelus. Johannes blickt zum Fenster, seinem Fenster auf die Welt, an dem er nie mehr erscheinen wird. Zu seinem Neffen Zaverio, der am Fußende des Bettes steht, sagt er freundlich: «Aus dem Weg, du verbirgst das Kruzifix vor mir.» Die Zeit schleicht dahin. Um 20 Uhr verschlimmert sich sein Zustand, aber Medikamente verschaffen ihm Erleichterung. Um 21 Uhr beginnt Kardinal Fernando Cento, der Großpönitentiar, die Gebete für den Sterbenden, die Liturgie des Todes. Aber Johannes ist zäh oder – wie das offizielle Bulletin es ausdrückt – «hat außergewöhnliche körperliche Kraft». Sie läßt ihn noch einen Tag durchstehen, noch eine Nacht, bis zu einer neuen Dämmerung, seiner letzten.

3. Juni, Pfingstmontag. Johannes wacht um 3 Uhr auf und sagt zweimal sehr eindringlich: «Herr, du weißt, daß ich dich liebe.» Capovilla zelebriert um 5 Uhr die Messe. Dann schlummert Johannes wieder ein, wacht in unregelmäßigen Abständen auf und bekreuzigt sich. Um 13 Uhr neue Krise. Sie ist um 15 Uhr überwunden. Sein Atem ist regelmäßig. Ab 17 Uhr füllt allmählich eine riesige Menschenmenge den Petersplatz. Kardinal Luigi Traglia, der Provikar für Rom, feiert die Messe *«pro infirmo»*, für den kranken Bischof von Rom. An Johannes' Bett sind die Familienangehörigen, Cicognani, Cavagna, Capovilla, die Ärzte, die Brüder Gussi, Bruder Frederico, die Nonnen aus Bergamo. Sie beten die Sterbegebete, während auf dem Platz die Messe stattfindet. Gegen 19.45 Uhr ist die Messe zu Ende. Im Schlaf-

zimmer des Papstes können die Worte der Entlassung, *Ite Missa est,* deutlich über den Lautsprecher gehört werden. Papst Johannes erbebt ein letztes Mal. Sein Atem wird schwach und steht nach einem kaum hörbaren Todesröcheln still. Die Ärzte neigen ehrfurchtsvoll die Köpfe und zucken die Achseln. Es ist 19.49 Uhr.

Die Anwesenden knieten und stimmten *In Paradisum* aus dem Totenamt an: «Die Engel mögen dich ins Paradies geleiten.» Dann sangen sie die großen Hymnen des christlichen Dankes, das *Magnificat* und das *Te Deum*. Johannes' Stirn wurde rituell berührt, um festzustellen, daß er wirklich tot war. Das «Fenster des Angelus» wurde plötzlich erleuchtet, und die Menge wußte die Wahrheit. Giacomo Manzù, der eilends gerufen worden war, nahm einen Gipsabdruck von Johannes' Gesicht und rechter Hand, der segnenden Hand. Am nächsten Tag wurde entgegen dem Brauch Johannes' Leichnam durch die trauernde Menge auf dem Platz und dann in die Peterskirche getragen, um auf das Begräbnis in der Krypta zu warten.

Er hatte einundachtzigeinhalb Jahre gelebt, war achtundfünfzig Jahre Priester gewesen, achtunddreißig Jahre Bischof und weniger als fünf Jahre Papst – das kürzeste Pontifikat des Jahrhunderts bis dahin. Und doch waren die Kirche und die Welt in ihm wunderbar gesegnet.

Bibliographie und Quellen

AAS = *Acta Apostolicae Sedis* (die amtliche Sammlung päpstlicher und kurialer Dokumente).

Abbott, Walter J., SJ (Hg.), *The Documents of Vatican II*, London 1966.

Actes et documents = *Actes et documents du Saint-Siège*, hg. von Pierre Blet SJ u.a., 11 Bände.

Acton, Lord, *Essays on Church and State*, hg. von Douglas Woodruff, London 1952 (Acton studierte Geschichte im Haus von Ignaz Döllinger in München, überlebte die Erfahrung, Königlicher Professor in Cambridge zu werden).

ADAP = *Akten zur Deutschen Auswärtigen Politik 1918–1945*, Göttingen, Serie E, Bd. 7 (1979).

Aimé-Azam, Denise, *L'Extraordinaire Ambassadeur*, Paris 1967 (großartig anekdotischer Bericht über Roncallis Zeit in Paris von einem jüdischen Konvertiten).

Alberigo = *Giovanni XXIII, Profezia nella fedeltà*, von Giuseppe und Angelina Alberigo, Brescia 1978 (nach einer 100 Seiten langen Einleitung eine ausführliche Anthologie der Schriften Roncallis aus allen Lebensabschnitten: für italienische Leser die beste Einführung zu Papst Johannes).

Alberigo, Giuseppe, «Dal bastone al misericordia», in *Cristianesimo nella Storia*, Oktober 1981, S. 487–521 (‹Von der Zuchtrute zur Barmherzigkeit› zeigt, wie sich die Ausübung von Autorität zwischen Gregor XVI. und Johannes XXIII. wandelte).

Alexander, Stella, *Church and State in Yugoslavia since 1945*, Cambridge 1979 (eine grundlegende, konkurrenzlose Arbeit).

Algisi, Leone, *Giovanni XXIII*, Turin 1959 (wurde von Papst Johannes persönlich auf die Richtigkeit geprüft: er fand es zu schmeichelhaft).
deutsch: *Johannes XXIII.*, München 1960.

Andreotti, Giulio, *A Ogni Morte di Papa – I Papi che ho conosciuto*, Mailand 1980 (Andreotti hatte einige wichtige Gespräche mit Papst Johannes).
deutsch: *Meine sieben Päpste – Begegnungen in bewegten Zeiten*, Freiburg i. Br. 1982.

ANSA = die italienische Nachrichtenagentur.

ARCIC = The Anglican Roman Catholic International Commission, *The Final Report*, London 1982.

ASCV = *Acta Synodalia Concilii Vaticani II*, 4 Bde., 1970–71 (auch wenn das «richtige» Konzil irgendwo anders stattfand, das unverzichtbare Protokoll, nach dem die unmittelbaren journalistischen Berichte überprüft werden müssen).

Gli Atti della visita apostolica di S. Carlo Borromeo a Bergamo (1575), hg. von Angelo Roncalli und Pietro Forno, Florenz, in zwei Teilen und fünf Bänden 1936, 1937, 1938, 1946 und 1957 (Roncallis Lebenswerk, begonnen 1906, als Achille Ratti – später Pius XI. – das Material für ihn fotokopierte; abgeschlossen, kurz bevor er Papst wurde).

Avvenire d'Italia. Italienische katholische Tageszeitung; ein entfernter Nachfahre ist *Avvenire.*

Bacci, Antonio, *Con il Latino a servizio di quattro papi,* Rom 1964 (Erinnerungen eines Latinisten, der einmal – unfair gegenüber Bacci – als «einer, der nicht genug Griechisch kann, um Altphilologe zu sein» beschrieben wurde).

Baltimore Sun, The (eine der ältesten Zeitungen der Welt).

Baronio = Il cardinale Cesare Baronio, von Angelo Roncalli, Rom 1961.
deutsch: *Baronius.* Vortrag, gehalten am 4. Dezember 1907 im Seminar zu Bergamo bei Anlaß der dreihundertsten Wiederkehr seines Todestages, Einsiedeln 1963.

Battelli, Giuseppe, *Francesco Pitocchi,* ein Vortrag, gehalten am Istituto per le scienze religiose in Bologna, 14. November 1981.

Bedeschi, Lorenzo, *Modernismo a Milano,* Mailand 1974 (weitere *inédits,* die Licht auf die Erneuerungsbewegungen unter Kardinal Ferrari werfen).

Bedeschi, Lorenzo, *Buonaiuti, il Concordato e la Chiesa,* Mailand 1970 (viel unveröffentlichtes Material, das zeigt, daß Buonaiuti, bislang der italienische Erzmodernist, eine prophetische Gestalt war).

Bell, George K., *The Kingship of Christ, The Story of the World Council of Churches,* Harmondsworth 1954 (der anglikanische Bischof von Chichester stellte Überlegungen über die internationale ökumenische Bewegung an, die ihn unter anderen mit Roncallis bulgarischen orthodoxen Christen und Dietrich Bonhoeffer in Verbindung brachte).
deutsch: *Die Königsherrschaft Jesu Christi. Die Geschichte des Ökumenischen Rates der Kirchen,* Hamburg 1960.

Bergerre, Max, *Six Papes, un journaliste,* Paris 1979 (die anspruchslosen Memoiren des *Doyens* des vatikanischen Pressekorps).
deutsch: *Ich erlebte vier Päpste. Ein Journalist erinnert sich,* Freiburg i. Br. 1979.

Bertoli, Bruno, *La Questione Romana negli Scritti di Papa Giovanni,* Brescia 1970 (eine kurze Abhandlung – 42 S. – über Roncalli und die Lateranverträge).

Bertrand, Dominique, SJ, gab Informationen über Pater Alfred de Soras SJ, der bei Roncallis Exerzitien in Clamart, einem Vorort von Paris, vom 8.–13. Dezember 1947 «predigte». Roncalli schrieb über Soras: «Gute Lehre, auf interessante Weise ausgelegt, aber recht modern in Konstruktion, Sprache und Vorstellung.» Bertrand verneint den Gedanken, dies könnte eine «gelenkte» Einkehr gewesen sein.

Bevilacqua, Giulio, «Il Concilio», in *Vita e Pensiero,* 1960, S. 513ff. (wichtiger Artikel von dem antifaschistischen Oratorianer, der Montinis Mentor war; wurde Kardinal unter Paul VI.).

Binchy, D. A., *Church and State in Fascist Italy,* Oxford 1941 (das beste Buch zu dem Thema, geschrieben von einem irischen Diplomaten, der die akademische Laufbahn einschlug; Ausgabe von 1970 mit neuem Vorwort).

Bishops and Writers, hg. von Adrian Hastings, Wheathampton 1977 (eine Festschrift für Msgr. Garrett Sweeney, Historiker des Vatikanum I; enthält einen hervorragenden Essay von Nicholas Lash über «Modernismus»).

Blessing of Years, A, The Memoirs of Lawrence Cardinal Shehan, Notre Dame und London 1982 (relativ freimütige Geständnisse eines kleinen und konfusen amerikanischen Bischofs, der sich jedoch später mit guten Interventionen zur religiösen Freiheit entschädigte).

Bologna, Archiv: dies bezieht sich auf Material, das im Istituto per le scienze religiose an der Universität Bologna gesammelt wurde. Dank gebührt seinem Direktor Giuseppe Alberigo.

Bonisteel, Roy, *Man Alive: The Human Journey,* Toronto 1983 (ein Fernsehreporter, über zwanzig Jahre bei CBS, der den früheren Erzbischof von Montreal, Kardinal Paul-Emile Léger, überredete, über Papst Johannes zu sprechen).

Bonnot, Bernard R., *Pope John XXIII, an Astute Pastoral Leader,* New York 1979 (entstand aus einer Dissertation; eine gründliche und weithin nicht gewürdigte Untersuchung des Pontifikats).

Borghese, Il, rechte skurrile Zeitschrift, in der betreffenden Periode von Mario Tedeschi herausgegeben (die regelmäßige Glosse «Durch das Bronzetor» greift Kurienklatsch auf und schmückt ihn aus).

Boudens, Robrecht, von der Universität Löwen, gab Auskunft über das Verhältnis zwischen Kardinal Mercier und dem Vatikan, größtenteils seinem Buch *Karl Mercier en de vlaamse beweging,* 1970, entnommen. 1913 verteidigte Mercier die Bollandisten, die jesuitischen Kirchenhistoriker, die vom Index bedroht waren. Mercier bat: «Fragt wenigstens die belgischen Bischöfe zunächst um Rat.» Obwohl diese Angst sich als falscher Alarm erwies, versicherte Merry del Val, der Staatssekretär, Mercier, daß «der Papst sich nicht verpflichtet fühlte, irgend jemanden um Rat zu fragen, wenn es sich um falsche Lehren handelte, gegen die halbe Maßnahmen nichts erreichen». Roncalli bewunderte sowohl die Bollandisten als auch Mercier.

Bugnini, Annibale, *La Riforma Liturgica 1948–1975,* Rom 1983 (dieser umfangreiche Band zeichnet die Kontinuität in der liturgischen Reform seit Pius XII. nach; angegriffen als «Termite», die an der Tradition nagte, hatte Bugnini das Pech, Apostolischer Delegat in Teheran zu werden, wo er von den studentischen Anhängern des Ayatollah Khomeini beschimpft wurde; dies beschleunigte seinen Tod).

Butler, Cuthbert, OSB, *The Vatican Council,* London 1930 (klassische englische Darstellung des Vatikanum I, die auf den Briefen und Tagebüchern von Erzbischof William Ullathorne, Benediktiner und Apostel Australiens, beruht).
deutsch: *Das Erste Vatikanische Konzil,* 2. Aufl. 1961.

Campbell-Johnston, Michael, SJ, «The Social Teaching of the Church», in *Thought*, Herbst 1964 (zeigt den «französischen» Hintergrund und den Einfluß der *Semaines Sociales* auf *Mater et Magistra*).

Caprile, Giovanni, SJ, *Il Concilio Vaticano II*, Rom:
I, 1: *Annunzio e preparazione 1959–1960* (1966);
I, 2: *Annunzio e preparazione 1961–1962* (1966);
II: *Primo Periodo* (1968)
(unentbehrlich für alle am Konzil Interessierten; sogar seine Auslassungen sind interessant).

Caprile, Giovanni, «Pio XII e un nuovo progetto di Concilio Ecumenico», in *Civiltà Cattolica*, 6. August 1966, S. 209–227 (der erste Artikel über das «Konzil, das nie stattfand»).

Caprile, Giovanni, bespricht *L'Utopia di Giovanni XXIII* von Giancarlo Zizola, *Civiltà Cattolica*, 16. Februar 1974.

Caprile Giovanni, «Ancora su Giovanni XXIII», in *Civiltà Cattolica*, 5. April 1980, S. 50–54.

Carbone, Vincenzo, «Genesi e criteri della pubblicazione degli Atti del Concilio Vaticano II», in *Lateranum*, XLIV, 1978, S. 579–595.

Cardinale, Igino, *The Holy See and the International Order*, Gerrards Cross 1976 (die Standardarbeit über die vatikanische Diplomatie).

Cardinale, Igino. Bei einem langen Treffen in der Brüsseler Nuntiatur am 30. März 1980 beantwortete Erzbischof Cardinale freimütig jede Frage, die ich ihm über Papst Johannes stellte. Er ruhe in Frieden.

Cartier, Raymond, *La Seconde Guerre Mondiale*, Bd. 5, juin 1944 à février 1945, Paris 1976.

Chiesa e Stato nell'Ottocento, Miscellanea in onore die Pietro Pirri, 2 Bde., Padua 1962 (Festschrift für einen Jesuiten; erhellt Probleme der Kirche im 19. Jahrhundert).

Chronicle = The Chronicle of the Worker-Priests, Vorwort von André Latreille, übersetzt und herausgegeben von Stan Windass, London 1966 (obwohl Emile Poulat sagt, daß es darin «von Fehlern wimmelt» – *fourmille d'inexactitudes* –, ist eine nützliche Sammlung, wenn man andere Quellen zur Gegenprüfung zuzieht).

Ciano's Diary 1939–1943, hg. mit einer Einführung von Malcolm Muggeridge, Vorwort von Sumner Wells, London 1947 (Mussolinis Schwiegersohn und Außenminister, sprach sich gegen die Beteiligung Italiens am Krieg aus, wurde von der Gestapo hingerichtet).
deutsch: *Graf Galeazzo Ciano. Tagebücher 1939–43*, Bern 1946.

Civiltà Cattolica, Rom, die vierzehntägige Zeitschrift der römischen Jesuiten, gegründet 1849; wurde das Vorbild anderer jesuitischer Zeitschriften – *Etudes, Stimmen der Zeit, Razón y Fe, The Month* usw.; aber während diese ihre eigenen Wege gingen, veröffentlichte *Civiltà* nur Beiträge von Jesuiten und wurde vom Staatssekretariat zensiert.

Collin, Richard, *The De Lorenzo Gambit: the Italien Coup Manqué of 1964*, Beverly Hills, London 1976 (zwar versuchte De Lorenzo seinen Staatsstreich erst 1964, aber als Chef des Geheimdienstes SIFAR bereitete er ihn lange vorher vor).

Combat pour la liberté, Lettres inédites de Georges Bernanos, 2 Bde., Paris 1971.

Congar, Yves-Marie, OP, *Challenge to the Church,* London 1977 (Übersetzung eines Pamphlets von 1976, *La Crise dans l'Eglise et Mgr Lefebvre*).

Congar, Yves-Marie, *Dialogue between Christians,* London 1966.

Congar, Yves-Marie, *Power and Poverty in the Church,* London 1964 (der größte Teil des Buches ging aus Vorträgen hervor, die in Rom während des Konzils gehalten wurden).

Corriere della Sera, einflußreiche Mailänder Zeitung, die im Guten wie im Schlechten über mehr als ein Jahrhundert getreu das italienische Leben widergespiegelt hat.

Cousins, Norman, «The Improbable Triumvirate», in *The Saturday Review,* 30. Oktober 1971 (das Trio waren Kennedy, Chruschtschow und Papst Johannes).

Cristianesimo nella storia, Die Zeitschrift des Istituto per le scienze religiose, Bologna. Hg. von Giuseppe Alberigo.

Critic, The, Chicago.

Croix, La, Paris. Während des Konzils hg. von Antoine Wenger AA.

Cronologia = S. 515–765 von *Giovanni XXIII, Quindici Letture,* von Loris Capovilla, Rom 1970 (unverzichtbarer Ausgangspunkt für jeden Biographen; erweitert und korrigiert in späteren Arbeiten).

Crown of Thorns, A, An Autobiography 1951–1963, von John Carmel Heenan, London 1974 (eine Fortsetzung des früheren Bandes *Not the Whole Truth;* in *The New Statesman* war die Kritik überschrieben: «Ein bißchen zu schlau»).

Cugini, Davide, *Papa Giovanni nei suoi primi passi a Sotto il Monte,* Bergamo 1965 (Kunsthistoriker und Freund Roncallis über dessen Kindheit und Zeit in Venedig).

Daly, Gabriel, OSA, *Transcendence and Immanence. A Study in Catholic Modernism and Integralism,* Oxford 1980 (die gründlichste und am stärksten «revisionistische» Untersuchung von katholischer Seite zum «Modernismus»).

De Gasperi, Alcide, *Lettere sul Concordato,* Brescia 1970, mit einer Einleitung von Maria Romana De Gasperi und einem langen Essay von Giacomo Martina SJ über den Hintergrund und die Folgen der Lateranverträge.

De Gaulle, Charles, *Mémoires de Guerre,* Bd. 2, Paris 1954.

De la Bedoyère, Michael, *The Life of Baron von Hügel,* London 1951 (sprach mutig Neues aus; gewidmet dem Herzog Gallarati Scotti, damals Botschafter am Hof von St. James, London, und Freund Roncallis).

De Luca, Giuseppe, *Altar, Gift and Gospel,* London 1967 (mit einer Einleitung von Msgr. Igino Cardinale, De Lucas Neffe).

De Luca, Giuseppe, *Il Cardinale Bonaventura Cerretti,* Rom 1939.

De Riedmatten, Henri, OP, «Histoire de la Constitution Pastorale», in *L'Eglise dans le Monde de ce Temps, Schema XIII, Commentaires,* Paris 1967 (neben Roberto Tuccis kleiner Schrift wesentliche Lektüre zur Entstehung von *Gaudium et Spes*).

Decimo anniversario = X anniversario della morte di Papa Giovanni, von Loris Capovilla, Rom 1973 (unveröffentlichte Briefe zur Anklage des «Modernismus»).

Disquisitio, Rom 1950 (die historische Untersuchung für die Seligsprechung Pius' X.; während sie Pius verteidigt, wirft sie viel Licht auf seine Methoden; Papst Johannes las sie 1959 durch und korrigierte einige Druckfehler; Giancarlo Zizola besitzt jetzt dieses Exemplar, ein Geschenk von Loris Capovilla).

DMC = *Discorsi, messagi, colloqui del Santo Padre Giovanni XXIII, 1958–1963,* 5 Bde. und Index, Vatikan 1960–67 (die offizielle Sammlung aller öffentlichen Äußerungen von Papst Johannes; nicht ganz zuverlässig, da er oft redigiert wurde).

Documenti Segreti della Diplomazia Vaticana, Lugano 1948 (eine Fälschung; dennoch vielen Dank an Roland Hill für das Überlassen und an Emile Poulat für den Hinweis, daß Fälschungen interessanter und aufschlußreicher hinsichtlich dessen «was wahrgenommen wurde» sein können als echte Texte).

Dodicesimo anniversario = XII anniversario della morte di Papa Giovanni (wichtige Lektüre zu Roncallis Verhältnis zu Kardinal Ferrari und Ernesto Buonaiuti).

Dreyfus, Paul, *Jean XXIII,* Paris 1979 (flott geschriebene französische Biographie mit siebzig Seiten wissenschaftlichem Anhang und dennoch seltsamerweise keine Verweise im Text).

D-S = *Enchiridion Symbolorum, Definitionum et Declarationum de rebus fidei et morum,* von H. Denzinger und A. Schönmetzer, Freiburg i. Br. 1965.

Earthly Powers, von Anthony Burgess, Harmondsworth 1981 (wie ich ehemaliger Schüler des Xaverian College, Victoria Park, Manchester, war Burgess so freundlich, sich vorzustellen, ich sei während des Konklaves 1958 in Rom gewesen und hätte ein Buch darüber geschrieben, *Rebirth of Church,* S. 548).

Elliott, Lawrence, *I will be called John,* New York 1973 und London 1974 («Es begann an einem Tag, als der Sommer fast unmerklich in einen goldenen Herbst hinübergeglitten war. Es begann in den Olivenhügeln südlich von Rom ... Dort starb Pius XII., erschöpft durch die Bürde seines heiligen Amtes in einer Welt des Skeptizismus und des Taumels» etc.).
deutsch: *Johannes XXIII. Das Leben eines großen Papstes,* Freiburg i. Br. 1974.

Epoca, Rom, italienische Wochenzeitung.

Erikson, Erik, *Identity, Youth and Crisis,* London, New York 1968.
deutsch: *Jugend und Krise,* Stuttgart 1970.

Falconi, Carlo, *Popes of the Twentieth Century,* London 1967 (ein Priester, der sein Amt aufgab, erhielt sich die Freundschaft einiger Berufskollegen;

eine geistreiche, mitreißende und oft scharfsinnige Sicht des Vatikans in diesem Jahrhundert; offiziell mißbilligt).

Famiglia Cristiana. Italiens meistgelesene katholische Zeitschrift.

Familiari = Giovanni XXIII, Lettere ai familiari, 2 Bde., hg. von Loris Capovilla, Rom 1968 (727 Briefe von Roncalli an seine Familie in Sotto il Monte; er hob Durchschläge auf).
deutsch: *Johannes XXIII. Briefe an die Familie,* Bd. I: 1901–1944, Bd. II: 1945–1962, hg. von Loris Capovilla, Freiburg i. Br. 1969 und 1970.

Fappani-Molinari = *Gianbattista Montini Giovane,* von Antonio Fappani und Franco Molinari, Turin 1979 (wesentliche Dokumentation über den «jungen» Montini; die Autoren, ernsthafte Historiker, betrachten ihn mit 47 noch als jung; voller Überraschungen).

Felici, Pericle, *Il Lungo Cammino del Concilio,* Mailand 1967 (der frühere Generalsekretär des Konzils erzählt seine Geschichte).

Fonzi, Fausto, *I Cattolici e la Società Italiana dopo l'Unità,* Rom 1977 (behandelt den Vatikan und die italienische Politik von Roncallis Kindheit bis 1929).

Fox, Matthew, OP, *Religion U.S.A.,* Dubuque, Iowa 1971 (ursprünglich eine Dissertation über die Art, wie «Religion» in der *Time* dargestellt ist; ein fröhlicher Sprint durch ein köstliches Gebiet).

Frost, Robert, *Complete Poems,* London 1967.

Geistliche Übungen = Des heiligen Ignatius von Loyola Geistliche Übungen, eingeleitet und übersetzt von Otto Karrer, Paderborn 1926.

Gill, Joseph, SJ, Historiker des Konzils von Florenz, war Rektor des Orientalischen Instituts in Rom, als das Konzil angekündigt wurde. Er lieferte nähere Angaben zur ökumenischen Szene in Rom 1959–60.

Giornale dell'Anima, siehe *Tagebuch.*

Giudici, Marco, «Il Coraggio della Speranza», in *Vita e Pensiero,* Februar 1980 (ein Bericht über die «prophetische» Gestalt Don Primo Mazzolari).

Gogol, Nikolaus, *Lettres spirituelles et familières,* Paris 1957.

Gorresio, Vittorio, *La Nuova Missione,* Mailand 1968 (nützlich hinsichtlich Kardinal Giacomo Lercaros anfänglichen Fehlurteils über Papst Johannes).

Graham, Robert A., SJ, «Quale pace cercava Pio XII?», in *Civiltà Cattolica,* 1. Mai 1982, S. 218–233 (besonders interessant, weil der Autor in *America* am 24. Juni 1944 zum selben Thema geschrieben hatte: «Welchen Frieden wünscht der Papst?» Wie aus Journalismus Geschichte wird).

Gran Sacerdote= Papa Giovanni XXIII, Gran Sacerdote, come lo ricordo, von Loris Capovilla, Rom 1977 (schließt unveröffentlichte Tagebuchaufzeichnungen aus dem Pontifikat und eine Auswahl von Briefen ein; nützlich für Roncallis Zeit bei Propaganda Fide).

Greene, Graham, «Pius XII», in *The Month,* Dezember 1951, S. 327–339 (der Hg. Pater Philip Caraman wurde vom Vatikan wegen dieses angeblich «respektlosen», aber in Wirklichkeit unanfechtbaren Artikels gerügt.

Greene schreibt: «Es ist lange her, daß ein Papst selbst in Menschen anderen Glaubens ein solches Gefühl der Nähe geweckt hat»).

Grootaers, Jan, «L'Attitude de l'Archevêque Montini au cours de la première période du Concile», ein Vortrag bei der Konferenz über Paul VI., Mailand, September 1983. MS.

Guarducci, Margherita, *Saint Pierre Retrouvé,* Paris 1974 (beklagt, daß Papst Johannes sich nicht für die Ausgrabungen interessierte).
deutsch: *Petrus, sein Tod, sein Grab: Chronik der Entdeckung,* Regensburg 1975.

Guarnieri, R., *Don Giuseppe De Luca tra cronica e storia,* Bologna 1974 (eine Biographie des rätselhaften Priesters Giuseppe De Luca aus Orvieto; sein Neffe, Msgr. Igino Cardinale, nannte ihn den «Msgr. Ronald Knox des italienischen Katholizismus» – das spart aber seine «faschistische» Phase und seine geheimen Verhandlungen später mit Kommunisten aus).

Guitton, Jean, *Paul VI secret,* Paris 1979 (Erinnerungen des einzigen katholischen Laien, der bei der ersten Sitzungsperiode des Konzils anwesend war; sagt, daß das Schlüsselwort für Johannes *rajeunir* war, das Schlüsselwort für Paul VI. *approfondir*).

Hales, E.E.Y., *Pope John and his Revolution,* London 1965 (die mit Abstand beste englische Untersuchung von Papst Johannes' Pontifikat und besonders seiner «Soziallehre»).
deutsch: *Die große Wende. Johannes XXIII. und seine Revolution,* Graz 1966.

Hamilton, Elizabeth, *Cardinal Suenens, a Portrait,* London 1975 (hagiographisch).

Helmreich, Ernst Christian, *The German Churches under Hitler,* Detroit 1979 (zeigt, wie Hitlers Politik gegenüber der katholischen Kirche schwankte).

Hill, Michael, *The Religious Order,* London 1973 (erörtert, wie die «institutionelle Persönlichkeit» sich in Gefängnissen und Seminaren bildet).

Hoffmann, Paul, *O Vatican! A Slightly Wicked View of the Holy See,* New York 1984 (etwas besser, als der Titel vermuten läßt).

Holmes, J. Derek, *The Papacy in the Modern World,* London 1981 (ein solider und zuverlässiger Überblick).

Hornby, Col. Robert, früher Pressesprecher des Erzbischofs von Canterbury, lieferte Material über Dr. Geoffrey Fishers Besuch bei Papst Johannes am 2. Dezember 1960.

Hurn, David Abner, *Archbishop Roberts SJ, His Life and Writings,* London 1966 (hinter dem bizarren Pseudonym versteckt sich Margaret Rowland von *The Universe).*

IME, siehe *Ite Missa Est.*

Irénikon, eine ökumenische Zeitschrift, gegründet von Dom Lambert Beauduin OSB 1926; erschien in Amay-sur-Meuse, seit 1939 in der Abtei Chevetogne in Belgien.

L'Italia, die Mailänder Zeitung, in der Kardinal Montini während der ersten Sitzungsperiode des Konzils schrieb.

Ite Missa Est, von Loris Capovilla, Padua und Bergamo 1983 (unschätzbare Dokumentation über Roncallis Kindheit, seine Zeit in Venedig und gewisse Schlüsselereignisse seines Pontifikats; mit einem überarbeiteten Bericht über die letzten beiden Monate; reich illustriert).

Jaeger, Lorenz, *Das ökumenische Konzil. Die Kirche und die Christenheit,* Paderborn 1960.

Jemolo, Arturo Carlo, *Chiesa e Stato in Italia negli ultimi centi anni,* Turin 1963 (klassisches Werk von dem Doyen der italienischen Kirchenhistoriker).

Johnson, Paul, *Pope John XXIII,* London 1975 (das letzte Buch des Autors vor seiner radikalen Kehrtwendung nach rechts).

Kaiser, Robert B., *Pope, Council and World, the Story of Vatican II,* New York und London 1963 (eines der ersten Bücher, das «die Fenster des Vatikans öffnet», von dem *Time*-Korrespondenten).

Keneally, Thomas, *Schindler's Ark,* London 1982.

Kerr, Fergus, OP, gab Auskunft, wie *Humani Generis* sich auf die französischen Dominikaner auswirkte.

KNA = Katholische Nachrichten-Agentur, die im allgemeinen ein besonderes Interesse an der Ostpolitik des Vatikans hatte.

Küng, Hans, *Konzil und Wiedervereinigung. Erneuerung als Ruf in die Einheit,* Freiburg i. Br. 1960.

Küng, Hans, *Unfehlbar? Eine Anfrage,* Zürich 1970 (ein provozierendes Buch, das weniger «kontrovers» ist für jene, die sich in Kirchengeschichte auskennen; macht Papst Johannes zum Helden).

Lai, Benny, *Les Secrets du Vatican,* Paris 1983 (tritt an die Stelle früherer Bücher des Autors wie *Vaticano sotto voce,* Mailand 1961, und erzählt erneut die alten Geschichten. Der «Prälat», der auf den Tisch schlug, daß sein Bischofsring zersprang, als er hörte, daß einige Montini 1958 wählen wollten, wird als Kardinal Siri entlarvt).

Larkin, Mauricem, *Church and State after the Dreyfus Affair,* London 1974.

Latreille, André, *De Gaulle, la libération et l'Eglise Catholique,* Paris 1978 (bringt die stark mythologisierte Geschichte von Roncalli und den französischen Bischöfen ins Gleichgewicht).

Lawrence, Sir John, Römisches Tagebuch, Februar-März 1959 (unveröffentlicht; bietet einen einmaligen Einblick in die Atmosphäre in Rom in den Wochen nach der Ankündigung des Konzils).

Lettere = Giovanni XXIII, Lettere 1958–1963, hg. von Loris Capovilla, Rom 1978 (217 Briefe, private und öffentliche, von Papst Johannes während seines Pontifikats geschrieben, gefolgt von 131 «Notizen» und Memoranden; durchwegs mit Anmerkungen von Capovilla versehen, ist dieser Band wesentlich zum Verständnis des Pontifikats).

Letture = Giovanni XXIII, Quindici Letture, von Loris Capovilla, Rom 1970 (fünfzehn Vorträge über Papst Johannes, der erste vom 17. Januar 1959 und der letzte vom 3. Juni 1967; mit Anhang: über das *Geistliche Tagebuch,* die letzten Tage von Papst Johannes und die «Chronologie» seines

Lebens; eine umfangreiche Arbeit, die eins wird mit der Geschichte, die sie erzählt; viel unveröffentlichtes Material).

Levi, Primo, *Se questo è un uomo,* 1958 (Levi überlebte Auschwitz und kam über Rußland und Polen nach Hause).
deutsch: *Ist das ein Mensch?,* erweiterte Neufassung Frankfurt a. M. 1979.

Levillain, Philippe, *La mécanique politique de Vatican II, Majorité et l'unanimité dans un concile,* Samml. *Théologie Historique,* Paris 1975 (wendet mit interessanten Ergebnissen die Kategorien der politischen Wissenschaft auf das Konzil an; stützt sich auf Aufzeichnungen von Henri de Lubac SJ).

Linee = Giovanni XXIII, Linee per una ricerca storica, von Giacomo Lercaro; mit einem Anhang von Gabriele De Rosa über *Angelo Roncalli e Radini Tedeschi,* Rom 1965 (das erste Plädoyer für eine ernsthafte historische Untersuchung zu Papst Johannes).
deutsch: Giacomo Kardinal Lercaro, *Johannes XXIII., Entwurf eines neuen Bildes,* Freiburg i. Br. 1967.

Loisy, Alfred, *Mémoires pour servir à l'histoire religieuse de notre temps,* 2 Bde., Paris 1931.

Lomax, Benedict, «Pope John's Ostpolitik», in *The Month,* September 1974, S. 691–696. (Ich kann jetzt verraten, daß Benedict Lomax ein Deckname für Peter Hebblethwaite war.)

McGregor, Geddes, *The Vatican Revolution,* London 1958 (ein Angriff auf Vatikanum I vom Standpunkt eines schottischen Theologen; es gab eine «Revolution», weil die Definition der Unfehlbarkeit eine Abkehr von der Tradition darstellte; nimmt August Bernhard Hasler und Hans Küng vorweg).

Mack Smith, Denis, *Mussolini,* London 1981 (wohl die beste Biographie Mussolinis, der «einst über jedes Maß gepriesen worden war und jetzt beschuldigt wurde, Italien mehr als je ein Mensch zuvor Schaden zugefügt zu haben»).

Magister, Sandro, *La Politica Vaticana e l'Italia 1943–1978,* Rom 1979 (ausgezeichnete Untersuchung dieser Zeit, die komplexer ist, als es den Anschein hat).

Manzoni, Alessandro, *I Promessi Sposi,* Mailand 1966 (Roncallis Lieblingsroman, von ihm häufiger zitiert als jedes andere literarische Werk).

Manzoni, Alessandro, Tutte le Poesie di, hg. von Giovanni Titta Rosa, Mailand 1966 (Manzonis *inni sacri* – heilige Gesänge – enthalten ein Gedicht über Pfingsten, das 1817–1822 datiert ist).

Marrou, Henri-Irenée, *Crise de notre temps et réflexion chrétienne (de 1930 à 1975),* Paris 1978 (gesammelte Aufsätze eines Historikers, dessen Beschäftigung mit Augustinus und dem Zusammenbruch des Römischen Reiches ihn nicht blind machte gegenüber den Ungerechtigkeiten des französischen Kolonialismus; war auch, unter dem Pseudonym Henri Davenson, Musikkritiker für *Esprit,* während Roncalli in Paris war).

Martin, Bryan, *John Henry Newman,* London 1982.

Martin, David, *The Religious and the Secular,* London 1969 (dieser sehr gebildete Soziologe schreibt zwei ziemlich unerwartete Kapitel über Bulgarien).

Martin, Malachi, *The Decline and the Fall of the Roman Church,* New York 1981 (worin der Autor seine früheren informierten Urteile widerruft und jetzt behauptet, daß Papst Johannes «die Umstände schuf, unter denen die Autorität und Einheit seiner Kirche zerstört wurden»; berichtet uns mehr über Malachi Martin als über Papst Johannes).

Medvedev, Roy, *Khrushchev,* Oxford 1983 (akzeptiert, daß es in Chruschtschows Sowjetunion einen gewissen «Wandel» gab, zeigt aber auch, daß mit der Schließung von Kirchen und der verächtlichen Behandlung von Christen die späteren Jahre Chruschtschows autoritärer waren als die Nachkriegsjahre Stalins).
deutsch: Medwedjew, Roy, *Chruschtschow,* Stuttgart 1984.

Memorie = Giovanni XXIII, Memorie e Appunti 1919, in *Humanitas,* Nummer 6, Juni 1973, S. 428–487, mit einer Einführung von Loris Capovilla (wichtige Auszüge aus Roncallis Tagebuch und Notizbüchern für das Jahr 1919).

Merry del Val, Rafael, *Memoirs of Pius X,* Westminster, Maryland 1951 (sehr knapp und selbstrechtfertigend; mit siebenunddreißig wurde Merry del Val Pius' X. Staatssekretär; nach dem Tod von Pius 1914 geriet sein treuer Gefolgsmann ins Abseits).
deutsch: *Pius X. Erinnerungen und Eindrücke,* Basel 1950.

Moignt, Joseph, SJ, lud mich ein, einen Aufsatz für seine Konferenz über das *Magisterium* in Chantilly, Juni 1982, zu schreiben; er erschien als «Le discours de Jean XXIII à l'ouverture de Vatican II» in *Recherches de Sciences Religieuses,* April–Juni 1983, S. 203–212.

Moltmann, Jürgen: *Kirche in der Kraft des Geistes,* München 1975 (der Wiederentdecker der «Theologie der Hoffnung» hält Papst Johannes' Behandlung der «Zeichen der Zeit» für zu optimistisch).

Mein Bischof = My Bishop, a Portrait of Mgr Giacomo Maria Radini Tedeschi, von Angelo Giuseppe Roncalli, englische Übersetzung von Dorothy White, London 1969; eine stark gekürzte Fassung von *In Memoria di Monsignore Giacomo Radini Tedeschi, Vescovo di Bergamo,* Bergamo 1916 (wird nur lebendig, wenn man gesehen hat, welche Fragen die italienischen Katholiken vor dem Ersten Weltkrieg beschäftigten).

Momogliano, Arnaldo, *Terza contributo alla storia degli studi classici,* Rom 1966 (mehrsprachiger jüdischer Gelehrter aus Turin, der eine neue Heimat in Oxford fand; stark an italienischer Geschichtsschreibung interessiert und deshalb an Roncallis Arbeiten über Baronius und Karl Borromäus).

Monaco, Franco «Montini a Milano», in *Vita e Pensiero,* November 1983, S. 61ff. (ein Bericht über die zweite Konferenz des Instituts Paul VI., die vom 23. bis 25. September 1983 in Mailand stattfand; argumentiert, daß Mailand Montini «erklärt»).

Mondrone, Domenico, SJ, «L'Episcopato del Card. Andrea C. Ferrari in uno studio di Carlo Snider», in *Civiltà Cattolica,* 18. Juli 1981, S. 154–61 (räumt ein, daß eine Untersuchung der Beziehung zwischen Ferrari und Pius X. zeigen wird, «wie sehr eine gut abgestimmte Verleumdungskampagne das Denken und Urteilsvermögen eines Heiligen beeinflussen kann»; scheint Pius X. zu entlasten).

Month, The, Zeitschrift der britischen Jesuiten.

Morris, James, *Venice,* London 1960 (Der Autor machte später eine Geschlechtsumwandlung geltend und wurde Jan Morris; die Prosa blieb so lebhaft wie immer).
deutsch: *3mal Venedig,* 2. Aufl. München 1983.

Nash, Margaret, *The Ecumenical Movement in the 1960s,* Johannesburg, Südafrika 1975 (ein nützliches Buch von einer Anglikanerin, zweifellos nicht genügend beachtet wegen des Erscheinungsortes; in seinem Vorwort nennt W. A. Visser't Hooft es einen «bedeutenden Beitrag»; hat entschuldbare Fehler).

Natale 1970, Capodanno 1971, hg. von Loris Capovilla (eigentlich Msgr. Capovillas Weihnachts- und Neujahrsgrüße; darin Korrespondenz, die sich auf Roncallis Umzug nach Rom 1921 beziehen, ebenso ein Foto von seinem Arbeitszimmer, als er Papst geworden war).

Natale 1975, Capodanno 1976, hg. von Loris Capovilla (Papst Johannes' Gedanken über Ökumenismus gewidmet, mit einer vollständigen Liste seiner ökumenischen Begegnungen).

National Catholic Reporter, The, Kansas City, Missouri (Ich erkläre hier ein persönliches Interesse: Ich schrieb 1967 zum erstenmal in NCR und bin seit September 1979 für die vatikanischen Angelegenheiten zuständig; Herausgeber Arthur Jones und sein Nachfolger Thomas C. Fox ermutigten mich zu diesem Buch und trugen sogar zur Finanzierung bei; ihnen gebührt mein tiefster Dank).

Negro, Silvio, der führende Vatikanologe seiner Zeit; schrieb für *Corriere della Sera,* Mailand.

Newman, John Henry, *Sermons, chiefly on the theory of religious belief,* Oxford 1843.

Nicolini, Giulio, *Il Cardinale Domenico Tardini,* Padua 1980 (Buch eines Insiders, eines jungen – vierundfünfzigjährigen – Kurialen, der mehr weiß, als er ausplaudert, und mehr enthüllt, als seine Absicht ist).

Novak, Michael, *The Open Church,* London 1964 (gestützt auf Artikel in *The New Republic* usw., versuchte, während der zweiten Sitzungsperiode zu tun, was Robert B. Kaiser während der ersten getan hat; rügte «unhistorische Orthodoxie»; änderte seinen Tonfall zwanzig Jahre später).

Nowell, Robert, *A Passion for Truth, Hans Küng, a Biography,* London 1981 (glaubt, daß Küng eher Unrecht angetan wird, als daß er selbst Unrecht tut).

Nuntius = Johannes XXIII., Erinnerungen eines Nuntius, Freiburg i. Br. 1965 (Übersetzung *von Souvenirs d'un Nonce 1944–1953,* Rom 1963: eine Sammlung von Briefen, Predigten und Reden während Roncallis Zeit in Frankreich).

Observer, The. Obwohl sein Nachrichtenredakteur mir einmal versicherte, «*The Observer* ist eine humanistische Zeitung», stellte sie Patrick O'Donovan, den Großen, den Guten, an, um über das Konzil zu berichten).

Orga, Irfan and Margarete, *Atatürk,* London 1952.

Orient Express, von John Dos Passos, London 1928 (lebendige Beschreibung einer Reise mit dem berühmten Zug zu der Zeit, als Roncalli begann, ihn regelmäßig zu benutzen).

L'Osservatore Romano, vatikanische Tageszeitung. Unverzichtbar. «Verglichen damit», schrieb *The Economist* einmal, «starrt die *Prawda* vor Klatsch.»

Owen, Wilfrid, *Poems since 1900,* hg. von Colin Falck, London 1975.

Panorama, «Rapporti tra Moro e Giovanni XXIII», von Giancarlo Zizola, in zwei Teilen, 10. und 17. Mai 1982 (wesentliche Lektüre über Papst Johannes und sein Verhältnis zu Aldo Moro, damals Sekretär der Christdemokraten; mit unveröffentlichten Dokumenten, die Capovilla zur Verfügung stellte).

Pasqua, 1976 = Pasqua di risurrezione, hg. von Loris Capovilla (Roncalli über den Streik in Ranica 1909 und seine Predigt, die er 1924 in Gegenwart der Faschisten zum zehnten Todestag von Radini Tedeschi hielt).

Pasqua, 1978 = Pasqua di risurrezione con Papa Giovanni XXIII, hg. von Loris Capovilla (detaillierte Chronik und Tagebuchauszüge von November 1952 bis April 1953, von Paris nach Venedig).

Pastore = Giovanni XXIII, il Pastore, hg. von Giambattista Busetti, Padua 1980 (eine Offenbarung: Roncallis Korrespondenz von 1911 bis 1963 mit der religiösen Diözesankongregation, der er angehörte, den Priestern vom Heiligsten Herzen Jesu).

Pawley, Bernard and Margaret, *Rome and Canterbury through Four Centuries,* London 1974 (der erste «persönliche Vertreter des Erzbischofs von Canterbury» beim Vatikan berichtet zusammen mit seiner russisch-orthodoxen Frau seine freimütigen Eindrücke).

Péguy, Charles, *Œuvres complètes,* Paris 1948 (um Péguys Bedeutung in Johannes' Umgebung zu verstehen, hier ein Abschnitt aus einem Brief von Don Giuseppe De Luca an Msgr. Loris Capovilla, 29. Januar 1962: «Lesen Sie Péguy. Er ist der größte Dichter des Sozialismus und dann des Katholizismus – aber nicht des Katholizismus der *curés.* Sie verstehen? Die Frau, die er liebte, war nicht gläubig und wollte nicht in eine kirchliche Trauung einwilligen, somit war er von den Sakramenten ausgeschlossen. Aber er ging in Paris spazieren und sagte dabei den Rosenkranz auf, und er machte drei Wallfahrten zu Fuß nach Chartres. Was für ein Dichter – Monsignore – was für ein Dichter!... Ich schicke Ihnen ein Exemplar seines *Un nouveau théologien, M. Fernand Laudet:* es ist die heftigste und leidenschaftlichste christliche Polemik der letzten Jahrhunderte – vielleicht seit Dante.» In *Pur che l'alba nasca,* hg. von Loris Capovilla, Bergamo 1983).

Pensiamo al Concilio, ein Hirtenbrief zur Fastenzeit 1962, von Kardinal Giambattista Montini, Mailand 1962.

Pepper, Curtis Bill, *An Artist and the Pope, based upon the personal recollections of Giacomo Manzù,* London 1969 (der kommunistische Bildhauer aus Bergamo wurde Papst Johannes von Don Giuseppe De Luca vorgestellt; Manzùs Erinnerungsmal sieht man auf den neuen Türen der Peterskirche; Beitrag von *Newsweek* zur Papst-Johannes-Saga; lebendig ist er gewiß). deutsch: *Freundschaft mit dem Papst. Nach den persönlichen Erinnerungen von Giacomo Manzù an Johannes XXIII.*, Frankfurt am Main 1969.

Per Crucem ad Lucem, Lettres Pastorales etc, von Cardinal Mercier, Paris, ohne Jahr (vermutlich 1916; zwar war es der Hirtenbrief zu Weihnachten 1914, «Patriotisme et endurance», der Mercier zum Sprecher des «tapferen kleinen Belgien» machte, doch sein Fastenbrief 1915, der einfach «Pius X. und Benedikt XV.» hieß, ist ein Meisterstück der Untertreibung, in dem, wenn man es richtig liest, Pius X. weitgehend demoliert wird).

Politics = The Politics of the Vatican, von Peter Nichols, New York 1968 (der römische Korrespondent von *The Times,* London, stellt den Vatikan mit seinem gewohnten Charme und Scharfsinn dar).

Pollard, John, *From the* Conciliazione *to the* Reconciliazione: *the Church and the Fascist Regime in Italy, 1929–1932* (Dissertation der Universität Reading; zeigt, daß die Unterzeichnung der Lateranverträge durchaus keinen Frieden zwischen Kirche und Staat stifteten, sondern den Konflikt verschärften).

Popes of the Twentieth Century, siehe Falconi.

Poulat, Emile, *Catholicisme, Démocratie et Socialisme,* Paris 1977 (viele unveröffentlichte Dokumente und psychologische Analyse von Umberto Benigni, Roncallis Professor für Kirchengeschichte, der die antimodernistische Spionage leitete).

Poulat, Emile, *Intégrisme et Catholicisme intégrale,* Paris 1969 (erörtert unter anderem, ob die historische Studie, die zur Seligsprechung von Pius X. vorbereitet wurde, gerecht durchgeführt wurde; kommt zu einem negativen Ergebnis).

Poulat, Emile, *Naissance des Prêtres Ouvriers,* Tournai 1965 (anmaßend).

Poulat, Emile, erscheint wieder als ein Freund, der dieses Buch, das seine hohen Maßstäbe der Beweisführung und Argumentation zu erreichen versucht, ständig gefördert hat.

Prawda, sowjetische parteiamtliche Tageszeitung. Papst Johannes kam in die Schlagzeile auf Seite eins am 26. Oktober 1962. S. oben, S. 564f.

Prima Synodus Romana, Rom 1960 (die 755 Dekrete der Ersten, wie Papst Johannes sie zu Recht nannte, Römischen Synode).

Quale Papa?, von Giancarlo Zizola, Rom 1977 (abgesehen davon, daß er kurz vor dem Tod Papst Pauls VI. die Frage stellt, «welche Art von Papst wird in welcher Kirche in welcher Welt gebraucht?», gibt er die beste Darstellung der Ereignisse während der jüngsten Konklaven).

Quindicesimo anniversario = XV anniversario della morte di Papa Giovanni, hg. von Loris Capovilla, Rom 1978 (enthält 33 unveröffentlichte Briefe von 1918 bis 1957).

Ragionieri, Ernesto, *Storia d'Italia,* Bd. 4: *Dall'Unità a oggi,* Turin 1976 (Standardwerk der italienischen Geschichte für Italiener; der begleitende Bildband ist eine Offenbarung).

Ramsay, Erzbischof Michael, machte in einem Brief vom 25. Februar 1984 einige interessante Bemerkungen über Kardinal Bea.

Repubblica, La, römische Tageszeitung (außer Montag), nach dem Krieg gegründet, mit linker Tendenz.

Riccardi, Andrea, «La Chiesa a Roma dalla Seconda Guerra Mondiale al Postconcilio», in *Il Regno,* Bologna, No. 5, 1982 (von der «heiligen» Stadt zur weltlichen Stadt).

Righi, Vittore Ugo, *Papa Giovanni sulle rive del Bosfore,* Padua 1971, mit einem Vorwort von Loris Capovilla (ausführliche Darstellung der Tätigkeit Roncallis in der Türkei und im Griechenland der Kriegszeit; einige unveröffentlichte Texte; nützlich trotz des ständigen «erbaulichen» Tones).

Rocca, La, in Assisi von Don Giovanni Rossi herausgegebene Zeitschrift.

Rosario = Il rosario con Papa Giovanni, hg. von Loris Capovilla, Rom 1979 (Texte von Roncalli zu mariologischen Themen von seiner Studentenzeit bis zu seinem Pontifikat).

Rotundi, Virgilio, «Padre Lombardi», in *Civiltà Cattolica,* 2, Februar 1980.

Rouquette, Robert, SJ, *Vatican II, la fin d'une Chrétienté,* 2 Bde., Paris 1968 (Bd. I ist wichtig für Papst Johannes und enthält den berühmten Essay «Le Mystère Roncalli», in dem er den «Persönlichkeitskult» angreift, der sich um Papst Johannes bildete, und die Gefahr anprangert, «von der Kirche der Engel zu träumen, der engelgleiche Männer vorstehen»).

Rynne – *Letters from Vatican City,* von Xavier Rynne, New York und London 1963 (gestützt auf seine Artikel im *New Yorker,* lüftete Rynne Geheimnisse des Vatikans; Pater Francis Xavier Murphy hat nie zugegeben, das Buch geschrieben zu haben, doch er ist – mit fremder Hilfe – der Autor; der Mädchenname seiner Mutter war Rynne).
deutsch: Rynne, Xavier, *Die zweite Reformation. Die erste Sitzungsperiode des Zweiten Vatikanischen Konzils. Entstehung und Verlauf,* Köln–Berlin 1964.

Saggio = Giovanni e Paolo, Saggio di Corrispondenza (1925–1962), hg. von Loris Capovilla, veröffentlicht für das Istituto Paolo VI, Brescia, Rom 1982 (91 Briefe oder Telegramme, die zwischen Roncalli und Montini gewechselt wurden; sie hatten großen Respekt voreinander; es ist höchst unwahrscheinlich, daß Papst Johannes jemals von Montinis «Hamletismus» sprach).

Schillebeckx, Edward, OP, *Vatican II, a Struggle of Minds and other Essays,* Dublin 1964 (nicht der allerbeste Schillebeeckx, aber ein guter Versuch, die Tradition fortzuführen).

Schlesinger, Arthur M., jr., *Robert Kennedy and his Times,* London 1978 (in dem letzten der vielen Bücher Schlesingers über die Kennedys erwartete man in diesem eine Erwähnung der Rolle Papst Johannes' in der Kubakrise: vergebens).

SD = *Scritti e discorsi,* von Kardinal Angelo Giuseppe Roncalli, Rom 1959–62 (die Reden und Schriften Patriarch Roncallis während seiner venezianischen Zeit; wären vermutlich nie veröffentlicht worden, wenn er nicht Papst geworden wäre; die besten davon bei Alberigo).

Secolo = Papa Giovanni, un secolo, von Loris Capovilla, Bergamo 1981 (eine gute Rekonstruktion der Kindheit Papst Johannes' anläßlich seines hundertsten Geburtstages; Farbfotos von Sotto il Monte).

Seton-Watson, Christopher, *Italy from Liberalism to Fascism,* London 1967 (die unvergleichliche Arbeit über das politische Leben in Italien 1870 bis 1925).

Siri, Kardinal Giuseppe, Rede an die Römische Synode am 25. Todestag Papst Pius' XII., 9. Oktober 1983.

Snider, Carlo, *L'episcopato del cardinale Andrea Carlo Ferrari,* Bd. I, Vicenza 1981 (der erste Band einer umfänglichen gelehrten Arbeit, die Ferrari in seinen historischen Zusammenhang stellt und rehabilitiert; im zweiten Band dürfte Roncalli in Erscheinung treten).

Soldati, Mario, *La Messa dei Villeggianti,* Mailand 1959.

Spain = Central Intelligence Agency (CIA), Memorandum No. 27–63, «Change in the Church», von James W. Spain, 13. Mai 1963. Freigegeben 9. März 1978. (Spain schrieb am 8. April 1984 an den Autor und erklärte, wie er dazu kam, diesen Bericht zu schreiben; er war eher ein Akademiker als ein «Spion», und er wechselte sowieso bald ins Außenministerium über).

Spiritual Profile, hg. von Stjepan Schmidt SJ, London 1971 (Anmerkungen aus Kardinal Augustinus Beas geistlichem Tagebuch; ein Werk der Liebe von seinem ehemaligen Sekretär).
deutsch: *Der Mensch Bea. Aufzeichnungen des Kardinals 1959–1968,* hg. von Stjepan Schmidt, Trier 1971.

St John-Stevas, Norman, *The Agonising Choice, Birth Control, Religion and the Law,* London 1971 (verfolgt korrekt die Ursprünge der «Kommission für Geburtenkontrolle» bis zu Papst Johannes' Pontifikat zurück, obwohl sie sozusagen Kardinal Suenens' Kind war).

Stehle, Hansjakob, *Eastern Politics of the Vatican 1917–1978,* Athens, Ohio 1981 (Übersetzung mit zusätzlichem Material von *Die Ostpolitik des Vatikans 1917–1975,* München, eine gründliche und zuverlässige Arbeit, von einem Reporter, der in Warschau war, ehe er nach Rom ging).

Tagebuch = Johannes XXIII. Geistliches Tagebuch und andere geistliche Schriften, eingeleitet von Loris Capovilla, Freiburg i. Br. 1964.

Tempo, Il, rechte römische Tageszeitung.

Tillard, Jean, OP, *The Bishop of Rome,* London 1983 (dokumentiert die verschiedenen «Titel» des Papstes und bestätigt aus der Geschichte die Richtigkeit vieler Intuitionen von Papst Johannes).

Time, New York.

Tomlin, E.W.F., berichtete seine Erinnerungen an das Istanbul der Kriegszeit.

Tramontin, Silvio, *Un secolo di storia della Chiesa,* 2 Bde., Rom 1980 (ein zurückhaltender, ausgewogener Überblick über das letzte Jahrhundert der katholischen Kirchengeschichte; stark auf Italien bezogen, aber nicht aufdringlich).

Transizione = Giovanni XXIII, Papa di Transizione, hg. von Loris Capovilla, Rom 1979 (Capovilla stellt Überlegungen über die Ironie des Spitznamens «Übergangspapst» an, und in einem Interview kommentiert er einige Probleme, die Johannes' Pontifikat stellte; dann Texte über Papst Johannes von Albino Luciani – dem späteren Papst Johannes Paul I. –, Paul VI., Maire-Dominique Chenu, dem Romancier Mario Soldati u.a.).

Trevor, Meriol, *Pope John,* London 1967 (auf der Grundlage des damals verfügbaren Materials die beste Biographie in englischer Sprache).

Tucci, Roberto, SJ, mein erster *maestro* in Vatikanologie, jetzt – 1984 – Leiter von Radio Vatikan; wäre peinlich berührt gewesen, wenn ihm dieses Buch gewidmet worden wäre – was ich eigentlich hätte tun sollen.

Unity of Christians = The Unity of Christians, von Kardinal Augustin Bea, hg. von Bernard Leeming SJ, eingeleitet von Erzbischof Gerald P. O'Hara, Apostolischer Delegat in Großbritannien, London Mai 1963 (die Veröffentlichung dieses Buches unmittelbar vor Papst Johannes' Tod war ein wichtiges Ereignis, das den Ökumenismus in der englischsprachigen Welt annehmbar machen wollte; Bea schrieb nie ein zusammenhängendes Buch, und diese gelegentlichen Aufsätze, Vorträge, Rundfunk- und Fernsehinterviews gewinnen ungeheuer an Interesse, wenn man sie im historischen Zusammenhang liest; der Originaltitel der Ausgabe von *Civiltà Cattolica* trug den Titel *L'Unione dei Cristiani,* was eine etwas andere Bedeutung hat).
deutsch: Augustinus Kardinal Bea, *Die Einheit der Christen. Probleme und Prinzipien. Hindernisse und Mittel. Verwirklichungen und Aussichten,* Freiburg i. Br. 1963.

L'Uomo che non divenne Papa, von Carlo Falconi (dieser Schlüsselroman ist eine nützliche Ergänzung zu *Popes of the Twentieth Century* desselben Autors).

Utopia = L'Utopia di Papa Giovanni, von Giancarlo Zizola, Assisi, 2. Aufl. 1973 (überzeugte mich davon, daß mit Hilfe Msgr. Loris Capovillas eine Biographie von Papst Johannes durchaus durchführbar wäre; es ist ein großartiges, leidenschaftliches und etwas ungeordnetes Buch).

Vent'Anni = Vent'Anni dalla Elezione di Giovanni XXIII, hg. von Loris Capovilla, Rom 1978 (das Konklave und die ersten drei Monate seines Pontifikats, beleuchtet durch seine persönlichen Tagebuchaufzeichnungen).

Villain, Maurice, *Introduction à l'Oecuménisme,* Paris 1961 (Veteran des Ökumenismus, schrieb die Biographie des Abbé Paul Couturier, Gründer des Ökumenismus in Frankreich, und übersetzte Lancelot Andrewes ins Französische).

Vita e Pensiero, Monatsschrift der Katholischen Universität vom Heiligsten Herzen Jesu in Mailand.

Wall, Bernard, *A City and a World, a Roman Sketchbook,* London 1962 (Beobachtungen eines englischen Schriftstellers, mit einem guten Porträt von Kardinal Domenico Tardini).

Walsh, Michael, Bibliothekar am Heythrop College, London, beantwortete jede bibliographische Anfrage und stellte mir einen Arbeitsplatz zur Verfügung.

Wasserstein, Bernard, *Britain and the Jews of Europe 1939–1945,* Oxford 1980 (kratzt am britischen Eigendünkel).

Weber, Francis J., «Pope Pius XII and the Vatican Council», in *The American Benedictine Review,* September 1970 (brauchbare Bibliographie; das Hauptinteresse daran ist jedoch, daß der Aufsatz eine bemerkenswerte Illustration der erzkonservativen These liefert, Vatikanum II wäre «eigentlich» der Wunschtraum Pius' XII. gewesen; ich danke Dom Alberic Stacpoole OSB, der mich darauf aufmerksam machte).

Wenger, Antoine, AA, *Vatican II, Chronique de la première session,* Paris 1963 (beste Darstellung der ersten Sitzungsperiode in allen Sprachen, was kaum überrascht, weil der Autor, der Herausgeber von *La Croix,* der einzige Journalist in der Peterskirche war; zufällig war er auch Wissenschaftler, der mit der Orthodoxie vertraut war).

West, Morris, *The Salamander,* London 1973 (eine romanhafte Darstellung des gescheiterten Staatsstreichs des Generals De Lorenzo 1964; siehe Collin, Richard).
deutsch: *Der Salamander,* München 1974.

Willebrands, Kardinal Jan, «Papa Giovanni e l'ecumenismo», Vortrag an der Lateran-Universität, Rom, am 10. November 1981, MS (zitiert und belegt Visser't Hoofts Erklärung: «Ich bin davon überzeugt, daß Papst Johannes in die Geschichte eingehen wird als der Papst, der den Dialog ermöglicht hat.»).

Williams, George Hunston, *The Mind and Heart of Pope John Paul II,* New York 1981 (ein mutiger Versuch, Karol Wojtyla zu verstehen, mit viel brauchbarem Material über die Zwischenkriegszeit in Polen).

Woodhouse, C.M., *Modern Greece, a Short History,* London 1968.

Worlock, Erzbischof Derek, «The Sharing Church», in *The Tablet,* 9. Oktober 1982, S. 1005–6 (ein kurzer, amüsanter und schlecht titulierter Artikel); auch «*Aggiornamento* in Embryo, Vatican II to date», in *The Wiseman Review* (ehemals *The Dublin Review*), Winter 1963/64, S. 316–334 (Erzbischof Worlock hat auch seine Erinnerungen zu Rate gezogen und beantwortete meine Fragen hinsichtlich des Konzils und der Vorbereitungen; aber er sieht sich lieber im Hintergrund).

Zizola, Giancarlo, siehe *Panorama* und *Utopia*. In *Oggi,* 13. April 1983, berichtete er über den gegenwärtigen Stand der Seligsprechungssache (historische Arbeit abgeschlossen; Wunder überall in Italien). Es paßt gut, daß mir das Alphabet erlaubt, mit meinem Dank an Zizola zu schließen, der nicht nur meinen Unterricht in Vatikanologie vollendete, sondern mir auch freien Zutritt zu seiner Wohnung in Rom und seiner bemerkenswerten Bibliothek gewährte.